JERUSALEM
: THE BIOGRAPHY
예루살렘 전기

JERUSALEM: THE BIOGRAPHY
by Simon Sebag Montefiore

Copyright © SIMON SEBAG MONTEFIORE 2011
All rights reserved.
This Korean edition was published by Sigongsa Co., Ltd. in 2012
by arrangement with Simon Sebag Montefiore c/o Capel & Land Ltd., London
through KCC(Korea Copyright Center Inc.), Seoul.

이 책은 (주)한국저작권센터(KCC)를 통한 저작권자와의 독점계약으로 (주)시공사에서 출간되었습니다.
저작권법에 의해 한국 내에서 보호를 받는 저작물이므로 무단 전재와 복제를 금합니다.

JERUSALEM : THE BIOGRAPHY

축복과 저주가 동시에 존재하는 그 땅의 역사

예루살렘 전기

사이먼 시백 몬티피오리 지음 · **유달승** 옮김

시공사

일러두기
- 이 책에 나온 인·지명은 표준어 규정 외래어 표기법을 따르되 원어 발음을 고려했으며, 영어식 표현을 병기했다.
- 본문 중 * 표시는 각주, 숫자 표시는 후주이다. 옮긴이 주는 본문 중에 괄호로 표기했다.

차례

들어가는 글 9

옮긴이의 글 25

이름과 음역, 직함에 관하여 29

프롤로그
예루살렘의 새벽 35

제 1 부
유대교 JUDAISM

1장 다윗의 세계 53
2장 작은 자의 큰 성공 62
3장 왕국과 성전 67
4장 유다의 왕들 81
5장 바빌론의 창녀 96
6장 페르시아인들 106
7장 마케도니아인들 115
8장 마카베오 가문 134
9장 로마의 등장 144
10장 헤롯 왕조 155
11장 예수 그리스도 181
12장 헤롯 왕조의 최후 206
13장 예루살렘의 죽음 225

제 2 부
이교 PAGANISM

14장 계속되는 유대전쟁 235

제 3 부
그리스도교 CHRISTIANITY

15장 비잔티움의 전성기 257
16장 비잔틴의 쇠퇴 280

제 4 부
이슬람 ISLAM

17장 아랍의 정복이 시작되다 295
18장 우마이야조, 성전의 회복 310
19장 압바스조, 원거리 군주들 325
20장 파티마조, 관용과 광기 332

제 5 부

십자군 CRUSADE

21장 순례의 길을 떠난 군사들 353
22장 우트르메르의 부흥 367
23장 우트르메르의 황금시대 374
24장 교착상태 392
25장 문둥이 왕의 용기 406
26장 살라딘 이야기 415
27장 제3차 십자군 431
28장 살라딘 왕조 441

제 6 부

맘루크 조 MAMLUK

29장 술탄의 노예 459
30장 맘루크조의 쇠퇴 471

제 7 부

오토만 제국 OTTOMAN

31장 술레이만 483
32장 신화와 메시아 488
33장 가문들 511

제 8 부

제 국 EMPIRE

34장 예루살렘의 나폴레옹 523
35장 신낭만주의 530
36장 알바니아 정복 542
37장 복음주의자들 550
38장 새로운 도시 580
39장 새로운 종교 587
40장 아랍 도시, 제국 도시 597
41장 러시아 610

제 9 부
시 온 주 의 ZIONISM

42장 **시온, 그들의 나라를 위하여** 619
43장 **예루살렘의 우드 연주자** 634
44장 **세계전쟁** 653
45장 **밸푸어 선언** 665
46장 **크리스마스 선물** 689
47장 **승전국들과 전리품** 708
48장 **영국의 위임통치** 720
49장 **아랍의 반란** 740
50장 **더러운 전쟁** 759
51장 **유대의 독립, 아랍의 재앙** 782
52장 **종파의 분열** 795
53장 **6일 전쟁, 역전과 상실** 806

에 필 로 그
예루살렘의 아침 823

부 록
가계도 859
지도 867
주 878
참고문헌 932
찾아보기 957

들어가는 글

예루살렘의 역사는 곧 세계의 역사이지만, 동시에 유다^{Judah} 언덕에 둘러싸인 가난한 시골 마을의 연대기이기도 하다. 예루살렘은 한때 '세계의 중심'으로 여겨졌고 오늘날은 더욱 그러하다. 이 도시는 아브라함^{Abraham}의 종교들이 충돌하는 각축장이자 점차 인기를 얻은 그리스도교('Christianity'는 그리스도교, 기독교 등으로 옮길 수 있다. 이는 가톨릭, 정교회, 개신교 등을 포괄하는 용어다. 하지만 우리나라에서는 일반적으로 기독교라고 하면 개신교만을 의미하는 경우가 많다. 따라서 이 책에서는 기독교 대신 그리스도교라고 표기했다-옮긴이), 유대교 및 이슬람 근본주의의 성지이며, 문명들이 충돌하는 전략적인 전장이자 무신론과 신앙이 부딪치는 최전선이고, 세속적 매혹의 대상이며 인터넷 시대의 현기증 나는 음모론과 신화 만들기의 대상이자 24시간 뉴스 시대에 전 세계 카메라들의 조명이 쏟아지는 무대이기도 하다. 종교와 정치, 그리고 미디어의 관심으로 인해 예루살렘은 그 어느 때보다 열정적인 연구의 대상이 되고 있다.

예루살렘은 성스러운 도시지만 항상 미신과 편협한 신앙이 판을 쳤다. 또 저마다의 제국들이 탐을 내고 손에 넣으려고 하지만 전략적인 가치는 전혀 갖고 있지 않다. 수많은 종파가 발생한 국제적 기원지이기 때문에 각 종파마다 이 도시를 자기네 것이라고 믿는다. 수많은 이름을 가지고 있지만 각각의 전통은 너무나도 종파적이다. 그곳은 무척이나 우아해서 유대인의 종교문학에서는 언제나 관능적이고 활기 넘치는 여성이자 미인으로 묘사된다. 그러나 한편으로는 추잡한 매춘부로, 또 한편으로는 연인에게 버림받아 상처 입은 공주로 그려지기도 한다. 예루살렘은 하나의 신이 사는 집이자 두 민족의 수도이며 세 종교의 사원이고, 하늘과 땅에서 두 번 존재하는 유일한 도시다. 예루살렘이 지상의 도시면서 동시에 천상의 도시라는 사실은 이 도시가 어디에나 존재할 수 있음을 말해준다. 새로운 예루살렘들이 세계 도처에서 건설돼왔다.

예루살렘은 만인의 도시다. 예언자들과 교부들, 아브라함, 다윗 왕King David, 예수 그리스도Jesus Christ, 그리고 무함마드Muhammad가 이 도시의 초석을 놓았다. 아브라함의 종교들은 그곳에서 태어났고, 심판의 날 세계가 종말을 맞이할 곳도 바로 그곳이다. 예루살렘은 경전의 민족들에게 봉헌된 곳이며, 성서의 도시다. 즉 성서는 여러 가지 의미에서 예루살렘 자신의 연대기이며, 성서의 독자들은 유대인들과 초기 그리스도인들에서 무슬림 정복자들을 거쳐 십자군과 오늘날 미국의 복음주의자들에 이르기까지 반복적으로 예루살렘의 역사를 새로 써왔다.

성서는 그리스어 이후 라틴어와 영어로 번역되었고 세계적인 책이 되었으며, 나아가 예루살렘을 세계의 도시로 만들었다. 위대한 왕은 모두 다윗 왕으로, 특별한 민족은 모두 새로운 이스라엘 민족으로, 고귀한 문명은 모두 새로운 예루살렘 문명으로 간주됐다. 이 도시는 누구에게도 속하지 않은 채 모든 사람들의 상상 속에 존재한다. 이는 이 도시의 매력임과 동시에 비극이다. 예수 그리스도의 사도들에서 살라딘Saladin의 병사들까지, 빅토리아 시대의 순례자들에서 오늘날의 관광객들과 저널리스트들까지 시대를 불문하고 예루살렘의 몽상가들과 방문객들은 진정한 예루살렘의 비전을 가지고 이곳에 도착하지만 정작 자신들이 발견한 것에 몹시 실망한다. 이 도시는 끊임없이 변해 수많은 시대에 걸쳐 번영했고 소멸했으며, 재건축되었고 파괴되었다. 모든 사람들의 소유물인 예루살렘은 각 사람들의 이미지에서만 정확할 뿐 부패하고 종합적인 현실은 변하기 마련이다. 모든 사람들은 예루살렘에 자신의 '예루살렘'을 강요했다. 그리고 그들은 종종 칼과 불을 사용했다.

이 책에 언급된 일부 사건의 관련자이자 자료의 출처인 14세기 역사가 이븐 할둔Ibn Khaldun(1332~1406년. 튀니지 출생으로, 중세 이슬람을 대표하는 역사철학자. 대표 저서로는 《성찰의 책, 아랍인과 페르시아인과 베르베르인 및 그들과 동시대에 존재했던 탁월한 군주들에 관한 초기 및 그 후대 역사의 집성Kitab al-Ibar》이 있다. 이 책의 서문인 〈역사서설Muqaddimah〉은 역사서술의 방법론을 뛰어넘어서 사회의 형성과 변화 및 순환법칙을 고찰한 세계적인 명저로 꼽힌다-옮긴이)은 역사를 두고 "너무나도 열렬한 추구의 대상이 되었다. 길거리 사람들조차 그것을 알고자 한다. 왕들과 지도자들은 그것을 놓고 경쟁한다"라고 말했다. 이 말은 특히 예루살렘의 경우에 더 맞는 말이다. 예루살렘이 세계의 역사에서 하나의 주제이자 지렛대이며 척추라는 사실을 인정하지 않고 그 도시의 역사를 쓰는 것은 불가능하다. 인터넷 신화의 위력은 이 시대에 첨단기술로 만들어진 마우스와 아랍의 칼이 똑같이 근본주의자의 무기로 사용된다는 데에 있다. 이러한 시대에서 역사적 사실에 대한 탐구는 이븐 할둔의 시대보다 훨씬 더 중요한 일이 되었다.

예루살렘의 역사는 성스러움의 본질에 대해 연구되어야만 한다.

사람들은 예루살렘 성지에 경의를 표하기 위해 '성스러운 도시'라는 말을 끊임없이 사용한다. 이 말의 진정한 의미는 예루살렘이 신과 인간 사이의 의사소통에 있어 지상에서 가장 중요한 장소가 되었다는 뜻이다.

우리는 또한 이런 질문에 대답해야 한다. 세상의 모든 장소 가운데 왜 하필 예루살렘인가? 그곳은 지중해 해변의 무역로에서 멀리 떨어져 있으며 물도 부족하고 여름에는 태양이 작열하며 겨울에는 바람이 살을 에고, 돌산들은 험해 생활하기에는 적합하지 않다. 그러나 예루살렘을 성전의 도시로 선택한 이유는 어느 정도 결정적이자 사사로운 면도 있고 생태적이자 진화적인 면도 있다. 즉 그 도시가 그만큼 오랫동안 성스러웠기 때문에 신성이 점점 더 강화된 것이다. 성스러움에는 영성과 신앙뿐 아니라 합법성과 전통도 요구된다. 새로운 비전을 제시하는 급진적인 예언자는 이전 수 세기에 대해 설명해야 하고 용인된 거룩함의 언어(앞서 계시를 내렸던 예언자들이 사용한 언어)를 사용해 이미 오랫동안 신성시되어온 장소에서 자신의 계시를 정당화할 근거를 제시해야 한다. 어떤 장소를 가장 거룩하게 만드는 것은 다른 종교와의 경쟁이다.

그 도시의 수많은 무신론자 방문객은 그 성스러움을 편협한 신앙이라는 유행병을 앓는 도시의 전염성 미신이라고 생각했기에 그 도시에서 쫓겨났다. 하지만 그것은 종교에 대한 인간의 근본적인 요구를 놓치는 것이며, 그것 없이 예루살렘을 이해하는 것은 불가능하다. 종교는 인간을 혼란스럽게 만들고 두렵게 하는 영원한 불안감을 해명해주어야 한다. 우리는 우리 자신보다 더 큰 힘을 느껴야 한다. 우리는 죽음을 존중하고, 그 안에 있는 의미를 발견하기를 갈망한다. 신과 인간이 만나는 장소로서 예루살렘은 종말의 날(아포칼립스Apocalypse)에 그러한 질문들을 해결하는 곳이다. 그날 그리스도와 적그리스도 간에 전쟁이 벌어지며 카바Kaaba(이슬람 성전)가 메카Mecca에서 예루살렘으로 옮겨오고 죽은 자의 심판과 부활이 벌어지며 하늘의 왕국, 새 예루살렘이 내려온다. 아브라함의 세 종교는 모두 묵시를 믿지만 세부적인 내용은 종교와 종파마다 다르다. 세속주의자들은 그 모든 것을 고대의 미신적인 난해한 문구라고 여길 수도 있지만 오히려 그러한 개념들은 지금도 지속되고 있다. 유대교, 그리스도교, 그리고 무슬림 근본주의의 시대에서 묵시는 세계의 열띤 정치에서 역동적인 힘으로 작용한다.

죽음은 우리의 변함없는 벗이다. 순례자들은 죽어서 성전산Temple Mount 근처에서 묻혀 심판의 날에 부활하기 위해 예루살렘으로 왔다. 이 도시는 공동묘지들로 둘러싸여 있다. 고대 성인들의 여윈 신체의 일부가 숭배되고, 말려서 보존된 막달라 마리아Mary Magdalene의 오른손은 성묘교회에 세워진 그리스정교회 예배당에 진열돼있다. 수많은 성지, 심지어 많은 개인 주택들도 무덤 주위에 지어진다. 죽은 자들이 있는 도시의 어두움은 시체 성애나 강령술에서 기인한 것이 아니다. 죽은 자들은 그곳에서 살아 있으며, 심지어 부활을 기다리고 있다. 예루살렘을 차지하기 위한 대량학살, 무차별 폭력, 전쟁, 테러리즘, 포위 공격, 참사와 같은 끝없는 투쟁이 그곳을 전쟁터로 만들었다. 예루살렘을 두고 올더스 헉슬리Aldous Huxly는 '종교들의 도살장'이라고 표현했고 플로베르Flaubert는 '납골당'이라고 불렀다. 멜빌Melville은 '죽은 자들의 군대들'에 에워싸인 '해골'이라 했으며 에드워드 사이드Edward Said는 자신의 아버지가 '죽음을 연상시킨다'는 이유로 예루살렘을 매우 싫어했다고 회상했다.

하늘과 땅의 이 거룩한 장소는 신의 섭리에 따라 발전한 것이 아니다. 종교는 모세Moses, 예수, 무함마드 등 카리스마를 가진 예언자들에게 섬광이 나타나면서 시작된다. 한 장군의 힘과 행운에 의해 제국이 창설되고 도시가 정복된다. 다윗 왕을 시작으로 몇몇 개인이 내린 결정이 예루살렘을 예루살렘으로 만들었다.

다윗의 하찮은 요새이자 작은 왕국의 수도가 전 세계의 주목을 받는 곳이 되리라고는 아무도 예측하지 못했다. 역설적이게도, 네부카드네자르Nebuchadnezzar의 파괴로 인해 예루살렘은 거룩함의 원형이 되었다. 대재앙을 겪은 유대인들에게 시온Zion의 영광을 기록하고 호소하게 했기 때문이다. 그러한 대재앙은 일반적으로 한 민족의 소멸로 이어진다. 그러나 유대인들의 왕성한 생존력, 자신들의 신을 향한 끈질긴 헌신, 그리고 무엇보다도 성서 속에 역사를 자신들의 관점으로 기록한 것이 예루살렘의 명성과 신성함을 위한 토대가 되었다. 성서는 유대인 국가와 성전을 대신했고 하인리히 하이네Heinrich Heine가 언급했듯이 "유대인의 휴대용 조국이자 휴대용 예루살렘"이 되었다. 자신에 대한 책을 가지고 있는 도시는 이 세상 어디에도 없으며 한 도시의 운명을 이끈 책 역시 어디에도 없다.

예루살렘의 신성은 선택된 민족이라는 유대인들의 예외주의에서 유래했다. 예루살렘은 선택된 도시가 되었다. 팔레스타인은 선택된 땅이었고 그리스도인들과 무슬림들은 이러한 예외주의를 물려받고 포용했다. 예루살렘과 이스라엘 땅 최고의 신성은 이스라엘로 복귀하려는 유대인들의 점점 더 커지는 종교적 집착이 반영되었고 16세기 유럽의 종교개혁과 1970년대 사이에 세속적 등가물인 시온주의에 대한 서구의 열광으로 나타났다. 그 후 예루살렘에 대한 인식은 빼앗긴 성스러운 도시 예루살렘과 더불어 팔레스타인인들의 비극적인 이야기로 바뀌었다. 따라서 서구의 집착은 두 가지 방법으로 움직일 수 있다. 그것은 이해가 엇비슷하거나 양날의 칼이다. 오늘날 예루살렘 연구와 이스라엘-팔레스타인 분쟁은 이 세상의 다른 어떤 것보다도 훨씬 더 격렬하고 감정적으로 나타나고 있다.

하지만 단순해 보이는 것은 아무것도 없다. 역사는 종종 일련의 잔인한 변화와 폭력적인 반전처럼 보인다. 하지만 나는 예루살렘이 복잡한 건물들 속에 자리 잡은 혼합의 대도시이며, 분리된 종교적 전설들과 민족주의자 이야기들과 같은 편협한 분류에 맞선 혼성의 사람들이 있는 연속성과 공존의 도시임을 보여주고 싶다. 그런 이유로 나는 갑작스러운 사건들과 틀에 박힌 역사 속의 파벌 이야기들에 도전하는 가문들이 만들어내는 역사에 관심을 가지고 있다. 그들은 바로 다윗 가문Davidians, 마카베오 가문Maccabees과 헤롯 가문Herodians, 우마이야 가문Umayyads과 보두앵Baldwin 및 살라딘 가문, 후세이니 가문Husseinis, 칼리드 가문Khalidis, 스패포드 가문Spaffords, 로스차일드 가문Rothschilds 및 몬티피오리 가문Montefiores이다.

이들은 단지 예루살렘에 대치되는 것이 아니라 맞물리고 중복된 문화와 충성심을 가지고 있다. 즉 아랍 정통파Arab Orthodox, 아랍 무슬림들Arab Muslims, 세파르디 유대인들Sephardic Jews('Sepharad'는 히브리어로 스페인을 뜻함-옮긴이), 아슈케나지 유대인들Ashkenazi Jews(독일, 폴란드, 러시아계 유대인-옮긴이), 정통 유대인들, 세속적 유대인들, 아르메니아정교Armenian Orthodox, 그루지아인들Georgians, 세르비아인들Serbs, 콥트인들Copts(그리스도교를 믿는 이집트인들-옮긴이), 프로테스탄트Protestants, 에티오피아인들Ethiopoans, 라틴인들Latins 등과 같이 다면적이고 변화무쌍하다. 한 개인은 종종 서로 다른 정체성, 몇 개의 충성심을 가지고 있다. 인간이 가진 그런 면은 예루살렘에 층층이 쌓인 돌이나 먼지와 동일하다.

사실 예루살렘은 흥망성쇠를 거듭해왔지만 결코 정체된 적이 없으며 언제나 변화하고 있다. 마치 모양, 크기, 심지어 색깔까지 변하면서도 뿌리는 여전히 한곳에 두고 있는 식물과도 같다. 예루살렘이 미디어에서 '세 종교에 봉헌된 성스러운 도시'로 표현되거나 24시간 뉴스의 단골 메뉴로 등장한 것은 비교적 최근에 나타난 현상이다. 수 세기 동안 예루살렘은 종교적으로나 정치적으로나 중요성을 상실한 것처럼 보였다. 대부분의 경우 종교적 열정을 자극하고 고무한 것은 신성한 계시가 아니라 정치적인 필요성이었다.

예루살렘이 점점 잊히고 중요성을 상실한 것처럼 보일 때마다 성서숭배주의가 등장했다. 이것은 먼 이국땅에 있는 사람들이 자신들의 신앙을 예루살렘에 투사시키고 성서의 진실을 헌신적으로 탐구하는 것이다. '그곳'은 메카, 모스크바, 매사추세츠 등 어디에나 있다. 모든 도시가 외부의 사고방식이 들어오는 창구이지만 예루살렘은 외부세계를 비추어 내부의 삶으로 드러내는 양면거울이었다. 절대적인 신앙의 시대든, 정의로운 제국의 건설이든, 복음의 계시든, 세속적 민족주의든 간에 예루살렘은 그 상징이자 지렛대가 되었다. 그러나 서커스의 거울이 그러하듯, 거울에 비친 모습은 언제나 왜곡되고 기형인 경우가 많았다.

예루살렘은 정복자들에게도 방문객들에게도 실망이자 고통의 땅이다. 현실의 도시와 천상의 도시 간의 차이는 상당한 고통을 유발한다. 1년에 100여 명의 환자가 예루살렘의 보호시설에 수용되는데, 이들은 예루살렘 신드롬Jerusalem Syndrome, 즉 기대, 실망, 망상의 정신질환을 겪는다. 그러나 이 예루살렘 신드롬 역시 정치적이다. 예루살렘은 이성으로 설명할 수 없는 탐욕스러운 열정과 불굴의 감정 영역 속에 존재하는 감각과 실제 정치 및 전략을 부정한다.

지배와 진실을 위한 투쟁에서 승리한다 해도 그것은 다른 사람들에게 그 도시의 거룩함만을 증대시킬 뿐이다. 소유자의 탐욕이 클수록 경쟁은 더욱 치열해지고 보다 더 본능적으로 반응한다. 의도하지 않은 결과의 법칙은 그곳에도 적용된다.

예루살렘만큼 배타적 소유의 욕망을 불러일으키는 장소는 어디에도 없다. 그러나 질투심에 불타는 이러한 열정은 아이러니하기만 하다. 대부분의 예루살렘 성지는 다른 종교에 속해 있던 것을 빌리거나 훔친 것이다. 이 도시의 과거는 종종 상상으로만 존재한다. 사실상 돌멩이 하나하나가 오래전에 잊힌 다른 신앙의 성전이자 다른 제국이 거둔 승리의 아치에 깔려 있던 것이다. 전부는 아니지만 대부분의 정복에는 다른 신앙의 흔적들을 지우는 동시에 그들 종교의 전통, 이야기, 유적을 이용하려는 본능이 동반되었다. 파괴에 대한 욕구도 컸지만, 정복자들은 그 이상으로 전에 있던 것을 파괴하지 않은 채 다시 사용하고 추가했다. 성전산, 요새, 다윗 성, 시온 산, 성묘교회와 같은 중요한 장소들은 각기 다른 역사의 층들을 대변하지 않으며, 글자를 지우고 그 위에 다시 글을 쓴 양피지나 비단실로 겹겹이 짜서 이제는 분리가 불가능한 자수 작품에 더 가깝다.

타 종교의 전염성 강한 거룩함을 소유하기 위한 경쟁은 세 종교가 동시에 성공적으로 몇몇 성지를 거룩함으로 이끌도록 만들었다. 예를 들어 왕들은 포고령을 내렸고, 신하들은 왕들을 위해 죽었다. 그런데 지금 그들은 거의 잊혔다. 시온 산은 열광적인 유대인, 무슬림, 그리스도인의 숭배 장소이지만, 이제 무슬림이나 유대인 순례자는 거의 없고 그리스도인이 다시 북적거리고 있다.

예루살렘에서 진실은 많은 경우 신화보다 중요하지 않다. "예루살렘에서는 사실facts의 역사에 대해 묻지 말라"고 저명한 팔레스타인 역사가 나즈미 알 주베Nazmi al-Jubeh 박사는 말한다. "허구를 빼면 아무것도 남지 않는다." 역사는 워낙 강력한 힘을 발휘하는 탓에 반복적으로 왜곡된다. 고고학은 그 자체가 역사를 움직이는 힘이며 고고학자들은 종종 현재를 위해 과거를 이용하는 데 동원되었던 군인처럼 무력을 휘둘렀다. 객관적이고 과학적인 목표를 가진 학문 분야도 종교적, 민족적 편견을 합리화하고 제국의 야욕을 정당화하는 데 이용될 수 있다. 이스라엘인, 팔레스타인인, 그리고 19세기의 복음 제국주의자들 모두 이러한 죄에서 자유롭지 않다. 예루살렘의 역사는 진실의 역사인 동시에 전설의 역사여야만 한다. 사실은 엄연히 존재하고 있으며 이 책에서는 그러한 사실을 말하고자 한다. 어느 한쪽의 입맛에 딱 맞지 않더라도 어쩔 수 없는 노릇이다.

이 책에서 나는 오늘날 벌어지는 투쟁에 대한 정치적 의제와 상관없이 무신론자나 신자, 그리스도인, 무슬림이나 유대인을 망라하는 일반 독자들을 위해 가장 넓은 의미에서 예루살렘의 역사를 서술하고자 한다.

나는 병사들과 예언자들, 시인들과 왕들, 농민들과 음악가들 등 예루살렘을 만든 모든 사람들의 삶을 통해 연대기적으로 이야기를 펼칠 것이다. 도시에 생명력을 불어넣는 한편, 이런 역사가 어떻게 복잡한 진실을 낳았는지를 보여주기 위해서는 이 방법이 최선이기 때문이다. 현재의 강박관념을 통해 과거를 바라보려는 유혹을 피하려면 연대기적 서술을 통하는 수밖에 없다. 나는 모든 사건이 필연적이었던 것처럼 역사를 서술하는 목적론적 방식을 피하고자 노력했다. 그 이유는 각각의 변천이 선행했던 것에 대한 반응이며, 따라서 연대기는 이 진화를 밝히고 왜 예루살렘인가라는 질문에 대답하며 사람들이 왜 과거에 그처럼 행동했는지를 보여줄 수 있는 가장 좋은 방법이기 때문이다.

또한 나는 이것이 가장 흥미로운 서술 방법이 되기를 바란다. 예루살렘을 다룬 수천 권의 책 가운데 이야기체의 역사는 거의 없다. 네 시대, 즉 다윗, 예수, 십자군, 그리고 아랍-이스라엘 갈등의 시대는 성서, 영화, 소설, 뉴스 덕분에 익숙하긴 하지만, 잘못 이해되는 경우가 빈번하다. 그밖의 사건에 대해서 나는 거의 잊힌 역사를 새 독자들에게 소개하기를 진심으로 바란다.

이 책은 세계사의 중심을 차지한 예루살렘의 역사를 이야기하지만 예루살렘의 모든 면을 다루는 백과사전식 역사책은 아니며 모든 건물의 벽감과 기둥머리와 아치 길을 하나하나 소개하는 안내책자도 아니다. 이 책은 그리스정교, 라틴, 또는 아르메니아인의 역사책도 아니며 하나피 법학파(8세기 아부 하니파$^{Abu\ Hanifah}$가 이라크에서 정립한 이 학파는 온건성과 합리성 때문에 전 세계에서 가장 많은 무슬림들의 추종을 받고 있다. 이라크 쿠파를 중심으로 발전해서 이라크 학파라고도 부른다. 이 학파는 이성과 자유의지를 존중했으며 《쿠란^{Koran}》에 명시되어 있지 않은 경우에는 개인적 견해인 라이^{Ray}를 사용했다-옮긴이)나 샤피이 법학파(이븐 이드리스 알 샤피이$^{Ibn\ Idris\ al-Shafii}$가 창설한 학파로 보수적인 메디나 말리키 법학파와 비교적 개방적인 이라크 학파인 하나피 법학파의 중간적인 견해를 따른다. 따라서 개방적이고 융통성이 있는 편이다. 이 학파는 압바스조의 공인학파가 되면서 세력이 확대되었고, 이집트, 이라크, 레바논, 팔레스타인, 예멘, 말레이시아, 인도네시아 등지에 널리 퍼져 있다-옮긴이)의 역사책도 아니고, 하시디파^{harsidic} 유대인이나 카라이파^{karaite} 유대인의 역사책도 아니며, 또한 어떤 특별한 관점으로 쓰이지도 않았다. 맘루크조^{Mamluks}에서 위임통치 시기까지 무슬림 도시의 삶은 무시되었다.

팔레스타인의 경험을 통한 예루살렘 가문 연구는 학술적인 연구 대상이었지만 대중적인 역사가들은 거의 포함시키지 않았다. 그들의 역사는 지금까지 매우 중요하게 남아 있다. 나는 영어로 소개되지 않은 몇몇 중요한 자료를 영어로 번역했고 그들의 이야기를 듣기 위해 그 모든 가문의 구성원들과 인터뷰했다. 하지만 그것들은 모자이크의 일부분일 뿐이다. 이 책은 유대교, 그리스도교, 그리고 이슬람교의 역사도 아니며, 예루살렘에서의 신의 본질에 대한 연구도 아니다. 이 모든 것들은 다른 사람들이 전문적으로 연구해왔다. 가장 최근에 나온 훌륭한 책으로는 카렌 암스트롱Karen Armstrong의 《예루살렘: 하나의 도시와 세 개의 신앙Jerusalem: One City, Three Faiths》이 있다. 또한 이 책은 이스라엘-팔레스타인 분쟁의 상세한 역사도 아니다. 오늘날 어떠한 주제도 그것만큼 강박관념에 사로잡힌 연구도 없다. 그러나 나의 힘든 도전은 이 모든 주제를 가능하면 균형 있게 다루는 것이다.

내 임무는 서로 다른 종교들 사이의 미스터리를 판결하는 것이 아니라 사실만을 쫓는 것이다. 나는 당연히 위대한 세 종교의 신성한 기적들과 성스러운 경전들의 '진실' 여부를 판단할 권리를 주장하지 않는다. 성서 혹은 예루살렘을 연구하는 사람은 여러 가지 진실이 존재한다는 것을 인정해야 한다. 다른 종교와 다른 시대의 신앙은 이상하게 보이고 우리 시대와 장소의 일상적인 관습은 항상 꽤나 논리적으로 보인다. 수많은 사람들의 세속적인 이성과 상식이 정점을 이룬 21세기에도 그 자체의 일반 통념과 사이비종교의 관행이 존재하는데, 우리 증손자들의 시대에 그것은 더욱 이해할 수 없는 기이한 것으로 보일 것이다. 그러나 종교와 그들의 기적이 예루살렘의 역사에 미치는 영향은 부인할 수 없는 현실이며 종교에 대한 존중 없이 예루살렘을 이해하는 것이 불가능할 따름이다.

예루살렘의 역사에서 몇 세기는 거의 알려진 바가 없고 모든 것이 논쟁의 대상이 되고 있다. 그것이 예루살렘이라는 이유 때문에 학술적이고 고고학적인 논쟁은 악순환을 겪는 경우가 많았으며, 때로는 폭력적이 되고 심지어 폭동과 전투로 이어졌다. 지난 반세기 동안의 사건들도 너무나 논쟁의 소지가 많아서 그에 대해 수많은 설명이 있을 정도다.

과거에는 역사학자들, 고고학자들, 그리고 괴짜들 모두가 극소수의 이용 가능한 자료를 짜내고, 다듬고, 처리해서 가능한 모든 이론에 맞춘 다음 절대적인 확실성을 가지고 옹호했다. 모든 경우에서 나는 원전과 수많은 이론을 검토했고 결론에 도달했다. 내가 완전히 방어적인 태도를 취했다면 이 책에서 가장 많이 사용되었을 단어는 '아마도', '어쩌면', '할 수도'일 것이다. 그러나 나는 해당하는 모든 경우에 그러한 단어를 사용하지는 않았다. 다만 각 문장 뒤에 방대한 문헌이 있다는 사실을 알아두기 바란다.

이런 논쟁 가운데 가장 뜨거운 것은 바로 다윗 왕을 둘러싼 논쟁이다. 그 이유는 그것의 정치적 함의가 굉장히 크고 오늘날에도 지대한 의미를 갖기 때문이다. 가장 과학적인 경우에조차도, 이 논의는 아마도 그리스도나 무함마드의 본질에 대한 논의를 제외하고는 그 어떤 장소나 그 어떤 주제에서도 발견할 수 없을 정도로 극적이고 가혹하게 수행되었다. 다윗 이야기의 출처는 성서다. 그의 역사적인 생애는 오랫동안 당연시되었다.

19세기 성지에 대한 제국주의적이고 그리스도교적인 관심이 다윗의 예루살렘에 대한 고고학적 탐사에 영향을 미쳤다. 그리스도교의 성격을 지닌 이 조사는 1948년 이스라엘 국가의 탄생으로 인해 방향이 바뀌었다. 그것은 유대인 예루살렘 건립자라는 다윗의 지위 때문에 뜨거운 종교적, 정치적 중요성을 부여받았다. 10세기 예루살렘에 대한 증거가 없었기 때문에 수정주의 이스라엘 역사학자들은 다윗 성의 규모를 축소했다. 일부 학자들은 심지어 다윗이 역사적 실존인물인지에 의문을 제기했는데, 이는 유대인의 주장을 손상시키는 것이었기 때문에 유대인 전통주의자들에게는 커다란 분노를, 팔레스타인 정치인들에게는 큰 기쁨을 주었다.

그러나 1993년 텔 단 석비Tel Dan Stele가 발견되면서 다윗 왕이 실존했음을 증명할 수 있었다. 성서는 본래 역사책으로 쓰인 것은 아니지만,

그럼에도 내가 이야기를 전개해나가기 위해 이용한 중요한 역사적 원전이다. 다윗 성의 범위와 성서의 진실성은 본문에서 논의되었고 다윗 성을 둘러싼 현재의 분쟁에 대해서도 다루었다.

후대에 와서 보면 에드워드 사이드가 쓴 《오리엔탈리즘Orientalism》의 그림자를 의식하지 않은 채 19세기에 관해 서술하는 것은 불가능하다. 사이드는 예루살렘에서 태어난 팔레스타인 그리스도인이며, 컬럼비아대학교에서 문학 교수가 되었고, 팔레스타인 민족주의에 대해 독자적인 정치적 목소리를 냈다. 그는 샤토브리앙Chateaubriand, 멜빌, 트웨인Twaine과 같은 19세기 여행가들이 아랍 문화를 경시하고 제국주의를 정당화시키면서 "아랍-이슬람 사람들과 그들의 문화에 대해 미묘하고 끈질긴 유럽 중심적 편견"을 가지고 있다고 주장했다. 사이드의 연구가 제자들로 하여금 역사에서 서구 침입자들을 지우려 애쓰게 한다 할지라도, 사실 이런 주장은 우스꽝스러운 것일 뿐이다. 그런데 이 방문객들이 예루살렘에서 살고 있는 아랍인과 유대인의 실제 생활을 거의 보지 못하고 제대로 이해하지 못했던 것은 사실이다. 때문에 나는 원주민들의 실제 생활을 보여주기 위해 더욱 심혈을 기울였다. 그러나 이 책은 논쟁을 위한 것이 아니며, 예루살렘 역사가는 서구의 낭만적 제국주의 문화가 도시에 끼친 지배적인 영향을 보여주어야만 한다. 이는 강대국들에게 있어 중동이 그토록 중요한 의미를 지녔던 이유를 설명하기 위함이다.

마찬가지로 나는 팔머스톤Palmerston과 섀프츠베리Shaftesbury에서 로이드조지Llyoid George, 밸푸어Balfour, 처칠Churchill 그리고 그들의 친구 바이츠만Weizmann에 이르기까지 세속적이고 복음적인 영국 친시온주의의 발전을 묘사했다. 그것은 19세기와 20세기 당시 예루살렘과 팔레스타인의 운명에 가장 결정적인 영향을 미친 요인이었기 때문이다.

이 책의 본문은 1967년에서 마무리된다. '6일 전쟁Six Day War'이 본질적으로 오늘날의 상황을 만들었고 결정적인 방해물이 되었기 때문이다. 에필로그는 현재까지의 정치를 피상적으로 제시하면서 세 곳 성지에서의 전형적인 아침을 상세하게 묘사하는 것으로 마무리된다. 그러나 상황이란 언제나 변하기 마련이다. 만일 내가 오늘날까지의 역사를 상세하게 서술했다면 이 책은 마무리가 명쾌하지 않았을 것이고 거의 시간 단위로 내용을 수정해야 했을 것이다. 그 대신에 나는 예루살렘이 평화협상의 본질이자 걸림돌이 된 이유를 보여주고자 노력했다.

이 책은 고대와 현대의 1차 자료에 대한 광범위한 조사는 물론, 전문가, 교수, 고고학자, 가문, 정치인들과 개인적으로 나눈 세미나, 예루살렘의 성지와 고고학 발굴지를 발이 닳도록 찾은 탐사를 종합한 결과물이다. 나는 새로운 자료나 거의 활용된 적이 없는 자료를 발견하는 행운을 누렸다. 이 연구는 특별한 세 가지 기쁨을 가져다주었다. 먼저 예루살렘에서 많은 시간을 보낼 수 있었고, 우사마 빈 문키드Usama bin Munqidh, 이븐 할둔, 에블리야 셀레비Evliya Celebi, 그리고 와시프 자우하리예Wasif Jawhariyyeh에서 티레의 윌리엄William of Tyre, 요세푸스Josephus, 토머스 에드워드 로렌스T. E. Lawrence에 이르는 작가들의 놀라운 작품을 읽을 수 있었다. 그리고 마지막으로 엄중한 정치적 위기 가운데에 팔레스타인인들, 이스라엘인들, 아르메니아인들, 무슬림들, 유대인들 및 그리스도인들 등 모든 종파의 예루살렘인들과 진실하고 관대하게 친분을 맺고 도움을 받는 영광을 누렸다.

나는 일생에 걸쳐 이 책의 집필을 준비해온 것 같은 기분이 든다. 어린 시절부터 나는 예루살렘 주변을 배회해왔다. '예루살렘'은 우리 가족과 떼려야 뗄 수 없는 곳이자 우리의 모토였다. 개인적인 관계는 차치하고, 발생한 일과 사람들의 믿음에 관한 역사를 말하기 위해 나는 이곳에 있다. 우리가 출발했던 지점으로 되돌아가면 항상 두 개의 예루살렘이 존재해왔다. 그곳은 지상과 천상에 존재하며 이성과 사실보다는 신앙과 정서에 의해 더 많이 지배되는 곳이다. 그리고 예루살렘은 여전히 세계의 중심으로 남아 있다.

  모든 사람들이 내 접근 방식을 원하는 것은 아닐 것이다. 그러나 결국 이 책도 예루살렘이다. 이 책을 집필하는 과정에서 나는 언제나 로이드조지가 유대인과 아랍인 모두를 신랄하게 비난했던 예루살렘 총독 스토스Storrs에게 했던 충고를 기억했다. "글쎄요, 어느 한쪽이 불평을 멈추게 되면 당신의 권력도 끝이 날 겁니다."1)

옮긴이의 글

　　예루살렘을 방문할 때마다 다시는 오고 싶지 않은 곳이라는 느낌을 받는다. 나처럼 예루살렘을 다녀온 사람들은 저마다 텔아비브국제공항에서 좋지 않은 기억을 갖게 되었을지도 모른다. 나는 여권에 찍혀 있는 이란 비자로 인해 공항 직원들에게 심한 조사를 받는다. 공항 보안요원들은 위압적인 분위기 속에서 나 스스로 테러범이 아닐까 하는 착각이 들 정도로 심문을 하면서 가방 속을 샅샅이 뒤지고 철저한 몸수색을 실시한다. 그리고 내 핸드캐리어 가방을 압수한 후 친절하게도 비행기 안까지 동행하기도 한다. 이것은 오늘날 예루살렘의 모습을 단적으로 보여주는 예다.
　　예루살렘이란 '평화의 도시'를 의미하며 신성한 도시로 알려져 있다. 하지만 두 민족과 세 종교가 서로 소유권을 주장하는 예루살렘은 결코 단순한 도시가 아니다. 사실상 그곳은 오늘날 지구촌의 대표적인 분쟁 도시다. 끊임없는 중동 분쟁과 이스라엘-팔레스타인 갈등은 민족적 주권과 영토권을 둘러싼 역사적 분쟁과 관련되어 있다. 그리고 그 중심에는 바로 예루살렘이 있다. 2009년 5월 21일, 베냐민 네타냐후Benjamin Netanyahu 이스라엘 총리는 '예루살렘의 날'을 맞이해 '메르카즈 하라브 유대 종교대학'에서 열린 기념식에서 현재 이스라엘-팔레스타인 분쟁의 해결책으로 제시된 두 개 국가 평화공존 해법을 부정하면서 '예루살렘 분할론'을 거부했다. "예루살렘은 언제나 우리의 것이었으며 앞으로도 우리의 것이다. 세계는 예루살렘을 어떠한 형태로도 나누지 못할 것이다. 예루살렘은 이스라엘의 통치권 안에만 있을 것이다." 그는 팔레스타인이 동예루살렘을 수도로 국가를 수립하려는 방안에 반대 입장을 표명하면서 예루살렘 소유권을 강력하게 주장했다. 예루살렘의 날은 1967년 제3차 중동전쟁에서 동예루살렘을 점령한 것을 기념하는 날이다.

그 후 변화한 것은 아무것도 없었다. 이스라엘은 2002년 6월부터 팔레스타인의 가자지구와 서안지구 주변에 분리장벽을 건설해왔다. 현재 완공된 구간은 500킬로미터이지만 2020년 완공 예정인 구간까지 합치면 810킬로미터에 이를 것이다. 이스라엘은 분리장벽 건설의 이유로 자국의 안보를 내세우고 있다. 가자지구와 서안지구 접경에 장벽을 건설하고 이를 통해 팔레스타인 무장단체들이 이스라엘로 들어오는 것을 원천 봉쇄해 자국민의 안전을 확보하겠다는 것이다. 하지만 이스라엘의 분리장벽은 많은 문제점을 안고 있다. 이 장벽은 팔레스타인 쪽과의 협의 없이 일방적으로 건설되고 있다. 이로 인해 팔레스타인인들은 많은 고통을 받고 있다. 분리장벽 주변에 있던 팔레스타인 가옥들이 일방적으로 몰수 파괴되었으며 하나의 생활권이던 사람들이 일방적으로 분리되었다. 유엔은 분리장벽을 불법으로 규정했다. 이 분리장벽은 일종의 인종차별정책이라고 볼 수 있다.

2011년 10월 31일, 팔레스타인이 유네스코에 정식회원으로 가입하자 11월 1일 이스라엘은 동예루살렘과 서안지구에 유대인 주택 2,000가구를 증설하는 정착촌확대정책을 발표했다. 또한 이스라엘은 마흐무드 압바스 팔레스타인 자치정부 수반에 대한 특별대우를 철회하고 일반인 수준의 60일 이스라엘 통행 허가를 내줬다. 팔레스타인인들은 이스라엘의 통행증이 없으면 다른 지역으로 나갈 수 없다. 제2차 세계대전 때 유대인들은 나치에 의해 게토^{ghetto}(유대인 강제격리를 위한 거주지역)에 감금당했고, 전 세계의 동정을 받았다. 반대로 바뀐 이러한 상황을 어떻게 해석해야 할까? 어제의 피해자가 오늘은 가해자가 된 역사의 아이러니다.

    이 책의 저자 사이먼 시백 몬티피오리$^{Simon\ Sebag\ Montefiore}$는 자신의 생각과 흡사한 예루살렘 책을 찾을 수가 없어서 직접 쓰기로 결심했다고 한다. 기존의 책들은 주로 특정한 사건에 초점을 맞춘 것이어서 자신이 그 공백을 메우고 싶다고 밝혔다. 몬티피오리는 서문에서 평생 이 책의 집필을 준비해온 것 같다면서 어린 시절부터 예루살렘 주변을 배회해왔다고 말했다. 그는 유대인이다. 더 나아가 이 책에서 등장하는 19세기 유대인의 권리를 위해 싸웠던 저명한 박애주의자 모지스 몬티피오리$^{Moses\ Montefiore}$ 경의 후손이다.

    이 책은 예루살렘에 대한 역사 이야기다. 특히 살아 숨 쉬는 예루살렘의 역사를 통해 이 도시를 둘러싼 갈등구조를 다루고 있다. 세월이 흐르면서 예루살렘의 주인은 바뀌었지만 그들의 이야기는 과거와 다름없이 지속적으로 반복되고 있다. 침략, 배신, 학살, 음모, 반란. 아랍역사가 이븐 할둔은 왕조와 문명이 인간처럼 자연적인 수명을 갖고 있으며 흥망성쇠를 거치면서 역사순환의 곡선을 그린다고 주장했다. 몬티피오리는 예루살렘의 역사를 하나의 전기로 보고 있다. 그래서 이 책의 제목이 《예루살렘 전기》다. 또한 이 책에는 인간의 모든 삶이 들어 있다. 수많은 사례를 통해 인간의 탐욕과 위선 그리고 광기를 보여준다. 어쩌면 누군가를 무조건적으로 소유하는 것이 사랑이라고 착각하는 잘못된 사랑이야기라고도 볼 수 있겠다.

이 책이 출판되기까지 도와주신 많은 분들에게 진심으로 감사드린다. 또 번역할 기회를 주신 시공사와 편집부에도 감사를 드린다.

이름과 음역, 직함에 관하여

이 책에서는 이름의 다양성, 언어 그리고 음역에 관한 의문점이라는 도전을 피할 수가 없었다. 일반 독자를 위한 책이라는 원칙에 준해서 가장 친근하고 이해하기 쉬운 이름을 사용했다. 혹시 이런 결정으로 인해 불쾌하신 분이 있다면 양해를 바란다.

유다 왕국 시기에서는 아리스토불로스Aristobulos처럼 하스모니아Hasmonean 왕들의 이름은 라틴어가 아닌 그리스어를 사용했다. 헤롯의 이복형제인 요나단Jonathan처럼 큰 비중을 차지하지 않는 인물의 이름은 그리스어 이름인 아리스토불로스 대신에 히브리어 명칭을 사용하여 여러 명의 아리스토불로스로 인한 혼돈을 방지하고자 했다. 가족의 이름은 친근한 이름인 헤롯Herod(헤로데Herodes 대신 사용), 폼페이우스Pompey, 마르쿠스 안토니우스Mark Antony, 타물란Tamurlane, 살라딘 등을 사용했다. 페르시아어 이름은 키루스Cyrus처럼 많이 알려진 경우는 그대로 사용했다. 마카베오 가문은 하스모니아 왕조를 이루기는 했으나 분명하게 하기 위하여 마카베오로 칭했다.

아랍 시대의 도전은 더 방대하다. 이 책은 대부분 친근한 영어식 표기를 사용했다. 예를 들면 디마슈크^{Dimashq}보다는 다마스쿠스^{Damascus}라고 표기했다. 사람, 단체 그리고 마을의 이름 앞의 아랍어 관사 알$^{al-}$은 생략했다. 하지만 여러 단어로 되어 있을 때와 처음 나올 때는 그대로 두었다. 발음 구별 부호도 사용하지 않았다. 대부분의 압바스조^{Abbasid}와 파타마조^{Fatamid} 칼리프^{caliph} 그리고 아유브조^{Ayyubid} 술탄^{Sultan}의 경우 통치명은 라카브^{laqab} 대신에 알 만수르$^{al-Mansur}$를 사용했다. 순전히 독자가 읽기 쉽도록 모든 경우에 정관사를 생략했다. 잘 알려진 이름을 제외하고는 빈^{bin} 대신에 이븐^{ibn}을 사용했다. 편리함을 위해 아랍어의 소유격을 사용하지 않았다. 대부분 아유브조는 '살라딘 가문'으로 명기했다.

서양의 역사에서 아랍식의 이름은 일관성 있게 나타나지 않는다. 예를 들면 압바스조는 《아라비안 나이트》 때문에 유명해져 하룬 알 라시드$^{Harun\ al-Rashid}$가 아닌 통치명으로 불린다. 모든 역사가들은 살라딘이라는 이름을 20세기의 술탄을 일컫는 데 사용하는데, 그의 형제는 모두 알 아딜$^{Al-Adil}$로 부른다. 살라딘의 성은 유수프 이븐 아유브$^{Yusuf\ ibn\ Ayyub}$였고 그의 형제 이름은 아부 바크르 아유브$^{Abu\ Bakr\ Ayyub}$였다. 둘 다 명예로운 이름인 살라 알 딘$^{Salah\ al-Din}$과 사이프 알 딘$^{Saif\ al-Din}$을 차용했다. 이후 통치명은 살라딘은 알 나시르$^{al-Nasir}$(승리자), 그의 동생은 알 아딜$^{al-Adil}$(공정한 자)로 바뀐다. 알 아딜, 알 아지즈$^{al-Aziz}$, 알 아프달$^{al-Afdal}$과 같은 아유브조 이름의 혼동을 방지하고 부분적으로는 살라딘과의 관계를 강조하기 위해서 각각 살라딘과 사파딘^{Safadin}이라는 이름을 사용했다.

맘루크조 시기에는 역사가들은 알 자히르$^{al-Zahir}$라는 통치명보다는 주로 바이바르^{baibars}라는 이름을 사용했고 이후에는 통치명을 사용했다. 예외적으로 알 자히르 무함마드$^{al-Zahir\ Muhammad}$의 경우에는 두 개의 이름을 모두 사용했다. 나는 이러한 혼용을 그대로 명기했다.

오토만 시기의 잘 알려지지 않은 이름들은 아랍식이 아닌 터키식 철자법을 사용했다. 단순하게 가장 쉽게 알아볼 수 있는 표기를 선택했다. 예를 들면 제말 파샤Jemal Pasha는 터키어로 케말Çemal이며 제말Djemal로 음역했다. 무함마드 알리Muhammad Ali 대신에 메흐메트 알리Mehmet Ali를 사용했다.

근대 시기에서는 후세인 이븐 알리Hussein ibn Ali를 메카의 샤리프Sherif나 헤자즈Hejaz의 후세인 왕으로 명명했고 그의 아들들을 파이잘Faisal과 압둘라 이븐 후세인Abdullah ibn Hussein 대신에 왕자 또는 아미르Amir(왕이 되기 전까지) 파이잘과 후세인으로 표기했다. 초기에는 그들을 샤리피안이라 했고 이후에는 하심가Hashemites라고 불렀다. 사우디아라비아의 첫 번째 왕은 압둘 아지즈 알 사우드Abdul Aziz al-Saud지만 서양식인 이븐 사우드Ibn Saud를 더 많이 사용했다. 버사 스패포드Bertha Spafford는 프리드리히 베스터Frederick Vester와 결혼하였으나 일관성을 유지하기 위해 스패포드라고 했다.

가나안Cannan, 유다, 유다 왕국Judaea, 이스라엘, 팔레스티나Palaestina, 빌라드 알 샴스Bilad al-Shams, 팔레스타인, 거대 시리아Greater Syria, 코엘레 시리아Coele Syria, 성지 등은 다양한 경계를 가진 나라를 일컫는 이름을 사용한 것이다. 예루살렘을 일컫는 말은 70여 가지가 있다. 도시, 신의 집House of God, 거룩한 집Holy House, 성전 등은 모두 유대인의 성전을 언급한 것이다. 돔, 쿠베트 알 사크라Qubbet al-Sakhra, 주의 성전, 템플룸 도미니Templum domini는 모두 바위 돔을 언급한 것이다. 아크사Aqsa는 솔로몬Solomon 성전이다. 하르 하바이트Har Habayit는 히브리어, 하람 알 샤리프Haram al-Sharif는 아랍어로 성전산인데 신성한 산책로sacred esplanade로 표기하기도 했다. 성소Sanctuary는 지성소나 성전산을 말하는데 무슬림들은 하람Haram(고귀한 성소)이라고 한다. 무슬림들에게는 두 개의 성소가 있는데 하나는 예루살렘과 헤브론Hebron, 다른 하나는 아브라함과 조상들의 무덤인 헤롯의 건물이다. 부활, 교회, 무덤, 데이르 술탄Deir Sultan은 성묘교회를 칭하는 말이다. 바위는 아랍어로 사크라Sakhra이고 초석은 히브리어로 에벤 하슈티야Even HaShtiyah이다. 지성소는 코데시 하코데심Kodesh haKodeshim이다. 벽, 코텔Kotel, 서쪽 통곡의 벽, 알 부라크al-Buraq 벽은 유대인의 성지를 말한다. 요새Citadel와 다윗 탑은 자파 문Jaffa Gate 근처의 헤롯 성채를 말한다. 동정녀 무덤과 여호사밧Jehoshaphat의 성모 마리아 무덤은 같은 장소다. 여호사밧의 골짜기는 키드론Kidron 골짜기다. 다윗 무덤, 나비 다우드Nabi Daoud, 만찬실Cenacle과 만찬 경당Coenaculum은 시온 산의 제단을 묘사한 것이다. 각각의 관문은 많은 이름을 가지고 있는 데다가 자주 이름이 바뀌어서 그 이름을 모두 열거하는 것은 별 의미가 없다. 모든 거리는 적어도 세 개의 이름을 가지고 있다. 옛 도시의 주요 거리는 아랍어로 엘 와드El Wad, 히브리어로는 하 가이Ha Gai, 영어로는 골짜기다.

    콘스탄티노플Constantinople과 비잔티움Byzantium은 동로마와 그 제국을 의미하지만 1453년 뒤에는 이스탄불이라고 표기했다. 가톨릭과 정교회, 라틴어와 그리스어를 혼용하여 사용했다. 이란과 페르시아도 혼용하여 사용했다. 접근성 때문에 메소포타미아 대신에 이라크를 사용했다.

    초기 이슬람 시기에서 무함마드의 후계자들은 신자들의 사령관이자 칼리프였다. 술탄, 파디샤padishah, 칼리프는 모두 오토만 통치자의 직함이다. 독일에서는 카이저Kaiser와 황제emperor, 러시아에서는 짜르Tsar와 황제가 혼용되었다.

[프 롤 로 그]
PROLOGUE

예루살렘Jerusalem에 대한 견해는 세계의 역사다. 아니, 차라리 하늘과 땅의 역사라고 하는 편이 좋을 것이다.
벤저민 디즈레일리Benjamin Disraeli, 《탕크레드Tancred》

이 도시는 파괴되었다가 재건되었고, 또다시 파괴되었다가 재건되었다. 예루살렘은 죽은 연인을 끌어안고 놓지 않는 늙은 성중독자처럼, 관계하는 동안 자신의 짝을 삼켜버리는 흑거미처럼 손에서 놓을 수 없는 마력을 지니고 있다.
아모스 오즈Amos Oz, 《사랑과 어둠의 이야기A Tale of Love and Darkness》

이스라엘Israel 땅은 세계의 중심이다. 예루살렘은 땅의 중심이다. 성전은 예루살렘의 중심이다. 지성소는 성전의 중심이다. 신성한 궤는 지성소의 중심이자 이전에 세워졌던 세계에서 온 초석이다.
《미드라시 탄후마Midrash Tanhuma》, '케도심 10Kedoshim 10'

땅의 지성소는 시리아Syria다. 시리아의 지성소는 팔레스타인Palestine이다. 팔레스타인의 지성소는 예루살렘이다. 예루살렘의 지성소는 마운트다. 마운트의 지성소는 예배 장소다. 예배 장소의 지성소는 바위 돔Dom of the Rock이다.
타우르 이븐 야지드Thaur ibn Yazid, 《파다일Fadail》

예루살렘은 가장 빛나는 도시다. 예루살렘은 약간의 약점도 지니고 있다. 그래서 예루살렘은 '전갈이 가득 찬 황금 술잔'이라고 알려졌다.
무카다시Muqaddasi, 《팔레스타인을 포함한 시리아의 설명Description of Syria including Palestine》

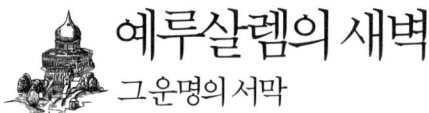
예루살렘의 새벽
그 운명의 서막

　　기원후 70년 7월 하순, 유대인 달력으로 압^{Ab}월 8일 예루살렘을 4달째 포위하고 있던 로마 황제 베스파시아누스^{Vespasian}의 아들 티투스^{Titus}는 전 군대에게 새벽 시각 성전을 공격할 것을 명령했다. 그다음 날인 압월 9일은 500년 전 바빌로니아인들이 예루살렘을 파괴했던 바로 그날이었다. 당시 티투스는 네 개의 군단을 지휘하고 있었다. 군단은 총 6만 명의 로마군과 현지 지원군으로 구성되었으며, 완강하지만 무너지고 있는 도시에 마지막 일격을 가하려고 했다.

　　성벽 너머에는 50만에 가까운 굶주린 유대인들이 생지옥 속에서 살고 있었다. 일부는 광신적인 종교적 열심당원들이고 일부는 약탈꾼들이었지만 대부분은 거대한 죽음의 함정에서 출구를 찾지 못한 무고한 가족들이었다. 지중해와 근동 도처에 거주했던, 유다 바깥에 살고 있는 유대인들도 많았다. 이 마지막 절체절명의 싸움은 예루살렘과 그 주민들의 운명뿐 아니라 유대교를 비롯하여 소규모 유대교 종파 그리스도교의 미래까지도 결정짓게 될 것이었다. 이는 심지어 6세기 후에 나타날 이슬람의 형성에도 영향을 미쳤다.

　　　　이 로마인들은 성전 벽에 올라가려고 경사로를 세웠지만 그들의 습격은 실패하고 말았다. 그날 아침 티투스는 장군들에게 이 '외국인 성전'을 지키려다 너무 많은 군인들을 잃었다면서 성전 문을 불태워버릴 것을 명령했다. 성전 문의 은이 녹아내리면서 나무로 된 현관과 창문으로 불길이 번졌고 성전의 복도에 있는 나무 장식까지 불에 탔다. 티투스는 곧 불을 끄라고 명령했다. 그는 로마인들에게 "사람이 아닌 생명이 없는 물건에 복수하지 말라"고 공표했다. 밤이 되자 그는 반쯤 파괴된 안토니아Antonia 탑에 있는 사령관실로 물러나 빛나는 성전 단지를 내려다보았다.

　　　　성벽 주변에는 생지옥 같은 끔찍한 장면들이 펼쳐져 있었다. 수천 구의 시체들이 햇빛 아래 썩고 있었다. 악취는 견디기 힘든 정도였다. 개와 자칼 떼가 인육으로 만찬을 벌였다. 지난 몇 달간 티투스는 모든 죄수나 탈주자를 십자가에 처형하도록 명령했다. 500명의 유대인이 매일 십자가 처형을 당했다. 도시 주변의 올리브 산Mount of Olive과 바위산은 십자가로 빼곡히 들어차 더 이상 십자가를 꽂을 공간도 없었고, 만들 나무도 없었다.1) 티투스의 군인들은 희생자들의 사지를 기괴한 자세로 벌린 채 묶어서 못질하는 것을 스스로 오락으로 삼았다.

　　　　수많은 예루살렘인이 목숨을 건 탈출을 감행했고 로마인들을 완전히 물리쳤을 때 다시 찾겠다는 희망을 가지고 동전을 삼켜 재산을 감췄다. 그들은 심한 굶주림으로 인해 부종을 앓는 사람처럼 부어올라 있었는데, 그런 상태에서 동전을 먹게 되면 몸이 터져버린다. 그렇게 배가 터지자, 군인들은 내장 속에 있는 악취 나는 귀중품의 존재를 알아차리게 되었다. 군인들은 모든 죄수들의 배를 갈라 창자를 빼내는 등 살아 있는 그들의 내장을 뒤졌다. 이러한 사실에 티투스는 질겁했고, 이 해부학적인 약탈을 금지시키려 했다. 그러나 아무 소용이 없었다. 유대인들에게 적의를 품은 인접국 티투스의 시리아 지원군은 이 무시무시한 게임을 즐거워했다.2) 성벽 안에서 로마인들과 반군들이 저지른 잔인함은 20세기 최악의 잔혹 행위와 비교될 정도다.

전쟁의 발단이 된 시점은 로마 총독들의 부정과 탐욕에 대해 친로마 성향의 유대인 동맹인 유대인 귀족들까지 대중적인 종교반란 세력과 공동전선을 펼치게 되면서였다. 반군은 종교적 유대인들 및 네로 황제의 쇠퇴와 그의 자살에 따른 혼란을 이용한 기회주의적 약탈자들의 결합체였으며, 성전을 중심으로 로마인들을 몰아내고 독립적인 유대인 국가를 다시 세우려고 했다. 그러나 유대혁명은 시작하자마자 피의 숙청과 조직폭력단의 난투 속에 빠졌다.

네로 이후 세 명의 로마 황제가 잇따라 등장하면서 혼란스러운 권력승계가 나타났다. 베스파시아누스가 황제의 자리에 올라 티투스가 예루살렘을 향해 행진하고 있을 당시, 이 도시는 세 개의 군벌에 의해 분열되어 전쟁을 벌이는 중이었다. 유대인 군벌들은 가장 먼저 성전 마당을 피로 물들이는 전투를 벌였고 도시를 약탈했다. 그들의 전사들은 부유한 이웃들과 협력하면서 가정집을 약탈하고, 남성을 죽이고, 여성을 희롱했다. "그것은 그들에게 단지 오락거리였다." 권력에 미치고 사냥에 흥분한, 그리고 훔친 포도주에 취했을지도 모를 그들은 "굶주린 호색한이 되었고 머리를 장식하고 여자 옷을 입고 눈 화장을 했다." 이 도시의 살인자들은 "아름답게 염색한 옷"을 휘날리며 닥치는 대로 사람을 죽였다. 교묘하게 위장된 타락 속에서 그들은 "불법적인 즐거움"을 꾸며냈다. "용납할 수 없는 더러움"에 넘어간 예루살렘은 매음굴이자 고문실이 되었다. 그럼에도 불구하고 예루살렘은 여전히 성지였다.3)

아무튼 성전의 기능은 계속되었다. 4월 로마인들이 도시를 포위하기 직전, 유월절을 지내려는 순례자들이 도시에 도착했다. 예루살렘 인구는 약 10만 명을 웃돌았지만 로마인들이 순례자들과 수많은 전쟁난민들을 잡아 가두는 바람에, 100만 명에 육박하는 사람들이 이 도시에 머물게 되었다. 티투스가 성벽을 둘러싸고 나서야 반군 지도자들은 내분을 중단하고 2만 1,000명의 전사들을 결합시켜 함께 로마에 대항하기로 했다.

'돌아보다'라는 의미를 가진 그리스어 스코페오skopeo에서 이름을 딴 스코푸스 산Mount Scopus에서 티투스가 처음으로 바라본 예루살렘은, 플리니우스Pliny의 말을 빌리자면 "동방에서 가장 축복받은 도시"였다. 그곳은 화려하고 번화한 대도시로, 그 중심에는 그 자체로도 엄청난 규모의 정교한 예술작품인 고대의 가장 위대한 성전이 서 있었다. 예루살렘은 이미 수천 년 동안 존재해왔지만 유다의 메마른 돌무더기 사이의 두 산 위에 걸터앉은 수많은 벽과 탑으로 이루어져 있었고 기원후 1세기까지 그렇게 붐볐던 적도 웅장했던 적도 없었다. 사실 예루살렘은 20세기까지도 그다지 대단하지 않았다. 그곳은 헤롯 대제Herod the Great의 업적이었다. 헤롯은 명민하면서도 광기 있는 유다 왕이었으며 그의 왕궁과 요새는 규모가 엄청나고 장식이 너무도 화려해서 유대인 역사가 요세푸스는 "그것들을 설명하는 것은 내 능력 밖이다"라고 말했을 정도다.

성전 자체는 그 신성한 영광이 다른 모든 것을 압도한다. 태양이 떠오를 때부터, 성전의 빛나는 마당과 금을 입힌 문들은 휘황한 광채를 반사했고, 그곳을 우러러보던 이들은 시선을 돌려야 했다. 티투스와 그의 군단처럼 처음 성전을 본 이방인들의 눈에 그곳은 눈 덮인 산처럼 보였다. 신앙심 깊은 유대인들은 모리아 산 꼭대기에 있는 이 도시의 마당 한 가운데에 사실상 눈에 보이는 것은 아무것도 없는, 지극히 거룩한 작은 공간이 있음을 알고 있었다. 이 공간은 유대인의 신성이 집중된 곳으로, 지성소이자 신이 거하는 곳이었다.

헤롯의 성전은 성소인 동시에 성벽 도시 안에 위치한 난공불락難攻不落에 가까운 요새이기도 했다. 네 명의 황제들의 시대를 거치면서 약해진 로마의 모습에 고무되고 미로와 같은 성전의 가파른 높이와 강고함에 한껏 고취된 유대인들은 과도한 자신감으로 티투스에 맞섰고, 결국 거의 5년 동안 로마에 도전했다. 그러나 티투스는 과업에 필요한 권한, 야심, 자원, 그리고 재능을 두루 갖추고 있었다. 그는 체계적인 능력과 압도적인 힘으로 예루살렘을 무너뜨리는 일에 착수했다. 티투스가 발사한 노포 돌로 성전 서쪽 벽Western Wall 옆에 수로가 만들어진 것으로 보이는데, 이것은 로마의 집중포격이 어느 정도였는지를 보여준다.

유대인들은 매 순간 거의 자포자기 상태로 싸웠다. 이와는 대조적으로 쇠뇌와 로마식 기계장비의 무기 체계를 완벽히 갖춘 티투스는 15일 만에 첫 번째 성벽을 무너뜨렸다. 그는 1,000명의 군단을 이끌고 미로 같은 예루살렘 시장에 들어가 두 번째 성벽을 향해 돌진했다. 그러나 유대인들은 그곳을 공격해서 다시 차지했다. 성벽을 둘러싸고 반복적인 전면전이 벌어졌다. 티투스는 동체 갑옷, 투구, 번쩍거리는 칼날, 펄럭거리는 기, 날카로운 독수리, 호화로운 의상으로 무장한 기병들의 행군으로 도시를 위협했다. 수천 명의 예루살렘인들이 아름다운 갑옷과 질서정연한 군인들에 감탄하면서 총안이 있는 흉벽 위에 모여 이 광경을 바라보았다. 유대인들은 여전히 반항했다. 군벌을 두려워하여 그들의 명령을 거스르지 않은 사람들도 있었다. 그러나 그들 역시 항복한 것은 아니었다.

결국 티투스는 포위용 성벽을 세워 도시 전체를 둘러싸고 봉쇄하기로 결정했다. 6월 말, 로마인들은 성전을 호위하던 거대한 안토니아 요새를 향해 돌진했고 티투스의 사령실이 있던 탑 하나만 빼고 완전히 파괴해버렸다.

한여름 언덕 위에서 십자가에 매달린, 상처 나고 형체가 고스란히 드러난 시신들이 숲을 이루고 있을 때 종말이 임박한 그 도시는 완고한 광신, 변덕스러운 가학성, 타는 듯한 굶주림의 고통에 시달렸다. 무장강도들은 식량을 찾아 어슬렁거렸고, 아이들은 아비의 손에 있는 보잘것없는 양식을 빼앗아갔으며, 어미들은 자기가 낳은 아이의 한입거리 양식을 훔쳤다. 문이 잠긴 곳이 있으면 그 안에 뭔가가 숨겨져 있으리란 생각에 전사들이 들이닥쳤고, 곡식을 숨겨둔 곳을 밝히라며 희생자들의 항문에 말뚝을 쑤셔 넣었다. 곡식이 발견되지 않으면 사기라도 당한 양 더욱더 야만적이고 잔인하게 굴었다. 심지어 양식을 가지고 있는 경우에도 전사들은 광기를 계속 유지하려는 습성으로 인해 살해와 고문을 자행했다. 예루살렘에서는 주민들 서로가 서로를 배신자로 고발하는 마녀사냥이 자행되었다. 목격자 요세푸스는 "태초부터 그런 잔인함을 용납한 도시는 어디에도 없으며, 한 세대를 그처럼 사악하게 양육한 시대는 역사상 찾아볼 수 없다"고 고백했다.[4]

젊은이들은 "그림자처럼 거리를 배회했고, 굶주려 온몸이 부었고, 쓰러져 죽었으며 어디서나 끔찍함이 그들을 사로잡았다." 다른 가족들을 파묻다가 죽는 사람도 있었고 아직 숨이 붙어 있는데도 부주의한 사람들에 의해 매장되는 사람도 있었다. 굶주림이 모든 가정의 가족들을 삼켜버렸다. 예루살렘인들은 사랑하는 사람들이 "메마른 눈으로 입을 벌린 채 죽어가는 모습을 지켜봤다. 깊은 침묵과 죽음과도 같은 밤이 도시를 포위했다." 그럼에도 불구하고 죽어가는 사람들은 성전을 향해 시선을 고정시켰다. 거리에는 시체가 수북이 쌓였다. 얼마 지나지 않아 유대인의 법에도 불구하고 어느 누구도 죽은 자를 숭고한 납골당에서 장사 지내지 않았다. 예수 그리스도가 "죽은 자들로 하여금 죽은 자를 장사 지내게 하라"고 말하며 다가올 묵시를 예언한 것이 어쩌면 이것을 가리켰는지도 모른다. 때로 반군은 성벽 위에 시체들을 그대로 던져두기도 했다. 로마인들은 시체 더미가 썩도록 내버려두었다. 그래도 반군은 여전히 싸우고 있었다.

어지간한 일에는 흔들리지 않는 로마 군인이자 첫 번째 접전에서 석궁으로 유대인 12명을 사살했던 티투스는 충격을 받았고 당황했다. 그는 신들을 향해 자기 탓이 아니라고 신음하는 것 외에는 아무것도 할 수가 없었다. 그는 '인류의 사랑과 기쁨'이라는 문구로 자신의 관대함을 알렸다. 강직하고 무뚝뚝해 보이는 갈라진 턱, 관대한 입, 그리고 둥근 얼굴의 티투스는 타고난 재능이 있는 사령관이자 새로운 황제 베스파시아누스의 총애하는 아들로 알려져 있었다. 검증되지 않은 그들의 새 왕조는 티투스와 유대인 반군의 전투 결과에 따라 그 운명을 달리할 수 있었다.

티투스의 측근 중에는 유대인 변절자들이 많았으며 그중 세 명은 예루살렘인이었다. 한 명은 역사가였고, 한 명은 왕, 다른 한 명은 카이사르와 동침해 두 번 왕비가 된 사람이었다. 먼저 역사가는 티투스의 참모 요세푸스다. 그는 로마에 망명한 유대인 반군 사령관으로, 지금 이 사건에 대한 유일한 기록을 제공해주는 인물이다. 왕은 헤롯 아그리파 2세^{Herod Agrippa II}이다. 그는 로마계 유대인으로, 클라우디우스 황제의 궁정에서 양육되었고 자신의 증조부 헤롯 대제가 세운 유대인 성전의 감독자가 되었다. 또한 현대 이스라엘의 북부, 시리아 및 레바논에 이르는 영토를 통치했지만 주로 예루살렘 궁전에 거주했다.

왕은 자신의 누이인 베레니스^{Berenice}와 동침하는 사이였던 것이 거의 확실하다. 베레니스는 유대인 귀족의 딸이었고 결혼을 통해 두 번 왕비가 되었으며 그즈음 티투스의 연상의 연인이 되었다. 로마에 있는 그녀의 적대자들은 훗날 그녀를 '유대인 클레오파트라^{Cleopatra}'라고 비난했다. 그녀는 40세 정도였지만 요세푸스의 기록에 의하면 그녀는 "전성기였고 아름다움이 절정에 달해 있었다." 반란 초기, (적들의 주장에 따르면) 근친상간으로 동거하던 그녀와 그녀의 오빠는 이성에 마지막으로 호소하여 반군을 제압하려고 했다. 이제 요세푸스, 왕, 베레니스 이 세 명의 유대인은 "유명한 도시의 죽음과도 같은 고통"을 무력하게 지켜볼 뿐이었다.

죄수들과 도망자들이 도시 안의 소식들을 속속 가져왔는데 이는 특히 성안에 부모가 갇혀 있었던 요세푸스를 크게 당황시켰다. 전사들조차도 식량이 떨어지자 금을 비롯하여 빵 조각이나 씨앗이라도 찾기 위해 산 자과 죽은 자를 뒤지고 파헤치며 미친개처럼 넘어지고 비틀거렸다. 그들은 우분, 가죽, 거들, 신발, 묵은 건초를 먹었다. 마리아라는 이름의 어느 부유한 여성은 돈과 식량이 다 떨어지자, 결국 미쳐서 자기 아들을 죽여 반은 구워 먹고 반은 나중을 위해 남겨두었다. 구미를 당기는 맛있는 냄새가 온 도시에 퍼졌다. 반군이 냄새를 맡고는 그 집으로 들이닥쳤지만 살인청부업자조차 반 토막만 남은 아이의 시체를 보고는 온몸을 떨면서 물러났다.[5]

광적인 스파이와 편집증이 성스러운 예루살렘을 지배했다. 헛소리하는 협잡꾼과 설교하는 해설자가 거리에 나타나 해방과 구원을 약속했다. 요세푸스가 목격한 예루살렘은 "식량을 찾는 미친 야수처럼 자신의 살집을 먹기 시작했다."

압월 8일 밤, 티투스가 취침에 들자 그의 군단은 녹아내린 은으로 인해 크게 번진 불을 끄려고 했다. 이때 반군은 불을 끄고 있는 로마군을 공격했다. 로마인들은 뒤돌아 싸우면서 유대인들을 성전 안으로 몰았다.

거룩한 분노에 휩싸인 한 군인이 어떤 불타는 물체를 움켜잡았고 다른 군인이 그 불을 가져다가 휘장과 황금 창틀에 옮겨 붙였다. 그 불은 성전 안의 각 방으로 번졌고, 아침이 되자 지성소까지 번졌다. 유대인들은 불길이 지성소까지 번지는 것을 보고는 크게 탄식하며 이를 막기 위해 뛰어갔다. 그러나 때는 너무 늦었다. 그들은 궁정 안에 바리케이드를 치고 너무 놀라 말없이 지켜볼 뿐이었다.

겨우 몇 야드 떨어진 안토니아 요새의 폐허 속에서 티투스가 잠에서 깨어났다. 그는 벌떡 일어나 불길을 멈추기 위해 급히 성전으로 달려갔다. 요세푸스 그리고 아마도 아그리파 왕과 베레니스를 포함한 참모진들이 그 뒤를 이었을 것이고 수천 명의 로마 군인들 또한 따라갔다. 모든 사람들이 크게 놀랐다. 전투는 치열해졌다. 요세푸스는 티투스에게 다시 한 번 불을 끄라는 명령을 내리라고 했지만 이 로마 협력자는 그의 후원자를 변명해줄 충분한 이유가 있었다. 그렇기는 해도 모두가 소리를 지르는 가운데 불이 번졌고, 로마 군인들은 교전 법칙에 따라 그토록 완강하게 저항하는 도시는 무너지는 것이 마땅하다고 생각했다.

그들은 티투스의 소리를 못 들은 척했고 심지어 동료들에게 횃불을 더 많이 던지라고 외쳤다. 더욱 격렬해진 군인들은 피에 굶주린 상태로 몰려들어 궤멸시키거나 시체를 태웠고 동양의 금값 폭락을 가져올 정도로 많은 금을 약탈했다. 티투스는 화재는 막을 수 없어도 최종적인 승리는 거둘 수 있을 거라 생각하고는 안도했다. 그는 불타는 성전을 가로질러 지성소까지 갔다. 그곳은 대사제조차도 일 년에 한 번밖에는 들어갈 수 없는 곳이었다. 기원전 63년 로마의 폼페이우스 장군 이후 어떤 이방인도 그곳의 순수성을 더럽힌 적이 없었다. 그러나 티투스는 그 안을 들여다보았고 "지성소와 매우 훌륭하다고 생각하는 그 안의 모습을 보았다." 요세푸스는 실제로 "우리가 자랑했던 것보다 못하지 않다고 생각했다"고 기록했다. 이제 티투스는 불길이 번지게 한 군인들을 벌하라고 백부장들에게 명령을 내렸지만 그들은 너무 흥분해 있었다. 큰 불길이 지성소 주변까지 번지자 티투스는 안전을 위해 참모들과 함께 물러났다.

전투는 화염 속에서도 격렬하게 진행됐다. 지치고 굶주린 예루살렘인들은 길을 잃은 채 헤맸고 불타는 기둥 사이에서 쓰러졌다. 수천 명의 민간인들과 반군들은 최후의 전투를 벌이거나 속수무책으로 죽음을 기다리며 제단의 계단 위로 모였다. 마치 거대한 인간 제물과도 같이 로마인들은 그들 모두의 목을 베었고 제단 주변에는 시체 위에 시체가 쌓여 계단으로 피가 흘러내렸다. 또한 수만 명의 유대인들이 불타는 성전 안에서 죽었다. 거대한 돌과 나무 기둥이 벼락같은 기괴한 굉음을 냈다. 요세푸스는 성전의 종말을 지켜보았다.

사방으로 번지는 화염의 굉음은 쓰러지는 희생자들의 신음과 뒤섞였다. 성전이 언덕 높은 곳에 있었고 많은 기둥들이 불타고 있었으므로 혹자는 도시 전체가 불길에 휩싸였다고 생각했을 것이다. 그리고 큰 소음이 있었다. 그 소리보다 더 귀청을 찢는 혹은 소름 끼치는 소리는 상상조차 할 수 없다. 도시를 휩쓸며 전진하는 로마 병사들의 함성 소리, 불과 칼에 포위된 반란군들의 울부짖는 소리, 겁에 질려 도망치지만 결국은 적의 손아귀에 떨어질 수밖에 없는 사람들이 우르르 몰려다니는 소리, 운명과 마주쳤을 때의 비명 소리들이 (성읍 안의) 탄식과 통곡 소리와 함께 뒤섞였다. 트랜스요르단^{transjordan}과 주변의 산들이 메아리를 더해 소리는 더욱더 깊어졌다. 온 사방이 불꽃이었으니 마치 성전의 언덕이 밑바닥부터 끓어오르는 듯했다.

모리아 산은 예루살렘에 위치한 두 개의 산 중 하나고 다윗 왕이 계약궤를 두었던 곳이자 그의 아들 솔로몬이 첫 번째 성전을 지었던 곳이었다. 모리아 산이 사방에 불이 붙은 채 뜨겁게 끓어오르고 있었고 성전 안에는 시체들이 마루를 뒤덮고 있었다. 군인들은 승리에 도취되어 시체를 밟고 다녔다. 사제들은 저항했고 일부는 불 속에 몸을 던졌다. 성전 내부가 파괴되는 것을 보고 흥분한 로마인들은 황금과 기물을 뜯어내고, 약탈품을 들고 다니며 남아 있는 잔해에는 또다시 불을 붙였다.6)

성전 안마당에 불이 붙고 다음 날 아침 해가 떠오르자 살아남은 반란군들은 로마군의 대열을 돌파해 미로 같은 바깥마당으로 들어갔는데, 그중 일부는 성읍으로 탈출했다. 로마는 기병으로 반격하며 반란군들을 소탕하고 성전 수장고의 격실들에 불을 붙였다. 그곳에는 알렉산드리아Alexandria에서 바빌론까지의 모든 유대인들이 낸 성전세를 통해 축적한 재물들이 있었다. 로마군은 계시의 기대 속에 서로를 끌어안고 있는 6,000명의 여자와 어린이들을 발견했다. 앞서 한 거짓 예언자가 성전에서 "구원을 알리는 기적의 징표"를 볼 수 있을 것이라고 선언한 바 있었다. 로마군은 통로에 불을 붙여 그들 모두를 산 채로 태웠다.

로마군은 독수리를 성전산으로 옮겨왔고, 그들의 신에게 제사를 지내며 대장군이자 사령관인 티투스에게 경의를 표했다. 사제들은 여전히 지성소 주변에 숨어 있었다. 두 명의 사제가 불 속으로 뛰어들었고, 그중 한 명은 성전의 보물, 즉 대사제의 예복과 두 개의 금 촛대, 그리고 성소에서 매일 태우던 향료들인 계피와 육계 뭉치를 가지고 성전을 빠져나가는 데 성공했다. 남은 사제들이 항복하자 티투스는 "사제들은 성전과 함께 사라지는 것이 옳다"면서 그들을 처형했다.

예루살렘은 과거나 지금이나 수로의 도시다. 이제 반군은 요새와 서쪽 윗 도시Upper City를 장악한 채 지하로 사라졌다. 티투스가 예루살렘의 나머지를 정복하는 데는 한 달이 더 걸렸다. 예루살렘이 무너지자 로마인들과 시리아인들, 그리고 그리스 용병들이 손에 칼을 든 채 골목으로 쏟아져 나와 마주치는 사람은 누구든지 닥치는 대로 죽이고 피난민들이 있는 집들은 모두 불 태워버렸다. 밤이 되자 살육은 멈추었고 불꽃이 거리를 지배했다.

티투스는 성전과 성읍 사이의 골짜기에 걸친 다리를 사이에 두고 두 무리의 유대인 군벌들과 협상을 벌여 항복을 대가로 목숨을 살려주겠다고 제안했다. 그러나 군벌들은 이를 거부했다. 티투스는 아랫 도시Lower City를 약탈하고 불태울 것을 명령했다. 아랫 도시에는 집집마다 죽은 시신들로 가득 찼다. 예루살렘 군벌들이 헤롯 궁과 요새를 탈환하자 티투스는 포위용 성벽을 지어 궁전과 요새를 부수었다. 로마군은 8월 중순인 엘룰Elul월 7일 요새로 돌진했다. 반란군들은 그들의 지도자 중 한 명인 기샬라Gishala의 요한John이 항복할 때까지 토굴에서 싸웠다(기샬라는 목숨은 건졌지만, 종신형을 선고받았다). 또 다른 반란군 지도자 시몬 벤 기오라Simon ben Giora는 하얀 예복을 입고 성전 아래의 토굴 밖으로 나왔고 티투스의 개선 행진, 즉 로마에서 벌어진 승리의 축제에 등장했다.

한 세계가 아수라장이 된 뒤 조직적인 파괴를 통해서 사라졌고 몇 순간만이 시간 속에 동결된 채로 남았다. 로마인들은 노약자를 학살했다. 뼈만 남은 한 여인의 손이 공포와 경악을 불러일으키는 불탄 집의 현관 계단에서 발견되었다. 잿더미로 변한 유대인 거리의 대저택들은 화재의 규모를 말해준다. 200여 개의 구리동전들도 발견되었는데, 아마도 성전의 거대한 계단 아래에서 장사를 하던 어느 상점에서 붕괴 전 마지막 몇 시간 동안 숨겨둔 돈이었을 것이다. 얼마의 시간이 흐르자 로마인들은 살육에 지쳐갔다. 예루살렘인들은 성전의 여성 법정에 세워진 집단수용소로 떠밀려갔고, 그곳에서 행방이 갈리었다. 전사들은 살해당했고, 강자들은 이집트 광산의 노역으로 보내졌다. 젊은이와 잘생긴 사람들은 노예로 팔려갔고, 사자와 죽을 때까지 싸우도록 선택된 사람들은 원형 대경기장이나 개선식에 전시되었다.

요세푸스는 성전 마당에 있는 가엾은 포로들 사이를 헤집어 자신의 형제와 50여 명의 지인들을 찾아냈고, 티투스는 그들의 해방을 허락했다. 요세푸스의 부모는 아마도 사망한 것으로 보인다. 요세푸스는 십자가에 매달린 사람들 중에서도 세 명의 친구들을 찾아냈다. "나는 가슴이 찢어져서 티투스에게 말했다." 티투스는 그들을 십자가에서 내리도록 명령했고, 의사의 치료를 받게 했다. 그중 한 명만이 목숨을 건졌다.

티투스는 네부카드네자르와 마찬가지로 예루살렘을 멸절시키기로 결정했다. 요세푸스는 그러한 결정을 반란군의 탓으로 돌렸다. "반란군은 도시를 파괴했고, 로마군은 반란군을 파괴했다." 헤롯 대제의 가장 경이로운 기념비적 건축물인 성전을 파괴한 것은 공학적으로도 쉽지 않은 일이었음이 틀림없다. 왕의 회랑$^{Royal\ Portico}$에 있었던 거대한 마름돌들은 새로 만든 포장도로 아래로 굴러떨어졌고, 약 2,000년 후 굴러떨어질 때의 모습 그대로 거대한 무더기를 이룬 채 수백 년간 쌓인 쓰레기 더미 속에서 발견되었다. 성전의 잔해는 성전 옆의 골짜기에 버려졌고 그것이 성전과 윗 도시 사이의 골짜기를 메우기 시작했다. 현재 그 골짜기는 거의 보이지 않을 정도가 되었다. 그러나 오늘날의 서쪽 벽을 포함한 성전의 축벽들은 살아남았다. 전리품, 즉 헤롯 성전과 성에서 굴러떨어진 돌들이 예루살렘 도처에 있으며, 로마부터 아랍까지, 그리고 1,000년이 지난 후인 십자군부터 오토만까지 예루살렘의 모든 정복자와 건축가들이 그 돌들을 재사용하

프롤로그

고 또 재사용했다.7)

어느 누구도 예루살렘에서 얼마나 많은 사람들이 죽었는지 정확히 알지 못하며, 고대의 역사가들은 항상 숫자에 무감각할 뿐이다. 타키투스Tacitus는 포위된 도시 안에 60만 명이 있었다고 말하지만 요세푸스는 100만 이상이었다고 주장한다. 누구의 말이 진짜이든, 그것은 엄청난 숫자이며 그 엄청난 숫자의 사람들 모두가 굶어죽거나 살해당하거나 혹은 노예로 팔려갔다.

티투스는 잔혹한 승리의 여정을 시작했다. 티투스의 정부 베레니스와 그녀의 오빠 헤롯 왕이 그를 수도 카이사레아Caesarea 필리피Philippi로 초대했는데 그곳은 바로 오늘날의 골란Golan 고원이다. 그곳에서 티투스는 수천 명의 유대인 죄수들이 목숨을 잃을 때까지 야생 동물과 싸움질하는 것을 구경했다. 며칠 후 그는 카이사레아 마리티마Maritima의 원형경기장에서 2,500명이 죽는 것을 구경하고 베이루트Beirut에서 오락 삼아 학살을 한 다음 개선식에 참석하기 위해 로마로 돌아갔다.

로마군은 남아 있는 예루살렘을 완전히 파괴했고, 성벽을 무너뜨렸다. 티투스는 헤롯 요새의 탑들만을 '티투스의 행운의 기념비'로 남겨두었다. 로마 제10군단이 그곳에 사령부를 설치했다. 요세푸스는 이렇게 말했다. "예루살렘은 이렇게 종말을 맞이했다. 그렇지 않았더라면 웅장한 위용과 모든 인류 가운데 우뚝 선 명성을 갖게 되었을 한 도시가…."

예루살렘은 그보다 6세기 전 바빌론의 왕 네부카드네자르에 의해 완전히 파괴된 적이 있었다. 첫 번째 파괴가 있은 지 50년 만에 성전은 재건되었고 유대인들은 귀환했다. 그러나 이번에는 성전이 재건되지 못했다. 짧은 기간을 제외하고 유대인들은 거의 2,000년 동안 예루살렘을 다시 차지하지 못했다. 그러나 그 참화의 잿더미 속에 현대 유대교뿐 아니라 그리스도교와 이슬람을 위한 예루살렘 성소의 씨앗이 자리 잡았다.

훨씬 훗날 랍비의 전설에 따르면, 포위 초기 존경받는 랍비 요하난 벤 자카이 Yohannan ben Zakkai는 제자들에게 자신을 관 속에 넣어 저주받은 도시 밖으로 옮겨달라고 했다. 이는 새로운 유대교의 토대가 더 이상 성전의 희생제사에 바탕을 두지 않을 것임을 뜻하는 것이었다.

로마와 페르시아제국의 대규모 공동체뿐 아니라 유다와 갈릴리의 시골에서 삶을 지속한 유대인들은 사라진 예루살렘을 애통해했고, 그 도시를 영원토록 경외했다. 성서와 구전전승이 성전을 대신했지만, 신이 하늘로 올라가기 전에 올리브 산에서 3년 반 동안 성전의 재건을 살펴보기 위해 기다리고 있었다는 이야기도 들렸다. 예루살렘의 파괴는 그리스도인들에게도 역시 결정적이었다.

예수의 사촌 시몬이 이끄는 예루살렘의 소규모 그리스도교 공동체는 로마인들이 닥치기 전에 예루살렘을 빠져나갔다. 수많은 비非유대인 출신의 그리스도인들이 로마 세계의 전역에 살고 있었지만 이 예루살렘인들은 여전히 성전에 기도하는 유대교의 한 종파였다. 그러나 성전이 무너진 지금, 그리스도인들은 유대인들이 신의 총애를 잃어버렸다고 믿었다. 예수의 추종자들은 모태신앙과 영원히 결별했고, 자신들이 유대인 유산의 정통 계승자라고 주장했다. 그리스도인들은 무너진 유대인들의 도시가 아니라 새로운 천상의 예루살렘을 그렸다. 아마도 예루살렘 파괴 식후 쓰인 초기 복음서에서는 예수가 어떻게 도시의 포위를 예언했는지에 대해 이야기했을 것이다. 예수는 "예루살렘이 적군에게 포위된 것을 보거든", 그리고 "돌 하나도 남아 있지 않다"면서 성전의 몰락을 예언했다. 파괴된 성전과 유대인들의 몰락은 새로운 계시가 진실이라는 증거가 되었다. 620년대 무함마드가 새로운 종교를 창시했을 때 그는 예루살렘을 향해 예배하고 유대인의 예언자들을 경배하는 유대인의 전통을 가장 먼저 받아들였다. 그 이유는 무함마드에게도 성전의 파괴는 신이 유대인들에게서 축복을 거두어 이슬람에게 하사했음을 입증하는 것이었기 때문이다.

  역설적이게도 예루살렘 파괴라는 티투스의 결정으로 인해 성서의 다른 두 민족이 그 도시를 거룩함의 모형으로 여기게 되었다. 애초부터 예루살렘의 거룩함은 저절로 진화하지 않았으며, 소수 사람들의 결정에 의해 촉진되었다. 기원전 1000년경, (티투스보다 수천 년 먼저) 그러한 사람들 중 하나가 예루살렘을 차지했다. 바로 다윗 왕이었다.

제 1 부

[**유대교**
JUDAISM]

주님의 도성, 이스라엘의 거룩하신 분의 시온이라 부르리라. … 깨어나라, 깨어나라. 시온아, 힘을 입어라. 거룩한 도성 예루살렘아, 네 영화의 옷을 입어라.

〈이사야〉 60장 14절, 52장 1절

내 고향 예루살렘에는 가장 높으신 신의 성지가 놓여 있다. 그 거룩한 도시는 어느 한 나라의 모태도시가 아니다. 가까이 있는 식민지들은 물론, 멀리 흩어진 식민지들과 아시아뿐만 아니라 유럽 가운데서도, 유다는 단연 유대인들이 가장 많은 본토일 뿐 아니라 유프라테스 건너의 다른 나라들과는 비교할 수 없을 정도로 가장 존중받는다.

유다 왕국의 왕 헤롯 아그리파 1세, 《필로의 특별법에 관하여 De Specialibus Legibus》

예루살렘의 장엄한 광경을 보지 못한 사람은 평생토록 아름다운 도시를 결코 보지 못한 것이다. 온전히 건축된 상태의 성전을 보지 못한 사람은 평생토록 영광스러운 건축물을 결코 보지 못한 것이다.

《바빌로니아 탈무드》, '성전에 관한 수필 Tractate of the Tabernacle'

예루살렘아, 내가 만일 너를 잊는다면 내 오른손이 그 재주를 잊으리라. 내가 만일 예루살렘을 생각지 않고 내 가장 큰 기쁨 위에 두지 않는다면 내 혀가 입천장에 붙어버리리라.

〈시편〉 137편 5~6절

예루살렘은 동방의 가장 유명한 도시다.

플리니우스, 《박물지 Natural History》 5권 70장

1장

다윗의 세계

최초의 왕과 가나안 사람들

예루살렘은 다윗이 시온 요새를 점령하기 훨씬 전부터 이미 존재했다. 하지만 그곳은 도시가 아니라, 자그마한 산악의 요새에 불과했다. 그 땅은 훗날 가나안, 유다, 유다 왕국, 이스라엘, 팔레스타인, 그리스도인들의 성지, 유대인들의 약속의 땅과 같은 수많은 이름을 갖게 된다. 그곳의 영토는 불과 가로 100마일(약 170킬로미터) 세로 150마일(약 240킬로미터)로, 지중해의 남동쪽 모퉁이와 요르단 강$^{River\ Jordan}$ 사이에 위치한다. 비옥한 해변의 평야는 이집트와 동방의 제국들 사이에서 침입자들과 상인들에게 최적의 경로가 되었다.

그러나 예루살렘은 가장 가까운 해변에서 30마일(약 48킬로미터) 떨어져 있고 무역로에서도 한참 멀리 떨어진, 고립되고 외딴 마을이었다. 그곳은 절벽 같은 유다 언덕, 골짜기 및 돌비탈로 이루어진 바위 투성이 황무지 가운데에 높이 서 있었고 겨울에는 살을 에는 듯 춥고 눈도 내렸으며 여름에는 말라붙을 정도로 더웠다. 그럼에도 불구하고 이 금지된 언덕들의 꼭대기에는 성소가 있었고 아래 골짜기에는 마을을 지탱하기에 충분할 만큼의 수원지水源地가 있었다.

다윗 성에 대한 낭만적인 이미지는 검증 가능한 역사적 사실들보다 훨씬 더 선명하다. 불확실한 예루살렘의 선사시대, 도자기 파편들, 동굴 무덤들, 성벽 조각들, 먼 나라의 왕궁들에 새겨진 글자, 성서에 관련된 거룩한 문헌들은 수백 년이라는 극복 불가능한 시간의 암흑 속에서 인류의 삶에 대한 순간적인 암시들만을 줄 수 있을 뿐이다. 떠오르는 산발적인 단서들은 어느 사라진 문명의 몇몇 임의적 순간만을 반짝 비춰줄 수 있을 뿐이고 다음 번 불꽃이 순간적인 빛을 던져줄 때까지 이어지는 수백 년에 대해서는 아무것도 알 수가 없다. 오직 수원지와 산, 골짜기들만이 그대로일 뿐이다. 그것들조차 수천 년간 풍화를 겪은 후 잔해만 남은 채 형태가 달라지며 빈 곳은 다시 채워진다. 그러나 이것만은 확실하다. 다윗 왕 시대에 거룩함과 성소 및 자연이 한데 결합되어 예루살렘을 범접할 수 없는 고대의 요새로 만들었다는 사실 말이다.

사람들은 일찍이 기원전 5000년경부터 이 땅에서 살았다. 기원전 약 3200년경 초기 청동기시대에 훗날 이라크로 불리게 된 도시들의 어머니 우루크^{Uruk}에는 이미 4만 명의 주민들이 살고 있었으며 그 근처의 예리코^{Jericho}는 요새화된 마을이었다. 주민들은 예루살렘 언덕들에 있는 무덤에 시신을 매장했고 아마도 수원지 위쪽 언덕에 성벽을 둘러쳐 만든 마을에 작은 정방형의 집들을 짓기 시작했던 것 같다. 이 마을은 그 후 오랫동안 버려져 있었다. 예루살렘은 이집트 고왕국의 파라오들이 피라미드 건설의 절정기에 도달하고 대스핑크스를 완성할 때까지 거의 존재조차 하지 않았다.

그 후 기원전 1900년대, 크레타 섬^{Crete}에서는 미노아^{Minoan} 문명이 번성하고, 바빌론에서는 함무라비 왕이 법전을 편찬하며, 브리튼 사람들은 스톤헨지에서 예배를 드리던 그 시기에 이집트의 룩소르 부근에서 발견된 도자기 파편들에서 우르살림Ursalim이라는 마을 이름이 언급된다. 우르살림은 일몰의 신을 의미하는 살렘Salem 또는 샬렘Shalem의 변형이다. 우르살림이란 '샬렘이 건축했다'라는 뜻으로 추측된다.*

다시 예루살렘으로 돌아와서, 정착촌은 기혼 샘Gihon Spring을 중심으로 발전했다. 가나안인들은 바위를 뚫고 수로를 내서 요새의 성벽 안에 있는 연못까지 물을 끌어냈다. 요새화된 지하통로는 물에 대한 접근권을 보장했다. 최근의 고고학적 발굴에 따르면 그들은 무게가 3톤씩 되는 돌들을 사용해 탑과 33피트(약 10미터) 두께의 거대한 벽으로 샘을 보호했다.

탑은 샘의 우주적 거룩함을 기리는 성전의 역할도 할 수 있었다. 가나안의 다른 곳에서는 사제 역할을 하는 왕들이 탑처럼 생긴 성전들을 요새화했다. 그 언덕 위를 더 올라가면 도시 성벽의 유물이 발견되는데 그것은 예루살렘에서 가장 오래된 것이었다. 가나안인들은 2,000여 년 후의 헤롯 대제 때에 이르기까지 규모 면에서 어느 누구보다 인상적인 건축가들이었다.1)

예루살렘인들은 기원전 1458년 팔레스타인을 정복한 이집트의 신민이 되었다. 이집트 수비대는 자파와 가자 근처에 주둔했다. 기원전 1350년 겁을 먹은 예루살렘 왕은 이웃나라 왕들과 무법적인 약탈자들의 공격으로부터 자신의 작은 왕국을 지키기 위해 지배자인 이집트 신新왕국의 파라오 아케나톤Akhenaten에게 구원군(심지어 50명의 궁수들까지)을 보내

---

* 이 당시 이집트 파라오들은 가나안을 지배할 야심을 가지고 있었지만 실제로 지배를 했는지는 확실하지 않다. 그들은 반항하는 적들의 우두머리들을 저주하거나 혹은 자신들의 야심을 표현하는 데 이러한 도자기 상징을 사용했을 수도 있다. 이러한 도자기 파편들에 대한 이론은 여러 차례 변화해왔으며, 고고학이 과학적일 뿐 아니라 해석적이기도 하다는 것을 보여준다. 이집트인들이 그러한 꽃병 또는 인형들을 깨뜨려 그 위에 이름을 새긴 장소들을 저주 또는 증오했다는 것은 오랫동안 이어진 이야기였다. 따라서 그 글자는 저주문이라고 불렸다.

줄 것을 요청했다. 압디 헤파$^{Abdi-Hepa}$라는 이름의 이 왕은 자신의 요새를 '예루살렘 땅의 수도, 그 이름은 베이트 슐마니$^{Beit\ Shulmani}$'라고 칭했다. 이는 '평안의 집'이라는 뜻이었다. 아마도 슐마니라는 단어는 예루살렘이라는 이름에 포함된 샬렘이라는 단어의 어원일 것이다.

압디 헤파는 보잘것없는 군주였는데 그 시기 남쪽은 이집트인들, 북쪽(오늘날의 터키)은 히타이트족^{Hittite}이 지배하고, 북서쪽으로는 그리스의 미케네인들^{Mycenean}이 트로이전쟁을 벌이고 있었다. 왕의 이름은 서부 셈족어이다. 셈족^{Semites}은 아마도 노아의 아들 쉠^{Shem}의 후손으로, 수많은 중동인들과 언어의 기원이 되었다. 이로써 압디 헤파가 지중해 북동부 어딘가에서 태어날 수 있었다. 파라오의 서고에서 발견된 그의 호소는 공포에 쫓기면서 아첨을 가득 담아 쓴 것으로, 예루살렘인이 쓴 가장 오래된 문서다.*

나는 왕이신 당신의 발 앞에 일곱 번씩 일곱 차례 엎드립니다. 여기 밀킬리족^{Milkily}과 슈와르다투족^{Shuwardatu}이 저희 땅에 저지른 일들이 있습니다. 그들은 왕의 법을 거스르고… 게제르^{Gezerd}의 군대를 이끌었습니다. … 왕의 땅은 하비루^{Habiru}에게 빼앗겼습니다. 이제 예루살렘의 마을은 킬투^{Qiltu} 사람들에게 넘어가게 되었습니다. 왕이시여 당신의 종 압디 헤

---

* 약 380글자로 진흙을 구워 만든 서판 위에 바빌로니아 말로 쓰였으며, 지역의 부족장들이 이교도인 파라오 아멘호테프 4세$^{Amenhotep\ IV}$(1352~1336년. '신을 기뻐한다'라는 뜻)에게 보낸 것이다. 아멘호테프 4세는 수많은 이집트 신들을 모시는 전통적인 만신전 대신 태양신(아텐^{Aten})에 대한 숭배를 제도화했다. 따라서 그는 자신의 이름을 아케나톤(아텐에게 이로운 자)으로 바꿨다. 아케나톤의 외교에 대한 자료가 보관된 왕실 서고, 파라오 국서보관소가 1887년 아케나톤의 새 수도 아케타텐^{Akhetaten}(아텐의 지평선), 즉 현재 카이로 남쪽의 엘 아마르나$^{El-Amarna}$에서 발견되었다. 어떤 학설은 하비루가 초기 히브리인(이스라엘 민족)을 나타낸다고 주장하지만 이 단어는 사실 당시의 중동 전역에서 약탈자들을 묘사할 때 쓰였다. 하비루라는 단어는 바빌로니아에서는 단순히 '부랑자'라는 뜻이었다. 히브리인들이 소수의 하비루 집단의 후손이었을 가능성은 있다.

파의 말에 귀 기울이시고 궁수들을 보내주소서.

더 이상의 소식은 알 수 없지만 이 비루한 왕에게 무슨 일이 일어났든지 간에 그로부터 1세기 후 예루살렘인들은 (오늘날까지도 남아 있는) 오펠Ophel 언덕에 있는 기혼 샘 위에 가파른 계단형 구조물을 지었다. 그것이 바로 요새 또는 살렘 성전의 토대다.2) 이 강력한 성벽과 탑 및 계단형 구조물들이 바로 다윗이 점령한, 시온이라고 알려진 가나안 요새의 일부였다. 기원전 13세기경 에부스족Jebusite이라 불리는 사람들이 예루살렘을 점령했다. 그러나 그 당시 고대 지중해 세계는 에게 해Aegean Sea에서 온 소위 해양 민족들의 발흥으로 인해 산산이 찢기고 있었다.

침입과 이주의 소용돌이 속에서 제국들은 쇠퇴했다. 히타이트는 멸망했으며, 미케네는 의문 속에 파괴되었고, 이집트는 흔들렸다. 그리고 히브리인Hebrew이라고 불리는 한 민족이 처음으로 모습을 드러냈다.

이스라엘인들의 예루살렘 입성

3세기 동안 지속된 새로운 '암흑기'에 히브리인들은 유일신을 숭배하며 좁은 가나안 땅에 정착하여 이스라엘 왕국을 세운, 기이하고 작은 민족으로 알려지게 되었다. 이스라엘 민족의 형성은 세계의 창조, 자신들의 기원 그리고 그들과 신과의 관계에 관한 이야기들에 나타나 있다. 그들은 그 구전 기록들을 대물림했으며, 이후 신성한 히브리 문자로 기록했다. 그것이 훗날 펜타튜크Pentateuch, 즉 모세5경(구약 성서 맨 앞의 〈창세기〉, 〈출애굽기〉, 〈레위기〉, 〈민수기〉, 〈신명기〉를 말함)으로 종합되었으며, 유대인의 경전 《타나크Tanakh》의 첫 번째 부분이 되었다. 성서는 이 세상 최고의 책이 되었지만 하나의 문서로 이루어진 것은 아니다. 그것은 서로 다른 시대에 알려지지 않은 필자들이 각기 다른 목적을 가지고 기록하고 편집한, 뒤얽힌 텍스트들의 신비로운 도서관이다.

수많은 시대와 많은 사람들의 손을 거친 이 성스러운 책에는 개연성 있는 역사적 사실과 검증할 수 있는 신화, 놀랍도록 아름다운 시, 그리고 아마도 암호화되었거나 어쩌면 단지 오독될 뿐인 난해하고 미스터리한 구절들을 많이 담고 있다. 성서의 대부분은 사건들을 설명하기 위해서가 아니라 또 다른 보다 높은 목적, 즉 한 민족과 그들이 섬기는 신의 관계를 강조하기 위해 쓰였다.

신자들에게 성서는 어디까지나 신의 계시에 대한 결과물이다. 역사가에게 성서는 모순되고 신뢰할 수 없으며 반복적이지만* 그러면서도 그 가치를 따질 수 없는, 우리가 사용할 수 있는 유일한 문헌이다. 또한 성서는 결과적으로 예루살렘에 대한 최초이자 최고의 전기가 되었다.

성서의 첫 번째 책인 〈창세기〉에 따르면 히브리인들의 시조는 아브람이다. 그는 헤브론에 정착하기 위해 우르Ur(오늘날의 이라크)에서 떠나온 것으로 그려진다. 헤브론은 신이 아브람에게 약속한 땅인 가나안에 있었다. 신은 그의 이름을 '민족의 아버지', 즉 아브라함으로 바꾸었다. 아브라함은 여행 중에 살렘의 왕이자 사제인 멜기세덱Melchizedek에게서 엘 엘리온El-Elyon, 즉 지극히 높으신 신의 이름으로 환대를 받는다. 성서에서 처음

---

* 천지창조는 〈창세기〉 1장 1절~2장 3절과 2장 4~5절에서 두 번 등장한다. 아담의 계보에 관한 이야기가 두 번, 홍수가 두 번, 예루살렘 점령에 대한 이야기가 두 번, 신이 야곱의 이름을 이스라엘로 바꾼 이야기가 두 번 등장한다. 수많은 곳에서 연대가 잘못 표기되어 있다. 예를 들면 필리스틴인Philistines들과 아람인Arameans들이 가나안에 아직 도착하지 않았는데도 창세기에 등장하고 있는 것이다. 학자들은 초기의 성서들이 서로 다른 집단의 저자들, 즉 가나안의 신 엘티을 강조한 집단과 이스라엘의 유일신 야훼를 강조한 또 다른 집단에 의해 쓰였다고 믿는다.

으로 예루살렘을 언급한 이 부분은 예루살렘이 이미 사제왕Priest-kings의 통치를 받는 가나안의 성지였음을 말해준다. 이후 신은 '모리아 땅에 있는 산'에서 이삭을 제물로 바치도록 명함으로써 아브라함을 시험했다. 이 산은 나중에 모리아 산, 즉 예루살렘의 성전산으로 밝혀진다.

아브라함의 손자, 악동 야곱Jacob은 상속권을 빼앗기 위해 술수를 썼지만 어느 낯선 사람과의 씨름에서 자신의 정체성을 발견한다. 그 낯선 사람은 나중에 신으로 밝혀지고 야곱은 이스라엘이라는 새로운 이름을 얻는데, 이는 '신과 씨름한 자'라는 뜻이다. 이것은 유대인의 탄생에 걸맞은 이야기로서 그들과 신의 관계는 열정이자 고통이었다. 이스라엘은 열두 지파의 시조가 되었으며 그들은 이집트로 이주했다. 시조에 관한 이야기들에는 역사적으로 연대 추정이 불가능한 여러 가지 모순점들이 있다.

〈출애굽기〉는 그로부터 430년 후 이스라엘 민족이 파라오의 도시를 건축하면서 노예처럼 학대당하자 히브리인 왕자 모세가 이끄는 가운데 신의 기적적인 도움을 받아서 이집트를 탈출(유대인들은 아직도 이를 유월절 축제로 기린다)한 것을 묘사한다. 그들이 시나이Sinai를 떠도는 동안 신은 모세에게 십계명을 내린다. 이스라엘 민족이 신의 법칙에 따라 살며 신을 경배한다면 가나안 땅을 주겠다고 약속했다. 모세가 "당신의 이름이 무엇입니까?"라는 말로 신의 본질을 물었을 때 "나는 있는 자다I AM WHO I AM"라는 위엄이 서린 금지의 답변을 듣는다. 즉 그는 이름이 없는 신이며 히브리어로 'YHWH'로 표기된다. 이는 '야훼Yahweh' 또는 훗날 그리스도인들이 철자를 잘못 표기함에 따라 '여호와Jehovah'가 된다.*

---

* 예루살렘에 성전이 세워졌을 때 대사제만이 일 년에 한 번 YHWH 네 자를 발음할 수 있었고, 유대인들은 오늘날까지 그 이름을 말하는 것을 금지하고 있으며, 아도나이Adonai(주님) 또는 단순히 하심HaShem(말할 수 없는 이름) 등을 사용하기를 선호한다.

제1부   유대교   59

수많은 셈족들이 이집트에 정착했다. 아마도 람세스 2세가 히브리인들에게 자신의 창고 도시들을 건축하도록 강요한 파라오였을 것이다. 모세라는 이름은 이집트식 이름이다. 이는 최소한 모세가 이집트에서 태어났음을 시사한다. 또한 일신교 종교들의 그 카리스마 있는 첫 번째 지도자(그것이 모세이건 혹은 다른 누구인건)가 신의 계시를 받았다는 것을 의심할 이유가 없다. 종교는 그렇게 시작하기 마련이니까 말이다. 파라오의 압제를 벗어난 셈족에 대해 전승되는 이야기는 개연성은 있지만 연대 추정은 불가능하다.

모세는 네보 산Mount Nebo에서 약속의 땅을 내려다보았지만 그곳에 들어가기 전에 죽었다. 이스라엘을 가나안으로 이끈 것은 모세의 후계자 여호수아Joshua였다. 성서는 그들이 피비린내 나는 광란의 여정을 거치면서 그와 동시에 점진적으로 정착했음을 보여준다. 정복에 대한 고고학적 증거는 없지만 유목민 출신의 정착민들은 유다 고원들에서 무방비 상태의 많은 마을들을 발견했다.*

그러한 유목민들 중에는 이집트를 탈출한 소규모의 이스라엘 부족도 있었을 것이다. 그들은 신(야훼)에 대한 경배로 하나가 돼 있었으며 이동식 성전, 즉 계약궤를 담은 장막 속에서 신을 경배했다. 그들은 시조들에 대한 이야기를 함으로써 자신들의 정체성을 만들어냈을 것이다. 아담과 에덴의 동산에서 아브라함까지 시조들에 대한 많은 이야기와 전승

* 이스라엘의 가나안 침략은 여러 전투 장소가 얽혀 있으며, 일반적으로 증명이 불가능한 이론이다. 그러나 여호수아의 나팔에 성벽이 무너진 예리코 침공은 신화인 것으로 보인다. 예리코는 예루살렘보다 더 오래된 곳이었다. (2010년 팔레스타인 자치정부는 비록 날짜를 임의로 정했지만 그곳의 1만 년 기념일을 축하했다.) 그러나 예리코에는 일시적으로 거주민이 없었으며, 성벽이 무너진 증거도 없다. (《여호수아》에 설명된 바와 같은) 전투가 일반적으로 매우 좁은 지역에서 이루어지는 만큼 정복 가설을 문자 그대로 수용하기는 어렵다. 실제로 예루살렘 근처의 베델Bethel은 〈사사기〉에서 정복된 몇몇 마을들 중 하나로 나타나며 실제로는 13세기에 파괴되었다. 이스라엘 부족은 그들이 주장하는 것보다 훨씬 더 평화적이고 관용적이었을 가능성이 있다.

들은 훗날 유대인들뿐 아니라 그리스도인들과 무슬림들에게도 숭배의 대상이 되었을 것이고, 예루살렘은 그러한 시조 이야기의 배경이었을 것이다.

이스라엘인들은 이제 그 도시에 아주 가까이 와 있었다.

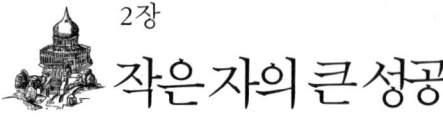

2장
작은 자의 큰 성공

전쟁 영웅이 된 소년 다윗

여호수아는 예루살렘 북쪽 세겜^{Shechem}에 본거지를 세웠는데 그곳에서 야훼에게 바치는 성소를 세웠다. 예루살렘은 아도니제덱^{Adonizedek} 왕이 다스리는 에부스족의 고향이었다. 아도니제덱이란 그가 대사제이자 왕이었음을 말해준다. 그러나 유다의 자손들은 예루살렘에 살고 있는 에부스족을 쫓아내지 못했다. 그래서 에부스족은 오늘날까지 유다의 자손들과 함께 예루살렘에서 살고 있다.

기원전 1200년경, 람세스 2세의 아들이자 아마 파라오였을 메르넵타^{Merneptah}는 모세의 이스라엘 민족을 풀어줄 수밖에 없는 상황과 해양 민족들의 공격에 직면했다. 해양 민족들의 공격은 근동의 제국들을 요동치게 했다. 메르넵타는 질서 회복을 위해 가나안을 공격했다. 그는 이집트로 돌아와서 테베 성전^{Theban temple}의 벽에 승리를 새겨넣으면서 자신이 해양 민족들을 물리치고 아슈켈론^{Ashkelon}을 탈환했음을 선언했다. 또한 그는 이제 처음으로 역사에 등장한 한 부족을 학살했다. "이스라엘은 찌꺼기가 되었고 그 종자는 사라졌다."

이스라엘은 여전히 왕국을 형성하지 못했다. 〈사사기〉에 따르면 이스라엘은 원로들이 다스리는 부족들의 연합체였다. 이제 이스라엘은 새로운 적, 필리스틴인들을 맞았다. 필리스틴인들은 에게 해에서 기원한 해양 민족의 일부였다. 필리스틴인들은 가나안 해안을 정복하고 다섯 개의 부유한 도시들을 건설했다. 그곳에서 그들은 직물을 짜고, 붉은색 도자기와 검은색 도자기를 제작했으며 여러 신들을 숭배했다. 작은 마을들에 사는 산중 목동들이었던 이스라엘 민족은 정교한 필리스틴인들의 상대가 되지 못했다. 필리스틴 보병들은 그리스식 흉갑과 정강이 보호대 및 투구를 썼으며 밀접형 전투 무기들을 사용해 이집트의 육중한 전차와 맞섰다.

이스라엘 민족은 카리스마 있는 군사령관(판관 judges)을 선출해 필리스틴인들 및 가나안인들과 싸웠다. 〈사사기〉에서 흔히 간과되는 구절들 중 하나가 이스라엘 민족이 예루살렘을 점령하고 불태웠다는 점이다. 그런 노력에도 불구하고 그들은 이스라엘을 지켜내지 못했다.

기원전 1050년 에벤에셀 Ebenezer 전투에서 필리스틴인들은 이스라엘 민족을 궤멸시키고 실로 Shilo 성소를 파괴해 계약궤, 즉 야훼의 거룩한 상징을 빼앗아 예루살렘 근처의 언덕까지 전진했다. 전멸 직전의 상태에서 "다른 민족들처럼" 되고 싶다는 소망을 품은 이스라엘 민족은 신의 선택을 받은 자를 왕으로 선출하기로 결정했다.[3]

그들은 늙은 예언자 prophet 사무엘 Samuel에게 의지했다. 예언자들은 미래의 예언자라기보다는 현재의 분석가였다. 그리스어로 프로페테이아 propheteia는 신의 뜻을 해석한다는 의미다. 이스라엘 민족은 군사령관이 필요했다. 사무엘은 젊은 전사 사울을 선택해 거룩한 기름을 부었다. "내 민족 이스라엘의 대장" 사울은 예루살렘에서 북쪽으로 3마일(약 5킬로미터) 떨어진 언덕 위의 요새 기베온 Gibeon을 다스리면서 모아브족 Moabites, 에돔족

Edomites 및 필리스틴인들과 싸워서 이겨 자신이 왕으로 뽑힌 것에 대한 정당성을 획득했다. 그러나 사울은 왕좌에 적합한 인물이 아니었다. "주님께서 보내신 악령이 그를 괴롭혔다."

정신적으로 불안한 왕을 대신해 사무엘은 비밀리에 다른 곳을 찾았다. 그는 베들레헴에 사는 이새Jesse의 여덟 아들 중 축복받은 총아가 있음을 감지했다. 막내인 다윗은 불그레한 볼과 아름다운 눈매를 한 잘생긴 아이였다. 주님께서 "바로 이 아이다. 일어나 이 아이에게 기름을 부어라"라고 말씀하셨다.

다윗은 또한 비파를 잘 탈 뿐만 아니라 힘센 장사였고 전사로서 말도 잘하고 풍채도 좋았다. 다윗은 구약 성서에서 가장 뛰어나면서도 복합적인 인물로 자라났다. 거룩한 예루살렘의 창조자인 그는 시인이자 정복자이며 살인자이자 간음자였으며 거룩한 왕이자 결점 있는 모험가의 진수를 보유하고 있었다.

사무엘은 소년 다윗을 왕궁으로 데려왔고 사울은 그를 자신의 무기를 들고 다니는 부하로 삼는다. 사울 왕이 악령에 사로잡혔을 때 다윗은 자신의 천부적인 재능을 처음으로 드러냈다. 다윗이 하프를 켜자 사울은 악령에서 벗어나 편안함을 느꼈다. 음악적 재능은 다윗의 비범한 능력 중 중요한 부분을 차지했다. 다윗의 작품이라고 여겨지는 〈시편〉의 일부는 음악적 재능에서 기인한 것일 수도 있다.

필리스틴인들은 엘라Elah 골짜기까지 진출했다. 사울과 그의 군대는 필리스틴인들과 맞섰다. 필리스틴인들에는 거인 대장인 가트Gath 출신의 골리앗이 있었다.* 골리앗의 중무장 병기는 이스라엘의 초라한 병기와 대조되었다. 사울은 치열한 전투가 걱정되었지만 다윗이 골리앗을 한방에 쓰러뜨리겠다고 주장했을 때 분명 위안을 느꼈을 것이다. 다윗은 개울가에서 고른 매끄러운 돌멩이 다섯 개로 무릿매질sling을 하여 필리스틴인의 이마를 맞혔다. 돌이 이마에 박히자 그는 땅바닥에 얼굴을 박고 쓰러졌다.** 다윗은 쓰러진 골리앗의 목을 베었고, 이스라엘인들은 에크론Ekron까지 필리스틴인들을 추적했다. 진실이 무엇이든 간에 이 이야기는 비로소 소년 다윗이 전쟁영웅으로서 자신의 이름을 드러냈음을 의미한다.***

사울은 다윗을 칭찬했지만, 거리의 여인들은 "사울은 수천을 치시고 다윗은 수만을 치셨다네"라고 노래했다. 사울의 아들 요나단은 다윗과 친구가 되었고, 사울의 딸 미갈Michal은 다윗을 사랑했다. 사울은 그들의 결혼을 허락했지만 질투심에 시달렸고, 두 번이나 창을 던져 다윗을 죽이려 했다. 공주 미갈은 다윗을 왕궁 창문 아래로 내려보내 생명을 구했고, 그 후 다윗은 놉Nob 지역의 사제들에게서 피난처를 얻었다.

왕은 다윗을 추적했고 다윗을 도운 사제들을 한 명만 제외하고 모두 죽였다. 그러나 다윗은 다시 탈출했고 도주 중에 600여 명으로 이루어진 산적 떼의 두목이 되어 살아갔다. 그는 잠든 사울 왕의 곁에 두 번이나 숨어들었지만 그의 목숨을 살려두었다. 이에 사울은 "네가 나보다 의로운 사람이다"라며 눈물을 흘렸다.

결국 다윗은 가트에 있는 필리스틴 왕에게 들어갔고, 필리스틴 왕

---

* 성서 덕분에 '필리스틴Philistine'이라는 단어가 (필리스틴인들의 문화가 세련되었음에도 불구하고) 무교양을 묘사하는 단어에 속하게 된 것과 마찬가지로 가트, 즉 '기트 부족Gits' 역시 저속함을 뜻하는 단어가 되었다. 그러나 로마인들은 필리스틴이라는 이름을 따라 그 땅을 팔레스티나라고 불렀고 그 후 팔레스타인Palestine이 되었다.

** 당시 돌은 아이들의 장난감이 아니라 강력한 무기로 사용되었다. 이집트의 베니 하산Beni Hasan의 벽화에서 무릿매질하는 자들은 전장에서 궁수 옆에 서 있는 모습으로 나타난다. 이집트와 아시리아의 왕실 벽화에서는 무릿매질 부대가 고대 세계의 제국 군대에서 정규편성 부대였음을 보여준다. 능숙한 무릿매질꾼들은 특히 테니스 공 크기의 매끄러운 돌멩이를 시속 100~150마일로 던질 수 있었다고 한다.

*** 다윗의 본명은 무엇일까? 성서는 골리앗 이야기를 두 번 이야기하는데, 두 번째 등장에서 다윗은 이스라엘 부족의 소년 영웅 엘하난Elhanan으로 불리고 있다.

은 성읍 시글락Ziklag을 다윗에게 주었다. 필리스틴인들은 또다시 유다를 공격했고 길보아 산Mount Gilboa에서 사울을 물리쳤다. 사울의 아들 요나단이 살해당했고 사울 왕은 자신의 칼로 자살했다.

3장
왕국과 성전

카리스마 위에 세워진 왕성

한 젊은이가 다윗의 막사에 들어와 자신이 사울을 죽였다고 말했다. "제가 주님의 기름부음을 받은 이를 죽였습니다." 다윗은 그 전령을 죽이고 불멸의 시를 지어 사울과 요나단을 애도했다.

이스라엘아, 네 영광이 살해되어 언덕 위에 누워 있구나. 어쩌다 용사들이 쓰러졌는가? 이스라엘의 딸들아, 사울을 생각하며 울어라. 그는 너희에게 장식 달린 진홍색 옷을 입혀주고 너희 예복에 금붙이를 달아주었다. … 사울과 요나단은 살아 있을 때에도 서로 사랑하며 다정하더니 죽어서도 떨어지지 않았구나. 그들은 독수리보다 날래고 사자보다 힘이 셌지. … 어쩌다 용사들이 쓰러지고 무기들이 사라진 것인가?4)

이런 힘든 시기에 남부의 유다 지파는 다윗을 왕으로 추대하고 헤브론을 수도로 삼았다. 한편 사울의 생존한 아들 이스보셋Ishbosheth은 사울의 뒤를 이어 이스라엘 북부의 부족들을 다스렸다. 7년 전쟁 이후 이스보셋은 살해당했고, 북부의 부족들은 다윗을 왕으로 옹립擁立했다. 군주제 국가로서 통일을 이루었지만 이스라엘과 유다의 분열은 다윗의 카리스마를 통해서만 치유될 수 있었다.

예루살렘은 에부스족이 거주한 이후 에부스라는 이름으로 알려졌고 사울의 요새 기베온 바로 남쪽에 위치했다. 다윗과 그의 군대는 시온 요새까지 진출했는데, 그곳은 기혼 샘* 주변에서 발견된 강력한 요새였다. 시온은 난공불락이었다고 전해지며 다윗이 그곳을 어떻게 점령했는지는 미스터리다. 성서는 에부스족들이 눈먼 자들과 다리 저는 자들을 성벽에 일렬로 세웠는데 이는 공격하는 자는 누구든지 그와 같이 되리라는 경고였다고 말하고 있다. 그러나 어찌되었건 다윗은 히브리어 성서에서 '진노zinnor'라고 불리는 것을 통해 성을 뚫고 들어갔다. 이는 오펠 언덕에서 현재 발굴이 진행 중인 수중 수로일 수도 있고 혹은 어떤 마술적인 주문의 이름일 수도 있다. 어느 쪽이 맞는 얘기이든, 다윗은 시온 산성을 점령하였고 그곳이 바로 다윗 성이다.

시온 성 점령은 단순한 왕궁 쿠데타였을 가능성도 있다. 다윗은 에부스족들을 죽이지 않았고 대신 그들을 궁중 신하와 군인으로 재기용했다. 그는 시온을 다윗 성으로 개칭하고, 성벽을 수리했으며, 전쟁에서 다시 찾은 계약궤를 예루살렘으로 가져왔다. 이 경이로운 성소는 계약궤를 옮기던 사람 중 한 사람을 죽였다. 그래서 다윗은 안전하게 옮길 수 있을

---

* 세계 최대의 고고학 발굴 유적지다. 현재 론니 라이흐Ronny Reich 교수가 발견한 기혼 샘 주변 발굴지는 12번째 유적지이며, 이 책의 1장에서 설명한 가나안의 요새를 보여준다. 1867년 영국의 고고학자 찰스 워런Charles Warren은 오펠에서 샘까지 내려가는 수직통로를 발굴했다. 워런이 발견한 통로는 사람이 만든 것이고 또한 예루살렘인들이 두레박을 내려 물을 길은 것으로 오랫동안 믿어졌다. 그러나 가장 최근의 발굴로 모든 것이 바뀌었다. 워런이 발견한 수직통로는 자연적으로 만들어진 것으로 보인다. 실제로 물은 사람이 바위를 깎아 만든 연못으로 흘러가며 거대한 탑과 성벽들이 그 연못을 호위하고 있다.

때까지 계약궤를 기트 부족의 믿을 만한 사람에게 맡겨두었다. "다윗과 온 이스라엘 집안 사람들은 함성을 울리고 나팔을 불며, 주님의 궤를 모시고 올라갔다." "다윗은 간단한 사제의 예복을 입고, 온 힘을 다하여 주님 앞에서 춤을 추었다." 그에 대한 보답으로 신은 다윗에게 "너의 집안과 나라가 영원히 굳건해지고 네 왕좌가 영원히 튼튼하게 될 것이다"라고 약속했다. 다윗은 수 세기에 걸친 싸움 끝에 야훼가 성스러운 도시 안에 영원한 집을 지었음을 선언했다.5)

사울의 딸 미갈은 남편이 거의 벗은 몸으로 신을 경배하는 것을 두고 천한 허영심을 내세우는 것이라고 비난했다.6) 성서의 초기 책들은 대부분 고대 문서들의 혼합이며 훨씬 후대에 시간을 거슬러서 쓰였다. 그런데 다윗에 대한 복합적이고 비영웅적인 이야기들을 너무도 생생하게 그리고 있는 〈사무엘하〉와 〈열왕기상〉은 다윗의 신하 중 한 명의 비망록을 토대로 했을 가능성이 있다.

다윗이 그 요새를 수도로 삼은 이유는 그곳이 북부 부족들에도 남부 부족들에도 속하지 않았기 때문이었다. 다윗은 정복한 적들의 황금 방패를 예루살렘으로 가져왔고, 예루살렘에 궁전을 세우고 티레의 페니키아Phoenician 동맹국들에게서 백향목을 수입했다. 다윗은 레바논에서 이집트 경계까지 동쪽으로는 오늘날의 요르단과 시리아까지 이르는 왕국을 정복하고 다마스쿠스에는 수비대까지 배치했던 것으로 전해진다. 다윗에 관한 우리의 유일한 원전은 성서다. 기원전 1200년에서 기원전 850년까지 이집트와 메소포타미아의 왕국들은 쇠퇴하고 있었기 때문에 남아 있는 왕실 기록들이 빈약한데, 한편으로 그들은 힘의 공백을 남겼다. 다윗은 분명히 존재했다. 1993년 이스라엘 북부의 텔 단에서 발견된, 기원전 9세기의 것으로 추정되는 비문은 유다의 왕들을 다윗의 가문House of David으로 표현하고 있다. 이는 다윗이 왕국의 창립자였음을 입증한다.

그러나 다윗의 예루살렘은 아주 작았다. 당시 오늘날의 이라크인 바빌론 도시는 2,500에이커(약 10제곱킬로미터)에 달했으며 바빌론 인근의 마을 하제르Hazer도 200에이커(약 0.8제곱킬로미터)에 달했다. 예루살렘은 아마도 15에이커(약 0.06제곱킬로미터)를 넘지 않았으며, 시온 요새를 중심으로 1,200명 정도를 수용할 수 있는 넓이였을 것이다. 그러나 최근 기혼 샘 주변에서 발견된 거대한 요새는 다윗의 시온이 제국의 수도에는 전혀 못 미쳤더라도 이제까지 생각했던 것보다는 훨씬 넓었음을 증명한다.* 다윗 왕국이 크레타, 필리스틴, 히타이트 용병들에 의해 정복되었다는 것은 성서에 의해 과장된 면이 없지 않지만 역시 개연성이 있는 이야기다. 또한 다윗 왕국은 다윗이란 인물에 의해 만들어진 부족연합체에 불과했다. 훨씬 후대에 마카베오 왕조는 권력 공백기에 역동적인 군벌들이 얼마나 빠르게 유대인의 왕국을 정복할 수 있는지를 보여준다.

어느 날 저녁, 다윗은 왕궁의 옥상에서 쉬고 있었다. "한 여인이 목욕하는 것을 내려다보게 되었다. 그 여인은 매우 아름다웠다. 다윗은 사람을 보내 그 여인이 누구인지 알아보았는데, 어떤 이가 '그 여자는 밧세바Bathsheba가 아닙니까?'라고 말했다." 밧세바는 이스라엘 사람이 아닌 히타이트인 용병장교 우리야Uriah와 결혼한 상태였다. 다윗은 그녀를 불렀고 "그녀가 그에게 오자, 그는 그녀와 함께 잤고" 그녀는 임신을 했다. 왕은

---

* 다윗 성의 규모에 대해서는, 부족장의 작은 요새에 불과하다고 주장하는 최소주의자들과 전통적인 성서 이야기 속 제국의 수도를 주장하는 최대주의자들 사이에서 많은 논쟁이 있다. 텔 단의 비문이 발견될 때까지, 극단적인 최소주의자들은 성서 이외에 어떠한 고고학적 증거도 없다는 사실을 들어 다윗이 아예 존재하지 않았음을 암시하기도 했다. 2005년, 에일라트 마조르Eilat Mazor 박사는 다윗 왕의 궁전을 발견했다고 발표했다. 그것은 많은 의심을 불러일으킨 것은 사실이지만, 그녀는 가나안 요새 및 계단식 구조물들과 더불어 다윗 요새를 구성해온, 기원전 10세기에 실재했던 공공건물을 발견한 것으로 보인다.

요압^{Joab} 장군에게 명령을 내려 현재의 요르단에서 전쟁 중이던 그녀의 남편을 돌아오게 했다. 우리야가 도착하자 다윗은 그에게 집으로 가 "그대의 발을 씻으라"고 명했다. 사실 그것은 우리야가 밧세바와 동침하게 함으로써 우리야의 아이를 임신한 것처럼 만들기 위해서였다. 하지만 우리야는 거절했고, 이에 다윗은 편지를 써서 그의 손에 들려 요압에게 보냈다. "우리야를 전투가 가장 격렬한 곳 정면에 배치했다가… 그만 홀로 남겨두고 후퇴하라." 결국 우리야는 죽었다.

밧세바는 다윗의 총애하는 부인이 되었다. 예언자 나단^{Nathan}은 왕에게 모든 것을 가졌으면서도 가난한 이가 가진 단 한 마리의 양을 빼앗은 부자 이야기를 들려준다. 다윗은 그러한 불의에 깜짝 놀라 말했다. "그런 짓을 한 자는 죽어 마땅하다!"

"임금님이 바로 그 사람입니다"라고 나단은 대답했다. 왕은 그제야 자신이 끔찍한 범죄를 저질렀음을 깨달았다. 다윗과 밧세바는 이렇게 죄악 속에 태어난 첫째 아이를 잃고 만다. 그러나 둘째 아들 솔로몬은 살아남았다.7)

다윗은 거룩한 왕의 이상적인 궁정과는 전혀 다른, 타락하고 잔인한 소굴을 이끌었는데 세부적인 기록을 보면 이는 모두 사실인 듯하다. 한 영웅의 카리스마 위에 건설된 많은 왕국들이 그러하듯, 다윗이 병들자 분열이 일기 시작했다. 다윗의 아들들은 왕위계승을 놓고 싸웠다. 큰 아들 암논^{Amnon}이 다윗을 승계하기로 예정돼 있었을 가능성도 있지만, 다윗은 암논의 이복동생이자 버릇없고 야심이 많았던 압살롬^{Absalom}을 총애했다. 압살롬은 빛나는 머리채와 흠 없는 육체를 갖고 있었다. "온 이스라엘에서 압살롬만큼 잘생기고 그만큼 칭찬을 받는 사람은 없었다."

압살롬 왕자의 흥망

암논이 압살롬의 누이 타마르Tamar를 집으로 유혹해 강제로 겁탈하자 압살롬은 예루살렘 밖에서 암논을 살해했다. 다윗이 슬퍼하는 동안 압살롬은 예루살렘에서 도망쳤다가 3년 만에 돌아왔다. 다윗과 그의 총애하는 아들은 서로 화해했다. 압살롬은 왕좌 앞에서 땅에 대고 절을 했고 다윗은 아들에게 입을 맞췄다. 그러나 압살롬 왕자는 자신의 야심을 억제할 수 없었다. 그는 호위병 50명을 앞세워 전차를 타고 예루살렘으로 행진했다. 그는 "압살롬이 이스라엘의 마음을 사로잡았다"라고 외치면서 부왕의 권력을 손상시켰고 헤브론에 반란군의 궁정을 세웠다.

사람들은 떠오르는 태양 압살롬에게 몰려갔다. 그러나 이번엔 다윗이 정신을 차렸다. 다윗은 신의 총애를 상징하는 계약궤를 확보한 후 예루살렘을 떠났다. 압살롬이 예루살렘을 장악하는 동안 늙은 왕은 군대를 결집시켰다. 다윗은 요압 장군에게 "나를 보아서 저 젊은이를 너그럽게 다루어주시오"라고 말했다.

다윗의 군대가 에브라임Ephraim 숲에서 반란군들을 학살하자 압살롬은 노새를 타고 도망쳤다. 그의 긴 머리카락은 파멸의 원인이 되었다. "그 노새가 큰 향엽나무의 얽힌 가지들 밑으로 들어가는 바람에 그의 머리카락이 향엽나무에 휘감겼다. 그는 하늘과 땅 사이에 매달리게 되었고 타고 가던 노새는 그대로 지나가버렸다." 요압이 매달려 있는 압살롬을 발견해 죽이고 그 반란 왕자가 자신을 위해 세워두었던 기둥 아래가 아닌 구덩이에 시신을 묻었다.* "그 어린 압살롬은 무사한 것이냐?" 다윗은 애처롭게 물었다. 왕자가 죽었다는 말을 듣자 다윗은 탄식했다. "내 아들 압살롬아. 내 아들아, 내 아들 압살롬아. 너 대신 차라리 내가 죽을 것을. 압살롬아, 내 아들아, 내 아들아!"8)

　　　기근과 전염병이 왕국을 휩쓸었을 때 다윗은 모리아 산에 서서 죽음의 사자가 예루살렘을 위협하는 환상을 보았다. 그곳에서 다윗은 신의 현현顯現, 즉 신의 계시를 경험했고 그곳에 제단을 쌓으라는 명령을 받았다. 예루살렘에는 이미 성소가 있었고 지배자들은 사제왕으로 묘사되었다. 예루살렘의 원주민 중 하나였던 에부스족의 아라우나Arauhnah는 모리아에 토지를 소유하고 있었는데, 이는 예루살렘이 오펠에서 인근 산악까지 확장되었음을 의미한다. "다윗은 은 50세겔을 주고 타작마당과 소를 샀다. 그러고 나서 주님을 위하여 제단을 쌓고 번제물과 친교의 제물을 바쳤다."

　　　다윗은 그곳에 성전을 계획했고 티레의 페니키아 왕 아비바알Abibaal에게 삼나무를 주문했다. 그것은 다윗의 치적이 정점을 이룬 순간이었으며, 신과 백성들을 한데 묶고 이스라엘과 유다를 통일시키고 또한 예루살렘 자체를 거룩한 수도로서 기름 붓는 순간이었다. 그러나 그것은 실현되지 않았다. 신은 다윗에게 이렇게 말했다. "너는 전사였고 사람의 피를 많이 흘렸기 때문에 내 이름을 위한 집을 짓지 못한다."

　　　다윗이 늙고 나이가 많이 들자 신하들과 아들들은 권력승계를 모의했다. 또 다른 아들 아도니야Adonijah가 왕좌에 도전하는 한편, 다윗의 판단력을 흐릴 목적으로 아비삭Abishag을 후궁으로 들여보냈다. 그러나 음모가들은 밧세바를 과소평가했다.9)

---

* 키드론 골짜기에 위치한, 압살롬의 기둥으로 불리는 피라미드는 기원후 1170년 베냐민에 의해 처음 언급되었으며 이는 기원전 1000년까지 거슬러 올라가지 않는다. 사실 그것은 기원전 1세기 때의 무덤이다. 중세에 예루살렘 성과 심지어 서쪽 벽에 들어가는 것도 금지되었던 유대인들은 그 기둥 가까운 곳으로 가서 기도했다. 20세기 초까지도 그곳을 지나는 유대인들은 압살롬의 반역에 대한 역겨움의 표시로 침을 뱉거나 돌을 던지곤 했다.

솔로몬, 성전을 세우다

밧세바는 다윗에게 자기 아들 솔로몬에게 왕위를 물려달라고 간청했다. 다윗은 대사제 사독Zadok과 예언자 나단을 불렀고, 둘은 솔로몬을 왕의 노새에 태워 기혼 샘으로 데려갔다. 그곳에서 솔로몬은 왕으로 기름부음을 받았다. 뿔 나팔을 불자 백성들은 환호했다. 축제의 소리를 들은 아도니야는 제단의 성소로 도망쳤고, 솔로몬은 그를 죽이지 않고 목숨을 살려주었다.10)

다윗은 이스라엘 민족을 통일하고 예루살렘을 신의 도시로 만드는 등 탁월한 업적을 남겼다. 그 후 다윗은 죽어가면서 솔로몬에게 모리아 산에 성전을 지을 것을 명령했다. 4세기 후 그 시대를 교훈으로 삼으려 했던 성서의 저자들은 다윗을 결점 있는 모험가에서 거룩한 왕의 정수로 변화시켜 기록했다. 다윗은 다윗 성에 묻혔다.* 다윗의 아들은 다윗과는 매우 달랐다. 솔로몬은 거룩한 사명을 완성할 사람이었다. 그러나 그는 기원전 970년 피의 숙청과 함께 통치를 시작했다.

모후母后 밧세바는 솔로몬에게 이복형 아도니야가 다윗의 마지막 후궁 아비삭과 결혼하도록 허락해달라고 했다. "그를 위해 왕국도 달라고 하시지요?" 솔로몬은 빈정거리며 대답하였고, 아도니야를 살해하고 선왕의 늙은 호위병을 제거할 것을 명령했다. 이 이야기는 다윗의 궁정 역사의 마지막 부분인 동시에 솔로몬이 보여준 처음이자 유일한 사나이다운 모습

---

* 수백 년 후 마카베오 왕 요한 히르카누스John Hyrcanus는 다윗의 무덤을 약탈하여 외국 정복자들에게 바쳤다고 전해진다. 그로부터 2,000년 후 십자군 왕국 때 예수가 최후의 만찬을 했던 시온 산의 만찬실을 수리하던 인부들이 다윗의 무덤으로 추측되는 방을 발견했다. 이곳은 유대인, 그리스도인 그리고 무슬림들이 모두 경배하는 성지가 되었다. 그러나 실제 다윗 무덤의 위치는 여전히 미스터리로 남아 있다.

이었다. 솔로몬은 불가사의할 정도로 지혜롭고 화려하며 전설적인 황제의 전형이었기 때문이다. 솔로몬은 평범한 그 어떤 왕보다 더 크고 위대한 것을 모두 가졌다. 솔로몬의 지혜는 3,000개의 잠언과 1,500개의 노래를 만들어냈고, 하렘harem(부인들이 거처하는 방)에는 700명의 후궁과 300명의 첩이 있었으며, 군대는 기병이 1만 2,000명, 전차가 1,400대였다. 값비싼 군사기술의 전시용품들을 메기도Meggiddo, 게제르, 하조르Hazor와 같은 마을들을 요새화시켜 보관하는 한편, 아카바 만Gulf of Aqaba의 에시온 게베르Ezion-Geber에는 함대를 정박시켰다.11)

솔로몬은 이집트, 시칠리아와 향료, 금, 전차, 말 등을 교역했다. 그리고 티레의 페니키아 동맹 왕 히람Hiram과 함께 수단과 소말리아 원정 무역단을 공동 운영했다. 그는 많은 수행원을 거느리고 향료와 엄청나게 많은 금과 보석을 낙타에 싣고 예루살렘에 온 셰바Sheba(아마도 사바Saba, 오늘날의 예멘)의 여왕을 초대했다. 금은 오피르Ophir, 아마도 인도에서 공수했던 것 같다. 청동은 그가 소유한 광산에서 조달했다. 그의 부는 예루살렘을 화려하게 만들었다. "왕 덕분에 예루살렘에는 은이 돌처럼 흔해졌고 향백나무는 평원지대의 돌무화과나무만큼이나 많아졌다."

그의 국제적 위상을 가장 확실하게 보여준 것은 파라오 딸과의 결혼이었다. 파라오들이 자신의 딸을 외국인 왕자와 결혼시키는 일은 거의 없었다. 특히 산악 유목민 부족장을 갓 벗어난 유대인 벼락부자에게는 전혀 가능성이 없는 일이었다. 그러나 한때 거만했던 이집트는 당시 치욕의 혼란 속에 빠져 있었다. 파라오 시아문Siamun은 예루살렘에서 멀지 않은 게제르를 공격했고, 아마도 자신이 이집트에서 멀리 떨어진 곳에서 위험에 노출되어 있음을 깨닫고는 솔로몬에게 딸을 비롯한 전리품들을 주었던 것 같다. 이는 당시에는 상상할 수도 없는 영광이었다. 다윗이 계획했던 예루살렘의 성전은 솔로몬의 걸작으로 탄생하게 되었다.

성서에 묘사된 성소와 지성소의 '신의 집'은 솔로몬 왕궁 바로 옆에 있었다. 성소와 지성소는 금과 향백나무로 덮인 놀랍도록 웅장한 강당들과 궁전들을 자랑했으며 레바논 수풀 궁과 왕의 재판을 위한 기둥 별실도 있었다.

그것은 단지 이스라엘 민족만의 업적은 아니었다. 레바논 해변을 따라 독립된 도시 국가를 이루고 살던 페니키아인들은 지중해에서 가장 세련된 장인들이자 해양 무역업자들이었으며 자기들 이름(페니키아인 Phoenician 'phoinix'에서 유래되었으며, 이는 자주색을 의미한다)의 근원이 된 티레의 자주색 물감과 알파벳을 발명한 것으로 유명했다. 티레의 왕 히람은 방백나무와 향백나무뿐 아니라 금과 은 장식물들을 제작하는 장인들까지 주었다. 모든 것이 순금이었다.

성전은 단순히 하나의 성소가 아니라 신 자신의 집이었다. 그곳은 약 33×115피트(약 10×35미터) 규모로 세 부분으로 구성된 복합 건물이었으며, 외벽으로 둘러싸여 있었다.

먼저 현관에는 석류와 나리꽃 모양으로 장식된 33피트(약 10미터) 높이의 두 개의 청동 기둥, 야킨Yachin과 보아즈Boaz가 서 있었다. 그곳에서 하늘을 향해 뻗은 거대한 기둥들이 늘어서 있고 삼면이 2층짜리 곁방들로 둘러싸인 안뜰이 이어졌다. 곁방들에는 왕실의 문서들이나 보물들이 보관돼 있었을 것이다. 주랑 현관은 거룩한 강당으로 이어졌다. 열 개의 순금 등잔대가 벽을 따라 서 있었다. 제사 빵을 차려놓는 금상이 있고 그 뒤로 희생제사를 위한 향, 물두멍, 정화를 위한 바퀴 달린 놋대야, 그리고 바다라 불리던 청동 연못이 있었다. 계단은 지성소*로 이어졌다. 지성소는 17피트(약 5미터) 높이의 금을 입힌 올리브 나무로 만든 날개 달린 두 개의 케루빔cherubim이 호위하는 작은 방이었다.

그러나 가장 중요한 것은 솔로몬 자신의 위엄이었다. 성전을 완공하는 데는 7년이 걸렸고, 그보다 큰 자신의 왕궁을 건설하는 데는 13년이 걸렸다. 신의 집은 고요해야 했으므로 "망치나 정이나 그 어떤 쇠 연장 소리도 그 집에서는 들리지 않았다." 페니키아 장인들은 티레에서 돌을 재단하고 향백나무와 방백나무를 조각하고 은, 청동, 금 장식물들을 제작한 다음 예루살렘으로 운송했다. 솔로몬 왕은 오래된 성벽을 확장하여 모리아 산을 요새화했다. 그 후부터 '시온'이라는 이름은 원래의 요새와 새로운 성전산을 함께 가리키게 되었다.

성전 건축이 모두 끝나자 솔로몬은 백성들을 소집하고 사제들이 다윗 성 시온 요새에서 모리아 산의 성전산까지 아카시아 나무로 된 계약 궤를 옮겨오는 것을 보았다. 솔로몬이 봉헌식을 거행하자 사제들이 궤를 지성소로 옮겨 거대한 황금 케루빔의 두 날개 아래에 놓았다. 지성소에는 케루빔과 궤 외에는 아무것도 없었으며 궤(4×2.5피트[약 1.2×0.7미터]) 안에는 모세의 율법만이 있었다. 지성소의 거룩함은 대단한 것이어서 일반 대중의 예배를 목적으로 하지 않았다. 지성소의 빈 공간에는 엄격하면서도 형상이 없는 야훼의 신성, 즉 이스라엘 민족의 고유한 이념이 자리 잡고 있었다.

---

* 지성소는 어디에 있었는가? 이는 정치적인 폭발성을 지닌 질문이며, 예루살렘을 공유하기 위한 모든 이스라엘-팔레스타인 협상의 난제다. 후세에 헤롯 대제가 확장한 성전산의 규모에 따라 많은 이론들이 달라진다. 수많은 학자들은 지성소가 이슬람의 바위 돔 내에 있는 바위 위에 있었다고 주장한다. 일부 학자들은 그 신비스러운 노란색의 휘어진 동굴이 원래는 기원전 약 2000년 당시의 동굴 무덤이었다고 주장하며 기원전 540년경 포로들이 바빌론에서 돌아왔을 때 에부스 족인 아라우나Araunah 해골이 발견되었다고 얘기한다. 무슬림들은 그것을 영혼들의 우물이라 불렀다. 유대인들과 무슬림들은 그곳이 아담이 창조된 곳이자 아브라함이 이삭을 희생시킬 뻔한 곳이라고 믿는다. 기원후 691년 칼리프 압드 알 말리크Abd al-Malik는 부분적으로 성전에 대한 이슬람의 계승을 창출하기 위해 그곳을 바위 돔의 자리로 선택했을 가능성이 있다. 유대인들은 바위 돔을 성전의 근거로 여기고 있다.

사제가 지성소 밖으로 나오자 "주님의 영광이 주님의 집에 가득 찼던" 신의 현존인 '구름'이 자욱했다. 솔로몬은 백성들 앞에서 성전을 봉헌했고 신께 아뢰었다. "제가 당신을 위하여 웅장한 집을 지었습니다. 당신께서 영원히 머무르실 곳입니다." 신은 솔로몬에게 "나는 너의 왕좌를 이스라엘 위에 영원히 세워주겠다. 이는 내가 네 아버지 다윗에게 말한 그대로다"라고 대답했다. 이날은 유대인 달력에서 대규모 순례로 발전된 첫 번째 축제가 되었다. "솔로몬은 제단 위에서 한 해에 세 번씩 번제물을 바쳤다." 바로 그 순간 유대교, 그리스도교, 이슬람 세계에서 신성의 개념은 자신의 영원한 고향을 찾았다. 유대인들 그리고 다른 성서의 민족들은 신의 현존이 결코 성전산을 떠난 적이 없다고 믿는다. 예루살렘은 지상에서 신과 인간의 의사소통을 위한 최고의 장소가 되었다.

흔들리는 이스라엘 왕국

모든 이상적인 예루살렘들, 새 예루살렘과 옛 예루살렘 그리고 천상의 예루살렘과 지상의 예루살렘은 솔로몬의 도시에 대한 성서의 설명을 기초로 한다. 그러나 그것을 확인할 출처는 어디에도 없다. 또한 성전에 관해서도 발견된 것은 아무것도 없다.

이는 들리는 것만큼 놀라운 일이 아니다. 정치적, 종교적 이유로 인해 성전산을 발굴하는 것은 불가능한 일이다. 하지만 그러한 발굴이 허락된다 하더라도 우리는 솔로몬 성전의 어떤 흔적도 찾을 수 없을 것이다. 솔로몬 성전은 두 번에 걸쳐 완전히 파괴되었고 적어도 한 번은 기반까지 무너졌으며 헤아릴 수 없이 여러 차례 재건축되었기 때문이다. 성서의 저자들이 성전의 화려함은 과장했을지 몰라도 그 크기와 구조에 관해서는 전적으로 개연성이 있다. 솔로몬의 성전은 당시의 전형적인 성소였다. 솔로몬 성전이 부분적으로 참조한 페니키아의 성전들은 관료들과 수수료를 내는 성전 매춘부들, 심지어 신에게 봉헌하기 위해 머리를 깎는 사람들을 위한 성전 전용이발사까지 수백 명이 운영하는 하나의 기업체였다. 모든 종교에서 발견되는 시리아식 성전 배치는 놋대야와 같은 성스러운 용품들과 더불어 솔로몬의 성소에 대한 성서의 설명과 매우 유사하다.

성전에 황금과 상아가 넘쳐났다는 이야기는 완전히 신뢰할 만하다. 1세기 후, 이스라엘의 왕들은 사마리아 근처의 화려한 궁전들에서 통치했고 고고학자들은 그곳에 상아를 발견했다. 성서에는 솔로몬이 성전에 금 방패 500개를 봉헌했다고 기록되어 있으며, 다른 문헌들에 따르면 그 당시에는 오피르에서 수입된 금이 매우 풍부했던 것으로 나타난다. 또한 이집트인들도 누비아에서 금을 채굴했다. 솔로몬이 죽은 직후 파라오 시삭Shischak이 예루살렘을 위협해 바로 그 금을 받아갔다. 솔로몬의 광산은 오랫동안 신화처럼 생각됐으나 솔로몬의 통치기간 동안 사용됐던 구리광산이 최근 요르단에서 발견되었다. 그로부터 겨우 1세기 후 이스라엘의 한 왕이 전차 2,000대를 부렸던 것을 감안하면, 솔로몬의 군대 규모 역시 사실이었을 가능성이 농후하다.* 12)

솔로몬의 대단함은 과장된 것일 수 있지만 그의 쇠퇴에 관한 이야

---

* 성서는 메기도, 게제르, 하조르의 요새들이 솔로몬의 창고 도시였다고 말한다. 그러나 20세기 논쟁에서 개정주의자인 이스라엘 핀켈스타인Israel Finkelstein 교수는 그 성읍들이 사실은 100여 년 후에 지어진 시리아식의 왕궁들이었고 솔로몬은 아무런 건물도 짓지 않았다고 주장했다. 그 유적들에서 발견된 흑적black-on-red 도자기는 기원전 10세기 후반의 것으로, 솔로몬의 재위기간 및 다윗 사후 9년째의 파라오 셰숑크의 침공 시기와 대체로 일치한다. 한편 새롭게 제시된 흥미로운 분석들은 그것들이 실제로 기원전 10세기의 거대한 마병장이었고, 따라서 솔로몬 기병대의 규모와 지중해 말 무역을 증명하는 개연성 있는 증거라고 주장한다. 논쟁은 계속되고 있다.

기는 어디까지나 사실인 것으로 보인다. 지혜의 왕은 인기를 잃은 폭군이 되었고 높은 세금과 채찍질로 엄청난 사치 자금을 조달했다. 2세기 후 유일신을 믿는 성서 저자들이 역겨워하며 기록한 일로서, 솔로몬은 야훼를 비롯하여 다른 지역 신들에게도 기도했을 뿐 아니라 거기서 더 나아가 "많은 외국 여자를 사랑했다."

솔로몬은 남쪽으로는 에돔, 북쪽으로는 다마스쿠스의 반란에 직면했다. 한편 그의 장군 여로보암Jeroboam은 북부 부족들 사이에서 반란을 계획했다. 왕이 암살을 명했지만 그는 이집트로 도망쳤고, 부활한 제국의 리비아인 파라오 셰숑크Sheshonq의 후원을 받았다. 이스라엘 왕국은 흔들리고 있었다.

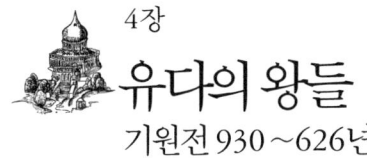
4장
유다의 왕들
기원전 930~626년

둘로 나뉜 이스라엘 왕국

기원전 930년, 40년간의 통치 후 솔로몬이 죽자 아들 르호보암Rehoboam이 세겜으로 부족장들을 소환했다. 북부인들은 여로보암 장군을 선택해 젊은 왕에게 솔로몬의 세금을 더 이상 견디지 못하겠다고 말하게 했다. 르호보암은 거칠게 대답했다. "나는 그대들의 멍에를 더 무겁게 하겠소. 내 아버지께서는 그대들을 가죽채찍으로 징벌하셨지만, 나는 갈고리 채찍으로 벌할 것이오." 북부의 10개 부족들은 반란을 일으켰고, 여로보암을 이스라엘의 새로운 분리 왕국의 왕으로 지명했다.

르호보암은 여전히 유다의 왕이었다. 그는 다윗의 손자였으며 예루살렘의 성전, 야훼의 집을 소유하고 있었다. 그러나 더 노련한 여로보암은 세겜을 수도로 정하며 그에게 맞섰다. "이 백성이 예루살렘에 있는 주님의 집에 희생제물을 바치러 올라갔다가 유다 왕 르호보암에게로 마음을 돌리면, 그들은 나를 죽일 것이다." 이에 여로보암은 가나안의 전통적 성지인 베델과 단Dan에 작은 성전을 지었다. 여로보암은 오랜 기간 성공적으로 통치했으나, 예루살렘에 도전할 수는 없었다.

두 개의 이스라엘 왕국은 때로는 전쟁을 하고, 때로는 가까운 동맹을 맺었다. 기원전 900년 이후 약 400년간 다윗 왕가는 유다, 즉 성전도시 예루살렘을 중심으로 한 소규모 지역을 다스렸다. 반면 그보다 훨씬 부유한 이스라엘은 북부의 군사적 강자가 되었으며, 대체로 피의 쿠데타를 통해 권력을 잡은 전차장군들이 지배했다. 그러한 찬탈자들 중 한 명은 지배 가문을 너무도 많이 살해한 나머지 "그에게 달린 사람 가운데 단 하나도 남겨두지 않았다." 2세기 후 〈열왕기〉와 〈역대기〉를 쓴 저자들은 개인적인 세부사항이나 정확한 연대는 개의치 않았지만, 이스라엘의 유일신에 대한 충성도에 따라 지도자들을 평가했다. 그러나 다행스럽게도, 암흑의 시대는 끝이 났다. 이제부터는 이집트와 이라크 제국의 비문들이 성서의 극단적으로 정의로운 주장을 조명해주며 많은 경우를 확인시켜준다.

솔로몬 사후 9년째 이집트와 역사는 예루살렘으로 돌아왔다. 연합 이스라엘 왕국의 분열을 부추긴 파라오 셰숑크는 해변을 따라 전진한 후, 내륙으로 방향을 돌려 예루살렘으로 향했다. 예루살렘 성전은 우회 비용을 상쇄하기 충분할 만큼 부유한 곳이었다. 르호보암 왕은 셰숑크에게 성전의 보물, 즉 솔로몬의 금을 넘겨주었다. 셰숑크는 두 이스라엘 왕국 모두를 공격하면서 해안의 메기도를 초토화시켰고, 정복을 자랑하는 비석을 남겼다. 그것은 감질날 정도로 일부분만 남아 있다. 이집트로 돌아온 후, 셰숑크는 카르나크Karnak에 있는 아문 성전Temple of Amun에서 전쟁의 승리를 자랑했다. 당시 파라오의 수도였던 부바스티스Bubastis의 상형문자 텍스트는 그로부터 얼마 후 셰숑크의 계승자 오소르콘Osorkon이 예루살렘에서 가져온 전리품 금 383톤을 성전에 봉헌했음을 보여준다. 셰숑크의 공격은 성서 속 사건들 중 고고학을 통해 확인된 최초의 사건이다.

50여 년의 전쟁 이후 두 이스라엘 왕국은 화해했다. 이스라엘의 아합^{Ahab} 왕은 페니키아의 공주와 세기의 결혼식을 올렸다. 그녀는 성서 최고의 악녀이자 부패한 폭군이며 바알^{Baal}과 기타 우상들의 숭배자였다. 그녀의 이름은 이세벨^{Jezebel}이었으며 그녀의 가문은 이스라엘과 예루살렘을 지배했다. 그들은 이스라엘과 예루살렘 모두에게 살육과 재앙을 가져왔다.13)

여왕의 최후와 이스라엘 유린

이세벨과 아합에게는 아달랴^{Athaliah}라는 딸이 있었는데 유다 왕 예호라^{Jehorah}와 결혼시켰다. 아달랴는 번창하고 있던 예루살렘에 도착했다. 시리아 상인들이 시리아인 구역에서 장사를 했고 유다 왕국의 함대는 홍해를 항해했다. 성전에서는 가나안의 우상들이 추방당했다. 그러나 이세벨의 딸은 예루살렘에 행운도 행복도 가져오지 않았다.

이스라엘은 강대국들이 쇠퇴기에 있을 때에만 번성했다. 기원전 854년, 현재 이라크의 니네베^{Nineveh}에 본거지를 둔 아시리아가 다시 일어섰다. 아시리아 왕 샬마네세르 3세$^{Shalmaneser\ III}$가 시리아의 왕국들을 정복하기 시작하자 이스라엘과 시리아는 그에 저항하기 위해 동맹을 결성했다. 카르카르^{Karkar} 전투에서 아합 왕은 2,000대의 전차와 1만 명의 보병을 거느리고 유다와 시리아의 여러 왕들의 지원을 받아 아시리아를 저지했다. 그러나 그 후 동맹은 깨졌다. 유다인들과 이스라엘인들은 시리아에 대항해 싸웠으나 식민지 백성들이 반란을 일으켰다.* 이스라엘의 아합 왕은 화살에 맞아 죽었다. 개들이 그 피를 핥았다. 이스라엘에서는 예후^{Jehu}라는 이름의 장군이 반란을 일으켰고 왕족들을 살해했다. 70명이나 되는 아합의 아들들의 머리를 잘라 사마리아 성문에 무더기로 쌓아놓았으며 이스라엘의 새 왕뿐만 아니라 그곳을 방문하러 온 유다 왕까지 무참히 살해했다. 왕비 이세벨은 왕궁 창문 밖으로 던져졌으며 전차 바퀴 밑에서 산산조각이 났다.**

이세벨의 시체는 개들이 먹어치웠지만 기원전 841년 이세벨의 딸, 왕비 아달랴는 예루살렘에서 권력을 삽고 나윗 왕가의 모든 왕자들을(자기 손자까지도) 닥치는 대로 죽였다. 오직 한 명의 아기 왕자, 요아스Jehoash만이 살아남았다. 〈열왕기하〉와 몇몇 새로운 고고학적 발견들이 비로소 예루살렘의 생활 모습을 약간이나마 보여주었다.14)

요아스 왕자가 성전에 숨어 있는 동안 반은 페니키아인이고 반은 이스라엘인인 이세벨의 딸은 작은 산중 본거지에 국제적인 상단을 끌어들이고 바알에 대한 예배를 도입했다. 석류 위에 1인치도 안 되는 상아 비둘

* 이스라엘과 유다의 왕들은 반란을 일으킨 모아브 왕 메샤Mesha에 함께 대항했고, 메샤는 석비에 자신의 아들을 희생으로 바쳐 침입자들을 성공적으로 물리쳤다고 선언했다. 그로부터 거의 3,000년 후인 기원후 1848년, 몇몇 베두인이 한 독일인 선교사에게 검은 현무암을 보여주었는데 그것이 프러시아, 프랑스, 영국 사이에 고고학 경쟁을 불러일으켰다. 각국의 대리인들은 이 특별한 제국주의적 전리품을 차지하기 위해 음모를 꾸몄다. 한 베두인 부족이 그 돌을 파괴하려 했지만 결국엔 프랑스가 그것을 차지했다. 그것은 싸울 만한 가치가 있는 것이었다. 메샤는 이스라엘이 모아브를 정복했다는 것을 인정하면서도 자신이 아합 왕에 대해 반란을 일으켰고 이스라엘과 유다를 물리쳤다고 주장했는데 이것은 때로는 성서와 배치되기도 하고 때로는 일치되기도 한다. (최근의 번역에 따르면) 메샤는 이스라엘과 유다를 '다윗의 집'이라 부르는데, 이는 다윗의 존재를 확인시켜준다. 또한 메샤는 자신이 포로가 된 이스라엘 마을에서 '야훼의 그릇들'을 가져왔음을 자랑하는데, 이는 성서 이외의 것에서 이스라엘의 신이 언급된 최초의 사례다.
** 성서는 이스라엘의 왕 예후를 야훼의 회복자이자 바알 우상들의 파괴자로 그린다. 그러나 성서는 현재의 고고학이 밝히는 권력 투쟁보다는 예후와 신과의 관계에 더 중점을 두고 있다. 예후는 아마도 다마스쿠스의 지원을 받았을 것이다. 다마스쿠스 왕 하자엘Hazael은 이스라엘 북부 텔 단에 자신의 이스라엘 집과 다윗 집의 이전 왕들을 물리쳤다고 자랑하는 석비를 남겼기 때문이다. 이는 다윗 왕이 존재했음을 보여주는 고고학적 증거다. 그러나 예후는 아시리아 왕 샬마네세르 3세의 봉신이 되기도 했다. 님루드Nimrud에서 발견되어 현재 대영박물관에 소장되어 있는 검은 오벨리스크Black Obelisk에는 다음과 같이 적혀 있다. '예후는 샬마네세르에게 복종의 예를 갖추고 있고, 샬마네세르는 땋은 머리에 왕관을 쓰고 자수를 놓은 옷과 칼을 차고, 아시리아의 힘을 상징하는 두 날개를 뒤에 두고 시종이 들고 있는 파라솔의 호위를 받으며 앉아 있다.' 샬마네세르는 "나는 동, 은, 금 대접, 황금 화병, 황금 바구니, 주석, 지팡이, 사냥용 창을 받았다"라고 말한다. 이 무릎 꿇은 예후의 모습이 역사에 나타난 이스라엘의 첫 이미지다.

기를 놓은 장식품이 예루살렘에서 발견되었는데, 아마도 어느 대저택의 가구를 장식하는 데 사용되었을 것이다. 페니키아식 진흙인장(불레bullae라고 알려져 있던, 당시 주소가 적힌 편지)이 다윗 성 아래 바위 연못 주변에서 1만여 개의 물고기 뼈에 뒤덮여, 그들의 선박 그림과 옥좌 위에 날개 달린 태양과 같은 신성한 토템들과 함께 발견되었다. 이는 아마 해양 무역업자들이 지중해에서 가져왔을 것으로 보인다. 그러나 아달랴는 이세벨과 마찬가지로 곧 미움을 받았다. 우상을 숭배하는 사제들은 성전에 바알과 다른 신상들을 세웠다. 6년 후, 성전의 사제는 예루살렘의 유력자들을 비밀 회의에 불러 어린 왕자 요아스의 존재를 밝혔다. 그들은 즉시 요아스에게 충성을 맹세했다. 사제는 그때까지 성전에 보관돼 있던 다윗 왕의 창과 방패로 무장한 호위병들의 호위를 받으며 아이에게 공개적으로 기름을 붓고 "신께서 왕을 구하셨다"라고 외치고 나팔을 불었다.

여왕은 호위병들과 백성의 소리를 듣고 광장을 지나 왕궁에서 성전으로 몰려갔으며 성전에는 백성들이 가득 모여 있었다. "반역이다! 반역!"이라고 아달랴는 외쳤으나 호위병들은 그녀를 붙잡아 성전산으로 끌고 가 성문 밖에서 그녀를 죽였다. 바알의 사제들은 고문을 당하고, 우상들은 부서졌다.

요아스 왕은 기원전 801년 시리아 왕과의 전투에서 패할 때까지 40년 동안 다스렸다. 시리아 왕은 예루살렘으로 진군해 성전의 모든 황금보물을 내놓으라고 요구했다. 그는 살해당했다. 30년 후에는 이스라엘의 왕이 예루살렘을 공격하고 성전을 약탈했다. 그때부터 늘어난 성전의 재산은 매력적인 전리품이 되었다.[15]

그러나 과거 예루살렘의 성공은 새로운 왕의 통치 아래 힘을 얻은 아시리아의 번영에 비할 바가 아니었다. 그 잔인한 제국은 다시 행군에 올랐다. 이스라엘과 아람 다마스쿠스Aram-Damascus의 왕은 동맹을 맺고 아시리아에 저항하려 했다. 유다의 아하스Ahaz 왕이 거부하자 이스라엘과 시리아가 예루살렘을 포위했다. 새롭게 강화된 성벽이 뚫리지는 않았지만 아하스 왕은 성전의 보물을 내주었고 아시리아의 티글라트 필레세르 3세Tiglath-Pileser Ⅲ에게 도움을 요청했다. 기원전 732년, 아시리아는 시리아와 동맹을 맺고 이스라엘을 유린했다. 예루살렘에서는 아하스 왕이 아시리아와 싸울 것인지 항복할 것인지를 놓고 고뇌했다.

창녀처럼 아름다운 예루살렘

왕은 왕자이자 대사제이며 정치 참모인 이사야Isaiah에게서 기다리라는 조언을 듣는다. 즉 야훼가 예루살렘을 보호할 것이라는 것이다. 이사야는 왕에게 엠마누엘Emmanuel('신께서 우리와 함께 하신다'라는 뜻)이라는 아들이 생긴다고 말했다. "우리에게 한 아이가 태어났고" 그는 "용맹한 신, 영원한 아버지, 평화의 군왕"이 될 것이며 "그 평화는 끝이 없으리라."

〈이사야〉는 최소 두 명의 저자가 있었다. 그중 한 명은 200년 후에야 이를 썼다. 다른 한 명의 이사야는 단순한 예언자가 아닌 몽상가 같은 시인이었으며, 탐욕스러운 아시리아의 침공 시대에 성전 파괴 이후 신비한 예루살렘의 삶을 상상한 최초의 사람이었다. "나는 높이 솟아오른 어좌에 앉아 계시는 주님을 뵈었는데 그분의 옷자락이 성전을 가득 채우고 있다. … 성전은 연기로 가득 찼다."

이사야는 '거룩한 산'을 사랑했다. 이사야는 그것을 때로는 정의롭고, 때로는 창녀처럼 아름다운 여인, "딸 시온 산, 예루살렘 동산"이라고 불렀다. 경건함과 품위가 없으면 예루살렘을 소유하는 것에 아무런 의미도 없었다. 그러나 모든 것을 잃고 예루살렘이 비틀거려도 모든 지역 위에 자애를 설교하는, 모든 사람을 위한 새롭고 신비로운 예루살렘이 존재할 것이다. "선행을 배워라. 공정을 추구하고 억압받는 이를 보살펴라. 고아의 권리를 되찾아주고 과부를 두둔해주어라."

또 이사야는 특별한 현상을 보았다. "주님의 집이 서 있는 산은 모든 산들 위에 굳건히 세워지고… 모든 민족들이 그곳으로 밀려든다." 이외딴, 그리고 파괴된 산중 도시의 율법, 가치, 그리고 이야기들이 다시 살아날 것이다. "수많은 백성들이 모여오면서 말하리라. 자, 주님의 산으로 올라가자. 야곱의 신의 집으로. 그러면 그분께서 당신의 길을 우리에게 가르치시어… 이는 시온에서 가르침이 나오고 예루살렘에서 주님의 말씀이 나오기 때문이다. 그분께서 민족들 사이에 재판관이 되시리라." 이사야는 기름부음 받은 왕, 즉 메시아^{Messiah}가 도래하는 신비한 심판의 날을 예언했다. "그들은 칼을 쳐서 보습을 만들고 창을 쳐서 낫을 만들리라. … 다시는 전쟁을 배워 익히지도 않으리라." 죽은 자들은 다시 살아날 것이다. "늑대가 새끼 양과 함께 살고 표범이 새끼 염소와 함께 지내리라."

이 강렬한 시는 무엇보다 오늘날까지 예루살렘의 역사 전반을 관통하게 될 묵시의 갈망을 표현했다. 이사야는 유대교뿐 아니라 그리스도교의 형성에까지 영향을 미칠 것이었다. 예수 그리스도는 이사야를 연구했으며, 성전 파괴와 보편적 영적 개념으로서의 예루살렘과 약자들의 승리에 대한 그의 가르침은 이런 시적 비전에서 기원한다. 예수 자신이 이사야가 말한 엠마누엘로 간주되기도 했다.

아하스 왕은 티글라트 필레세르에게 복종을 표하기 위해 다마스쿠스로 갔고 성전에 놓을 아시리아풍의 제단을 가지고 돌아왔다. 기원전

727년 정복자가 죽자 이스라엘이 반란을 일으켰지만 새로운 아시리아 왕 사르곤 2세Sargon II는 3년간 사마리아를 포위했고 그 후 이스라엘을 삼켜 2만 7,000명의 주민을 아시리아로 끌고 갔다. 북왕국에 살던 열두 지파 가운데 열 지파가 역사에서 사라졌다.* 현대 유대인들은 유다 왕국으로서 살아남은 마지막 두 지파의 후손이다.16) 이사야가 엠마누엘로서 찬양했던 아기는 히스기야Hezekiah 왕이었다. 그는 메시아는 아니었지만 그럼에도 모든 정치적 자질 중에 가장 값진 것, 즉 행운을 소유했다. 히스기야 시대의 예루살렘 유적은 오늘날까지 남아 있다.

센나케리브, 양 떼를 덮친 늑대

히스기야는 아시리아에 대항해 들고 일어날 기회를 잡기 위해 20년을 기다렸다. 그는 먼저 우상들을 내쫓았고 성전에 서 있던 청동 뱀을 깨부수고 백성들을 모아 예루살렘에서 초기 방식대로 유월절을 지냈다. 예루살렘은 처음으로 서쪽 언덕까지 확장되고 있었다.** 예루살렘은 패망

---

* 이란과 이라크의 고대 유대인 공동체들은 자신들이 아시리아는 물론, 이후 바빌론에 의해서 강제 이주당한 열 지파의 후손이라고 주장한다. 최근의 유전자 조사는 이 유대인들이 실제로 2,500여 년 전 다른 유대인 집단에서 분리되었음을 증명한다. 그러나 그 사라진 이스라엘 부족들에 대한 추적은 수많은 환상과 이론을 낳았다. 열 지파는 북아메리카 원주민부터 영국인까지 믿기 힘든 다양한 장소에서 '발견'되었다.
** 다윗 성읍과 성전산 바깥에 두 개의 새로운 교외지역이 개발되었다. 하나는 모리아 산과 서쪽 언덕 사이를 흐르는 티로피아 골짜기의 마크테시Makhtesh, 다른 하나는 서쪽 언덕 자체인 미슈네Mishneh, 즉 오늘날의 유대인 구역이다. 고위 관료들은 예루살렘 성 주변의 무덤들에 묻혔다. 실완Silwan 마을에 있는 한 무덤에는 "이것은… 왕실 집사 야후yahu의 무덤이다"라고 쓰여 있다. "이곳에는 금도 없고 은도 없으며 오직 그와 그의 노예 여자들의 뼈만이 있을 뿐이다. 이 무덤을 여는 자에게 저주 있으라." 그러나 저주는 실현되지 않았다. 무덤은 약탈되었고 오늘날에는 양계장이 되어 있다. 그러나 그 왕실 집사는 사실 화려한 무덤을 지었다는 이유로 이사야의 비판을 받은 히스기야의 시종이었을 것으로 추측된다. 그 이름은 '세브나야후Shebnayahu'였을 가능성이 있다.

한 북왕국에서 온 피난민들로 가득했으며, 아마도 그들이 초기 이스라엘 역사와 전설에 관한 오래된 두루마리들을 가지고 왔을 것으로 생각된다. 예루살렘의 학자들은 유대의 전승들과 북쪽 부족들의 전승들을 한데 혼합하기 시작했다. 결국 그 두루마리들은 그리스인들이 헤롯의 서사시 《일리아드Iliad》를 쓴 것과 똑같은 방식으로 성서가 되었다.

기원전 705년 사르곤 2세가 전사하자 예루살렘은, 심지어 이사야조차도 그것이 악의 제국의 멸망을 의미하는 것이기를 바랐다. 이집트는 지원을 약속했다. 바빌론 도시는 반란을 일으켰고 히스기야에게 사자를 보냈다. 그는 때가 왔음을 느꼈고 아시리아에 대항하는 새로운 동맹을 결성하며 전쟁을 준비했다. 그러나 유대인들에게는 불행한 일이지만 아시리아의 새로운 왕은 분명 끝없는 자신감과 힘을 가진 장군이었다. 그의 이름은 센나케리브Sennacherib였다.

그는 자신을 '세계의 왕, 아시리아의 왕'으로 칭했는데 당시에 두 호칭은 동의어였다. 아시리아는 페르시아 만에서 키프로스Cyprus까지 지배했다. 오늘날의 이라크에 해당하는 아시리아의 철옹성 같은 심장부는 북쪽으로는 산악, 남쪽으로는 유프라테스가 방어하고 있었지만 남쪽과 동쪽은 공격에 취약했다. 제국은 끊임없이 먹이를 먹어야만 살 수 있는 상어와도 같았다. 아시리아인들에게 정복은 종교적인 의무였다. 모든 새로운 왕은 등극할 때 이른바 '아슈르 신의 땅'을 넓힐 것을 맹세했다. 아시리아라는 나라 이름도 그 수호신의 이름을 딴 것이었다. 왕들은 모두 대사제인 동시에 20만 명의 강력한 군대를 직접 이끄는 사령관이었다. 그들은 현대의 독재자들과 마찬가지로 폭력은 물론, 제국의 한쪽 끝에서 다른 쪽 끝으로 주민들을 대규모로 강제이주시키는 방법까지 사용하여 신민들을 다스렸다.

센나케리브는 아버지의 시신을 전장에서 수습하지 못했다. 사람들은 이를 신이 노한 것이라는 두려운 징후로 받아들였고 이로써 제국은 분열되기 시작했다. 그러나 센나케리브는 모든 반란을 진압했고 바빌론을 되찾고는 전 도시를 파괴했다. 그러나 일단 질서가 회복되자 화해에 힘썼고 전쟁과 열정의 여신 이슈타르^{Ishtar}의 도시, 수도 니네베를 화려하게 재건했다. 니네베에는 정원에 물을 대는 수로들과 거대한 궁전을 건설했다. 아시리아의 왕들은 열렬한 정치 선전가들이었으며 궁전의 벽을 장식한 승전의 전리품들은 아시리아의 승리와 적들의 끔찍한 죽음(창 꿰기, 가죽 벗기기, 목 베기 등)을 과시했다. 정복된 도시의 관료들은 자기들 왕의 머리로 만든 기괴한 목걸이를 목에 걸고 니네베를 행진했다. 그러나 그들의 약탈도 아마 다른 정복자들 이상으로 사악하지는 않았을 것이다. 예를 들면 이집트인들은 적들의 손과 성기를 모았다. 아이러니하게도 아시리아의 가장 잔인한 시대는 끝나 있었다. 센나케리브는 가능한 경우 협상을 선호했다.

  센나케리브는 자신의 업적을 기록해 왕궁 밑에 묻었다. 이라크에서 고고학자들은 전성기의 아시리아를 보여주는 니네베의 유적을 발견했다. 니네베는 정복과 농업을 통해 부유해졌고, 서기관들이 행정을 맡았다. 서기관들의 기록은 왕궁 서고들에 보관되었다. 도서관들에는 왕의 의사결정을 돕는 계시들, 신의 지지를 유지하기 위한 주문, 의식, 송가가 수집돼 있었을 뿐 아니라, 《길가메시서사시$^{Epic\ of\ Gilgamesh}$》와 같은 고전문학 작품들의 (진흙) 서판도 보관돼 있었다. 아시리아인들은 다신多神을 숭배하고 마법을 거는 작은 조각상들과 정령들을 숭배했으며 신의 힘에 호소하는 한편, 의학을 연구했는데 서판에 다음과 같은 처방전을 쓰기도 했다. "다음과 같은 증상이 있을 경우 … 다음의 약을 드시오."

  이스라엘의 죄수들은 고향에서 멀리 떨어져 마치 바벨탑 같은 지구라트^{Ziggurat} 탑들과 채색한 왕궁들이 있는 아시리아의 화려하고 다채로운 도시에서 고초를 겪고 있었다. 그들은 그 도시를 "피의 성읍. 온통 거짓뿐이고 노획물로 가득한데 노략질을 그치지 않는다"고 생각했다. 예언자 나훔Nahum은 "채찍 소리, 요란하게 굴러가는 바퀴 소리, 달려오는 말, 튀어오르는 병거"를 묘사했다. 이제 8개의 살이 달린 바퀴를 단 전차들과 엄청난 병력들, 그리고 센나케리브는 몸소 예루살렘을 향해 진군했고 〈신명기〉의 말처럼 "독수리의 날갯짓과도 같이" 신속하게 날아 내려왔다.

히스기야의 수로

히스기야는 바빌론이 얼마나 끔찍하게 멸망했는지 잘 알고 있었다. 그는 미친 듯이 예루살렘의 신시가지 주변에 요새를 건설했다. 성벽 중 넓은 부분은 너비가 25피트(약 7.6미터)에 달했으며 오늘날까지도 몇 군데가 남아 있다. 그러나 가장 인상적인 부분은 유대인 구역이다. 그는 포위를 대비하기 위해 두 부대의 장인들에게 암반을 뚫어 1,700피트(약 518미터)의 수로를 만들도록 했다. 수로는 성읍 밖의 기혼 샘을 다윗 성 아래 성전산 남쪽, 실로암 연못까지 연결시키는 것이었다. 당시 실로암 연못은 새로 지은 요새 덕분에 성벽 안쪽에 위치해 있었다. 두 무리의 인부들이 바위 깊은 곳에서 만났을 때 그들은 기념으로 그 놀라운 업적을 새겨 기록했다.

(수로가) 뚫렸다. 이 수로는 다음과 같은 방법으로 팠다. 인부들이 각자 도끼질을 하면서 자신의 동료를 향해 걸어가면 통로가 뚫리는 지점까지 3큐빗이 남은 지점에서 동료가 부르는 소리를 들을 수 있었다. 왜냐하면

오른쪽에(왼쪽도) 갈라진 틈이 있었기 때문이다. 수로가 뚫렸을 때 석공들이 (바위를) 깎았고 각자 자신의 동료를 향해 걸어갔으며 도끼와 도끼가 만났다. 그리고 샘에서 저수지까지 1,200큐빗 거리에 물이 흘렀는데 석공들의 머리보다 높은 바위의 높이는 100큐빗이었다.*

히스기야는 성전산 북쪽의 골짜기를 막아 베데스다Bethesda의 연못을 만들어 성안으로 더 많은 물이 들어오게 했다. 그는 포위와 전쟁에 대비해 군대에 기름, 포도주, 곡식 등의 식량도 배급했던 것으로 보인다. '그 왕을 위하여'라는 뜻의 'lmlk'가 새겨지고 그의 문장인 네 날개가 달린 풍뎅이가 찍힌 항아리 손잡이들이 유다 전역에서 발견되었다.

바이런Byron은 "아시리아는 양 떼를 덮치는 늑대처럼 내려왔다"고 썼다. 센나케리브와 그의 대군은 이제 예루살렘 코앞까지 다가왔다. 센나케리브는 대부분의 아시리아 왕들과 마찬가지로 거대한 삼두전차를 타고 성대한 파라솔 아래 호위를 받으며 원정을 왔을 것이다. 말들은 화려한 머리장식을 썼으며 왕은 자수가 놓인 긴 예복을 입고 챙이 뾰족한 모자를 쓰

---

* 1880년 프로테스탄트로 개종한 열여섯 살짜리 유대인의 아들 야곱 엘리아후Jacob Eliahu는 학교 친구를 불러 실로암 수로에서 다이빙을 했다. 두 친구는 모두 〈열왕기하〉 20장 20절의 이야기에 매료돼 있었다. "히스기야의 나머지 행적과 그의 모든 무용, 그리고 그가 저수지와 수로를 만들어 도성 안으로 물을 끌어들인 일에 관해서는 유다 왕들의 실록에 쓰여 있지 않은가?" 야곱은 한쪽 끝에서 친구는 다른 쪽 끝에서부터 인부들이 남긴 오래된 끌 자국들을 손가락으로 더듬기 시작했다. 표시가 방향을 바꾸었을 때, 야곱은 자신이 두 무리의 인부들이 만난 그 지점에 있다는 것을 알았고 그곳에서 명문銘文을 발견했다. 그는 다른 쪽 끝으로 빠져나왔는데 친구는 이미 포기한 후였다. 그는 수로 안에 정령 또는 용이 있다고 믿었던 동네 아랍인들을 두려움에 떨게 했다. 그가 학교 교장에게 사실을 말하자 소문이 순식간에 퍼져나갔고, 이에 한 그리스인 장사꾼이 수로 안으로 몰래 들어가 명문을 거칠게 떼어내다가 부서뜨렸다. 오토만 경찰이 그를 체포했고 명문은 현재 이스탄불에 있다. 야곱 엘리아후는 그 후 복음주의적인 아메리칸 콜로니스트American Colonist에 가입했고 단체의 창립자인 스패포드 가문에 입양되었다. 그는 교사가 되었으며 제자들에게 수로 이야기를 해주었지만, 자신이 명문을 발견한 바로 그 소년이었다는 사실은 절대 말하지 않았다.

고 수염은 길게 꼬아 사각형으로 다듬었고 장밋빛 팔찌를 찼으며 종종 손에는 활을 들고 사자가 장식된 칼집을 허리띠에 차고 있었을 것이다. 그는 자신을 성서의 독수리나 바이런의 늑대라기보다 사자라고 생각했다. 아시리아의 왕들은 이슈타르 성전에서 승리를 기념하기 위해 사자 가죽을 입었으며 궁전을 사자 스핑크스들로 장식하고 제왕들의 스포츠로 사자 사냥에 열을 올렸다.

그는 예루살렘을 우회해 남쪽으로 향해 히스기야의 제2도시, 요새화된 라키시Lachish를 포위했다. 우리는 니네베 궁에 양각된 그림을 통해 아시리아 군대(그리고 유다의 군대)의 모습을 알 수 있다. 다국적 제국군인 아시리아군은 머리를 땋고 튜닉과 사슬갑옷을 입었으며 깃털이 달린 뾰족한 투구를 쓰고, 전차병, 창병, 궁수, 무릿매질꾼 순서로 정렬했다. 아시리아군은 참호를 구축했다. 공병들은 성벽을 부수었고 무시무시한 못이 달린 공성용 병기가 요새를 흔들었다. 궁수들과 무릿매질꾼들이 불을 놓는 사이 보병들은 사다리를 타고 돌진해 성읍을 차지했다. 고고학자들은 1,500여 명의 남자, 여자, 아이들의 거대한 무덤을 발굴했는데 일부는 양각 그림에 나타난 것과 같이 창에 찔리거나 가죽이 벗겨져 있었다. 예루살렘은 무슨 일이 일어날지 미리 알고 있었다.[17]

센나케리브는 히스기야를 도우러 온 이집트 군대를 신속하게 물리치고 유다를 유린한 다음 예루살렘 코앞까지 와서는 500년 후 티투스가 선택한 곳과 똑같은 자리인 성전 북쪽에 진지를 구축했다.

히스기야는 예루살렘 바깥의 모든 우물에 독을 풀었다. 새 성벽을 지키고 있던 그의 군대는 머리띠로 묶은 터번을 쓰고 긴 귀가리개, 짧은 치마, 정강이 보호대와 장화를 신고 있었다. 포위가 시작됐을 때, 성읍 안은 분명 공황상태가 되었을 것이다. 센타케리브는 협상을 위해 장군들을 보냈다. 저항은 희망이 없었다. 예언자 미카Micah는 시온의 파괴를 예언했지만, 늙은 이사야는 인내를 조언했다. 야훼가 도우리라는 것이었다.

히스기야는 성전에서 기도했다. 센나케리브는 '새장 속의 새'처럼 예루살렘을 포위했다. 그러나 이사야가 옳았다. 신이 개입한 것이다.

지옥 골짜기의 어린이 번제

"주님의 천사가 나아가 아시리아 진영을 쳤다. … 아침에 일어나 보니 그들이 모두 죽어 주검만이 남아 있었다." 아시리아는 갑자기 진지를 철수했는데 아마 동쪽의 반란을 진압하기 위해서였을 것이다. 아시리아의 왕 센나케리브가 떠났다. 야훼는 센나케리브에게 "딸 예루살렘이 내 뒤에서 머리를 흔든다"라고 말했다. 이것은 예루살렘의 관점이다. 하지만 센나케리브의 기록들은 금 300달란트와 은 800달란트를 포함한 히스기야의 파격적 조공을 보여준다. 그들이 철수하는 대가로 바쳤던 것 같다. 센나케리브는 유다 땅을 예루살렘 구역과 큰 차이가 없도록 줄이고, 20만 150명의 주민을 강제이송시켰음을 자랑했다.18)

포위 얼마 후 히스기야가 죽자 아들 마나세Manasseh는 시리아의 충성스런 봉신이 되었다. 마나세는 예루살렘의 모든 반란을 잔인하게 짓밟았고 아라비아의 공주와 결혼했으며 부친의 개혁을 뒤집고 성전에 의식용 남창들과 바알과 아슈라의 신상들을 들였다. 가장 끔찍한 것은 성읍 남쪽 힌놈Hinnom 골짜기*의 번제단(토펫tophet)에서 어린이의 희생을 장려한 것이다. 실제로 "그는 자기 아들을 불 속으로 지나가게 하고" 부모들이 희생자의 비명소리를 듣지 못하게 하기 위해 사제들이 북을 치는 가운데 아이들을 끌고 갔다고 한다.

　　마나세 덕분에 힌놈 골짜기는 단순한 죽음의 장소가 아니라 유대교, 그리고 훗날 그리스도교와 이슬람의 신화에서 게헨나Gehenna, 즉 지옥으로 불리게 되었다. 예루살렘에서 성전산이 천국이라면, 게헨나는 황천이었다.

　　기원전 626년 칼데아Chaldea의 나보폴라사르Nabopolassar 장군이 바빌론을 장악하고 아시리아제국을 무너뜨리기 시작했으며 자신의 업적을 《바빌로니아 연대기Babylonian Chronicles》에 기록했다. 기원전 612년, 니네베는 바빌로니아와 메데Mede의 연합군에게 패했다. 기원전 609년, 마나세의 여덟 살짜리 손자 요시야Josiah의 등극은 메시아가 다스리는 황금시대를 예고하는 것처럼 보였다.19)

---

* 아브라함이 이삭을 희생시키려 했던 것을 포함하여, 〈창세기〉와 〈출애굽기〉에는 어린이 희생제사에 대한 암시들이 있다. 인간 희생제사는 오랫동안 가나안과 페니키아의 의식으로 여겨졌다. 훨씬 후대에, 로마와 그리스 역사가들은 그러한 악습이 페니키아인들의 후손인 카르타고인들의 것이라고 여겼다. 그러나 증거가 거의 발견되지 않다가 1920년대 튀니지의 프랑스 식민관료 두 명이 들판에서 땅에 묻힌 유골단지, 명문들과 함께 토펫을 발견했다. 유골 단지들에는 'MLK(제물molok)'라는 문자가 새겨져 있었으며, 불에 탄 어린이들의 뼈가 담겨 있었고, 희생자의 아버지가 새긴 다음과 같은 메시지가 있었다. "보밀카가 바알에게 자신의 아들을 바칩니다. 그에게 축복 있으라!" 이러한 발견물들은 마나세 시기와 일치할 가능성이 있으며 성서의 이야기들에 개연성이 있음을 시사한다. 'molok'는 성서에서 'moloch', 즉 잔인한 우상 신을 의미하는 것으로 왜곡되었고 후세에 서양 문학, 특히 존 밀튼John Milton의 《실낙원》에서는 사탄의 타락한 천사 중 하나를 의미하는 말이 되었다. 예루살렘의 게헨나는 단순한 지옥이 아니라 유다가 악하게 얻은 은전들을 투자한 장소이며 중세에는 대규모 납골당이 있던 자리였다.

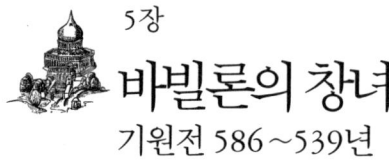

5장
바빌론의 창녀
기원전 586~539년

혁명적 구원자 요시야

그것은 기적이었다. 악의 제국 아시리아가 멸망했고 유다 왕국은 자유를 찾았다. 요시야 왕은 북쪽으로는 이스라엘의 옛 땅, 남쪽으로는 홍해, 동쪽으로는 지중해까지 왕국을 확장할 수 있었다. 그 후 재위 18년에 대사제 힐키야Hilkiah가 성전의 다락방에 보관돼 있던 잊힌 두루마리를 발견했다.

요시야는 그 문서의 힘을 알고 있었다. 그것은 〈신명기〉(그리스어로 '두 번째 법')의 초기판이었다. 아마도 북이스라엘의 멸망 후 남쪽으로 내려온 두루마리들 가운데 하나로, 마나세의 박해 기간 동안 성전에 숨겨져 있었을 것이다. 요시야는 성전에서 유대인들의 총회를 열고 토템의 상징인 왕의 기둥 옆에 서서 율법을 지키겠다는 신과의 약속을 공표했다. 요시야는 학자들에게 유다의 옛 역사를 재서술하고 신화 속의 시조들과 거룩한 왕 다윗과 솔로몬, 그리고 예루살렘에 대한 이야기를 하나의 과거로 연결하여 현재를 조명할 수 있게 했다. 이는 성서의 탄생을 향한 또 하나의 단계였다. 사실 성서의 율법들은 모세로 거슬러 올라가지만 솔로몬 성전에 대한 성서의 묘사는 솔로몬 당대뿐만 아니라 후대의 '새로운 다윗'인 요시야 시대의 예루살렘도 반영했다. 따라서 거룩한 산은 히브리어로 하마콤ha-Makom, 즉 그곳(장소)이 되었다.

왕은 키드론 골짜기에서 우상들을 불태웠다. 성전에서 남창들을 내쫓고 지옥 골짜기의 어린이 번제단을 부수고 우상을 섬기는 사제들을 죽여서 그들의 뼈를 갈아 재단에 뿌렸다.* 요시야의 혁명은 폭력적이고 광적이며 금욕적이었던 것으로 보인다. 그런 다음 그는 경축하기 위해 유월절 축제를 열었다. "왕은 그 앞에도 없었고 그 뒤에도 다시 나오지 않았다." 그러나 요시야는 위험한 게임을 하고 있었다. 이집트 파라오 네코Necho가 해변을 따라 진격하자 아시리아의 지배가 이집트의 지배로 바뀌는 것을 우려한 요시야는 그를 막기 위해 돌진했다. 기원전 609년, 파라오는 유다인들을 궤멸시키고 메기도에서 요시야를 죽였다. 요시야는 실패했지만 그의 긍정적이고, 계시적인 통치는 다윗부터 예수까지 어떤 왕보다도 영향력이 있었다. 그러나 독립의 꿈은 메기도에서 끝이 났고, 그곳은 곧 재앙을 일컫는 말, 아마겟돈Armageddon의 어원이 되었다.[20]

파라오는 예루살렘으로 진군했고 요시야의 형제 여호야킴Jehoiakim을 유다의 왕좌에 앉혔다. 그러나 이집트는 새로운 근동 제국의 발흥을 막지는 못했다. 기원전 605년, 바빌로니아 왕의 아들 네부카드네자르는 카르케미시Carchemish에서 이집트를 격파했다. 아시리아는 사라졌고, 바빌론은 유다를 물려받았다. 기원전 597년, 여호야킴 왕은 이렇게 불안정한 와중에 유다를 해방시킬 기회를 엿보았으며 신의 보호를 받기 위해 국가적

---

* 요시야의 개혁은 유대교의 발전에서 결정적인 단계였다. 이 시대 힌놈 골짜기의 한 무덤에서는 작은 은 두루마리가 발견되었다. 그 안에는 지금도 유대인 예배에서 사용되는 〈민수기〉 6장 24~26절 기도문이 새겨져 있다. "야훼는 우리의 보호자이자 바위시다. 야훼께서 그대에게 복을 내리시고 지키시며 그의 얼굴을 비추시리라."

금식을 선언했다. 그의 참모이자 예언자인 예레미야Jeremiah는 〈예레미야〉에서 신이 예루살렘을 파괴할 것이라고 경고했다. 여호야킴은 예레미야가 쓴 책을 공개적으로 불태워버렸다.* 여호야킴은 유다와 이집트 간의 동맹을 맺었지만 새로운 정복자가 예루살렘으로 내려왔을 때 이집트는 아무런 도움도 주지 않았다.

자칭 '정의의 왕' 네부카드네자르

진흙 서판에 기록된 네부카드네자르의 연대기는 키슬레브Kislev월 7일 "바빌로니아 왕이 하티Hatti(시리아) 땅을 향해 행군했고 유다의 도시(예루살렘)를 포위하고 아달Adar월 2일(기원전 697년 5월 16일)에 예루살렘을 함락하고 왕을 체포했다"고 썼다. 네부카드네자르는 성전을 약탈하고 왕과 1만 명의 귀족들과 장인들, 청년들을 바빌론으로 끌고 갔다. 그곳에서 여호야킴은 정복자의 궁정으로 들어갔다.

네부카드네자르는 찬탈자의 아들이었지만 역동적인 제국의 건설자였으며 자신을 바빌론의 수호신 벨 마르두크Bel-Marduk의 지상 대리인으로 여겼다. 그는 아시리아 방식의 흉포한 제국적 압제를 답습하면서도 자신을 경건과 덕의 귀감으로 선전했다. 고향에서는 "강자가 약자를 약탈하기 마련이지만" 네부카드네자르는 "밤낮 없는 권면과 숙고를 통해" 끈질

---

* 왕의 신하들은 다윗 성 꼭대기에서 일하고 생활했다. 45개의 불레(다윗 성이 파괴될 때 불에 타면서 구워진 진흙 서판)가 있는 서고가 그곳의 한 주택에서 발견되었는데, 고고학자들은 그 집을 '불레의 집'이라고 부른다. 그 불레들 중 하나에는 '사판의 아들 게마리야Gemariah'라는 글씨가 새겨있는데, 이는 〈예레미야〉에 나오는 여호야킴 왕의 서기의 이름이다. 위기 중 어느 시기에 여호야킴 왕이 죽고 아들 여호야킨Jehoiachin이 왕위를 계승했다.

기게 정의를 펼쳤다. 유대인 희생자들은 자칭 '정의의 왕'을 인정하지 않았을지도 모른다.

유다에서 온 포로들은 자신들이 시온을 마을처럼 보이게 하는 도시에 와 있음을 깨달았다. 예루살렘에는 수천 명이 살고 있었던 것에 반해, 바빌론은 100만 명이 거주하는 대도시의 위용을 자랑했다. 바빌론이 너무도 장엄하고 쾌락적인 나머지 사랑과 전쟁의 여신 이슈타르가 여인숙과 골목에서 자신이 총애하는 사람들에게 입을 맞추며 발끝을 들고 골목길을 다녔다는 이야기가 전해진다.

네부카드네자르는 바빌론을 자신의 미적 취향으로 도배했다. 그가 가장 좋아하는 색인 신성한 하늘색으로 채색된 거대한 건축물들이 전능한 유프라테스 운하에 비쳤다. 이슈타르 문의 네 개의 탑에는 푸르게 빛나는 벽돌을 붙였고 노란색과 황토색의 황소들과 용들을 그렸다. 이슈타르 문은 도시의 개선대로, 즉 행렬의 길$^{Processional\ Way}$로 이어졌다. 네부카드네자르의 궁은 그의 말에 따르면 "숭배받을 건물, 빛나는 성소, 왕의 처소"였으며 우뚝 솟은 사자들로 장식돼 있었다. 공중정원은 그의 여름 궁전을 장식했다. 네부카드네자르는 바빌론의 수호신 벨 마르두크를 기념하여 지구라트를 쌓아올렸는데, 이것은 7층으로 된 거대한 계단형 탑이며 꼭대기가 평평하다. 네부카드네자르의 지구라트, 곧 하늘과 땅의 토대는 진짜 바벨탑, 다시 말해 바빌론이 근동 전체의 국제적인 수도였음을 드러내는 수많은 언어인 것이다.

예루살렘에서 네부카드네자르는 포로가 된 왕의 삼촌 시드기야^{Zedekiah}를 왕좌에 앉혔다. 기원전 594년 시드기야는 네부카드네자르에게 예를 갖추기 위해 바빌론을 방문했으나 돌아와서 반란을 일으켰다. 그는 바빌로니아인들이 예루살렘을 파괴할 것이라고 경고하는 예언자 예레미야에게 붙잡혀 있었다. 네부카드네자르는 남쪽으로 향했다. 시드기야가 이집트에 호소하자 이집트는 변변찮은 군대를 보냈고 곧 패배했다. 예루살렘에서 예레미야는 공포와 망상에 사로잡힌 사람들을 바라보다가 탈출을 기도했지만 성문에서 체포됐다. 예레미야에게 조언을 구해야 할지 반역으로 처형해야 할지 괴로워하던 왕은 왕궁 아래 지하감옥에 그를 가두었다. 네부카드네자르는 18개월간 유다*를 유린했고, 마지막으로 예루살렘을 남겨두었다.

기원전 587년 네부카드네자르는 요새와 포위용 성벽으로 예루살렘을 둘러쌌다. 예레미야는 "도성에 굶주림이 심해졌다"고 썼다. 어린이들은 "길목마다 굶주려 죽어간다." 동족끼리 서로 잡아먹는다는 암시도 있다. "내 딸 백성은 매정하게 되어버렸구나. … 인정 많은 여인들이 제 손으로 제 자식들을 잡아 삶았구나. 내 딸 백성이 파멸할 때 자식들은 어미들의 양식이 되었구나." 애가의 저자는 부자들조차도 처참해졌다고 썼다. 식량을 찾느라 "자주색 옷에 싸여 업혀 다니던 아이들이 쓰레기 더미를 껴안고 있구나." 사람들은 장님처럼 길거리를 배회하다 정신이 희미해졌다. 고고학자들은 포위 당시의 하수관을 발견했다. 유다인들은 보통 콩, 밀, 보리를 먹고 살았지만, 하수관의 내용물은 당시 사람들이 풀과 잡초를 먹고 살았고 편충과 촌충을 앓았음을 보여주었다.

기원전 586년 8월 유대인 달력으로 압월 9일, 네부카드네자르는

---

* 메시지들을 담고 있는 사금파리 파편들(일명 오스트라카ostraca)이 라기스 요새 성문의 잿더미 층에 묻힌 채 고고학자들에 의해 발견되었다. 그 파편들에는 저지 불가능한 바빌론의 진군에 대한 인간적 시각이 담겨 있다. 라기스와 또 다른 요새 아제카Azekah는 가장 오래 살아남았으며 봉화를 통해 예루살렘과 연락을 하고 상호 간에 통신을 했다. 라기스에서 궁지에 몰린 유다 사령관 야우슈Yaush는 파수꾼들로부터 성이 점차로 파괴되고 있다는 보고를 받았다. 장교 호사야후Hosayahu는 얼마 지나지 않아 아제카에서 더 이상 봉화가 오지 않는다는 것을 알아차렸다. 그 후 라기스 역시 치열한 전투 속에 파괴되었다.

18개월 만에 예루살렘으로 진입했고, 횃불과 불화살(오늘날 유대인 구역에서 그을음, 재, 숯이 된 나무 층에서 화살촉들이 발견되었다)을 사용해 불을 질렀던 것으로 보인다. 불은 가옥들을 태우고 관료들의 인장, 즉 진흙 불레를 굽는 역할까지 했다. 진흙 불레는 딱딱하게 구워져서 오늘날까지도 불 탄 가옥들 사이에 남아 있다.

예루살렘은 멸망한 도시들이 겪는 지옥 같은 약탈을 경험했다. 죽임당한 사람들이 살아남은 사람들보다 운이 좋았다. "굶주림 끝에 신열로 저희 살갗은 불가마처럼 달아올랐습니다. 시온에서 여인들이 겁탈을 당했습니다. 저들의 손에 고관들이 매달려 죽었습니다." 남쪽에서 온 에돔인들이 예루살렘으로 쏟아져 들어와 폐허 속에서 약탈을 하고 잔치를 하며 조롱을 보냈다. "딸 에돔아, 기뻐하고 즐거워하여라. … 너에게도 술잔이 건네지리니 너도 취하여 벌거숭이가 되리라." 〈시편〉 137편에 따르면 에돔인들은 바빌로니아인들을 부추겼다. "허물어라, 허물어라, 그 밑바닥까지. … 네 어린것들을 붙잡아 바위에다 메어치는 이는 복이 있으리라." 바빌로니아인들이 예루살렘을 유린하는 동안 왕궁 밑에는 예레미야가 지하감옥 속에서 살아 있었다.

황폐하게 만드는 혐오스러운 것

시드기야는 실로암 연못 근처의 문으로 빠져나가 예리코로 향했지만, 바빌로니아인들은 왕을 잡아 네부카드네자르 앞으로 데리고 갔다. "바빌로니아 왕이 그에게 판결을 내렸다. 왕은 시드기야의 아들들을 시드기야의 눈앞에서 살해하고 두 눈을 멀게 한 뒤 청동 사슬로 묶어 바빌론으로 끌고 갔다." 바빌로니아인들이 예레미야를 네부카드네자르 앞으로 데리고 간 것을 보면 예레미야를 왕궁 감옥에서 발견했던 것이 틀림없다. 네부카드네자르가 예레미야를 만난 것은 확실한데, 그뿐만 아니라 그는 예레미야를 친위대장이자 예루살렘을 책임지고 있던 네부자르아단Nebuzaradan에게 보냈다. 네부카드네지르는 2만 명의 유다인들을 바빌론으로 끌고 갔지만 예레미야에 따르면 가난한 사람들 중 다수가 남아 있었다.

한 달 후 네부카드네자르는 예루살렘을 말살시킬 것을 명령한다. 네부자르아단은 "주님의 집과 왕궁과 예루살렘의 모든 집을 태웠고 성벽을 허물었다." 성전은 파괴되었고, 금은 그릇들은 약탈당했고 계약궤는 영원히 사라졌다. 〈시편〉 74편은 "당신의 성전을 불로 태웠다"라고 언급했다. 사제들은 네부카드네자르 앞에서 살해당했다. 기원후 70년 티투스 때와 마찬가지로 성전과 궁전은 뒤집어져 골짜기 아래로 굴러떨어졌다. "아, 황금은 어이 이리 빛을 잃고 순금은 어이 이리 변하였는가? 거룩한 돌들은 거리 모퉁이마다 흩어져 있구나."*

거리는 텅 비었다. "아, 사람들로 붐비던 도성이 외로이 앉아 있다." 유복하던 사람들은 가난해졌다. "맛있는 것만 먹던 아이들이 거리에 쓰러져 움직일 줄을 모른다." 여우들이 시온의 민둥산을 뛰어다녔다. 유다인들은 "예루살렘은… 월경하는 여인처럼 피를 흘린다"고 탄식했다. "밤

---

* 행진에 사용되던 홀笏 또는 지팡이의 상아로 된 작은 머리 부분을 제외하고 성전에 관련한 어떤 것도 발견되지 않았다. 8세기의 것으로 추정되는 상아에는 석류 모양과 '거룩한 집에 속함'이라는 글씨가 새겨져 있다(일각에서는 그 조각이 진품이 아니라고 주장한다). 그러나 예레미야는 놀랍도록 정확했다. 네부카드네자르의 부하들은 유다를 다스릴 사령부를 예루살렘의 중문에 설치했으며 〈예레미야〉에 나타난 그들의 이름은 바빌론에서 발견된 문서와 일치한다. 네부카드네자르는 왕실 장관 게달리야Gedaliah를 유다를 다스릴 꼭두각시 지배자로 임명했지만 예루살렘이 폐허가 된 탓에 그는 북쪽의 미즈파Mizpah를 다스리면서, 예레미야를 참모로 삼았다. 유다인들은 반란을 일으켜 게달리야를 살해했으며 예레미야는 이집트로 탈출해야 했고 그 후 역사에서 사라지고 말았다.

이면 울고 또 울어 뺨 위에 눈물이 그치지 않는구나. 그 모든 애인들 가운데 위로해줄 자 하나 없다."

성전의 파괴는 단지 한 도시의 죽음이 아닌 전체 민족의 죽음으로 비쳐질 수밖에 없었다. "축제를 지내러 가는 이들이 없어 시온을 향한 길들은 비탄에 잠기고 성문들은 모두 황폐하게 되었으며 사제들은 탄식하고… 딸 시온에게서 그 모든 영화가 떠나가버린다. 저희의 머리에서는 면류관이 떨어졌습니다." 그것은 세상의 종말, 혹은 〈다니엘〉의 설명처럼 "황폐하게 만드는 혐오스러운 것"으로 보였다. 유다인Judaean들은 신들에게 버림받은 다른 민족들과 마찬가지로 분명히 멸망할 것이었다. 그러나 유대인Jews들은 결국 그 재앙을 예루살렘의 거룩함을 배가시키는 형성적 경험으로 바꾸었고 심판의 날의 전형을 창조했다. 세 종교 모두에서 이러한 지옥은 예루살렘을 마지막 날의 장소이자 신의 왕국이 도래하는 장소로 만들었다. 그것은 예수가 예언하게 될 묵시였는데, 그리스어 계시에 바탕을 두었다. 그것은 그리스도인들에게 결정적이고도 영속적인 기대가 되었다. 한편 무함마드는 네부카드네자르의 파괴를 유대인들에게서 신의 가호가 떠나고 이슬람 계시를 위해 길을 연 사건으로 보았다.

바빌론 유수 당시, 유다인들 가운데 일부는 신과 시온에 대한 충성을 유지했다. 호머의 시가 그리스인들의 민족적 서사시가 된 바로 그때, 유대인들은 멀리 떨어진 도시에서 독자적인 경전을 통해 자신들의 정체성을 찾기 시작했다. "바빌론 강기슭 거기에 앉아 시온을 생각하며 우네. 거기 버드나무에 우리 비파를 걸었네." 〈시편〉 137편에 따르면 바빌로니아인들도 유다인들의 노래를 좋아했다. "우리를 잡아간 자들이 노래를 부르라, 우리의 압제자들이 흥을 돋우라고 하는구나. 자, 시온의 노래를 한가락 우리에게 불러보아라. 우리 어찌 주님의 노래를 남의 나라 땅에서 부를 수 있으랴?"

그럼에도 불구하고 그곳은 성서가 형태를 갖추기 시작한 곳이다. 다니엘Daniel과 같은 젊은 예루살렘인들이 왕궁에서 교육받고 보다 세속화된 포로들이 바빌로니아인이 되어가는 한편, 유다인들은 자신들이 여전히 구별되고 특별히디는 것을 강조하는 새로운 율법을 개발했다. 그들은 안식일을 지켰고 아이들에게 할례를 했으며 음식에 관한 율법을 지켰고 유대식 이름을 사용했다. 그 이유는 신의 율법을 존중하지 않았을 때 그들에게 어떤 일이 생기는지를 예루살렘의 멸망이 확연히 보여주었기 때문이다. 유다에서 멀리 떨어진 곳에서, 유다인들은 점차 유대인이 되어갔다.*

포로들은 바빌론을 "땅의 탕녀들과 역겨운 것들"로 폄하했지만 제국은 번성했고 그들의 강한 상대 네부카드네자르는 40여 년 넘게 통치했다. 그러나 다니엘은 왕이 미쳤다고 주장했다. "사람들에게서 쫓겨나 소처럼 풀을 먹고, 손발톱은 새처럼 자라기까지 하였다." 그것은 그의 죄에 합당한 징벌이었다(그리고 윌리엄 블레이크William Blake의 그림에 놀라운 영감을 주었다). 비록 복수를 완결하지는 못했지만 포로들은 적어도 바빌론에서 삶의 역설에 놀랄 수는 있었을 것이다. 네부카드네자르의 아들 아멜 마르두크Amel-Marduk는 너무 실망스러워서 아버지를 감옥에 던져넣었다. 그는 그곳에서 유다의 왕 여호야킴을 만나게 되었다.

---

* 기원전 586년과 400년 사이 신비에 싸인 성서 저자들, 즉 바빌론에 있던 서기관들과 사제들은 히브리어로 '토라'라고 불리는 모세5경을 정비하고 편집했으며 신, 야훼, 엘에 관한 다양한 전승들을 결합시켰다. 이른바 〈신명기〉 저자들은 왕들의 결점과 신의 우월성을 보여줄 수 있도록 역사를 재서술하고 율법을 재구성했다. 그들은 《길가메시서사시》와 매우 비슷한 홍수, 우르 근처의 아브라함의 고향, 그리고 물론 바벨탑까지 바빌론에 의해 영감을 받은 이야기들을 통합시켰다. 〈다니엘〉은 긴 기간에 걸쳐 쓰였다. 일부는 바빌론 유수 초기에 쓰인 게 분명하고 다른 부분들은 나중에 쓰였다. 우리는 다니엘이라는 이름의 개인이 존재했는지 혹은 여러 사람을 합친 인물인지 정확히 알지 못한다. 그러나 성서는 또한 역사적 혼돈으로 가득하며, 고고학자들은 19~20세기의 발굴을 통해 바빌론에서 발견한 증거들의 도움으로 그러한 혼돈들을 규명해왔다.

제국의 종말을 경고하다

아멜 마르두크는 바빌로니아 왕에 즉위하자마자 감옥에 있던 유대인 친구를 풀어주었다. 그러나 기원전 556년 왕조는 전복되었다. 새로운 왕 나보디누스Nabodinus는 바빌론의 신 벨 마르두크를 부정하고 달의 신 신Sin을 선호했으며 무엇보다 수도를 떠나 멀리 떨어진 아라비아 사막의 테이마Teima에 기거했다. 나보디누스는 기이한 질병을 앓았고 미쳐서 "소처럼 풀을 먹은" 사람이었다.

성서에 따르면 왕이 자리를 비웠을 때 섭정 왕자 벨샤자르Belshazzar는 방탕한 잔치를 열었다. 그는 연회에서 네부카드네자르가 예루살렘 성전에서 가져온 금은 기물들을 사용했고 문득 벽에 신의 글자가 나타나는 것을 보았다. '므네 므네 트켈 파르신MENE MENE TEKEL UPHARSIN'이라고 쓰인 글자는, 제국의 날이 얼마 남지 않았음을 경고하는 수치였다. 벨샤자르는 전율했다. 바빌론의 창녀(《계시록》 17장과 18장에는 바빌론의 창녀 또는 대바빌론이란 용어를 사용하여 바빌로니아를 악의 소굴로 묘사하고 있다. 바빌로니아는 '신의 문'을 의미하고 바벨탑은 하늘과 땅을 연결하는 상징이다. 바빌론의 창녀는 바벨탑이 바람난 처녀의 헤픈 치맛자락처럼 보인다는 의미에서 사용되었다-옮긴이)에게 "그 글씨들이 벽에 나타났다."

기원전 539년 페르시아가 바빌론으로 진군했다. 유대 역사는 기적적인 구출로 가득하다. 이는 그 가운데에서도 가장 극적인 것이었다. 바빌론 강기슭에서 47년 만에 한 사람의 결정이 다윗의 결정이 그러했던 것처럼 시온을 회복시켰다.21)

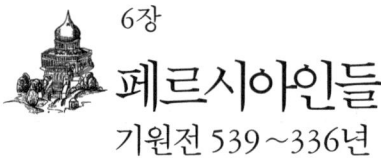

6장
페르시아인들
기원전 539~336년

예루살렘의 보호자 키루스 대제

페르시아 서쪽의 메디아^{Media} 왕 아스티게스^{Astyges}는 자신의 딸이 오줌을 누는데 황금 강물이 왕국 전체를 삼켜버리는 꿈을 꾸었다. 페르시아의 사제들인 마기^{magi}는 그 꿈이 손자들이 왕의 통치를 위협할 것임을 의미한다고 해석했다. 아스티게스는 딸을 약하고 위협이 되지 않는, 동쪽의 이웃 나라 안샨^{Anshan}의 왕과 결혼시켰다. 이 결혼으로 왕위계승자 쿠로시^{Kourosh}가 태어났는데 이 사람이 훗날 키루스 대제가 된다.

아스티게스는 다시 꿈을 꾸었는데, 딸의 살찐 허벅지 사이에서 포도나무가 자라나 마침내 왕을 뒤덮었다. 잭과 콩나무의 성적, 정치적 버전이었다. 아스티게스는 하르파구스^{Harpagus} 장군에게 어린 키루스를 죽이라고 명령했지만 소년은 목동과 함께 숨어버렸다. 아스티게스는 키루스가 죽지 않았다는 것을 알자 하르파구스의 아들을 죽여서 국을 끓이고는 아비에게 먹게 했다. 그것은 하르파구스가 쉽게 잊을 수도 용서할 수도 없는 식사였다.

기원전 559년 부친이 사망하자 키루스가 돌아와 왕국을 차지했다. 페르시아의 모든 일은 성적인 또는 성기에 관한 암시의 도움을 받아 결정된다고 믿고 싶어 하는 그리스 역사가 헤로도투스Herodotus의 말처럼 아스티게스의 신랄한 꿈은 사실이 되었다. 하르파구스의 지원을 받은 키루스는 할아버지를 물리쳤고 메데와 페르시아를 통일했다. 키루스는 벨샤자르의 바빌론을 남겨두고 남하하면서 또 다른 강적, 터키 서부 리디아의 부유한 왕 크로이소스Croesus와 마주쳤다. 키루스는 낙타 부대를 이끌고 리디아의 수도로 들어가 크로이소스를 놀라게 했다. 리디아의 말들은 몰려드는 낙타들의 냄새를 맡자 달아났다. 그 후 키루스는 바빌론으로 향했다. 네부카드네자르의 푸르게 빛나는 대도시는 키루스를 향해 문을 열었다. 키루스는 무시당했던 바빌로니아의 수호신 벨 마르두크에게 즉각 경의를 표했다.

　　바빌론의 몰락은 유대인 포로들을 고무시켰다. "주님께서 이 일을 이루셨으니. 환성을 올려라. … 기뻐 소리쳐라. 산들아, 수풀과 그 안에 있는 모든 나무들아, 주님께서 야곱을 구원하셨고 이스라엘에게 당신의 영광을 드러내셨다." 키루스는 예루살렘을 포함한 바빌로니아제국을 물려받았다. 키루스는 "내가 바빌론에 앉았을 때 지상의 모든 왕들이 내게 큰 조공을 바치고 내 발에 입을 맞추었다"고 말했다.

　　키루스는 제국에 대한 새로운 비전이 있었다. 아시리아인들과 바빌로니아인들이 살육과 강제이주로 제국을 건설했다면 키루스는 백성들을 하나의 제국으로 통합하기 위해 정치적 지배를 대가로 종교적 관용을 베풀었다.*

　　얼마 후 페르시아의 왕은 유대인들을 깜짝 놀라게 만든 포고령을 발표했다. "주께서 세상의 모든 나라를 나에게 주셨다. 그리고 예루살렘에 당신을 위한 집을 지을 임무를 나에게 맡기셨다. 나는 너희 가운데 그분

백성에 속한 이들에게는 누구나 그들의 신께서 함께 계시기를 빈다. 이제 그들이 예루살렘으로 올라가서 이스라엘의 주님의 집을 짓게 하여라."

키루스는 유다인 포로들을 귀환시키고 그들의 권리와 율법을 보장했을 뿐 아니라(이를 행한 최초의 지배자였다) 예루살렘을 그들의 손에 맡기고 성전을 재건하게 했다. 키루스는 마지막 왕의 아들 세스바살Sheshbazzar을 예루살렘 총독으로 임명하고 그에게 성전의 기물들을 들려 보냈다. 한 유다인 예언자가 키루스를 메시아로 찬양한 것도 그리 놀라운 일이 아니었다. "그는 나의 목자시며 그가 나의 뜻을 모두 성취시키실 것이다. 예루살렘에게 '너는 재건될 것이며 성전은 그 기초가 세워지리라'라고 말하리라."

세스바살은 4만 2,360명의 포로들을 데리고 예루살렘의 예후드Yehud 지방, 즉 유다로 돌아왔다.** 바빌론의 웅장함에 비하면 그 도시는 버려진 땅이었다. 그러나 이사야는 "깨어나라, 깨어나라. 시온아, 힘을 입

---

* 훗날 발견된 원통에 새겨진 키루스의 관용 포고문 가운데 하나는 그에게 인권의 아버지라는 별명을 붙여주었으며, 현재 뉴욕 유엔UN 본부의 입구에는 그 원통의 복제품이 서 있다. 그러나 그는 자유주의자가 아니었다. 예를 들어 그는 리디아의 수도 사르디스에서 반란이 일어났을 때, 그곳 거주민 수천 명을 학살했다. 키루스 자신은 아후라 마즈다(날개 달린 페르시아의 생명, 지혜, 빛의 신)를 믿었으며 아리안 페르시아인들의 예언자 조로아스터는 아후라 마즈다의 이름으로 삶은 진리와 거짓, 불과 어둠 사이의 전쟁이라고 선언했다. 그러나 국교는 없었으며 빛과 어둠에 대한 그런 다신적인 관점이 유대교(그리고 훗날 그리스도교)와 양립할 수 없게 했다. 실제로, 페르시아어로 '하늘paridaeza'을 뜻하는 단어가 우리가 현재 사용하는 '천국paradise'이 되었다. 그들의 '사제magi'를 뜻하는 단어는 '마술magic'이 되었고, 세 명의 동방 사제가 그리스도의 탄생을 예고했다고 전해진다.
** 이는 성서에 의한 과장이다. 수많은 사람이 이라크와 이란에서 유대인으로 살기를 선택했다. 바빌로니아의 유대인들은 셀레우키드조, 파르티아조Parthians, 사산조Sassanids에서 압바스조 칼리프 시대와 중세까지 부유하고 힘 있고, 그 수가 매우 큰 집단이었다. 바빌론은 몽골 침략 때까지 예루살렘만큼이나 중요한 유대인 지도층과 학문의 중심지였다. 그러한 공동체는 오토만과 대영제국 시대에 회복되었다. 그러나 1880년대 바그다드(유대인의 3분의 1이 있던 곳)에서 박해가 시작되었고 하심가 왕조에서 심화되었다. 1948년, 이라크에는 12만 명의 유대인들이 있었다. 1979년 샤shah가 몰락했을 때는 10만 명의 이란계 유대인들이 있었다. 이 공동체의 대다수가 이스라엘로 이주했다. 오늘날 이란계 유대인은 2만 5,000명, 이라크계 유대인은 50명만이 남아 있다.

어라. 거룩한 도성 예루살렘아, 네 영화의 옷을 입어라. … 먼지를 털고 일어나라. … 포로가 된 딸 시온아"라고 썼다. 그러나 키루스와 귀환 포로들의 계획은 유다 왕국, 특히 사마리아에 남아 있던 원주민들에 의해 가로막혔다.

포로에서 자유의 몸으로 돌아온 지 9년 후, 여전히 전성기에 있던 키루스가 중앙아시아의 전투에서 전사했다. 승리한 적은 다른 사람들의 땅에 대한 그의 탐욕을 만족시켜주기 위해 키루스의 머리를 피로 가득한 가죽부대에 던져넣었다고 전해졌다. 키루스의 계승자는 그의 시신을 수습해 파사르가대Pasargadae(이란 남부)에서 황금 관에 넣어 매장했다. 키루스의 무덤은 아직도 남아 있다. 그리스 군인 크세노폰은 "키루스는 모든 군주들을 능가하는 전후무후한 인물이었다"라고 썼다. 예루살렘은 그 보호자를 잃었다.22)

다리우스, 새로운 성전을 세우다

이미 이전의 어떤 제국보다 더 커진 키루스제국의 운명은 예루살렘과 밀접한 관련이 있었다. 키루스의 아들 캄비세스 2세Cambyses Ⅱ(캄부지야 Kambujiya)는 왕좌를 이어받았고 기원전 525년 이집트를 정복하기 위해 가자를 지나 시나이를 건넜다. 멀리 떨어진 페르시아에서 그의 형제가 반란을 일으켰다. 왕좌를 되찾기 위해 돌아오는 길에 캄비세스는 가자 근처에서 의문의 죽임을 당했다. 그곳에서 음모를 꾸민 일곱 명의 귀족은 마상에서 만나 제국을 차지할 계획을 세운다. 그들은 누가 왕위를 차지할지 아직 결정하지 못한 상태였고 "해 뜬 후 가장 먼저 우는 말의 주인이 왕좌를 갖기로" 합의했다.

　　어느 명망 있는 부족의 젊은 후손이자 캄비세스의 술 시종장이었던 다리우스Darius의 말이 가장 먼저 울었다. 헤로도투스는 다리우스가 속임수를 사용했다고 주장했다. 그가 마부에게 암말의 음부에 손을 댄 다음 결정적인 순간 자신의 말에게 그 손의 냄새를 맡게 해 발정을 일으켰다는 것이다. 헤로도투스는 성병을 옮기는 손기술 덕에 동방의 한 폭군이 일어서게 됐다고 조롱했다.

　　다리우스는 공모자 여섯 명의 도움을 받아 동쪽으로 달려갔고, 페르시아제국 전체를 다시 정복하는 데 성공했으며 사실상 전 지역에서 일어난 반란을 진압했다. 그러나 페르시아의 내전으로 인해 예루살렘에 있는 신의 집 공사는 다리우스 통치 2년까지 중단되었다. 기원전 520년경, 유다의 마지막 왕의 손자 스룹바벨Zerubbabel과 옛 성전의 마지막 대사제의 아들, 대사제 예수아가 예루살렘을 구하기 위해 바빌론에서 출발했다.

　　스룹바벨은 성전산에 재단을 다시 봉헌하고 성전을 재건하기 위해 장인들을 고용하고 페니키아산産 향백나무를 구입했다. 성전 건물이 올라가자 유대인들은 흥분한 데다 페르시아제국 내의 혼돈에 고무되어 새로운 왕국의 메시아적 꿈에 즐거워하지 않을 수 없었다. 예언자 학개Haggai는 스룹바벨의 조부가 다윗의 인장 반지를 잃어버렸던 것을 들어 "만군의 주님의 말씀이다. 그날에 나의 종 스룹바벨아, … 너를 인장 반지처럼 만들리니"라고 썼다. 유대인 지도자들은 금과 은을 가지고 바빌론에서 도착했고 스룹바벨('바빌론의 씨앗'이라는 뜻)을 두고 엄위를 갖추고 자기 왕좌에 앉아 통치할 새싹이라고 찬양했다.

　　예루살렘 주변과 북부의 사마리아에 살던 원주민들은 이제 그 거룩한 작업에 참여하고 싶어 했고, 스룹바벨에게 돕겠다고 제안했다. 그러나 귀환 포로들은 새로운 유대교를 실천하고 있었다. 그들은 현지인들을 반#이교도로 보았으며 암 하 아레츠$^{Am\ Ha-Aretz}$, 즉 '땅의 백성들'이라고 비하했다. 예루살렘의 부흥에 놀라서인지, 혹은 원주민들에게서 뇌물을 받아서인지 페르시아 총독은 건축을 중단했다.

  3년 만에, 다리우스는 모든 도전자들을 제압하고 고대 세계에서 가장 뛰어난 업적을 이룬 군주들 중 하나가 되었으며, 트라키아^{Thrace}와 이집트에서 힌두 쿠시$^{Hindu\ Kush}$까지 이르는 드넓은 세계 제국을 건설했다. 삼대륙에 걸친 최초의 제국이었다.*

  위대한 새 왕은 정복자와 행정가의 모습이 결합된 보기 드문 인물이었다. 바위에 새겨진 그의 모습(승리를 기념하기 위한 것)에서 우리는 다리우스가 자신을 고전적인 아리안족^{Aryan}으로 내세우고 있음을 알 수 있다. 키는 5피트 10인치(약 178센티미터)이고 높은 눈썹과 쭉 뻗은 코에 타원형 보석들이 박힌 전쟁용 황금 관을 쓰고 있다. 앞머리는 곱슬이고 늘어진 콧수염은 꼬여 있으며 머리는 뒤로 묶었고 사각형의 턱수염은 네 줄로 다듬어 곧게 땋아내렸다. 긴 예복과 바지를 위엄 있게 입고는 머리 부분이 오리 모양으로 된 활을 들었다.

  스룹바벨은 이 엄청난 지배자에게 키루스의 포고령을 들어 호소했다. 다리우스는 왕실의 두루마리들을 살펴볼 것을 명령했고 그 포고령을 발견했다. 그는 "유대인 총독에게 주님의 집을 짓게 하라. 나, 다리우스가

---

* 다리우스는 카스피 해$^{Caspian\ Sea}$ 동쪽의 중앙아시아를 급습했고 인도와 유럽을 탐색했으며 우크라이나를 공격하고 트라키아와 동맹을 맺었다. 다리우스는 화려한 왕궁 도시 페르세폴리스^{Persepolis}(이란 남부)를 세웠고 조로아스터와 아후라 마즈다의 종교를 장려하고 최초의 세계 최초의 화폐를 기획했으며 그리스, 이집트, 페니키아의 해군을 공격했고 최초의 실질적인 우편 서비스를 창설했다. 그리고 수시^{Susa}에서 사르디스^{Sardis}까지 1,678마일의 왕의 도로를 따라 매 15마일마다 여관을 세웠다. 30여 년 재위 기간 동안의 업적은 그를 페르시아제국의 아우구스투스로 불리게 하였다. 그러나 다리우스조차 한계에 도달했다. 죽기 얼마 전인 기원전 490년, 그리스를 공격했지만 마라톤 전투에서 패배하고 만다.

명령을 내리니 어김없이 시행하여라"라고 명한다. 기원전 518년, 그는 이집트의 질서를 회복하기 위해 서쪽으로 향했는데 아마 예루살렘의 흥분한 유대인들을 다독이기 위해 유다를 거쳐갔을 것이다. 다리우스는 스룹바벨을 처형한 것으로 보인다. 다윗 왕가의 마지막 후손 스룹바벨은 아무런 설명도 없이 역사에서 사라졌다.

기원전 515년 3월, 제2성전이 거세한 수송아지 100마리, 양 400마리, (열두 지파의 죄를 속죄하는) 염소 12마리의 희생제사와 함께 사제들에 의해 기쁨 속에서 봉헌되었다. 유다인들은 바빌론 유수 이후 최초의 유월절을 지낸 셈이었다. 그러나 솔로몬 성전을 기억하는 노인들은 그 간소한 건물을 보고는 울음을 터트렸다. 예루살렘은 여전히 작고 황폐했다.23)

50여 년 후 다리우스의 손자 아르타크세르크세스 1세$^{Artaxerxes\ I}$의 술 시종장은 느헤미야^{Nehemiah}라는 이름의 유대인이었다. 예루살렘인들은 그에게 도움을 호소했다. "남은 이들은 큰 불행 속에 살고 있으며, 예루살렘의 성벽은 무너지고 있습니다." 느헤미야는 가슴이 찢어졌다. "나는 주저앉아 울며 여러 날을 슬퍼하였다." 그 후 페르시아의 수도 수사의 궁에서 직무를 보던 중 아르타크세르크세스 왕이 그의 얼굴을 보고는 이렇게 물었다. "어째서 슬픈 얼굴을 하고 있느냐?" 유대인 신하는 대답했다. "왕께서 만수무강하시기를 빕니다. 제 조상들의 묘지가 있는 도성은 폐허가 되었는데, 제가 어찌 슬픈 얼굴을 하지 않을 수 있겠습니까? 왕께서 좋으시다면… 저를 유다로 보내주소서. … 그 도성을 다시 세우게 해주시옵소서." 대답을 기다리는 동안 느헤미야는 몹시도 두려워했다.

페르시아의 쇠퇴

아르타크세르크세스 1세는 느헤미야를 총독으로 임명하고 그에게 자금과 호위병을 주었다. 그러나 예루살렘 북쪽의 사마리아는 자체 세습 총독 산발랏^{Sanballat}이 통치하고 있었다. 산발랏은 먼 수사에서 온 이 비밀스러운 관원과 귀환 포로들의 계획을 불신했다. 암살을 우려한 느헤미야는 밤중에 예루살렘의 무너진 성벽과 불에 탄 성문들을 조사했다. 성서에서 유일한 정치 자서전인 그의 비망록에서는, 느헤미야가 총독으로 임명되었음을 밝히기 전까지 성벽 재건의 계획을 들은 산발랏은 "우리를 업신여기고 비웃었다"고 밝히고 있다. 지주들과 사제들은 각각 구역을 맡아 성벽을 재건축했다. 산발랏이 보낸 깡패들이 그들을 공격하자 느헤미야는 경비병들을 세워 "성벽 공사는 52일 만에 끝냈으며" 다윗 성과 성전산만을 둘러싸도록 하고 성전산 북쪽에는 작은 요새를 세웠다.

느헤미야는 "예루살렘이 넓고 컸지만 백성들은 얼마 되지 않았다"라고 말했다. 그는 성 밖의 유대인들을 설득해 열 명 중 한 명을 제비 뽑아 예루살렘 안에 정착하게 했다. 12년 후 느헤미야는 왕에게 보고하기 위해 페르시아로 갔다. 그러나 예루살렘으로 돌아 왔을 때 그는 산발랏의 수하들이 성전을 방만하게 운영하고 유대인들이 원주민들과 결혼을 하고 있는 것을 발견했다. 느헤미야는 그 혼혈인들을 쫓아내고 타민족과의 결혼을 비판하며 새롭고 순수한 유대교를 강조했다.

페르시아 왕들이 지방에 대한 통제력을 잃어가자 유대인들은 '예후드'라는 독자적인 반#독립 소국을 발전시켰다. 예후드는 성전을 중심지로 하고 점점 늘어나는 순례자들을 자금원으로 하였으며 토라^{Torah}의 지배를 받고, 이른바 다윗 왕의 대사제 사독 후손들의 대사제 왕조에 의해 통치되었다. 다시 성전의 보물은 탐나는 전리품이 되었다. 대사제들 가운데 한 명이 성전에서 욕심 많은 자기 형제 예수(여호수아)에 의해 살해되었다. 이 신성모독은 페르시아 총독이 예루살렘으로 진군해 황금을 약탈하는 구실이 되었다.24)

  페르시아의 유력자들이 내부의 잔혹한 음모들에 정신을 빼앗긴 사이 마케도니아의 왕 필립 2세는 강력한 군대를 양성하고 그리스의 도시국가들을 정복했으며 다리우스와 그의 아들 크세르크세스의 침공에 보복하기 위해 페르시아와 성전聖戰을 벌일 준비를 했다. 필립이 암살당하자 그의 스무 살이 된 아들 알렉산더Alexander가 왕좌에 올라 페르시아 공격을 개시했다. 이로써 그리스가 예루살렘까지 오게 되었다.

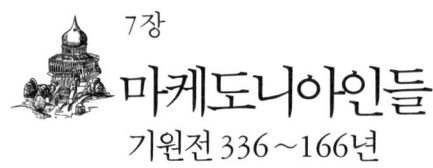

7장
마케도니아인들
기원전 336~166년

알렉산더 대제의 강력한 지배력

기원전 336년 알렉산더는 아버지가 살해당한 지 3년 만에, 페르시아 왕 다리우스 3세와 두 번 싸워 이겼고, 이에 다리우스 3세는 동쪽으로 후퇴했다. 처음에 알렉산더는 그를 뒤쫓는 대신 해변을 따라 이집트로 향했으며 예루살렘에 자기 군대를 위한 보급품을 제공하라고 명령했다. 사제들은 처음에 이를 거절했다. 그러나 오래가지는 못했다. 티레가 알렉산더를 거부하자 알렉산더는 성을 포위했고 성읍이 무너지자 모든 생존자를 십자가에 매달았다.

한참 후대의 유대인 역사가 요세푸스는 알렉산더가 "서둘러 예루살렘으로 올라갔다"라고 썼으며, 그 정복자가 성문에서 자주색과 주홍색 예복을 입은 사제들과 흰옷을 입은 모든 예루살렘인들에게서 환영받았다고 주장했다. 예루살렘인들은 알렉산더를 성전으로 안내했고 알렉산더는 유대인의 신에게 희생제사를 바쳤다. 이 이야기는 아마도 희망사항에 불과한 것으로 보인다. 그보다는 대사제들이 반+유대인 정서의 사마리아 지도자들과 함께 로시 하 아임Rosh Ha Ayim에 있는 해변에서 알렉산더에게 머리를 조아리고, 알렉산더는 키루스와 마찬가지로 유대인들이 자신들의 법에 따라 살 권리를 인정해주었을 것이다.* 그 후 알렉산더는 이집트를 정복하러 갔고 그곳에 알렉산드리아라는 도시를 건설한 다음 동방으로 향했으며 다시는 돌아오지 않았다.

알렉산더는 페르시아제국을 멸망시키고 파키스탄까지 지배력을 확장한 후 원대한 계획, 즉 페르시아인들과 마케도니아인들을 결합시켜 자신의 세계를 다스릴 단일한 엘리트를 만드는 일에 착수했다. 비록 별로 성공적이지는 않았지만 그는 리비아의 사막부터 아프가니스탄의 언덕까지 독자적인 헬레니콘Hellenikon(그리스 문화, 언어, 시, 종교, 스포츠, 호머식 왕권)을 전파함으로써 역사상 다른 어떤 정복자보다 훨씬 더 많이 세계를 변화시켰다. 그리스식 생활방식은 19세기의 영국식이나 오늘날의 미국식처럼 보편적인 것이 되었다. 그때부터 심지어 이 철학적이고 다신적인 문화의 대척점인 유일신의 유대인들조차도 헬레니즘의 렌즈를 통해 세계를 보지 않을 수 없게 되었다.

알려진 세계를 정복한 지 8년이 지난 기원전 323년 6월 13일, 알렉산더는 서른셋의 나이에 열병 혹은 독살에 의해 바빌론에서 임종을 맞았다. 알렉산더의 충성스런 군인들은 알렉산더의 얼굴에 눈물을 쏟으며 줄지어 병상을 지나갔다. 그들이 누구에게 왕국을 물려줄 것이냐고 묻자,

---

* 사마리아인들은 이미 독자적인 유사 유대교 제의를 발전시키고 있었으며, 그것은 새로운 바빌론 율법들이 도입되기 전에 형성된 유대교에 기반을 둔 것이었다. 페르시아 치하에서 사마리아는 산발랏이라는 세습 총독 가문이 다스렸다. 사마리아인들이 예루살렘에서 추방된 것은 게리짐 산Mount Gerizim에서 독자적인 성전을 세우도록 자극했고 유대인 및 예루살렘과의 불화가 시작되었다. 모든 적대 가문들이 그러하듯 그러한 불화는 작은 차이로 인한 증오 때문에 생겨났다. 사마리아인들은 2등 시민이 되었고 유대인들에게서 이교도로 멸시받았다. 따라서 '착한 사마리아인'이 존재한다는 예수의 계시는 놀라운 것이었다. 이스라엘에는 현재도 1,000여 명의 사마리아인들이 살고 있다. 유대인 희생제사의 대상물이 파괴된 지 오랜 시간이 지난, 21세기의 사마리아인들은 여전히 게리짐 산에서 매년 유월절 양의 희생제사를 지낸다.

알렉산더는 이렇게 대답했다. "가장 강한 자에게."25)

프톨레마이오스, 문화의 전성기를 만들다

가장 강한 자를 가리기 위한 토너먼트는 알렉산더의 장군들 사이에서 20년간 계속되었다. 예루살렘은 세상을 악으로 가득 채웠던 이 마케도니아의 군벌들 사이를 오갔다. 두 명의 유력한 경쟁자 간의 결투에서 예루살렘은 여섯 번이나 주인이 바뀌었다. 예루살렘은 15년간 애꾸눈 안티고노스Antigonos의 지배를 받았고, 기원전 301년 안티고노스가 전장에서 죽자 승자인 프톨레마이오스Ptolemy가 성 밖에 도착해 예루살렘이 자기 것이라고 주장했다.

프톨레마이오스는 알렉산더의 사촌이자 그리스에서 파키스탄까지 알렉산더와 함께 싸운 백전노장의 장군이었다. 프톨레마이오스는 인더스 강Indus에서 마케도니아 함대를 지휘하기도 했다. 알렉산더가 죽은 직후 프톨레마이오스는 이집트를 차지했다. 프톨레마이오스는 알렉산더 대제의 장례 행렬이 그리스로 돌아가고 있다는 소식을 듣자 팔레스타인을 지나 장례 행렬로 돌진해 시신을 자신의 본거지인 알렉산드리아로 데리고 왔다. 그리스 최고의 수호 부적, 알렉산더의 시체는 프톨레마이오스의 횃불 수호자가 되었다. 프톨레마이오스는 단순한 군벌이 아니었다. 동전에 새겨진 군인다운 강한 턱과 뭉툭한 코는 그의 섬세함과 교양이 위장된 것임을 보여주었다.

이제 프톨레마이오스는 예루살렘인들에게 안식일에 성안으로 들어가 유대인의 신에게 제사를 지내고 싶다고 말했다. 안식일을 지내고 있던 유대인들은 그의 거짓말을 믿었지만 프톨레마이오스는 이내 성읍을 빼앗고 유대인의 율법 준수는 광신일 뿐이라고 폭로했다. 그러나 안식일의 해가 지자, 유대인들은 반격했다. 프톨레마이오스의 군대는 광란하듯 예루살렘을 휩쓸었다. "집들은 약탈당하고 여자들은 능욕을 당하며 도성의 절반이 유배 갈 것이다." 프톨레마이오스는 느헤미야가 성전 북쪽에 지은 바리스 요새에 마케도니아 수비대를 주둔시키고 수천 명의 유대인들을 이집트로 끌고 갔던 것으로 보인다. 이 유대인들이 프톨레마이오스의 화려한 수도 알렉산드리아에서 그리스어를 말하는 유대인 공동체를 형성했다.

이집트에서 프톨레마이오스와 그의 후손들은 파라오였다. 알렉산드리아와 지중해에서는 그들이 그리스 왕들이었다. 프톨레마이오스 소테르Soter('구원자'라는 뜻)는 이집트의 신들인 이시스Isis와 오시리스Osiris, 그리고 이집트식 왕권의 전통을 수용했으며, 프톨레마이오스 왕조를 이집트식 신왕god-king인 동시에 그리스식 반신半神 군주로서 내세웠다. 그와 그의 아들들은 키프로스, 키레나이카cyrenaica, 아나톨리아Anatolia 일대, 그리고 그리스 열도를 정복했다. 프톨레마이오스는 합법성과 위대함을 갖추려면 웅장함뿐 아니라 문화도 중요하다는 것을 알고 있었다. 그래서 그는 알렉산드리아를 호화롭고 세련된 세계 최고의 그리스식 도시로 만들었으며 박물관과 도서관을 짓고 그리스 학자들을 초빙하고 세계의 불가사의들 중 하나인 파라오의 등대를 짓게 했다. 프톨레마이오스의 제국은 마지막 후손인 클레오파트라까지 3세기 동안 유지되었다.

프톨레마이오스는 여든까지 살았으며 알렉산더의 역사를 썼다.26) 프톨레마이오스 2세 필라델포스Philadelphos는 유대인을 선호하여 12만 명의 유대인 노예들을 해방시켰고 성전을 재건할 금을 보냈다. 그는 화려한 행사와 볼거리의 힘을 알고 있었다. 기원전 275년 그는 소수의 손님들을 위해 술의 신이자 풍요의 신 디오니소스Dionysus의 이름으로 행진을 열었다. 행진에서는 20만 갤런(약 76만 리터)이 들어가는 사자 가죽으로 만든 거대한 포도주 부대와 길이 180피트(약 55미터) 너비 9피트(약 3미터)의 남근을 지닌 코끼리들, 그리고 왕국 곳곳에서 온 백성들과 함께 행진했다.

그는 또한 열렬한 도서 수집가이기도 했다. 대사제가 20여 권의 유대 타나크*를 알렉산드리아로 보내자 프톨레마이오스는 그것을 그리스어로 번역하도록 지시했다. 그는 알렉산드리아의 유대인 학자들을 존중했으며, 그들을 저녁식사에 초대해 번역에 대해 토론했다. 왕은 "너희들의 관습에 따라, 또한 나를 위해서도, 모든 것을 뒷받침하겠다"고 약속했다. 70인의 학자들이 70일 동안 똑같은 번역을 만들었다는 전설이 전해진다. 70인역譯 성서는 예루살렘의 역사를 바꾸었고 훗날 그리스도교의 전파를 가능하게 했다. 그 덕에 그리스어는 국제어가 되었다. 그때부터 비로소 성서는 사실상 모든 사람에게 읽힐 수 있었다.27)

모험가 요셉의 치기

예루살렘은 프톨레마이오스의 제국 내에서 반독립적인 소국가로 남았으며 유다는 자체의 동전을 발행하고 예후드라는 글자를 새겼다. 예루살렘은 단순한 정치적 실체가 아니라 대사제들이 다스리는 신의 도시였다. 오니아드 가문Oniad family의 후손들은 성서 속 사제 사독의 후손임을 주장하면서 프톨레마이오스에게 조공을 바치는 조건으로 엄청난 재산과 권력의

---

* 타나크는 율법, 예언자, 글자를 의미하는 히브리어 머릿글자어이며 그리스도인들이 훗날 '구약'이라 부른 책들이다.

기회를 누렸다. 기원전 240년, 대사제 오니아스 2세$^{Onias\ II}$는 프톨레마이오스 3세 에우르게테스^{Euergetes}에게 약속한 은 20달란트를 바치려 했다. 이는 인맥 좋은 한 유대인 청년에게 좋은 기회가 되었고 청년은 대제사제보다 더 비싼 값을 불러 예루살렘뿐 아니라 유다 전체를 차지하기로 결심했다.

이 모힘가는 대사제의 조카 요셉^{Joseph}*이었다. 요셉은 프톨레마이오스 왕이 경매를 벌이는 알렉산드리아로 출발했다. 입찰자들은 영토를 지배하고 세금을 거둘 수 있는 권력을 대가로 최고의 조공을 약속했다. 시리아 유력자들은 젊은 요셉을 조롱했지만 그는 터무니없는 담대함으로 그들을 능가했다. 요셉은 결국 가장 먼저 왕을 만났고 그를 매료시켰다. 프톨레마이오스가 액수를 물었을 때 당돌한 요셉은 코엘레 시리아$^{Coele-Syria}$, 페니키아, 유다, 사마리아의 모든 경쟁자들을 능가했다. 프톨레마이오스는 요셉에게 약속한 조공에 대한 보증으로 평소와 같이 인질을 요구했다. "왕이시여, 저는 왕께 다른 어떤 사람도 드리지 않겠습니다"라고 이 당돌한 예루살렘인은 말했다. "폐하와 왕비님 빼고는 말입니다." 요셉은 그런 무례함 때문에 자칫 처형당할 수도 있었지만 프톨레마이오스는 오히려 웃으면서 동의했다.

요셉은 2,000명의 이집트인 보병과 함께 예루살렘으로 돌아왔다. 그는 증명할 것이 많았다. 아슈켈론이 세금 내기를 거부하자 그는 아슈켈론의 유력자 20여 명을 살해했다. 아슈켈론은 곧 세금을 바쳤다.

요셉은 〈창세기〉에 나오는 동명이인과 마찬가지로 이집트의 최고 위층에 있었고 승리했다. 왕과 어울리던 알렉산드리아에서 요셉은 한 여

---

* 요셉의 가문은 혼합 혈통의 유대인들이었으며 아마도 느헤미야에 대적한 암몬족 토비야^{Tobiad}의 후손들일 것이다. 요셉의 아버지 토비야는 프톨레마이오스 2세와 가까운 거부^{巨富}였으며(제논이라는 이름의 왕실 파피루스 서고 관리가 그를 왕과 거래하도록 소개했다) 암논(오늘날의 요르단)에 거대한 영지를 지배했다.

배우와 사랑에 빠졌다. 그녀를 유혹할 계획을 세웠을 때 요셉의 형은 여배우와 자신의 딸을 바꿔치기 했다. 밤이 되자 요셉은 너무 취해 그녀를 알아볼 수 없었고, 정신이 깬 후에는 조카와 사랑에 빠져 있었다. 그들의 결혼은 왕조를 강화시키는 결과를 낳았다. 그러나 그들의 아들 히르카누스Hyrcanus는 요셉만큼이나 악당으로 자랐다. 사치스럽게 생활하고 가혹하게 다스리고 과도한 세금을 거뒀지만 그럼에도 요셉은, 요세푸스에 따르면, "대단한 아량을 가진 선한 사람"이었으며 "진중함, 지혜, 정의로 인해 존중받았다. 그는 유대인들을 빈곤하고 미약한 상태에서 보다 영광스러운 상태로 이끌었다."

토비야 가문의 요셉은 이집트의 왕들에게 무척 중요한 인물이었다. 그 이유는 당시 이집트의 왕들은 중동의 패권을 두고 경쟁국 마케도니아의 셀레우코스 왕조Seleucid와 끊임없이 싸우고 있었기 때문이다. 기원전 241년, 프톨레마이오스 3세는 적들을 물리치고 승리한 후 감사를 표하기 위해 예루살렘을 방문했고 성전에서 정중하게 희생제사를 바쳤다. 그것은 물론 요셉이 주도한 일이었다. 그러나 프톨레마이오스 3세가 죽자 이집트는 억제할 수 없는 야심을 가진 어린 셀레우코스 왕조의 왕에게 도전받게 되었다.

너그러운 정복자

도전자는 아시아의 마케도니아 왕, 안티오코스 3세Antiochus III였다. 기원전 223년, 이 분주한 18세의 왕은 웅대한 직위와 분열돼가는 제국*을 물려받았다. 그러나 그는 그러한 쇠퇴를 극복할 수 있는 재능을 충분히 가지고 있었다. 안티오코스는 자신을 알렉산더의 후손으로 여겼으며 다른 모든 마케도니아 왕들과 마찬가지로 자신을 아폴로, 헤라클레스, 아킬레스, 그리고 특히 제우스와 연결시켰다. 연속적인 아찔한 전투를 통해서 안티오코스는 알렉산더의 동방제국을 인도까지 다시 정복했고 '대제'라는 호칭을 획득했다. 안티오코스는 팔레스타인을 반복적으로 공격했지만 프톨레마이오스는 그의 공격을 격퇴했고 늙어가는 토비야 기문의 요셉은 여전히 예루살렘을 다스렸다. 그러나 요셉의 아들 히르카누스는 그를 배신하고 예루살렘을 공격했다. 죽기 얼마 전 요셉은 아들에게 패한 후 오늘날의 요르단으로 가서 자신만의 소국을 만들었다.

기원전 201년, 이제 40대가 된 안티오코스는 동방에서 승리를 거두고 귀환했다. 예루살렘은 광풍에 시달리는 배처럼 양쪽을 왔다갔다 했다. 마침내 안티오코스가 이집트를 궤멸시켰고 예루살렘은 새 주인을 맞아들였다. 안티오코스는 "우리가 그들의 성읍으로 들어갔을 때 유대인들은 우리에게 화려한 환영잔치를 베풀었고 원로들은 우리를 만나러 왔으며 이집트 수비대를 쫓아내도록 도와주기로 했다"고 주장했다.

왕과 군대의 모습은 인상적이었다. 안티오코스는 왕관과 챙 넓은 모자를 쓰고 황금 별을 붙인 진청색 망토를 입고 목에는 진홍색 브로치를 달고 금으로 수놓은 끈 달린 주홍색 장화를 신었던 것 같다. 예루살렘은 이 다국적 군대에 보급품을 공급했다. 이 군대에는 장창을 든 마케도니아인 부대, 크레타인 산악 부대, 시칠리아 경보병, 트라키아 무릿매질꾼, 미

---

* 안티오코스는 알렉산더 대제의 제국을 분할한 장군들의 후손인 또 다른 위대한 왕조의 후계자이다. 프톨레마이오스 1세는 이집트에서 독자적인 왕국을 확보하자 알렉산더의 관료들 중 한 명이자 안티오코스의 조상인 셀레우코스의 바빌론 점령 시도를 지지했다. 프톨레마이오스와 마찬가지로 재능이 있었던 셀레우코스는 알렉산더의 아시아 영토 대부분을 재정복했으나(셀레우코스에게는 아시아의 왕이라는 칭호가 붙었다. 그는 그리스에서 인도까지 다스렸다) 전성기에 암살당하고 말았다. 셀레우코스 가문은 코엘레 시리아를 약속받았으나 프톨레마이오스는 그 땅을 내주기를 거부했다. 결과는 1세기에 걸친 시리아전쟁이었다.

시아 궁수들, 리디아 투창병, 페르시아 궁수, 쿠르드 보병, 이란의 마상 중무장 기병이 포함돼 있었는데 그중에서도 최고는 코끼리 부대였다. 아마도 예루살렘 최초의 코끼리였을 것이다.*

안티오코스는 성전과 성벽을 수리하고, 예루살렘에 주민들을 다시 이주시킬 것을 약속했으며 조상들의 율법을 따라 유대인의 자치권을 승인했다. 안티오코스는 심지어 이방인들이 성전에 들어가거나 말이나 노새, 야생 또는 길들인 당나귀나 사자, 여우, 토끼 고기를 성읍 안으로 들이는 것도 금지했다. 대사제 시몬의 선택은 확실히 옳았다. 예루살렘은 그렇게 너그러운 정복자를 맞은 적이 없었다. 예루살렘인들은 당시를 이상적인 대사제가 다스리는 황금시대로 기억했다. 그들은 대사제 시몬이 "구름 사이에서 비치는 새벽별"과도 같다고 말했다.28)

순수한 시몬의 시대

회개의 날 시몬**은 지성소에서 나와 "거룩한 제단에 올라 영광의 제복을 입었다." 시몬은 기름부음을 받은 왕자, 군주, 교황, 아야톨라 ayatollah의 복합체로서 유다를 다스린 대사제들의 모범이었다. 그는 금박을

---

* 그 시기는 코끼리전쟁 시대였다. 알렉산더가 인도 전투에서 코끼리 부대를 데리고 돌아온 이후 이 무장한 거구의 동물들은 자존심이 강한 알렉산더에게 최고의 (그리고 값비싼) 무기가 되었다. 그러나 코끼리들이 적이 아닌 아군의 보병들을 밟아 죽이는 일이 빈번하게 일어났다. 한편, 서쪽에서는 티레의 페니키아인들의 후손인 카르타고인들과 로마인들이 지중해의 주도권을 놓고 싸우고 있었다. 카르타고의 뛰어난 장군 한니발은 알프스를 넘어 코끼리 부대를 이끌고 진군해 이탈리아를 침공했다. 안티오코스는 인도 코끼리를 이용했고 프톨레마이오스는 아프리카 코끼리를, 한니발은 좀 더 작고 지금은 멸종된 모로코의 아틀라스 산맥 코끼리를 이용했다.
** 일부 역사가들은 시몬이 사실상 프톨레마이오스 1세의 지배를 받은 것으로 믿는다. 자료들 사이에는 모순이 있지만 시몬은 안티오코스 대제의 동시대 인물 시몬 2세였을 가능성이 가장 크며

입힌 예복을 입고 번쩍이는 가슴판을 달고 생명과 구원의 상징이자 유다 왕들의 전통적 머리 장식인 황금 꽃 네제르를 자랑스럽게 꽂은 왕관 같은 터번을 쓰고 있었다. 〈집회서〉의 저자이자 번성하는 도시의 거룩한 드라마를 최초로 기록한 저자인 예수 벤 시라Jesus ben Sira는 시몬을 "구름을 향해 솟아난 향백나무"로 묘사했다.

예루살렘은 '신정체제theocracy'가 되었다. 신정체제라는 단어 자체는 역사가 요세푸스가 모든 주권과 권위를 신의 손에 맡긴 그 작은 나라를 설명하기 위해 고안한 것이었다. 엄격한 규범이 모든 세부적인 삶을 규제했는데, 정치와 종교 사이의 구별이 없기 때문이었다. 예루살렘에는 조각상도 우상도 없었고, 강박적으로 안식일을 준수할 뿐이었다. 종교에 대한 범죄는 죽음으로 처벌되었다. 사형에는 투석형, 화형, 참수형, 교수형 이렇게 네 가지 종류가 있었다. 간통자는 투석형을 받았는데 이는 공동체 전체가 가하는 형벌이었다(피고는 먼저 절벽 아래로 던져졌기 때문에 보통은 의식을 잃은 상태에서 돌을 맞았다). 아버지를 때린 아들은 교수형에 처했다. 어미와 딸과 동시에 간통한 자는 화형을 당했다.

성전은 유대인 삶의 중심이었다. 대사제와 그의 의회, 즉 산헤드린Sanhedrin('함께 모여 앉는다'라는 의미이며 고대 유대인 사회의 최고의결기관이다-옮긴이)이 그곳에서 만났다. 매일 아침 첫 번째 예배자가 나팔을 불었는데, 이슬람의 무에진muezzin(예배 시간을 육성으로 알리는 사람-옮긴이)과 같

요새를 재건하고 성전을 수리하고, 성전산에 거대한 저수 동굴을 추가했다. 시몬의 무덤은 옛 도시 북쪽 팔레스타인 셰이크 자라Sheikh Jarrah 인근에 있다. 오토만 시대 시몬의 무덤에서는 무슬림, 유대인, 그리스도인들이 함께하는 유대인 소풍이 매년 열렸으며 그것은 민족주의 이전 시대에 모든 종파들이 함께하던 축제 가운데 하나였다. 오늘날 시몬의 무덤은 유대인 성지로서 인근에 정착지를 건설하려는 이스라엘의 계획의 중심점이다. 그러나 시몬의 무덤은 예루살렘의 많은 유적지들과 마찬가지로 그 자체가 신화다. 그것은 유대인의 무덤도 아니고 시몬의 안식처도 아니다. 그것은 500년 후에 만들어진 로마 귀족 부인 율리아 사비나Julia Sabina의 무덤이다.

은 것이었다. 하루에 네 번, 일곱 개의 은 나팔이 울리면 성전 안의 예배자들은 엎드려야 했다. 매일 두 번, 아침과 저녁에 흠 없는 숫양, 소 또는 비둘기의 희생제사와 함께 분향제단에서 향을 피웠는데, 이는 유대인의 주된 예배의식이었다. '홀로코스트holocaust'라는 단어는 '올라가다'라는 히브리어 올라olah에서 유래했으며 동물을 통째로 태워 그 연기가 신에게 '올라감'을 가리킨다. 예루살렘에는 성전제단에서 나는 냄새가 퍼졌을 것이고, 향기로운 계피 향이 고기 타는 독한 냄새와 섞였을 것이다. 사람들이 몰약, 나드, 향유를 향수로 사용하는 일이 많았던 것도 놀랄 일이 아니다.

절기에는 순례자들이 예루살렘으로 쏟아져 들어왔다. 성전 북쪽의 양 문Sheep Gate에는 희생제사를 위해 준비된 양과 소들이 떼를 지어 있었다. 유월절이면 20만 마리의 양이 도살되었다. 한편 예루살렘에서 가장 거룩하고 활기찬 주간은 초막절이었다. 초막절에는 흰옷을 입은 남녀들이 성전 마당에서 춤을 추고 노래를 하고 횃불을 흔들면서 잔치를 벌였다. 그들은 종려나무 잎과 가지를 모아 지붕 꼭대기나 성전 마당에 오두막을 지었다.*

그러나 순수한 시몬의 시대에도 흔히 윗 도시라 불리는 서쪽 언덕의 그리스식 저택들에 사는 부유한 그리스인과 같은 세속화된 유대인들도 많았다. 광신적인 유대인 보수주의자들이 이교도에 의한 오염으로 여긴 것을 이 국제시민들은 문명으로 보았다. 이는 예루살렘에서 새로운 패턴의 시작을 뜻했다. 예루살렘이 거룩해질수록 분열은 더욱 심해졌다. 한 가

---

* 이 당시 유대인의 주요 절기들(유월절, 초막절)은 아직 형성되는 중이었다. 유월절은 이제 오랜 무교병 축제와 〈출애굽기〉의 이야기들을 결합시킨 봄 절기가 되었고, 점차 예루살렘의 주된 유대인 축제로서 초막절을 대체했다. 초막절은 오늘날에도 숙곳Sukkot(초막)으로서 남아 있으며 초막절에 유대인 어린이들은 지금도 과일로 장식된 추수 오두막을 짓는다. 성전 직무는 레위족의 후손들인 레위인들과 사제들(모세의 형 아론의 후손, 그들 자신이 레위족의 일부)이 순번을 따라 분담했다.

문 안에서의 애증과도 같이 이중적인 삶의 방식이 존재했다. 이제 예루살렘(그리고 유대인들의 존재 자체)은 네부카드네자르 이후 가장 악명 높은 괴물의 위협 앞에 놓이게 되었다.29)

미친 왕 에피파네스

예루살렘의 후원자, 안티오코스 대제는 쉴 틈이 없었다. 이제 그는 소아시아와 그리스 정복을 향해 눈을 돌렸다. 그러나 과도한 자신감에 넘친 아시아 왕은 떠오르는 로마공화국의 힘을 과소평가했다. 로마는 이제 막 한니발과 카르타고를 이기고 지중해 서부를 장악했다. 로마는 그리스를 차지하려는 안티오코스의 시도를 격퇴했고 안티오코스는 함대와 코끼리 부대를 내주고 아들까지 로마에 인질로 보내야 했다. 안티오코스는 국고를 다시 채우기 위해 동쪽으로 향했지만 페르시아의 한 성전을 약탈하던 중 암살당했다.

바빌론에서 알렉산드리아까지, 당시의 유대인들은 매년 성전에 십일조를 냈다. 예루살렘은 매우 부유해서 그 재산은 유대인 지도층 사이의 권력 투쟁을 심화시켰고 재정난에 처한 마케도니아 왕들을 유혹하기 시작했다. 아버지와 이름이 같았던 새로운 아시아 왕은 수도 안티오크Antioch로 달려가 왕좌를 차지하고 가문의 다른 왕위 후보자들을 살해했다. 로마와 아테네에서 자란 안티오코스 4세는 아버지의 억제할 수 없도록 빛나는 재능을 물려받았기도 했지만, 킬킬거리며 위협하는 행동과 광적인 화려함은 칼리굴라Caligula나 네로의 현란한 과시욕을 더 닮아 있었다.

위대한 왕의 아들인 만큼 안티오코스는 증명해야 할 것들이 너무 많았다. 뛰어나게 아름다웠을 뿐만 아니라 불안정한 성격이었던 안티오코스는 화려한 궁중의식을 즐겼지만 그곳의 제약을 지루해했으며 깜짝 놀랄 방식으로 절대권력을 과시하곤 했다. 이 젊은 왕은 안티오크의 중앙광장에서 술에 취한 채 목욕을 했고 사람들이 보는 앞에서 값비싼 연고로 마사지를 하고 목욕탕에서 시종들과 함께 어울렸다. 어느 구경꾼이 그를 향해 몰약을 낭비한다고 비난하자 안티오코스는 항아리로 그 사람의 머리를 내리치라고 명령했다. 군중들이 몰려들어 값비싼 향유를 구하느라 야단법석일 때 왕은 신경질적인 웃음을 지을 뿐이었다. 안티오코스는 황금 망토를 걸치고 장미 왕관을 쓰는 등 옷을 차려 입고 길거리에 나타나기를 좋아했지만 백성들이 자신을 쳐다보면 그들을 향해 돌을 던졌다. 또 밤이면 변장을 하고 안티오크 뒷골목의 사창가에 드나들었다. 낯선 사람들과 격의 없이 어울릴 때 그는 마치 표범 같았다. 뜬금없이 난폭하게 변할 수도 있었고, 상냥한 만큼 잔인했기 때문이다.

헬레닉 시대Hellenic age의 유력자들은 보통 자신이 헤라클레스 또는 다른 신들의 후손이라고 주장했다. 안티오코스는 거기서 한발 더 나아가 자신을 에피파네스Epiphanes(신의 현현)라 칭했고 백성들은 그를 에퓨마네스Epumanes, 즉 미친놈이라고 불렀다. 그러나 그런 광기 속에도 전략은 있었다. 에피파네스는 하나의 왕, 하나의 종교에 대한 예배를 중심으로 제국을 결속시키고자 했다. 그는 백성들이 각 지역의 신들을 경배하는 가운데 그들을 그리스의 판테온Pantheon과 그에 대한 숭배로 통합시킬 수 있다고 기대했다.

그러나 그것은 유대인들에게는 다른 문제였다. 유대인들은 그리스 문화와 애증 관계에 있었다. 유대인들은 그리스의 문명에는 열광했지만 그리스의 지배는 거부했다. 요세푸스에 따르면, 유대인들은 그리스인들을 무책임하고 난잡하고 가벼운 현대인으로 취급하면서도 많은 예루살렘인들이 이미 유행을 좇아 살면서 자신들이 그리스인도 될 수 있고 유대인도 될 수 있다는 것을 보이기 위해 그리스식 이름과 유대식 이름을 함께 사용했다고 한다. 유대인 보수주의자들은 그에 반대했다. 그들에게 그리스인들은 우상숭배자들일 뿐이었으며 빌거벗은 운동선수들은 그들을 역겹게 했다.

유대인 고위층들은 예루살렘에서 권력을 잡으려면 안티오크로 앞다투어 달려가야 한다는 것을 가장 먼저 깨달았다. 위기는 돈과 영향력을 둘러싼 한 가문의 불화에서 시작되었다. 대사제 오니아스 3세가 왕에게 청을 넣는 동안, 그의 형제 야손^{Jason}은 80달란트의 돈을 더 제시했고 예루살렘을 그리스의 폴리스^{polis}처럼 변화시킨다는 계획을 들고서 대사제가 되어 돌아왔다.

야손은 예루살렘을 왕의 이름을 딴 '안티오크 히에로솔리마$^{Antioch-Hierosolyma}$(예루살렘의 안티오크)'로 고치고, 토라의 지위를 격하시켰으며 성전 맞은편 서쪽 언덕에 그리스식 연무장을 지었던 것으로 보인다. 야손의 개혁은 큰 호응을 얻었다. 젊은 유대인들은 연무장에서 멋있어 보이는 데 열을 올렸으며 그리스식 모자만 쓰고는 벌거벗은 채 운동했다. 젊은이들은 신과 맺은 계약의 표지인 할례를 원상복귀했고 복원한 포피를 자랑했다. 이는 확실히 편안함을 이긴 유행의 승리였다.

그러나 정작 야손 자신은 예루살렘을 빼앗겼다. 그는 심복 메넬라오스^{Menelaos}를 안티오크에게 보내 조공을 전달하게 했다. 그러나 음흉한 메넬라오스는 성전의 돈을 훔쳐 야손보다 더 많은 돈을 내고 대사제직을 샀다. 그는 심지어 사제가 되는 데 필수였던 사독 혈통도 아니었다. 메넬라오스는 예루살렘을 차지했다. 예루살렘인들이 안티오코스에게 대표단을 보내 항의하자 안티오코스는 그들을 처형했고 심지어 메넬라오스가 이전 대사제 오니아스의 살해를 도모하도록 허락했다.

안티오코스는 자신의 제국을 재정복하기 위한 자금을 모으는 것이 급선무였다. 그리고 그는 깜짝 놀랄 쿠데타, 즉 프톨레마이오스와 셀레우코스 두 제국의 통일을 눈앞에 두고 있었다. 기원전 170년 안티오코스는 이집트를 정복했지만 예루살렘인들은 실각^{失脚}한 야손의 지휘 아래 반란을 일으켜 안티오코스의 승리에 오점을 남겼다. 미친 왕은 시나이를 건너 되돌아 왔고, 예루살렘으로 돌격해 1만 명의 유대인들을 끌고 갔다.* 안티오코스는 심복 메넬라오스를 대동하고 지성소로 들어갔다. 이는 용서할 수 없는 신성모독이었다. 안티오코스는 금 제단, 촛대, 제단에 올린 빵을 올려놓는 탁자 등 성전의 귀한 기물들을 훔쳐갔다. 심지어 유대인들에게 신의 현현인 자신에게 희생제사를 바치라고 명령했다. 이는 그리스 문화에 매력을 느꼈을지 모르는 많은 유대인들의 충성심을 시험하는 것이었다. 그런 다음 성전의 금을 상자에 가득 채운 채 이집트로 돌아가 모든 저항을 짓밟아버렸다.

안티오코스는 로마인 흉내 내기를 즐겼는데 토가^{toga}(고대 로마 시민의 긴 겉옷)를 차려입고 안티오크에서 모의선거를 하는 한편, 금지된 함대와 코끼리 부대를 몰래 재건했다. 그러나 지중해 동부를 장악하기로 결심한 로마는 안티오코스의 새로운 제국을 쉽게 용납하지 않았다. 로마는 특사 폴리피우스 라에나스^{Popillius Laenas}를 보내 알렉산드리아에서 안티오코

---

* 야손은 후원자 히르카누스 왕자를 데리고 다시 도망쳤다. 히르카누스는 40여 년간 요르단의 대부분을 지배했으며 예루살렘을 빼앗겼을 때조차도 프톨레마이오스와 동맹을 유지했다. 히르카누스는 아랍인들과 대항해 싸웠으며 아라크 에 에미르Araq e-Emir에 아름다운 정원들과 장식용 정원이 딸린 화려한 성채를 건설했다. 안티오코스가 이집트를 정복하고 예루살렘을 되찾았을 때 히르카누스에게는 선택의 여지가 없었다. 토비야 가문의 마지막 후손은 자살을 하고 말았다. 그의 왕궁들의 유적은 현재 요르단의 관광지가 되었다.

스와 만나게 했다. 폴리피우스 라에나스는 대범하게도 안티오크 주변의 모래 위에 동그라미를 그리면서 그 선을 넘기 전에 이집트에서의 철수에 합의할 것을 요구했다. "모래 위에 선을 긋다 draw a line in the sand(협상이나 흥정에서 한계선을 제시한다는 뜻-옮긴이)"라는 구문이 여기에서 유래했다. 안티오코스는 신음하고 비통해하며 로마의 힘 앞에 고개를 숙였다.

한편 유대인들은 안티오코스 신에게 희생제사를 바치기를 거부했다. 예루살렘이 세 번째 반란을 일으키지 않도록 하기 위해, 미친 왕은 유대인의 종교 자체를 박멸하기로 결심했다.

또 다른 황폐를 부르다

기원전 167년 안티오코스는 안식일에 계략을 써서 예루살렘을 점령하고 수천 명을 죽이고 성벽을 파괴하며 새로운 요새 아크라 Acra를 세웠다. 안티오코스는 예루살렘을 그리스인 총독과 부역자 메넬라오스에게 넘겨주었다.

그 후 안티오코스는 성전 안의 모든 희생제사와 예배를 금지했고 안식일, 율법, 할례를 금지하고 사형으로 처벌했다. 또한 돼지고기로 성전을 더럽히라고 명령했다. 12월 6일, 성전은 그리스의 국가 신인 올림피아의 제우스Zeus, 즉 황폐를 부르는 혐오스러운 것에게 봉헌되었다. 희생제사는 신왕 안티오코스에게 드려졌을 것이다. 아마도 지성소 밖의 제단에서 그를 모셔두고 말이다. "성전은 이민족들의 방탕과 향락으로 가득 찼다. 그들은 성전 경내에서 창녀들과 놀아났다." 메넬라오스는 그것을 묵인했고, 사람들은 상아로 된 관을 쓰고 성전을 지나 행진했다. 기도 후에는 사제들조차 벌거벗은 경기를 보기 위해 연무장으로 내려갔다.

안식일을 지내는 사람은 산 채로 화형당하거나 그리스에서 수입된 잔혹한 형벌인 십자가형을 받았다. 노인들은 돼지고기를 먹으니 차라리 굶어죽는 편을 택했다. 아이들을 할례시킨 여자들은 아이들과 함께 예루살렘 성벽 아래로 던져졌다. 토라는 갈가리 찢겨져 공개적으로 불태워졌다. 필사본을 갖고 있는 사람은 사형에 처해졌다. 그럼에도 불구하고 토라는 성전과 마찬가지로 생명보다 귀한 것이었다. 그러한 죽음들은 새로운 순교 의식을 형성했고 묵시에 대한 기대를 촉진했다. 예루살렘에서 "땅 먼지 속에 잠든 사람들 가운데 많은 이가 깨어나 영원한 생명을 얻을 것"이고, 악은 패배할 것이며 메시아, 즉 영원한 영광을 보유한 사람의 아들이 도래하여 선^善이 승리할 것이라 믿었다.*

안티오코스는 안티오크로 되돌아갔고, 그곳에서 축제를 통해 오점이 있는 승리를 축하했다. 금으로 무장한 스키타이 기병들, 인도 코끼리, 검투사들, 황금 굴레를 쓴 니시아의 말들이 수도를 행진했고, 금박한 관을 쓴 젊은 운동선수들, 수천 마리의 희생제사용 소들, 동상들을 싣고 있는 장식용 수레, 군중을 향해 향수를 뿌리는 여인들이 그 뒤를 따랐다. 검투사들은 서커스에서 싸움을 벌이고, 분수에는 포도주가 붉게 넘쳐흐르는 동안 왕은 왕궁에서 1,000여 명의 손님들을 접대했다. 미친 왕이 이 모든 것을 감독했는데, 행렬의 앞뒤를 오가며 손님들을 안내하고 광대들과 함께 농담을 나누었다. 연회가 끝날 때 광대들은 천으로 단단히 싼 인형을 가지고 들어왔다. 광대들이 인형을 바닥에 내려놓자 악단의 연주가 시작

---

* 〈다니엘〉은 일부는 바빌론 유수, 일부는 안티오코스의 박해에서 나온 이야기들의 집합체다. 불의 용광로는 안티오코스의 고문을 묘사한 것으로 추측된다. 다니엘이 말한 '사람의 아들'이라는 새로운 환상은 예수를 고무했다. 그리고 순교 의식은 초기 그리스도교 시대에서 다시 나타날 것이었다.

되었는데, 인형의 옷이 갑자기 벗겨지더니 벌거벗은 왕이 튀어나와 춤을 추었다.

이런 광적인 방탕과는 달리 멀리 떨어진 남쪽에서 안티오코스의 장군들은 박해를 계속하고 있었다. 예루살렘 근처 모딘Modin 마을에는 다섯 아들을 둔 마타티아스Mattathias라는 늙은 사제가 있었다. 그는 안티오코스에게 희생제사를 바침으로써 더 이상 유대인이 아님을 증명하라는 명령을 받았다. 그러나 그는 이렇게 대답했다. "왕의 왕국에 사는 모든 민족들이 그에게 복종하더라도 나와 내 아들들은 우리 조상들의 계약을 따를 것이오." 어떤 유대인이 희생제사를 바치려고 나오자 마타티아스는 열정이 타오르고 의분이 치밀어올랐다. 그는 칼을 뽑아 먼저 그 반역자를, 그다음 안티오코스의 장군을 죽였으며, 제단을 헐어버렸다. 마타티아스는 "계약을 지지하는 이는 모두 나를 따라나서시오"라고 말했다. 노인과 다섯 아들은 산으로 도망쳤고 경건파, 즉 하시딤Hasidim으로 알려진 극도로 경건한 유대인들과 합류한다. 초기에 그들은 매우 경건하여 심지어 전투 와중에도 (처참하게) 안식일을 지켰다. 그리스인들은 아마도 모든 전투를 토요일에 몰아서 하려고 했을 것이다.

얼마 후 마타티아스가 죽고, 예루살렘 근교를 지휘했던 것으로 추정되는 셋째 아들 유다가 시리아의 세 개 군대를 연속으로 쳐부쉈다. 이라크와 페르시아를 정복하기 위해 동쪽으로 향했던 것으로 보아 안티오코스는 처음에는 유대인의 반란을 심각하게 여기지 않았던 것 같다. 안티오코스는 총독 리시아스Lysias에게 반란을 진압하라고 명령했다. 그러나 유다는 그 역시 물리쳤다.

멀리 떨어진 페르시아에서 전쟁 중이던 안티오코스조차도 유다의 승리가 제국을 위협하고 있다는 것을 깨달았고, 곧 공포정치를 철회했다.

안티오코스는 산헤드린의 친그리스파 공회원들에게 "유대인들은 자기 살을 이용해 자기들의 율법을 지킬 것"이라는 편지를 보냈다. 그러나 때는 너무 늦었다. 안티오코스 에피파네스는 얼마 지나지 않아 간질에 걸렸고 전차에서 떨어져 죽었다.30) 유다는 '망치Hammer'라는 영웅적인 별명을 얻었고, 이는 곧 한 왕조의 이름이 되었다.

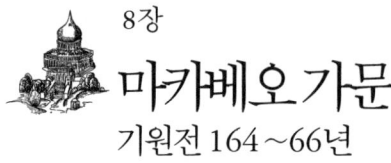

8장
마카베오 가문
기원전 164~66년

망치 유다의 활약

기원전 164년 겨울, 망치 유다Judah the Hammer는 안티오코스가 새로 지은 아크라 요새를 제외한 유대의 모든 지역과 예루살렘을 정복했다. 유다는 버려진 성전을 보고 한탄했다. 그는 향을 태우고 지성소를 다시 봉헌했고, 12월 4일 희생제사의 재개를 주도했다. 파괴된 도시에는 성전의 촛불을 붙일 기름도 부족했다. 하지만 촛불은 결코 꺼지지 않았다. 성전의 해방과 재정화는 지금도 하누카Hanukkah, 즉 봉헌절이라는 이름의 유대인 절기로 지켜진다.

망치(라틴어로 마카베오Maccabeus)*는 요르단을 건너 진군했고 갈릴리의 유대인들을 구하기 위해 자기 형 시몬을 보냈다. 유다 마카베오가 없는 가운데 유대인들은 패배했다. 유다는 헤브론과 에돔을 점령하고, 아슈도드Ashdod에 있는 이교도 성지를 부순 다음 예루살렘의 아크라를 포위하면서 반격했다. 그러나 셀레우코스의 섭정왕은 베들레헴 남쪽 베스 자카리아Beth-Zacharia에서 마카베오 군대를 쳐부수고 이어서 예루살렘을 포위했다. 하지만 그는 안티오크의 반란을 진압하기 위해 곧 철수해야 했기 때문에 유대인들에게 자신들의 율법에 따라 살며 성전에서 예배할 수 있는 권리를 보장했다. 네부카드네자르 이후 4세기 만에, 유대인의 독립이 회복되었다.

그러나 유대인들은 아직 안전하지 않았다. 내전을 치르고 있던 셀레우코스 왕조는 쇠퇴했지만 여전히 강력했으며, 그들은 유대인들을 누르고 팔레스타인을 되찾을 것을 결심했다. 잔인하고 복잡한 전쟁은 20년간 지속되었다. 이름이 비슷비슷한 셀레우코스 왕가의 수많은 왕좌 지망생들의 이야기들을 다 서술할 필요는 없지만, 마카베오 왕조가 거의 전멸했던 순간들이 있었음을 언급할 가치는 있다. 멸망의 순간에서도 끝없이 지략을 발휘한 이 재능 있는 가문은 언제나 위기를 극복해내고 반격을 가했다.

성전을 내려다보는 아크라 요새는 여전히 남아서 갈라진 예루살렘을 괴롭히고 있었다. 나팔은 다시 울리고 사제들은 희생제사를 올렸다. 아크라의 이방인 용병들과 변절자 유대인들은 때때로 "갑자기 몰려와 성전으로 올라가는 사람들을 때렸다"고 요세푸스는 말한다. 예루살렘인들은 악의 근원, 대사제 메넬라오스를 처형하고 새로운 대사제를 선출했다.**
그러나 셀레우코스 왕가는 다시 힘을 회복했다. 셀레우코스 군대의 니카노르Nicanor 장군이 예루살렘을 재점령했다. 이 그리스인은 재단을 가리키

* 그의 가문은 정확하게는 하스몬 왕조Hasmonean로 알려졌지만 이 책에서는 편의를 위해 마카베오 왕조라 칭한다. 마카베오 왕조는 아더 왕과 샤를마뉴와 더불어 중세 그리스도교식 기사의 원형이 되었다. 샤를 '마르텔Martel(망치)'은 732년 투르 전투에서 아랍인들을 물리쳤다. 12세기의 사자왕 리처드Richard the Lionheart와 에드워드 1세(1272~1303년)는 자신들을 당대의 마카베오로 소개했다. 훗날 루벤스Rubens는 유다 마카베오를 그림으로 그렸다. 헨델Handel은 마카베오에게 헌정하는 오라토리오oratorio(16세기 로마에서 시작한 종교 음악)를 작곡했다. 마카베오 가문은 특히 이스라엘에 영감을 주었으며 이스라엘의 많은 축구팀들이 마카베오라는 이름을 갖고 있다. 하누카의 영웅으로서 유대인들은 전통적으로 그를 대량학살의 폭군, 히틀러의 선도자에 대항한 자유의 전사로 여긴다. 그러나 일부는 오늘날 미국식 민주주의와 지하드 테러리즘 사이의 투쟁에 영향을 받은 또 다른 관점을 제시하는데, 즉 그리스인들이 유대교의 탈레반과도 같은 마카베오의 종교적 광신에 대항해 싸운 문명화된 사람들이었다는 것이다.
** 이 새로운 대사제는 오니아스의 사독 가문 출신도 아니었다. 사독 가문의 정통 계승자는 오니아스 6세였으나 그는 추종자들과 함께 이집트로 도망쳐 그곳에서 프톨레마이오스 6세 필로메테

며 위협을 가했다. "만일 유다와 그의 군대를 당장 내 손에 넘겨주지 않으면 이 집을 불태워버리겠다."

생명이 위태로워진 유다는 그리스 왕국들의 적인 로마에 호소했고, 로마는 사실상 유대인의 주권을 인정했다. 기원전 161년, 유다 마카베오는 니카노르 군대를 전멸시켰고 니키노르의 머리와 손을 잘라 예루살렘으로 가져가도록 명령했다. 성전에서 그는 이 끔찍한 트로피를 내놓았다. 성전을 위협했던 니카노르의 손과 혀는 조각조각 잘려 새들의 밥으로 뿌려졌고 머리는 요새 꼭대기에 걸렸다. 예루살렘인들은 니카노르가 패한 날을 해방의 축제일로 즐긴다. 그 후 셀레우코스 군대는 마카베오 군대와 싸워 이기고 유다 마카베오를 죽였다. 유다는 모딘에 묻혔고 모든 것이 끝난 듯 보였다. 그러나 그는 그의 형제들에 의해 다시 살아났다.[31]

마카베오 왕조의 승리

도피 2년 후 유다의 동생 요나단이 셀레우코스를 다시 몰아내기 위해 사막에서 나타났고 그리스령 예루살렘 북쪽 미크마스Michmas에 궁전을 세웠다. 외교관으로 알려진 요나단은 예루살렘을 되찾기 위해 시리아 및 이집트의 왕들을 서로 경쟁하게 만들었다. 그 후 그는 성벽을 되찾고 성전을 다시 정화했다. 기원전 153년 그는 셀레우코스 왕에게 자신을 황금을

르의 환영을 받았다. 필로메테르는 오니아스가 나일 삼각주 레온토폴리스Leontopolis의 버려진 이집트 성전 자리에 유대인 성전을 세우도록 허락했고 오니아스는 그곳에 독자적인 예루살렘을 세웠다. 그곳은 현재까지도 텔 알 야후디야Tell al-Jahudiya(유대인들의 언덕)라고 불린다. 이 유대인 왕자들은 이집트에서 세력을 갖춘 군사령관들이 되었다. 오니아스의 성전은 기원후 70년 티투스가 파괴를 명령할 때까지 지속되었다.

움켜쥔 '왕의 친구'의 반열, 즉 대사제로 임명해달라고 요구했다. 요나단은 기름부음을 받고 왕가를 상징하는 꽃으로 꾸미고 가장 떠들썩한 축제인 초막절에 사제의 예복을 입었다. 그러나 그는 사독과 관련이 없는 지방 사제의 후손이었다. 적어도 한 유대인 종파는 그를 '사악한 사제'로 보았다.

요나단은 먼저 이집트 왕 프톨레마이오스 6세 필로메테르^{Philometer}의 지지를 획득했다. 필로메테르는 해변을 따라 조파^{Joppa}(예루살렘에서 가장 가까운 항구, 자파)까지 와서 요나단과 만났다. 그들은 각기 파라오와 사제의 위엄을 갖추었다. 필로메테르는 프톨레마이스(현재 아크레)에서 알렉산더 대제 이후 모든 그리스 왕들이 꿈꾸었던 것을 이루었다. 즉 그는 이집트와 아시아의 왕이 된 것이다. 그러나 승리의 그 순간 필로메테르의 말이 셀레우코스 군대의 코끼리를 보고 놀라 앞다리를 들고 일어서면서 그는 떨어져 죽게 된다.*

셀레우코스 왕조의 경쟁자들이 권력을 놓고 다투는 동안 외교관 요나단은 반복적으로 이쪽저쪽에 불을 붙였다. 셀레우코스의 왕위를 노리는 사람 가운데 한 명이 안티오크에서 포위를 당했고, 유대인의 완전한 독립을 대가로 요나단의 도움을 구했다. 요나단은 2,000명을 이끌고 예루살렘을 떠나 현재의 이스라엘, 레바논, 시리아를 거쳐 안티오크까지 갔다.

---

* 필로메테르의 후계자는 오니아스와 알렉산드리아의 유대인들이 필로메테르를 지지했다는 이유로 유대인들을 적대했다. 프톨레마이오스 가문의 사악함의 기준에 비추어 보아도 프톨레마이오스 8세 유르게테스^{Euergetes}는 괴물이었고, 알렉산드리아 군중은 그에게 파초^{Fatso}(올챙이배)라는 별명을 붙였다. 파초는 코끼리들을 동원해 유대인들을 짓밟는 방법으로 유대인들에게 복수를 했지만, (아마도) 신이 베푼 기적에 의해 코끼리들은 유대인들이 아닌 왕의 신하들을 짓밟았다. 그의 잔인함은 아버지를 전적으로 신뢰하던 열네 살짜리 아들을 죽인 것으로 절정에 치닫는다. 파초는 소년의 머리, 다리, 손을 잘라서 친모인 클레오파트라 2세에게 보냈다. 또 다른 친족, 클레오파트라 테아$^{Cleopatra\ Thea}$는 시리아 왕 데메트리우스 2세$^{Demetrius\ II}$와 결혼했는데, 자신의 아들을 죽이기로 결심하고는 아들에게 독약이 든 잔을 주었다. 그러나 아들은 그것을 어머니에게 강제로 먹였다. 프톨레마이오스 가문의 가정생활이란 그런 식이었다.

유대인 군대는 왕궁에서 불화살을 쏘고 불타는 도시 전역을 지붕에서 지붕으로 뛰어다니며 왕을 구조해 보호했다. 요나단은 유다 왕국으로 돌아오면서, 아슈켈론, 가자, 베스 추르Beth-Zur를 정복했다. 그리고 예루살렘의 아크라 요새를 포위하기 시작했다. 그러나 요나단은 꾐에 빠져 호위병도 없이 그의 마지막 그리스인 동맹자를 만나기 위해 프톨레마이스로 갔다. 그 동맹자는 요나단을 체포해 예루살렘으로 진군했다.

  마카베오 가문은 아직 완전히 몰락하지 않았다. 아직 한 명의 자손이 남아 있었다.32) 바로 시몬이었다. 그는 예루살렘을 요새화하고 군대를 다시 모았다. 한데, 갑작스러운 눈보라가 몰려왔고, 철수할 수밖에 없었다. 그러나 그에게는 복수할 일이 있었다. 포로가 된 시몬의 동생 요나단이 처형된 것이다. 기원전 141년 시몬은 아크라*를 공격해 무너뜨렸고 요새가 있던 언덕 자체를 완전히 파괴해버렸다. 예루살렘에서 야자나무 가지를 들고서 찬미를 드리고, 비파와 자바라와 수금에 맞추어 노래를 부르며 승리를 축하했다. 이스라엘은 이민족들의 멍에에서 벗어났고, 총회는 시몬을 세습 지도자로 옹립했으며 왕의 자주색 옷을 입히고 금띠를 두르게 했다. 이름만 빼고는 완전한 왕이었다. 백성들은 계약서에 '유대인들의 총독이며 지도자인 시몬 대사제 제1년'이라고 쓰기 시작했다.

---

* 아크라에 대한 유적은 전혀 발견된 것이 없다. 일부 학자들은 그것이 성전산 남쪽에 있었다고 믿고 있다. 헤롯 대제는 성전산을 확장했으며, 따라서 아크라의 파괴된 언덕은 현재 알 아크사가 서 있는 성전산 아래일 가능성이 있다. 이는 도대체 다윗 왕의 통치 이후의 유적물이 왜 그렇게 적은지 묻는 사람들에게 거대한 건축물들도 고고학적 유적을 남기지 않을 수 있다고 답변한다.

제국의 건설자, 요한 히르카누스

　기원전 134년 사위에게 식사 초대를 받았을 때 시몬 대제의 인기는 절정에 달해 있었다. 그 자리에서 마카베오 왕조 1세대의 마지막 사람이 암살되었고 사위는 시몬의 아내와 두 아들을 체포했다. 암살자들은 히르카누스의 또 다른 아들 요한(히브리어로 예호하난Yehohanan)을 잡으려 했지만 요한은 예루살렘으로 갔고, 그곳을 차지했다.

　요한은 사방에서 재앙에 직면했다. 요한이 반역자들을 본거지까지 추적했을 때 어머니와 형제들이 그의 눈앞에서 갈가리 찢겼다. 셋째 아들이었던 요한은 왕위계승이 예정돼 있지 않았지만, 이상적인 유대인 지도자가 될 수 있는 마카베오 가문의 모든 재능을 갖고 있었고 카리스마 있는 메시아적 개성을 보유하고 있었다. 요세푸스에 따르면, 실제로 신은 요한에게 "다스릴 나라, 대사제의 직위, 예언의 재능이라는 가장 큰 특권 세 가지를 주었다."

　셀레우코스 왕 안티오코스 7세 시데테스Sidetes는 유대인의 내전을 이용해 팔레스타인을 회복하고 예루살렘을 포위했다. 예루살렘인들이 굶주리기 시작했을 때 시데테스는 초막절에 황금 뿔이 달린 소를 장엄한 희생제사용으로 보내면서 협상의 뜻이 있음을 내비쳤다. 요한은 유다 바깥의 마카베오 영토를 내주고, 은 500달란트를 바치고, 성벽을 무너뜨릴 것을 합의하면서 평화를 얻었다.

　요한은 이란과 이라크의 신흥세력 파르티아에 대항한 전쟁에서 이 새로운 주인을 지원해야 했다. 이 원정은 그리스인들에게는 재앙이지만 유대인들에게는 축복이었다. 요한은 유대인 백성이 많았던 파르티아 왕과 비밀리에 협상을 했을 가능성도 있다. 그리스 왕은 살해당했고 요한은 수렁에서 빠져나와 독립을 되찾아 귀환했다.*

　　강대국들은 자체의 내분에 정신이 없었고 요한은 자유롭게 다윗 이후 최대 규모의 정복에 착수했다. 다윗은 역설적이게도 요한의 전쟁에 자금원이 되었다. 요한은 아마도 옛 다윗 성에 있던 다윗의 무덤을 파헤쳤을 것이다. 요한은 요르단 강 건너 미디바Madaba를 정복했고, 남쪽에서는 에돔인들(이두매아인Idumeans으로 알려짐)에게 개종을 강요했으며 사마리아를 파괴한 후 갈릴리를 접수했다. 예루살렘에서 요한은 커져가는 성읍 주변으로 소위 1차 성벽을 쌓았다.** 요한의 왕국은 지역의 강국이었으며 성전은 유대인 삶의 중심이었다. 그러나 지중해 주변의 점점 커져가는 유대인 공동체들은 지역의 회당들에서 매일 기도를 올렸다. 24권의 책이 유대인의 구약 성서로 합의된 것도 아마 자신감이 넘치던 이 새로운 시대에 이루어진 일이었을 것이다.

　　요한이 죽은 후 아들 아리스토불로스는 자신을 유다의 왕으로 선언했다. 그는 586년 이후 예루살렘 최초의 군주가 되었으며, 오늘날 이스

---

* 그의 히르카누스라는 새로운 별명은 분명 파르티아 모험의 결과였을 테지만 정작 그는 카스피 해의 히르카니아에 가본 적도 없었다. 히르카누스는 해외에서는 새로운 동맹국 로마를 통해, 예루살렘에서는 부유한 성전 지도층, 즉 사독 가문의 후손인 사두가이파들의 후원을 통해 자신의 세력을 강화했다.
** 성벽은 성전산에서 실로암까지, 그리고 실로암에서 요새까지 확장되었다. 그곳에는 탑들의 주초가 오늘날까지 남아 있으며 마카베오 시대 예루살렘의 몇몇 주거지들도 볼 수 있다. 성벽은 여러 곳에 부분적으로 남아 있다. 가톨릭 공동묘지에서 바로 서쪽, 시온 산의 남쪽 경사에는 요한의 성벽이 아직도 남아 있으며 그 옆에는 히스기야 시대의 큰 돌들이 있고 그보다 훨씬 후대의 비잔틴 왕비 에우도키아Eudocia의 돌들도 남아 있다. 1985년, 이스라엘 고고학자들은 요한과 마카베오 가문이 건설한 지하 수로와 큰 연못을 발견했다. 19세기에 영국, 독일, 프랑스 고고학자들은 1870년 비아 돌로로사에 '시온의 자매들 수녀원'을 건설할 때 지하의 스트루티온 연못Struthion Pool을 발견했다. 수로는 스트루티온 연못에 어떻게 물이 공급되었는지를 보여주며, 비아 돌로로사에 인접한 수녀원 지하에서 관광객들은 이제 성전 수로의 일부가 된 수로를 따라 걸을 수 있다. 마카베오 가문은 또한 성전산과 윗 도시 사이의 깊은 골짜기를 건너는 다리를 건설했다. 요한 자신은 성전 북쪽 바리스 성채에 살았지만 아마도 윗 도시를 확장하면서 궁전을 짓기 시작했던 것 같다.

라엘 북부와 레바논 남부의 이투레아^{Iturea}를 정복했다. 그러나 당시 마카베오인들은 마치 그들의 적인 그리스인들과도 같았으며 그리스식 이름과 히브리식 이름을 동시에 사용했다. 그들은 그리스 폭군들의 온갖 흉포한 짓을 따라 하기 시작했다. 아리스토불로스는 어머니를 감옥에 집어넣었고 자기보다 인기가 좋은 형제를 죽였다. 그러한 범죄로 인한 죄책감으로 그는 미쳐버렸다. 그러나 피를 토하고 죽어가면서도, 살아남은 그의 당돌한 동생 알렉산더 야나에우스$^{Alexander\ Jannaeus}$(야나에우스는 그의 히브리식 이름 예호하난의 그리스식 발음이다)가 마카베오 가문을 파괴시킬 괴물임을 걱정했다.33)

분노한 젊은 사자, 트라키아인 알렉산더

알렉산더 왕은 예루살렘을 확보하자마자 형의 미망인과 결혼했고 유대인제국의 정복에 착수했다. 알렉산더는 무례하고 잔인했다. 유대인들은 그의 방탕한 가학증으로 인해 그를 미워했다. 그러나 알렉산더는 자기 마음대로 이웃나라들을 상대로 전쟁을 일으켰다. 그리스 왕국들은 붕괴하고 있었고 로마는 아직 오지 않았다. 알렉산더는 악마의 행운과 집요한 야만성 덕분에 잦은 패배에도 불구하고 살아남았다.* 유대인들은 그의 야만

---

* 그가 그리스 도시 프톨레마이스를 공격했을 때 당시 키프로스를 다스리고 있던 프톨레마이오스 9세 소테르^{Soter}가 개입해 알렉산더를 물리쳤다. 그러나 알렉산더는 유대인 인맥 덕분에 살아남았다. 소테르는 어머니 이집트 여왕 클레오파트라 3세와 함께 전쟁에 나섰으며 클레오파트라는 유다에서 아들의 세력을 우려했다. 클레오파트라의 장군은 유대인 대사제였던 오니아스의 아들 아나니아스^{Ananias}였으며 그가 마카베오 왕을 구했다. 클레오파트라는 유다를 합병할 것을 고려했으나 유대인 장군 아나니아스가 그에 반대하는 조언을 했으며 클레오파트라는 독자적인 군대를 꾸릴 위치에 있지 않았다.

성과 그리스인 용병 부대로 인해 그에게 트라키아인Thracian이라는 별명을 붙였다.

알렉산더는 이집트 국경의 가자와 라피아, 그리고 북쪽의 가울라니티스Gaulanitis(골란)를 정복했다. 알렉산더는 모아브에서 나바테아 아랍인들Nabataean Arabs의 매복공격을 받고 예루살렘으로 도망쳤다. 그가 초막절에 대사제의 자리에 오르자 사람들은 그에게 과일을 집어던졌다. 보다 종교적인 바리사이파들Pharisees(토라뿐만 아니라 구비전승까지 따르는 사람들)에게 자극을 받아, 사람들은 알렉산더의 어머니가 죄수였던 만큼 알렉산더는 대사제에 적합하지 않다고 주장하면서 그를 비난했다. 알렉산더는 그리스 용병들을 풀어 길거리에서 6,000명을 살해하는 것으로 대응했다. 셀레우코스는 반란을 이용해 유다를 공격했고 알렉산더는 산으로 도망쳤다.

알렉산더는 복수를 계획하며 때를 기다렸다. 예루살렘으로 복귀한 후 알렉산더는 자기 백성 5만 명을 살해했다. 그는 연회에서 첩들과 흥겹게 놀면서 여러 언덕에서 800여 명이 십자가 처형되는 것을 구경하는 것으로 승리를 자축했다. 그들이 보는 앞에서 반란군의 아내들과 아이들의 목이 잘렸다. 적들이 '분노한 젊은 사자'라고 불렀던 알렉산더는 알코올 중독으로 죽었고, 미망인 살로메 알렉산드라Salome Alexandra(살로메는 살롬시온Salomzion, 즉 '시온의 평화'라는 뜻의 그리스식 표현이다)에게 오늘날 이스라엘의 일부와 팔레스타인, 요르단, 시리아, 레바논을 포함한 유대인제국을 남겼다. 알렉산더는 알렉산드라에게 예루살렘을 장악할 때까지 군인들에게 자신의 죽음을 숨기고 바리사이파들과 함께 정치를 하라고 조언했다.

새로운 여왕은 이세벨의 딸 이후 예루살렘을 다스린 최초의 여자였다. 그러나 왕조의 정신은 소진되어버렸다. 두 왕의 영리한 미망인 살로메 알렉산드라는 바리사이파들의 도움을 받아 60대까지 그녀의 작은 제국을 다스렸지만 두 아들을 통제하는 것은 만만치 않은 일이었다. 큰 아들, 대사제 요한 히르카누스 2세는 그다지 열정적이지 않았던 반면, 동생 아리스토불로스는 매우 활동적이었다.

　북쪽에서는 로마가 지중해 주변으로 끊임없이 세력을 확장했고 그리스와 터키를 차례로 삼켰다. 터키에서 로마의 힘은 폰토스Pontus의 그리스 왕 미트리다테스Mithridates의 저항을 받았다. 기원전 66년, 로마 장군 폼페이우스는 미트리다테스를 물리치고 힘의 공백을 채우기 위해 남쪽으로 향했다. 로마는 예루살렘으로 향하고 있었다.

9장
로마의 등장
기원전 66~40년

지성소의 폼페이우스

살로메 여왕이 죽자 그의 아들들은 서로 싸웠다. 히르카누스 2세는 예리코 근처에서 동생 아리스토불로스 2세에게 패했다. 형제들은 화해하고 성전에서 예루살렘인들이 보는 가운데 포옹했고 아리스토불로스가 왕이 되었다. 히르카누스는 물러난 뒤 간교한 외부인 안티파트로스Antipater의 조언과 통제를 받았다. 이 이두매아인*의 힘은 미래에 있었다. 안티파트로스의 아들은 헤롯 왕이 된다. 이 재능 있고 타락한 가족은 한 세기 이상 예루살렘을 다스렸으며 무엇보다 오늘날까지 존재하는 성전산과 서쪽 성벽을 창조했다.

안티파트로스는 히르카누스가 페트라Petra로 도망치도록 도왔다. 페트라는 "영원한 시간의 절반만큼 오래된 장밋빛 같은 붉은 도시" 나바테아 아랍의 수도였다. 아레타스Aretas(아랍어로 하리스Harith) 왕은 인도의 향

---

* 성서에서 에돔인으로 표현되는 이두매아인들은 예루살렘 남쪽에 근거지를 둔 거친 이교도 전사들이었으며 요한 히르카누스에 의해 집단으로 유대교로 개종했다. 안티파트로스는 유대인 개종자의 아들로 알렉산더 왕에 의해 에돔 총독으로 임명되었다. 그러나 안티파트로스의 가문은 페니키아 해변 도시 출신이었다.

료 무역으로 엄청나게 부유했고 안티파트로스의 아랍인 아내와 친척이었으며 예루살렘으로 도망쳤던 아리스토불로스 왕의 승리를 도왔다. 아랍 왕은 아리스토불로스를 추적해 성전산 요새 안으로 몰아넣었다. 그러나 이 모든 소란과 분노는 아무런 의미가 없었다. 북쪽에서 폼페이우스가 다마스쿠스에 진지를 구축하고 있었기 때문이다.

폼페이우스는 로마 최고의 권력자였으며 공식적인 직함도 없이 사병들을 이끌고 이탈리아, 시칠리아, 북아프리카의 내전에서 승리한 개선장군이었다. 그는 두 번의 개선행진을 했고 커다란 부를 얻었다. 그는 유순한 얼굴("폼페이우스의 뺨보다 고운 것은 없었다")을 한 신중한 군인이었다. 그러나 그것은 기만이었다. 역사가 살루스티우스^{Sallust}는 폼페이우스에 대해 "얼굴은 정직했지만 마음에는 부끄러움이 있었다"라고 썼다. 또한 젊은 시절의 가학성과 내전에서 보인 탐욕은 그에게 '젊은 도살자'라는 별명을 얻게 해주었다. 당시 폼페이우스는 로마에서 입지를 굳혔지만 로마 권력자의 월계관은 항상 새로운 것을 요구했다. 그의 별명 '마그누스^{Magnus}(위대한 자)'에는 조롱의 의미도 일부 담겨 있었다. 소년 시절 그는 알렉산더 대제를 숭배했으며, 정복하지 못한 지역들과 동방의 전리품들과 마찬가지로 그의 당당하고 영웅적인 왕위는 야심을 품은 로마의 권력자라면 누구도 저항할 수 없는 것들이었다.

기원전 64년, 폼페이우스는 셀레우코스 왕국을 멸망시켰고 시리아와 동맹을 맺었으며 운 좋게도 전쟁 중인 유대인들의 중재를 맡았다. 불화하는 형제들뿐 아니라 바리사이파들도 폼페이우스에게 대표단을 보냈다. 바리사이파들은 폼페이우스에게 마카베오인들을 제거해달라고 간청했다. 폼페이우스는 두 왕자들에게 판결을 기다리라고 요구했지만, 로마의 강철 같은 힘을 제대로 파악하지 못한 아리스토불로스는 성급하게 그를 배신했다.

폼페이우스는 예루살렘을 휩쓸었다. 그는 아리스토불로스를 체포했지만 마카베오 가문의 잔여 세력들이 성전산 요새를 점령하고 윗 도시와 연결하는 다리를 끊어버렸다. 베데스다 연못 북쪽에 진지를 차린 폼페이우스는 석 달간 성전을 포위했고, 투석기를 사용해 성전을 부수었다. 로마인들은 다시 한 번 유대인의 신앙심(안식일과 금식)을 이용하면서 북쪽 방향에서 성전으로 난입했고 제단을 지키던 사제들의 목을 벴다. 유대인들은 자기 집에 불을 질렀다. 어떤 사람들은 성벽의 구멍 사이로 몸을 던지기도 했다. 1만 2,000명이 살해당했다. 폼페이우스는 요새들을 파괴하고 군주제를 폐지하고 마카베오 왕국의 대부분을 몰수했으며 히르카누스를 대사제로 임명해 심복 안티파트로스와 함께 유다만을 다스리도록 했다.

폼페이우스는 그 유명한 지성소 안을 들여다볼 수 있는 기회를 마다할 수 없었다. 로마인들은 동방의 의식에 매료되긴 했지만 로마의 다신을 자랑스러워했으며 유대인들의 일신교는 원시적인 미신이라며 폄하했다. 그리스인들은 유대인들이 황금으로 된 당나귀 머리를 비밀리에 숭배한다거나 혹은 나중에 먹기 위해 인간 희생제사물을 사육한다고 조롱했다. 폼페이우스와 참모들은 지성소로 들어갔다. 대사제도 일 년에 한 번밖에 들어갈 수 없는 상황에서 이는 엄청난 신성모독이었다. 로마인들은 아마도 (안티오코스 4세 이후) 지성소 안으로 들어간 두 번째 이방인이었을 것이다. 폼페이우스는 황금 탁자와 신성한 촛대를 정중하게 살펴보았다. 그리고 그곳에는 아무것도 없다는 것, 즉 강렬한 신성 이외에는 어떠한 신상도 없다는 것을 알게 되었다. 그는 아무것도 훔치지 않았다.

폼페이우스는 서둘러 로마로 돌아가서 아시아 정복을 기념하는 개선행진을 했다. 한편 히르카누스는 아리스토불로스와 그의 아들들의 반란으로 골치를 앓고 있었다. 그러나 실질적 지배자인 히르카누스의 부하 안티파트로스는 이제 힘의 근원이 된 로마의 지지를 획득할 수 있는 천재성을 지니고 있었다. 그러나 그 가장 음흉한 정치꾼들조차도 로마 정치의 소용돌이 앞에서는 길이 막혔다. 폼페이우스는 다른 두 명의 지도자, 크라수스^{Crassus}, 카이사르^{Caeser}와 함께 삼두정치로 권력을 나눌 수밖에 없었다. 카이사르는 얼마 지나지 않아 골^{Gaul} 지역을 점령하면서 명성을 날렸다. 기원전 55년, 동방의 영광을 탐하던 차기 로마의 집정관 크라수스는 경쟁자들의 정복지를 따라 잡는 데 혈안이 되어 마침내 시리아에 도착했다.34)

카이사르와 클레오파트라

로마의 갑부였던 크라수스는 탐욕과 잔인함으로 악명이 높았다. 그는 순전히 돈을 차지하기 위해 로마 독재관 술라^{Sulla}의 살생부에 희생자들을 추가하는 한편, 아피아 가도$^{Appian\ Way}$를 따라 6,000명의 노예들을 십자가에 처형함으로써 스파르타쿠스의 반란 진압을 과시했다. 이제 크라수스는 오늘날 이란과 이라크의 페르시아 및 셀레우코스를 대신한 새로운 왕국 파르티아를 격퇴하기 위해 원정을 계획했다.

크라수스는 예루살렘 성전을 습격해 전쟁자금을 확보했고, 폼페이우스가 건드리지 않은 2,000달란트와 지성소의 황금 기둥을 훔쳤다. 파르티아는 크라수스와 그의 군대를 전멸시켰다. 파르티아 왕 오라드 2세$^{Orad\ II}$는 크라수스의 머리가 무대 위를 굴러다니는 그리스 연극을 관람했다. 오라드는 금을 녹여 크라수스의 입에 부으며 "네 평생의 욕망이 이제 만족되리라"라고 말했다.35)

이제 로마의 두 권력자 카이사르와 폼페이우스가 주도권을 다투었다. 기원전 49년, 카이사르는 골에서 루비콘 강Rubicon을 건너 이탈리아를 침공했고 18개월 후 폼페이우스를 물리쳤다. 폼페이우스는 이집트로 도망쳤다. 로마의 독재관으로 선출된 카이사르는 폼페이우스를 뒤쫓았고 이집트인들이 폼페이우스를 죽인 지 이틀 후 이집트에 도착했다. 카이사르는 겁이 났지만 소금에 절인 폼페이우스의 머리를 환영선물로 받고는 안도했다. 이제 카이사르는 이집트 왕 프톨레마이오스 8세와 그의 누이이자 아내인 클레오파트라 7세 사이의 끔찍한 싸움으로 이집트가 분열됐다는 것을 알았다. 이로 인해 로마는 동방 최고의 전리품인 이집트를 차지할 수 있게 되었다. 그러나 카이사르는 권력을 빼앗기고 절박한 처지에 놓인 이 젊은 왕녀가 어떻게 그녀의 목적대로 카이사르 자신의 뜻을 움직이게 할 것인지 미처 알지 못했다.

클레오파트라는 로마제국의 주인에게 비밀면담을 요구했다. 이성적, 정치적 무언극의 성공적인 기획자는 세탁물 자루에 숨어 카이사르의 궁 안으로 들어왔다. 아마도 카이사르가 그런 연극적 흥분에 약하다는 것을 고려했을 것이다. 전쟁에 지치고 짜증이 난 가이우스 율리우스 카이사르는 쉰두 살이었고 대머리가 벗겨지고 있다는 것을 의식하고 있었다. 그러나 그는 다소 소름끼치면서도 놀라운 생명력을 지니고 있었으며 전쟁, 문학, 정치에 걸친 재능을 보유하고 있었고 청년 같은 끝없는 에너지가 넘쳐났으며 또한 크라수스와 폼페이우스의 아내들과 잠자리를 가졌던 호색한이기도 했다. 클레오파트라는 스물한 살이었다. 동전과 동상들이 보여주듯, 그녀의 조상들이 물려준 매부리코와 뾰족한 턱에도 불구하고 "그녀의 아름다움은 비할 데 없이 절대적이었을 뿐 아니라, 육체적인 매력은 그녀가 가진 설득력과 내뿜는 기운이 결합되어" 더욱 강력한 매력을 발산했다. 클레오파트라는 왕국을 되찾아야 했고 탁월한 혈통을 지켜야 했다. 카이사르와 클레오파트라 모두 모험적 정치학파의 맹렬한 실천가들이었다. 그들은 정사를 벌였고, 클레오파트라는 곧 카이사르의 아들 카이사리온Caesarion을 낳는다. 그러나 더욱 중요한 것은 이제 카이사르가 클레오파트라에게 푹 빠졌다는 사실이었다.

얼마 후 이집트인들이 클레오파트라와 그녀의 로마인 후견자에게 반기를 들었고, 이에 카이사르는 알렉산드리아에서 오도 가도 못하는 상황에 처했다. 한편 예루살렘에서는 폼페이우스의 동맹자 안티파트로스가 카이사르의 눈에 들 기회를 얻었다. 안티파트로스는 3,000명의 유대인 부대와 함께 이집트로 갔고 이집트의 유대인들이 카이사르를 지지하도록 설득했으며 카이사르의 적들을 공격했다. 카이사르는 승리했고 클레오파트라를 다시 얻었다. 로마로 돌아가기 전, 카이사르는 감사의 표시로 히르카누스를 대사제이자 유대인들의 통치자로 재임명했고 예루살렘 성벽을 수리하도록 허락했다. 그러나 카이사르는 유다 총독의 모든 권리를 안티파트로스에게 주었고 안티파트로스의 아들들에게 지방총독 자리를 주었다. 큰 아들 파사엘Phasael은 예루살렘을, 동생 헤롯은 갈릴리를 맡았다.

갓 열다섯 살이 된 헤롯은 곧 일단의 광신적인 유대인들을 잡아 죽이면서 패기를 보였다. 예루살렘에서 산헤드린은 젊은 헤롯의 월권적인 살인에 분노하여 그를 재판정에 불렀다. 그러나 로마는 안티파트로스와 그의 아들들이 그 말썽 많은 민족을 통제하는 데 필수적인 일종의 동맹자들이라는 것을 잘 알고 있었다. 시리아의 로마 총독은 헤롯의 무죄를 선언했고, 더욱 큰 권한을 부여했다.

헤롯은 이미 특출했다. 요세푸스에 따르면 헤롯은 "외모, 신체, 정신의 모든 재능으로 축복을 받았다." 영웅으로 불려도 손색이 없었던 헤롯은 당대 로마의 지도층을 매료시키고 깊은 인상을 주기에 충분한 세련됨을 갖추고 있었다. 헤롯은 성적으로도 왕성했지만(혹은 요세푸의 말에 따르면 '욕망의 노예'), 잔인하지는 않았다. 헤롯은 건축에 조예가 있었으며 그리스, 라틴, 유대인 문화권에서 고급 교육을 받았고 정치와 오락으로 바쁘지 않으면 역사와 철학에 대한 토론을 즐겼다. 그러나 언제나 권력이 가장 먼저였고 그러한 집착은 그의 모든 관계를 망쳤다. 이두매아인 유대교 개종자 2세대 아버지와 아랍인 어머니(헤롯의 형 이름은 파사엘, 즉 파이잘Faisal이었음) 사이에서 태어난 헤롯은 로마인도, 그리스인도, 유대인도 될 수 있는 국제적인 인물이었다. 그러나 유대인들은 그의 뒤섞인 혈통을 쉽게 용납하지 않았다. 부유하지만 살벌하고 잔인한 가정에서 자란 그는 가장 가까운 친족의 파멸을 보았고 권력의 무상함과 공포의 유용함을 깨달았다. 그는 자라서 죽음을 정치적 무기로 이용하게 되었다. 편집증적이고 과민하고 히스테리가 심한 이 거친 10대는 섬세함뿐 아니라 대단한 야만성을 가진 남자였다. 그는 어떤 대가를 치르고라도 살아남았고 결국 지배하는 데까지 성공했다.

기원전 44년 카이사르가 암살당한 후, 카시우스Cassius(카이사르의 살해자 가운데 한 명)가 시리아 총독으로 왔다. 헤롯의 아버지 안티파트로스는 이편저편을 오갔다. 그러나 그 은밀한 재주넘기는 결국 카시우스에게 들통이 났고 안티파트로스는 정적에게 독살당하고 만다. 정적은 예루살렘을 차지했지만, 그것은 헤롯이 그를 살해할 때까지에 불과했다. 얼마 후, 카시우스와 그의 암살자 동료 브루투스Brutus가 필리피에서 패배했다. 승자는 카이사르의 조카 손자이자 양아들인 스물두 살의 옥타비아누스Octavian, 그리고 허세꾼 마르쿠스 안토니우스 장군이었다. 두 사람은 제국을 분할했고 안토니우스는 동방을 가졌다. 안토니우스가 시리아를 향해 진격하자 완전히 다른 이해관계를 가진 두 젊은 지도자들은 로마의 실력자를 만나기 위해 달려왔다. 한 사람은 유대인 왕국을 복원하고자 했고 다른 한 사람은 유대인을 자기 조상들이 세운 제국 안으로 끌어들이려 했다.36)

안토니우스와 클레오파트라

클레오파트라는 알려진 세계에서 가장 뛰어난 왕조인 프톨레마이오스 가문의 자손, 다시 말해 최고의 카리스마를 갖춘 여왕으로서, 또한 선조들의 땅을 자신에게 돌려줄 디오니소스를 만나러 온 이시스 아프로디테Isis-Aphrodite로서 안토니우스에게 왔다.

그들의 만남은 두 사람 모두에게 운명적이었다. 안토니우스는 클레오파트라보다 열네 살이 많았지만 전성기를 달리고 있었다. 안토니우스는 술고래였으며 두꺼운 목에 탄탄한 가슴과 뾰족한 턱을 가졌고 근육질의 다리를 자랑했다. 그는 클레오파트라에게 빠졌고, 그리스 문화와 동방의 쾌락적인 화려함을 끌어안는 데 열을 올렸으며, 자신을 알렉산더의 후계자이자 헤라클레스, 그리고 두말할 필요도 없이 디오니소스의 후손이라고 생각했다. 그러나 그는 이집트의 돈과 파르티아 침공계획을 위한 식량이 필요했다. 따라서 그들은 서로를 필요로 했던 것이다. 필요성은 로맨스의 어머니인 경우가 많은 법이다. 안토니우스와 클레오파트라는 클레오파트라의 자매(클레오파트라는 이미 남동생을 죽인 적이 있다)를 죽임으로써 동맹과 정사를 기념했다.

헤롯 역시 서둘러 안토니우스에게 달려갔다. 이집트에서 젊은 기병장교로 있던 시절, 안토니우스는 헤롯 아버지의 후원을 받은 적이 있다.

따라서 안토니우스는 헤롯과 그의 형제를 허수아비 대사제 히르카누스와 함께 유다의 실질적 통치자로 임명했다. 헤롯은 왕실 약혼으로 자신의 커가는 힘을 과시했다. 약혼녀는 마카베오 가문의 공주 마리암매^{Mariamme}였다. 근친 간의 결혼으로 마리암매는 두 왕의 손녀이기도 했다. 요세푸스에 따르면 마리암매의 육체는 얼굴만큼이나 아름다웠다. 예루살렘에서 권력을 잃었을 때 그러한 관계는 격렬한 파국이 되기 마련이었다.

안토니우스는 이제 쌍둥이를 임신한 클레오파트라를 따라 그녀의 본거지인 알렉산드리아로 갔다. 그러나 헤롯의 부상이 확실해지자마자 파르티아가 시리아를 공격했다. 히르카누스의 조카인 마카베오 가문의 왕자 안티고노스는 예루살렘을 대가로 파르티아에 1,000달란트와 500명의 후궁을 바쳤다.

헤롯의 실패와 극적인 탈출

예루살렘은 로마의 꼭두각시 헤롯과 그의 형 파사엘에게 반기를 들었다. 형제는 성전 맞은편 궁전에 포위된 상태로 반란을 물리쳤다. 그러나 파르티아는 다른 문제였다. 마카베오 지지자들이 파르티아 왕자 파코루스^{Pacorus}*와 대리인 안티고노스를 향해 성문을 열었을 때 예루살렘은 순례자들로 가득 차 있었다. 당시는 명절이었다. 예루살렘은 마카베오 가문의 귀환을 환영했다.

파르티아인들은 헤롯과 안티고노스 사이에 정직한 중재자인 척했다. 그러나 그들은 헤롯의 형 파사엘을 유혹해 함정에 빠트렸다. 파르티아인들이 예루살렘을 유린하고 안티고노스에게 유다의 왕이자 대사제의 권력을 넘겨주었을 때 헤롯은 절멸에 직면했다.** 안티고노스는 삼촌 히르카누스의 귀를 잘라 불구로 만들어 그의 대사제직을 박탈했다. 헤롯의 형 파사엘은 살해당했거나 혹은 스스로 머리를 깨뜨렸을 것으로 추측된다.

헤롯은 예루살렘과 형제를 빼앗겼다. 그는 로마를 지원했지만 중동을 장악한 것은 파르티아였다. 헤롯은 병적으로 우울증을 앓지는 않았지만 변덕이 심했고 확실히 조울증 기질이 있었다. 그러나 그의 권력을 향한 의지, 날카로운 지성, 삶에 대한 욕구, 생존에 대한 본능은 맹렬한 것이었다. 그는 무너져내릴 뻔했지만 용기를 회복했고, 한밤중에 필사의 탈출과 권력을 되찾기 위해 측근들을 불러 모았다.

헤롯은 일가(500명의 후궁, 어머니, 누이, 그리고 가장 중요한 사람인 약혼녀 마카베오 가문의 공주 마리암메)를 데리고 예루살렘을 빠져나가 유다의 민둥산으로 향했다. 헤롯이 후궁들(분명 파르티아에 뇌물로 준)을 데리고 도망쳤다는 사실에 분노한 안티고노스는 곧 기병들을 보내 뒤쫓았다. 산으로 도망치면서 헤롯은 다시 한 번 좌절했고 칼을 빼내 자살을 시도했지만 호위병들이 그 칼을 빼앗았다. 곧 안티고노스의 기병들이 헤롯의 천막을 공격했다. 헤롯은 자신감을 되찾았고 그들을 물리쳤다. 마사다

---

* 파코루스는 크라수스를 물리친 아르사크 왕조의 왕 중 왕 오라드 2세의 아들이자 왕위 계승자였다. 파르티아인들은 자신들의 본거지를 카스해 동쪽에서부터 확장시켰으며 기원전 250년경 셀레우코스 왕조로부터 떨어져 나와 로마의 힘에 도전하는 새로운 제국을 건설했다. 파코루스의 군대는 무거운 갑옷과 헐렁한 바지를 입고 12피트(약 3.6미터) 길이의 창, 도끼, 방망이를 휘두르는 팔라반 기사들을 선두에 세웠다. 이 중무장 군대는 전속력으로 돌격하여 카르헤Carrhae에서 로마 군단을 물리쳤다. 이들 군대는 어깨 너머로 빠르고 정확하게 쏘는 궁술, 즉 '파르티아 궁술'로 유명한 마상 궁수들의 지원을 받았다. 그러나 파르티아는 봉건제도의 결점이 있었다. 왕들은 오만한 귀족들의 과도한 권력에 좌우될 때가 많았다.
** 아리스토불로스 2세의 아들 안티고노스는 그리스식 이름과 히브리식 이름을 사용했다. 안티고노스의 동전에는 그리스어로 '안티고노스 왕'이라는 글자와 함께 성전의 메노라menorah(촛대를 가리키며 가문의 상징이다)가 그려져 있다. 반대 면에는 히브리어로 '대사제 마타티아스'라는 글자와 함께 성전에서 떡을 올리는 탁자가 그려져 있다.

Masada에 있는 난공불락의 산악 요새에 측근들을 남겨둔 채 헤롯은 이집트로 도망쳤다.

안토니우스는 이미 로마로 떠났지만 헤롯은 여왕 클레오파트라의 환영을 받았다. 클레오파트라는 헤롯을 알렉산드리아에 붙잡아두면서 자기편이 되어줄 것을 제안했다. 그러나 헤롯은 약혼녀의 어린 남동생, 즉 마카베오 가문의 왕자이자 유다의 왕위계승자 요나단을 데리고 로마로 향했다. 한편 파르티아 축출을 위한 전쟁을 계획 중이던 안토니우스는 그것이 결코 만만한 일이 아님과 헤롯의 무자비한 능력이 필요하다는 사실을 깨달았다.

안토니우스와 로마제국 통치의 파트너 옥타비아누스는 원로원元老院(고대 로마의 입법·자문 기관)에 헤롯을 소개했다. 그곳에서 헤롯은 유다의 왕이자 로마의 동맹자로 선포되었다. 새롭게 임명된 헤롯 왕은 옥타비아누스와 안토니우스, 세계의 두 기둥들을 옆에 끼고 원로원에서 걸어나왔다. 그것은 에돔 산악 출신의 반은 유대인이고 반은 아랍인인 사람에게 결정적인 순간이었다. 그 두 사람과 헤롯의 관계는 40여 년에 걸친 무섭고도 장엄한 통치의 토대가 된다. 그러나 헤롯이 왕국을 지배하려면 갈 길이 멀었다. 파르티아는 여전히 동방을 지배하고 있었다. 안티고노스는 예루살렘을 통치하고 있었다. 유대인들에게 헤롯은 로마의 앞잡이이자 이두매아 잡종이었다. 그는 왕국과 예루살렘을 되찾기 위해 한 단계씩 싸워나가야 했다.[37]

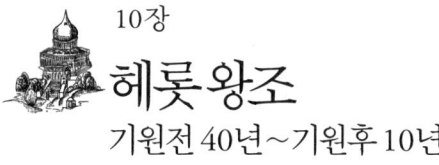

10장
헤롯 왕조
기원전 40년~기원후 10년

마카베오 가문의 최후

헤롯은 프톨레마이스로 향했고 군대를 모으며 왕국 정복을 시작했다. 반란군들이 난공불락의 갈릴리 동굴 속에서 버티자 헤롯은 군병들을 갈고리로 무장시키고 사슬로 묶은 상자 안에 넣어 내려보냈다. 군인들은 반란군들을 갈고리로 찍어 골짜기 안쪽 아래로 떨어뜨렸다. 그러나 헤롯이 예루살렘을 차지하려면 안토니우스의 지원이 필요했다.

로마는 파르티아를 축출했다. 기원전 38년, 헤롯이 도움을 주고받기 위해 북쪽으로 향했을 때 안토니우스는 사모사타Samosata(터키 남서부)의 파르티아 요새를 포위하고 있는 중이었다. 파르티아가 안토니우스를 매복 공격했을 때 헤롯이 반격을 가해 보급선을 구해냈다. 허세꾼 안토니우스는 헤롯을 오랜 동지처럼 환영했는데 군대가 보는 앞에서 그를 열렬하게 끌어안았고 유다의 젊은 왕을 위해 사열을 실시했다.

안토니우스는 고마움의 표시로 3만 명의 보병과 6,000명의 기병을 보내 헤롯의 이름으로 예루살렘을 포위하게 했다. 로마가 성전 바로 북쪽에 진지를 차리고 있는 동안 헤롯은 열일곱 살의 마리암매와 결혼했다.

40일간의 포위 후 로마는 바깥 성벽으로 돌진했다. 2주 후, 로마군은 성벽을 돌파했고, 광인 부대처럼 성읍을 휩쓸며 좁은 골목에서 예루살렘인들의 목을 베었다. 헤롯은 살육을 멈추기 위해 로마군에 뇌물을 바쳐야 했다. 그런 다음 체포된 안티고노스를 안토니우스에게 보냈고 안토니우스는 친절하게도 마카베오 왕조의 마지막 왕의 목을 베었다. 이 로마의 실세는 10만 군대를 데리고 파르티아를 침공에 나섰다. 안토니우스의 군사적 기량에 관한 소문은 크게 과장되었다. 그의 원정은 재앙이나 다름없었고 군대의 3분의 1을 잃었다. 생존자들은 클레오파트라가 보내준 보급품 덕분에 살아남았다. 로마에서 안토니우스의 평판은 다시 회복되지 않았다.

  헤롯 왕은 산헤드린 회원 71명 가운데 45명을 숙청하는 것으로 예루살렘 정복을 기념했다. 성전 북쪽의 바리스 요새를 파괴하고, 네 개의 부속탑이 있는 장방형의 안토니아 요새를 건축했다. 이는 후견인 안토니우스의 이름을 딴 것이었으며 도시 전체를 장악하기에 충분할 만큼 거대했다. 안토니아 요새는 석조 기단부의 흔적 외에는 아무것도 남아 있지 않지만 헤롯 시대 요새들이 많이 남아 있기 때문에 그 모습이 어땠는지 알 수 있다. 헤롯의 산중 요새들은 모두 비할 데 없는 화려함과 난공불락의 안전을 결합하여 설계되었다.* 그럼에도 불구하고 헤롯은 결코 안심할 수 없었다. 이제는 두 명의 왕녀, 아내 마리암매와 클레오파트라의 음모로부터 왕국을 지켜야 했다.38)

---

* 살해된 공회원들은 아마 현재까지도 옛 도시 북쪽에 남아 있는, 석류와 아칸서스 잎으로 장식된 화려한 산헤드린 무덤에 묻혔을 것이다. 그의 산중 성채들 중 가장 유명한 것은 마사다와 마케루스였다. 마사다 요새에서는 기원후 73년 로마에 대항한 최후의 전사들이 집단으로 자살했다. 마케루스 요새에서는 헤롯의 아들들 가운데 하나가 세례자 요한의 목을 잘랐다. 인공산man-made mountain 헤로디움에는 헤롯과 그의 아들들이 묻혀 있다.

기묘한 두 괴물

헤롯은 두려운 가운데 스스로 마카베오 가문을 경계했는데 그중에서도 가장 위험한 사람은 자신의 침대 안에 있었다. 이제 서른여섯이 된 헤롯은 마리암매를 사랑하고 있었다. 마리암매는 교양 있고 순수하며 도도했다. 그녀의 어머니 알렉산드라는 지옥에서 온 장모의 전형적인 모습이었다. 그녀는 곧바로 클레오파트라와 음모를 꾸며 헤롯을 죽이는 일에 나섰다. 마카베오 가문의 여자들은 혈통에 대한 자부심이 강했고 알렉산드라는 자신의 딸이 혼혈인 헤롯 가문과 결혼한 것을 분하게 생각했다. 그러나 알렉산드라는 1세기 정치의 잔혹한 기준으로 보아도 정신병자 헤롯이 그녀보다 한 수 위라는 것을 깨닫지 못했다.

불구가 된 늙은 히르카누스가 더 이상 성전에서 직무를 할 수 없게 되자 알렉산드라는 마리암매의 어린 동생이며 아직 10대인 자신의 아들 요나단이 대사제가 되기를 원했다. 그것은 헤롯, 즉 반#아랍 이두매아인 졸부가 감히 바라볼 수 없는 자리였다. 요나단은 정통성이 있는 왕이었을 뿐 아니라 외모가 신의 총애를 반영한다고 믿던 시대에 걸맞은 매혹적인 아름다움을 지니고 있었다. 요나단은 가는 곳마다 군중을 몰고 다녔다. 그를 두려워한 헤롯은 정체불명의 바빌로니아 출신 유대인을 대사제직에 올리면서 문제를 해결했다. 알렉산드라는 비밀리에 클레오파트라에게 호소했다. 안토니우스는 레바논, 크레타, 북아프리카 땅으로 클레오파트라의 왕국을 넓혀주었고 헤롯의 가장 귀한 재산 가운데 하나인 예리코의 발삼나무와 대추나무 숲까지도 클레오파트라에게 주었다.* 헤롯은 임차 형식으로 그것을 돌려받기는 했지만 클레오파트라 선조들의 영토인 유다 땅을 탐내고 있던 것이 분명했다.

탐스럽고 아름다운 요나단을 조종하면서 마리암매와 어머니 알렉산드라는 안토니우스에게 요나단의 초상화를 보냈다. 안토니우스는 그 시대 대부분의 남자들과 마찬가지로 미녀만큼이나 미남을 즐겼다. 클레오파트라는 왕이 되게 해달라는 요나단의 청을 지지해주기로 약속했다. 안토니우스가 요나단을 부르자 헤롯은 크게 놀라 그를 보내지 않았다. 헤롯은 장모를 예루살렘에 두고는 밀착 감시했다. 한편 클레오파트라는 알렉산드라와 그녀의 아들에게 망명을 제안했다.

마침내 헤롯은 마카베오 가문의 인기와 아내의 간청을 이기지 못하고 초막절에 요나단을 대사제로 임명했다. 요나단이 화려한 예복을 입고 왕족 출신 대사제의 관을 쓰고 제단을 오를 때 예루살렘인들은 큰 소리로 그를 찬양했다. 헤롯은 그다운 방식으로 이 문제를 해결했다. 그는 예리코의 호화로운 궁으로 대사제를 초대하여 너무도 친절하게 대접했다. 밤공기는 눅눅했고, 이에 요나단은 수영을 권유받았다. 즐거운 수영장에서 헤롯의 부하가 그를 물속에 빠뜨렸고 다음 날 아침 시체가 떠올랐다. 마리암매와 요나단의 어머니는 애통해하며 분노했다. 예루살렘은 비통해했다. 요나단의 장례식에서 헤롯은 눈물을 흘렸다.

알렉산드라는 클레오파트라에게 이 살인을 고발했다. 클레오파트라의 동정은 순전히 정치적인 것이었다. 그녀는 최소 두 명 어쩌면 세 명의 친형제들을 죽인 것으로 보인다. 클레오파트라는 안토니우스를 설득해 헤롯을 시리아로 부르게 했다. 만약 상황이 클레오파트라의 의도대로 되

---

* 그것들은 고대 지중해의 가장 값나가는 사치품들에 속했다. 예리코 야자나무로는 대추 와인 date wine을 만들 수 있었다. 발삼나무로는 두통과 백내장 치료에 효과가 있는 것으로 유명할 뿐만 아니라 가장 비싼 향수이기도 한 길르앗Gilead의 발삼을 만들 수 있었다. 클레오파트라는 조파(자파)를 포함한 해변 도시 대부분을 합병했으며, 헤롯에게는 가자를 유일한 항구로 남겨주었다.

었다면 헤롯은 돌아오지 못했을 것이다. 헤롯은 위험한 일전을 준비했다. 그리고 사악한 방법으로 마리암매에 대한 애정을 보였다. 헤롯은 자기가 없는 동안 마리암매를 삼촌인 총독 요셉의 감시 아래 두는 한편, 안토니우스가 자기를 죽이거든 반드시 마리암매를 죽이라고 요셉에게 명령했다. 헤롯이 떠나자 요셉은 왕이 왕비를 매우 많이 사랑한다고 여러 번 말하면서 왕비가 헤롯 없이 살게 놔두느니 차라리 그녀를 죽게 할 것이라고 덧붙였다. 마리암매는 충격을 받았다. 예루살렘은 헤롯이 죽었다는 소문으로 들끓었다. 헤롯이 없을 때 마리암매는 왕의 누이 살로메에게 거만을 떨었다. 살로메는 사악한 궁정에서도 가장 잔인한 존재였다.

    로마의 실력자들을 다루는 데 이골이 난 헤롯은 라오디케아Laodicea에서 안토니우스를 매료시켰고 안토니우스는 그를 용서했다. 두 사람은 밤낮으로 함께 연회를 열었다. 헤롯이 돌아왔을 때 살로메가 동생에게 삼촌 요셉이 마리암매를 유혹했다고 말하는 사이에 헤롯의 장모는 반역을 계획하고 있었다. 그런데 웬일인지 헤롯과 마리암매는 화해했다. 헤롯은 마리암매에 대한 사랑을 선언했다. "둘은 부둥켜안고 눈물을 터트렸다." 마리암매가 자신을 죽이려던 헤롯의 계획을 알고 있었다는 것을 털어놓을 때까지 말이다. 질투심에 괴로워하던 헤롯은 마리암매를 가택연금시키고 삼촌 요셉을 처형했다.

    기원전 34년 안토니우스는 초기의 허세에 찬 원정 후에 파르티아령 아르메니아 공격을 성공리에 끝냄으로서 로마의 권력을 다시 장악했다. 클레오파트라는 유프라테스 강까지 안토니우스를 배웅했고 이집트로 돌아가는 길에 헤롯을 방문했다. 두 기묘한 괴물은 며칠을 함께 보내면서 서로에게 추파를 던지는 동시에 상대방을 어떻게 죽일까 궁리했다. 헤롯은 클레오파트라가 자기를 유혹하려 했다고 주장했다. 그것은 아마도 자신에게 이익이 되는 모든 남자를 대하는 그녀의 일반적인 방법이었을 것이다. 동시에 그것은 치명적인 덫이었다. 헤롯은 유혹을 뿌리치고 나일 강의 뱀을 죽이기로 결심했지만 참모들이 강력하게 반대했다.

이집트 여왕은 알렉산드리아로 행렬을 돌렸다. 안토니우스는 화려한 행사를 열고 클레오파트라를 '만왕의 여왕'으로 추켜올렸다. 클레오파트라가 낳은 카이사르의 아들 카이사리온은 이제 열세 살이 되었으며 클레오파트라와 공동 파라오가 되었다. 한편 안토니우스와 낳은 세 아들은 아르메니아, 페니키아, 사이렌의 왕이 되었다. 로마에서 이런 동양적인 일처리는 로마인답지도, 남자답지도, 지혜롭지도 못한 것으로 보였다. 안토니우스는 그가 남긴 유일한 문학 작품인 '음주에 대하여'를 씀으로서 자신이 동방에서 벌인 술잔치들을 합리화하려 했다.

그리고 그는 옥타비아누스에게 이렇게 편지를 썼다. "그대는 왜 변했습니까? 그것은 내가 여왕과 성교를 하기 때문인가요? 당신은 당신의 성기를 어디에 혹은 누구에게 넣는가가 그렇게 중요합니까?" 하지만 그것은 중요한 문제였다. 클레오파트라는 치명적 괴물로 여겨졌다. 옥타비아누스와 안토니우스의 파트너십에 금이 갈수록 옥타비아누스는 점점 더 강해졌다. 기원전 32년, 원로원은 안토니우스의 명령권을 철회했다. 그런 다음 옥타비아누스는 클레오파트라에게 전쟁을 선포했다. 양 진영은 그리스에서 만났다. 안토니우스와 클레오파트라는 안토니우스의 군대와 클레오파트라의 이집트-페니키아 군대를 합쳐 함대를 구성했다. 이것은 세계대전이었다.39)

제1대 로마 황제, 아우구스투스

헤롯은 승자에게 붙어야 했다. 그는 그리스에서 안토니우스에게 합류했지만 현재의 요르단에서 아랍 나바테아인들을 공격하라는 지시를 받았다. 헤롯이 귀환했을 때쯤, 옥타비아누스와 안토니우스는 악티움Actium에서 마주쳤다. 안토니우스는 옥타비아누스의 사령관 마르쿠스 아그리파Marcus Agrippa의 상대가 되지 못했다. 해전은 대패였다. 안토니우스와 클레오파트라는 이집트로 도망쳤다. 옥타비아누스는 안토니우스 편인 유다의 왕도 파멸시켰을까?

헤롯은 동생 페로라스Pheroras에게 자리를 맡기고는 다시금 죽음을 준비했다. 그리고 만의 하나 안전을 위해 늙은 히르카누스를 교수형시켰다. 헤롯은 어머니와 누이를 마사다에 머무르게 하는 한편 마리암매와 알렉산드라는 또 다른 산악 요새 알렉산드리움Alexandrium에 묵게 했다. 헤롯은 또다시 자기에게 무슨 일이 일어나면 마리암매를 죽이라고 명령했다. 그런 다음 헤롯은 일생에서 가장 중요한 만남을 위해 배에 올랐다.

옥타비아누스는 로데스Rhodes에서 그를 맞이했다. 헤롯은 영리하고도 솔직하게 그 만남을 이끌었다. 그는 공손하게 왕관을 벗어 옥타비아누스의 발아래에 두었다. 그런 다음 안토니우스를 깎아내리는 대신 옥타비아누스에게 자신이 (과거에) 누구의 친구였는지가 아니라 (지금) '어떤 종류의 친구인지'를 고려해달라고 했다. 옥타비아누스는 헤롯의 왕관을 돌려주었다. 헤롯은 의기양양하게 예루살렘으로 귀환했고 그 후 옥타비아누스를 따라 이집트로 향했으며 안토니우스와 클레오파트라가 칼과 이집트 코브라로 자살한 직후 알렉산드리아에 도착했다.

옥타비아누스는 이제 제1대 로마 황제가 되었고 아우구스투스

Augustus라는 이름을 사용했다. 서른세 살에 불과했던 이 기민한 관리자는 섬세하고 감정을 잘 드러내지 않으며 비판적이었다. 그리고 헤롯의 가장 충실한 후견인이 되었다. 실제로 황제 아우구스투스 그리고 2인자이자 사실상의 권력 파트너였던 직설적인 성격의 마르쿠스 아그리파는 헤롯과 매우 친해서, 요세푸스의 표현에 따르면 "황제는 아그리파를 제외하고는 헤롯을 가장 좋아했고 아그리파는 황제를 제외하고 헤롯보다 더 친한 친구는 없었다."

아우구스투스는 오늘날의 이스라엘, 요르단, 시리아, 레바논 일대를 포함하도록 헤롯의 왕국을 확장해주었다. 아우구스투스와 마찬가지로 헤롯은 냉정하고 유능한 관리자였다. 기근이 닥치자 헤롯은 자기 소유의 금을 팔아 이집트의 곡물을 사들여 유대인들을 굶주림에서 구했다. 그는 아름다운 환관들과 후궁들이 섬기는 반¥그리스식, 반¥유대식 궁정에서 살았다. 그의 수행원들 가운데 다수가 클레오파트라의 궁정에서 일하던 사람들이었다. 그의 비서인 다마스쿠스의 니콜라우스Nikolaus*는 클레오파트라 아이들의 교사였으며 400명의 갈라티아인 근위대는 클레오파트라의 개인 호위병들이었다. 아우구스투스가 그들을 헤롯에게 선물로 주었고 거기에 헤롯 소유의 게르만인들과 트라키아인들이 합쳐졌다. 그 금발의 야만인들은 이 가장 국제적인 왕을 위해 고문과 살인을 실행했다. "헤롯은 혈통으

---

* 이 시리아계 그리스인 학자는 헤롯의 절친한 친구이자 아우구스투스의 개인적 친구가 되었다. 니콜라우스는 실제로 클레오파트라와 헤롯 양쪽 모두의 살인적 궁정에서 살아남은 노련한 신하였음에 틀림없다. 훗날 그는 아우구스투스와 헤롯의 전기를 모두 썼으며 주요 자료는 헤롯에게서 얻었다. 니콜라우스의 헤롯 전기는 사라졌지만 그것은 요세푸스에게 주요한 자료가 되었으며 둘 중 어느 것이 더 나은지는 말하기 어렵다. 니콜라우스의 왕족 제자들 가운데 카이사르와 클레오파트라의 아들 카이사리온은 아우구스투스에 의해 살해당했다. 그러나 다른 세 아이들은 로마로 옮겨져 황제의 누이 안토니우스의 미망인 옥타비아에게 갔다. 아들들의 최종적 운명은 알 수 없지만 딸 클레오파트라 셀레네Selene는 모리타니아 왕 유바 2세Juba II와 결혼했다. 셀레네의 아들, 모리타니아 왕 프톨레마이오스는 칼리굴라에 의해 처형당했다. 프톨레마이오스 왕조는 알렉산더 대제 이후 363년 만에 그렇게 종지부를 찍었다.

로는 페니키아인이고 문화적으로는 그리스인이며 태어난 장소로는 이두매아인, 종교로는 유대인, 거주지로는 예루살렘인, 시민권으로는 로마인이었다."

예루살렘에서 헤롯과 마리암매는 안토니아 요새에 거주했다. 그곳에서 헤롯은 매 7년마다 성전에서 〈신명기〉를 읽고 대사제를 임명하는 유대인의 왕이었다. 헤롯은 대사제의 예복을 안토니아 요새에 보관했다. 그러나 예루살렘 밖에서 헤롯은 부유한 그리스 군주였으며 그의 새로운 이방 도시들(주로 해안의 카이사레아와 사마리아의 세바스테Sebaste)은 성전, 경기장, 왕궁들이 호화롭게 모여 있었다. 헤롯은 예루살렘에도 그리스식 극장과 경기장을 지었으며, 그곳에서 아우구스투스의 승리를 기념하기 위해 악티움 해전을 재현했다. 이 이교도적인 볼거리는 유대인들의 역모를 부추겼고 기획자들은 처형되었다. 그러나 헤롯이 사랑하는 아내는 그의 성공에 환호하지 않았다. 궁정은 마카베오 가문과 헤롯 가문의 왕녀들 사이의 쟁투로 물들어 있었다.40)

헤롯의 사랑과 증오

헤롯이 자리를 비운 사이 마리암매는 다시 한 번 호위병을 유혹해 자신이 돌아오지 않을 경우 아내를 죽이라고 한 남편의 계획을 실토하게 한다. 헤롯은 마리암매가 인간적으로는 매력이 넘치지만, 정치적으로는 치명적이라는 사실을 알고 있었다. 마리암매는 남편이 자기 형을 죽였다는 사실을 공개적으로 비판했다. 때로 그녀는 치욕적이게도, 헤롯과 잠자리를 하지 않는다는 것을 온 궁정에 공공연하게 알리기도 했다. 때때로 그 부부는 열정적으로 화해했다. 마리암매는 두 아들의 어머니이긴 했지만 헤롯의 파멸을 기획하고 있었다. 마리암매는 평민이라는 이유로 헤롯의 누이 살로메를 깎아내렸다. 헤롯은 "사랑과 증오에 뒤엉켰으며", 그의 집착은 또 다른 지배의 열정, 즉 권력과 혼합되어 그 어떤 것보다도 강렬했다.

    헤롯의 누이 살로메는 마리암매가 헤롯을 붙잡고 있는 것을 주술 탓으로 돌렸다. 살로메는 헤롯에게 마카베오 가문 사람들이 헤롯을 애정의 묘약으로 유혹했다는 증거를 제시했다. 또 마리암매의 환관들은 그녀의 죄목을 털어놓을 때까지 고문당했고 헤롯이 없을 때 그녀를 지키던 호위병은 살해되었다. 마리암매는 안토니아 요새에 감금되었고 그 후 재판정에 섰다. 살로메는 폭로의 여세를 몰아갔고 마카베오 가문의 왕비를 죽이기로 결심했다.

    마리암매는 사형을 선고받았고 어머니 알렉산드라는 자기 목숨을 구하기 위해 딸을 비난했다. 군중은 그에 대해 야유로 반응했다. 사형대로 끌려갈 때 마리암매는 놀라울 정도로 영혼의 위대함을 보여주면서 자신의 어머니가 그런 방식으로 치부를 드러내야 했던 것이 부끄럽다고 말했다. 아마도 교수형을 당했을 마리암매는 죽어가면서 진정한 마카베오 가문답게 얼굴색 하나 변하지 않고 구경꾼들에게 혈통의 고귀함을 드러내는 우아함을 보여주었다. 헤롯은 슬픔으로 광포해졌고 마리암매에 대한 자신의 사랑이 자신을 파괴하기 위해 계획된 신의 복수였다고 믿었다. 헤롯은 왕궁을 돌아다니며 그녀를 소리쳐 부르기도 하고 시종들에게 그녀를 찾으라고 명령하기도 했으며 연회로 마음을 다스리려고 애썼다. 그러나 연회는 항상 마리암매를 찾는 헤롯의 울음으로 끝이 났다. 헤롯은 열병에 걸려 앓아누웠다.

    그러자 알렉산드라는 마지막으로 권력을 요구했다. 헤롯은 알렉산드라를 죽이고 매력적인 여왕과 친했던 자기의 가장 친한 친구 네 명을 잇따라 죽인다. 그는 결코 마리암매에게서 벗어나지 못했고 또 다른 한 세대를 파멸시키는 저주가 되어 돌아온다. 후세에 《탈무드》는 헤롯이 마리암매의 시체를 꿀에 담아놓았다고 주장했는데, 이는 사실인지도 모르겠다. 적당히 달콤하면서 적당히 소름끼치는 것을 보면 말이다.

마리암매가 죽은 지 얼마 후 헤롯은 자신의 걸작품 예루살렘에 대한 작업을 시작한다. 성전 맞은편에 있는 마카베오 왕궁은 헤롯의 명성에 걸맞을 만큼 웅장하지 않았다. 안토니아는 마리암매의 혼령에 붙잡힌 것이 분명했다. 기원전 23년, 헤롯은 새로운 고층 요새와 왕궁들, 즉 예루살렘 속의 예루살렘을 건축함으로써 서쪽 요새들을 강화했다. 높이 45피트(약 14미터)의 벽에 둘러싸인 요새는 감상적인 이름의 탑들을 자랑했다. 가장 높은 탑은 히피쿠스Hippicus(청년 시절 전사한 친구의 이름)로 높이가 128피트(약 39미터), 기단의 넓이가 45평방피트(약 4제곱미터)였다. 다른 두 탑은 파사엘(죽은 형의 이름)과 마리암매라는 이름이 붙었다.* 안토니아 요새가 성전을 장악했다면 이 요새는 예루살렘을 다스렸다.

헤롯은 요새 남쪽에 왕궁을 지었다. 이것은 헤롯의 후견인인 아우구스투스와 아그리파의 이름을 딴 두 개의 화려한 저택을 포함하고 있는 경쾌한 스타일의 돔이었으며 대리석 벽과 삼나무 기둥, 정교한 모자이크와 금은으로 장식되었다. 왕궁 주변에는 뜰, 열주, 주랑 현관이 설치되었

---

* 이 마리암매라는 이름은 같은 이름을 가졌던 또 다른 부인의 이름을 딴 것일 수도 있다. 그러나 그 이름은 분명 헤롯 자신과 다른 모든 사람들에게 그 마카베오 가문의 공주를 생각나게 할 수밖에 없다. 다윗과 아무런 관련이 없는 오늘날의 다윗 탑은 헤롯의 히피쿠스 탑을 본 딴 것이다. 티투스의 예루살렘 파괴 이후, 그것은 오토만 시대까지 예루살렘의 주요 요새로 남았다. 예루살렘의 어떤 건물도 이 요새처럼 예루살렘 역사의 다채로운 본질을 잘 드러내주는 것은 없다. 이 요새에서 고고학자들은 유다, 마카베오, 헤롯, 로마, 아랍, 십자군, 맘루크, 오토만의 유물들을 발견해냈다.

으며 초록색 잔디, 무성한 수풀, 시원한 연못, 계단식 수로와 비둘기장이 설치되었다(헤롯은 아마도 전서구(傳書鳩)를 통해 통신을 했을 것이다). 이 모든 것은 헤롯의 엄청난 재산을 자금으로 했다. 헤롯은 지중해에서 로마 황제 다음가는 부자였다.* 왕궁의 북적거림, 성전의 나팔 소리와 멀리서 들려오는 예루살렘 성읍의 소음은 새들의 구구거리는 소리와 연못 물이 찰랑거리는 소리에 지워졌을 것이다.

그러나 헤롯의 왕궁은 조용하기만 하지는 않았다. 그의 형제들은 잔인한 음모가였다. 누이 살로메는 비할 데가 없는 괴물이었고 헤롯의 하렘에 거하는 여자들은 하나같이 헤롯만큼이나 편집증적이고 야심 찬 여자들이었다. 헤롯의 색정적 취향은 정치를 복잡하게 만들었다. 요세푸스에 따르면 헤롯은 '정욕의 남자'였다. 헤롯에게는 마리암매 이전에 도리스^{Doris}라는 아내가 있었고 마리암매 이후에는 최소 여덟 명의 아내와 결혼했으며 애정 또는 애욕을 따라 미인들을 선택했을 뿐 가문을 따라 결혼하는 일은 결코 없었다. 그의 그리스식 취향은 최소 500명 규모의 하렘뿐만 아니라 집안의 시종들과 환관들에게까지 확장되었다. 그러나 반은 응석받이에 반은 소외된, 제각기 권력에 굶주린 어머니들의 뒷바라지를 받는 아들들로 인해 급성장하던 헤롯의 가문은 악마의 혈족이 되었다. 가장 능수능란

---

* 헤롯의 재산은 중동 전역에 소유한 토지들에서 형성되었다. 그 토지들에서 양, 가축(요르단과 유다에서 사육)을 길렀고 갈릴리와 유다에서는 밀과 보리를 생산했으며 아슈켈론에서는 생선, 올리브 오일, 포도주, 과일, 백합, 아슈켈론 양파(이때부터 샬롯이 아슈켈론 양파로 불렸다)를 생산했고 예루살렘 북쪽에서는 석류를, 조파에서는 무화과를, 예리코에서는 대추야자와 발삼을 생산했다. 헤롯은 왕국 전체의 절반에서 3분의 2가량을 소유했다. 그는 나바테아의 향신료에서 세금을 걷고 수출도 했다. 또한 헤롯은 광산 거부이기도 했는데 키프로스 구리광산의 절반을 갖는 대가로 아우구스투스에게 300달란트를 지불했다. 한편 그는 각지의 포도주를 수입하기도 했는데, 자신은 이탈리아 최고급 포도주를 마셨다. 일생 동안 건축을 하고 로마에 엄청난 돈을 바쳤지만, 그가 죽었을 때 아우구스투스에게 1,000달란트, 약 100만 드라크마의 돈을 남겼으며 가족에게는 그보다 훨씬 많은 돈을 남겼다.

한 조종자인 헤롯 자신도 그 모든 미움과 질투를 다스리느라 애를 먹었다. 예루살렘의 권위가 자신의 권위와 연결돼 있다는 것을 알고 있던 헤롯은 솔로몬처럼 되기로 결심했다.41)

성전과 함께 찾아온 전성기

헤롯은 기존에 있던 제2성전을 부수고 그 자리에 세계의 불가사의 중 하나를 건축했다. 유대인들은 헤롯이 옛 성전을 부수고 새 성전을 완공하지 못할까 봐 우려했다. 헤롯은 예루살렘 총회를 소집해 유대인들을 설득하고 모든 세부사항을 준비했다.

1,000여 명의 사제들이 건축가 훈련을 받았다. 레바논의 향백나무 숲이 벌목되었고 기둥들은 해안을 따라 떠내려왔다. 예루살렘 주변의 채석장에서는 거대한 마름돌과 노랗게 빛나다 못해 거의 하얀색을 띠는 석회암이 재단되고 절단되었다. 수천 대의 수레가 운집했지만 돌들은 거대했다. 성전산 곁에 있는 수로에는 길이 44.6피트(약 14미터), 높이 11피트(약 3.3미터), 무게 600톤인 돌이 있다.* 솔로몬의 성전 건축에는 어떤 소음, 어떤 망치질도 없었다. 그래서 헤롯은 모든 것을 야외에서 준비한 다음 조용히 왕궁으로 들여왔다. 지성소는 2년 만에 완공되었지만 전체 성전은 80년이 걸려서도 완공되지 못했다.

---

* 헤롯은 최신 기술을 활용했다. 이집트인들은 기원전 4000년에 이미 피라미드를 짓기 위해 거대한 돌을 옮기는 방법을 알고 있었다. 로마의 기술자 비트루비우스Vitruvius는 그러한 돌을 운송하기 위해 거대한 기계(바퀴, 경사로, 기중기)를 고안해냈다. 직경 13피트(약 4미터)가 넘는 큰 바퀴들은 황소 여러 마리가 끄는 차축의 역할을 했다. 또한 기둥에 수평으로 회전하는 가로대를 부착한 권양기, 10여 명 이하의 인원을 동원하여 사용할 수 있는 기중기도 있었다. 그런 방식을 사용하면 여덟 명이 1.5톤의 무게를 들어 올릴 수 있었다.

헤롯은 기단의 암반을 파고 그곳부터 건축을 시작했고 솔로몬과 스룹바벨 성전의 유적들을 파괴했다. 동쪽으로는 키드론 골짜기의 경사에 막혔지만 헤롯은 성전산의 둔치를 남쪽까지 연장했으며 그 공간을 88개의 기둥과 12개의 궁륭형 아치가 지탱하는 구조물로 채웠다. 그곳은 솔로몬의 마병장이라 불렸으며 로마공화정의 두 배에 해당하는 3에이거(약 1만 2,000제곱미터)의 광장이 형성되었다. 오늘날 예루살렘의 남서쪽 모서리에서 105피트(약 32미터) 떨어진 곳에서 동쪽 벽의 이음새를 쉽게 볼 수 있으며 왼쪽에는 헤롯의 마름돌이, 오른쪽에는 그보다 작은 마카베오 시대의 돌이 있다.

성전의 마당이 작아질수록 거룩함은 더욱 커졌다. 이방인들과 유대인들은 거대한 이방인의 뜰에 함께 들어갈 수 있었지만 여인의 뜰에 처진 벽에는 다음과 같은 경고문이 새겨져 있었다.

이방인이여, 성전에 쳐진 이 창살과 벽 안으로 들어오지 말라.
이곳에 이방인을 데려오는 자는 그에 상응하는 죽임을 당할 것이다.

50개의 계단들이 출입구로 이어지고 그 출입구는 모든 유대인들이 들어갈 수 있는 이스라엘의 뜰과 연결되며 그 뜰은 다시 폐쇄적인 사제의 뜰로 이어진다. 그 뜰 안에 성소, 즉 헤칼^{Heckal}이 있고, 그 안에 지성소가 있었다. 지성소는 아브라함이 이삭을 희생으로 바칠 뻔했고 다윗이 제단을 쌓은 것으로 전해지는 그 바위 위에 서 있다. 이곳의 번제단 위에서 희생제사가 실행되었고 그 맞은편에 여인의 뜰과 올리브 산이 있었다.

헤롯의 안토니아 요새는 북쪽에서 성전산을 수호했다. 헤롯은 그곳에 성전으로 향하는 비밀통로를 건설했다. 성전 남쪽에서는 이중문과 삼중문을 통과해 웅장한 계단을 거쳐 비둘기와 꽃으로 장식한 지하통로를 지나 성전으로 들어간다. 서쪽에서는 숨겨진 거대한 물두멍으로 물을 공급하는 수로의 역할을 동시에 하는 웅장한 교각이 골짜기를 거쳐 성전까지 이어진다. 얇은 동쪽 벽에는 수산 문$^{Shushan\ Gate}$이 있었는데, 이 문은 오로지 대사제가 보름달을 정화하거나 가장 희귀하고 거룩한 희생제물인 흠 없는 붉은 암소*의 희생제사를 지내기 위해 올리브 산으로 행진할 때만 사용되었다.

성전의 사면에는 기둥이 늘어선 주랑 현관들이 있었지만 그중 가장 큰 것은 왕의 회랑이었다. 이는 성전산 전체를 장악하는 거대한 회당이었다. 헤롯 시대의 예루살렘에는 약 7만 명이 살았지만 절기 중에는 수만 명이 순례를 왔다. 모든 북적대는 유적지들과 마찬가지로 성전에는 지인들을 만나고 의식을 준비할 만남의 장소가 필요했다. 그곳이 바로 왕의 회랑이었다. 방문객들이 예루살렘에 도착하면 그들은 서쪽 벽의 웅장한 아치들 아래에 늘어선 분주한 상점가에서 물건들을 살 수 있었다. 성전을 방문할 때가 되면 순례자들은 여러 개의 미크바^{mikvah}(정화용 물두멍)에서 정화를 했다. 이 미크바는 남쪽 출입구들에서 발견되었다. 방문객들은 왕의

---

* 〈민수기〉 19장에서 신은 모세와 아론에게 이렇게 말한다. "이스라엘의 자손들에게 일러, 흠 없이 온전한 붉은 암소를 너에게 끌어오게 하여라." 암소는 향백나무와 우슬초 위에 놓고 다홍색 천을 덮어 제물로 바치고 그 재는 거룩한 물과 섞였다. 《미슈나^{Mishnah}》에 따르면 이 제사는 아홉 번 이루어졌으며 열 번째 제사를 지내면 메시아가 온다고 했다. 1967년 이스라엘의 예루살렘 정복이라는 1,000년 만의 사건 이후, 근본주의 그리스도교 복음주의자들과 유대인 구속주의자들은 아포칼립스와 메시아 강림(그리스도인들에게는 제2강림)을 위한 세 가지 선결조건 중 두 가지가 충족되었다고 믿었다. 세 번째 선결조건은 성전의 회복이다. 일부 그리스도교 근본주의자들과 성전연구소와 같은 소수의 구속주의파 정교회 유대인들은 붉은 암소의 희생을 통해서 성전을 정화할 때에만 성전의 회복을 이룰 수 있다고 믿는다. 오늘날까지도 클라이드 로트$^{Clyde\ Lott}$라는 미시시피의 오순절파 설교가는 성전연구소의 랍비 리치맨^{Richman}과 함께, 네브라스카에서 요르단 골짜기의 농장으로 이송해온 500마리의 갈색 앵거스 소들로 하여금 붉은 암소를 낳게 하려는 시도를 하고 있다. 그들은 그 소들이 '세상을 바꿀 암소를 낳을 것'이라고 믿고 있다.

회랑으로 이어지는 웅장한 계단을 올랐고 그곳에서 기도 시간이 되기 전까지 예루살렘 전경을 구경했다.

남동쪽 모서리에는 높은 벽과 키드론 골짜기의 절벽이 가파른 꼭대기, 즉 작은 뾰족탑을 만들었다. 복음서는 그곳에서 사탄이 예수를 유혹했다고 말한다. 남서쪽 모서리, 즉 부유한 윗 도시 맞은편에서는 사제들이 나팔을 불어 절기와 금요일 밤 안식일의 시작을 공표했으며, 나팔 소리는 적막한 협곡 너머로 울려 퍼졌을 것이다. 기원후 70년 티투스에 의해 굴러 떨어진 돌 하나에는 '나팔을 부는 장소'라는 글이 새겨져 있다.

왕과 익명의 건축가들('성전의 건축자 시몬'이라고 새겨진 유골함이 발견된 적이 있다)이 담당한 성전의 설계는 공간과 극장에 대한 뛰어난 이해를 보여준다. 헤롯의 성전은 놀랍고 경이롭게도 "전체가 금으로 덮여 있었고, 해가 떠오를 때 눈부신 빛을 반사"했으며 그 빛이 너무 밝아서 방문객들은 눈을 돌려야만 했다. 올리브 산을 지나 예루살렘에 도착할 때면 성전은 "눈에 덮인 산처럼" 솟아올랐다. 이것이 예수가 알았고 티투스가 파괴한 그 성전이다. 헤롯이 만든 둔치는 헤롯의 돌들이 삼면을 떠받치는 하람 알 샤리프로서 남아 있는데, 오늘날에도 빛나고 있으며 특히 서쪽 벽은 유대인들의 숭배 대상이다.

성소와 둔치가 완공되자(낮에 비가 내린 적이 없어서 작업은 한 번도 지연되지 않았다고 전해진다) 사제가 아닌 헤롯은 지성소로 들어갈 수가 없었기 때문에 300마리의 황소를 바치는 희생제사로 그것을 기념했다.[42] 헤롯은 전성기를 맞았다. 그러나 과거의 죄악들이 되돌아와 미래의 후손들을 붙잡았을 때 결코 부인할 수 없었던 헤롯의 위대함은 자기 자식들에 의해 위협을 받게 되었다.

가문의 비극이 된 헤롯의 왕자들

헤롯에게는 이제 10명의 부인에게서 얻은 최소 12명의 자식들이 있었다. 헤롯은 마리암매가 낳은 두 아들, 알렉산더와 아리스토불로스를 제외하고 대부분을 무시했던 것 같다. 그들은 반은 마카베오 혈통이고 반은 헤롯 혈통이었으며, 헤롯의 후계자가 될 예정이었다. 헤롯은 그들을 로마로 보냈고 아우구스투스가 직접 그들의 교육을 주관했다. 5년 후, 헤롯은 10대의 두 왕자들을 고국으로 불러 결혼시킨다. 알렉산더는 카파도키아Cappadocia 왕의 딸과, 아리스토불로스는 헤롯의 조카와 결혼했다.*

기원전 15년, 마르쿠스 아그리파는 아내이자 아우구스투스의 딸인 색정녀 율리아Julia를 동반하여 헤롯의 예루살렘을 살펴보러 왔다. 아우구스투스의 동업자이자 악티움 해전의 승자인 아그리파는 이미 헤롯과 친구 사이였다. 헤롯은 아그리파에게 자랑스럽게 예루살렘을 보여주었다. 아그리파는 자기 이름을 딴 저택에 머물며 헤롯을 위해 연회를 열었다. 아우구스투스는 이미 성전에서 야훼에게 일일 희생제사를 바친 적이 있었고, 이제는 아그리파가 황소 100마리를 바쳤다. 까탈스런 유대인들조차도 그가 가는 길에 종려나무 잎을 깔고 헤롯 가문 사람들이 아이들의 이름을 아그리파로 지을 정도로 아그리파는 전략적으로 행동했다. 그 후 아그리파 부부는 함대를 타고 그리스를 여행했다. 현지의 유대인들이 그리스의

---

* 헤롯의 가문은 근친결혼이 심했고 양 가문의 화해를 위해 헤롯 가문과 마카베오 가문 내에서 반복적으로 통혼과 재혼을 했기 때문에 가계도가 무척 복잡하다. 헤롯은 동생 페로라스를 마리암매의 자매와 결혼시켰고 큰 아들 안티파트로스를 (안토니우스의 요청에 따라 목을 벤) 이전 왕 안티고노스의 딸과 결혼시켰다. 그런데 결혼은 또한 처형과 얽혀 있었다. 살로메의 첫 번째 남편과 두 번째 남편은 헤롯에 의해 처형되었다. 헤롯 가문은 카파도키아, 에메사, 폰투스, 나바테아, 시칠리아 등 로마의 동맹국들의 왕족들과도 결혼했다. 또 남편이 유대교로 개종하여 할례를 받지 않았다는 이유로 결혼이 취소된 일이 최소 두 번 있었다.

압제를 호소하자 아그리파는 유대인의 권리에 손을 들어주었다. 헤롯은 아그리파에게 감사를 표했고 두 사람은 막역한 친구처럼 포옹했다.43) 그러나 로마의 권력자들과 어울린 후 예루살렘으로 돌아왔을 때 헤롯은 자식들에게 도전을 받게 된다.

로마식 교육으로 단련되고 두 부모의 외모와 도도함을 물려받은 알렉산더와 아리스토불로스는 곧 아버지에게 어머니의 죽음에 대한 책임을 돌렸고 어머니와 마찬가지로 반이교도인 헤롯 가문을 폄하했다. 카파도키아 왕의 딸과 결혼한 알렉산더는 특히 우월감에 젖어 있었다. 반면, 알렉산더는 말할 것도 없고 아리스토불로스조차 자기 아내를 무시했다. 아내의 어머니면서 위험한 고모인 살로메까지 모욕했다. 두 왕자는 자신들이 왕이라면 헤롯의 아내들을 노예로 만들어 노동을 시키고 헤롯의 다른 아들들을 시종으로 삼을 것이라고 떠벌였다.

살로메는 이 모든 일을 헤롯에게 고해 바쳤다. 헤롯은 버릇없는 왕자들의 배은망덕에 분노했고 배신에 치를 떨었다. 그는 첫 번째 아내 도리스가 낳은 큰 아들 안티파트로스를 오랫동안 무시해왔다. 그러나 기원전 13년, 헤롯은 안티파트로스를 다시 불렀고 아그리파에게 안티파트로스와 함께 황제에게 보내는 비밀문서를 가지고 로마로 갈 것을 청했다. 그것은 헤롯의 유언장이었으며 두 왕자들의 왕위계승을 해제하고 왕국을 안티파트로스에게 준다는 내용이 들어 있었다. 그러나 헤롯의 새로운 계승자, 아마도 20대 중반이었던 안티파트로스는 아버지의 무시와 형제 간의 시기에 멍들어 있었다. 안티파트로스와 그의 어머니 도리스는 왕위계승에서 제외된 왕자들을 몰아낼 음모를 세웠고 그들을 반역으로 고발했다.

헤롯과 아우구스투스는 아드리아 해Adriatic의 아퀼레이아Aquileia에 머물면서 세 왕자들을 심판했다. 아우구스투스는 아버지와 아들들을 화해시켰고 그 결과 헤롯은 집으로 돌아와 성전 마당에서 회합을 열고 세 아들이 왕국을 나누어 가질 것이라고 발표했다. 도리스, 안티파트로스, 살로메는 자기들의 목적을 위해 이 화해를 뒤집으려 했는데 결국 왕자들의 무례함이 그들을 도왔다. 알렉산더는 헤롯이 젊어 보이려고 염색했다는 것을 모든 사람들에게 말했고, 헤롯이 부친의 기분을 좋게 하기 위해 사냥에서 일부러 사냥감을 놓쳤다는 것을 폭로했다. 알렉산더는 또한 왕의 환관들 중 세 명을 유혹해 아버지의 비밀을 알아냈다. 헤롯은 알렉산더의 시종들을 체포하고 고문했다. 마침내 한 명이 알렉산더가 사냥에서 헤롯을 암살하기로 계획했다는 것을 자백했다. 딸을 보러 와 있던 알렉산더의 장인, 카파도키아 왕이 다시 아들과 아버지를 화해시켰다. 헤롯은 카파도키아 왕에게 아주 헤롯다운 선물을 함으로써 감사를 표했다. 그것은 바로 파니키스^{Pannychis}, 즉 '밤새도록'이라는 이름의 유명한 창녀였다.

평화는 그리 오래가지 않았다. 시종들을 고문하자 알렉산더가 알렉산드리움 요새의 사령관에게 편지를 보냈다는 사실이 드러났다. 그 편지에는 이렇게 쓰여 있었다. "우리 계획이 다 달성되면 너희에게 가겠다." 헤롯은 알렉산더가 자신을 향해 단검을 들어 올리는 꿈을 꾸었다. 너무도 생생한 악몽이라 헤롯은 두 왕자들을 모두 체포했다. 왕자들은 탈출계획을 시인했다. 헤롯은 아우구스투스에게 조언을 구했지만 아우구스투스는 이제 오랜 친구의 지나친 행동에 지쳐 있었다. 그러나 황제 자신도 버릇없는 자식들과 뒤엉킨 왕위 문제가 낯설기만 한 것은 아니었다. 아우구스투스는 왕자들이 헤롯에게 반역을 꾀할 경우 헤롯이 그들을 처벌할 모든 권리를 지니고 있다고 규정했다.

헤롯은 자신의 공식적인 사법권 밖인 베리투스^{Berytus}(베이루트)에서 재판을 열었는데, 아마도 이곳은 재판을 위한 공정한 장소였던 것 같다. 왕자들은 헤롯이 바라던 대로 사형을 선고받았다. 헤롯은 예루살렘을 아낌없이 장식한 이후로 별로 충격을 받지도 않았다. 헤롯의 참모들은 자비를 구했다. 그러나 어떤 사람이 왕자들이 군대를 모으고 있다는 것을 알려주자, 헤롯은 장교 300명을 해고했다. 왕자들은 유다로 송환되어 교수형에 처했다.

어머니 마리암매의 비극, 마카베오 가문의 저주는 다시 원점으로 돌아왔다. 아우구스투스는 전혀 즐겁지 않았다. 유대인들이 돼지고기를 기피한다는 것을 알고 있던 아우구스투스는 농담하듯 이렇게 말했다. "나라면 헤롯의 아들이 되느니, 헤롯의 돼지가 되겠어." 그러나 이것은 헤롯 대제의 그랑기뇰Grand Guignol(19세기 말 프랑스 파리Paris에서 유행한 살인, 폭동 따위를 다룬 전율적인 연극-옮긴이)식 쇠퇴의 시작일 뿐이었다.

살아 있는 썩은 시체, 헤롯

이제 60대가 된 헤롯은 병약하고 편집증적인 증세를 보였다. 안티파트로스가 유일한 계승 지명자였지만, 왕국을 물려받을 수 있는 왕자들은 이외에도 많이 있었다. 따라서 헤롯의 누이 살로메는 안티파트로스를 대적할 음모를 꾸미기 시작했다. 살로메는 안티파트로스가 기이한 약물로 헤롯을 독살할 계획을 하고 있다고 주장하는 한 시종을 발견했다. 로마에서 아우구스투스와 만나고 있던 안티파트로스는 고국으로 달려와 예루살렘의 왕궁으로 뛰어들어 왔지만 아버지 앞에 가기도 전에 체포되었다. 재판에서 문제의 약물을 한 죄수에게 주자 그는 곧 쓰러져 죽었다. 고문을 계속하자 아우구스투스의 아내이자 독극물 전문가였던 리비아 왕비의 시종인 한 유대인이 살로메에게 누명을 씌우기 위해 편지를 조작한 것이 드러났다.

혜롯은 아우구스투스에게 그 증거를 보냈고 세 번째 유언장을 작성해 또 다른 아들 안티파스Antipas에게 왕국을 물려준다. 이 혜롯이 훗날 세례 요한과 예수를 만나는 그 혜롯이다. 혜롯은 질병 때문에 판단력이 흐려졌고 유대인 반대파에 대한 장악력을 약화시켰다. 혜롯은 성전의 큰 문 위에 청동 독수리를 놓았다. 일부 학생들이 지붕 위에서 북적이는 성전 뜰 앞으로 줄을 타고 내려와 독수리를 부서뜨렸다. 안토니아 요새의 군인들이 성전으로 몰려들어 그들을 체포했다. 병상에 앉은 혜롯 앞으로 행진하면서 그들은 토라에 복종했을 뿐이라고 주장했다. 범인들은 산 채로 화형을 당했다.

혜롯은 무너져내렸고 놀랍고도 끔찍하게 부패되어갔다. 내장 전체가 타는 듯한 가려움이 발과 배꼽의 부종으로 진행되었고 결장의 궤양이 복합되었다. 그의 몸에서는 맑은 액체가 흘러내리기 시작했고 숨도 제대로 쉬지 못했고 악취가 풍겼으며 생식기는 기괴하게 부풀어 올랐다. 마침내 성기와 음낭이 곪아 문드러졌고 벌레들이 우글거렸다.

썩어가는 왕은 따뜻한 예리코 궁으로 가서 회복을 꾀했지만 고통이 더욱 심해지자 지금도 사해에 있는 칼리로Callirhoe의 따뜻한 유황온천에 몸을 담갔다. 그러나 유황은 고통을 더욱 심화시킬 뿐이었다.* 뜨거운 기

---

* 의사들은 그의 증상들에 대해 두고두고 논쟁을 벌였다. 가장 가능성 있는 진단은 혜롯이 고혈압과 동맥경화증을 앓았고 합병증 때문에 진행성 치매가 왔으며 울혈성 심부전과 신부전을 앓았다는 것이다. 동맥경화증은 중력에 의해 악화되는 정맥의 울혈로 이어졌고 발과 성기에 체액이 집중되고 그것이 심해지면서 체액이 피부 밖으로 터져 나왔다는 것이다. 또한 혈류가 나빠지면서 근육의 괴사(괴저)가 진행되었다. 호흡곤란과 가려움증은 신부전으로 인한 것이었다. 음경·음낭의 괴사는 파리들이 알을 낳아 애벌레로 부화시킬 수 있는 이상적인 재료를 제공했다. 성기의 벌레는 악한 왕에 대한 신의 복수를 상징하는 것으로, 정치적 위신을 헤칠 수 있는 것이었다. 안티오코스 4세 에피파네스, 혜롯의 손자 아그리파 1세, 그리고 가롯 유다를 비롯한 많은 죄인들이 벌레가 꼬여 복부와 성기에서 터져 나오는 일의 당사자가 되었다.

름을 바른 채, 헤롯은 정신을 잃고 예리코로 다시 실려왔다. 예리코에서 헤롯은 성전의 지도자들을 예루살렘으로 모이도록 명령했고, 경기장 안에 한꺼번에 감금해버렸다. 헤롯이 그들을 죽이려 계획했던 것 같지는 않다. 아마도 헤롯은 말썽 많은 유력자들을 감금해둔 상태에서 왕위승계 문제를 마무리하려 했던 것 같다.

이즈음, 여호수아 벤 요셉Joshua ben Joseph 또는 (아람어로) 예수라는 이름의 아이가 태어났다. 아이의 부모는 목수 요셉과 10대의 약혼녀 마리아(히브리어로 마리암매)였고, 갈릴리 위쪽 나사렛Nazareth에 살고 있었다. 살림은 농부보다 나을 것이 없었지만 사람들의 말에 따르면 그는 오랜 다윗 가문의 후손이었다. 그들은 베들레헴으로 여행을 했고 그곳에서 "내 백성 이스라엘을 보살필" 아이, 예수가 태어났다. 성 누가St. Luke에 따르면 8일째에 할례를 받은 후 "그들은 아기를 예루살렘으로 데리고 올라가 주님께 바쳤고" 성전에서 전통적인 희생제사를 올렸다. 부유한 집안은 양이나 소를 바쳤겠지만 요셉은 비둘기 두 마리만을 올릴 수 있을 뿐이었다.

〈마태복음〉에 따르면 헤롯은 죽어가면서 그 다윗 가문의 아이를 제거하기 위해 모든 신생아들을 학살하도록 명령했다고 한다. 그러나 요셉은 이집트로 도망쳐 헤롯이 죽을 때까지 그곳에 머물렀다. 당시에 분명 메시아에 대한 소문이 돌고 있었고, 헤롯은 다윗의 계승자를 두려워했을 것이다. 그러나 헤롯이 예수에 대한 소문을 들었다는 증거나 어떤 무고한 사람들을 학살했다는 증거는 없다. 헤롯이라는 괴물이 그가 미처 저지르지 못한 죄 때문에 특별히 기억되어야 한다는 것은 꽤 역설적이다. 한편 나사렛에서 태어난 그 아이에 대해서 우리는 30여 년간 다시 소식을 듣지 못하게 된다.*

메시아와 학살의 현장

황제 아우구스투스는 헤롯에게 답을 보냈다. 자신이 리비아의 여종을 때려 죽였으며 헤롯은 왕자 안티파트로스를 처벌해도 좋다는 것이다. 그러나 헤롯은 너무도 고통스러운 지경에 있었으므로 단검을 들고 자살하려 했다. 이 소동으로 근처의 감옥에 있던 안티파트로스는 늙은 독재자가 죽었다는 확신을 갖게 되었다. 안티파트로스는 열의가 넘친 나머지 간수를 불러 감옥을 열게 했다. 안티파트로스는 유대인들의 왕이 되었을까? 간수 역시 그 소동에 관한 이야기를 듣기는 했다. 간수는 궁전으로 서둘러 달려갔고 헤롯이 죽지 않고 그저 미쳤을 뿐이라는 것을 알았다. 헤롯의 시종들이 그에게서 칼을 빼앗았다. 간수는 안티파트로스의 반역을 고발했다. 시체와 다름없는 농포투성이의 헤롯이 자기 머리를 때리며, 호위병들에게 그 미운 아들을 즉시 죽이라

---

* 예수의 탄생은 역사적인 의문을 불러일으키며 복음서들은 서로 모순된다. 예수가 태어난 날짜를 아는 사람은 아무도 없지만 아마도 기원전 4년 헤롯이 죽기 전이었을 가능성이 높다. 그것은 예수가 기원후 29~30년에 십자가에서 처형되었을 경우 30대 초반에, 기원후 36년에 처형되었을 경우 마흔 살에 죽었음을 의미한다. 예수의 가족을 베들레헴으로 오게 만든 인구조사 이야기는 역사적으로 사실이 아니다. 그 이유는 퀴리니우스Quirinius의 인구조사는 헤롯의 계승자인 아르켈라오스가 실각된 기원후 6년, 예수가 태어난 지 10년 후에 일어난 일이기 때문이다. 마태복음서는 베들레헴 여행과 예수의 다윗 계열 족보를 설명하면서 예수가 왕족으로 태어났으며 예언이 실행되었다고 말한다. "예언자가 이렇게 기록해놓았습니다." 무고한 자들의 학살과 이집트 탈출은 분명 유월절 이야기에서 영감을 받았다. 열 개의 재앙 중 하나가 장자의 살해이기 때문이다. 예수가 어디에서 태어났든 그 가족이 희생제사를 위해 성전으로 여행한 것은 사실일 가능성이 있다. 십자군에 의해 퍼진 무슬림 전승은 예수가 알 아크사 모스크 아래의 예배소에서 양육되었으며, 예수의 요람, 예수의 가족은 신비적인 것이라고 믿는다. 예수가 태어난 후 요셉은 복음서에서 그대로 사라진다. 마태Matthew와 누가는 마리아가 처녀성을 유지했으며 예수는 신에 의해 잉태되었다고 설명한다(이는 로마와 그리스 신화에서도 익숙하고, 이사야의 엠마누엘 예언에도 나타나 있는 개념이다). 그러나 마태, 마가Mark, 요한John은 야고보James, 요셉Joses, 유다Judas, 시몬Simon 등 예수의 형제들 이름과 자매 살로메의 이름을 언급한다. 마리아의 처녀성이 그리스도교의 도그마가 되자 다른 자식들의 존재는 불편한 것이 되었다. 요한은 '클레오파의 아내 마리아'를 언급한다. 요셉이 젊어서 죽었을 경우 마리아는 그 클레오파와 재혼하여 자식을 더 낳았을 가능성도 있다. 그 이유는 십자가 처형 이후 처음에는 예수의 형제 야고보, 그다음에는 '클레오파의 아들 시몬'이 지도자 자리를 계승했기 때문이다.

고 소리치며 명령했다. 그리고 유언장을 다시 써서 왕국을 10대의 세 아들들에게 나누어주었다. 예루살렘과 유다는 아르켈라오스^{Archelaus}에게 돌아갔다.

　　5일 후 기원전 4년 3월, 37년간의 재위 끝에 수많은 위기들 속에서도 살아남았던 헤롯 대제가 숨을 거두었다. 열여덟 살짜리 아들 아르켈라오스는 아버지가 아닌 석군이 죽은 것처럼 춤을 추고 노래하며 즐거워했다. 헤롯 가문이 아무리 기괴하다 할지라도 그것은 충격이었다. 시체는 왕관을 쓰고 홀을 든 채 자주색 휘장과 금으로 장식한 관대에 놓여져 헤로디움 요새까지 24마일을 행진했다. 아르켈라오스가 그 행렬을 이끌고, 게르만과 트라키아인 호위병들이 그 뒤를 따랐으며, 500명의 시종들이 향료를 든 채(악취가 코를 찔렀을 것이 분명하다) 행진했다. 헤롯은 그곳에서 무덤에 묻혔는데* 그 무덤은 2,000여 년 동안 발견되지 않았다.44)

　　아르켈라오스는 돌아와 예루살렘을 장악했고 성전의 황금 옥좌에 올라 아버지의 학정을 완화하겠다고 발표했다. 예루살렘은 유월절 순례자들로 가득 차 있었으며 그들 중 다수는 왕의 죽음이 계시의 실행을 예고한다고 확신하고 성전에서 난동을 부렸다. 아르켈라오스의 호위병들은 돌을 맞았다. 아르켈라오스는 방금 전 압제를 완화하겠다고 약속했음에도 기병대를 보냈다. 성전에서 3,000명의 사람들이 살육되었다.

　　이 10대 폭군은 착실한 동생 필립에게 책임을 맡기고 아우구스투스에게 왕위계승을 승인받기 위해 로마로 향했다. 그러나 막내 동생 안티

---

* 헤롯의 무덤은 2007년 에후드 네처$^{Ehud\ Netzer}$ 교수에 의해 발견되었다. 네처 교수는 꽃으로 장식된 화려한 붉은색 동굴 무덤을 발견했는데 그곳은 산산이 부서져 있었다. 이는 기원후 66~70년에 반헤롯 유대인 반란군에 의해 파괴되었던 것으로 보인다. 다른 두 개의 무덤은 하얀색이었으며, 꽃으로 장식돼있었다. 그 무덤들은 헤롯 아들들의 무덤일까? 헤로디움은 헤롯의 또 다른 기적적 건축물이었다. 헤로디움은 직경 210피트(약 64미터)의 인공산이며 꼭대기에 돔이 달린 목욕탕, 탑, 프레스코화, 연못들이 있는 거대하고 화려한 건물이다. 헤롯의 피라미드식 무덤은 요새의 동쪽 탑 아래 헤로디움 언덕에 있으며, 역시 기원후 66~70년에 파괴되었다.

파스는 형과 앞다투어 로마로 달려가서는 자기가 왕국을 차지하려고 했다. 아르켈라오스가 떠나자마자 아우구스투스의 지역 재산관리인 사비누스^{Sabinus}가 숨겨진 재산을 찾기 위해 예루살렘의 헤롯 왕궁을 약탈했고 이는 더 큰 폭동을 불러일으켰다. 시리아 총독 바루스^{Varus}는 질서를 회복하기 위해 내려왔지만 수장절을 지내러 온 갈릴리인과 이두매아인 폭력배들이 이미 성전을 장악하고 있었다. 그리고 사비누스는 파사엘 탑에 숨어든 후 로마인들을 닥치는 대로 살해했다.

예루살렘 밖에서는 세 명의 (노예 출신) 반란자들이 저마다 자기가 왕임을 선언했고 "크게 분노"하며 헤롯의 왕궁들을 불태우고 약탈했다. 이렇게 스스로 왕을 자처하는 자들은 사이비 예언자들이었는데, 이는 예수가 실은 격렬한 종교적 공론의 시대에 태어났음을 증명한다.

헤롯 시대 내내 지도자를 기다리며 허송세월을 보냈던 유대인들은 세 명이 한꺼번에 나타난 것을 발견했다. 바루스는 그 세 명의 자칭 왕들을 모두 붙잡아 죽였지만* 그 후에도 사이비 예언자들은 계속 나타났고 로마는 그들을 계속 죽였다. 바루스는 예루살렘을 중심으로 2,000여 명의 반군들을 죽였다.

로마에서 이제 예순이 된 아우구스투스는 헤롯 가문의 다툼을 듣고 헤롯의 유언장을 확인해주었다. 그러나 왕의 칭호는 보류한 채 아르켈라오

---

* 그러한 왕들 중 하나가 시몬이었는데, 그는 헤롯이 소유하고 있던 거구의 노예였으며 로마에 의해 곧 처형당했다. 시몬은 이른바 가브리엘의 계시, 즉 요르단 남부에서 발견된 석비 내용의 주인공일 가능성이 있다. 그 석비에서 대천사 가브리엘은 시몬을 '제후들의 제후'로 칭송하고 그가 죽을 것이지만 '3일 안에' 살아날 것이며 그때 "정의가 악을 이긴다는 것을 네가 알게 될 것이다. 나 가브리엘이 명하노니 너는 3일 안에 살아날 것"이라고 주장한다. 세부적인 내용들(부활, 예언자가 죽은 지 3일 후의 심판)은 예수의 십자가 처형보다 30여 년 앞선다. 시몬을 죽인 후 푸블리우스 퀸틸리우스 바루스는 게르만 전선의 사령관을 맡는다. 그로부터 10여 년 후인 기원후 9년, 그는 매복 공격을 받고 세 개 군단을 잃어버린다. 이 재앙은 아우구스투스의 마지막 10년을 망가뜨렸고, 아우구스투스는 "바루스여, 나의 군대들을 돌려다오!"라고 소리치며 왕궁을 방황했다고 전해진다.

스를 유다, 사마리아, 이두매아의 행정장관으로 임명하고, 안티파스를 갈릴리와 페레아^Peraea^(오늘날의 요르단)의 지방성주로, 이복형제 필립을 나머지 지역의 지방성주로 임명했다.* 아르켈라오스 예루살렘 시대에서 로마식 저택에 살던 부자들의 삶은 그리스풍을 띠어 사치스러웠고 유대교와 매우 상반되는 모습이었다. 인근에 묻혀 있던 손잡이가 없는 은 술잔은 2,000년이나 지난 후 1911년 한 미국인 수집가에게 팔렸는데, 동성애 연인의 모습이 노골적으로 나타나 있었다. 한쪽 면에는 한 남자가 도르래를 타고 내려오고 있고 훔쳐보기를 즐기는 한 노예가 문 사이로 그것을 보고 있는 한편, 다른 쪽 면에는 두 명의 유연한 소년들이 긴 의자 위에서 뒤엉켜 있다.

그러나 너무나 사악하고 잔인하며 사치스러웠던 아르켈라오스는 10년 후 아우구스투스에 의해 실각된 채 골 지방으로 쫓겨났다. 유다는 로마의 한 지방이 되었고, 예루살렘은 해안 지대의 카이사레아로부터 몇 명의 하급 행정관에 의해 지배되었다. 당시 로마는 납세자 등록을 위해 인구조사를 실시했는데, 이러한 로마 권력에의 복속은 유대인의 소규모 반란을 일으키기 충분할 만큼 굴욕적이었다. 또한 아마도 틀린 기억일 가능성이 크지만 누군가는 이를 예수 가족이 베들레헴으로 오게 된 이유로 설명하기도 한다.

30년간 헤롯 안티파스는 갈릴리를 지배하면서 자기 것이 될 뻔했던 아버지 시대의 왕국을 꿈꾸었다. 그런데 마침내 카리스마 있는 새로운 예언자 세례 요한이 사막에서 안티파스를 향해 조롱과 도전을 던졌다.[45]

---

* 세 아들이 모두 '헤롯'이라는 이름을 사용했고, 이것이 복음서들의 큰 혼란을 야기했다. 아르켈라오스는 결혼한 상태였지만, 카파토키아 왕의 딸 글라피라^Glaphyra^와 사랑에 빠졌다. 글라피라는 헤롯과 마리암메의 아들 알렉산더와 결혼한 적이 있었다. 알렉산더가 처형된 후, 글라피라는 모리타니아 왕 유바와 결혼했고 그가 죽자 카파도키아로 돌아왔다. 이제 그녀는 아르켈라오스와 결혼했다.

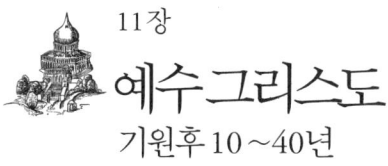

11장
예수 그리스도
기원후 10~40년

세례 요한과 갈릴리의 여우

요한의 부모는 성전 사제 자카리아스Zacharias와 엘리자베스Elizabeth였으며, 예루살렘 성 바로 아래 에인 케렘Ein Kerem이라는 마을에서 살았다. 자카리아스는 제비를 뽑아 성전 직무를 맡는 하급 사제로, 성전 지도층과는 거리가 멀었던 것 같다. 그러나 요한은 소년 시절 성전을 자주 방문했을 것이다. 좋은 유대인이 되는 여러 가지 길이 있었고 요한은 "사막에서 야훼의 길을 준비하라"는 이사야의 촉구를 따라 광야에서 금욕 생활을 선택했다.

기원후 20년대 말, 요한은 예루살렘에서 멀지 않은 사막에서 첫 제자들을 얻었으며("백성은 기대에 차 있었으므로 모두 마음속으로 요한이 그리스도가 아닐까 하고 생각했다") 그 후 그곳에서 북쪽에 있는 헤롯 안티파스의 갈릴리로 옮겨가 가정을 꾸렸다. 마리아는 요한 어머니의 사촌이었다. 마리아가 아들 예수를 임신했을 때 그녀는 요한의 부모들과 함께 지냈다. 예수는 나사렛에서 와서 사촌 요한의 설교를 들었고 요한은 요르단 강에서 예수에게 세례를 주었다. 두 사촌들은 서로를 향해 설교를 하고 세례를 통해 죄 사함을 받았다. 그들의 새로운 의식은 미크바에서 몸을 씻는 유대인의 전통적 의식에서 따온 것이다.

갈릴리의 지방성주는 화려한 생활을 했는데, 널리 증오의 대상이 되던 징세원들이 그 사치스런 생활의 자금줄이었다. 안티파스는 아우구스투스의 무뚝뚝한 아들인 새로운 황제 티베리우스^{Tiberius}에게 지속적인 로비를 했다. 디베리우스는 헤롯의 왕국 전체를 안티파스에게 주었다. 안티파스는 자신의 본거지에 가문의 친구이자 아우구스투스의 미망인이며 티베리우스의 어머니인 '리비아^{Livia}'의 이름을 붙였다. 기원후 18년, 안티파스는 갈릴리 호숫가에 새 성읍을 건설하고 티베리아스^{Tiberias}라는 이름을 붙였다. 예수는 요한과 마찬가지로 안티파스를 사악한 난봉꾼이자 로마의 앞잡이라고 비난했다. 예수는 안티파스를 '그 여우'라고 불렀다.

안티파스는 나바테아의 아랍 여왕 아레타스 4세와 결혼했다. 그것은 유대인과 주변 아랍국가들 사이의 평화를 조성하기 위해 계획된 동맹이었다. 작은 옥좌에서 30년간 통치한 후, 중년이 된 안티파스는 조카 헤로디아^{Herodias}와 치명적인 사랑에 빠졌다. 헤로디아는 헤롯 대제가 사형시킨 아들 아리스토불로스의 딸이었으며 이복오빠와 이미 결혼한 상태였다. 이제 그녀는 안티파스에게 아랍인 부인과 이혼할 것을 요구했다. 안티파스는 어리석게도 이에 동의했지만, 나바테아의 공주는 조용히 물러나주지 않았다. 거대한 군중이 모인 자리에서 세례 요한은 그 간음자들을 향해 당대의 아합과 이세벨이라고 비난했다. 결국 안티파스가 그의 체포를 명령했다. 요한은 요르단 강 건너 사해에서 2,300피트 위에 있는 헤롯 대제의 마케루스 요새에 갇혔다. 그 동굴감옥에서 세례 요한은 혼자가 아니었다. 그곳에는 다른 유명인 수감자가 한 명 더 있었다. 바로 안티파스의 아랍인 부인이 있었던 것이다.

안티파스와 신하들은 헤로디아와 그녀의 딸 살로메와 함께 안티파스의 생일 연회를 열었다. 살로메는 지방성주 필립과 결혼한 상태였다. (마케루스의 연회실 바닥에는 아직도 모자이크 일부가 그대로 남아 있다. 천장의 아랫부분도 마찬가지다). 살로메가 "들어와 춤을 추며 헤롯을 즐겁게 했으며" 아마도 일곱 개의 베일을 이용한 스트립쇼도 했던 것 같다.* 그 춤은 너무도 우아해서 안티파스는 "무엇이든 원하는 것을 나에게 청하여라. 너에게 주겠다"고 말했다. 어머니 헤로디아의 사주를 받은 살로메는 "세례 요한의 머리를 달라"고 대답했다. 잠시 후 동굴감옥으로부터 세례 요한의 머리가 들려져 연회 담당자에게 건네졌다. 연회 담당자가 그것을 "소녀에게 주자 소녀는 다시 자기 어머니에게 건넸다."

예수는 자신이 위험에 처했다는 것을 알고 사막으로 탈출했지만 그 후로도 예루살렘을 자주 방문했다. 그는 아브라함 계열 3대 종교의 창립자들 가운데 예루살렘 거리를 활보한 유일한 사람이었다. 예수에게 예루살렘과 성전은 비전의 중심이었다. 유대인 삶의 토대는 예언자에 대한 연구, 율법 준수, 그리고 예루살렘 순례였다. 예수는 예루살렘을 '위대한 왕의 도시'라 칭했다. 예수 생애의 전반 30년에 대해서는 알려진 것이 거의 없음에도 불구하고 그가 상당한 성서 지식을 갖고 있었고 행한 모든 일이 성서 속 예언의 주밀한 실행이었다는 것은 분명한 사실이다. 예수 자신

---

* 무희 살로메는 냉혹한 변덕과 여성의 타락을 상징하지만, 〈마가복음〉과 〈마태복음〉은 그녀의 이름을 일체 언급하지 않는다. 요세푸스는 위와는 다른 상황에서 헤로디아의 딸 이름을 언급하지만 춤 때문에 충동을 받았다는 내용은 전혀 없이 안티파스가 요한의 처형을 명령했다고 간략하게 설명한다. 베일 일곱 개를 사용한 춤은 훨씬 후대에 첨가된 것이다. 헤롯 가문에는 살로메가 여러 명 있었다(예수의 누이 이름도 살로메). 그러나 그 무희는 트라코니트Traconite의 지방성주 헤롯 필립의 아내였을 가능성이 가장 크다. 헤롯 필립이 죽자 그녀는 또 다른 사촌과 결혼했고, 훗날 소아르메니아Lesser Armenia의 왕으로 임명되었다. 무희에서 여왕으로 끝난 것이다. 결국 요한의 머리는 가장 탐나는 그리스도교 유물 중 하나가 되었다. 진품이 있다고 주장하는 유적지가 최소 다섯 군데에 이른다. 다마스쿠스 우마이야조 모스크에 있는 요한의 머리 유적은 무슬림의 숭배를 받는다.

이 유대인이었던 만큼 성전은 예수의 생애에서 친숙한 일부분이었다.

그뿐만 아니라 예수는 예루살렘의 운명에 대한 강박관념이 있었다. 열두 살이었을 때, 부모는 유월절을 지내기 위해 그를 데리고 성전으로 갔다. 〈누가복음〉에 따르면 성전을 떠날 때 예수는 일행에서 빠져나왔고 사흘 동안 걱정을 하며 보내던 "그들은 성전에서 그를 찾아냈는데 예수가 율법 교사들 가운데 앉아 그들의 말을 듣기도 하고 그들에게 묻기도 하고 있었다." 악마는 예수를 성전 꼭대기에 세운 다음 그를 유혹했다. 예수가 제자들에게 자신의 사명을 공개했을 때, 그는 예루살렘에서 운명에 따라 행동해야 한다고 강조했다. "그때부터 예수께서는 당신이 반드시 예루살렘에 가시어 많은 고난을 받고… 죽임을 당하셨다가 사흘째 되는 날에 되살아나셔야 한다는 것을 제자들에게 밝히기 시작하셨다." 그러나 예루살렘은 그에 대한 대가를 치를 것이었다. "예루살렘이 적군에게 포위된 것을 보거든 그곳이 황폐해질 때가 가까이 왔음을 알아라. … 예루살렘은 다른 민족들의 시대가 끝날 때까지 그들에게 짓밟힐 것이다."

열두 사도들(예수의 동생 야고보를 포함)의 지원을 받은 예수는 고향 갈릴리에 다시 모습을 나타냈고 그곳에서 남쪽으로 이동하면서 특유의 절묘하면서도 소박한 방식으로 우화를 자주 사용하며 자신이 '복음'이라 칭한 것을 설교했다. 예수의 메시지는 직설적이었고 극적이었다. "회개하여라. 하늘나라가 가까이 왔다." 예수는 어떤 저술도 남기지 않았고 그의 가르침은 끝없이 분석되었지만, 4대 복음서는 그의 직무의 핵심이 임박한 묵시, 즉 심판의 날과 천국에 대한 경고였음을 보여주었다.

그것은 예수 자신이 신비주의적 반#메시아인 사람의 아들로서 중심적 역할을 하게 될 무섭고도 극적인 환상이었다. 사람의 아들이란 〈이사야〉와 〈다니엘〉에서 따온 구절이었다. "사람의 아들이 자기 천사들을 보낼 터인데 그들은 그의 나라에서 남을 죄짓게 하는 모든 자들과 불의를 저지르는 자들을 거두어 불구덩이에 던져버릴 것이다. 그러면 그들은 거기에서 울며 이를 갈 것이다. 그때에 의인들은 아버지의 나라에서 해처럼 빛날 것이다." 그는 모든 인간관계의 파괴를 예언했다. "형제가 형제를 넘겨줘 죽게 하고 아버지가 자식을 그렇게 하며 자식들은 부모를 거슬러 일어나 죽게 할 것이다. … 내가 세상에 평화를 주러 왔다고 생각하지 마라. 평화가 아니라 칼을 주러 왔다."

그것은 사회적 혁명도, 민족주의적 혁명도 아니었다. 예수는 종말의 날 이후의 세계에 가장 관심을 두었다. 그는 현세보다는 내세의 사회정의를 설교했다. "행복하여라, 마음이 가난한 사람들아! 하늘나라가 그들의 것이다." 징세원들과 창녀들이 권력자들과 사제들보다 먼저 신의 왕국에 들어갈 것이다. 예수는 놀랍게도 옛 율법이 더 이상 문제가 되지 않는다는 것을 보이면서 아포칼립스(세상의 종말)를 일깨웠다. "죽은 이들의 장사는 죽은 이들이 지내도록 내버려두어라." 세상이 끝날 때, "사람의 아들은 영광스러운 옥좌에 앉을 것"이며 모든 나라들이 심판을 받기 위해 그의 앞으로 모일 것이다. 악한 자에게는 "영원한 벌"이, 정직한 자에게는 "영원한 생명"이 있을 것이다.

그러나 예수는 대부분의 경우 신중을 기해 유대인의 율법 안에 머물렀으며 실제로 그의 직무 전체를 통해 자신이 성서의 예언들을 실행하고 있음을 강조했다. "내가 율법이나 예언서들을 폐지하러 온 줄로 생각하지 마라. 폐지하러 온 것이 아니라 오히려 완성하러 왔다." 유대인 율법을 엄격하게 준수하는 것만으로는 충분하지 않았다. "너희의 의로움이 율법학자들과 바리사이파들의 의로움을 능가하지 않으면 결코 하늘나라에 들어가지 못할 것이다." 그럼에도 그는 로마 황제, 혹은 헤롯에게조차도 직접적으로 도전하는 실수는 범하지 않았다. 아포칼립스가 그의 설교를 지배하긴 했지만 그는 자신의 거룩함에 대한 보다 직접적인 증거를 제시했다. 그는 사람들을 치료했는데, 다리 저는 이들이 제대로 걷고 죽은 이들이 되살아났으며 많은 군중이 그에게 모여들었다.

    예수는 예루살렘을 마지막으로 방문하기 전까지 최소 세 번 유월절과 그밖의 절기를 지내기 위해 그곳에 왔으며 요한에 따르면 두 번 운 좋게 탈출했다. 예수가 초막절에 성전에서 설교할 때 몇몇 사람들은 그를 예언자로, 또 몇몇은 그리스도로 찬양했다. 그러나 우월감에 젖은 예루살렘인들은 "메시아가 갈릴리에서 나올 리가 없지 않은가?"라고 말하며 비웃었다. 예수가 당국자들과 논쟁할 때, 군중들이 그에게 반기를 들었다. "그러자 그들은 돌을 들어 예수님께 던지려고 하였다. 그러나 예수께서는 몸을 숨겨 성전 밖으로 나가셨다." 그는 하누카(봉헌축제) 때에 돌아왔지만 그가 "'아버지와 나는 하나다'라고 말하자 유대인들이 돌을 집어 예수님께 던지려고 하였다. … 그러나 예수님께서는 그들의 손을 벗어나셨다." 그는 예루살렘 방문이 무엇을 의미하는지를 알고 있었다.

    한편 갈릴리에서는 안티파스가 버린 아랍인 아내가 마케루스의 동굴감옥을 탈출해 부친 아레타스 4세의 궁정으로 갔다. 나바테아의 부유한 왕 아레타스 4세는 장밋빛 붉은 페트라의 왕실 무덤과 카즈네Khazneh의 기념비적인 유적들을 건설한 사람이다. 딸이 당한 모욕에 분노한 아레타스는 안티파스의 공국을 공격했다. 헤로디아는 처음에는 예언자의 죽음을 유발하더니, 이제는 아랍-유대 전쟁을 촉발시켰다. 이 전쟁에서 안티파스는 패배했다. 로마의 동맹국들에는 사적 전쟁이 허용되지 않았다. 카프리Capri에서 날로 더하는 노년의 방탕에 빠져 있던 티베리우스 황제는 안티파스의 어리석음에 혼란을 느꼈지만 그를 지지했다.

헤롯 안티파스는 그즈음 예수에 대한 이야기를 들었다. 사람들은 그가 누구인지 궁금했다. 일부는 그를 "세례 요한이라고 합니다. 그러나 어떤 이들은 엘리야 ^{Elias}라 하고 또 어떤 이들은 예언자 가운데 한 분이라고 합니다." 한편 예수의 제자 베드로 ^{Peter}는 그가 메시아라고 믿었다. 예수는 특히 여성들 사이에서 인기가 있었으며 그중에는 헤롯 가문의 여성들도 있었다. 헤롯 시종장의 아내도 예수의 추종자였다. 안티파스는 예수가 요한과 관련이 있다고 생각했다. "내가 목을 벤 그 요한이 되살아났구나." 헤롯은 예수를 체포하겠다고 위협했다. 예수에게 호의적이었던 게 분명한 몇몇 바리사이파들이 진심으로 충고했다. "어서 이곳을 떠나십시오. 헤롯이 스승님을 죽이려고 합니다."

그러나 예수는 안티파스에게 저항했다. "가서 그 여우에게 이렇게 전하여라." 그는 이틀간 치료와 설교를 계속할 것이며 사흘째 되는 날에는 유대인의 '사람의 아들'이 자신의 일을 마칠 수 있는 유일한 장소를 방문할 것이었다. "예언자는 예루살렘이 아닌 다른 곳에서 죽을 수 없기 때문이다." 예수가 성전 건립자의 아들에게 보낸 이 절묘한 시적 메시지에는 저주받은 도시에 대한 예수의 애정이 깊이 담겨 있었다. "예루살렘아, 예루살렘아! 예언자들을 죽이고 자기에게 파견된 이들에게 돌을 던져 죽이기까지 하는 너, 예루살렘아! 암탉이 제 병아리들을 날개 밑으로 모으듯 내가 몇 번이나 너희 자녀들을 모으려고 하였던가? 그러나 너희는 마다하였다. 보라, 너희 집은 버려질 것이다."[46)]

나사렛 예수, 예루살렘의 3일

기원후 33년 유월절*, 예수와 헤롯 안티파스는 거의 동시에 예루살렘에 도착했다. 예수는 올리브 산의 베다니Bethany로 행렬을 이끌었고, 성전산 위에는 빛나는 눈산의 장대한 광경이 펼쳐져 있었다. 예수는 제자들을 예루살렘으로 보내 당나귀를 데리고 오게 했다. 보통 사람이 타는 당나귀가 아니라 왕들이 타는 튼튼한 당나귀로 주문했다. 우리의 유일한 자료인 복음서들은 그 후 3일간 일어난 일들에 대해 약간씩 다른 관점을 제시하고 있다. 마태는 "예언자들의 거룩한 성서 말씀이 이루어지려고 이 모든 일이 일어난 것이다"라고 설명한다.

예언에 따르면 메시아는 당나귀를 타고 예루살렘으로 들어가는 것으로 되어 있었다. 예수가 예루살렘에 다가가자, 제자들이 그의 앞에 종려나무 잎을 놓고 그를 '다윗의 아들', '이스라엘의 왕'으로 찬양했다. 예수는 아마도 많은 방문객들과 마찬가지로 실로암 연못 옆 남쪽 문을 통해 들어가 로빈슨 아치Robinson Arch의 웅장한 계단을 통해 성전으로 올라갔을 것이다. 예루살렘에 한 번도 와 본적이 없는 갈릴리 시골사람이었던 예수의

---

* 예수가 언제 예루살렘으로 갔는지는 아무도 모른다. 누가는 기원후 28~29년경 요한의 세례와 함께 예수의 사역을 서술하기 시작하며 예수가 서른 살쯤 되었다고 말하고 있다. 그리고 예수의 죽음이 기원후 29년에서 대략 33년 사이임을 시사하고 있다. 요한은 예수의 사역이 1년간 계속되었다고 말하고, 마태, 마가, 누가는 3년간 지속되었다고 말한다. 예수는 서른 살, 혹은 서른세 살 혹은 서른여섯 살에 죽임을 당했을 것이다. 그러나 예수의 역사적 존재는 타키투스와 요세푸스를 제외하고는 오직 복음서를 통해서만 확인된다. 타키투스와 요세푸스는 세례 요한까지도 언급하고 있다. 최소한 우리는 예수가 티베리우스(기원후 37년 사망)와 안티파스(기원후 39년 이전)와 대사제 가야바Caiaphas(기원후 18~36년)의 통치 기간 동안에 폰티우스 필라테Pontius Pilate가 총독으로 온 후(기원후 26년)와 필라테가 떠나기 전(기원후 36년) 사이의 유월절에 예루살렘에 도착한 것을 알고 있다. 가장 가능성 있는 기간은 29년과 33년 사이다. 필라테의 성격은 요세푸스와 알렉산드리아의 필로 유다에우스Philo Judaeus에 의해 확인되며 그의 존재는 카이사레아에서 발견된 비문에 의해 확인된다.

제자들은 성전의 웅장함 앞에 눈이 휘둥그레졌다. "스승님, 보십시오. 얼마나 대단한 돌들이고 얼마나 장엄한 건물들입니까?" 성전을 자주 보았던 예수가 대답했다. "너는 이 웅장한 건물들을 보고 있느냐? 여기 보이는 단 하나의 돌도 다른 돌 위에 남아 있지 않고 다 허물어지고 말 것이다."

예수는 예루살렘에 대한 애정과 실망을 표출했을 뿐 아니라 보기 흉한 황폐가 이어지리라는 예언도 했다. 역사가들은 그러한 예언들이 후대에 덧붙여진 것이라고 믿는다. 그 이유는 복음서들이 티투스가 성전을 파괴한 이후에 쓰였기 때문이다. 그러나 예루살렘은 전에도 무너졌다가 재건된 적이 있었으며 예수는 대중적인 반(反)성전전통들을 반영하고 있었다. "나는 사람의 손으로 지은 이 성전을 허물고 다른 성전을 세우겠다." 그는 자신의 예언적 영감의 원천인 〈이사야〉를 인용하여 덧붙였다. 예수와 이사야는 모두 현실의 예루살렘을 넘어 세상을 뒤흔들 힘을 갖게 될 하늘의 예루살렘을 보았다. 예수는 3일 안에 성전을 재건할 것이라고 약속했다. 그것은 예수가 반대한 것이 성전 자체가 아니라 성전의 부패였음을 드러내는 것이다.

낮 시간에 예수는 성전 바로 북쪽에 있는 베데스다 연못과 남쪽에 있는 실로암 연못에서 설교하고 아픈 사람들을 치료했다. 두 곳 모두 성전에 들어가기 위해 몸을 정화하는 유대인 순례자들로 붐비는 곳이었다. 밤이 되자 예수는 베다니에 있는 친구들의 집으로 돌아왔다. 월요일 아침, 예수는 다시 성안으로 들어갔는데 이번에는 성전 안 왕의 회랑으로 향했다.

예루살렘은 유월절에 가장 사람이 많고 위험했다. 권력은 돈, 지위, 그리고 로마 인맥에 근거했다. 그러나 유대인들은 군사적 영광이나 금전을 이유로 로마를 존경하지는 않았다. 예루살렘에서 존경이란 가문(성전 지도층과 헤롯 왕가), 학식(바리사이파 교사들), 그리고 신적 영감이라는 임의적 자원에 근거했다. 상류층은 윗 도시, 즉 성전산 아래의 골짜기 전체에 걸쳐 그리스-로마식 저택에 유대식 가구들을 놓고 살았다. 그곳에서 발굴된 이른바 궁전식 저택에는 널찍한 응접실과 미크바들이 있다. 그곳에는 안티파스와 대사제 가야바의 궁전들도 있었다. 그러나 예루살렘의 실제적 권력은 폰티우스 필라테에게 있었다. 그의 관할구역은 해변의 카이사레아 지역부터였지만 유월절이면 감독을 위해 항상 올라와서 헤롯의 요새에 머물렀다.

안티파스가 예루살렘에 있는 유일한 유대인 왕족은 아니었다. 오늘날 이라크 북부의 작은 왕국, 아디아베네Adiabene*의 여왕 헬레나Helena가 유대교로 개종하여 예루살렘으로 이주하여 다윗 성에 궁을 짓고, 성소의 복도에 놓을 황금 촛대를 기부하고 흉작이 들 때는 식량을 사주었다. 헬레나 여왕 또한 유월절을 지내기 위해 예루살렘에 머물렀는데 아마 최근 예루살렘에서 발견된 금을 상감한 큰 진주, 금을 물린 에메랄드 두 개를 매단 귀걸이와 같은 장신구를 착용하고 있었을 것이다.

요세푸스는 250만 명의 유대인이 유월절을 지내러 왔다고 추산했다. 그것은 다소 과장된 면이 있긴 하지만, 실제로 파르티아와 바빌로니아에서 크레타와 리비아까지 "모든 나라에서" 온 유대인들이 있었다. 그 인파를 상상할 수 있는 유일한 방법은 하즈haj(성지순례) 기간의 메카를 보는 것이다.

유월절이면 모든 가구들이 어린양을 바쳤으며 이 때문에 예루살

---

* 이 이라크 왕국은 그다음 세기까지 유대인의 터전이 되었다. 헬레나 여왕과 그녀의 아들들은 예루살렘 옛 도시 바깥에 인접한 세 개의 피라미드 아래에 묻혔다. 화려한 왕의 무덤은 아메리칸 콜로니 호텔을 지나는 나블루스 도로의 다마스쿠스 문 북쪽에 오늘날까지 남아 있다. 19세기에 한 프랑스 고고학자가 이 유적을 발굴했으며, 다윗 왕의 무덤이라고 발표했다. 아디아베네가 그 지역의 유일한 유대인 봉토는 아니었다. 파르티아, 아시네우스, 아닐레우스에 대항한 두 번의 유대인 반란을 통해 바빌론 근처에 독립적인 유대인 소국가가 생겼으며, 약 50년간 지속되었다.

렘은 양의 울음소리로 가득했다. 22만 5,600마리의 어린양이 희생되었다. 유월절에는 할 일이 많았다. 순례자들은 성전에 갈 때마다 매번 미크바에 몸을 적셔야 했고 왕의 회랑에서 희생제사용 양도 사야 했다. 주변의 마을들에는 수천 명이 숙박하거나 예수처럼 성벽 주변에서 잠자리를 찾았다. 고기 타는 냄새와 자극적인 향 냄새가 성 전체에 퍼졌고 기도 시간과 제사 시간을 알리는 나팔 소리가 들려왔다. 모든 것이 성전에 집중되었고 로마 군인들은 안토니아 요새에서 신경을 곤두세우고 감시했다.

예수는 부산하고 다채롭고 사람들로 북적이는 모든 삶의 중심지, 우뚝 솟은 열주가 늘어선 왕의 회랑으로 들어섰다. 한편 순례자들은 숙박지를 정하고 지인들을 만나기도 하며 희생제사용 양이나 비둘기, 부자들의 경우엔 황소를 사는 데 쓰기 위해 돈을 티베리아 은화로 바꾸었다. 왕의 회랑은 성전 그 자체도 아니고 성전의 마당도 아니었지만 성전 전체에서 가장 접근하기 쉽고 대중적인 공간이었으며 광장의 역할을 하도록 설계되었다. 왕의 회랑에서 예수는 성전 건립을 공격했다. 예수는 환전상의 탁자들을 뒤집으며 "너희에게는 내 이름으로 불리는 이 집이 강도들의 소굴로 보이느냐?"라고 말하는 한편, 예레미야, 즈가리야^{Zacharias}, 이사야의 예언들을 인용하고 전달했다. 예수의 시위는 주목을 끌긴 했지만 성전 수비대원이나 로마 병사들이 개입할 정도는 아니었다.

베다니에서 하룻밤을 더 지낸 후, 예수는 다음 날 아침 다시 성전으로* 돌아가 비판자들과 논쟁을 벌였다. 복음서들은 바리사이파들을 예수

---

* 전승에 따르면 황금 문은 예수가 성전 안으로 들어간 문이며 유대인, 무슬림, 그리스도인의 신비주의에서 메시아는 그 문을 통해 예루살렘으로 들어간다. 그러나 예수는 그 문으로 들어가지 않았을 것이다. 황금 문은 그로부터 600년 후에도 건축되지 않았고, 근처의 수산 문은 일반인에게는 열리지 않았으며 대사제만이 이따금씩 사용했을 뿐이다. 또 다른 그리스도교 전승에 따르면 예수가 황금 문의 반대편, 아마도 오늘날 서쪽의 밥 알 실실라$^{Bab\ al\text{-}Silsila}$(사슬 문)와 가까운 아

의 적대자로 표현하고 있지만 아마도 그것은 복음서 저자들이 복음서를 집필한 50여 년 후의 상황을 반영했을 것이다. 바리사이파들은 보다 유연하고 대중적인 종파였으며 그들의 가르침 중 일부는 예수의 그것과 유사할 수도 있었다. 예수의 실제적인 적은 성전의 관료들이었다. 헤롯 가문 사람들은 이제 예수에게 로마에 내는 세금에 관해 질문했지만 예수는 능숙하게 "황제의 것은 황제에게 돌려주고, 신의 것은 신께 돌려드려라"라고 대답했다.

그러나 그는 자신을 메시아라고 부르지 않았고, 셰마^{Shema}, 즉 유일신에게 하는 유대인의 기본적인 기도와 제자들의 사랑을 강조했다. 예수는 어디까지나 유대인이었다. 그러나 그 후 예수는 흥분한 군중들에게 필시 예루살렘에서 곧 일어나게 될 아포칼립스를 강조했다. "천국이 가까이 왔다." 유대인들은 메시아의 도래에 대한 다양한 관점을 갖고 있기는 했지만, 대부분은 신이 세계의 종말을 주관할 것이며 그 후 예루살렘에 메시아의 왕국이 세워질 것이라는 데 동의했다. 예수가 죽은 지 얼마 후에 쓰인 솔로몬의 〈시편〉은 "시온에서 성자들을 모으는 나팔 소리가 들리고" "예루살렘에서 한 목소리가 이스라엘의 신이 자비를 베풀었다는 좋은 소식을 가져온다"고 선언했다. 이에 예수의 제자들은 그에게 물었다. "저희에게 일러주십시오. 스승님의 재림과 세상 종말의 표정은 어떤 것입니까?" 이에 예수는 "그러니 깨어 있어라. 너희가 그 시간을 모르기 때문이다"라고 대답하고는 이후 다가올 묵시를 조목조목 설명했다.

름다운 문$^{Beautiful Gate}$으로 들어갔을 것이라고 한다. 이것이 좀 더 가능성 있는 이야기다. 한편 아름다운 문은 예수가 죽은 후 베드로와 요한이 기적을 행한 장소이기도 하다. 황금 문이라는 이름은 라틴어의 금^{aurea}과 그리스어의 아름답다^{oreira}가 매우 비슷한 형태인 것으로 보아 '아름답다'라는 말이 변형된 것일 가능성이 있다. 예루살렘의 신성함은 그러한 오해들과 교차를 이루고 있으며 같은 유적들에 여러 가지 전설들이 적용되어 신성함을 강화시키고 상승시켰다.

"사람의 아들이 큰 권능과 영광을 떨치며 구름을 타고 오는 것을" 사람들이 보기 전에 "민족과 민족이 맞서 일어나고 나라와 나라가 맞서 일어나며 곳곳에 지진이 발생하고 기근이 들 것이다." 예수의 선동적인 말과 행동은 로마 총독과 대사제들을 크게 놀라게 했는데 예수는 그들이 마지막 날 자비를 기대할 수는 없을 것이라고 경고했다. "너희 뱀들아, 독사의 자식들아. 너희가 지옥의 판결을 어떻게 피하려느냐?"

예루살렘은 유월절이면 언제나 긴장했지만 당국자들은 평소보다 더욱더 초조해했다. 마가와 누가는 등한시되는 몇몇 구절에서 예루살렘에서 갈릴리인의 반란이 있었고 필라테에 의해 진압되었다고 말한다. 필라테는 성전 남쪽 실로암 탑 주변에서 열여덟 명의 갈릴리인을 죽인 적이 있었다. 예수가 곧 마주치게 될 바라바Barabbas는 생존한 반란군 가운데 한 명이었으며 반란 때에 살인을 저질렀다. 대사제들은 임박한 묵시에서 그들의 파멸을 예언하는 또 다른 갈릴리인을 용납하지 않기로 결정했다. 가야바, 그리고 영향력 있는 전직 대사제 안나스Annas는 대책을 논의했다. 〈요한복음〉에서 가야바가 주장한 대로 분명 "온 민족이 멸망하는 것보다 한 사람이 백성을 위하여 죽는 것"이 훨씬 나았다. 그들은 계획을 실행했다.

다음 날 예수는 예루살렘 서쪽 언덕(훗날 시온 산으로 알려짐)의 이층 방(만찬실 또는 식당)에서 유월절을 준비했다. 저녁 만찬에서 예수는 제자 유다가 은 30개에 자신을 배신했음을 알았지만, 예루살렘 주변을 걸어 성전 바로 맞은 편 키드론 골짜기 겟세마네 동산Garden of Gethsemane의 고요한 올리브 숲으로 가려는 계획을 바꾸지 않았다. 유다가 예수를 배반한 것이 원칙 때문인지(너무 극단적이거나 충분히 극단적이지 않다는 이유로), 탐욕이나 질투 때문인지는 알 수 없다.

유다는 수석 사제들, 성전 호위병들, 로마 군대의 무리와 함께 다시 돌아왔다. 어둠 속에서 예수는 곧바로 식별되지 않았다. 따라서 유다는 입을 맞추어 그를 가리키는 방법으로 예수를 배신했고 은전을 받았다. 혼란스럽고 극적인 드라마에서 제자들은 칼을 뽑아들었고, 베드로는 대사제의 하인 가운데 한 명의 귀를 자르고, 한 이름 없는 소년이 벌거벗은 채 갑자기 뛰쳐나갔다. 그 느낌이 매우 기이해서 진실인 것처럼 들린다. 예수는 체포되고 제자들은 멀리서 따라오던 두 명을 제외하고는 모두 흩어졌다.

이제 거의 한밤중이 되었다. 예수는 로마 병사들이 호위하는 가운데 남쪽 벽을 돌아 실로암 문을 지나 윗 도시에 있는 예루살렘의 실세 안나스의 궁으로 갔다.* 안나스는 예루살렘을 지배했으며 성전 가문들의 엄격하고 배타적인 네트워크를 전형적으로 보여주었다. 안나스는 전직 대사제였으며 현직 대사제 가야바의 장인이었다. 안나스의 아들 가운데 다섯 명 이상이 대사제로 있었다. 그러나 안나스와 가야바는 대부분의 유대인들로부터 부패하고 폭력적인 앞잡이라며 경멸을 받았다. 어느 유대인 문헌은 "그들의 종들이 우리를 몽둥이로 때렸다"며 불평했다. 그들의 정의는 부패한 돈벌이용 사기였다. 한편 예수는 대중의 심금을 울렸고 심지어 산헤드린 중에서도 예수를 존경하는 사람이 있었다. 이 대중적이고도 두려움 없는 설교자의 재판은 교활하게도 한밤중에 진행되어야 했다.

---

* 이 이야기 속의 모든 사건은 아마도 역사적으로 틀릴 수도 있지만 예루살렘 땅 안에서 벌어진 일들이다. 시온 산의 이층 방은 전승에 따른 마지막 만찬 장소이다. 마가가 그곳으로 '물동이를 메고 가는 남자'를 언급한 것을 보면 실제 장소는 실로암 연못 주변의 아주 허름한 주택들에 더 가까웠을 것이다. 마지막 만찬에 대한 전승은 훗날 5세기에 발전했으며 십자군 시대에 더 강화되었다. 보다 강력한 전승 가운데 하나는 그 장소가 예수의 죽음 이후 성령이 제자들에게 내린 곳이었다고 주장한다. 그곳이 가장 오래된 그리스도교 유적 가운데 하나임은 분명하다. 그 장소의 거룩함은 전염성이 있어서 나중에는 유대인들과 무슬림들도 그곳을 경외했다. 전승에 따른 것이지만 개연성이 있는 안나스의 저택 위치는 아르메니아인 구역의 대천사 교회 아래다. 아람어로 '가야바 집의 것'이라고 새겨진 돌이 예루살렘에서 발견된 적이 있으며 1990년 건축가들은 '가야바의 아들 요셉'이라고 쓰인 유골함이 있는 밀봉한 관을 발견했다. 따라서 그것들은 대사제의 유골일 가능성이 있다. 오래된 올리브 숲이 있는 겟세마네 동산은 그 위치가 정확한 것으로 여겨진다.

자정이 지난 어느 때쯤, 호위병들이 마당에 불을 피웠고 안나스와 그의 사위 가야바는 산헤드린의 충성스런 공회원들을 소집했다(그 와중에 예수의 제자 베드로는 자신의 스승을 모른다고 부인했다). 그러나 모든 공회원이 온 것은 아니었다. 최소 한 명, 예수의 추종자였던 아리마데 출신의 요셉은 예수를 체포하는 곳에 나타나지 않았다. 예수는 대사제들에게서 교대로 심문을 받았다. "예수는 성전을 파괴하고 3일 만에 짓겠다고 위협했는가? 메시아라고 주장했는가?" 예수는 아무 말도 하지 않았지만 마지막에 "너희는 사람의 아들이 전능하신 분의 오른쪽에 앉아 있는 것과 하늘의 구름을 타고 오는 것을 볼 것"이라고 대답했다.

"이 자가 신을 모독했습니다"라고 가야바는 말했다.

"그자는 죽을죄를 지었습니다." 늦은 시간에도 불구하고 모여든 군중들은 이렇게 외쳤다. 예수는 눈을 가렸고 해가 뜰 때까지 마당에서 밤새 조롱을 당했다. 진짜 일은 그때부터 시작되었다. 필라테가 기다리고 있었던 것이다.47)

예수의 재판

빼곡히 모여든 군중이 지켜보는 가운데, 로마 총독이 지원군의 호위를 받으며 집정관의 법정에 나타났다. 그곳은 헤롯 요새, 즉 오늘날 자파 문Jaffa Gate 근처 로마 사령부 바깥에 차려진 연단이다. 폰티우스 필라테는 유다를 잘 이해하지 못하는, 공격적이고 융통성이 없는 무자비한 사람이었다. 필라테는 예루살렘에서 이미 미움을 받고 있었으며 잔인함, 폭력, 도적질, 폭행, 희롱, 끝없는 사형, 야만적인 흉포함으로 악명이 높았다. 헤롯 가문의 한 공주조차도 그에 대해 "다혈질적 성격에 복수심이 있다"고 말했다.

그는 이미 황제의 초상이 그려진 방패들을 과시하면서 예루살렘 안으로 진군하도록 군대에 명령함으로써 유대인들을 분노하게 한 적이 있었다. 헤롯 안티파스는 대표단을 보내 군대를 되각시키도록 요구했다. 필라테는 언제나처럼 "융통성 없고 잔인하게" 거절했다. 유대인들의 항의가 격화되자 필라테는 호위병들을 풀었다. 그러나 대표단들은 땅에 누운 채 목을 드러냈다. 그 후 필라테는 공격적인 이미지를 삼갔다. 그보다 최근에는 갈릴리의 반란군들을 죽였고 "그들이 바치려던 제물을 피로 물들였다."48)

"당신이 유대인의 왕이오?" 필라테는 예수에게 물었다. 결과적으로, 예수가 예루살렘으로 들어올 때 예수의 제자들은 그를 왕으로 칭송한 셈이었다. 그러나 예수는 "네가 그렇게 말하고 있다"고 답했고, 다른 어떤 말도 덧붙이기를 거부했다. 필라테는 그가 갈릴리 사람이라는 것을 알고 있었다. "예수께서 헤롯의 관할에 속한 것을 알고" 필라테는 갈릴리 통치자를 존중한다는 의미에서 죄수를 헤롯 안티파스에게 보냈다. 안티파스의 궁은 가까운 곳에 있었다. 누가가 말하길, 헤롯 안티파스는 매우 기뻐했다. 왜냐하면 그는 오랫동안 세례 요한의 계승자를 만나고 싶어 했고 "그분께서 일으키시는 어떤 표정이라도 볼 수 있기를 기대하고 있었기" 때문이다. 그러나 예수는 헤롯에게 아무런 대답도 하지 않을 정도로 '그 여우', 즉 요한의 살해자를 경멸했다.

안티파스는 예수에게 마술을 부려보라면서 조롱했고 왕의 예복을 입히며 '왕'이라고 불렀다. 지방성주가 세례 요한의 계승자를 구해줄 가능성은 거의 없지만, 그는 예수와 대면할 기회가 있다는 사실에 만족스러워했다. 필라테와 안티파스는 오랫동안 원수로 지냈지만, 이제는 서로 친구가 되었다. 그럼에도 예수는 로마의 골칫거리였다. 헤롯 안티파스는 그를 필라테의 법정으로 돌려보냈다. 그곳에서 필라테는 예수, 그리고 이른바 도둑들과 바라바를 재판했다. 마가에 따르면 바라바는 "반란 때 살인을 저지른 반란군들과 함께 감옥에 있었다." 이는 그 도둑들을 포함한 몇 명의 반란군들이 예수와 함께 재판을 받았음을 시사한다.

필라테는 그 죄수들 가운데 하나를 풀어줄까 하는 생각을 했다. 일부 군중은 바라바를 풀어줄 것을 요구했고, 복음서에 따르면 바라바가 풀려났다. 그러나 그 이야기는 신빙성이 없어 보인다. 로마인들은 일반적으로 살인을 한 반란군에게 사형을 내렸다. 예수는 십자가형을 선고받았지만 마태에 따르면 필라테는 "물을 받아 군중 앞에서 손을 씻으며 말하였다. 나는 이 사람의 피에 책임이 없소"라고 말했다.

"그 사람의 피에 대한 책임은 우리와 우리 자손들이 질 것이오" 하고 군중이 대답했다.

완곡하게 말하는 유순한 사람과는 전혀 거리가 멀고 폭력적이며 완강한 필라테가 피를 보기 전에 손을 씻을 필요를 느낀 적은 단 한 번도 없었다. 초기에 유대인들과 토의를 할 때 필라테는 평화로운 예루살렘 군중 사이로 민간인으로 변장한 로마군들을 들여보냈다. 필라테가 신호를 보내면 군인들은 단검을 뽑아들고 길거리에서 닥치는 대로 많은 사람들을 죽였다. 그 주에 바라바의 반란에 이미 직면했던 필라테는 분명 헤롯의 죽음 이후 유다에 만연한 왕들과 사이비 예언자들의 부활을 두려워했던 것이 분명하다. 예수는 기이하게 선동적이었으며 의심할 바 없이 인기가 있었다. 심지어 수많은 세월이 흐른 후, 요세푸스는 그 자신이 바리사이파임에도, 예수를 지혜로운 선생으로 묘사했다.

따라서 판결에 대한 전통적인 설명은 진실처럼 들리지 않는다. 복음서들은 사제들이 자신들에게는 사형을 언도할 권한이 없음을 우겼다고 주장하지만 그것은 사실과 매우 거리가 멀다. 요세푸스에 따르면 대사제는 "분란의 경우 조정을 하며 유죄판결을 받은 자들을 처벌한다." 기원후 70년 성전파괴 이후에 집필되었거나 개정된 복음서들은 유대인들에게 책임을 돌리면서 로마제국에 충성을 보이려고 로마인들을 면책시킨다. 그럼에도 예수에게 지워진 혐의와 처벌 그 자체는 사실임이 분명하다. 그것은 로마식 관행이었다.

십자가형을 받은 대부분의 사람들과 마찬가지로 예수는 끝부분에 뼛조각이나 쇳조각이 달린 가죽 채찍을 맞았다. 이렇게 잔인한 고문으로 희생자들이 죽는 경우가 많았다. 예수는 대부분 시리아 그리스 예비병들로 구성된 로마군인들이 준비한 '유대인의 왕'이라는 팻말을 걸고 채찍질로 인해 피를 많이 흘리면서 끌려갔다. 그날은 아마도 니산Nisan월 14일, 즉 기원후 33년 4월 3일 금요일이었을 것이다. 다른 두 희생자들과 함께 예수는 파티불룸patibulum, 즉 십자가의 가로대를 지고 요새의 감옥에서 나와 윗 도시의 거리들을 지나갔다. 추종자들은 사이렌의 시몬이라는 사람을 설득해 가로대를 드는 것을 돕게 했고, 예수를 추종하던 여성들은 통곡했다. 예수는 "예루살렘의 딸들아, 나를 위해 울지 말고 너희와 너희 자식들을 위해 울어라"라고 말했다. 왜냐하면 묵시가 임박했기 때문이었다. 즉 "그날이 온다"는 것이다.

예수는 마지막으로 예루살렘을 떠났고, 게나스 문Gennath Gate을 빠져나가 왼쪽으로 돌아서 구릉진 동산들과 바위를 깎아 만든 무덤과 예루살렘의 처형 언덕이 있는 곳으로 향했다. 그곳에는 해골터, 즉 골고다Golgotha*라는 꼭 맞는 이름이 붙어 있었다.

예수 그리스도의 수난

적대자들과 옹호자들이 뒤섞인 군중은 잔인하면서도 기술적인 처형 작업을 구경하기 위해서 성을 빠져나와 예수를 따라갔다. 그것은 볼 만한 구경거리였다. 예수가 처형장에 도착했을 때 해가 떠올랐고, 수직 기둥이 그를 기다리고 있었다. 그 수직 기둥은 전에도 사용되었던 것이며 그 후에도 다시 사용될 것이었다. 군인들은 예수가 정신을 잃지 않도록 관례적으로 포도주와 몰약을 권했지만 그는 거절했다. 예수의 몸에 가로대를 묶고, 들어올렸다.

요세푸스는 십자가형이 희생자를 공개적으로 비하하기 위해 고안된 가장 끔찍한 죽음**이라고 말했다. 필라테는 '유대인의 왕'이라는 예수의 팻말을 십자가에 붙이게 했다. 희생자들은 묶이거나 못 박혔다. 그 기술은 희생자들이 피를 흘리지 않고도 죽을 수 있게 했다. 못은 보통 (손바닥이 아니라) 손목과 발목에 박혔다. 예루살렘 북쪽에 있는 무덤에서 십자

---

* 이것은 전승에 따른 비아 돌로로사(십자가의 길)와는 완전히 다른 경로이다. 이스라엘의 고고학자 나만 아비가드Nahman Avigad는 요세푸스가 언급한 게나스 문이 1차 성벽의 유대인 구역 북쪽 부분에 있던 것을 밝혔다. 무슬림 시대에 그리스도인들은 안토니아 요새를 필라테가 재판을 하던 재판정으로 잘못 알고 있었다. 중세의 광신적 수도사들은 안토니아 요새부터 성묘교회까지 비아 돌로로사를 따라 십자가를 세우는 전통을 발전시켰다. 그것은 잘못된 경로임이 거의 확실하다. 골고다는 '해골'을 뜻하는 아람어에서 온 말이며, 칼바리Calvary는 해골을 뜻하는 라틴어 'calva'에서 온 말이다.
** 기원전 74년 젊은 율리우스 카이사르가 해적들에게 붙잡힌 적이 있었다. 그는 몸값을 지불하고 풀려난 후 해적들을 잡아서 십자가에 매달았다. 그런데 그들이 자신을 정중하게 대해준 대가로 가능한 한 인간적인 방법으로 처형했다. 자비롭게도 십자가에 매달기 전에 그들의 목을 자른 것이다. 십자가형은 동방에서 유래되었다. 다리우스 대제는 바빌로니아의 반란군들을 십자가형에 처했다. 그리고 그리스인들이 그것을 도입했다. 우리가 본 바와 같이, 알렉산더 대제는 티레인들을 십자가형에 처했다. 안티오코스 에피파네스와 유대 왕 알렉산더 야나에우스는 예루살렘의 반란자들에게 십자가형을 내렸다. 카르타고인들은 항복하지 않는 장군들을 십자가에 매달았다. 기원전 71년 로마의 스파르타쿠스 노예 반란 진압은 대규모 십자가형으로 끝이 났다. 십자가에 사용된 나무가 오늘날 이스라엘 크네세트Knesset에서 가까운 11세기의 십자가 수도원 요새에서 발견되었다고 전해진다. 십자가 수도원은 오랫동안 예루살렘의 그루지야정교회Georgian Orthodox Church의 본부였다.

가에 처형된 유대인의 뼈가 발견된 적이 있는데 뼈만 남은 발목에 4.5인치 쇠못이 여전히 박혀 있었다. 십자가 희생자들에게서 나온 못들은 유대인들과 이방인들 모두에게 질병을 쫓기 위해 목에 거는 부적으로서 인기가 있었다. 따라서 훗날 그리스도교의 십자가 관련 유물 숭배는 실제로 오랜 전통의 일부라고 할 수 있다. 희생자들은 보통 알몸으로 십자가에 박혔는데 남성들은 몸을 밖으로 향하게 하고, 여성들은 안으로 향하게 했다.

처형자들은 고통을 늘리거나 혹은 빨리 끝나게 하는 데 전문가였다. 그들의 목표는 예수를 빨리 죽이는 것이 아니라 로마의 권력을 무시하는 것이 헛된 일임을 증명하는 것이었다. 예수는 아마도 그리스도교 예술 작품에 나타나는 것처럼 팔을 뻗은 상태로 십자가에 못 박혔을 가능성이 가장 크며 엉덩이 아래는 세딜sedile이라는 작은 쐐기가, 발 아래는 수페다눔suppedanum이라는 받침대가 몸을 지탱해주었을 것이다. 이러한 배치는 예수가 수 시간, 심지어 수 일 동안 살아 있었을 수도 있음을 의미했다. 죽음을 앞당기는 가장 빠른 방법은 다리를 부러뜨리는 것이었다. 그렇게 하면 체중이 팔에 실리게 되면서 희생자는 10여 분 안에 질식한다.

몇 시간이 흘렀다. 적대자들은 예수를 조롱했고, 지나가는 사람들은 야유를 보냈다. 예수의 친구 막달라 마리아가 예수의 어머니 마리아, 그리고 이름이 밝혀지지 않은 '예수가 사랑한 제자(아마 예수의 동생 야고보일 것으로 생각됨)'와 함께 자리를 지켰다. 예수의 지지자인 아리마데 출신의 요셉도 예수를 찾아왔다. 낮의 열기가 달아올랐다가 식었다. 예수는 "목마르다"라고 말했다. 예수를 추종하던 여성들이 해면을 포도주와 히솝풀hyssop에 적신 다음 갈대에 꽂아 예수의 입으로 올려주었으므로 예수는 그것을 빨 수 있었다. 때때로 예수는 절망한 듯 보였다. "나의 신이여, 나의 신이여, 어찌하여 저를 버리셨습니까?" 예수는 〈시편〉 2편 2절을 인용하며 소리쳤다. 그런데 신이 그를 버린다는 것은 무슨 의미일까? 예수는 신이 마지막 날을 시작할 것이라고 기대한 것일까?

예수는 힘이 빠지면서 어머니를 보았다. 예수는 "이 사람이 어머니의 아들입니다"라고 말하면서 사랑하는 제자에게 어머니를 보살펴줄 것을 부탁했다. 함께 있었던 제자가 예수의 동생이었다면 그것은 앞뒤가 맞는 얘기다. 그 제자가 마리아를 쉬게 하려고 데려갔기 때문이다. 군중들은 흩어졌음이 분명하다. 밤이 되었다.

십자가형은 열사병, 배고픔, 목 졸림, 충격, 목마름을 통한 느린 죽음이며 예수는 아마도 채찍질로 인해 피를 흘리고 있었을 것이다. 예수는 갑자기 한숨을 쉬었다. 그러고는 "다 이루어졌다"고 말하며, 의식을 잃었다. 예루살렘에 긴장이 감돌고 안식일과 유월절이 임박한 상태에서, 필라테는 처형 담당자들에게 일을 빨리 끝낼 것을 명령했음이 틀림없다. 군인들은 도적 혹은 반군일 수도 있는 두 남자의 다리를 부러뜨려 질식하게 했는데 예수의 차례가 되었을 때 그는 이미 죽은 것으로 보였다. 따라서 군사 하나가 창으로 그분의 옆구리를 찔렀다. 그러자 곧 피와 물이 흘러나왔다. 예수를 죽인 것은 사실상 그 창이었을지도 모른다.

아리마데 출신의 요셉은 필라테에게 시신을 요구하기 위해 서둘러 법정으로 갔다. 희생자들은 일반적으로 십자가 위에서 썩어 독수리의 먹이가 되도록 놓아두지만 유대인들은 신속한 장례를 치렀던 것으로 믿어진다. 필라테는 동의했다.

유대인들은 기원후 1세기에 시체를 땅속에 묻지 않았고, 수의에 싸서 바위무덤에 두고는 가족들이 수시로 살펴보았다. 이는 단순히 정신을 잃은 게 아니라 실제로 죽었는지를 확인하기 위한 것이었다. '죽은 사람'이 다음 날 아침 살아난 경우는 매우 드물지만 아주 없지는 않았다. 시체는 부패하도록 1년간 놓아두며 그다음 유골함에 뼈를 수습하는데, 대부분의 경우 유골함 바깥에 이름을 새겨 바위무덤 안에 둔다.

요셉과 예수의 가족 그리고 추종자들은 시신을 내려 재빨리 인근 동산의 사용하지 않은 무덤을 찾아 그곳에 예수를 묻었다. 시신은 값비싼 향유로 처리되고 수의로 감쌌다. 이 수의는 피밭의 성벽에서 약간 남쪽에 있는 무덤에서 발견된 1세기의 수의와 같은 종류의 것인데 이 수의에는 사람의 머리카락 뭉치가 남아 있다(그러나 유명한 토리노 수의Turin Shroud와는 다르다. 토리노 수의는 1260년에서 1390년 사이의 것으로 추정된다). 십자가 처형장소와 무덤을 모두 포함하고 있는 현재의 성묘교회는 그 후 3세기 동안 현지 그리스도인들에 의해 그 전통이 지켜진 것을 볼 때 정확한 장소라 할 수 있다. 필라테는 가야바의 요청에 따라 "그의 제자들이 밤에 와서 시체를 훔쳐 내고는 '그분은 죽은 이들 가운데에서 되살아나셨다'고 말할지 몰라서" 예수의 무덤 주변에 수비병을 배치했다.

이 지점까지 예수의 수난(라틴어로 'patior', 즉 고통을 당하다) 이야기는 우리의 유일한 문헌인 복음서들에 기초하지만 한 유대인 예언자이자 마법사의 삶과 죽음을 믿는 데에 반드시 종교가 필요한 것은 아니다. 아무튼 십자가에서 처형된 후 3일째 되던 날인 일요일 아침, 누가의 말에 의하면 예수의 가족 가운데 여성들과 추종자들(어머니와 헤롯 안티파스의 집사장의 아내 요안나Joanna 등을 포함)이 무덤을 찾아왔다. "그들이 보니 무덤에서 돌이 이미 굴려져 있었다. 그래서 안으로 들어가보니 주 예수님의 시신이 없었다. … 여자들이 당황하고 있는데 눈부시게 차려입은 남자 둘이 그들에게 나타났다. 여자들이 두려워하자… 두 남자가 그들에게 말하였다. 어찌하여 살아계신 분을 죽은 이들 가운데서 찾느냐? 그분께서는 여기에 계시지 않는다. 되살아나셨다."

두려워하던 제자들은 유월절 기간 동안 올리브 산에 숨어 있었지만 예수는 여러 차례 그들과 어머니에게 나타나 "두려워하지 말라"고 말했다. 도마Thomas가 부활을 의심하자 예수는 그에게 손과 옆구리에 있는 상처를 보여주었다. 며칠 후 예수는 그들을 데리고 올리브 산으로 갔고 그곳에서 하늘로 올라갔다. 이 부활은 추악한 죽음을 삶의 변혁적 승리로 전환시켰으며, 그리스도교 신앙의 결정적 순간이며, 부활절로 기념되는 날이다.

이 신앙을 공유하지 않은 사람들에게 그런 사실들은 증명될 수 없다. 마태는 그 사건들에 대해 오늘날까지도 유대인들 사이에 퍼져 있는 당시의 반대의견을 밝힌다. 대사제들은 즉시 무덤을 지키던 수비병들에게 돈을 주고는 모든 사람들에게 "예수의 제자들이 밤중에 와서 우리가 잠든 사이에 시체를 훔쳐갔다"고 말하도록 시켰다.

고고학자들은 단순히 친구들과 가족들이 시신을 옮겨서 예루살렘 근처 어딘가의 또 다른 바위무덤에 묻었다고 믿기도 한다. 고고학자들은 '예수의 동생 야고보', 심지어는 '요셉의 아들 예수'와 같은 이름들이 새겨진 유골함을 발굴한 적도 있다. 그러한 것들은 뉴스의 헤드라인을 차지하곤 했다. 일부는 사기로 밝혀졌지만 대부분은 예수와는 아무 관련이 없는 흔한 유대인의 이름이 새겨진 기원후 1세기 때의 무덤들이었다.*

---

* 기원후 2세기 또는 3세기 그노시스파Gnostics(영지주의) 고사본, 〈베드로서〉가 19세기에 이집트에서 발견 되었는데 여기에 시신의 증발에 대한 신비로운 이야기가 담겨 있다. 기원전 70년을 전후로 쓰인 가장 오래된 복음서인 〈마가복음〉은 예수가 무덤에 묻히는 것으로 끝나며, 부활은 언급돼 있지 않다. 부활에 대한 마가의 설명은 이후에 덧붙여진 것이다. 〈마태복음〉은 기원후 80년경에 쓰였고, 〈누가복음〉은 〈마가복음〉과 다른, 알려지지 않은 원전을 토대로 쓰였다. 따라서 이 세 복음서는 공관복음서라 불린다. 그리스어로 '함께 본다'는 뜻이다. 누가는 십자가 처형 당시 예수의 가족들 역할을 최소화시켰지만, 마가는 야고보의 어머니, 요세Jose, 그리고 예수의 누이를 언급했다. 가장 나중에 쓰인 복음서인 〈요한복음〉은 아마도 기원후 1세기 말에 쓰였으며 다른 복음서에 비해 가장 신성화된 예수를 그리고 있으면서도, 예수의 초기 예루살렘 방문을 보다 상세하게 설명하고 있다.

예루살렘은 유월절을 지냈다. 유다는 은을 부동산(아마도 지옥의 골짜기에 있는 예루살렘 남쪽 아켈다마의 공동묘지)에 투자했으며, 그곳에서 "배가 터지고 내장이 모조리 쏟아졌다."* 제자들이 은신처에서 나왔을 때 그들은 시온 산 이층 방의 만찬실로 향했고, 그때 갑자기 하늘에서 거센 바람이 불어왔다. 성령은 그들이 예루살렘에 있는 다른 언어들로 말할 수 있게 했으며, 예수의 이름으로 치료를 할 수 있게 했다. 베드로와 요한이 일일 기도를 위해 아름다운 문을 통해 성전으로 들어갈 때 불구자 하나가 그들에게 구걸을 했다. 베드로와 요한이 "일어나 걸으라"라고 말하자 그는 일어나 걸었다.

사도들은 예수의 형제를 '예루살렘의 감독', 즉 나사렌Nazarene(나사렛 사람들)이라는 이름을 한 유대교 종파의 지도자로 선출했다. 이 종파는 예수가 죽은 지 얼마 지나지 않아 성장한 것이 틀림없으며 "예루살렘 교회는 큰 박해를 받기 시작하였다." 그리스어를 쓰는 예수의 제자들 가운데 한 명인 스데반Stephen은 "지극히 높으신 분께서는 사람의 손으로 만든 집에는 살지 않으십니다"라면서 성전을 비판했다. 대사제가 사형을 선고할 자격이 없다는 것을 증명하는 가운데 스데반은 산헤드린에 의해 재판을 받았고 아마도 오늘날의 다마스쿠스 문 쪽의 성벽 바깥에서 돌을 맞았던 것 같다. 스데반은 최초의 그리스도교 '순교자'였다. 순교자는 '증인'을 뜻하는 그리스어 단어에서 온 것이다. 그러나 야고보와 나사렛 사람들은 실천적인 유대인이면서도 예수에게 충성했으며 이후 30년간 성전에서 가르치고 기도를 했다. 야고보는 그곳에서 경건한 유대인으로서 널리 존경을

---

*〈사도행전〉에 이 이야기가 나오긴 하지만 마태의 관점은 다르다. 후회에 가득한 유다가 성전에 은을 던져넣었고 대사제(그는 피가 묻은 돈을 성전 금고에 넣을 수는 없었다)는 그 돈을 나그네들을 묻는 공동묘지에 투자한다. 그 후 유다는 목을 매 자살한다. 아켈다마(피밭)는 중세까지 공동묘지로 남아 있었다.

받았다. 예수의 유대교 설교자들은 예수 전후에 있던 다른 많은 설교자들보다 분명 더 특별한 것은 없었다.

예수의 적들은 번영하지 못했다. 십자가형이 있은 지 얼마 후 필라테는 흥분한 군중들을 향해 게리짐 산에서 모세의 유골함을 발견했다고 설교한 사마리아의 한 사이비 예언자로 인해 곤란을 당했다. 필라테는 기병들을 보내 그의 추종자들 가운데 많은 수를 죽였다. 필라테 총독은 이미 예루살렘을 공개적인 폭동의 위기로 몰아간 적이 있었다. 이제는 사마리아인들도 필라테의 잔인함을 비난했다.

시리아 총독은 예루살렘의 질서를 회복해야 했다. 그는 가야바와 필라테를 해고했고 필라테는 로마로 송환됐다. 이 조치는 매우 인기가 있어서 예루살렘인들은 그 로마 총독을 매우 환영했다. 필라테는 역사에서 사라졌다. 한편 티베리우스는 헤롯 안티파스에게 싫증이 나기 시작했다.[49] 그러나 그것이 헤롯 왕조의 끝은 아니었다. 헤롯 가문은 매우 모험적인 유대인 왕자들 덕분에 대단한 부흥을 눈앞에 두고 있었다. 왕자들은 로마의 미친 황제와 친분을 맺고 예루살렘을 회복하려고 했다.

12장
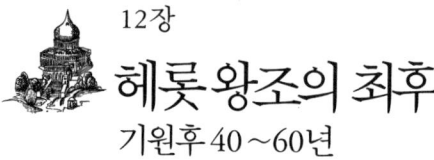
헤롯 왕조의 최후
기원후 40~60년

칼리굴라의 친구, 헤롯 아그리파

청년 헤롯 아그리파는 로마에서 황족들과 함께 성장했고 티베리우스 황제의 아들 드루수스^{Drusus}와 절친한 친구가 되었다. 매력적이며 낭비벽이 있고 외향적이었던 헤롯 아그리파(헤롯 대제와 마리암매의 손자이자 헤롯 대제가 처형한 아들 아리스토불로스의 아들)는 황제의 아들과 충직한 군중을 지탱하기 위해 거액의 빚을 졌다.

기원후 23년 드루수스가 일찍 죽자 마음이 상한 황제는 아들의 친구들을 더 이상 대면할 수 없었고 이에 좌절한 헤롯 아그리파는 갈릴리로 갔다. 갈릴리는 아그리파의 누이 헤로디아와 결혼한 안티파스가 다스리고 있었다. 안티파스는 아그리파에게 티베리아의 한직을 맡겼지만 그런 지루한 임무는 아그리파에게 어울리지 않았다. 그는 곧 가문의 고향인 이두매아로 도망쳐 그곳에서 자살을 시도했다. 그런데 이 방탕한 한량이 있는 곳에는 언제나 사건이 끊임없이 일어났다.

예수의 십자가 처형에 즈음해, 헤롯 가문의 북쪽 영토 지방성주인 필립이 사망했다. 안티파스는 황제에게 자신의 영지를 확장해줄 것을 요청했다. 티베리우스는 항상 헤롯 아그리파를 호의적으로 생각했다. 따라서 아그리파는 자신의 몫을 주장하고 삼촌을 깎아내리기 위해 카프리에 있는 황제의 저택으로 달려갔다. 그는 티베리우스가 주피터^{Jupiter} 저택에서 우울하게 살고 있다는 것을 알았다. 역사가 수에토니우스^{Suetonius}에 의하면 수영장에서 수영하면서 황제의 국부를 빨도록 훈련된 '피라미'라 불리는 소년들이 티베리우스의 지친 욕구를 채워주고 있었다.

티베리우스는 아그리파를 환영했다. 아그리파가 지중해 주변에 남겨둔 줄줄이 엮인 거액의 빚에 대해 듣기 전까지는 말이다. 그러나 타고난 도박꾼인 아그리파는 어머니의 친구 안토니아에게 돈을 빌려줄 것과 황제에게 호소해줄 것을 청했다. 진중하고도 매력적이었던 안토니아는 마르쿠스 안토니우스의 딸로서, 티베리우스는 그녀를 이상적인 로마 귀족으로 치켜세우며 존경했다. 티베리우스는 안토니아의 조언을 듣고는 그 유대인 악동을 용서했다. 아그리파는 받은 현금으로 빚을 갚은 것이 아니라 또 다른 파산한 왕자 가이우스 칼리굴라에게 관대한 선물을 하는 데 썼다. 칼리굴라는 고인이 된 아그리파의 친구 드루수스의 아들 게멜루스^{Gemellus}와 더불어 티베리우스의 공동 상속자였다.

기회주의적인 아그리파는 칼리굴라와 가까운 사이가 되었다. 칼리굴라는 어린 시절 작은 군복('caligae'라는 군화도 신었는데, 이 때문에 칼리굴라는 '장화소년'이라고 불렸다)을 입고 어린 마스코트로서 군단의 사열을 받은 이후로 줄곧, 인기 있는 장군 게르마니쿠스^{Germanicus}의 아들로서 사랑을 받았다. 이제 키 큰 대머리가 된 스물다섯 살의 칼리굴라는 무례하고 방종하며 미친 것이나 다름없었지만, 여전히 국민들의 사랑을 받았고 제국을 물려받는 일에 조급증을 내고 있었다. 칼리굴라와 헤롯 아그리파는 낭비적인 방탕한 삶을 산다는 것과 예루살렘에 있는 형제들의 경건함과는 매우 멀리 떨어져 있었다는 것에 공통점이 있었을 것이다. 두 사람은 카프리 근처에서 말을 타면서 티베리우스의 암살을 모의했는데, 전차병이 그들의 이야기를 듣고 말았다. 아그리파가 그 전차병을 도둑 혐의로 체포하자 그는 티베리우스 황제에게 자신이 들었던 이야기를 알렸다. 아그리파는 감옥에 던져져 사슬에 묶였지만, 친구 칼리굴라의 보호를 받았다. 그는 감옥에서도 목욕을 하고 친구들을 접대하며, 좋아하는 음식을 즐길 수 있었다.

기원후 37년 3월 티베리우스가 죽자 칼리굴라는 어린 게멜루스를 죽이고 황제에 올랐다. 그는 즉시 친구를 풀어주고 족쇄를 차고 있던 시간을 기념한다는 뜻으로 황금 족쇄를 선물로 주고 그를 왕으로 추대하며 필립의 북부 영토를 주었다. 그야말로 인생역전이었다. 동시에 아그리파의 누이 헤로디아와 예수가 미워한 '여우', 안티파스가 그 결정을 무효화하기 위해 로마로 와서 자기들 몫의 왕국을 챙겼다. 그러나 아그리파는 그들을 깎아내리고 그들이 반란을 계획하고 있다는 혐의를 제기했다. 칼리굴라는 세례 요한의 살인자, 안티파스를 폐위시키고(그는 이후 리옹Lyons에서 죽었다) 그의 모든 영토를 헤롯 아그리파에게 주었다.

새로운 왕은 칼리굴라와 가까운 곳에 머물기를 좋아하여 자기 왕국을 거의 방문하지 않았다. 칼리굴라의 잔인한 성격은 그를 로마의 총아에서 압제자로 빠르게 변화시켰다. 전임 황제들과 같은 군사적인 업적이 없는 상태에서 칼리굴라는 제국 전체는 물론 예루살렘 성전의 지성소에서도 자신의 동상에 경배하도록 명령함으로써 권력을 강화하려 애썼다. 예루살렘은 반기를 들었다. 유대인들은 반란을 준비했으며 시리아 총독에게 대표단을 보내 그러한 불경을 참느니 "유대인의 온 나라가 첫 번째 희생제물이 되는 것이 나을 것"이라고 말했다. 알렉산드리아에서는 그리스인들과 유대인들 사이의 민족분쟁이 터졌다. 양측이 칼리굴라에게 대표단을 보냈을 때 그리스인들은 유대인들이 칼리굴라의 동상 앞에 경배하지 않는 유일한 민족이라고 주장했다.

다행히도, 아그리파 왕은 아직 로마에 있었고 점점 흉포해지는 칼리굴라와 그 어느 때보다 친분이 있었다. 황제가 골 지방으로 원정을 떠날 때, 이 유대인 왕도 수행단에 포함되었다. 그러나 칼리굴라는 전쟁 대신 승리를 기념하는 조개껍질을 모으면서 바다에 대고 승리를 선언했다.

칼리굴라는 시리아 총독 페트로니우스^{Petronius}에게 자신의 명령을 실행하고 예루살렘을 짓밟아버리라고 명령했다. 헤롯 가문의 왕자들이 이끄는 유대인 대표단은 페트로니우스에게 마음을 바꿔달라고 간청했다. 페트로니우스는 그대로 하면 전쟁이고, 거절하면 자신이 죽는다는 것을 알고 망설였다. 그러나 방탕한 기회주의자 헤롯 아그리파는 갑자기 나서서 유대인들을 옹호했고 용감하게도 예루살렘을 대변하는 가장 놀라운 편지를 칼리굴라에게 보냈다.

> 황제께서도 아시다시피, 저는 유대인으로 태어났으며, 제가 태어난 곳은 가장 높은 신의 거룩한 성소가 있는 예루살렘입니다. 나의 주 가이우스여, 그 성전은 진정한 신의 성소이기 때문에 처음부터 사람의 손으로 만든 어떤 우상도 허용한 적이 없습니다. 폐하의 조부이신 (마르쿠스) 아그리파께서는 성전을 방문하여 경의를 표했고 또한 아우구스투스 황제께서도 그러하셨습니다. (그다음 아그리파는 칼리굴라가 베풀어 준 호의에 감사를 표하지만) 저는 (그 모든 은혜를) 단 한 가지, 침범해서는 안 될 조상들의 유산과 바꾸겠습니다. 저는 저 자신을 배반하거나 혹은 이제는 지금까지와 달리 폐하의 친구로 지내지 않는 수밖에 없습니다. 다른 선택은 없습니다.*

'자유 아니면 죽음'이라는 강한 허세는, 비록 과장된 것이라고는 해도, 칼리굴라에게 보내기에는 무척 위험한 편지였다. 그러나 이러한 왕의 개입은 분명 예루살렘을 구원했다.

어느 연회에서 황제는 즉위하기 전 아그리파에게 받은 도움에 감사를 표하고 그의 요청은 무엇이든 들어주겠다고 말했나. 아그리파는 성진에 칼리굴라의 동상을 놓지 말아달라고 부탁했고, 칼리굴라는 동의했다.

헤롯 아그리파와 황제 클라우디우스

기원후 37년 칼리굴라는 기이한 질병에서 회복된 후 점점 더 정신을 잃어갔다. 문헌들에 따르면 그 후 수년 동안 칼리굴라는 자신의 세 누이들과 근친상간을 했고 그 누이들을 다른 남자들에게 창녀로 팔았으며 자기의 말馬을 집정관으로 임명했다. 칼리굴라의 이러한 행동 때문에 로마의 많은 지배층들이 그에게서 멀어졌고 공포에 떨었다. 그러나 그런 스캔들의 진위 여부를 평가하기는 쉽지 않다. 그 후 칼리굴라는 자기 누이와 결혼했고, 그녀가 임신을 하자 자궁에서 아기를 들어낸 것으로 전해진다. 하녀들에게 입을 맞추고는 "내가 기쁠 때마다 이 아름다운 목이 잘려나가리라"라고 읊조렸고, 집정관들에게는 "내가 고개만 한 번 끄덕이면 너희의 목은 그 자리에 떨어질 것"이라고 말했다. 그가 가장 좋아하는 문구

---

* 아그리파는 마카베오 가문과 헤롯 가문에게 "내 생각엔 대사제 직함을 갖고 있던 나의 할아버지들과 조상들, 왕들의 대부분이 그들의 왕권을 대사제직보다 더 낮게 여겼습니다. 대사제직을 갖는 것은 신이 인간을 초월하는 것만큼이나 탁월함에 있어서 왕을 능가합니다. 대사제직이 신을 경배하는 것이라면 왕은 사람을 책임지는 것입니다. 그러한 나라, 도시, 성전이 내게 맡겨진 운명이니, 나는 여러분께 그 모든 것을 요청합니다"라고 말했다.

는 "로마에 목이 있기만 하다면"이었지만, 어리석게도 그는 '프리아포스Priapus'와 같은 마술적 주문으로 남자다운 근위병들을 희롱하는 것 역시 좋아했다. 그 주문은 통하지 않았다.

기원후 41년 1월 24일 대낮에 칼리굴라는 헤롯 아그리파를 대동하고 포장된 산책로를 지나 극장으로 향했다. 그때 근위병 장교 가운데 한 명이 칼을 뽑으며 소리쳤다. "저 놈을 잡아라!" 칼은 칼리굴라의 어깨에 꽂혀 살점이 반이나 떨어져 나갔지만 칼리굴라는 굴하지 않고 계속해서 소리쳤다. "나는 아직 살아 있다." 그러자 반란군들은 "다시 공격하라"라고 소리쳤고 칼리굴라의 목숨을 끊어버렸다. 칼리굴라의 게르만 용병들은 길거리를 다니며 약탈했고 근위병들은 팔라티노 언덕Palatine Hill에 있는 황제의 궁을 약탈하고 칼리굴라의 아내를 죽이고 아기의 머리를 내동댕이쳤다. 한편 원로원은 황제들의 폭정을 끝내고 공화국을 복원하고자 했다.

헤롯 아그리파는 칼리굴라의 시신을 손에 넣고 황제가 다쳤지만 여전히 살아 있다고 선언하면서 시간을 버는 한편, 근위병 부대를 데리고 궁으로 갔다. 그들은 휘장 뒤에서 누군가가 떨고 있는 것을 눈치챘고 거기서 클라우디우스Claudius를 발견했다. 그는 절름발이에 말더듬이 학자로 칼리쿨라의 삼촌이자 아그리파 친족의 친구인 안토니아의 아들이었다. 그들은 함께 클라우디우스를 황제로 추켜세웠고 방패에 올려 막사로 데리고 갔다. 공화주의자인 클라우디우스는 영광을 거부하려 했으나 유대인 왕은 그에게 왕관을 받아들일 것을 충고했고 그를 황제로 승인하도록 원로원을 설득했다. 그 전에도 후에도, 심지어 현대에도, 경건하지 않은 유대인이 그와 같은 권력을 가진 적은 결코 없었다. 새로운 황제 클라우디우스는 끈기 있고 지각 있는 지도자인 것으로 드러났으며 친구에게 예루살렘과 헤롯 대제의 왕국 전체뿐만 아니라 집정관의 지위까지 선물함으로써 보상을 했다. 아그리파의 형제까지 왕국을 하사받았다.

헤롯 아그리파는 한 푼 없는 한량으로 예루살렘을 떠났다. 그런 그가 유다의 왕이 되어 돌아왔다. 그는 성전에서 희생제사를 드렸고, 모여든 백성들을 향해 진지하게 〈신명기〉를 읽었다. 그가 자신의 복잡한 출신 성분을 말하며 눈물을 흘리고 행운의 상징인 칼리굴라의 황금 족쇄를 성전에 바치자 유대인들은 마음을 움직였다. 아그리파는 '그 거룩한 도시'를 유다뿐만 아니라 유럽과 아시아 전역에 있는 유대인들의 '모태도시'로 여겼다. 예루살렘은 이 새로운 헤롯에게 정복되었으며 동전에는 '위대한 왕 아그리파, 황제의 친구'라는 글이 새겨졌다. 아그리파는 예루살렘 밖에서는 로마-그리스의 왕처럼 살았지만 예루살렘 안에서는 유대인으로 살았으며 성전에서 매일 희생제사를 지냈다. 그는 커져가는 예루살렘을 꾸미고 요새화했으며 새로운 베세다^{Bezethda} 교외, 즉 발굴된 북쪽 지구를 포함하는 제3성벽을 추가했다.

그럼에도 아그리파는 여전히 예루살렘의 긴장을 다스리기 위해 씨름했다. 그는 2년 동안 세 명의 대사제를 연속으로 임명했고 유대계 그리스도인들을 반대했다. 이는 로마의 유대계 그리스도인에 대한 클라우디우스의 탄압과 일치하는 것일지 모른다. 그들은 '크레스투스^{Chrestus}(그리스도)의 선동'에 따른 무질서를 이유로 쫓겨났다. 〈사도행전〉은 "그즈음 헤롯 왕이 교회에 속한 몇몇 사람을 해치려고 손을 뻗쳤고" 야고보(예수의 동생이 아닌 같은 이름의 다른 제자)의 목을 베었다고 말한다. 헤롯은 또한 베드로를 체포했으며 유월절 이후 처형할 계획을 세웠다. 베드로는 아무튼 살아남았다. 그리스도인들은 그것을 기적으로 칭송했지만 다른 문헌들에 따르면 헤롯 왕이 아마도 군중에 대한 선물로서 그를 석방했을 뿐인 것 같다.

아그리파는 자신을 황제로 만들면서 우쭐해했다. 아그리파는 로마의 허락을 구하지도 않고 티베리아로 지역 왕들의 정상회담을 소집했다. 로마인들은 놀랐고 왕들에게 해산을 명령했다. 클라우디우스는 예루살렘에서 더 이상의 요새 건축을 중단시켰다. 그 후 아그리파는 그리스의 신왕처럼 금으로 덮인 옷을 입고 카이사레아의 광장에 법정을 열었다. 그는 당시 복통을 수반하는 질병을 앓고 있었다. 〈사도행전〉은 "그는 벌레들에게 먹혀 숨을 거두었다"고 말한다. 유대인들은 그의 회복을 빌며 베옷을 입고 앉아 기도했지만 허사였다. 아그리파는 유대인 온건주의자와 유대인 광신자, 로마인들을 통합시키는 카리스마와 감각이 있었다. 예루살렘을 구원할 수도 있었던 유일한 사람이 죽었다.50)

예수 종파의 분열

헤롯 아그리파의 죽음은 폭동을 유발시켰다. 클라우디우스는 아그리파의 아들이자 동명인 아그리파 2세에게 왕국을 주려고 했다. 그러나 그는 겨우 열일곱 살에 불과했고, 일촉즉발의 왕국을 다스리기에는 너무 어리다는 조언을 들었다. 아그리파 2세를 왕으로 만드는 대신 클라우디우스는 로마의 행정장관에 의한 직접 지배를 부활시켰고 죽은 아그리파의 동생, 칼키스Chalcis의 헤롯 왕에게 대사제들을 임명하고 성전을 관리할 권한을 부여했다. 그 후 25년 동안 예루살렘은 로마인 행정장관과 헤롯 가문 왕 사이의 모호한 공동 지배체제로 운영되었다. 그러나 그리스인, 유대인, 사마리아인들 사이의 민족 갈등과 연속되는 돌팔이 예언자들에 의한 소동, 부유한 친로마 유력자들과 가난한 종교적 유대인들 사이의 간격을 쉽사리 메울 수는 없었다.

유대계 그리스도인들, 즉 예수의 동생 야고보와 소위 장로들이 이끄는 나사렛 사람들은 계속 예루살렘에서 살고 있었다. 초기의 제자들은 유대인으로서 성전에서 예배를 드렸다. 그러나 예수는 로마의 질서에 도전한 설교자들의 최후와는 매우 거리가 멀었다. 요세푸스는 사이비 예언자들의 출현을 순서대로 나열하고 있으며, 그중 대부분이 로마에 의해 사형당했다.

행정장관들은 별로 도움이 되지 않았다. 넘치는 예언자들에 대한 그들의 대응은 필라테와 마찬가지로 추종자들을 학살하면서 한편으로는 이익을 위해 그 지방을 쥐어짜는 것이었다. 어느 해 유월절에는 예루살렘에서 한 로마군인이 자신의 아랫도리를 노출했고 그것이 폭동을 유발시켰다. 행정장관은 군인들을 보냈고 군인들은 진압을 시작하면서 좁은 골목에서 수천 명을 질식시켰다. 몇 년 후, 유대인과 사마리아인 사이에 전쟁이 터졌을 때, 로마는 많은 유대인들을 십자가에 처형했다. 양편 모두 로마에 호소했다. 사마리아인들이 성공할 뻔했지만, 로마에서 교육받은 젊은 아그리파는 실세인 클라우디우스의 아내 율리아 아그리피나$^{\text{Julia Agrippina}}$를 설득했다. 황제는 유대인들을 지지했고, 그뿐 아니라 예루살렘에서 모욕을 당했다는 이유로 행정장관을 소환해 처형했다. 아버지와 칼리굴라의 관계와 마찬가지로 아그리파 2세는 클라우디우스뿐 아니라 그의 상속자 네로와도 친했다. 삼촌인 칼키스의 헤롯이 죽자 아그리파 2세는 예루살렘의 성전을 관장할 수 있는 특별 권한을 가진 레바논 일대의 왕이 되었다.

역시 노망이 든 클라우디우스는 로마에서 아마도 버섯요리를 먹고 아그리피나에 의해 독살된 것 같다.* 새로 왕이 된 10대의 네로는 아그리파 2세에게 갈릴리, 시리아, 레바논에 걸친 더 많은 영토를 하사했다. 아그리파는 감사의 표시로 수도 카이사레아 필리피를 네로니아스^{Neronias}로 개명했고 전설적인 '필로 카이사르Philo-Caesar'가 새겨진 동전을 통해 네로와의 친분을 과시했다. 그러나 네로의 행정장관들은 부패하고 무능한 경향이 있었다. 그중 최악은 안토니우스 펠릭스Antonius Felix였다. 그는 부패한 그리스 출신 자유민이었으며, 역사가 타키투스는 그를 "탐욕스럽고 온갖 종류의 잔인한 짓을 저질렀으며 노예의 본능으로 왕의 권력을 휘둘렀다"고 설명한다. 그가 클라우디우스 비서의 형제였고 (한동안) 네로의 비서와도 형제였기 때문에, 유대인들은 더 이상 로마에 호소할 수가 없었다.

아그리파 왕의 말썽 많은 누이들은 지도층 부패의 전형이었다. 아름다움에 있어 모든 여자들을 능가하는 드루실라Drusilla는 에메사Emesa의 아랍인 왕 아지주스Azizus와 결혼했다. 그러나 펠릭스가 드루실라에게 연정을 품었다. 드루실라는 만족하지 못했고 자매인 베레니스가 펠릭스와 눈이 맞아 자신은 곤란한 상황을 벗어나기를 바랐다. 칼키스의 여왕이었던 베레니스(삼촌과 결혼)는 최근의 남편인 실리시아Cilicia 왕을 버리고 자신의 오라비와 함께 살았다. 로마에는 그들이 근친상간을 한다는 소문이 돌았.

펠릭스가 유다에서 돈을 쥐어짜는 동안 시카리Sicarii(로마식 단검에서 따온 이름으로, '낫'의 어원)라는 신종 범죄단이 명절에 예루살렘 한 가운데서 유대인 유력자들을 암살하기 시작했다. 그들이 첫 번째로 성공시킨 암살 대상은 전임 대사제였다. 민족 간의 살육과 반복적으로 등장하는 사이비 예언자들을 맞닥뜨린 가운데 펠릭스는 한편으로는 자기 배를 불리면

---

* 클라우디우스는 네 번의 결혼에서 모두 불운했는데, 마지막 두 번의 결혼에서 특히 그러했다. 마지막 두 아내 가운데 한 명은 그가 죽였고 나머지 한 명은 그를 죽였다. 클라우디우스는 부정한 10대의 아내 메살리나Messalina를 반역죄로 죽인 다음 칼리굴라의 누이인 조카 율리아 아그리피나와 결혼했다. 율리아는 앞선 결혼에서 얻은 아들 네로를 왕위 계승자로 밀기 시작했다. 클라우디우스는 네로를 친아들 브리타니쿠스Britannicus와 함께 공동계승자로 임명했다. 브리타니쿠스는 클라우디우스의 브리튼 정복을 기념하여 지은 이름이었다. 황제에 즉위한 후 네로는 브리타니쿠스를 살해했다.

서 한편으로는 평화를 유지하느라 골치를 앓았다.

이 계시적 혼돈의 와중에 예수의 작은 종파는 분열이 일어나 이제 예루살렘의 유대인 지도자들과 보다 넓은 로마 세계의 이방인 신도들로 갈라졌다. 이제 예수의 모든 신도들 가운데 가장 역동적이고 극적인 사람, 다른 누구보다 더 새로운 세계 종교를 확신 시키게 될 사람이 예루살렘으로 돌아와 그리스도교의 미래를 기획했다.

그리스도교의 창시자, 바울

예루살렘은 최근의 계시적 폭력의 여파에서 회복되고 있었다. 이 집트계 유대인 하나가 방금 전 한 무리를 이끌고 올리브 산으로 올라가, 예수를 연상시키듯 자신이 성벽을 무너뜨리고 예루살렘을 차지할 것이라고 공표했다. 이 사이비 예언자는 예루살렘에 소동을 일으키려 했지만 예루살렘인들은 로마인들과 합세해 그의 추종자들을 축출했다. 펠릭스의 군대가 그들 대부분을 죽여버렸다.51) 바울Paul이 자신이 너무도 잘 알고 있었던 예루살렘에 도착했을 때는 그 주술사에 대한 수색이 한창이었다.

바울의 아버지는 바리사이파였으며 로마 시민권자가 될 수 있을 정도로 부유했다. 그는 아들(예수와 거의 같은 시기에 오늘날 터키의 실리시아에서 태어남)을 예루살렘의 성전에 보내 교육시켰다. 예수가 십자가에 처형될 때, 사울(당시의 이름)은 위협과 살육에 손을 들었다. 사울은 스데반에게 돌을 던진 사람들의 옷을 맡아두었으며 "그를 죽이는 일에 찬동하고 있었다." 천막 제작자이자 그리스어를 할 줄 아는 로마 시민권자 바리사이파 사울은 대사제의 중개인으로 일했다. 기원후 37년 다마스쿠스로 가던 길에 그는 마침내 '계시'를 체험한다. "갑자기 하늘에서 빛이 번쩍이며 그의 둘레를 비추었고" 한 목소리가 들렸다. "'사울아, 사울아, 왜 나를 박해하느냐?' 하고 자기에게 말하는 소리를 들었다." 부활한 예수는 그에게 열세 번째 사도가 되어 이방인들에게 복음을 설교할 것을 권했다.

야고보와 예루살렘의 그리스도인들은 당연히 이 새로운 개종자를 의심했다. 그러나 바울은 자신의 모든 강박적 힘을 다해 메시지를 전파하지 않으면 안 된다고 느꼈다. "내가 복음을 선포하지 않으면 나는 참으로 불행할 것입니다." 마침내 예수의 동생 야고보는 그 새로운 동지를 받아들였다. 그 후 15년간 억제할 수 없는 열정을 지닌 선동가는 동방을 여행했고 유대인의 배타성을 맹렬하게 부인하는 예수 복음을 독자적으로 설교했다. 이 이방인의 사도는 "우리를 위하여 죄를 모르시는 그리스도를 죄인으로 만드시어 우리가 그리스도 안에서 신의 의로움이 되게 하셨습니다"라는 믿음을 갖고 있었다. 바울은 부활에 초점을 맞추었으며 부활을 인간과 신 사이의 가교로 보았다. 바울의 예루살렘은 현실의 성전이 아닌 하늘의 왕국이었다.

바울의 이스라엘은 유대인 국가가 아니라 예수를 따르는 모든 사람들의 것이었다. 어떤 면에서 바울은 기이할 정도로 현대적이었다. 고대 세계의 엄격한 정서와는 다르게 사랑, 평등, 포용을 믿었기 때문이다. 그리스인과 유대인, 남자와 여자, 모두가 하나였으며 오로지 예수를 믿기만 하면 모든 사람들이 구원을 얻을 수 있었다. 바울의 서신들은 신약 성서의 4분의 1을 차지할 만큼 신약을 지배한다. 바울이 모든 사람들을 개종시키기를 바랐던 만큼 그의 환상에는 국경이 없었다.

예수에게는 몇 명의 비유대인 제자들이 있었지만 바울은 이방인들, 소위 신을 두려워하는 자들 사이에서 특히 성공을 거두었다. 이 비유대인들은 할례를 받지 않고 유대교의 관점들을 수용했다. 바울이 안티오크에서 개종시킨 시리아인들에게 최초로 '그리스도인'이라는 이름이 붙었다. 기원후 50년경 바울은 야고보와 베드로가 비유대인들을 종파에 받아들이도록 설득하기 위해 예루살렘으로 돌아왔다. 야고보는 타협안에 동의했지만 그 후 수년간 그는 바울이 유대인들을 모세의 율법에서 멀어지게 한다는 것을 깨달았다.

결혼하지 않은 금욕적 독신주의자였던 바울은 여행 중 난파, 강도, 구타, 투석을 당했지만 어떤 것도 그를 사명에서 멀어지게 하지 못했다. 그의 사명은 소박한 갈릴리 유대인을 머지않아 두 번째 강림, 즉 천국에서 귀환할 모든 인류의 구세주 예수 그리스도로 재편성하는 것이었다. 바울은 여전히 유대인이었으며 예루살렘에도 최소 다섯 번 이상 왔던 것 같다. 때때로 바울은 유대교를 새로운 적으로 규정하기도 했다. 최초의 그리스도교 사본으로 데살로니가 신자들(그리스도교로 개종한 그리스 이방인들)에게 보낸 첫째 서간에서 바울은 유대인들이 예수와 유대인들 자신의 예언자를 살해했다고 일갈했다. 바울은 신과 유대인들 사이의 계약인 할례가 유대인들의 의무일 뿐 이방인들과는 무관하다고 믿었다. "개들을 조심하십시오. 나쁜 일꾼들을 조심하십시오. 거짓된 할례를 주장하는 자들을 조심하십시오. 신의 영으로 예배하고 그리스도 예수 안에서 자랑하지 않는 우리야말로 참된 할례를 받은 사람들입니다."

이제 예루살렘의 야고보와 원로들은 바울을 부인했다. 그들은 진짜 예수를 만난 사람들이었지만 그럼에도 바울은 주장을 굽히지 않았다. "나는 그리스도와 함께 십자가에 못 박혔습니다. 이제는 내가 사는 것이 아니라 내 안에 그리스도께서 사시는 것입니다." 그는 "나는 예수님의 낙인을 내 몸에 지니고 있습니다"라고 주장했다. 거룩한 사람으로서 존경받고 있던 야고보는 바울이 유대교를 부정한다며 비난했다. 아무리 바울이라도 예수의 동생을 무시할 수는 없었다. 기원후 58년, 바울은 예수 왕조와 평화를 체결하기에 이른다.

야고보와 바울의 압박

바울은 정화를 위해 야고보와 함께 성전으로 가서 유대인 자격으로 기도를 했다. 그런데 바울이 여행 중 설교를 하는 것을 본 적이 있던 몇몇 유대인들이 그를 알아보았다. 성전의 질서유지를 담당하고 있던 로마의 백부장이 바울을 폭행에서 구해냈다. 바울이 설교를 시작했을 때 로마인들은 그를 도피 중인 이집트인 주술사라고 생각했다. 이 때문에 바울은 사슬에 묶인 채 채찍질을 당하기 위해 안토니아 요새로 끌려갔다. "로마 시민을 재판도 없이 채찍질해도 되는 것이오?" 바울이 물었다. 백부장은 이 무모한 몽상가가 네로에게 판결을 요구할 권리가 있는 로마 시민권자라는 것을 알고는 크게 당황했다. 로마인들은 대사제와 산헤드린에게 바울을 심문할 것을 허용했고 격분한 군중들이 그것을 참관했다. 바울의 대답이 너무도 모욕적이었기 때문에 그는 또다시 폭행을 당할 뻔했다. 백부장은 바울을 카이사레아에게 보내버림으로써 군중들을 진정시켰다.52)

바울의 업적이 유대계 그리스도인들에게는 오점이 되었는지도 모른다. 기원후 62년, 예수를 재판했던 안나스의 아들, 대사제 아나누스Ananus는 야고보를 체포한다. 아나누스는 산헤드린 앞에서 재판을 하고는 그를 성전 벽 아래로 떨어뜨렸다. 아마도 그곳은 그의 형 예수가 악마에게 시험을 받은 성전 꼭대기였을 것이다. 야고보는 돌과 몽둥이를 맞아 확인 사살되었다.* 예루살렘에 살고 있던 요세푸스는 이 일로 대부분의 유대인들이 깜짝 놀랐다고 말하면서 아나누스를 '야만인'이라고 비난했다. 예수의 동생 야고보는 널리 존경받고 있던 사람이었다. 아그리파 2세는 즉시 아나누스를 해고했다. 그리스도인들은 계속해서 왕조를 유지했다. 예수와 야고보는 그들의 사촌이지 이복형제인 시몬에 의해 계승되었다.

한편 바울은 죄수 신분으로 카이사레아에 도착했다. 행정관 펠릭스는 헤롯 가문 출신의 아내, 이전의 여왕 드루실라와 함께 바울을 맞았고 뇌물을 대가로 석방을 제안했다. 바울은 거절했다. 펠릭스는 그보다 더 급한 걱정거리가 있었다. 유대인들과 시리아인들 사이에 싸움이 벌어졌던 것이다. 펠릭스는 많은 유대인들을 죽였고 바울을 감옥에 남겨둔 채 로마로 소환되었다.**

헤롯 아그리파 2세와 그의 누이, 즉 칼키스와 실리시아의 이전 여왕(그리고 아마도 아그리파의 근친상간 연인) 베레니스는 새로운 행정관을 영접하기 위해 카이사레아를 방문했다. 새로운 행정관은 필라테가 예수를 안티파스에게 보낸 것처럼 이 그리스도인의 재판 사건을 아그리파 왕에게 넘겼다.

바울은 크게 위엄을 갖추고 비스듬히 기대앉은 왕과 왕비에게 그리스도교의 복음을 설교했다. 그리고 이 온건한 왕에게 맞추어 영리하게 메시지를 다듬었다. "왕은 유대인의 모든 관습을 잘 알고 있는 분이십니

---

* 야고보의 머리는 또 다른 야고보의 머리(아그리파 1세가 죽인 성 야고보의 머리)와 나란히 묻혔고 그곳은 아르메니아 구역의 성당이 되었다. 이로 인해 그 성당의 이름은 복수형인 성 야고보들의 성당 St. Jameses' Cathedral이 되었다. 성인들의 머리는 유럽의 성골함들로 확산되는 경향이 있었다. 사도 성 야고보의 또 다른 머리(그리고 머리 없는 몸통)가 10세기 스페인에서 발견되어 산티아고(성 야고보) 콤포스텔라Santiago Compostela 제단의 중심이 되었으며, 오늘날까지도 활기 넘치는 성지로 남아 있다.
** 펠릭스와 드루실라에게는 폼페이Pompeii에 사는 아들이 하나 있었다. 기원후 79년 화산폭발로 폼페이가 무너졌을 때 아들과 드루실라는 재 속에 묻혀 죽었다.

다. 아그리파 왕이시여, 예언자들을 믿으십니까? 믿으시는 줄로 압니다."

왕은 "당신은 나를 설득하여 그리스도인으로 행세하게 만들겠군"라고 대답했다. "이 사람이 황제에게 상소하지 않았으면 풀려날 수 있었을 것입니다." 그러나 바울은 이미 네로에게 재판을 청구했고 곧 그에게로 가야만 했다.53)

요세푸스, 혁명의 전야를 기록하다

네로의 판결을 기다리는 유대인은 바울만이 아니었다. 펠릭스는 성전의 몇몇 불운한 사제들을 재판하도록 황제에게 보낸 바 있었다. 이 사제들의 친구, 스물여섯 살의 요셉 벤 마티아스Joseph ben Matthias는 로마로 가서 동료 사제들을 구하기로 결심했다. 요세푸스라는 이름으로 더 잘 알려진 이 사람은 여러 가지 일을 했지만(반란군 사령관, 헤롯 가문의 대리인, 황제의 참모 등) 그중에서도 가장 중요한 것은 예루살렘 최고의 역사가라는 사실이었다.

요세푸스는 마카베오 가문의 후손이자 유다의 지주였던 어느 사제의 아들이었으며 예루살렘에서 자랐다. 예루살렘에서 요세푸스는 학식과 지혜로 인해 존경을 받았다. 10대 시절 그는 유대교의 세 개 주요 종파들을 체험해보았고, 심지어 사막의 일부 금욕주의자들과도 어울렸으며, 그 후 예루살렘으로 돌아왔다.

로마에 도착했을 때 요세푸스는 치명적이면서도 황제의 총애를 받는 한 유대인 배우를 만났다. 네로는 자기 아내를 죽였고, 붉은 머리칼과 창백한 피부의 아름다운 유부녀 포파에아Poppaea와 사랑에 빠졌다. 포파에아는 왕비가 되자 네로를 부추겨 그의 사악한 어머니 아그리피나를 죽이게 했다. 그럼에도 포파에아는 반유대인 출신의 '신을 두려워하는 자들' 가운데 하나였다. 배우 친구를 통해 요세푸스는 여왕에게 접근했고, 여왕은 요세푸스의 친구들이 석방되도록 도왔다. 요세푸스가 일을 잘 완수하고 예루살렘으로 돌아왔을 때 그와 친구들은 예루살렘이 로마에 대한 반란의 희망으로 가득 찬 것을 발견했다. 그러나 반란이 필수불가결한 것은 아니었다.

요세푸스와 포파에아의 친분관계는 로마와 예루살렘 사이의 연결 통로가 여전히 열려 있다는 것을 보여주었다. 안토니아 요새에는 로마의 용병 한 개 부대(600~1,200명)만이 있었음에도, 예루살렘에는 문제의 기미는 드러나지 않은 채 연중 엄청난 수의 순례자들로 가득했을 뿐이었다. 부유한 성전 도시는 평화와 번영의 상태에 있었고, 유대인 왕이 임명한 유대인 대사제에 의해 운영되고 있었다. 그때에 이르러서야 성전이 최종적으로 완성되었는데, 성전 완공으로 인해 1만 8,000명의 인부들이 실업자가 되었다. 아그리파 왕은 더 많은 일자리를 만들기 위해 새로운 도로의 건설을 명했다.*

좀 더 근면한 황제와 좀 더 정직한 행정관이 있었다면, 유대인 종파들 사이의 질서는 언제든 회복될 수 있는 것이었다. 제국은 네로의 유능한 그리스 출신 자유민들이 운영하고 있었고, 배우인 척 운동선수인 척하는 네로의 허세도 심지어 피의 숙청도 참아줄 수 있을 만한 것이었다. 그러나 경제가 침체되기 시작하자 네로의 무능력은 유다까지 영향을 미쳤고 그곳에서는 행정관이 "더 이상 저지를 악행의 종류가 남아 있지 않았다."

---

* 서쪽 벽 오른쪽 옆에 남아 있는 거리가 그가 건설한 길이다. 또한 시온 산에도 그가 건설한 포장도로가 있다.

예루살렘에서는 재직 중인 행정관이 범죄단을 운영하면서 유력자들에게 뇌물을 뜯어냈는데 이 유력자들의 수하들이 예루살렘을 공포의 도가니로 몰아넣는 시카리들과 맞먹을 정도였다. 예수라는 이름을 가진 또 다른 예언자가 성전에서 큰 소리로 "예루살렘에 저주가 있으라"라고 외친 것은 그리 놀라운 일이 아니었다. 이 예언자는 미친 것으로 판단된 덕에 채찍만 맞고 사형을 당하지는 않았다. 요세푸스는 그럼에도 반로마 정서는 크지 않았다고 술회한다.

기원후 64년, 로마에 화재가 났다. 네로는 아마 불 끄는 것을 감독했을 것이고 집을 잃은 사람들에게 정원을 개방했을 것이다. 그러나 음모론자들은 네로가 더 큰 왕궁을 짓기 위해 불을 놓았고, 리라를 켜느라 화재진압을 등한시했다고 주장했다. 네로는 빠르게 증가하는 반유대인 종파, 즉 그리스도인들에게 책임을 돌렸다. 수많은 그리스도인들이 산채로 화형을 당하고 들짐승에게 찢기거나 십자가에 처형되었다. 희생자들 중에는 몇 년 전 예루살렘에서 체포된 두 사람도 있었다. 베드로는 십자가에 거꾸로 매달렸다고 전해진다. 바울은 참수형을 당했다. 반그리스도교 집단학살 덕분에 네로는 신약의 마지막 책 〈계시록〉에 등장하게 되었다. 사탄의 '짐승들'은 로마의 황제들이며, 짐승의 번호 666은 아마도 네로를 말하는 암호였을 것이다.*

네로가 그리스도인들을 위해 고안해낸 탁월한 고문기구들은 그를 구원해주지 못했다. 네로는 임신한 왕비 포파에아의 배를 걷어찼고 실수

---

* '네로 황제'의 그리스어 문자를 히브리어 자음으로 옮기고 그 자음에 숫자를 대응시킨 후 그 수를 모두 합하면 666이 된다. 계시는 아마도 기원후 81~96년 도미티아누스Domitian 황제의 박해 기간 동안에 쓰였을 것이다. 2009년, 교황청 고고학자들은 로마 성벽 바깥의 성 바울 교회 아래에서 숨겨진 무덤을 발견했는데, 그곳은 늘 바울의 무덤 자리로 여겨지던 곳이었다. 유골들의 탄소연대를 측정한 결과 기원후 1세기의 것으로 나왔다. 따라서 바울의 유골일 가능성이 있다.

로 그녀를 죽이게 된다. 황제가 배우 경력을 쌓아가면서 현실과 상상 속의 적들을 죽이는 동안 유다의 행정관 게시우스 플로루스Gessius Florus는 자신의 흉포함을 과시하듯 온 유다에 펼쳐보였다. 파국은 카이사레아에서 시작되었다. 시리아의 그리스인들이 회당 밖에서 수탉의 희생제사를 지냈고, 유대인들은 항의했다. 플로루스는 그 이방인늘(비유대인)을 지지하기 위해 뇌물을 받고 예루살렘으로 내려와 성전에 17달란트의 세금을 요구했다.

    기원후 66년 봄, 플로루스가 재판정에 나타나자 유대인 청년들은 동전을 모아 그의 발 앞에 던졌다. 플로루스의 그리스인 및 시리아인 부대가 군중들을 공격했다. 플로루스는 성전 지도자들에게 폭도들을 넘겨달라고 요구했지만 거절당했다. 플로루스의 군대는 미쳐 날뛰며 "집집마다 약탈을 하고 집안의 사람들을 살해했다." 플로루스는 죄수들을 채찍질하고 십자가에 매달았으며, 그중에는 로마 시민권이 있는 유대인 실력자들도 있었다. 그것은 마지막 지푸라기였다. 성전 귀족들은 더 이상 로마의 보호에 의지할 수가 없었다. 플로루스 용병들의 잔인함은 유대인들의 저항에 불을 붙였다. 그들은 미친 사람들처럼 소리를 내며 길거리를 지나다가 아그리파 왕의 누이 베레니스 여왕까지 공격했다. 호위병들이 그녀를 싸안고 마카베오 궁으로 돌아왔고, 마침내 그녀는 예루살렘을 구하기로 결심하게 된다.54)

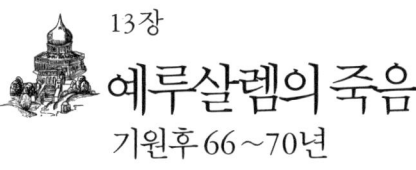

13장
예루살렘의 죽음
기원후 66~70년

맨발의 여왕 베레니스

베레니스는 맨발로 직접 법정으로 갔다(30년 전 예수가 헤롯 안티파스를 떠나 필라테에게로 갔던 동일한 경로였다). 그녀는 왕의 딸이자 누이였으며 두 번이나 왕비가 되었다. 질병에서 회복된 것을 신에게 감사하기 위해 베레니스는 순례차 예루살렘에 와 있었는데 30일간 금식하고 머리를 밀었다(로마인화된 헤롯 가문의 사람으로서는 매우 놀라운 일이었다). 이제 그녀는 플로루스 앞에 직접 나서서 중단해줄 것을 간청했지만 플로루스는 복수와 전리품을 원했다. 플로루스의 지원군이 예루살렘으로 다가오자 유대인들은 로마인과의 화해에 열심인 사람들과 전쟁을 준비하는 극단적인 사람들로 분열되었다. 후자의 사람들은 아마도 로마의 종주권 아래에서 제한적인 독립을 얻기를 바랐을 것이다.

성전의 사제들은 젊은 반란군들에게 자제를 요구하며 머리카락에 애도의 재를 뿌리고 성전의 기물들을 들고 행진했다. 유대인들은 로마군을 맞이하기 위해 평화롭게 행진했지만 기병들은 플로루스의 지시에 따라 그들을 짓밟았다. 군중들은 성문으로 몰려나갔고 많은 사람들이 말에 밟혀 질식했다. 플로루스는 사령부 역할을 할 안토니아 요새를 탈취할 목적으로 성전을 향해 돌격했다. 유대인들은 그에 대응해 지붕 위에서 로마군에게 창 세례를 퍼부었고, 안토니아 요새를 점령한 후 요새에서 성전으로 이어지는 다리를 끊고 성전 자체를 요새로 바꾸었다.

플로루스가 떠난 식후 헤롯 아그리파가 알렉산드리아에서 도착했다. 아그리파는 왕궁 아래 윗 도시에 예루살렘인들의 총회를 소집했다. 베레니스가 지붕 위 은신처에서 귀를 기울이고 있는 동안 아그리파는 유대인들에게 반란을 중단해줄 것을 요청했다. "로마의 온 제국에 대항하는 모험을 하지 말라. 전쟁은 한번 시작되면 쉽게 거둘 수가 없다. 로마의 힘은 사람이 사는 세상의 어느 곳에서도 꺾을 수가 없다. 여자와 아이들, 그도 아니라면 이 도시라도 가엾게 여기라. 성전을 아끼라!" 아그리파와 그의 누이들은 모두가 보는 앞에서 울었다. 예루살렘인들은 오직 플로루스와의 전쟁을 원할 뿐이라며 소리쳤다. 아그리파는 조공을 바치자고 제안했다. 사람들은 동의했고 아그리파는 평화안을 조율하기 위해 사람들을 성전으로 데리고 갔다. 그러나 성전산에 도착하자 아그리파 왕은 유대인들에게 새 행정관이 도착할 때까지 플로루스에게 복종해야 한다고 주장했다. 이는 군중들을 다시 분노하게 했다.

요세푸스를 포함한 사제들은 성전에서 회의를 열어 로마에 대한 충성의 의미로 로마 황제에게 매일 바쳤던 희생제사를 중단할 것인지 논의했다. 반란을 결정지은 이 조치는 승인되었다. 요세푸스는 그것은 로마와의 전쟁을 위한 토대였다고 말했고, 자신도 혁명에 가담했다. 반군들은 성전을 점령하고 온건한 유대교 유력자들은 윗 도시를 차지하고 있는 상황에서, 유대교의 종파들은 서로를 향해 창과 돌팔매를 퍼부었다.

아그리파와 베레니스는 예루살렘을 떠났고, 온건파를 지원하기 위해 기병 3,000명을 보냈다. 그러나 승리는 극단주의자들의 것이었다. 성전을 중심으로 활동하는 대중적인 파벌 열심당^{Zealot}과 단검을 휘두르는 도적 떼 시카리가 윗 도시를 향해 돌진했고 아그리파의 군대를 밀어냈다. 그들은 채무관계를 기록한 장부들뿐 아니라 대사제와 마카베오 가문의 궁전들도 불태웠다. 짧은 시간 동안 그들의 지도자, '야만적이고, 잔인한' 군벌이 예루살렘을 지배했지만 곧 사제들이 그를 암살했다. 시카리는 사해 근처의 마사다 요새로 탈출했고 예루살렘이 멸망할 때까지 더 이상 아무런 역할을 하지 못했다.

　　사제들이 일상적인 통제를 회복했지만, 그때부터 예루살렘의 파벌들과 그들의 우두머리들, 지방의 기회주의자들과 모험가들, 심지어 종교적 광신자들까지 야만적이고 혼란스러운 유대인 내전에 돌입했다. 심지어 우리의 유일한 자료 출처인 요세푸스조차도 누가 그러한 파벌들을 형성했고 그들의 신조가 무엇이었는지 밝혀내지는 못했다. 그러나 요세푸스는 종교적 반로마 정서의 줄기가 헤롯 대제 사후 갈릴리인들의 반란으로 거슬러 올라간다는 것을 밝혀낸다. "그들은 자유에 대한 열망이 있었으며, 그것은 거의 정복할 수 없는 것이었다. 그들은 오직 신만이 자신들의 지도자라고 확신했기 때문이다." 그들은 생명이 움트는 씨를 뿌렸다. 요세푸스에 따르면 그 후 수년 동안 유대인이 유대인을 향해 끝없는 살육의 싸움을 벌였다.

　　여전히 헤롯 대제의 요새를 차지하고 있던 로마 수비대 600명은 도시를 안전하게 빠져나간다는 조건으로 무기를 버리는 데 합의했다. 그러나 그토록 많은 무고한 유대인들을 학살했던 이 시리아인들과 그리스인들은 야만적으로 도륙당했다. 아그리파 왕은 중재하려는 시도를 포기한 채 로마와 손을 잡았다. 기원후 66년 11월, 시리아의 로마 총독은 아그리파와 동맹을 맺은 왕들의 지원을 받아 안티오크에서 예루살렘까지 치고 내려왔다. 그러나 그는 뇌물을 받아서인지 갑자기 퇴각했는데 유대인들의 맹렬한 공격을 받으면서 철수하는 동안 5,000명, 한 개 군단 이상의 로마군이 목숨을 잃었다.

주사위는 던져졌다. 로마는 자존심 때문에 반드시 복수를 해야만 했다. 반란군들은 전임 대사제 아나누스를 독립 이스라엘의 지도자로 선출했다. 아나누스는 성벽을 강화했다. 한편 예루살렘에는 망치질 소리, 그리고 무기와 갑옷을 만드는 소리가 울려 퍼졌다. 아나누스는 장군들을 임명했는데 그중에는 이후의 역사가 요세푸스도 있었다. 요세푸스는 이제 갈릴리 사령관이 되어 예루살렘을 떠났다. 그는 갈릴리에서 기샬라의 군벌 요한과 싸웠는데 이 싸움은 양측 모두에게 로마인과의 전투보다 더 잔혹했다.

새로운 유대인 동전에는 '시온의 자유', '거룩한 예루살렘'이라는 글자가 새겨졌다. 그러나 그것은 많은 사람들이 원했던 그런 자유는 아닌 듯 했으며 예루살렘은 파괴의 저주가 예정된 장소처럼 대기하고 있었다. 이스라엘이 반란을 일으켰다는 소식을 들었을 때 네로는 그리스에 있었으며 노래를 부르며 올림픽 경기에서 전차경주에 나서던 중이었다(그는 전차에서 떨어졌는데도 우승을 했다).

요세푸스의 예언

네로는 승전 경력이 있는 장군들을 꺼려했고 이 때문에 자신의 측근 가운데 투지가 높은 퇴역 장군을 유대전쟁의 사령관으로 선택했다. 바로 티투스 플라비우스 베스파시아누스Titus Flavius Vespasianus라는 자였는데, 그는 50대 후반이었고 연극 공연 중 넘어져서 황제를 자주 짜증나게 했다. 그러나 티투스는 영국 정복으로 이름을 날린 바 있었으며, 그의 별명인 노새꾼은 그의 화려하지 않은 지도력과 그가 군대에 노새들을 팔아 재산을 축적했음을 잘 드러내는 것이었다.

지원 병력을 모으기 위해 자기 아들 티투스를 알렉산드리아로 보내면서 베스파시아누스는 네 개 군단 6만 명에 시리아 무릿매질 부대, 아랍 궁수들, 그리고 헤롯 아그리파의 기병대를 합류시켰다. 그다음 프톨레마이스(아크레)를 향해 해변을 따라 행군했다. 기원후 67년, 베스파시아누스는 체계적으로 갈릴리 재정복에 착수했으며 요세푸스와 갈릴리 군대의 맹렬한 저항을 받았다. 마침내 베스파시아누스는 조타파타Jotapata 요새에서 요세푸스를 포위했다. 그해 6월 29일 티투스는 무너진 성벽 사이로 들어와 갈릴리를 점령했다. 유대인들은 죽을 때까지 싸웠고 대다수가 자살했다.

요세푸스와 몇몇 생존자들은 동굴 안으로 숨어들었다. 로마군의 함정에 빠지자 그들은 자살을 결심하고 누가 누구를 죽일지 결정하기 위해 제비를 뽑았다. "신의 선택에 의해" (혹은 속임수에 의해) 요세푸스는 맨 마지막으로 제비를 뽑았고 살아서 동굴을 나왔다. 베스파시아누스는 그를 네로에게 전리품으로 주려고 했으며 그것은 끔찍한 죽음을 의미했다. 요세푸스는 베스파시아누스와 이야기하게 해달라고 했다. 그는 베스파시아누스와 티투스 앞에 서서 이렇게 말했다. "베스파시아누스여! 나는 큰 물결의 전령으로서 여기에 왔습니다. 저를 네로에게 보낸다니 이유가 무엇입니까? 카이사르, 곧 황제가 될 사람은 당신과 당신의 아들입니다." 무뚝뚝한 베스파시아누스는 당황했고 요세푸스를 감옥에 그대로 두었지만 그에게 선물을 보냈다. 요세푸스와 거의 같은 나이였던 티투스는 그와 친구가 되었다.

베스파시아누스와 티투스는 유다를 향해 진격했고 요세푸스의 라이벌, 기샬라의 요한은 예루살렘으로 탈출했다. '총독 없는 도시' 예루살렘에서는 자기 파괴적 살육의 광란이 벌어지고 있었다.

폭군 요한과 시몬

예루살렘의 성문들은 여전히 유대인 순례자들에게 열려 있었다. 따라서 종교적 광신자들, 노련한 살인자들, 수천 명의 순례자들이 성안으로 쏟아져 들어왔으며 반란군들은 파벌끼리의 싸움, 주색잡기, 배신자들에 대한 사악한 마녀사냥에 힘을 썼다.

젊고 대담한 범죄단들은 이제 사제들의 지배권에 도전했다. 범죄단들은 성전을 장악하고, 대사제를 쫓아내고, 제비를 뽑아 '한낱 시골 사람'을 대사제로 선출했다. 아나누스는 예루살렘인들을 결집시키고 성전을 공격했으나 안마당과 지성소로 난입하는 것은 망설였다. 기샬라의 요한과 그의 갈릴리 전사들은 예루살렘 전체를 차지할 기회를 엿보았다. 요한은 예루살렘 남쪽에서 가장 야만적이고 잔인한 민족인 이두매아인을 불러들였다. 이두매아인들은 예루살렘을 침탈했고 성전을 공격했다. 성전은 "피가 넘쳐흘렀다." 그다음 이두매아인들은 거리를 휩쓸며 1만 2,000명을 살해했다. 그들은 아나누스를 죽이고, 그의 사제들을 죽여 옷을 벗기고, 벌거벗은 시체들을 짓밟은 다음, 성벽 아래로 던져 개들에게 먹였다. 요세푸스는 "아나누스의 죽음은 예루살렘 멸망의 시작이었다"고 말한다. 이두매아인들은 마침내 전리품을 가득 싣고 피에 흠뻑 취해 예루살렘을 떠났고 새로운 실력자 기샬라의 요한이 예루살렘을 지배했다.

로마인들이 멀지 않은 곳에 있었지만 요한은 갈릴리인들과 열심당원들 위에 군림하며 전리품을 즐겼다. 지성소는 매음굴이 되었다. 그러나 요한의 지지자들 가운데 일부는 곧 그 폭군에 대한 신뢰를 잃었고, 예루살렘 밖의 새로운 실력자, 시몬 벤 기오라라는 젊은 우두머리에게로 갔다. 시몬은 "요한처럼 영리하지는 않았지만 힘과 용기는 그보다 뛰어났다." 그리고 "로마인들보다 (예루살렘) 주민들에게 훨씬 더 공포스러웠다." 예루살렘인들은 한 사람의 폭군에서 벗어나기를 바라는 희망으로 두 번째 폭군(시몬 벤 기오라)을 불러들이고 말았다. 시몬은 곧 예루살렘 대부분을 점령했다. 그러나 요한은 아직도 성전을 차지하고 있었다. 이제 열심당원들은 요한에게 반기를 들었고, 안마당을 빼앗았다.

타키투스의 말을 빌리면, 한 도시를 두고 서로 싸우는 세 장군과 세 군대가 있었다. 비록 로마가 점점 가까이 오고 있었지만 말이다. 예리코 인근이 베스파시아누스의 손에 떨어지자 유대인 세 파벌들 모두가 서로 싸우기를 멈추고 예루살렘을 요새화하는 데 착수해서 참호를 파고 북쪽의 헤롯 아그리파 1세의 제3성벽을 강화했다. 베스파시아누스는 예루살렘을 포위할 준비를 했다. 그러나 그 모든 것이 한꺼번에 중단되었다.

로마의 우두머리가 사라졌다. 기원후 68년 6월 9일, 반란군에 둘러싸인 네로가 다음과 같은 말을 남기고 자살했다. "세상이 나 같은 예술가를 잃는다니!" 빠른 권력승계 속에서 로마는 세 명의 황제들을 찬양하고 또 파괴했다. 그 사이 몇몇 지방에서 세 명의 사이비 네로들이 일어나고 사라졌다. 진짜 네로 한 명으로는 충분치 않았을지도 모르겠다. 최종적으로 유다와 이집트의 로마 군단들은 베스파시아누스를 자신들의 황제로 추대했다. 노새꾼은 요세푸스의 예언을 기억하며 그를 풀어주었고 시민권을 주면서 자신의 참모로 임명했다. 먼저 유다를, 그 후 세계를 정복했으니 마치 행운의 부적과도 같았다. 베레니스는 베스파시아누스가 로마의 왕좌를 차지할 수 있도록 자금을 대기 위해 보석들을 저당 잡혔다. 노새꾼은 감사를 표했다. 새로운 황제는 알렉산드리아를 거쳐 로마로 향했고 아들 티투스는 6만 명의 군대를 이끌고 거룩한 도시를 향해 진군했다. 그는 예루살렘의 운명에 따라 자신의 왕조가 세워질 수도 있고 몰락할 수도 있다는 것을 잘 알고 있었다.55)

제 2 부

이 교
PAGANISM

아, 사람들로 붐비던 도성이 외로이 앉아 있다. 뭇 나라 가운데에서 뛰어나던 도성이 과부처럼 되고 말았구나. 모든 지방의 여왕이 부역하는 신세가 되어버렸구나. 밤이면 울고 또 울어 뺨 위에 눈물이 마르지 않는구나. 그 모든 애인들 가운데 위로해줄 자 하나도 없었다.
〈예레미야애가〉 1장 1~2절

예루살렘이 아직 그대로 있고 유대인들은 우리와 평화로운 관계에 있었지만, 그들의 성스러운 의식의 관습은 우리 제국의 영광과 우리 조상들의 관습에 의해 변화되었다.
키케로, 《프로 플라코Pro L. Flacco》

이스라엘 땅 밖에서 모두가 유대인인 성읍 안에 사는 것보다 이스라엘 땅 안에서 유대인이 하나도 없는 성읍에 사는 사람이 더 낫다. 그곳에 묻히는 사람은 마치 예루살렘에서 태어난 것과 마찬가지이며 예루살렘에 묻히는 사람은 영광의 보좌 아래에서 태어난 것과 같다.
유다 하나시Judah haNasi, 《탈무드》

세상에 전해지는 아름다움의 척도들 중 아홉 개는 예루살렘에 있고, 하나는 나머지 세계에 있다.
《미드라시 탄후마》, '케도심 10'

예루살렘의 자유를 위하여
시몬 바르 코크바Simon bar Kochbar, 동전 글귀

그러므로 바로 토성의 날 예루살렘이 파괴되었고, 그날은 지금도 유대인들이 가장 경배하는 날이다.
디오 카시우스Dio Cassius, 《로마사Roman History》

14장
계속되는 유대전쟁
기원후 70~312년

로마의 예루살렘

몇 주 후, 일단 예루살렘이 파괴되고 피의 장관을 한바탕 완성하고 나자 티투스는 사라진 과거의 영광과 슬픈 폐허를 비교하며 다시 예루살렘을 가로질렀다. 그 후 티투스는 포로로 잡은 유대인 지도자들과 정부 베레니스, 총애하는 앞잡이 요세푸스, 그리고 성전의 보물들을 가지고 로마로 향했다. 예루살렘 정복을 기념하기 위함이었다. 베스파시아누스와 티투스는 월계관과 자주색 옷을 걸치고 이시스 성전에서 걸어 나와 원로원의 환영을 받았다. 그들은 광장에 자리를 잡고 로마 역사상 가장 과장된 승리 가운데 하나로서 보고를 시작했다.

요세푸스는 신상들과 금을 입힌 수레들의 행렬, 3단 심지어 4단으로 쌓은 수북한 보물들이 구경꾼들에게 '기쁨과 놀라움'을 동시에 주었다고 비꼬듯이 말했다. 그것은 "어느 행복한 나라가 폐허가 되었다는 것을 알았기 때문이다." 예루살렘의 멸망은 (군대가 돌격하고 유대인들이 학살당하고, 성전이 화염에 휩싸이는) 활인극으로 표현되었고 모든 수레의 꼭대기에는 각 도시를 차지한 로마 장군들이 서 있었다. 그 뒤로 요세푸스가 가장 잔인하다고 부른 지성소의 보물들, 즉 황금 탁자, 촛대, 그리고 유대인의 율법이 뒤따랐다. 유명한 죄수, 시몬 벤 기오라가 목에 밧줄을 묶인 채 행진했다.

주피터 성전 앞에서 행렬이 멈추었을 때 시몬과 반란군 우두머리들이 처형되었다. 군중은 환호했고 시신들은 희생제물로 바쳐졌다. 요세푸스는 그곳에서 예루살렘이 죽었다고 읊조렸다. "예루살렘의 고색창연함도, 엄청난 재산도, 전 세계에 퍼진 백성들도, 심지어 종교의식들의 위대한 영광도 예루살렘의 멸망을 막기에는 충분치 못했다."

승리를 기념하여 티투스의 아치가 건축되었는데, 그것은 아직도 로마에 존재한다.* 유대인의 전리품들은 콜로세움과 평화신전에 바쳐졌다. 베스파시아누스는 그곳에 예루살렘에서 가져온 전리품들을 전시했다. 다만 율법 두루마리와 지성소의 자주색 휘장은 왕궁에 두었다. 개선행진과 로마 중심부의 개축은 새로운 왕조를 기념하기 위한 것만은 아니었다. 그것은 제국 자체를 다시 봉헌하는 것이었고, 유대교에 대한 승리를 기념하는 것이었다. 모든 유대인들이 성전에 내던 세금은 유대인 인두세로 바뀌어 로마의 국고로 들어가 주피터 성전의 재건자금으로 쓰였다. 이것은 지독하게 강요된 모욕이었다. 그러나 유다와 갈릴리, 그리고 지중해와 바빌로니아의 유대인 공동체들은 이전과 다름없이 살았고, 로마와 파르티아의 법을 수용했다.

유대전쟁은 완전히 끝난 것이 아니었다. 마사다 요새는 갈릴리인 엘리아자르^{Eleazar}의 지휘 아래 3년간 점령돼 있었고 로마군은 요새를 파괴하기 위해 공성용 토성을 쌓았다. 기원후 73년 4월 반란군 지도자는 부하

---

* 베스파시아누스는 이탈리아에서 공중위생시설들을 만든 것으로 가장 유명하며, 그것들은 현재까지도 베스파시아노스^{vespasianos}라고 불린다.

들과 가족들에게 어두운 새 세상의 현실에 대해 이야기했다. "신께서 직접 거하신다던 그 성읍은 어디에 있는가?" 예루살렘은 사라졌고 그들은 이제 노예가 될 위기에 처했다.

나의 다정한 친구들이여! 오래전 우리는 신 이외에는 다른 누구의 종도, 로마인의 종도 되지 않겠다고 약속했다. 우리는 로마인들에게 저항한 최초의 사람들이며, 그들에게 대항해 싸운 마지막 사람들이다. 또한 나는 신께서 우리에게 아직도 용감하게, 자유민의 상태에서, 영광스러운 방식으로, 가장 소중한 친구들과 함께 죽을 수 있는 힘을 주신 것은 우리를 아끼시기 때문으로 생각하지 않을 수 없다. 나의 부인들이여, 능욕을 당하기 전에 죽자. 나의 아이들이여, 노예가 되기 전에 죽자.

그렇게 "남편들은 아내들을 부드럽게 끌어안고, 팔에는 아이들을 안고, 눈물로 가장 긴 이별의 입맞춤을 했다." 각자 자기 아내와 아이들을 죽였다. 제비 뽑힌 열 사람이 남은 사람들을 죽였고, 960명이 모두 죽었다.

대부분의 로마인들에게 이 마사다 자살은 유대인들이 미친 광신자임을 확신하게 했다. 타키투스는 30년이 지난 후에 썼음에도 불구하고, 유대인들이 불길하고 혐오감을 주는 편협한 사람들이고 일신교와 할례를 비롯한 기괴한 미신을 믿고 로마의 다신을 경멸하고 애국심을 부인하며 사악함에 깊이 파묻힌 사람들이라는 전형적 관점을 표현했다. 그러나 요세푸스는 자살 도중 몸을 숨긴 소수의 생존자들에게서 마사다에 대한 자세한 이야기들을 수집했고, 유대인의 용기에 대한 존경을 감출 수 없었다.

유대인 클레오파트라, 베레니스

요세푸스는 로마에서 베스파시아누스의 오래된 저택에서 살았다. 티투스는 그에게 성전에 가져온 몇몇 두루마리들과 유다의 별장과 땅을 주었고 그의 첫 번째 책인 《유대전쟁사The Jewish War》의 집필을 맡겼다. 황제와 티투스가 요세푸스의 유일한 참고자료는 아니었다. 그의 친애하는 친구 헤롯 아그리파 왕은 "그대가 온다면 수많은 중요한 사실들을 알려주겠다"고 했다.

그러나 요세푸스는 자신의 특권적인 지위가 시기심을 유발시키고 위험을 불러왔다는 것을 잘 알고 있었다. 요세푸스는 황제의 보호가 필요했고 그것은 도미티아누스 황제 때까지 이어졌다. 도미티아누스는 친절하게도 요세푸스의 정적들 가운데 몇 명을 처형해주었다. 그는 말년에 플라비안Flavian의 총애까지 받았음에도(요세푸스는 기원후 100년까지 살았다), 성전이 재건되기를 바랐고 유대인이 문명에 기여했다는 자부심을 강하게 느꼈다. "우리는 이 세상에 수많은 아름다운 생각들을 가져왔다. 불가침의 경건보다 더 아름다운 것이 무엇인가? 율법에 대한 복종보다 더 높은 정의가 무엇인가?"

헤롯 가문의 왕비 베레니스는 로마에서 티투스와 함께 지냈지만 그녀의 번쩍이는 다이아몬드, 왕족 같은 분위기, 그리고 오라비와의 근친상간에 대한 이야기로 로마인들을 불편하게 했다. "그녀는 왕궁에 머물며 티투스와 동거했다. 베레니스는 티투스와의 결혼을 기대했으며 이미 모든 면에서 티투스의 아내인 것처럼 행동했다." 티투스는 그녀를 사랑했지만 유대인들이 패망하여 경멸의 대상이 된 만큼 로마인들은 그녀를 안토니우스를 파멸시킨 여자 클레오파트라에 비교하거나 혹은 그보다 더 나쁘게 평가했다. 티투스는 그녀를 멀리 보내야 했다. 티투스가 기원후 79년 황제에 오르자 베레니스는 이제 50대가 되어 로마로 돌아왔다. 그러나 격렬한 반대가 일어나자 티투스는 다시 그 유대인 클레오파트라와 헤어졌고 베레니스는 플라비안 가문이 왕좌를 차지할 가능성이 거의 없다는 것을 알게 된다. 아마도 베레니스는 헤롯 가문의 거의 마지막 후손인 오빠와 재결합했던 것 같다.*

티투스의 통치는 짧았다. 티투스는 2년 만에 다음과 같은 말을 남기고 죽었다. "내가 잘못한 일은 오직 한 가지뿐이다." 그 한 가지는 예루살렘을 파괴한 것이었을까? 유대인들은 그의 요절을 신의 벌이라고 믿었다.1) 40년간, 긴장과 탈진이 폐허가 된 예루살렘을 지배했고 그 후 유다는 다시 비참한 최후의 분노로 무섭게 전율했다.

흐릿한 십자가

예루살렘에는 로마 제10군단의 사령부가 있었다. 군영은 오늘날의 아르메니아 거리, 헤롯 요새의 세 개 탑 주변에 있었다. 세 탑 가운데 가장 마지막까지 남은 히피쿠스의 기단부는 오늘날에도 남아 있다. 항상 반유대인의 상징인 멧돼지가 그려져 있던 로마 군단의 지붕 기와와 벽돌들은 예루살렘 도처에서 발견돼왔다. 예루살렘은 완전히 황무지가 되지

---

* 헤롯 아그리파 2세는 레바논까지 확대된 왕국을 보상받았다. 아마도 아그리파 2세는 유다의 폐허를 다스리고 싶어 하지는 않았던 것 같고, 대신 로마에서의 정치적 경력을 쌓기 위해 활동했을 수는 있다. 기원후 75년 (몇몇 성전 기물들을 전시한) 평화의 성전Temple of Peace의 개소식에 참석했을 때 그는 집정관급 대우를 받았다. 그는 열 명의 황제들의 통치를 받은 후, 기원후 100년 경에 죽었다. 그의 친척들은 아르메니아와 실리시아의 왕이 되었고 나중에는 로마의 집정관까지 되었다.

는 않았지만 전통적으로 유대인들을 미워했던 시리아인과 그리스인들이 거주했다. 달 표면 같은 거대한 언덕들은 분명 으스스했을 것이다. 그러나 유대인들은 예전에도 그랬던 것처럼 성전이 재건되기를 희망했음에 틀림없다.

베스파시아누스는 관 속에 숨어 예루살렘을 탈출했던 랍비 요하난 벤 자카이Yohanan Ben Zakkai가 지중해의 야브네Yavneh에서 율법을 가르치는 것을 허용했으며, 유대인들이 예루살렘에 들어가는 것도 공식적으로는 금지되지 않았다. 실제로 수많은 부유한 유대인들이 요세푸스와 아그리파가 그랬던 것처럼 로마의 편에 합류했을 것이다. 그렇기는 해도 그들은 성전산에는 올라갈 수는 없었다. 그 대신 순례자들은 키드론 골짜기의 즈가리야 무덤 옆에서 기도를 하며 비통하게 성전의 죽음을 애도했다.* 일부는 신의 왕국을 복원할 계시를 희망했지만, 벤 자카이에게 사라진 예루살렘은 무형의 신비주의를 의미했다. 벤 자카이가 폐허를 방문했을 때 그의 제자는 "저주로다!"라며 울부짖었다. 랍비는 "슬퍼하지 말라"고 대답했다 (《탈무드》에 따르면 이것은 몇 세기 후에 가필된 것이다). "우리에겐 또 다른 속죄가 있다. 그것은 자비의 행위들이다." 당시에는 아무도 그것을 인식하지 못했지만 그것은 현대 유대교, 즉 성전 없는 유대교의 시작이었다.

예수의 이복형제이자 사촌인 클레오파Cleophas의 아들 시몬이 이끄는 유대계 그리스도인들은 예루살렘으로 돌아왔고 그곳에서 현재의 시온산에 있는 이층 방에서 예배를 시작했다. 현재의 건물 아래에는 회당이 있는데 아마도 헤롯 성전의 잔해를 이용해 지었을 것이다. 그러나 지중해 주

---

* 이것은 완공되지 않은 가족 무덤이다. 그 무덤은 아마도 포위 시에 파괴되었을 것이며, 따라서 유대인들이 성전을 애도하기 위해 모이기에 적합한 장소였다. 순례자들은 히브리어 비문들을 새겼고 그것들은 오늘날까지 남아 있다.

변의 많은 이방인 그리스도인들은 더 이상 실제 예루살렘을 숭배하지 않았다. 유대인의 패망은 어머니 종교로부터 그들을 영원히 분리시켰고, 예수의 예언과 새로운 계시의 승계가 사실임을 증명해주었다. 예루살렘은 실패한 종교의 황무지일 뿐이었다. 〈계시록〉은 성전을 어린양으로 대체했다. 최후의 날에 황금으로 된 보석이 박힌 예루살렘이 하늘에서 내려올 것이다.

종파들은 신중하게 움직여야 했다. 로마는 모든 종류의 메시아적 왕의 징후를 경계했다. 티투스의 계승자이자 그의 동생인 도미티아누스는 유대인을 탄압하는 세금을 유지했고 자신의 불안정한 정권에 대한 지지를 결집시키기 위한 방편으로 그리스도인들을 박해했다. 도미티아누스가 암살된 후 평화지향적인 늙은 황제 네르바^{Nerva}는 압제와 유대인 세금을 완화했다. 그러나 그것은 헛된 기대만을 만들었을 뿐이다. 네르바는 아들이 없었고, 이 때문에 자신의 유능한 장군을 계승자로 선택했다. 훤칠한 키와 근육질 몸매에 근엄함을 지닌 트라야누스^{Trajan}은 이상적인 황제였으며 아마도 아우구스투스 이후 가장 위대한 황제였을 것이다. 그러나 그는 자신을 새로운 땅의 정복자이자 오랜 가치의 복원자로 생각했다. 이는 그리스도인들에게는 안 좋은 소식이었고, 유대인들에게는 더 안 좋은 소식이었다. 기원후 106년 그는 예루살렘 그리스도인들의 감독자 시몬을 십자가에서 처형시키도록 명했다. 그가 예수처럼 다윗 왕의 후손임을 주장했다는 이유에서였다. 예수 왕조는 그렇게 끝났다.

트라야누스는 티투스 시대에 자기 아버지가 유대인과 싸우면서 이름을 높인 사실을 자랑스러워하면서 유대인 인두세를 부활시켰다. 그는 또 다른 알렉산더 숭배자이기도 했다. 그는 파르티아를 공격해 로마의 힘을 바빌로니아 유대인들의 고향, 이라크까지 확장시켰다. 전쟁 중 그들은 분명 로마의 유대인들에게 호소했을 것이다. 트라야누스가 이라크로 진격하자 아프리카, 이집트, 키프로스의 유대인들은 반란군 '왕들'의 지휘 아래 수천 명의 로마인들과 그리스인들을 학살했다. 이는 파르티아 유대인들의 협조가 있었기에 마침내 가능했던 복수였다.

    이라크로 진격하면서 후방 유대인늘의 배신과 바빌로니아 유내인들의 공격을 염려했던 트라야누스는 "가능하면 유대인 전체를 말살하기로 결심했다." 트라야누스는 이라크에서 이집트까지 유대인들을 죽이라고 명령했다. 역사가 아피안Appian은 "트라야누스가 유대인들을 완전히 파괴하고 있다"고 썼다. 유대인들은 이제 로마제국의 적으로 여겨졌다. 타키투스는 유대인들이 "우리가 거룩하게 여기는 것은 속된 것으로 여기고 우리가 혐오하는 것은 용납한다"고 말했다.

    로마의 유대인 문제는 시리아의 새로운 총독 아엘리우스 하드리아누스Aelius Hadrian에 의해서도 목격되었다. 하드리아누스는 트라야누스의 조카와 결혼했다. 트라야누스가 후계자 없이 갑자기 죽자 그의 부인은 황제가 임종 시 아들을 입양했다고 발표했다. 그 새로운 황제가 바로 하드리아누스였다. 그는 유대인 문제를 영원히 끝내버릴 해법을 고안해냈다. 그는 뛰어난 황제였고, 예루살렘의 건설자 가운데 하나였으며 또한 유대인 역사상 가장 끔찍한 괴물들 가운데 하나였다.2)

예루살렘의 해법을 찾다

    기원후 130년, 황제는 젊은 정부 안티누스를 동반하고 예루살렘을 방문했다. 그리고 그는 예루살렘 전체를 파괴하고, 그 이름까지 없애버리기로 결심했다. 그는 옛 도시가 있던 자리에 새 도시를 건설하고 그 이름을 자신의 가문과 주피터 카피톨리누스$^{\text{Jupiter Capitolinus}}$(황제와 가장 많이 연관되는 신)를 따라 아엘리아 카피톨리나$^{\text{Aelia Capitolina}}$로 지을 것을 명했다. 그는 유대인들과 신의 약속의 상징인 할례를 금지했고 이를 어길 시 죽음으로 처벌했다. 유대인들은 그것이 성전이 다시는 재건되지 않을 것임을 의미한다는 것을 알고는 그 충격에 가슴 아파했다. 한편 그것을 인식할 리 없는 황제는 이집트로 여행을 떠났다.

이제 마흔다섯 살이 된, 스페인에서 올리브 오일 생산으로 부자가 된 가문에서 태어난 하드리아누스는 마치 제국을 다스리기 위해 준비된 사람처럼 보였다. 사진과 같은 기억력을 타고나서 듣기, 말하기, 받아 적기를 동시에 할 수 있었다. 그는 직접 건축물을 설계했으며 시와 음악을 지었다. 끊임없이 움직였으며, 제국을 재조직하고 통합시키기 위해 각 지방을 끊임없이 여행했다. 또 그는 트라야누스가 힘들게 얻은 다키아^{Dacia}와 이라크의 정복지들에서 철수함으로써 비판을 받는 한편 그리스 문화를 통해 안정된 통합제국을 꿈꾸었다. 그것은 그에게 그리클링^{Greekling}이라는 별명을 붙여줄 정도로 뚜렷한 취향이었다(그의 그리스식 수염과 머리 모양은 전문적으로 훈련된 노예가 미용기구를 사용하여 손질한 것이었다). 기원후 123년, 하드리아누스는 소아시아 여행 도중 일생의 사랑, 그리스 소년 안티누스^{Antinous}를 만난다. 안티누스는 하드리아누스의 배우자나 다름없게 되었다.*
한편 이 완벽한 황제는 예측 불가능한 지배광이기도 했다. 한번은 분노한

---

* 이는 로마인들을 불쾌하게 했다. 그리스식 연애는 일반적이었고 동성애로 간주되지 않았다. 카이사르, 안토니우스, 티투스, 트라야누스를 모두 양성애자라 부를 수 있다. 그러나 오늘날의 도덕과는 반대로 로마인들은 소년과의 성교는 용납했지만 성인과의 성교는 용납하지 않았다. 하지만 하드리아누스는 안티누스가 성인이 되었을 때에도 아내를 무시한 채 안티누스를 배우자로 대접했다.

나머지 펜으로 노예의 눈을 찔렀다. 그의 통치는 피의 숙청으로 시작하고 끝났다.

이제 그는 예루살렘, 즉 유대인 도시의 폐허 위에 로마, 그리스, 이집트의 신들에 대한 숭배를 중심으로 한 고전적인 로마 도시를 계획했다. 헤롯의 돌로 지어진 화려한 삼중문인 네아폴리스(오늘날의 다마스쿠스) 성문은 기둥으로 장식된 둥그런 공간으로 이어졌고 그곳에서 두 개의 주요 도로, 카딘Cardine(도끼)이 두 개의 광장으로 이어졌다. 두 광장 가운데 하나는 파괴된 안토니우스 요새 옆에 있었고 또 다른 하나는 현재의 성묘교회 남쪽에 있었다. 그곳에 하드리아누스는 주피터 성전을 세우고 밖에는 아프로디테상을 두었다. 그곳은 예수가 십자가형을 당한 바로 그 바위 위였는데, 아마도 유대인 그리스도인들의 성소를 부인하기 위한 의도적인 결정이었을 것이다. 게다가 하드리아누스는 성전산 위에 자신의 거대한 승마 동상이 중심이 된 성전을 계획했다. 하드리아누스는 예루살렘에서 유대인의 성격을 고의적으로 말살했다. 실제로 그는 또 한 명의 그리스식 쇼맨 안티오코스 에피파네스를 연구했고 아테네에 올림피아 성전을 세우려는 그의 계획을 부활시켰다.

10월 24일, 이집트인들이 그들의 신 오시리스의 죽음을 기념하는 축제에서 하드리아누스의 연인 안티누스가 나일 강에서 의문의 익사를 한다. 그는 자살을 한 것일까? 하드리아누스 혹은 이집트인들이 그를 희생시킨 것일까? 사고였을까? 평소 감정을 잘 드러내지 않던 하드리아누스는 무척 가슴 아파했다. 그래서 소년을 오시리스로 신격화했고 안티노폴리스라는 도시와 안티누스를 위한 제단을 만들고 그의 아름다운 얼굴과 뛰어난 육체를 동상으로 만들어 지중해 전역에 뿌렸다.

이집트에서 돌아오는 길에 하드리아누스는 예루살렘을 통과했는데 아마도 아엘리아 카피톨리나의 도시 경계를 따라 도랑을 팠을 것이다. 억압, 예루살렘의 이교도화, 의무적으로 설치해야 하는 소년 안티누스의 나체상에 분노한 유대인들은 무기를 갈았고 유다 언덕 아래에 지하기지를 준비했다.

하드리아누스가 안전하게 빠져나간 후 이스라엘의 왕자라는 이름의 신비한 지도자가 가장 끔찍한 유대전쟁을 시작했다.3)

별의 아들, 시몬 바르 코크바

"처음에 로마인들은 유대인들을 걱정하지 않았다." 그러나 이번에는 유대인들도 유능한 장군, 시몬 바르 코크바Simon Bar Kochba의 지휘 아래 준비를 제대로 갖추었다. 그는 자칭 이스라엘의 왕자이자 별의 아들이었다. 그것은 〈민수기〉에 예언된 예수의 탄생을 특징지은 신비주의적인 왕권의 상징이었다. "야곱에게서 별 하나가 솟고 이스라엘에서 왕홀이 일어난다. 그는 모아브의 관자놀이를 부수리라." 수많은 사람들이 그를 새로운 다윗으로 찬양했다. 존경받는 랍비 아키바는 (4세기 《탈무드》에서) "이 사람이 메시아 왕"이라고 주장했지만 모두가 그에 동의하지는 않았다. 또 다른 랍비는 "아키바, 너의 턱에서 싹이 날 것이며 다윗의 아들은 아직 나타나지 않을 것이다"라고 대답했다. 코크바의 실제 이름은 바르 코시바bar Kosiba였다. 회의주의자들은 그를 바르 코지바bar Koziba, 즉 거짓의 자식이라고 비꼬았다.

시몬은 전광석화와 같이 로마 총독과 그의 두 개 군단을 물리쳤다. 유다 동굴에서 발견된 시몬의 명령서는 그의 강인한 능력을 보여준다.

"나는 로마군을 물리칠 것이다." 그리고 그는 해냈다. 그는 로마의 한 군단을 완전히 궤멸시켰다. "그는 무릎에 창을 맞았으나 그것을 다시 뽑아 적들을 죽였다." 그는 어떤 불복종도 용서하지 않았다. "시몬 바르 코크바가 여호나탄^{Yehonatan}과 마사발라^{Masabala}에게 고한다. 테코아^{Tekoa} 및 다른 곳에서 온 너희들과 함께 있는 모든 사람들을 지체 없이 내게 보내라. 그들을 보내지 않으면 너희들을 벌할 것이다." 당시의 그리스도인이었던 유스티누스^{Justin}에 따르면 종교적 열심자였던 시몬은 아마도 "그리스도인들이 예수가 메시아임을 부인하지 않을 경우 가혹하게 벌을 내릴 것을 명령"했던 것 같다. 훨씬 나중에 글을 쓴 그리스도인 에우제비우스^{Eusebius}는 시몬이 "그리스도인들이 로마에 대한 항전을 돕기를 거부할 경우 죽였다"라고 덧붙였다. "그는 이름과는 달리 잔인했으며 사람들을 마치 노예를 다루듯 했고 자기가 빛을 주는 자라고 주장했다." 그는 서로의 손가락을 자르도록 명령함으로써 전사들의 충성도를 시험했다고 한다.

별의 아들은 예루살렘 바로 남쪽, 헤로디움 요새에서 자신의 나라 이스라엘을 다스렸다. 그의 동전에는 '이스라엘 해방 제1년'이라고 새겨졌다. 그러나 그가 성전을 다시 봉헌하고 희생제사를 복원했을까? 시몬의 동전에는 '예루살렘의 자유를 위하여'라고 새겨졌고 성전 그림이 그려졌지만 예루살렘에서 그의 동전이 발굴된 적은 없다. 아피안은 하드리아누스가 티투스와 마찬가지로 예루살렘을 파괴했다고 적었다. 이는 파괴할 무언가가 있었다는 것을 의미하며 반란군들이 전멸당하기 전에 요새 안의 10군단을 포위한 것이 분명하고 또한 기회가 있었다면 성전산에서 예배도 드렸을 것이다. 그러나 사실 여부는 확인할 수가 없다.

하드리아누스는 서둘러 유다로 돌아왔고, 최고의 장군 율리우스 세베루스$^{Julius\ Severus}$를 영국에서 불러들이고 7개 또는 12개의 군단을 구성했다. 이 기괴한 전쟁을 기록한 몇 안 되는 역사가 가운데 한 명인 카시우스 디오Cassius Dio에 따르면, 로마군은 "유대인들을 쓸어버렸고, 그들의 미친 행동을 가차 없이 물리쳤다. 세베루스는 수천 명의 남자와 여자 어린 아이들을 죽였고 전쟁규칙에 따라 땅을 몰수했다." 예루살렘에 도착했을 때 세베루스는 군대를 분열시키고, 식량을 고갈시키고, 몰아넣어 짓밟아 전멸시키는 전술을 이용했다. 로마인들이 가까이 오자 바르 코크바는 규율을 강요하기 위해 가혹한 위협을 필요로 했다. 그는 한 장교에게 "네가 갈릴리인들을 학대한다면 벤 알풀ben Aphlul에게 한 것처럼 너의 발에 족쇄를 채울 것이다"라고 말했다.

유대인들은 유다의 동굴로 철수했는데 그곳에서 시몬의 편지들과 서글픈 유품들이 발견되었다. 난민들과 전사들은 폐허가 된 집의 열쇠들을 가지고 갔다. 그것은 돌아갈 곳이 없는 저주받은 사람들에게 위안이었다. 그리고 유리접시, 가죽에 싸인 화장거울, 나무보석함, 향을 옮기는 부삽 등의 사치품들도 있었다. 소지품들이 유골 옆에 있는 것으로 보아 그곳에서 사망했음을 알 수 있다. 조각난 편지들은 간단한 기호들로 파국을 기록하고 있다. "마지막까지… 희망이 없다. … 남쪽의 내 형제들… 그것들은 칼에 사라졌다."

로마인들은 코크바의 최후의 요새, 예루살렘에서 6마일 떨어진 베타르Betar를 향해 진격했다. 시몬 자신은 베타르에서 마지막까지 저항하다가, 유대인의 전설에 따르면, 목에 뱀을 감고 죽었다. 하드리아누스는 "그의 시체를 내게 가져오라!"고 말했고 그의 머리와 뱀을 보고 놀랐다. "신이 그를 죽이지 않았다면 누가 그를 이겼겠는가?" 하드리아누스는 이미 로마로 돌아와 있었는지도 모르겠지만 어느 쪽이든, 학살이나 다름없는 복수를 달성했다.

카시우스 디오는 "극소수만이 살아남았다"라고 썼다. "50개 소도시들과 985개의 촌락들이 폐허가 되었다. 58만 5,000명이 전사했다." 그리고 그보다 더 많은 사람들이 굶주림, 질병, 화재로 죽었다. 75개의 유대인 정착촌들이 말 그대로 사라졌다. 수많은 유대인들이 노예가 되어 헤브론의 노예시장에서 말 한 마리도 안 되는 값에 팔렸다. 유대인들은 시골에서 삶을 계속했지만 유다 자체는 하드리아누스의 파괴에서 결코 회복되지 못했다. 하드리아누스는 할례 금지를 강요했을 뿐 아니라 유대인들이 아엘리아에 접근조차 못하게 했으며 사형으로 처벌했다. 예루살렘은 사라졌다. 하드리아누스는 유다를 지도에서 지웠으며 의도적으로 유대인들의 오랜 적 필리스틴의 이름을 따 팔레스티나로 바꾸었다.

하드리아누스는 황제로서 갈채를 받았지만, 이번에는 개선행진을 하지 않았다. 황제는 유다의 손실로 타격을 입었고 많이 지쳐 있었다. 원로원에 보고할 때 그는 "저는 괜찮습니다. 저의 군대도 괜찮습니다"라는 의례적인 안심성 발언을 할 수밖에 없었다. 동맥경화증을 앓으며(조각상에 묘사된 갈라진 귓불이 그것을 보여준다) 부종으로 퉁퉁 부은 상태에서 하드리아누스는 모든 잠재적인 왕위계승자들을 죽였다. 죽임을 당한 이들 가운데는 심지어 아흔 살의 매형도 포함되었는데, 그는 생전에 하드리아누스에게 다음과 같은 저주를 퍼부었다. "죽기를 갈망하여도 죽을 수 없으리라." 저주는 실현되었다. 하드리아누스는 자살을 기도했지만 죽지 못했다. 그러나 어떤 군주도 하드리아누스만큼 죽음에 대해 위트 있고도 신랄한 표현을 하지는 못했다.

  어린 영혼이여, 어린 방랑자여, 어린 매력자여,
  육체의 손님이자 동반자여,

너는 이제 어느 곳으로 향하겠느냐?

어둡고, 차갑고, 우울한 곳들을 향해.

그리고 너는 늘 하던 농담들을 하지 않겠지.

마침내 (모두에게 미움받던) 하드리아누스가 죽자 원로원은 그를 신격화하기를 거부했다. 유대인 문헌은 하드리아누스를 언급할 때 반드시 이렇게 덧붙였다. "그의 뼈가 지옥에서 썩어가기를!"

그의 계승자, 안토니누스 피우스$^{Antoninus\ Pius}$는 유대인에 대한 박해를 약간 완화하고 할례를 다시 허용했지만, 성전이 다시는 재건되지 않을 것임을 강조하기 위해 성전산* 하드리아누스 동상에 안토니누스의 동상을 추가했다. 이제 유대교와 완전히 결별한 그리스도인들은 의기양양해질 수밖에 없었다.

그리스도인 유스티누스는 안토니누스에게 "성소는 저주가 되었으며 우리 조상들이 축복받았던 영광은 불에 타버렸다"라고 썼다. 유대인들에게는 불행한 일이지만 남은 세기 동안 로마제국의 안정된 정국은 하드리아누스의 정책에서 어떤 변화도 불필요하게 만들었다.

아엘리아 카피톨리나는 성벽도 없고 이전 크기의 5분의 2에 오늘날 다마스쿠스 문에서 사슬 문까지밖에 안 되는, 인구 1만 명의 작은 로마 식민지였다. 그곳에는 두 개의 광장과 골고다 현장에 주피터 성전이 있었고 두 개의 온천, 극장, 님파에움^{nymphaeum}(연못 주위의 요정들의 조각상), 원형경기장이 있었다. 원형경기장은 열주와 네 개의 출입문, 그리고 10군단

---

* 성전산의 남쪽 벽에 있는 이중문의 장식 부분 바로 위에 "황제 카이사르 티투스 아엘리우스 하드리아누스 안토니누스 아우구스투스 피우스에게"라는 비문이 거꾸로 쓰여 있다. 이는 안토니누스 승마 동상의 기단부가 거의 확실하다. 이중문을 세운 우마이야조 칼리프들이 그것을 약탈하고 재사용한 것이 틀림없다.

의 극히 비율법적인 멧돼지 동상을 포함한 조각상들로 장식돼 있었다. 유대인들이 더 이상 위협이 아닌 짜증스러운 존재들로 간주될 정도가 되자, 10군단은 예루살렘에서 점차적으로 철수했다. 황제 마르쿠스 아우렐리우스Marcus Aurelius가 이집트로 가기 위해 예루살렘을 통과할 때 "악취가 나고 무질서한 유대인들을 자주 역겨워하면서" 농담으로 유대인들과 다른 반란 부족들을 비교했다. "오, 콰디족이여, 오, 사마리아인들이여! 마침내 너희들보다 더 처치 곤란한 사람들을 발견했도다!" 예루살렘에는 거룩함 이외에는 어떠한 자연자원도 남지 않았다. 10군단의 부재로 인해 예루살렘이 더욱더 퇴보했음이 틀림없다.

　　기원후 193년의 내전으로 로마의 평화로운 권력승계가 끝나자, 주로 갈릴리와 지중해 해변에 살고 있던 유대인들은 동요하기 시작했고 현지의 적들인 사마리아인들과 대항해 싸우거나 아마도 왕권 경쟁의 최종 승자였을 셉티무스 세베루스Septimus Severus를 지원하기 위해 일어섰다. 후자는 유대인 탄압 정책의 완화로 이어졌다. 새로운 황제와 그의 아들 카라칼라Caracalla가 기원후 201년 아엘리아를 방문하여 '왕자'라는 호칭의 유대인 지도자 유다 하나시를 만난 것으로 보인다. 카라칼라가 즉위했을 때 그는 유다에게 골란과 리다Lydda(예루살렘 근처)의 땅들을 하사했으며 종교분쟁을 조정하고, 달력을 정할 세습권한을 주었다. 그리고 그를 유대인 사회의 지도자, 즉 유대인들의 족장으로 인정했다.

　　부유한 유다는 랍비의 학식과 귀족의 화려함을 겸비한 듯 보였으며 고트족Goths 호위병을 데리고 갈릴리에서 재판정을 여는 한편, 성전 이후 시대 유대교의 구두전승, 즉 《미슈나》를 편찬했다. 유다와 황실과의 인맥, 그리고 시간의 흐름 덕분에, 유대인들은 수비대에게 뇌물을 주고 올리브 산의 무너진 성전 맞은편이나 혹은 키드론 골짜기에서 기도를 할 수 있었다. 유대인들은 그곳에 셰키나^shekinah^(거룩한 영)가 거한다고 믿었다. 유다는 오늘날 시온 산에 있는 회당에서 기도하면서 예루살렘에 살기 위해 유대인의 소규모 '거룩한 공동체'에 대한 허가를 얻었다고 전해진다. 그럼에도 불구하고 세베루스 왕조의 황제들은 하드리아누스의 정책을 결코 재고하지 않았다.

예루살렘에 대한 유대인들의 갈망은 결코 흔들리지 않았다. 그 후 수 세기 동안 유대인들은 어디에서 살든 하루 세 번씩 기도했다. "당신의 뜻이 이루어져 우리 시대에 곧 성전이 재건되기를." 유대인들은 복원을 대비해 성전의식의 모든 세부사항을 《미슈나》에 모아놓았다. 구전전승의 또다른 편집본인 《토세파^Tosefa^》는 "여성은 모든 장신구들을 착용할 수 있지만, 예루살렘을 기억하여 작은 것 한 가지는 제외해야 한다"고 기록한다. 유월절 저녁식사는 "내년에는 예루살렘에서"라는 말로 마무리되었다. 유대인들이 예루살렘에 가까이 갈 때는, 폐허가 된 도시를 흘끗 보면서 옷을 찢는 의식을 개발해냈다. 예루살렘에서 멀리 사는 유대인들도 심판의 날에 가장 먼저 일어날 수 있도록 성전 가까운 곳에 묻히기를 원했다. 올리브 산의 유대인 공동묘지는 그렇게 시작되었다.

성전이 재건될 기회는 얼마든지 있었다. 실제로 전에도 재건된 적이 있었고 거의 재건될 뻔한 적도 있었다. 유대인들이 예루살렘에 들어가는 것이 여전히 공식적으로 금지돼 있는 한편, 이제는 그리스도인들이 로마의 현존하는 분명한 위협으로 등장했다.4)

기원후 235년부터, 로마제국은 30년간 위기를 겪었고, 내외적으로 흔들렸다. 동방에서는 활기찬 새로운 페르시아제국이 파르티아를 대신해 로마에 도전했다. 위기를 겪는 동안 로마제국은 신들에게 제사 지내기를 거부하는 무신론자라는 이유로 그리스도인들에게 책임을 돌렸으며, 야만적으로 박해했다. 그러나 그리스도교는 단일한 종교라기보다 다양한 전통들의 종합에 가까웠다.* 그러나 그리스도인들은 예수에게 구제받은 사람들의 구속, 그리고 죽음 이후의 삶이라는 기본적인 내용에 대한 합의가 있었으며 이는 그리스도인들이 고대 유대인의 예언들을 이용하고 자기들 것으로 수용했음을 확인해준다. 그리스도교의 설립자는 로마에 의해 반역자로 죽임을 당했지만, 그리스도인들은 자신들의 종교를 로마가 아닌 유대교에 반대하는 종교로서 자리매김했다. 따라서 로마는 그들의 거룩한 도시가 되었다. 팔레스타인의 그리스도인들 대부분이 카이사레아 해변에서 살았다. 예루살렘은 천상의 도시가 되었지만 현실의 예루살렘, 아엘리아는 예수가 죽임당한 기괴한 촌락에 불과했다. 그럼에도 예루살렘 현지의 그리스도인들은 십자가와 부활의 장소에서 전통을 지켰으며 죽은 후에는 하드리아누스의 주피터 성전 아래에 묻혔고, 심지어 안으로 몰래 들어가 낙서를 남기기도 했다.**

---

* 그노시스파가 그러한 일파들 중 하나였다. 그들은 신성한 불꽃이 특별한 지식을 가진 소수의 특권자에게만 나타난다고 믿었다. 1945년, 이집트 농부들이 항아리 안에 숨겨진 기원후 2~3세기경의 열세 개의 고문서들을 발견함으로써 더욱더 많은 것들이 밝혀졌다. 그리고 많은 어두운 영화들과 소설들이 생겨났다. 베드로의 아포칼립스와 야고보의 제1아포칼립스에서 그것은 예수를 대신하여 십자가에 박힌 대체물이다. 〈빌립보서〉에는 예수가 막달라 마리아에게 입을 맞추었다는 단편적인 언급들이 있으며 그것은 두 사람이 결혼했을지도 모른다는 생각을 부추긴다. 2006년에 나타난 〈유다복음서〉는 유다가 배반자라기보다 예수의 십자가 처형 달성을 위한 보조자였던 것으로 표현한다. 문서들은 아마도 그리스도교 황제들이 이단들을 탄압하기 시작했을 때 감추어졌겠지만, 지식을 뜻하는 그리스어에서 유래한 'Gnostic'이라는 단어는 18세기에 만들어졌다. 유대계 그리스도인들은 성모 마리아를 부인하고 예수를 선지자로서 숭배하는 극소수의 에비옹파Ebionites(가난한 자들)는 4세기까지 잔존했다. 주류 그리스도교에 관해 말하자면, 상대적으로 적은 수에도 불구하고, 그들의 공동체의식과 선교는 시골뜨기pagani, 후에 이교도pagan라고 불린 이방인들 사이에서 그들을 점점 더 혐오의 대상이 되게 만들었다.

** 아르메니아인들의 성 헬레나 성당Chapel of St. Helena을 발굴할 때, 아르메니아 고고학자들은 아주 흥미로운 낙서가 들어 있는 공간(현재 바르다 예배소)을 발견했다. 배 한 척이 그려져 있고, 라틴어로 '주여 우리가 왔습니다'라는 문구가 쓰여 있는데 이는 "우리가 주의 집으로 들어갑니다"라는 구절로 시작하는 〈시편〉 122편과 관련이 있다. 이 낙서는 2세기 것으로 추정되며, 그리스도인들이 이교도 아엘리아 시대에 주피터 성전 아래에서 비밀리에 기도했다는 것을 입증한다.

기원후 260년, 로마 최악의 순간 페르시아인들이 황제를 생포했다(황제는 녹인 금을 강제로 마셔야 했고 내장이 뽑히고 그 자리에 지푸라기가 채워졌다). 한편 성벽 없는 도시 아엘리아를 포함해 동방 전체가 제노비아Zenobia라는 젊은 여성이 이끄는 팔미라제국Palmyran empire에 정복되었고 제노비아는 요절했다. 그러나 12년 만에 로마가 동방을 되찾았다. 세기말에, 디오클레티아누스Diocletian 황제는 로마의 힘을 성공적으로 복구했고 고대 신들에 대한 예배를 부활시켰다. 그러나 그리스도인들은 로마의 재기에 방해가 되는 것처럼 보였다. 기원후 299년 디오클레티아누스는 시리아에서 행진을 벌이며 신들에게 제사를 지냈고 이때 일부 그리스도인 군인들이 손으로 십자가 표시를 그었다. 그러자 이방인 예언자들은 신성이 손상되었다고 주장했다. 디오클레티아누스의 궁전이 불에 타자 그는 그리스도인들에게 책임을 돌렸고 야만적인 박해를 시작했으며 그리스도인들을 죽이고 경전들을 불태우고 교회들을 파괴했다.

305년 디오클레티아누스가 죽자 제국은 분열되었고 동로마의 새로운 황제 갈레리우스Galerius는 도끼를 사용한 처형, 화형, 신체상해의 방법으로 그리스도인들을 더욱 심하게 학살했다. 한편 서로마의 황제는 콘스탄티우스 클로루스Constantius Chlorus였다. 그는 일리리아Illyrian의 강직한 군인 출신으로 요크York에서 즉위했다. 콘스탄티우스는 병이 든 상태에서 얼마 지나지 않아 죽었지만, 306년 영국의 로마 군단들이 그의 아들 콘스탄티누스Constantine를 황제로 추대했다. 그는 15년에 걸쳐 먼저 서로마를, 그다음엔 동방을 점령했다. 그러나 다윗 왕과 마찬가지로 콘스탄티누스는 단 한 번의 결정으로 세계의 역사, 그리고 예루살렘의 운명을 바꾸게 된다.[5]

제 3 부
그리스도교
CHRISTIANITY

예루살렘, 위대하신 왕의 도성

예수, 〈마태복음〉 5장 35절

예루살렘아, 예루살렘아! 예언자들을 죽이고 자기에게 파견된 이들에게 돌을 던지는 너, 예루살렘아.

예수, 〈마태복음〉 23장 37절

이 성전을 허물어라. 그리하면 내가 사흘 안에 다시 세우겠다.

예수, 〈요한복음〉 2장 19절

유다는 다른 모든 지방들 위에 있었고 예루살렘은 유다의 모든 도시들보다 위에 있었다.

성 제롬 St. Jerom의 서신들

예루살렘은 이제 온 세상에서 모여드는 번화한 곳이 되었고 남녀 순례자들이 너무도 많아서 온갖 유혹이 그곳에 모두 모이게 되었다.

성 제롬의 서신들

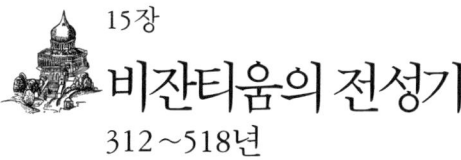

15장
비잔티움의 전성기
312~518년

예수, 인간인가 신인가

312년 콘스탄티누스는 이탈리아를 침공했고 로마 바로 밖에서 정적 막센티우스Maxentius를 공격했다. 전투가 있기 전날 밤 콘스탄티누스는 "하늘에 빛으로 된 십자가"가 다음과 같은 문구와 함께 태양 위에 겹쳐진 것을 보았다. "이 신호와 함께 너는 승리할 것이다!" 그는 그리스어로 '크리스투스Christos(영어로는 크라이스트Christ)'의 첫 두 글자인 키로Chi-Ro를 군인들의 방패에 그렸다. 다음 날 밀비안 다리 전투에서 그는 서로마를 정복했다. 당시는 전조와 몽상의 시대였으며 콘스탄티누스는 자신의 권력이 그리스도교의 '최고 신'에게서 나온다고 믿었다.

콘스탄티누스는 강직한 군인이었고 거룩한 몽상가였으며 잔인한 전제군주였고 정치적인 쇼맨이었다. 그리고 그는 권력을 휘둘렀지만 일단 인간이 오를 수 있는 권위의 정점에 이르렀을 때는 하나의 종교, 하나의 황제 아래 통일된 제국을 꿈꾸었다. 굵은 목에 매부리코를 한 그는 모순의 종합체였다. 그는 종종 편집증이 폭발하여 갑자기 친구나 가족들을 죽이기도 했다. 또 어깨까지 머리를 길렀고, 화려한 팔찌와 보석 박힌 예복을 입고 화려한 행사, 철학자들과 사제들의 토론, 건축적 미의 기획, 종교적 대담함을 즐겼다.

당시에는 그가 왜 그리스도교를 받아들인 건지 아무도 이유를 몰랐다. 그는 끔찍할 정도로 자신감이 넘치는 많은 남자들이 그렇듯 어머니 헬레나를 숭배했는데, 헬레나는 초기 그리스도교 개종자였다. 그의 개인적 개종이 다마스쿠스 도상에서 바울의 개종만큼이나 극적이었다면 그의 정치적인 그리스도교 수용은 점진적이었다. 가장 중요한 것은 예수가 전투에서 승리를 가져다주었다는 것이고 그것이 바로 콘스탄티누스가 이해한 언어였다. 즉 어린양 그리스도가 승리의 신이 된 것이다. 어떤 식으로도 콘스탄티누스 자신이 양과 같아질 수는 없었다. 그는 자신을 사도들과 동등한 반열에 올렸다. 그가 자신을 신의 가호를 받은 장군으로 내세우는 것은 당연한 일이었다. 그리스 왕들과 마찬가지로 로마 황제들은 항상 자신을 신성의 수호자로 내세웠다. 콘스탄티누스의 아버지는 무적의 태양을 숭배했고 그것은 일신교에 가까운 것이었다.

그러나 그리스도를 선택한 것은 필연이 아니었다. 그것은 순전히 콘스탄티누스의 개인적 변덕에 따른 것이었다. 312년 당시에는 마니교Manichaenism와 미트라교Mithraism가 그리스도교보다 더 인기가 있었다. 콘스탄티누스는 그중에 한 가지를 쉽게 선택할 수도 있었다. 그랬다면 유럽은 오늘날 마니교나 미트라교 국가가 돼 있을지도 모른다.*

---

* 초기에 콘스탄티누스는 그리스도교의 신을 무적의 태양과 동일시했으며 일부 동전에는 십자가를, 또 다른 일부 동전에는 태양을, 나머지 동전에는 이교도 제의의 폰티펙스 막시무스Pontifex Maximus(대사제)도 집어넣었다. 기원후 321년, 콘스탄티누스는 일요일(태양의 날)을 그리스도교의 안식일로 선포했다. 미트라교는 로마 군인들 사이에서 추종받던 페르시아의 신비주의 종교였다. 마니교에 관해 말하자면, 파르티아의 예언자 마니는 존재가 빛과 어둠 사이의 영원한 싸움이며 궁극적으로는 예수가 심판과 계몽을 행한다고 주장했다. 현재 마니교라는 단어는 삶을 선과 악 사이의 투쟁으로 보는 세계관을 묘사하는 데만 사용된다.

313년, 콘스탄티누스와 동로마 황제 리시니우스Licinius는 밀라노 칙령을 통해 그리스도인들에게 관용과 특권을 허용했다. 그러나 324년에 콘스탄티누스는 쉰한 살의 나이로 리시니우스를 물리치고 제국을 통일한다. 그는 그리스도의 순결을 제국 전체에 강요하려 했으며 이교도의 제사, 성전 매춘, 종교적 난교를 금지했고 검투를 전차경주로 대신했다. 그해 콘스탄티누스는 수도를 동쪽으로 옮겨 유럽과 아시아 사이의 관문인, 보스포로스Bosphorus의 비잔티움이라 불리는 그리스 마을에 제2의 로마를 건설했다. 그 도시는 창설자의 이름을 따 콘스탄티노플로 불리게 되었다. 그는 이제 로마의 주교 및 알렉산드리아와 안티오크의 원로들을 그리스도교의 지배세력에 포함시켰다. 이 새로운 종교는 콘스탄티누스의 새로운 왕권과 잘 맞았다. 그리스도교는 예루살렘의 감독자 야고보의 초기 시절을 본떠, 장로들과 감독자-주교가 각 지역 교구들을 담당하는 위계질서를 개발했다. 콘스탄티누스는 그러한 위계질서를 갖춘 그리스도교가 로마제국의 조직과 유사하다고 생각했다. 황제도, 국가도, 종교도, 하나여야 했다.

   그러나 그는 그리스도교의 분열을 발견한 직후 자신의 주권을 제국의 종교와 결합시켰다. 복음서들은 예수의 본질, 그리고 예수와 신의 관계에 대해 모호한 입장을 취했다. 예수는 일련의 신적 특성들을 가진 인간이었는가, 아니면 사람의 몸 안에 거한 신이었는가? 교회가 확립된 당시에 그리스도론Christology은 다른 무엇보다, 아니 생명보다 더 중요한 것이었다. 그리스도에 대한 올바른 정의가 인간이 구원을 받고 천국에 들어갈 수 있는지 여부를 결정하기 때문이었다. 우리가 살고 있는 세속 시대로 말하면, 핵무기나 지구온난화에 대한 논쟁이 당시의 열기나 강도와 가장 비슷할 것이다. 그리스도교는 이제 광신적 종교 시대의 대중적 종교가 되었으며 그러한 질문들은 왕궁에서도 길거리에서도 화두가 되었다.

거대한 군중들을 상대로 대중적인 짧은 노래들을 사용해 설교한 알렉산드리아의 사제 아리우스Arius는 예수가 신에게 복종했기 때문에 그는 신이라기보다 인간이라고 주장했다. 이는 그리스도를 인간이기보다 신이라고 여긴 많은 사람들을 분노하게 했다. 알렉산드리아 총독이 아리우스를 탄압하려고 하자 그의 추종자들이 알렉산드리아에서 폭동을 일으켰다.

325년, 그러한 교리적 혼란에 분노하고 짜증이 난 콘스탄티누스는 주교들을 니케아Nicaea(현재 터키 이스닉Isnik)의 공의회로 소집했고 자신의 해법을 강요했다. 예수는 신인 동시에 인간이며 성부와 '본질상 하나'라는 것이다. 바로 이 니케아 공의회에서 콘스탄티누스는 아엘리아 카피톨리나의 주교 마카리우스Macarius 때문에 그 작고 소외된 촌락, 아엘리아의 운명에 관심을 갖게 되었다. 콘스탄티누스는 아엘리아를 알고 있었으며 아마도 여덟 살 때 디오클레티아누스Diocletian 황제의 수행단 일원으로 예루살렘을 방문했던 것 같다. 그는 이제 니케아의 성공을 기념하고 제국의 거룩한 영광을 과시하는 데 열중하면서 예루살렘을 회복시키고 에우제비우스(카이사레아의 주교이자 황제의 전기작가)가 "오래되기로 유명한 도시 위에 지은 새로운 예루살렘"이라 칭한 것을 창조하기로 결심했다. 콘스탄티누스는 복음의 요람으로서의 예루살렘에 걸맞은 교회를 지을 것을 명했다. 그러나 그 공사가 빠르게 진행된 것은 황제의 잔혹한 가정불화 덕분이었다.

반그리스도적인 딜레마와 해법

콘스탄티누스의 승리 직후 그의 아내 파우스타Fausta는 (황제의 전부인이 낳은) 큰 아들 크리스푸스 카이사르Crispus Caesar를 성범죄로 고발한다.

그녀는 크리스푸스가 계모를 유혹하려 했다거나 혹은 강간범이라고 주장함으로써 콘스탄티누스가 내세운 새로운 그리스도의 순결에 부응하려 했던 것일까? 아니면 정사가 시큰둥해진 것이었을까? 자기 계모와 정사를 벌인 사람이 크리스푸스가 처음인 것도 아니었고 크리스푸스가 그런 것을 마다할 사람도 결코 아니었을 것이다. 그러나 아마도 황제는 크리스푸스의 군사적 성공을 질투하고 있었던 것 같다. 확실한 것은 파우스타로서는 친아들의 왕위계승 앞에 놓인 장애물을 싫어할 만한 이유가 충분했다는 것이다.

진실이 무엇이든 콘스탄티누스는 아들의 부도덕에 격분해 처형을 명령했다. 황제의 그리스도인 참모들은 혐오감을 느꼈고, 드디어 황제의 일생에 가장 중요한 인물인 어머니가 개입했다. 헬레나는 비트니아^{Bithnia}의 술집여자였고 아마도 콘스탄티누스의 아버지와 결혼하지도 않았던 것 같다. 그러나 그녀는 그리스도교 초기 개종자였으며, 이제는 누가 뭐래도 적법한 황태후였다.

헬레나는 콘스탄티누스에게 그가 속았다는 것을 알려주었다. 아마 실제로는 파우스타가 크리스푸스를 유혹하려 한 것임을 밝혔을 것이다. 콘스탄티누스는 아내 파우스타를 간통으로 처형시켰다. 파우스타는 끓는 물에 데거나 뜨거운 증기에 질식해서 죽었을 것이다. 지극히 반그리스도교적인 딜레마에 대한 유별나게 반그리스도교적인 해법이었다. 그러나 예루살렘은 이 이중 살인으로부터 혜택을 입게 되고* 당황한 그리스도교 예찬자들은 이 일을 거의 입에 올리지 않게 되었다.

---

* 콘스탄티누스는 헤롯 대제, 폭군 이반, 표트르 대제Peter the Great, 술레이만 황제Suleiman the Magnificent와 함께 자식을 살해한 불미스러운 왕족의 대열에 합류했다. 헤롯, 클라우디우스 황제, 헨리 8세도 자기 부인들을 죽였다.

얼마 후 헬레나는 예수의 도시를 장식할 백지 위임장을 가지고 예루살렘을 향해 출발했다.* 헬레나의 영광은 콘스탄티누스에게는 속죄가 되었다.1)

최초의 고고학자 헬레나

동전 속에서 뾰족한 얼굴에 땋은 머리를 하고 티아라를 쓰고 있는 70대의 황후 헬레나는 "젊음의 모든 에너지"와 넉넉한 자금을 가지고 예루살렘에 도착했고 예루살렘 최고의 기념비적 건설자이자 기적 같은 성공을 거둔 고고학자가 되었다.

콘스탄티누스는 예수가 십자가에서 처형되고 매장된 장소가 하드리아누스의 성전 아래쪽에 있으며 에우제비우스의 말처럼 "생명 없는 우상들의 어두운 성지이고 아프로디테라는 이름의 불경한 괴물"의 동상이 놓여 있다는 것을 알게 되었다. 헬레나는 그 장소를 정화하기 위해 마카리우스 주교에게 이교의 성전을 파괴하고 그 안에 있는 원래의 무덤을 발굴하도록 명했다. 또한 그곳에 가장 아름다운 구조, 기둥들, 대리석들과 가장 진귀하고 유용한 것을 이용해서 금으로 장식된, 세계에서 가장 뛰어난 예배당을 건축하도록 명령했다.

헬레나는 실제 무덤을 찾기로 결심했다. 이교의 성전을 파괴하고 길에 깔린 포석들을 들어내고 흙을 퍼내 그 거룩한 장소를 찾아내야 했다.

---

* 헬레나가 콘스탄티누스 가문 가운데 예루살렘에 간 최초의 사람은 아니었다. 파우스타의 그리스도교인 어머니 에우트로피아Eutropia는 딸이 살해되었을 때 예루살렘에 있었는데 아마도 황제의 계획을 감독하기 위해서였을 것이다. 그녀는 딸과 함께 몰락했으며 역사에서 거의 사라졌다.

황태후의 명령으로 작은 아엘리아에는 분명 돈벌이가 되는 흥분에 찬 수색이 벌어졌을 것이다. 아마도 남아 있는 유대계 그리스도인 가운데 한 명이었을 어느 유대인이 만든 문서들이 있었고, 그 문서들을 통해 발견된 동굴이 예수의 무덤으로 확인되었다. 헬레나는 십자가 처형의 장소와 십자가 자체까지 추적했다.

어떤 고고학자도 헬레나의 성공에는 감히 필적하지 못한다. 그녀는 나무로 된 세 개의 십자가, '나사렛의 예수, 유대인들의 왕'이라 쓰인 나무팻말, 그리고 실제 사용된 못을 발견했다. 하지만 어느 십자가가 진짜였을까? 황태후와 주교는 그 나무 조각들을 어느 죽어가는 여인의 침상 옆에 놓아두었다고 한다. 세 번째 나무를 그 여자 옆에 놓았을 때 병자가 "갑자기 눈을 떴고 힘을 되찾아 침상에서 벌떡 일어났다." 헬레나는 나무의 일부를 못과 함께 아들 콘스탄티누스에게 보냈다. 황제는 그 못들을 말의 굴레에 끼웠다. 그 후로 모든 그리스도교 세계가 일반적으로 예루살렘에서 유래하는 성 유물holy relics들에 집착했으며 그 생명나무로 인해 숲을 이루고도 남을 만큼 많은 성 십자가 조각들을 등장하게 했다. 십자가는 초기의 키로를 대신해 그리스도교의 상징이 되기 시작했다.

헬레나의 십자가 발견은 아마도 나중에 지어낸 것이겠지만 그녀가 예루살렘을 영원히 변화시킨 것은 분명한 사실이다. 그녀는 올리브 산에 부활교회와 주기도문교회를 세웠다. 헬레나의 세 번째 교회인 성묘교회는 완공하는 데 10년이 걸렸으며, 이는 하나의 건물이 아니라 네 부분으로 이루어진 복합건물이었다. 정면은 동쪽으로 향해 있었으며 로마식 주요 도로인 카르도Cardo를 통해 들어오게 돼 있었다(현재의 교회는 남쪽을 향하고 있다). 방문객은 계단을 올라 아트리움atrium으로 들어가고 그것은 세 개의 출입구를 거쳐 바실리카Basilica 또는 마티리움Martyrium으로 이어졌다.

이곳은 "놀라운 아름다움"을 가진 거대한 교회였으며 5중의 복도와 열주들이 있었고, 다시 애프스 apse (교회 끝에 있는 반원형 부분)를 거쳐 성묘동산 Holy Garden, 즉 열주가 세워진 마당으로 이어졌다. 마당의 남동쪽 끝에는 골고다 언덕이 개방형 예배당에 둘러싸여 있었다. 황금 돔의 원형 홀이 하늘을 향해 열려 있어서 빛이 예수의 무덤에 비추었다. 성묘교회의 장엄함은 예루살렘의 거룩한 공간을 압도했고 성전산을 비웃었다. 헬레나는 성전산에서 모든 이교의 유적을 파냈고 유대인 신의 실패를 보이기 위해 "그곳에 오물을 투척할 것을 명령했다."*

그로부터 불과 몇 년 후인 333년, 최초의 새로운 순례자들 가운데 한 명이었던 보르도 Bordeaux에서 온 한 익명의 방문객은 아엘리아가 이미 북적대는 그리스도교 성전 도시로 변화된 것을 깨달았다. '놀라운' 교회는 아직 완공되지 않았지만 빠르게 건설되는 중이었다. 그러나 하드리아누스의 동상은 성전산의 폐허 가운데에 여전히 서 있었다.

황태후 헬레나는 예수 생애의 모든 유적지를 방문했다. 그리고 특별한 거룩함을 체험하기 위해 서서히 예루살렘으로 몰려들고 있는 순례자들을 위해 최초의 안내지도를 만들었다. 콘스탄티노플로 돌아왔을 때 헬레나는 거의 여든 살이었다. 헬레나의 아들은 십자가의 일부는 자기가 보관하고 나머지 조각들과 팻말은 헬레나가 적절한 이름을 붙여준 로마 교

---

* 우리는 그 건물들의 전경과 발견물에 대해 정확히 알지는 못한다. 카이사레아의 에우제비우스는 당대의 일들을 기록했는데 성묘교회 건물 안에서 황제와 마카리우스 주교의 행동만을 언급할 뿐이다(십자가 발견에 있어 헬레나의 역할에 대해서는 언급하지 않는다). 그러나 에우제비우스는 올리브 산에 있는 승천교회에 대해 이야기하면서 그녀를 칭송했다. 후에 헬레나와 십자가에 대한 이야기를 전한 사람은 소조멘 Sozomen(역시 현지 그리스도인)이다. 콘스탄티누스 성벽의 일부는 알렉산더 네브스키 교회 내에서 지금도 볼 수 있다. 교회의 돌에는 콘스탄티누스의 건축가들이 대리석을 맞물려놓은 틈새가 있다. 콘스탄티누스의 교회들은 이교의 성전들이 아닌 세속의 바실리카, 황제의 알현실을 토대로 했다. 또한 교회의 의식들과 사제들의 의복을 황제의 궁정과 비슷하게 하여 하늘 왕의 대리인들이 황제와 동등한 위치에 있음을 과시하려 했다.

회, 게루살렘Gerusalemme의 산타 크로체Santa Croce에 보냈다.

카이사레아의 주교 에우제비우스는 예루살렘의 새로운 명성을 질투했고 "주님을 끔찍하게 살해한 후 사악한 주민들이 징벌을 받은" 그 유대인의 도시가 신의 도시가 될 수 있는지를 의심했다. 결과적으로, 그리스도인들은 3세기 동안 예루살렘에 관심을 갖지 않았다. 그럼에도 에우제비우스의 주장은 일리가 있는 것이었다. 새로운 예루살렘의 창조자가 유대인 유적들의 거룩함을 새로운 유적으로 변환시켜야 했던 것과 마찬가지로 콘스탄티누스는 유대인들의 유산과 맞닥뜨려야 했다.

로마인들이 다신을 숭배했을 때 그들은 현 상태를 위협하지 않는 한 다른 사람들에게 관용을 베풀었다. 그러나 유일신 종교는 하나의 진리, 하나의 신만을 인정할 것을 요구했다. 그리스도를 살해한 유대인들의 비참함은 그리스도교가 옳았음을 증명했다. 따라서 그들을 박해하는 것은 매우 중요했다. 콘스탄티누스는 형제가 그리스도교로 개종하는 것을 막으려고 하는 유대인은 누구든지 즉시 화형에 처하라고 명령했다.* 그러나 소규모 유대인 공동체가 1세기 넘게 예루살렘에 살면서 시온 산의 회당에서 기도했고 유대인들은 버려진 성전산에서 조심스럽게 기도했다. 이제 콘스탄티누스가 칭한 '역겨운 유대인들의 무리'는 일 년에 한 번 성전산에 오르는 것을 빼고는 예루살렘에 들어가는 것이 금지되었다. 보르도의 순례자는 그곳에서 유대인들이 "구멍난 돌을 향해 울며 옷을 찢는 것을 보았다." 그 돌은 성전의 주춧돌이었으며 현재는 바위 돔 안에 있다.

---

* 니케아 공의회에 이르기까지 부활절은 여전히 유월절과 겹쳤는데, 왜냐하면 예수가 십자가에 처형된 날이 유월절이었기 때문이다. 이제 유대인에 대한 콘스탄티누스의 미움이 결정적인 영향력을 행사해서 부활절을 영원히 바꾸게 되었다. 콘스탄티누스는 부활절을 춘분春分 이후 첫 번째 보름달이 뜨는 일요일로 고정해야 한다고 선포했다. 이러한 체계는 동양과 서양의 달력이 통합된 1582년까지 보편적으로 지켜졌다.

콘스탄티누스는 예루살렘에서 즉위 30주년을 기념했다. 그러나 말썽 많은 사제 아리우스가 항문이 터져 속세를 떠난 후 그가 남긴 논란을 잠재우기 위해 여전히 씨름했다.* 콘스탄티누스가 "교회에서 오점을 없애고 나의 짐을 가볍게 하기 위한" 종교회의를 명했을 때 아리우스파는 다시 한 번 아리우스를 신격화했고 전 세계의 주교들이 모인 예루살렘 최초의 그리스도교 축제에 찬물을 끼얹었다. 한편 콘스탄티누스는 병으로 인해 참석할 수가 없었다. 337년 임종 자리에서 세례를 받으면서 콘스탄티누스는 세 아들과 두 조카들에게 제국을 나누어주었다. 그들이 합의에 이른 유일한 사안은 그리스도교 제국을 지속한다는 것과 유대인 탄압법을 더욱 강화한다는 것이었다. 339년에는 유대인과의 결혼을 금지시켰고 유대인들을 "야만적이고 가증스러운 치욕"이라고 불렀다.

콘스탄티누스의 상속자들은 20여 년간 서로 싸웠고, 둘째 아들 콘스탄티우스가 최종적으로 내전에서 승리했다. 이러한 불안정은 팔레스티나를 동요시켰다. 351년에 일어난 예루살렘 지진은 모든 그리스도인들이 "공포에 사로잡혀" 성묘교회로 뛰어들게 만들었다. 자칭 메시아 왕의 지휘 아래 갈릴리의 유대인들이 반란을 일으키자 로마인들조차 역겨워하는 황제의 사촌 갈루스 카이사르Gallus Caesar가 그들을 무자비하게 살육했다. 그러나 의외의 장소에서 유대인들을 동정하는 이가 있었다. 황제가 그리스도교를 전복시키고 유대인 성전을 재건하기로 결정한 것이다.2)

---

* 아리우스가 배의 늘어짐을 느낀 것은 콘스탄티누스와의 만남을 마치고 콘스탄티노플을 지나가고 있을 때였다. 소크라테스 스콜라스티쿠스Socrates Scholasticus는 아리우스가 화장실에 가기도 전에 그의 창자, 간, 췌장이 출혈과 함께 밖으로 터져나왔다고 썼다. 이는 그의 악한 이단성에 대한 분명한 증거였다. 그러나 아리안주의는 콘스탄티누스의 사후에도 계속 살아남았으며 콘스탄티누스 2세에 의해 지지를 받다가 테오도시우스 1세Theodosius I에 의해 다시 비판받았다. 테오도시우스 1세는 예수가 성부, 성자, 성령의 삼위일체에서 성부와 동격이며 동일한 본질을 가졌다고 선언했다.

예루살렘의 회복

362년 7월 19일, 새로운 황제, 콘스탄티누스의 조카 율리아누스 Julian는 페르시아 침공 원정길 중에 안티오크에 들렀다. 그는 유대인 대표단에게 물었다. "왜 제사를 지내지 않느냐?" 유대인들은 대답했다. "제사는 금지되었습니다. 저희에게 예루살렘을 돌려주시고 성전과 재단을 재건할 수 있게 해주십시오."

율리아누스는 "전능한 신의 성전을 세우기 위해 나의 모든 힘을 다하겠노라"고 답변했다. 황제의 놀라운 대답은 유대인들을 크게 흥분하게 한 나머지 "마치 왕국의 날이 이미 도래한 것 같았다."

율리아누스는 하드리아누스와 콘스탄티누스의 박해를 철회했고, 예루살렘과 그들의 재산을 유대인들에게 돌려주었고 유대인을 탄압하는 세금을 폐지하고, 유대인들의 족장 힐렐Hillel에게 징세권과 근위대장의 직함을 주었다. 분명 이 기적을 축하하기 위해 로마와 페르시아 전역의 유대인들이 예루살렘으로 쏟아져 들어왔을 것이다. 유대인들은 성전산을 되찾았고 아마도 하드리아누스와 안토니누스의 동상들을 철거하고 보르도 순례자가 히스기야 왕의 집이라 불렀던 돌들 주변에 임시회당을 세웠을 것이다.

율리아누스는 수줍음을 많이 타고 지적이면서도 까다로웠다. 편견에 치우친 한 그리스도인은 그를 "목은 기이하게 비뚤어졌고 어깨는 구부정하게 휘어졌으며 흘끔거리는 시선, 건들거리는 걸음걸이에 우뚝한 코로 거칠게 숨을 몰아쉬고 신경질적이고 제멋대로인 웃음에 고개를 끝없이 주억거리고 말을 더듬거린다"고 기억했다. 그러나 수염을 기른 이 건장한 황제는 결단력과 일관성이 있는 사람이기도 했다. 그는 이교를 복원시켰고 가문의 오랜 수호신인 태양신을 선호했으며 이교 성전들의 전통적 희생제사를 장려하고 무력하고 비로마적인 가치를 일소하기 위해 갈릴리인 (그가 그리스도인이라 부른) 교사들을 해고했다.

율리아누스는 황제가 되리라고는 전혀 기대하지 않았다. 콘스탄티누스가 그의 아버지와 가족 대부분을 죽였을 때 그는 거우 다섯 살에 불과했다. 가족 중 갈루스와 율리아누스, 오직 두 사람만이 살아남았다. 349년, 콘스탄티우스는 갈루스를 카이사르로 지명했지만 곧 그를 교수형에 처했다. 유대인 반란에 대한 서툰 진압이 부분적인 사형 원인이었다. 그러나 그는 서로마에서 카이사르를 필요로 했고, 남아 있는 후보자는 딱 한 명이었다. 당시 아테네에서 철학을 공부하는 학생이었던 율리아누스가 카이사르가 되어 파리에서 통치를 시작했다. 예측 불가능한 성격의 황제가 자신을 소환했을 때 그는 물론 당황했다. 그는 제우스의 꿈에 영감을 받아 자기 군대가 주는 왕관을 받았다. 콘스탄티우스가 동방원정 중에 죽자 율리아누스가 제국 전체의 황제가 된다.

율리아누스의 성전재건은 단순한 관용의 표시가 아니었다. 그것은 진정한 이스라엘을 계승했다는 그리스도교의 주장을 무력화시키고, 성전이 무너질 것이라는 다니엘과 예수의 예언이 실현되지 않았다는 것을 보여주려는 것이었다. 즉 숙부의 업적을 번복하겠다는 의지의 표시였던 것이다. 그것은 예정돼 있던 페르시아전쟁에서 바빌로니아 유대인들의 지지를 획득하게 해주었다. 율리아누스는 그리스 이교와 유대인 유일신교 사이에 아무런 모순을 발견하지 못했으며, 그리스인들이 유대인들의 '전능한 왕'을 제우스처럼 숭배했다고 믿었다. 야훼는 유대인들만의 신이 아니라는 것이었다.

율리아누스는 영국 대사 알리피우스Alypius에게 유대인 성전의 재건을 맡겼다. 산헤드린 공회는 긴장했다. 너무 좋은 소식이기 때문이었을까? 율리아누스는 유대인들을 안심시키기 위해 페르시아 전선으로 향하면서 "유대인 공동체에게" 편지를 보내 약속을 재확인했다. 예루살렘에서 기쁨에 들뜬 유대인들은 가장 숙련된 장인들을 찾고 자재를 모으고 부지를 정비했으며 여인들까지도 흙을 옮기고 비용 충당을 위해 목걸이를 가져올 정도로 열심을 다해 과업에 착수했다. 건축자재는 이른바 솔로몬의 마병장에 보관되었다. "전에 있던 건물들의 잔해를 제거하고 토대를 정비했다."

유대인들이 예루살렘을 장악했을 때 율리아누스는 65만 대군으로 페르시아를 침공했다. 그러나 363년 3월 27일, 예루살렘에 지진이 일어났고 이로 인해 건축자재에 불이 붙었다.

사실 방화였기 때문에 더 흥분했을 수도 있는데, 그리스도인들은 이 '기적적인 사건'에 크게 환호했다. 알리피우스는 공사를 계속할 수도 있었지만 당시는 율리아누스가 티그리스 강^{Tigris}을 건너 이라크로 간 상태였다. 긴장한 예루살렘에서 알리피우스는 율리아누스의 귀환을 기다렸다. 그러나 황제는 이미 도피 중이었다. 6월 26일, 사마라^{Samara} 근처의 혼란스러운 소규모 전투에서 한 아랍인 군인(아마도 그리스도인)이 창으로 율리아누스의 옆구리를 찔렀다. 창은 간을 관통했고, 율리아누스는 그 창을 뽑다가 손목의 동맥이 잘려나갔다. 그리스도인 작가들은 그가 죽으면서 "갈릴리여, 너희들이 이겼다$^{Vicisti, Galiaee}$"라고 말했다고 주장했다. 그의 근위대장이 황제의 자리를 이었다. 그는 그리스도교를 복원시켰고 율리아누스의 모든 조치들을 철회하고 다시 한 번 유대인들이 예루살렘에 들어가는 것을 금지시켰다. 다시 하나의 종교, 하나의 진리로 돌아갔다. 391~392년에 테오도시우스 1세는 그리스도교를 로마제국의 국교로 정하고 이를 강요하기 시작했다.3)

유대인들의 비극적 날들

384년, 제롬이라는 성마른 로마 학자가 부유한 그리스도인 귀부인과 수행원들을 데리고 예루살렘에 도착했다. 그는 광적으로 경건했음에도 불구하고 성적 스캔들을 구름처럼 몰고 다니며 여행했다. 당시 30대 후반으로 일리리아 출신이었던 제롬은 시리아 사막에서 은둔자로 살았고, 늘 성적 갈망으로 인해 고통받았다. "전갈이 내 유일한 친구였지만 나는 춤추는 소녀들 속에 있었고 나의 마음은 욕망으로 인해 고동치고 있었다." 제롬은 그 후 로마의 주교 다마스쿠스 1세의 비서로 일했다. 로마에서는 귀족들이 그리스도교를 받아들였다. 다마스쿠스는 로마의 주교들이 성 베드로에게서 직접 사제직 승계의 신성한 축복을 받았다고 주장할 만큼 자신감이 있었다. 이는 나중에 절대권력을 지닌 교황제도로 발전하는 결정적인 단계였다. 그런데 당시 교회는 귀족들의 상당한 지지를 받았으며 다마스쿠스와 제롬은 몇 가지 아주 세속적인 스캔들에 얽혀 있었다.

다마스쿠스는 간통으로 고발당했고 '중년 여성들의 귀를 즐겁게 하는 자'라는 별명이 붙었다. 한편 제롬은 그리스도교를 받아들인 많은 귀부인들 가운데 하나인 부유한 과부 파울라Paula와 관계를 맺었다고 전해진다. 제롬과 파울라는 면책을 받았다. 그들은 로마를 떠나야 했고 이 때문에 파울라의 딸 에우소토키움Eusotochium을 동반하고 예루살렘을 향해 떠났다.

바로 이 10대 처녀의 존재가 제롬을 흥분시켰던 것으로 보인다. 그는 어디서든 섹스의 냄새를 맡았고 여행의 대부분을 그 위험성을 경고하는 글을 쓰면서 보냈다. 제롬은 "욕정이 감각을 흥분시키고 감각의 쾌락으로 타오르는 부드러운 불길이 즐거운 빛을 발산한다"고 썼다. 일단 예루살렘에 도착하자 제롬과 그의 경건한 백만장자 여인들은 거룩함, 무역,

인맥, 섹스가 집결된 새로운 도시를 발견했다. 무척 경건하며 가장 부유한 귀부인 멜라니아^{Melania}(연간 수입이 금 12만 파운드)는 올리브 산에 개인 수도원을 건설했다. 그러나 제롬은 종교적 열정과 감각적 흥분의 테마파크에 모여든 수많은 낯선 남자와 여자들이 가져다주는 성적 기회에 두려움을 느꼈다. 그는 "모든 유혹이 여기 한데 모여 있으며" 또한 모든 인간들 "창녀, 배우, 광대들이 한데 모여 있었다"라고 썼다. 성스럽지만 날카로운 눈을 가진 또 다른 순례자, 니사^{Nyssa}의 그레고리^{Gregory}는 "그들이 모든 종류의 부끄러운 행위들을 탐닉"하는 것을 보았다. "사기, 강간, 도둑질, 간통, 독살, 싸움질, 살인은 일상 다반사다."

황실의 후원, 기념비적 건축, 순례자들의 물결로 인해 이제 예루살렘에는 부활절을 정점으로 하는 연중축제와 의식들이 생겨났으며 예수의 수난장소들을 중심으로 예루살렘의 새로운 영적 지리학을 만들어냈다. 지명들이 바뀌고* 전통들은 뒤죽박죽이 되었지만 가장 중요한 문제는 무엇을 진짜라고 믿느냐 하는 것이었다.

또 다른 여성 개척자, 스페인의 수녀 에게리아^{Egeria}가 380년 예루살렘을 방문했는데 성묘교회**에 보관된 유물들이 끝없이 늘어나서 솔로

---

* 시온은 원래 성전산 남쪽에 있는 다윗 성읍 요새의 이름이었지만 성전산과 동의어가 되었다. 이제 '시온'은 그리스도인들이 서쪽 언덕을 칭하는 이름이 되었다. 기원후 333년, 보르도 순례자는 이미 그곳을 시온이라고 불렀다. 기원후 390년, 예루살렘 주교는 코에나쿨룸^{Coenaculum}이 있던 자리에 웅장하고 거대한 시온, 교회들의 어머니$^{Mother\ of\ Churches}$를 세웠다. 역동적인 재발명과 문화적 도둑질에 대한 예루살렘의 재능은 끝이 없다. 그러나 그것은 예루살렘의 이름들을 아주 혼란스럽게 만들었다. 예를 들면 거대한 기둥들이 있는 하드리아누스의 네아폴리스 문은 나중에 수 세기 동안 성 스데반의 문$^{St.\ Stephen's\ Gate}$이 되었고, 그 후 아랍인들은 그 문을 기둥 문이라 불렀고 또 후에는 나블루스 문$^{Nablus\ Gate}$(네아폴리스가 오늘날의 나블루스)이라 불렀다. 유대인들은 그것을 세겜 문$^{Sechem\ Gate}$이라 불렀다. 오토만은 오늘날과 같은 이름, 다마스쿠스 문이라고 불렀다 (오늘날 성 스데반 문은 도시의 동쪽에 있다).

** 비잔틴인들은 유대교 성전산의 전통 대부분을 성묘교회로 옮겨왔다. '자카리아스의 피'라 불린(《열왕기하》 24장 21절에 자카리아스가 그곳에서 살해된 것으로 나온다) 성전산의 붉은 돌은 현재 교회로 옮겨졌다. 아담이 창조되고 묻힌 장소와 멜기세덱과 아브라함의 재단, 솔로몬의 마귀 잡는

몬의 반지와 다윗에게 기름부을 때 쓴 기름 뿔까지 그 유물들 속에 있었다고 말했다. 거기에 예수의 가시관과 예수의 옆구리를 찌른 창까지 추가됐다.

연극과 거룩한 분위기 때문에 일부 순례자들은 예루살렘에 대한 특유한 망상을 품게 되었다. 순례자들이 입을 맞추면서 그 소각들을 물어뜯으려 하는 바람에 성 십자가는 특별한 경호를 받아야 했다. 괴팍한 노인 제롬은 그 모든 연극적 소란을 견딜 수 없었다. 이 때문에 그는 그의 걸작이 될 작업, 즉 히브리어 성서의 라틴어 번역을 위해 베들레헴에 거주했다. 그러나 그는 빈번하게 예루살렘을 방문했고 조금도 부끄러워하지 않으면서 자신의 주장을 표출했다. 그는 저속한 영국인 순례자 무리들을 가리키며 "영국에서나 예루살렘에서나 천국으로 가는 길은 찾기가 쉽다"라고 일갈했다.

제롬은 파울라가 성묘동산의 십자가 앞에서 감성적인 기도를 하고 있는 것을 보았을 때 심술 궂게도 그녀가 "마치 십자가에 매달린 주를 보고 있는 것" 같았으며 "오랫동안 물을 찾다가 마침내 물가에 닿은 목마른 사람처럼" 무덤에 입을 맞추었다고 말했다. 그녀의 "눈물과 애통"의 소리는 너무도 커서 "온 예루살렘에 혹은 그녀가 간구하는 주님에게까지 그 소리가 들렸다."

그러나 제롬을 흡족하게 한 드라마가 성전산에서 일어났으며 폐허 속에서 예수의 예언을 계속 확인시켜주었다. 압월 9일마다, 제롬은 유대인들이 성전의 파괴를 추모하는 것을 보았다. "부활교회의 빛이 비추고

은그릇도 마찬가지다. 거기에 세례자 요한의 머리접시, 예수가 십자가에서 신 포도주를 빨아 마신 해면, 예수가 채찍을 맞은 기둥, 성 스데반을 죽인 돌, 그리고 말할 것도 없이 십자가도 더해졌다. 성전은 유대인들에게 '세계의 중심'이었다. 모든 성서적 거룩함이 집결하는 유적인 성묘교회 그 자체가 '세계의 배꼽'으로 간주된 것은 놀랄 일이 아니다.

예수의 십자가 팻말이 올리브 산에서 빛나는 동안 신의 종을 죽인 그 불경한 자들, 그 악마 같은 무리가 한데 모여든다. 그 끔찍한 인간들은 성전의 폐허 위에서 신음 소리를 낸다. 한 군인이 그들에게 좀 더 오래 울게 해 줄 테니 돈을 내라고 말한다." 제롬은 히브리어는 유창하게 구사하면서 자식들은 벌레처럼 키우는 유대인들을 증오했으며, 예수의 승리라는 진리를 확인시키는 그 흐뭇하고도 끔찍한 쇼를 즐겼다. "그 장면을 본다면 어느 누가 고난과 고통의 날에 대해 의심을 품을 수 있겠는가?" 바로 그 유대인들의 비극적 역경이 그들로 하여금 예루살렘을 더욱 사모하게 했다. 랍비 베레카Berekhah에게 그것은 매우 통렬하고 거룩한 의식이었다. "그들은 말없이 와서 말없이 갔으며, 울면서 와서 울면서 갔고, 어두운 밤중에 와서 어두울 때 떠났다."

그러나 예루살렘을 다스리러 온 황태후 덕분에 유대인들의 희망은 다시 한 번 되살아나게 된다.4)

바르소마와 무장 수도사들

황태후들은 광신적인 애국주의적 역사가들에 의해 흉측하고 사악한 창녀, 혹은 평화로운 성녀로 묘사되는 경향이 있었다. 그러나 이례적으로 황태후 에우도키아는 뛰어난 외모와 예술적인 성품으로 인해 특별히 칭송을 받았다. 황제 테오도시우스 2세의 아름다운 아내 에우도키아는 438년 예루살렘에 도착했으며, 유대인에 대한 규정들을 완화했다. 그와 동시에 유대인 회당을 불태운 금욕주의자, 니시비스Nisibis의 바르소마Barsoma가 무장한 수사들을 이끌고 정기적인 순례의 일환으로 예루살렘에 도착했다.

에우도키아는 이교도와 유대인들의 보호자였다. 그녀 자신이 이교도였기 때문이다. 그녀는 아테네의 어느 소피스트 철학자의 촉망받는 딸이었고 수사학과 문학을 교육받았다. 그리고 그녀의 오빠가 유산을 훔쳐가자 황제에게 호소하기 위해 콘스탄티노플로 왔다. 테오도시우스 2세는 경건하지만 품위는 없는 누이 풀케리아Pulcheria에게 휘둘리는 유순한 소년이었다. 풀케리아는 에우도키아를 동생에게 소개했고 테오도시우스는 한눈에 반해 에우도키아와 결혼했다. 풀케리아는 남동생의 국사를 장악했고 유대인들에 대한 박해를 심화했다. 유대인들은 이제 군대와 공직에서 배제되었으며 2등 시민으로 전락했다. 425년, 테오도시우스는 회당을 추가 건축한 죄로 유대인의 마지막 족장 가말리엘 6세Gamaliel VI의 처형을 명했고 직위를 영원히 폐지했다. 에우도키아의 권력은 점차 강해졌고 테오도시우스는 그녀를 누이와 같은 아우구스타Augusta 반열에 올려놓았다. 콘스탄티노플에 위치한 한 교회의 채색돌에 상감된 그녀의 모습은 왕후다운 풍모와 검은 머리칼, 늘씬한 우아함, 섬세한 코를 드러낸다.

콘스탄티노플에서 시작되어 더욱 강화된 박해가 예루살렘에서 유대인들을 기다리고 있었다. 유대인들은 예루살렘에 좀 더 접근할 수 있게 해달라고 에우도키아에게 간청했다. 에우도키아는 유대인들의 주요 절기에 성전산을 공개적으로 방문할 수 있도록 허락했다. 그것은 놀라운 소식이었고, 유대인들은 "우리의 왕국이 다시 설 것이니 서둘러 예루살렘으로 가서 초막절을 지내자"라고 했다.

그러나 유대인의 기쁨은 예루살렘의 다른 방문객, 니시비스의 바르소마에게 역겨움을 주었다. 시리아인 수도사였던 바르소마는 새로운 계열의 무장 수도승 지도자들 가운데 하나였다. 4세기에 특정 금욕주의자들이 사회의 세속적 가치들과 성직 위계질서의 권위에 반기를 들었고, 초기 그리스도인들의 가치로 돌아가기 위해 사막에 수도원들을 지었다. 은둔자들hermits('야생'이라는 뜻의 그리스어에서 유래)은 그리스도의 본질에 대한 올바른 공식을 아는 것만으로는 충분치 않고 반드시 올바른 삶을 살아야 한다고 믿었으며 이 때문에 이집트와 시리아의 사막들에서 털옷을 입고 금욕적이고 단순한 삶을 살았다.* 그들이 거룩함을 과시하는 자해축제는 칭송을 받았고 그들에 대한 전기가 쓰였으며(최초의 성인전기), 은신처에 사람들이 찾아들었고 그들의 고통은 경이로움의 근원이 되었다.

두 명의 성 시므온St. Simeons이 수십 년 동안 30피트 높이의 기둥 위에서 살았으며, 주상고행자Stylite('기둥'을 의미하는 'stylos'에서 유래)라고 불렸다. 성 시므온 가운데 한 명인 다니엘은 배변을 어떻게 하느냐는 질문에 무덤덤하게 "양처럼"이라고 대답했다. 사실 제롬은 사람들이 거룩함보다는 더러움에 더 관심이 많다고 생각했다. 이제 새로운 수도원들로 둘러싸이고 주민도 많아진 예루살렘은 길거리에서 싸움을 벌이는 광신도 패거리들에게 속수무책이었다. 수도사들은 평화를 잃었다.

너무 거룩한 나머지 앉지도 눕지도 않았다는 바르소마는 유대인과 사마리아에 남아 있던 우상 숭배자들에게 공격을 받았고 팔레스티나에서 그들을 청소해버리기로 결심했다. 바르소마와 그의 수도사들은 유대인들을 죽이고 회당에 불을 질렀다. 황제는 질서를 이유로 폭력을 금지했지만 바르소마는 황제를 무시했다. 바르소마의 수도승 별동대는 수도복 밑

---

* 수도원의 여인들은 환관들처럼 변장을 할 때가 많았고 그로 인해 몇몇 재미있는 이야기들이 생겨났다. 마리나Marina라는 어떤 여자가 머리를 밀고 남자 옷을 입고는 마리노스Marinos라는 이름으로 수도원에 들어갔지만 아이를 낳아 키우다가 결국 추방되었다. 그녀는 아이를 키웠으며 그녀가 죽은 후에야 수도사들은 그녀가 비난받았던 그 죄를 저지를 만한 도구를 갖고 있지 않았음을 알았다.

에 칼과 곤봉으로 무장하고 성전산에 잠복하고 있다가 유대인들을 공격했다. 그들은 많은 유대인들을 죽였으며 시체를 연못과 광장에 내던졌다. 유대인들은 반격을 해서 18명의 공격자들을 체포해 비잔틴에서 온 총독에게 넘겼고 총독은 그들에게 살인죄를 선고했다. "수도사다운 존경할 만한 습관들을 가진 이 부리들"은 순례사들의 여왕 에우도키아에게 넘겨졌다. 그들은 살인에 대해서는 유죄를 받았다. 한편 바르소마는 자신의 연루 사실이 드러나자 고귀한 그리스도인들이 산 채로 화형을 당했다는 소문을 퍼트렸다. 군중들은 특히 바르소마가 때마침 일어난 지진을 두고 신이 허락했다는 증거라고 우겨대자 그를 옹호하는 쪽으로 돌아섰다.

왕비가 그리스도인들을 사형시킬 계획을 세우자 바르소마의 추종자들은 "그렇다면 우리는 왕비 그리고 왕비와 함께 있는 사람들을 모두 불태우겠습니다"라고 소리쳤다. 바르소마는 관리들을 협박해 유대인 희생자들에게 상처가 없었다고 증언하게 했다. 유대인들이 자연사 했다는 것이다. 또 한 번의 지진이 광범위한 공포를 가중시켰다. 예루살렘은 점점 더 통제 불능이 되어갔다. 에우도키아는 묵인하는 것 외에는 선택의 여지가 별로 없었다. 무장한 수도승 500여 명이 길거리를 순찰했고 바르소마는 "십자가가 승리했다"고 선언했다. 추종자들이 바르소마에게 값비싼 향유를 뿌리고 살인자들이 석방되면서 예루살렘 전체에는 파도와 같은 함성이 계속되었다.

그러한 폭력에도 불구하고 에우도키아는 예루살렘을 아꼈고 몇 개의 새로운 교회들을 지었으며 새로운 유물들을 가지고 콘스탄티노플로 돌아왔다. 그러나 시누이 풀케리아는 그녀를 파멸시킬 음모를 꾸미고 있었다.

다시 시작된 그리스도론 분열

테오도시우스 황제는 에우도키아에게 프리지아의 사과를 하나 보냈다. 에우도키아는 그것을 심복이자 시종장인 파울리누스Paulinus에게 보냈고, 파울리누스는 다시 황제에게 선물로 보냈다. 테오도시우스는 이에 상처를 받고 아내와 대면했다. 에우도키아는 아무에게도 그 사과를 주지 않았고 자신이 그것을 먹었다고 거짓말을 했다. 그때 황제가 사과를 꺼내 보였다. 그 선의의 거짓말은 테오도시우스의 누이가 그에게 속닥이던 말이 사실임을 증명하는 것이었다. 바로 에우도키아와 파울리누스가 연인이라는 것이다. 이 이야기는 신화와도 같지만(사과는 생명과 금욕을 상징한다) 매우 인간적인 세부 내용들 속에서 우연적으로 일어난 연속된 사건들이 문제의 온상인 군주제의 궁정에서 파국으로 귀결될 수 있음을 보여준다. 440년 파울리누스는 처형되었지만 황제 부부는 에우도키아가 콘스탄티노플에서 명예롭게 물러나는 방식으로 타협을 이루었다. 3년 후 에우도키아는 예루살렘에 도착해 적법하게 팔레스티나를 다스렸다.

그 후에도 풀케리아는 에우도키아를 파멸시키려 했으며 황실 근위대의 사투르니우스Saturnius 공작을 파견해 에우도키아의 부하 두 명을 처형했다. 에우도키아는 재빨리 사투르니우스를 살해했다. 황실의 모사꾼이 죽자 에우도키아는 자신의 계획대로 할 수 있었다. 자신과 예루살렘 주교를 위한 궁전을 세우고 성묘교회 옆에 구호소도 세웠다. 그것은 수 세기 후까지 존재했다. 그녀는 티투스 이후 최초로 시온 산과 다윗 성을 둘러싸는 성벽을 세웠다. 성벽 중 그녀가 세운 부분들은 오늘날에도 시온 산과 다윗 성 모두에서 볼 수 있다. 실로암 연못 주위에 그녀가 지은 다층 교회의 기둥들은 아직도 그곳 물속에 잠긴 채 남아 있다.*

제국은 이제 다시 불붙은 그리스도론 논쟁으로 흔들렸다. 예수와 성부가 '본질상 하나'라면, 그리스도는 어떻게 신성과 인성을 결합시켰는 가? 428년, 콘스탄티노플의 새로운 대주교 네스토리우스Nestorius는 성모 마리아를 테오토코스Theotokos(신을 낳은 자)가 아니라 단순한 크리스토코스 Christokos(그리스도를 잉태한 자)라고 주장하면서 전략적으로 예수의 인간적 측면과 신적 본성을 강조했다. 그의 반대파인 단성론자Monophysite들은 그리스도가 인간인 동시에 신인 하나의 본성을 가졌다고 주장했다. 양성론자들과 단성론자들은 황실에서, 그리고 예루살렘과 콘스탄티노플의 뒷골목에서 그리스도교 비방꾼들처럼 온갖 증오와 폭력을 동원해 싸웠다.

니사의 그레고리는 모두의 생각이 제각각이었다고 말했다. "그대가 어떤 사람에게 잔돈을 달라고 말하면 그 사람은 당신에게 출생자Begotten 와 무출생자Unbegotten에 관한 철학 한 조각을 줄 것입니다. 당신이 빵 한 덩이의 가격을 물으면 그는 '성부가 더 우월하고 아들은 그보다 못하다'라고 대답할 것입니다. 또 당신이 목욕물이 준비됐냐고 물으면 당신은 '아들이 아무것으로도 만들어지지 않았다'라는 대답을 들을 것입니다."

테오도시우스가 죽자 두 왕비들은 그리스도론의 분열을 배경으로 서로 맞섰다. 콘스탄티노플에서 권력을 잡고 있던 풀케리아는 양성론자들을 지원했지만 에우도키아는 대부분의 동방 그리스도인들과 마찬가

---

* 에우도키아는 〈시편〉 51편에서 영감을 받았다. "시온에서 선을 베푸시어 예루살렘의 성을 쌓아주소서." 에우도키아는 유명한 아르메니아인 수도사 에우페미우스Euphemius를 참모로 삼았다. 후에 에우페미우스의 후계자 사바스Sabas는 예루살렘에서 멀지 않은 유다 산악 지역에 매혹적일 정도로 아름다운 마르 사바 수도원Mar Saba Monastry을 건립했다. 오늘날 그곳에는 20여 명의 수도사들이 거주하고 있다. 코카서스 지역의 아르메니아는 (에데사Edessa의 왕 아브가르의 신비한 개종 이후) 기원후 301년에 그리스도교로 개종한 최초의 왕국이었으며, 그에 이어 이웃나라 조지아 Georgia(그루지아, 일명 이베리아)가 기원후 327년 그리스도교로 개종했다. 에우도키아는 자신의 제자 이베리아 왕의 아들 피터와 함께했다. 피터는 예루살렘 성 밖에 수도원을 세웠다. 그것을 시작으로 코카서스인들이 오늘날까지 예루살렘에서 살게 되었다.

지로 단성론자였다. 풀케리아는 어리석게도 에우도키아를 교회에서 파문했다. 예루살렘의 주교 유베날리스Juvenal가 풀케리아를 지지하자 예루살렘의 단성론자들은 수도사 별동대를 동원해 유베날리스를 예루살렘 밖으로 몰아냈다. 유베날리스는 오히려 이 난관을 이용했다. 그리스도론은 오랫동안 네 명의 대도시 주교들, 즉 로마와 동방의 대주교들에 의해 지배돼왔다. 그러나 예루살렘의 주교들은 언제나 대주교로의 승급을 요구했다. 이제 유베날리스는 거의 목숨을 잃을 뻔한 충성의 대가로 대주교로 승급했다. 마침내 451년, 칼케돈 공의회Council of Chalcedon에서 풀케리아는 타협을 요구했다. 두 본성의 결합 속에서, 예수는 신성도 완벽하고 인성도 완벽했다는 것이다. 에우도키아는 풀케리아에 동의하고 화해했다. 이러한 타협은 오늘날까지 그리스정교회, 가톨릭교회, 프로테스탄트교회에서 지속되고 있지만 오점은 있었다. 단성론자들과 네스토리우스는 그와 정확히 반대되는 이유로 그것을 반대했고 그리스정교에서 영원히 분리되었다.

      서로마제국이 훈족의 아틸라Atilla에 의해 공포에 떨며 치명적 멸망을 향해 달려가고 있을 때 노년의 에우도키아는 그리스어로 시를 쓰며 다마스쿠스 문 바로 북쪽에 지금은 사라진 성 스데반 성당을 지었고 460년 최초의 순교자 유물 옆에 나란히 묻혔다.[5]

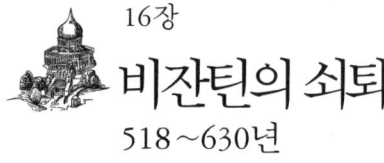

16장
비잔틴의 쇠퇴
518~630년

유스티니아누스와 무희 여왕

518년, 서른다섯 살의 유스티니아누스Justinian는 삼촌 유스티누스가 왕좌에 오르자 동로마제국의 실질적 지배자가 되었다. 고령의 새 황제는 문맹의 트라키아 출신 농부였고 영리한 조카 피터에게 의지했다. 피터는 유스티니아누스로 이름을 바꾸었다.* 그가 혼자 힘으로 권력을 잡은 것이 아니었다. 정부 테오도라Theodora는 전차경주단 곰 조련사의 딸로, 땀에 젖은 전차병들과 함께 콘스탄티노플의 음탕한 목욕탕과 피가 낭자하는 곰 우리 속에서 자랐다. 테오도라는 사춘기도 되기 전에 극단의 무희를 시작했으며, 신체적 재주를 이용하는 난교 전문가로서 한꺼번에 세 명의 고객

---

* 삼촌의 재임 기간 동안 유스티니아누스가 내린 최초의 결정은 예멘에 있는 아라비아 유대인 왕국을 파괴하는 것이었다. 5세기 초에 예멘의 왕들은 유대교로 개종했다. 523년, 비잔틴의 위협에 대응하여 유대인의 왕 요셉은 예멘의 그리스도인들을 학살했고 이웃 공국들에게 유대교 개종을 강요했다. 유스티니아누스는 악숨Axum(에티오피아)의 그리스도인 왕 칼레브Kaleb에게 예멘을 침공할 것을 명령했다. 요셉 왕은 525년 패배했고 흑마를 타고 바다로 뛰어들어 자살했다. 그러나 예멘에는 여전히 많은 유대인들이 있었으며 아라비아에서 유대교는 사라지지 않았다. 무함마드 시대에도 유대인들은 여전히 아라비아에서 여러 부족을 이루며 살았다. 예멘 유대인들은 19세기에 예루살렘 정착을 시작했으며 1948년 이후에는 이스라엘로 이민을 왔다. 2010년 현재, 예멘에는 한 개의 유대인 마을만이 남아 있다.

에게 삽입을 가능하게 하는 능력이 있었다고 한다. 그녀의 색정적 장기는 무대 위에서 사지를 벌리고 누워 있는 동안 거위들이 그녀의 '시계꽃'에서 보리 낱알을 쪼아먹게 하는 것이었다. 물론 이러한 성적인 세세한 내용들은 궁정 역사가들에 의해 과장된 것이다. 궁정 역사가들은 분명 매일 아부를 떨어야 하는 직업에 진저리가 나서 그렇게 했을 것이다. 진실이 무엇이든, 유스티니아누스는 그녀의 생명력에 저항할 수 없음을 알았고 법을 바꾸어 그녀와 결혼할 수 있었다. 테오도라의 음모는 유스티니아누스의 삶을 복잡하게 했지만, 때로 그녀는 그에게 결여된 의지를 되살려주기도 했다. 니카Nika의 폭동 중에 콘스탄티노플을 거의 빼앗기고 도망갈 준비를 하고 있었을 때, 테오도라는 황실의 자주색 옷을 입지 않고 사느니 그것을 입고 죽는 편이 낫다고 말하며 장군들을 보내 반란군을 학살했다.

라벤나Ravenna의 산 비탈레 교회San Vitale Church에 있는 그들의 실제 초상화 덕분에 우리는 유스티니아누스가 붉은 안색의 야윈 얼굴에 매력이 없는 사람이었음을 알 수 있다. 반면 섬세하고 창백하고 차가운 테오도라는 고혹적인 눈과 꼭 다문 입술을 하고 겹겹의 진주 목걸이로 머리와 가슴을 덮은 채 당혹스러울 정도로 우리를 쏘아보고 있다. 그들은 최고의 정치적 파트너였다. 출신이야 어쨌든, 두 사람은 제국과 종교에 대해서는 유머도 없고 자비도 없을 정도로 진지했다.

동로마에서 라틴어를 사용하는 마지막 황제였던 유스티니아누스는 자기 일생의 사명이 로마제국을 회복시키고 그리스도교 국가를 통일하는 것이라 믿었다. 그가 태어나기 얼마 전, 로마의 마지막 황제가 게르만족 족장에 쫓겨 그가 살던 도시로 온 적이 있었다. 역설적이게도 이것이 로마 주교들의 특권을 강화시켜 곧 교황을 등장하게 했고 또한 동로마와 서로마의 차이를 심화시켰다. 유스티니아누스는 전쟁, 종교, 예술을 통해 보편적인 그리스도교 제국을 완성시키는 데 놀라울 정도의 성공을 거두었다. 그는 이탈리아, 북아프리카, 스페인 남부를 재정복했지만 당시 동방을 거의 지배하고 있던 페르시아로부터 지속적인 침략을 당했다.

황제 부부는 자신들의 그리스도교 제국을 "모든 인류 가운데 최초이자 가장 큰 축복"이라고 추켜올렸으며 동성애, 이교, 이단, 사마리아인, 유대인들을 탄압했다. 유스티니아누스는 유대교를 종교로서 허용하지 않았고 유월절이 부활절보다 앞서 있을 경우 유월절을 지내지 못하게 했으며 회당을 교회로 바꾸었다. 그리고 유대인들에게 강제로 세례를 시키고 유대인의 역사를 표절했다. 537년, 유스티니아누스가 콘스탄티노플에 놀라운 돔 교회 하기아 소피아Hagia Sofia('거룩한 지혜'라는 뜻)를 봉헌했을 때, 그는 "솔로몬이여, 내가 그대를 능가했도다"라고 말했다고 전해진다. 그런 다음 유스티니아누스는 예루살렘으로 방향을 돌려 솔로몬의 성전을 날조했다.

543년, 유스티니아누스와 테오도라는 신 성모 마리아 교회Nea(New) Church of St. Mary Mother of God*를 건축하기 시작했다. 길이가 약 400피트(약 122미터), 높이가 187피트(약 57미터), 벽 두께가 16피트(약 4.9미터)였고, 성전산을 등지고 있었으며, 솔로몬의 유적을 압도하도록 설계되었다. 유스티니아누스의 장군 벨리사리우스Belisarius는 카르타고의 수도 반달Vandal을 정복했을 때, 그곳에서 티투스가 성전에서 약탈한 촛대를 발견했다. 촛대는 벨리사리우스의 개선행진을 통해 콘스탄티노플에 도착한 후 예루살렘으

---

* 세월이 지나면서 이 거대한 건물들은 사라졌지만 현재 성벽 아래에 있는 유대인 구역부터 옛 도시 바깥까지 이르는 토대가 1973년 고고학자 나만 아비가드Nahman Avigad에 의해 발굴되었다. 유스티니아누스는 경사면을 따라 무게를 지탱하도록 설계된 일련의 궁륭천장들을 건축했다. 그 천장들 사이에서 다음과 같은 비문이 발견되었다. "이는 우리의 가장 자애로운 황제 플라비우스 유스티니아누스의 자비에 의해 지어진 작품이다."

로 보내졌고 아마도 유스티니아누스의 신 성모 마리아 교회를 장식하는 데 쓰였을 것이다.

예루살렘은 정통 그리스도교*의 의식들에 지배되었다. 순례자들은 북쪽에 있는 하드리아누스의 성문을 거쳐 카르도로 걸어 내려왔다. 카르도는 포석이 깔리고 기둥이 늘어선 도로였다. 너비가 40피트로, 마차 두 대가 지나기에 충분했고 지붕 달린 상점들이 늘어서 있었으며 신 성모 마리아 교회까지 연결되었다. 부유한 사람들은 성전산의 남쪽 및 남서쪽에 위치한 마당이 딸린 2층 저택들에 거주했다. 그중 한 곳에는 '이 집에 사는 사람들이여, 행복하기를'이라는 글씨가 쓰여 있다. 가옥들, 교회들, 심지어 상점들도 모자이크로 화려하게 장식됐다.

아르메니아 왕들은 아마도 왜가리, 비둘기, 독수리의 눈부신 모자이크("오직 신만이 그 이름을 아시는 모든 아르메니아인들의 추모와 구원을 위해서" 봉헌된)를 주문했던 것 같다. 그보다 더 신비한 것은 세기말에 다마스쿠스 성문 북쪽에서 발견된, 수금을 타는 오르페우스Orpheus의 반그리스도교식 모자이크다. 비잔틴 시대의 부유한 여성들은 금색, 빨강색, 녹색으로 옷단을 장식한 그리스식 긴 예복과 빨간 신발, 진주 염주, 목걸이, 귀걸이 등을 착용했다. 성묘교회 모양이 장식된 금반지가 예루살렘에서 발굴된 적이 있었다.

예루살렘은 수많은 순례자들을 맞아들이도록 준비가 돼 있었다.

---

* 1884년 마다바(요르단)의 비잔틴 교회 바닥에서 '성도 예루살렘'이라는 글자가 새겨진 화려한 모자이크가 발견되었다. 이 모자이크는 여섯 개의 주요 성문들, 교회들, 그리고 보여줄 만한 것이 전혀 없는 성전산과 함께 비잔틴 시대의 예루살렘 경관을 보여주는 최초의 지도다. 그러나 성전산은 완전히 텅 비어 있지 않았다. 성전산은 고고학자들에 의해 발굴된 적이 없지만, 1940년 이슬람 유적지들을 복원하던 영국 기술자들은 저층 탐지를 실행했고 비잔틴 유적들을 발견했다. 낙관론자들은 그것이 율리아누스 황제(가 짓지 못한)의 유대인 성전 토대이기를 바랐다. 그러나 그것은 그 장소의 유일한 비잔틴 유적, 즉 마귀가 예수를 유혹한 일을 상징하는 작은 첨탑교회 Church of the Pinnacle의 흔적일 가능성이 있다.

권력자들은 대주교와 함께 머물렀다. 가난한 순례자들은 3,000개의 침상이 있는 유스티니아누스 구호소의 숙소에 머물렀다. 금욕주의자들은 주변 언덕에 있는 동굴 혹은 오래된 유대인 무덤에서 지내는 경우도 많았다. 부자는 죽으면 석관에 장사가 치러졌다. 석관의 양옆은 프레스코화로 장식되었고, 망자가 마귀들을 쫓아낼 수 있도록 종bell을 함께 묻었다. 가난한 사람들의 시신은 피밭에 있는 무명의 공동무덤에 던져졌다. 제롬을 분노하게 한 유혹들은 언제든 접근 가능한 것들이었다. 경기장에서는 전차경주가 벌어졌고, 청색군과 녹색군으로 나뉜 관객들이 떠들썩한 응원을 했다. 예루살렘에서 발견된 한 비문은 "청색군의 여신이 이기기를!", "만세수를 하소서!"라고 외치고 있다.

테오도라는 신 성모 마리아 교회가 완공된 지 얼마 후 암으로 죽었지만 유스티니아누스는 80대까지 살았으며 565년까지 거의 50여 년을 통치했다. 그는 아우구스투스와 트라야누스를 제외하고 누구보다 제국을 크게 확장했지만 세기말에는 과도한 확장을 감당하지 못했고 허약해졌다. 602년에 한 장군이 왕좌를 찬탈했는데 (자신을 지지하는) 청색 전차경주단으로 하여금 녹색 경주단이 지지하는 정적들에 대항하도록 부추기고 유대인들의 강제개종을 명령하는 방식으로 권좌를 유지하려 했다. 청색군과 녹색군에는 언제나 스포츠팬들과 정치깡패들이 위험하게 섞여 있었는데, 둘은 예루살렘을 놓고 싸웠다. "악하고 사악한 사람들이 죄와 살인으로 도시를 채웠다." 녹색군이 이겼지만 비잔틴 군대가 예루살렘을 재탈환했고 반란군들을 진압했다.

그러한 분란은 페르시아의 샤shah, 호스로 2세Khusrau II에게는 외면할 수 없는 유혹이었다. 소년 시절 그는 비잔틴 황제 마우리스Maurice의 도움으로 왕좌를 되찾은 적이 있었다. 그러나 마우리스가 살해당하자 호스로는 동로마를 침공할 핑계가 생겼고 콘스탄티노플을 영원히 파괴하고자 했다. 예루살렘은 이제 25년 동안 서로 다른 4대 종교, 즉 그리스도교, 조로아스터교, 유대교, 무슬림의 지배를 받는 롤러코스터의 시대를 눈앞에 두고 있었다.6)

미친 개의 예루살렘 습격

중무장 기병을 선두에 세운 페르시아는 로마령 이라크를 정복했고 이어서 시리아로 몰아쳤다. 비잔틴에 의해 너무도 오랫동안 박해를 받은 안티오크의 유대인들이 반란을 일으켰고 페르시아의 명장 샤흐르바라즈Shahrbaraz(왕의 멧돼지)가 남쪽으로 향하자 안티오크와 티베리아의 유대인 2만 명이 합류해 예루살렘을 포위했다. 예루살렘 안에서는 대주교 자카리아스가 협상을 시도했지만 전차경주단의 깡패들이 길거리를 점령하고 협상을 반대했다. 마침내 페르시아군과 유대인들이 예루살렘 안으로 진격했다.

예루살렘 그리고 사실상 동로마 전체가 이제는 페르시아의 젊은 왕 중 왕 호스로 2세에게 넘어갔다. 그의 새로운 제국은 아프가니스탄에서 지중해까지 이르렀다. 샤는 유스티니아누스 시대에 안티오크에 불을 지른 사산조 중에서도 뛰어난 왕의 손자였다. 그러나 그는 정적이었던 귀족 집안의 무력한 볼모로 힘겨운 소년 시절을 보냈고 자라서는 편집증적인 과대망상을 갖게 되어 화려한 거대 시설들을 통해 자신의 권력을 과시했다. 그의 호랑이 가죽 현수막은 길이 130피트(약 40미터), 너비가 20피트(약 6미터)였다. 그는 왕궁에 '왕의 봄'이라는 카펫을 깔았다. 이 카펫은 넓이가 1,000평방피트(약 93제곱미터)였고 금과 비단으로 수를 놓았으며, 상상 속 왕의 정원을 묘사했다. 그의 샤베스탄shabestan(왕들이 여인들을 품었던 지하의 시원한 저택)에는 3,000명의 후궁들이 있었다. 또한 수도 크테시폰Ctesiphon(현재의 바그다드 근처)에 거대한 궁전을 지으면서 세계에서 가장 큰 알현실을 만든 사람도 그였을 가능성이 있다. 그는 '한밤중'이라는 이름의 검은 말을 탔으며 예복은 금실로 짜고 보석을 박아넣었고 무기에는 금테를 둘렀다.

샤의 다국적 백성들 중에는 유대인들과 그리스도인들도 많았다. 그는 조로아스터교도였지만 네스토리우스파 그리스도인 시린Shirin과 결혼했다. 전설에 따르면 그는 연적을 비스툰 산에 계단을 깎는 불가능한 공사에 파견해버리고 그 여인을 얻었다고 한다.

예루살렘을 점령한 후 샤의 장군이 이집트를 정복하러 갔지만 얼마 지나지 않아 예루살렘인들이 페르시아군과 유대인들에게 반란을 일으켰다. 그는 되돌아왔고 20일간 예루살렘을 포위하고 올리브 산과 겟세마네의 교회들을 파괴했다. 페르시아군과 유대인들은 언제나 가장 취약한 지점이었던 북동쪽 성벽 아래를 팠고 21일째 되는 날인 614년 5월 초에 목격자인 어느 수사의 말대로 "분노에 찬 들짐승처럼 크게 분노하며" 예루살렘으로 돌격했다. "사람들은 교회 안으로 숨었고 그들은 크게 분노하며 교회들을 파괴했고 이를 갈며 미친개처럼 눈에 보이는 사람들을 모두 죽였다."

3일간 수천 명의 그리스도인들이 학살되었다. 대주교와 3만 7,000명의 그리스도인들이 페르시아로 끌려갔다. 생존자들이 올리브 산에 서서 "예루살렘을 내려다보다가 용광로 같은 불꽃이 구름까지 치솟는 것을 보고 쓰러져 울며 탄식했고" 머리에 재를 뿌렸다. 성묘교회, 시온 산에 있는 교회들의 어머니인 신 성모 마리아 교회, 아르메니아인들의 성 야곱 성당이 지옥으로 떨어지는 것을 보았기 때문이었다. 그리스도교 유물들(창, 해면, 십자가)은 호스로에게 보내졌고, 그는 그것을 왕비 시린에게 보냈다. 시린은 그것을 크테시폰에 있는 자신의 교회에 보관했다.

티투스가 성전을 파괴한 지 600년 후 샤흐르바라즈가 마침내 예루살렘을 유대인들에게 주었다.

박해의 되돌이표

수 세기에 걸친 박해 후에 유대인들은 이전에 별로 알려진 바 없었던 느헤미야라는 인물의 지휘를 받아서 몇 주 전까지 자신들을 박해했던 그리스도인들에게 복수했다. 페르시아인들은 별로 가치가 없는 포로 수천 명을 커다란 저수지인 마밀라 연못Mamilla Pool에 가두었다. 그리스도교 문헌들에 따르면 그곳에서 그리스도인들은 얼마 전까지 자신들이 유대인들에게 요구했던 것과 똑같은 선택을 요구받았다. "개종이냐 죽음이냐." 일부 수도사들은 유대교로 개종했고 일부는 순교했다.*

유대인들이 당시 "희생을 드린"** 것을 보면 그들은 기쁨에 겨운 나머지 성전을 다시 봉헌하는 일에 착수했던 것 같다. 또한 메시아에 대한

---

* 그리스도교는 1만 명에서 9만 명의 그리스도인들이 유대인들에 의해 살해되었고 무덤 파는 사람 토마스에 의해 그들이 매장되었다는 과장된 주장을 한다. 그리스도교 전설에 따르면 희생자들이 사자의 동굴Lion's Cave의 마밀라 공동묘지에 묻혔으며 생존자들이 사자가 구해줄 때까지 동굴 속에 숨어 있었기 때문에 사자의 동굴이라는 이름이 붙었다고 한다. 유대인들은 사자에게 구조된 사람들이 그리스도인들에게 학살당한 유대인 희생자들이라고 주장한다.
** 성전산 남서쪽 모퉁이에 있는 한 건물의 흔적에서 십자가 위에 그려진 메노라가 보이는 듯한데, 이는 유대인들이 잠시 동안 그리스도교 유적을 접수한 것일 가능성이 있다. 그러나 이 유적의 연대는 이슬람 시대 초기로 추정된다.

열의가 유대인 세계 전체를 뒤흔들었고 이는 〈스룹바벨서〉에 대한 열광을 불어넣었다.

페르시아 샤는 이집트, 시리아, 이라크, 소아시아, 그리고 콘스탄티노플까지 정복했다. 오직 티레만이 페르시아군에 저항했다. 페르시아군은 유대인 사령관 느헤미야에게 티레를 점령할 것을 명령했다. 유대군은 이 임무에 실패하고 티레에서 도망쳤다. 그러나 페르시아군은 분명 그리스도인들이 많을수록 유용하다는 것을 이미 알고 있었다. 617년 유대인 통치 3년 만에 샤흐르바라즈는 유대인들을 예루살렘에서 쫓아냈다. 느헤미야는 저항했지만 패배했고 예루살렘 근처 엠마우스^{Emmaus}에서 처형되었다.

예루살렘은 그리스도인들에게 돌아왔다. 이제 다시 유대인들이 박해를 받았다. 유대인들은 앞서 그리스도인들이 그랬던 것처럼 동쪽 성문으로 예루살렘을 떠나 예리코로 향했다. 그리스도인들은 예루살렘이 황폐해진 것을 보았다. 대주교가 없는 동안 교구를 맡은 사제 모데스토^{Modestos}는 파괴된 성묘교회를 열정적으로 복원했지만 예루살렘은 콘스탄티누스와 유스티니아누스 시대의 화려함은 결코 회복하지 못했다.

티투스 이후 세 번째로 유대인들은 성전의 바위 무더기 위에서 자유롭게 기도할 수 있는 순간을 포착했지만(바르 코크바 아래에서 가능했을 것이고 율리아누스와 호스로 시대에는 확실히 가능했다) 유대인들은 그 후 1,350년 동안 성전을 다시 회복하지 못했다. 승리한 페르시아는 이제 헤라클레스라는 이름의 덕을 본 듯한 활달한 성격의 젊은 비잔틴 황제와 맞서게 되었다.7)

최초의 십자군, 헤라클리우스

큰 키에 금발인 헤라클리우스Heraclius는 황실의 구세주로 보였다. 그는 아프리카와 아르메니아 혈통 총독의 아들이었다. 610년 그가 즉위했을 때 동방의 대부분이 페르시아의 손에 들어가 있었고 상황은 더 이상 악화될 수 없을 만큼 최악으로 치달아 있었다. 그럼에도 상황은 더욱 악화되어갔다. 헤라클리우스가 반격을 했을 때 샤흐르바라즈는 그를 물리치고 시리아와 이집트를 정복했고 그다음 콘스탄티노플을 직접 공격했다. 헤라클리우스는 굴욕적인 평화를 제안했고 이는 그에게 비잔틴의 힘을 재건하고 복수를 계획할 시간을 주었다.

622년 부활절 월요일, 헤라클리우스는 (예상과 달리) 군대를 이끌고 흑해를 거쳐 코카서스Causcasus로 가지 않고 지중해의 이오니아 해변Ionian Coast으로 우회해 이수스 만Bay of Issus으로 항해했다. 그리고 그곳에서 내륙으로 진격해 샤흐르바라즈에게 승리를 거두었다. 페르시아가 콘스탄티노플을 위협했던 것과 똑같이 헤라클리우스는 페르시아 본토에서 전쟁을 수행했다. 다음 해 헤라클리우스는 같은 전략을 사용하여 아르메니아와 아제르바이잔을 통과해 간자크Ganzak에 있는 호스로의 왕궁으로 향했다. 샤는 후퇴했다. 헤라클리우스는 아르메니아에서 겨울을 보낸 후, 625년 헤라클레스 같은 군사적 기량을 과시하면서 페르시아 군대들의 결집을 막고 각각의 군대들을 쳐부수었다.

무모한 도박이자 전 세계를 대상으로 한 야심 찬 전쟁에서 샤는 다시 한 번 판을 뒤집었다. 군대를 보내 이라크를 점령하는 한편, 샤흐르바라즈와 약탈을 일삼는 유목민 부족인 아바르스Avars를 연합시켜 콘스탄티노플을 점령하게 했다. 샤는 스스로를 '신들 중에 가장 고귀한 자, 온 세상의 왕 중 왕'으로 칭하면서, 헤라클리우스에게 다음과 같은 편지를 보냈다. "너는 너의 신을 믿는다고 말하는구나. 그렇다면 그 신은 어찌하여 카이사레아, 예루살렘, 알렉산드리아를 내 손에서 구하지 않느냐? 내가 콘스탄티노플까지 함락시킬 수 없을 것 같으냐? 내가 너희 그리스인들을 멸망시키지 않았더냐?" 헤라클리우스는 군대를 보내 이라크에서 싸우게 하고 또 다른 군대는 수도를 방어하게 하는 한편, 자신은 투르크 유목민인 카자르 부족Khazars의 기병 4만 명을 고용해 제3의 군대를 구성했다.

콘스탄티노플은 보스포로스Bosphorus 양편에서 페르시아와 아바르스에 포위되었다. 그러나 샤는 샤흐르바라즈를 질투하고 있었다. 지상 왕 중 왕의 과도한 거만함과 기상천외한 잔인함은 이미 페르시아 귀족들을 멀어지게 만들고 있었다. 샤는 샤흐르바라즈의 부관에게 그를 죽이고 사령관이 될 것을 지시하는 편지를 보냈다. 그러나 헤라클리우스가 그 편지를 가로챘다. 헤라클리우스는 샤흐르바라즈와 만난 자리에서 그 편지를 보여주었다. 헤라클리우스와 샤흐르바라즈는 비밀 동맹을 맺었다. 콘스탄티노플은 살아났다.

샤흐르바라즈는 알렉산드리아로 철수해 시리아, 팔레스타인, 이집트를 다스렸다. 헤라클리우스는 군대를 이끌고 흑해를 거쳐 코카서스로 가서 카자르 기병들과 함께 페르시아를 침공했다. 헤라클리우스는 페르시아군을 마음대로 요리했고 세 번에 걸친 용병 부대들과의 대전에서 승리했다. 그다음 주력 부대를 처부수고 샤의 수도 바로 바깥까지 진출했다. 망상에 사로잡힌 호스로의 고집은 그를 파멸시켰다. 그는 생포되어 지하동굴, 어둠의 집에 갇혔다. 그곳에서 총애하는 아들이 그가 보는 앞에서 살해되었고 자신도 고문을 받다가 죽었다. 페르시아는 전쟁 전의 상태로 되돌아가는 데 동의했다. 샤흐르바라즈는 헤라클리우스의 조카와 결혼한다는 데 합의했고 십자가를 숨겨놓은 장소를 공개했다. 우여곡절의 음모를 거쳐 샤흐르바라즈가 페르시아의 왕좌를 차지했지만 그는 얼마 지나지 않아 암살당했다.

629년, 헤라클리우스는 십자가를 제자리에 갖다놓기 위해 아내(인 동시에 조카)와 함께 콘스탄티노플을 떠나 예루살렘으로 향했다. 헤라클리우스는 티베리아의 유대인들을 사면하고 그곳의 부유한 유대인 베냐민Benjamin의 집에서 머물렀다. 베냐민은 예루살렘까지 왕과 동행했고 도중에 그리스도교로 개종했다. 유대인들은 복수는 없을 것이며 또한 예루살렘 안에 거주할 수 있다는 약속을 받았다.

630년 3월 21일, 이제 쉰다섯 살이 되어 지치고 늙은 헤라클리우스는 말을 타고 황금 성문으로 올라갔다. 황금 성문은 그가 이런 특별한 경우를 위해 지었던 것이다. 이 아름다운 문은 심판의 날 메시아의 도래와 관련된 아브라함 계열의 세 종교를 통틀어 예루살렘에서 가장 강력하고도 신비한 문이 되었다.* 황제는 그곳에서 말을 내려 십자가를 가지고 예루살렘으로 들어갔다. 전해지는 얘기에 따르면 헤라클리우스가 비잔틴식 예복을 입고 들어가려 했을 때는 성문이 벽으로 변했지만, 검소한 옷차림을 하자 황제의 행렬이 지나갈 수 있도록 문이 열렸다고 한다. 헤라클리우스가 십자가를 가지고 대주교 모데스토가 정비해놓은 성묘교회로 가는 동안 카펫과 향초들이 펼쳐졌다. 제국을 덮친 재앙과 황제의 귀환은 그 어느 때보

---

* 황금 문은 실제로는 두 개의 문이며 성묘교회 안의 무덤, 즉 헤라클리우스가 십자가를 설치한 자리와 직선으로 정확히 나란한 위치에 있다. 우리가 이미 본 것처럼 이 장소는 더 많은 상징을 지니고 있다. 왜냐하면, 그것이 또한 예수가 종려주일에 들어가고 그의 사후에 제자들이 기적을 행한 아름다운 문을 표시한다고 하는 비잔틴 사람들의 잘못된 믿음 때문이다. 그럼에도 불구하고 일부 학자들은 그 문이 사실은 우마이야조의 칼리프들에 의해 건축되었다고 믿는다. 황금 문은 얼마 지나지 않아 유대인들에게 신비주의적 의미를 지니게 되었으며 유대인들은 그것을 자비의 문Gate of Mercy이라 불렀다.

다 가변적인 계시에 대해 새로운 변수로 작용했다. 계시는 메시아적인 마지막 황제가 그리스도교의 적들을 깨부수고 예수에게 심판의 날까지 세상을 다스릴 권한을 넘겨준다.

그리스도인들은 유대인들에 대한 복수를 요구했지만 헤라클리우스는 거부했다. 결국은 수도사들이 회개의 금식 형태로 헤라클리우스가 유대인들에 대한 약속을 위반한 죄를 짊어졌다. 그 후 헤라클리우스는 남아 있는 모든 유대인들을 축출했다. 수많은 유대인들이 학살되었다. 나중에 헤라클리우스는 모든 유대인들의 강제개종을 명령했다.

남쪽 멀리에서, 아라비아인들은 헤라클리우스의 승리뿐 아니라 그의 약점도 보았다. 방금 전 아랍 부족들을 통일한 무함마드는 그가 받은 계시를 모아놓은 경전, 《쿠란》에서 "로마인들은 패배했다"고 선언했다. 헤라클리우스가 예루살렘에 있는 동안 무함마드는 비잔틴의 방어력을 시험해보기 위해 왕의 대로를 따라 별동대를 올려보냈다. 아랍인들은 비잔틴 군대와 마주쳤지만 곧 돌아왔다.

헤라클리우스는 별로 놀라지 않았다. 분열된 아랍 부족들은 수 세기 동안 팔레스티나를 공격해왔다. 비잔틴과 페르시아는 모두 제국들 사이의 완충지대로서 아랍 부족들을 이용해왔고 헤라클리우스는 군대에 대규모 아랍 기병단을 배치해두고 있었다.

다음 해, 무함마드는 또 다른 소규모 부대를 보내 비잔틴 영토를 공격했다. 그러나 당시 무함마드는 늙었고 그의 파란만장한 생애는 끝이 가까웠다. 헤라클리우스는 예루살렘을 떠나 콘스탄티노플로 돌아갔다.

두려워할 것은 별로 없는 것처럼 보였다.[8]

제 4 부

이 슬 람

ISLAM

신의 종을 밤중에 하람 사원에서 아크사 사원으로 밤하늘 여행을 시킨 그분께 영광이 있으소서.
《쿠란》, 17장 1절

알라의 사도는 가브리엘과 함께 예루살렘으로 옮겨졌고 그곳에서 아브라함과 모세와 다른 예언자들을 만났다.
이븐 이스하크Ibn Ishaq, 《시라트 라술 알라Sirat Rasul Allah》

거룩한 모스크Mosque(메카)와 예루살렘 모스크 두 곳 모두를 다스리지 않는 한, 어떤 지배자도 칼리프로 간주되지 않는다.
시바니Sibani, 《파다일》

예루살렘의 하루는 천 일, 한 달은 천 달, 일 년은 천 년과 같다. 그곳에서 죽는 것은 하늘의 첫 번째 영역에서 죽는 것과 같다.
카아브 알 아흐바르Kaab al-Ahbar, 《파다일》

(예루살렘에서) 지은 죄 한 가지는 천 개의 죄와 같으며 예루살렘에서 행한 선행 한 가지는 천 개의 선행과 같다.
칼리드 빈 마단 알 칼라이Khalid bin Madan al-Kalai, 《파다일》

예루살렘으로 인해 알라께서 찬양을 받으실지어다. 너는 나의 에덴동산이며, 신성하며 선택받은 나의 땅이다.
카아브 알 아흐바르, 《파다일》

예루살렘이여, 나의 종 압드 알 말리크Abd al-Malik를 너에게 보내 너를 재건하고 아름답게 하리라.
카아브 알 아흐바르, 《파다일》

17장
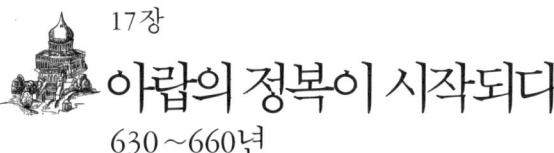
아랍의 정복이 시작되다
630~660년

밤의 여정을 떠나는 무함마드

무함마드의 아버지는 그가 태어나기도 전에 죽었으며 어머니는 여섯 살 때 세상을 떠났다. 무함마드는 삼촌에게 입양되었고 삼촌은 그를 원정 무역단에 포함시켜 시리아의 보스라^{Bosra}까지 데리고 갔다. 그는 그곳에서 어느 수도사로부터 그리스도교에 대해 배웠고 유대교와 그리스도교의 문헌에 대해 연구했으며 예루살렘을 가장 고귀한 성지 가운데 하나로 존중하게 되었다.

그의 나이 20대에 무함마드보다 나이가 훨씬 많은 카디자^{Khadija}라는 부유한 과부가 그를 대상^{caravan}의 관리자로 고용했고 이후 그들은 결혼해 메카에서 살았다. 메카에는 이교도 신의 성소인 카바와 검은 돌이 있었다. 메카는 종교에 매료된 순례자들과 대상무역으로 번성했다. 무함마드는 쿠라이시 부족^{Quraysh}의 일원이었다. 쿠라이시 부족은 유력한 상인들과 성소의 관리자들을 배출했다. 그러나 무함마드가 속한 하심씨족은 별로 힘이 없었다.

곱슬머리와 수염이 있는 미남으로 묘사되는 무함마드는 모두를 압도하는 온유함(그는 악수를 할 때 절대 먼저 손을 내밀지 않았다고 전해진다)과 카리스마 있는 영성을 동시에 소유하고 있었다. 그는 진실함과 지성으로 인해 존경을 받았으며(나중에 그의 전사들이 말한 것처럼 "그는 우리 가운데 최고였다") 알 아민$^{al-Amin}$, 즉 '신뢰할 만한 자'로 불렸다.

모세, 다윗, 예수의 경우와 마찬가지로 우리가 무함마드를 성공으로 이끈 인간적 특성을 알아내는 것은 불가능하지만, 그들과 마찬가지로 무함마드는 그를 필요로 하는 바로 그 시대에 나타났다. 무함마드의 군사들 가운데 한 명은 훗날 야힐리야^{Jahiliya}, 즉 계시 이전 무지의 시대에는 "우리보다 궁핍한 사람은 아무도 없었다"라고 썼다. "우리의 종교는 서로 죽이고 공격하는 것이었다. 우리 중에는 자기 딸이 식량을 먹는 게 싫어서 산 채로 묻어버린 사람들도 있었다. 그때 신께서 우리에게 한 유명한 사람을 보내주셨다."

메카 바깥에는 히라 동굴$^{Cave\ of\ Hira}$이 있었으며, 무함마드는 그곳에서 명상하기를 즐겼다. 전승에 따르면, 610년 대천사 가브리엘이 유일신에게서 첫 번째 계시를 가지고 히라 동굴로 그를 찾아왔다. 신은 그를 신의 사자이자 예언자로 선택했다. 무함마드가 신의 계시를 받았을 때, 그의 얼굴은 붉어졌고 말을 잃었으며 몸은 지쳐서 땅에 쓰러졌고 얼굴에서 땀이 흘러내렸다고 한다. 무함마드는 윙윙대는 소리들과 환상들에 휩싸였다. 그 후 무함마드는 시적이고 신적인 계시들을 암송했다. 처음에 무함마드는 두려움을 느꼈지만 그의 부인 카디자는 남편의 사명을 믿어주었다. 무함마드는 설교를 시작했다.

모든 소년들과 남자들이 무기를 지니고 다녔던 거친 군사적 사회에서 전승돼온 문학은 글로 기록되지 않았으며 존경할 만한 전사, 열정적인 연인, 용맹한 사냥꾼들의 행적을 기리는 풍부한 구전 시들만이 남아 있었다. 예언자는 그러한 시적 전승을 활용하려 했다. 처음에는 114개의 수라sura가 암송되었고 그 후 《쿠란》으로 편찬되었다. 《쿠란》은 '암송'이며 뛰어난 시, 거룩한 모호함, 분명한 교시, 당황스러운 모순의 집합체다.

무함마드는 영감이 뛰어난 몽상가였다. 그는 쉽게 습득 가능한 의식들과 삶과 죽음에 관한 규정들을 통해서 보편적 계시와 평등과 정의의 가치만이 아니라 순수한 삶의 미덕을 대가로 한 유일신에 대한 복종(이슬람)을 설교했다. 그는 개종자들을 환영했다. 성서를 존중했으며 다윗과 솔로몬, 모세와 예수를 예언자들로 간주했다. 그러나 그의 계시는 앞선 계시들을 능가하는 것이었다. 예루살렘의 운명에 대한 계시도 중요한데 무함마드는 그가 심판, 마지막 날 또는 그 시간이라 부른 계시를 강조했고, 그 계시가 곧 실현될 것이라는 긴박감으로 초기 이슬람에 역동성을 불어넣었다. 《쿠란》은 "오로지 신만이 아시는 심판이 가까웠음을 무엇이 그대로 하여금 알게 하리오?"라고 이야기한다. 모든 유대교와 그리스도교 문헌은 그것이 오직 예루살렘에서만 일어날 수 있다는 것을 강조했다.

무함마드의 추종자들이 믿는 바에 따르면 어느 날 밤 무함마드는 카바 근처에서 잠을 자던 중 환상을 보았다. 대천사 가브리엘이 그를 깨웠고 둘은 함께 인간의 얼굴을 한 날개 달린 말을 타고 밤의 여정 길에 올라 이름 모를 '가장 깊은 성소'로 갔다. 그곳에서 무함마드는 아버지들(아담과 아브라함)과 형제들인 모세, 요셉, 예수를 만난 뒤 사다리를 타고 하늘로 올라갔다. 예수와 달리 무함마드는 자신을 신의 사자 또는 사도로 불렀으며 기적의 힘은 주장하지 않았다. 실제로 이스라Isra(밤의 여정)와 미라즈Miraj(승천)가 무함마드의 유일한 기적이다. 예루살렘과 성전은 실제로 언급되지 않았지만 무슬림들은 가장 깊은 성소가 성전산이라고 믿게 되었다.

아내와 삼촌이 죽자 무함마드는 메카의 부유한 가문들의 반대에 직면했다. 메카의 부자들은 카바의 돌에 생계가 좌우되었다. 메카인들은 무함마드를 죽이려고 했다. 그러나 무함마드는 야스리브Yathrib, 즉 유대인 부족들이 구축한 북쪽의 대추야자 오아시스에서 온 어떤 무리와 만났다. 그들은 무함마드에게 적대적인 부족들과 평화롭게 지낼 것을 요구했다. 무함마드와 그의 측근 신봉자들은 야스리브로 이주했으며(히즈라Hijra) 그곳이 마디나트 운 나비Madinat un-Nabi, 즉 예언자의 도시(메디나Medina)가 되었다. 무함마드는 그곳에서 그의 최초 신봉자들인 이주자들과 새로운 추종자들(지지자들), 그리고 유대인 동맹자들을 새로운 공동체인 움마umma로 통합했다. 그 시기가 622년이었으며, 이슬람력의 원년이 되었다.

무함마드는 사람들을 화해시키고 이념들을 수용하는 데 능숙했다. 이제 무함마드는 메디나에서 유대인 부족들과 더불어 최초의 모스크*를 세웠고 예루살렘 성전을 첫 번째 키블라qibla, 즉 예배의 방향으로 채택했다. 무함마드는 금요일 해질녘(유대인의 안식일)에 예배했고 회개의 날에 금식했으며 돼지고기를 금지하고 할례를 실시했다. 무함마드의 신이 지닌 유일성은, 그리스도교의 삼위일체는 부인했지만 주로 그리스도교 수도원에서 유래한 다른 의식들(기도용 깔개에 엎드리기)은 수용했다. 무함마드의 첨탑들은 아마도 주상고행자들의 기둥에서 영감을 받았을 것이다. 라마단 축제는 사순절과 비슷했다. 그럼에도 이슬람은 많은 면에서 독자적이었다.

무함마드는 자체의 법을 가진 작은 나라를 세웠지만 메디나와 자신의 오랜 고향인 메카의 저항에 직면했다. 무함마드의 새로운 나라는 스스로를 방어해야 했고 또한 정복을 필요로 했다. 지하드jihad(투쟁)는 그 자체의 내적 통제이자 거룩한 정복전쟁이다. 《쿠란》은 불신자들의 파멸뿐만

---

* '모스크'라는 단어는 아랍어 마스지드masjid에서 유래했는데, 스페인어 메즈키타mezquita와 프랑스어 모스케mosquee로 이어졌다.

아니라 그들이 복종할 경우 관용도 장려한다. 이것은 유대인 부족들이 무함마드의 계시와 통제에 저항했던 것과 관련되어 있었다. 그 때문에 무함마드는 키블라를 메카로 바꾸었고 유대인들의 방식을 거부했다. 유대인들이 죄를 지었기 때문에 신은 유대인의 성전을 파괴했다. "그들은 그대의 키블라, 예루살렘을 따르지 않을 것이다."

무함마드가 메카인들과 싸웠을 때 그는 메디나의 배신을 용납할 수 없었다. 따라서 그는 유대인들을 추방하고 한 유대인 부족을 본보기로 삼았다. 700명의 남자들을 참수형에 처했고 여자와 아이들을 노예로 삼았다. 630년, 무함마드는 메카를 완전히 장악했고 개종과 무력을 사용하여 아라비아 전체에 일신교를 퍼트렸다. 무함마드의 추종자들은 최후의 심판에 대비해 올바른 삶을 추구하면서 더욱더 군사화되어갔다. 이제 아라비아를 정복한 그들은 아라비아 너머의 죄로 물든 제국들과 맞닥뜨렸다. 예언자의 초기 추종자들, 이주자들, 지지자들이 무함마드의 측근을 구성했다. 그러나 무함마드는 과거의 적들과 재능 있는 기회주의자들도 똑같이 열렬하게 환영했다.

한편 무슬림 전승에는 그의 개인적 생활도 기록돼 있다. 무함마드에게는 여러 명의 아내가 있었으며(무함마드의 동맹자 아부 바크르$^{Abu\ Bakr}$의 딸 아이샤^{Aisha}는 그가 가장 총애하는 아내였다) 아름다운 유대인들과 그리스도인들을 포함한 정부도 매우 많았다. 자식들이 있었는데 그중에서도 파티마^{Fatima}라는 딸이 가장 소중했다.1)

632년, 무함마드가 예순두 살의 나이로 죽자 장인 아부 바크르가 그를 계승했고 자신을 아미르 알 무미닌$^{Amir\ al\text{-}Muminin}$, 즉 신자들의 사령관으로 내세웠다.* 무함마드가 죽은 후 그의 영토는 위태로워졌지만 아부 바크르는 마침내 아라비아를 진정시켰다. 그 후 아부 바크르는 비잔틴과 페르시아제국으로 향했다. 무슬림들은 비잔틴과 페르시아를 죄로 물든 덧없고 부패한 것으로 여겼다. 아부 바크르는 낙타 부대를 보내 이라크와 팔레스타인을 공격했다.

그때 예루살렘이 필요했다

640년에 최초로 무함마드를 언급한 중립적인 역사가이자 그리스도인 장로 토마스는 가자 근처에서 "로마군과 무함마드의 유목민들 사이에 전투가 있었다"고 말한다.** "로마군은 도망쳤다." 아직 시리아에 있던 헤라클리우스 황제는 그 아랍인 군대를 쳐부술 준비를 했고 군대는 다시 아부 바크르에게 지원군을 요청했다. 아부 바크르는 최고의 장군 칼리드 이븐 왈리드Khalid Ibn Walid를 불렀다. 당시 칼리드는 이라크를 공격하고 있었다. 칼리드는 6일간 물 없는 사막을 횡단해 적기에 팔레스타인에 도착했다.

칼리드는 무함마드와 싸웠던 메카의 귀족들 가운데 하나였지만 나중에 개종했다. 무함마드는 이 활발한 사령관을 환영했고 '이슬람의 칼'이라는 이름을 붙여주었다. 칼리드는 정치적 군주의 명령에는 별 관심이

---

* 무함마드의 후계자들은 신자들의 사령관이라는 호칭을 사용했다. 훗날 국가의 수장들은 칼리파트 라술 알라Khalifat Rasul Allah(신의 사자의 후계자), 즉 칼리프로 불렸다. 아부 바크르는 그러한 호칭을 사용했지만, 그 후 70년간 압드 알 말리크가 즉위할 때까지는 그 호칭이 다시 사용된 증거가 없다. 후에 그 호칭은 회고적인 의미로 사용되었다. 초기 4명의 지배자들은 정의의 칼리프들이라 불리게 되었다.
** 예루살렘 정복을 포함한 이슬람의 초기 역사는 신비주의적이며 논쟁의 여지가 있다. 유력한 이슬람 역사가들은 1~2세기 후에 예루살렘이나 메카로부터 멀리 떨어진 곳에서 역사를 집필했다. 최초의 무함마드 전기작가인 이븐 이스하크는 바그다드에서 글을 썼으며, 770년에 죽었다. 알 타바리al-Tabari, 알 발라두리al-Baladhuri, 알 야후비al-Yahubi 모두 9세기 후반에 페르시아 또는 이라크에 살았다.

없는 거만한 장군들 가운데 하나였다. 어떤 사건들이 있었는지는 불분명하지만 그는 다른 아랍 군벌들과 손을 잡았고 사령관이 되어 예루살렘 남서쪽의 비잔틴 군대를 물리친 다음 다마스쿠스로 진격했다. 남쪽 멀리 메카에서는 아부 바크르가 죽고 오마르Omar가 그 뒤를 이었다. 오마르는 무함마드의 최초 개종자들 가운데 한 명이자 가장 절친한 친구였다. 신자들의 새로운 사령관은 부와 전설을 만들어가던 칼리드를 불신했고 그를 메카로 소환했다. 오마르는 "칼리드여, 우리에게서 너의 재산을 가지고 나가라"라고 말했다.

헤라클리우스는 군대를 보내 아랍인들을 저지했다. 오마르는 새로운 사령관 아부 우바이다Abu Ubayda를 임명했고 칼리드는 그의 부하로 군대에 다시 합류했다. 몇 달간의 소규모 전투 후 아랍인들은 마침내 오늘날의 요르단, 시리아, 그리고 이스라엘의 골란 사이를 흐르는 야르무크 강Yarmuk river의 협곡으로 비잔틴 군대를 끌어들여 전투를 벌였다. 칼리드는 부하들에게 "이는 신의 전투다"라고 말했다. 636년 8월 20일, 신은 모래폭풍을 일으켜 그리스도인들의 눈을 가렸고 그들은 당황하여 허둥대다가 야르무크의 절벽 아래로 굴러떨어졌다. 칼리드가 그들의 퇴로를 차단해서 전투가 끝날 때쯤 그리스도인들은 기진맥진하여 아랍인들이 도륙하기도 쉽게 망토를 입은 채 쓰러져 있었다. 칼리드는 황제의 형제까지 죽었으며 헤라클리우스 자신은 그 패배에서 다시는 회복하지 못했다.

이 전투는 역사상 결정적인 전투들 가운데 하나였으며 이로써 비잔틴은 시리아와 팔레스타인을 잃었다. 페르시아전쟁으로 인해 약화된 비잔틴의 지배는 카드로 만든 집처럼 붕괴하는 듯했으며 아랍 정복이 몇 차례 공격의 승리 이상으로 성과가 있었는지도 불분명하다. 그러나 아랍 정복이 얼마만큼 사실이었든 간에, 1,000명 정도의 규모에 불과한 작은 아랍인 낙타 부대가 동로마의 군단들을 물리쳤다는 것은 대단히 놀라운 일이었다. 그러나 신자들의 사령관은 쉬지 않았다. 그는 페르시아 정복을 위해 또 다른 군대를 북쪽으로 보냈고, 이 역시 아랍인들이 승리했다.2)

팔레스타인에서는 예루살렘만이 대주교 소포로니우스Sophoronius의 지배 아래 있었다. 그리스 출신의 식식인 소포로니우스는 시를 통해 "시온, 우주의 빛나는 시온"이라며 예루살렘을 찬양했다. 그는 그리스도인들에게 닥친 재앙을 차마 믿을 수가 없었다. 그는 성묘교회에서 설교하면서 그리스도인들의 죄와 아랍인들의 잔혹행위를 비판했다. 그는 아랍인들을 그리스어로 사라케오니Sarakeoni, 즉 사라센Saracen이라고 불렀다. "우리가 대적하는 이 전쟁들은 어찌하여 일어났는가? 야만인들의 침략은 어찌하여 몇 배로 늘어났는가? 신을 믿지 않는 타락한 사라센들이 베들레헴을 점령했다. 사라센들이 짐승 같은 충동으로 우리에게 대적하여 일어난 것은 우리의 죄 때문이다. 우리 자신을 올바르게 하자."

그러나 그러기엔 너무 늦었다. 아랍인들은 그들이 일리야Ilya('아엘리아'의 로마식 명칭)라고 부르는 예루살렘으로 모여들었다. 그들 가운데 예루살렘을 최초로 포위한 사령관은 아므르 이븐 알 아스Amr ibn al-As였다. 그는 칼리드 이후 최고사령관이 되었으며 메카의 귀족 가운데 또 한 명의 야심찬 전설적 모험가였다. 아므르는 다른 아랍 지도자들과 마찬가지로 그 지역을 매우 잘 알고 있었다. 그는 심지어 예루살렘 근처에 토지도 소유하고 있었으며 젊은 시절 예루살렘을 방문한 적도 있었다. 그러나 이 전쟁은 단순한 전리품의 문제가 아니었다.

《쿠란》은 "때가 가까워졌다"라고 말한다. 최후의 심판에 대한 믿음은 초기 무슬림 신자들의 군사적 광신을 북돋웠다. 《쿠란》은 그것을 구체적으로 서술하지는 않지만 무슬림들은 유대계 그리스도교 예언자들을 통해 최후의 심판이 예루살렘에서 일어나야 한다는 것을 잘 알고 있었다. 때가 되었을 때, 그들에게는 예루살렘이 필요했다.

칼리드와 다른 장군들은 성벽 주변에서 아므르와 합류했지만 아랍 군인들은 아마도 예루살렘으로 진격하기에는 그 수가 너무 적었을 것이다. 또한 당시에 큰 전투가 벌어졌던 것으로 보이지도 않는다. 소포로니우스는 신자들의 사령관에게서 관용을 보장받지 않은 상태에서는 절대로 항복할 수 없다고 단호히 거절했다. 아므르는 칼리드를 사령관으로 내세우는 방식으로 문제를 해결할 것을 제안했지만 칼리드는 이미 얼굴이 알려져 있었고, 따라서 오마르가 메카에서 불려 왔다.

사령관은 골란의 자비야Jabiya에서 나머지 아랍 군대들을 점검했고 예루살렘인들은 아마 그곳에서 항복협상을 위해 오마르를 만났을 것이다. 팔레스타인에서 주류를 이루던 단성론자 그리스인들은 비잔틴을 증오했다. 따라서 초기 무슬림 신자들은 기꺼이 그들의 동료 유일신론자들에게 예배의 자유를 허용할 수 있었던 것으로 보인다.* 《쿠란》에 따르면, 오마르는 예루살렘에 지즈야jizya라는 항복의 세금을 받는 대가로 그리스도인들에게 종교적 관용을 약속하는 항복협약을 제안했다. 합의가 이루어지자 오마르는 단 한 명의 시종만을 데리고 예루살렘으로 향했다. 한 거인이 다닥다닥 기운 누더기 옷을 입고 당나귀를 타고 들어갔다.

---

* 초기 무슬림들은 자신들을 '신자들'이라고 불렀던 것 같으며(그 단어는 《쿠란》에서 1,000회 등장하며, '무슬림'이라는 단어는 약 75회 등장한다) 또한 앞으로 예루살렘에서 보게 될 바와 같이 분명 그들의 동료 일신교인인 그리스도인이나 유대인들에게 아직은 적대적이지 않았다. 초기 이슬람에 대한 권위자인 프레드 도너Fred M. Donner 교수는 거기서 한 발 더 나아간다. 그는 "신자들이 자신들을 새로운 또는 별도의 종교인으로 여겼음을 믿을 이유가 없다. 초기 신자들의 일부는 그리스도인 또는 유대인들이었다."

정의의 오마르, 성전을 회복하다

오마르가 스코푸스 산에서 예루살렘을 보았을 때 그는 무에진에게 예배시간을 알릴 것을 명령했다. 예배 후 오마르는 순례자의 흰옷을 입고 흰 낙타를 타고 소프로니우스를 만나러 갔다. 비잔틴의 고위층들이 정복자를 기다리고 있었고 보석 박힌 그들의 예복은 오마르의 금욕적 소박함과 대조되었다. 젊은 시절 레슬러였던 거구의 오마르는 언제나 채찍을 들고 다니던 완강한 금욕주의자였다. 전하는 바에 따르면 무함마드가 방에 들어가면 여자와 아이들이 웃고 떠들기를 멈추지 않았지만 오마르가 나타나면 모두 입을 다물었다고 한다. 《쿠란》을 편찬하기 시작한 것도 그였으며 무슬림 달력과 대부분의 이슬람법을 만든 것도 그였다. 오마르는 여성들에게 무함마드보다 훨씬 더 엄격한 규율을 강요했다. 또 술에 취한 아들에게 80대의 채찍을 때려 죽게 했다고도 전해진다.

소프로니우스는 오마르에게 예루살렘의 열쇠들을 내주었다. 소프로니우스는 오마르, 그리고 누더기를 입은 아랍 낙타 부대와 기병들의 무리를 보고 "혐오스럽게 황폐한 것"이라고 중얼거렸다. 그들 대부분은 헤자즈 또는 예멘의 부족 출신이었다. 그들은 빠르고 가볍게 달렸으며 터번과 망토를 두르고, (갈아놓은 낙타털과 피를 섞어 요리한) 일히즈^{ilhiz}를 먹고 살았다. 갑옷을 입고 중무장한 페르시아와 비잔틴 기병들의 함성소리가 멀리서 들리는 가운데 오직 장군들만이 사슬갑옷과 투구를 쓰고 있었다. 나머지는 "덥수룩하고 둔탁한 말을 타고 있었고 칼은 빛이 났지만 천으로 된 낡은 칼집에 들어가 있었다." 그들은 낙타의 근육과 하나가 되어 움직이는 활과 창을 지녔으며 두툼한 빵 조각과 비슷한 붉은 소가죽 방패를 들고 다녔다. 그들은 날이 넓은 칼인 사이프^{sayf}의 광을 내고 그 칼들에 이름을 붙이고 그에 대한 시를 썼다.

그들은 투박함을 자랑하듯 양의 뿔처럼 튀어나온 네 묶음의 머리 모양을 하고 있었다. 그들은 비싼 카펫을 만나면 그 위를 밟고 지나간 다음 찢어서 창 덮개를 만들었고 다른 정복자들과 마찬가지로 전리품(사람과 물품)을 즐겼다. 그들 가운데 한 명은 다음과 같이 썼다. "나는 갑자기 어떤 카펫 아래에 숨은 사람의 형태를 감지했다. 카펫을 찢어버렸을 때 내 눈앞에 무엇이 나타났던가? 태양처럼 빛나는 영양 같은 여인이었다. 나는 그녀를 붙잡아 옷을 벗겼다. 여인은 옷을 전리품으로 내주었지만 이내 돌려달라고 간청했다. 나는 그녀를 첩으로 삼았다."* 아랍군은 기술적인 우월함은 없었지만 광신적인 동기가 있었다.

훨씬 후대에 만들어진 무슬림 전승 자료들에 따르면 소프로니우스는 사라센의 사령관을 성묘교회까지 안내했으며 방문객이 그리스도교의 완벽한 신성을 존중하거나 심지어 포용이라도 해주기를 희망했다. 오마르의 무에진이 군인들에게 예배 시간을 알리자 소프로니우스는 오마르에게 그곳에서 예배할 것을 제안했다. 그러나 오마르는 제안을 거절하고 그곳이 이슬람의 예배장소가 될 것임을 경고했다고 전해진다. 오마르는 무함마드가 다윗과 솔로몬을 존중했다는 것을 알고 있었다. "나를 다윗의 무덤으로 데려가달라." 오마르는 소프로니우스에게 명령했다. 오마르와 그의 전사들은 아마도 남쪽 예언자의 문을 통해서 성전산으로 올라갔을 것이고 그곳이 "그리스도인들이 유대인들을 공격하기 위해 던져놓은 똥 무더기" 때문에 오염된 것을 발견했을 것이다.

오마르는 지성소를 보여달라고 했다. 랍비로 알려진 개종 유대인

---

* 예루살렘 함락에 대한 당대의 기록은 없지만 아랍 역사가들은 페르시아를 동시에 공격한 그 군대들을 묘사하고 있으며 이 책의 내용 또한 그러한 문헌들을 토대로 하고 있다.

카아브 알 아흐바르는 오마르가 '그 벽(아마도 서쪽 벽을 포함한 헤롯의 마지막 유적을 말했을 것)'을 보존해준다면 "성전의 유적들이 있는 곳을 보여주겠다"고 답했다. 카아브는 오마르에게 아랍인들이 사흐라^{Sakhra}라고 부르는 성전의 주춧돌 바위를 보여주었다.

오마르는 군병들의 도움을 빌어 잔해를 치우고 예배처를 마련하기 시작했다. 카아브는 "두 개의 키블라, 즉 모세의 키블라와 무함마드의 키블라가 생길 수 있도록" 주춧돌의 북쪽으로 자리 잡을 것을 오마르에게 제안했다. "너는 아직도 유대인들에게 기울어 있구나." 오마르는 카아브에게 이렇게 말하면서, 바위 남쪽에 최초의 예배처를 잡았다. 그곳에는 현재까지도 알 아크사 모스크$^{al\text{-}Aqsa\ Mosque}$가 서 있으며 정확히 메카를 향하고 있다. 오마르는 무슬림들이 유대교의 거룩함을 합법적으로 물려받은 후계자가 되어 그리스도인들을 밀어낼 수 있도록 하기 위해 무함마드의 희망을 따라 과거의 그리스도교에 접근해 고대의 그 거룩한 장소를 복원하고 활용했다.

오마르에 대한 이야기는 그로부터 1세기 이후 이슬람이 그리스도교 및 유대교와는 전혀 다른 방법으로 이슬람의 의식들을 정형화했을 때 만들어졌다. 그럼에도 불구하고 카아브 및 다른 유대인들의 이야기는 문학적으로 전승되어 예루살렘의 위대함에 대한 이야기가 대부분인 후대의 '이스라일리야트^{Israiliyyat}'를 만들어냈으며 많은 유대인들과 아마도 그리스도인들까지도 이슬람에 합류했음을 증명해준다. 우리는 초기 수십 년간 어떤 일이 있었는지 결코 정확하게 알 수는 없지만 예루살렘 및 다른 곳들의 느슨한 협약들은 성서의 민족들 사이에 엄청난 섞임과 어울림이 있었을 것임을 시사한다.*

무슬림 정복자들은 초기에는 기꺼이 그리스도인들과 성지들을 공유했다. 그들은 다마스쿠스에서 수년간 성 요한 교회를 함께 사용했으며 그곳의 우마이야조 모스크에는 아직도 세례 요한의 무덤이 있다. 예루살렘에도 무슬림들과 그리스도인들이 함께 사용하던 교회들이 있었다. 예루살렘 바깥에 있는 카티스마 교회Cathisma Church에는 실제로 무슬림 예배처가 있었다. 오마르의 전설과는 달리, 처음에 초기 무슬림들은 성전산에 대한 협약이 체결되기 전까지 성묘교회 내부 또는 근처에서 예배했다.

수 세기에 걸친 비잔틴의 압제가 끝난 후 유대인들 역시 아랍인들을 환영했다. 유대인들뿐 아니라 그리스도인들도 무슬림 군대에서 활동했다고 전해진다. 성전산에 대한 오마르의 관심은 당연히 유대인들의 희망에 불을 붙였다. 왜냐하면 오마르는 유대인들에게 성전산의 보수를 맡겼을 뿐 아니라 그곳에서 무슬림들과 함께 예배하는 것을 허락했기 때문이다.

이에 대해 아르메니아의 박식한 주교 세베오스Sebeos는 30년 후에 쓴 글을 통해 "유대인들이 솔로몬의 성전을 건축하기로 계획하고 지성소의 위치를 확인했으며 주초 없이 성전을 지었다"고 주장했다. 그리고 오마르가 임명한 최초의 예루살렘 총독이 유대인이었다고 덧붙였다. 오마르가 티베리아스의 유대인 공동체 지도자 가온Gaon과 70가구의 유대인 가족들

---

* 유대인들과 대부분의 그리스도인들은 "신 외에 다른 신은 없다"라는 무슬림의 초기 신앙 고백('샤하다shahada')에 아무런 문제를 느끼지 못했을 것이다. 685년까지는 "무함마드는 신의 사도다"라는 말이 추가되지 않았기 때문이다. 예루살렘에 대한 유대인들의 명칭과 무슬림들의 명칭은 서로 겹쳤다. 무함마드는 팔레스타인을 유대교-그리스도교 전통에 따라 '성스러운 땅'이라고 불렀다. 유대인들은 성전을 베이트 하 미크다시Beyt ha-Miqdash(거룩한 집)라 불렀고 무슬림들도 그 명칭을 사용했다. 무슬림들은 예루살렘 자체를 바이트 알 마크디스Bayt al-Maqdis라 불렀다. 유대인들은 성전산을 하르 하 베이트Har ha-Beyt(거룩한 집의 산)라 불렀다. 무슬림들은 그것을 마스지드 바이트 알 마크디스Masjid Bayt al-Maqdis, 즉 거룩한 집의 모스크라 불렀고 후대에는 하람 알 샤리프Haram al-Sharif, 즉 고귀한 성소라 불렀다. 결과적으로 무슬림들은 예루살렘에 대한 17가지 이름을 갖고 있었고 유대인들은 70가지 이름을 주장했으며 유대인들과 무슬림 모두 "이름의 다양성이 위대함의 증거"라는 데 동의했다.

을 예루살렘으로 끌어들여 성전산 남쪽 지역에 정착하게 한 것은 확실한 사실이다.*

예루살렘은 페르시아의 약탈 이후 여전히 황폐하고 전염병이 창궐했으며 오랜 세월 동안 여전히 그리스도인들이 압도적으로 많았다. 오마르는 또한 아랍인들, 특히 팔레스타인과 시리아를 좋아한 아주 세련된 쿠라이시족을 예루살렘에 정착시켰다. 쿠라이시족은 팔레스타인과 시리아를 '빌라드 알 샴스'라 불렀다. '동반자들'이라 불린 무함마드와 가장 가까웠던 제자들 가운데 일부가 예루살렘으로 왔고, 심판의 날에 대비하기 위해 황금 문 바로 바깥에 있던 최초의 무슬림 공동묘지에 묻혔다. 21세기까지도 중추적 역할을 하고 있는 예루살렘의 유력한 가문 가운데 두 가문이 바로 이 최초의 아랍 유력자들의 후손이다.**3)

예루살렘에서 오마르는 그의 장군들인 칼리드와 아므르뿐만 아니라 쾌락적이면서도 유능한 청년 하나를 곁에 두었다. 그는 채찍을 휘두르는 사령관과는 아주 딴판이었다. 그의 이름은 무아위야 이븐 아비 수피얀

---

* 오마르와 그리스도인들의 계약 또는 협상안에 대해 전승되는 구문은 오마르가 유대인의 예루살렘 출입을 금지시키는 데 합의했다고 주장한다. 그것은 그리스도인들의 희망사항 혹은 후대의 조작이다. 왜냐하면 우리는 오마르가 유대인들의 예루살렘 귀환을 환영했다는 것과 오마르 및 초기 칼리프들이 유대인의 성전산 예배를 허용했다는 것, 이슬람이 지배하는 동안은 유대인들이 다시 쫓겨나지 않았다는 것을 알고 있기 때문이다. 아르메니아인들은 이미 예루살렘에서 대규모 그리스도교 공동체를 형성하고 있었고 자체의 주교(나중에는 대주교)를 두고 있었다. 아르메니아인들은 무슬림들과 가까운 관계를 맺었으며 서로 간의 자체적인 계약을 맺었다. 1,500년 동안 그리스도인들과 유대인들은 딤미, 즉 약속의 민족이었으며, 관용은 받았지만 지위는 낮았고 때로는 방임되고 때로는 심한 박해를 받았다.
** 오마르는 와인을 부은 욕조에서 난교에 대한 이야기를 들은 후 야르무크의 승자 칼리드의 은퇴를 명령했다. 한 시인은 칼리드의 영웅담을 노래했다. 칼리드는 전염병으로 죽었지만 오늘날 칼리드 가문은 그의 후손임을 주장한다. 무함마드의 초기 지지자들 중에는 예언자를 위해 싸우다 두 아들과 한쪽 다리를 잃은 누사이바Nusaybah라는 여자가 있었다. 누사이바의 오빠, 우바다 이븐 알 사미트Ubadah ibn al-Samit가 오마르와 함께 예루살렘에 도착했는데 오마르는 그를 예루살렘의 판관, 성묘와 바위 돔의 관리자로 임명했다고 한다. 그의 후손들, 즉 누세이베 가문Nusseibeh family은 2010년 현재도 성묘의 관리자들이다(에필로그 참조).

Muawiya ibn Abi Sufyan인데, 그는 무함마드의 반대파를 이끌었던 메카의 귀족 아부 수피얀Abu Sufyan의 아들이었다. 무아위야의 어머니는 우후Uhuh 전투 이후 무함마드의 삼촌 함자Hamza의 간을 먹었다. 메카가 이슬람에 항복했을 때 무함마드는 무아위야를 비서로 임명했고 자신의 누이와 결혼시켰다. 무함마드가 죽은 후 오마르는 무아위야를 시리아 총독으로 임명했다. 오마르는 그에게 모욕적으로 들릴 수도 있는 칭찬을 던졌다. 무아위야를 '아랍의 카이사르'라고 칭한 것이다.

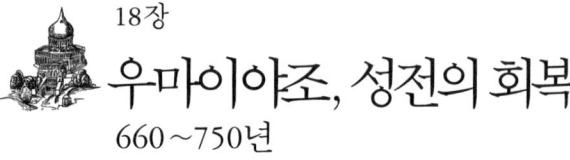
18장
우마이야조, 성전의 회복
660~750년

아랍의 카이사르, 무아위야

무아위야는 처음에는 시리아의 총독으로, 이후에는 거대한 아랍 제국의 군주로 40년간 예루살렘을 지배했으며 놀라운 속도로 동쪽과 서쪽으로 영토를 확장했다. 그러나 그러한 성공의 와중에 권력계승을 둘러싼 내전은 이슬람을 거의 파괴시킬 뻔했고 그것은 오늘날까지도 이슬람을 분열시키는 종파분열을 낳았다.

644년, 오마르가 암살되었고 그의 후계자는 무아위야의 사촌 오스만Othman이었다. 10년이 지난 후 오스만은 그의 족벌인사로 인해 미움을 받았다. 오스만까지 암살되자 무함마드의 사촌이자 무함마드의 딸 파티마의 남편이기도 한 알리Ali가 신자들의 사령관으로 선택되었다. 무아위야는 알리에게 암살자들을 처벌하라고 했지만 새로운 사령관은 이를 거부했다. 무아위야는 시리아의 자기 영토를 잃을까 봐 우려했다. 무아위야는 뒤이은 내전에서 승리했고 알리는 이라크에서 살해되었으며 그로써 이른바 마지막 정통 칼리프의 통치가 끝났다.

661년 7월, 아랍제국의 실력자들이 예루살렘의 성전산에 모여 무아위야를 신자들의 사령관으로 선출했고 아랍의 전통적인 방식, 즉 바이야bayah*를 통해 동맹을 맹세했다. 이 새로운 사령관은 성묘교회와 성모 마리아의 무덤을 방문했다. 그것은 순례자의 자격이 아니라 종교들의 연속성, 그리고 성지들의 보호자로서 황제의 역할을 보여주기 위한 것이었다. 무아위야는 다마스쿠스에서 통치했지만 예루살렘을 숭배했고 주화에 '일리야 필라스틴Iliya Filastin', 즉 아엘리아 팔레스티나를 새겼다. 그는 예루살렘을 자신의 수도로 만들고자 하는 유혹을 느껴서 성전산 남쪽의 화려한 궁전에 자주 기거했을 가능성이 있는데 아마 그 궁전은 그가 지었을 것이다. 무아위야는 성전산에 대한 유대교의 전통을 빌려 와 예루살렘이 "심판의 날 집결과 부활의 장소"라고 선언했으며 "이 모스크의 두 벽 사이의 공간은 지상의 어떤 곳보다 신의 사랑을 받는다"라고 선언했다.

　　그리스도교 작가들은 무아위야의 통치를 정의롭고 평화롭고 관용적이었다고 칭송했다. 유대인들은 그를 "이스라엘을 사랑하는 자"라고 불렀다. 무아위야의 군대에는 그리스도인들이 포함돼 있었다. 실제로 그는 아랍계 그리스도인 셰이크sheikh(부족장-옮긴이)의 딸 마이순Maysun과 결혼함으로써 그들과의 동맹을 강화했다. 마이순은 그리스도인으로 남는 것이 허용되었다. 더욱이 그는 헤라클리우스의 후손인 그리스도인 관료 만수르 이븐 산준Mansur ibn Sanjun(세르기우스Sergius의 아랍어)을 통해 통치했다. 무아위야는 아라비아의 유대인들 곁에서 성장했다. 그가 유대인 대표단의 방문을 받았을 때 가장 먼저 한 질문은 과거 고향에서 즐겨 먹었던 하리스haris를 요리할 수 있느냐는 것이었다. 무아위야는 보다 많은 유대인들을 예루살렘에 정착시켰고 지성소가 있던 자리에서 기도할 수 있도록 허

---

* 이것은 복종을 바치겠다는 약속을 의미하는 악수이다. '바이야'라는 단어는 바아baa('팔다')라는 단어에서 기원한다.

용했다. 7세기에 남겨진 성전산의 메노라(히브리어로 촛대를 의미함-옮긴이) 흔적들이 이에 대한 증거일 수 있다.

무아위야는 아마도 오늘날 이슬람 성전산의 실제적 창조자일 것이다. 그곳에 실제로 최초의 모스크를 짓고 옛 안토니아 요새의 토대를 부수고 둔치를 확장하고 개방형의 육각형 건물, 즉 사슬 돔을 추가한 것도 그였다. 사슬 돔의 용도는 아무도 모르지만 성전산의 한 가운데에 있는 것으로 보아 세계의 중심을 기념하는 것일 수도 있다. 무아위야는 "모리아 산을 깎고 평탄하게 만들어 거룩한 바위 위에 모스크를 건축하라"라는 교지를 내린다. 아르쿨프Arculf라는 이름의 프랑스인 주교가 예루살렘을 방문했을 때 그는 "예전에 성전이 서 있던 자리는 사라센들이 빈번하게 드나드는 길쭉한 예배실이 가로지르고 있는데 그 예배실은 수직의 널빤지로 되어있고 일부 파괴된 유적들 위로는 큰 기둥이 있으며 3,000명을 수용할 수 있다고 한다." 그것을 모스크로 보는 것은 조금 어렵지만 아마도 오늘날 알 아크사 자리에 있었던 것으로 생각된다.*

무아위야는 힐름hilm, 즉 아랍 셰이크의 지혜와 인내의 전형이었다. "나는 채찍으로 충분할 때는 칼을 사용하지 않을 것이며 말로 충분할 때는 채찍을 사용하지 않을 것이다. 나와 내 백성이 머리칼 한 올이라도 이어져 있다면 나는 그것을 자르지 않을 것이다. 내 백성들이 그것을 당기면 나는 풀 것이고 그들이 풀면 나는 당길 것이다." 그것은 정치력의 정의나 다름없었으며, 아랍 군주제의 창조자이자 우마이야조의 창시자인 무아

---

* 현대의 모스크에는 메카를 마주한 예배장소 미흐라브mihrab와 제단인 민바르minbar를 모두 포함한다. 무아위야의 예배실에는 미흐라브는 있지만 아마 민바르는 아직 없었던 것 같다. 초기 이슬람은 설교단 같은 것을 두기에는 평등주의가 너무 강했기 때문이다. 그러나 역사가 이븐 할둔에 따르면 무아위야의 황제통치가 그것을 변화시켰다. 무아위야의 이집트 총독, 아므르 장군은 이집트에 있는 자신의 모스크에 민바르를 만들었고 무아위야는 금요일 설교를 위해 그것을 사용하기 시작했으며, 암살자들에게서 자신을 보호하기 위해 설교단 주변에 격자 울타리를 추가했다.

위야는 절대 권력이 반드시 부패하는 것은 아니라는 매우 드문 모범을 보여주었다. 그는 페르시아, 중앙아시아, 북아프리카까지 영토를 확대했고 키프로스와 로도스Rhodes를 점령했으며 새로운 해군을 통해 아랍을 해상 강국으로 만들었다. 그는 콘스탄티노플을 매년 공격했으며 그중 한 번은 3년 동안 육지와 바다를 포위한 적도 있다.

그럼에도 무아위야는 자신을 낮출 수 있는 능력을 잃은 적이 없다. 그것은 정복자는 고사하고, 정치인에게도 드문 자질이다. 그는 매우 뚱뚱했고(아마도 그 때문에 방석이 아닌 옥좌에 앉은 최초의 아랍 군주가 되었을 것이다) 또 다른 뚱뚱한 늙은 유력자에게 농담을 던졌다. "자네와 같은 다리를 가진 시녀가 있으면 좋겠네." 늙은 유력자는 "폐하의 다리 또한 그렇사옵니다"라고 대답했다.

무아위야는 웃었다. "그거 좋군. 그대가 무엇인가를 시작한다면 반드시 결과가 있어야 한다네." 무아위야는 자신의 전설적인 성적 기량에 대한 자부심을 잃지 않았지만 그 점에 있어서도 그는 다소간의 조롱을 소화할 능력이 있었다. 그는 하렘에서 호라산Khorasan 출신의 여자와 흥겹게 놀고 있었다. 그런데 마침 눈앞에 또 다른 여자가 나타나자 별 생각 없이 그 여자를 취했다. 그 여자가 떠나자 그는 다시 호라산 여자에게 돌아와 사자 흉내를 낼 수 있다며 자랑했다.

그는 그녀에게 "페르시아어로 '사자'를 무엇이라 하느냐?"라고 물었다. "카프타르Kaftar입니다." 그녀는 대답했다. "나는 카프타르다!" 왕은 시종들에게 자랑했고 마침내 누군가가 왕에게 카프타르가 무엇인지 아느냐고 물었다. "사자가 아니냐?" "아니옵니다. 절름발이 하이에나입니다!" "그렇구나," 무아위야는 껄껄 웃으며 말했다. "그 호라산 여인은 복수를 할 줄 아는 여인이로다."

그가 80대의 나이로 죽자 언제나 애완용 원숭이를 데리고 다니던 그의 후계자 야지드Yazid가 성전산에서 사령관으로 즉위했다. 그러나 그는 곧 아라비아와 이라크에서 두 번의 반란에 맞닥뜨렸다. 이는 제2차 이슬람 내전의 시작이었다. 적들은 "술의 야지드, 오입질의 야지드, 개들의 야지드, 원숭이들의 야지드, 포도주에 기절하는 야지드"라며 조롱했다.

무함마드의 손자 후세인은 아버지 알리의 죽음에 복수하기 위해 반란을 일으켰지만 이라크 카르발라Karbala에서 참수를 당했다. 그의 순교는 다수파인 수니파Sunni와 시아파Shia, 즉 '알리의 파' 사이에 커다란 종파 분열을 만들어냈다.* 그러나 683년 야지드가 젊은 나이에 죽자 시리아군은 그의 약삭빠른 늙은 친척 마르완Marwan을 사령관으로 올렸다. 685년 마르완이 죽자 그의 아들 압드 알 말리크가 다마스쿠스와 예루살렘에서 사령관으로 등극했다. 그러나 그의 제국은 위태로웠다. 메카, 이라크, 페르시아가 반란군들의 손에 있었다. 그럼에도 압드 알 말리크는 예루살렘을 제국에서 가장 매력적인 곳으로 만들었다.4)

최종판 《쿠란》의 완성

압드 알 말리크는 농담을 기분 좋게 받아들이지 않았다. 한 아첨꾼이 그를 칭찬하자, 그는 말을 가로막으며 "나를 흔들지 말라. 내가 너보

---

* 이란은 시아파 신학을 여전히 유지하고 있다. 시아파는 이라크에서 다수를 차지하고 있으며, 레바논에서는 절대 다수를 차지한다. 후세인의 형 하산 빈 알리Hasan bin Ali는 여전히 권력에서 물러나 있었지만 그 역시 살해되었을 가능성이 있다. 후세인의 직계후손들 중에는 오늘날 모로코 알라위 왕가와 요르단의 하심 왕조가 있다. 시아파의 열두 이맘파Imams, 파티마조, 아가 칸Aga Khan, 예루살렘의 후세이니 가문이 모두 후세인으로 그 뿌리가 거슬러 올라간다. 그들의 후손들은 귀족 아슈라프Ashraf(단수형은 샤리프Sharif, 일반적으로 사이드Sayyid로 표현됨)로 불리는 경우가 많다.

다 내 자신을 잘 아노라"라고 했다. 희귀한 동전에 새겨진 그의 초상화에 따르면 그는 진지하고 말랐으며 매부리코였다. 곱슬머리에 어깨가 길었으며 자수가 놓인 긴 예복을 입고 허리띠에 칼을 차고 있다. 그러나 그의 비판자들은 나중에 그가 큰 눈에 눈썹은 뒤엉켜 있고 코는 툭 튀어나왔고 입술은 홈이 패어 있었다고 주장했다. 압드 알 말리크 역시 에로티시즘을 즐긴 또 한 명의 궁정 안 호색한이었다. "즐거움을 위해 노예 여자를 취한다면 베르베르족Berber이 좋다. 자식을 낳을 거라면 페르시아 여자가 좋다. 가정부로 쓸 거라면 비잔틴 여자가 좋다." 압드 알 말리크는 엄격한 교파에서 자랐다.

열여섯 살 때는 비잔틴과 싸우는 군대를 지휘했다. 그는 사촌인 '신자들의 사령관' 오스만이 살해당하는 것을 목격했고, 후로 지저분한 일을 마다하지 않는 성스러운 군주가 되었다. 그는 이라크와 이란을 재정복하는 것부터 시작했다. 그는 반란군 지도자를 체포하여 다마스쿠스의 군중들이 보는 앞에서 공개적으로 고문했고 목에 은으로 된 목줄을 걸고 개처럼 끌고 다닌 다음 "가슴 위에 올라앉아 도살하고 구경꾼들에게 머리를 던졌다."

메카는 당시 여전히 그의 통제를 벗어난 상태였지만 그는 예루살렘을 소유하고 있었다. 그는 무아위야만큼이나 예루살렘을 숭배했다. 압드 알 말리크는 제2차 내전을 통해 빌라드 알 샴스(시리아-팔레스타인)를 중심으로 한 통일된 이슬람제국의 창조를 꿈꾸었다. 그는 예루살렘과 다마스쿠스 사이의 고속도로를 계획했다.* 무아위야는 바위 위의 건축을 계

---

* 1902년 압드 알 말리크의 이정표들이 예루살렘 동쪽에서 비문과 함께 발견되었다. 비문에는 칼리프가 자신의 권력과 신의 권력 사이의 관계를 어떻게 보는지가 나타나 있었다. "신 이외에 다른 신은 없다. 무함마드는 신의 사자다. … 신앙의 사령관 압드 알 말리크가 이 길의 보수를 명하였고 이 이정표의 설치를 명하였다. 일리야(예루살렘)에서 이곳까지 7마일……"

획했다. 당시 압드 알 말리크는 이집트에서 걷히는 세금의 7년 치에 해당하는 돈을 바위 돔에 배정했다.

계획은 극히 간단했다. 원통이 떠받치고 팔각형 벽으로만 이루어진 직경 65피트(약 16미터)의 돔이었다. 그 돔의 아름다움, 힘, 단순성은 미스터리에 가깝다. 우리는 압드 알 밀리크가 왜 그것을 건축했는지 그 이유를 정확히 알지 못한다. 그는 그것을 말한 적이 없다. 그것은 사실상 모스크라기보다는 성소다. 그 팔각형의 모양은 그리스도교의 순교자 유품보관소와 비슷하며 실제로 그 돔은 성묘교회와 콘스탄티노플의 하기아 소피아를 닮았다. 그러면서도 그 원형 통로는 메카에 있는 카바의 순행을 연상시키도록 설계되었다. 그 바위는 아담의 천국이고 아브라함의 재단이었으며, 다윗과 솔로몬이 성전을 계획했고 나중에 무함마드가 밤의 여정에서 방문한 장소였다. 압드 알 말리크는 신의 진정한 계시, 즉 이슬람을 위해 유대인의 성전을 재건축하고 있었다.

그 건물은 중심축이 없고 대신 삼중으로 둘러싸여 있다. 가장 바깥은 외벽, 그 안은 팔각형의 회랑이고, 그다음은 돔 바로 아래, 햇빛이 쏟아지는 곳인 바위 자체를 둘러싼 회랑이다. 그것은 이 장소가 세계의 중심임을 선언했다. 돔 자체는 천국이며 인간의 건축물을 통한 신과의 연결이었다. 황금 돔과 화려한 장식, 빛나는 하얀 대리석은 그곳이 새로운 에덴이며 또한 최후 심판의 장소, 즉 압드 알 말리크와 우마이야조가 마지막 날에 왕국을 신에게 봉헌할 장소임을 선언했다. 그곳은 풍부한 그림들(보석, 나무, 과일, 꽃, 왕관들)로 인해 비무슬림들에게도 기쁨을 준다. 또한 그 그림들은 에덴의 관능성과 다윗과 솔로몬의 위엄을 결합시켰다.

바위 돔의 메시지는 또한 제국주의적이기도 하다. 압드 알 말리크가 메카를 아직도 반란군들에게서 되찾지 못했으므로 그는 우마이야조의 위대함과 영원함을 이슬람 세계에 선포하고 있었다. 그리고 어쩌면 비록 카바를 되찾지는 못했지만 자신의 새로운 메카는 갖게 되었는지도 모른다. 황금 돔은 이슬람 황제로서 그의 영광을 나타냈다. 그러나 그에게는 더 광범위한 목표가 있었다. 유스티니아누스의 하기아 소피아가 솔로몬을 능가한 것과 똑같이 압드 알 말리크의 바위 돔은 유스티니아누스와 콘스탄티누스 대제까지 능가했는데 그것은 새로운 이스라엘이라는 그리스도교의 주장에 대한 힐난이기도 했다. 돔의 모자이크는 두 제국 간에 간혹 찾아오던 평화의 시기에 유스티니아누스 2세가 이슬람 사령관에게 임대해준 비잔틴 장인들의 작품일 가능성이 있다.

691년(또는 692년)에 바위 돔이 완공된 후에도 예루살렘이 다시 이전의 모습으로 되돌아간 것은 아니었다. 압드 알 말리크의 놀라운 포부는 산 위에 건축물을 지음으로써 예루살렘의 스카이라인을 이슬람식으로 바꾸어놓았고 도시의 주류를 이루는 비잔틴 건물들을 왜소하게 만들었다. 물리적으로 바위 돔은 예루살렘을 압도하고 성묘교회가 빛을 잃게 만들었다. 작가 알 마카다시al-Maqaddasi 같은 후대의 예루살렘인들은 그것이 압드 알 말리크의 목적이었다고 믿었다. 그 목적은 달성되었다. 그 후부터 21세기까지 줄곧 무슬림들은 성묘교회(아랍어로 카야마Kayamah)를 쿠마마Kumamah, 즉 똥 무더기로 부르며 조롱했다.

바위 돔은 경쟁자를 칭찬하는 동시에 완파했고 그러면서도 유대인들과 그리스도인들의 주장을 연관시켰다. 따라서 압드 알 말리크는 유대인들과 그리스도인들 모두가 이슬람의 탁월한 참신함을 경험할 수 있게 했다. 그는 건물을 빙 둘러 일신주의 두 종교 사이의 밀접한 관계를 가리키는 직설적 표현을 통해 예수의 신성이라는 개념을 부인하는 800피트(약 243미터) 길이의 명문을 설치했다. 그리스도교와 이슬람교는 많은 유사점이 있지만 삼위일체는 공유하지 않는다. 그 명문이 매력적인 것은 압드 알말리크가 최종적 형태로 편찬하고 있던 《쿠란》의 텍스트가 처음으로 나타나 있기 때문이다.

유대인들은 제국이라는 측면에서는 중요성이 떨어졌지만 신학적으로는 중요했다. 바위 돔은 300명의 흑인 노예들이 관리했고 20명의 유대인들과 10명의 그리스도인들이 그들을 보조했다. 유대인들은 희망을 가지고 돔을 바라볼 수밖에 없었다. 그것이 그들의 새로운 성전이었을까? 유대인들은 여전히 그곳에서 기도할 수 있었고 우마이야조는 이슬람식의 정화, 기름부음, 바위 주변을 순행하는 성전의식들을 만들었다.*

바위 돔은 그 모든 것을 능가하는 힘이 있었다. 그곳은 시간을 초월하는 건축예술의 최고 걸작 가운데 하나이다. 그곳의 광채는 예루살렘 어디에서든 모든 사람의 눈을 끌어당긴다. 마치 공중으로 솟아오른 신비로운 궁전처럼 빛이 나고 둔치의 조용한 공간은 즉각 거대한 공중 모스크가 되어 그 주변의 모든 공간을 정화한다. 성전산은 곧 (그리고 지금까지도) 유희와 이완의 장소가 되었다. 실제로 바위 돔은 차안此岸의 평온함과 감각성을 피안彼岸의 거룩함과 결합시킨 지상의 천국을 만들어냈다. 그것이 바로 바위 돔의 특별한 능력이다. 지은 지 몇 년 안 되었을 때 이미 이븐 아

---

* 바위 돔을 둘러싼 비문에는 "오, 성서의 백성들이여. 네 종교의 한계를 넘어가지 말며 신에 대한 진실 외에는 말하지 말라"라고 쓰여 있다. "실로 예수 그리스도는 마리아의 아들이자 신의 사자로서, 마리아에게 말씀이 있었으니, 이는 신의 영혼이었노라. 신과 신의 사자들을 믿되 삼위일체설을 말하지 말라. 실로 신은 단 한 분이시니 그분에게는 아들이 있을 수 없노라." 이는 그리스도교보다는 삼위일체설에 대한 공격으로 보인다. 유대인들로 말하자면, 그곳에서 격주로 드리는 예배는 유대인 성전과 강한 연관이 있었다. "매주 화요일과 목요일, 그들은 사프란을 주문하고 사향, 용연향, 장미수를 뿌린 백단을 준비했다. 그다음 하인들(유대인들과 그리스도들)이 식사를 하고 욕조에 들어가 정화를 했다. 옷장으로 가서 붉은색과 푸른색의 새 옷을 입고 띠와 허리띠를 맸다. 그러고는 바위로 가서 기름을 부었다." 학자 안드레아스 카플로니Andreas Kaplony에 따르면 그것은 "무슬림 의식, 즉 무슬림들이 의무로 여기는 성전의식이었다. 간단히 말하면 그것은 재건되기 이전의 성전이며, 《쿠란》은 새로운 토라이고 무슬림은 진정한 이스라엘 민족이다."

사키르Ibn Asakir는 "바위 돔의 그림자 속에서 바나나를 먹는 것"보다 더 기쁜 것은 없다고 말했다. 바위 돔은 솔로몬과 헤롯의 성전과 함께 역사상 가장 성공적인 종교적, 제국주의적 건축물이며 21세기 현재 최고의 세속적 관광의 상징이자 부흥하는 이슬람의 성소이고 팔레스타인 민족주의의 토템이다. 바위 돔은 오늘날까지도 여전히 예루살렘을 정의하고 있다.

바위 돔이 건축되고 얼마 후 압드 알 말리크의 군대가 메카를 재정복했고 비잔틴으로 신의 왕국을 확대하기 위해 지하드를 재개했다. 그는 그 거대한 제국을 서쪽으로는 북아프리카 전역으로 확대했고 동쪽으로는 신드Sind(오늘날의 파키스탄)까지 확대했다. 그러나 그는 자신의 영토 안에서 무함마드를 강조하는 가운데 '이슬람의 집'을 무슬림이라는 단일한 종교로 통일할 필요를 느끼고 있었고, 그것은 많은 비문들에 나타난 이중의 샤하다shahada로 표출되었다. "신 이외에 다른 신은 없으며 무함마드는 신의 사도다."

무함마드의 언행록(하디스hadith)이 수집되었고, 압드 알 말리크의 최종판 《쿠란》은 어떤 것도 감히 능가할 수 없는 합법성과 거룩함의 근거가 되었다. 의식들은 보다 엄격하게 규정되었다. 조각된 이미지는 금지되었다. 압드 알 말리크 자신의 얼굴을 담은 동전의 주조도 중단되었다. 압드 알 말리크는 이제 자신을 칼리파트 알라Khalifat Allah, 즉 신의 대리인으로 불렀으며 그 후 이슬람 지도자들은 칼리프라 불리게 되었다. 무함마드의 초기 전기와 무슬림 정복의 공식 판본에는 그리스도인들과 유대인들의 기록이 제외되어 있다. 행정은 아랍화되었다. 예수와 바울을 한데 엮은 콘스탄티누스와 마찬가지로 압드 알 말리크는 하나의 군주, 하나의 신이 있는 보편적 제국을 믿었으며, 다른 누구도 아닌 그 자신이 무함마드의 공동체가 오늘날의 이슬람으로 진화하는 것을 지켜보았다.

한계에 도달한 제국

예루살렘의 돔 안에 성소는 있었지만 그것이 제국을 대표하는 모스크는 아니었다. 따라서 압드 알 말리크와 그의 뒤를 이은 아들 왈리드는 또 하나의 모스크, 알 아크사를 지었다. 그것은 예루살렘을 위한 모스크로서 성전산 남쪽에 금요예배 시 사용하도록 지어졌다. 칼리프들은 헤롯과 마찬가지로 성전산을 예루살렘의 중심으로 보았다. 기원후 70년 이후 처음으로 순례자들이 서쪽에서 성전산으로 진입할 수 있도록 골짜기 건너에 윌슨 아치Wilson's Arch, 즉 오늘날의 사슬 문 위로 새로운 다리를 건설했다. 남쪽에서 성전으로 진입할 수 있도록 돔 형태의 이중문을 지었는데 그 양식과 아름다움이 황금 문과 비슷했다.*

당시의 예루살렘은 활기가 넘쳤다. 몇 년 만에 칼리프들은 성전산을 이슬람의 거룩한 성지로, 예루살렘을 우마이야조를 대표하는 도시로 바꾸어놓았다. 이로 인해 유적들과 이야기를 둘러싸고 뜨거운 경쟁이 벌어졌는데 이것은 아직도 예루살렘의 특징이 되고 있다. 그리스도인들은 유대교의 많은 신화들을 이용했고 그것들은 그들의 중심성지인 성묘에서 점차 중요한 위치를 차지했다. 그런데 바위 돔과 알 아크사의 건립은 그 모든 오랜 신화에 다시 새로운 힘을 불어넣었다. 한때 그리스도교 순례자들에게 예수의 흔적으로 보였던 바위 위의 한 발자국은 무함마드의 발자국이 되었다. 우마이야조는 모든 것을 아담과 아브라함에서 다윗과 솔

---

* 예루살렘에서 늘 그러하듯, 건축자들은 사방에서 건축자재를 가지고 왔는데 아크사의 나무기둥은 그리스도교 유적지에서 가져온 것이었다. 그 기둥에는 지금도 그리스어로 6세기 대주교의 이름이 새겨져 있다(현재는 록펠러박물관과 하람박물관 안에 있음). 동쪽의 황금 문과 짝을 이루면서 남쪽으로 향하고 있는 이중문과 삼중문은 지금은 모두 막혀 있으며 예루살렘에서 가장 아름다운 문들이고 헤롯 초기 시대와 로마 시대 건물들의 돌을 사용하여 건축했다. 성전산의 승마동상에서 가져온 황제 안토니우스 피우스Antonious Pius에게 바치는 뒤집혀진 비문이 있는 곳이 그곳이다.

로몬을 거쳐 예수까지 이르는 성서 전승과 연결시키는 새로운 돔들로 성전산을 덮었다. 최후의 심판 시나리오는 성전산을 배경으로 하며 그때 카바가 예루살렘으로 올 것이다.* 그것은 단순한 성전산이 아니었다. 무슬림들은 다윗과 관련한 모든 것을 숭배하게 되었으며 이제는 그리스도인들이 다윗의 탑이라 부르던 요새를 다윗의 미흐라브Mihrab(예배처)로 간주했다. 헤롯의 유적을 다윗의 것으로 오해한 것은 그들만이 아니었다. 우마이야조는 신만이 아니라 자기 자신들을 위해서도 건축물을 지었다.

우마이야조의 칼리프들은 쾌락적이면서도 교양이 있었다. 당시는 아랍제국의 전성기였으며(당시 스페인까지도 아랍이 지배했다) 다마스쿠스가 수도임에도 불구하고 칼리프들은 예루살렘에서 많은 시간을 보냈다. 왈리드 1세와 그의 아들은 성전산 바로 남쪽에 왕궁 단지를 지었는데 1960년대 말에 발굴되기 전까지는 그 존재가 알려지지 않았었다. 시원한 뜰 주변으로 3, 4층 높이의 건물들이 서 있었으며 칼리프들은 지붕에 설치된 다리를 거쳐 알 아크사로 가는 특별 통로를 이용하기도 했다. 유적을 통해서 왕궁의 규모만을 짐작할 수 있을 뿐이지만 그러한 사막 궁전들의 존재는 그들이 그곳에서 매우 부유하게 살았음을 보여준다.5)

가장 화려한 사막 궁전들 또는 카스르qasr(궁전)들은 오늘날의 요르단인 아므라Amra에 남아 있다. 칼리프들은 그곳의 개인 궁전과 온천에서 휴

---

*《쿠란》은 "어느 날 그대도 죽을 것이니라. 너희 모두는 심판의 날 신 앞에서 논쟁을 하게 되리라"라고 말한다. 무슬림들은 예루살렘을 중심으로 한 아포칼립스 지리학을 창조했다. 악의 힘은 황금 문 앞에서 무너진다. 마흐디Mahdi(선택 받은 자)는 계약궤가 그의 앞에 놓일 때 죽는다. 궤가 지켜보는 가운데 유대인들은 이슬람으로 개종한다. 메카의 카바는 메카로 순례를 한 적이 있는 모든 사람들과 함께 예루살렘으로 온다. 하늘이 힌놈 골짜기의 지옥과 함께 성전산으로 내려온다. 사람들은 황금 문 바깥의 평원, 알 사히라al Sahira에 모인다. 죽음의 대천사 이스라필Israfil(바위 돔의 문들 가운데 하나가 그 이름을 따서 지어졌다)이 나팔을 분다. 죽은 자들(특히 황금 문 가까이에 묻혔던 사람들)이 부활해서 황금 문, 즉 마지막 날로 향하는 정문(작은 돔 두 개가 달린 자비의 문 혹은 회개의 문도 포함)으로 들어가고 정의의 저울이 매달려 있는 사슬 돔에서 심판을 받는다.

식을 취했는데 모자이크 바닥과 사냥 장면, 나체 또는 반라의 여인들, 운동선수들, 큐피드, 사티로스, 수금을 타는 곰 등을 생생하게 묘사한 그림으로 장식돼 있었다. 왈리드 1세는 콘스탄티노플이나 중국의 황제들을 비롯해 우마이야조에 패배한 여섯 왕들을 그린 채색 프레스코화에 나타나 있다. 이 퇴폐적이고도 헬레니즘적인 그림들은 매우 반이슬람적으로 보이지만 아마 그들도 헤롯과 마찬가지로 공적 생활과 사생활에 차이를 두었을 것이다. 왈리드 1세는 다마스쿠스 그리스도인들과의 공존의 협약을 끝내고 다마스쿠스에 화려한 우마이야조 모스크를 건설했으며 정부 공식언어를 이제 그리스어에서 아랍어로 바꿔었다.

그러나 예루살렘에는 여전히 그리스도인이 압도적이었다. 그리스도인들은 무슬림들과 자유롭게 뒤섞였다. 모두 9월에 성묘교회의 봉헌축제를 열었고 엄청난 군중이 예루살렘으로 왔으며 거리는 낙타와 말, 당나귀와 소로 가득 찼다. 이제는 그리스인들보다 아르메니아인과 그루지야인들이 더 많아진 그리스도교 순례자들은 무슬림 성지들을 거의 방문하지 않았고 유대인들은 그리스도인들을 거의 입에 올리지 않았다. 그때 이후 방문객들은 점점 자신의 종교 외에 다른 것은 보지 않는 편협하고 호기심 없는 순례자로 변해가는 경향이 있었다.

715년 왈리드의 형제 술레이만이 성전산에서 칼리프에 등극했다. "어떤 새 칼리프도 그토록 화려하게 환대를 받은 적이 없었다. 술레이만은 무대를 장식한 돔 아래에 앉아서 카펫과 방석을 바다처럼 깔고 군인들에게 나누어줄 돈을 곁에 쌓아두고 접견을 받았다." 술레이만은 콘스탄티노플에 대한 최후의 총공격을 감행했으며(그리고 거의 점령할 뻔했다), "예루살렘에서 살며 예루살렘을 수도로 정하고 많은 재산과 상당한 인구를 예루살렘으로 옮겨올 계획을 세웠다." 그는 행정중심지인 라말라Ramala를 건축했으나 예루살렘으로 이사하기 전에 숨을 거두었다. 이란과 이라크 출신이 대부분인 유대인들이 예루살렘에 정착하여 성전산 남쪽에 살았으며 성전산에 기도할 수 있는(그리고 성전을 관리할 수 있는) 특권을 보유했다.

그러나 720년경 유대인들이 성전산에서 기도할 수 있는 자유를 얻은 지 거의 1세기 만에 새 칼리프 오마르 2세가 유대인의 예배를 금지했다. 오마르 2세는 이 퇴폐적인 왕조에서는 보기 드물게 이슬람의 정통성에 대해 엄격하던 금욕주의자였다. 그러한 유대인 예배의 금지는 이슬람의 나머지 규범들을 대변했다. 유대인들은 성전산의 네 벽 주위와 성전산 거의 바로 아래 지성소에서 가까운 곳, 워런의 문Warren's Gate 근처에 있는 하미에라ha-Meara(동굴) 지하회당에서 기도했다.

우마이야조의 칼리프들이 헬레니즘식 왕궁들과 무희들을 즐기는 동안 제국은 드디어 자신의 한계에 도달했다. 스페인의 이슬람군들은 이미 프랑스를 탐색하고 있었지만, 732년 프랑크Frank의 귀족이자 메로빙거Merovingian 왕가의 왕궁 집사였던 샤를Charles이 투르Tour에서 무슬림을 무찔렀다. 그는 마카베오 같다는 칭송을 받으면서 샤를 마르텔Charles Martel(망치)이 되었다.

아랍 역사가 이븐 할둔은 "왕조도 개인과 마찬가지로 자연적인 수명이 있다"고 말한다. 이제 이 퇴폐적이고 세속적인 우마이야조는 수명의 한계에 도달했다. 무함마드의 삼촌인 압바스의 후손들이 요르단 동쪽의 한 마을에 살고 있었다. 그들은 오랫동안 무함마드와는 전혀 관련이 없는 쾌락적인 우마이야조의 지배에 비밀리에 저항해왔다. 그들의 지도자 아부 알 압바스는 "우마이야 가문에 저주 있으라. 그들은 영원보다 일시적인 것을 더 좋아한다. 범죄가 그들을 붙잡았다. 그들은 금지된 여자들을 취했다"고 말했다. 그러한 불만은 빠르게 퍼져나갔다. 중심지인 시리아의 부족들도 반란을 일으켰고 심지어 예루살렘에서도 반란이 일어났다. 마지막 칼리프는 예루살렘으로 돌진해 성벽을 파괴시켜야 했다. 지진이 예루살렘을 흔들어 알 아크사와 왕궁들을 훼손시켰는데 이는 마치 신이 우마이야조에게 분노한 것과 같았다. 그리스도인들과 유대인들은 그것이 계시이기를 희망했다. 그러한 계시를 원하기는 무슬림도 마찬가지여서 우마이야조에 대한 진짜 위협은 멀리 동쪽에서 찾아왔다.

748년, 오늘날 이란 동부와 아프가니스탄에 해당하는 호라산에서 아부 무슬림Abu Muslim이라는 카리스마 있고 신비한 인물이 이슬람과 무함마드 후손에 의한 보다 엄격한 통치를 요구했다. 국경지대의 새로운 무슬림들이 이 금욕적인 군대에 합류했는데, 머리부터 발끝까지 검은 옷을 입고 검은 현수막 아래에서 행군했으며, 이슬람을 되살릴 마흐디의 선구자*, 이맘의 도래를 고대했다. 아부 무슬림은 승리를 거둔 군대를 이끌고 서쪽으로 향했지만 알리의 가문을 지지할 것인지 압바스의 가문을 지지할 것인지는 여전히 결정하지 못했다. 그리고 우마이야조의 왕자들도 여전히 많았다. 그러나 아부 알 압바스는 우마이야조의 마지막 통치자를 패배시키고 자신의 별명에 어울리는 방식으로 문제를 해결했다.6)

---

* 이맘은 모스크 또는 공동체의 지도자이지만, 시아파에서 이맘은 신의 선택을 받고 무오류성의 축복을 받아 정신적 지도자가 될 수 있다. 이란의 열두 시아파들은 무함마드의 사위 알리와 그의 딸 파티마의 후손인 최초의 열두 이맘들을 믿으며, 열두 번째 이맘은 '은폐(신에 의해 숨겨진)'되었고 심판의 날에 마흐디, 즉 선택받은 메시아적 구원자로서 돌아오게 될 것이라고 믿는다. 이란의 이슬람공화국은 그러한 천년왕국설의 기대에 근거해 아야톨라 호메이니Ayatollah Khomeini에 의해 건설되었다. 성직자들은 이맘이 귀환할 때까지만 다스린다.

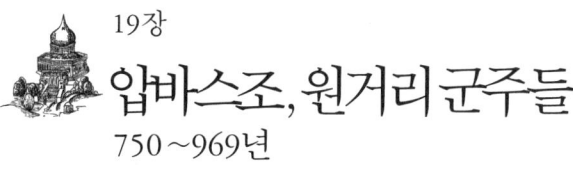

19장
압바스조, 원거리 군주들
750~969년

살육자 만수르

아부 알 압바스는 스스로 칼리프임을 선언하고 평화적인 의도를 알리기 위해 우마이야조 가문 사람들을 연회에 초대했다. 그런데 잔치의 와중에 급사들이 방망이와 칼을 꺼내 전 가족을 도륙하고 시체를 양고기 스튜에 던져넣었다. 살육자 자신도 곧 죽었지만 그의 형제인 승리자 만수르는 알리 가문을 체계적으로 살해하고 막강한 아부 무슬림까지 제거했다.

후에 향수 제조자 잠라Jamra는 만수르가 그 자신이 죽기 전에는 열리지 않을 비밀창고의 열쇠들을 가지고 있다고 말했다. 만수르의 아들은 훗날 시체들로 가득한 천장 높은 방을 발견했는데 각각의 시체에는 노인부터 유아들까지 알리 가문 사람들의 이름이 상세하게 표시돼 있었다. 그 사람들은 모두 만수르가 죽인 사람들이었고 모두 뜨겁고 건조한 바람 속에 보관돼 있었다.

만수르는 비바람에 거칠어진 피부와 짙은 황색으로 염색한 머리칼을 가진 강단 있는 사람이었으며 수 세기 동안 지배한 압바스조의 실질적 선조였다. 그러나 그의 권력기반은 동쪽에 있었다. 그는 수도를 새로운 둥근 도시, 바그다드로 옮겼다.

　　권력을 잡은 지 얼마 후 만수르는 예루살렘을 방문했다. 그는 훼손된 아크사를 보수했는데 압드 알 말리크가 지은 바위 돔의 금과 은으로 된 문을 녹여서 공사비를 충당했다. 만수르 이후의 칼리프들은 더 이상 예루살렘을 방문하지 않았다. 이슬람 세계에서 예루살렘의 입지가 작아지던 바로 그때* 서방의 한 황제가 그리스도인들이 예루살렘에 대해 품고 있던 매력적인 향수를 되살려냈다.7)

꺼져가는 압바스조

　　800년 성탄절 현대의 프랑스, 독일, 이탈리아의 대부분을 다스리고 있던 프랑크의 왕 샤를마뉴Charlemagne, 즉 샤를 대제는 로마의 교황에게서 왕관을 받은 로마의 황제였다. 그러한 대관식은 교황들이 새로운 자신감을 갖게 되고 서구의 라틴어 기반 그리스도교가 가톨릭이 될 것임을 의미했다. 또한 콘스탄티노플의 그리스정교회와 점점 사이가 벌어지는 것을 의미했다. 샤를마뉴는 역대 최대의 권력으로 자신의 길을 헤쳐나간 무자비한 전사이자 왕이었지만 그 역시 역사에 매료되었고 야심적인 만큼이나 독실했다. 그는 자신을 전 세계를 다스리는 거룩한 로마 황제가 될 사명을 타고난 콘스탄티누스와 유스티니아누스의 후계자라고 생각했으며, 또한 당대의 다윗 왕이라고 여겼다. 그 두 가지 야심은 모두 예루살렘으로 연결

---

* 메카가 성장하면서 예루살렘의 중요성은 감소했다. 예루살렘은 한때 하즈의 일부로서 메카와 메디나에 가까워지기도 했지만(알 히드리al-Khidri의 하디스 가운데 하나는 "너희들은 메카, 메디나, 알 아크사의 세 모스크들로만 향해야 한다"라고 선언했다), 압바스조 아래에서는 지야라ziyara, 즉 경건한 방문지 가운데 하나로 축소되었다.

되었다. 800년 성탄절 날 이른 아침, 예루살렘의 대주교가 보낸 대표단이 샤를마뉴에게 성묘교회의 열쇠들을 바쳤다고 한다. 로마도 예루살렘도 하루아침에 이루어진 것은 아니었다.

그것은 소유를 위한 활동이 아니었다. 왜냐하면 예루살렘 대주교는 예루살렘의 지배자, 칼리프 하룬 알 라시드를 축복했기 때문이다. 그의 시대는 천일야화의 배경이 된 시대이며 압바스조의 전성기였다. 샤를마뉴와 칼리프는 3년에 걸쳐 사절단을 교환했다. 하룬은 아마도 프랑크가 콘스탄티노플에 있는 하룬의 적들과 대립하도록 만드는 데 열중했던 것 같으며 예루살렘의 그리스도인들 또한 샤를마뉴의 도움을 필요로 했다.

칼리프는 샤를마뉴에게 코끼리와 이슬람의 우월성을 보여주는 첨단기기인 천문관측용 물시계를 보냈다. 이 물시계는 악마의 주문이 나오는 기계로 인식되기도 해서 일부 무지한 그리스도인들을 놀라게 했다. 두 황제는 공식적인 조약을 맺지는 않았지만 예루살렘에 있는 그리스도교의 재산목록을 작성하고 보호하는 한편, 샤를마뉴는 예루살렘 그리스도인들의 인두세 전액 850디나르를 지불했다. 그 대가로 하룬은 성묘교회 주변에 그리스도교 구역을 조성하고 150명의 수도사와 17명의 수녀들이 상주하는 수녀원, 도서관, 순례자 숙소를 짓는 것을 허용했다. 한 순례자는 "그리스도인들과 이교도인들이 서로 아주 평화로웠다"고 적었다. 그러한 관대함은 샤를마뉴가 은밀히 예루살렘을 방문했다는 이야기를 만들어냈고 그를 헤라클리우스의 후계자로 만들었으며 마지막 날을 예고하는 마지막 황제의 신비주의적 전설까지 생겨나게 했다. 특히 십자군 시대에 많은 이들이 이렇게 믿었지만 사실 샤를마뉴는 한 번도 예루살렘을 방문한 적이 없었다.[8]

하룬이 죽은 후 아들들 사이에서 벌어진 내전에서 마문^{Maamun}이 승리했다. 새로운 칼리프는 열광적인 과학도였으며 유명한 문학과학 아카데미, 지혜의 집House of Wisdom을 건설했으며 세계지도를 제작하게 했고 학자들에게 지구의 둘레를 계산하게 했다.* 831년 마문은 콘스탄티노플과의 전쟁을 조직하기 위해 시리아에 도착했는데 아마도 예루살렘을 방문했을 것이다. 그는 성전산에 새로운 성문들을 건축했지만 압바스조의 우월성을 강조하기 위해 바위 돔에 있는 압드 알 말리크의 이름을 지우고 대신 자기 이름을 넣었다. 마문은 그 이름만 지운 것이 아니라 황금 돔의 금도 훔쳤다. 황금 돔은 1,000년 넘게 회색 납빛으로 남았다. 바위 돔은 1960년대에 황금빛을 되찾았다. 그러나 압드 알 말리크의 이름은 돌아오지 못했으며 마문의 이름은 아직도 그 자리에 있다.9)

이런 손장난도 압바스조 권력의 쇠퇴를 역전시키지는 못했다. 겨우 2년 후 한 농민 반란군 지도자가 세 종교 모두의 환영을 받으며 예루살렘에 입성했다. 마침내 841년 그가 예루살렘을 유린했고 거주민들 대부분이 도망갔다. 성묘는 대주교가 뇌물을 바치고서야 구할 수 있었다. 그러나 아랍 칼리프들은 통제력을 잃었다. 877년 투르크인 노예의 아들 아흐메드 이븐 툴룬Ahmed ibn Tulun이 칼리프에게 명목상의 후원을 받아 이집트의 지배자가 되었고 예루살렘을 되찾았다.10)

---

* 압바스조, 특히 마문은 비잔틴인들에게서 그리스어 고전들을 자주 구했으며 플라톤, 아리스토텔레스, 히포크라테스, 갈렌, 그리고 알렉산드리아의 유클리드와 프톨레마이오스를 후세에 남겨주었다. 아랍인들은 과학 분야의 모든 새로운 용어들을 개발했으며, 그것이 영어권으로 들어왔다. 알코올alcohol, 증류기alembic, 대수학algebra, 연금술alchemy, 책력almanac은 그런 방식으로 도입된 단어들의 일부에 지나지 않는다. 알 나딤al-Nadim의 유명한 목록index은 아랍인들이 6,000권의 새로운 책을 저술했음을 보여준다. 이제 종이가 양피지 두루마리를 대신했다. 역사적으로 결정적인 전투들 가운데 하나에서 압바스조는 중국의 당 왕조의 침공을 막아내 중동이 중국 땅이 아닌 이슬람 땅이 되게 했으며 중국 종이 제작자의 비밀들도 알아냈다.

최초의 환관 출신 왕

이븐 툴룬은 이슬람제국의 권력에서 점차 아랍인들을 대체하고 있던 투르크인 가운데 하나였다. 마문의 후계자 무스타심Mustasim은 중앙아시아에서 새로 무슬림이 된 투르크인 마상 궁수들 가운데에서 (굴람ghulam, 즉 시동侍童으로 알려진) 노예 소년들을 뽑아 쓰기 시작했다. 아시아인의 외모를 가진 이 전사들은 먼저 근위병이 되었고 이후 칼리프위의 실력자들이 되었다.

이븐 툴룬의 아들이자 상속자가 환관들에 의해 살해되자11) 중앙아시아의 왕자(알 이크시드al-Ikhshid)라는 칭호를 듣는 투르크의 실력자 무함마드 이븐 투그즈Muhammad ibn Tughj가 이집트와 예루살렘을 다스리러 왔다. 정치적 불안정은 종교 간의 경쟁을 심화시켰다. 935년 성묘교회의 한 부속건물이 모스크로 강제전환되었다. 3년 후 무슬림들이 종려주일을 지내는 그리스도인들을 공격했고 교회를 약탈하고 훼손시켰다. 유대인들은 이제 《탈무드》를 기반으로 살아가는, 가온이라 불리는 율법학자들이 이끄는 전통 랍비파와 토라 이외의 모든 율법을 부인하고(이런 이유로 그들은 '독서가들'이라고 불린다) 시온으로의 회귀를 믿는 새로운 종파로 갈라졌다.* 투르크인 지배자들은 카라이파들을 선호했으며 유대인 구역에 자체의 회당을 가진 카자르**들의 새로운 공동체는 문제를 더욱 복잡하게 만들었다. 이크시드는 946년 예순네 살의 나이로 죽어 예루살렘에 묻혔으며 그의 권

---

* 전 세계의 유대인 공동체들은 예루살렘학파, 그리고 바그다드에 본거지를 둔 바빌로니아-이라크학파, 두 세습 가온들에 의해 지배되었다. 카라이파는 유대인 세계 전체에 확산되었고, 크림반도Crimea부터 리투아니아Lithuania까지 대규모 공동체들을 세웠으며 홀로코스트 때까지 살아남았다가 대부분이 전멸되었다. 그것은 나치 박해의 가장 기묘한 변칙 가운데 하나로 이어졌다. 크림반도에서 일부 카라이파의 기원은 셈족이 아닌 투르크였으며 이 때문에 나치는 그 유대인 종파의 보호를 명령했다.

력은 한 흑인 환관에게 이양되었다. 바로 향수와 화장에 대한 취향으로 인해 별명이 붙은 환관이었다.

아불 미스크 카푸르Abul-Misk Kafur는 20여 년간 이집트, 팔레스타인, 시리아를 지배했다. 그는 어린 시절 이크시드가 사들인 에티오피아 노예였다. 기형이고 뚱뚱하며 악취기 났던 그는 하얀 장뇌와 검은 사향을 많이 뿌렸고 이크시드는 카푸르에게 '향기 나는 환관'이라는 별명을 붙여주었다.

카푸르가 주목받기 시작한 것은 이크시드를 위한 이국적인 동물들이 몇 마리 도착했을 때였다. 다른 모든 시종들은 그 동물들을 구경하기 위해 몰려갔는데 이 아프리카 소년은 주인 이크시드에게서 눈을 떼지 않고 하찮은 명령이라도 받들기 위해 대기했다. 이크시드는 그를 아들들의 교사로, 이후에는 군대의 사령관으로 임명했다. 카푸르는 팔레스타인과 시리아를 점령했고 마침내는 주인의 섭정까지 되었다. 일단 권력을 잡자 이 환관은 이슬람의 경건을 장려하고 성전 벽을 복원하고 한편으로는 예술가들을 후원했다.

그러나 북쪽의 비잔틴인들은 뛰어난 군인황제들의 등극에 고무되어 있었고, 남쪽으로는 시리아를 공격하고 예루살렘을 위협했으며 반그리스도인들의 폭동을 진압했다. 966년 카푸르의 총독이 대주교 요한에게 어느 때보다 많은 분담금을 요구하면서 그리스도인들을 압박하기 시작했고

** 카자르들(샤머니즘적 투르크 유목민. 흑해부터 중앙아시아까지의 스텝 지역을 지배함)은 이스라엘 건국 이전의 마지막 유대인 국가를 형성했다. 805년경 카자르의 왕들은 유대교로 개종했고 마나세, 아론 등으로 이름을 바꾸었다. 예루살렘인 작가 무카다시는 카자리아를 지나면서 다음과 같이 간결하게 말했다. "양, 꿀, 유대인이 (그곳에) 대량으로 존재한다." 960년대에, 그 유대인 왕국은 쇠퇴했다. 그러나 아서 케스틀러Arthur Koestler부터 최근의 슐로모 산드Shlomo Sand까지 여러 작가들은 유럽 유대인의 대부분이 실제로는 그 투르크 부족의 후손들이라고 주장해왔다. 그것이 사실이라면 시온주의는 손상될 것이다. 그러나 현대의 유전학은 그 이론을 반박한다. 가장 최근의 연구 두 가지는 현대 유대인들이 (세파르디든 아슈케나지든) 약 70퍼센트가 3,000년 전 중동 유전자를 이어받았고 약 30퍼센트가 유럽 혈통임을 보여준다.

대주교 요한은 카푸르에게 호소했다. 그러나 요한이 콘스탄티노플과 내통하다 들키자 총독은 (비잔틴을 미워하던) 유대인들의 지원을 받아 성묘를 공격하고 대주교를 화형시켰다.

그 향기 나는 환관은 카이로에서 병을 앓고 있었다. 이크시드 왕조의 마지막 후손이 죽자 카푸르는 적법하게 왕위에 올랐다. 무슬림 최초의 노예 출신 왕(혹은 최초의 환관 출신 왕)인 카푸르는 유대인 재상 한 명을 고용했는데, 그가 이슬람혁명과 예루살렘을 지배할 새로운 제국을 주관하게 되었다.12)

20장
파티마조, 관용과 광기
969~1099년

이븐 킬리스, 팔티엘과 파티마조

바그다드의 한 유대인 상인의 아들 야쿠브 벤 유수프Yaqub ben Yusuf, 즉 이븐 킬리스Ibn Killis의 인생은 시리아의 파산한 사기꾼에서 이집트 카푸르의 재정자문이 되기까지 롤러코스터처럼 기복이 심했다. 카푸르는 "그가 무슬림이었다면 재상이 되기에 적합한 인물이었을 것"이라고 말했다. 이븐 킬리스는 눈치 있게 개종했지만 카푸르가 죽어 예루살렘에 묻히자* 감옥에 갇혔다. 그는 뇌물을 주고 감옥에서 빠져나온 후 비밀리에 서쪽으로 향해 파티마조 가문이 다스리는 현재 튀니지의 시아파 왕국으로 갔다. 어느 때보다 유연해진 이븐 킬리스는 시아파로 개종했고, 파티마조의 칼리프 무이즈Muizz에게 이집트를 공격할 때가 됐다고 조언했다.13) 969년 6월, 무

---

* 최근의 예루살렘 지배자들도 그곳에 묻혀 있는데 그들 역시 예루살렘에 묻히는 것이 심판의 날에 먼저 부활하는 것을 의미한다고 믿었다. 성전산에 가까울수록 더 빨리 부활한다. 이크시드의 무덤은 발견된 적은 없지만 성전산 북쪽 모퉁이에 있었던 것으로 믿어진다. 한 팔레스타인 역사가는 나에게 예루살렘에서 오로지 자체의 종교적 동기를 확보하려는 정치적 이유로 인해 세 종교 모두 역사를 얼마나 자주 날조해왔는지를 보여주었다. 성전산 바로 북쪽에 있는 이스라엘 건축물들에 대한 이야기가 나왔을 때 그 역사가는 그곳이 이크시드 무덤 유적지임을 확인해주는 명판을 세울 것을 제안했고 그곳은 인정된 유적지가 되었다. 새로운 건축은 취소되었다.

이즈의 장군 야우하르 알 시킬리Yawhar al-Siqilli가 이집트를 정복했고 그다음 북쪽으로 진군해 예루살렘을 점령했다.14)

예루살렘의 새로운 지배자, 메시아와도 같은 파티마조는 다른 어떤 이슬람 왕조와도 달랐다. 그들은 스스로를 칼리프로 선언하는 데서 그치지 않고 거룩한 왕, 인간과 하늘 사이를 연결하는 살아 있는 이맘을 자처했다. 그들의 궁정에 들어가는 방문객들은 안으로 들어갈수록 눈이 휘둥그레지는 화려한 뜰을 거쳐 황금빛 휘장이 쳐진 옥좌 앞으로 가서 절을 한다. 그러면 휘장이 걷히면서 황금 예복을 입은 살아 있는 이맘이 나타난다. 그들의 종파는 비밀스럽고 그들의 신앙은 신비하고 구원주의적이며 밀교적이다. 또한 그들의 발흥은 미스터리하고 비밀스러우며 모험으로 가득 차 있다.

899년, 시리아의 부유한 상인 우바이드 알라Ubayd Allah는 이맘 이스마일Imam Ismail을 통해 자신을 살아 있는 이맘이자 파티마(무함마드의 딸)와 알리 사이에서 태어난 직계 후손으로 선언했으며, 그로 인해 이스마일 시아파로 알려졌다. 우바이드 알라의 비밀요원들, 이른바 다와dawa는 동방 전역으로 퍼졌으며 예멘을 정복하고 튀니지의 일부 베르베르 부족들을 개종시켰다. 그러나 압바스조가 그를 죽이려 했고 이 때문에 그는 사라졌다. 몇 년 후 우바이드 알라 혹은 그라고 주장하는 사람이 알 마흐디, 즉 선택 받은 자로서 튀니지에 다시 나타나 독자적인 칼리프위를 구축하고 바그다드의 부정한 압바스조를 전복했다. 그리고 세계를 구원한다는 거룩한 사명을 가지고 새로운 제국을 정복하기 시작했다. 973년, 이제 북아프리카, 시칠리아, 이집트, 팔레스타인, 시리아 일대의 지배자가 된 칼리프 무이즈는 새로운 수도, 알 카히라 알 무이지야al-Qahira al-Muizziyya(무이즈의 정복지)로 옮겼으며, 그곳이 오늘날의 카이로다.

그의 후계자 아지즈^Aziz는 이븐 킬리스를 제국의 대재상으로 임명했으며 이븐 킬리스는 죽을 때까지 약 20년간 제국을 다스렸다. 거대한 재산과는 별개로(그는 여종이 800명이었다) 이븐 킬리스는 유대교 및 그리스도교의 사제들과 종교에 대해 토론한 학자였다. 그의 경력은 종파주의자인 파티마조의 유대인들과 그리스도인들에 대한 관용의 상징이었는데 그것은 예루살렘에서 즉각적으로 감지되었다.

예루살렘의 유대인들은 가난하고 피폐한 상태에서 분열돼 있던 반면, 이집트의 유대인들은 파티마조 아래서 번영했다. 이집트의 유대인들은 카이로의 칼리프들에게 의사들을 공급했다. 그들은 단순한 왕실 의사들 그 이상이었다. 그들은 학자인 동시에 상인이 있었는데 영향력 있는 관료들이 되었고 파티마제국에서 대개 유대인들의 수장으로 임명되었으며 나중에는 나기드^nagid 라고 불렸다. 출신지를 알 수 없는 팔티엘^Paltiel 이라는 이름의 유대인이 아마도 최초의 의사 나기드였을 것이다. 팔티엘은 파티마조 가문의 예루살렘 정복자 자우하르^Jawhar 의 대리인이 되어 예루살렘의 유대인들을 돕는 일에 즉각적으로 개입했다.

몇 년에 걸친 압바스조의 방치와 투르크인 지도자들의 후원이 일관성을 잃은 후 예루살렘은 축소되고 불안정해졌다. 카이로와 바그다드의 칼리프들 사이에서 계속 되던 전쟁은 순례자들을 위축시켰다. 베두인족^Bedouin 의 급습은 단기간이기는 하지만 때때로 예루살렘을 황폐하게 만들었다. 974년, 비잔틴의 역동적인 황제 요하네스 1세는 다마스쿠스를 점령하고 갈릴리로 달려갔으며 "그리스도의 성묘를 무슬림 일당들에게서 되찾겠다는 의도"를 맹세했다. 그는 예루살렘 가까이까지 갔다. 예루살렘은 기다렸지만 그는 끝내 그곳에 가지 않았다.

파티마조는 이스마일파와 시아파 백성들이 예루살렘의 모스크로 순례하도록 독려했지만 바그다드와의 전쟁은 예루살렘에서 수니파 순례자들을 멀어지게 했다. 예루살렘의 바로 그러한 고립이 예루살렘의 신성을 강화시켰다. 이슬람 작가들은 당시 예루살렘의 '은총'에 대한 보다 대중적인 문집을 편집했다. 예루살렘은 여전히 일리야이자 바이트 알 마크디스Bayt al-Maqdis, 즉 거룩한 집이었지만 이제는 알 발라트al-Balat, 즉 궁전이기도 했다. 그러나 그리스도인 순례자들은 더욱 많아져서 지배층인 무슬림보다도 훨씬 더 많은 수를 차지했다. 프랑크인들은 유럽에서 항해를 했고, 부유한 상단들은 이집트에서 부활절마다 예루살렘으로 왔다.

유대인들 역시 카이로에서 그들의 구세주에게 의지하고 있었다. 팔티엘은 이제 칼리프들을 설득해 예루살렘의 피폐한 가온과 학교들을 위한 지원금을 내도록 했다. 그는 유대인들이 올리브 산의 회당을 사들이고 아볼솜Abolsom의 기둥 근처에서 회합을 갖고 성전산의 동쪽 벽에 있는 황금문에서 기도도 할 수 있는 권리를 확보해주었다. 절기 때 유대인들은 옛 성전 주위를 일곱 차례에 걸쳐 순행하도록 허락되었지만 그들의 주요 회당은 여전히 '서쪽 벽에 있는 성소의 안쪽 제단', 즉 동굴이었다.

유대인들은 압바스조 아래에서 거의 아무런 관용을 받지 못했지만 가난해진 지금은 그들이 2세기 동안 누렸던 것보다 더 많은 자유를 누렸다. 슬프게도 랍비파, 그리고 파티마조에서 특히 애호를 받았던 카라이파는 서로 유사한 종파임에도 올리브 산에서 별도의 예배를 드렸고, 이는 실랑이로 이어졌다. 그리하여 곧 낡은 옷을 입은 학자들이 먼지 날리는 누추한 회당과 예루살렘의 거룩한 지하동굴에서 서로 전쟁을 벌였다. 그리고 그들의 자유는 무슬림을 더욱 실망시켰을 뿐이었다.

1011년, 팔티엘이 죽자 그의 아들이 시신을 예루살렘으로 가져와 묻으려 했다. 그러나 화려한 장례행렬은 무슬림 불량배들의 공격을 받았다. 팔티엘이 죽은 후에도 카이로의 유대인들은 대상을 통해 돈을 보내 학교와 '시온의 애도자Mourners of Zion'라 불리는 신비주의 종파를 지원했다. 시온의 애도자들은 이스라엘의 회복을 위해서, 사실상은 종교적 시온주의자들을 위해 기도했다. 그러나 지원은 결코 충분치 못했다. 예루살렘의 한 유대인은 자금을 모금하는 편지에 "예루살렘은 과부가 되었고 고아가 되었다. 또 버려졌고 피폐해졌으며 학자도 거의 남지 않았다"라고 썼다. "이곳의 생활은 지극히 어려우며 식량도 거의 없습니다. 우리를 도와주시오, 구해주시오, 구원해주시오."15) 이제 유대인들은 "끊임없이 괴로움을 당하는 측은한 무리"가 되었다.

그러나 수니파 무슬림들은 이교도들이 지나치게 많고 또 자유로운 것에 분개했다. 여행작가 무카다시는 "어디에나 그리스도인들과 유대인들이 훨씬 많다"라며 투덜거렸는데 그의 이름은 "예루살렘에서 태어났다"라는 뜻이었다.

산전수전 무카다시

"일 년 내내 거리는 이방인들로 넘쳐났다." 985년경 파티마조 치하의 전성기에 무함마드 이븐 아흐메드 샴스 알 딘 알 무카다시Muhammad ibn Ahmed Shams al-Din al-Muqaddasi는 자신이 알 쿠드스al-Quds, 즉 거룩함이라 부른 도시로 귀향했다.* 당시 40대가 된 그는 20여 년 동안 여행을 하고 돌아왔다. 여행을 통한 지식 추구는 모든 이슬람 학자들의 훈련에서 중요한 부분

---

* 알 쿠드스는 832년 마문의 동전에서 맨 처음 나타났다. 그 후 예루살렘인들은 쿠드스, 쿠드시 qudsi 또는 속어로 우트시utsi의 백성들이라 불렸다.

이었으며 지혜의 집에서 실행하는 과학적 연구와 경건을 결합시켰다. 그의 걸작 《각 지역의 학문에 대한 철저한 분류Soundest Divisions for Knowledge of the Regions》에서 그는 억제할 수 없는 호기심과 모험심을 보여주고 있다.

> 나는 구걸과 큰 범죄를 저지르는 일만 빼고 여행자가 겪을 수 있는 일이란 일은 다 겪었다. 나는 경건하게 살기도 했지만 부정한 음식을 먹을 때도 있었다. 거의 익사할 뻔한 적도 있었고 나의 대상이 대로에서 제지당한 적도 있었다. 나는 증명서를 지참하고 왕과 장관들에게 호소했다. 첩자로 고발당하기도 했고 감옥에 던져지기도 했으며 신비주의자들과 포리지Porridge(오트밀 따위의 죽-옮긴이)를 먹기도 했고 원숭이들과 죽을 먹고 선원들과 푸딩을 먹은 적도 있었다.
> 나는 로마(비잔틴)군과 싸우는 함선을 보았고 밤중에 울리는 교회 종소리를 들었다. 나는 왕들의 명예로운 예복을 입은 적도 있고 극도로 궁핍한 적도 많았다. 노예들을 소유한 적도 있고 머리에 바구니를 이고 다닌 적도 있다. 내가 받은 영광과 영예를 보라. 그럼에도 나는 여러 번 죽음의 음모에 휘말리기도 했다.

그가 어디에 있든, 어떤 일을 겪든 예루살렘에 대한 그의 자부심은 변함이 없었다.

> 어느 날 나는 바스라(이라크)의 한 재판정에 앉아 있었다. 이집트(카이로)가 언급되었다.
> 나는 질문을 받았다. "어느 도시가 더 고귀한가?"
> 나는 대답했다. "우리 도시가 더 고귀합니다."

그들이 물었다.

"어느 도시가 더 쾌적한가?" "우리 도시가 더 쾌적합니다."

"어느 도시가 더 좋은가?" "우리 도시가 더 좋습니다."

"어느 도시가 더 아름다운가?" "우리 도시가 더 아름답습니다."

위원들은 내 말에 놀랐다. 그들은 말하기를 "너는 간교한 자로다. 너는 우리가 인정할 수 없는 주장을 하는구나. 너는 하즈 때에 낙타를 갖고 있는 자와 같구나."

그러나 무카다시는 예루살렘의 결점에 대해서도 정직했다. 그는 "온순한 자가 폭행을 당하고 부자가 시기를 받는다. 예루살렘보다 더 더러운 목욕탕은 어디에도 없으며 그 사용료 또한 어느 곳보다 비싸다"라고 인정했다.

그러나 예루살렘에서는 최상의 건포도와 바나나와 잣이 생산된다. 예루살렘에는 예배자들의 신심을 불러일으키는 많은 무에진들이 있으며 사창가는 없다. "예루살렘에서는 어디서나 물을 얻을 수 있으며 어디서든 예배신호를 들을 수 있다."

무카다시는 성전산의 거룩한 장소들이 마리아, 야곱, 그리고 신비한 성인 키드르Khidr*에게 봉헌되었다고 말했다. 알 아크사는 성묘교회보다 훨씬 더 아름다웠으며 바위 돔은 비교할 대상이 없었다. "해뜰녘 태양

* 키드르는 이슬람의 성자들 가운데 가장 매력적인 곳이며, 예루살렘과 밀접한 관련이 있고, 그곳에서 라마단을 지낸 것으로 전해진다. 녹색인간 키드르는 신비주의적인 이방인이었으며 젊은 나이에도 하얀 수염이 있었다. 《쿠란》에는 모세의 안내자로 전해진다(18장 65절). 수피주의(이슬람 신비주의)에서 키드르는 성스러운 길의 안내자이자 조명이다. 키드르는 아더와 같은 종류의 서사시 《가와인 경과 녹색기사Sir Gawain and the Green Knight》에 영향을 준 것으로 보인다. 그러나 키드르는 주로 유대교의 엘리야와 그리스도교의 성 조지, 즉 디오클레티아누스Diocletian에 의해 처형된 로마 관리와 동일시된다. 베들레헴 근처 베이트 잘라Beit Jala에 있는 그의 유적은 아직도 유대인, 무슬림 및 그리스도인들의 숭배를 받고 있다.

빛이 가장 먼저 돔에 닿고 원통에 햇살이 스며들 때 이 성소는 기적과도 같은 풍경을 만들어내는데 이슬람 전체에서도 이교도의 시절에도 나는 그와 같은 것을 본 적이 없다."

무카다시는 자신이 두 개의 예루살렘(현실과 천상)에 살고 있다는 것뿐 아니라 그곳이 계시의 장소라는 것도 인식하고 있었다. "예루살렘은 이승의 장점과 내세의 장점을 결합시키고 있는 곳이 아닌가? 이곳은 심판의 날에 모임과 선택이 일어나는 사히라(평지)가 아닌가? 진실로 메카와 메디나도 심판의 날에는 특별히 우월하지 않으며 둘 다 예루살렘으로 모여들어 그들의 모든 탁월함이 이곳에서 통일될 것이다."

그럼에도 무카다시는 여전히 수니파가 부족하다는 사실과 유대인과 그리스도인들의 떠들썩한 자신감에 대해 불평했다. "학자들은 거의 없고 그 수가 엄청난 그리스도인들은 공공장소에서 무례를 범한다." 파티마조도 결국은 종파주의자들이었고 지역의 무슬림들은 그리스도인들의 절기에 함께 어울리기도 했다. 그러나 상황은 무서운 전환을 앞두고 있었다. 무카다시가 1000년 쉰의 나이로 죽었을 즈음 한 아이가 살아 있는 이맘의 왕좌를 물려받았는데 그는 그리스도인들과 유대인들의 예루살렘을 파괴하려고 했다.16)

아랍의 칼리굴라, 하킴

칼리프 아지즈가 임종을 앞두고 누워 있었을 때 그는 아들에게 입을 맞춘 후 나가서 놀게 했다. 얼마 후 아지즈는 죽었고 아무도 열한 살의 살아 있는 이맘을 찾을 수 없었다. 구석구석을 정신없이 뒤진 끝에 불길하게도 무화과나무 꼭대기에 있는 소년을 찾아냈다. "내려오세요, 왕자님." 한 신하가 간청했다. "신께서 왕자님과 우리 모두를 보호하시기를."

나무 아래에는 화려하게 차려입은 신하들이 모여들었다. 새로운 칼리프 하킴Hakim은 이렇게 기억했다. "내가 내려가니 그 신하는 내 머리에 보석이 박힌 터번을 씌우고 내 앞에서 땅에 입을 맞추고는 이렇게 말했다. '신자들의 사령관을 찬양하라. 신의 자비와 축복이 있기를.' 그는 내 옷을 갈아입히고 나를 백성들에게 보였다. 백성들은 내 앞에서 땅에 입을 맞추고 칼리프라 부르며 내게 절을 했다."

하킴의 어머니는 그리스도인이었는데 그녀의 두 형제가 모두 대주교였다. 하킴은 건장한 청년으로 자라났으며 푸른 눈에는 황금빛이 어려 있었다. 그는 가장 먼저 대신들의 조언을 받아 이스마일파로서 가문의 사명을 추구하고 유대인들과 그리스도인들에게 관용을 베풀었다. 그는 시인을 존중했고 천문학과 철학을 연구하기 위해 카이로에 지혜의 집을 세웠다. 그는 자신의 금욕주의에 자부심이 있었으며 다이아몬드 터번을 평범한 보자기로 바꾸었다. 심지어 길거리에서 가난한 카이로 시민들과 농담을 나누기도 했다.

그러나 직접 통치를 시작하자 곧 이 신비주의적인 독재자에게 균형감각이 결여돼 있다는 징후가 나타났다. 그는 이집트의 개들을 모두 살해할 것을 명령했고 이어서 고양이들도 모두 죽이라고 명했다. 그는 포도, 물냉이, 비늘 없는 물고기를 먹는 것을 금지시켰다. 그는 낮에 자고 밤에 일했으며 모든 카이로 시민들이 자신의 이상한 일과에 맞추어 살 것을 명령했다.

1004년, 그는 그리스도인들을 체포하고 처형하기 시작했으며 예루살렘에 있는 교회들의 문을 닫고 교회들을 모스크로 바꾸었다. 그는 부활절과 포도주를 금지시켰는데 이는 그리스도인들과 유대인들을 겨냥한 조치였다. 그는 유대인들에게 황금 송아지를 연상시키는 나무 소 목걸이를 걸게 하고 그들이 무슬림들에게 접근할 때 경고가 되도록 종을 매달게 했다. 그리스도인들은 쇠로 된 십자가를 달게 했다. 유대인들은 개종하거나 예루살렘을 떠나거나 둘 중 하나를 선택하도록 강요받았다. 이집트와 예루살렘의 회당들은 파괴되었다. 그러나 어떤 그리스도교 의식 하나가 점점 인기를 끌면서 하킴은 예루살렘을 주목을 하게 되었다. 그리스도인들은 부활절마다 동방과 서방에서 예루살렘으로 쏟아져 들어와 예루살렘의 고유한 부활절 기적, 거룩한 불의 강림을 기념했다.17)

성금요일 이튿날인 성토요일, 많은 그리스도인들은 성묘교회에서 밤을 보냈다. 성묘는 봉인되고 등잔의 등불이 모두 꺼졌다. 그러다가 신성한 분위기에 모두 빠져 있을 즈음 대교주가 어둠 속의 무덤으로 들어왔다. 허리가 저릴 정도로 한참을 기다리다보면 위에서 불똥이 내려오다가 불꽃이 일면서 빛이 퍼지고 대주교가 신비롭게 빛나는 등잔을 들고 나타났다. 그 거룩한 불꽃은 초에서 초로 이어지고 온 군중이 기뻐하고 소리치면서 대범한 일탈행위들을 저지른다.

그리스도인들은 870년 한 순례자가 처음 언급한 이 (비교적) 새로운 의식을 예수의 부활에 대한 신의 확인이라고 여겼다. 반면 무슬림들은 그것이 구경거리, 시장 행상의 성공한 속임수라고 믿었다. 등잔에 연결된 줄에 짐승에서 짜낸 기름을 발랐다는 것이다. 예루살렘의 한 무슬림은 "그 가증스러운 것들은 소름 끼치게 했다"고 썼다.18)

하킴은 그에 대한 이야기를 들은 후 예루살렘으로 향하는 그리스도인 대상의 상당한 재산을 보고는 카이로의 유대인 구역에 불을 질렀다. 그리고 성묘교회를 완전히 파괴하라고 명령했다. 1009년 9월, 그의 수하들이 성묘교회를 돌 하나까지 부수었고 더 이상 파괴할 수 없는 부분만을 제외하고 완전히 파괴했다. 그리고 예루살렘의 회당들과 교회를 파괴하기 시작했다. 유대인들과 그리스도인들은 이슬람으로 개종한 척했다.

일부 이스마일파는 칼리프의 터무니없는 행동들이 "하킴이 그의 안에 신을 품고 있음"을 확인시켜주는 것이라고 생각했다. 자신이 받은 거룩한 계시들에 열광한 하킴은 그 새로운 종교를 감추지 않았고 무슬림들을 박해하기 시작했다. 하킴은 라마단을 금지하고 시아파와 수니파 모두에게 폭력을 가했다. 그는 무슬림들의 미움을 받은 나머지 카이로의 그리스도인들과 유대인들의 도움이 필요한 지경이 되었고 회당들*과 교회들을 재건하도록 허락했다.

그즈음 미친 칼리프는 의식이 몽롱한 상태에서 카이로의 거리를 배회했고 때로는 의사들의 집중적인 치료를 받기도 했다. 하킴은 자기 가정교사와 판관들, 시인들, 요리사, 사촌들을 죽이고 여종들의 손을 자르도록 명령하고, 때로는 자신이 직접 백정 역할을 함으로써 궁정을 청소했다.

---

* 모든 회당이 다 파괴되지는 않았다. 카이로의 프루스타트Frustat에 있었던 유대인 회당에는 중세의 결정적인 역사문헌들 가운데 하나인 '카이로 게니자Cairo Geniza'가 있었다. 당시, 성서의 세 민족들은 모두 언어에 사람과 같은 영적 생명이 있다는 이유로 거룩한 언어가 쓰인 그 문서를 숭배했다. 유대인들은 7년간 그 문서들을 회당의 게니자나 창고에 보관했고 7년째 되던 해에 공동묘지에 묻거나 특별한 다락방에 보관했다. 카이로 게니자는 900년간 유지되었고 유대계 이집트인의 생활, 그들과 예루살렘과의 관계, 그리고 중세의 세계 전체를 다각도로 보여주는 10만 개의 문서를 보관하고 있었으며 1864년 한 예루살렘인 학자가 뚫고 들어갈 때까지 봉인된 채 잊혔다. 1890년대 이르러 게니자 문서들이 세상에 모습을 보이기 시작했고 영국, 미국, 러시아의 학자들이 그것을 사들였다. 그러나 1896년이 돼서야 두 명의 괴짜 스코틀랜드 여성들이 게니자 문서 일부를 솔로몬 셰크터Solomon Schechter 교수에게 보여주었고 셰크터 교수는 그것이 벤 시라〈집회서〉의 가장 초기의 히브리어 텍스트라는 것을 알아보았다. 셰크터 교수는 값으로 따질 수 없는 그 보물을 수집했고 그 덕분에 고이테인S. D. Goitein이 여섯 권짜리 《중세 사회Mediterranean Soceity》를 쓸 수 있었다.

하킴의 증발

마침내 1021년 2월의 어느 날 한밤중에 서른여섯 살밖에 안 된 미친 칼리프는 말을 타고 카이로를 빠져나가 산으로 갔고 너무도 미스터리하게 사라졌다. 그의 추종자들은 "하킴이 여자에게서 태어나지 않았으며 죽지 않았다"고 확신했다. 그의 당나귀와 피에 젖은 누더기들 몇 개가 발견됐기 때문에 아마도 자신의 아들 자히르를 왕위에 올리려 한 누이에 의해 살해되었던 것으로 보인다. 하킴의 추종자들은 파티마조 군병들에 의해 살해되었고 몇 명만이 탈출해 새로운 종파를 구축했으며 오늘날까지 레바논의 드루즈파Druze로 남아 있다.19)

하킴의 정신 이상이 예루살렘에 남긴 상흔은 결코 치유되지 못했다. 콘스탄티누스 교회는 다시는 원래의 형태로 완전히 재건되지 못했다. 하킴이 그렇게 악행을 하지 않았다 해도 1033년의 지진으로 예루살렘은 폐허가 되었고 비잔틴의 성벽들과 우마이야조 시대의 궁전들이 파괴됐다. 우마이야조의 옛 아크사는 무너져 폐허가 되었다. 유대인의 동굴도 훼손되었다.

예루살렘을 숭배했던 칼리프 자히르는 조상들의 관용을 되살려서 유대교의 두 종파 모두를 보호하겠다고 약속했고 성전산에 알 아크사를 재건축했다. 자히르의 모스크는 원래의 것보다 훨씬 작기는 했지만 섬세하게 장식된 개선문에 자신과 자신의 예루살렘, 그리고 무함마드의 밤의 여정을 연결시키는 비문을 새겼다. 그는 예루살렘 성벽을 재건했지만 오늘날 우리가 볼 수 있는 것보다 작은 성읍을 만들었으며 시온 산과 폐허가 된 우마이야조의 왕궁들은 성읍 밖에 남겨두었다.

자히르와 그의 후계자는 교회재건을 위한 비잔틴의 도움을 환영했다. 콘스탄티누스 4세 모노마쿠스Constantine IX Monomachus 황제는 새로운 성묘교회를 지어 1048년에 완공했으며, 이번에는 출입구가 남쪽을 향했다. 페르시아인 순례자 나시르 호스로Nasir-i-Khusrau는 그 교회가 "8,000명을 수용할 수 있는 가장 널찍한 건물이었고 채색 대리석으로 극도로 정교하게 건축되었으며 비잔틴 비단과 금이 들어간 그림으로 장식되어 있다"고 썼다. 그러나 그것은 비잔틴의 성당보다 규모가 훨씬 작았다. 유대인들은 카이로의 대재상 아부 사이드 알 투스타리Abu Saad al-Tustari*가 예루살렘 공동체를 지원했음에도 불구하고 파괴된 회당을 다 복구하지 못했다.

하킴의 박해는 예루살렘에 대한 새로운 열정에 불을 붙였다. 이제 예루살렘은 2만 명의 순례자가 넘쳤다. 나시르는 "그리스와 다른 나라들에서 엄청난 수의 그리스도인들과 유대인들이 예루살렘으로 올라왔다"고 적었다. 2만 명의 무슬림들은 메카의 하즈 대신 성전산으로 매년 모여들었다. 프랑스와 이탈리아에서도 유대인 순례자들이 왔다.

그리스도교 세계에 일어난 변화들은 예루살렘이 서쪽의 프랑크인들과 동쪽의 그리스인들을 끌어들이는 데 도움을 주었다. 로마 가톨릭 교황의 지배를 받는 라틴 그리스도교, 콘스탄티노플의 황제와 대주교들의

---

* 이때는 유대인 재상들이 이슬람 군주들을 위해 일했던 시대다. 이집트에서 페르시아 카라이파의 무역 가문의 후손 투스타리는 자히르에게 사치품을 공급하는 조달업자가 되었으며 그에게 한 흑인 노예 소녀를 팔았다. 1036년 칼리프가 죽은 후 그 여자 노예는 칼리프 무스탄시르Mustansir의 어머니 왈리다Walida가 되었고 투스타리와 함께 왕좌 뒤에서 권력을 행사했다. 투스타리는 엄청난 재산을 모았으며, 한번은 알 왈리다에게 13만 디람 가치의 은으로 만든 배와 천막을 주기도 했다. 투스타리는 이슬람으로 개종하지 않았다. 시인 리다 이븐 트와브Rida ibn Thwab는 "이집트의 백성들이여, 내가 너희에게 좋은 충고를 하노니, 유대인이 되어라. 천국 그 자체가 유대인이 되었으니까"라는 시를 썼다. 1048년 투스타리는 투르크 군병들에게 살해되었고 예루살렘의 가온은 그를 크게 애도했다. 한편 스페인 그라나다의 이슬람 재상은 또 한 명의 예루살렘 옹호자였다. 왕자이자 박식가이고 시인이자 《탈무드》 학자 및 장군이었던 사무엘 이븐 나그렐라Samuel ibn Nagrela는 아마도 전투에서 이슬람 군대의 사령관을 맡은 유일한 유대인이었을 것이다. 나그렐라의 아들이 그의 대를 이었지만 1066년 그라나다의 유대인 학살 당시 그는 살해당했다.

지배를 받는 그리스정교는 이제 서로 크게 달라졌다. 그 차이는 서로 다른 언어로 기도하고 난해한 신학적 주제들을 놓고 다투는 정도가 아니었다. 성상들과 섬세한 연극성을 가진 그리스정교는 훨씬 더 신비주의적이고 열정적이었다. 원죄에 대한 개념을 보유한 가톨릭은 인간과 신 사이에 보다 큰 차이가 있다고 믿었다. 1054년 7월 16일, 하기아 소피아에서 예배 도중 교황 특사가 비잔틴 대주교를 파문했고 이에 비잔틴 대주교는 분노하여 교황을 파문했다. 오늘까지도 그리스도교 세계를 갈라놓고 있는 이러한 대분열은 예루살렘을 둘러싼 동과 서의 경쟁을 부추겼다.

비잔틴 황제 콘스탄티누스 10세 두카스^{Doukas}는 성묘교회 주변에 실질적인 최초의 그리스도인 구역을 후원했다. 실제로 예루살렘에는 너무나 많은 비잔틴 순례자들과 장인들이 있어서 페르시아인 순례자 나시르는 콘스탄티노플의 황제가 신분을 숨기고 예루살렘에 와 있다는 말을 들었을 정도다. 그러나 서방에서 온 순례자들도 많아서(무슬림들은 그들 모두를 샤를마뉴의 백성이라는 뜻으로 프랑크인이라 불렀는데 실제로는 유럽 전역에서 온 사람들이었다) 아말피트^{Amalfit}의 상인들은 그들이 묵을 여관과 수도원들을 건설했다.

당시에는 순례가 귀족들이 전쟁에서 저지른 죄를 사해준다는 믿음이 널리 퍼져 있었다. 앙주^{Anjou}의 백작이자 나중에 잉글랜드를 다스린 앙주 왕조의 창시자인 풀크^{Fulk}는 아내가 돼지치기와 간통했다는 이유로 웨딩드레스를 입힌 채 화형시킨 후 순례길에 올랐다. 세기말에 잉글랜드 헤럴드^{Harold} 왕의 형제이자 사디스트였던 스웨인 갓윈슨$^{Sweyn\ Godwinson}$ 백작은 처녀인 애비스 에드위가$^{Abbess\ Edwiga}$를 강간한 후 맨발로 예루살렘을 향해 출발했다. 한편 정복자 윌리엄^{William}의 아버지이자 노르망디의 공작 로버트^{Robert}는 성묘교회에서 기도를 하기 위해 공작 작위를 포기했다. 그러나 이 세 사람은 모두 도중에 목숨을 잃었다. 죽음은 순례와 멀리 떨어져 있지 않았다.

궁정의 음모에 휘말린 파티마조는 예루살렘은 고사하고 팔레스타인을 지탱하는 데도 애를 먹었으며 강도들은 순례자들을 약탈했다. 죽음은 너무도 일상적이어서 아르메니아인들은 순례를 오는 도중에 죽은 순례자들을 위한 직책(마흐데시mahdesi)를 만들었다. 그것은 무슬림의 하즈에 해당한다.

1064년 밤베르크Bamberg의 주교 아르놀드Arnold가 이끄는 독일인과 네덜란드인들로 구성된 7,000명의 대규모 대상이 예루살렘으로 다가가던 중 성벽 바로 밖에서 베두인 부족에게 공격당했다. 순례자들 가운데 일부는 강도들에게 뺏기지 않기 위해 금을 삼켰는데 강도들은 그것을 찾기 위해 순례자들의 내장을 뒤졌다. 5,000명의 순례자들이 살해당했다.20) 예루살렘이 4세기째 무슬림의 지배 아래 있었음에도 불구하고 그러한 잔혹한 행위는 어느 때보다 성묘교회를 공포로 몰아넣은 것 같다.

1071년, 동방의 새로운 실력자 알프 아르슬란Alp Arslan(영웅적 사자)은 만지케르트Manzikert에서 비잔틴을 이기고 황제를 생포했다.* 알프 아르슬란은 셀주크조Seljuks의 지도자였다. 셀주크조는 투르크멘 기병들로서

---

* 포로가 된 황제를 알프 아르슬란 앞으로 데리고 왔을 때 알프 아르슬란은 긴 수염을 어깨 뒤로 넘긴 후 이렇게 물었다. "내가 포로가 되어 네 앞에 간다면 나를 어찌하겠는가?" 로마노스 4세 디오게네스 황제는 "아마도 나는 너를 죽이거나 혹은 콘스탄티노플의 거리에서 너를 구경거리로 만들 것이다"라고 대답했다. "나의 벌은 그보다 훨씬 무겁다." 알프 아르슬란은 대답했다. "나는 너를 용서하고 풀어줄 것이다." 그러나 알프 아르슬란은 오래 버티지 못했다. 그는 암살자가 접근하는 것을 보고 호위병 옆으로 비켜서서 궁수로서의 기술을 과시하며 공격자를 해치우려고 했다. 그러나 발이 미끄러졌고 암살자는 그를 찔렀다. 죽어가면서 그는 아들 말리크 샤에게 "배운 교훈을 잘 기억하고 허영이 지혜를 능가하지 않게 하라"고 유언했다. 메르브Merv에 있는 아르슬란의 무덤에는 오지만디아스Ozimandias의 역설이 쓰여 있다. "알프 아르슬란의 하늘 높은 영광을 목격한 사람들이여, 주의하라! 그는 이제 검은 흙 아래에 있다."

바그다드의 칼리프 지배 영토를 장악하고 술탄('힘'이라는 의미)이라는 새로운 명칭을 부여받았다.

이제 영웅적 사자는 카슈가르Kashgar에서 현대의 터키까지 제국을 정복하고 장군 아트시즈 이븐 아와크 알 콰라즈미Atsiz ibn Awak al-Khwarazmi를 남쪽으로, 즉 겁에 질려 있는 예루살렘으로 보냈다.

아트시즈, 짐승의 약탈

파티마조 아래에서 우호적인 대우를 받던 가온과 많은 유대인들은 예루살렘을 떠나 티레에 있는 파티마조의 요새로 도망쳤다. 아트시즈는 새로 지은 성벽 밖에 진지를 차렸으며 경건한 수니파 무슬림으로서 예루살렘을 해치지 않겠다고 선언했다. 아트시즈는 "그곳은 신의 성소다. 나는 그것을 위해 싸울 것이다"라고 주장했다. 그러나 1073년 6월 아트시즈는 예루살렘을 고사시켜 항복하게 했다. 그런 다음 남쪽으로 방향을 돌려 이집트로 향했는데 그곳에서 패배했다. 이는 예루살렘인들의 반란을 부추겼다. 예루살렘인들은 요새 안에 있던 투르크멘군(그리고 아트시즈의 하렘)을 포위했다.

아트시즈가 돌아와 공격할 준비가 되자 그의 정부들이 요새 밖으로 빠져나와 문을 열어주었다. 아트시즈의 중앙아시아 기병대는 무슬림 3,000명을 죽이고 모스크 안에 숨어 있던 사람들까지 죽였다. 성전산에 숨어 있던 사람들만 살아남았다. 이집트에서 아트시즈의 부하들과 마주쳤던 한 유대인 시인은 "그들은 훔치고 죽이고 강간하고 약탈했다. 그들은 기이하고 잔인한 사람들이었으며 여러 가지 색으로 된 옷을 걸치고 검은색과 빨강색의 투구를 쓰고 활과 창을 지니고 있었으며 화살통은 가득 차 있었다"고 말했다. 아트시즈와 기병대는 예루살렘을 약탈했다. "곡식 더미에 불을 지르고 나무를 자르고 포도원을 짓밟고 무덤을 파헤치고 뼈들을 꺼냈다. 그들은 사람이 아니라 짐승 같았고 창기이자 간음자였으며 남자들을 향해 정욕을 불태우고 귀와 코를 자르고 옷을 훔치고 벌거벗은 채로 내버려두었다."

알프 아르슬란의 제국은 가족과 장군들이 제각기 봉토를 차지하면서 곧 분열되었다. 아트시즈는 살해되고 예루살렘은 또 다른 투르크 군벌 오르투크 빈 아크사브Ortuq bin Aksab의 손에 들어갔다. 그는 예루살렘에 도착하자마자 불화살로 성묘교회의 돔에 불을 붙여 자신이 지배자임을 내보였다. 그러나 그는 놀라울 정도로 관용을 보였는데, 심지어 야곱파 그리스도인을 총독으로 임명하기도 했으며 수니파 학자들을 예루살렘으로 돌아오도록 초청했다.*

오르투크의 아들 수크만Suqman과 일가지Il-Ghazi가 예루살렘을 물려받았다. 스페인 출신의 학자 이븐 알 아라비Ibn al-Arabi에 따르면 1093년 "누군가가 총독을 향해 반란을 일으키고 다윗 탑 안으로 들어갔다. 총독은 궁수들을 이용해 그를 공격하려 시도했다." 투르크멘 군인들이 거리에서 치열한 전투들을 벌이고 있었지만 "어느 누구도 신경 쓰지 않았다. 어떤 상점도 문을 닫지 않았고 알 아크사 모스크에 있는 금욕주의자들도 자리를

---

* 파티마조의 승계를 둘러싼 분쟁은 하산 알 사바흐Hassan al-Sabbah가 이끄는 이스마일 시아파에 살육의 분열을 일으켰다. 알 사바흐와 그의 니자리스Nizaris는 페르시아로 도망쳤고 그곳에서 알라무트의 산중 요새를 점령한 다음 레바논에서 요새들을 추가로 획득했다. 그는 수니파 적들에 대한 극적인 테러를 통해 적은 인원을 보충했다. 1세기 이상 중동을 공포에 떨게 한 하산의 암살단은 하시시hashish를 흡입했다고 전해지며, 하시심Hashishim 또는 아사신Assassins(암살범)이라 불리게 되었다. 그러나 무슬림들은 그들을 바티니Batini, 즉 '비밀스러운 지식을 추구하는 자들'이라 불렀다.

뜨지 않았다. 어떤 토론도 금지되지 않았다."* 그러나 하킴의 흉물스러운 건물들, 비잔틴 황제의 패배, 투르크멘의 예루살렘 점령, 순례자들의 학살은 그리스도교 세계를 흔들었다. 순례는 위험한 일이 되었다.21)

  1098년 이집트의 재상은 그리스도교 유럽인들의 강력한 군대가 예루살렘으로 향하고 있다는 것을 알고는 놀랐다. 그는 그것이 비잔틴의 용병일 뿐이라고 생각했고 이 때문에 그들에게 셀주크제국을 나누어 갖자고 제안했다. 그리스도인들은 시리아를 차지할 수 있을 것이었다. 그리고 팔레스타인도 회복하게 될 것이었다.

  그러나 그리스도인들의 목표가 예루살렘이라는 것을 알게 되었을 때 이집트 재상은 40개의 공성퇴로 40일간 예루살렘을 포위했으며 마침내 오크투크의 두 아들이 이라크로 도망쳤다. 장군들 가운데 한 명을 이프티카르 알 다왈라iftikhar al-dawala, 즉 예루살렘 총독으로 임명하고 아랍인과 수단인으로 구성된 수비대를 맡긴 후 재상은 카이로로 돌아갔다. 프랑크와의 협상은 1099년 여름까지 계속되었다. 그리스도교 사절단은 성묘교회에서 부활절을 맞았다.

  프랑크 침공의 시기 선택에는 행운이 작용했다. 아랍인들이 셀주크조에 제국을 빼앗긴 것이다. 압바스조 칼리프위의 영광은 이제 먼 기억이 되었다. 이슬람 세계는 투르크 장군들(아미르)과 아타베그atabeg라고 알려진 섭정들의 지배를 받는 왕자들이 다스리는 소규모 공국들로 분열되었

---

* 1095년 수니파 철학자 아부 하미드 알 가잘리Abu Hamid al-Ghazali는 암살자들에게서 도망쳐 예루살렘으로 피신했다. 그는 "나는 바위 돔 경내에 몸을 숨겼다"고 말했으며 황금 문 꼭대기의 작은 다락방에서 《종교 과학의 부활Revivification of the Science of Religion》을 썼다. 이 책은 철학의 논리(그리스 형이상학)를 종교적 진리의 황홀한 계시와 분리함으로써 수니파 이슬람에 새 힘을 불어 넣었으며, 한편으로는 양쪽 모두에 정당성을 부여했다. 궁극적으로 신적 계시를 우선시하여 과학적 인과관계를 파괴(철학자의 모순Incoherence of the Philosopher)한 것은 바그다드의 아랍 학문의 황금시대에 종지부를 찍었으며 아랍 과학과 철학의 쇠퇴에 일조했다.

다. 그리스도교 군대들이 남쪽으로 진군하고 있는 동안에도 예루살렘을 공격한 한 셀주크조 왕자는 곧 축출되었다.

한편 안티오크의 그 위대한 도시가 프랑크에 넘어갔으며 프랑크는 해안을 따라 내려왔다. 1099년 6월 3일, 프랑크는 라말라를 점령하고 예루살렘 코앞까지 왔다. 수많은 무슬림들과 유대인들이 예루살렘 성벽 안으로 도망쳐 들어갔다. 7월 7일 화요일 아침, 프랑크의 기사들이 예루살렘에서 북쪽으로 4마일(약 6,400미터) 떨어진 나비 사무엘Nabi Samuel의 무덤에 도착했다. 서유럽에서 예루살렘까지 온 그들은 이제 몽트조에Mointjoie(기쁨의 산)에서 왕 중 왕의 도시를 내려다보았고, 밤이 되자 예루살렘 주변에 진영을 세웠다.

제 5 부

[십자군]
CRUSADE

성묘Holy Sepulchre 로 가는 길로 들어서라. 사악한 종족에게서 그 땅을 빼앗아 우리의 것으로 만들자.
교황 우르바누스 2세Urban II, '클레르몽Clermont의 연설'

예루살렘은 우리들 가운데 단 한 사람만 남는 한이 있어도 결코 포기할 수 없는 경배의 대상이다.
사자왕 리처드, '살라딘에게 보낸 편지'

예루살렘은 너희들의 것인 동시에 우리의 것이다. 사실은 우리에게 더욱더 거룩하다.
살라딘, '사자왕 리처드에게 보낸 편지'

신의 성소들을 제외하고 우리는 어떤 유산을 가지고 있는가?
우리가 어떻게 주의 거룩한 산을 잊을 수 있는가?
하늘의 성문들을 향해 열려 있는
성문들로 가득한 땅을 제외하고
동방에도 서방에도
우리가 의지할 수 있는 희망의 장소를 가지고 있다면.
유다 할레비Judah Halevi

내가 주제를 받아 말했을 때
스페인 유배지에서 시온으로 갔을 때
나의 영혼은 깊은 곳에서 하늘을 향해 올라갔네.
그날을 크게 즐거워하며 신의 언덕을 보았네.
내가 태어난 날부터 갈망했던 그날.
유다 알 하리지Judah al-Harizi

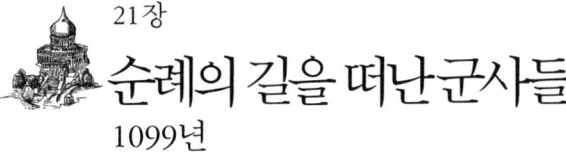
21장
순례의 길을 떠난 군사들
1099년

고드프루아 공작의 포위

1099년 민둥산이 된 유다 언덕들에는 여름이 한창이었다. 예루살렘은 유대교와 무슬림 민병대가 지원하는 가운데 이집트 군대가 잘 방어하고 있었다. 보급은 충분했고 연못에는 물이 가득했던 반면, 가뭄이 든 시골의 우물 물은 오염되어 있었다. 예루살렘의 그리스도인들은 추방되었다. 최대 3만 명인 예루살렘인들은 이집트 재상이 그들을 구하기 위해 북쪽으로 진군하고 있다는 사실에 안도할 수 있었고 또한 그들 자신도 잘 무장돼 있었다. 예루살렘에는 불꽃을 쏘는 비밀병기, 그리스 화약까지 있었다.* 예루살렘인들은 난공불락의 성 뒤에서 공격자들을 과소평가하고 있었음에 틀림없다.

프랑크군은 기사 1,200명, 병사 1만 2,000명에 불과해 성벽을 포

---

* 예루살렘 인구는 7만 명이었다고 전해지지만 그것은 개연성 없는 과장이다. 11세기에 콘스탄티노플 거주민은 60만 명이었다. 이슬람에서 가장 큰 도시인 바그다드와 카이로의 인구는 40~50만씩이었다. 로마, 베니스, 플로렌스는 3~4만 명, 파리와 런던이 2만 명이었다. 그리스 화약, 즉 '신의 불꽃'으로 말할 것 같으면 석유를 기본으로 한 화합물에 압축관을 통해 불을 붙이는 것이었는데 한때는 그것이 콘스탄티노플을 구하기도 했다. 이제는 그리스도인들이 아닌 무슬림들이 그것을 사용했다.

위하기에는 턱없이 부족했다. 평지 전투에서 경무장한 아랍과 투르크 기병들은 프랑크 기사들의 맹렬한 쇄도를 막아낼 수 없었다. 프랑크 기사들은 거구의 군마에 올라앉아 전광석화처럼 돌진했다. 기사들은 모두 투구를 썼고 갬비슨gambeson(양털을 넣은 누빔 속옷) 위에 흉갑과 쇠사슬 갑옷을 입고 창, 날이 넓은 칼, 전곤(못이 박힌 곤봉-옮긴이), 방패 등으로 무장했다.

그러나 서쪽에서 데려 온 말들은 이미 죽었거나 굶주린 군대가 진즉에 잡아먹었다. 예루살렘 주변의 황폐해진 골짜기에서 돌격은 불가능했고 말들은 무용지물이었으며 갑옷은 너무 더웠다. 지친 프랑크 군대는 보병전을 펼쳐야 했다. 한편 기사들은 서로 끊임없이 불화했다. 최고사령관은 없었다. 그들 가운데 가장 뛰어나고 가장 부유한 자는 툴루즈Toulouse 백작 레몽Raymond이었다. 그는 용감했지만 상상력이 없는 지도자였으며 완고하고 전략이 부족하기로 유명했다. 레몽은 처음에는 서쪽 요새 맞은편에 진지를 세웠다가 며칠 후 남쪽으로 이동해 시온 성문을 포위했다.

예루살렘의 취약 지점은 언제나 북쪽이었다. 귀향 순례자의 아들이자 젊고 유능한 플랑드르Flandre 백작 로베르Robert는 현재의 다마스쿠스 성문 맞은편에 진지를 차렸다. 노르망디Normandy 공작 로베르(정복자 윌리엄의 아들)는 용감하지만 무능했고 '짧은 바지Cuthose' 또는 '뚱보 다리Fatlegs'라는 별명이 붙었다. 그는 헤롯 성문을 맡았다. 그러나 핵심 전력은 부용Buillon의 고드프루와Godfrey였다. 하로렌Lower Lorraine의 공작이었던 그는 금발의 건장한 서른아홉 살 남자였다. 그는 "북부 기사의 이상적 모습"을 했으며 경건함과 금욕(그는 결혼하지 않았다)으로 인해 존경받았다. 그는 현재의 자파 성문 주변에 포진했다. 한편 스물다섯 살의 노르만인 탕크레드 드 오트빌Tancred de Hauteville은 자신의 영지를 차지하기 위해 혈안이 돼 있었고 베들레헴을 정복하려고 달려갔다. 그가 예루살렘으로 되돌아왔을 때는 예루살렘 북서쪽 모서리에서 고드프루와의 군대에 합류했다.

프랑크군은 유럽과 아시아를 거쳐 예루살렘에 닿기까지 몇 개 군단에 해당하는 사람들을 잃으면서 수천 마일을 달려왔다. 이것이 제1차 십자군의 정점 혹은 절정이 되리라는 것을 모든 사람들이 알고 있었다.

신의 뜻이다

십자군은 한 사람에게서 나온 생각이었다. 1095년 11월 27일, 교황 우르바누스 2세는 클레르몽에서 유력자들과 일반 백성들을 모아놓고 예루살렘을 정복하고 성묘교회를 해방시키자는 연설을 했다.

우르바누스는 가톨릭교회의 권력과 명성의 회복을 자기 일생의 사명이라고 생각했다. 그는 그리스도교와 교황청을 부활시키기 위한 성전의 새로운 논리를 개발했고 죄의 구속을 대가로 이교도 청산을 합리화시켰다. 이는 무슬림 지하드를 그리스도교식으로 변형한 미증유의 방종이었지만 예루살렘에 대한 대중적 숭배와 잘 들어맞았다. 종교적 광기의 시대, 기적의 증표의 시대에 예루살렘은 그리스도의 도시였으며 최고의 성지인 동시에 천상의 왕국으로 여겨졌다. 그러면서도 설교, 순례자들의 이야기, 예수 수난극, 그림, 유물 등을 통해 환기되는 모든 그리스도인들에게 친숙한 곳이었다. 그러나 우르바누스는 또한 순례자들의 학살과 투르크멘의 악행을 상기시키며 성묘교회의 안전에 대한 염려에 불을 지폈다.

지위고하를 막론하고 수많은 사람들이 우르바누스의 부름에 응답할 정도로 시기가 무르익었다. 예루살렘인 역사가 티레의 윌리엄은 "폭력이 나라들을 휩쓸고 사기, 배반, 속임수가 모든 일을 뒤덮었다"고 말했다.

"모든 덕이 떠나고 모든 종류의 간음, 사기, 만취, 야바위가 판을 쳤다." 십자군은 개인적인 모험을 가능하게 해주었고 말썽 많은 수많은 기사들과 약탈자들을 제거할 수 있게 했으며 고향에서 탈출할 기회를 주었다.

그러나 2003년 이라크전쟁의 재앙 이후 할리우드 영화들과 뒷골목이 추구하는 현대적 개념, 즉 십자군진쟁이 단지 가학적 분열주의자들의 부의 축척을 위한 기회였을 뿐이라는 것은 틀린 생각이다. 극소수의 귀족들만이 새로운 영지를 차지했고 소수의 십자군들이 신분 상승의 기회를 잡았지만 그 비용은 파괴적이었고, 수많은 목숨과 재산이 비현실적이고 위험하면서도 경건한 그 사업으로 인해 희생됐다. 현대인은 이해하기 어려운 정신이 보편화돼 있었다. 그리스도인들에게는 모든 죄를 용서받을 수 있는 기회였다. 쉽게 말해 십자군들은 전사인 동시에 순례자들로, 무엇보다 예루살렘의 성벽 위에서 구원을 얻으려는 신자들이었다.

클레르몽의 군중들은 교황에게 대답했다. "신의 뜻이다!" 툴루즈의 레몽은 가장 먼저 십자가를 진 사람 가운데 하나였다. 8만 명의 사람들이 십자가를 졌는데 귀족들이 이끄는 훈련된 분견대와 모험가들이 이끄는 약탈집단과 거룩한 은둔자들을 따라나선 경건한 군중이 그 구성원들이었다. 첫 번째 물결이 유럽을 휩쓸고 콘스탄티노플까지 퍼져나가면서 그들은 예수를 죽인 데 대한 복수로 수많은 유대인들에게 개종을 강요하거나 학살했다.

비잔틴 황제 알렉시우스^{Alexios}는 반쯤은 겁을 먹은 채 이 라틴 불량배들을 맞이했다. 그리고 예루살렘으로 가는 그들을 서둘러 배웅했다. 아나톨리아에서는 유럽인 농민 부대가 투르크인들에게 살해되기도 했지만 조직화되고 헌신적이며 경험 많은 주력 부대의 기사들은 셀주크조를 궤멸시켰다. 그 사업은 종교가 경험과 이성을 이긴 것이었다. 처음부터도 그랬지만 예루살렘으로 가까이 가면 갈수록 군사작전은 신의 계시, 천사의 방문, 신성한 유물의 발견에 의해 더욱 심하게 이끌리고 독려되었다. 그것들은 군사적 전략만큼이나 중요했다. 그러나 다행히도 유럽인들은 군벌 칼리프들과 술탄과 아미르, 투르크인들과 아랍인들로 극도로 분열된 지역을 공격하고 있었다. 그들은 이슬람의 단결이라는 개념보다 그들 사이의 경쟁을 훨씬 더 중요하게 여겼다.

안티오크의 멸망은 십자군의 실질적인 첫 성공이었지만 그 후 십자군은 안티오크 내에 포위당했다. 굶주림과 교착상태에 직면하여, 십자군은 거의 전멸할 뻔했다. 안티오크의 위기가 극에 달했을 때 레몽 백작의 부하 피터 바솔로뮤 Peter Bartholomew가 어떤 교회 아래에 거룩한 창이 놓여 있는 꿈을 꾸었다. 사람들이 그곳을 파보자 실제로 창이 있었다. 이 발견은 사기를 충천하게 했다. 한편으로, 사기꾼이라는 비난을 받은 바솔로뮤는 불 시험을 감행했다. 그는 불에 달군 9피트짜리(약 3미터) 칼 위를 걸었고 전혀 아프지 않다고 주장했다. 그러나 그는 12일 후에 죽었다.

십자군은 안티오크를 벗어났을 뿐만 아니라 남쪽으로 향하는 도중 트리폴리 Tripoli, 카이사레아, 아크레의 터키 및 파티마조의 수장들과 협상을 했다. 파티마조는 자파를 포기했고 십자군은 내륙을 가로질러 예루살렘으로 향했다. 성벽 주위에 분견대들이 자리를 잡을 때 올리브 산의 한 은둔자가 환상에서 영감을 받아 십자군 장군들에게 즉시 공격하라고 말했다. 6월 13일, 십자군은 성벽 돌파를 시도했지만 곧 물러났고 막대한 손실을 입었다. 귀족들은 성공하려면 보다 나은 계획, 보다 많은 사다리, 투석기, 공성기계가 있어야 한다는 것을 알았다. 하지만 나무가 충분치 않았다. 그런데 행운이 찾아왔다. 17일 제노바 Genoes 출신 선원들이 자파의 항구에 도착했고 파선된 배들의 목재를 예루살렘으로 끌고 와서는 투석기와 바퀴가 달린 공성퇴를 장착했다.

　　귀족들은 이미 전리품을 두고 옥신각신하고 있었다. 그중 가장 능력 있는 두 명은 자기 공국을 차지했다. 타란토Taranto의 보에몽Bohemond은 안티오크를 차지했고 고드프루와의 정력적인 형제 보두앵Baldwin은 유프라테스 강 건너 멀리에 있는 에데사를 차지했다. 이제 탐욕스러운 탕크레드가 베들레헴을 요구했지만 예수가 탄생한 도시라는 이유로 교회가 소유권을 주장했다. 열기는 감당할 수 없을 정도였다. 시로코sirocco(열풍)가 불어왔고 물은 부족했고 사람은 너무 많았으며 사기는 저하됐고 이집트인들은 다가오고 있었다. 낭비할 시간이 없었다.

　　신의 메시지가 그날을 구했다. 7월 6일, 환상을 본 사제는 르퓌Le Puy의 아데마르Adhemar가 방문했다고 주장했다. 아데마르는 안티오크에서 죽은 존경받는 주교였는데 이제는 그의 혼령이 프랑크군에게 예리코 성처럼 예루살렘 성벽 주위를 행진하라고 촉구했다. 군대는 3일간 금식을 한 후 7월 8일 성스러운 유물을 손에 든 사제들을 앞세우고 "나팔을 불고 깃발과 무기를 들고" 맨발로 예루살렘 성벽 주위를 행진했다. 예루살렘인들은 성벽에서 프랑크군을 비웃었고, 십자가상을 향해 모욕을 퍼부었다. 여호수아처럼 성벽 돌기가 끝나자 프랑크군은 올리브 산에 모여 사제들의 연설을 듣고, 지도자들이 화해하는 것을 목격했다. 사다리, 공성기계, 투석기, 포환, 화살, 장작단, 모든 것이 준비되었고 모든 사람들이 밤낮으로 작업을 했다. 여자와 노인들은 공성기계에 쓸 짐승 가죽을 바느질하는 것으로 힘을 보탰다. 선택은 분명했다. 이기거나 예루살렘의 성벽 위에서 죽거나, 둘 중 하나였다.

성전산의 대학살

7월 13일 밤, 십자군은 준비를 완료했다. 사제들은 설교를 통해 광적이고도 독실한 결단을 독려했다. 투석기에는 성벽을 향해 포환을 장착했고 성벽 방어자들은 충격을 완화하기 위해 자루와 건초들을 매달아놓아, 성벽은 마치 거대한 빨래줄 같았다. 무슬림들은 자기들의 투석기에 불을 붙였다. 그리스도인들이 무리 가운데서 첩자를 발견했을 때, 그를 투석기에 매달아 산 채로 성벽을 향해 쏘았다.

십자군들은 밤새도록 작업을 해 장작으로 도랑들을 메꾸었다. 세 대의 투석기를 부품별로 앞으로 끌어오고 거대한 조립식 가구처럼 조립했다. 하나는 시온 산의 레몽 부대에, 다른 하나는 북쪽에 배치되었다. 레몽이 먼저 이 공성기계를 성벽에 배치했는데, 남쪽 구역을 담당하고 있는 이집트 총독은 완강하게 저항했다. 거의 마지막 순간이 되었을 때 부용의 고드프루와가 방어군의 가장 취약한 지점을 찾아냈다(오늘날 헤롯 성문 동쪽, 록펠러박물관 맞은편). 노르망디 공작과 플랑드르 백작은 탕크레드와 함께 재빨리 북쪽으로 부대를 이동시켰다. 공성기계를 취약 지점 앞으로 옮겼을 때 고드프루와는 직접 공성기계 위로 올라갔다. 고드프루와가 꼭대기에서 석궁을 날리는 동안 군대는 화살을 일제히 퍼붓고 투석기는 성벽을 향해 포환을 퍼부었다.

태양이 떠오르자 귀족들은 군대의 이동을 돕기 위해 성전산에서 반사거울을 이용했다. 동시에 레몽은 남쪽을, 노르만인들은 북쪽을 공격했다. 15일 금요일 새벽 프랑크군은 공격을 재개했다. 고드프루와가 위태로워 보이는 나무 탑에 올라 성벽 위로 포환을 날리는 동안 방어군은 그리스 화약을 발사했다. 그러나 프랑크군을 저지하기에는 충분하지 않았다.

한낮이 되었을 때 고드프루와의 공성기계는 마침내 성벽에 닿았다. 프랑크군은 널빤지들을 대고 두 형제들이 성벽 위로 올라가고 고드프루와가 그 뒤를 따랐다. 프랑크군은 죽은 아데마르 주교가 그들과 함께 싸우고 있는 것을 보았다고 주장했다. "많은 사람들이 그가 가장 먼저 성벽을 올랐다고 증언했다!" 그 죽은 주교는 프랑크군에게 열주문(다마스쿠스 문)을 열라고 명령했다. 탕크레드와 노르만인들은 좁은 골목으로 쏟아져 들어갔다. 툴루즈 백작 레몽은 남쪽 시온 산에서 그 함성 소리를 들었다. "왜 머뭇거리느냐, 프랑크군들이 안으로 들어갔다!" 레몽은 부하들을 다그쳤다. 레몽의 병사들은 예루살렘 안으로 돌파해 들어갔고 요새까지 총독과 수비대를 추격했다. 총독은 수비대를 살려주는 대가로 레몽에게 항복하기로 합의했다. 예루살렘 시민들과 군인들은 성전산으로 도망쳤고 탕크레드와 그의 병사들이 그들을 뒤쫓았다. 싸움의 와중에, 예루살렘인들은 성전산의 문들을 닫고 뒤돌아 싸웠으나 탕크레드의 전사들은 성전 둔치까지 쇄도했고 그곳에는 도망칠 곳을 찾지 못한 사람들이 몰려들었다.

수 시간에 걸쳐 치열한 전투가 벌어졌다. 광란한 프랑크 군이 거리와 골목에서 닥치는 대로 모든 사람들을 죽였다. 그들은 머리뿐 아니라 손과 발도 잘랐고 연못에서 부정한 피를 씻었다고 자랑했다. 침략당한 도시에서 학살이 처음 있는 일은 아니었지만 그 범죄 당사자들의 기록을 보면 그것은 아마도 독실함을 가장한 오만이었을지 모른다. 툴루즈 백작 아길레라 출신 레몽은 이렇게 열변을 토했다. "아름다운 광경이 눈앞에 펼쳐졌다. 우리의 병사들은 적들의 머리를 잘랐고 어떤 병사들은 활을 쏘아 그들을 탑에서 떨어지게 했으며, 또 어떤 병사들은 그들을 화염 속에 던져넣음으로써 더 오래 고문을 가했다. 길거리에는 머리, 손, 발의 무더기들이 쌓여 있었다. 사람과 말의 시체를 피해 길을 골라 다녀야 했다."

아기들은 어미에게서 강제로 떨어졌고 아기들의 머리는 성벽에 짓이겨졌다. 야만이 강도를 더해가면서 "사라센들, 아랍인들, 에티오피아인들(파티마조의 수단인 흑인 군대를 의미)은 바위 돔과 알 아크사의 지붕으로 도망쳤다. 그러나 그들이 돔을 향해 도망치고 있을 때 기사들은 사람들이 모여 있는 둔치를 가로지르며 사람들을 죽이고 시체들 사이에서 주사위를 굴렸다. 마침내 (십자군들이 알 아크사라고 부른 솔로몬의) 성전에서 그들은 굴레까지 피에 젖은 말을 타고 다녔다. 진실로 그것은 신의 정당하고 웅장한 심판이었고 이 때문에 그곳은 불신자들의 피로 가득 차야 했다."

수많은 무슬림 성직자들과 수피주의 금욕주의자들을 포함해 1만 명이 성전산에서 살해당했으며 그중 3,000명이 알 아크사에 몰려 있었다. 샤르트르Chartres의 역사가 푸셰Fulcher는 "우리의 전사들이 활을 쏘아 알 아크사 지붕에 있는 무슬림들을 떨어뜨리기 시작했다"라고 썼다. "내가 무슨 말을 더하겠는가? 살아남은 사람은 아무도 없었다. 여자들도 아이들도 살아남지 못했다."

그러나 탕크레드는 알 아크사 지붕에 남아 있는 300명에게 그들을 보호하겠다는 의미의 깃발을 보냈다. 그는 살육을 멈추고 몇몇 유력한 포로들을 풀어주고 성전산의 보물들을 구경했다. 그런 다음 성소에 달려 있는 거대한 황금 등잔들을 훔쳤다. 유대인들은 회당으로 숨어들었지만 십자군들은 거기에 불을 붙였다. 유대인들은 산 채로 타 죽었는데 그것은 예수의 이름으로 바쳐진 번제의 절정이나 다름없었다. 고드프루와는 칼을 뽑아들고 몇 명의 수행원들만 데리고 도시를 돌며 기도한 다음 성묘교회로 향했다.

다음 날 아침 레몽의 부하들이 알 아크사의 지붕 위를 조심스럽게 기어올라 숨어 있던 무슬림들을 놀라게 하고 또 한 번 살육의 발작을 일으키며 남자와 여자들의 목을 베었다. 몇몇 무슬림들은 죽음을 각오하고 뛰어내렸다. 페르시아의 시라즈Shiraz에서 온 존경받는 어떤 여자 학자는 사슬돔에 있는 여자들의 무리 속으로 숨어들었다. 그들 역시 살해되었다. 엽기적 희열 속에서 희생자들의 시신은 훼손되었다. 시신훼손은 마치 성체의 식과도 같았다. "도처에 시체 조각들, 머리 없는 몸통들과 잘려진 사지들이 사방으로 널브러져 있었다." 미친 눈을 하고 피에 절은 십자군들 자신은 더욱더 끔찍한 모습이었다. "머리부터 발끝까지 핏방울을 뚝뚝 흘리며 마주치는 모든 사람들을 공포에 떨게 하는 끔찍한 모습이었다." 십자군들은 장터의 골목들을 뒤지고 더욱 많은 희생자들을 끌고 나와 양처럼 도살했다.

십자군들은 자기의 '방패와 무기'로 표시를 해둔 집은 어디든 자신의 소유로 한다는 약속을 받았다. 그 결과 순례자들은 예루살렘을 이 잡듯 뒤졌고 주저 없이 시민들을 죽였으며, 여자와 아이들, 온 집안 사람들을 끌어내 높은 창에서 땅바닥을 향해 거꾸로 집어던졌다.*

7월 17일, 순례자들(그 도살자들이 자신들을 칭한 이름)은 마침내 살육으로 배가 불렀고 "간절히 필요했던 휴식과 식량으로 재충전을 했다." 귀족들과 사제들은 성묘교회로 가 그곳에서 예수를 찬양하는 노래를 부르

---

* 격렬한 포위전 후에는 어떤 자비도 있을 수 없음을 전쟁의 규칙이 규정하긴 했지만 프랑크 목격자들은 십자군이 거기서 더 나아가 살육을 자랑했고 단 한 사람도 살려두지 않았다고 주장했다. 그러나 그들의 설명 가운데 일부는 〈계시록〉에서 직업 영감을 받은 것이다. 그들은 숫자를 명시하지는 않았다. 훗날 무슬림 역사가들은 7만 명 또는 심지어 10만 명이 살해되었다고 주장했으나 최근의 연구에 따르면 학살은 그보다 더 적었거나 아마도 1만 명 안팎이었던 것 같다. 이는 나중에 무슬림들에 의한 에데사와 아크레의 학살보다 훨씬 적은 규모이다. 직전까지 예루살렘에서 살다가 1099년 이집트로 간 당대의 최고위층이었던 이븐 알 아라비는 알 아크사에서 3,000명이 살해된 것으로 기록했다. 모든 유대인들이 죽임을 당한 것도 아니었다. 살아남는 유대인들과 무슬림들이 물론 있었다. 이상하게도 정치적 선전 및 종교적 목적으로 쓰인 십자군 역사서들은 자신들의 범죄 규모를 엄청나게 과장했다. 성전이란 그런 것이었다.

고 기뻐하면서 박수를 치고 기쁨의 눈물을 흘리며 제단에서 목욕을 했다. 그러고는 주의 성전(바위 돔)과 솔로몬 성전까지 거리를 따라 행진했다. 거리에 널려 있는 시체 조각들이 여름의 열기 속에 썩어가고 있었다. 귀족들은 살아남은 유대인들과 무슬림들에게 시신들을 장작불에 태우도록 명령했다. 일을 마치면 그들 자신도 살해당했다. 아마도 불구덩이 속의 동포들에게 던져졌을 것이다. 죽은 십자군들은 마밀라Mamilla의 사자 묘지나 황금문 바로 밖에 있는 신성한 땅에 묻혔다. 그곳은 이미 마지막 날의 부활을 대비한 무슬림 공동묘지가 있는 곳이었다.

예루살렘은 보물들, 보석, 의류, 금, 은이 가득했으며 프랑크군은 유력한 포로들을 이틀에 걸쳐 노예경매에 붙였다. 일부 존경받는 무슬림들은 몸값을 지불하고 구출되었다. 샤피이 학자 셰이크 압드 알 살람 알 안사리Sheikh Abd al-Salam al-Ansari에게는 1,000디나르의 몸값이 요구되었지만 아무도 그 값을 지불해주지 않아 살해되었다. 살아남은 유대인들과 300권의 히브리어 책들(그중에는 《알레포 코덱스Aleppo Codex》도 있었는데, 오늘날까지 그 일부가 전해지는 가장 초기의 히브리어 성서 가운데 하나이다)은 이집트계 유대인들에게 팔렸다. 포로들의 몸값 장사는 예루살렘 왕국에서 가장 이윤이 남는 장사였다. 그러나 훼손된 사체들을 모두 수습할 수는 없어서 예루살렘은 한참 후까지도, 심지어 샤르트르의 푸셰가 돌아온 6개월 후까지도 문자 그대로 코를 찌르는 냄새가 났다. "안과 밖을 막론하고 성벽 주위에선 사라센들의 썩어가는 시체에서 어찌나 악취가 나던지. 시체들은 학살당한 곳에 그대로 누워 있었다." 예루살렘은 여전히 안전하지 않았다. 이집트군이 가까이 오고 있었던 것이다. 십자군들에게는 사령관, 즉 첫 번째 예루살렘 왕이 급히 필요했다.

성묘의 수호자

고위 귀족들과 사제들은 왕위 후보자들의 품행을 조사했다. 그들은 고위 귀족이자 대중적 인기가 없는 레몽에게 왕관을 주어야 한다고 생각했고 마지못해 그렇게 했다. 레몽은 본심과는 다르게 자신은 예수 도시의 왕이 될 수 없다면서 제안을 거절했다. 왕관은 그다음 실제 낙점자였던 금욕적이고 부유한 고드프루와 백작에게 돌아갔다. 고드프루와는 성묘의 수호자라는 급조된 직함을 받아들였다.

속았다는 것을 알고 분노한 레몽은 주교들이 중재할 때까지 다윗 탑을 내주기를 거부했다. 아무리 무기가 믿을 만한 것이었다고는 해도, 그 전사 겸 순례자들은 예수가 직접 통치하는 도시에서 기대만큼 사기를 진작하기가 쉽지 않다는 것을 잘 알고 있었다. 그들은 노르만 출신 사제 아르눌프Arnulf를 대주교로 선출했는데, 아르눌프는 곧 아랍 여인과 간통해 아이를 낳았다는 혐의를 방어해야 했다.

아르튤프는 교회에 종을 설치했다(교회 종소리는 언제나 무슬림에 의해 금지돼 있었다). 예루살렘은 라틴 사람들, 가톨릭 사람들의 예루살렘이었다. 이제 아르눌프는 분열이 얼마나 심각했는지를 보여주었다. 그는 라틴 사제들을 성묘 책임자 자리에 앉히고 그리스 출신 대주교와 사제들을 제거했다. 이로써 그들은 오늘날까지도 계속 방문객들을 화나게 하는 동시에 즐겁게 하는, 그리스도교 종파 사이의 봉합되지 않은 갈등을 시작했다. 그러나 아르눌프는 십자가의 주요 부분을 찾을 수 없었고 정교회 사제들은 그것을 숨겨놓은 장소를 밝히기를 거부했다. 아르눌프는 그들을 고문했다. 어린양의 생명나무를 찾기 위해 그리스도인들이 그리스도인들을 고문했다. 정교회 사제들은 마침내 자백을 했다.

8월 12일, 예루살렘을 거의 무방비 상태로 놔둔 채 수호자 고드프루와는 십자군을 모두 이끌고 아슈켈론으로 가 이집트군을 물리쳤다. 아슈켈론이 레몽에게 항복을 제안했을 때 고드프루와는 이집트를 자신에게 양도하지 않는 한 수용하지 않겠다고 했다. 그들은 아슈켈론을 차지하지 못했다. 이는 예루살렘 지도자들의 불화로 인해 자초한 많은 상처들 가운데 첫 번째에 해당하는 것이었다. 그러나 예루살렘은 비어 있었고 안전했다.

노르망디 공작과 플랑드르 백작, 그리고 많은 십자군들이 고드프루와에게 악취나고 폐허가 된 도시를 맡겨두고 집으로 돌아갔는데, 도시의 인구는 기사 300명과 보병 2,000명이 전부였으며 일반 시민은 도시 한 구역을 채울 만큼도 되지 않았다. 툴루즈의 레몽은 침체에서 벗어나 레바논 해안 정복에 착수했고 마침내 트리폴리 백작으로서 자신의 왕조를 구축했다. 네 개의 십자군 소국들이 생겼다. 안티오크 공국, 에데사와 트리폴리의 자치국, 그리고 예루살렘 왕국이었다. 서로 얽혀 있는 영지들의 이 기이한 봉합은 우트르메르^{Outremer}, 즉 '바다 건너' 땅으로 불리게 되었다.

그러나 (수니파 바그다드와 시아파 카이로의 약화된 칼리프들 사이로 분열된) 이슬람 세계의 반응은 놀랍도록 조용했다. 소수의 성직자들만이 예루살렘을 해방시키기 위한 지하드를 요구했고 강력한 투르크 아미르들 사이에서도 거의 아무런 반응이 없었다. 그들은 개인적 불화들에 압도돼 있었다.

12월 21일 고드프루와의 형제인 에데사의 백작 보두앵과 안티오크의 금발 귀족 보에몽이 성탄절을 지내기 위해 예루살렘에 도착했다. 교황의 대리인이었던 다임베르트^{Daimbert}라는 거만한 피사^{Pisa} 사람이 대주교에 임명되었다(죄 많은 아르눌프를 대신한 것이었다). 다임베르트는 자신이 지배하는 신정정치를 구축하기로 결심하고 고드프루와에게 예루살렘과 자파를 교회에 양도할 것을 요구했다. 1100년 6월, 고드프루와는 자파에서 쓰러졌는데 아마도 장티푸스에 걸린 듯하다. 그는 예루살렘 집으로 돌아온 후 7월 18일에 죽어 5일 후 묻혔으며 그 후의 모든 후임자들과 마찬가지로 성묘교회의 칼바리 아래쪽에 묻혔다.1)

다임베르트는 에루살렘을 장악했지만 고드프루와의 기사들은 요새를 내주기를 거부하고 그 대신 죽은 수호자의 형제 보두앵을 불렀다. 보두앵은 시리아 북부를 방어하기 위해 싸우고 있었지만 8월 말까지 어떤 소식도 받지 못했다. 10월 2일, 보두앵은 200명의 기사들과 700명의 병사들과 함께 출발했고 예루살렘으로 가는 내내 지속적으로 출몰하는 이슬람 잠복군들을 맞아 전투를 벌여야 했다. 보두앵은 11월 9일 원래 병력의 반도 남지 않은 상태에서 마침내 예루살렘에 입성했다.

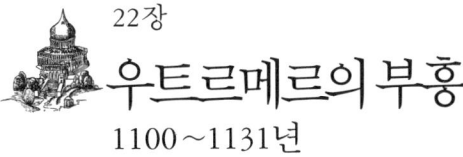
22장
우트르메르의 부흥
1100~1131년

보두앵, 첫 번째 왕이 되다

이틀 후 보두앵은 왕위에 올랐고 다임베르트는 그의 권력승계를 인정해야 했다. 그와 거의 동시에 보두앵은 이집트를 공격하기 위해 출발했다. 보두앵은 돌아와서 베들레헴의 예수탄생 교회의 다임베르트 대주교에게서 '예루살렘의 라틴 왕' 왕관을 받았다.

예루살렘의 첫 번째 왕은 자신의 형처럼 독실하지는 않았지만 능력은 훨씬 뛰어났다. 보두앵은 매부리코에 밝은 피부, 검은 수염과 머리, 튀어나온 윗입술과 약간 들어간 턱을 갖고 있었다. 소년 시절 거룩한 명령들을 연구했던 그는 사제의 명상적 분위기를 잃지 않았으며 어깨에는 항상 성직자 같은 망토를 두르고 있었다.

그는 정치적 필요에 따라 결혼했는데 이익을 위해 중혼의 위험도 감수했다. 자식은 두지 않았고 아마 어떤 결혼에서도 첫날밤을 치르지 않았던 것 같다. 그러나 그는 "육체적 욕정의 죄와 싸웠으나 헛되었다. 그렇지만 그러한 악의 도락 속에서도 신중하게 행동했으며" 어느 누구도 다치게 하지 않았다. 혹자는 그가 동성애자였다고 주장하지만 그의 사소한 흠의 본질은 여전히 밝혀지지 않고 있다.

끝없는 전쟁은 보두앵의 긴박한 의무였고 진정한 열정이었다. 사제들은 그를 '백성의 무기, 적들의 공포'라고 불렀다. 거의 초인에 가까운 에너지를 가진 이 기민한 전사는 왕국을 안정시키고 확장하는 데 전념했으며 라말라 밖의 이집트와 계속적으로 싸웠다. 한번은 이집드에게 패했지만 애마 가잘라를 타고 해안으로 탈출해 지나가는 영국인 해적들의 배를 얻어탄 뒤, 자파에 내려 기사들을 모집해 다시 이집트를 물리친 일도 있었다. 보두앵의 군대는 아마도 기사 1,000명, 보병 5,000명이 넘지 않을 정도로 규모가 크지 않았기 때문에 트루코폴Trucopoles이라 불리는 현지 용병들(일부는 아마도 무슬림들)을 고용했다. 그는 유연한 외교관으로서 무슬림 수장들끼리의 경쟁을 부추겼고 자신은 제네바, 베네치아, 영국의 함대들과 동맹을 맺어 카이사레아에서 아크레와 베이루트에 이르는 팔레스타인 해변을 정복했다.

예루살렘에서 보두앵은 과도한 권력을 쥔 다임베르트를 대주교 자리에서 제거함으로써 자기 권력의 주요 도전자를 제거하는 데 성공했다. 십자군들은 예루살렘 시민들을 죽였지만 자비롭게도 알 쿠드스의 신성한 장소들은 파괴하기보다는 이용했다. 아마도 그것들이 성서에 기원을 두고 있다고 믿었기 때문일 것이다. 보두앵은 그리스도인들이 오랫동안 다윗 탑으로 알고 있던 요새를 강화했다. 그것은 왕궁이자 보물창고이자 감옥이자 수비대가 되었다. 지금도 그곳의 십자군 아치들을 볼 수 있다. 1110년 그리고 1113년에 다시 이집트가 예루살렘을 위협했을 때 다윗 탑에서 나팔을 불어 시민들에게 무장할 것을 알렸다. 1104년 보두앵은 알 아크사 모스크를 왕궁으로 바꾸었다.

수많은 십자군들은 바위 돔과 알 아크사를 실제로 솔로몬 왕 아니면 그보다 훨씬 뒤겠지만 콘스탄티누스 대제가 건축했다고 믿었으나 일부는 그것들이 이슬람 건축물이라는 것을 정확히 알고 있었다. 이제 템플룸 도미니, 즉 주의 성전이라 불리게 된 바위 돔 꼭대기에는 십자가가 세워졌다. 모든 예루살렘 정복자들과 마찬가지로 프랑크인들은 다른 건축가들의 전리품을 사용해 자기만의 기념물들을 만들었다. 보두앵은 아크사 궁의 납 지붕을 벗겨내 성묘를 보수했다.

1110년, 지중해에서 이교도들을 학살하던 노르웨이의 10대 왕 시구르드Sigurd가 60척의 함대를 이끌고 아크레에 도착했다. 보두앵은 예루살렘을 방문한 첫 번째 왕 시구르드를 북구인들이 요르살라보르크Jorsalaborg라 부르던 곳에 안내했고 길에는 카펫과 종려나무를 깔았다. 보두앵은 시구르드에게 함대를 이용해 시돈Sidon 침공을 도울 경우 십자가 조각을 주겠다고 했다. 노르웨이인들은 예루살렘에서 겨울을 보냈다.

보두앵은 다마스쿠스와 모술Mosul의 아타베그들의 침입을 물리쳤다. 끝없는 전쟁과 치밀한 책략의 삶은 이 왕에게 잘 맞는 것이었다. 십자군 초기 그는 아르메니아 실력자의 딸 아르다Arda와 결혼했다. 아르다의 아버지는 보두앵이 에데사를 영지로 만들수 있게 도운 동맹자였다. 그러나 아르다는 예루살렘에서 월권을 행사했다. 보두앵은 그녀가 안티오크로 가는 길에 아랍 해적들을 유혹했다(혹은 강간을 당했다)는 기사답지 않은 주장을 하면서 그녀를 성전산 바로 북쪽 성 안나 수도원에 감금했다. 아르다는 콘스탄티노플로 떠났고 그곳에서 계속 즐겁게 지낸 걸 보면 진실은 후자보다는 전자였던 것 같다.

보두앵은 시칠리아의 노르만 백작의 과부 아델레이드Adelaide와 정략결혼을 위한 협상을 했다. 그녀는 3단 군함에 우아한 수행원들과 아랍인 호위병들, 그리고 보석들을 싣고 아크레에 도착했다. 우트르메르에서는 그녀의 행렬처럼 웅장한 것을 본 적이 없었다. 거리에는 깃발이 펼쳐지고 카펫이 깔리고 보두앵은 이 늙은 클레오파트라를 부흥하는 예루살렘으로 안내했다. 그러나 그녀의 성격은 다루기 힘들 정도로 오만하다는 것이 드러났고 별 매력도 없었으며 재산은 너무 쉽게 탕진될 수 있는 것이었다. 그녀는 시골 예루살렘을 싫어했고 팔레르모의 화려함을 그리워했다. 보두앵이 중병에 걸리자 그의 중혼이 문제가 되기 시작했고 여왕을 시칠리아로 돌려보냈다.

한편 보두앵은 인구가 부족한 예루살렘의 문제점을 해결할 방법을 찾았다. 1115년, 그는 요르단 강 너머를 공격하고 그곳에 성을 세운 한편 굶주림에 시달리는 시리아 및 아르메니아계 그리스도인들도 발견했다. 그는 그들을 예루살렘에 정착시켰는데 그들이 오늘날 팔레스타인 그리스도인들의 조상이다.

예루살렘의 십자군들은 전략적 딜레마에 직면했다. 북쪽 시리아와 이라크로 확장을 할 것인가, 아니면 약화돼가는 남쪽 이집트의 칼리프 지역으로 확장할 것인가? 보두앵과 그의 후계자들은 왕국을 안정시키려면 그러한 지역들을 정복해야 한다는 것을 알고 있었다. 시리아와 이집트가 동맹하는 것은 악몽과도 같은 전략이었다.

이 때문에 보두앵은 1118년 이집트를 공격했지만 나일 강에서 고기를 잡기 위해 정박해 있던 중 다시 병으로 쓰러졌다. 황급히 옮겨지던 보두앵은 엘 아리시El-Arish라는 국경 마을에서 숨을 거두었는데 바르다윌 호수Lake Bardawil는 그의 이름을 딴 것이다. 그는 유능한 모험가로서 레반트Levant(그리스와 이집트 사이의 동지중해 연안을 일컬음)의 왕이 되었고 이제는 놀랍게도 프랑크인, 시리아인, 심지어 사라센들도 그를 애도했다.

종려주일에 예루살렘인들은 북쪽에서 도착하는 에데사의 백작을 볼 수 있기를 기대하면서 종려나무를 들고 키드론 골짜기를 엄숙하게 행진했다. 그러나 그들의 눈에 들어온 것은 슬픔에 빠진 군병들이 경호하는 가운데 유다 언덕을 샅샅이 누비며 남쪽에서 다가오는 죽은 왕의 관뿐이었다.2)

보두앵 2세와 호스피톨러 기사단

보두앵이 교회에 잠든 후 귀족들은 왕위 후보자들을 물색했다. 그러나 한 분파가 간단히 에데사의 백작을 왕으로 선출하고 예루살렘을 점령했다. 왕국의 선택에는 행운이 따랐다.

죽은 보두앵의 사촌, 보두앵 2세는 호리호리한 전임자와는 달리 18년간 끝없는 전쟁을 치르면서 에데사를 지배했고 투르크군에 4년간 포로로 잡혀 있다 풀려나기도 했다. 가슴까지 내려오는 긴 수염을 기르고 이제는 은빛이 간간이 보이는 금발의 보두앵 2세는 신중을 기해 아르메니아의 상속녀 모피아^{Morphia}와 결혼했고 네 딸을 두었으며 기도하느라 무릎에 못이 박힐 정도로 독실했다. 보두앵 2세는 그의 전임자들보다도 훨씬 더 레반트인 다우면서도 동시에 프랑크인다운 왕이었다. 그는 중동에 익숙했고 예복을 입고 알현을 받았으며 방석 위에 책상다리를 하고 앉았다. 무슬림들은 그를 지각 있고 왕으로서의 능력을 지닌, 경험이 풍부한 사람으로 인정했다. 그것은 이교도에게는 대단한 칭찬이었다.

예루살렘에서 보두앵 2세는 "영원히 청빈, 금욕, 순종 속에 살기로 고백하고 신을 두려워하는" 기사들의 새로운 기사단에게 솔로몬 성전을 내주었다. 기사단의 이름은 그들의 새로운 거처에서 따왔다. 템플 기사단Templars은 자파에서 들어오는 순례자 경로를 지키는 9명의 수호자로 시작했지만 300명의 기사들로 이루어진 막강한 군사적, 종교적 기사단으로 성장했으며 교황에게서 하사받은 붉은 십자가를 들고 다녔고 수백 명의 하사관들과 수천 명의 보병들을 거느렸다.

템플 기사단은 이슬람식 하람 알 샤리프를 성소, 무기고, 숙박시가 복합된 그리스도교 구역으로 변화시켰다.* 알 아크사는 이미 여러 개의 방들과 숙소로 나뉘어 있었지만 거기에 템플 기사단은 남쪽 벽 주변에 널찍한 템플 기사단 강당(오늘날까지 남아 있다)을 추가했다. 바위 돔 근처, 사슬 돔은 성 야곱 성당이 되었다. 예수가 태어난 요람이 있는 지하 모스크는 그리스도교식 성 마리아 성당이 되었다. 솔로몬의 마병장이라 불리는 헤롯의 지하강당은 기사들의 말 2,000마리와 낙타 1,500마리가 상주했으며, 남쪽 벽에 생긴 새로운 문을 통해 들어갈 수 있었다. 이 모든 것은 남쪽으로 난 강화된 외부 망루를 통해 보호되었다. 바위 돔 북쪽에는 교회법에 따른 수도원을 건축했고 자체의 목욕탕과 작업실을 두었다. 1172년 예루살렘을 방문한 게르만인 수도사 테오도리히Theodorich에 따르면 그들은 알 아크사 꼭대기에 풍부한 정원, 뜰, 대기실, 현관, 빗물 연못을 만들었다.

1113년 초, 교황 파살 2세Pashcal II는 성묘교회 바로 남쪽 지역을 새로운 기사단, 호스피톨러Hospitaller에게 하사했다. 호스피톨러 기사단은 나중에 성당 기사단보다 더욱 부유한 군대가 되었다. 처음에 그들은 검은 튜닉을 입고 하얀 십자가를 들었다. 그 후 교황은 호스피톨러 기사단에 붉은 옷과 하얀 십자가를 하사했다. 호스피톨러 기사단은 1,000여 개의 침상과

---

* 예루살렘 대주교 헤라클리우스가 1185년 축성하고 댄 브라운의 소설 《다빈치 코드The Da Vinci Code》로 유명해진 런던의 템플 교회Temple Church는 분명 주의 성전, 즉 바위 돔을 따라 만든 것이다. 그들은 바위 돔을 솔로몬이 지은 것이라 믿었다. 그러나 템플 교회가 성묘교회의 이중 돔을 모방한 것이라고 주장하는 학자들도 있다.

거대한 병원이 있는 숙소를 포함해 자체 구역을 건축했다. 병원에서는 네 명의 의사가 하루 두 번 환자를 검진했는데 소변을 검사하고 사혈을 했다. 산모들은 각기 침대를 배정받았다. 그러나 편의에도 한계는 있어서 환자들은 화장실에 갈 때 입는 양가죽 겉옷과 장화를 지급받았다.

예루살렘에는 프랑스어, 게르만어, 이탈리아어(보두앵은 베네치아인들에게 무역 특혜를 주었다)를 포함한 많은 언어들이 울려퍼졌지만 그럼에도 여전히 그리스도인이 주류를 이루었다. 보두앵은 무슬림 상인들의 예루살렘 입성을 허락하긴 했지만 그들은 도시 안에서 밤을 보낼 수는 없었다.

얼마 후 한때 예루살렘의 지배자였고 이제 알레포 수장이 된 일가지가 안티오크를 공격했고 그곳의 왕자를 죽였다. 보두앵 2세는 군대와 함께 성 십자가를 들고 북쪽으로 달려가 그를 물리쳤다. 그러나 1123년 보두앵 2세는 일가지의 조카 발라크Balak에게 체포되었다.

보두앵이 오르투크 가문의 포로가 되고 십자군이 티레를 포위하고 있는 사이 이집트군이 왕도 방어군도 없는 예루살렘을 점령할 생각으로 아슈켈론에서 진격했다.3)

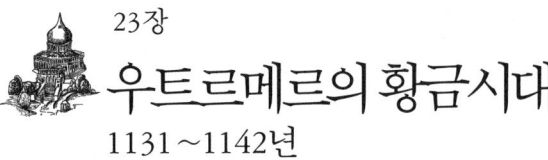

23장
우트르메르의 황금시대
1131~1142년

멜리장드와 풀크

그레니Greny 출신 성주 유스터스Eustace의 지휘를 받은 예루살렘인들은 이집트인들을 두 번이나 물리쳤다. 보두앵이 풀려나자 모든 사람들이 기뻐했다. 1125년 4월 2일, 온 도시가 왕의 귀환을 환영했다. 보두앵은 감금되어 있는 동안 왕위승계에 집중하게 되었다. 상속녀는 딸 멜리장드Melisende였다. 보두앵은 그녀를 유능하고 노련한 앙주의 공작 풀크와 결혼시켰다. 풀크는 타락한 순례자 풀크 더 블랙Fulk the Black의 후손이자 유쾌한 이름을 가진 풀크 더 리펄시브Fulk the Repulsive의 아들이었으며, 그 자신은 베테랑 십자군이었다.

1131년, 보두앵은 예루살렘에서 병이 들었고 겸손한 탄원자로서 임종을 맞이하기 위해 대주교의 궁으로 들어갔다. 그는 풀크, 멜리장드, 그리고 그들의 아들 미래의 보두앵 3세를 총애하여 권력을 양위했다. 예루살렘은 독자적인 대관식 의식을 발전시켰다. 솔로몬 성전에 모두를 모아놓고 풀크와 멜리장드는 수놓은 달마티카dalmatica와 영대stole를 입고 보석 왕관을 쓰고, 화려하게 장식한 말에 올랐다. 왕의 칼을 든 시종장이 앞에

서고 홀을 든 집사장, 왕의 깃발을 든 성주가 뒤따르는 가운데 환호하는 사람들로 붐비는 시내를 말을 타고 행진했다. 예루살렘 최초의 군주는 이미 재건된 성묘교회의 중앙 회랑에서 왕관을 받았다.

대주교는 왕의 헌장을 읽고, 합법적인 왕위승계임을 확인하기 위해 신자들에게 세 번 질문했다. "만세! 옳소이다!" 군중은 소리쳤다. 두 개의 왕관이 제단을 향했다. 왕과 왕비 모두에게 기름 뿔로 성유를 바른 다음 풀크는 충성을 상징하는 반지, 지배를 상징하는 보주, 죄인의 처벌을 상징하는 홀을 받고 전쟁과 정의의 칼을 휘둘렀다. 대주교는 두 사람에게 입을 맞추고 왕관을 씌웠다. 성묘 밖에서 국왕 풀크가 군사령관의 도움을 받아 말에 올랐고 왕과 왕비는 말을 타고 다시 성전산으로 돌아갔다.

템플룸 도미니에서 열린 연회에서 왕은 왕관을 돌려주었다가 다시 받는데 이는 예수의 할례에 대한 전설을 근거로 한 전통이었다. 예수가 할례를 받을 때 마리아는 성전으로 예수를 데려가 신에게 바쳤다가 비둘기 두 마리를 바치고 다시 데려왔다고 한다.

마지막으로 시민들이 음식과 포도주를 가져오고 군 사령관이 그들 위로 깃발을 들고 있는 동안 집사장과 시종장이 귀족들에게 그것을 바쳤다. 한참 동안 노래하고 연주하고 춤춘 후 성주가 왕과 왕비를 숙소까지 안내했다.

멜리장드는 통치권이 있는 여왕이었지만 처음에 풀크는 자신의 이름으로 통치하기를 바랐다. 티레의 윌리엄에 따르면 풀크는 "마치 다윗 왕처럼" 붉은 머리칼에 땅딸막한 마흔 살의 군인이었으며 기억력이 좋지 않았고 늘 그렇듯 결점이 있는 왕이었다. 자기 영지를 다스리는 데는 익숙했지만 고압적인 왕비를 매혹시키는 것은 고사하고 제대로 다루는 것도 어려워했다. 늘씬하고 까무잡잡하고 지적이었던 멜리장드는 곧 사촌이자 소꿉친구인 미남자, 자파의 휴Hugh 백작과 너무 많은 시간을 보내고 있었다. 풀크는 두 사람을 간통으로 고발했다.

멜리장드 여왕의 스캔들

멜리장드의 스캔들은 가십처럼 시작됐지만 곧 정치적 위기가 되었다. 여왕으로서 멜리장드는 처벌을 받을 가능성이 없었다. 그러나 프랑크 법에서는 부부 중 한 명이 간통을 저지를 경우 여자는 코를 베이고 남자는 거세를 당했다. 결백을 증명할 수 있는 방법 중 하나는 결투였다. 혐의자인 휴 백작이 결투를 통해 자신의 결백을 증명해야 했다. 그러나 휴는 이집트로 도망쳐버렸고 교회가 3년간의 추방이라는 타협안을 제시할 때까지 그곳에 머물렀다.

예루살렘으로 돌아온 뒤 휴는 어느 날 무두장이 거리에 있는 선술집에서 주사위 놀음을 하고 있었다. 그때 브레튼 출신의 한 기사가 그를 찔렀다. 휴는 겨우 목숨을 건졌지만 예루살렘은 "분노로 흔들렸고 곧 거대한 군중이 모여들었다." 그리고 풀크가 연적의 살해를 사주했다는 소문이 퍼졌다. 이제는 풀크가 자신의 결백을 증명해야 했다. 브레튼의 기사는 재판을 받았고, 몸을 토막 내고 혀를 잘라내라는 판결을 받았다. 그러나 풀크는 그가 침묵해서는 안 된다는 이유로 혀는 건드리지 말라고 명령했다. 그 브레튼 기사는 머리와 몸통(그리고 혀)만 남았을 때조차 여전히 풀크의 결백을 주장했다.

우트르메르 정치의 노골적인 천박함이 유럽에서 악명을 얻은 것은 그리 놀랄 일이 아니었다. 예루살렘을 지배하는 것은 쉬운 일이 아니었다. 왕들은 동급의 권력자들에게 둘러싸여 있었으며 이슬람의 적들과 싸움을 시작하기도 전에 십자군 고위층, 야심을 가진 거물들, 거친 모험가들, 유럽에서 새로 도착한 무지한 사람들, 군사적 종교적으로 중립적인 기사단들, 음모를 꾸미는 사제들과 싸워야 했다.

국왕 부부의 결혼생활은 극도로 싸늘해졌고, 멜리장드는 비록 애인은 잃었지만 권력은 되찾았다. 풀크는 여왕을 유혹하기 위해 그녀에게 특별한 선물을 주었다. 그녀의 이름이 새겨진 화려한 프살테리움^{Psalter}(치터형 발현악기)이었다.* 그런데 왕국이 황금기를 구가하고 있던 그때, 이슬람이 움직이고 있었다.

매 왕자와 붉은 잔기

1137년, 모술과 알레포(오늘날의 이라크와 시리아)의 군주 잔기^{Zangi}는 먼저 안티오크의 십자군 도시를, 그다음 무슬림 다마스쿠스를 공격했다. 두 도시의 함락은 예루살렘에 타격을 주었다. 거의 40년간 예루살렘의 지배권을 상실했다는 사실은 분열되고 흩어진 이슬람 세계에 놀라울 정도로 아무런 충격을 주지 못했다. 예루살렘의 역사가 자주 그러했듯, 정치적 필요가 종교적 열정을 불러일으켰다. 잔기는 이제 예루살렘을 빼앗긴 것에 대한 분노가 점점 커지는 것을 종교적, 정치적으로 이용하기 시작했고 자신을 "지하드의 아버지, 무신론자들의 조련사, 이교도의 파괴자"라고 칭했다.

---

* 조각한 상아로 덮개를 만든 멜리장드 프살테리움은 터키석, 루비, 에메랄드로 장식되었으며, 시리아와 아르메니아 장인들이 성묘교회의 기록실에서 제작했다. 그 책의 비잔틴적이고 이슬람적이며 서구적인 양식은 이 아르메니아와 프랑크 혼혈인 여왕의 통치기간 동안 십자군과 동양예술이 어떻게 융합되었는지를 잘 보여준다.

칼리프는 이 투르크 아타베그(섭정)에게 이슬람의 자존심을 회복했다는 의미로 '아미르들의 왕 King of Amirs'이라는 칭호를 붙였다. 그는 아랍인들에게 자신을 '믿음의 기둥 Pillar of the Faith'이라고 소개했다. 투르크인 동포들에게는 매 왕자 Falcon Prince 라고 부르게 했다. 시를 사랑하는 사회에서 모든 지도자들이 장식품으로 꼭 곁에 두었던 시인들이 그의 궁정으로 모여들어 그의 영광을 칭송했다.

그러나 흉포한 잔기는 가혹한 군주였다. 그는 중요한 적들은 몸 가죽과 머리 가죽을 벗겼고 소소한 적들은 목을 매달고 곡식을 밟는 병사는 누구든 십자가에 매달았다. 그는 아름다움을 유지시킨다는 이유로 미동들을 거세했다. 수하에 있던 장군들을 추방시켰을 때는 그들의 아들들을 거세시킴으로써 자기 권력을 확인시켰다. 술 때문에 정신이 비뚤어진 그는 부인들 중 한 명과 이혼을 하고는 마구간에서 마부들을 시켜 자기가 보는 가운데 그녀를 집단 강간하게 했다. 쫓겨난 병사들 가운데 한 명이 잔기의 장교였던 우사마 빈 문키드 Usamah bin Munqidh 를 기억해냈다면 잔기는 그 두 친구들을 반 토막 내라고 명령했을 것이다. 그의 잔인함은 무슬림 자료들에 기록돼 있다. 십자군들은 (타블로이드 신문의 헤드라인 같은 말장난으로) 그에게 붉은 잔기 Zangi the Sanguine 라는 별명을 붙였다.

풀크는 서둘러 잔기와 맞섰지만 잔기는 예루살렘군을 물리쳤고 인근에 있던 요새로 풀크를 몰아넣었다. 예루살렘 대주교 윌리엄은 십자가를 들고 왕을 구하기 위해 군대를 이끌고 갔다. 지원군이 오고 있다는 것을 알아낸 잔기는 요새를 내주는 조건으로 풀크를 살려주겠다고 제안했다. 이 구사일생의 탈출 후 풀크와 멜리장드는 화해를 했지만 이제 50대 초반이 된 잔기는 압박을 멈추지 않았고 안티오크와 에데사의 십자군 도시들을 위협하고 다마스쿠스에 대한 공격까지 개시했다. 그것은 다마스쿠

스의 통치자 우누르Unur를 놀라게 했고 그가 이교도 예루살렘과 동맹을 맺게 만들었다.4)

1140년, 다마스쿠스의 아타베그 우누르는 시리아 귀족이자 당대 최고의 무슬림 작가이기도 했던 노련한 참모를 동반하고 예루살렘으로 출발했다.

엄청난 사건들과 재앙

우사마 빈 문키드는 역사의 특정 시대와 장소에 관련된 사람들을 모두 알고 있을 뿐만 아니라 그 자신이 사건들의 중심에 서 있던 전방위 선수였다. 대신, 전사, 작가로 자유자재로 변신하던 그는 오랜 활동을 하면서 잔기와 파티마조 칼리프들에서 살라딘까지 자기 시대의 모든 위대한 지도자들을 섬길 수 있었으며 최소 두 명의 예루살렘 왕들과 만났다.

샤이자르Shaizar의 시리아식 요새를 다스리던 왕조의 일원이었던 우사마는 왕위계승에서 밀려났고 그의 가족은 지진으로 몰살되었다. 그러한 충격 끝에 그는 기사가 되었고 자신에게 최고의 기회를 주는 군주는 누구든지 모실 준비가 돼 있었다. 이제 마흔다섯 살이 된 그는 다마스쿠스의 우누르 밑에서 일하고 있었다.

우사마는 전투, 사냥, 문학을 즐겼다. 권력, 부, 명예를 추구하는 그의 좌충우돌식 행동은 잔혹하면서도 익살스러웠다. '또 한 번의 재앙'이라는 문구는 '엄청난 사건들과 재앙들'이라는 제목이 붙은 그의 비망록에 자주 나타난다. 또한 그는 타고난 연대기 작가이기도 했다. 책략이 실패했을 때조차도 이 예술적인 아랍의 돈키호테는 그러한 이야기들이 재미있고 날카롭고 멜랑콜리한 자신의 글쓰기에 아주 좋은 소재가 되리라는 것을 알고 있었던 것 같다. 우사마는 아디브adib(아랍어로 '서예에 뛰어난 장인'이라는 뜻)였으며, 여성들의 즐거움, 남성의 교양The Kernels of Refinement(교양의 핵심), 에로티시즘, 전쟁에 관한 책과 시들을 썼다. 그의 손을 거치면 지팡이의 역사도 늙어감에 관한 수필이 되었다.

우누르는 뛰어난 참모 우사마를 데리고 예루살렘에 도착했다. 우사마는 "나는 휴전 중에 프랑크군의 왕을 자주 방문하러 가곤 했다"라고 썼다. 우사마와 풀크의 관계는 놀라울 정도로 정중했다.* 왕과 기사는 기사도의 본질에 대해 다정하게 농담을 주고받았다. 풀크는 "사람들이 말하길 그대가 위대한 기사라고 하더군. 헌데 난 사실 믿기가 어렵네"라고 말했다. 우사마는 "왕이시여, 저는 제 인종과 제 민족의 기사입니다"라고 대답했다. 우리는 우사마의 외모에 대해서는 전혀 알 수가 없지만 프랑크인들은 그의 신체에 깊은 인상을 받았던 듯하다.

예루살렘으로 가는 도중 우사마는 십자군의 약점에 대해 공부하기를 즐겼다. 우사마 자신의 연구에 따르면 무슬림의 많은 전통들도 야만적이고 원시적일 뿐인 것으로 드러났음에도 그는 십자군을 "단지 짐승들일 뿐이며 용기와 호전성 이외에 다른 덕은 전혀 없다"고 간주했다. 좋은 기자들이 다 그렇듯 그는 반대 의견들도 기록했다. 양편의 장단점을 모두 기록했다. 노년에 살라딘의 궁정에서 과거를 회상했을 때 그는 분명 십자군 왕국의 영광이 절정에 달했을 때의 예루살렘을 떠올렸을 것이다.

---

* 풀크는 우사마가 알고 지냈던 최초의 예루살렘 왕은 아니었다. 1124년, 보두앵 2세는 샤이자르, 즉 우사마 가문의 성에서 포로가 된 적이 있었다. 보두앵 2세가 매우 정중한 대접을 받은 나머지 십자군들은 우사마와 그의 가족들을 존경하게 되었다. 샤이자르 성의 유적은 지금도 시리아에서 볼 수 있다.

상류 사회와 하류 사회

수많은 그리스도인들은 멜리장드 시대의 예루살렘을 진정한 세계의 중심으로 여겼다. 당시의 예루살렘은 40여 년 전 프랑크군 정복 때의 텅 비고 악취 나던 곳이 전혀 아니었다. 실제로 이 시기의 예루살렘 지도를 보면 예루살렘은 중앙에 성묘교회를 두고 십자가의 양팔 역할을 하는 두 개의 주요 도로가 있는 원 모양을 하고 있는데, 이는 예루살렘이 세계의 중심임을 강조하는 것이었다.

왕과 왕비는 다윗 성과 인근 궁전들을 궁정으로 삼았고, 대주교의 궁전은 교회 영역에서 중심을 차지했다. 우트르메르 예루살렘 시대에 일반적인 귀족의 삶은 아마도 유럽의 왕들보다 더 나았을 것이다. 유럽에서는 귀족들도 세탁하지 않은 양모 옷을 입었고 맨 돌로 만든 위풍이 드는 주택에서 조악한 가구들을 놓고 살았다. 십자군 귀족들 가운데 세기말 이벨린Ibelin의 존John만큼 호사스럽게 살 수 있는 사람은 극소수였다. 베이루트에 있는 그의 궁전은 모자이크 바닥, 대리석 벽, 채색 천장, 연못과 정원 등의 양식을 보여준다. 중산층의 일반 주택들도 비싼 카펫, 다마스크직 벽걸이, 섬세한 도자기, 음각과 양각이 된 탁자들, 자기 접시들을 자랑했다.

예루살렘은 전초지대로서 거친 면과 왕성으로서의 사치스러운 허영을 결합했다. 심지어 대주교의 정부와 같이 별로 평판이 좋지 않은 여성들이 보석과 비단을 자랑하다가 자신들보다 신분이 좋은 여자들의 미움을 사기도 했다. 3만 명의 인구가 상주하고 끝없이 순례자들이 오가는 예루살렘은 거룩한 도시였으며, 그리스도인의 용광로였고 군사적인 사령부였으며 전쟁과 신이 지배했다. 당시 프랑크인들은 남자든 여자든 자주 목욕을 했고 무두장이 거리에는 공중목욕탕이 있었다. 로마식 하수도를 여전히 사용하고 있었으며 대부분의 집에 화장실이 있었던 것으로 보인다. 이슬람을 가장 혐오하는 십자군들조차도 동방에 적응하지 않으면 안 되었다. 전쟁에 나갈 때 기사들은 린넨 옷을 입고 갑옷 위에 아랍의 케피예keffiyeh를 입어 태양에 쇠가 달아오르는 것을 방지했다. 집에 있을 때 기사들은 현지인들처럼 비단 부르누스bournous(아랍인들의 모자 달린 겉옷-옮긴이)를 입었고 심지어 터번도 썼다. 예루살렘 여자들은 긴 옷을 안에 입고 그 위에 금실로 자수를 놓은 짧은 튜닉이나 긴 코트를 입었다. 얼굴은 짙게 화장을 했다. 공공장소에서는 일반적으로 베일을 썼다. 남녀 모두 겨울에는 털옷을 입었지만, 금욕적인 성당 기사단에게 그러한 사치는 금지돼 있었다.

성당 기사단은 그리스도교 성전을 위한 도시의 상징이었다. 기사단들은 각기 다른 분위기가 있었다. 성당 기사단은 벨트를 차고 모자가 달리고 붉은 십자가가 그려진 망토를 입었고 호스피톨러 기사단은 가슴에 흰 십자가가 그려진 검은 망토를 입었다. 성당 기사단 300명은 매일 아침 달그닥 거리며 솔로몬 마병장을 나와 성곽 밖에서 훈련을 했다. 키드론 골짜기에서는 병사들이 궁술을 연습했다.

예루살렘은 프랑스, 노르웨이, 게르만, 이탈리아의 군인들과 순례자들뿐 아니라 동양의 그리스도인들까지 북적였다. 짧은 수염의 시리아인들과 그리스인들, 긴 수염과 높은 모자를 쓴 아르메니아인들과 그루지아인들은 공동숙소나 여러 작은 여관에서 머물렀다. 거리의 생활은 로만 카르도Roman Cardo가 중심이 되었다. 로만 카르도는 성 스데반 문(현재의 다마스쿠스 문)에서 시작해 성묘를 지나고 오른편의 대주교 구역을 지나 나란히 세 줄로 늘어선 상점가로 접어들었으며 거기서 향료 냄새와 음식 냄새가 풍기는 얽히고설킨 골목길들이 이어졌다. 순례자들은 말쿠지나트Malcuisinat(싸구려 음식의 거리)에서 도시락과 시원한 음료를 사고, 성묘에서 가까운 시리아인 환전상들의 거리에서 돈을 바꾸고, 라틴인 대장장이에게서 장신구를 사고, 무두장이 거리에서 가죽을 샀다.

십자군 이전에도 "예루살렘 순례자들처럼 지독한 여행자는 어디에도 없다"라는 말이 있었다고 한다. 우트르메르는 중세판 미국의 서부 시대였다. 살인자, 모험가, 매춘부들이 한 재산을 노리고 예루살렘으로 왔지만 고지식한 역사가들은 예루살렘의 밤에 대한 이야기를 별로 하지 않는다. 그러나 현지의 혼혈 군인들, 즉 투르코폴Turcopoles과 풀랭poulain이라 불리는 동양화된 가난한 라틴 2세대들, 베네치아와 제네바의 상인들, 방금 도착한 기사들은 군사 지역이면 어디에나 있는 여관들과 오락거리를 필요로 했다. 여관들은 모두 난폭한 기사들이 말을 타고 뛰어드는 것을 막기 위해 출입구에 쇠사슬을 걸어놓았다. 병사들은 상점들의 복도에서 도박을 하거나 주사위를 굴렸다. 훗날 술탄 살라딘의 시종장은 그러한 북적임을 보고 무슬림의 관점에서 의기양양하게 다음과 같이 묘사했다.

천하고도 죄 많은 사랑스러운 프랑크 여인들이 헤져 기우고 찢어져 수선한 옷을 입고 사람들이 있는 곳에 당당히 나타나 돈에 몸을 팔고 술 취한 사춘기 소녀처럼 예쁜 엉덩이를 하고는 우아하게 허벅지 사이에 간직해두었던 거룩한 제물을 바쳤다. 사람들은 제각기 여자의 광채에 유혹되어 그녀 뒤로 옷자락을 좇아가며 풋내기 나무처럼 휘청거리며 그녀의 옷자락을 바라보았다.

그들 대부분은 아크레와 티레 항구들까지 갔는데 그곳 거리에는 이탈리아 병사들이 가득했다. 예루살렘은 그리스도교적 도덕을 강요하는 관료들이 치안을 담당했지만, 그곳에도 온갖 인간들은 있었다.

순례자들이 아플 때 호스피톨러 기사단이 그들을 병원에서 간호했다. 병원은 2,000명의 환자들을 수용할 수 있었다. 놀랍게도 그들은 무슬림과 유대인들도 치료했고 코셔kosher(유대인 율법에 따른), 할랄halal(이슬람 계율에 따른) 부엌도 있어서 유대인들과 무슬림들이 고기를 먹을 수 있게 했다. 그러나 죽음은 언제나 그들 가까이에 있었다. 예루살렘은 늙거나 병든 순례자들이 죽음과 싸우다가 부활 때까지 묻혀 있는 공동묘지였다. 가난한 사람들은 마밀라의 무료 납골 구덩이와 지옥 골짜기에 있는 아켈다마의 공동묘지에 묻혔다. 세기말에 전염병이 돈 적이 있었는데 매일 50명의 순례자가 죽었고 매일 저녁예배 후 수레로 시체들을 수거했다.*

생활은 물리적으로는 두 성전(성묘교회와 주의 성전) 주변을 중심으로 돌아갔고 시간적으로는 의식달력을 중심으로 돌아갔다. 역사가 조나단 라일리스미스Jonathan Riley-Smith에 따르면 "공연을 통해 대중의 감정을 고조시키기 위해 모든 기술을 사용하던 그 극도로 연극적인 시대에" 예루살렘의 성소들은 무대를 닮아 있었으며 효과를 극대화하기 위해 끝없이 개조되고 수리되었다. 매년 7월 15일에는 예루살렘 점령을 기념했다. 이때 대주교는 사실상 전 도시를 이끌고 성묘에서 성전산까지 행진했고, 그곳 솔로몬 성전 밖에서 기도를 하고 황금 문을 지나(최초의 십자군 헤라클리우스 황제는 630년 십자가를 들고 그 문을 지나갔다) 북쪽 벽의 거대한 십자가로 장식된 곳, 고드프루와가 성벽을 돌파한 그곳까지 행렬을 이끌었다. 부활절은 가장 흥겨운 날이었다. 종려주일 해가 뜨기 전 대주교와 사제들은

---

* 정교회와 라틴 교회가 각각 아켈다마의 공동묘지 꼭대기에 세워졌다. 그곳에서는 지붕에 있는 구멍으로 시체들을 떨어뜨렸다. 24시간 안에 분해된 시체들은 냄새가 나지 않는다는 믿음이 있었다. 라틴인 공동묘지는 1829년에 마지막으로 매장에 사용되었고 흙으로 매립했지만 그리스정교회의 구덩이는 아직도 남아 있다. 작은 구멍을 통해 들여다보면 하얀 뼈들을 볼 수 있다. 두 교회는 지금은 존재하지 않으며 살라딘에 의해 파괴되었던 것으로 보인다.

십자가를 들고 베다니에서 성안까지 행진했으며 종려나무를 들고 성전산에서부터 행진해 여호사밧 골짜기로 온 또 다른 행렬과 만났다. 두 행렬이 함께 황금 문*을 열고 성전 둔치를 돈 다음, 주의 성전에서 기도했다.

성토요일에 예루살렘인들은 거룩한 불Holy Fire을 보기 위해 성묘교회로 모여들었다. 한 러시아 순례자는 "군중들이 몰려들어 서로 밀고 팔꿈치로 찌르며" 울고 훌쩍이며 "나의 죄가 거룩한 불이 내려오는 것을 막는가?"라고 소리치는 것을 보았다. 왕은 성전산에서 걸어왔는데 왕이 도착했을 때는 군중들이 빼곡히 몰려들어 교회 마당 바깥까지 넘치는 바람에 병사들이 나서서 왕을 위해 길을 내야 했다. 교회 안으로 들어간 왕은 폭포 같은 눈물을 쏟은 후 조신들에 둘러싸여 성묘 앞 연단에 자리를 잡고 거룩한 불을 기다렸다. 사제가 저녁기도 종을 울리면 어둠이 깔리는 교회에 모든 사람들이 황홀감에 빠지고 마침내 문득 "거룩한 빛이 아름답고 밝고 휘황하게 성묘를 비추었다." 대주교가 불을 들고 나타나 그것을 왕의 등잔에 붙인다. 불은 군중 사이로 등잔에서 등잔으로 퍼져갔다. 그리고 마치 올림픽 성화처럼 큰 다리Great Bridge에서 주의 성전까지 온 성에 퍼졌다.

멜리장드는 성전이자 정치적 수도인 예루살렘을 장식했고 오늘날 우리가 볼 수 있는 많은 것들을 건축했다. 십자군은 로마네스크, 비잔

---

* 성스러운 황금 문은 1년에 두 번 개방되었다. 황금 문 바깥에 있는 공동묘지는 아마도 템플라 수녀원에 붙어 있었던 것 같으며, 특별한 안식장소였다. 이곳이 바로 토머스 베켓Thomas Becket의 살인자들이 매장되었다고 알려진 곳이다. 몇몇 중요한 프랑크 기사들은 성전산 안에 묻혔다. 1969년 성서를 공부하던 미국인 제임스 플레밍James Fleming이 황금 문의 사진을 찍고 있을 때 땅이 갈라지면서 8피트(약 2.5미터) 깊이의 구덩이에 빠졌다. 그는 자신이 인골 무더기 위에 서 있는 것을 발견했다. 그 구멍은 헤롯식 마름돌로 된 정갈한 아치가 어떤 모습인지를 보여주었다. 그 뼈들은 십자군들의 것일 가능성이 있다(1148년 레겐스부르크Regensburg의 프리드리히가 그곳에 묻혔다. 고고학자 콘래드 시크Conrad Schick는 1891년 그곳에서 뼈들을 발견했다). 십자군 전후에 무슬림들은 그곳을 특별 공동묘지로 사용했다. 무슬림 당국자들이 그 구덩이를 재빨리 덮어버렸기 때문에 플레밍은 둘 중 어느 쪽인지 확인할 수 없었다.

틴, 레반트 양식이 종합된 고유한 양식을 발전시켰으며 둥근 아치와 거대한 기둥머리들에는 모두 꽃무늬를 위주로 한 섬세한 무늬들을 새겼다. 멜리장드 여왕은 성전산 북쪽 베데스다 연못이 있던 자리에 웅장한 성 안나 교회St. Anne's Church를 지었다. 오늘날까지 그것은 가장 간결하면서도 강렬한 십자군 건축의 본보기로 남아 있다. 그 교회는 물러난 후궁들의 거처로 쓰이다가 그 뒤 멜리장드의 자매 이베트Yvette 공주의 집으로 사용되었다. 그리고 교회에 딸린 수녀원은 예루살렘에서 가장 많은 기부를 받는 곳이 되었다. 현재까지도 시장터의 몇몇 상점들에는 수익금이 향하는 곳을 나타내는 'ANNA'라는 표시가 있다. 다른 가게들, 아마도 성당 기사단 소유인 가게들에는 성전을 뜻하는 'T'자가 표시돼 있다.

성전산으로 향하는 큰 다리 위에는 조그만 성 자이즐 성당St. Giles Chapel을 지었다. 성벽 밖에서 멜리장드는 여호사밧 성모 교회Church of Our Lady of Jehosaphat에 성모 마리아의 무덤을 추가했고 나중에 마리아를 그곳에 매장했다(그 무덤은 아직도 남아 있다). 그리고 베다니 수도원을 짓고는 이베트 공주를 수도원장으로 임명했다. 주의 성전에는 바위를 보호하기 위해 화려하게 장식된 금속 그물망을 추가했다(남아 있는 작은 격자에는 아직도 예수의 포피*가 보관되어 있다. 나중에는 무함마드의 수염도 포함되긴 했지만 당시엔 주로 하람박물관Haram Museum으로 사용되었다).

풀크와 멜리장드를 공식적으로 방문하면서 우사마 빈 문키드와 그의 주인 다마스쿠스 아타베그 우누르는 성전산에서 기도를 허락받았으며 그곳에서 프랑크인들의 편협함과 국제주의를 동시에 만나게 되었다.

---

* 성스러운 포피는 중세의 많은 유물들 중 하나에 불과하다. 샤를마뉴가 800년 대관하기 전에 레오 교황에게 성스러운 포피 한 조각을 바쳤으나 얼마 지나지 않아 그러한 유물들은 그리스도교 세계 전체에서 8~18개로 늘어났다. 보두앵 1세가 1100년에 앤트워프Antwerp에게 하나를 보냈지만 멜리장드도 하나를 갖고 있었다. 대부분의 유물은 종교개혁 시기에 사라지거나 파괴되었다.

우사마 빈 문키드와 유다 할레비

우사마는 전시 및 평화 시에 만난 적이 있던 몇몇 성당 기사들과 친분이 있었다. 이제 그들이 우사마와 아타베그 우누르를 성전 둔치로 안내했다. 그 성전 둔치는 철저하게 그리스도교화된 성당 기사단의 본부였다.

당시 일부 십자군들은 아랍어를 할 수 있었으며 무슬림 권력자들처럼 마당과 샘이 딸린 주택을 지었다. 일부는 아랍 음식을 먹기도 했다. 우사마는 돼지고기를 먹지 않는 프랑크인들을 만나 "극히 깨끗하고 맛있는 아주 정갈한 음식"을 선물했다. 대부분의 프랑크인들은 누구든 너무 원주민화되는 것을 좋아하지 않았다. 푸셰는 "신이 서양을 동양으로 변화시켰다"라고 말했다. "로마인 혹은 프랑크인이었던 사람이 이 땅에 오면 갈릴리인이나 팔레스타인인이 되었다." 마찬가지로, 우사마와 성당 기사들 사이의 우정, 그리고 열린 마음에도 한계는 있었다. 귀향 중이던 어느 성당 기사는 호쾌하게 우사마를 초대해 "진정 이성적인 남자가 될 수 있도록" 우사마의 아들을 유럽으로 보내라고 말했다. 우사마는 그 모욕을 가까스로 참았다.

그들이 바위 돔에서 기도하고 있을 때 한 프랑크인이 아타베그 우누르에게 다가와 물었다. "어린 시절의 주님을 보시겠습니까?"

"물론입니다." 우누르는 말했다. 그러자 그 프랑크인은 우누르와 우사마를 성모 마리아와 소년 예수의 성상이 있는 곳으로 데려갔다. "어렸을 때의 주님입니다"라고 프랑크인이 말했다. 우사마는 분노를 억눌렀다.

우사마는 옛 알 아크사, 솔로몬의 성전으로 예배하러 갔고 성당 기사 친구들이 그를 맞았다. 그는 "알라후 아크바르Allahu Akhbar(신은 위대하다)"라는 말을 공개적으로 암송했다. 그러나 "한 프랑크인이 나에게 다가와 나를 붙잡고 내 얼굴을 동쪽으로 돌리며 '이렇게 기도해!'라고 말했을 때 소동이 일어났다."

"성당 기사들이 서둘러 달려와 그를 내게서 떼어냈다. '이 사람은 예루살렘 사람이 아닙니다.' 기사들은 사과하듯 설명했다. '게다가 프랑크에서 방금 온 사람이랍니다.'" 우사마는 "예루살렘에 온 지 얼마 안 된 사람은 무슬림과 자주 접촉하고 익숙해진 사람들보다 성격이 더 거칠다"는 것을 알았다. 그러한 신참들은 "자기들 인종의 누구와도 어울리지 못하게 될 저주받은 인종"으로 남았다.

멜리장드의 예루살렘을 방문한 것은 무슬림 지도자들만은 아니었다. 무슬림 농부들은 매일 성안으로 들어와서 과일을 팔고 저녁에 성 밖으로 나갔다. 1140년대에 그리스도교인 도시에 무슬림과 유대인들을 금지하는 규정들이 완화되었다. 이 때문에 여행 작가 알리 알 하라위Ali al-Harawi는 "프랑크 시대 예루살렘에서 오래 살다보니 거룩한 불을 어떤 식으로 조작하는지를 알게 되었다"고 말했다. 예루살렘에는 이미 몇몇 유대인들이 있었지만 순례는 여전히 위험한 일이었다.

바로 그 즈음인 1141년 스페인의 시인이자 철학자이자 의사인 유다 할레비Judah Halevi가 스페인에서 도착했다. 그는 사랑 노래와 종교적 시를 통해 "완벽하게 아름다운 시온"에 골몰하는 한편, "에돔(이슬람)과 이스마일(그리스도교)이 예루살렘에서 폭동을 일으켰다"는 이유로 괴로워했다. 추방된 유대인들은 "낯선 땅의 비둘기"였다. 히브리어로 시를 쓰고 아랍어도 할 줄 알았던 할레비는 일생 동안 유대인들이 시온으로 돌아갈 것이라 믿었다.

오, 비할 데 없이 순결하고 아름다운 세계의 도시여,
먼 서쪽에서 내가 너를 위해 탄식하노라.
오, 내가 독수리의 날개가 있다면 너에게로 날아갈 텐데,
나의 흐르는 눈물이 신성한 땅을 적실 텐데.

할레비의 시들은 지금도 회당의 일부 예배의식으로 남아 있다. 할레비는 예루살렘에 대해 쓴 다른 모든 사람들과 마찬가지로 통렬한 시를 썼다. "네가 포로에서 돌아오는 꿈을 꿀 때 나는 너의 노래에 맞추는 수금이다." 그가 실제로 예루살렘에 갔는지는 확실하지 않지만, 전설에 따르면 그는 (예루살렘) 성문을 지나다가 아마도 프랑크인이었을 기병에 의해 말에서 떨어져 죽임을 당했다. 그것은 어쩌면 그의 시에 예견된 운명이었는지도 모른다. "나는 쓰러져 너의 땅에 얼굴을 맞댈 것이고 너의 돌들을 기뻐할 것이며 너의 먼지를 사랑하리라."

그러한 죽음은 프랑크 법의 폭력성을 연구한 우사마에게는 그리 놀라운 일이 아니었을 것이다. 예루살렘으로 오는 길에 우사마는 두 명의 프랑크인이 법적인 문제를 싸움으로 해결하는 것을 보았다. 한 사람이 다른 한 사람의 머리를 깨뜨렸다. "그것이 그들의 법과 절차의 특징이다." 어떤 사람이 순례자들을 살해한 혐의로 고발됐을 때 팔다리를 고정시키고 물두멍에 담그는 재판을 받았다. 가라앉았다면 무죄가 되었겠지만 떠올랐기 때문에 그는 유죄를 받았고, 우사마의 말을 빌면, "그의 눈에 먹을 집어 넣었다." 그는 장님이 되었다.

프랑크인들의 성 관습에 대해서 우사마는 어떤 프랑크인이 자기 아내가 침대에 다른 남자와 함께 있는 것을 보고는 단순히 경고만 하고 그 남자를 보내준 일, 그리고 또 어떤 사람은 이발사에게 아내의 음모를 밀어

버리라고 명령한 일에 대해 이야기했다. 의술에 관해서 우사마는 동방에서 온 의사는 어떤 프랑크인의 다리에 난 종기를 찜질로 치료한 반면, 프랑크인 의사는 도끼를 들고 와서는 다리를 잘라버렸다고 설명했다. 그 프랑크인은 다음과 같은 치명적인 질문을 던졌다. 그가 한 다리를 가지고 사는 것과 두 다리를 가지고 죽는 것 중 어느 쪽이 더 좋습니까? 그러나 환자는 한 다리를 가지고 죽었다. 동방의 의사가 우울증에 걸린 여자에게 특별한 식단을 처방한 반면, 프랑크인 의사는 "그 여자의 머릿속에 마귀가 있다"고 진단하고 두개골에 십자가를 새겨 역시 죽게 했다. 최고의 의사는 아랍어를 할 줄 아는 그리스도인과 유대인이었다. 예루살렘의 왕들도 동방의 의사들을 더 선호했다. 한편 우사마는 지나친 단순화의 우를 범하지 않았다. 그는 프랑크 의술이 기적적으로 효과를 본 두 개의 사례들도 인용하고 있다.

무슬림들은 십자군들을 야만적인 약탈꾼으로 보았다. 그러나 십자군들은 야만인이고 무슬림인들은 예술가라는 진부한 표현은 사실과 거리가 멀었다. 결론적으로 우사마는 가학적인 잔기 밑에서 일했고, 그의 이야기를 자세히 읽어보면 그리스도인들의 머리를 모은 일, 이슬람 병사들과 이교도들을 십자가에 매달고 몸통을 자른 일, 이슬람 샤리아[sharia]의 가혹한 형벌 등 현대인들이 느끼기에 이슬람의 폭력성이 결코 덜하지 않았다는 것을 알 수 있다. 그리고 우사마의 아버지에 대한 이야기를 보면, 우사마의 아버지는 분노한 나머지 시동의 팔을 잘라버리기도 했다. 폭력과 서로 유사한 야만적인 법들이 양편 모두를 지배했다.

프랑크의 기사[knight]와 이슬람의 기사[faris]는 공통점이 매우 많았다. 양쪽 모두 보두앵이나 잔기 같은 자수성가형 모험가들이 지도자가 되었으며 전사의 왕조들을 구축했다. 두 시스템 모두 주요 지도자들에게 자산 또는 현금을 공급해주는 영지를 하사함으로써 유지되었다. 아랍인들은 과시하고 즐기고 정치적 선전을 확산시키기 위해 시를 이용했다. 우사마가 다마스쿠스 아타베그 밑에서 일했을 때 그는 이집트인들과 시를 써서 협상을 했다. 한편 십자군 기사들은 궁정의 연애에 대한 시를 지었다. 프랑크 기사와 이슬람 기사는 유사한 품행 기준에 따라 행동했고 비슷한 것들(종교, 전쟁, 말 등)에 집착했으며 비슷한 스포츠를 즐겼다.

어떤 군인도, 어떤 소설가도 우사마만큼 전쟁의 흥분과 재미를 포착해내지는 못했다. 우사마의 글을 읽는 것은 예루살렘 왕국에서 벌어진 성전의 소소한 전투들에 직접 참여하는 것과도 같았다. 그는 기사들의 대담한 행동, 기적적인 탈출, 끔찍한 죽음과 같은 전장의 일화들과 돌격의 흥분, 빛나는 칼, 땀을 흘리는 말들, 분출하는 피에 열광했다. 그러나 그는 운명과 신의 자비에 대한 철학자이기도 했다. "아주 작고 아주 무의미한 일도 파멸의 단초가 될 수 있다." 무엇보다 프랑크 기사들과 이슬람 기사들 모두는, 우사마의 말에 따르면 "전쟁의 승리는 오직 신만이 결정한다"고 믿었다. 종교는 모든 것이었다. 한 친구에게 우사마가 보낸 최고의 찬사는 이런 것이었다. "천재적인 학자, 진정한 기사, 그리고 진정으로 독실한 무슬림."

이제 멜리장드 시대 예루살렘의 평화는 무슬림과 프랑크의 권력자들이 모두 좋아했던 스포츠가 유발한 우연한 사건에 의해 갑자기 흔들리게 되었다.

24장
교착상태
1142~1174년

자만과 인과응보

전쟁이나 독서를 하지 않을 때 우사마는 치타, 독수리, 개들을 이용해 사슴, 사자, 여우, 하이에나를 사냥했다. 사냥에 관한 한 우사마는 잔기나 풀크와 다르지 않았는데, 그들은 할 수 있는 한 자주 사냥을 나갔다. 우사마와 다마스쿠스 아타베그가 풀크를 방문했을 때 그들이 참매를 보고 감탄하자 풀크는 그것을 두 사람에게 선물로 주었다.

1142년 11월 7일, 우사마가 예루살렘을 방문한 직후 풀크는 아크레 근처에서 말을 타다가 토끼 한 마리를 발견하고는 말을 돌려 쫓기 시작했다. 그런데 말안장 뱃대끈이 갑자기 끊어져서 그는 말에서 떨어졌고, 안장이 그의 머리 위로 떨어지면서 그의 두개골을 부서뜨렸다. 그는 3일 후 숨을 거두었다. 예루살렘인들은 성묘교회에 묻힐 풀크의 관을 둘러싸고 행진했다. 성탄절 날 멜리장드는 열두 살짜리 아들을 보두앵 3세로 옹립했다. 그러나 실질적인 지배자는 멜리장드였다. 남성들이 압도하던 시대에 그녀는 "뛰어난 지혜의 여인"이었으며 티레의 윌리엄에 따르면 "일반적인 여성들보다 너무도 높은 경지에서 중요한 조치들을 감행했고 선조들만큼이나 뛰어난 책략으로 왕국을 다스렸다."*

그 달콤 쌉싸름한 순간에 재앙이 닥쳤다. 1144년 피의 잔기가 에데사를 점령하고 프랑크인들을 죽이고 여자들을 노예로 삼았다(그러나 아르메니아 그리스도인들은 보호했다). 이는 최초의 십자군 공국이자 예루살렘 왕조의 요람을 파괴한 것이었다. 이슬람 세계는 크게 기뻐했다. 프랑크군은 난공불락이 아니었고 다음 순서는 분명 예루살렘이었다. 이븐 알 카이사라니Ibn al-Qaysarani는 "에데사가 먼 바다라면 예루살렘은 해안이다"라고 말했다. 압바스조 칼리프는 잔기에게 '이슬람의 장신구', '신자들의 사령관의 대리인', '신이 돕는 왕'이라는 칭호들을 하사했다. 그러나 잔기가 폭음을 하고 저지르는 사악한 행동들이 안방에서 그의 발목을 붙잡았다.

이라크전쟁에서 모욕을 당한, 아마도 잔기의 유희를 위해 거세당한 사람 가운데 하나였던 환관이 철통경비를 세운 잔기의 막사 안으로 몰래 들어가 침상 위의 술 취한 권력자를 찔렀고 겨우 목숨만 부지할 수 있는 채로 놓아두었다. 한 신하가 그가 피를 흘리는 것을 발견했는데 잔기는 그에게 살려달라고 애원했다. "그는 내가 자기를 죽이려 했다고 생각했다. 그는 검지로 나를 가리키며 내게 호소했다. 나는 그를 보고 놀라서 멈추어 서서 물었다. '폐하, 누가 이런 짓을 했습니까?'" 팔콘Falcon의 왕자는 그렇게 숨을 거두었다.

잔기의 신하들은 아직 식지도 않은 시신 곁에서 소지품들을 약탈

---

* 멜리장드는 이세벨의 딸 아달랴, 마카베오 시대 알렉산더 야나에우스의 미망인 알렉산드라 다음으로 예루살렘을 직접 다스린 세 번째 여왕이었다. 그녀는 세 번 왕관을 썼다. 한 번은 1129년 아버지와 함께, 그다음엔 1131년 풀크와 함께, 그리고 1143년에는 그의 아들과 함께 왕관을 썼다. 우사마 빈 문디크는, 이슬람이나 십자군이나 여성의 지위가 낮았음에도 불구하고 여성들은 위기 때면 무기를 잡고 전투에서 적과 싸웠다고 말한다. 멜리장드는 아르메니아인으로서의 자신의 뿌리를 잊지 않았다. 에데사가 몰락한 후 그녀는 예루살렘에 아르메니아 피난민들을 정착시켰으며 1141년 아르메니아인들은 왕궁 주변의 성 야고보 성당을 재건축하기 시작했다.

해갔고 잔기의 두 아들은 영토를 나누어 가졌다. 둘 중 동생인 스물여덟 살의 누르 알 딘Nur al-Din은 아버지의 손가락에서 인장반지를 잡아 빼 시리아 영토를 차지했다. 재능은 있지만 아버지보다 열정은 덜했던 누르 알 딘은 프랑크에 대항한 성전을 강화시켰다. 에데사의 함락에 충격을 받은 멜리장드는 교황 유제니우스 2세Eugenius II에게 호소했고, 교황은 제2차 십자군을 소집했다.5)

스캔들과 패전

프랑스의 독실한 젊은 왕 루이 7세Louis VII는 아내인 아키텐Aquitaine의 공작부인 엘레오노르Eleanor와 귀향 순례자인 독일의 왕 콘래드 3세Conrad III를 동반하고 교황의 부름에 응답했다. 그러나 그들의 독일과 프랑스 군대는 아나톨리아를 지나다가 투르크인들에게 대패했다. 루이 7세는 재앙이 된 행군 뒤에 겨우 안티오크에까지만 도달할 수 있었다. 이는 여왕 엘레오노르를 겁에 질리게 했음이 틀림없다. 엘레오노르는 소지품 가운데 상당수를 잃어버렸다. 그리고 독실함으로 가장했던 무능한 남편에 대한 존경심도 잃어버렸다.
안티오크의 레몽 왕자는 알레포 공격을 도와달라고 루이를 재촉했지만 루이는 먼저 예루살렘까지 순례하기로 결심했다. 영악한 레몽은 엘레오노르의 삼촌이자 왕자들 가운데 가장 미남이었다. 티레의 윌리엄에 따르면 끔찍한 여정 끝에 엘레오노르는 "결혼의 맹세를 무시하고 남편에게 불충했다." 그녀의 남편 루이는 그녀를 애완견처럼 아꼈지만 심지어 결혼 중의 성관계까지도 방종으로 간주했다. 엘레오노르가 루이를 '남자가 아닌 수도사'라고 부른 것도 놀랄 일은 아니었다. 그러나 검은 머리, 검은 눈, 균형 잡힌 몸매에 매우 지적이었던 엘레오노르는 유럽에서 가장 부유한 상속녀였으며 감각적인 아키텐의 궁정에서 자랐다. 사제 출신의 역사가들은 그녀의 할아버지가 전사이자 시인이었던 난봉꾼 투르바두르Troubadour의 윌리엄William이었고 할머니가 라 당제레즈La Dangereuse라는 별명으로 불리던 할아버지의 하녀였다는 이유로 그녀의 혈통에 죄의 피가 흐른다고 주장했다. 그러한 주장이 나온 것은 투르바두르의 윌리엄이 라 당제레즈의 딸을 자신의 아들과 결혼시키는 방식으로 라 당제레즈에게 접근했기 때문이다.

  엘레오노르와 레몽이 간통을 했든 안 했든, 그들의 행동은 남편을 모욕하고 국제적인 스캔들이 되기에 충분할 만큼 도발적이었다. 프랑스 왕은 엘레오노르를 납치하는 것으로 자신의 결혼 문제를 해결했고 예루살렘에 도착해 있던 독일 왕과 합류했다. 루이와 엘레오노르가 예루살렘에 도착했을 때 "모든 성직자와 주민들이 그를 만나러 나왔으며 찬가와 성가를 부르며" 성묘까지 호위했다. 이 프랑스인 부부는 콘라드와 함께 솔로몬 성전에 머물렀지만 엘레오노르는 프랑스 신하들에게 밀착감시를 받았던 것이 틀림없다. 그녀는 몇 달간을 그곳에 갇혀 있었다.

  1148년 6월 24일, 멜리장드와 그의 아들 보두앵 3세는 아크레에서 회의를 소집하고 다마스쿠스를 십자군의 공격목표로 한다는 데 합의했다. 다마스쿠스는 최근까지 예루살렘의 동맹 도시였지만 누르 알 딘에게 넘어가는 것이 시간 문제였기 때문에 역시 이유 있는 공격지였다. 7월 23일, 예루살렘, 프랑스, 독일의 왕들은 다마스쿠스 서쪽에 있는 과수원들을 공략했지만 이틀 후 이상하게도 동쪽으로 진영을 옮겼다. 그로부터 나흘 후 십자군은 대패했고 세 왕들은 불명예스럽게 후퇴했다.

  다마스쿠스의 아타베그 우누르가 예루살렘 귀족들에게 뇌물을 주면서 서방의 십자군들은 각자 전리품을 차지하러 온 것이라고 설득했을 가능성도 있다. 그러한 부패한 뇌물수수는 충분히 가능한 얘기긴 하지만 그보다는 십자군들이 잔기의 아들 누르 알 딘이 지원군과 함께 오고 있다는 사실을 알아차렸기 때문일 가능성이 더 크다. 이제 예루살렘은 그러한 연속된 재앙에 지쳐 있었다. 콘래드는 배를 타고 집으로 갔다. 루이는 금욕적인 참회에 푹 젖어 예루살렘에 머무르며 부활절을 지냈다. 엘레오노르 때문에 빨리 돌아가지 못했을 수도 있다. 프랑스로 돌아갔을 때 그들의 결혼은 무효가 되었다.*6)

그들이 돌아가자 멜리장드는 최대의 승리를 맞은 동시에 최대의 모욕을 당했다. 1149년 7월 15일, 멜리장드와 그녀의 아들은 새 성묘교회를 재봉헌했다. 당시 (그리고 지금도) 성묘교회는 예루살렘 십자군의 걸작이자 화려하고 거룩한 무대였다. 건축가들은 1048년에 건축되고 1119년에 복원되었던 성묘교회 일대의 성당들과 성소들의 얽히고설킨 미로를 찾아냈고 놀라운 담대함으로 그 문제를 해결했다. 그들은 하늘 높이 치솟은 원형 강당으로 일대를 뒤덮었고 모든 성지들을 하나의 거대한 로마네스크 양식 건물로 통합시켰으며 거룩한 정원을 동쪽까지 확장시켰다. 원형 강당의 동쪽 벽을 터서 예배당과 거대한 주랑을 연결시켰다.

또 콘스탄티누스 대제의 바실리카가 있던 자리에는 거대한 수도원을 세웠다. 1048년의 남쪽 출입구는 그대로 놔두고 로마네스크식 정면에는 두 개의 주랑 현관(그중 하나는 현재 벽돌로 막혀 있다)을 세우고 현관 위에는 조각된 상인방(현재 록펠러박물관에 있다)을 올렸다. 칼바리 언덕 성

---

* 엘레오노르는 자유의 몸이 되자마자 노르망디 공작이자 앙주 백작이며 예루살렘 폴크 왕의 손자인 헨리와 결혼했고 헨리는 곧 헨리 2세로서 영국 왕위를 계승했다. 이 부부의 자식들 중에는 존 왕King John과 미래의 십자군, 사자왕 리처드가 있었다.

당으로 오르는 계단의 비할 데 없이 아름다운 조각은 아마도 모든 십자군 예술 중에서 가장 뛰어날 것이다. 현관 전체에서 가장 놀라운 모습은 꼭대기와 중간에 있는 두 개의 정교한 난간이다. 그것은 공교롭게도 십자군에 의해 발견되고 구조되었다. 그 난간들은 한때 하드리아누스의 이교도 성전에 있었으나 콘스탄티누스 대제에 의해 파괴되었다.

멜리장드의 아들은 멜리장드에게 분노하며 자신에게 권력을 완전히 이양할 것을 요구했다. 이제 스무 살이 되었고 명민함과 건장함으로 칭송받던 금발의 보두앵 3세는 완벽한 프랑크 왕이었던 것으로 전해진다. 하지만 몇 가지 비행도 저질렀다. 보두앵은 도박꾼이었으며 유부녀를 유혹하기도 했다. 그러나 북쪽에서 일어난 위기는 예루살렘에 말안장에 앉을 활동적인 전사 왕이 필요하다는 것을 보여주었다. 잔기의 아들 누르 알 딘은 안티오크군을 격파하고 엘레오노르의 삼촌 레몽을 죽였다.

보두앵은 적시에 북쪽으로 달려가 안티오크를 구했지만 예루살렘으로 돌아왔을 때 이제 마흔일곱 살이 된 어머니 멜리장드는 부활절에 대관식을 하겠다는 아들의 요구를 거절했다. 보두앵은 싸우기로 결심했다.

어머니와 아들의 싸움

멜리장드는 티레와 아크레의 부유한 항구들을 보두앵에게 주었지만 예루살렘은 자신의 소유로 두었다. 보두앵이 사병들을 일으켜 왕국을 점령하자 "들끓던 분노에 다시 불이 붙었다." 멜리장드는 나블루스에서 예루살렘까지 보두앵을 맹추격했다. 예루살렘은 보두앵에게 문을 열어주었다. 멜리장드는 다윗 탑으로 후퇴했고 보두앵은 그녀를 포위했다. 보두앵은 공격을 위해 공성기계를 설치하고 며칠에 걸쳐 포환과 석궁을 쏘아댔다. 마침내 여왕은 권력과 예루살렘을 내주었다.

보두앵이 가까스로 자기 권리를 찾았을 때 안티오크는 다시 누르 알 딘의 공격을 받았다. 보두앵이 다시 한 번 북쪽으로 향했을 때 1086년에서 1098년까지 예루살렘을 다스렸던 오르투크 가문이 예루실렘을 점령하기 위해 이라크의 영지에서 진군했고, 올리브 산에 도열했다. 그러나 예루살렘인들은 전열을 가다듬고 예리코 도상에서 오르투크인들을 학살했다. 사기가 오르자 보두앵은 군대와 십자가를 이끌고 아슈켈론으로 향했고 긴 포위 끝에 그곳을 함락시켰다. 그러나 북쪽에서는 다마스쿠스가 결국 누르 알 딘에게 항복했고, 그는 시리아와 이라크 동부의 주인이 되었다.

"콧수염은 없지만 턱수염을 길렀고 섬세한 이마와 명랑한 안색에 따뜻한 눈빛까지 갖춘 키 크고 까무잡잡한 남자"였던 누르 알 딘은 잔기만큼 잔인했을 수도 있지만 보다 체계적이고 보다 섬세했다. 십자군들조차도 그를 "용감하고 지혜롭다"고 했다. 그는 신하들의 사랑을 받았다. 신하들 가운데에는 정치적 풍향계와도 같은 우사마 빈 문키드도 있었다. 또한 누르 알 딘은 폴로를 매우 좋아해서 밤에도 촛불을 켜놓고 할 정도였다. 그러나 그는 예루살렘을 정복한 프랑크에 대한 이슬람의 분노를 수니파의 재기와 새로운 군사적 자신감으로 바꿔놓은 사람이었다. 예루살렘을 찬양하는 《파다일》이라는 새로운 조류의 문학 작품들은 누르 알 딘의 지하드가 "십자가의 오염에서 예루살렘을 구했다"라고 선전했다. 역설적이게도 십자군들이 한때 무슬림들을 '성묘의 오염자들'이라고 주장했기 때문이다. 그는 예루살렘을 정복했을 때 알 아크사에 섬세하게 조각된 민바르minbar, 즉 교단을 세우라고 명령했다.

보두앵은 누르 알 딘과의 교착상태에서 오지도 가지도 못했다. 두 사람은 일시휴전에 합의했고 보두앵은 비잔틴에 도움을 구했다. 보두앵은 마누엘 황제의 조카와 결혼했다. 교회의 결혼식과 대관식에서 금과 보석, 예복과 진주들로 치장한 신부의 모습은 콘스탄티노플에서 예루살렘까지 이국적 화려함을 드러내 보였다. 보두앵이 안티오크에서 쓰러질 때까지도 두 사람 사이에는 자식이 없었다. 보두앵은 몇 주 후 1162년 2월 10일 사망했다.

장례 행렬은 전무후무한 깊고 아픈 슬픔의 장면이 펼쳐지는 가운데 안티오크에서 예루살렘으로 이어졌다. 예루살렘의 왕들은 귀향한 다른 십자군 가문들과 마찬가지로 레반트의 권력자들이었으며, 따라서 티레 출신 윌리엄의 관점을 따르자면 "수많은 이교도들이 흐느끼면서 관을 따라 산에서 내려왔다." 누르 알 딘은 "프랑크인들은 세상에서 가장 뛰어난 왕자를 잃었다"고 말했다.7)

예루살렘에는 어울리지 않는 여왕

평판을 잃은 한 여인이 예루살렘의 왕좌승계를 거의 망칠 뻔했다. 보두앵의 동생, 자파와 아슈켈론의 백작 아모리Amaury가 계승 후보자였지만 대주교는 그가 아그네스Agnes와의 결혼을 무효로 하지 않는 한 대관을 하지 않겠다고 했다. 대주교는 둘 사이가 너무 가깝다고 주장했다. 심지어 둘 사이에는 이미 아들도 있었다. 어느 신경질적인 역사가는 진짜 문제는 "아그네스가 예루살렘처럼 거룩한 도시에 어울리는 여왕이 아니라는 것"이라고 지적했다. 아그네스는 난혼으로 인해 평판이 나쁘긴 했지만 역사가들이 그녀에게 워낙 편견을 가지고 있었기 때문에 그녀가 여왕 자격이 있었는지 여부를 알아내는 것은 불가능하다. 그럼에도 불구하고 아그네스는 분명히 누구나 탐낼 만한 트로피였다. 그녀는 집사와 대주교 등을 애인으로 두었고 네 명의 남편들이 있었다고 전해진다.

아모리는 충실하게도 아그네스와 이혼했고 스물일곱 살의 나이로 왕위에 올랐다. 이미 괴팍한 성격을 갖고 있던 아모리는(그는 말을 더듬었고 까르르 거리면서 웃었다) 곧 "여자 같은 가슴이 허리까지 늘어질 정도로 극도로 뚱뚱해졌다." 예루살렘인들은 거리에서 그를 조롱했지만 그는 "그런 말들은 들어본 적도 없는 것처럼" 무시했다. 비록 가슴이 달린 남자였지만 그는 지성인이었으며 또한 예루살렘 왕국의 건설 이후 가장 두려운 전략적 과제에 직면한 전사이기도 했다. 시리아는 누르 알 딘에게 빼앗겼지만 보두앵 3세가 정복한 아슈켈론은 이집트로의 문을 열어주었다. 아모리는 이집트라는 최고의 전리품을 놓고 누르 알 딘과 싸우기 위해 모든 힘과 인력을 동원해야 했다.

그것이 바로 그가 당대에 가장 악명 높던 악당, 안드로니코스 콤네노스Andronikos Komnenos를 예루살렘으로 불러들인 이유였다. 안드로니코스는 유용한 지원군이 되어줄 대규모 기사 수행원들을 대동한 비잔틴 왕자였다. 일단 콤네노스의 기사들은 예루살렘에 상당한 위안의 이유가 되었다. 마누엘 황제의 사촌이었던 안드로니코스는 황제의 조카딸을 유혹했다가 분노한 그녀의 아버지에게 거의 죽임을 당할 뻔했고 감옥에서 12년을 지낸 후 사면을 받고 시칠리아 총독으로 임명되었다. 그 후 무능함과 불충으로 인해 파면되었고 안티오크로 도망쳤다. 그곳에서 성주의 딸 필리파Philippa를 유혹했고 또다시 도망쳤는데 그렇게 당도한 곳이 예루살렘이었다. 그러나 아모리의 신하, 티레의 윌리엄은 "그는 꽃 속에 숨은 뱀처럼, 혹은 예복 속의 쥐처럼 '나는 선물을 들고 있을 때도 그리스인들이 무섭다'라는 속담이 진실임을 증명했다."

아모리는 베이루트를 안드로니코스의 영지로 주었지만 이제 거의 예순이 된 그는 필리파 공주를 차버리고 보두앵 3세의 늘씬한 미망인, 스물세 살밖에 안 된 예루살렘의 태후, 테오도라를 유혹했다. 예루살렘은 분노했다. 안드로니코스는 다시 도망쳐야 했다. 테오도라를 납치한 안드로니코스는 그녀와 함께 다마스쿠스의 누르 알 딘에게로 도망쳤다.* 누구도 그 '뱀'이 떠나는 것을 아쉬워하지 않았다. 예루살렘에서 태어났고 아모리가 총애하는 신하였던 티레의 윌리엄은 특히나 그러했다. 윌리엄은 파리, 오를레앙, 볼로냐에서 공부한 후 예루살렘으로 돌아와 아모리가 가장 신임하는 참모가 되었다. 20년 넘게 튀르의 대주교로서, 그리고 후에는 재상으로서 윌리엄은 왕실의 끔찍한 비극을 아주 가까이에서 목격했고 이제는 예루살렘의 최대 위기와 맞닥뜨렸다.8)

이집트 전쟁의 시작

아모리 왕은 윌리엄에게 십자군과 이슬람 왕국들의 역사를 집필하도록 명령했다. 그것은 대단한 기획이었다. 윌리엄은 우트르메르의 역사를 서술하는 데는 아무런 문제가 없었다. 하지만 그가 비록 아랍어를 조

---

* 그는 적어도 다른 여자들보다는 테오도라를 더 많이 사랑했던 것 같다. 그녀가 황제에게 붙잡혔을 때 안드로니코스는 항복을 하고 사면을 받았다. 그 후 황제가 죽자, 1182년 그 터무니없는 불한당이 권력을 잡고 콘스탄티노플 역사상 가장 비열한 왕 가운데 하나가 되었다. 공포의 재위 기간 동안 그는 여자들을 포함해 왕족 대부분을 죽였다. 예순다섯 살이었지만 여전히 동안의 미남이었던 그는 열세 살의 공주와 결혼했다. 왕위에서 쫓겨났을 때 군중은 그를 가장 무서운 방법으로 죽을 때까지 고문했으며 팔을 자르고 눈을 파내고 머리카락과 이를 뽑아내고 끓는 물로 얼굴에 화상을 입혀 그 이름난 외모를 일그러뜨렸다. 테오도라의 운명은 알려진 바가 없다.

금 알았다고는 하더라도 이슬람에 대해서는 어떻게 쓸 수 있었던 것일까?

그즈음 파티마조의 이집트는 분열하고 있었다. 눈치 빠른 기회주의자들을 위한 떡고물이 널려 있었다. 우사마 빈 문키드가 카이로에 있었던 것도 당연한 일이었다. 카이로의 권력 투쟁은 치명적인 만큼 열매가 컸다. 우사마는 재산을 모았고 도서관을 지었다. 그러나 불가피하게 일은 틀어졌고 그는 목숨을 위해 도망쳐야 했다. 그는 가족과 금 그리고 아끼는 장서들을 배로 실어 날랐다. 그 배가 아크레 근처에서 파선했을 때 우사마의 보물들은 사라졌고 장서들은 예루살렘 왕이 가져갔다. "자식들과 아내들이 안전하다는 소식을 들으니 모든 재산을 잃었다는 소식도 견딜 만하구나. 그러나 4,000권의 책은 예외였다. 그것은 내 평생 지속된 고통이다." 우사마가 잃어버린 책들은 윌리엄의 손에 들어간 것으로 증명되었다. 그는 우사마의 책들을 받아 이슬람의 역사를 서술하는 데 유용하게 이용했다.

한편 아모리는 이집트를 차지하기 위한 전투에 뛰어들었고 다섯 번 이상의 공격을 감행했다. 상황은 좋았다. 두 번째 공격에서 아모리는 이집트를 정복한 것으로 보인다. 그가 이집트의 재산과 자원들을 차지하는 데 성공했더라면 예루살렘의 그리스도교 왕국은 아마도 지속되었을 것이고 또한 근동 지역의 역사 전체가 달라졌을 것이다. 그러나 쫓겨난 이집트 재상은 누르 알 딘에게 도망쳤고 누르 알 딘은 활발하지만 통통한 쿠르드인 장군 시르쿠Shirkuh를 보내 이집트를 정복하고자 했다. 아모리는 시르쿠를 물리쳤고 알렉산드리아를 접수했지만 합병하는 대신 조공을 받고 예루살렘으로 돌아왔다.

이집트 전리품 덕분에 아모리의 재산은 크게 늘어났다. 시온 산에 있는 만찬실의 우아한 고딕식 방이 이 시기에 지어졌으며 박공 지붕에 주랑 현관이 있는 새로운 왕궁을 건설했고 다윗 성 남쪽에 작은 돔이 달린 탑과 커다란 원형 탑을 건설했다.* 그러나 이집트는 결코 위축되지 않았다.

값비싼 분쟁으로 수렁에 빠진 아모리는 콘스탄티노플의 마누엘 황제에게 도움을 청했다. 아모리는 마누엘의 큰 조카딸 마리아와 결혼했으며 군사적 동맹을 협상하기 위해 역사가 윌리엄을 파견했다. 그러나 전쟁과 지원군 파견의 시기가 전혀 들어맞지 않았다. 이집트에서 아모리와 이집트 동맹군이 카이로를 점령하려는 순간 누르 알 딘의 사령관 시르쿠가 돌아왔다. 아모리는 향후 지불금을 약속하고 귀환했다.

아모리는 가자에서 병이 들자 이집트 동맹군에게 이집트 최고 의사를 보낼 것을 요구했다. 왕은 동양의학의 숭배자였다. 이집트인들은 그 일을 우연히도 예루살렘에서 방금 돌아온, 한 칼리프의 유대인 의사에게 맡겼다.9)

의사이자 철학자 마이모니데스

마이모니데스Maimonides는 십자군 왕을 치료하기를 거부했다. 겨우 최근에 파티마조 이집트에 도착했고 그곳에서 예루살렘과 동맹을 맺는다는 것은 명을 단축하는 일이었으므로 그것은 아마도 영리한 행동이었을 것이다. 마이모니데스는 스페인에서 무슬림의 박해를 피해 온 난민이었다. 스페인에서 유대인 무슬림 문명의 황금시대는 끝난 지 오래였다. 이제

---

* 그 왕궁은 당대에 캉브레Cambrai에서 만들어진 매우 사실적인 예루살렘 지도에 등장한다. 테오드리히Theodrich는 1169년 그 왕궁을 보았다. 왕궁은 1229년 게르만 십자군에게 넘어갔지만 아마도 1244년 콰리즈미안 투르크Khwarizmian Turk의 공격에 의해 파괴되어 사라졌다. 고고학자들은 1971년과 1988년 아르메니아 동산과 투르크 막사 아래에서 왕궁의 토대 일부를 발견했다.

스페인은 북부의 공격적인 그리스도교 왕국과 광신적인 베르베르 부족, 즉 알모하드Almohad 왕조에 점령된 남부 무슬림으로 분열되었다. 알모하드 왕조는 유대인들에게 개종 또는 죽음의 선택을 요구했다. 젊은 마이모니데스는 개종한 척했으나 1165년 탈출해 예루살렘으로 순례에 올랐다. 10월 14일, 티슈리Tishri, 즉 유대교의 정월달 회개의 날, 그러니까 순례자들이 가장 즐겨 예루살렘으로 향하는 계절에 마이모니데스는 자기 형제와 부친과 함께 올리브 산에 서 있었다. 그곳에서 그는 먼저 유대교 성전이 있는 산을 바라보고 의식을 위해 옷을 빌렸다. 그는 훗날 유대인 순례자들이 얼마나 여러 번 옷을 찢어야(그리고 다시 꿰매야) 하는지 또 언제 그렇게 해야 하는지를 정확하게 규정했다.

    동쪽의 여호사밧 문을 통해 성안으로 들어가면서 마이모니데스는 유대인들이 그리스도교 예루살렘에 들어가는 것이 여전히 공식적으로 금지돼 있다는 것을 알았다. 그 다윗 탑 주변에 실제로 네 명의 유대인 염색공들이 왕의 보호 아래 살고 있긴 했지만 마이모니데스는 성전을 두고 슬퍼하며 "폐허 속에서도 그 거룩함은 여전하다"고 말했다. 그 후 "나는 크고 거룩한 성전으로 들어가 기도했다." 그것은 마치 그가 주의 성전*에 들어가 바위 돔에서 기도를 허락받았다는 말처럼 들린다(우사마 빈 문키드 같은 무슬림처럼 말이다). 그러나 그는 나중에 모든 성전산 방문을 금지시켰고, 그 규칙은 일부 정통파 유대인들에 의해 지금도 지켜지고 있다.

    그 후 그는 이집트에 정착했고 그곳에서 아랍인들에게 무사 이븐 마이문Musa ibn Maymun이라는 이름으로 알려졌다. 박식한 학자로서 명성을 얻

---

* 이슬람 치하의 유대인 회당으로 4세기 동안 사용된 후 십자군들은 서쪽 벽 옆의 수로에 있는 그 '동굴'을 막고 그곳을 저수조로 바꾸었다. 따라서 마이모니데스가 그곳에서 기도를 했을 가능성은 없다.

었으며 의학에서 유대인 법률에 이르기까지 다양한 주제의 저술을 남겼다. 그중에는 철학, 종교, 과학을 한데 엮은 《당황한 자들을 위한 안내서The Guide for the Perplexed》가 있다. 그는 또한 왕실 의사로서도 일했다. 그러나 아모리와 누르 알 딘이 약화된 파티마조 칼리프위에 대한 주도권을 놓고 싸우면서 이집트는 혼란에 빠졌다. 아모리는 지치지 않았지만 운은 따르지 않았다.

　　1169년, 시리아의 주인 누르 알 딘이 예루살렘 포위를 완성했을 때 장군 시르쿠는 이집트 전투에서 승리했다. 시르쿠는 젊은 조카 살라딘의 도움을 받았다. 뚱뚱한 시르쿠가 1171년에 죽자 살라딘은 이집트를 자신이 넘겨받고 마이모니데스를 라이스 알 야후드Rais al-Yahud, 즉 유대인 수장으로 임명했다. 마이모니데스는 살라딘의 개인 의사로도 일했다. 한편 예루살렘에서는 왕위 후계자의 비극이 의학의 중심에 놓이게 되었다.10)

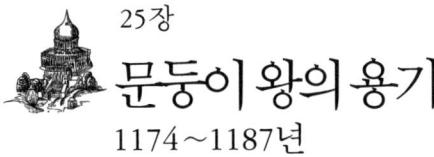

25장
문둥이 왕의 용기
1174~1187년

왕의 교사, 티레의 윌리엄

아모리 왕은 티레의 윌리엄을 아들 보두앵의 가정교사로 삼았다. 윌리엄은 왕자를 총애했다.

왕자께서는 아홉 살쯤에 내게 맡겨져 여러 학문들을 배우셨다. 나는 제자를 위해 헌신했다. 왕자께서는 용모가 아름다우셨고, 학업에 끝없는 발전을 보이셨으며, 사랑스러운 기질이 날로 더해가서 그 전도가 끝없이 밝았다. 왕자님은 뛰어난 기병이었다. 왕자님의 지성은 날카로웠다. 또한 뛰어난 기억력을 갖고 있었다.

윌리엄은 "왕자께서는 부왕과 마찬가지로 역사에 크게 관심을 가졌으며 충고를 따를 줄 아는 좋은 성품을 갖고 계셨다"라고 덧붙였다. 윌리엄의 충고는 말할 것도 없었다. 소년은 활발했고, 바로 거기서 왕자의 교사는 그의 비극을 발견했다.

왕자께서 친구들과 놀고 있었는데 장난꾸러기 소년들이 흔히 그렇듯 손톱으로 서로 팔과 손을 꼬집으며 놀기 시작했다. 그런데 보두앵 왕자께서는 마치 아무것도 느끼지 못하는 것처럼 아픈 것을 너무 오래 참았다. 그런 일이 몇 번 있은 후 내게 보고가 들어왔다. 나는 왕자님을 불렀고 왕자님의 오른쪽 팔과 손에 특히 감각이 없다는 것을 깨달았다. 나는 불안해지기 시작했다. 왕자의 아버지(왕)께 보고가 들어갔고 의사들이 진찰을 했다. 시간이 흐르면서 우리는 초기 증상들이 나타나는 것을 보았다. 나는 눈물을 참을 수가 없었다.11)

저주받은 어린 왕

윌리엄의 사랑스러운 제자는 나병에 걸렸다.* 왕자는 전시 태세에 들어간 왕국의 후계자이기도 했다. 1174년 5월 15일, 시리아와 이집트의 강자이자 새로운 지하드의 수장, 누르 알 딘이 죽었다. 윌리엄조차도 그를 정의로운 왕자이자 신실한 사람으로 존경했다.

아모리 왕은 누르 알 딘의 죽음을 이용해 재빨리 북쪽으로 진격했으나 이질에 걸리고 말았다. 아랍인 의사들과 프랑크 의사들은 치료 방식을 두고 논쟁을 벌였고 그는 서른여덟 살에 불과한 나이에 7월 11일 예루

---

* 나병은 흔한 병이었다. 실제로 예루살렘에는 나병에 걸린 기사들을 위한 성 라자루스 기사단 Order of St. Lazarus이 있었다. 나병은 진단하기가 어려웠다. 보두앵 4세는 아마도 유모와 몇 달간 접촉하면서 경미한 증상을 갖게 되었던 것이 틀림없다. 나병은 땀방울과 접촉에 의해 전달되는 박테리아로 인해 유발된다. 보두앵이 사춘기가 되었을 때 나종형 나병이 발병했다. 영화 〈킹덤 오브 헤븐Kingdom of Heaven〉에서 그는 흉하게 일그러지고 코가 사라진 얼굴을 가리기 위해 철가면을 쓰는 것으로 나오지만 실제로는 병이 그를 좀먹어갈 때조차 왕으로서 자신을 감추기를 거부했다.

살렘에서 사망했다. "사랑할 만한" 새 왕 보두앵 4세는 윌리엄과 함께하는 학업에 탁월함을 보였지만 사혈, 사라센 기름 마사지, 관장 등 온갖 치료들을 견뎌내야 했다. 그의 건강은 아랍인 의사 아부 술레이만 다우드Abu Sulayman Dawud가 담당했는데 다우드의 형은 보두앵의 병이 악화돼가자 그에게 한 손으로 말 타는 법을 가르쳤다.

이 저주받은 어린 왕이 고통 속에서 보여준 우아하고 고귀한 용기는 쉽게 그 예를 찾아보기가 어렵다. 그의 헌신적인 교사는 보두앵을 곁에서 지켜보았다. "하루하루 왕의 상태는 악화되었고 얼굴과 손, 발이 특히 심해서 충직한 신하들은 왕을 바라보며 측은함에 마음이 아팠다." 왕은 어머니와 떨어져서 자랐지만 타락한 아그네스도 이제는 아들을 뒷바라지했고 전장마다 아들을 따라다녔다. 아그네스는 지혜롭지 못하게도 집사로 일했던 오만한 신하의 손에 왕을 맡겼다. 그가 아크레에서 암살되자 예루살렘의 정치꾼들은 쇠퇴 중인 마피아 가문이 위협이라도 되는 것처럼 위장하기 시작했다.

왕의 사촌, 트리폴리 백작 레몽 3세는 섭정을 요구했고 안정을 회복한 후 왕실 교사 윌리엄을 재상으로 임명했다. 그러나 언제나 예루살렘의 발목을 잡았던 전략적 악몽이 이제 현실로 나타났다. 카이로의 수장 살라딘은 다마스쿠스를 점령했고 점차적이지만 꾸준하게 시리아, 이집트, 예멘, 그리고 이라크의 상당 부분을 강력한 술탄 국가로 통합하면서 예루살렘을 고립시켰다. 아랍어를 쓰는 도시 출신의 레반트 귀족이었던 트리폴리의 레몽은 살라딘과 휴전하면서 시간을 벌었다. 그러나 그것은 살라딘에게도 역시 시간을 벌어주는 꼴이 되었다.

보두앵은 시리아와 레바논을 공격함으로써 패기를 보였으나 정객들은 그가 자주 아픈 틈을 타서 왕의 병상 곁에서 분란을 일으켰다. 성당 기사단장은 날로 불손해져가는 한편, 호스피톨러 기사단들은 대주교를 향해 사적인 전쟁을 일으켰고 심지어 성묘 안으로 불화살을 쏘기도 했다. 한편 케라크Kerak와 '요르단 강 너머Outrejourdain'의 영주이자 베테랑 기사 샤틸롱Chatillon의 레이날드Reynald가 요르단 강을 건너 새로 도착했다. 그는 공격적인 자신감과 무모한 허세를 부리며 지원군인 동시에 방해꾼이 되었다.

살라딘은 왕국을 시험해보기 시작했으며 아슈켈론을 공격하고 예루살렘으로 진격했다. 예루살렘 시민들은 겁에 질려 다윗 탑 안으로 도망쳤다. 아슈켈론이 함락 직전일 때 1177년 11월 말 문둥이 왕과 레이날드, 수백 명의 기사들은 예루살렘 북쪽 몽기사르Montgisard에서 살라딘의 2만 6,000 군대를 공격했다. 십자가의 존재와 전장에 나타난 성 조지의 모습에 고무된 보두앵은 유명한 승리를 거두었다.

문둥이 왕의 승리

문둥이 왕은 승리의 귀환을 했고 살라딘은 낙타를 타고 간신히 탈출했다. 그러나 술탄은 여전이 이집트와 시리아의 주인이었고, 곧 새로운 군대를 꾸렸다.

1179년, 살라딘이 시리아를 공격하는 동안 보두앵은 매복을 했는데 갑자기 그의 말이 뛰어올랐다. 그는 자신의 목숨을 바쳐 소년을 구한 늙은 성주의 용기 덕분에 가까스로 탈출할 수 있었다. 특유의 용기를 회복한 후 보두앵은 다시 군대를 이끌고 살라딘의 군대와 맞섰다. 리타니 강Litani river 가까이까지 갔을 때, 보두앵은 말에서 떨어졌고 끔찍한 위험에 노출되었다. 그는 온몸이 서서히 마비되어서 말에 다시 오를 수가 없었다.

전장에서는 한 기사가 그를 업고 다녔다. 젊은 왕은 결혼을 할 수 없었다. 나병이 성적으로도 문제를 일으켰고 군대도 이끌 수 없을 지경이 되었던 것 같다.

그는 프랑스 왕 루이 7세에게 자신의 인간적 고통을 알렸고 유럽 출신의 강력한 새 왕이 필요하다고 말했다. "수족을 사용하지 않는다는 것은 국사를 수행하는 데 아무런 도움이 되지 않습니다. 내가 이 나아만^{Naaman}의 질병을 고칠 수만 있다면 좋겠지만 내게는 나를 치료해줄 엘리사가 없습니다. 아랍의 공격이 예루살렘을 위협하고 있을 때 허약한 외팔이가 권력을 잡는 것은 적합하지 않습니다." 왕의 병이 심해질수록 권력투쟁은 더욱 뜨거워졌다. 왕의 쇠락은 정치적, 도덕적 부패와 맞물렸다. 트리폴리의 레몽 백작과 안티오크의 보에몽 왕자가 기병 부대를 데리고 예루살렘으로 향할 때 왕은 분노하며 쿠데타를 의심했고 살라딘과 휴전하면서 시간을 벌었다.

대주교가 죽자 모후 아그네스는 티레의 대주교 윌리엄을 무시하고 그녀의 연인이라는 소문이 있던 카이사레아의 헤라클리우스를 대주교로 임명했다. 값비싼 비단을 좋아하고 보석을 번쩍거리며 비싼 향수로 목욕을 하고 다니던 교회의 기둥서방은 나블루스 출신 포목 장수의 아내, 파시아 드 리베리$^{Paschia\ de\ Riveri}$를 정부로 두고 있었다. 파시아는 이제 예루살렘으로 거처를 옮겼고 헤라클리우스의 아들까지 낳았다. 예루살렘인들은 그녀를 마담 라 파트리아체스$^{Madame\ la\ Patriarchesse}$, 즉 대주교의 부인이라고 불렀다.

왕은 곧 죽음을 맞이할 것이었다. 아그네스는 왕위승계를 마무리 지어야 했다.

결함 있는 상속자

이런 이유로 아그네스는 왕의 여동생이자 상속자인 시빌라^{Sibylla}와 뤼지냥^{Lusignan}의 기^{Guy}를 결혼시켰다. 기는 스물일곱의 매력적인 남자였으며 얼마 전까지 시빌라의 연인이었던 예루살렘군 총사령관의 동생이었다. 시빌라 공주는 첫 결혼으로 아들 하나를 둔 젊은 미망인이었다. 그 결혼에 만족한 사람은 그녀 혼자뿐이었다. 대부분의 귀족들이 그렇듯, 그녀의 새 남편은 예루살렘의 당면한 위기에 대처할 만한 경험도 용기도 없어 보였다. 이제 자파와 아슈켈론의 백작이 된 기는 푸아트뱅^{Poitevin}의 유복한 귀족이었지만, 확실히 권위는 없었다. 그는 어느 때보다 통합이 필요한 바로 그 시점에 왕국을 분열시켰다.

케라크의 레이날드는 메카로 가는 길에서 순례자들을 공격함으로써 휴전을 깨뜨렸다. 무슬림 지도자에게 하즈를 보호하는 것 이상의 거룩한 의무는 없었다. 살라딘은 열정적이었다. 그러나 레이날드는 이번에는 함선 하나를 마련해 홍해로 기습을 감행했고 메카와 메디나 근처의 해안에 정박했다. 적진에서 전쟁을 일으키는 것은 인상적이지만 위험한 게임이었다. 레이날드는 육지와 바다에서 패배했고 살라딘은 생포된 프랑크 선원들을 메카 밖에서 공개적으로 목을 치라고 명령했다. 그 후 살라딘은 확장 일로에 있는 제국에서 또 다른 군대를 양성했다. 레이날드에 대해 말하자면, 살라딘은 자기 입으로 "케라크 폭군의 피를 뿌려주겠다"고 맹세했다.

"사지 말단이 병들고 손상되어 손과 발을 쓸 수 없게 된" 보두앵은 열병으로 쓰러졌다. 보두앵은 기를 섭정으로 임명하고 예루살렘은 자신의 왕성으로 유지했다.* 기가 출세를 기뻐한 것은 당연했다. 1183년, 살라딘이 갈릴리를 공격할 때까지는 말이다. 기는 세포리아^{Sephoria} 연못 인근에 1,300명의 기사들과 1만 5,000명의 병사들을 모았지만 살라딘을 공격하는 것은 두려운 (혹은 할 수 없는) 일이었다. 살라딘은 마침내 요르단 강을 건너 진군해 케라크의 요새를 공격했다. 보두앵은 케라크에 지원군이 가고 있다는 것을 알리기 위해 다윗 탑에 봉화를 올리도록 명령했다. 살이 썩어 형체가 기괴하게 변하고 앞도 볼 수 없는 문둥이 왕은 가마에 누운 채 케라크를 구하기 위해 군대를 이끌고 나왔다. 그 모습은 참으로 용감했지만 가슴을 아프게 했다.

예루살렘으로 돌아온 후 왕은 기를 파문하고 레몽을 섭정으로 임명한 뒤 여덟 살 난 조카, 시빌리아의 아들을 보두앵 5세로 대관했다. 대관 후 아이는 키가 아주 큰 정객 이벨린의 발리안^{Balian}의 어깨에 올라 성묘에서 성전까지 이동했다. 1185년 5월 16일, 보두앵 4세는 스물세 살의 나이로 죽었다. 새 어린 왕 보두앵 5세는 겨우 1년간 재위 후 천사들의 호위를 받는, 예수가 그려지고 아칸서스 이파리로 장식된 화려한 석관에 묻혔다.12)

예루살렘에는 성인 총사령관이 필요했다. 트리폴리의 레몽과 귀족들은 기의 귀환을 막기 위해 나블루스에서 모두 모였지만 예루살렘의

---

* 당시 티레의 윌리엄은 "슬픈 재앙들에 지치고 현실에 완전히 염증이 났으며 펜을 놓고 무덤의 침묵에 맹세코 탄식과 눈물을 일으킬 뿐인 사건들의 연대기에 전념하기로 결심했다. 우리는 더 지속할 용기가 없다. 그러므로 우리의 평화를 지켜야 할 때다." 그의 우트르메르 연대기는 현재까지도 남아 있으며 그의 이슬람 역사서는 분실되었다. 그는 대주교 헤라클리우스와 논쟁을 벌였고 대주교는 윌리엄을 파문했다. 윌리엄은 로마에 호소했지만 이탈리아로 떠나기 직전에 숨을 거두었다. 윌리엄은 아마도 독살된 것 같다. 1184년, 예루살렘의 열쇠들을 손에 쥔 헤라클리우스는 문둥이 왕의 계승자를 찾기 위해, 혹은 적어도 더 많은 자금과 기사들을 구하기 위해 영국과 프랑스를 둘러보았다. 그는 영국의 헨리 2세에게 관심을 기울였다. 헨리 2세의 막내아들 존이 예루살렘의 왕관을 받기를 원했으나 헨리 2세가 반대했다. 나중에 '약한 칼^{Softsword}'이자 영국에서 가장 무능한 왕들 가운데 하나로 불린 존이 예루살렘을 구했으리라고는 상상조차 어려운 일이었다.

왕좌는 섭정여왕 시빌라의 손에 있었다. 그녀는 경멸받는 기와 혼인관계에 있었다. 시빌라는 자신에게 대관하도록 대주교 헤라클리우스를 설득하면서 기와는 이혼하고 다른 사람을 왕으로 임명할 것이라고 약속했다. 그러나 대관식 도중 그녀는 기를 불러 그녀 옆에 세우고 왕관을 씌웠다. 그녀는 모두를 기만했다. 하지만 이 새로운 왕과 왕비는 케라크의 레이날드와 성당 기사단장을 제어할 수는 없었다. 두 사람 모두 살라딘과의 싸움에서 고전을 면치 못하고 있었다. 휴전에도 불구하고 레이날드는 다마스쿠스에서 오는 하즈 대상을 매복공격했고, 살라딘의 누이를 생포하고 무함마드를 조롱했으며, 포로들을 고문했다. 살라딘은 기 왕에게 보상을 요구했으나 레이날드는 지불을 거부했다.

5월, 살라딘의 아들이 갈릴리를 공격했다. 성당 기사단과 호스피톨러 기사단은 그를 맹렬히 공격했지만 크레손 샘 springs of Cresson 근처에서 도륙당했고, 그곳에서 탈출한 사람은 성당 기사단장과 세 명의 기사들뿐이었다.

기 왕, 미끼를 물다

1187년 6월 27일, 살라딘은 30만 명의 군대를 이끌고 티베리아로 진군했고 프랑크군을 유인해 끌어내서는 "지하드의 큰 바람"을 일으키고자 했다.

기는 갈릴리 세포리아에 1만 2,000명의 기사와 1만 5,000명의 병사들을 모았지만 예루살렘 왕의 붉은 막사 안에서 진행된 회의에서 그는 살라딘과 대면해야 한다는 유쾌하지 못한 선택을 앞에 두고는 고민했다.

트리폴리의 레몽은 자기 아내가 티베리아에 포위돼 있음에도 불구하고 신중할 것을 충고했다. 레이날드와 성당 기사단장은 레몽을 반역자라 부르고 전투를 요구했다. 결국 기는 살라딘의 미끼를 물었다. 그는 군대를 이끌고 하루 동안 펄펄 끓는 갈릴리 언덕들을 가로질렀다. 결국 살라딘 군대의 공격을 받은 데다 뜨거운 열기에 압도당하고 갈증으로 움직일 수 없게 된 기는 하틴^{Hattin}에 있는 호른 산$^{Mount\ Horn}$ 위 두 봉우리의 화산 평지 위에 진영을 세웠다. 그런 다음 물을 찾으러 나갔다. 그러나 우물은 말라 있었다. "오, 주여", 레몽은 말했다. "전쟁은 끝났다. 우리는 죽은 사람들이다. 왕국은 끝났다."

　　7월 4일 토요일 아침, 잠에서 깬 십자군들은 산 밑의 무슬림 진영에서 흘러나오는 예배 소리를 들었다. 그들은 이미 여름의 열기에 목이 말라 있었다. 무슬림들은 관목 숲에 불을 붙였고, 불은 곧바로 사방으로 번졌다.13)

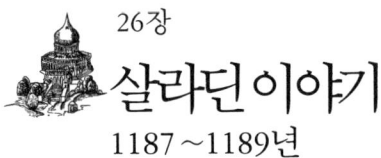

26장
살라딘 이야기
1187~1189년

살라딘의 전투

살라딘은 잠이 오지 않았다. 그는 군대와 보급품들을 조직하고 양 날개에서 공격할 위치를 잡느라 밤을 보냈다. 그는 프랑크군을 포위하고 있었다. 이집트와 시리아의 술탄은 이 기회를 놓치지 않기로 작정했다. 쿠르드, 아랍, 투르크, 아르메니아, 수단의 파견들로 구성된 살라딘의 다국적 군대는 장관을 이뤘으며 살라딘의 다혈질적인 신하 이마드 알 딘Imad al-Din은 그것을 보고 매우 즐거워했다.

울음소리를 내는 군마들, 칼, 갑옷, 철로 된 별이 달린 창, 아네모네처럼 붉은 반달칼, 연못처럼 빛나는 쇠사슬 갑옷, 물줄기처럼 하얗게 광을 낸 칼, 새들처럼 푸른 깃털이 달린 활, 도약하는 날렵한 군마들 위로 빛나며 파도처럼 넘실거리는 투구들.

새벽녘 살라딘은 어린 아들 아프달Afdal과 함께 말을 타고 중앙 부대를 지휘하면서 언제나처럼 투르크인 맘루크들(노예 군인들)의 경호를 받으며 공격을 개시했다. 그는 프랑크군에 화살을 퍼부으면서 기병 돌격대와 마상 궁수들에게 명령을 내려 중무장한 프랑크군들을 골짜기로 몰아넣게 했다. 기의 편에서는 마상 기사들 주변의 보병 장벽을 유지하는 데 모든 것이 달려 있었다. 살라딘의 편에서는 그 둘을 갈라놓는 것에 승패가 달려 있었다.

기의 군대는 아크레의 주교가 왕 앞에서 성 십자가를 들고 있는 가운데 첫 번째 공격을 막아냈지만 목마른 프랑크 군인들이 곧 고지대로 올라가는 바람에 기사들이 공격에 노출되었다. 기의 기사들은 돌격을 시작했다. 트리폴리의 레몽과 이벨린의 발리안이 술탄의 군대를 향해 달려가는 동안 살라딘은 오른쪽 날개를 지휘하는 조카 타키 알 딘$^{Taki\ al-Din}$에게 대열을 개방하라고 명령했다. 십자군은 대열 사이를 지나갔다. 그러자 무슬림들은 다시 대열을 닫았고 올가미를 좁혔다. 아르메니아인들이 주를 이룬 궁수들은 "메뚜기 떼처럼 모여들어 화살을 퍼부으며" 프랑크군들을 쏘아 말에서 떨어트리고 기사들을 꼼짝 못하게 가두었고 "사자들은 고슴도치가 되었다." 그 불같이 더운 날 기의 병사들은 말에서 떨어지고, 적에게 노출되고, 갈증으로 입이 부어오르고, 지옥 같은 덤불숲에 긁히고, 지도자들을 믿지 못한 채 죽고 도망치고 항복했다. 기의 전투명령은 와해되었다.

기는 호른의 봉우리 중 하나로 후퇴했고 그곳에 막사를 세웠다. 기사들은 왕을 둘러싸고 마지막 결전에 대비했다. 살라딘의 아들 아프달은 "프랑크 왕이 산꼭대기로 후퇴했을 때 기사들은 용감하게 돌격했고 무슬림들을 아버지가 있는 곳까지 되몰았다"고 기억했다. 한순간 프랑크군의 용기는 살라딘마저 두렵게 하는 듯했다. 아프달은 아버지가 괴로워하는 모습을 보았다. "아버지는 안색이 변했고 수염을 잡아 뜯더니 '적들의 거짓을 밝혀내라!'고 소리치며 앞으로 나아갔다." 무슬림들은 다시 돌진해 십자군을 깨뜨렸으며 "십자군은 다시 산으로 도망쳤다. 프랑크군이 도망치는 것을 보며 나는 기뻐서 소리쳤다. '우리가 그들을 전멸시켰다!'" 그러나 갈증으로 고통스러워하던 그들은 "다시 돌격했고 우리 군사들을 아버지가 서 있는 곳까지 되몰았다." 살라딘은 부하들을 몰고 나가서 기의 공격을 깨뜨렸다. "우리가 그들을 전멸시켰다." 아프달은 다시 소리쳤다.

"조용히 하라." 살라딘은 말을 끊고 붉은 막사를 가리켰다. "저 막사가 저기 서 있는 한 아직 이긴 것이 아니다!" 바로 그 순간 아프달은 그 막사가 뒤집히는 것을 보았다. 아크레의 주교는 목숨을 잃었고 십자가는 포획되었다. 기와 기사들은 지친 나머지 갑옷을 입은 채 무력하게 막사 주변의 땅바닥에 쓰러졌다. 아프달은 "그때 아버지께서 말에서 내리셨고 땅에 입을 맞추고 기쁨의 눈물을 흘리며 신께 감사를 드렸다"라고 말했다.

살라딘은 화려한 막사의 응접실에서 재판정을 열었다. 막사가 여전히 설치 중인 상태에서 장군들이 포로들을 데려왔다. 일단 막사가 완성되자 살라딘은 예루살렘 왕과 케라크의 레이날드를 접견했다. 기가 완전히 탈진한 상태여서 살라딘은 헤르몬 산의 눈으로 만든 시원한 셔벗 한 잔을 권했다. 기는 갈증을 푼 다음 그것을 레이날드에게 넘겼다. 그러자 살라딘이 말했다. "그에게 음료를 준 사람은 너다. 나는 그에게 음료를 주지 않았다." 레이날드는 아랍식 환대를 받지 못했다.

살라딘은 말을 타고 나가 부하들을 축하하고 "벌거벗겨지고 창에 꿰어지고 분리되고 분해되고 눈알이 튀어나오고 내장이 빠져나오고 반 토막 난 시체들이" 있는 중세식 대학살의 전장을 살펴보았다. 막사로 돌아온 술탄은 기와 레이날드를 불렀다. 기는 대기실에서 대기하고 레이날드는 안으로 불려 들어갔다. "신께서 내가 너희를 이기게 하셨다." 살라딘이 말했다. "너는 너의 맹세를 몇 번이나 어겼느냐?"

"귀족들은 늘 그러기 마련입니다." 반항적인 레이날드가 말했다. 살라딘은 개종을 권했으나 그는 경멸하며 거부했다. 그러자 살라딘은 벌떡 일어나 언월도를 뽑아서 그의 팔을 잘라버렸다. 호위병들이 그를 마저 처리했다. 머리가 없어진 레이날드가 발이 끌려 기 앞을 지나 막사 문 밖으로 던져졌다.

예루살렘 왕이 안으로 들어갔다. "왕이 왕을 죽이는 것은 관습이 아니다." 살라딘이 말했다. "그러나 이 사람은 그 한계를 넘었고 당할 일을 당한 것이다."

아침에 살라딘은 부하들에게서 200명의 템플 기사단과 호스피톨러 기사들 모두를 각 50디나르씩 주고 샀다. 그리스도교 전사들은 이슬람으로 개종을 권유받았으나 그것을 받아들인 사람은 거의 없었다. 살라딘은 수피 신비주의자들과 이슬람 학자들 가운데 자원자를 찾아서 기사들을 모두 죽이라는 명령을 내렸다. 대부분은 그러한 특권을 달라고 요구했으나 일부는 그러한 일에 서툴러 조롱을 받을까 두렵다면서 대리인을 지명했다. 살라딘이 연단에서 지켜보는 가운데 이 서투르고 엉망인 도살자들이 예루살렘의 마지막 힘을 무너뜨렸다. 시체들은 쓰러진 곳에 그대로 버려졌다. 1년이 지난 후에도 전장은 여전히 뼈들로 뒤덮여 있었다.

살라딘은 성 십자가와 함께 예루살렘 왕을 다마스쿠스로 보냈다. 기는 무력하게 창에 거꾸로 매달려 포로들과 함께 돌아왔다. 포로들이 너무 많아서 살라딘의 하인들 가운데 한 명은 "한 사람이 50명의 포로를 묶은 밧줄을 혼자서 잡고 있는 것"을 보았다. 프랑크인 노예들은 겨우 3디나르, 한 사람당 신발 한 짝 값에 팔렸다.14)

술탄 자신은 우트르메르의 나머지 지역들을 정복하기 위해 진군했고 시돈, 자파, 아크레, 아슈켈론 등의 해변 도시들을 점령했다. 그러나 티레를 점령하는 데는 실패했다. 몬페라토Monteferrat의 후작, 용감한 콘래드 (시빌라와 잠깐 결혼했던 사람, 즉 기의 형제)가 적시에 도착해 그 중요한 항구 요새를 구해냈다. 한편 살라딘의 동생이자 이집트 총독인 사파딘Safadin은 예루살렘으로 들어가기 전에 병으로 쓰러질 경우를 대비해 가급적 빨리 예루살렘으로 들어갈 것을 살라딘에게 조언했다. "오늘 밤 복통으로 돌아가시기라도 하면 예루살렘은 계속 프랑크인들의 것이 될 겁니다."

살육인가, 항복인가?

1187년 9월 20일 일요일, 살라딘은 예루살렘을 포위하고 일단은 다윗 탑 바깥 서쪽에 진영을 차렸다가 고드프루와가 성벽을 돌파했던 북서쪽으로 자리를 옮겼다.

예루살렘은 피난민들로 북적였지만 대주교와 예루살렘의 두 왕비, 시빌라와 아모리 왕의 미망인 마리아와 함께 싸울 기사는 단 두 명밖에 남지 않았다. 마리아는 이제 이벨린의 발리안과 결혼한 상태였다. 헤라클리우스는 성벽을 지킬 군사를 채 50명도 찾을 수 없었다. 다행히 이벨린의 발리안은 살라딘의 안전보장 아래 아내 마리아 왕비와 아이들을 구하기 위해 도착했다. 발리안은 살라딘과 싸우지 않을 것을 서로 약속했지만 이제 예루살렘인들은 그에게 사령관을 맡아달라고 간청했다. 발리안은 거절하지 않았고 기사 대 기사로서 살라딘에게 사과의 편지를 보냈다. 그러자 살라딘은 그 배신을 용서했다.

살라딘은 심지어 마리아와 아이들을 위한 호위군을 보내주기까지 했다. 마리아와 아이들에게 옷과 보석을 주고 그들을 연회에 초대한 살라딘은 아이들을 무릎에 앉히고는 그들이 마지막으로 예루살렘을 보고 있다는 생각에 흐느끼기 시작했다. 살라딘은 "이 세상 물건들은 단지 내가 빌려 쓰는 것일 뿐"이라고 혼잣말을 했다.

발리안*은 열여섯 살 이상의 모든 귀족 자제들과 30여 명의 중산층에게 기사 작위를 주고 모든 남자들을 무장시키고 돌격대를 구성한다. 살라딘이 공격을 개시했을 때 여자들은 성묘에서 기도를 하고 속죄의 삭발을 하며 수도사들과 수녀들은 맨발로 성벽 아래를 행진했다. 9월 29일, 살라딘의 공병들이 성벽을 부수기 시작했다. 프랑크군은 거룩한 순교자처럼 죽을 각오를 했지만 헤라클리우스는 그렇게 하면 여자들은 하렘의 노예가 될 거라고 말하면서 사기를 꺾었다. 라틴인들에게 분노한 시리아 그리스도인들은 살라딘에게 성문을 열어주기로 합의했다. 30일, 무슬림들이 예루살렘을 공격할 때 발리안이 협상을 위해 살라딘을 방문했다. 성벽 위에 술탄의 깃발이 꽂히기까지 했지만 군대는 저지당했다.

살라딘은 발리안에게 "우리는 너희들이 (1099년에) 예루살렘 주민들을 다룬 것과 똑같이 살인과 노예, 기타 잔인한 행동으로 너희들을 다룰 것이다"라고 말했다.

발리안은 대답하기를 "술탄이여, 예루살렘에는 우리 백성들이 많이 있다. 죽음을 피할 수 없다면 우리는 우리의 아이들과 아내들을 죽일 것이며 바위 돔과 알 아크사 모스크의 성소를 무너뜨릴 것이다."

그쯤에서 살라딘은 조건에 합의했다. 그는 관대하게도 시빌라 왕비를 풀어주었고 레이날드의 미망인까지 풀어주었다. 그러나 나머지 예루살렘인들은 몸값을 지불하고 풀려나거나 노예가 되어야 했다.15)

---

* (올랜도 블룸이 연기한) 영화 〈킹덤 오브 헤븐Kingdom of Heaven〉 속 영웅은 발리안에 대한 허구적 버전 중 하나다. 그 영화에서 발리안은 시빌라 여왕(에바 그린)과 연정을 맺는다.

남자 중의 남자, 살라딘

19세기의 서구 저술가들은 살라딘을 결코 자유주의적인 신사가 아닌, 야만적인 프랑크인들보다는 훨씬 교양이 있는 인물로 묘사했다. 중세의 제국 건설자들의 일반적인 수준과 비교하면 그는 매력적인 평가를 받을 자격이 있다. 살라딘이 아들 중 하나에게 자신이 어떻게 제국을 건설했는지를 이야기해줄 때 그는 이렇게 말했다. "내가 달성한 업적들은 오직 백성들을 달램으로써만 가능했다. 죽음은 누구도 피해가지 않으니 어느 누구에게도 원한을 사지 말라. 백성들과의 관계에 주의하라." 살라딘은 인상도 강하지 않았고 허영도 없었다. 말을 타고 예루살렘의 물웅덩이를 지나던 중 한 시종이 살라딘의 비단 옷에 물을 튀기자 살라딘은 그저 웃음을 터뜨릴 뿐이었다.

살라딘은 자신에게 성공을 가져다준 운명의 장난이 흔하게 일어날 수 있는 일이 아니라는 것을 결코 잊지 않았다. 그의 성공은 피로 얼룩졌지만 그는 폭력을 싫어했으며 총애하던 아들 자히르^{Zahir}에게는 이렇게 충고했다. "경고하노니 피를 흘리는 일을 경계하고 피를 흘리는 일에 몰두하지 말며 그것을 습관으로 만들지 말라. 피는 결코 잠들지 않기 때문이다." 한번은 무슬림 병사들에게 아이를 빼앗긴 한 프랑크 여인이 국경을 뛰어넘어와 살라딘에게 호소했다. 살라딘은 마음 아파하며 눈물을 흘렸고, 즉시 그 아기를 찾아 어미에게 돌려주라고 명했다. 또 한번은, 살라딘의 아들 중 하나가 프랑크인 포로 몇 명을 죽이게 해달라고 하자 그는 살인을 즐기기는커녕 아들의 청을 나무라고 거절했다.

부유한 쿠르드인 군인의 아들인 유수프 이븐 아유브는 1138년 티크리트^{Tikrit}(오늘날의 이라크로, 사담 후세인의 출생지)에서 태어났다. 유수프의 아버지와 삼촌 시르쿠는 잔기와 잔기의 아들 누르 알 딘 밑에서 일했다. 소년은 다마스쿠스에서 자랐고 포도주와 카드, 여자들을 즐기면서 살았다. 유수프는 누르 알 딘과 촛불을 켜놓고 한밤중에 폴로를 쳤으며 누르 알 딘은 그를 다마스쿠스의 치안 담당자로 임명했다. 유수프는《쿠란》을 연구했을 뿐 아니라 말의 혈통을 연구하기도 했다. 누르 알 딘은 이집트전쟁에 시르쿠를 파견했고 시르쿠는 이제 스물여섯 살이 된 조카 유수프를 대동했다.

두 사람은 불과 2,000명의 외인 기병들을 이끌고 절대 열세를 뒤집으며 파티마조와 예루살렘 군대에게서 이집트를 빼앗는 데 성공했다. 1169년 1월, 살라딘*이라는 영광스러운 이름으로 개명한 유수프는 재상을 암살했고 유수프의 삼촌이 그 자리를 승계했다. 그러나 시르쿠는 심장 마비로 죽었다. 서른한 살의 나이에 살라딘은 파티마조의 마지막 재상이 되었다. 1071년, 마지막 칼리프가 죽자 살라딘은 이집트의 시아파 칼리프위를 해체하고(그 후 그곳은 수니파 지역이 되었다) 카이로의 강력한 수단인 근위대를 학살하고 메카, 메디나, 튀니지, 예멘을 추가하면서 영토를 확장했다.

1174년, 누르 알 딘이 죽자 살라딘은 북쪽으로 올라가 다마스쿠스를 점령했고 차차 제국을 확장하여 이라크, 시리아는 물론 이집트까지

---

* 살라딘은 십자군들이 살라 알 둔야 알 딘Salah al-Dunya al-Din(세계와 종교의 선함)을 줄여서 부른 말이었다. 십자군이 사파딘이라 부른 살라딘의 동생 이름은 아부 바크르 아유브이며 사이프 알 딘(종교의 칼)이라는 칭호를 받다가 후에는 알 아딜이라는 왕호를 받았다. 대부분의 역사서에서는 알 아딜이라는 이름으로 불린다. 살라딘의 대신들 가운데 두 명이 전기문을 썼다. 살라딘의 시종 가운데 한 명은 시리아의 번개Lightning of Syria와 성도의 역사에 대한 키케로식 웅변을 썼으며, 자주색 글씨가 특징이다. 1188년 이라크 출신의 이슬람 학자인 바하 알 딘 이븐 샤다드Baha al-Din Ibn Shadad가 예루살렘을 방문했고 살라딘에 의해 최초의 군대 카디(판관)로 임명되었고 후에는 예루살렘의 감독자로 임명되었다. 살라딘이 죽자 그는 살라딘의 두 아들 밑에서 수석 카디로 일했다. 그의 전기문 '술탄의 일화들과 요셉의 미덕들(그의 성 유수프, 즉 요셉에서 따옴)'은 압박 속에 놓인 한 군벌에 대한 균형 잡힌 초상이다.

포함시켰다. 두 지역들 사이의 연결고리는 오늘날의 요르단이었는데, 이 지역은 부분적으로 십자군의 지배를 받고 있었다. 살라딘은 다마스쿠스를 선호했고, 이집트는 현금 공급처로 여겼다. 살라딘은 "이집트는 나를 조강지처(다마스쿠스)에게서 떼어놓으려는 창녀"라는 농담을 하기도 했다.

살라딘은 독재자가 아니었다.* 욕심 많은 장군들, 반항적인 귀족들, 야심을 품은 형제들, 아들들, 조카들이 살라딘의 제국을 조각조각 나누어 갖고 있었다. 살라딘은 그들에게 충성도와 세금, 전사들을 대가로 영지를 나누어주었다. 살라딘은 언제나 현금과 군사가 부족했다. 오직 그의 카리스마만이 모든 것을 한데 묶고 있었다.

십자군에 자주 패배했던 살라딘은 뛰어난 장군은 아니었지만 "여자들과 모든 오락거리들을 피했으며" 끈기가 있는 사람이었다. 그는 생애 대부분을 다른 무슬림들과 싸우는 데 보냈다. 그러나 이제는 그의 개인적 사명, 즉 예루살렘을 되찾기 위한 성전이 그를 지배하는 열정이 되었다. 그는 "나는 세속의 즐거움들을 포기했다. 그런 것들은 이미 충분히 맛보았다"고 말했다.

한번은 전쟁 중 바닷가를 거닐다가 재상인 이븐 샤다드에게 이렇게 말했다. "신께서 내게 나머지 해안 지역들을 정복하도록 허락하신다면 나는 나의 땅을 나누고 유언장을 쓰고 이 바다를 항해해 저곳으로 가서 지상에서 신을 부인하는 자가 완전히 사라질 때까지 저들을 추적하겠네. 혹은 그것을 시도하다가 죽음을 맞겠지." 그는 파티마조보다 더욱 엄격하게 이슬람을 요구했다. 어느 젊은 이교도가 살라딘의 땅에서 설교를 하고 있다는 소식을 듣자 살라딘은 그를 십자가에 매단 채 며칠 동안 그대로 놔두

---

* 예루살렘에서, 대담한 한 노인이 술탄을 상대로 몇몇 자산에 대한 소송을 제기했다. 살라딘은 옥좌에서 내려와 공정하게 재판을 받았고 승소했다. 하지만 그 후 원고에게 선물을 하사했다.

었다.

그는 한밤중에 장군들과 학자들로 구성된 참모들과 함께 앉아서 전령들을 맞이하고 수다를 떠는 것을 가장 좋아했다. 그는 학자들과 시인들을 존중했고, 그의 궁정은 이제 아흔이 된 우사마 빈 문키드 없이는 아무것도 되지 않았다. 우시미 빈 문키드는 "왕께서는 땅을 가로질러 나를 찾아오셨다. 왕의 선의에 힘입어, 그리고 송곳니 같은 날카로운 불운에서 벗어나 나는 (왕에게) 낚아채였다. 왕은 나를 가족같이 대해주셨다." 살라딘은 다리를 절었고 자주 병이 났으며, 21명의 의사들(8명은 무슬림, 8명은 유대인, 5명은 그리스도인)의 보살핌을 받았다.

술탄이 예배하러 일어날 때 혹은 촛불을 켜라고 명할 때 시종들은 그것이 저녁이 끝났음을 알리는 신호라는 것을 알고 있었다. 살라딘 자신은 나무랄 데가 없었지만 쾌락적이고 야심적인 친족들은 살라딘도 제어할 수 없는 지경이었다.

무희들과 정력제

풍자가 알 와흐라니^{al-Wahrani}에 따르면 젊은 왕자들이 난교 파티를 열었는데 파티의 주인들이 벌거벗은 채 개처럼 사지로 기어 다니며 가희들의 배꼽에서 포도주를 핥아먹는 한편, 모스크에 있는 그물망을 떼어내기도 했다. 다마스쿠스에서 아랍인들은 살라딘의 통치에 대해 불평했다. 작가 이븐 우나인^{Ibn Unain}은 살라딘의 이집트인 관료들, 특히 수단 흑인들을 조롱했다. "내가 만일 코끼리 같은 검은 머리와 큰 팔뚝과 거대한 성기가 있다면 네가 내 욕정을 채워줄 수 있을 텐데." 살라딘은 그러한 무례함 때문에 이븐 우나인을 추방했다.

　　살라딘의 조카 타키 알 딘은 제일 유능한 장군이었을 뿐 아니라 가장 야심차고 전도유망한 왕족이었다. 타키의 취미는 너무도 악명 높아서 그의 말은 "창녀의 슬리퍼로 때리는 것보다 더 달콤했다"고 한다. 풍자가 와흐라니는 역설적이게도 이렇게 말했다. "왕자께서 조정에서 물러나신다면 회개 따위는 하지 않아도 될 것이며 모술의 창녀들, 알레포의 포주들, 이라크의 가희들을 모으실 수 있을 겁니다."

　　타키의 그러한 과도한 성적 방종으로 인해 그는 체중이 감소하고 기운이 빠지고 발기가 안 되기 시작했다. 그는 유대인 의사 마이모니데스에게 도움을 구했다. 마이모니데스는 자신의 동족들에게는 과도한 식사, 음주, 방사를 경계하라고 충고했지만 이 왕자에게는 다른 치료법을 행했다. 이 왕실 의사는 살라딘의 조카에게 '성관계에 관하여 On Sexual Intercourse'라는 제목의 특별한 글을 써주면서 적절하고도 절제된 음주, 너무 늙지도 젊지도 않은 여자, 소헛바다 풀과 포도주의 칵테일을 처방했고 마지막으로 놀랍고도 비밀스러운 중세의 비아그라를 소개했다. 즉 성교 전 2시간 동안 자주색 개미들을 혼합한 기름으로 성기를 마사지하는 것이다. 마이모니데스는 성교 후까지 발기가 지속될 것이라고 장담했다.

　　살라딘은 타키를 총애했고 그를 이집트 총독으로 승진시켰지만 그 후 조카가 자신의 공국을 세우려고 하자 분노했다. 살라딘은 그 대신 타키에게 이라크 일대를 다스리게 했다. 이제 이 혈기왕성한 조카, 그리고 살라딘 가문 대부분이 예루살렘의 해방을 즐기러 왔다.[16]

살라딘의 도시

살라딘은 라틴 그리스도인들이 예루살렘을 영원히 떠나는 것을 지켜보았다. 예루살렘인들은 각각 1인당 남자는 10디나르, 여자는 5디나르, 어린이는 1디나르의 몸값을 지불해야 했다. 납부 영수증 없이는 누구도 예루살렘을 떠날 수 없었지만 살라딘의 관료들은 뇌물을 받으면서 재산을 챙겼고 그리스도인들은 바구니를 타고 성벽을 내려가거나 혹은 변장을 하고 탈출했다. 살라딘 자신은 돈에 관심이 없었으며 22만 디나르를 받았지만 그 돈의 대부분을 탕진했다.

수많은 예루살렘인들이 몸값을 감당할 수 없었다. 그들은 노예가 되거나 하렘으로 끌려갔다. 발리안은 7,000명의 가난한 예루살렘인들을 위해 3만 디나르의 몸값을 지불했다. 한편 술탄의 동생 사파딘은 1,000명의 포로들을 사들인 다음 해방시켰다. 살라딘은 발리안과 대주교 헤라클리우스 각각에게 500디나르를 지불했다. 무슬림들은 대주교 헤라클리우스가 10디나르의 몸값을 내고 금과 카펫이 실린 수레들을 끌고 예루살렘을 떠나는 것을 보고 충격을 받았다. "얼마나 많은 귀부인들이 불경한 일을 당하고, 혼기가 찬 소녀들이 결혼을 하고, 숫처녀들이 모욕을 당하고, 당당한 여인들이 꽃봉오리를 꺾이고, 사랑스런 여인들의 붉은 입술이 입맞춤을 당하고, 길들여지지 않은 여인들이 길들여졌던가!"라고 살라딘의 신하 이마드 알 딘은 다소 능글맞게 으스대듯 말했다. "얼마나 많은 귀족들이 그들을 첩으로 삼았는가! 얼마나 많은 귀부인들이 싸구려로 팔렸던가!"

10월 2일 금요일, 살라딘은 예루살렘에 입성했고 무슬림들이 하람 알 샤리프라 부르는 성전산에서 이교도적인 것들을 청산하도록 명령했다. 바위 돔 위의 십자가는 "알라후 아크바르Allahu Akhbar라는 함성과 함께 넘어져 예루살렘 전역을 끌려다니며 매를 맞았다. 예수의 그림은 찢겨지고 바위 돔 북쪽의 수도원들은 파괴되고 아크사 내의 격실과 숙소들은 철거되었다. 살라딘의 누이는 장미수를 실은 낙타 대상을 데리고 다마스쿠스에서 예루살렘으로 왔다. 술탄과 술탄의 조카 타키는 각기 장미수로 하람의 궁전들을 문질렀고 그 사이 귀족들과 장군들의 정화의 연회가 열렸다. 살라딘은 알레포에서 조각을 새긴 누르 알 딘의 나무 민바르를 가져와 알 아크사 모스크에 설치했는데 그것은 그곳에서 700여 년 동안 유지되었다.

술탄은 파괴하고 재건하는 것보다는 활용을 하고 장식을 더했으며 잎사귀 패턴, 기둥머리, 아칸서스 잎으로 장식된 십자군들의 거대한 전리품을 재활용했다. 따라서 살라딘 건축물들은 바로 그 적들의 상징물들을 이용해 건축되었고 이 때문에 십자군들의 건물과 살라딘의 건물들은 서로 구분하기가 어렵다.

카이로부터 바그다드까지 모든 울라마ulema(지식인을 의미하는 알림alim의 복수형으로, 무슬림 학자를 상징하는 용어다—옮긴이), 즉 존경받는 무슬림 성직자와 학자들이 금요예배에서 설교하기를 원했지만 살라딘은 알레포의 카디Qadi를 선택해 그에게 검은 예복을 입혔다. 알 아크사에서 카디의 설교는 이슬람 예루살렘의 우수성을 찬양했다. 살라딘 자신은 "메카의 형제가 되는 성소를 해방시킴으로써 신자들에게 어둠이 오는 저녁마다 비추는 빛"이 되었다. 살라딘은 바위 돔까지 걸어가 '이슬람 인장 반지의 보석'이라 불리던 곳에서 예배했다. 예루살렘에 대한 살라딘의 애정은 "산과 같이 위대했다."

그의 사명은 이슬람 예루살렘을 창조하는 것이었고 그는 똥 무더기, 즉 성묘교회를 파괴할 것인지 여부를 고민했다. 일부 신하들은 파괴를 요구했지만 살라딘은 그 교회가 거기에 있든 없든 상관없이 그 장소는 여전히 거룩할 것이라고 말했다. 정의의 오마르의 말을 인용하면서 살라딘은 3일간 성묘교회를 폐쇄한 다음 그것을 그리스정교회에 넘겼다. 전반적으로 그는 대부분의 교회를 용인했지만 그리스도인 구역의 비이슬람적 특징은 제거하고자 했다.

교회의 타종은 다시 금지되었다. 대신 그 후로 19세기까지 수백 년 동안 무에진이 소리를 독점했고 그리스도인들은 나무 짝짝이와 심벌즈 소리로 기도 시간을 알렸다. 그는 예루살렘 성벽 밖의 일부 교회들을 파괴했고 많은 유명한 그리스도교 건물들을 자신의 살라히야Salahiyya 를 위해 이용했다. 그 건물들은 오늘날까지 남아 있다.*

살라딘은 많은 무슬림 학자들과 신비주의자들을 예루살렘으로 불러들였다. 그러나 무슬림들만으로는 예루살렘의 인구를 채울 수 없어서 살라딘은 많은 아르메니아인들을 이주시켰는데, 그들은 오늘날까지 존재하는 특별한 공동체가 되었다(그들은 자신을 카가카시Kaghakatsi라고 부른다). 또한 아슈켈론, 예멘, 모로코에서 많은 유대인들(에브라임 부족 전체)을 이주시켰다.17)

살라딘은 지쳤지만 십자군의 마지막 요새를 처치하기 위해 마지못해 예루살렘을 떠났다. 그는 아크레의 대규모 해안 기지를 점령했다. 그

---

* 살라딘은 때로는 병원에서, 때로는 대주교의 궁에서 신하들과 만났고 지붕 위의 나무 집에서 신하들과 밤늦게까지 함께 있기를 좋아했다. 살라딘의 동생 사파딘은 시온 산의 만찬실 구역에 거주했다. 살라딘은 대주교의 궁을 자신이 세운 살라히야 수피 수도원Salahiyya Sufi Covent, 즉 칸카khanqah에 주기로 결심했다. 살라히야 칸카(비문을 통해 확인됨)는 오늘날까지 남아 있으며, 살라딘이 잠을 잤던 화려한 기둥머리 장식이 있는 십자군 침실은 오늘날 예루살렘의 유력 가문 출신인 셰이크 알 알라미의 침실이 되었다. 대주교들은 대주교 궁에서 성묘교회까지 가는 특별 출입구들을 이용했는데, 살라딘은 그 문들을 막아버렸다. 그러나 그 문들은 오늘날 상점들의 계산대 뒤편에서 볼 수 있다. 살라딘은 또한 성모 마리아 라티나 교회를 살라히야 병원에 주고 성 안나 교회를 징발해 신학교인 살라히야 마드라사madrassa로 사용하게 했다. 성 안나 교회는 지금도 교회로 사용되고 있지만 살라딘에게 바치는 "신자들의 사령관의 제국의 부활자"라는 비문이 여전히 새겨져 있다.

러나 그는 결코 십자군을 완전히 몰아내지는 않았다. 그는 기사도를 살려 기 왕을 풀어주었지만 티레를 정복하는 데는 실패했다. 따라서 그리스도인들은 반격을 꾀할 수 있는 핵심항구를 유지했다. 아마도 그는 그리스도교 세계의 반응을 과소평가했는지 모르지만 예루살렘 함락소식은 왕부터 교황, 기사부터 농부까지 유럽에 충격을 가했고 강력한 새로운 십자군, 제3차 십자군을 일으켰다.

살라딘의 실수는 그에게 상당한 대가를 치르게 했다. 1189년 8월, 기는 소규모 군대를 데리고 아크레 앞에 나타났으며 예루살렘 포위를 준비했다. 살라딘은 기의 용기를 그다지 심각하게 받아들이지는 않았지만 기의 소규모 군대를 격파하기 위해 분견대를 파견했다. 그러나 기는 교착상태가 될 때까지 살라딘의 부하들과 싸웠으며 십자군의 반격에 활기를 불어넣었다. 살라딘은 기를 포위했고 기는 아크레를 포위했다. 살라딘의 이집트 함대가 패배했을 때, 기는 독일, 영국, 이탈리아 십자군들의 배에 합류했다. 유럽에서 영국, 프랑스의 왕들과 독일 황제가 십자가를 졌다. 함대가 형성되었다. 아크레 전투에 합류하기 위해 육군이 구성되었다. 이는 2년간 지속된 뼈를 깎는 피비린내 나는 전투의 시작이었으며 예루살렘을 되찾기로 결심한 유럽의 가장 위대한 왕들이 곧 합류했다.

먼저 독일인들이 나섰다. 살라딘은 붉은 수염 왕 프리드리히 바르바로사Frederick Barbarossa가 이미 독일 군대와 함께 예루살렘으로 돌아오고 있다는 소식을 들었고 마침내 군대를 소집해 지하드를 선언했다. 그러나 그 후 더 좋은 소식이 들려왔다.

1190년 6월, 바르바로사는 시칠리아 강에 빠져 익사했다. 그의 아들 슈바벤Swabia의 프리드리히 공작은 바르바로사의 시체를 끓여 식초에 담은 후 살덩어리를 안티오크에 묻었다. 그 후 프리드리히는 예루살렘에 묻기로 계획한 아버지의 뼈를 가지고 아크레로 행진했다. 바르바로사의 죽음은 마지막 날의 황제가 잠들어 있고 어느 날엔가 다시 일어날 것이라는 종말론적 전설이 되었다. 슈바벤 공작은 아크레 밖에서 괴혈병으로 죽었으며 독일 십자군은 패배했다. 그러나 몇 달간의 치열한 전투를 치르고 전염병으로 수천 명이 사망(헤라클리우스 대주교와 예루살렘 여왕 시빌라를 포함)한 후* 살라딘은 그리스도교 세계의 뛰어난 전사가 다가오고 있다는 나쁜 소식을 듣게 되었다.

---

* 예루살렘의 새 여왕은 시빌라의 이복자매이자 아모리 왕과 마리아 여왕의 딸 이사벨라였다. 이사벨라는 남편과 이혼하고 몬페라토의 콘래드와 결혼했다. 따라서 그는 결혼을 통해 예루살렘의 명목상 왕이 되었다.

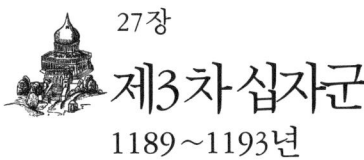

27장
제3차 십자군
1189~1193년

기사와 도살자

1190년 7월 4일, 영국의 사자왕 리처드와 프랑스 왕 필리프 2세 아우구스투스는 예루살렘을 해방시키기 위해 제3차 십자군을 출범시켰다. 서른두 살의 리처드는 얼마 전 아버지 헨리 2세의 앙주제국Angevin empire, 즉 영국과 프랑스 절반을 이어 받았다. 넘치는 활력과 빨강머리를 보유한, 건장한 리처드가 자신만만하고 외향적이었던 데 반해, 살라딘은 인내심 있고 섬세했다. 리처드는 정확히 그 시대가 요구하던 사람이었으며 익살스런 음유시인인 동시에 경건한 그리스도인이었다. 그는 자신에게 내재하는 죄의 본성에 압도당해 사제 앞에서 벌거벗은 채 스스로 채찍질을 했다.

아키텐의 엘레오노르가 총애하는 아들, 리처드는 여자에게 관심이 거의 없었다. 그러나 그가 동성애자라는 19세기의 주장은 신뢰할 만하지 않다. 그는 전쟁을 진정으로 사랑했고 십자군 전비를 위해 영국인들을 무자비하게 쥐어짜면서 이렇게 농담을 했다. "살 사람이 있다면 런던이라도 팔겠네." 영국이 십자군 부흥으로 요동칠 때 유대인들은 인종 청소의 표적이 되었으며 그것은 영국판 마사다인 요크의 집단 자살로 이어졌다. 그즈음 리처드는 예루살렘을 향해 출발했다. 그는 예루살렘을 향해 항해하면서 정박하는 곳마다 자신을 전사 왕의 전형으로 내세웠다. 그는 언제나 전쟁을 상징하는 진홍색 옷을 입었고 엑스칼리버라고 주장하는 칼을 휘둘렀다. 시칠리아에서 리처드는 새 왕에게서 미망인 왕비 조안나를 구출했고 메시나를 약탈했다. 비잔틴 왕자가 통치하던 키프로스에 도착했을 때 그는 섬을 정복하고 나서 25척의 갤리선과 함께 아크레로 항해했다.

1191년 6월 8일, 리처드는 포위작전 중인 프랑스 왕과 합류했다. 단판 전투들은 양 진영 사이의 다정한 막간극처럼 변해버렸다. 살라딘과 신하들은 리처드가 도착하는 것을 보았고 강한 용사의 대단한 위용과 전쟁의 열정에 깊은 인상을 받았다.

전장은 왕의 막사, 지저분한 오두막들, 주방, 시장, 목욕탕, 사창가로 구성된 전염병이 창궐한 판자촌 야영지였다. 창녀들이 무슬림들을 유혹했다는 것은 살라딘의 신하 이마드의 이야기를 보면 분명히 알 수 있다. 이마드는 리처드의 진영을 방문한 적이 있었는데 "염색과 화장을 하고 파란 눈과 살찐 허벅지를 가진 가수들과 요부들에게 추파를 던지느라" 성적인 비유가 이제 동이 날 지경이었다. 이마드는 "활발한 거래를 하고 은색 발찌들을 황금 귀걸이에 닿을 때까지 쌓고 칼을 칼집에 초대하고 창이 방패를 향해 일어서게 하고, 새들에게 부리로 쫄 자리를 주고 구멍에서 잇달아 도마뱀을 잡고 펜을 잉크통으로 안내했다."

프랑크 요부들을 섭렵하느라 "몇몇 어리석은 맘루크들이 사라졌다"는 것을 이마드 조차도 인정한 걸 보면 많은 사람들이 그러했음에 틀림없다. 리처드의 에너지는 전쟁의 성격을 바꾸었다. 살라딘은 이미 병이 들었다. 두 유럽 왕들도 곧 병이 들었지만 리처드는 병상에 누워서조차도 석궁을 지니고 있었고 적진을 향해 화살을 날렸다. 한편 함대는 잇달아 유럽 최고의 기사들을 데리고 왔다.

"기운 빠진 엄마처럼 마상에 앉아 백성들에게 지하드의 의무를 다하라고 촉구하던" 살라딘은 상대편보다 병력도 적었고 전투에서도 밀렸다. 질투에 사로잡힌 필리프 아우구스투스가 일찍 떠난 후 리처드가 사령관이 되었지만("내가 다스리고, 다른 누구도 나를 다스리지 않는다") 그의 군대 역시 어려움을 겪었다. 리처드는 협상을 개시했고 살라딘은 영리하면서도 냉정한 동생 사파딘을 특사로 보냈다. 그러나 그 실용주의자들은 모든 것을 걸고 새도복싱을 하는 중이었다. 양측은 각각 2만 명의 병력을 동원해서 대등하게 싸웠는데 양측 모두 고분고분하지 않고 말썽 많은 귀족들과 다국적 군대에 자신들의 뜻을 관철시키느라 애를 먹었다.

한편 아크레는 더 이상 지탱하기 힘들어졌고, 총독은 항복을 협상하기 시작했다. "향수병에 걸린 소녀보다 더 아픈" 살라딘은 아크레의 조건부 항복을 묵인하는 것 외에 다른 선택의 여지가 없었고 십자가 반환과 포로 1,500명의 석방을 약속했다. 그러나 살라딘의 우선순위는 예루살렘을 방어하는 것이었다. 살라딘은 십자군의 분열을 부추기고 돈을 아끼고 전투를 지연시키기 위해 협상조건을 두고 시간을 끌었다. 그러나 사자왕은 비즈니스에 능했고 살라딘의 허풍을 간파했다.

8월 20일, 리처드는 3,000명의 무슬림 포로들을 살라딘의 군대가 보이는 평원으로 끌고 갔고 그곳에서 남자, 여자, 어린아이 할 것 없이 죽였다. 기사도의 전설에 무척이나 어울리는 일이었다. 깜짝 놀란 살라딘은 기병대를 보냈지만 이미 때는 늦었다. 그 후 살라딘은 모든 프랑크 포로들의 목을 베었다.

5일 후 리처드는 예루살렘의 항구 자파를 향해 해변을 따라 내려갔고 병사들은 "도와주소서, 성묘여!"라는 찬송가를 불렀다. 9월 7일, 사자왕은 살라딘의 군대가 아르수프Arsuf로 가는 길을 막고 있다는 것을 알아 차렸다. 리처드의 작전은 밀집보병을 이용해 살라딘의 연속돌격에 힘을 빼고 기병들과 궁수들이 움직일 수 있게 한 다음, 마지막으로 기사들이 전광석화처럼 쇄도하게 하는 것이었다. 리처드는 호스피톨러 기사단이 앞으로 나올 때까지 물러서 있었다. 그다음 전면적인 돌격으로 무슬림 군대를 깨뜨렸다. 살라딘은 고리Ring라 불리는 맘루크 근위병들 사이로 필사적으로 뛰어들었다. 완전 궤멸을 앞에 두고 술탄은 적기에 후퇴를 했고, 예루살렘 보호를 위해 병력을 아꼈다. 살라딘은 어떤 순간에는 단 17명의 근위병만을 데리고 있기도 했다. 그 후 살라딘은 지치고 상심해 음식조차 못 먹을 정도가 되었다.

살라딘은 라마단을 지내기 위해 예루살렘으로 향했고 방비책을 준비했다. 리처드는 살라딘의 군대와 제국이 타격을 받지는 않았지만, 십자군이 설사 예루살렘을 점령한다 해도 그것을 지킬 수 없다는 것을 알고 있었다. 이 때문에 협상이 가능했다. 리처드는 살라딘에게 "무슬림과 프랑크 양쪽 모두에 의해 예루살렘 땅이 파괴되었으므로 양쪽 모두에 책임이 있다. 우리가 할 얘기는 예루살렘, 십자가, 그리고 이 땅에 관한 것이 전부이다. 예루살렘은 우리 예배의 중심이며 우리는 결코 예배를 포기하지 않는다"라고 말했다. 살라딘은 알 쿠드스가 무슬림들에게 어떤 의미인지를 설명했다. "예루살렘은 우리의 것인 동시에 당신들의 것이다. 예루살렘은 당신들에게보다 우리들에게 더 위대하다. 예루살렘은 우리의 예언자께서 밤의 여정을 온 곳이며 천사들이 모이는 장소이기 때문이다."

리처드는 양해할 준비가 돼 있었다. 그는 유연성과 상상력을 발휘하여 타협안을 제시했다. 바로 누이 조안나를 사파딘과 결혼시키는 것이었다. 그리스도인들은 해안 지역을 차지하고 예루살렘 출입을 허용한다.

무슬림들은 내륙 지역을 차지하되 살라딘의 통치 아래 사파딘 왕과 조안나 여왕이 다스린다. 살라딘은 리처드를 철수시키기 위해 이 타협안에 합의했지만 조안나는 분개했다. "그녀가 어떻게 무슬림에게 육체적 관계를 허락할 수 있었겠는가?" 리처드는 농담이었다고 우기면서 사파딘에게 이렇게 말했다. "제 조카와 결혼하시죠." 살라딘은 어이가 없었다. "우리의 대의는 지하드를 위해 싸우거나 아니면 죽는 것이다."

10월 31일, 리처드는 서서히 예루살렘을 향해 움직이는 한편, 점잖은 사파딘과는 협상을 계속했다. 둘은 거대한 막사 안에서 만나서 선물을 교환하고 서로의 연회에 참가했다. "예루살렘에 반드시 우리 거점을 두어야 합니다." 리처드는 주장했다. 협상을 한다는 이유로 프랑크 기사들이 비판을 하자 리처드는 몇몇 투르크인 포로들의 목을 베고 잔인하게도 군영 주변에 그들의 목을 걸어두었다.

그 끔찍한 순간 살라딘은 나쁜 소식을 들었다. 자기 왕국을 세우려 애쓰던 방종한 조카 타키 알 딘이 죽었다. 살라딘은 편지를 숨기고 막사를 치우도록 명한 다음 "비통하게 흐느끼며 눈물에 목이 메었다." 그런 후 장미수로 얼굴을 씻고 사령관의 자리로 돌아왔다. 약함을 보일 때가 아니었다. 살라딘은 예루살렘과 새로운 이집트인 수비대를 점검했다.

12월 23일, 리처드는 르 트롱$^{\text{Le Thron}}$으로 진격했고, 그곳에서 아내와 누이와 함께 화려한 성탄절을 보냈다. 1192년 1월 6일, 질척질척 비가 오는 추운 날 리처드는 예루살렘에서 12마일 떨어진 바이트 누바$^{\text{Bayt Nuba}}$에 도착했다. 프랑스인과 영국인 귀족들은 어떤 대가를 치러서라도 예루살렘을 원했지만 리처드는 포위할 만큼의 병력이 없다는 것을 설득시키려 애썼다. 살라딘은 눈과 비가 십자군의 사기를 꺾기를 바라면서 예루살렘에서 기다렸다. 1월 13일, 리처드는 철수했다.*

교착상태였다. 살라딘은 50명의 석공들과 2,000명의 프랑크 포로들을 이용해 예루살렘의 성벽을 강화하고 석재를 확보하기 위해 올리브 산 발치에 있는 여호사밧 성모 교회의 상층부와 시온 산에 있는 최후의 만찬 기념성당을 부수었다. 살라딘과 사파딘, 그리고 그들의 아들들도 직접 성벽 작업에 참여했다.

한편 리처드는 이집트로 가는 길목인 아슈켈론을 점령해 요새화했고 살라딘에게 무슬림들이 하람과 다윗 탑을 갖도록 하는 예루살렘 분할안을 제시했다. 그러나 그러한 대화들은 거의 21세기의 이스라엘과 팔레스타인의 그것과 비교할 수 있을 정도로 공허했다. 양측 모두 여전히 예루살렘을 단독으로 장악하기를 희망했다. 3월 20일, 사파딘과 그의 아들 카밀Kamil이 성묘에 접근을 허락하고 십자가를 돌려주겠다는 제안을 가지고 리처드를 찾았다. 고전적인 기사도의 아량에 따라 사자왕은 어린 카밀에게 별명을 붙여주고 그에게 기사의 허리띠를 둘러주었다.

그러나 그러한 기사도의 연극은 반항적인 프랑크 기사들의 인기를 얻지 못했다. 기사들은 지금 당장 예루살렘으로 돌격할 것을 주장했다. 6월 10일, 리처드는 기사들을 데리고 바이트 누바로 갔고 작열하는 열기 속에 진영을 세우고는 다음엔 무엇을 할 것인가를 가지고 3주간 언쟁을 벌였다.

리처드는 몽주아Montjoie로 이어지는 몇몇 지점까지 정찰을 나감으

---

* 1192년 4월, 리처드는 결국 결혼을 통해 겨우 예루살렘 왕이 된 기가 실패한 카드라는 것을 깨았다. 그 대신 리처드는 이사벨라 여왕의 남편 몬페라토의 콘래드를 예루살렘 왕으로 인정했다. 그러나 며칠 후 콘래드는 암살자들에게 살해당했다. 영국의 리처드와 프랑스의 필리프 두 사람 모두의 조카였던 샹파뉴Champagne 백작 앙리Henry가 예루살렘 여왕 이사벨라와 결혼했다. 스물한 살밖에 안 된 이사벨라는 콘래드의 아이를 임신한 상태에서 세 번째 남편을 맞았다. 앙리는 예루살렘 왕이 되었다. 기에게 보상을 하기 위해 리처드는 키프로스를 기에게 팔았으며 기 가문은 3세기 동안 키프로스를 지배했다.

로써 긴장을 누그러뜨렸다. 리처드는 말에서 내려 기도하는 사람들과 이야기를 나눴는데, 예루살렘의 영광을 가리기 위한 방패를 들고 아마 이렇게 말한 것 같다. "신이여, 적들을 제거하지 못한 채로 예루살렘을 보지 않게 해주소서."

리처드는 술탄의 군대에 첩자들을 심었고 첩자들은 살라딘의 왕자들이 이집트에서 낙타 부대 증원군을 이끌고 온다는 것을 알렸다. 베두인 옷차림을 한 리처드는 500명의 기사와 1,000명의 기병들을 이끌고 이집트인들을 매복공격했다. 그는 이집트 군인들을 흩어버리고 대상들을 체포하며 3,000마리의 낙타와 보급품들을 챙겼다. 이는 아마도 예루살렘 또는 이집트로 진격하기에 충분했을 것이다.

살라딘의 신하 이븐 샤다드는 "살라딘에게 그것은 통탄할 일이었지만 나는 그를 진정시키려고 애썼다"라고 말했다. 예루살렘에서 걱정에 사로잡힌 살라딘은 거의 공황상태가 됐고 압박감은 견디기 힘든 정도였다. 살라딘은 예루살렘 주변의 우물들에 독을 탔고 빈약한 군대를 아들들의 손에 맡겼다. 살라딘의 병력은 부족했기 때문에 그는 불안해하며 이라크에서 사파딘을 불렀다.

7월 2일, 살라딘은 작전 회의를 주관했지만 살라딘의 장군들은 리처드의 귀족들만큼이나 믿을 만하지 않았다. 이븐 샤다드는 회의를 시작하며 이렇게 말했다. "우리가 할 수 있는 최상의 일은 바위 돔에 모두 모여 죽음을 준비하는 것입니다." 그러자 침묵이 흘렀다. 말없이 앉아 있던 장군들에게 그 말은 "마치 머리 위에 새가 앉는 것"과 같았다. 회의에서는 살라딘이 예루살렘 안에서 마지막 저항을 해야 할지, 포위의 덫을 피해야 할지를 의논했다. 술탄은 자신이 없으면 부하들은 곧 항복할 것임을 알고 있었다. 마침내 살라딘이 말했다. "너희는 이슬람의 군대다. 고삐를 돌려라.

그러면 저들은 두루마리를 손에 넣듯 이 땅을 차지할 것이다. 너희들의 책임이다. 그 때문에 내가 이 모든 세월 동안 너희들에게 국고의 돈을 대준 것이 아니냐." 장군들은 싸우기로 결심했지만 다음 날 돌아와서는 아크레와 같이 포위될까 두렵다고 말했다. 성벽 밖에서 싸우고 최악의 경우 일시적으로만 예루살렘을 빼앗기는 편이 더 낫지 않은가? 장군들은 살라딘 또는 아들들 가운데 하나가 예루살렘에 머물 것을 주장했고 그렇지 않을 경우 투르크인들이 쿠르드인들과 싸움을 벌일 것이라고 강하게 말했다.

살라딘은 예루살렘 안에 머물렀다. 첩자들은 리처드의 문제점들에 대한 정보를 계속해서 가져다주었다. 7월 15일, 1099년에 예루살렘을 점령했던 그날이 가까웠을 때 십자군들은 또 하나의 십자가 조각을 발견했다. 이것은 군사들의 사기를 상승시킨 시의적절한 기적이었다. 그러나 부르고뉴Burgundy 공작의 지휘를 받는 프랑크인들과 리처드의 지휘를 받는 앵글로 앙주인들은 서로 싸움을 벌이기 직전까지 갔고 우스꽝스런 표어들과 지저분한 노래들로 서로를 욕했다. 음유시인이었던 리처드는 자작곡을 끄적거렸다.

살라딘은 긴장으로 거의 병이 날 지경이었다. 7월 3일 화요일 밤, 이븐 샤다드는 너무 걱정이 된 나머지 살라딘에게 위로의 예배문을 처방했다. "우리는 오늘날 우리가 가질 수 있는 최고의 축복을 얻어 평화 속에 있습니다." 금요예배에서 술탄은 두 번의 라카스rakas, 즉 허리를 굽혀 절을 한 다음 두 번 완전히 엎드리는 의식을 행했다. 살라딘은 그러한 의식을 수행한 후 공개적으로 흐느꼈다. 한밤중에 첩자들은 프랑크군이 짐을 꾸리고 있다고 보고했다. 7월 4일, 리처드는 후퇴했다.

살라딘은 기뻐했고 말을 타고 나가서 총애하는 아들 자히르를 만나 두 눈 사이에 입을 맞추고 그를 예루살렘까지 데리고 갔다. 예루살렘에서 자히르는 부왕과 함께 호스피톨러 기사단장의 궁에 머물렀다. 그러나 양편은 모두 탈진해 있었다. 리처드는 영국에서 동생 존이 반란을 개시하기 직전이라는 보고를 받았다. 자기 땅을 지키고 싶었다면 그는 그 즉시 돌아갔어야 했다.

리처드의 난관에 고무된 살라딘은 7월 28일 자파에 대한 기습공격을 감행했고 투석기를 이용한 폭격 후 신속하게 자파를 점령했다. 이튿날 샤다드가 항복협상을 하는 동안 살라딘의 아들 자히르는 망루에서 잠이 들었다. 갑자기 사자왕 리처드가 주홍색 깃발이 달린 갤리선을 타고 해안에 나타났다. 리처드는 적시에 도착했다.

일부 프랑크군들이 여전히 버티고 있었다. 리처드는 석궁을 쏘며 해안에 내렸다. "머리칼도 빨갛고 옷도 빨갛고 깃발도 빨간색이었다." 그는 긴 장화를 벗고 갑옷을 입을 시간도 없이 단 17명의 기사들과 수백 명의 보병을 이끌고 덴마크식 전투도끼를 휘두르며 대담한 기습공격을 연출하면서 자파를 재탈환했다.

그 후 리처드는 살라딘의 신하들을 조롱했다. "너희들의 술탄은 위대하다고는 하지만 어찌 내가 오자마자 떠날 수가 있느냐? 난 그저 장화를 신었을 뿐이고 갑옷조차 입지 않았다!" 살라딘과 사파딘은 리처드에게 선물로 아랍 말들을 보냈지만 곧 반격을 가한 것을 보면 그러한 기사도는 그저 지연전략이었을 가능성이 크다. 리처드는 그들을 물리쳤고 사라센들에게 일대일 격투를 요구했다. 그는 창을 세우고 군사들 사이를 달려 내려갔다. 그러나 결투를 받아들인 사람은 없었다.

살라딘은 또 한 번의 공격을 명했지만 장군들은 이를 거절했다. 살라딘은 분노한 나머지 그 반항적인 장군들을 잔기처럼 십자가에 처형시켜버릴지를 고민했다. 그러나 살라딘은 마음을 가다듬고 다마스쿠스에서 방금 도착한 장군들을 불러 과일음료를 대접했다.

　　왕과 술탄은 교착상태가 될 때까지 싸웠다. "너희들과 우리는 모두 망했다." 리처드는 살라딘에게 털어놓았다. 협상을 하는 동안 양측의 장군들은 쓰러지고 중병에 걸렸고 자원도 전의도 완전히 바닥나버렸다.

28장
살라딘 왕조
1193~1250년

술탄의 죽음

1192년 9월 2일, 술탄과 왕은 자파조약에 합의했으며 이것은 최초의 팔레스타인 분할이었다. 그리스도 왕국은 아크레를 수도로 하는 새로운 생명연장을 받아들였고 살라딘은 예루살렘을 유지하면서 그리스도인들이 제한 없이 성묘에 접근할 수 있도록 허용했다.

예루살렘으로 돌아오는 길에 살라딘은 동생 사파딘을 만나 땅에 입을 맞추고 신께 감사를 표했고 둘은 바위 돔에서 함께 예배를 드렸다. 리처드가 이슬람 예루살렘을 방문하기를 거절했음에도 불구하고 기사들은 순례를 위해 예루살렘으로 모여들었고 살라딘의 영접을 받았다. 술탄은 그들에게 십자가를 보여주었지만 후에 그 최후의 유물은 사라졌다. 영원히 사라졌다.

리처드 왕의 참모 허버트 월터Hubert Walter가 예루살렘에 있을 때 그는 살라딘과 함께 리처드에 대한 의견을 나누었다. 살라딘은 리처드가 지혜와 중용이 부족하다는 견해를 내놓았다. 월터 덕분에 살라딘은 라틴 사제들이 성묘로 돌아갈 수 있게 허락했다. 비잔틴 황제 이삭 앙겔루스Issac

Angelus는 정교회도 성묘에 들어갈 수 있게 해달라고 했다. 이에 살라딘은 자신의 감독 아래 들어갈 수 있다고 정하고는 셰이크 가님 알 카즈라지 Sheikh Ghanim al-Khazraji를 교회 관리인으로 임명했다. 그곳은 그들의 후손 누세이베 가문Nusseibeh family이 현재까지도 맡고 있다.

두 주인공은 한 번도 직접 만나지 못했다. 10월 9일, 리처드는 유럽으로 항해를 시작했다.* 살라딘은 이븐 샤다드를 예루살렘의 식물들을 감독하는 자리에 임명했다. 이븐 샤다드의 비망록은 매우 생생한 자료 역할을 해왔다. 이제 살라딘은 다마스쿠스를 향해 떠났다.18)

그곳에서는 가정생활의 기쁨이 그를 기다리고 있었지만(살라딘에게는 17명의 아들이 있었다) 그의 나이는 이제 쉰네 살이었고 지쳐 있었다. 아들 자히르는 아버지와 헤어지는 것을 견딜 수 없어 했는데, 어쩌면 두 사람은 서로 다시는 만날 수 없으리라는 것을 감지했는지도 모른다. 자히르는 계속 작별인사를 하다가도 다시 돌아와서는 살라딘에게 입을 맞추었다. 궁전에서 이븐 샤다드는 프랑크 귀족들과 투르크 장군들이 알현을 위해 기다리고 있는 동안 술탄이 주랑에서 손자와 노는 것을 보았다.

며칠 후, 메카에서 온 하즈 대상을 영접한 후 살라딘은 고열로 쓰러졌는데, 아마도 장티푸스 때문이었을 것이다. 의사들이 사혈을 했지만 병세는 더욱 악화됐다. 살라딘이 더운 물을 달라고 했는데 가져온 물은 너무 차가웠다. 그는 "하늘이시여, 물조차 똑바로 가져다줄 사람이 없단 말입니까!"라며 한탄했다. 1193년 3월 3일 새벽, 살라딘은 《쿠란》 암송을 들

---

* 돌아오는 길에 리처드는 체포되어 독일 황제 하인리히 6세Heinrich VI에게 넘겨졌다. 하인리히 6세는 영국이 거액의 몸값을 지불할 때까지 리처드를 1년 넘게 가두어두었다. 그는 귀환하면서 프랑스 왕과 싸웠고 사라센 군인들 몇 명과 그리스 화약의 비밀을 가지고 왔다. 1199년, 프랑스의 작은 성을 포위하던 중 한 궁수의 석궁에 맞아 죽었다. 스티븐 런시먼Steven Runciman은 "그는 나쁜 아들, 나쁜 남편, 나쁜 왕이었지만 용감하고 화려한 군인이었다"고 말한다.

으며 죽었다. 이븐 샤다드는 "나와 다른 사람들은 왕을 위해 우리 목숨이라도 바쳤을 것이다"라고 말했다. 샤다드는 다음과 같이 반추했다.

그리고 그 세월도 그 사람들도 떠나갔다.
마치 모든 것이 꿈이었던 것처럼.

또 다른 예수, 무아잠 이사

살라딘의 아들들은 그 후 6년에 걸쳐 끊임없이 뭉치고 흩어짐을 거듭하며 서로 싸웠고 그 가운데 기민한 삼촌 사파딘이 중재 역할을 맡았다. 큰 아들들인 아프달, 자히르, 아지즈가 다마스쿠스, 알레포, 이집트를 차지했고 사파딘은 요르단 너머와 에데사를 다스렸다.

스물두 살이던 아프달은 그가 선망하던 예루살렘을 물려받았다. 그는 성묘교회 바로 옆 오른쪽에 오마르 모스크를 건설했고 마그레비Maghrebi 구역에 북아프리카인들을 정착시켰다. 그는 마그레비 구역의 서쪽 벽에서 몇 미터 떨어진 곳에 아프달리야Afdaliyya 마드라사를 건축했다.

술꾼이며 영리하지 못했던 아프달은 충성심을 불러일으키기가 어렵다는 것을 알았다. 예루살렘은 서로 전쟁하는 형제들 사이를 오갔다. 아지즈는 전쟁에서 이겨 술탄으로 등극한 후 곧바로 사냥을 나갔다가 죽었다. 살아남은 형제 아프달과 자히르는 삼촌에게 도전했지만 사파딘은 두 사람 모두를 물리치고 제국을 차지했으며 20년간 술탄으로서 통치했다.

냉정하고, 우아하고, 무뚝뚝한 사파딘은 살라딘과는 전혀 달랐다. 동시대의 어떤 사람도 애정을 갖고 그를 묘사하지 않았지만 그럼에도 모든 사람이 그를 존경했다. 그는 "뛰어난 성공을 거두었는데 아마도 형제들 가운데 가장 뛰어났을 것이다." 예루살렘에서 사파딘은 성전 수도원의 프랑크 전리품들을 이용하여 이중문을 건설하게 했고(사슬 문과 신의 현존 문, 아마도 십자군의 아름다운 문이 있던 자리였을 것이다) 이중 돔 현관과 기둥머리에는 동물들과 사자를 조각했다. 그것은 아직도 성전산의 서쪽 주요 출입구를 형성하고 있다.

그러나 사파딘이 술탄이 되기도 전인 1198년부터 그의 둘째 아들 무아잠 이사Muazzam Isa(이사는 아랍어로 예수)가 시리아 지역을 다스렸다. 1204년, 무아잠은 예루살렘을 자신의 본거지로 삼고 아모리의 궁을 거처로 삼았다. 살라딘 이후 가문에서 가장 인기가 높았던 무아잠은 느긋하고 개방적인 성격이었다. 철학과 과학을 공부하기 위해 학자들을 찾아갈 때 그는 평범한 학생처럼 걸어다녔다. 역사가 이븐 와실Ibn Wasil은 "나는 예루살렘에서 그를 보았다. 남녀노소가 그와 어깨를 부딪쳤고 누구도 그들을 밀쳐내지 않았다. 담대함과 높은 유머감각에도 불구하고 무아잠은 과시욕이 거의 없었다. 그는 동행자가 거의 없이 극소수의 수행원만 데리고 다녔다. 머리에 노란 모자를 쓰고 시장과 길거리를 쏘다녔고 길을 치우게 하지도 않았다." 예루살렘에서 가장 다작을 한 건설자 가운데 하나인 무아잠은 성벽을 재건하고 일곱 개의 거대한 탑을 건설했으며 성전산의 십자군 구조물들을 무슬림 성소들로 바꾸었다.*

---

* 그가 지은 탑들 가운데 여섯 개의 기초를 오늘날에도 볼 수 있다. 무아잠은 성전산에 돔을 씌운 초급학교, 화려한 아치, 그리고 알 아크사로 들어가는 돔 출입구를 세웠다. 무아잠은 아마도 팔각형의 솔로몬 돔, 즉 쿠르시 이사Kursi Isa(예수의 옥좌라는 뜻. 한편 예수는 이사 자신이 예수일 수도 있다)와 승천 돔Dome of the Ascension을 건설하기 위해 프랑크의 전리품을 사용했을 것이다. 승천 돔에는 1200~1201년으로 추정되는 비문이 있다. 그러나 두 돔은 모두 원래는 십자군의 건물이었을 가능성이 있다. 프랑크식 기둥머리 장식과 우아한 프랑크식 인조 등잔으로 덮인 승천 돔의 세례단은 템플룸 도미니에서 유래한 것일 수 있다. 황금 문을 막은 사람도 무아잠이다.

1209년, 무아잠은 프랑스와 영국에서 온 300가구의 유대인 가족들을 예루살렘에 정착시켰다. 스페인의 유대인 시인, 유다 알 하지리Judah al-Harizi가 예루살렘에 순례를 왔을 때 그는 성전 때문에 애통해하면서도 무아잠과 살라딘 왕조를 찬양했다. "우리는 매일 나가서 시온을 위해 목놓아 울었고 파괴된 궁전을 슬퍼했으며 올리브 산에 올라가 영원한 자 앞에 엎드렸다. 우리의 거룩한 마당이 이방인의 성전이 된 것을 보니 얼마나 가슴이 아팠겠는가?"

1218년, 명목상 예루살렘 왕 브리엔Brienne의 존John이* 제5차 십자군을 이끌고 이집트를 공격했을 때 무아잠의 업적들은 순식간에 폐허가 되었다. 십자군은 다미에타Damietta 항구를 포위했다. 이제 마흔일곱 살이 된 사파딘이 군대를 이끌었지만 다미에타의 사슬 탑이 함락됐다는 소식을 듣고 죽었다. 무아잠이 새로운 술탄이자 큰 형 카밀을 돕기 위해 서둘러 이집트로 갔다. 그러나 두 형제는 곤경에 처했고 십자군에게 이집트를 떠나달라고 두 번이나 요청했다. 1219년 봄, 가문 전체가 위기에 처한 가운데 무아잠은 "프랑크군이 예루살렘을 점령할 경우 예루살렘에 사는 모든 사람들을 죽이고 시리아를 점령할 것"이라고 주장하면서 예루살렘의 모든 요새들을 파괴하기로 하는 쓰라린 결정을 내렸다.

예루살렘은 무방비 상태가 되었고 텅 빈 것이나 다름없었다. 거주민들은 무리를 지어 도망쳤다. "여성들, 소녀들, 노인들이 하람에 모여들었고, 머리카락과 옷을 쥐어뜯으며 사방으로 흩어졌다." 마치 '심판의 날'

---

* 한편 이사벨라 여왕은 결혼에 있어서는 불행했다. 그녀의 세 번째 남편, 샹파뉴의 앙리는 예루살렘 왕으로서 아크레를 다스렸고 이사벨라와의 사이에 두 명의 딸을 더 낳았다. 그러나 1197년 독일 십자군들과 만나던 중 난쟁이에게 유인당해 뒷걸음질 치다 창문 밖으로 떨어졌다. 그 후 이사벨라는 키프로스 왕, 루지냥의 아모리와 결혼했다. 그는 1205년 백숭어를 과식하고 죽었다. 그가 죽자 이사벨라의 딸 마리아(이제는 예루살렘의 여왕이 된)는 브리엔의 기사 존과 결혼했고 딸 욜랑드Yolande를 낳았다.

과도 같았다. 그러나 십자군들은 어리석게도 예루살렘 형제들의 제안을 거부했다. 십자군 자체도 분열했다.

십자군들이 떠나자 최대의 위기 기간 동안 협력했던 카밀과 무아잠은 주도권을 놓고 잔인한 형제의 전쟁을 시작했다. 예루살렘은 사실상 19세기까지도 회복되지 못했다. 예루살렘의 성벽들에 대한 우화는 그 전이나 그 후에도 있었지만, 예루살렘에는 3세기 동안 성벽이 없었다. 그러나 예루살렘은 다시 한 번 가장 불가능해 보이는 평화협정으로 인해 주인이 바뀔 운명에 처했다.19)

세계의 불가사의, 계시의 짐승

1225년 11월 9일, 브린디시Brindisi의 한 성당에서 신성로마의 황제이자 시칠리아 왕 프리드리히 2세는 열다섯의 예루살렘 왕녀 욜랑드와 결혼했다. 결혼식이 끝나자마자 프리드리히는 예루살렘 왕의 직함을 취하고 십자군을 출범시킬 준비를 했다. 프리드리히의 적들은 그가 새로운 아내의 시녀들을 유혹하는 한편 사라센 창녀들의 하렘을 만들어 놀아났다고 주장했다. 이는 프리드리히의 장인 브리엔의 존을 놀라게 했고 교황을 실망시켰다. 그러나 프리드리히는 이미 유럽에서 가장 강력한 군주였으며 (나중에 프리드리히는 스투포르 문디Stupor Mundi, 세계의 불가사의라 불렸다) 모든 일을 자신의 방식대로 해냈다.

초록색 눈과 연한 갈색의 머리카락을 가진, 반은 독일인이자 반은 노르만인이었던 호엔슈타우펜Hohenstaufen의 프리드리히는 시칠리아에서 자랐다. 유럽 어디에도 그가 거했던 팔레르모의 궁정과 같은 곳은 없었다. 팔레르모의 궁정은 그리스도교와 이슬람을 고유하게 혼합시키면서 노르만, 아랍, 그리스 문화를 결합했다. 프리드리히를 독특한 사람으로 만든 것은 그와 같은 양육 환경이었는데 프리드리히 또한 자신의 기벽을 자랑했다. 프리드리히의 수행단은 술탄식 하렘, 동물원, 50마리의 매 조련사들(프리드리히는 《새를 이용한 사냥기술The Art of Hunting with Birds》이라는 책을 썼다), 아랍인 호위병, 유대인 및 무슬림 학자들로 구성되었으며, 때로는 스코틀랜드 마법사와 그리스 사제도 포함되었다. 확실히 프리드리히는 그리스도교 세계의 다른 어떤 왕보다 문화적으로 레반트인다웠다.

그러나 그것이 그가 시칠리아의 아랍 반란군을 무자비하게 탄압하는 것을 막아내지는 못했다. 프리드리히는 포로가 된 아랍 반란군 대장의 배를 쇠갈고리를 이용하여 자신이 직접 갈랐다. 프리드리히는 시칠리아에서 아랍인들을 내쫓았지만 루체라Lucera에 새로운 아랍 마을을 지어주고 모스크와 궁전들을 두었다. 그 궁전은 프리드리히가 가장 아끼는 거처가 되었다.

그러나 프리드리히를 삼킨 것은 이국적 취미가 아니라 권력이었다. 프리드리히는 두 번이나 그를 파문하고 적그리스도로 비난했으며 온갖 기이한 중상모략을 이용해 협박했던 질투심 많은 교황에게 맞서 발트해Baltic에서 지중해까지 이르는 광대한 영토를 방어하는 데 일생을 바쳤다. 프리드리히는 비밀스런 무신론자 혹은 무슬림이었다고도 하며 모세, 예수, 무함마드를 사기꾼이라고 말하기도 했다고 한다.

프리드리히는 중세의 프랑켄슈타인 박사로 묘사되었다. 그는 영혼이 빠져나올 수 있는지를 보기 위해 죽어가는 사람을 나무통 속에 넣고 밀봉했다. 또한 소화에 대해 연구하기 위해 한 남자의 배를 갈랐다. 그리고 아이들이 언어를 어떻게 배우는지 알아보기 위해 아이들을 독방에 가

두었다.

　프리드리히는 자신과 자기 가문의 권리를 매우 중요하게 여겼다. 그는 사실 자신이 황제로서 비잔틴을 모범으로 하는 보편적인 거룩한 군주가 되어야 하고, 십자군의 후예이자 샤를마뉴의 후계자로서 예루살렘을 해방시켜야 한다고 믿는 전통적인 그리스도인이었다. 프리드리히는 이미 두 번이나 십자군을 결성했지만 출발은 계속 지연되었다.

　이제 예루살렘의 왕이 된 프리드리히는 진지하면서도 (당연히) 자신의 스타일에 맞는 원정 계획을 세웠다. 그는 임신한 왕비(예루살렘 여왕)를 팔레르모의 하렘에 두고, 교황에게는 십자군을 이끌고 출발하겠다고 약속했다. 그런데 열여섯 살의 욜랑드가 아들을 낳은 후 죽었다. 프리드리히는 결혼을 통해 예루살렘 왕이 되었으므로 이제는 그의 아들이 예루살렘 왕이 되어야 했다. 그러나 프리드리히는 그런 세부적인 일이 새로운 방식의 십자군 원정을 방해하게 하지 않았다.

　프리드리히는 살라딘 궁정의 라이벌들을 이용함으로써 예루살렘을 차지하고자 했다. 사실 술탄 카밀은 예루살렘을 차지하고 있던 무아잠을 쫓아내도록 도와주면 그 대가로 예루살렘을 주겠다고 프리드리히에게 제안했다. 프리드리히는 1227년 마침내 출발했으나 병이 들어 돌아오고 말았다. 그러나 교황 그레고리 4세는 그를 파문했다. 그것은 단순히 십자군에 대한 불만이 아니었다. 교황은 독일 기사단의 기사들과 보병들을 앞서 보냈고, 교황이 1228년 아크레에서 십자군에 합류한 바로 그때 무아잠이 죽고 카밀이 팔레스타인을 점령했다. 무아잠이 프리드리히에게 했던 제안은 철회되었다.

　그러나 카밀은 무아잠의 아들, 그리고 프리드리히와 그의 군대와도 싸워야 했다. 카밀은 양쪽 모두의 위협을 감당할 수 없었다. 황제와 술탄은 예루살렘을 놓고 싸우기엔 너무 힘이 없었고, 따라서 비밀협상을 시작했다.

카밀은 프리드리히만큼이나 전통과 거리가 먼 사람이었다. 소년시절 사파딘의 아들은 리처드 왕에게서 직접 기사작위를 받았다. 황제와 술탄이 예루살렘의 분할을 협상하는 동안 그들은 아리스토텔레스의 철학과 아랍의 기하학에 대해서 논쟁했다. 프리드리히는 카밀의 특사에게 말했다. "나는 예루살렘을 차지할 야심은 없다네. 단지 나에 대한 그리스도인들의 평판을 유지하고 싶을 뿐이네." 무슬림들은 그가 그리스도교를 그저 하나의 도박으로 여길 뿐이라는 사실에 놀랐다. 술탄은 황제에게 무희들을 보냈고 황제는 그리스도교 무희들로 무슬림 손님들을 즐겁게 했다. 대주교 제롤드Gerold는 프리드리히의 가수들과 광대들을 "그리스도인들의 입에 담을 수 없는 천하고 부끄러운 사람들"이라고 깎아내렸고 그 후에도 물론 비판을 계속했다.

협상기간에 프리드리히는 매를 데리고 사냥을 하고 새로운 정부들을 유혹하며 정부들 가운데 하나를 위해 음유시를 연주했다. "아, 나는 나의 숙녀와의 달콤한 동행을 추억하면서 그녀와 떨어져 있는 것이 그토록 힘든 일인 줄을 몰랐네. 행복의 노래여, 시리아의 꽃에게로, 나의 심장을 가두어둔 그녀에게로 가라. 그녀가 시킨 모든 일을 완수할 때까지 그녀의 사랑으로 인해 고통받을 종을 기억해달라고 그 사랑스러운 여인에게 간청해다오."

협상이 지연되자 프리드리히는 자파 해변을 따라 리처드의 발밑까지 군대를 전진시켜 예루살렘을 위협했다. 전략은 통했으며 1229년 2월 11일, 프리드리히는 꿈도 꾸지 못했던 일을 해냈다. 10년간의 평화를 조건으로 카밀은 해안으로 가는 길목과 함께 예루살렘과 베들레헴을 양보했다. 무슬림은 예루살렘에서 성전산을 소유하며 카디의 지배 아래 출입과 예배의 자유를 갖는다. 이 협상에서 유대인들은 배제되었지만(대부분의 유대인들이 예루살렘에서 도망쳤다) 이 공동주권협약은 예루살렘 역사상 가장 대범한 평화협상으로 남아 있다.

그러나 두 세계 모두 공포를 느꼈다. 다마스쿠스에서 무아잠의 아들 나시르 다우드Nasir Daud는 공개적인 호곡을 명했다. 군중들은 그 소식을 듣고 흐느껴 울었다. 카밀은 "우리는 일부 교회들과 폐허가 된 집을 내주었을 뿐이다. 성소 구역들과 바위 돔은 여전히 우리 것이다"라고 주장했다. 그러나 협상은 카밀에게 이롭게 작용했다. 카밀은 자신의 왕권 아래에 살라딘의 제국을 재통합할 수 있었다. 대주교 제롤드는 예루살렘을 방문한 자를 파문하는 것을 금지시켰고 성당 기사들은 성전산을 회복하지 못했다는 이유로 프리드리히를 비판했다.

3월 17일 토요일, 프리드리히는 아랍 호위병들과 시종들, 독일과 이탈리아 군대, 독일 기사단, 두 명의 영국 주교들을 대동하고 자파의 성문에서 술탄의 대변인이자 나블루스의 카디, 샴 알 딘Sham al-Din과 만났다. 샴 알 딘은 프리드리히에게 예루살렘의 열쇠들을 내주었다.

많은 무슬림들이 떠나 거리가 텅 비었고 정통파 시리아인들은 라틴인들의 재기에 침울해졌다. 프리드리히의 시대는 짧았다. 카이사레아의 주교가 대주교의 파문과 예루살렘을 금지구역으로 만들 것을 요구하러 오는 길이었다.[20]

프리드리히의 퇴장

호스피톨러 기사단장의 저택에서 밤을 보낸 후 프리드리히는 사제들은 없고 독일 군인들이 가득한 성묘교회에서 특별예배를 했다. 그는 칼바리 제단에 왕관을 바친 다음 다시 자기 머리에 썼다. 이는 자신을 그리스도교 세계 전체의 최고군주로 내세우기 위한 대관의식이었다. 그는 영국의 헨리 3세에게 이렇게 설명했다. "우리 가톨릭 황제들은 전능한 신께서 그의 왕좌로부터 우리에게 주신 왕관을 쓰고 있으며 신의 특별한 은총으로 우리는 신의 종 다윗의 집에서 세계의 왕자들 가운데 가장 높은 자리에 올랐습니다." 프리드리히는 자신의 중요성을 과소평가하는 사람이 아니었다. 그의 으스스하면서도 웅장한 무대연출은 다윗 왕의 성전을 대신한다고 여긴 성묘교회에서 거룩한 왕, 마지막 날의 신비주의적 황제에게 왕관을 씌우는 것이었다.

그 후 황제는 성전산을 돌아보았고 바위 돔과 알 아크사를 경이롭게 바라본 뒤 아름다운 미흐라브를 칭송하고 누르 알 딘의 민바르로 올라갔다. 프리드리히는 신약 성서를 들고 알 아크사로 들어가려는 한 사제를 발견했을 때 그를 넘어뜨리고는 이렇게 말했다. "돼지야! 신께 맹세컨대, 너희들 하나라도 허락 없이 이곳에 들어오면 그 눈을 뽑아버리겠다!"

무슬림 관리자들은 이 붉은 수염의 괴짜를 어떻게 대해야 할지를 몰랐다. 무슬림 관리자들 가운데 한 명은 눈치 없게도 "그가 노예였다면 200디르함의 가치도 없을 텐데"라고 중얼거렸다.

그날 밤 프리드리히는 무에진들의 소리가 들리지 않는다는 것을 알았다. 그는 술탄의 대리인에게 말했다. "카디여, 지난밤에는 왜 무에진들이 예배신호를 내지 않았는가?"

"제가 무에진들에게 폐하를 위해 예배신호를 내지 말라고 권고했습니다"라고 카디는 대답했다. "옳지 않다." 프리드리히는 대답했다. "내가 예루살렘에서 밤을 지내는 것은 주로 무에진들의 예배 소리와 한밤중 신께 올리는 찬송 소리를 듣기 위함이었다." 적들은 프리드리히를 이슬람 혐오자라고 생각했지만 프리드리히는 어쩌면 그의 독창적인 협상안을 확실히 적용하는 데 더 관심이 있었는지도 모른다. 무에진들이 한낮 예배 시간을 알리자 모든 시종과 시동들, 교사들까지도 예배를 위해 엎드렸다.

그날 아침 카이사레아의 주교가 자신의 파문령을 가지고 도착했다. 황제는 다윗 탑에 있는 수비대를 떠나 아크레로 돌아갔다. 프리드리히는 그곳에서 귀족들과 성당 기사들의 배은망덕한 적대에 직면한다. 이제 이탈리아 교황의 공격을 받는 상황에서 황제는 은밀하게 출발을 계획했다. 그러나 5월 1일 새벽, 아크레의 폭력배들은 정육점 거리에서 동물들의 내장을 모아다가 프리드리히에게 던졌다. 배를 타고 브린디시로 돌아가면서 프리드리히는 시리아의 꽃을 몹시 그리워했다. "떠나 온 이후로 이 배에 오를 때처럼 고통스러웠던 적이 없었다. 이제 나는 그녀에게 곧바로 돌아가지 않으면 틀림없이 죽으리라는 것을 믿는다."21)

오래 머무른 것도 아니었고 다시 돌아오지도 않았지만 프리드리히는 공식적으로는 10여 년간 예루살렘의 주인이었다. 프리드리히는 다윗 탑과 왕궁을 독일 기사단에게 주었다. 프리드리히는 독일 기사단의 단장인 살자Salza의 헤르만Hermann과 윈체스터의 주교 피터에게 다윗 탑을 수리하도록 명하고(그중 일부는 오늘날에도 남아 있다) 성 스테반 문(현재의 다마스쿠스 문)을 강화하도록 명했다. 프랑크인들은 "교회의 소유권을 다시 주장하고 오래된 건물들을 보수해서 소유했다." 유대인들은 다시 출입이 금지되었다. 성벽이 없는 상태에서, 예루살렘은 불안했다. 몇 주 후 헤브론과 나블루스의 이맘들은 1만 5,000명의 농부들을 이끌고 성안으로 들어왔고 그리스도인들은 탑 안으로 숨어들었다. 아크레에서는 무슬림 침입자들을 내몰기 위해 지원군을 보냈고 예루살렘은 여전히 그리스도교 영토로 남았다.*

1238년, 술탄 카밀이 죽었다. 그의 죽음은 살라딘 왕조를 더욱 피비린내 나는 전쟁으로 몰아갔다. 곧이어 샹파뉴의 티볼트Thibault 백작 주도 아래 새로운 십자군이 일어났다. 십자군이 패배하자 무아잠의 아들 나시르 다우드는 예루살렘으로 뛰어가 21일간 다윗 탑을 포위했고 마침내 1239년 12월 7일에 함락되었다. 나시르 다우드는 새로운 요새들을 파괴했고 서로 전쟁을 하던 살라딘 가문의 형제들은 성전산에서 평화를 맹세했다. 그러나 가문의 불화, 그리고 헨리 3세의 형제, 콘월Cornwall의 리처드 백작을 필두로 한 영국 십자군의 도착은 예루살렘을 프랑크군에 다시 넘겨줄 수 없게 만들었다.

이번에는 성당 기사단이 무슬림들을 쫓아냈고 성전산을 회복했다. 바위 돔과 알 아크사는 다시 교회가 되었다. "나는 거룩한 바위를 담당한 수도사들을 보았다"고 이븐 와실은 기억했다. "나는 그곳에서 예배용 포도주 병들을 보았다."22) 성당 기사단은 예루살렘을 강화하기 시작했다. 그러나 빠르게 진행되지는 않았다. 가문 내의 정적들과 싸우기 위해 새로

---

* 프리드리히와 카밀은 우정을 유지했다. 술탄은 황제에게 보석이 박힌 천문관planetarium을 보냈다. 천문관은 시계인 동시에 움직이는 하늘 지도였다. 그리고 코끼리도 보냈다. 프리드리히는 카밀에게 북극곰을 보냈다. 프리드리히는 남은 생애 동안 독일과 이탈리아의 이중 계승을 지키기 위해 교황들과 끊임없이 싸웠다. 교황들은 〈계시록〉의 짐승들과도 같이 프리드리히를 자극했다. 프리드리히의 장남, 로마 왕 헨리가 그를 배신했다. 프리드리히는 아들을 평생토록 감옥에 가두었고 욜랑드가 낳은 아들 콘래드를 자신의 후계자, 곧 예루살렘 왕으로 임명했다. 이 불가사의한 황제는 1250년 이질로 죽었고 팔레르모에 묻혔다. 콘래드가 일찍 죽자 예루살렘의 왕관은 콘래드의 아기, 콘라딘Conradin에게 계승되었다. 콘라딘은 열여섯 살 때 참수형을 당했다. 그러나 프리드리히의 명성은 더욱 커져갔다. 시간이 흐르면서 자유주의자들은 그의 현대적 관용을 칭송했다. 한편 히틀러와 나치는 그를 니체가 말한 초인으로 숭배했다.

운 술탄 살리흐 아유브Salih Ayyub는 타타르인 해적들과 새로 생긴 몽골제국에게 쫓겨난 중앙아시아의 유목민 기병대를 고용했다.

그러나 살리흐는 그들을 통제할 수 없었다. 1만 명의 크와리즘 타타르인들이 예루살렘으로 달려오고 있었다. 이는 그리스도인들을 공포에 떨게 하는 일이었다.

바르카 칸과 타타르인의 파국

1244년 7월 11일, 바르카 칸Barkha Khan이 이끄는 타타르 기병들이 예루살렘으로 모여들었다. 그들은 예루살렘 거리에서 싸우면서 길을 뚫고 아르메니아 분견대를 격파하고 수도사들과 수녀들을 죽였다. 교회와 주택들을 파괴하고 성묘를 약탈하고 불을 질렀다. 사제들이 미사를 보는 동안 교회를 덮쳐서 제단 위에서 사제들의 목을 베었다. 예루살렘 왕들의 시체가 훼손되고 화려한 석관들이 산산이 부서졌다. 예수 무덤의 문가에 있던 돌은 옮겨졌다. 탑 안에 포위된 프랑크인들은 나시르 다우드에게 호소했고 나시르 다우드는 수비대가 안전하게 떠날 수 있게 해달라고 바르카를 설득했다. 6,000명의 그리스도인들이 자파를 향해 도망쳤지만 전장에 있는 프랑크 깃발들을 보고 지원군이 도착했다고 생각한 나머지 많은 사람들이 다시 돌아갔다. 타타르군은 그중 2,000명을 살해했다. 300명의 그리스도인들만이 자파에 도착했다. 타타르인들은 예루살렘을 완전히 파괴한 후 물러갔다.* 불타고 무너진 예루살렘은 1917년까지 그리스도교 영토가 되지 못했다.23)

1248년 루이 11세 왕이 이집트를 정복함으로써 다시 한 번 예루살렘을 회복하겠다는 희망으로 사실상 마지막 십자군을 이끌었다. 1249년 11월 십자군들은 카이로로 진격했는데 그곳의 술탄 살리흐 아유브는 이미 죽어가고 있었다.

미망인이자 여자 술탄 샤자르 알 두르Shajar al-Durr가 권력을 잡았고, 그녀는 양아들 투란샤Turanshah를 시리아에서 불렀다. 십자군은 과욕을 부렸고 맘루크, 즉 강력한 노예 부대에게 궤멸되었다. 루이 왕은 체포되었다. 그러나 새로운 술탄 투란샤는 자신의 병사들을 무시했다. 1250년 5월 2일, 투란샤는 승리를 기념하기 위해 연회를 열었고 많은 십자군 포로들도 참여시켰다. 그때 바이바르라는 이름의 당시 스물일곱 살의 금발 거인이 갑자기 일어나 칼을 뽑았다.

바이바르는 술탄을 향해 칼을 휘둘렀고 술탄은 피를 흘리며 나일 강으로 도망갔다. 맘루크들은 술탄을 향해 거침없이 불화살을 쏘아댔다. 술탄은 부상을 입은 채 나일 강에 서서 생명을 구걸했고, 마침내 맘루크 하나가 뛰어들어 머리를 자르고 가슴을 난도질했다. 술탄의 심장은 꺼내어져 연회에 와 있던 프랑스 왕 루이에게 보내졌다. 루이는 식욕이 완전히 달아나버렸다.

이집트의 살라딘 왕조가 끝났다. 저주받은 예루살렘은 반은 버려

---

* 이 타타르인들은 결국 1246년 살라딘의 후손들에게 패배했다. 전쟁에 도취했던 바르카 칸은 참수당했고 그의 머리는 알레포에 전시되었다. 그러나 바르카의 딸은 맘루크의 권력자, 미래의 술탄 바이바르와 결혼했다. 바르카의 아들들은 강력한 군벌들이 되었고 1260년에서 1285년 사이에 세련된 무덤, 투바tuba를 세웠으며 그것은 현재까지도 사슬 거리에 남아 있다. 그들은 그 무덤에 바르카를 묻었다. "이곳은 신의 자비가 필요한 종 바르카 칸의 무덤이다." 훗날 바르카의 아들들도 그곳에 함께 묻혔다. 그러나 고고학자들이 그 무덤을 조사했을 때 바르카의 시신은 그곳에 없었다. 바르카의 시신은 아마도 알레포에서 가져오지 못했을 것이다. 1846~1847년에 부유한 칼리디 가문이 그 무덤을 포함하여 사실상 그 거리 전체를 사들였다. 바르카의 무덤은 현재 1900년에 건립된 칼리디도서관의 독서실로 사용되고 있다. 그곳에는 현재 하이피 알 칼리디 역사의 주거지가 있으며 서쪽 벽이 아주 잘 보인다. 그 확장된 주택에는 위임통치 시대의 영국식 우편함이 있는데, 이는 예루살렘 역사의 폭을 상기시켜주는 진기한 것이다.

지고 반은 무너진 채 10년간의 혼란스런 권력 투쟁 속에서 여러 군벌들과 귀족들 사이를 오갔다.* 한편 중동에는 공포의 그림자가 덮쳤다. 1258년, 이미 세계 역사상 최대의 제국을 정복한 극동의 샤머니즘 집단인 몽골인들이 8만 명의 주민들을 학살하고 칼리프를 죽이는 등 바그다드를 유린했다. 몽골군은 다마스쿠스를 점령하고 가자까지 달려갔는데 그 길에 예루살렘을 공격했다. 이슬람은 그들을 물리칠 열정적인 사령관을 필요로 했다. 그 도전에 맞서 일어선 사람이 바이바르였다.24)

---

* 예루살렘은 때로는 시리아의 지배를, 때로는 샤자르 알 두르Shajar al-Durr라는 여자 술탄이 직접 통치하는 카이로의 지배를 받았다. 샤자르는 이슬람에서 유일하게 성공한 여성이었으며, 많은 전설의 근원이 되었다. 젊은 정부 시절 샤자르는 진주로만 만들어진 드레스를 입어 술탄의 눈에 들었으며 그때부터 샤자르 알 두르, 즉 진주나무라고 불렸다. 이제 그녀는 남자의 뒷받침이 필요했으며, 이 때문에 맘루크 군인 아이베그Aibeg와 결혼했다. 아이베그는 술탄이 되었다. 그러나 부부는 곧 사이가 멀어졌고 이내 그녀는 목욕 중인 남편을 찔렀다. 80일간의 재위 후 맘루크들은 샤자르를 쫓아냈다. 탈출을 시도하기 전 샤자르는 자신의 유명한 다이아몬드를 가루로 만들어 다른 여자들이 그것을 사용하지 못하게 했다. 그녀가 붙잡혔을 때 아이베그의 첩들이 (아마도 보석들을 물려받지 못한 데 분노해서) 나막신으로 그녀를 때려죽였다. 이는 아이베그를 구두 굽으로 죽인 데 대한 보복이었다.

제 6 부

[맘 루 크 조
MAMLUK]

세계의 종말이 오기 전에 모든 예언들이 실현될 것입니다. 또한 예루살렘은 그리스도교 교회로 돌아가야 합니다.

크리스토퍼 콜럼버스Christopher Columbus, '페르디난드 왕과 이사벨라 여왕에게 보낸 편지'

그리고 그녀(목욕하던 부인)는 세 번이나 예루살렘으로 갔습니다.

제프리 초서Geoffrey Chaucer, 《캔터베리 이야기|Canterbury Tales》

예루살렘에는, 진정으로 거룩하다고 할 만한 장소가 없습니다.

이븐 타이미야Ibn Taymiyya, 《경건한 예루살렘 방문을 지지하며In Support of Pious Visits to Jerusalem》

(거룩한 불) 행사는 지금도 계속되고 있다. 그곳에서는 무슬림들이 지켜보는 가운데 수많은 가증스러운 일들이 일어나고 있다.

무지르 알 딘Mujir al-Din, 《예루살렘과 헤브론의 역사History of Jerusalem and Hebron》

그리스인들은 우리에게 최악의 끔찍한 적이며 그루지아인들은 사악함에 있어 그리스인들과 동급인 최악의 이교도들이다. 아르메니아인들은 매우 아름다울 뿐만 아니라 넉넉하고 관대하며 (또한) 그리스인들과 그루지아인들의 끔찍한 앙숙이다.

프란체스코 수리아노Francesco Suriano, 《거룩한 땅의 조약Treatise on the Holy Land》

우리는 그 유명한 도시를 기쁘게 바라보았으며 의복을 빌렸다. 예루살렘은 극히 황폐한 폐허이며 성벽이 없다. 유대인들로 말할 것 같으면 극도로 가난한 사람들이 쓰레기 더미 위에서 계속 (살고) 있었다. 율법에 유대인은 무너진 집을 재건하지 못하도록 되어 있었기 때문이다.

베르티노로의 랍비 오바댜Obadiah of Bertinoro, '편지들'

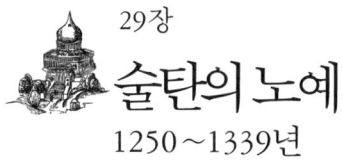
29장
술탄의 노예
1250~1339년

검은 표범, 바이바르

바이바르는 푸른 눈에 금발을 한 중앙아시아 투르크인으로, 어렸을 때 시리아의 한 왕자에게 팔려갔다. 그는 늠름하고 탄탄한 가슴을 가졌지만 불안한 결점을 하나 가지고 있었다. 한쪽 눈동자에 백내장이 있었는데, 그 때문에 그의 주인은 그를 카이로의 술탄에게 팔아버렸다. 살라딘의 장조카 살리흐 아유브는 투르크 노예들을 사들여서 사막 꿩들처럼 배치하여 맘루크 부대를 구성했다. 아유브는 자기 가족조차도 신뢰하지 못했지만 "한 명의 노예가 300명의 병사들보다 더 충성스럽다"고 생각했다. 다른 모든 이교도 노예 소년들처럼 바이바르는 이슬람으로 개종하여 노예 병사, 맘루크로 훈련받았다. 그는 석궁에 능해서 석궁전문가라는 별명을 얻었고 바흐리야^{Bahriyya} 부대에 합류했다. 바흐리야 부대는 십자군을 이기고 투르크의 사자, 이슬람의 템플 기사단으로 불린 강력한 군대였다.

바이바르는 주인의 신뢰를 얻어 노예에서 해방되었고 신분이 상승되기 시작했다. 맘루크들은 주인에게 충성했을 뿐 아니라 자기들끼리는 더욱 충성스러웠다. 그러나 궁극적으로 그 고아 전사들 각각은 자기 자신과 알라 이외에는 누구도 우선시하지 않았다. 바이바르는 술탄 살해에 개입한 후 권력 다툼에서 밀려나 시리아로 도망쳤고 그곳에서 벌어진 현지 귀족들 사이의 내전에서 자신에게 가장 높은 대우를 해주는 사람에게 자신의 석궁 능력을 제공했다. 한때 그는 예루살렘을 포위하고 약탈했다. 그러나 권력은 이집트에 있었고 바이바르는 최후의 권력 쟁탈자, 쿠투즈Qutuz의 부름을 받는다.

몽골군이 시리아를 공격했을 때 바이바르는 서둘러 선발대를 북쪽으로 보내 몽골군을 막아냈다. 1260년 9월 3일, 바이바르는 나사렛 근처 골리앗 샘(아인 잘루트Ain Jalut)에서 몽골군을 격파했다. 몽골군은 다시 돌아와 예루살렘까지 진출했지만 사상 처음으로 저지당했다. 시리아 대부분이 카이로의 지배하에 들어왔고 바이바르는 승리의 아버지, 이집트의 사자로 칭송받았다. 바이바르는 보상(알레포의 총독 자리)을 기대했지만 술탄 쿠투즈는 무시했다. 그러던 어느 날 바이바르는 사냥 중이던 술탄을 (문자 그대로) 등 뒤에서 찔렀다. 맘루크 아미르(사령관) 군사정권은 군주를 살해한 사람에게 왕관을 씌워주었다.

바이바르는 권력을 잡음과 동시에 팔레스타인 해변에 잔류하고 있는 십자군 왕국을 파괴하는 일에 착수했다. 1263년 전쟁하러 가는 길에 바이바르는 예루살렘에 도착했다. 맘루크들은 예루살렘을 숭배했고 바이바르는 맘루크들에게 성전산과 그 주변 지역, 오늘날의 무슬림 구역을 재정화하고 장식하는 일을 맡겼다. 바이바르는 바위 돔과 알 아크사를 개축하도록 명령하고 그리스도교의 부활절과 경쟁하기 위해 예리코 근처 모세의 무덤 위에 돔을 씌웠다. 그것은 아마도 살라딘 시대부터 시작된 새로운 절기를 장려하기 위해서였을 것이다. 그 후 8세기 동안 예루살렘인들은 바위 돔부터 바이바르의 성지까지 행진하는 나비 무사Nabi Musa 절기를 지냈다. 그것은 기도, 소풍, 연회가 종합된 절기였다.

술탄은 성벽에서 바로 북서쪽에 자신이 아끼는 수피종단을 위한 숙소를 지었다. 많은 맘루크들과 마찬가지로 그는 수피의 대중적 신비주의의 수호자였다. 수피주의는 경직된 전통적인 예배보다 수난, 찬송, 성스러운 제의, 춤, 자기고행이 무슬림들을 신에게 더 가까이 이끌어줄 수 있다고 믿었다. 바이바르의 가장 가까운 참모가 수피주의 셰이크 중 하나였으며 바이바르는 그와 함께 수피주의의 지크르^{zikr}를 암송하고 춤을 추었다. 바이바르는 암묵적으로 그 셰이크를 신뢰했으며 그의 승인 없이는 아무것도 하지 않는 한편, 그가 교회와 회당들의 약탈 및 그리스도인과 유대인들에 대한 고문을 조직적으로 행하도록 허락했다.* 그것은 새로운 시대였다.

그 후 300년간 예루살렘을 다스리게 된 바이바르와 이후의 맘루크들은 잔인하고 무자비한 군사 독재자 혹은 군사정권이었다. 살라딘으로 대표되는 과거의 이슬람식 기사도는 사라졌다. 맘루크들은 투르크의 주인 계급이었으며 유대인들은 노란 터번을, 그리스도인들은 파란 터번을 쓸 것을 강요했다. 그리스도인들과 유대인들이 (유대인들은 특히) 딤미로서 보호받았던 시절은 이제 지나갔다. 투르크어를 말하는 맘루크들은 아랍인들을 역시 멸시했으며 오직 맘루크들만이 성안에서 가죽 옷을 입거나 갑옷을 입거나 말을 탈 수 있었다. 맘루크조의 화려한 궁정에서 술탄들은 신하들에게 '왕실 폴로 막대의 보유자', '음악으로 칭송받는 장군'과 같은 다양하고 화려한 직함을 붙여주었다. 맘루크의 궁정에서 정치 게임은 수지가

---

* 바이바르의 수피주의 구루^{guru}, 셰이크 카디르^{Khadir}의 권력은 막강해서 공포통치 속에서도 맘루크 장군들의 부인, 아들, 딸들을 유혹할 수 있을 정도였다. 이는 남색과 간통으로 카디르를 체포하지 않으면 안 될 정도로 많은 증거가 바이바르에게 제시되고 나서야 끝이 났다. 카디르는 자신이 죽으면 곧이어 바이바르도 죽게 될 것이라는 예언을 한 덕분에 죽음을 피할 수 있었다.

맞았던 만큼 때때로 치명적이었다.

　　바이바르의 상징은 어슬렁거리는 검은 표범이었는데, 이는 승리를 상징했다. 그러한 표범 상징들 중 80여 개가 이집트와 터키 사이, 그리고 예루살렘에서 발견되었으며, 지금도 예루살렘의 사자 문을 어슬렁거리고 있다. 이제 힌비탕의 정복전쟁에 착수한 하얀 눈의 이 무서운 폭군에게 그보다 더 적절한 상징은 없었다.

　　예루살렘을 감독하는 가운데 바이바르는 아크레를 공격했지만 아크레는 저항했고 바이바르는 몇 번이나 돌아와야 했다. 한편으로는 다른 십자군 도시들을 하나씩 하나씩 공격했고 광적이고 가학적인 황홀감 속에 살인을 저질렀다. 바이바르는 그리스도인들의 머리를 쌓아둔 채 프랑크의 사절들을 맞았고, 적들을 십자가에 매달고 토막 내고 가죽을 벗기고, 베어낸 머리들을 쌓아 함락시킨 성읍들의 성벽을 만들었다. 그는 적들의 도시에 들어가 익명으로 정찰하고 변장하며 적들과 협상을 하는 등의 모험을 감행했으며 심지어 카이로에 있을 때에도 한밤중에 사무실들을 조사했다. 그토록 분주하고 편집증적이었던 만큼 불면증과 복통에 시달렸다.

　　아크레는 바이바르를 막아냈지만* 바이바르는 안티오크를 정복하기 위해 북쪽으로 향했다. 그때 바이바르는 안티오크의 왕자에게 다음과

---

* 1268년경 얼마 남지 않은 왕국은 교황이 새로운 십자군을 요청할 정도로 위기에 처했다. 1271년 5월, 영국의 왕위계승자 긴 다리 에드워드Edward Longshanks는 아크레에 도착하여 바이바르에게서 예루살렘을 지켜내는 데 합류했다. 그런데 아크레가 술탄 바이바르와 휴전협상을 벌였고 이에 에드워드는 반기를 들었다. 그러자 바이바르는 에드워드의 암살을 지시했고, 에드워드는 독이 묻은 단검에 찔리고 만다. 살아남은 에드워드는 새로운 동맹을 결성하려 했지만 헛된 일이었다. 십자군은 예루살렘을 돌려받는 대가로 몽골과 합세해 바이바르와 싸우기로 한 것이다. 에드워드가 영국으로 돌아와 에드워드 1세가 되었을 때 그는 즉시 자신을 스콧의 망치Hammer of Scots로 내세우고 웨스트민스터의 채색 예배실Painted Chamber에 마카베오의 장면들을 그려 넣게 했다. 에드워드 1세는 영국의 유대인들에게 노란별을 달도록 강요했고 결국에는 추방시켰다. 유대인들은 3세기 동안 영국으로 돌아오지 못했다. 에드워드 1세가 죽었을 때 그는 '예루살렘 기사도의 꽃'으로 추앙받았다.

같은 오싹한 편지를 보냈다. "우리가 방금 한 일을 너에게 말하겠다. 죽은 자들이 봉우리를 이루었으며 너희의 적 무슬림이 너희가 예배하는 장소를 짓밟고 제단에서 수도사들의 목을 자르고 불이 너희의 왕궁들을 가로지는 것을 너희가 보았으면 좋았을 것이다. 너희가 그곳에서 그것을 보았다면 너희는 결코 살아 있지 않기를 바랐을 것이다." 바이바르스는 아나톨리아로 진격했고 그곳에서 자신을 럼의 술탄Sultan of Rum으로 칭했다. 그러나 몽골인들이 돌아왔고 바이바르스는 시리아를 방어하기 위해 서둘러 돌아갔다.

1277년 6월 1일, 바이바르스는 자신이 가진 섬뜩한 재주의 희생양이 되었다. 그는 독이든 쿠미즈qumiz(발효시킨 암말의 우유로, 투르크인들과 몽골인들이 즐겨 마셨다)를 손님에게 대접했는데, 독을 넣은 것을 잊고는 자신이 마셔버렸다.1) 그의 후계자들은 작업을 끝냈다.

1291년 5월 18일, 맘루크조는 프랑크인들의 본거지 아크레를 공격했고 대부분의 방어군들을 도륙하고 나머지는 노예로 만들었다(여자들은 한 명당 1드라크마씩에 팔렸다). 예루살렘 왕의 직함은 이제 키프로스 왕의 직함과 통합되었다. 그러나 예루살렘 왕이라는 직함은 장식용 그림으로서만 살아남았다. 이것은 오늘날도 마찬가지다. 예루살렘 왕국은 그렇게 끝이 났다.* 실제의 예루살렘조차도 그저 존재한다는 것 이상의 의미를 갖지 못했다. 예루살렘은 도시라고는 할 수가 없고 악취 나는 시골 마을보다 조금 나았으며 성벽도 없이 거의 폐허가 되어 몽골 기병들의 공격에 속

---

* 부르봉, 합스부르크, 사보야드를 비롯한 유럽의 여러 왕가들이 예루살렘 왕의 칭호를 주장했다. 1277년, 앙주의 찰스는 안티오크의 메리Mary에게서 예루살렘 왕의 칭호를 받았다. 그 후 나폴리 혹은 시칠리아의 왕들이 예루살렘 왕의 칭호를 주장했고 사보야드 왕가를 거쳐 이탈리아 왕들에게로 전해졌다. 스페인의 왕은 지금도 예루살렘 왕의 칭호를 사용한다. 영국 군주들 중에서는 단 한 명만이 그 칭호를 사용했다. 헨리 8세의 딸 메리 1세가 1554년 스페인의 필립 2세와 결혼했을 때, 그녀는 합스부르크 왕가의 여러 직함들 중에서도 특히 예루살렘 여왕으로 선언되었다. 예루살렘 왕 칭호는 1918년까지 합스부르크 왕가에 의해 사용되었다.

수무책일 뿐이었다.

1267년, 늙은 스페인 랍비 순례자 람반Ramban은 다음과 같이 예루살렘의 몰락을 애도했다.

> 그대 나의 어미를 무릎 사이에서 아들을 잃고 가슴에서는 고통스럽게 젖이 흐르는 여인에 비유하노니, 그 젖을 강아지들에게 빨게 하는구나. 그 모든 것에도 불구하고 너의 애인들이 너를 포기하고 너의 적들이 너를 버렸음에도 사람들은 아스라이 거룩한 도시를 기억하고 기리는구나.2)

신비주의자 람반

히브리어 두음문자 람반 또는 나흐마니데스Nahmanides로 불린 랍비 모세 벤 나흐만Moses ben Nachman은 예루살렘에 주민이 2,000여 명밖에 남지 않은 데다 그중 그리스도인은 300명, 유대인은 단 2명에 불과하다는 것을 보고는 경악했다.

람반의 동포 유대인들은 십자군 시대와 마찬가지로 염직을 하고 있었다. 유대인들이 예루살렘을 슬프게 보면 볼수록 그것은 더욱 거룩해졌고 더욱 시적이 되었다. 람반은 "무엇이든 거룩한 것일수록 더 많이 파괴된다"고 생각했다.

람반은 당대 최고의 영감을 주는 지식인 가운데 하나였으며 의사이자 철학자이고 신비주의자였으며 토라 학자였다. 1263년, 그는 신성모독을 주장하는 도미니크 수도회에 대항해 바르셀로나의 유대인들을 너무도 노련하게 변호했다. 이 때문에 아라곤의 제임스 왕은 "불의한 일을 저렇게 훌륭하게 변호하는 사람을 이제껏 본 적이 없다"고 말하며 람반에게 금화 300개를 주었다. 그러나 도미니크 수도회는 그 후 람반을 처형시키려 했다. 그들은 이 70대 노인에게 추방령을 내리는 것으로 서로 타협했다. 그리고 그는 곧 순례길에 올랐다.

그는 유대인들이 예루살렘을 애도해야 할 뿐 아니라 그곳에서 돌아와서 정착하고 메시아가 오기 전에 재건해야 한다고 믿었다. 종교적 시온주의라 할 만한 것이었다. 오직 예루살렘만이 람반의 향수병을 달래줄 수 있었다.

나는 나의 가족을 두고 왔으며 나의 집과 아들, 딸들을 저버렸다. 나는 무릎 위에서 키우던 사랑스럽고 귀한 자식들에게 내 영혼을 두고 왔다. 그러나 그 모든 상실도 오 예루살렘이여, 너의 뜰이 주는 기쁨으로 보상이 된다. 나는 비통하게 흐느끼면서도 눈물 속에서 기쁨을 발견한다.

람반은 대리석 기둥과 멋진 돔이 있는 부서진 주택 하나를 사용했다.* "우리는 그곳을 기도처로 썼다. 예루살렘은 난장판이 되었기 때문에 부서진 것을 활용하고자 하는 사람은 누구든 그렇게 했다." 그는 또한 숨겨져 있던 토라 두루마리를 몽골인들에게서 돌려받았다. 그러나 그가 죽은 후 얼마 지나지 않아 침입자들이 다시 왔다.[3]

---

* 그 돔의 운명은 예루살렘에서의 유대인들 이야기를 들려준다. 그 최초의 회당은 아마도 시온산에 있었다가 곧 유대인 구역으로 옮겨졌을 것이다. 맘루크조 시대에 그 회당 옆에 모스크와 알 예후드 미나레트minaret가 세워졌으며, 1397년 확장되었다. 1474년 회당이 무너졌을 때, 무슬림들은 그것을 파괴하고 재건을 불허했다. 그러나 둘째로 태어난 맘루크조 술탄 카이트베이 Qaitbay가 재건을 허락했다. 회당은 1587년 오토만에 의해 다시 폐쇄되었다. 그 후 이웃한 건물에 한 회당이 다시 문을 열었고 1835년 람반과 이웃한 회당이 통합되어 다시 새롭게 문을 열었다. 그러나 20세기 초 람반은 무슬림에 접수되어 다시 회당이 되기까지 창고로 사용되었다. 회당은 1948년 아랍 군대에 의해 고의로 파괴되었다가 1967년 다시 문을 열었다.

그러나 이번에는 차이점이 있었다. 침입자들 가운데 일부가 그리스도인들이었다. 1299년 10월, 아르메니아의 그리스도교인 왕 헤툼 2세 Hethoum II가 1만 명의 몽골군을 데리고 예루살렘으로 뛰어들어 왔다. 또 한 번의 야만적 유린을 앞에 두고 예루살렘에 지진이 일어났고 소수의 그리스도인들은 "두려움에 떨며 동굴로 숨어들었다." 몽골의 일한Il-Khan은 최근 이슬람으로 개종했지만 예루살렘을 헤툼에게 남겨두었다. 이것을 보면 그는 예루살렘에는 거의 관심이 없었던 것 같다. 헤툼은 그리스도인들을 구출하고 성묘에서 축제를 열고 아르메니아인들에게 성 야곱과 성모 마리아의 무덤을 수리하도록 명했다. 이상하게도 그로부터 겨우 2주 후 헤툼은 다마스쿠스의 몽골 군주를 만나기 위해 돌아갔다.

1세기에 걸친 맘루크들과 몽골인들 사이의 협력이 끝났고 예루살렘의 마력과 같은 거룩함이 다시 한 번 전 세계를 끌어당겼다. 카이로에서 예루살렘을 숭배하는 새로운 술탄 나시르 무함마드Nasir Muhammad가 왕위에 올랐으며, 무엇보다 그는 스스로를 '술탄 알 쿠드스Sultan al-Quds'라 칭하기도 하고 독수리라고도 불렀다. 백성들은 그를 '뛰어난 자'라고 불렀다. 또한 당대의 유력한 역사가로서 아마도 가장 위대한 맘루크조 술탄이자 동시에 가장 추잡한 자라고도 말한다.

뛰어난 독수리, 나시르 무함마드

나시르 무함마드는 여덟 살 이후로 왕실의 인형처럼 맘루크조 군사정권의 군벌들 사이를 오가는 굴욕을 겪었다. 그는 왕위에 두 번 올랐고 두 번 쫓겨났다. 그는 어느 노예의 둘째 아들이었으며 자라서 위대한 술탄이 되었다. 아크레를 정복했던 그의 형은 암살되었다. 따라서 스물여섯 살의 나이에 세 번째로 왕위에 올랐을 때 그는 그것을 지키기로 결심했다. 술탄의 독수리는 매부리코에 편집증이 있고 예술적 화려함과 갑작스러운 죽음의 활강을 좋아하는 그의 스타일에 딱 맞았다. 나시르의 동료들은 승진하고 부자가 되었다. 그러나 경고 없이 교수형을 당하고 몸통이 잘리고 감옥에 갇혔다. 나시르는 백성보다 말을 더 아꼈던 것 같다. 절름발이였던 술탄은 아마도 7,800마리 경주마의 혈통을 모두 외울 수 있었던 것 같으며 때로는 말 한 마리에 가장 멋진 남자 노예보다 더 비싼 값을 지불하기도 했다. 그러나 나시르가 이룬 모든 것(칭기즈칸 후손과의 결혼, 25명의 자녀, 1,200명의 후궁 등)은 그가 예루살렘에 불어넣은 세심한 기품을 동반한 것이었다.

　1317년, 그는 직접 순례길에 올랐고 거룩한 의무가 성전산과 그 주변을 더욱 아름답게 한다는 것을 장군들에게 증명해 보이는 일을 진행했다. 가장 친한 친구이자 시리아 총독인 탄키즈Tankiz의 도움을 받아 다윗탑을 강화하고 수비대를 위한 금요 모스크를 추가하고 성전산에 기념회랑과 마드라사를 세웠다. 그리고 바위 돔과 알 아크사에 다시 지붕을 덮고 사슬 문에 미나레트(첨탑)를 추가하고 면장수 문Cotton-seller Gate과 면장수 시장을 추가했다. 그 모든 것이 오늘날까지 남아 있다.

　나시르는 수피주의를 통해 신에게 접근하는 방법을 선호했고 신비주의 종단들을 위해 다섯 개의 수도원을 세웠다. 빛나는 새 숙소에서 수도승들은 춤과 노래, 무아지경, 때로는 고행을 통해서까지 예루살렘에 대한 몇 가지 마술들을 개발했는데 그 모든 것은 신에게로 향하는 데 필요한 감정을 충만하게 하기 위한 것이었다.

　술탄의 부하들에게 메시지가 전달되었다. 술탄과 술탄의 후계자들은 눈 밖에 난 장군들을 예루살렘으로 추방했다. 장군들은 그곳의 왕궁, 마드라사, 무덤들을 포함한 호화로운 단지에 부정하게 얻은 자기 재산을 사용하게 되었다. 성전산에 가까이 갈수록, 심판의 날이 더 빨리 찾아오게 될 것이었다. 그들은 거대한 아치가 있는 하부 구조물들을 건축하고 그 위에 건물들을 올렸다. 그러한 건물들은* 존귀한 성소Noble Sanctuary의 출입문들 주변에 있는 초기 건물들의 지붕 위에 기발하게 올라섰다.**

나시르는 예루살렘(혹은 최소한 무슬림 구역)이 먼지와 거미줄 속에 있는 것을 발견했고 예루살렘을 정상으로 돌려놓았다. 이 때문에 예루살렘을 찾은 이븐 바투타Ibn Battutah는 그곳에서 크고 인상적인 느낌을 받게 되었다. 이슬람 순례자들이 알 쿠드스로 쏟아져 들어왔고 게헤나의 지옥부터 바위 돔의 천국까지를 살펴보고 "예루살렘에서 지은 한 가지 죄는 1,000개의 죄와 같으며 예루살렘에서 행한 한 가지 선한 일은 1,000개의 선한 일과 같다"는 말이 쓰인 《파다일》을 읽었다. 예루살렘에 사는 사람은 "지하드의 전사와도 같으며" 예루살렘에서 죽는 것은 "천국에서 죽는 것"

---

* 당시 성전 서쪽 헤롯의 벽 대부분이 맘루크조 건물들 뒤로 사라졌다. 그러나 무슬림 구역 재판정의 숨겨진 골목 아래로 그 벽이 다시 드러나게 됐다. 그곳은 예루살렘의 비밀스런 장소 가운데 하나다. 유대인들은 남쪽에 있는 서쪽 벽을 숭배했을 뿐 아니라, 소수의 몇몇 유대인들은 그곳의 작은 벽에서 기도했으며 지금도 마찬가지다.
** 맘루크조는 무슬림 구역 어디에서나 볼 수 있는 무카르나muqarna라 불리는 종유석 같은 코벨링(내쌓기)과 밝은색과 어두운색 돌들을 교차시키는 아블라크ablaq를 이용한 독특한 양식의 건물들을 지었다. 아마도 맘루크조 양식을 가장 잘 보여주는 예는 사슬 문 위에 지어진, 탄키즈의 탄키지야 궁전, 마드라사일 것이다. 총 27개의 마드라사들이 있었으며 각각에는 맘루크조 장군들의 문장들이 표시돼 있었다. 술 담당 시종장이었던 탄키즈는 자신의 건물들에 술잔들을 새겼다. 예루살렘의 전형적인 맘루크조 장군이었던 탄키즈는 자선 재단인 와크프waqf를 증여했는데 자신의 마드라사를 유지하기 위한 것이기도 했고, 또 한편으로는 잦은 권력 투쟁 속에 자신의 권력과 재산을 잃었을 때를 대비해 후손들에게 집과 일자리를 제공하기 위한 것이기도 했다. 각각의 무덤 또는 투르바turba는 일반적으로 지나가는 행인들이 예배문 암송 소리를 들을 수 있도록, 그리고 볼 수 있도록 건물 아래층의 초록색 격자가 달린 창문이 있는 방에 두었다. 그러한 건물들은 훨씬 후대에 아랍의 유력 가문들에게 주어졌다. 그들은 그 건물들을 신탁의 형태로 증여했는데 이 때문에 오늘날까지 많은 건물들이 가정집으로 사용되고 있다.

과 같다. 예루살렘의 신비주의는 무슬림들이 7세기 이후 실행되지 않았던 할례와 바위에 입 맞추고 기름 뿌리는 행위를 다시 시작할 정도로 꽃피었다. 근본주의파 학자 이븐 타이미야Ibn Taymiyya는 나시르에 반기를 들었다. 이 수피 신비주의자는 예루살렘은 경건한 방문으로서의 지위만을 가질 뿐이며 메카를 방문하는 하즈와 동등한 것은 아니라고 경고했다. 술탄은 이 금욕주의적 반체제 인사를 여섯 번이나 감옥에 넣었지만 소용이 없었다. 이븐 타이미야는 사우디아라비아의 엄격한 와하비파Wahabiism와 오늘날의 지하드파에 영감을 주었다.

나시르는 투르크의 맘루크들을 더는 신뢰하지 않았다. 투르크 맘루크들은 지배 계층이 되었고 나시르는 코카서스에서 그루지아 또는 시르카 노예들을 사들여 호위병으로 사용하기 시작했다. 그 노예들은 예루살렘에서 나시르의 의사결정에 영향을 미쳤다. 그는 성묘교회를 그루지아인들에게 주었다. 그러나 라틴인들 역시 예루살렘을 잊지 않았다. 1333년, 그는 나폴리(그리고 예루살렘) 왕 로버트에게 성묘교회의 일부를 수리하도록 허락했고 시온 산의 만찬실을 소유할 수 있게 했다. 또 로버트가 그곳에서 프란체스코 수도원을 시작하게 했다.

병든 호랑이가 가장 위험하다. 술탄은 병이 들었지만 그는 친구 탄키즈를 "너무 강하게 만든 나머지 그를 두려워하게 되었다." 1340년, 탄키즈는 체포되어 독살당했다. 나시르는 1년 후에 죽었고 여러 아들들이 승계했다. 그러나 결국은 새로운 코카서스 노예들이 왕조를 뒤집고 예루살렘에 그루지아인들을 중심으로 한 새로운 술탄 왕조를 세웠다. 한편 가톨릭 라틴인들(증오받는 십자군 후손)은 압제적인 맘루크조의 묵인 아래 존재했다. 맘루크조의 발작적 폭력은 그리스도인들과 유대인들 모두를 겁에 질리게 했다. 키프로스 왕이 1365년 알렉산드리아를 공격했을 때, 성묘교회는 문을 닫았고 프란체스코 수도회는 끌려나가 다마스쿠스에서 공개처형당했다. 프란체스코 수도회는 예루살렘으로 귀환하도록 허락받았지만 맘루크조는 성묘교회를 압도하는 미나레트와 이슬람의 우월성을 강조하기 위한 람반 회당을 건설했다.

1399년, 중앙아시아의 무서운 정복자 타물란이 바그다드를 점령했고 맘루크조의 소년 술탄과 가정교사가 예루살렘으로 순례길에 오르던 바로 그때 시리아를 무너뜨렸다.4)

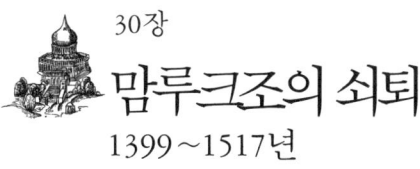

30장
맘루크조의 쇠퇴
1399~1517년

타물란과 가정교사

왕의 가정교사는 이슬람 세계에서 가장 추앙받는 학자였다. 이제 70대가 된 이븐 할둔은 모로코의 군주들 밑에서 일했으며 그 후(한동안 감옥에서 보낸 후) 그라나다와 튀니지에서 일했고, (또다시 한동안을 감옥에서 보낸 후) 마지막으로 맘루크조 술탄 밑에서 일했다. 정계에 있을 때와 감옥에 있을 때 틈틈이 그는 걸작 《역사서설》을 썼다. 이는 오늘날까지도 빛을 발하는 세계사다. 술탄은 그를 아들 파라즈Faraj의 교사로 임명했다. 파라즈는 어린 나이에 왕좌를 승계했다.

이 성마른 역사학자가 열 살짜리 술탄에게 예루살렘을 보여주는 동안 타물란은 맘루크조 다마스쿠스를 포위했다. 절름발이 티무르Timur(타물란)는 1370년 중앙아시아의 지역군벌로서 권력을 잡았다. 35년에 걸친 끝없는 전쟁 속에서 이 엄격한 천재 투르크인의 후손은 근동의 대부분을 정복했고 말안장 위에서 통치했으며 자신을 칭기즈칸의 후예로 내세웠다. 델리Dehli에서는 10만 명을 학살했고, 이스파한Isfahan에서는 7만 명을 죽여 각기 1,500개의 머리들로 28개의 탑을 쌓았다. 그는 전쟁에서 단 한 번도 패한 적이 없었다.

그러나 타물란은 단순한 전사가 아니었다. 사마르칸드Samarkand의 왕궁과 정원들은 그의 세련된 취향을 보여주었다. 그는 체스의 고수였으며 역사광이었고 철학자들과 토론을 즐겼다. 그가 언제나 이븐 할둔을 만나고 싶어 한 것은 놀라운 일이 아니었다.

하지만 맘루크조는 크게 당황한 상태에 있었다. 다마스쿠스가 함락될 경우 팔레스타인과 아마도 카이로까지 함락될 것이다. 늙은 스승과 소년 술탄은 서둘러 카이로로 돌아갔지만 맘루크조는 두 사람을 시리아로 보내 타물란과 협상하고 제국을 구하기를 바랐다. 바로 그때 예루살렘인들은 대책을 의논하고 있었다. 신의 채찍이라 불리는 천하무적의 사냥꾼에게서 어떻게 예루살렘을 구할 것인가?

1401년 1월, 다마스쿠스를 포위한 타물란은 술탄 파라즈와 이븐 할둔이 기다리고 있다는 말을 들었다. 그는 소년에게는 관심이 없었지만 이븐 할둔에게 매료돼있어서 즉시 그를 불렀다. 정치가로서 이븐 할둔은 술탄을 대변했지만 역사가로서는 당연히 당대 최고의 인물을 만나기를 갈망했다. 비록 그가 살아서 나올지 죽어서 나올지는 장담할 수 없었지만 말이다. 두 사람의 나이는 거의 같았다. 반백의 정복자는 궁전 같은 막사 안에서 덕망 높은 역사가를 맞아들였다.

이븐 할둔은 왕의 위대함과 전능함에 놀랐으며 그가 "매우 지적이고 명민하며 자신이 아는 것에 대해서든 모르는 것에 대해서든 토론과 논쟁의 중독자"라는 것을 알았다. 이븐 할둔이 타물란을 설득해 맘루크조 포로들 몇 명을 풀어주기는 했지만 타물란은 협상에 나서려 하지 않았다. 다마스쿠스는 이븐 할둔이 "비할 데 없이 악랄하고 가증스러운 행위"라 칭한 방식으로 공격과 약탈을 당했다. 이제 예루살렘으로 가는 길이 열렸다. 예루살렘의 울라마는 타물란에게 도시를 내어주기로 결정하고 대표단에게 바위 돔의 열쇠를 들려보냈다. 그러나 예루살렘인들이 다마스쿠스에 도착했을 때 정복자는 북으로 방향을 돌려 아나톨리아에서 부상하는 세력, 즉 오토만 투르크를 궤멸시켰다.

그 후 1405년 2월, 중국을 정복하러 가는 길목에서 타물란이 죽었고 예루살렘은 맘루크조의 손에 남았다. 타물란과 만난 후 카이로로 돌아가 있던 이븐 할둔도 병을 앓다가 1년 후에 죽었다. 제자인 술탄 파라즈는 그 파란만장했던 문화적 여정을 결코 잊을 수가 없었다. 파라즈는 자주 예루살렘으로 돌아와 성전산에서 왕의 파라솔 아래 술탄의 노란 깃발들 가운데서 신하들의 알현을 받고 가난한 사람들에게 금을 나누어주었다.

당시 예루살렘은 인구가 6,000명밖에 안 되고 유대인 200가구, 그리스도인 100가구가 사는 과도한 열정의 작은 도시였다. 예루살렘은 위험하고 불안했다. 1405년, 예루살렘인들은 과도한 세금에 저항해 폭동을 일으켰고 맘루크조 총독을 도시 밖으로 쫓아냈다. 하람의 기록자료들은 종교적 판관들과 수피주의 셰이크들의 예루살렘 왕조들, 추방된 맘루크조 장군들을 비롯하여, 《쿠란》 연구, 장서 수집, 올리브 오일과 비누 무역, 석궁과 활 연습 등을 하는 부유한 상인들의 모습을 우리에게 전달해준다. 그러나 십자군이 더 이상 위협이 되지 않는 지금, 예루살렘에서는 그리스도교 순례자들이 주요 수입원이 되었다. 그럼에도 순례자들은 좀처럼 환영받지 못했다. 순례자들은 터무니없는 혐의를 쓰고 체포되어 임의로 정한 벌금을 지불한 후에야 풀려나는 일이 많았다. 어느 통역자는 감옥에 갇힌 그리스도인에게 "벌금을 내지 않으면 맞아 죽게 될 겁니다"라고 설명했다.[5]

부패한 맘루크조, 평판이 좋지 못한 순례자들, 서로 반목하는 그리스도인들, 탐욕스런 예루살렘인들 가운데 누가 더 위험한지는 쉽사리 말하기 어려웠다. 수많은 순례자들이 매우 악랄했기 때문에 현지인 및 여행자들은 "예루살렘으로 여행하는 사람은 누구든지 경계하라"는 경고를 들었으며 무슬림들조차도 "예루살렘 거주민들처럼 부패한 사람은 세상 어디에도 없다"고 말하곤 했다.

한편 맘루크조 술탄들은 때때로 예루살렘을 급습해 그리스도인들과 유대인들을 압박했다. 그리스도인들과 유대인들은 안 그래도 예루살렘 군중들에게서 정기적인 린치를 당하고 있었다.

부패와 무질서는 카이로의 궁정에서 시작되었다. 제국은 여전히 코카서스 술탄들이 지배하고 있었지만 가톨릭 프란체스코 수도회는 유럽의 지원을 받았으며 예루살렘의 그리스도인들은 아르메니아인들과 그루지아인들이 주류를 이루었다. 아르메니아인들과 그리스도인들은 서로를 증오했고 물론 가톨릭도 증오했다. 성 야곱 교회를 중심으로 공격적으로 구역을 확장하던 아르메니아인들은 맘루크조에게 뇌물을 주고 그루지아인들에게서 칼바리를 빼앗아 오는 데 성공했고, 그다음 또다시 그루지아인들이 아르메니아인들보다 더 많은 뇌물을 바치고 다시 칼바리를 찾아왔다. 그러나 오래가지는 않았다. 30년간 칼바리는 다섯 번이나 주인이 바뀌었다.

순례자들은 유럽 전역에서 광범위하게 들어왔기 때문에 그만큼 뇌물과 수익이 엄청났다. 유럽인들은 십자군이 끝났다고 생각하지 않았다 (가톨릭의 이슬람 스페인 재정복은 결국 십자군이었다). 예루살렘 해방을 위한 원정은 이루어지지 않았지만 그리스도인들은 예루살렘에 한 번도 다녀온 적이 없는 경우조차도 자신들이 예루살렘을 알고 있다고 느꼈다. 예루살렘은 설교, 그림, 태피스트리tapestry(그림을 짜 넣은 직물)에 등장했다. 수많은 마을들에 예루살렘 형제단Jerusalem Brotherhood이 건설한 예루살렘 성당들이 있었다. 예루살렘 형제단은 순례 경험자들 또는 원정을 다녀오지 못한 사람들로 구성되었다. 웨스트민스터 궁에는 예루살렘 방Jerusalem Chamber이 있었으며, 서쪽의 파리에서 동쪽의 프러시아Prussia와 리보니아Livonia까지 많은 도시들이 그러한 현지local 예루살렘을 자랑했다. 영국의 유일한 예루살렘인 링컨셔Lincolnshire의 한 작은 마을도 그와 같이 부활한 열광에서 시작되었다. 그러나 아직도 수많은 사람들이 매년 예루살렘으로 여행을 했고,* 그중 다수가 악명 높을 정도로 독실함과는 거리가 멀었다. 초서의 외설적인 바스Bath 부인도 예루살렘에 세 번이나 다녀갔다.

순례자들은 예루살렘 안으로, 그리고 성묘교회 들어가는 데만도 여러 번의 벌금과 요금을 내야 했다. 맘루크조는 교회 안의 성묘까지도 통제했다. 맘루크조는 매일 밤 교회 문을 닫았기 때문에 순례자들은 원할 경우 돈을 내고 교회 안에서 몇 박 며칠을 보낼 수 있었다. 순례자들은 교회가 시장바닥이나 이발소 같다고 생각했다. 그곳에는 노점상들, 상점들, 침상들, 그리고 엄청난 양의 머리카락이 있었다. 많은 사람들이 머리털을 잘라 성묘에 놓아두면 질병이 치료된다고 믿었다. 수많은 순례자들이 성지마다 찾아다니며 자기 이름을 새기느라 바쁜 한편, 재주 좋은 무슬림들은 유물 장사를 벌였다. 순례자들은 사산된 무슬림 태아들을 미라로 만들었다고 주장했고 무고한 학살의 희생자라면서 부유한 유럽인들에게 팔았다.

일부 순례자들은 성묘교회 안에서 임신한 아이들이 특별한 축복을 받는다고 믿었다. 물론 교회 안에는 술이 있었다. 따라서 해가 진 이후

---

* 헨리 볼링브룩Henry Bolingbroke은 1393년 예루살렘 순례길에 올랐으며 헨리 4세로 왕위에 등극했을 때 자신이 예루살렘으로 돌아가 죽게 될 것이라는 말을 들었다. 그는 웨스트민스터의 예루살렘 예배실에 묻힘으로써 결국 그 예언을 실천했다. 아들 헨리 5세도 아버지와 마찬가지로 독실했다. 아쟁쿠르 전투의 승리자 헨리 5세는 임종할 때 예루살렘 성벽을 재건하기 위해 순례길에 오르고 싶어 했다.

의 시간은 촛불을 밝힌 난장 술판이 되곤 했다. 그런 술판에서 온화한 찬송의 노래는 추잡한 싸움질로 끝나곤 했다. 역겨움을 느낀 한 순례자는 성묘교회가 "완전히 매음굴"이었다고 말했다. 또 다른 순례자, 익살스러운 독일 기사 아놀드 폰 하프Arnold von Harff는 그의 편견에 단초를 제공한 다음과 같은 아랍어와 히브리어 구절들을 배우는 데 시간을 썼다.

저에게 얼마를 주실 겁니까?
1굴덴을 드리지요.
유대인이십니까?
여자여, 그대와 자고 싶소.
부인, 나는 이미 그대의 침상에 있소.

프란체스코 수도회는 가톨릭 방문객들을 영접하고 안내했다. 예수의 발걸음을 따라가는 일정은 이른바 필라테의 법정이 있던 곳, 즉 당시 맘루크조 총독의 저택이 있던 자리에서 시작되었다. 그곳이 주의 길Lord's Way, 훗날 비아 돌로로사의 첫 번째 기점이 되었다. 순례자들은 성 안나 교회(성모 마리아의 어머니가 태어난 곳)를 살라딘의 마드라사가 차지하고 있는 등 그리스도교 성지들이 이슬람화된 것을 보고 충격을 받았다. 독일인 탁발 수도사 펠릭스 파브리Felix Fabri가 성 안나 교회 안으로 숨어들어간 반면, 하프는 목숨을 걸고 변장을 하고는 성전산 안으로 뚫고 들어갔다. 그리고 두 사람 모두 그 모험을 기록으로 남겼다. 그들의 흥미로운 여행기록은 예루살렘에 대한 숭배뿐 아니라 호기심 가득한 경쾌함의 색채까지도 함께 보여준다.

그러나 그리스도인들과 유대인들은 맘루크조의 변덕스러운 압제에서 결코 안전하지 못했다. 예루살렘에서 거룩함이란 워낙 전염성이 강해서 두 오랜 종교(유대교와 그리스도교)는 성전산의 다윗 무덤을 두고 싸우기 시작했고 거기서 술탄은 무슬림의 소유권을 주장했다.

당시 예루살렘에는 1,000여 명의 유대인 정착공동체가 있었으며, 그곳은 유대인 구역이 되었다. 그 유대인들은 람반 회당은 물론 성전산의 출입문 주변(특히 서쪽 성벽 옆의 학교에서)과 올리브 산 위에서 기도했고, 심판의 날을 대비해 그곳에 시신들을 매장하기 시작했다. 한편 유대인들도 그리스도인들의 다윗 무덤(실제 다윗과는 관련이 없고 십자군 시대에 만들어졌다)을 숭배하게 되었는데 그것은 프란체스코 수도회가 관리하는 최후의 만찬실의 일부였다. 그리스도인들은 유대인들의 접근을 제한하려는 시도를 했으며 유대인들은 이 사실을 카이로에 항의했다. 그것은 양측 모두에게 불행한 결과를 낳았다.

당시의 술탄 바르스바이^{Barsbay}는 그리스도인들이 그런 유적을 소유하고 있다는 사실을 알고는 분노했고 예루살렘으로 달려가 프란체스코 성당을 부수고 그 대신 다윗 탑 안에 모스크를 지었다. 몇 년 후 바르스바이의 후계자들 가운데 한 명인 술탄 자크마크^{Jaqmaq}는 시온 산 전체를 이슬람의 것으로 만들었다. 그러자 상황은 더욱 악화되었다. 오랜 규제들은 더욱 강화되었고 새로운 규제들이 고안되었다. 그리스도인들과 유대인들의 터번 크기도 제한되었고, 목욕탕에서 유대인과 그리스도인 남성들은 소처럼 금속 목걸이를 착용해야 했다. 유대인과 그리스도인 여성들은 목욕이 일체 금지되었다. 자크마크는 유대인 의사들이 무슬림들을 치료하는 것도 금지했다.* 폭풍으로 람반 회당이 무너진 후 카디는 람반 회당의 재건축

---

* 그러나 라틴인들을 공포에 떨게 한 술탄 자크마크도 아르메니아인들은 보호했다. 은혜를 약속하는 그의 비문은 아르메니아 사원의 문 바로 옆에서 지금도 읽을 수 있다.

을 금지시켰고 그것이 근처에 있는 모스크의 소유라고 주장했다. 유대인들이 뇌물을 바쳐 그 결정을 뒤집어버리자 지역의 울라마들은 그것을 파괴했다.

1452년 7월 10일, 예루살렘인들은 반그리스도교 대학살을 시작했다. 그들은 그리스도교 수도사들의 무덤을 파헤쳐 유골을 훼손했고 알 아크사에 대한 승리의 기념으로 만들어진 성묘의 새 난간들을 뜯어냈다. 그들은 그리스도인들을 미친 듯이 자극했다. 1391년, 네 명의 프란체스코 수도사들이 알 아크사에서 "무함마드는 갈보질을 믿는 난봉꾼, 살인자, 학살자"라고 소리쳤다. 카디는 그들에게 발언을 철회할 기회를 주었다. 그러나 수도사들은 거절을 했고, 거의 죽을 때까지 고문과 매질을 당했다. 군중들은 "마치 분노에 취한 것처럼" 교회 마당에 장작단을 쌓고 "사람의 형체조차 남지 않을 만큼" 그들을 갈기갈기 찢었으며, 그것으로 산적을 만들었다.6)

그러나 전환기가 눈앞에 와 있었다. 보다 관용적인 술탄이 권력을 잡자 프랑스 음식 한 접시가 그리스도교 예루살렘의 운명을 바꾸었다.

술탄과 그리스도교 오믈렛

시르카Circa 출신의 노예였던 카이트베이Qaitbay는 맘무크조 장군이 되었으며 예루살렘으로 추방되어 수년의 시간을 보냈다. 그는 무슬림의 집에 들어가는 것이 금지돼 있었기 때문에 프란체스코 수도사들과 친해졌으며 수도사들은 그에게 프랑스 음식을 한 가지 소개했다. 카이로에서 탁발수사들을 환영하고 교회를 짓도록 허락했던 것을 보면 카이트베이는

1486년 맘루크조 왕자에 오를 때도 여전히 그 채소 오믈렛을 그리워했던 것 같다. 그들은 유대인들에게 복수하기를 원했고 이 때문에 카이트베이는 유대인들이 성묘교회 또는 시온 산의 수도원에 접근하는 것을 완전히 금지했다.

유대인들은 수시로 린치를 당했고 실수로 성묘교회 옆을 지나가기만 해도 죽임을 당하는 일이 다반사였다. 그러한 상황은 1917년까지 계속되었다. 그러나 술탄은 유대인들에게 람반 회당의 재건을 허락하기도 했다. 그렇다고 성전산을 등한시하지도 않았다. 1475년 성전산을 방문했을 때 그는 아슈라피야Ashrafiyya 마드라사를 건축하도록 명했다. 그것은 너무도 아름다워서 "예루살렘의 세 번째 보석"으로 묘사되었는데 그곳에 있는 샘에는 빨강색과 크림색이 교차된 눈부신 종 모양의 돔이 있었다. 그것은 현재도 예루살렘 전체에서 가장 아름다운 건축물로 남아 있다.

그러나 카이트베이의 이런 관심에도 불구하고 맘루크조의 장악력은 떨어지고 있었다. 예루살렘의 카디, 무지르 알 딘은 다윗 탑에서 매일 일몰 행진을 지켜보았는데, "완전히 태만하고 오합지졸이었다." 1480년, 베두인이 예루살렘을 공격했고, 예루살렘 총독을 거의 체포할 뻔했다. 총독은 성전산을 가로질러 뛰어가 자파 문으로 탈출했다.

베두인의 공격 직후 베르티노로의 랍비 오바댜는 예루살렘의 대부분이 폐허가 된 것을 보았다. 오바댜의 한 제자도 멀리서 언덕을 따라 자칼과 사자들이 뛰어다니는 "폐허가 된 도시를 보았다"고 말했다. 그럼에도 예루살렘은 여전히 숨 쉬고 있었다. 오바댜의 제자가 올리벳Olivet에서 예루살렘을 보았을 때 그는 "나의 영혼에 물이 넘치고 내 심장이 통곡했으며 앉아서 울며 나의 옷을 찢었다." 예루살렘을 사랑한 무지르 알 딘은 그곳을 "총명함과 아름다움으로 가득하며 유명한 기적들 가운데 하나"라고 생각했다.*

1453년 오토만 왕조는 마침내 콘스탄티노플을 정복했으며 통일 로마제국의 화려함과 이데올로기를 이어받았다. 오토만 왕조는 세대에서 세대로 왕위승계 전쟁들과 부활한 페르시아의 도전으로 몸살을 앓았다. 1481년, 카이트베이는 도피한 오토만 왕자, 젬^{Jem} 술탄을 받아들였다. 카이트베이는 망명 오토만 왕국이 오토만 왕조를 분열시키기를 기대하면서 젬에게 예루살렘 왕국을 주었다. 이러한 책략은 10여 년간의 소모적인 전쟁으로 이어졌다.

한편 두 제국들은 모두 신흥세력들의 위협을 받았다. 맘루크조는 인도양에서 포르투갈인들의 전진에 위협을 받았고 오토만은 새로운 페르시아의 샤, 이스마일의 위협을 받았다. 이스마일은 현재에도 예배의 대상이 되고 있는 열두 이맘파$^{Twelver\ Shiism}$를 강요하는 방식으로 페르시아를 통일했다. 이와 같은 상황으로 오토만 왕조와 맘루크조는 일시적으로 그리고 단기적으로 서로를 포용하게 되었다. 그리고 그것은 죽음의 입맞춤으로 드러났다.7)

---

* 맘루크조 예루살렘의 마지막 몇 년간 그 유대인들이 올리브 산에 올라가 울던 바로 그때, 무지르 알 딘은 예루살렘과 헤브론에 대한 애정이 넘치고 세밀한 연구를 마무리 지었다. 무지르 알 딘은 존경을 받았음에 틀림없다. 그는 현재 성모 마리아 무덤 바로 위에 있는 우아한 돔 건물에 묻혀 있다.

제 7 부

[오 토 만 제 국]
OTTOMAN

이 고귀한 예루살렘은 모든 나라의 왕들이 갈망하는 곳이었다. 예수가 이 도시에서 태어난 이후로, 예루살렘을 차지하기 위해 끊임없이 전쟁을 벌여왔던 그리스도인들에게는 특히 그러했다. … 예루살렘은 정령djinn 부족들의 기도 장소였다. … 예루살렘에는 12만 4,000명의 예언자들이 있다.
에블리야 셸레비, 《기행문Book of Travels》

술레이만은 꿈에서 예언자를 보았다. "술레이만이여, 너는 바위 돔을 장식하고 예루살렘을 재건하라."
에블리야 셸레비, 《기행문》

성묘교회는 여러 종파들이 다투는 엄청난 전리품이며 거대한 분노와 적대감을 가지고 다투는 특권이며 그것은 때로 주먹질과 상처로 이어진다. 성묘 입구에는 그들의 피와 '희생물'들의 피가 섞여 있다.
헨리 몬드럴Henry Maundrell, 《여정Journey》

슬프지만 이 풍진 세상과 이별하여
달콤한 예루살렘에서 기쁨으로 만나자.
윌리엄 셰익스피어William Shakespeare, 《헨리 6세Henry VI, 3부Part Three》

성지 주위를 걷는 것보다 우리의 생각을 멈추고 우리의 마음을 살피고 진짜 약속의 땅을 방문하는 것이 더 낫다.
마틴 루터Martin Luther, 《탁상 담화Table Talk》

이스라엘의 신이 우리들 가운데 있다는 것을 알게 될 것이다. … 우리가 언덕 위의 도시, 우리에게 오는 모든 백성들의 눈이 되어야 한다는 것을 알아야 한다.
존 윈스럽John Winthrop, 《그리스도교적 자선의 모범A Modell of Christian Charity》

31장
술레이만
1517~1550년

제2의 솔로몬과 록셀라나

1516년 8월 24일, 오토만제국의 술탄 셀림Selim은 알레포에서 멀지 않은 곳에서 맘루크조를 궤멸시켰다. 그것은 예루살렘의 운명을 결정지은 전투였다. 그 후 4세기 동안 중동의 대부분이 오토만의 손에 들어갔다. 1517년 3월 20일, 셀림이 예루살렘을 차지했다. 울라마는 그에게 알 아크사와 바위 돔의 열쇠들을 내주었다. 그는 바위 돔에서 엎드린 후 다음과 같이 소리쳤다. "내가 제일의 키블라의 소유자다." 셀림은 전과 마찬가지로 그리스도인들과 유대인들에 대한 전통적인 관용을 승인했고 성전산에서 예배했다. 그다음 셀림은 속국 이집트로 달려갔다. 그는 페르시아를 이기고 맘루크조를 정복하고 형제, 조카, 그리고 아들까지 몇 명을 죽임으로써 왕위계승 문제를 해결했다.[1] 1520년 9월, 그는 단 한 명의 아들을 남기고 죽었다.

술레이만은 "스물다섯 살에 불과했고 키가 크고 호리호리했으며 마르고 광대뼈가 튀어나온 얼굴 속에는 강인함이 있었다." 그는 제국의 주인이 되어 발칸에서 페르시아 국경까지, 이집트에서 흑해까지 영토를 확장했다. 그는 "나는 바그다드의 샤이자 비잔틴의 카이사르이며 이집트의 술탄이다"라고 선언했고, 그러한 직함들 위에 칼리프를 더했다. 오토만의 대신들은 놀랄 것도 없이 자신들의 군주를 파디샤(황제)로 칭했다. 혹자는 오토만의 황제를 "가장 명예롭고 존경받는 전 세계의 군주"라고 표현했다. 그는 예언자 무함마드가 자신을 찾아와 이교도들을 쫓아내라고 명령하는 꿈을 꾸었다고 한다. 그는 성소(성전산)를 정비하고 예루살렘을 재건해야 했지만 사실상 그것을 부추길 필요조차 없었다. 술레이만은 자신을 오직 이슬람 황제로서만 인식했으며 슬라브족 아내 록셀라나Roxelana는 거듭해서 남편을 "당대의 솔로몬"으로 찬양했다.

록셀라나는 술레이만의 계획에 참여했는데, 거기에는 예루살렘도 포함돼 있었다. 그녀는 아마도 어느 사제의 딸로, 폴란드에서 납치되어 술탄의 하렘에 팔린 것으로 보인다. 그곳에서 술레이만의 눈에 들었고 그에게 아들 다섯과 딸 하나를 낳아주었다. "아름답진 않지만 젊고 우아하고 귀여운" 록셀라나는 당시 그려진 초상화에 따르면 큰 눈에 장밋빛 입술, 둥근 얼굴을 하고 있었다. 한편 록셀라나가 전장에 나간 술레이만에게 보낸 편지는 그녀의 쾌활하면서도 포기할 줄 모르는 정신을 보여준다. "나의 술탄이여, 이별의 불타오르는 고통에는 끝이 없습니다. 이 가여운 사람은 아껴주시되 당신의 고귀한 편지들은 아끼지 말아주소서. 당신의 편지를 읽을 때면 당신의 종이자 아들 미르 메흐메드Mir Mehmed, 당신의 노예이자 딸 미흐리마Mihrimah는 당신을 그리워하며 흐느끼고 통곡합니다. 그 울음은 저를 너무나 괴롭게 합니다."

술레이만은 그녀의 이름을 후렘 알 술탄Hurrem al-Sultan, 즉 '술탄의 기쁨'으로 바꾸었다. 술레이만은 그가 지은 것으로 보이는 시 속에서 그녀를 "나의 사랑, 나의 달빛, 나의 봄, 아름다운 머리칼을 가진 나의 여자, 유연한 곡선을 그린 눈썹을 가진 나의 사랑, 장난기 가득한 눈을 가진 나의 사랑"으로 묘사했고 공식적으로는 "여왕들 가운데 가장 여왕다운 자, 빛나는 칼리프위의 눈의 빛"으로 표현했다. 록셀라나는 교활한 정치가가 되었다. 그녀는 다른 여자가 낳은 술레이만의 또 다른 아들이 왕위를 승계하지 못하도록 음모를 꾸몄고 이에 성공했다. 그 아들은 술레이만이 보는 앞에서 교수형을 당했다.

술레이만은 예루살렘과 메카를 접수했고 이슬람 세계에서 자신의 위신을 높이기 위해서는 이슬람의 성소들을 미화해야 한다고 믿었다. 술레이만에 관련된 모든 것은 규모가 엄청났다. 그의 야심은 끝이 없었으며 재위 기간은 거의 50년이나 되었고 영토는 거대했다. 그는 유럽, 북아프리카에서 이라크, 인도양까지 거의 모든 대륙에서 전쟁을 했다.

예루살렘에서 그의 업적은 특히 눈부셔서 오늘날의 옛 도시는 다른 누구도 아닌 술레이만의 것이라 할 수 있다. 성벽들은 고풍스러워 보이며, 많은 사람들에게 그것은 바위 돔이나 성묘교회만큼 예루살렘을 상징한다. 대부분의 성벽들과 성문들은 모두 예루살렘을 안전하게 보호했고 도시의 위신을 더해주었다(그런데 그것들은 대부분 동시대 헨리 8세의 작품이었다). 술레이만은 모스크 하나를 추가하고 요새로 들어가는 출입구와 탑을 건축했다. 또한 성읍 안으로 물을 공급하는 수로와 물을 마실 수 있는 샘 아홉 개를 건설했다. 아홉 개의 샘 가운데 세 개는 성전산에 있었다. 그리고 마지막으로 바위 돔의 마모된 모자이크를, 오늘날과 같은 청록색, 코발트색, 흰색, 노란색의 백합과 연꽃들로 장식한 유약 바른 타일로 교체했다.*

---

* 전설에 따르면 술레이만은 예루살렘을 완전히 무너뜨리는 것을 고려했다. 그러다가 그는 꿈을 꾸었는데, 사자들이 나타나서는 만일 그렇게 하면 너를 잡아먹어버리겠다고 한다. 이런 일이 있은 후 술레이만은 사자의 문을 지었다고 전해진다. 그러나 이 이야기는 오해에서 비롯되었다. 술레이만은 사자의 문을 짓기는 했지만 그 문의 사자들은 사실 그보다 300년 전인 술탄 바이바

록셀라나는 남편의 일과 관련이 있는 자선단체들에 기부하기를 좋아했고 알 이마라 알 아미라 알 카사키 알 술탄al-Imara al-Amira al-Khasaki al-Sultan 이라는 자선재단을 세우기 위해 맘루크조 궁정을 이용했다. 모스크, 빵집, 55개의 객실이 있는 여관, 가난한 사람을 위한 급식소 등을 갖춘 '번성하는 조직'이라는 이름의 재단이었다. 이 때문에 그들은 성전산과 예루살렘을 자기들의 것으로 만들었다.

1553년, 자칭 '제2의 솔로몬이자 세계의 왕'인 술레이만은 예루살렘을 살펴보기로 결심했다. 그러나 사방에서 벌어지고 있는 전쟁들이 방해가 되었고 과거의 콘스탄티누스처럼 예루살렘을 변화시켜놓고도 정작 자신은 그 업적을 보지 못했다. 술탄의 사업은 제국적인 규모였고 원거리에서 감독했을 것이 틀림없다. 성벽이 올라갈 때 시리아 총독이 공사를 주관했고 아마도 술레이만의 황실 건축가 시난Sinan이 메카로 돌아오는 길에 공사를 살펴보았던 것 같았다. 수천 명의 인부들이 일을 했고 새로운 돌들이 채석되었다. 무너진 교회와 헤롯 궁전들에서 오래된 돌들을 가져왔고 성곽과 성문들을 성전산 주변의 헤롯 및 우마이야조 성벽들과 조심스럽게 끼워 맞추었다. 바위 돔의 타일을 재설치하는 데는 45만 장의 타일들이 필요했는데 술레이만의 부하들은 알 아크사 곁에 공장을 만들어 타일을 찍어냈다.

또한 공사를 맡은 도급업자들 가운데 일부는 성읍 안에 저택을 짓고 기거했다. 예루살렘 현지 출신의 건축가들은 그 후 2세기 동안 세습

르의 표범들이며 한때 예루살렘 북서쪽에 서 있던 바이바르의 수피주의 칸카khanqah에서 가져온 것이었다. 술레이만은 예루살렘의 전리품들을 활용했다. 그의 사슬 문에 있는 샘은 십자군의 장미 장식으로 덮여 있으며 수로는 십자군의 석관이다. 새로운 성벽은 시온 산을 둘러싸지 않았다. 전하는 바에 따르면 술레이만은 성배를 살펴보고는 다윗의 무덤이 예루살렘 바깥에 놓인 것에 분노한 나머지 건축가들을 처형했다고 한다. 관광 안내원들은 그들의 무덤이 자파 문 근처에 있다고 말한다. 그러나 이 역시 신화일 뿐이다. 그 무덤들은 사페드 출신 두 학자들의 것이다.

건축가 집단을 구성했다. 이전에는 없었던 석공들의 망치질과 동전 짤랑이는 소리들이 예루살렘에 가득해졌을 것이다. 인구는 거의 세 배인 1만 6,000명이 되었고 유대인의 수는 서쪽에서 난민들이 계속해서 들어오면서 기존 인구의 두 배인 2,000명이 되었다. 유대인들의 광범위하고도 비통한 이주가 진행되었고, 새로 도착한 유대인들 가운데 일부는 술레이만의 사업에 직접 참여하기도 했다.2)

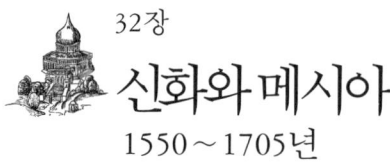

32장
신화와 메시아
1550~1705년

프로테스탄트, 프란체스코, 성벽

술레이만은 예루살렘 재건축 비용을 이집트에서 받은 세금으로 충당했다. 재무를 담당한 사람은 동전주조 장인이자 세금 청부업자였던 아브라함 드 카스트로Abraham de Castro였다. 그는 현지 총독이 반란을 꾀하고 있다는 사실을 술탄에게 알림으로써 충성을 입증했다. 카스트로라는 이름에서 알 수 있듯, 그는 포르투갈에서 도망쳐 온 유대인 난민이었으며 그의 역할은 술레이만의 참모와 궁극적으로는 팔레스타인과 예루살렘의 수호자가 된 포르투갈 출신의 거부 유대인과는 거리가 있었다.

유대인의 이주는 종교전쟁의 마지막 장을 의미했다. 1492년 1월 2일, 아라곤과 시칠리아의 페르디난드Ferdinand 왕과 카스티야Castile의 이사벨라Isabella 여왕은 유럽 본토의 마지막 이슬람 공국인 그라나다를 점령했다. 군주는 이 승리 이후 자신감을 얻게 되어 역사적으로 중요한 결과를 낳게 되는 두 가지 결정을 하면서 성공적인 십자군전쟁을 기념했다. 첫째로, 제노에서 여관 관리인의 아들이며 백발의 개성이 강한 크리스토발 콜론Cristobal Colon을 불렀다. 크리스토발은 대서양을 건너 인도와 중국으로 향하는 항해를 다시 시작할 수 있도록 수년간 탄원했던 인물이다. 인도로 향하는 것이 그의 포부 중의 하나라면 이스라엘을 해방시키는 것은 그의 또 다른 꿈이었다. 그는 처음부터 이 두 가지 목표를 결합시켰다. "나는 폐하께 이 항해에서 얻게 되는 모든 것을 예루살렘의 정복을 위해 사용해달라고 청했고 폐하께서는 웃으시며 그들을 기쁘게 할 아이디어라고 말씀하셨다." 사실상 매력적이면서 강박적이었던 콜론은 자신이 동방에서 예루살렘을 해방시킬 수 있을 거라고 믿었다.*

1492년 4월 17일, 군주는 콜론의 사업으로 다시 돌아와 그를 대양의 해군제독으로 임명한다. 10월 12일에 (영어로는 크리스토퍼 콜럼버스Christopher Columbus로 알려진) 수병 콜론은 그의 세 번째 여행에서 사실상 남미의 해안인 서인도제도를 발견했다. 아마 그는 새로운 세상을 발견했다는 것을 죽을 때까지 깨닫지 못했을 것이다(훗날 남미는 1507년에 플로랑스 선원인 아메리고 베스푸치Amerigo Vespucci의 이름을 따서 명명된다). 수년 후 콜롬버스의 발견은 스페인제국으로 발전하게 되었고, 그가 가톨릭에 보냈던 《예언서Book of Prophecies》에서 최후의 날에 스페인들이 예루살렘과 시온 성을 재건한다고 기술함으로써 그의 비정상적인 환상을 보여주었다. 오피르(또는 인도)의 금이 '세상 마지막 황제'의 법정인 복원된 성전을 뒤덮을 것이다. 부유함을 얻었지만 안식은 얻지 못하고 1506년에 사망한 콜럼버스는 결코

---

* 훗날 예루살렘의 왕이라고 불렸던 페르디난드는 이러한 생각이 자신의 구세군적 십자군 이상과 일치했기 때문에 미소를 지었을 수도 있다. 페르디난드는 그 자신이 북아프리카의 해안을 따른 성전을 통해 성스러운 도시를 정복할 계획을 가지고 있었다. 그의 마그레비Maghrebi 탐험은 1510년에 알제리의 오랑과 트리폴리(오늘날의 리비아)를 간신히 탈환했다. 탐험대는 은 십자가를 흔들면서 노새를 타고 가는 고집 센 추기경에 의해 인도되었다. 페르디난드와 이사벨라의 손자이며 스페인과 대부분의 새로운 세상과 부르고뉴, 합스부르크 지방을 상속받은 황제 찰스 5세는 십자군 정신과 예루살렘 정복에 대한 염원을 물려받게 되었다. 이것이 술레이만 1세가 벽을 다시 건설하게 된 이유다.

상상할 수 없었을 수많은 방식으로, 앞으로 미국과 예루살렘은 사실상 연결될 것이었다.

4월 29일, 콜럼버스의 항해가 승인되고 12일이 지난 뒤에야 군주는 유대인 문제에 집중했다. 수많은 유대인들이 강제적으로 가톨릭으로 개종하게 되었시만 이러한 곤베르소 conversos (진징한 개종자가 아니라 과거의 신앙을 고수하는 사이비 그리스도인을 가리킴-옮긴이)는 사실상 믿을 수 없는 것이었다. 가톨릭 신자들은 비밀스런 유대인들이 꾸며내는 '악마의 계략과 유혹'이 그리스도교를 더럽힐 수 있다는 공포를 가지고 있었다. 두 명의 군주가 종교재판에서 1만 3,000명에게 유죄를 선언했고 비밀리에 유대교를 믿은 2,000명을 화형에 처했다. 종교재판관 토머스 토르케마다 Tomas Torquemada 는 유대인들을 추방하거나 개종시킬 것을 권고했다.

십자군의 여왕인 이사벨라는 독실하고 위엄이 있으며 강철 같은 의지를 가졌다. 페르디난드는 그리스도교 사명을 교묘히 이용하면서 냉소적이고 교활하며 여성편력이 심한 마키아벨리의 이상적인 왕이었다. 스페인 왕국을 통치한 이 두 가톨릭 군주의 결합은 그 당시 매우 성공적이었다. 그러나 페르디난드는 유대인이 신실한 가톨릭 신자로 개종될 수 있다는 잘못된 계산을 했다. 7만 5,000명에서 15만 명가량의 유대인이 개종 대신 추방을 선택함으로서 페르디난드에게 놀라움을 안겨주게 된다. 그는 그들을 나폴리에서도 추방했고, 이로써 이후 50년간 서유럽에서 소송이 제기되었다. 7세기 동안 스페인은 번성하는 아랍-유대 문화의 고향이었으며 디아스포라 Diaspora, 즉 시온 밖으로 흩어진 유대인들의 중심지였다.

성전 함락에서 최종 해결에 이르기까지 유대인의 가장 뜨거운 트라우마인 이 세파르디 유대인들은 보다 관용적인 네덜란드, 폴란드 리투아니아, 오토만제국을 향해 동쪽으로 갔고 그곳에서 술레이만의 환대를 받았다. 이는 술레이만의 경제를 부흥시키는 결과가 된 동시에, 그리스도교가 유대인의 유산을 어떻게 부인했는지를 보여주는 결과도 되었다. 디아스포라는 동진했다. 그때부터 20세기 초까지 이스탄불, 살로니카, 예루살렘의 거리에는 그들의 새로운 유대-스페인 언어인 라디노Ladino의 서정적 어조가 울려 퍼졌다.

1553년, 술레이만의 유대인 의사가 그에게 조지프 나시Joseph Nasi를 소개했다. 조지프 나시의 가족은 강요에 의해 그리스도교로 거짓 개종한 후 네덜란드와 이탈리아를 거쳐 이스탄불로 도망쳤다. 그곳에서 조지프는 술탄의 신임을 얻고 술탄의 아들이자 후계자의 비밀요원이 되었다. 유럽의 외교관들이 위대한 유대인이라 칭한 조지프는 대규모의 기업제국을 운영했으며 술탄의 특사이자 전쟁 및 재정 담당자였다. 또는 그는 동방과 서방의 중재자 역할을 했고 국제적으로 신비한 인물로 간주되었다. 조지프는 유대인들이 약속의 땅을 회복할 것이라 믿었으며, 술레이만은 조지프에게 갈릴리 티베리아의 소유권을 주었다. 조지프는 그곳에 이탈리아계 유대인들을 정착시키고 마을들을 재건하고, 뽕나무를 심어 견직물 산업을 촉진했다. 조지프는 약속의 땅에 유대인들을 정착시킨 최초의 유대인이었다. 그는 갈릴리에 자신의 예루살렘을 구축했다. 극도로 예민한 권력 전문가였던 그는 실제 예루살렘은 술레이만의 소유라는 것을 잘 알고 있었기 때문이다.

그럼에도 조지프는 예루살렘에 있는 유대인 학자들을 후원했다. 한편 술레이만은 예루살렘에서 이슬람의 우월성을 강조하고 세심한 주의를 기울여 다른 두 종교의 지위를 축소시켰다. 그러한 조심성은 오늘날까지도 예루살렘을 지배하고 있다. 술레이만은 황제 찰스 5세Charles V와 전쟁 중이었고 따라서 그리스도인들에 대한 그의 태도는 유럽식 외교의 냉소적 요구사항들 덕에 다소 완화되었다. 반면 유대인들은 술레이만에게 거의 문제가 되지 않았다.

유대인들은 성전산의 벽 주변과 올리브 산 비탈은 물론 주요 회당인 람반에서도 기도했지만 술탄은 모든 일에서 질서를 선호했다. 성전산에서 이슬람의 독점성을 저하시키는 모든 것을 억제하면서 유대인들에게 헤롯 성전의 지지벽을 따라 9피트(약 3미터)만큼 기도 장소를 배정했다. 이는 다소 이해 가능한 조치였는데 그곳이 오랜 동굴 회당에 인접해 있고 14세기 이후 유대인들이 정착을 시작한 유대인 구역 옆에 있었기 때문이다. 그러나 그곳에는 이슬람 마그레비가 그림자를 드리우고 있었다. 그곳에서 유대인의 예배는 조심스럽게 규제되었지만 나중에는 결국 유대인들에게도 허용되었다. 유대인들은 그곳을 하 코텔$^{\text{ha-Kotel}}$, 즉 성벽이라 불렀고 외부인들은 그곳을 서쪽 벽 또는 통곡의 벽이라 불렀다. 그곳의 황금색 마름돌은 예루살렘의 상징이자 거룩함의 중심지가 되었다.

술레이만은 다윗 무덤에서 프란체스코 수도회를 내쫓음으로써 그리스도인들의 수를 줄였다. 다윗 무덤에 새겨진 명문에는 "술레이만 황제가 이곳에서 이교도들을 내쫓을 것을 명령했고 이곳에 모스크를 건축했다"고 되어 있다. 세 종교에게 모두 거룩한 장소인 그곳은 비잔틴 십자군 시대에 만들어졌으며 초기에는 유대인의 회당으로, 그리고 그리스도교의 만찬실로 사용되다가 술레이만 시대에는 나비 다우드, 즉 예언자 다윗의 이슬람 성지가 되었다. 술레이만은 다자니^{Dajanis}라는 이름의 수피주의 셰이크 가문을 세습 관리자로 임명했으며 그 직책은 1948년까지 유지되었다.

외부 세계의 정치는 항상 예루살렘의 종교적 삶에 영향을 미쳤다. 술레이만은 곧 프란체스코 수도회를 좋아할 이유를 갖게 되었다. 술레이만은 중부 유럽의 전쟁에서 합스부르크 가문과 싸우기 위해서는 그리스도교 동맹국(프랑스)이 필요하다는 것을 알게 되었는데, 프란체스코 수도회가 프랑스 왕의 지원을 받고 있었던 것이다. 1535년, 술탄은 프랑스에 무역 특권을 주었고 프란체스코 수도회를 그리스도교 유적들의 관리자로 인정했다. 이는 최초의 이른바 조건부 항복(유럽의 힘에 양보함)이었으며 이것은 나중에 오토만제국을 약화시키게 된다.

프란체스코 수도회는 성묘교회에서 가까운 성 구세주 교회^{St. Saviour church} 근처에 본부를 차렸으며 그것은 궁극적으로 도시 안의 거대한 가톨릭 도시가 되었다. 그러나 가톨릭의 성장은 정교회를 자극했다. 가톨릭과 정교회 사이의 증오는 이미 엄청난 수준이었으며 둘 모두 거룩한 장소들, 즉 프레도미니움^{praedominium}에 대한 영구적인 관리권을 주장했다. 성묘교회는 당시 여덟 종파가 공유하면서 가장 강한 종파만이 살아남게 될 다원식 투쟁을 벌이고 있었다. 어떤 종파는 성장하고 어떤 종파는 쇠퇴했다. 아르메니아인들은 이스탄불에서 입지를 잘 다지고 있었기 때문에 여전히 강력했지만 세르비아인들과 마론파^{Maronite}는 쇠퇴하고 있었다. 맘루크조 후원자들을 잃어버린 그루지아인들은 완전히 쇠망했다.*

이슬람 황제와 그리스도교 황제 사이의 골 깊은 갈등, 스페인의

---

* 그루지아인들은 자신들의 성 구세주 수도원을 프란체스코 수도회에 팔아야 했는데 그것은 단지 시작에 불과했다. 1685년, 피폐해진 그루지아인들은 십자가 수도원을 빼앗겼고 정교회는 그 수도원의 십자가가 예수의 십자가인 것으로 알고 있었다. 1187년, 십자군 예루살렘이 함락된 후 그루지아의 여왕 타마라^{Tamara}는 십자가 수도원을 장식하기 위해 쇼타 루스타벨리^{Shota Rustaveli}라는 관리를 파견했다. 그는 그루지아의 민족적 서사시 《표범 가죽을 입은 기사^{The Knight in the Panther Skin}》의 저자이다. 그는 아마도 그 수도원에 묻힌 듯하며 그의 초상은 수도원의 프레스코화에도 나타나 있다. 그러나 2004년 늙고 거만한 모습의 루스타벨리의 초상화는 그루지야 대통령 미하일 사카슈빌리^{Mikheil Saakashvili}가 그 그림들을 보기 위해 공식 방문한 바로 그때 도난당해 파괴되었다. 러시아정교회가 의심을 받았지만 증명된 것은 없었다. 세르비아인들은 그들의 마지막 수도원을 17세기에 그리스인 형제들에게 넘겨주었다. 마론교는 여전히 자파 문 근처에 수도원을 두고 있지만 그루지아인, 마론교, 세르비아인들 모두 성묘교회에 대한 지분을 잃은 지 오래다.

공격적인 가톨릭교 신앙과 유대인 추방은 하늘에 무언가 잘못한 것이 있다는 불안한 정서를 불러일으켰다. 사람들은 자신의 종교에 의문을 가졌고 신에게 가까이 가기 위한 새로운 신비주의적 방법을 탐색하면서 최후의 날들을 기대했다. 1517년, 비텐베르그Wittenberg의 신학 교수 마틴 루터는 지옥에서 머무는 시간을 줄여주기 위한 교회의 '면죄부' 판매에 항의했고, 신은 성서 속에 존재할 뿐 사제나 교황의 의식을 통해서 존재하는 것이 아니라고 주장했다. 루터의 용기 있는 항의는 교회의 광범위한 분노를 일으켰다.

수많은 사람들이 교회가 예수의 가르침을 통한 감화를 잃어버렸다고 믿고 있었다. 그러한 프로테스탄트들은 생생하고 직접적인 신앙을 원했으며, 또한 교회에서 벗어나 독자적인 길을 찾을 수 있었다. 프로테스탄티즘Protestantism은 유연성이 있어서 곧 다양한 새로운 종파들(루터파, 개혁교회파, 장로파, 칼빈파, 재세례파)이 자라났다. 한편 헨리 8세, 즉 영국 프로테스탄트는 정치적 독립을 확보할 방법을 찾았다. 그러나 성서숭배라는 한 가지가 그 모든 것을 통합하고 있었다. 성서로 인해 예루살렘은 신앙의 중심지로 다시 부각되었다.*

술레이만이 45년간의 재위 끝에 전장에서 전사하자 술레이만의 신하들은 그를 밀랍인형처럼 전차에 태워 록셀라나의 아들 가운데 하나인

---

* 유대인들과 그리스도인들 모두 계시적 기대에 물들었다. 1523년, 키 작은 유대인 청년 데이비드 르우베니David Reuveni는 자신을 10개 부족들을 시온으로 이끄는 아랍 왕자라고 밝혀 예루살렘에 소동을 일으켰다. 그러나 이슬람 카디는 그가 정신이상자라며 살려두었고 그 후 르우베니는 로마로 도망쳤다. 로마에서 교황이 그를 받아들였지만 결국 그리스도교계는 이슬람보다 관용이 적은 적으로 드러났고 르우베니는 1530년 스페인의 한 감옥에서 죽었다. 1534년 극단적 프로테스탄트 종파인 재세례파가 뮌스터Munster에 있는 독일인 마을을 점령하고 그곳을 새 예루살렘으로 선언했다. 그들의 지도자인 레이던Leiden의 요한은 재단사 도제 출신으로서 자신을 예루살렘의 왕, 즉 다윗 왕의 후손으로 선언했다. 18개월 후 새로운 시온은 탈환되었으며 재세례파 지도자들은 처형되었다.

셀림이 안전하게 권력을 승계할 때까지 군인들에게 전시했다. 일명 술고래로 불린 셀림 2세는 친구이자 위대한 유대인 조지프 나시의 책략에 많은 빚을 졌다. 그는 이제 벨베데레 궁전Belvedere Palace에서 화려하게 살고 있었으며 폴란드 밀랍과 몰디브 와인을 독점해 부자가 되었고 낙소스Naxos 공작으로 영전榮轉해 있었다. 그는 사실상 키프로스의 왕이었다. 유럽과 예루살렘의 박해를 받는 혹은 극빈한 유대인들에 대한 그의 후원은 대단해서 그가 죽기 직전에는 그 유대인 공작이자 거부가 메시아임에 틀림없다는 소문이 돌았다. 그러나 이는 그가 의도한 결과는 아니었다. 셀림 2세와 후손들의 치하에서 오토만제국은 확장을 계속했으며 광대한 자원과 뛰어난 관료제도 덕분에 한 세기 동안 더욱더 놀랍고 강력한 힘을 유지했다. 그러나 오토만제국의 황제들은 곧 과도하게 힘이 커진 지방총독들이 다스리는 원거리 지역을 통제하느라 애를 먹었으며 예루살렘의 평온함은 폭력에 의해 주기적으로 흔들렸다.

    1590년, 예루살렘에서 현지 아랍인들이 반란을 일으켜 도시를 점령하고 총독을 죽였다. 반란군들은 패배하고 추방되었다. 예루살렘은 두 명의 발칸인 형제들, 리드완Ridwan과 바이람 파샤Bairam Pasha, 그리고 그들의 부하인 시르카 출신 파루크Farrukh의 손에 떨어졌다. 리드완과 바이람은 그리스도교에서 이슬람으로 개종한 노예들이었으며 술레이만의 궁정에서 훈련받았다. 이들의 집안들은 거의 한 세기 넘게 팔레스타인을 지배(그리고 학대)했다. 파루크의 아들 무함마드는 1625년 예루살렘 밖으로 축출당했을 때 300명의 용병과 함께 성벽을 돌파했다. 그 후 그는 성문을 닫고 유대인, 그리스도인, 아랍인들을 고문하고 돈을 갈취했다.

    그러한 잔학함은 그리스도교 종파 가운데 가장 강한 아르메니아인들을 자극하여 술탄에게 유세를 하고 뇌물을 바치고 예루살렘에 있는 교회들에서 난동을 부리게 했을 뿐이었다. 그 모든 것이 가톨릭을 축출하고 프레도미니움을 차지하려는 전략의 일부였다. 17세기 초, 20년 동안 술탄들은 전투태세를 갖춘 가톨릭을 방어하기 위해 33가지의 포고령을 발표했다. 불과 7년 동안 프레도미니움은 여섯 번이나 주인이 바뀌었다. 그러나 그리스도인들은 팔레스타인에서 가장 수익성 있는 사업재료였다. 성묘교회 감독자, 즉 누세이베 가문의 수장은 매일 무장한 부하들을 대동하고 성묘교회 뜰에 앉아 출입을 관장했다. 수많은 순례자들에게서 들어오는 수입은 엄청났다. 무슬림들이 '붉은 달걀 축제Festival of the Red Egg'라 부른 부활절에는 예루살렘 총독이 그 자리에 앉았다. 그리고 카디, 감독자, 완전무장한 수비대를 대동한 상태에서 2만 명에 달하는 '지옥의 저주를 받은 이교도들'로부터 각기 금화 열 개씩을 받았다. 돈은 오토만과 울라마가 나눠가졌다. 아르메니아인들은 그리스도인들이자 오토만인들이었으며 서브라임 포르테Sublime Porte(오토만제국의 지배기구를 가리킴)의 노련한 관료들이었다. 다른 사람들은 유럽 강대국들의 후원을 받았지만 아르메니아인들은 스스로가 술탄들의 후견인이었다(아르메니아인들이 21세기까지 성묘교회에서 살아남을 수 있었던 이유다).

한편 유대인들은 모종의 일을 계획 중이었다. 한 유대인 순례자는 "첫 번째 추방 이후 어느 때보다 예루살렘 인구가 크게 늘었다"고 말했으며 예루살렘의 "명성이 퍼지고 유명해질수록 우리는 평화롭게 살았다. 학자들이 예루살렘 성문으로 보여들었다고 전했다." 한 이집트계 유대인 상인은 유월절마다 예루살렘에 왔다. 대부분의 유대인들이 라디노어를 쓰는 스페인계 유대인이었으며 유대인 구역에서 생활의 중심이 된 '네 개의 회당'을 지을 정도로 안정을 찾았다. 그러나 일부 순례자들은 폴란드 리투아니아공화국에서 온 동부 유럽인들, 일명 아슈케나지(창세기 노아의 후손 아슈케나지에서 따온 이름으로 북구인들의 선조로 알려짐)였다.

외부 세계의 격변은 신비주의를 촉진시켰다. 랍비 이삭 루리Issac Luri는 카발라Kabbala, 즉 신에게 더 가까이 가기 위한 토라의 암호해독을 가르쳤다. 루리는 예루살렘에서 태어났지만 갈릴리 사페드에 있는 산악 도시에 본거지를 두었다. 스페인 박해의 상처로 많은 유대인들이 거짓으로 그리스도교로 개종했고 비밀스러운 삶을 살았다. 카발라의 유일한 경전 《조하르Book of Zohar》는 13세기에 카스티야에서 쓰였다. 카발라교는 위엄, 두려움, 진동, 즉 "무아지경의 경험, 가장 높은 곳으로 향하는 영혼의 엄청난 상승과 치솟음, 신과 하나됨"을 추구했다. 금요일이면 카발라들은 하얀 옷을 입고 성 밖에서 '신의 신부', 세키나를 맞이해 신이 임재하고 있는 집으로 데리고 갔다. 그러나 카발라들은 필연적으로 비밀암호와 주문암송과 더불어 유대인들의 상처에 구속의 비밀이 담겨 있다고 추측했다. 메시아가 정말 곧 예루살렘에 올 것인가?

이따금씩 일어나는 반그리스도교 폭동들, 베두인의 매복공격, 오토만 총독들의 착취에도 불구하고, 예루살렘은 고유한 의식들을 유지했다. 그러나 오토만제국의 후미진 곳에서 일어난 정교회, 아르메니아, 가톨릭의 불화는 순례자면서 상인이자 모험가이기도 한 새로운 종류의 방문객들이 가진 편견을 확인해줄 뿐이었다. 프로테스탄트들이 도착한 것이다. 프로테스탄트들은 영국인 상인들인 경우가 많았으며 가톨릭에 대한 적대감으로 불타고 있었고 아메리카의 새로운 식민지들과 연결된 사람들도 많았다.3)

영국의 제독이자 상인인 헨리 팀버레이크Henry Timberlake가 예루살렘에 도착했을 때 오토만 총독들은 프로테스탄티즘이나 엘리자베스 여왕에 대해서 한 번도 들어본 적이 없는 상태였다. 팀버레이크는 성묘교회 옆에 있는 감옥에 던져졌고 벌금을 내고서야 풀려났다. 그의 경쾌한 모험 비망록《진실하고 기이한 담화A True and Strange Discourse》는 쟈코뱅 시대 런던에서 베스트셀러가 되었다. 그와 같은 대담한 영국인들 가운데 한 명이었던 존 샌더슨John Sanderson은 레반트 회사Levant Company의 일원이었으며 성묘교회에 들어가기 위해 투르크인들에게 수수료를 주었다. 그리고 그는 프란체스코 수도사들의 공격을 받았다. "프란체스코 수도회의 신부가 나를 유대인이라고 고발했다." 투르크인들은 그를 체포해 이슬람으로 개종시키려 했고 카디 앞으로 데리고 갔다. 카디는 그를 심문하고는 그가 그리스도인이라는 것을 알고 풀어주었다.

그리스도인이건 무슬림이건, 광신적 행동은 폭력을 불러일으켰고 그것은 오토만의 큰 자랑이었던 관용의 실제적 한계를 드러내주었다. 오토만 총독은 울라마의 요청에 따라 유대인들의 사랑을 받던 람반 회당을 강제로 폐쇄했다. 유대인들은 람반 회당에서 기도하는 것이 금지되었고 회당은 창고로 바뀌었다. 프란체스코 수도회가 조용히 시온 산에서 점유지를 확대하자 그들이 몰타Malta로 파고들어가 그리스도인들을 불러들이려 한다는 소문이 돌았다. 카디와 군중들의 공격을 받은 그들은 오토만 수비대에 의해 겨우 구조되었다. 무슬림 어린이들에게 세례를 주고 이슬람을 비판한 한 포르투갈인 수녀는 성묘교회 마당에서 화형을 당했다.* 4)

1610년 부활절, 새로운 프로테스탄티즘뿐 아니라 신세계를 대표하는 한 젊은 영국인이 예루살렘에 도착했다.

---

* 성묘교회 마당에서 이러한 인간 화형은 드문 일이 아니었다. 1557년, 시칠리아 출신 수사 쥬니퍼Juniper는 아크사에 두 번 침입한 후 카디에 의해 직접 살해되었고, 그 후 성묘교회 앞에서 불태워졌다. 또 다른 스페인 출신 프란체스코 수도사는 알 아크사 내에서 이슬람을 비판했고 성전산에서 목이 잘린 후 역시 불태워졌다. 그러나 죽음이 언제나 이야기의 끝인 것은 아니었으며 유럽에서 그리스도교는 더 이상 문명화되지 않았다. 영국에서는 16세기에 거의 400명의 이교도들이 화형을 당했다.

최초의 영국계 미국인, 조지 샌디스

1610년 부활절에 요크 대주교의 아들이자 베르길리우스Virgil(고대 로마의 시인)의 작품을 영어로 번역한 학자 조지 샌디스George Sandys는 예루살렘의 쇠퇴에 큰 충격을 받았다. "도시의 대부분이 버려져 있고 오래된 건물들은 무너졌고 새로운 건물들은 혐오스러웠다." 샌디스는 서쪽 벽에서 본 라디노어를 말하는 스페인계 유대인들에게 혐오와 흥미를 반반씩 느꼈다. 샌디스는 "그들의 광신적 몸동작은 우스꽝스런 고개 끄덕임과 더불어 모든 야만성을 능가했다"고 생각했으며 또한 "웃지 않을 수 없었다." 신을 두려워하던 이 프로테스탄트는 정교회와 가톨릭의 천박한 장사 행위라 여겼던 것들에 더욱 혐오감을 느꼈다. 예루살렘은 "한때는 성스럽고 거룩하며 신이 자리할 곳으로 선택되었지만" 이제는 "신비주의와 기적의 연극장"일 뿐이었다.

그 부활절에 샌디스는 그리스도인들과 무슬림들 모두에게 위협을 받았다. 그는 예루살렘의 총독이 성묘교회 밖의 의자에 앉아 있는 것을 보았다. 그리고 수많은 순례자들이 밤을 지내기 위해 각기 베개와 이불을 가지고 교회 안으로 몰려 들어가는 것을 보았다. 성금요일에 샌디스는 프란체스코 수도회 신부의 행렬을 따라갔다. 신부는 밀랍으로 만든 사람 크기의 예수 인형을 대동하여 비아 돌로로사를 따라 행진한 후 그것을 십자가에 고정시켰다. 수천 명이 교회를 가득 채우고 교회 마당에 진영을 차렸을 때 그는 거룩한 불 행사를 보았으며 "야만적인 소란", 심벌즈 치기, "여자들의 휘파람 불기" 등을 지켜보았다. 그들은 "바커스 축제solemnities of Bacchus에나 더 잘 어울릴 일"을 하고 있었다. 불이 나타나자 순례자들은 "미친 사람처럼 뛰어다니며 옷과 가슴팍 사이로 불꽃을 밀어넣고 이방인들은

(몸이) 타지 않는다고 설득했다."

그러나 찬송가 작곡자이기도 했던 샌디스는 가톨릭과 정교회만큼이나 예루살렘을 숭배하는 열정적인 프로테스탄트였다. 샌디스는 성서 자체의 기본적 내용에 근거해 예수의 무덤과 십자군 기사들의 무덤에서 열정적으로 기도했다. 에루살렘에서 돌아온 후 샌디스는《기원후 1610년에 시작된 여행 이야기A Relation of a Journey begun AD 1610》를 웨일스Wales의 어린 왕자 찰스에게 헌정했다. 찰스 왕자의 아버지 제임스 1세James I는 그즈음 50여 명의 학자들에게 모든 사람이 쉽게 읽을 수 있는 영어 성서를 만들 것을 명령했다.

1611년, 학자들은 드디어 공인성서를 완성했다. 그것은 윌리엄 틴들William Tyndale 및 다른 사람들의 초기 번역들을 융합했으며 종교 문서에 생명을 불어넣은 번역의 걸작이자 시적 영어의 걸작이다. 이 성서는 영국 국교회주의Anglicanism, 즉 영국의 독자적인 프로테스탄티즘의 정신적 문학적 중심이 되었다. 이 성서는 한 작가의 말처럼 '브리튼의 국민적 서사시'가 되었으며 유대인들과 예루살렘을 영국의 심장부에, 그리고 이후에는 미국인 삶의 중심에 가져다놓은 이야기가 되었다.

샌디스는 실제 예루살렘과 신세계의 예루살렘 사이의 연결고리 중 하나였다. 1621년, 샌디스는 버지니아 회사Virginia Company의 회계 담당자가 되어 미국으로 향했다. 제임스타운Jamestown에 살던 10년 동안 샌디스는 아메리카 원주민 알곤킨족Algonquin에 대한 공격을 주도했으며 많은 원주민들을 살해했다. 프로테스탄트들은 이교도들을 죽이는 능력에 있어서 17세기의 다른 어떤 종교에도 뒤지지 않았다. 그곳에 예루살렘 순례모험가가 샌디스만 있었던 것은 아니었다. 헨리 팀버레이크도 같은 시간 버지니아에 있었다. 그들의 약속의 땅인 아메리카 순례는 적어도 부분적으로는 하늘의 예루살렘이라는 프로테스탄트적 환상에 영감을 받은 것이었다.

샌디스와 팀버레이크 같은 버지니아인들은 보수적인 영국 국교도로, 제임스 1세와 아들 찰스의 애호를 받은 부류였다. 그러나 왕들은 열정적이고 급진적인 새로운 프로테스탄티즘에 대한 기대를 숨길 수는 없었다. 청교도들Puritans은 성서의 기본적 진실뿐 아니라 즉각적인 메시아적 기대까지 포용했다. 가톨릭과 프로테스탄트의 30년 전쟁은 심판의 날이 임박했다는 정서를 강화시킬 뿐이었다. 당시는 세 종교 모두에서 격렬한 신비주의적 흥분이 고조되던 기이한 시대였다. 농사는 흉작이었다. 전염병, 굶주림, 종교전쟁의 가면을 쓴 죽음의 신이 유럽 전역을 할퀴었고, 수백만 명을 죽음에 이르게 했다.

수많은 청교도들이 찰스 1세의 교회를 벗어나 미국으로 건너가서 새로운 식민지들을 건설했다. 종교의 자유를 찾아 대서양을 건너는 동안 청교도들은 성서 속의 예루살렘과 이스라엘인들에 대해 읽었으며, 자신들을 가나안의 황무지에 새로운 시온을 건설하기 위해 신의 축복을 받은 선민이라고 생각했다. 윌리엄 브래드퍼드William Bradford는 메이플라워Mayflower에서 내리면서 "오셔서 시온에서 주님의 말씀을 선포하게 하소서"라고 기도했다. 매사추세츠만Massachusetts Bay 식민지 최초의 총독 존 윈스럽은 "이스라엘의 신이 우리 가운데 있다"고 믿었으며 정착지를 '언덕 위의 도시'로 표현하기 위해, 즉 미국을 새로운 예루살렘으로 표현하기 위해 〈예레미야〉와 〈마태복음〉의 구절을 인용했다. 곧 그곳에는 18개의 요르단 강과 12개의 가나안, 35군데의 베델, 66개의 예루살렘 혹은 살렘이 생겨나게 되었다.

재앙의 두려움과 구속의 기대가 함께 일어났다. 내전이 프랑스와 영국을 할퀴었고 바로 그때 동유럽에서는 폴란드와 우크라이나Ukraine의 유대인들 수만 명이 약탈꾼 헤트만 크멜르니츠키Hetman Khmelnytsky의 코사크 기병들에게 학살되었다. 1649년, 찰스 1세가 참수당하고 올리버 크롬웰Oliver Cromwell이 호민관護民官으로 등장했다. 크롬웰은 뉴잉글랜드의 동포들과 마찬가지로 청교도들이 새로운 선민이라고 설득했다.

크롬웰은 "진실로 너희는 유다와 같이 신의 부름을 받아 그와 함께 그를 위해 다스린다"라고 말했다. "너희에게 약속과 예언이 임박해 있다." 크롬웰은 유대인이 시온으로 돌아오고 그리스도교로 개종하지 않는 한 예수가 다시 오지 않는다고 믿는 히브리주의자Hebraist였다. 결과적으로 청교도들은 최초의 그리스도교 시온주의자들이었다. 조안나와 에버니저 카트라이트Ebenezer Cartwright는 심지어 영국 해군이 "이스라엘의 아들과 딸들을 배에 실어 그 선조들이 영원한 유산으로 약속한 땅으로 옮겨야 한다"고 주장했다.

수많은 유대인들이 진지하게 카발라를 연구했고 메시아가 우크라이나의 비극을 구원으로 변형시켜줄 것이라고 믿었다. 네덜란드인 랍비 메나세 벤 이스라엘Menasseh ben Israel은 호민관에게 청원을 넣어 유대인들이 전 세계 모든 구석으로 흩어져야 하고 그 후 그들이 시온으로 돌아오면 두 번째 강림이 시작된다고 성서에 쓰여 있다고 주장했다. 그러나 유대인들은 여전히 영국에 들어갈 수 없었다.

이에 크롬웰은 특별 화이트홀 회의를 열어 "그 간교하고 저주받은 민속을 빛에서 제외하고 잘못된 교사들, 교황주의자들, 우상숭배자들 사이에 놔두는 것"은 옳지 않은 일이라 규정했다. 크롬웰은 유대인들의 귀환을 허락했다. 크롬웰이 죽은 후 군주제가 부활했다. 크롬웰의 청교도 메시아주의는 그 힘을 잃었지만 그의 메시지는 미국 식민지와 영국 비국교도들까지 이어졌고 200년 후 복음주의적 각성에 다시 한 번 꽃을 피운다. 왕정 복원 직후 광적인 흥분이 유대인 세계를 뒤흔들었다. 예루살렘에 메시아가 있다는 것이다. 정말이었을까?[5]

메시아, 사바타이 제비

그는 카발라를 공부한 스미르나Smyrna 출신 정육업자의 온전치 못한 아들, 모르드카이Mordecai였다. 1648년 그는 테트라그라마톤Tetragrammaton을 발음함으로써 자신을 메시아로 선언했다. 테트라그라마톤이란 발음해서는 안 되는 신의 이름으로, 히브리어 철자 YHWH로 구성되며 1년에 한 번 속죄의 날에 대사제가 성전 안에서만 말할 수 있었다. 이제 모르드카이는 사바타이 제비Sabbatai Zevi로 이름을 바꾸고 1666년에 심판의 날이 올 것이라고 선언했다. 그는 스미르나에서 쫓겨났지만 지중해 주변에서 무역업자로 일하면서 점차 부유한 후원자들로 구성된 충실한 네트워크를 만들었다. 1660년, 그는 먼저 카이로로 이주했고 그다음 예루살렘으로 이동했다. 그곳에서 금식하고 노래하며 어린이들에게 사탕을 나누어주고 기이하고 문제 있는 행동들을 연출했다.

사바타이는 무모하면서도 혼란스러운 매력을 발산했다. 그는 분명 넘치는 자신감, 절망적 우울감, 도취적 행복감 사이를 오가는 조울증 환자였으며 그것은 악마적이고 때로는 부끄러움을 모르는 에로틱한 기행을 하게 만들었다. 다른 어느 때에 나타났어도 그는 기괴하고 죄악에 찬 광인으로 비난을 받았겠지만, 파국적 시대였던 당시는 수많은 유대인들이 카발라주의적 기대를 가진 상태였다. 따라서 사바타이의 광증은 거룩함의 진정한 표시로 받아들여졌다.

예루살렘의 유대인들은 오토만의 과도한 세금으로 인해 피폐해져 있었다. 때문에 이들은 사바타이에게 카이로 후원자들에게서 자금을 모금해줄 것을 요청했고 사바타이는 그대로 실행했다. 사바타이는 임무에 성공했지만 예루살렘에서 자신을 메시아로 선언할 준비를 했을 때 모든 사람들이 그를 믿어준 것은 아니었다. 많은 의논 끝에 랍비들은 그에게 금족령을 내렸다. 분노한 사바타이는 예루살렘을 대신할 거룩한 도시로 가자를 선택하여 그곳으로 이동했고 알레포에서 자신의 메시아적 사명을 시작했다.

그의 계시가 서서히 타오르기 시작했다면 그의 명성은 이제 폭발하여 들불처럼 퍼져나갔다. 이스탄불부터 암스테르담Amsterdam까지 디아스포라 전역의 유대인들이 메시아의 도래를 환영했다. 한편 우크라이나에서는 사라Sarah라는 아름다운 유대인 소녀가 코사크 기병들의 학살로 고아가 되었다가 그리스도인들에게 구출되어 리보르노Livorno로 왔다. 그곳에서 소녀는 창녀로 일했지만 그렇다고 해서 자신이 메시아와 결혼할 운명이라는 확신을 꺾지는 않았다. 그녀에 대한 소식을 듣고 사바타이는 그녀와 결혼했고 둘은 함께 지중해를 여행했다.

유럽 일대의 유대인들은 그를 미심쩍어 하는 사람들과 광적인 팬들로 나뉘었다. 광적인 팬들은 예루살렘에서 메시아를 만나기 위해 짐을 꾸려 여정에 올랐고 채찍으로 자해를 하고 금식을 하며 진흙과 눈에서 맨몸으로 굴렀다. 1666년 말, 이 메시아 부부는 이스탄불로 굴러들어 왔고 유대인들은 그들을 환영했다. 하지만 술탄의 왕관을 쓰려던 야심으로 인해 사바타이는 체포되었고 술탄은 이 유대인의 왕에게 결코 거절할 수 없는 제안을 한다. 화살 세례를 받고 살아나는 기적을 행하든지 아니면 이슬람으로 개종하든지 둘 중 하나를 택하라는 것이었다. 유대인의 왕은 개종을 택했다.

　무엇보다 이 변절은* (그가 몬테네그로Montenegro의 유배지에서 죽기 전까지) 꿈의 죽음을 상징했다. 그리고 예루살렘의 유대인들은 이 파괴적인 돌팔이의 귀환을 보고 기뻐했다.6) 크롬웰과 사바타이의 시대는 예루살렘에서 이슬람 신비주의의 황금기이기도 했다. 당시 오토만의 술탄들은 투르크인들이 데르비시Dervish라 부른 수피주의의 모든 주요 교단들을 후원했다. 우리는 지금까지 그리스도인들과 유대인들이 예루살렘을 어떻게 보았는지를 들여다보았다. 당시 오토만의 가장 자유분방한 대신이자 데르비시 학자, 이야기꾼, 미식가였던 에블리야 셀레비는 이슬람적 시각에서 예루살렘의 특이점들을 익살꾼다운 능력으로 묘사했으며, 그러한 능력은 그를 모든 이슬람 여행 작가 가운데 최고로 만들어주었다.

오토만, 피프스, 폴스타프

　에블리야는 무척 독특했음에 틀림없다. 이 부유한 여행가이자 작가, 가수, 학자, 전사는 술탄의 대장장이를 아버지로 뒀으며 이스탄불에서 태어나 궁정에서 자랐고 황실의 울라마에게 교육받았다. 에블리야는 꿈속에서 전 세계를 여행하라는 무함마드의 충고를 들었다. 에블리야의 말을 빌리면 그는 "세계의 여행자이자 인류의 좋은 친구"가 되었으며 거대한 오토만제국을 종주했을 뿐만 아니라 그리스도교 세계까지 여행했고 자신

---

* 추종자들 중 일부는 그것을 궁극적인 성스러운 역설로 간주했다. 그리고 사바타이의 유대인 이슬람 종파인 돈메Donmeh(변절자라는 뜻, 그러나 그들은 자신들을 마민Mamin, 즉 신자들이라고 불렀다)에 속한 사람들은 많은 수가 특히 살로니카에 살던 사람들이었으며, 1908년과 제1차 세계대전 사이의 청년 투르크 혁명에서 활약했다. 돈메파는 지금도 터키에 남아 있다.

의 모험들을 10권이라는 엄청난 분량으로 강박적일 정도로 기록했다. 사무엘 피프스Samuel Pepys(영국 일기 문학의 선구자-옮긴이)가 런던에서 일기를 쓰고 있던 바로 그때, 에블리야는 이스탄불에서도 카이로에서도 예루살렘에서도 《기행문》을 기록했다. 그것은 "이슬람 문학, 어쩌면 전 세계 문학에서 가장 길고 완벽한 여행 기록"이 되었다. 예루살렘을 그토록 시적으로 묘사한 이슬람 작가는 찾아볼 수 없으며 삶을 그렇게 위트 있게 표현한 작가도 드물었다.

거절할 수 없는 농담, 운율 맞추기, 익살스러운 노래, 씨름으로 메흐메트 4세Mehmet IV의 총애를 얻었던 것을 보면 에블리야는 문자 그대로 슬기롭게 살았다. 또한 그는 그의 종교적 지식과 열정적이고 유쾌한 기질을 믿고 자신을 고용한 오토만 유력자들의 수행단에 합류해 여행을 할 수 있었다. 그의 책들은 일부는 엄청난 사실들을 모아놓은 연감들이고 일부는 놀라운 이야기들을 모아놓은 선집이다. 에블리야 셀레비('신사'를 뜻하는 직함)는 합스부르크 왕조와 싸웠을 뿐만 아니라 비엔나의 신성로마 황제를 만나 예루살렘의 성묘에 대한 개인적 지식으로 깊은 인상을 남겼다. 전장에서 그는 자기 비하적 태도로 폴스타프식Fallstaff 여정('감정은 용기의 행위이다')과 아마도 군사 역사상 가장 기이하고 웃긴 것이었을 외설적 장면들을 기록했다.*

---

* 합스부르크가에 대항한 트란실바니아Transylvania 전투 중 하나에서 그는 용변을 보기 위해 대열에서 벗어났다가 한 오스트리아 병사에게 매복공격을 당했다. "그래서 나는 나의 똥 위에 털썩 주저앉았다." 싸우는 동안 그들은 우리 영웅의 배설물 속에서 "이리 저리 굴렀고" 마침내 "하마터면 똥의 순교자가 될 뻔했다." 에블리야는 결국 그 이교도를 죽이고 바지를 끌어올리는 데 성공했지만 "나는 피와 똥으로 범벅이 되었고 내가 똥의 전사가 된 것을 보고는 웃을 수밖에 없었다." 에블리야는 그 오스트리아 병사의 머리를 파샤에게 가져갔고 파샤는 "나의 에블리야여, 너에게서 똥 냄새가 나는구나!"라고 말했다. 장교들은 크게 웃었고 파샤는 에블리야에게 금 50개와 은으로 된 터번 장식을 주었다.

그는 한 번도 결혼을 하지 않았으며 황제 밑에서 일하면서도 자유로운 여행에 방해가 되는 어떤 일도 맡기를 거부했다. 그는 자주 여자 노예들과 어울렸으며 다른 모든 것들에서도 그렇듯 성에 대해서도 위트를 발휘했다. 그는 성교를 '달콤한 재앙' 또는 '즐거운 레슬링 경기'로 칭했으며 한때 발기 불능에 걸렸다가 이집트 뱀 수프를 먹고 치료된 일을 명랑하게 기록했다. 그는 대담하게도 성교가 '위대한 지하드'라는 농담을 했다. 현대의 독자들이 보기에 에블리아에 대한 가장 놀라운 일은 그가 독실한 무슬림이면서도 오늘날에는 생각할 수 없는 이슬람에 대한 농담들을 끝없이 던졌다는 것이다.

이 학자는 여덟 시간에 걸쳐 《쿠란》 전체를 암송할 수 있었고 무에진으로도 활동했지만 불경했다. 그는 이상하게도 깨끗이 면도했고, 열린 마음의 소유자였으며, 이슬람이든 유대교든 그리스도교든 광신을 적대시했다. '방랑하는 데르비시'로서 그는 이제는 가난한 자들의 (혹은 데르비시들의) 카바가 된 고대의 키블라 예루살렘에 매료되었다. 예루살렘은 수피주의의 수도, 즉 메카였다. 그는 다마스쿠스 문 곁에 있는 가장 큰 수도원을 포함해 인도부터 크림반도^{Crimea}까지 다양한 곳에 기원을 둔 70개의 데르비시 수도원들을 설명해놓았으며, 각 종단에서 온 대표단이 새벽까지 밤새도록 몽환적인 노래들을 부르고 지크르를 추는 것을 묘사했다.

에블리야는 240개의 간이 예배소, 40개의 마드라사가 있는 예루살렘이 "모든 나라 왕들의 갈망의 대상"이라고 자랑했을 뿐 아니라 "바위돔의 숨 막히는 아름다움과 거룩함에 거의 정신을 잃을 뻔했다"라고 썼다. "이 부족한 사람은 38년간 17개 나라를 여행하고 수많은 건물들을 보았지만 그토록 천국을 닮은 건물은 보지 못했다. 어떤 사람이 들어갈 때 어떤 사람은 놀라서 말문이 막힌 채 손으로 입을 가리고 서 있다." 알 아크사에서는 금요일 마다 설교자가 칼리프 오마르의 빛나는 칼을 차고 설교단에 올랐으며 800명의 사제들이 참가하는 의식들이 열렸다. 그곳에서 에블리야는 모자이크가 태양빛을 반사해 "모스크가 빛 위의 빛이 되고 예배하는 동안 군중들의 눈이 경외심으로 빛나는 것을 보았다."

바위 돔에서 "모든 순례자는 난간 밖에서 바위 주변을 순행했고" 한편 성전산은 "장미, 히야신스, 도금 양(관목의 한 종류. 잎은 반짝거리고 분홍색이나 흰색의 꽃이 피며 암청색의 열매가 달림-옮긴이)으로 장식되고 들뜨게 하는 나이팅게일(갈색의 작은 새)의 지저귐 소리가 가득한 산책로가 되었다." 그는 다윗 왕이 알 아크사를 짓기 시작했고 솔로몬이 "모든 피조물들의 술탄이 되어 마귀들에게 공사를 완공하게 했다"는 등 대부분의 전설을 기꺼이 받아들였다. 그럼에도 솔로몬이 3,000년 전에 짰다는 밧줄을 보았을 때는 한숨을 쉬며 울라마의 말에 반박할 수밖에 없었다. "저에게 그 마귀들을 묶는 데 사용된 밧줄이 썩지 않았다고 말씀하시는 겁니까?"

부활절이 되자 그는 당연히 성묘교회를 방문했다. 그곳에서 그의 태도는 영국인 프로테스탄트와 크게 다르지 않았다. 그는 거룩한 불의 비밀에 대하여 조사했고, 매년 기적을 가장하기 위해 수사 한 명이 숨어서 감춰진 아연 항아리에서 나프타(여러 가지 인화성 액체의 혼합물-옮긴이)를 조금씩 떨어뜨린다고 주장했다. 부활절 축제는 대혼란이 되었고 교회는 "영성은 결여된 채 관광지에 더 가까웠다." 그러나 그는 그리스정교회 교인들이 "어리석고 잘 속아 넘어가기 때문"이라고 비난하는 한 프로테스탄트와 이야기를 나누고 있었다.

에블리야는 은퇴하여 카이로에서 책을 완성하기 전 여러 차례 여행을 했으나 바위 돔, 즉 "진정한 천국 파빌리온pavilion의 복제품"과 비교할 만한 어떤 것도 발견하지 못했다. 모든 사람이 에블리야에게 동의하는 것은 아니었다. 보수적인 무슬림들은 에블리야가 그토록 즐거워한 수피주의의 춤, 기적을 행하는 것, 광신적인 종교의식 등 모든 것들에 공포감을 느꼈다. 카샤시Qashashi는 "어떤 여자들은 베일을 벗고 얼굴을 드러낸 채 자신의 아름다움, 장신구들, 향기를 자랑했다. 세상에, 남자들 사이에 앉아서 뺨을 맞추며 인사를 하고 있었다!"라고 말하면서 열띤 함성과 춤, 탬버린 연주, 군것질거리를 파는 상인들을 주시하고 마치 "사탄의 결혼 축제일 같다"고 비난했다.

오토만제국은 이제 완전히 쇠퇴에 접어들었고 술탄들은 유럽 왕들의 요구에 떠밀려 다녔으며 술탄들 각자가 각기 다른 그리스도교 종파들을 지원했다. 오스트리아와 프랑스의 가톨릭이 프레도미니움을 프란체스코 수도회의 것으로 돌려놓자 유럽과 예루살렘의 신흥 세력인 러시아는 오토만제국에 로비와 뇌물을 주고 그것을 다시 정교회의 소유로 만들었다. 프란체스코 수도회가 곧장 되가져 갔지만 성묘교회 안에서 세 번에 걸쳐 전쟁에 다름없는 싸움이 일어났다.* 1699년, 전투에서 패한 오토만제국은 (유럽의) 열강들이 예루살렘에 있는 자국인들을 보할 수 있도록 카를로비츠 조약Treaty of Karlowitz에 서명했다. 그것은 재앙이 된 양보였다.7)

한편 이스탄불에서 파견된 총독들이 팔레스타인인들을 너무 압제한 나머지 농민들이 반란을 일으켰다. 1702년, 예루살렘의 새 총독은 반

---

* 영국 레반트 회사의 수장 헨리 몬드럴은 1697년 예루살렘을 방문했다. 그는 교회에서 피를 흘리며 싸우고 있는 수사들에게서 '분노'를 보았다. 몬드럴은 그 거룩한 불에 대한 열정을 한 세기 전 방문한 샌디스보다 더욱 한심스러운 것으로 묘사했다. 순례자들은 벌거벗은 몸을 드러낼 정도로 온당치 못한 방법으로 행동하기 시작했으며 무대에서 공중제비꾼들이 하듯 수염에 불을 붙이고 성묘교회 주변에서 재주를 넘었다. 그것은 "마귀할멈과도 같았다." 또 몬드럴은 사제들을 '기적 장사꾼'이라 불렀다. 한편 당시 매일의 전투는 찌르기보다는 베기가 주를 이루었으며 단검보다는 장검이 주를 이루었다. 교회의 일부라도 청소한 사람은 누구든 그에 대한 소유권을 주장할 수 있었다. 성구 관리인들은 손에 빗자루를 들고 한 뼘씩 청소를 하며 자기 영토를 넓혀 갔고 경계를 게을리하지 않는 경쟁자들의 빗자루질을 신중하게 지켜보았다.

란을 제압하고 희생자들의 머리로 성벽을 장식했다. 그러나 그가 예루살렘에서 한 종교 지도자 '무프티mufti(이슬람법 전문가-옮긴이)'가 소유한 마을을 파괴하자 예루살렘의 카디는 알 아크사의 금요예배에서 그를 비판하고 반란군들에게 성문을 열어주었다.

33장
가문들
1705~1799년

후세이니 가문의 혁명

무장 농민들이 거리마다 약탈을 자행했다. 카디(재판장)는 수비대의 지원을 받아 감옥을 공격하고 예루살렘을 점령했다. 아주 기이한 시점에 예루살렘은 독립이 되었다. 카디는 뇌물을 받고 무함마드 이븐 무스타파 알 후세이니Muhammad ibn Mustafa al-Husseini를 도시의 수장으로 임명했다.

후세이니는 한 세기 전 파루크 왕조에 편승해 성장한 예루살렘 유력 부족의 수장인 동시에 나키브 알 아슈라프Naqib al-Ashraf, 즉 예언자 무함마드의 손자 후세인을 시조로 하여 무함마드의 혈통을 계승한 가문들의 수장이기도 했다. 오직 아슈라프 출신만이 녹색 터번을 쓸 수 있었고 사이드로 불릴 수 있었다.

오토만제국은 폭동을 진압하기 위해 군대를 파견하여 성 밖에 진영을 차렸다. 후세이니는 포위에 대비돼 있다는 것을 보여주었고 오토만 군대는 가자로 후퇴했다. 예루살렘 안에서 반란군은 기존의 폭군을 새로운 폭군으로 교체했다. 유대인들은 안식일에 흰옷을 입는 것이 금지되었고 무슬림식 모자와 신발에 못을 박는 행위도 금지되었다. 그리스도인들도 그와 유사한 의복 규제를 당했다. 유대인들과 그리스도인들은 모두 거리에서 무슬림들에게 길을 내주어야 했다. 그들은 폭력을 동원해 터무니없는 벌금을 거둬들였다. 경건한 유다Judah the Pious가 이끄는 그로드노Grodno에서 온 500여 명의 폴란드계 유대인들의 메시아적 종파가 예루살렘에 도착했다. 그들은 폴란드어, 즉 이디시어Yiddish밖에 할 줄 몰랐기 때문에 랍비가 죽자 매우 무력해졌고 곧 쇠퇴했다.

길 잃은 개 한 마리가 성전산을 어슬렁거리자 카디는 예루살렘의 모든 개들을 죽이라고 명했다. 그것은 아주 특별한 모욕으로, 모든 유대인들과 그리스도인들은 죽은 개들의 시체를 시온 성문 밖의 집결 장소로 가지고 와야 했다. 아이들로 구성된 패거리가 개들을 죽이고 시체들을 가장 가까이에 있는 이교도에게 주었다.

보다 강한 오토만 군대가 오자 수비대와 수피 신비주의자들은 반란군을 배신하고 다윗 탑을 점령했다. 후세이니 군대는 후세이니의 저택을 요새로 삼았고 양측은 3일간 서로를 향해 화살을 쏘았다. 이어진 전투에서 북쪽 옛 도시의 거리들은 시체들로 가득 찼다. 후세이니가 더 많은 군사를 잃었다. 오토만군은 성전산을 폭파시켰다. 1705년 11월 28일, 한밤중에 후세이니는 자신의 전쟁이 끝났다는 것을 알고 탈출했으며 오토만은 그를 추적했다. 새로운 총독 아래서도 착취의 지배는 계속되었다. 수많은 유대인들이 다시 강탈을 당하고 예루살렘을 떠났으며 폴란드계 아슈케나지는 파괴되고 1720년 결국 투옥되고 추방되고 파산했으며 유대인 구역에 있는 회당도 불탔다.* 세파르디(아랍 세계와 오토만 세계에 근거지를 둔 작고 오래된 유대인 공동체)는 살아남았다.

---

* 이는 폐허('허르바Hurva') 회당으로 알려져 있으며 한 세기 넘게 부서진 채로 남아 있었다. 그것은 19세기에 재건되었으나 1967년 요르단인들에 의해 다시 파괴되었다.

후세이니는 체포되어 참수되었다. 오랜 싸움 끝에 후세이니 가문은 압드 알 라티프 알 구다이야$^{Abd\ al\text{-}Latif\ al\text{-}Ghudayya}$를 통해 나키브 지위를 이어갔다. 구다이야 가문은 18세기의 어느 시점에 이름을 바꾸어 후세이니 가문의 명성을 이용했다. 구다이야 가문은 새로운 후세이니가 되었고 예루살렘의 가장 강력한 지배 가문이 되어 20세기까지 존속했다.[8]

후세이니 가문의 성장

18세기에 예루살렘에 온 유력자들은 누구든지 부족장 후세이니의 집에 머물기를 원했으며 후세이니는 농민들, 학자들, 오토만 관리들을 위해 집을 개방했다. 후세이니는 매일 밤 80명의 손님들에게 저녁식사를 대접했다고 한다. 예루살렘을 장악한 압드 알 라티프 알 구다이야의 '궁전'을 방문한 한 손님은 "먼 곳에서도 가까운 곳에서도 누구나 그를 방문했다"라고 썼다. "이방인들은 그의 집에서 피난처를 찾았으며 그곳에서 함께 거했다." 압드 알 라티프의 방문객들은 기병대의 호위를 받으며 예루살렘을 떠났다.

후세이니 가문의 발흥은 예루살렘 유력 가문들의 발흥을 의미했다. 예루살렘에서 명예가 있는 모든 직위는 사실상 세습제였다. 그러한 가문들 가운데 대부분이 이러저러한 정복자들의 애호를 받은 수피 셰이크들의 후손들이었다. 또 그들은 거창한 족보를 개발했고 불화와 통혼을 반복했다. 이는 서구의 왕가들과는 다른 점이다. 각각의 가문들은 유리한 권력 기반을 맹렬하게 방어하고 확장했다.* 그러나 학식이 없는 부는 천박해지기 마련이었다. 재산이 없는 혈통은 힘이 없었다. 오토만의 후원이 없는 지위는 불가능했다. 때로 가문들은 직위를 두고 싸웠다. 아부 고시Abu Ghosh 근처에서 후세이니 조직에 의해 두 명의 누세이베 가문 사람들이 매복공격을 받고 살해되었지만 두 가문은 누세이베 가문의 다른 형제를 예루살렘 무프티의 누이와 결혼시킴으로써 전반적으로 평화를 유지했다.

그러나 두 기문도 약탈로 악명 높은 500명의 베두인 수비대, 기습하는 베두인들, 폭동을 일으키는 예루살렘인들, 사악한 총독들 사이의 싸움으로 상처를 입는 예루살렘에서 번영을 구가하기가 쉽지는 않았다. 예루살렘의 인구는 8,000명에서 더 이상 늘어나지 않았고, 1년에 한 번 세금을 걷기 위해 소규모 군대를 데리고 예루살렘으로 내려오는 다마스쿠스 총독의 먹잇감이었다.**

유럽의 지원을 받지 못한 유대인들은 쓰라린 고통을 겪었다. 폴란

---

* 이러한 부족들은 영어권에서는 명문가들Notables, 투르크인들은 에펜디야Effendiya, 아랍인들은 아야Aya라고 불렀다. 누세이베 부족은 성묘교회의 관리자였다. 다자니 부족은 다윗의 무덤을 관할했다. 칼리디 부족은 샤리아 법정을 운영했다. 후세이니 부족은 일반적으로 나키브 알 아슈라프, 무프티, 그리고 하람의 셰이크로서 군림했을 뿐 아니라 나비 무사 축제를 주도했다. 예루살렘 주변 산악의 군벌들인 아부 고시 부족은 자파에서 오는 순례자 경로를 감독했으며 후세이니 부족과 동맹을 이루었다. 구다이야 부족이 후세이니 부족이 된 것과 관련한 진짜 이야기는 최근 아델 만나Adell Manna 교수의 연구를 통해서 겨우 밝혀졌다. 누세이베 부족은 가님Ghanim에서 이름을 바꾸었다. 칼리디 부족의 원래 이름은 데이리Deiri였다. (무프티 자리를 놓고 후세이니 부족과 경쟁한) 자랄라 부족Jarallahs의 원래 이름은 하스카피Hasqafi였다. 그러한 유력 가문들의 일원이자 요르단의 전직 외교장관인 하젬 누세이베는 그의 비망록 《예루살렘인들The Jerusalemite》에서 "비록 7세기 전에 일어난 일이지만 부족명의 변경을 용납하는 일은 혼란스럽고 당황스러운 일이다"라고 인정했다.
** 일반적으로 다마스쿠스 지방의 강력한 총독이 예루살렘을 다스렸다. 총독은 아미르 알 하즈Amir al-Haj, 즉 매년 메카로 가는 대상의 사령관을 맡는 경우가 많았다. 총독은 다우라dawra, 즉 무장 원정대를 통해 대상에 자금을 조달했다. 혹은 예루살렘은 아크레에서 다스리는 시돈 지역 총독의 지배를 받기도 했다. 예루살렘은 산자크 베이Sanjak Bey 또는 무타살림Mutasallim에 속한 작은 구역, 즉 산자크였다. 그러나 예루살렘의 지위는 다음 수 세기에 걸쳐 여러 차례 뒤바뀌었으며 때로는 독립구역이 되기도 했다. 오토만 총독들은 이스탄불에서 임명한 도시 판관, 즉 카디와 예루살렘 유력 가문들 중에서 뽑은 무프티(제국의 대大무프티, 즉 이스탄불의 셰이크 알 이슬람이 임명한 지도자. 종교적 문제에 대한 파트와fatwa 판결문을 씀)의 도움을 받아 다스렸다. 다마스쿠스와 시돈의 파샤들은 때로는 팔레스타인의 지배권을 두고 소규모 전쟁을 벌이는 라이벌들이었다.

드 출신의 아슈케나지 게달리야는 "아랍인들이 공개적으로 유대인들을 괴롭히는 일이 다반사다. 아랍인 가운데 한 명이 유대인을 때리면 유대인은 겁을 먹고 도망갔다. 화가 난 투르크인이 수치스럽고도 무섭게 신발짝으로 유대인을 때려도 어느 누구도 유대인을 구해주지 않았다." 유대인들은 집수리가 금지된 불결한 곳에서 살았다. 200여 유대인 가구들이 도망쳤다. 1766년, 한 유대인 순례자는 "매일 늘어가는 박해와 착취로 인해 나는 한밤중에 예루살렘에서 도망쳐야 했다. 매일 누군가가 감옥으로 끌려갔다"고 말했다.

그리스도인들은 이교도들보다 서로를 훨씬 더 증오했다. 프란체스코 신부 엘지어 호른Elzear Horn은 그리스인들을 '토사물'이라고 불렀다. 각 종파들은 성묘교회 안에서 적대 종파들에 의해 온갖 불편과 수모를 당해야 했다. 오토만의 통제와 그리스도인들 간의 경쟁은 (성묘교회 안) 300명의 상주인구가 매일 밤 교회 안에 유폐되는 결과를 낳았다. 에블리야가 보기에 그들은 사제라기보다는 영구적으로 포위된 포로에 더 가까웠다. 식량은 문에 뚫린 구멍을 통해 들여보내 도르래로 창문까지 끌어올렸다. 이 수도사들(대부분이 정교회, 가톨릭, 아르메니아)은 비좁고 습한 공간에 몰려 있느라 두통, 열, 종기, 설사, 이질을 앓았다. 성묘의 변소들은 고통의 특별한 원인을 제공했고 악취 또한 그러했다. 모든 종파는 자체의 화장실 설비를 갖추었지만 호른 신부의 주장에 따르면 프란체스코 수도사들은 "냄새로 인해 큰 고통을 받았다." 그리스인들은 아예 변소를 사용하지 않았다.

한편 가난에 찌든 보다 작은 파벌들인 콥트인들, 에티오피아인들, 시리아인들은 그리스인들의 오물통을 비우는 등 노예와 같은 일들을 함으로써만 식량을 구할 수 있었다. 프랑스 작가 콩스탕탱 볼네Constantin Volney가 예루살렘인들이 "시리아에서 가장 사악한 사람들이라는 평판을 얻었고 또한 그러한 평판을 얻을 만하다"는 말을 들은 것은 놀라운 일이 아니다.

프랑스가 프레도미니움을 다시 프란체스코 수도회 소유로 돌려놓자 그리스정교회가 반격했다. 1757년 종려주일 밤에 그리스정교회는 성묘교회의 원형 강당에서 기둥 뒤에 숨겨놓았던 방망이, 전곤, 갈고리, 단검, 킬로 프린체스코 수도사들을 매복공격했고, 습관에 따라 등잔들을 부수고, 걸개 장식들을 찢었다. 이러한 마피아식 전략들은 효과가 있었다. 술탄은 그리스인들 편으로 돌아서서 성묘교회의 주요 직위를 그리스인들에게 주었으며 그것은 오늘날까지도 유지되고 있다.9) 이제 팔레스타인에서 오토만의 권력은 붕괴되었다. 1730년대에 갈릴리를 시작으로, 베두인 셰이크 자히르 알 우마르 알 자이다니Zahir al-Umar al-Zaydani는 북쪽에 영지를 개척하고 아크레에서 다스렸다. 잠깐의 반란기를 제외하고 이때가 팔레스타인 아랍인들이 팔레스타인의 일부를 지배하고 확장한 유일한 시기였다.

팔레스타인 왕의 흥망

1770년, 구름포획자Cloudsnatcher라는 별명으로 유명한 이집트 장군 알리 베이Ali Bey는 셰이크 자히르와 동맹을 맺었다. 구름포획자는 알리 베이가 오토만제국이 구름을 잡는 것만큼이나 힘들다고 믿었던 베두인을 이기면서 얻은 별명이었다. 알리 베이와 자히르는 함께 팔레스타인 대부분을 정복했고, 다마스쿠스까지 차지했지만 예루살렘에는 술탄의 군사령관이 있었다. 러시아의 여황제 예카테리나Catherine 대제는 오토만과 전쟁 중이었고 지중해에 함대를 파견해 술탄의 해군을 물리쳤다. 알리 베이는 러시아의 도움이 필요했고 러시아는 오직 한 가지 전리품, 즉 예루살렘에만 관심이 있었다. 러시아 해군은 자파를 폭파하고 위로 올라가 베이루트를 공격했다. 자히르는 자파를 점령했다. 자히르와 알리 베이는 예루살렘을 구할 수 있었을까?

자히르는 예루살렘을 공격하기 위해 군대를 보냈지만 성벽에 별다른 공격을 할 수 없었다. 모든 전선에서 패배한 오토만은 평화를 요구했다. 1774년의 평화조약에서 예카테리나와 그의 파트너 포템킨Potemkin 왕자는 오토만에게 정교회에 대한 러시아의 보호권을 인정할 것을 요구했다. 결국 예루살렘에 대한 러시아의 커져가는 집착은 유럽전쟁으로 이어졌다.* 오토만은 이제 잃어버린 지역들을 되찾을 수 있었다. 알리 베이는 암살당했고 여든여섯 살이 된 자히르는 아크레에서 탈출해야 했다. 자히르는 도망치던 중 아끼는 정부를 잃었다. 그는 "한 사람이라도 잃어서는 안 되는 때"라고 말하면서 그곳으로 되돌아갔다. 자히르가 그녀를 끌어올리자 그녀는 오랜 연인을 말에서 밀어 떨어뜨렸고, 곧 암살자가 그를 찌르고 목을 잘랐다. 소금에 절여진 '팔레스타인 최초의 왕'의 머리는 이스탄불로 보내졌다.10) 이제 무정부 상태는 혁명 프랑스의 떠오르는 영웅을 끌어들였다.

---

* 포템킨은 예카테리나를 위해 '그리스 작전'을 고안했다. 러시아가 콘스탄티노플(러시아인들은 '짜르그라드Tsargrad'라 부른)을 정복하고 하필이면 이름이 콘스탄티누스인 예카테리나의 손자를 통해 다스린다는 것이다. 예카테리나의 폴란드 분할로 수많은 유대인들이 처음으로 러시아 왕국으로 향했는데 그 유대인들 가운데 대부분이 페일Pale 정착지의 끔찍한 빈곤에 갇혔다. 그러나 러시아 역사상 가장 유대인 친화적이었던 지도자들 가운데 하나인 포템킨은 그리스도인 시온주의자였으며 예루살렘의 해방을 자신의 그리스 작전 중 일부로 여겼다. 1787년, 그는 예루살렘을 점령하기 위해 유대인 기병으로 구성된 이스라엘 부대를 창설했다. 목격자 가운데 하나인 리뉴 공Prince de Ligne은 그 소규모의 기병대를 '말 탄 원숭이들'이라고 조롱했다. 포템킨은 자신의 계획을 실행하기 직전에 숨을 거두었다.

나폴레옹 보나파르트의 환상

1798년 5월 19일, 창백한 얼굴, 왜소한 체구에 긴 생머리를 한 스물여덟 살의 나폴레옹 보나파르트Napoleon Bonaparte는 335척의 함선과 3만 5,000명의 병사, 167명의 과학자들을 데리고 이집트를 정복하러 나섰다. 나폴레옹은 과대망상적이고 거만하게 "나는 한 종교를 발견했다. 나는 아시아로 행진하고 있는 나의 모습을 보았는데 코끼리를 타고 머리에 터번을 썼으며 한 손에는 내가 지은 《쿠란》을 들고 있었다"고 말했다.

나폴레옹의 모험은 혁명적 과학, 현실정치, 낭만주의 운동에 영향을 받았다. 파리의 모든 사람이 콩스탕탱 볼네의 베스트셀러 기행문 《필로조프philosophe》를 읽었다. 볼네는 '예루살렘의 무너진 폐허'와 오토만의 지배를 받는 레반트 지역의 쇠퇴를 계몽주의의 문명적 이성에 의한 정복의 때가 무르익은 것으로 묘사했다. 프랑스혁명은 교회를 파괴하고 그리스도교를 이성, 자유, 심지어 절대존재의 새로운 제의로 대체하려 했다. 그러나 가톨릭은 살아남았고 나폴레옹은 군주제, 종교, 과학을 혼합함으로써 혁명의 상처를 치유하겠다는 야심을 품었다. 수많은 과학자들을 배에 실은 것도 그 때문이었다. 그럼에도 그것은 제국에 관한 것이었다.

프랑스는 영국과 전쟁 중이었다. 원정은 교활하고 절름발이인 전 주교이자 외무대신 샤를 모리스 드 탈레랑Charles-Maurice de Talleyrand의 아이디어였다. 탈레랑은 프랑스가 지중해를 상악하고 영국령 인도를 빼앗기를 희망했다. 나폴레옹이 성공을 거둔다면 더 바랄 것이 없고 실패한다 해도 탈레랑은 정적을 없앨 수 있었다. 중동에서 일어나는 일이 흔히 그러하듯, 유럽인들은 동양인들이 자신들의 선한 의도에 의한 정복을 감사해할 것이라고 생각했다.

나폴레옹은 이집트에 성공적으로 도착했는데 당시 이집트는 여전히 맘루크 오토만 혼혈 관리계급들이 지배하고 있었다. 나폴레옹은 피라미드전쟁Battle of Pyramids에서 신속하게 승리를 거두었지만, 영국의 제독 허레이쇼 넬슨Horatio Nelson은 아부키르만Aboukir Bay에서 프랑스 함대를 궤멸시켰다. 나폴레옹은 이집트를 손에 넣었지만 넬슨은 나폴레옹 군대를 동방에 가두어버렸다. 이는 오토만을 고무시켜 시리아에서 나폴레옹을 물리치게 했다. 나폴레옹이 이집트에서 빠져나올 수 있었다면, 그는 북으로 가서 시리아를 정복할 수 있었을 것이다.

1799년 2월, 나폴레옹은 1만 3,000명의 병력과 800마리의 낙타를 데리고 팔레스타인을 공격했다. 3월 2일 자파로 행진하던 중, 다마스Damas 장군 아래 있던 기병대가 예루살렘에서 겨우 3마일(약 5킬로미터) 떨어진 곳에서 공격을 감행했다. 나폴레옹은 팔레스타인을 정복한다는 환상에 사로잡혀 있었고, 파리의 혁명 집정부에게 이렇게 보고했다. "집정관께서 이 편지를 읽으실 때면 저는 솔로몬 성전의 폐허 위에 서 있을 것입니다."

제 8 부

제 국
EMPIRE

내가 얼마나 예루살렘에 가보고 싶어 하는지.
에이브러햄 링컨Abraham Lincoln, 아내와의 대화 중

세계 역사에서 이제까지 일어난 사건들 가운데 가장 기념비적이고 엄청난 사건들의 극장.
제임스 바클레이James Barclay, 《위대한 왕의 도시The City of the Great King》

시온의 고원들 위에 있는 것보다 더 순수하고 강렬하고 맑은 천국의 아치는 어디에도 없다. 여행객이 자신의 종교가 기원한 민족들의 무덤을 밟고 있다는 것을 망각할 수 있다 하더라도 그곳은 분명 곧 떠나고 싶은 도시다.
W.H. 바틀렛W.H. Bartlett, 《산책Walks》

그렇습니다. 저는 유대인입니다. 그리고 각하의 조상들이 알려지지 않은 땅에서 야만인처럼 살고 있을 때 저의 조상들은 솔로몬 성전의 사제들이었습니다.
벤저민 디즈레일리, 하원 연설 중

종교의 이름으로 이곳에서 이루어진 일을 보라!
해리엇 마티노Harriet Martineau, 《동방의 생활Eastern Life》

34장
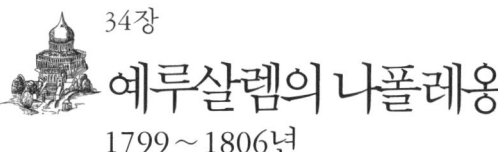
예루살렘의 나폴레옹
1799~1806년

아크레의 푸른 수염

나폴레옹과 예루살렘 정복 사이에는 오토만 팔레스타인의 군벌인 도살자 아흐메트 자자르 파샤Ahmet Jazzar Pasha를 빼고는 아무것도 없었다. 아흐메트는 젊은 시절 자자르(도살자)라는 이름을 얻었으며, 두려움이 다른 어떤 것보다 인간에게 동기를 불어넣는다는 원칙에 따라 자신의 경력을 쌓아갔다.

아흐메트는 충성심이 조금이라도 의심되는 사람이면 누구든지 불구를 만들어버리는 등 공포정치를 했다. 아크레에 있는 그의 본거지를 방문한 한 영국인은 아흐메트가 "불구자들과 장애인들로 둘러싸여 있었다. 일하고 있거나 문가에 서 있는 사람들은 모두 팔이나 코나 귀나 눈이 없었다"라고 말했다. 그의 유대인 신하 하임 파르히Haim Farhi도 역시 "한쪽 눈과 한쪽 귀가 없었다." "코와 귀가 없는 많은 얼굴들은 시리아의 그 지역을 방문하는 모든 사람들을 놀라게 했다." 아흐메트는 그들을 '표시해둔 사람들'이라고 불렀다. 때때로 그는 사람의 발에 말편자를 박기도 했다. 그는 다른 이들에게 경각심을 심어주기 위해 그리스도인 몇 명을 산 채로 벽 안에 가두어버리기도 했고 50여 명의 부패한 관리들을 모아 옷을 벗으라고 명하고는 병사들을 시켜 난도질을 한 적도 있었다. 하렘에서 반역의 기미가 보이자 자기 부인 일곱 명을 죽였으며 '아크레의 폭군, 당대의 헤롯, 주변 모든 나라들의 공포, 현실로 나타난 이야기 속의 푸른 수염'으로 악명이 높았다.

아흐메트는 길고 하얀 수염, 단순한 옷, 허리에 찬 보석이 박힌 칼, 종이를 꽃 모양으로 잘라 선물로 주기를 좋아하는 다소 섬세한 습관 등으로 유럽인들에게 깊은 인상을 주었다. 그는 섬뜩한 매력을 발산했으며 살짝 희죽거리면서 방문객들에게 이렇게 이야기 했다. "내가 엄격하기는 하지만 내 이름이 존경받고 심지어 사랑받는다는 것을 충분히 아셨으리라 믿습니다." 밤이면 하렘으로 들어가 18명의 슬라브족 금발 여인들을 불러들였다.*

이 늙은 노인이 이제 전성기 때의 나폴레옹과 마주쳤다. 프랑스군은 예루살렘의 항구이자 예루살렘에서 단 20마일(약 32킬로미터) 떨어진 자파를 포위했다. 예루살렘은 공황상태였다. 지배 가문들은 예루살렘인들을 무장시켰다. 군중들은 그리스도교 수도원들을 약탈했고 수도사들은 자신들의 안전을 위해 감옥으로 들어갔다. 성벽 밖에서, 다마스 장군은 나폴레옹에게 예루살렘 공격을 허락해달라고 했다.1)

* 아흐메트는 보스니아 출신의 그리스도인 노예였으며 살인을 저지른 후 도망쳐 스스로를 이스탄불의 노예시장에 내놓았다. 한 이집트 유력자가 그를 사들여 이슬람으로 개종시켰고 사형집행인 겸 청부살인자로 삼았다. 그는 카이로의 총독으로서 출세를 하기 시작했으나 예카테리나의 함대를 상대로 베이루트를 지켜냄으로써 이름을 알렸다. 베이루트는 오랜 포위 끝에 명예롭게 러시아에 항복했으며, 술탄은 그를 시돈 총독으로 승진시켰고 때로는 다마스쿠스 총독 역할까지 겸했다. 그는 자신의 영향력의 반경 안에 있는 예루살렘을 비공식적으로 방문했으며 후세이니 가문이 그에게 충성을 약속했다.

총사령부 예루살렘

나폴레옹은 먼저 아크레를 점령한 후 "직접 (예루살렘으로) 들어가 예수가 죽은 바로 그 자리에 자유의 나무를 심고 전쟁에서 죽은 프랑스 병사들을 성묘에 묻는 일을 가장 먼저 해야 한다"고 얘기했다. 그러나 나폴레옹과 그의 군대는 무슬림들을 상대로 한 그들의 여정이 문명화된 품행 수칙과는 완전히 거리가 멀다는 것을 알고 있었다. 한 프랑스 과학자는 자파를 공격할 때 "나폴레옹의 병사들은 남녀를 불문하고 도륙했다. 그것은 끔찍한 장면이었다"라고 썼으며 "총소리, 여자들과 아버지들의 비명소리, 시체 더미, 어머니의 시체 위에서 강간당한 딸, 피 냄새, 다친 사람들의 신음 소리, 전리품을 놓고 다투는 승자들의 소리"에 충격을 받았다. 마침내 프랑스군은 "시체 더미 위에서 피와 금으로 배가 부른 채" 잠이 들었다.

나폴레옹은 아크레로 행군하기 전 아흐메트의 군대 가운데 최소 2,440명, 아마도 4,000명 이상을 가차 없이 살해하도록 명령했는데, 이는 전투에서 하루에 600명씩을 죽인 셈이었다. 1799년 3월 18일, 나폴레옹은 아직도 아흐메트의 지휘 아래 있었던 아크레를 포위하기 시작했다. 나폴레옹은 오만하게도 아흐메트를 '누군지 모를 노인'이라고 불렀다. 그러나 아흐메트와 4,000명의 아프간인, 알바니아인, 무어인들은 맹렬하게 저항했다.

4월 16일, 나폴레옹은 타보르 산Tabor Mountain 전투에서 아흐메트의 기병대와 오토만 군대를 물리쳤다. 그 후 예루살렘에서 25마일(약 40킬로미터) 떨어진 라믈라Ramla에서 친시온주의적인 '유대인들에 대한 포고령'을 발표했으며, 거기에 '총사령부, 예루살렘, 1799년 4월 20일'이라는 허위 날짜를 적었다.

아시아, 아프리카의 프랑스공화국 육군 사령관 보나파르트가 팔레스타인의 적통 후계자들, 즉 정복과 폭정으로 수천 년간 선조들의 땅을 빼앗겨온 유일한 나라의 유대인들에게. 자, 이제 기쁨으로 일어서라. 너희 포로들이여, 이스라엘의 재산을 되찾으라. 젊은 군대가 예루살렘을 나의 사령부로 만들었고 며칠 안에 디미스쿠스로 옮겨 너희들이 그곳(예루살렘)에서 다스릴 수 있게 할 것이다.

프랑스의 관보 르 모니퇴르Le Moniteur는 나폴레옹이 "고대의 예루살렘을 재건하기 위해 이미 많은 (유대인들을) 무장시켰다"고 주장했지만, 사실 나폴레옹은 아크레를 자신의 것으로 만들 때까지는 시온을 점령할 수 없었다.2) 아흐메트는 이제 영국의 괴짜 해군 준장이 이끄는 두 개 전열함의 지원을 받았다.

가장 뛰어난 기사, 시드니 스미스

시드니 스미스Sydney Smith는 애정의 도피행각을 벌인 상속녀와 모험가 사이에서 태어난 아들이었으며 굉장한 콧수염과 뚫어보는 듯한 검은 눈을 가진 미남이었다. 그는 열세 살에 해군에 입대했으며, 아메리카 반란군과 싸웠다. 그 후에는 스웨덴 해군에 파견되어 예카테리나 대제의 러시아군과 싸웠다. 스웨덴 왕이 그에게 기사 작위를 수여했고 이 때문에 영국인 정적들은 그를 '스웨덴 기사'라고 조롱했다. 프랑스혁명 후 스미스는 프랑스를 공격했지만 생포되어 무서운 성전 안에 갇혔다. 가까스로 탈출한 그는 나폴레옹을 조롱했다. 특히 여러 차례의 공식 서한을 통해 나폴레옹을 비판했다. 그러나 모든 사람들이 스미스에게 동의하는 것은 아니었다. 한 관찰자는 그를 두고 "자신이 최고로 멋진 기사라는 것을 전 인류에게 설득시키는 것 외에는 그 어떤 분명한 목적도 없이 극도의 공허감을 느끼며 쉼 없이 활동하는 열성자"라고 말했다. 그러나 시드니 스미스는 일상적인 삶에서는 터무니없는 사람이었을지 몰라도 위기 상황에서는 분명한 영웅이었다.

스미스와 아흐메트는 끈끈한 유대를 맺었다. 스미스가 아흐메트가 항상 옆에 차고 다니는 빛나는 다마스쿠스식 칼에 경의를 표하자 아흐메트는 "제가 가지고 다니는 이 칼은 한 번도 실패한 적이 없습니다. 수많은 머리들을 잘랐죠"라고 답했다. 이에 스미스가 증거를 요구하자 아흐메트는 황소 한 마리를 데려오게 한 다음 단 칼에 소의 목을 베었다. 스미스는 자신의 수병 88명을 아흐메트의 다국적 수비대와 합류시켰다. 나폴레옹은 세 번에 걸쳐 아크레 공격을 감행했지만 시드니와 아흐메트는 세 번 모두 물리쳤다. 오토만 지원군이 다가오고 포위가 석 달째로 이어지자 프랑스 장군들은 초조해졌다.

1799년 5월 21일, 1,200명의 병사가 죽고 2,300명이 부상당한 가운데 나폴레옹은 이집트로 퇴각했다. 그러나 800명의 부상병들이 자파에 누워 있었다. 그들로 인해 퇴각이 지체되자 나폴레옹은 의사들에게 부상병들을 죽이라고 명령했다. 프랑스 의사들이 거부하자 한 투르크인 의사가 치사량의 아편팅크를 환자들에게 투여했다. 프랑스 장군 장 바티스트 클레베르Jean-Baptiste Kleber가 "우리는 팔레스타인에서 큰 죄악들과 엄청난 어리석은 짓들을 저질렀다"고 술회한 것도 놀랄 일이 아니었다. 2,000명의 예루살렘인들이 예루살렘 총독의 지휘에 따라 퇴각하는 프랑스군을 추격해 공격했다. 나블루스의 농민군이 자파를 습격했을 때 스미스는 예루살렘인들을 설득해 질서를 회복하게 함으로써 그리스도인 학살을 막을 수 있었다.

이집트에서 나폴레옹은 재앙과도 같은 전쟁의 실상에 직면했고 뻔뻔하게 진실을 왜곡함으로써만 거기서 구제받을 수 있었다. 그는 부하들을 포기하고 프랑스로 귀환했다. 이집트에 남은 클레베르 장군은 나폴레옹을 저주했다. "그 강도는 똥으로 가득 찬 바지와 함께 우리를 버렸다." 그러나 프랑스에서 나폴레옹은 돌아온 정복자로서 찬양을 받았고 얼마 후 제1대 총독이* 되어 집정부의 권력을 빼앗았으며 그의 원정을 담은 낭만적인 노래('시리아로 출발하라Partant pour la Syrie')는 나폴레옹 지지자들의 국가가 되었다.

예루살렘의 그리스도인들, 특히 가톨릭은 무슬림의 보복으로 절멸의 위기에 처했다. 거창한 제스처에 중독된 스미스는 영국인다운 침착함을 통해서만 형제들을 구할 수 있을 것이라고 판단했다. 아흐메트와 술탄의 허가를 받은 스미스는 수병들에게 제복을 입히고 북을 들게 하고는 자파에서 예루살렘까지 행진했다. 거리를 따라 행진하면서 그는 성 구세주 수도원에 영국 깃발을 꽂았다. 프란체스코 수도회 출신의 성 구세주 수도원 원장은 "예루살렘의 모든 그리스도인은 영국, 특히 나폴레옹의 무자비한 손에서 예루살렘인들을 구해준 스미스에게 복종해야 할 큰 의무가 있다"라고 선언했다. 실제로 두려움을 느낀 것은 무슬림들이었다. 스미스와 선원들은 성묘교회에서 기도했는데 이는 1244년 프랑크 군대가 예루살렘으로 들어온 후 최초의 일이었다.3)

---

* 나폴레옹은 패배의 탓을 "나의 운명을 놓치게 만든 사람" 스미스에게 돌렸다. 그러나 나폴레옹은 예루살렘에 한 개 연대를 남겨두었다. 자파를 점령한 후, 병든 병사들(나중에 나폴레옹이 죽여 버린)은 아르메니아 수도사들의 보살핌을 받았으며 스미스는 그들에게 감사의 표시로 천막을 주었다. 아르메니아인들은 그 천막으로 사제복을 만들었으며, 그 옷들은 예루살렘의 아르메니아인 구역의 성 야고보 성당에서 사용되었다.

술탄 셀림 3세는 아흐메트에게 경의를 표했고 아흐메트는 고향인 보스니아는 물론 이집트와 다마스쿠스의 사령관으로 임명되었다. 가자의 군사령관과 잠시 전쟁을 치른 후 아흐메트는 다시 예루살렘과 팔레스타인을 장악했다. 그러나 이미 한쪽 눈과 한쪽 귀가 없는 시종장의 얼굴에서 코마저 베어버린 것을 보면 아흐메트의 성격은 누그러지지 않았던 듯하다. 1804년 아흐메트가 죽은 후 팔레스타인은 혼돈 속으로 빠졌다.

그러나 나폴레옹과 스미스는 레반트를 더욱 매력적인 곳으로 만들었다. 동방을 탐험한 후 서방 세계를 휩쓴 베스트셀러들을 통해 무용담을 늘어놓기 시작한 모험가들 중에서 가장 영향력 있는 사람은 1806년 화재, 반란, 약탈에 휩싸이고 몽골 침입 이후 가장 쇠락해 있는 예루살렘의 모습을 본 프랑스의 한 자작이었다.4)

35장
신낭만주의
1806~1830년

성묘교회 기사단의 자작

샤토브리앙 자작, 프랑수아 르네Francois-Rene는 "예루살렘이 나를 위압했다"고 했다. 그럼에도 그 "결정적 도시"는 "폐허 가운데 있는 공동묘지처럼 당혹스럽게 건물"이 서 있는 "쓰레기 더미"였다. 헝클어진 머리칼의 이 가톨릭 왕정주의자는 진정한 그리스도교를 통한 구원을 기다리는 쇠락한 고딕식 예루살렘이라는 낭만주의적 시각을 갖고 있었다. 샤토브리앙에게 예루살렘은 초라하면 할수록 더욱 시적이었다. 그리고 예루살렘은 이제 절망적이었다.

반란군 사령관들과 팔레스타인 농민들의 무리가 반복적으로 반란을 일으켜 신이 버린 예루살렘을 차지했다. 예루살렘은 해마다 군대를 이끌고 내려와서 예루살렘을 정복해야 할 영토처럼 취급하는 다마스쿠스 총독들의 공격을 받을 수밖에 없었다. 샤토브리앙은 자파 성문 밖에 진영을 치고 다마스쿠스 총독을 찾아갔고 다마스쿠스 총독의 군병 3,000명은 주민들을 위협했다. 샤토브리앙이 성 구세주 수도원에 자리를 잡았을 때 그 수도원은 수사들에게서 돈을 뜯어내는 깡패들이 점령하고 있었다. 샤토브리앙은 여러 개의 총으로 무장하고 거리를 활보했지만 수도원 안에서 깡패들 중 한 명이 그를 몰라보고는 잡아서 죽이려고 했다. 그는 그 투르크인의 목을 조르다시피 하여 간신히 살아났다.

거리에서는 "나는 사람 그림자도 만나지 못했다. 주민들 대부분이 산으로 도망을 가버려 어찌나 처량해 보이고 어찌나 고적하던지. 가게들은 문을 닫았고, 사람들은 골방에 숨어들거나 산으로 도망쳤다." 군사령관이 떠나자 다윗 탑 안에 있는 수비대의 수는 열두 명이 겨우 넘었고 성읍은 더욱더 황량해졌다. "유일한 소음은 폐허 위로 말들이 뛰어다니는 소리뿐이었다. 그것은 투르크 친위대 보병이 베두인의 머리를 가지고 오거나 혹은 불쌍한 농민들을 약탈한 후 돌아오는 소리였다."

이제 프랑스군은 지저분한 성지의 거룩한 신비 속에서 흥청거리는 법도 알게 되었다. 그러나 그 열정적인 대식가는 스테이크 영수증에 이름을 쓰고, 뚱뚱하기로 유명한 프란체스코 주인들과 함께 연회를 열고, 렌즈콩 수프, 오이와 양파를 곁들인 송아지 고기, 쌀과 함께 끓인 새끼 염소, 비둘기, 자고새, 놀이, 고급 포도주로 만찬을 열었다. 샤토브리앙은 여러 개의 총으로 무장하고 예수의 걸음을 따라 걸으면서 오토만의 기념물들을 조롱했고("언급할 가치조차 없다") "누더기를 덮고 시온의 먼지 속에 갇혀 자기들을 뜯어먹는 벌레들과 함께 사는" 유대인들을 조롱했다. 샤토브리앙은 "유다의 적법한 주인들이 자기들의 땅에서 노예와 이방인으로서 살아가는 것을 보고" 탄식했다.

성묘에서 샤토브리앙은 반시간 동안 무릎을 꿇고 기도했으며 예수의 무덤에 있는 돌들에 시선을 고정시켰다. 그리고 향냄새, 에티오피아인의 심벌즈, 그리스인들의 찬송가에 어지러움을 느꼈다. 그다음에는 무지, 폭정, 노예를 체계적으로 옹호하는 등 문명에 적대적인 종교인 이슬람을 패배시킨 프랑크 영웅들, 고드프루와와 보두앵의 무덤들에 무릎을 꿇었다.

프란체스코 수도사들은 엄숙한 의식을 통해 샤토브리앙을 성묘 기사단에 임명했다. 프란체스코 수도사들이 무릎을 꿇은 자작을 둘러싸고 고드프루와의 박차를 그의 발꿈치에 붙이고 십자군의 칼로 기사 작위를 내리는 동안 그는 거의 무아지경의 환희를 경험했다.

내가 예루살렘에 예수의 무덤에서는 열 발자국 정도 떨어져 있고 부용의 고드프루와 무덤으로부터 서른 발자국 정도 떨어진 칼바리 교회에 있었다는 것과 내가 성묘 회복자의 박차를 달고 있었다는 것, 길고 넓은 그 칼, 한때 고귀하고 용감한 팔이 휘둘렀던 그 칼을 만졌다는 것을 생각하면 나의 마음이 움직이지 않을 수 없다.5)

1808년 10월 12일, 아르메니아인 성구관리인 중 하나가 성묘교회 2층의 아르메니아 구역 난로 옆에서 잠이 들었다. 난로에 불이 붙어 그 관리인은 타 죽었고 불길은 계속 번져갔다. 예수의 무덤은 파괴되었다. 뒤이은 혼란 속에서 그리스도인들은 무프티 하산 알 후세이니Hassan al-Husseini에게 교회 마당에 약탈을 막아줄 군대를 들여보내달라고 요구했다. 그리스인들은 아르메니아인들이 방화를 했다고 비난했다. 영국과 오스트리아는 무적인 듯한 황제 나폴레옹을 막아내느라 씨름하고 있었기 때문에 러시아의 지원을 받은 그리스인들이 성묘교회에 대한 지배권을 굳힐 수 있었다. 그리스인들은 십자군 왕들의 무덤을 파괴함으로써 자신들을 과시했다. 당시 프랑스로 돌아갔던 샤토브리앙은 십자군의 무덤을 본 마지막 외부인이었다.* 무슬림 군중들이 성묘교회를 복원하는 건축자들을 공격했다. 수비대는 반란을 일으켰고 아흐메트의 후계자이자 사위 술레이만 파샤(그는 '정의로운 자'라고 불렸는데, 아마 아흐메트의 뒤에 온 사람은 누구라도 온화해 보였을 것이다)가 성읍을 장악했다. 46명의 반란군들이 처형되었고 베어낸 머리들이 성문을 장식했다.6)

현실의 예루살렘은 무너졌지만 상상 속 예루살렘은 서구인들의 꿈에 불을 붙였고, 나폴레옹의 지리멸렬한 소규모 중동전쟁, 오토만의 쇠퇴, 그리고 집으로 돌아간 샤토브리앙이 쓴 책이 그것을 자극했다. 샤토브리앙이 쓴 《파리에서 예루살렘까지의 여정Itinerary from Paris to Jerusalem》은 주로 회화와 성서에서 수집한 잔인하면서도 서투른 투르크인, 통곡하는 유대인들, 원시적이면서도 정열적인 아랍인들의 모습을 통해 동양에 대한 유럽의 태도를 결정지었다. 샤토브리앙의 책은 새로운 장르를 출범시킨 베스트셀러였으며 심지어 그의 시종 쥴리엥도 그 여행에 대한 비망록을 남겼다. 런던에서는 시드니 스미스의 자랑스러운 레반트 무용담이 그의 왕족 애인의 상상력을 사로잡았다. 그리고 가장 기괴한 왕족 여행을 가능하게 했다.

영국의 여왕과 사막의 여왕

영국 섭정 왕자(후에 조지 4세)와 별거 중이던 캐롤라인Caroline 공주는 저돌적인 스미스에게 푹 빠졌다. 그녀는 스미스의 여자 사촌이자 수상 윌리엄 피트William Pitt the Younger의 조카인 헤스터 스탠호프Hester Stanhope를 자

---

* 고드프루와의 박차와 칼은 프랑크의 저택에서 가져온 벽돌들과 함께 오늘날 성묘교회의 라틴 성구실에 걸려 있다. 십자군 무덤으로 말할 것 같으면 소년 왕 보두앵 5세의 석관의 파편들만이 그러한 종파적 반달리즘vandalism을 견디고 살아남았다.

주 초대해 둘 사이의 뻔뻔한 정사를 위장하려 했다.

캐롤라인 공주는 스미스에게 "춤을 자랑하고 오페라 가수처럼 몸을 드러냈고" 심지어 가터벨트를 무릎 아래로 내리기까지 했다. 헤스터는 그런 음탕하고 기만적이며 색정적인 캐롤라인 공주를 멀리했다. "무례한 여자, 순전히 창녀! 저급해! 천박해!" 캐롤라인과 섭정 왕자의 결혼은 재앙이었다. 당시 캐롤라인의 애정생활에 대한 이른바 '섬세한 조사'는 그녀가 스미스, 후드Hood 경, 화가 토머스 로렌스Thomas Lawrence, 여러 명의 시종들 등 최소 다섯 명의 연인들이 있음을 밝혀냈다. 그러나 적어도 아크레와 예루살렘에서 있었던 스미스의 이야기들은 특별히 점수를 매길 만했다. 캐롤라인과 헤스터, 두 여자는 모두 서로 전혀 상관없이 동방으로 여행을 하기로 결심했다.

헤스터에게 예루살렘은 운명이었다. 선원 출신이자 극단적인 칼빈주의자인 리처드 브로더스Richard Brothers는 스스로 예수의 제2강림 때까지 세계의 지배자 역할을 할 다윗 왕의 후계자로 선언했다. 브로더스의 책 《새 예루살렘을 위한 계획Plan for New Jerusalem》은 신이 그를 "유대인들의 회복자이자 왕이 되도록 예정해놓았다"고 밝히고 있으며 또한 그는 자신을 영국인들이 잃어버린 부족들의 후손들이라고 주장했다. 브로더스가 영국인들을 다시 예루살렘으로 데리고 가게 돼 있었다. 그는 성전산에 지을 정원과 왕궁, 새 이스라엘 국민들을 위한 제복과 깃발을 설계했지만 결국에는 미치광이로서 감옥에 갇혔다. 그러한 앵글로-이스라엘의 환상은 기괴한 것으로 보였다. 그러나 후로 30년이 못되어 예수의 제2강림을 촉진하게 될 유대인들의 거룩한 귀환에 대한 믿음은 마치 영국 정부의 정책이나 다름없게 되었다.

브로더스는 그러한 계획을 돕기 위해 하늘에서 내려온 숙녀를 기대했고 헤스터 스탠호프를 '유대인의 여왕'으로 선택했다. 헤스터가 뉴게이트 감옥을 방문했을 때 브로더스는 "헤스터가 언젠가는 선택된 사람들을 이끌고 예루살렘으로 갈 것이다"라고 예언했다. 헤스터는 실제로 1812년 예루살렘을 방문했고 오토만의 의복을 멋지게 차려입었지만 브로더스의 예언은 실현되지 않았다. 헤스터는 동방에 머물렀다. 그리고 그녀의 명성은 유럽의 관심을 고조시키는 데 기여했다. 무엇보다 가장 만족스러운 것은 그녀가 가증스런 캐롤라인보다 3년 앞서서 예루살렘에 왔다는 것이었다.

1814년 8월 9일, 마흔여섯 살이 된 캐롤라인 공주가 말 많은 지중해 여행길에 올랐다. 캐롤라인은 스미스, 헤스터, 그리고 여러 십자군 조상들의 순례에서 영향을 받아 "예루살렘은 나의 위대한 포부"라고 선언했다.

아크레에서 술레이만의 대신이 캐롤라인을 맞았다. "그는 한쪽 눈, 한쪽 귀, 그리고 코가 없는 유대인이었다." 술레이만은 아흐메트의 영지뿐만 아니라 그의 유대인 참모 하임 파르히도 승계했다. 아흐메트가 죽은 지 10년 후 캐롤라인의 수행원들은 거리에 코가 없는 사람들이 너무도 많은 것에 크게 놀랐다. 그러나 캐롤라인은 그러한 동양의 잔혹하고 화려한 관습을 즐겼다.

캐롤라인은 입양한 업둥이 윌리 오스틴 Willie Austine(아마도 친아들이었겠지만)과 캐롤라인보다 열여섯 살 어린 새 연인 바솔로미오 페르가미 Bartholomeo Pergami(이탈리아 군인)를 포함해 26명의 수행원들을 데리고 왔다. 이제 남작이자 캐롤라인의 시종장이 된 페르가미는 한 귀족 여자가 황홀한 듯 묘사한 것처럼 "검은 머리칼에 거대한 머리, 창백한 안색, 여기서 런던까지 닿을 만한 수염을 가진, 키 6피트(약 180센티미터)의 남자였다." 캐롤라인이 예루살렘을 향해 출발하던 때 그녀의 200명에 달하는 수행원들의 모습은 마치 군대와도 같았다.

캐롤라인은 예수처럼 당나귀를 타고 예루살렘으로 들어왔지만 양옆에서 시종들이 그녀를 들어올려야 할 만큼 상당히 뚱뚱했다. 프란체스코 수도사들은 그녀가 당나귀에 탄 채로 성 구세주 수도원의 숙소로 들어 기도록 안내했다. 캐롤라인의 수행원 가운데 한 명은 "그 장면을 그리는 것은 불가능할 것이다"라고 말했다. "남자들, 여자들, 어린이들, 유대인들, 아랍인들, 아르메니아인들, 그리스인들, 가톨릭, 이방인들, 모두가 우리를 영접했다." 사람들은 그들을 향해 "환영합니다ben venute!"라고 외쳤다. 횃불을 밝힌 채 수많은 사람들이 왕가의 순례단을 향해 손가락을 뻗으며 "저 여자다!"라고 외쳤다.

당연한 일이었다. 캐롤라인은 많은 경우 가발(양옆을 거의 보닛 꼭대기까지 말아 올린), 인조 눈썹(진짜 눈썹은 하나도 남아 있지 않았다), 가짜 이를 착용하고 앞뒤는 푹 파이고 길이는 너무 짧아 "복부에 있는 거대한 돌기"를 가릴까 말까한 주홍색 드레스를 입었다. 한 수행원은 그녀의 예루살렘 입성이 "엄숙하면서도 분명 우스꽝스러웠다"는 것을 인정했다.

캐롤라인은 6세기 만에 처음으로 예루살렘을 방문한 그리스도교 왕녀임을 자랑스러워하면서 "그녀의 드높은 지위에 대한 적절한 정서"를 남기기를 진지하게 원했다. 이 때문에 캐롤라인은 연보라색과 은색 리본이 달린 붉은 십자가의 고유한 깃발과 함께 성 캐롤라인 기사단을 창단했다. 그녀의 연인 페르가미가 기사단의 최초(이자 마지막) 기사단장이 되었다. 영국으로 돌아간 후에 캐롤라인은 그녀의 순례를 그림으로 그릴 것을 명령했다. 그것이 바로 〈캐롤라인 여왕의 예루살렘 입성The Entry Queen Caroline into Jerusalem〉이다.

미래의 영국 여왕은 프란체스코 수도회에 관대한 기부를 했고

1815년 7월 17일(나폴레옹이 워털루^{Waterloo}에서 최종적으로 패배한 지 4주 후), "지위고하를 막론하고 계급의 구별 없이 모두가 감사하고 애석해하는 가운데 예루살렘을 떠났다." 예루살렘의 상태를 감안하면 그것은 놀라운 일이 아니었다.

1819년, 다마스쿠스가 세금을 세 배로 올리자 예루살렘에서 다시 폭동이 일어났다. 이번에는 팔레스타인의 실력자이자 아흐메트의 손자, 압둘라 파샤$^{Abdullah\ Pasha}$*가 예루살렘을 공격했다. 반란이 진압되었을 때 예루살렘 총독이 직접 반란군 28명을 교수형 시키고 나머지는 그다음 날 목을 베어 시체를 자파 성문 밖에 늘어놓았다. 1824년, 범죄자 무스타파$^{Mustafa\ the\ Criminal}$라는 이름의 오토만 사령관이 저지른 야만적 약탈이 농민 폭동을 불렀다. 예루살렘은 압둘라가 올리브 산에서 예루살렘을 향해 포격을 할 때까지 몇 달간 독립을 달성했다. 1820년대 말 용감한 영국 여행가 주디스 몬티피오리$^{Judith\ Montefiore}$는 부유한 남편 모지스와 함께 예루살렘을 방문했다. 그녀는 당시의 예루살렘을 "무너지고 황폐하고 절망적"이었다고 기록했다. 주디스는 "지상의 기쁨이었던 그 도시에 단 하나의 유적도" 남아 있지 않았다고 말했다.

힘과 자부심을 가진 새로운 유럽계 유대인 혈통의 1세대였던 몬티피오리 가문은 예루살렘에 있는 무지몽매한 동포들을 돕기로 결심했다. 몬티피오리 부부는 예루살렘 총독의 환영을 받았지만, 성안에 있는 모로코인 전직 노예상인의 집에 머물렀다. 그들은 성전과 헤브론에 있는 아브라함의 무덤 다음으로 유대교에서 세 번째로 거룩한 무덤인 베들레헴 근

---

* 1818년, 술레이만 파샤가 죽자 압둘라가 아크레에서 권력을 잡고 하임 파르히를 처형했다. 하임 파르히는 매우 부유했고 눈도 하나, 귀도 하나이며, 코도 없는 사람이었다. 하임 파르히는 30년간 팔레스타인 대부분을 효과적으로 운영해왔다. 압둘라는 1831년까지 다스렸다. 파르히 가문은 지금도 이스라엘에 살고 있다.

처 라헬Rachel의 무덤을 복원함으로써 인류애를 바탕으로 한 사업을 시작했다. 그러나 라헬의 무덤은 다른 두 유적과 마찬가지로 이슬람에도 역시 성스러운 유적이었다. 몬티피오리 부부는 아이가 없었으며 라헬의 무덤은 여자의 임신을 돕는다는 이야기가 있었다. 예루살렘의 유대인들은 그들을 마치 메시아가 온 것처럼 환영했지만 두 부부에게 너무 많이 베풀지는 말라고 간청했다. 왜냐하면 그들이 돌아간 후 투르크인들이 그보다 더 많은 세금으로 허리를 휘게 할 것이기 때문이었다.

모지스 몬티피오리는 이탈리아에서 태어났고 자수성가한 영국인 신사였으며 국제적인 금융인이었다. 그는 너대니얼 로스차일드Nathaniel Rothschild의 사위였지만 예루살렘에 도착할 당시에는 그다지 종교적인 사람은 아니었다. 그러나 예루살렘 여행이 그의 인생을 바꾸어놓았다. 그는 마지막 날 밤을 새워 기도를 한 후 유대인으로 새롭게 태어나 예루살렘을 떠났다. 그에게 예루살렘은 "우리 조상들의 도시, 위대하고 또한 오랫동안 갈망하던 우리의 희망과 여정의 대상"이었다. 몬티피오리는 순례를 하는 것이 모든 유대인들의 의무라고 믿었다. "나는 나의 조상들의 신에게 앞으로는 올바른 인간이 될 뿐만 아니라 올바른 유대인이 되겠노라고 겸허하게 기도했다."* 몬티피오리는 여러 번 예루살렘을 다시 방문했고 상류 영국인의 삶과 정통파 유대인의 삶을 결합시키고자 궁리했다.7)

몬티피오리보다 앞서서 예루살렘에 들어간 바이런식의 허세가가 한 명 있었다. 두 사람 모두 이탈리아 혈통의 영국인 스페인계 유대인이었

---

* 집으로 돌아가는 길에 무서운 폭풍이 몬티피오리의 배를 덮쳤다. 선원들은 배가 가라앉을까 걱정했다. 몬티피오리는 다행히도 전년도 유월절에 만든 무교병을 가지고 있었다. 그것은 아피코만afikoman이라 불리는 것으로서 몬티피오리는 그것을 돛대 꼭대기에서 파도를 향해 던졌다. 바다는 곧 기적처럼 조용해졌다. 몬티피오리는 그것이 예루살렘 순례에 대한 신의 은총이라고 믿었다. 몬티피오리 가문은 오늘날 매년 유월절마다 그 사건에 대한 이야기를 읽는다.

다. 그들은 아직 서로를 알지 못했다. 하지만 머지않아 두 사람 모두 영국의 중동 진출을 촉진하게 될 터였다.

디즈레일리의 거룩과 낭만

"너희들은 내가 그리스 해적의 옷을 입은 것을 보아야 한다. 1실링 동전만큼 커다란 은 단추가 박힌 주홍색 셔츠, 커다란 스카프, 총과 칼에 덮인 허리띠, 붉은 모자, 붉은 슬리퍼, 굵은 푸른 줄무늬의 재킷과 바지를 입은 모습을 말이다. 어찌나 재미있는지!" 유행에 민감한 스물여섯 살의 소설가(벌써 《젊은 공작The Young Duke》을 썼다)이자 실패한 투기꾼이며 영감을 주는 정치가였던 디즈레일리는 동방을 여행할 때 이런 식의 옷을 차려입었다. 그런 짧은 여행들은 18세기식 그랜드 투어Grand Tour(영국 귀족 자제의 호화로운 여행)의 새로운 변형이었으며, 낭만주의적인 가식과 고전적인 관광, 후카 파이프 흡연, 노골적인 매춘, 이스탄불과 예루살렘 방문의 결합이었다.

디즈레일리는 유대인으로 자랐지만 열두 살 때 세례를 받았다. 그가 나중에 빅토리아 여왕에게 한 말에 따르면 그는 자신을 "구약과 신약 사이의 빈 페이지"라고 생각했다. 그는 그 빈 페이지를 살펴보았다. 검은 곱슬머리에 마르고 창백했던 그는 장비와 무기를 잘 갖춘 채 말을 타고 유다 언덕들을 달렸다. 그리고 성벽들을 보면서 이렇게 말했다.

나는 충격을 받았다. 나는 내 앞에서 분명 굉장한 도시를 보았다. 앞쪽에는 아름다운 정원과 환상적인 성문들이 있던 성전 자리에 웅장한 모스크가 서 있었다. 다양한 돔들과 탑들이 서 있었다. 그 주변의 풍경은 어떤 것보다도 더 거칠고 끔찍하고 황량했다. 나는 그보다 더 충격적인 것은 어떤 것도 보지 못했다.

머물고 있던 아르메니아인 수도원의 지붕에서 저녁을 먹을 때 그는 여호와의 잃어버린 도시를 응시하면서 유대 역사의 낭만성에 매료되었고 이슬람에 대해 강한 호기심을 느꼈다. 그는 성전을 방문하려는 시도를 포기할 수 없었다. 한 스코틀랜드인 의사와 한 영국 여성이 성전 둔치를 통과한 적이 있었지만 철저히 변장을 한 상태에서만 가능했다. 디즈레일리는 그들보다 서툴렀다. "나는 들켰다. 터번을 쓴 광신자들 무리에게 포위당했다가 간신히 탈출했다!" 디즈레일리는 유대인들과 아랍인들을 한 민족으로 간주했다. 아랍인들은 확실히 '말을 탄 유대인들'이었다. 그리고 그는 그리스도인들에게 이렇게 물었다. "유대교를 믿지 않는다면 당신의 그리스도교는 어디에 있습니까?"

예루살렘에 있는 동안 디즈레일리는 자신의 다음 소설 《앨로이Alroy》를 쓰기 시작했는데, 그것은 12세기의 저주받은 메시아에 관한 것이었다. 디즈레일리는 그 메시아의 봉기를 "나의 혈통과 이름의 기원이 된 성스럽고도 낭만적인 민족들의 역사 중 가장 멋들어진 사건"이라고 불렀다.

디즈레일리의 예루살렘 방문은 토리당의 귀족이자 이국적인 유대인 원로로서 독특한 복합적 신비로움을 다듬어 갓추는 데 도움을 주었고* 영국이 중동에서 할 역할이 있다는 확신을 주었다. 그리고 시온으로의 귀

---

* 그의 소설 중 최고인 《코닝스비Coningsby》에 등장하는 시도니아Sidonia는 디즈레일리의 이상적 주인공으로서 세파르디 백만장자이며 황제들, 왕들, 그리고 유럽의 모든 내각들의 장관들과 친구이다. 시도니아는 리오넬 드 로스차일드Lionel de Rothschild와 모지스 몬티피오리의 혼합체이며, 디즈레일리는 두 사람 모두를 잘 알고 있었다.

환을 꿈꾸게 했다. 그가 쓴 소설 속에서 다비드 앨로이$^{David\ Alroy}$의 참모는 이렇게 말한다. "제가 무엇을 원하는지를 물으시는군요. 제 대답은 민족의 존재입니다. 제가 무엇을 원하는지를 물으시는군요. 제 대답은 예루살렘입니다." 1851년, 떠오르는 정치인 디즈레일리는 "유대인들을 그들의 땅, 즉 오토만에서 살 수 있는 땅으로 돌려보내는 것은 정의이며 또한 가능한 일이었다"고 반추했다.

디즈레일리는 앨로이의 모험을 자신의 이상적 야심이라고 주장했지만 사실 그는 유대적인 어떤 것을 위해 자신의 경력을 희생하기에는 야심이 너무 컸다. 디즈레일리는 지상 최대 제국의 수상이 되기를 원했다. 30년 후 '기름 바른 기둥 꼭대기'까지 올랐을 때 그는 키프로스를 획득하고 수에즈 운하$^{Suez\ Canal}$를 사들이는 방식으로 대영제국의 힘을 이끌었다.8)

디즈레일리가 정치 경력을 시작하기 위해 돌아간 지 얼마 안 되어 이집트를 지배하고 있던 한 알바니아 군벌이 예루살렘을 정복했다.

36장
알바니아 정복
1830~1840년

붉은 이브라힘

1831년 12월, 이집트군이 예루살렘을 휩쓸었다. 당시는 "행복하고 기쁜 예루살렘인들이 빛과 춤과 음악으로 온 거리에서 축제를 벌이고 5일간 무슬림, 그리스인, 프란체스코회, 아르메니아인, 유대인들까지 즐거워하고 있을 때"였다. 그러나 이집트 병사들이 꽉 끼는 바지를 입고 무서운 총과 대포들, 악기를 가지고 유럽식 대열을 지어 움직이고 있는 광경을 본 무슬림들은 이미 염려를 하고 있었다.

예루살렘의 새로운 주인은 알바니아 군인 메흐메트 알리^{Mehmet Ali}였다. 메흐메트는 왕조를 창시했고 그 왕조는 1세기 후 이스라엘 국가가 창립되던 시기까지도 이집트를 다스렸다. 이제는 잊혀졌지만 그는 15년간 근동의 국제 외교를 장악했으며 거의 전 오토만제국을 정복했다. 담배 상인의 아들이었던 메흐메트는 현재 그리스에 해당하는 지역에서 나폴레옹과 같은 해에 태어났으며 동시대인들은 그를 동방의 나폴레옹으로 인식했다. "두 수장은 뛰어난 군사적 천재라는 점이 같을 뿐만 아니라 만족할 줄 모르는 야심, 지칠 줄 모르는 활동성이라는 점에서도 같은 특징을 갖고 있었다." 흰 수염을 기른 60대의 메흐메트는 언제나 간소하게 흰색 터번과 노란 슬리퍼, 청록색 겉옷을 입었고 금과 은으로 만든 7피트(약 2미터) 길이의 다이아몬드가 박힌 파이프로 늘 담배를 피웠다. "광대뼈가 높은 타타르인의 얼굴"을 하고 있었으며 "천재성과 지성으로 밝게 빛나는 암회색 눈"에는 "기이한 야성의 불길"이 있었다.

메흐메트의 권력은 언제나 그의 옆구리에 걸려 있던 둥그스름한 언월도偃月刀(고대 중국에서 사용했던 무기)에서 나왔다. 메흐메트는 적기에 이집트에 도착해 나폴레옹에 대항하는 오토만을 위해 알바니아 군대를 지휘했다. 프랑스군이 떠나자 메흐메트는 뒤 이은 권력 공백을 이용해 이집트를 차지했다. 그다음 유능한 아들(혹은 일설에 의하면 조카) 이브라힘Ibrahim을 불렀다. 이브라힘은 맘루크조 오토만의 지도층들을 군사행사에 초대한 후 학살했다. 그 후 알바니아군은 카이로 전역에서 약탈과 강간을 행했지만 술탄은 메흐메트 알리를 이집트의 발리vali로 임명했다. 메흐메트는 잠을 네 시간씩만 잤으며 마흔다섯 살에 처음 글을 배웠다고 주장했다. 매일 밤 메흐메트가 총애하는 정부가 몽테스키외Montesquieu나 마키아벨리Machiavelli를 읽어주었으며, 이 거친 개혁가는 9만 명 규모의 유럽식 육군, 그리고 해군을 창설하기 시작했다.

처음에 오토만 술탄 마흐무드 2세Mahmoud II는 메흐메트의 부상하는 힘을 이용할 수 있다는 사실을 반가워했다. 술탄은 사우디 가문이 이끄는 금욕적인 와하비파가 메카를 장악한 사실에 당황하여 메흐메트 알리에게 도움을 청했다. 알바니아군은 쉽게 메카를 장악했고 압둘라 알 사우드Abdullah al-Saud의 머리를 이스탄불로 보냈다.* 1824년, 그리스인들이 술탄에 대항해 반란을 일으켰을 때 메흐메트 알리는 군대를 보내 그리스인들을 잔혹하게 탄압했다. 이는 유럽의 강대국들을 크게 놀라게 해 1827년 영국,

프랑스, 러시아는 함께 나바리노Navarino 전투에서 메흐메트의 함대를 격파하고 그리스의 독립을 지원했다. 그러나 이것이 알바니아군을 오랫동안 저지하지는 못했다. 과거 예루살렘을 방문한 적이 있고 이제는 프랑스의 외무장관이 된 샤토브리앙 자작의 부추김을 받아 알바니아는 독자적인 제국을 갈망하게 되었다.

　　1831년 말, 메흐메트 알리는 현재의 이스라엘, 시리아, 그리고 터키 대부분을 점령했고 술탄이 내세운 모든 군대들을 격파했다. 곧 알바니아 군대는 이스탄불을 점령할 기세를 취했다. 결국 술탄은 메흐메트 알리를 이집트, 아라비아, 크레타의 지배자로, 이브라힘을 대시리아의 총독으로 인정했다.

　　제국은 이제 알바니아인들의 소유가 되었다. 메흐메트는 "나는 칼로써 이 나라를 정복했으며 또한 칼로써 그것을 지킬 것이다"라고 선언했다. 메흐메트의 칼은 총사령관 이브라힘이었다. 이브라힘은 10대 때 메흐메트 최초의 군대를 지휘하고 메흐메트 최초의 학살을 조직했다. 사우디를 격파하고 그리스를 유린하고 예루살렘과 다마스쿠스를 정복하고 이스탄불 코앞까지 의기양양하게 진군한 것도 이브라힘이었다.

　　1834년 봄, 이브라힘은 '붉은 사람'이라는 칭호로 불렸는데 이는 단지 그의 수염 색깔 때문만은 아니었다. 이브라힘은 다윗의 무덤이 있는 왕궁에 자신의 본거지를 세웠다. 방석 대신 유럽식 옥좌에 앉아 공개적

* 와하비파는 18세기의 근본주의 살라피 설교자 무함마드 이븐 압둘 와하브Muhammad ibn Abdul Wahab의 추종자들이었다. 와하브는 1744년 사우디 가문에 충성을 맹세했다. 사우디 가문은 메흐메트 알리로 인해 쇠퇴를 겪었음에도 불구하고 곧 작은 국가를 재건했다. 제1차 세계대전과 1920년대에 사우디 가문의 수장 압둘 아지즈 이븐 사우드Abdul-Azia ibn Saud는 영국의 지원금을 받고 광적인 와하비 군대의 지원을 받아, 메카와 아라비아를 재정복했다. 1932년 사우드는 자신을 사우디아라비아의 왕으로 선언했으며 지금도 와하비 이슬람이 사우디아라비아를 지배하고 있다. 이븐 사우드는 최소 70명의 자식들을 두었으며 2005년, 그의 아들 압둘라Abdullah가 왕이 되었다.

으로 포도주를 마심으로써 무슬림들을 놀라게 했으며, 예루살렘의 개혁에 착수했다. 그리스도인들과 유대인들에 대한 억압을 완화했고 법에 의한 평등을 약속했으며 모든 순례자들이 교회에 내야 했던 헌금도 중단했다. 이제는 무슬림 옷을 입을 수 있고 거리에서 말을 탈 수 있게 되었으며 수 세기 만에 처음으로 지자야^{jizaya} 세금을 더 이상 납부하지 않아도 되었다. 그러나 투르크어를 말하는 알바니아인들은 아랍인들을 누구보다 경멸했다. 이브라힘의 아버지는 아랍인들을 '야수들'이라고 불렀다. 4월 25일, 이브라힘은 성전산에서 예루살렘과 나블루스의 지도자들을 만나 예루살렘인 200명의 징병을 명령했다. 이브라힘은 "나는 이곳 예루살렘부터 시작하여 이 명령이 지체 없이 실행되기를 원한다"고 말했다. 그러나 예루살렘은 말을 듣지 않았다. "우리 자식들을 영원한 노예로 내어주느니 차라리 죽는 것이 낫습니다"라고 예루살렘인들은 응수했다.

5월 3일, 알바니아인들은 정교회의 부활절을 주관했다. 전면적인 폭동을 눈앞에 두고 1만 7,000명의 그리스도인들이 북적이는 도시를 채웠다. 성금요일 밤 군중들이 거룩한 불의 행사를 앞에 두고 성묘교회를 채웠다. 영국인 여행가 로버트 커즌$^{Robert\ Curzon}$이 이것을 지켜보았고 그 후 일어난 일들에 대한 생생한 비망록을 남겼다. "순례자들의 행동은 극도로 소란스러웠다. 어느 순간 순례자들은 성묘 주변에 경주로를 만들었고 일부는 거의 나체나 다름없는 상태에서 광적인 몸짓으로 춤을 추고 귀신 들린 것처럼 울부짖고 소리를 질렀다."

다음 날 아침 이브라힘은 거룩한 불을 목격하기 위해 교회 안으로 들어갔다. 그러나 군중들이 너무 밀집해 있어서 근위병들이 그들을 방망이와 채찍으로 찔러 길을 열어야 했다. 한편 세 명의 수도사들은 '미친 조작극'을 벌였고 여자들은 기이하고 날카롭게 울기 시작했다.

거룩한 불, 거룩한 죽음

이브라힘이 자리에 앉았고 어둠이 내렸다. 그리스 대주교들은 "위엄 있는 행렬을 이루어" 작은 건물 안으로 들어갔다. 군중은 성스러운 불꽃을 기다렸다. 키즌은 불똥에 이어 "이 영광을 위해 고액을 지불한" 순례자들 사이를 지나는 기적의 불꽃을 보았다. 그러나 그 불을 두고 맹렬한 다툼이 일어났다. 순례자들은 몽환적인 상태로 기절하여 바닥에 쓰러졌다. 눈을 뜰 수 없게 하는 연기가 교회를 가득 채웠다. 세 명의 순례자들이 높은 난간에서 떨어져 죽었다. 아르메니아인 노파 한 명은 자리에 앉은 채 죽었다. 이브라힘은 교회를 떠나려 했지만 움직일 수가 없었다. 이브라힘의 근위병들은 매질을 하며 군중들 사이로 길을 내면서 몰려나가기 시작했다. 그때 커즌은 "예수가 십자가에 달렸을 때 성모 마리아가 서 있던 자리에서 멀지 않은 곳에 있었고," 발밑의 돌들이 물렁하게 느껴졌다.

사실 내가 밟고 있던 것은 엄청난 시체 더미였다. 모두 죽었다. 그중 다수는 질식으로 완전히 까맣게 되어 있었고 다른 시체들은 모두 피를 흘리고 있었다. 군중들에 짓밟혀 조각난 뇌와 내장들이 가득했다. 총검을 가진 군인들은 정신을 잃고 쓰러진 많은 사람들을 죽였고, 벽들은 소처럼 쓰러진 사람들의 피와 뇌수로 물들었다.

미친 듯이 몰려드는 군중들은 생존을 위해 처절하고도 야만적으로 싸웠다. 커즌은 자기 옆의 사람들이 모두 죽어가는 것을 보았다. 이브라힘은 근위병들이 칼을 뽑아 사람들을 베어내면서 길을 낼 때까지 몇 번이나 정신을 잃어가면서 겨우 탈출했고 자기 목숨만은 건질 수 있었다.

시체들은 "성유의 돌 위에까지 쌓여 무더기를 이루었다." 이브라힘은 마당에 서서 "시체들을 치우고 시체들 중에서 살아 있는 사람들을 끌어내라고 명령했다." 400명의 순례자들이 죽었다. 커즌이 탈출했을 때 많은 시체들은 말 그대로 "죽은 채로 서 있었다."

농민들의 폭동

그리스도교 세계 전체에 이러한 재앙의 소식이 퍼지면서 예루살렘, 나블루스, 헤브론의 유력 가문들이 반란을 일으켰다. 5월 8일, 1만 명의 무장 농민들이 예루살렘을 공격했지만 이브라힘의 군대에 저지당했다. 5월 19일, 다윗의 예루살렘 점령을 연상시키는 모습으로 다윗 성 아래 실완 마을 사람들이 반란군들에게 비밀터널을 보여주었다. 반란군들은 그 터널을 이용해 예루살렘으로 숨어들어가 남쪽 성벽의 분문Dung Gate를 열었다. 농민들은 장터를 약탈했고 군인들은 그들을 공격했지만 결국 함께 약탈을 한 결과가 됐을 뿐이었다. 빔바시Bimbashi(수비대 책임자)는 예루살렘의 지배 가문들, 즉 후세이니 가문과 칼리드 가문의 지도자들을 체포했다. 그러나 2만 명의 농민들은 이제 거리를 휩쓸며 탑을 포위하고 있었다.

젊은 미국인 선교사인 윌리엄 톰슨William Thomson과 임신한 아내 엘리자Eliza는 은신처로 숨어들었다. 윌리엄은 아내를 자파로 탈출시켰고 엘리자는 "대포 소리, 무너지는 벽들, 이웃들의 비명 소리, 공포에 사로잡힌 하인들, 학살의 예감" 한가운데서 방 안에 틀어 박혀 있었다. 엘리자는 아들을 출산했지만 남편이 예루살렘으로 돌아왔을 때 그녀는 죽어가고 있었다. 윌리엄은 곧 "그 사악한 나라"를 떠났다.*

자파로 퇴각한 이브라힘은 산악에서 전투를 하면서 부하 500명을 잃었다. 5월 27일, 시온 산에 진영을 차린 이브라힘은 반란군을 공격해 300여 명을 살해했다. 그러나 솔로몬 연못 근처에서 매복공격을 당했고 다윗 무덤 안에 포위되었다. 후세이니 가문과 아부 고시가 이끄는 가운데 반란에 다시 불이 붙었고 이브라힘은 아버지에게 지원을 요청했다.

메흐메트 알리와 1만 5,000명의 지원군이 자파를 향해 항해했다. "멋진 모습의 노인"이 "화려한 말 위에서 자연스럽고, 위엄 있게, 영웅의 모습을 완벽하게 유지하면서" 제왕답게 절을 했다. 알바니아군은 반란군을 진압했고 예루살렘을 탈환했다. 예루살렘의 후세이니 가문은 이집트로 탈출했다. 반란군은 다시 일어났지만 이브라힘은 나블루스 바깥에서 반란군들을 학살했고 헤브론을 유린하고 시골 지역들을 약탈하고 포로들의 목을 베었다. 그리고 예루살렘에서 공포정치를 시작했다. 예루살렘으로 돌아온 이브라힘은 부족장 야베르Jaber 아부 고시를 변절자 총독으로 임명하고 무기를 소지하고 있다가 발각된 자들은 모두 목을 베었다. 성벽은 잘려진 머리들로 뒤덮였다. 죄수들은 자파 성문 근처의 새로운 키슐레Kishleh 감옥에서 방치된 채 썩어갔다. 그 후 오토만, 영국, 이스라엘이 그 자파 감옥을 사용했다.

알바니아인들은 열광적인 현대주의자들이었으며 오토만제국을 정복하기 위해서는 유럽의 지원을 필요로 했다. 이브라힘은 소수민족들에게 무너진 건물들을 재건하도록 허용했다. 프란체스코 수도회는 성 구세주 교회를 회복했다. 스페인계 유대인들은 유대인 구역의 4대 회당 중 하

---

* 훗날 윌리엄 톰슨은 미국인들의 예루살렘에 대한 강박을 부추긴 복음주의 고전 하나를 썼다. 30판이 인쇄된 《대지와 성서The Land and the Book》는 팔레스타인을 성서가 살아 있는 신비주의적 에덴으로 표현하고 있다.

나인 자카이 회당을 재건하기 시작했다. 아슈케나지들은 1720년에 파괴된 후바 회당으로 돌아왔다. 유대인 구역은 빈곤에 찌들었지만 고향에서 박해를 받던 몇몇 러시아계 유대인들이 그곳에 정착하기 시작했다.

1839년, 이브라힘은 이스탄불에 도전했고 오토만 군대를 격파했다. 루이 필립Louis Philippe 왕의 프랑스는 알바니아를 지원했지만 오토만이 멸망할 경우 프랑스와 러시아의 영향력을 우려했다. 술탄도 술탄의 적 이브라힘도 모두 서구의 지원을 요구했다. 어린 술탄 압둘메시드Abdulmecid는 소수민족들에게 평등을 약속하는 '명예 칙령Noble Rescript'을 발표했다. 한편 이브라힘은 유럽인들을 불러들여 예루살렘에 영사관들을 설립했다. 그리고 십자군 이후 최초로 교회의 타종을 허락했다.

1839년, 영국의 1대 부영사 윌리엄 터너 영William Turner Young이 예루살렘에 도착했다. 그것은 런던의 새로운 힘을 과시할 뿐만 아니라 유대인들을 개종시키고 제2강림을 앞당길 목적이기도 했다.

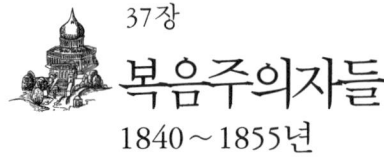

37장
복음주의자들
1840~1855년

제국주의자와 복음주의자

예루살렘과 관련한 외교 정책은 외무장관 팔머스톤Palmerston 경의 작품이었지만 종교적 사명을 고양시킨 것은 복음주의자인 팔머스톤의 사위 섀프츠베리 백작의 작품이었다.* 쉰다섯 살의 팔머스톤은 빅토리아식 도덕군자도 아니고 복음주의자도 아니었으며 오히려 수치를 모르는 멋쟁이 난봉꾼일 뿐이었다. 그가 (일기장에 유쾌하게 적어놓은) 성적 행각들로 인해서 큐피드 경이라 불리기도 했고 경쾌한 활기 때문에 야자수 경이라 불리기도 했으며 무력 외교로 인해 화산석 경이라고도 불렸다. 실제로 섀프츠베리는 팔머스톤이 "몬티피오리가 시드니 스미스 경의 후손이라는 것을 모른다"고 농담을 했다.

유대인에 대한 팔머스톤의 관심은 실용적인 것이었다. 프랑스는 가톨릭을 보호함으로써 세력을 확장했고 러시아는 정교를 보호함으로써

---
* 본명은 앤터니 애슐리 쿠퍼Anthony Ashly-Cooper로 크롬웰부터 윌리엄 3세까지를 모두 섬긴 유능한 장관이었던 제1대 공작의 후손이다. 또한 당시까지도 애슐리 경이라는 칭호를 보유하고 있었으며 하원에 진출했고 1851년 제7대 공작까지 세습했다. 여기서는 편의를 위해 그를 섀프츠베리로 칭한다.

세력을 강화했지만 예루살렘에는 프로테스탄트가 거의 없었다. 팔머스톤은 프랑스와 러시아의 영향력을 약화시키려 했고 유대인들을 보호함으로써 영국의 세력을 강화시킬 수 있다고 보았다. 또 다른 사명(유대인의 개종)은 팔머스톤의 사위 섀프츠베리의 복음주의적 열정의 결과였다.

곱슬머리에 턱수염을 기른 서른아홉 살의 섀프츠베리는 새로운 빅토리아식 영국인의 전형이었다. 순수한 마음을 가진 귀족으로서 그는 노동자, 어린이, 정신질환자들의 삶을 개선시키기 위해 헌신했으며 "성서는 맨 첫 글자부터 맨 마지막 글자까지 신의 말씀의 기록"이라고 믿는 근본주의자이기도 했다. 섀프츠베리는 역동적 그리스도교가 전 세계의 도덕적 르네상스와 인류 자체의 발전을 촉진할 것이라고 확신했다. 영국에서 청교도적 군사주의는 오래전에 계몽주의의 합리주의에 의해 극복되었지만 비성공회주의자들 사이에는 여전히 남아 있었다. 이제 그것이 주류로 등장했다. 프랑스혁명은 단두대를 통해, 산업혁명은 노동자 집단을 통해 영국의 새로운 중산층을 형성했다. 이 새로운 중산층은 확신을 주는 경건함, 체면, 성서를 중시했고 빅토리아식 번영의 폭증하는 물질주의의 해독제였다.

유대인들 사이에 그리스도교를 확산하기 위해 1808년에 창립된 런던협회, 일명 유대인협회Jews Society가 이제 번성기를 맞았으며 이는 부분적으로 섀프츠베리 덕분이었다. 1837년 빅토리아 여왕 즉위 당시 수상이었던 또 다른 난봉꾼 귀족 멜버른 경Lord Melbourne은 "모든 젊은이들이 점점 더 종교에 미치고 있다"며 투덜거렸다. 복음주의자들은 예수와 예수의 복음(그리스어로 'evangelion')에 대한 개인적 경험을 통해 영원한 구원을 얻을 수 있다고 확신하고 제2강림을 기대했다. 2세기 전의 청교도들과 마찬가지로 섀프츠베리는 유대인들의 귀환과 개종이 영국 성공회의 예루살렘

Anglican Jerusalem과 천국을 창조할 것이라고 믿었다. 그는 팔머스톤을 위한 보고서를 준비했다. "민족이 없는 나라가 있고 지혜와 자비의 신이 우리를 나라가 없는 민족에게로 이끄신다."*

팔머스톤은 예루살렘 부영사 윌리엄 더너 영에게 "유대인들을 전반적으로 보호하는 것이 당신의 직무 중 일부가 될 것입니다"라고 훈시했다. 동시에 팔머스톤은 서브라임 포르테 주재 영국 대사에게 "유럽의 유대인들이 팔레스타인으로 돌아가도록 장려하는 모든 정책을 지속시키도록 (술탄에게) 강력히 권장해야 한다"고 말했다. 1839년 9월, 영은 런던 유대인협회의 예루살렘 지부를 만들었다. 섀프츠베리는 의기양양하여 일기에 다음과 같이 썼다. "선민들의 고대 도시가 곧 민족들 사이에 다시 자리를 찾게 되었다. 나는 신께서 내 머리가 신의 영광을 위한 계획을 품도록 만들었고 내게 팔머스톤과 함께 승리할 수 있는 영향력을 주셨고 한 사람에게 예루살렘을 다시 영광스럽게 만들 수 있는 상황을 만들어주셨다는 것을 언제나 기억한다." 섀프츠베리의 인장 반지에는 '예루살렘을 위한 기도'가 새겨져 있었다.

한편 (우리가 본 바와 같이) 또한 예루살렘을 응시하던 또 한 명의 열정적인 빅토리아 시대 사람(모지스 몬티피오리)은 자신의 가문을 상징하는 새로운 문장에 예루살렘을 추가했는데 그것을 마차, 인장 반지, 심지어 침대에까지 부적처럼 새겨넣었다. 1839년 6월, 몬티피오리와 아내 주디스는 런던에서 보남한 돈을 지키기 위해 권총으로 무장을 한 채 예루살렘으로 돌아왔다.

---

* 섀프츠베리는 스코틀랜드의 장관 알렉산더 키이스Alexander Keith에게서 "민족 없는 땅"이라는 악명 높은 구절을 빌려왔다. 그 구절은 훗날 이스라엘 쟁윌Israel Zangwill의 것으로 밝혀졌다(아마도 실수였을 것이다). 쟁윌은 이미 아랍인들이 거주하고 있다는 그 이유로 인해 팔레스타인 정착을 믿지 않았던 시온주의자였다.

예루살렘은 전염병으로 인해 황폐했고 이 때문에 몬티피오리는 예루살렘 밖 올리브 산에 캠프를 차리고 접객실을 열어 300명이 넘는 방문객들을 맞았다. 전염병이 누그러지자 몬티피오리는 백마를 타고 예루살렘 안으로 들어갔고 총독의 지원을 받았으며 청원을 듣는 절차를 진행하고 빈곤에 찌든 유대인들에게 자선을 베풀었다.

몬티피오리와 아내는 예루살렘의 세 종교 모두에게서 환영을 받았지만 두 사람이 헤브론 남쪽에 있는 성지를 방문하는 동안 일단의 무슬림 군중이 그들을 공격했다. 그들은 오토만 군대가 개입한 덕에 간신히 탈출해 목숨을 건졌다. 그러나 몬티피오리는 쉽게 꺾이지 않았다. 예루살렘을 떠날 때 이 새로 태어난 유대인이자 헌신적인 제국주의자는 섀프츠베리와 비슷하면서도 당연히 다른 메시아적 열정을 드러냈다. 몬티피오리는 일기에 "오, 예루살렘이여, 우리 시대에 곧 재건될지어다. 아멘"이라고 적었다.

섀프츠베리와 몬티피오리는 모두 대영제국의 신성한 섭리와 유대인들의 시온 귀환을 믿었다. 복음주의적 열정이 담긴 정의와 유대인의 예루살렘 귀환에 대한 새로운 열정은 빅토리아 시대의 광기 중 하나가 되기에 딱 알맞았고 화가 다비드 로버츠David Roberts는 1840년에 적시에 팔레스타인으로부터 돌아와 대중들에게 영국 문명과 유대인 회복에 어울리는 현란한 오리엔탈 예루살렘의 낭만주의적 그림들을 보여주었다. 술탄과 알바니아인들이 발표한 경쟁적인 관용의 약속들이 끔찍한 반발을 불러일으켰다. 따라서 유대인들은 영국의 보호를 긴급히 필요로 했다.

복음주의자 영사, 제임스 핀

1840년 3월, 다마스쿠스에서 일곱 명의 유대인들이 유월절에 인간 희생제사에 쓸 피를 사용하기 위해 그리스도인 수도사 한 명과 그의 무슬림 하인을 살해했다는 혐의로 기소되었다. 이 꾸며낸 시나리오는 12세기 제2차 십자군 시대에 옥스퍼드에서 처음 등장한 악명 높은 '피의 비방 blood libel'이었다. 63명의 유대인 어린이들을 붙잡아놓고 고문하면서 아이들의 어머니들에게 피를 숨긴 곳을 밝히라고 강요했다.

모지스 몬티피오리는 런던으로 돌아왔지만 로스차일드 가문의 지원을 받아 다마스쿠스의 유대인들을 중세적 박해에서 구출하기 위한 운동을 주도했다. 그는 프랑스인 변호사 아돌프 크레미외 Adolphe Cremieux와 힘을 합쳐 알렉산드리아로 달려가 메흐메트 알리에게 피고인들의 석방을 요구했다. 그러나 몇 주 지나지 않아 로도스에서 또 다른 피의 비방 사건이 일어났다. 몬티피오리는 알렉산드리아에서 이스탄불로 배를 타고 가서 술탄의 영접을 받았다. 몬티피오리는 술탄에게 피의 비방에 대한 사실을 절대적으로 부정하는 포고령을 발표해달라고 설득했다. 그 당시 몬티피오리는 전성기를 달리고 있었다. 그의 성공은 국적뿐만 아니라 대체로 장황했던 외교술 덕분이기도 했다. 당시는 영국 남자가 중동에서 활동하기 좋은 시기였다.

오토만제국의 존재 자체가 위기에 봉착해 있었던 만큼 술탄과 알바니아인들 양쪽 모두는 맹렬하게 영국의 호의를 구했다. 예루살렘은 여전히 중동의 상당 부분을 지배하는 이브라힘의 손 안에 있었다. 프랑스가 알바니아인들을 지원한 한편, 영국은 오토만을 손에 넣고 식욕을 채우려 하고 있었다. 영국은 이브라힘이 시리아에서 물러날 경우 팔레스타인은 물론 이집트까지 주겠다고 제안했다. 그것은 괜찮은 제안이었지만 메흐메트 알리와 이브라힘은 최고의 전리품, 이스탄불을 포기할 수는 없었다. 이브라힘은 영국의 제안을 거부했다. 따라서 팔머스톤은 앵글로-오스트리아 오토만 연합군을 결성하고 찰스 네이피어Charles Napier 준장을 사령관으로 하여 번쩍이는 대포를 단 함대를 파견했다. 이브라힘은 영국의 힘 앞에 굴복했다.

이브라힘은 유럽인들에게 예루살렘의 문을 열어주었고 예루살렘을 영원히 변화시켰지만 이제 이집트의 세습지배권을 받는 대가로 시리아와 예루살렘을 포기했다.* 팔머스톤의 승리에 굴욕을 당한 프랑스는 예루살렘에 '그리스도인 자유도시'를 계획했고 그것은 시온의 국제관리에 대한 최초의 제안이었다. 그러나 1840년 10월 20일, 술탄의 군대는 예루살렘으로 돌아갔다. 예루살렘 성벽 안 성읍은 3분의 1이 가시선인장 덤불에 뒤덮인 황무지였고 거주민은 1만 5,000명에 불과했다. 그러나 그중 5,000명이 유대인이었고 그 수는 러시아 이민자들과 갈릴리 사페드를 강타한 지진을 피해 온 난민들로 인해 급증했다.9)

팔머스톤이 애버딘Aberdeen 경에게 외무장관직을 내주고 애버딘 경이 부영사 영에게 복음주의 유대인 계획을 중단하라고 명령했을 때조차 영은 전혀 아랑곳하지 않았다. 팔머스톤이 다시 권력을 잡았을 때 그는 예루살렘 영사에게 "원하는 모든 러시아계 유대인들을 영국의 보호 아래로 받아들이라"고 명령했다.

---

* 알바니아인들은 다시 예루살렘을 차지하지 못했지만 그 대신 한 세기 동안 이집트를 다스렸다. 처음에는 카디브khadive(명목상으로는 오토만 총독이지만 실제로는 독립적인)로서, 그다음에는 이집트 술탄으로서, 그리고 마지막에는 왕으로서 다스렸다. 메흐메트 알리가 노망이 들자 이브라힘이 그의 섭정이 되었지만 그 역시 아버지가 죽기 직전인 1848년에 죽었다. 1952년, 전복된 알바니아 왕조의 마지막 왕은 파루크 왕이었다.

한편 새프츠베리는 새로운 수상 로버트 필Robert Peel을 설득해 예루살렘에 최초의 영국 성공회 주교 구역과 교회 창설을 지원하게 했다. 1841년, 프러시아(프러시아의 왕은 예루살렘의 그리스도교 국제관리를 제안했다)와 영국은 공동으로 최초의 프로테스탄트 주교로 유대인 개종자 마이클 솔로몬 알렉산더Michael Solomon Alexander를 임명했다. 영국의 선교사들은 유대인 선교에 점점 더 공격적이 되어갔다. 그들은 앵글로 구역을 만들었는데 유대인협회가 운영하는 교회가 있었고 요새 맞은 편 자파 문 근처에는 영국 영사관이 있었다. 앵글로 구역은 빅토리아 시대 건축물과 선교적 복음주의로 이루어진 섬이었다. 그러나 그리스도 교회Christ Church(그리고 유물들)는 프로테스탄트 세계 안에서도 독특한 것이었다. 십자가도 없었으며 대신 유대교의 촛대(메노라)가 있었다. 모든 글씨는 (심지어 주기도문까지도) 히브리어로 쓰였다. 그곳은 유대인들을 위한 프로테스탄트 교회였다. 그리스도 교회가 문을 열 때 세 명의 유대인들이 영 부영사 앞에서 세례를 받았다. 예루살렘에서 유대인의 고난은 가련할 정도였다. 미국의 소설가 허먼 멜빌Herman Melville은 유대인들이 "해골 위에 집을 지은 파리들처럼 살았다"고 썼다. 불어나는 유대인 공동체는 어떤 의료시설도 없이 마치 거짓말 같은 가난 속에서 살았지만 런던 유대인협회가 제공하는 무료진료를 받을 수 있었다. 이러한 가난은 소수의 개종만을 이끌어냈다.

새프츠베리는 "나는 시온에서 수도를 위해서, 예루살렘에서 교회를 위해서, 그리고 히브리에서 왕을 위해서 기뻐힐 수 있다!"고 말했다. 예루살렘은 하룻밤 사이에 천박한 궁전(이슬람 국가의 주요 궁전 뒤에 있는 하렘, 역사적으로는 술탄의 궁전을 칭함-옮긴이), 누더기를 두른 파샤가 지배하던 어둠의 폐허에서 금과 보석으로 한껏 치장한 고관 대작이 넘치는 도시로 변모했다. 예루살렘에는 13세기 이후 라틴인 대주교가 없었고 정교회 대주교는 오랫동안 이스탄불에 자리 잡았다. 그러나 이제는 프랑스와 러시아가 그들의 예루살렘 귀환을 지원했다.

유럽 7개국의 영사들, 즉 제국의 야심을 대변하는 오만한 하위 관료들은 그들의 고압적인 당당함을 가까스로 억제할 수 있었다. 밝은 주홍색 군복을 입고 사브레 칼과 포도 위에 내리쳐 길을 정리하는 데 쓰이는 육중한 금 지팡이를 휘두르는 당당한 호위병들과 카바스^{kavass}(무장경관)들의 호위를 받으며 영사들은 예루살렘을 엄숙하게 행진했다. 그들은 궁지에 몰린 오토만 총독들에게 자신들의 뜻을 강요할 핑계를 찾는 데 혈안이 돼 있었다. 오토만 병사들은 심지어 영사의 자식들 앞에서도 일어서야 했다. 오스트리아와 사르딘^{Sardin} 영사들의 허세가 특히 심했는데 그들의 군주가 예루살렘 왕을 자처했기 때문이다. 그러나 영국과 프랑스 영사들만큼 오만하고 옹졸한 사람들은 없었다.

1845년, 제임스 핀^{James Finn}이 영의 후임으로 왔다. 핀은 20년 동안 오토만 총독들과 맞먹을 정도로 막강했지만 그럼에도 이 독실함을 가장한 간섭꾼은 영국의 귀족들과 오토만의 파샤들뿐만 아니라 다른 모든 나라의 외교관들까지 모든 사람을 불쾌하게 했다. 그는 런던에서 오는 명령에 아랑곳하지 않고 러시아계 유대인들에게 영국의 보호를 제공했으며 그들을 개종시키려는 선교활동도 멈추지 않았다. 오토만이 외국인의 토지 구입을 허가하자 핀은 정직한 노동의 기쁨을 가르침으로써 보다 많은 유대인들을 개종시키려 했다. 그 수단의 하나로 첼튼엄^{Cheltenham}의 쿡^{Cook}이라는 여성에게서 자금을 지원받고 헌신적인 영국 복음주의자 여성단체의 도움을 받아 탈비에^{Talbieh}에 있는 농장, 그리고 아브라함의 포도밭에 있는 또 다른 농장을 사들여 개간했다.

핀은 자신을 제국의 식민 총독이자 성스러운 선교사, 그리고 재계 거물 사이의 가교라고 여겼으며 의심스러울 정도로 큰돈을 들여 토지와 주택들을 아무런 원칙도 없이 사들였다. 핀, 그리고 또 한 명의 광신적 복음주의자인 그의 아내는 히브리어와 (당시 널리 쓰였던) 라디노어를 유창하게 구사했다. 한편 그들은 예루살렘에서 야만적인 압제를 받고 있던 유대인들을 공격적으로 보호했다. 그러나 동시에 핀의 강압적 선교는 유대인의 거친 저항을 불러일으켰다. 멘델 디그니스Mendel Digness라는 소년을 개종시켰을 때는 "유대인들이 테라스로 올라와 큰 소동을 벌일 정도로" 그는 물의를 일으켰다. 핀은 랍비들을 '광신자'라고 불렀다. 한편 영국에 머무르던 몬티피오리는 유대인들이 괴롭힘을 당하고 있다는 소식을 듣는다. 그는 곧 유대인협회를 저지하기 위해 유대인 의사와 약사를 파견했다. 이에 유대인협회는 유대인 구역 언저리에 병원을 건립했다.

  1847년, 그리스도인 아랍 소년 하나가 유대인 청년을 공격했고 청년은 소년에게 포석을 던져 그 소년의 발을 다치게 했다. 전통적으로 셈족에 가장 적대적인 사회였던 그리스정교회(그들은 빠른 속도로 무슬림 무프티와 카디의 지원을 얻어냈다)는 유대인들이 유월절 빵을 굽기 위해 그리스도인들의 피를 구하고 있다고 고발했다. 예루살렘에서 다시 한 번 피의 비방이 일어났다. 그러나 이 일로 다마스쿠스 사건 이후 몬티피오리의 요청으로 이루어진 술탄의 비방 금지령이 결단력 있는 것이었음을 드러냈다.10)

  한편 미국 역사에서 가장 독특한 외교관이 영사들에 합류했다. 예루살렘을 방문하고 있던 《허영의 시장Vanity Fair》의 저자 영국인 윌리엄 새커리William Thackeray는 "나는 어떤 정부가 그토록 기이한 외교관을 영접한 적이 있었는지 혹은 임명한 적이 있었는지 의심스럽다"라고 말했다.

성스러운 미국인 이방인, 워더 크레슨

1844년 10월 4일, 워더 크레슨Warder Cresson은 시리아와 이스라엘 주재 미국 총영사로서 예루살렘에 도착했다. 영사로서 그의 주요한 자질은 그가 1847년 제2강림이 일어난다고 확신하고 있었다는 데 있다. 크레슨은 유럽인 동료 영사들의 거만함을 새로운 차원으로 끌어올렸다. 그는 월터 스콧Walter Scott의 소설에 따르면 "기사들과 팔라딘paladin들의 군대"에 속한 "몇 명의 미국인 군인들"과 "아랍인이 앞에 서고 태양에 빛나는 은빛 칼을 찬 두 명의 터키 병사들을 뒤따르는 무장한 번쩍이는 기병들"에 둘러싸여 먼지 구름을 일으키며 예루살렘 안팎을 뛰어다녔다.

파샤와의 면담에서 크레슨은 자신이 예루살렘에 온 것은 다가올 아포칼립스와 유대인들의 귀환을 위해서라고 설명했다. 필라델피아 지주이자 부유한 퀘이커 교도의 아들이었던 크레슨은 이러저러한 계시적 제의들을 편력하느라 20여 년의 시간을 보냈다. 그는 첫 번째 선언문인 《예루살렘, 전 세계 기쁨의 중심Jerusalem, the Centre of the Joy of the Whole World》을 쓰고 아내와 여섯 자식들을 버린 후 국무장관 존 칼훈John Calhoun을 설득해 자신을 영사로 임명하게 했다. "나는 진리를 추구하기 위해 지상에서 나와 가깝고 소중한 모든 것들을 버렸다." 미국 대통령 존 타일러John Tyler는 곧 외교관들에게서 그의 첫 예루살렘 영사가 "종교에 미쳐 있으며 정신이 이상한 사람"이라는 말을 듣는다. 그러나 크레슨은 이미 예루살렘에 가 있었다. 그리고 크레슨과 같은 계시적 관점을 가진 사람은 크레슨 혼자가 아니었다. 그는 그 시대의 미국인들 가운데 한 사람일 뿐이었다.

미국 헌법은 세속 헌법이었으며 신중을 기해 그리스도를 언급하지 않았고 국가와 종교를 분리했다. 그러나 미국의 창립자들, 토머스 제퍼

슨과 벤저민 프랭클린은 국새에 불과 구름이 이스라엘의 자식들을 약속의 땅으로 이끌고 오는 것을 묘사했다. 크레슨은 불과 구름이 많은 미국인들을 어떻게 예루살렘으로 이끌었는지를 전형적으로 보여준다. 실제로 교회와 국가의 분리는 미국의 종교를 자유롭게 했고 새로운 종파들과 수많은 새로운 예언자들을 꽃피우게 했다.

영국 청교도들의 히브리주의자에 대한 호감을 물려받은 초기 미국인들은 종교적 대각성의 희열을 만끽했다. 이제 19세기 전반기에 이르러 개척자들의 복음주의적 에너지가 2차 대각성을 일으켰다. 1776년, 미국인들의 약 10퍼센트가 교회를 다녔다. 1815년에는 25퍼센트가 되었다. 1914년에는 미국인의 절반이 교회를 다녔다. 그들의 열정적인 프로테스탄티즘은 투지 있고 활기 있고 허세 있는 미국인의 특성이 되었다. 그 핵심에는 인간이 스스로를 구원할 수 있고 의로운 행동과 진심 어린 기쁨으로 제2강림을 앞당길 수 있다는 믿음이 자리 잡고 있었다. 미국 자체가 신의 축복을 받은 국가를 가장한 선교단체였으며, 그들의 시각은 섀프츠베리와 영국 복음주의자들이 대영제국을 바라본 것과 크게 다르지 않았다.

자그마한 시골 마을의 나무로 지은 작은 교회, 울타리도 없는 평원의 농장, 번쩍이는 새로운 산업도시들에서 미국이라는 약속의 땅의 설교자들은 구약 성서의 계시를 문자 그대로 인용했다. 예루살렘 성서 고고학의 창시자가 된 복음주의 학자 에드워드 로빈슨Edward Robinson은 "이렇게 성서가 잘 알려진 나라는 없다"고 말했다. 초기 미국인 선교사들은 아메리카 원주민들이 이스라엘의 잃어버린 부족들이며 모든 그리스도인들이 예루살렘에서 의로운 행동을 실행해야 하고, 유대인들의 귀환과 회복을 도와야 한다고 매우 굳건하게 믿었다. 미국의 2대 대통령 존 애덤스John Adams는 이렇게 말했다. "나는 진심으로 유대인들이 유다에 독립국가를 세우기를 희망한다."

1819년 보스턴Boston의 젊은 선교사 두 명은 그것을 실행에 옮길 준비를 했다. 보스턴에서 레비 파슨스Levi Parsons는 설교 중 "모든 눈이 예루살렘, 곧 사실상의 세계의 중심에 쏠려 있다"고 말했다. 플리니 피스크Pliny Fisk가 "나는 예루살렘에 영혼이 묶여 있습니다"라고 말하자 청중은 흐느꼈다. 두 사람은 예루살렘으로 갔지만 동방에서 일찍 죽음에 이르렀다. 그러나 이러한 사실도 다른 사람들의 의지를 꺾지는 못했다. 왜냐하면 1834년 폭동 중에 아내를 잃은 미국인 윌리엄 톰슨이 주장한 것처럼 "예루살렘은 모든 그리스도교 세계의 공동재산"이기 때문이었다.

크레슨 영사는 번성하는 예언자들의 물결을 타고 다녔다. 그는 펜실베이니아Pennsylvania의 한 랍비가 "구원은 유대인들이 일으킬 것이며 유대인들의 귀환이 제2강림을 불러올 것"이라고 그를 설득하기 전에는 셰이커Shaker 교도였다가, 밀러파Millerite였다가, 몰몬교Mormon 신자였다가, 캠벨파Campbellite이기도 했다.*

헤리엇 리버모어Harriet Livermore는 예루살렘에 가장 먼저 도착한 사람들 가운데 하나였다. 뉴잉글랜드 하원의원의 딸이자 손녀였던 헤리엇은 수족Sioux과 샤이엔족Cheyenne은 시온에 함께 데리고 돌아가야 할 이스라엘의 잃어버린 부족들이라고 설교했고 몇 년 후인 1837년 이스라엘로 출발했다. 헤리엇은 시온 산에 방 두 개를 빌려 1847년에 일어날 것으로 예상

---

* 윌리엄 밀러William Miller는 그러한 새로운 미국인 예언자들 가운데 가장 인기 있는 사람이었다. 매사추세츠 출신의 전직 육군 장교인 그는 예수가 1843년에 예루살렘에 다시 올 것이라고 계산했다. 10만 명의 미국인들이 밀러파가 되었다. 그는 예언의 날짜가 실제는 연도라고 주장하면서 "2,300일 만에 성소가 정화되리라"라는 〈다니엘〉 8장 14절의 주장을 연도로 바꾸었다. 이 때문에 밀러가 페르시아 왕 아르타크세르크세스 1세가 성전복원을 명령했다고 믿는 기원전 457년에서 시작하여 1843년이라는 계산이 나왔다. 1843년에 아무 일도 일어나지 않자 그는 다시 1844년을 주장했다. 밀러파의 후예들인 제7일 안식교회와 여호와의 증인의 신도는 지금도 전 세계에 1,400만 명 정도 있다.

되는 아포칼립스에 대비해 자신의 종파인 '순례자 이방인들Pilgrim Strangers'을 만들기 시작했다. 그러나 그것은 실패했고 그녀는 예루살렘의 거리에서 구걸을 하며 생을 마감했다. 동시에 새로운 '말일 성도Latter Day Saints(몰몬교)'의 예언자 조셉 스미스Joseph Smith는 자신의 제자들을 예루살렘으로 보냈다. 그는 올리벳에 제단을 세우고 "수도 예루살렘과 함께 이스라엘을 회복시킬" 준비를 했다.

그즈음 크레슨은 미국 영사가 되었으며 점점 더 많은 미국 복음주의자들이 마지막 날을 준비하기 위해 예루살렘을 방문했다. 미국 정부는 결국 크레슨을 해임했지만 크레슨은 반항하듯 수년 동안 유대인들에게 보호비자를 발급했고 그 후에는 자신의 이름을 마이클 보아즈 이스라엘Michael Boaz Israel로 이름을 바꾸고 유대교로 개종했다. 오랫동안 버림받은 그의 아내에게 그것은 정도가 지나친 계시였다. 그녀는 결국, 총을 휘두르고 길거리에서 장광설을 늘어놓으며 경제적으로 무능하고 여러 종교의식을 혼합하며 유대인 성전을 재건하려 계획하고 성적으로 방탕하다는 것을 이유로 자신의 남편을 정신이상자로 규정해달라는 소송을 제기했다. 크레슨은 필라델피아의 정신병 조사위원회의 조사를 받기 위해 예루살렘에서 돌아왔다. 크레슨 부인이 제퍼슨식 자유의 정수, 즉 자신이 원하는 것을 믿을 미국 시민의 헌법적 권리에 도전하고 있었기 때문에, 그것은 세기의 재판이 되었다.

재판에서 크레슨은 정신병자로 판결되었지만 항소했고 다시 재판이 열렸다. 크레슨 부인은 "구세주와 남편 둘 중의 하나를 부인"해야 했던 반면, 크레슨은 "유일신과 아내 중 하나"를 부인해야 했다. 크레슨 부인은 2차 재판에서 패해 미국인의 종교의 자유는 확인되었고 크레슨은 다시 예루살렘으로 돌아갔다. 크레슨은 예루살렘 근처에 유대식 시범농장을 만들고 토라를 연구했다. 그리고 미국인 아내와 이혼한 후 유대인 여성과 결혼했으며, 그런 와중에 《다윗의 열쇠 The Key of David》를 완성했다. 크레슨은 현지 유대인들에게서 '거룩한 미국인 이방인'으로서 존경을 받았다. 그는 죽어서 올리브 산의 유대인 공동묘지에 묻혔다.

예루살렘은 이제 계시적 미국인들로 터져나갔고 〈미국 정신병 저널 American Journal of Insanity〉은 그러한 히스테리를 캘리포니아 골드러시에 비교했다. 예루살렘을 방문한 허먼 멜빌은 그곳에 매료되긴 했지만 미국 그리스도교의 천년왕국설 millenarianism 의 타락에 혐오감을 느꼈다. 그는 그것을 "반은 감상적이고 반은 광신적인 터무니없는 유대인 추종"이라고 칭했다. 베이루트의 미국 영사는 국무장관에게 "정신이상이 있는, 혹은 우울증에 빠진 미국 시민들이 예루살렘으로 오면 어떻게 대응해야 하는가?"라고 물었다. "올해에 구세주가 온다는 이상한 생각을 가지고 예루살렘으로 가는 몇몇 모자란 사람들이 있다." 그러나 멜빌은 전 세계를 뒤흔드는 그런 대단한 희망이 사실은 실현 불가능한 것임을 알고 있었다. "어떤 나라에서도 팔레스타인, 특히 예루살렘에서보다 더 빠르게 낭만적인 예상들이 빗나가지는 않을 것이다. 어떤 사람들에게 그러한 실망은 비탄을 불러일으킨다."11)

예루살렘은 제2강림에 대한 미국인들과 영국인들의 복음주의적 비전의 핵심이었다. 그러나 그들의 조급성도 러시아인들의 예루살렘에 대한 광적인 열정에 비하면 작은 것이었다. 1840년대 말 러시아 황제의 공격적인 야심이 예루살렘으로 향하기 시작했고 그것은 유럽전쟁의 불을 붙였다. 영국인 관광객 윌리엄 새커리는 예루살렘을 "세계의 과거와 미래 역사의 중심"이라고 불렀다.

유럽의 경찰과 성묘의 총격전

1846년 4월 10일 성금요일, 오토만 총독과 병사들은 성묘교회를 경계하고 있었다. 이상하게도 그해 정교회와 가톨릭의 부활절은 같은 날이었다. 수도사들은 향로에 불만 붙이고 있지 않았다. 그들은 총과 칼을 밀수해 기둥 뒤와 수도사복 아래에 숨겼다. 누가 먼저 예배를 할 것인가? 그리스인들은 칼바리 제단에 제대포를 두는 경주에서 앞섰다. 가톨릭은 간발의 차이로 뒤졌을 뿐이었다. 그럼에도 그것은 너무 늦은 것이었다. 가톨릭은 그리스인들에게 항의했다. "그리스인들은 술탄의 허가를 받았는가?" 그리스인들은 가톨릭에 반박했다. "가톨릭에 먼저 기도할 권리를 부여하는 술탄의 칙령은 어디에 있는가?" 교착상태가 되었다. 제의복 아래에서 손가락들이 방아쇠 위를 더듬었다. 그러던 어느 순간 양편은 동원 가능한 그리스도교 용품들을 이용해 만들 수 있는 온갖 무기들을 가지고 전쟁을 벌였다. 십자가, 촛대, 등잔을 휘두르고, 마침내 번쩍이는 칼이 드러나고 총격전이 시작되었다. 오토만 군인들이 싸움을 중지시키기 위해 개입했지만 성묘교회 안팎에서 40여 명이 죽었다.

이 죽음의 소식은 전 세계를 놀라게 했지만 무엇보다 상트페테르부르크St. Petersburg와 파리를 놀라게 했다. 싸움꾼 수도사들의 공격적 자신감은 종교에서뿐만 아니라 그들 뒤에 있는 제국들에서 기인한 것이기도 했다. 새로운 철도들과 범선들은 유럽 전역에서 예루살렘으로 오는 여정을 용이하게 했지만 특히 오데사Odessa에서 자파까지 바다를 이용해 쉽게 올 수 있게 되었다. 이제는 2만 명의 순례자들 가운데 절대 다수가 러시아인들이었다. 한 프랑스인 수도사는 평범한 어느 해에 4,000명의 그리스도교 순례자들 가운데 네 명만이 가톨릭이었고 나머지는 모두 러시아인이었다고 말했다. 독실한 정교 출신의 이 러시아 예배객들은 러시아 사회의 최하층, 즉 가장 작고 가장 외진 시베리아 시골 마을들의 누더기를 입은 농부들부터 황제 짜르 니콜라스 1세$^{\text{Tsar Nicholas I}}$에 이르는 최상층까지 골고루 섞여 있었다. 러시아 정교회에는 두 종류의 사람들이 모두 있었다.

    1453년, 콘스탄티노플이 함락되었을 때 모스크바 대공국 대공들은 자신들을 마지막 비잔틴 황제들의 계승자로 여기고 모스크바를 제3의 로마로 여겼다. 대공들은 비잔틴의 쌍두 독수리와 새로운 호칭인 카이사르(또는 짜르)를 채택했다. 짜르들은 크림반도의 이슬람 칸과 오토만의 술탄들과 전쟁을 하면서 러시아제국을 성스러운 정교회 십자군으로 승격시켰다. 러시아에서 정교는 자체의 단일한 러시아적 성격을 발전시켰고 짜르들과 은둔 농부들에 의해 광활한 러시아 전역으로 확장되었다. 농부들과 짜르들은 모두 예루살렘을 특별히 경외했다. 러시아교회의 양파처럼 생긴 독특한 돔들도 예루살렘을 그린 그림 속에 나타난 돔들을 흉내 내려 한 것이라는 설이 있다. 러시아는 자체의 소小예루살렘*을 건설했으나 모든 러시아인들은 예루살렘 순례가 죽음과 구원을 대비하는 데 가장 중요한 부분이라고 믿었다.

    니콜라스 1세는 그러한 전통을 흡수했다. 니콜라스 1세는 예카테리나 대제의 손자이자 표트르 대제의 후계자였다. 예카테리나와 표트르 대제는 모두 정교회와 성지들의 보호자를 자처했으며 러시아 농부들은 자신들을 두 사람과 연결시켰다. 니콜라스의 형제 알렉산더 1세$^{\text{Alexander I}}$가

---

* 1656년 대주교 니콘Nikon은 모스크바 근처 이스트라Istra에 새 예루살렘수도원를 건설하고 러시아정교회와 전제정치에 대한 보편적 사명을 강조했다. 그 수도원의 가장 중요한 시설은 예루살렘의 실제 성묘교회의 복제품이었으며 원래의 성묘교회가 1808년 화재로 파괴된 만큼 그 가치가 높다. 니콜라스 1세는 즉위하기 전 1818년에 새 예루살렘수도원을 방문했으며 깊은 감명을 받고 성묘교회의 복원을 명령했다. 나치가 새 예루살렘수도원을 파괴했지만 현재는 복원되었다.

1825년 갑자기 죽자 사람들은 그가 평범한 은둔자를 가장해 예루살렘으로 갔다고 믿었다. 그것은 현대적 버전으로 구사된 마지막 황제의 전설이었다.

엄격하게 보수적이었던 니콜라스는 강렬한 반셈족주의자였고, 모든 예술 문제에서 부끄러움을 모르는 속물이었으며(그는 자신을 푸시킨의 개인 검열자로 임명했다) 자신이 '러시아의 신'이라 부른 존재에 대해서만 '신이 우리에게 맡긴 우리 러시아'의 대의에 따라 책임지면 된다고 여겼다. 군용 침대에서 잠을 자는 것을 자랑으로 여긴 이 엄격한 황제는 강직한 교관처럼 러시아를 다스렸다. 청년 시절 건장한 푸른 눈의 니콜라스는 영국 사회를 매혹시켰다.

영국의 한 귀족 여성은 그를 "악마적으로 잘생긴 유럽 최고의 미남"으로 묘사했다. 1840년대에 들어, 그는 머리칼이 벗겨지고 허리가 높았으며 몸에 딱 붙는 탄창 위로 배가 튀어나왔다. 그는 병약한 아내와 30여 년 동안 행복한 결혼생활을 마친 후 마지막으로 한 젊은 시녀를 정부로 택했다. 그리고 러시아의 방대한 권력에도 불구하고 그는 개인적으로나 정치적으로 불임이 되는 것을 두려워했다.

오랜 시간 그는 조심스럽게 개인적 매력을 발휘해 그가 '병든 제국'이라 부른 오토만제국의 분할에 합의하도록 영국을 설득했으며 발칸의 정교회 지역들을 해방시키고 예루살렘을 감독하기를 희망했다. 이제 대영제국은 더 이상 그의 말을 듣지 않았다. 25년간의 전제정치는 그를 무디고 조급하게 만들었다. 영악한 빅토리아 여왕은 "나는 그를 그다지 영리하다고 생각하지 않는다. 게다가 그의 정신은 비문명적이다"라고 말했다.

예루살렘의 거리들에서 귀족과 장군들이 입은 러시아식 제복의 황금색 수술과 어깨견장들이 번쩍이는 한편, 양가죽과 작업복을 입은 수많은 농민 순례자들도 그 거리를 가득 채웠다. 그들은 모두 다른 유럽 국가들과 경쟁하기 위해 그리스도교 선교단까지 파견해놓은 니콜라스에 의해 한껏 고무되어 있었다. 영국 영사는 "러시아인들이 부활절 주간 중 어느 날 밤에 1만 명의 순례자들을 예루살렘 성안에서 무장시키고" 예루살렘을 점령할 수도 있음을 런던에 경고했다. 한편 프랑스는 가톨릭을 보호하기 위해 자체적인 선교단을 추진했다. 1844년 핀 영사는 "예루살렘은 이제 프랑스와 러시아의 이해관계의 중심점이 되었습니다"라고 말했다.

예루살렘 증후군

모든 러시아 순례자들이 군인이나 농민은 아니었으며, 모든 러시아인들이 그들이 추구한 구원을 찾았던 것도 아니었다. 1848년 2월 23일, 한 러시아 순례자가 예루살렘에 들어왔다. 그는 치솟는 종교적 열정이라는 점에서는 전형적인 순례자였고, 결함 있는 천재라는 점에서는 전적으로 비전형적이었다. 《희곡 검찰관 The Inspector-General》과 소설 《죽은 영혼들 Dead Souls》로 유명한 작가 니콜라이 고골 Nikolai Gogol이 정신적 휴식과 신의 영감을 얻기 위해 당나귀를 타고 예루살렘에 도착했다. 고골은 《죽은 영혼들》을 3부 연작으로 계획했지만 2부와 3부를 쓰는 데 애를 먹고 있었다. 신은 분명 그의 글쓰기를 방해함으로써 그의 죄를 벌하고 있었다. 러시아인으로서 구원을 얻을 수 있는 장소는 단 한 군데였다. 그는 "내가 예루살렘에 갈 때까지 나는 누군가에게 위안을 주는 어떤 것도 말할 수 없을 것이다"라고 말했다.

그의 예루살렘 방문은 재앙이었다. 그는 성묘교회 옆에서 기도하며 단 하룻밤을 보냈지만 그럼에도 그곳이 더럽고 저속하다는 것을 금세 알아차렸다. "내가 분별력을 추스를 시간을 갖기도 전에 기도는 끝나버렸다." 저속하고 화려한 성지와 황폐한 언덕들은 그를 질리게 했다. "예루살렘에 있던 때와 그 이후처럼 내 마음의 상태가 그토록 불만족스러웠던 적은 없다." 예루살렘에서 돌아온 후 고골은 예루살렘에 대해 얘기하기를 거부했다. 그러나 고골은 자기의 작품들이 죄악으로 가득하다는 확신을 심어준 한 신비주의 성직자에게 휘둘리고 말았다. 고골은 미친 듯이 자신의 원고들을 없앴고 죽을 때까지(혹은 정신을 잃을 때까지) 단식을 했다. 20세기에 그의 관을 열어보았을 때 그의 몸은 엎드려져 있었다.

예루살렘에 관련한 특정한 정신이상을 '예루살렘 열병'이라 부른 적은 있었지만 1930년대에 그것은 '예루살렘의 성지들에 접근함으로써 유발되는 종교적 흥분과 관련한 정신이상'을 뜻하는 '예루살렘 신드롬'으로 인정되었다. 2000년 〈영국 정신의학 저널British Journal of Psychiatry〉은 그러한 정신이상적인 좌절을 다음과 같이 진단했다. "예루살렘 신드롬 제2유형 : 작가 고골과 같이 예루살렘의 치료능력에 대해 신비적 개념을 갖고 있는 사람."12)

어떤 의미에서, 니콜라스도 자기 나름의 예루살렘 신드롬을 앓고 있었다. 상트페테르부르크 주재 프랑스 대사는 "(부왕) 파울의 기질들은 시간이 지날수록 더욱 표면화되었다"고 썼다. 미친 파울은 (할아버지 표트르 3세Peter Ⅲ와 마찬가지로) 암살을 당했다. 니콜라스는 정신병과는 거리가 멀었지만 아버지처럼 기괴하고 충동적인 과도한 자신감을 드러내기 시작했다. 1848년 니콜라스는 예루살렘으로 여행을 계획했지만 유럽 전역에서 폭동이 일어나면서 취소할 수밖에 없었다. 니콜라스는 이웃나라 합스부르크 황제에 대항한 헝가리의 폭동을 의기양양하게 짓밟았다. 니콜라스는 '유럽의 경찰' 노릇을 하는 특권을 누렸지만 프랑스 대사는 니콜라스가 "모스크바 민족에 대한 과도한 칭찬, 성공, 종교적 편견 때문에 망가졌다"고 말했다.

1847년 10월 31일, 예수가 태어난 베들레헴의 교회에 있는 작은 인공 동굴의 대리석 바닥에 있던 은색 별이 잘려져 도난당했다. 그 별은 18세기에 프랑스가 기부한 것이었는데, 그리스인들이 훔쳐간 것이 분명했다. 수도사들은 베들레헴에서 전쟁을 벌였다. 이스탄불에서 프랑스는 베들레헴의 별을 되찾고 예루살렘의 성묘교회의 지붕을 수리할 권리가 있음을 주장했다. 러시아인들은 그러한 권리가 자신들의 것이라고 주장했다. 양편은 18세기의 조약들을 근거로 들었다.

격론은 심화되다가 마침내 두 황제들의 대결이 되었다. 불가해할 정도로 무미건조하면서도 정치적으로는 민첩했던 나폴레옹의 조카, 프랑스 대통령 루이 나폴레옹 보나파르트$_{\text{Louis-Napoleon Bonaparte}}$는 1851년 12월, 쿠데타를 일으켜 제2공화국을 전복시키고 나폴레옹 3세 황제로 등극할 준비를 했다. 왁스로 세련되게 다듬은 이 난봉꾼 모험가의 콧수염도 그의 너무 큰 머리와 너무 작은 몸통에서 주의를 분산시키기에는 역부족이었다. 어떤 면에서 그는 최초의 현대적인 정치가였으며, 자신만만하지만 위태로운 그의 신생 제국이 해외에서의 가톨릭의 명망과 승리를 필요로 한다는 것을 잘 알고 있었다. 한편 니콜라스는 그러한 위기를 "러시아의 신을 위해" 성지들을 구함으로써 자신의 통치를 공고히 할 수 있는 기회로 보았다. 판이하게 다른 두 황제들에게 예루살렘은 천국과 지상의 영광을 위한 열쇠였다.

살해된 복음주의자들과 약탈하는 베두인

프랑스와 러시아 사이에서 압박을 받던 술탄은 1852년 성묘교회에서 정교회의 우선권을 인정하면서 가톨릭에 일부를 양보하는 포고령을 통해 분쟁을 조정하려고 했다. 그런데 프랑스의 열의도 러시아에 뒤지지 않았다. 프랑스인들은 자신들의 주장을 위해 나폴레옹의 침공, 술레이만 대제와의 동맹, 예루살렘의 프랑스인 십자군 왕들, 그리고 샤를마뉴까지 증거로 내세웠다. 나폴레옹 3세가 오토만을 위협하면서 샤를마뉴라는 이름의 함대를 보낸 것은 우연이 아니었다. 11월, 술탄은 가톨릭에 우선권을 부여했다. 이에 니콜라스는 분노했고, 예루살렘에서 정교회의 권리들을 복원하고 오토만제국을 러시아의 속령으로 축소시키는 '동맹'을 요구했다.

무례한 요구가 거부당하자 니콜라스는 다뉴브^{Danube}의 오토만 영토(오늘날의 루마니아^{Rumania})를 침공하고 이스탄불로 진군했다. 니콜라스는 예루살렘은 고사하고 이스탄불을 삼키려 한다는 것을 부인하면서 자신이 대영제국을 매료시켜 합의에 이르게 했다고 확신했다. 그러나 그는 런던과 파리 양쪽 모두에 대해 치명적인 오판을 했다. 러시아의 위협과 오토만의 붕괴에 맞닥뜨리자 영국과 프랑스는 전쟁으로 위협했다. 니콜라스는 고집스럽게 상대의 협박을 무시했는데, 니콜라스의 설명에 따르면 그는 "거룩한 십자가 깃발 아래에서 오로지 그리스도교적 목적을 위해 전쟁을 일으키고 있었기" 때문이다. 1853년 3월 28일, 프랑스와 영국은 러시아를 상대로 전쟁을 선언했다. 전투의 대부분이 크림반도에서 한참 먼 곳에서 벌어졌음에도 이 전쟁은 예루살렘을 세계 무대의 중심에 올려놓았다. 예루살렘은 그 후로도 그 자리를 유지해왔다.*

예루살렘 수비대가 러시아군과 싸우기 위해 행진해나갈 때 제임스 핀은 자파 문 밖의 마이단Maidan 연병장에서 군인들이 현대식 무기들을 착용하고 있는 것과 "그들이 딱 붙은 탄창을 끼고 행진할 때 움직이는 쇠를 따라 시리아의 태양이 빛나"는 것을 보았다. 핀은 "그 핵심이 어디까지나 우리와 성지를 공유하는 것"이라는 사실과 니콜라스가 "여전히 (예루살렘) 성지들의 실제적 소유를 목적으로 하고 있다는 것"을 잊을 수는 없었다.

보통의 독실한 러시아인들 대신, 신앙에 회의적인 새로운 종류의 유럽 관광객들(1856년경 1년에 1만 명) 다수가 성지를 구경하기 위해 예루살렘으로 쏟아져 들어왔고 그것이 유럽전쟁에 불을 붙였다. 예루살렘 방문은 여전히 모험이었다. 마차는 사라졌고 쓰레기가 뒤덮었다. 예루살렘에는 사실상 호텔도 은행도 없었다. 관광객들은 수도원에 머물렀는데, 우아하고 바람이 잘 통하는 마당이 있는 아르메니아 수도원이 가장 쾌적한 곳이었다. 1843년, 메나헴 멘델Menachem Mendel이라는 러시아계 유대인이 최초의 호텔인 카미니츠Kaminitz를 세웠고, 곧이어 영국계 호텔이 들어섰다. 1848년, 발레로스Valeros라는 스페인계 유대인 가문이 다윗 거리에 있는 건물 2층에 최초의 유럽식 은행을 열었다.

그곳은 당시까지도 오토만 사람들이 사는 마을이었으며 보통 성전산 바로 북쪽의 다 쓰러져가는 궁전(주거지이자 하렘이자 감옥)에 사는 꾀죄죄한 파샤가 다스렸다.** 핀은 서구인들이 오두막처럼 초라한 그 저택

---

* 크림전쟁 동안 유대인들을 무장시키려는 또 한 번의 시도가 나타났다. 1855년 9월, 폴란드 시인 애덤 미키비츠Adam Mickiewicz는 폴란드인 군대, 일명 오토만 코사크Ottoman Cossack를 조직하여 러시아와 싸우기 위해 이스탄불로 갔다. 그 군대에는 이스라엘의 후사르 가문도 있었으며 러시아, 폴란드, 팔레스타인의 유대인들을 모집했다. 3개월 후 미키비츠가 죽었고 후사르 가문은 죽음의 골짜기에서 시험을 받아보지도 못했다.
** 오토만 총독의 거처는 나시르 무하마드의 맘루크조 장군들 중 한 명이 헤롯의 안토니아 요새 자리에 건설했으며 비아 돌로로사의 첫 번째 지점이다. 십자군 지배 시대에, 성당 기사단은 그곳에 예배당을 지었으며 그중 일부인 돔이 덮인 현관이 1920년대까지 남아 있었다. 지금 그곳에는 현대식 학교가 들어서 있다.

의 모습에 충격을 받았고 지저분한 첩들과 누더기를 걸친 관리들에 놀랐다고 말했다. 관광객들이 파샤와 함께 커피를 홀짝일 때면 죄수들의 사슬이 쩔렁이는 소리와 지하의 동굴감옥에서 고문당하는 사람들의 신음 소리가 들려왔다. 전쟁 중 파샤는 예루살렘의 안정을 확보하려 애썼다. 그러나 그리스정교회 수도사들은 새로 임명된 가톨릭 대주교를 공격했고 낙타 떼를 대주교의 거처로 몰고 갔다. 성지를 보러 온 위대한 작가들에게는 그 모든 것이 즐거움이었다. 바로 그 성지들 때문에 크림반도에서 끝없는 전쟁이 벌어졌고 더러운 병원에서 수많은 병사들이 죽어갔다. 병사들은 감동받지 않았다.

멜빌, 플로베르, 새커리

당시 서른일곱 살이었던 허먼 멜빌은 태평양에서 직접 겪었던 고래 모험을 바탕으로 한 세 권의 소설로 명성을 얻었다. 그러나 1851년에 발표된 《모비딕Moby Dick》은 당시 단 3,000부만이 판매됐을 뿐이었다. 멜빌은 고골과는 달리 우울하고 고통스러운 마음을 안은 채 건강을 회복하고 신의 본질을 탐구하기 위해 1856년 예루살렘에 도착했다. "나의 목표, 즉 예루살렘의 공기로 내 마음을 가득 채우고 기이한 인상들에 대한 수동적 주제를 내 자신에게 부과하는 것." 멜빌은 '자극 없는 황폐한 벌방'에 의해 이끌리는, 예루살렘이라는 '폐허'에 자극을 받았다. 우리가 앞에서 본 바와 같이, 멜빌은 '광적인 에너지와 정신' 그리고 많은 '미친' 미국인들의 '유대인 광풍'에 매혹되었다. 그것들은 멜빌의 서사시 《클라렐Clarel》에 영감을 주었다. 1만 8,000행으로 된 이 시는 미국에서 가장 긴 시다. 그는 집으로 돌아와 미국 관세청에서 힘든 노동을 하면서 그 시를 썼다.

문학적 결과에 실망해서 동양에서 기운을 회복하고 위로를 찾으려 했던 소설가는 멜빌만이 아니었다. 구스타프 플로베르Gustave Flaubert는 무역과 농업에 대한 보고서 작성을 대가로 프랑스 정부에게서 자금을 지원받아 자신의 부유한 친구 막심 뒤 캉Maxime du Camp과 함께 여행길에 올랐다. 그것은 자신의 첫 소설에 대한 반응에서 회복되기 위한 문화적, 성적 여행이었다.

플로베르는 예루살렘을 "성벽에 둘러싸인 시체 안치소, 태양빛에 녹슬어가는 낡은 종교들"이라고 생각했다. 성묘교회로 말할 것 같으면 "개가 나보다 더 감동받을 것이다. 아르메니아인들은 그리스인들을 저주하고 그리스인들은 라틴인들을 저주하고 라틴인들은 콥트인들을 저주한다." 멜빌은 성묘교회가 "죽음의 냄새가 나는 썩어가는 암굴의 반쯤 무너진 기둥"이라는 데 동의했지만, 자신이 "인파가 가득한 뉴스 편집실이자 예루살렘 신학 거래소"라 부른 곳에서 전쟁이 시작되었다는 것을 인정했다.*

수도사들의 전쟁은 예루살렘 폭력 극장의 한 측면에 불과했다. 새로운 방문객들(한편으로는 앵글로-아메리카 복음주의자들과 러시아계 유대인들과 정교회 농민들, 다른 한편은 오토만, 아랍 부족, 스페인계 유대인, 베두인, 농부와 노동자들) 사이의 긴장은 잇따른 살인으로 이어졌다. 제임스 핀의 복음주의 귀부인들 가운데 한 사람인 마틸다 크리시Mathilda Creasy는 머리가 짓이겨진 채 발견되었다. 그리고 한 유대인이 우물 아래에서 칼에 찔린 채 발

---

* 이러한 작가들은 동방으로 여행하는 유행을 따르고 있었다. 1800년과 1875년 사이에 영어권에서 예루살렘에 대한 책이 약 5,000권 출판되었다. 그중 다수는 놀랄 정도로 비슷하며 복음주의자들에 의한 성서 이야기들의 생명력 없는 반복이거나(때로는 고고학의 뒷받침을 받은) 혹은 오토만의 무능, 유대인의 통곡, 아랍의 단순함, 정교회의 천박함을 조롱하는 기행문이었다. 훗날 크림전쟁에 대해 보고한 알렉산더 킹레이크Alexander Kinglake의 위트 넘치는 《이오덴Eothen》이 아마도 가장 좋은 작품일 것이다.

견되기도 했다. 부유한 랍비 데이비드 허셸David Herschell이 독살된 사건은 큰 화제가 된 소송으로 이어졌지만 그의 손자였던 용의자는 증거 부족으로 무죄를 선고받았다.

영국 영사 제임스 핀은 오토만이 영국에 큰 채무를 지고 있던 당시 예루살렘에서 가장 힘 있는 관리였고 이 때문에 그는 자신이 옳다고 생각하는 일에는 무엇이든 개입해 자신의 뜻대로 일을 진행시켰다. 자신을 예루살렘의 셜록 홈스Sherlock Holmes라고 여긴 그는 그러한 범죄들을 모두 조사하기 시작했지만 그의 조사 권한(그리고 여섯 명의 아프리카인 주술사들의 도움)에도 불구하고 살인범은 밝혀지지 않았다.

핀은 여전히 그의 보호를 필요로 하는 유대인들에게 용기 있는 수호자이자 개종을 요구하는 짜증스러운 사람이었다. 유대인들의 역경은, 예전에도 있었다는 전제하에서 더욱 심화되어갔다. 새커리는 대부분의 유대인들이 "경이로울 정도로 더러운 유대인 구역의 악취 나는 폐허 속에서" 살고 있으며 "예루살렘의 잃어버린 영광에 대한 그들의 통곡과 탄식"은 성금요일마다 예루살렘을 괴롭혔다고 썼다. 카를 마르크스Karl Marx는 1854년 4월 〈뉴욕 데일리 트리뷴New York Daily Tribune〉에 "예루살렘에서 유대인들의 비참함과 고통에 견줄 만한 것은 없으며 그들 대부분이 더러운 유대인 구역에서 무슬림의 압제와 불관용에 끝없이 저항하면서 그리스인들에게 모욕을 당하고 라틴인들에게 박해를 받으며 살고 있다"라고 썼다. 핀의 보고서에 따르면 성묘교회로 이어지는 성문을 지나가던 한 유대인은 "한 무리의 순례자들에게서 매를 맞았다." 유대인이 그곳을 지나가는 것이 여전히 불법이었기 때문이었다. 또 다른 유대인은 오토만 병사의 칼에 찔렸다. 어느 유대인의 장례식은 아랍인들의 공격을 받았다. 그런 사건이 있을 때마다 핀은 오토만 총독을 몰아세워 개입하게 만들고 영국식 정의가 이루어지는 것을 보았다.

파샤는 팔레스타인의 아랍인들을 통제하는 데 더 관심이 많았다. 아랍인들의 반란과 부족전쟁은 부분적으로는 오토만제국의 중앙집권적 개혁에 대한 반응이었다. 아랍인들은 예루살렘 성벽 주변에서 낙타를 타고 뛰어다니며 창을 휘두르고 총소리를 내며 싸우는 일이 많았다. 팔레스타인을 보는 유럽인의 시각에서 이런 오싹한 장면들은 서부시대를 배경으로 한 무대 세트에 성서를 내용으로 한 연극이 뒤엉킨 것처럼 보였다. 또한 유럽인들은 성벽 위에 모여들어 초현실적인 스포츠 경기처럼 보였을 것이 틀림없는 그 전쟁들을 관람했다. 종종 나오는 사망자를 경기의 양념으로 하고 말이다.

데이비드 도르와 미국인 노예의 여행

유대인들을 개종시키기 위한 탈비에의 복음주의 농장에서 핀 가족은 빈번하게 십자포화를 당했다. 총알이 날아다닐 때 핀 부인은 전사들 중 여성들이 있는 것을 발견하고는 놀랄 때가 많았다. 그녀는 셰이크들 사이의 평화협상을 위해 최선을 다했다. 그러나 베두인은 문제의 일부에 불과했다. 헤브론과 아부 고시의 셰이크들은 500여 명의 전사들로 구성된 사병들을 거느렸고 오토만에 대항해 전면전을 벌였다. 그 셰이크들 가운데 한 명이 붙잡혀 사슬에 묶인 채로 예루살렘에 왔을 때 그 멋진 전사는 아랍의 로빈 후드$^{Robin\ Hood}$처럼 탈출에 성공해 멀리 달아나 다시 싸움을 시작했다. 마침내 예루살렘의 늙은 총독 하피즈 파샤$^{Hafiz\ Pasha}$는 그 헤브론의 군벌을 압박하기 위해 550명의 병사들과 야전포 두 개 부대의 원정군을 이끌었다.

그러나 그런 기괴한 드라마가 펼쳐졌음에도 여름이면 저녁마다 온갖 예루살렘인들(무슬림, 그리스도인 아랍인들, 스페인계 유대인들까지)이 다마스쿠스 도로로 소풍을 나왔다. 미국인 탐험가 윌리엄 린치William Lynch 대령은 이렇게 말했다. "그림 같은 풍경이었다. 수백 명의 유대인들이 신선한 공기를 즐기며 성벽 밖 커다란 올리브 나무 아래 앉아 있었는데, 여인들은 모두 흰옷을 입고 남자들은 챙이 넓은 검은 모자를 쓰고 있었다." 제임스 핀과 다른 영사들은 은색 곤봉을 든 토만의 병사들과 무장 경관들을 앞세우고 부인들을 동반했다. "해가 지자 여전히 매일 밤 문을 잠그는 성안으로 모두가 서둘러 들어갔다."

예루살렘이 "유쾌한 습관들이 몸에 익은 다른 지역 사람에게는 금욕적이고 답답해 보인다"는 것을 인정한 핀은 "아, 예루살렘의 슬픔이여"라며 탄식했다. 프랑스 관광객들은 예루살렘과 파리의 차이에 어깨를 으쓱하며 탄식을 내뱉는 것으로 유명했다. 그것은 플로베르가 기대한 종류의 사정은 확실히 아니었다. 또한 플로베르는 자파 성문에서 "나는 내 항문의 볼테르주의에 짜증이 났음에도 불구하고 문턱을 넘으며 방귀를 내보냈다"라는 말로 실망감을 표현했다. 성의 식도락가 플로베르는 베이루트에서 다섯 명의 여자들과 난교를 하며 예루살렘 탈출을 축하했다. "나는 다섯 명의 여자들과 섹스를 했고 네 번 사정했다. 점심 전에 세 번, 후식 후에 한 번. 젊은 뒤 캉은 한 번밖에 사정하지 않았는데, 그의 파트너는 왈라치 창녀가 옮긴 하감(성병에 의한 궤양)이 남아 있어서 여전히 쓰라려 했다."

독특한 미국인 관광객 데이비드 도르David Dorr는 스스로 카드룬 quadroon(백인과 반백인의 혼혈아-옮긴이)이라 부른 루이지애나 출신의 젊은 흑인 노예였으며 플로베르와 의견이 같았다. 주인과 함께 여행을 하면서 그는 경외감 가득한 순종적인 마음을 가지고 예루살렘에 도착했으나 곧 그 마음이 바뀌었다. "그 무지한 사람들의 갖가지 기괴함에 대해 들었을 때 나는 경의를 표하기보다는 거룩한 죽은 시체들과 장소들 바로 위에서 조소를 지을 수밖에 없었다. 예루살렘에서 17일을 보낸 후 나는 다시는 오지 않겠다는 생각으로 그곳을 떠났다."*

그러나 그 모든 불경함에도 불구하고 작가들은 예루살렘에 경외감을 느끼지 않을 수 없었다. 플로베르는 예루살렘이 "악마적으로 웅장하다"고 여겼다. 새커리는 "폭력적인 행동이 일어나는 곳, 학살이 일어난 곳, 관광객들이 살해당한 곳, 피의 의식을 통한 우상숭배가 일어나는 곳을 제외하면 구경할 수 있는 장소가 한 군데도 없다"는 것을 알았다. 멜빌은 예루살렘의 "전염병이 창궐한 화려함"을 거의 숭배할 정도였다. 멜빌은 황금 문에 서서 무슬림과 유대인 공동묘지들을 내려다보다가 "예루살렘이 죽은 자들의 군대에 포위돼 있다"는 것을 알아차렸다. "신성의 치명적 포옹의 결과가 멸망인가?"13)

러시아 군대가 크림 반도에서 패배를 거듭하자 니콜라스는 압박

---

* 도르의 젊은 주인이자 농장주였던 코넬리우스 펠로스Cornellius Fellowes는 파리부터 예루살렘까지 3년에 걸쳐 세계여행을 하기로 계획했다. 펠로스는 똑똑하고 글도 아는 그 젊은 노예에게 거래를 제안했다. 여행을 하는 동안 자신을 섬겨주면 돌아온 후 노예에서 해방시켜주겠다는 것이었다. 열광으로 가득한 기행문에서 도르는 파리의 멋진 숙녀들부터 예루살렘의 "기이한 탑들과 그을린 성벽"들까지 모든 것을 기록했다. 돌아왔을 때 펠로스는 도르를 해방시켜주기를 거부했다. 이 때문에 도르는 북부로 도망쳤으며 1858년 카드룬이 쓴 《어느 유색인의 세계 여행기 A Colored Round the World by a Cadroon》를 출판했다. 도르에게 자유를 준 것은 그로부터 얼마 지나지 않아 일어난 남북전쟁이었다. 남북전쟁의 승자, 링컨 대통령은 공식적으로는 종교인이 아니었지만 예루살렘을 방문하기를 간절히 바랐다. 아마도 그것은 그가 젊은 시절 미국 속의 여러 예루살렘 중 하나인 일리노이의 뉴 살렘New Salem에서 살았던 적이 있기 때문일 것이다. 링컨은 성서를 암송했으며 아마도 국무장관 윌리엄 세워드William H. Seward의 이야기를 들었던 것 같다. 세워드는 세계여행 중 예루살렘을 방문한 적이 있었다. 1865년 4월 14일, 부인과 함께 포드 극장으로 가는 길에 링컨은 "예루살렘으로의 특별 순례"를 제안했다. 극장에서 링컨이 총에 쏘이기 직전 그는 "예루살렘에 얼마나 가고 싶은지"라고 속삭였다. 그 후 매리 토드 링컨Mary Todd Lincoln은 링컨이 "천국의 예루살렘 한가운데에 있다"라고 결론을 지었다.

감을 이기지 못한 채 쓰러졌고 1855년 2월 18일 사망했다. 9월 세바스토 폴Sebastopol에 있는 러시아 해군기지가 영국군과 프랑스군에 함락되었다. 러시아는 철저히 굴욕을 당했다. 새로운 러시아 황제 알렉산더 2세는 75만 명을 희생시킨 전투에서 모든 면에서 놀라울 만큼 군사적 무능을 보인 후 평화협상에 나섰다. 그는 예루살렘에 대한 제국주의적 야심은 포기했지만 적어도 성묘교회에서 정교회의 지배적 권리를 회복하는 데 성공했고 그러한 상태는 오늘날까지도 효력을 유지하고 있다.

1856년 4월 14일, 요새의 대포들이 평화의 체결을 축하했다. 그러나 12일 후 거룩한 불 행사에 참여한 제임스 핀은 "기둥 뒤에서 미리 몽둥이, 돌, 곤봉을 들고 있던 그리스인 순례자들이 2층에서 뛰어내려" 아르메니아인들을 공격하는 것을 보았다. 핀은 "끔찍한 싸움이 일어났다. 깨진 유리창이 날아다녔고 등잔들이 박살나고 유리와 기름이 머리 위로 쏟아져 내리는" 것을 보았다. 파샤가 2층에서 내려오다가 "둔기에 머리를 맞았으며" 총검을 찬 군인들이 돌격하기 전에 그곳을 빠져나가야 했다. 잠시 후 정교회 대주교가 거룩한 불을 가지고 나타나자 사람들은 의기양양하게 소리를 지르며 가슴을 쳤고 불꽃들이 번쩍였다.

수비대는 마이단에서 행진을 하며 술탄의 생일을 축하했다. 이는 아이러니한 일이었는데, 그로부터 얼마 지나지 않아 알렉산더 2세가 한때는 아시리아군과 로마군이 주둔했던 이 연병장을 사들여 러시아 구역을 건설했기 때문이다. 그때 이후 러시아는 예루살렘에서 문화적 지배력을 추구하게 된다.

오토만에게 승리는 달콤 씁싸름한 것이었으며 그들의 쇠약한 이슬람제국은 그리스도교 병사들에 의해 구원을 받았다. 술탄 압둘메시드는 고마움을 표시하고 서방 세계를 견제하기 위해 탄지마트Tanzimat(개혁)라는 이름의 조치들을 시행할 수밖에 없었다. 그것은 행정을 중앙집권화하고 종교에 상관없이 모든 소수민족들의 절대 평등을 선언하고 유럽인들에게 한때는 상상할 수 없었던 완전한 자유를 부여하는 것이었다. 술탄은 살라딘의 마드라사가 된 십자군 시대의 교회인 성 안나 교회를 나폴레옹 3세에게 주었다. 1855년 3월 콩고의 착취자이자 훗날의 벨기에 왕 레오폴드 3세 Leopold Ⅲ, 브라반트Brabant 공작은 성전산을 방문을 허락받은 최초의 유럽인이 되었다. 공작의 호위병들(곤봉을 들고 있는 다르푸르 출신의 수단인들)은 이교도를 공격할 우려가 있다는 이유로 숙소에 갇혀 있어야 했다. 6월 합스부르크 제국의 계승자 막시밀리안Maximilian 대공(불행한 운명의 미래의 멕시코 황제)이 기함을 타고 관리들과 함께 도착했다. 유럽인들은 거대한 제국주의 양식의 그리스도교 건물들을 짓기 시작하면서 예루살렘에 건축 호황을 일으켰다. 오토만의 정치인들은 불안정했고 크림전쟁 후 무슬림들의 무력 반발이 있었으며 서구 세계는 예루살렘을 버려두고 떠나기에는 투자한 것이 너무 많았다.

  크림전쟁의 마지막 몇 개월 동안 모지스 몬티피오리는 특히 크림반도의 영국군을 위해 건설되었던 발라클라바 철도Balaclava Railway의 열차와 레일을 사들여 자파와 예루살렘 사이에 철도를 건설하고자 했다. 이제, 크림전쟁 승리 이후 대영제국의 부호로서의 모든 특권과 힘을 가지고 예루살렘 미래의 선도자 몬티피오리가 돌아왔다.14)

38장
새로운 도시
1855 ~ 1860년

큰 부자 모지스 몬티피오리

1855년 6월 18일, 몬티피오리는 빼앗긴 성전을 보자 의식적으로 옷을 벗었다. 그리고 자파 성 밖에 막사를 치고 그곳에서 공중으로 총을 쏘고는 환호성을 지르는 수천 명의 예루살렘 군중들에 둘러싸였다. 유대인들을 개종시키려는 계획을 연거푸 실패하던 제임스 핀은 몬티피오리의 평판을 깎아내리려 했지만 자유주의적인 생각을 가진 총독 키아밀 파샤Kiamil Pasha는 의장대를 보내 무기들을 보여주었다. 몬티피오리가 성전산을 방문한 최초의 유대인이 되었을 때 파샤는 수백 명의 군인들을 보내 그를 호위했다. 몬티피오리는 가마를 타고 있었기 때문에 지성소에 들어갈까 봐 성전산의 유대인 출입을 금지하던 법도 어기지 않았다.

예루살렘의 유대인들을 도우려던 몬티피오리 일생의 사명은 결코 쉬운 일이 아니었다. 수많은 유대인들이 자선에 의지해 살았으며 몬티피오리가 구호품을 중단하려 하자 분노한 나머지 그의 막사에서 폭동을 일으키기까지 했다. 몬티피오리의 수행원 가운데 하나였던 조카 제미마 시백Jemima Sebag은 "정말로 그 폭동이 계속되었더라면 우리는 막사에서도 안전하지 못했을 것이다"라고 했다. 몬티피오리의 모든 계획이 실현된 것도 아니었다. 그는 결국 자파에서 출발하는 크림반도 철도를 건설하지 못했지만 그 여행은 예루살렘의 운명을 바꾸었다. 여행길에 그는 1720년 파괴된 허바 회당을 건설할 수 있게 해달라고 술탄을 설득했으며, 그보다 더욱 중요한 것으로서 예루살렘에 유대인들을 정착시킬 땅을 매입하게 해달라고 설득했다. 몬티피오리는 허바의 복원을 위해 비용을 내놓았고 또한 매입할 땅을 물색하기 시작했다.

멜빌은 모지스 몬티피오리를 "크로이소스(큰 부자). 노새 위에 얹은 가마를 타고 조파에서 온 일흔다섯의 거인"이라고 묘사했다. 그는 6피트 3인치(약 190센티미터)의 키에 그 나이 치고는 건강했지만 역시 그런 여행을 하기에는 힘에 부쳤다. 그는 예루살렘을 세 번 방문하는 동안 언제나 생명의 위험을 겪었으며 의사들은 다시 예루살렘에 가지 말라고 권고했다. "그의 심장은 연약하고 그의 피에는 독이 있었다." 그러나 그와 주디스는 지지자들과 하인들로 구성된 수행단, 심지어 개인 코셔 도살자까지 데리고 어떻게 해서든 예루살렘으로 갔다.

예루살렘과 디아스포라 전역의 유대인들에게 몬티피오리는 이미 대영제국의 최상류층에 있는 빅토리아 시대 부유한 귀족으로서 총독에 버금가는 명망을 지니고 있었다. 그리고 그는 동포를 돕는 일에 언제나 앞장서고 유대교에 대해 결코 타협하지 않는 위엄을 결합한 전설적인 사람이었다. 그에게 힘을 준 것은 영국에서의 독특한 입지였다. 그는 구사회와 신사회에 걸쳐 있었으며 공작들, 수상들, 주교들과 있을 때나 랍비들과 은행가들과 함께 있을 때나 항상 똑같이 능숙했다. 고루한 윤리와 복음주의적 히브리주의가 지배하는 런던에서 몬티피오리는 빅토리아인들이 생각하는 유대인들의 이상이었다. 섀프츠베리는 "그 위엄 있는 늙은 히브리인한 명이 그리스도인 여럿보다 낫다"고 썼다.

몬티피오리는 이탈리아 리보르노에서 태어났지만 런던 증권시장에서 유대인 브로커들 가운데 하나로서 재산을 모았다. 은행가 너대니얼 로스차일드의 처제, 주디스 코헨과 결혼하는 행운을 잡아 출세를 했다. 몬티피오리의 사회적 성공과 부는 다른 사람들을 돕기 위한 수단일 뿐이었다. 1837년, 빅토리아 여왕으로부터 기사 작위를 받았을 때 여왕은 그에 대해 "유대인, 탁월한 사람"이라고 자신의 일기에 썼다. 한편 몬티피오리는 일기를 통해 그러한 영광이 "유대인 전체의 미래에 유익의 전조로 증명되기를 바란다"고 기도했으며 또한 "예루살렘이라고 쓰인 나의 깃발이 강당에 자랑스럽게 펄럭이는 기쁨을 누렸다"라고 적었다.

부자가 된 후 그는 사업의 규모를 줄였고 주로 사위(혹은 조카)인 리오넬 드 로스차일드Lionel de Rothschild와 움직이면서 영국 유대인들의 정치적 권리를 확보하는 데 헌신했다.* 그러나 그를 가장 필요로 하는 것은 영국 밖의 해외였으며 황제와 술탄들에게 영국 대사와도 같은 영접을 받았고 지치지 않는 용기와 비상한 능력을 보여주었으며, 한편으로는 개인적 위험에도 자주 처했다. 우리가 본 바와 같이 그에게 명성을 가져다준 것은 다마스쿠스에서 메흐메트와 술탄을 상대로 일을 성공시킨 것이었다.

몬티피오리는 가장 적대적인 반셈족주의자들에게서도 존경을 받았다. 정교회와 전제정치를 위한 십자군전쟁을 벌이고 있던 니콜라스 1세

---

* 실질적 유대인들은 1858년까지 하원에 의석을 확보할 수 없었다. 그 후 의회가 통과시킨 새로운 법률을 통해 마침내 리오넬 드 로스차일드가 실질적 유대인으로서는 최초로 하원에 진출했다. 흥미롭게도 섀프츠베리는 반복적으로 그것을 반대했다. 그리스도교 시온주의자로서 그의 관심은 실은 제2강림을 대비한 유대인의 귀환과 개종이었다. 그러나 한참 후에 섀프츠베리는 수상 윌리엄 글래드스톤에게 다음과 같이 우아하게 제안했다. "그 훌륭한 히브리 노인(몬티피오리)이 영국의 세습 입법자 목록에 오르는 날은 주의 집에 영광스러운 날이 될 것입니다." 그러나 그것은 시기상조였다. 최초의 유대인 귀족의 자리는 몬티피오리가 죽은 후 1855년, 리오넬 로스차일드의 아들 너대니얼 로스차일드에게 돌아갔다.

가 수많은 러시아 유대인들을 압박하기 시작했을 때 몬티피오리는 상트페테르부르크로 가서 러시아 유대인들이 충성스럽고 용감하며 존경할 만하다고 주장했다.

　　니콜라스는 불길할 정도로 정중하게 "그들이 당신만 같다면"이라고 대답했다.* 그러나 그의 능력은 누군가에게 자신의 주장을 설득하는 것 이상이었다. 몬티피오리가 반셈족 음모를 막기 위해 로마로 달려갔을 때 한 추기경이 그에게 "술탄이 피의 비방을 금지시키도록 하는 데 로스차일드 가문의 금을 얼마나 바쳤냐"고 물었다. 이에 그는 "추기경님의 방에 제 코트를 걸기 위해 추기경님의 하인에게 준 것 만큼입니다"라고 대답했다.

　　모든 사업의 파트너는 활달한 성격의 곱슬머리 주디스였다. 그녀는 언제나 '몬티'라는 친근한 호칭으로 그를 불렀지만, 그들은 일가를 이룰 운명을 점지받지는 못했다. 라헬의 무덤 앞에서 기도를 올리기도 했지만 그들은 끝내 자식이 없었다. 그러나 그의 유대인다움, 일테면 히브리 글자로 자신의 문장에 예루살렘을 써넣은 것과는 별개로, 그는 빅토리아 시대 상류층의 전형적인 덕과 결점들을 갖고 있었다. 그는 레인 공원Park Lane의 저택과 람스게이트Ramsgate에 있는 총안이 뚫려 있는 복고풍의 고딕식 빌라에서 화려하게 살았으며 그곳에 개인 회당을 짓고 라헬의 무덤을 그대로 본 뜬 독특한 가묘를 지었다. 그의 어조는 묵직하면서도 당당했으

---

* 상트페테르부르크로 가는 길에 그는 "리투아니아의 예루살렘"이라 불리는 반유대인 도시에서 수많은 열광적인 유대인들의 환대를 받았다. 그러나 니콜라스는 정책을 완화하지 않았다. 유대인의 삶이 더욱 악화되어가자 몬티피오리가 알렉산더 2세를 만나기 위해 돌아왔다. 전하는 바에 따르면 러시아의 모든 유대인 판잣집마다 유대인들의 우상이나 다름없는 그 수호자의 초상이 있었다고 한다. 미래의 시온주의 지도자 하임 바이츠만은 "(핀스크 근처의 마을 모톨에서) 아침마다 나의 할아버지는 훌륭한 인물들의 행적들에 대해 이야기해주곤 하셨다. 나는 특히 모지스 몬티피오리 경이 러시아에 왔던 이야기에 깊은 감명을 받았다. 그것은 내가 태어나기 한 세대 전에 있던 일이었지만 그 이야기는 이미 전설이 돼 있었다. 사실 몬티피오리는 살아 있을 때조차도 이미 전설이었다"라고 썼다.

며 그의 반듯함에는 유머가 가미되는 일이 거의 없었다. 그의 독재적 스타일에는 분명 허영도 있었으며 보이지 않는 이면에는 정부들과 사생아들이 있었다. 실제로 현대의 한 전기 작가는 그가 80대에 10대의 하녀와의 사이에서 자식들을 두었음을 보여주는데, 이는 그의 놀라운 에너지를 보여주는 또 다른 표시다.

이제, 몬티피오리가 예루살렘에서 매입할 땅을 물색하는 일에는 몬티피오리가 항상 친분을 맺어왔던 예루살렘의 유력 가문들이 도움을 주었다. 심지어 카디조차도 그를 "모세 민족의 자존심"이라고 불렀다. 몬티피오리와 20년간 알고 지냈던 아흐메드 두즈다르 아가Ahmed Duzhdar Aga는 시온과 자파 문 사이 성벽 밖에 있는 작은 땅을 영국 금화 1,000파운드에 몬티피오리에게 팔았다. 몬티피오리는 즉시 막사를 그곳으로 옮기고 거기에 병원과 유대인들이 직접 빵을 만들 수 있는 켄트식의 풍차방앗간을 지을 계획을 세웠다. 떠나기 전 그는 파샤에게 특별한 부탁을 했다. 서구인들의 모든 기행문에는 유대인 구역의 악취가 등장한다. 이는 무슬림 도살장 때문이었는데 그 도살장의 존재 자체가 유대인의 열악한 지위를 상징하는 것이었다. 몬티피오리는 그것을 옮겨줄 것을 요청했고 파샤는 들어주었다.

1857년 6월, 몬티피오리는 풍차방앗간을 지을 자재들을 가지고 다섯 번째로 예루살렘에 돌아왔고 건축이 시작되었다. 그는 병원 대신 가난한 유대인 가족들을 위한 구호소를 세웠고 그것은 '몬티피오리 오두막'이라고 불리게 되었다. 그것은 붉은 벽돌로 쌓아지고 총안이 뚫려 있었으며 중세 흉내를 낸 영국 교외의 클럽하우스처럼 생긴 영락없는 빅토리아 시대 건물이었다. 히브리어로 '기쁨의 집Mishkenot Shaanim'이라 불린 그 집은 처음에는 강도들의 먹잇감이 되었다. 그 안의 거주자들은 기쁨은커녕 잠을 자기 위해 성읍 안으로 몰래 들어가곤 했다. 풍차방앗간은 처음에는 저렴한 빵을 생산했지만 유다 땅에 바람이 부족하고 켄트식 유지관리가 안 되는 바람에 곧 실패하고 말았다.

그리스도교 복음주의자들과 유대인 랍비들 모두가 유대인의 귀환을 꿈꾸었다. 그것은 몬티피오리의 업적이었다. 새로운 유대인 부호들, 특히 로스차일드 가문의 엄청난 부는 바로 그 당시에 디즈레일리가 말했던 것처럼 히브리 자본가들이 팔레스타인을 사들인다는 개념에 힘을 불어넣었다. 로스차일드 가문은 국제 정치와 금융의 결정권자로서 그 힘이 최전성기에 올라 있었으며 런던은 물론 파리와 비엔나에서도 영향력을 행사했다. 그들은 몬티피오리에게 돈과 지원을 아끼지 않았다. 몬티피오리의 변치 않는 꿈은 "예루살렘이 유대인 제국의 수도가 되도록 운명이 정해져 있다는 것"이었다.*

몬티피오리는 1859년 런던 주재 오토만 대사의 제안으로 팔레스타인을 사들이는 안을 함께 논의했지만 그에 대해 회의적인 입장이었다. 성공한 앵글로 유대인 상류층들은 잉글리시 드림Eglish Dream을 이루기 위해 시골의 부동산을 사들이는 데만 바쁠 뿐 그러한 계획에는 관심이 없다는

---

* 몬티피오리는 예루살렘의 박애주의자들 가운데 가장 유명했지만 가장 부유한 사람은 아니었다. 그는 로스차일드가의 자금을 전달하는 경로 역할을 많이 했으며 몬티피오리의 구빈원에는 유다 투로Judah Touro가 자금을 댔다. 유다 투로는 뉴올리언스 출신의 거물 사업가였으며 1825년 뉴욕 북부에 있는 나이아가라 강Niagara River의 그랜드 아일랜드 유대인 정착지를 지원했다. 그 계획은 실패했고 유언장을 통해 몬티피오리에게 6만 달러를 남겨 예루살렘에서 사용할 수 있게 했다. 1854년 로스차일드가는 극빈자 유대인들을 위한 병원을 건립했다. 1856년 예루살렘을 방문했을 때 몬티피오리는 유대인 여학교를 세웠고, 그것은 정교회 유대인들의 반발을 불렀다. 그 학교는 나중에 몬티피오리의 조카 리오넬 드 로스차일드에 의해 접수되었고 리오넬의 막내딸 에블리나의 이름을 따서 학교 이름을 바꾸었다. 그러나 가장 큰 계획은 유대인 구역의 허바 근처 티에페레트 이스라엘 회당Tieferet Israel이었다. 전 세계의 유대인, 그중에서도 특히 바그다드의 르우벤 가문과 사순 가문에게서 자금을 모았으며 화려한 돔을 갖춘 그 회당은 유대인 구역에서 가장 높은 건물이며 1948년 파괴될 때까지 팔레스타인 유대인들의 중심지가 되었다. 한편 아르메니아인들에게는 그들만의 로스차일드가 있었다. 석유로 부자가 된 굴벤키안 가문Gulbenkian이 자주 순례를 왔으며 아르메니아 수도원에 굴벤키안도서관을 만들었다.

것을 알고 있었기 때문이었다. 궁극적으로 몬티피오리는 그의 사랑하는 이스라엘 민족의 회복은 정치로는 해결되지 못하는 문제이며 '신의 섭리'에 맡기는 것이 최선이라고 믿었다.

한편 1860년에 문을 연 그의 작은 몬티피오리 거리Montefiore Quarter는 성벽 밖의 새로운 유대인 도시의 시작이었다. 이것이 몬티피오리의 마지막 방문은 결코 아니었지만 크림전쟁 후 예루살렘은 다시 한 번 국제적인 욕망의 대상이 되었다. 로마노프가, 호엔촐레른가, 합스부르크가, 그리고 영국 귀족들이 서로 경쟁을 벌이며 고고학이라는 새로운 과학과 제국들의 낡은 게임을 결합시켰다.15)

39장
새로운 종교
1860~1870년

시골뜨기의 해외여행

1859년 4월, 황제 알렉산더 2세의 동생인 콘스탄티누스 니콜라예비치Konstantine Nikolaevitch 대공은 로마노프 왕가에서 최초로 예루살렘을 방문했다. 그는 일기에 간결하게 "마침내 나의 의기양양한 입성, 군중들과 먼지"라고 기록했다. 걸어서 성묘까지 갈 때는 "감정이 복받쳐 눈물이 흘렀고" 예루살렘을 떠날 때는 "울음을 멈출 수 없었다."

황제와 대공은 일종의 러시아 문화운동을 기획했다. 러시아 외무 장관의 보고서는 "우리는 정치적으로 뿐만 아니라 문화를 통해서도 동양에서 우리의 존재를 확립해야 한다"고 단언했다. "예루살렘은 세계의 중심이며 예루살렘에 우리 선교단이 있어야만 한다." 콘스탄티누스는 팔레스타인협회Palestine Society와 러시아 증기회사를 설립해 오데사에서 러시아인 순례자들을 실어 날랐다. 대공은 18에이커(약 7만 제곱미터)의 러시아 구역을 조사했고, 로마노프 왕조는 그곳에 작은 모스크바 마을*을 세우기 시작했다. 얼마 지나지 않아 그곳에는 많은 러시아 순례자들이 왔고 그들을 수용하기 위해 천막들을 세워야 했다.

영국인들은 모든 면에서 러시아인들만큼이나 열심이었다. 1862년 4월 1일, 통통한 몸집의 스물두 살 웨일스 대공 앨버트 에드워드Albert Edward(훗날의 에드워드 7세)가 100여 명의 오토만 기병들의 호위를 받으며 예루살렘으로 달려왔다.

성벽 밖의 대저택에 머물던 에드워드는 팔에 십자군 문신을 새기는 등 예루살렘에서나 집으로 돌아가서나 잊을 수 없는 기억을 만드는 일에 매우 흥분돼 있었다. 에드워드의 존재는 20여 년간 지배적 지위를 차지하고 있다가 금전적인 부적절한 행동으로 비난받은 제임스 핀의 소환을 앞당겼을 뿐 아니라 예루살렘이 어떤 식으로든 영국의 일부라는 정서를 강화시켰다.

에드워드는 웨스트민스터 대주교 아서 스탠리Arthur Stanley의 안내를 받아 유적지들을 돌아보았다. 아서 스탠리의 성서 역사서와 고고학적 추측은 한 세대의 영국 독자들에게 엄청난 영향을 미쳐 예루살렘은 "어린 시절 영국보다 더 친근한 땅이다"라는 확신을 심어주었다.

19세기 중반, 고고학은 갑자기 과거를 연구하는 새로운 역사과학이 되는 데서 그치지 않고 미래를 통제하는 하나의 방법이 되었다. 고고학이 즉각 정치화된 것은 놀라운 일이 아니었다. 고고학은 맹목적인 문화, 사회적 유행, 왕실의 취미가 되었을 뿐 아니라 또 다른 수단을 통한 제국의 건설이자 군사적 첩보활동의 연장이 되었다. 고고학은 예루살렘의 세속적 종교가 되었으며 또한 스탠리 대주교와 같은 제국주의적 그리스도인의 손을 통해 신에게 바치는 과학이 되었다. 고고학이 성서와 수난

---

* 러시아 구역에는 영사관, 여러 개의 돔과 네 개의 종루가 달린 성 삼위일체 교회Holy Trinity Church, 대수도원장 숙소, 방문하는 귀족들을 위한 아파트, 그리고 3,000명 이상의 순례자들을 수용할 수 있는 순례자 숙소가 있었다. 러시아 구역의 건물들은 거대하면서도 우아한 현대식 요새들을 닮았으며 영국 위탁통치 기간에는 군사 요새들의 역할을 했다.

의 진실을 확인해주는 경우 그리스도인들은 팔레스타인 땅 자체의 소유권을 주장할 수 있기 때문이었다.

러시아와 영국만이 아니었다. 많은 수가 성직자였던 강대국들의 영사들 또한 자신들이 고고학자라는 환상을 가졌다. 그러나 실제로 현대 고고학을 창시한 것은 미국 그리스도인들이었다.* 프랑스와 독일도 맹렬한 국가이념과 더불어 고고학적 가설들을 추구하고, 황제들과 수상들은 고고학자들의 발굴을 열렬히 후원하는 등 결코 뒤처지지 않았다. 20세기에 영웅적 우주인들을 동원한 우주 경쟁과 마찬가지로, 고고학은 허세를 부리는 역사 속의 정복자와 보물을 사냥하는 과학자를 닮은 유명 고고학자들을 통해 국력을 과시하는 일이 되었다. 어느 독일인 고고학자는 그것을 '평화로운 십자군'이라 불렀다.

웨일스 대공 에드워드의 예루살렘 방문은 붉은 코트를 입은 영국 관료이자 고고학자 찰스 윌슨 대령Captain Charles Wilson의 원정을 자극했다. 찰스 윌슨은 사슬 문 거리 아래 서쪽 벽 가까운 곳의 터널에서 티로포에온 골짜기Tyropoean Vally와 성전을 연결하는 거대한 다리의 웅장한 헤롯 시대 아치를 발견했다. 그것은 오늘날 윌슨 아치라 불리는데, 이것은 단지 시작에 불과했다.

1865년 5월, 외무장관 러셀 공작과 아길 공작에 이르는 일단의 귀족들이 빅토리아 여왕과 몬티피오리의 기부를 받아 팔레스타인 탐험재단

---

* 선교사이자 뉴욕의 성서문학 교수인 에드워드 로빈슨Edward Robinson은 성서지리학 발굴을 갈망했다. 그는 요세푸스와 같은 다른 자료들을 통한 지식들을 이용하여 몇 가지 놀라운 발견을 했다. 1852년, 그는 지하에서 골짜기를 건너 성전까지 가는 웅장한 아치들 중 하나로 추측한 것의 꼭대기를 발견했다. 그 후 그 아치는 로빈슨 아치로 불린다. 또 다른 미국인 제임스 바클레이James Barclay 박사는 유대교로 개종한 선교사이자 맘루크조 건물들의 유지관리에 대해 오토만 정부에 자문을 하던 엔지니어였는데 헤롯 문의 꼭대기 상인방을 발견했다. 그 문은 오늘날 바클레이 문으로 불린다. 두 미국인들은 시작은 그리스도교 선교사였지만 고고학자로서 무슬림 하람 알 샤리프가 헤롯의 성전임을 밝혀냈다.

을 창설했다. 섀프츠베리는 나중에 이 단체의 회장이 된다. 팔레스타인 탐험재단의 안내서는 에드워드 1세 이후 영국 왕위계승 서열 1위인 사람의 팔레스타인 방문이 "시리아 전체에 그리스도교 연구의 문을 열었다"고 설명했다.

첫 번째 예루살렘 방문에서 요크의 대주교 윌리엄 톰슨은 성서가 "내가 살아가는 법칙들"과 "내가 소유한 최상의 지식들"을 주었다고 말했다. 또한 그는 "이 팔레스타인은 당신과 나의 것입니다. 팔레스타인은 이스라엘 조상들의 것입니다. 이곳은 우리의 구원의 소식이 들려오는 땅입니다. 이곳은 우리가 그 고귀하고 오래된 영국에 대해서 만큼이나 진정한 애국심을 가지고 바라보는 땅입니다"라고 덧붙였다.

1867년 2월, 당시 스물일곱 살이던 왕실 공병대 중위 찰스 워런 Charles Warren은 협회의 팔레스타인 조사에 착수했다. 그런데 예루살렘인들은 성전산 주위의 모든 발굴에 대해 적대적이었다. 이 때문에 그는 근처의 작은 땅들을 사들였고 바위 아래로 27개의 깊은 수직갱로를 팠다. 그는 예루살렘에서 최초의 실질적인 고고학적 공예품들, 즉 '왕의 소유'라고 쓰려진 히스기야의 도자기와 성전산 아래 43개의 물두멍들을 찾아냈다. 오펠 언덕에 있는 워런 갱로 Warren's Shaft는 성안으로 이어지는 다윗 왕의 수로라고 믿었다.

그리고 서쪽 벽을 따라 난 수로에 있는 워런의 문은 헤롯이 성전으로 들어가던 주요 출입구 가운데 하나였는데, 이것이 훗날 유대인의 동굴이 된다. 이 모험적 고고학자는 영광스러운 새로운 과학의 전형이었다. 지하통로들 가운데 하나에서 그는 고대의 스트루티온 연못 Struthion Pool을 발견했고 그 연못에서 문짝으로 만든 뗏목을 탔다. 유행에 민감한 빅토리아 시대 귀부인들은 바구니를 타고 워런의 갱로 아래로 내려가 코르셋을 풀어혜친 채 그 성서적 광경에 황홀해했다.

워런은 유대인들을 동정했고 서쪽 벽에서 이뤄지는 유대인들의 가장 엄숙한 집회를 마치 익살극인 양 조롱하는 천박한 유대인 관광객들에게 분노했다. 그와는 반대로 궁극적으로 "유대인 공국이 강대국들이 보장하는 독립왕국으로서 스스로 설 수 있도록 반드시 그들을 위한 정부가 있어야 한다"* 고 말했다. 프랑스는 고고학적 야심에 있어서도 역시 공격적이었다. 그러나 그들의 주요 고고학자인 펠리치엥 드 솔시$^{Felicien\ de\ Saulcy}$는 왕들의 무덤이 다윗 왕 시대의 성벽 바로 북쪽에 있다고 장담한 허세가였다. 사실 그것은 그보다 1,000년 후 아디아베네^{Adiabene} 여왕의 무덤이었다.

1860년, 무슬림들은 그리스도인들과 유대인들에게 호의적인 술탄의 법률들에 분노하여 시리아와 레바논의 그리스도인들을 학살했지만, 그것은 오히려 서구의 진격을 부를 뿐이었다. 나폴레옹 3세는 레바논의 마론파 그리스도인들을 구하기 위해 군대를 보냈고 그 지역이 샤를마뉴, 십자군, 그리고 16세기의 프란시스 왕 시대부터 자신들의 영토라는 주장을 반복했다. 1869년, 이집트는 프랑스 자본의 지원을 받아 수에즈 운하를 열었고 프랑스 왕비 유지니^{Eugenie}, 프러시아의 황태자 프리드리히, 오스트리아 황제 조셉이 개통행사에 참여했다.

영국과 러시아에 뒤지지 않기 위해 프러시아의 프리드리히는 자파까지 배를 타고 와서 예루살렘까지 말을 달렸으며 교회들과 고고학적 전리품들을 쟁취하기 위한 경쟁에서 맹렬하게 프러시아의 존재감을 높였다. 그는 성묘교회와 가까운 라틴인들의 십자군 성 마리아 유적을 사들였

---

* 예루살렘 이후 워런은 잭 더 리퍼Jack the Ripper를 잡는 데 실패한 무능한 경찰서장으로, 그리고 보어전쟁Boer War 중에는 우둔한 군 사령관으로 유명해졌다. 그의 후임자 찰스 콘더Charles Conder 중위와 허버트 키치너Herbert Kitchener(키치너는 나중에 수단의 정복자가 된다)는 유대 땅을 매우 성공적으로 조사하여 앨런비 장군이 1917년 팔레스타인을 정복할 때 그들의 지도를 사용했다.

고 미래의 카이저 빌헬름 2세Wilhelm II의 아버지 프리드리히는 공격적인 고고학자 티투스 토블러Titus Tobler를 지원했다. 토블러는 "예루살렘은 우리 것이 되어야만 한다"고 선언했다. 자파로 돌아가면서 프리드리히는 오스트리아 황제이자 명목상의 예루살렘 왕인 프란츠 요셉Franz Joseph과 거의 마주칠 뻔했다. 프란츠 황제는 바로 얼마 전 사도바Sadowa 전투에서 프러시아에 패한 바 있었다. 그들은 서로 냉랭하게 인사를 했다.

프란츠 요셉은 1,000여 명의 근위병들, 창을 든 베두인, 총을 든 드루즈족, 낙타 등의 호위를 받으며 예루살렘으로 돌진했으며 술탄에게 선물로 받은 거대한 은 침대도 가지고 갔다. 프란츠 황제는 다윗 탑의 대포가 축포를 쏘는 가운데 "우리는 말에서 내렸고 나는 길에 무릎을 꿇고 흙에 입을 맞추었다"고 기록했다.

그는 "모든 것이 어린 시절 이야기와 성서를 보며 상상한 것과 똑같아 보여서" 놀랐다.16) 그러나 모든 유럽인들과 마찬가지로 오스트리아인들은 새로운 그리스도교 도시를 촉진하기 위해 건물들을 사들였다. 황제는 비아 돌로로사에 오스트리아 호스피스를 건설하기 위한 대규모 토지 조성공사를 참관했다.

오토만의 수상 푸아드 파샤Fuad Pasha는 "그들이 예루살렘을 그리스도교 정신병원으로 바꿀 것이므로 나는 그 미친 그리스도인들에게 어떤 도로 건설도 허가하지 않을 것이다"라고 썼다. 그러나 오토만은 특히 프란츠 요셉을 위해 새로운 자파 도로를 건설했다. '그리스도교 정신병원'의 기세는 막을 수 없었다.

마크 트웨인과 '극빈자 마을'

젊은 고고학자, 찰스 워런은 자파 문을 지나다가 참수 장면을 목격하고는 놀랐다. 처형은 서투른 추장으로 인해 끔찍하게 망가졌다. 집행자가 희생자의 목을 열여섯 번이나 내리치자 희생자는 "아프잖아!"라고 소리쳤고 결국 집행자는 그 불행한 사람의 등 위로 올라가 마치 양을 잡듯이 경추를 톱으로 썰었다.

예루살렘은 최소 두 개의 얼굴과 다중인격 장애를 갖고 있었다. 피스 헬멧pith helmet과 붉은 제복을 입은 유럽인들이 지은 번쩍이는 제국의 건물들은 무슬림 구역을 빠른 속도로 그리스도교화 시키면서 오토만 구시가지와 함께 존재했다. 오토만 구시가지에서는 수단인 근위병들이 하람을 지키고 선고받은 죄수들을 감시했으며 공개 처형장에는 죄수들의 머리가 굴러다녔다. 여전히 성문들은 해가 지면 닫혔다. 베두인은 성안으로 들어갈 때는 창과 칼을 버렸다. 예루살렘의 3분의 1이 황무지였고 (역시 아르메니아 대주교가 찍은) 사진은 성묘교회가 도시 한가운데의 널따란 공터에 둘러싸여 있음을 보여준다. 두 세계는 자주 충돌했다. 1865년, 최초의 전보가 예루살렘과 이스탄불 사이에 개설되었고 전신주를 공격한 아랍 기병들은 체포되어 전신주 위에서 교수형에 처해졌다.

1866년 3월, 이제 여든한 살의 홀아비가 된 몬티피오리가 여섯 번째로 예루살렘에 왔다. 그는 눈앞의 그러한 변화를 믿을 수 없었다. 서쪽 벽의 유대인들이 비뿐만 아니라 때로는 성전산 위로부터의 공격에도 노출돼 있는 것을 알고 몬티피오리는 그곳에 차양을 설치할 수 있도록 허가를 받았다. 그리고 서쪽 벽을 매입하려고 시도했지만 실패했다. 그것은 유대인들이 유대인들의 성지를 사들이려는 많은 시도들 가운데 하나였다. 예루살렘을 떠나면서 몬티피오리는 "어느 때보다 깊은 감동을 받았다." 그것이 그의 마지막 여행은 아니었다. 그는 아흔한 살이던 1875년에 다시 예루살렘에 왔다. "나는 건물들과 함께 거의 새로운 예루살렘이 솟아오르는 것을 보았다. 그 건물들 가운데 어떤 것은 유럽의 건물들만큼이나 훌륭했다." 몬티피오리는 마지막으로 예루살렘을 떠나면서 "분명 시온에 대한 신의 허허로운 약속이 현실이 되는 것을 목격할 시기가 다가오고 있다"고 읊조릴 수밖에 없었다.*

안내서들은 "지저분한 폴란드계 유대인들"과 "불결한 공기"를 주의하라고 경고했으나 일부 사람들이 보기에 예루살렘을 더럽힌 것은 분명 프로테스탄트 순례자들이었다.17) 새뮤얼 클레멘스Samuel Clemens, 곧 마크 트웨인Mark Twain이라는 필명의 미주리Missouri 출신 기자는 "문둥이, 절름발이, 장님, 어리석은 자들이 사방에서 당신을 공격한다"라고 썼다. 독설 풍자가로 유명한 트웨인은 퀘이커 시티Qauker City라는 배를 타고 지중해를 여행하면서, '대大성지 환희 여행단'이라 불리는 순례단에 합류했다. 나중에 그는 순례단 이름을 '대성지 장례식 원정단'이라고 바꿔 불렀다. 트웨인은 순례자들을 웃음거리로 여겼으며, 미국인 순례자들의 진지함을 조롱하면서 '시골뜨기 해외여행'이라고 불렀다. 그는 "다른 유적지와 조우하지 않고도 100야드(약 0.9킬로미터)를 한 걸음에 걸었다는 것이 위안이다"라고 썼다.

---

* 몬티피오리는 백 살을 넘겨 1885년 사망했다. 그와 주디스는 람스게이트의 라헬 무덤이 있는 예루살렘의 땅에 묻혔다. 몬티피오리 풍차는 지금도 서 있으며 예민 모시Yemin Moshe라 불리는 몬티피오리 구역은 그의 이름을 딴 다섯 동네들 중의 하나로 예루살렘에서 가장 우아한 동네들 가운데 하나이다. 몬티피오리의 준남작 지위는 자식이 없는 조카 아브라함 경(그의 아내는 결혼식 날 밤 미쳐버렸다)에게 세습되었으나 부동산은 모로코에서 태어난 조카 조셉 시백에게 남겨졌고 그가 시백 몬티피오리가 되었다. 람스게이트 저택은 1930년대에 화재로 소실되었다. (이스라엘을 제외하고는) 거의 잊혀진 인물로 그의 무덤은 오랫동안 버려지고 도시 확장과 그래피티에 의해 위협을 받았으나 21세기에 들어서는 유적이 되었다. 수많은 초정통파 유대인들이 그가 죽은 날에 그의 무덤을 순례한다.

그는 성묘교회의 열주를 발견한 것을 가장 기뻐했다. 성묘교회는 아담을 만들어낸 흙으로 지어진 세계의 중심이었다. "어떤 인간도 그 먼지가 이곳에 공급되지 않았다는 것을 증명할 수는 없었다." 전반적으로 그는 성묘교회의 "자잘하고, 번드르르 하며 수준 낮은 장식"을 혐오했으며 또한 예루살렘도 혐오했다. "역사상 가장 장중한 예루살렘이라는 유명한 이름이 (슬프도록 음울하고 생명력 없는) 극빈한 마을이 되었다. 나는 이곳에서 살고 싶지 않다."* 그러나 이 독설 풍자가 또한 예루살렘 성서를 사다가 자기 모친에게 조용히 갖다주었으며 때때로 "나는 어떤 신이 서 있던 자리에 앉아 있다"라고 술회했다.

관광객들은 종교인이든 세속인이든 그리스도인이든 유대인이든 샤토브리앙이든 몬티피오리든 트웨인이든 신들이 있던 곳을 알아보는 일에는 능숙했지만 그곳에 사는 실제 사람들에 관해서는 거의 장님이나 다름없었다. 역사를 통틀어 예루살렘은 멀리 떨어진 미국 혹은 유럽에 사는 독실한 종교인들의 상상 속에서 존재했다. 이제 그러한 관광객들이 수천 명씩 증기선을 타고 들어왔고 그들은 성서와 빅토리아 시대의 인종적 편견을 통해 상상했던, 또한 도착한 이후에는 통역사들과 안내자들을 통해 상상한 이국적이고도 위험하고 회화적이면서도 정통적인 이미지들을 발견하기를 기대했다. 그러나 길거리에서 그들은 다양한 의복들만 보았고 동양적인 더러움과 같은 원치 않는 이미지들과 베데커Baedeker가 "야생의 미신과 광신"이라 부른 이미지들은 묵살했다. 그 대신 그들은 자신들이 찾

---

* 아이러니하게도 트웨인은 무슬림 구역의 지중해 호텔에 머물렀다. 그곳은 바로 이스라엘의 리쿠드당 지도자이자 장군인 아리엘 샤론Ariel Sharon이 무슬림 구역을 유대화하려는 시도로 1980년대에 사들인 건물이었다. 오늘날 그 건물은 유대교 신학대학이다. 트웨인의 책 《시골뜨기 해외여행The Innocents Abroad》은 회의주의자들에게 즉각 고전이 되었다. 전 대통령 율리시스 그랜트Ulysses Grant는 예루살렘을 방문했을 때 그 책을 안내서로 이용했다.

기를 기대했던 '정통적인' 위대한 성도를 구축하려 했다. 그러한 관점들은 예루살렘에 대한 제국의 이해관계에서 중요한 요소로 작용했다. 그들은 그 나머지 부분들(활력 있고 보일 듯 말 듯한 아랍인들과 스페인계 유대인들의 오래된 세계)에 대해서는 거의 볼 수조차 없었다. 그러나 예루살렘은 바로 그곳에 있었다.18)

40장
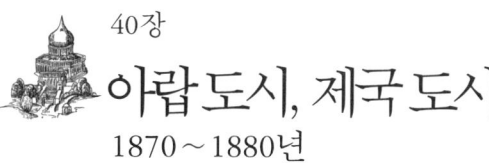
아랍 도시, 제국 도시
1870~1880년

음악과 춤, 일상생활

실제 예루살렘은 종교와 언어의 위계질서가 있는 화려한 옷을 입은 바벨탑과도 같았다. 오토만의 장교들은 유럽식 제복과 자수 재킷을 함께 입고 있었다. 오토만 유대인들, 아르메니아 그리스도인들, 아랍계 그리스도인들, 무슬림들은 새롭게 개혁한 오토만제국을 상징하는 새로운 모자, 타르부시tarbush 또는 페즈fez와 함께 프록코트 또는 하얀 수트를 입었다. 무슬림 울라마는 많은 스페인계 유대인들과 정교회 아랍인들이 입는 것과 거의 똑같은 터번과 예복을 입었다. 점점 많아지는 극빈층의 폴란드계 하시딤 유대인들*은 개버딘 코트를 입고 페도라 모자를 썼다. 무장경관들 kavass(유럽인들의 호위병)은 아르메니아인이 많았으며 역시 진홍색 재킷을

---

* 하시딤(히브리어로 '경건')은 예루살렘에서 존재감이 커지고 있다. 17세기 신비주의의 후예인 그들은 지금도 17세기의 독특한 검은 옷을 입는다. 1740년대에, 이스라엘 벤 엘리제Israel ben Eliezer라는 이름의 우크라이나 종교치료사는 바알 솀 토브Baal Shem Tov(선한 이름의 주인)로 이름을 바꾸고 《탈무드》 연구에 도전하는 대중운동을 창시하고 신에게 더 가까이 가기 위한 기도, 노래, 춤, 신비주의적 예배로 구성된 몽환적 운동을 퍼트렸다. 그들의 주된 적은 그 모든 것을 민속적인 미신으로 거부하고 전통적 《탈무드》 연구의 필요성을 강조한 빌나 가온Vilna Gaon이었다. 그들의 갈등은 수피주의와 엄격한 이슬람 보수 종파들, 예를 들면 사우디 와하비파 사이의 그것과 유사하다.

입고 하얀 바지에 큰 권총을 찼다. 맨발의 흑인 노예들은 주인들, 즉 늙은 아랍인들이나 스페인계 유대인 가문 사람들에게 얼음음료를 대접했다. 그들의 부하들은 모든 의복들 중에서도 가장 천박한 옷을 입었다. 터번 또는 페즈를 쓰고 띠가 달린 긴 코트와 통 넓은 터키식 바지를 입고 그 위에 검은 서양식 재킷을 걸쳤다.

아랍인들은 투르크어와 아랍어를 말했다. 아르메니아인들은 아르메니아어를, 투르크인들은 아랍어를, 스페인계 유대인들은 라디노어, 투르크어, 아랍어를 말했다. 하시드인들Hasids은 이디시어, 즉 중부 유럽에서 생겨난 독일어와 히브리어의 변종어를 사용했으며 그 언어로 독자적인 훌륭한 문학을 형성했다.

그것이 외부인들에게는 혼란스러워 보였을지라도 술탄 칼리프에게는 모두 수니파제국일 뿐이었다. 무슬림들이 가장 상위에 있었고 투르크인들은 지배 계층이었으며 그다음이 아랍인들이었다. 폴란드계 유대인들은 그들의 빈곤, '통곡', 그리고 기도할 때의 몽환적인 리듬 때문에 큰 조롱의 대상이었으며 가장 밑바닥 계층이었다. 그러나 그 사이사이에 반쯤 사라진 민속 문화가 있었으며 각 종교의 엄격한 규칙들에도 불구하고 혼합된 부분이 많았다.

라마단 절기가 끝날 때는 모든 종교들이 축제를 벌였고 성벽 밖에는 회전목마와 경마장이 있는 장터가 벌어졌다. 한편 상인들은 신기한 만화경을 전시하고 아랍 설탕, 공작고사리, 투르크 젤리를 팔았다. 유대인의 부림절Purim 축제 때에는 무슬림과 그리스도교 아랍인들이 전통적인 유대인 의복을 차려입었고 세 신자들 모두가 다마스쿠스 문 바로 북쪽 시몬의 무덤에서 열리는 유대인 소풍에 참여했다. 유대인들은 아랍인 이웃들에게 무교병을 대접했고 아랍인들을 유월절의 세더Seder 저녁식사에 초대했다.

한편 아랍인들은 축제가 끝난 후 새로 구운 빵을 유대인들에게 줌으로써 호의에 답례했다. 유대인 모헬^{mohel}들은 무슬림 아이들의 할례를 해주는 경우도 많았다. 유대인들은 잔치를 열어 하즈를 마치고 돌아오는 무슬림들을 환영했다.

가장 가까운 관계는 아랍인들과 스페인계 유대인들이었다. 실제로 아랍인들은 스페인계 유대인들을 '야후드, 아울라드 아랍$^{Yahud,\ awlad\ Arab}$', 즉 유대인들, 아랍의 아들이라 불렀으며 아랍인들 밑에 있는 유대인들과 일부 무슬림 여성들은 라디노어를 배우기도 했다. 가뭄이 들면 울라마는 스페인계 유대인들에게 비가 내리도록 기도를 부탁했다.

스페인계 유대인들, 아랍어를 말하는 발레로인들, 도시의 유력한 은행가들은 많은 가문들의 사업 파트너였다. 아이러니하게도 아랍정교회 그리스도인들이 유대인들에게 가장 적대적이었으며 구전되는 부활절 노래를 부르면서 유대인들을 모욕했고 유대인들이 성묘교회에 접근할 때마다 그들을 괴롭혔다.

베데커는 관광객들에게 "예루살렘에서 공공의 오락장소는 없다"고 경고했지만, 그럼에도 예루살렘은 음악과 춤의 도시였다. 주민들은 커피하우스와 선술집에 모여 나르길레^{narghileh} 물담배를 피우고, 백개먼^{backgammon} 게임을 하고, 레슬링 경기와 벨리댄스를 구경했다. 결혼식과 축제에서 사람들은 둥글게 모여 춤을 추고 가수들은 '나의 사랑이여, 그대의 아름다움은 나를 아프게 해' 따위의 사랑 노래를 불렀다. 아랍의 연가는 세파르디들의 안달루시안 라디노 노래들로 대체되었다. 데르비시인들은 마즈하르^{mazhar} 드럼과 심벌즈에 맞추어 열정적으로 지크르 춤을 추었다. 가정집에서는 루트, 바이올린, 더블 클라리넷, 케틀드럼으로 유대인과 아랍의 음악을 섞어서 연주했다.

이러한 악기들은 예루살렘 삶의 중심을 차지하는 여섯 개의 터키식 목욕탕에서도 울려 퍼졌다. 남성들(새벽 2시에서 한낮까지 사용)들은 마사지를 즐기고 수염을 다듬었다. 여성들은 헤나로 머리를 염색하고 커피를 마셨다. 예루살렘의 신부들은 노래하고 북을 두드리는 친구들에 이끌려 목욕탕까지 가서 지르니크^{zarnikh}라는 끈끈한 시럽을 사용해 흥겹게 온몸의 털을 제거했다. 결혼식은 목욕탕에서 밤에 시작되었고 신랑과 신랑측 가족들은 신부의 집에서 신부를 데려왔다. 유력 가문들의 결혼일 경우 신랑신부는 노예들이 들고 있는 차양 아래서, 횃불을 켜고 북과 백파이프를 연주하는 악단이 뒤따르는 가운데 성전산까지 행진했다.

유력 가문들은 예루살렘 사회의 정점이었다. 최초의 자치지역 지도자는 다자니였으며 1867년 스물일곱 살의 유수프 알 디야 알 칼리디$^{Yusuf\ al\text{-}Diya\ al\text{-}Khalidi}$가 예루살렘 최초의 시장이 되었다. 그때 이후 시장 자리는 늘 유력 가문들이 맡았다. 후세이니 가문 출신의 시장이 여섯 명, 알라미스 가문이 두 명, 칼리디 가문이 두 명, 다자니 가문이 세 명이었다. 칼리디는 어머니가 후세이니 가문 출신이었고, 소년 시절 말타의 프로테스탄트 학교에 들어가기 위해 가출을 했다. 후에 그는 이스탄불에서 자유주의적인 수상 밑에서 일했다. 그는 자신을 일차적으로 우트시^{Utsi}(예루살렘인이라는 뜻. 그는 예루살렘을 자신의 고향이라고 불렀다)이자 이차적으로는 아랍인, 삼차적으로는 오토만 사람이라고 여겼다. 그는 지적인 사람이었으며, 문화 클럽, 신문, 출판사 등이 생겨나게 한 아랍의 문학 르네상스, 나흐다^{nahda}의 중심인물들 가운데 하나였다.*

---

* 1760년대 이후 칼리디 가문은 장서를 구성해왔으며, 일부는 10세기까지 올라가는 5,000권의 이슬람 도서들과 1,200종의 문서들을 소장했다. 1899년 라기브 칼리디$^{Raghib\ Khalidi}$는 칼리디도서관의 장서들을 유수프 및 자신의 사촌들의 장서들과 통합했고, 다음 해에 시칠리아 거리의 맘루크조 바르카 칸의 무덤 근처에 칼리디도서관을 열었다.

그러나 이 최초의 시장은 자신의 직무에 지방자치 업무뿐 아니라 전쟁도 있다는 것을 알게 되었다. 총독은 그에게 40명의 기병대를 보내 케라크에서 전투를 벌이도록 압박했다. 아마도 그는 현대 역사에서 기병대 원정을 이끈 유일한 시장일 것이다.

예루살렘의 유력 가문들은 각기 깃발을 갖고 있었으며 예루살렘의 절기들에서 각기 특별한 역할을 맡고 있었다. 거룩한 불 행사에서 13개의 유력한 아랍계 그리스도인 가문들이 깃발을 들고 행진했지만 나비 무사가 가장 인기 있는 축제였다. 수천 명이 예루살렘 전역에서 말을 타거나 혹은 걸어서 예루살렘에 도착해 보통 후세이니 가문 출신인 무프티와 오토만 총독의 환영을 받았다. 그곳에는 심벌즈와 드럼에 맞춘 신나는 춤과 노래가 있었다. 수피주의 데르비시들은 빙글빙글 도는 춤을 추었다. "어떤 사람은 불붙은 석탄을 먹기도 하고, 어떤 사람은 두 뺨 사이로 못을 꽂기도 했으며" 예루살렘인들과 나부스인들 사이에 주먹다짐이 오가기도 했다. 유대인들과 그리스도인들은 때로는 흥분이 지나친 아랍인들의 열기에 지치기도 했다.

성전산에 모일 때면 군중들은 연발 축포로 축하를 하고, 말을 탄 후세이니 가문 사람들은 초록색 깃발을 자랑하면서 예리코 근처 바이바르의 유적지까지 기마행렬을 이끌었다. 다자니 가문 사람들은 다윗 무덤이 그려진 자주색 깃발을 흔들었다. 그러나 제각기 세습 영역이 있는(후세이니 가문은 성전산, 칼리디 가문은 재판정, 그리고 모든 가문들이 시장직을 놓고 다퉜다) 유력 가문들은 여전히 패권을 두고 싸우고 있었으며, 위험한 정치 게임을 하고 있었다.

러시아의 지원을 받는 발칸의 정교회 슬라브인들은 독립을 원했다. 오토만제국은 살아남기 위해 싸웠다. 새롭고 보다 강압적인 술탄, 압둘 하미드 2세Abdul-Hamid II의 즉위는 불가리아 그리스도인 학살로 방점을 찍었다. 러시아의 압력 아래 압둘 하미드는 헌법과 의회 선거를 수용했다. 예루살렘에서 후세이니 가문은 예전의 전제정치를 지지했고 칼리디는 새로운 자유주의를 지지했다. 칼리디 시장이 예루살렘을 대표하는 의원으로 선출되어 이스탄불로 갔지만 헌법은 허울뿐이었다. 압둘 하미드는 헌법을 취소했고 칼리프 통치에 대한 범이슬람적 충성과 결합된 새로운 오토만식 국수주의를 내세우기 시작했다. 지적이면서도 신경질적인 이 술탄은 앵앵거리는 목소리의 작은 체구에 기절하는 습관이 있었으며 비밀경찰 카피야Khafiya를 통해 통치를 강화했다. 카피야는 전임 재상과 술탄의 시녀들 가운데 한 명을 살해했다. 술탄은 전통적인 특권(그의 하렘에는 900명의 애첩들이 있었다)을 누리면서도 두려움 속에 살았으며, 매일 밤 침대 밑에 암살자가 없는지 살폈다. 그러나 술탄은 또한 능숙한 목수이기도 했고, 셜록 홈스의 독자이기도 했으며 전용극장의 극단장을 맡기도 했다.

그의 몰락은 곧바로 예루살렘에서 감지되었다. 유수프 칼리디는 이스탄불에서 추방되었고, 시장에서 파면되었으며 우마르 후세이니가 그 자리를 대신했다. 칼리디 가문은 쇠퇴하고 후세이니 가문은 번성했다. 한편 러시아는 결국 오토만을 파괴할 준비를 했다. 영국 수상 벤저민 디즈레일리가 오토만을 구하기 위해 개입했다.

영국 왕자들과 러시아 대공들

디즈레일리는 리오넬 드 로스차일드로부터 400만 파운드를 빌려 수에즈 운하를 사들였다. "담보는 무엇입니까?"라고 로스차일드가 물었다.

"대영제국 정부입니다." 디즈레일리의 비서는 대답했다.

"좋습니다. 빌려드리지요." 1878년 영국 의회에서 디즈레일리는 유럽의 각료들에게 러시아를 압박할 것이며 영국이 키프로스를 점령할 정착지를 추진하겠다고 말했다. 그의 성과는 독일 수상 비스마르크Bismark에게 큰 인상을 주었고 비스마르크는 디즈레일리를 가리켜 "늙은 유대인, 남자 중의 남자"라고 표현했다. 오토만은 유럽, 즉 그리스도교 영토의 대부분을 포기해야 했으며 유대인들과 다른 소수민족들의 권리를 인정하지 않을 수 없었다.

1882년, 영국은 이집트를 점령했으며 명목상으로는 알바니아계 왕조가 계속 다스렸다. 영국의 중동 진출을 대표하는 두 사람이 세계여행 중 예루살렘에 들렀다. 그들은 영국의 젊은 왕위계승자들이었다. 한 사람은 일명 에디 왕자라 불리는 앨버트 빅터Albert Victor 대공, 즉 훗날의 클라렌스Clarence 백작이었고, 다른 한 사람은 그의 동생인 열여섯 살의 조지George, 즉 훗날의 조지 5세였다.*

그들은 올리브 산에 막사를 세웠다. 조지 왕자는 "아빠가 막사를 세웠던 바로 그 자리"라고 말했다. 조지는 그곳을 '중심지'라고 생각했다. 막사는 17개의 화려한 천막들을 자랑했고 95마리의 동물들이 짐을 나르고 60명의 하인들이 시중을 들었다. 모든 것은 여행업계의 왕이 주도했다. 조르디Geordie 출신 침례교인 장관 토머스 쿡Thamas Cook은 1869년 여행업을 시작했으며 레스터Leicester부터 러프버러Loughborough까지 금욕 운동가들을 실어 날랐다. 쿡과 아들들은 새로운 관광의 개척자들이었고 하인, 호위병,

---

* 왕자들은 팔레스타인 탐험재단의 고고학자들인 찰스 윌슨 대령과 콘더에게 예루살렘 안내를 받았고 세파르디의 유월절 만찬에 참석했으며 "그 행복한 모임"의 "완벽한 가정적 분위기에 깊은 감명을 받았다." 왕자들은 심지어 타투에도 매우 흥분했다. 조지 왕자는 "아빠(웨일스 대공)에게 문신을 해준 그 사람이 나에게도 문신을 해주었다"고 썼다.

통역가들로 구성된 소규모 부대를 꾸려 베두인 또는 아부 고시 부족의 공격에게서 보호를 꾀했다.

베두인과 아부 고시 부족들은 여전히 자파에서 시작되는 도로를 지배했으며, 뇌물을 주거나 협력을 하지 않으면 안 되었다. 이 여행 기획자들은 이국적인 붉은색과 터키식 아라베스크로 장식한 식당과 응접실, 심지어 냉온탕까지 갖춘 화려한 비단 천막들로 캠프를 차렸다. 그들이 노린 효과는 부유한 영국인 관광객들에게 동양의 판타지를 전달해주는 것이었다. 마치 천일야화처럼 말이다.

토머스 쿡의 사무실은 자파 문에 있었다. 자파 문은 새로운 관광 친화적 예루살렘의 중심지였다. 다윗 왕이 우리야의 아내가 목욕하던 모습을 지켜보았다는 장소인* 베데스다 연못 바로 위에 그랜드 뉴 호텔Grand New Hotel이 개장한 것과 자파 문 바로 바깥에 요아킴 패스트 호텔Joachim Fast Hotel이 개장한 것이 그것을 증명해준다. 1892년, 마침내 예루살렘에 철도가 들어오면서 진정으로 예루살렘 관광의 문이 열렸다.

관광과 함께 사진도 발달했다. 예루살렘의 사진 붐을 이끈 대표자가 아르메니아 대주교 예사이 가라베디안Yessai Garabedian이라는 것은 놀라운 일이었다. 그는 "아마도 세계에서 가장 잘생긴 권력자"였으며 맨체스터에서 예술을 공부했다. 가라베디안의 두 제자는 아르메니아 사제직을 버리고 자파 대로변에 사진 스튜디오를 세웠으며 관광객들이 "성서에서 따온 자세들"을 취한 아랍인들의 사진을 찍을 수 있는 기회와 관광객이 성서에

---

* 쿡의 사무실 바깥에 있는 표지에는 다음과 같이 써 있었다. "토머스 쿡과 아들은 팔레스타인 최고의 통역사들, 노새꾼, 최고의 사륜마차, 수레, 천막, 승마 장비 등을 보유하고 있습니다!" 그랜드 뉴 호텔를 건축하던 중 로마 시대 유적들이 나타났다. 2차 성벽의 일부, 10군단의 문장이 새겨진 기와들, 그리고 10여 년간 가로등 밑받침으로 사용되던 아우구스투스의 특사가 세운 기둥이 발견되었다.

나오는 복장을 입고 포즈를 취할 수 있는 기회를 제공했다.

한번은 수염을 기르고 양가죽 옷을 입은 한 무리의 러시아인 농부들이 "수놓은 주홍색 옷을 입고 머리에는 놋으로 된 관을 쓴 채 풍만한 가슴을 돋보이게 하는 꽉 끼는 코르셋을 입은 푸른 눈과 금발 머리의 영국인 귀부인"이 다윗 탑 앞에서 충격적인 포즈를 취하고 있는 것을 보고는 깜짝 놀랐다. 러시아인들은 겁에 질리기도 했고 황홀해하기도 했다.

커져가는 신도시의 건축은 매우 다양했으며 오늘날 예루살렘은 주택들과 교외지역들 전체가 중동 이외의 다른 어떤 곳의 도시라 해도 과언이 아닐 정도의 모습을 보인다. 세기말에 추가된 새로운 그리스도교 건물들 중에는 27개의 프랑스 수녀원, 10개의 이탈리아 수도원, 8개의 러시아 수도원도 있었다.* 영국과 프러시아가 앵글로-프러시아 주교 관할구의 공동소유를 끝낸 후에 영국 성공회는 독자적인 성 조지 성당, 즉 영국 성공회 주교구를 세웠다. 그러나 1892년 오토만 역시 건물을 짓고 있었다. 압둘 하미드는 새로운 분수대들을 추가하고 새 문New Gate을 건축해 그리스도교 구역으로 곧바로 접근이 가능하게 했으며 1901년 자신의 재위 20주년을 기념해 자파 문에 종루를 세우기도 했는데 마치 영국 교외의 기차역에 있는 것과 같은 모습이었다.

한편 아랍인들과 유대인들, 그리스인들과 독일인들은 성벽 밖의 신도시를 식민지화하고 있었다. 1869년, 일곱 개 유대인 가문들이 자파 문 밖에 나할라트 시바Nahalat Shiva(7대 가문의 거리)를 건설했다. 1874년, 초정통파 유대인들이 메아 셰아림Mea Shearim에 정착했으며, 현재 그곳은 하시

---

* 게르만 건축가이자 고고학자인 콘라드 시크Conrad Schick는 당대에 가장 많은 업적을 세운 건축가였지만 그의 건물들은 어떠한 분류도 거부한다. 시크의 자택, 타보 하우스Thabor House, 그리고 예배당에는 게르만 아랍, 그레코 로만 양식의 흔적들이 있다.

딤 구역이다. 1880년경 1만 7,000명의 유대인들이 인구의 다수를 형성했고 아홉 개의 유대인 교외 구역들이 있었다.

한편 아랍인 가문들은 다마스쿠스 문 바로 북쪽, 셰이크 자라에 후세이니 구역과 나샤시비 구역을 세웠다.* 아랍 가문들의 저택들은 터키식과 아랍식이 혼합된 장식 천장들로 유명했다. 후세이니 가문 사람 중 오리엔트 하우스Orient House를 짓고 현관을 꽃과 기하학적 문양으로 장식한 이도 있었고 또 다른 후세이니 가문 사람 라바 에펜디Rabah Effendi는 파샤 궁을 닮은 저택을 짓고 금박을 입힌 아칸서스 잎을 두른 하늘색 돔을 올렸다. 오리엔트 하우스는 호텔이 되었고 그 후 1990년대에는 팔레스타인 자치정부의 예루살렘 본부가 되었으며 라반 후세이니의 저택은 예루살렘에서 가장 유력한 미국인 가문의 집이 되었다.

예수의 우유를 따뜻하게 보관하라

1873년 11월 21일, 안나 스패포드Anna Spafford와 그녀의 네 딸들은 빌레 드 하브레Ville de havre를 타고 대서양을 건너고 있었다. 배는 풍랑을 만났다. 배가 가라앉으면서 네 딸들은 익사했지만 안나는 살아남았다. 구조 후 딸들이 죽었다는 것을 알고 안나는 자신도 딸들을 따라 물에 뛰어들고 싶었다. 그러나 그녀는 시카고의 유망한 검사인 남편 허레이쇼 스패포드

---

* 후세이니 가문 및 보다 신생인 나샤시비와 같은 여타 가문들은 상업주의 붐을 이용해 더욱더 부자가 되었다. 후세이니 가문 중 한 사람은 새 철로를 위한 나무 침목들을 제공했다. 1858년, 오토만 토지법은 고대의 와크프 중 다수를 민영화했고 그것은 유력가문들을 갑자기 부유한 지주이자 곡물 거래상으로 만들었다. 땅을 빼앗긴 사람들은 아랍의 농부들이었으며 이제는 봉건 부재지주들의 손에 놓이게 되었다. 이 때문에 마지막 하미드인 총독 라우프 파샤Rauf Pasha는 유력 가문들을 '기생 동물들'이라고 불렀다.

Horatio Spafford에게 가슴 아픈 전보를 보냈다. "혼자 살아남음. 이제 난 어쩌면 좋죠?"

스패포드 부부가 한 일은 평범한 삶을 포기하고 예루살렘으로 가는 것이었다. 그런데 이보다 더 큰 비극이 그들을 맞았다. 아들이 성홍열로 죽고, 이제 여섯 자식 가운데 단 한 명, 버사Bertha만이 살아남은 것이다. 안나 스패포드는 자신이 "목적이 있어서" 남겨졌다고 믿었지만 부부는 장로교회로 인해 크게 분노했다. 장로교회는 그들의 운명을 신의 징벌이라 여겼다. 그들은 독자적인 종파를 형성했고 미국 언론은 그들을 '극복파 Overcomers'라 불렀다. 극복파는 예루살렘에서의 선행과 유대인의 이스라엘 귀환(그에 이은 개종)이 임박한 제2강림을 앞당길 것이라 믿었다.

1881년, 극복파(열세 명의 성인과 세 명의 어린이, 아메리칸 콜로니의 핵심이 됨)는 다마스쿠스 문 바로 안쪽의 큰 주택에 정착했고 1896년 스위스 복음주의 교회의 농부들이 그들과 합류함으로써 더 큰 본부가 필요해졌다. 극복파는 나블루스로 향하는 도로변의 셰이크 자라에 있는 라바 후세이니의 저택을 임대했다. 허레이쇼는 1888년 죽었지만 종파는 번성하여 제2강림을 설파하고, 유대인들을 개종시키고 집단 거주지를 병원, 고아원, 급식소, 상점, 자체의 사진관과 학교를 갖춘 자선적이고 복음주의적인 단체로 발전시켰다.

그들의 성공은 예루살렘에서 오래 주재했던 미국 총영사 셀라 메릴Selah Merrill과 반셈족주의자이자 매사추세츠 출신 연합교 성직자이며 명민한 고고학자 앤도버Andover 교수의 적대감을 불러일으켰다. 메릴은 20여 년간 아메리칸 콜로니를 파괴하려 했고 그들을 돌팔이, 반미주의자, 방탕자들, 어린이 납치자들이라고 비난했다. 그는 호위병들을 보내 그들을 채찍질하겠다고 위협했다.

미국 언론은 아메리칸 콜로니가 제2강림을 대비하기 위해 매일 올리벳에서 차를 준비한다고 주장했다. 〈디트로이트 뉴스〉는 "그들은 예수가 올 때를 대비해 언제나 우유를 따뜻하게 준비해놓고 당나귀에 안장을 얹어놓으며 일부는 그들이 죽지 않을 것이라고 말하기도 한다"고 전했다. 아메리칸 콜로니는 예루살렘의 고고학에도 특별한 역할을 했다. 1882년, 그들은 대영제국의 한 영웅과 친교를 맺었다. 그는 대영제국이 성서와 칼을 모두 숭배한다는 것을 상징했다.

찰스 차이니즈 고든Charles Chinese Gordon 장군은 중국의 의화단 운동 Boxer Rebellion 진압을 돕고 수단의 총독을 지낸 후 세례자 요한의 마을 아인 케렘Ein Kerem에 정착했다. 그러나 그가 그 마을에 온 것은 성서를 연구하고 아메리칸 콜로니의 본부 건물 지붕 위에서 예루살렘의 경관을 즐기기 위해서였다. 그곳에서 그는 맞은편에 있는 해골을 닮은 언덕이 진짜 골고다라고 믿게 되었는데 그러한 생각을 너무도 열정적으로 설파한 나머지 소위 그의 동산 묘지Garden Tomb는 프로테스탄트들의 성묘교회 대체물이 되었다.*

한편 극복파는 정신적으로 약한 많은 순례자들에게 호의를 베풀었고 버사 스패포드는 그들을 '알라의 정원에 있는 단순한 사람들'이라고 불렀다. 그녀는 비망록에 "예루살렘은 모든 종류의 종교적 광신도들과 각기 다른 수준의 착란증을 가진 괴짜들을 끌어들인다"고 썼다. 자신을 "엘리야, 세례 요한 혹은 다른 예언자들 가운데 하나로 여기고 예루살렘 주변을 배회하는 여러 명의 메시아들이 있다고 생각하는" 미국인들도 있었다.

---

* 수단에서 일어난 마디 부족의 반란 때문에 그의 예루살렘 체류기간은 짧아졌다. 수단을 평정하라는 명령을 받은 고든은 포위를 당했고 얼마 후 카르툼에서 살해당했으며 들리는 바에 따르면 성서를 들고 있었다고 한다. 동산 무덤이 아메리칸 콜로니의 유일한 고고학적 업적은 아니었다. 이 책의 앞에서 본 바와 같이 실로암 터널의 인부들이 남긴 비문을 발견한 사람은 제이콥 엘리야후다. 그는 런던 유대인협회에 의해 개종한 유대인의 아들이었으며 런던 유대인협회에서 나와 아메리칸 콜로니에 들어갔다.

그런 엘리야들 가운데 한 명은 돌로 허레이쇼 스패포드를 죽이려고 했다. 티투스라는 이름의 텍사스인은 허레이쇼가 세계 정복자라고 생각했지만 그가 하녀들을 추행한 이후로는 그러한 생각을 접어야 했다.

그 후에는 한 부유한 네덜란드 백작이 〈계시록〉 7장 4절에 나오는 몸값을 치른 영혼 14만 4,000명을 수용하는 저택을 설계했다. 그러나 예루살렘의 모든 미국인들이 히브리주의 그리스도인인 것은 아니었다. 총영사 메릴은 극복파뿐만 아니라 유대인들도 미워했고 유대인들을 오만하고 돈에 사로잡힌, "군인도 식민지인도 시민도 될 수 없는 허약한 민족"이라고 칭했다.

아메리칸 콜로니는 명랑한 찬송가와 자선활동으로 점차 모든 종파와 종교들 사이에서 호의를 얻게 되었고 모든 인맥 좋은 작가, 순례자, 유력자들이 가장 먼저 찾는 곳이 되었다. 스패포드 부부와 함께 머물렀던 스웨덴 작가 셀마 라게를뢰프Selma Lagerlöf의 소설 《예루살렘》을 통해 노벨 문학상을 수상함으로써 아메리칸 콜로니를 유명하게 만들었다. 1902년, 자파에서 호텔을 경영하던 유스티노프Ustinov의 바론 플라톤Baron Plato(배우 피터의 할아버지)은 아메리칸 콜로니에서 손님들을 묵게 할 수 있을지 물어왔다. 그것을 시작으로 아메리칸 콜로니가 호텔로 변화하게 되었다.19)

예루살렘이 서구에 의해 변화되어가고 있었음에도 불구하고 세기 말에 예루살렘은 러시아, 즉 정교회제국의 농민들과 박해받는 유대인들이 주를 이루었으며 양쪽 모두 예루살렘에 물밀듯이 밀려왔고 양쪽 모두 오데사에서 같은 배를 타고 왔다.

41장
러시아
1880~1898년

세르게이 대공과 엘라 대공녀

여성이 다수를 차지하는 러시아 농민들은 때때로 오데사 남쪽에 있는 마을들부터 걸어서 시온까지 왔다. 그들은 "두툼하게 누빈 외투와 털 달린 재킷과 양가죽 모자"를 쓰고 여성들은 거기에 "네다섯 겹의 속옷을 껴입고 머리 위에는 회색 숄을 썼다." 그들은 수의를 가지고 다녔다. 완벽한 러시아인으로 위장하고 텁수룩한 수염에 농민복을 입고 여행을 한 영국인 저널리스트 스티븐 그레이엄Stephen Graham은 "그들이 예루살렘에 왔을 때 그들 삶의 진지한 사명들은 모두 끝났다. 농민들은 어떤 면에서는 '죽기' 위해 러시아를 떠나 예루살렘으로 간다. 프로테스탄트들의 모든 관심이 '삶'을 중심으로 하는 것과 똑같이 말이다"라고 썼다.

그들은 보조금을 받아 구입한 침침하고 더러운 배들을 타고 항해했다. "한번은 폭풍이 일어나 돛대가 부러졌는데 농민들이 마치 시체처럼 서로 포개져 구르거나 혹은 미친 사람처럼 서로를 붙잡고 있었다. 배는 상상했던 구덩이보다 훨씬 더 나빴고 악취는 매운 연기보다 더 독했다!" 예루살렘에서 그들은 러시아-팔레스타인협회Russian Palestine Society의 멋진 제복

(주홍색과 크림색 망토와 승마용 바지)을 입은 거구의 몬테네그로인 안내자의 환영을 받았으며 "거의 벌거벗은 것이나 다름없고 말로는 다 못하게 흉측한 몰골의 구걸하는 아랍인 거지들"로 가득한 예루살렘 거리를 지나 러시아 구역까지 행진했다. 그곳에서 러시아인들은 "하루에 3펜스를 내고" 널찍한 강당 같은 곳에서 한데 모여 생활했으며 카샤^{kasha}, 양배추 수프, 크바스^{kvass} 루트비어를 먹었다. "러시아인들이 너무 많았던 나머지 아랍 소년들은 러시아어로 '모스크바 사람들은 좋다!'고 외치면서 뛰어다녔다."

여행 중에는 소문들이 떠다니곤 했다. "배 안에 신비한 승객이 있다." 사람들은 예루살렘에 도착해 "너희들의 신에게 영광이 있으라!"라고 외치면서 예루살렘에 신비한 순례자가 있다고 말하곤 했으며, 황금 문 혹은 헤롯 성벽에서 예수를 보았다고 주장하곤 했다. 그레이엄은 "그들은 예수의 무덤에서 밤을 지내고, 거룩한 불을 받고, 관에 들어갈 때 쓸 모자로 그 불을 껐다"고 설명했다. 그러나 그들은 "세속적인 부유한 관광객들을 위한 오락장이 된 예루살렘"에 점점 더 큰 충격을 받았으며 특히 "폐허가 된 거대하고 기이하고 더럽고 벌레가 들끓는" 교회, "죽음의 자궁"에 큰 충격을 받았다. 러시아인들은 "우리는 예루살렘을 바라보기를 멈추고 복음이 우리를 주시하도록 허락할 때 진정으로 예수를 발견한다"고 생각하는 것으로 위안을 삼았다.

그러나 신성 러시아$^{Holy\ Russia}$ 자체도 변화하고 있었다. 1861년, 알렉산더 2세의 농노해방은 개혁의 기대를 높였지만 그는 그 기대를 충족시킬 수 없었다. 무정부주의자와 사회주의 테러리스트들이 알렉산더 2세를 그가 만든 제국에서 끌어내렸다. 한번은 공격을 받던 중 황제 자신이 권총을 꺼내 잠재적 살인자들을 향해 발사했다. 그러나 결국 1881년 알렉산더 2세는 상트페테르부르크에서 폭탄을 던지는 급진주의자들에 의해 두 다리가 날아간 채로 사망했다.

유대인들이 관련돼 있다는 소문(테러리스트 집단에 유대인 여자들이 있다는 소문이 있었지만 암살자들 중 유대인은 전혀 없었다)이 빠르게 퍼졌고 그것은 러시아 전역에서 유대인들에 대한 유혈공격을 불러일으켰다. 그리고 때로는 국가가 그것을 부추기고 때로는 조직하기도 했다. 그러한 포식 관계는 서구에서 새로운 단어가 생겨나게 했다. 바로 파괴를 뜻하는 러시아어 'gromit'에서 나온 포그롬pogrom이라는 단어다.

한편 새로운 황제 알렉산더 3세는 수염을 기른 거구였으며 편협하고 보수적인 사고를 가지고 있었다. 그는 유대인들을 '사회의 암'으로 여겼으며 정직한 정교회 러시아인들의 박해를 유대인들의 잘못으로 돌렸다. 알렉산더 3세의 1882년 5월 법May Laws은 반셈족주의*를 사실상 국가 정책으로 만들었으며 비밀경찰이 압제적으로 그 법을 실행했다.

황제는 전제정치, 그리고 예루살렘 순례라는 제의에 의해 고무된 정교회가 신성러시아를 구할 것이라고 믿었다. 이 때문에 알렉산더 3세는 "팔레스타인에서 정교를 강화하기 위해" 자기 형제 세르게이 알렉산드로비치Sergei Alexandrovich 대공을 왕립 정교회 팔레스타인협회의 회장으로 임명했다.

1888년 9월 28일, 세르게이와 그의 스물네 살 된 아내 엘라, 즉 총애하는 빅토리아 여왕은 올리브 산 위에 하얀 석회석으로 지은 일곱 개의 빛나는 양파 모양의 황금 돔이 있는 마리아 막달레나 교회를 축성했다. 두 사람은 모두 예루살렘에 감동을 받았다. 엘라는 빅토리아 여왕에게 "성

---
* 반셈족주의는 독일의 저널리스트 빌헬름 마Wilhelm Marr가 1879년《게르만 세계에 대한 유대교의 승리The Victory of Judaism over Germandom》라는 책에서 과거의 종교적 증오를 대신하는 새로운 인종적 증오의 바람을 설명하면서 만들어낸 단어다.

묘교회에 들어갈 때 얼마나 깊은 감동이 있는지 폐하께서는 상상하실 수 없을 겁니다. 이곳에 있는 것은 대단한 기쁨이고 저의 생각은 언제나 할머니께로 돌아갑니다"라고 쓴 편지를 보냈다. 헤세 다름슈타트 가문Hesse-Darmstadt의 프로테스탄트 공주로 태어난 엘라는 정교회로의 개종을 열정적으로 반겼다. 그것은 그녀가 "한 사람이 미숙한 어린아이에서 벗어나 그 모든 거룩한 장소들을 사랑하는 것을 배우는 것이 얼마나 행복한지"라고 생각하게 만들었다. 세르게이 대공과 알렉산더 황제는 교회의 설계를 꼼꼼하게 감독했고 엘라에게 막달레나의 그림들을 맡겼다. 교회의 러시아적 특성과 황금 문 바로 맞은편의 기막힌 위치에 감동받아 대공비는 자신도 그곳에 묻히고 싶다고 선언했다. 최후의 심판 때에 가장 먼저 부활하기 위해서였다. 엘라는 빅토리아 여왕에게 "우리 주가 우리에게 준 그 모든 장소들을 보는 것은 마치 꿈과 같으며 이곳에서 기도하는 것은 깊은 위안입니다"라고 말했다. 엘라는 위로가 필요했다.

서른한 살의 세르게이는 규율에 엄격한 군인이었고 가정에서는 독재자였다. 그러나 전제정치와 정교에 대한 그의 진지한 신앙과는 상반되게도, 비밀스런 동성애자로서의 삶에 대한 소문이 그를 따라다녔다. 세르게이의 사촌 가운데 하나는 그가 "고집 세고 오만하고 무례한 모습을 보완하지 않은 채 자신의 특이한 점들을 과시했다"고 주장했다. 엘라와의 결혼은 그를 유럽 궁정의 중심에 놓았다. 누이 알렉산드라는 미래의 짜르 니콜라스 2세와의 결혼을 앞에 두고 있었다.

예루살렘을 떠나기 전 새로운 교회, 즉 성묘교회 오른쪽 옆에 있는 생 알렉상드르 네브스키 교회St. Alexander Nevsky Cathedral에서 세르게이의 관심사들(제국, 신, 고고학)은 하나로 합쳐졌다. 그 주요 유적지를 사들였을 때 그와 그의 건축가들은 하드리아누스 성전과 콘스탄티누스의 바실리카로 거슬러 올라가는 벽들을 발견했고, 교회를 건축하면서 그는 그러한 고고학적 발견물들을 자신의 건물에 통합시켰다. 세르게이는 러시아 구역에 세르게이 저택을 짓게 했는데 그것은 러시아 귀족들을 대상으로 한 네오고딕식의 작은 탑이 있는 화려한 숙소였다.* 세르게이와 엘라의 삶은 비극이었다. 그러나 그들이 지은 건물들과 그들이 이끌어온 수많은 러시아 순례자들과는 별개로, 그의 결정적 공헌은 그가 러시아의 유대인들을 시온의 성지로 이끈 공식적인 반셈족주의 지지자 가운데 하나였다는 사실이다.

러시아계 유대인과 포그롬

1891년, 알렉산더 3세는 세르게이를 모스크바 총독으로 임명했다. 모스크바에서 세르게이는 즉시 2만 명의 유대인을 추방했고 코사크족Cossack과 경찰을 동원해 유월절 첫날 한밤중에 유대인들의 거주지를 포위했다. 엘라는 "저는 우리가 나중에 이 일로 심판을 받지 않으리라는 것을 믿을 수가 없습니다"라고 말했다. 그러나 세르게이는 "그것이 우리의 안전을 위한 것임을 믿는다. 유대인들에게서는 수치 외에 어떤 것도 찾을 수 없다"라고 말했다.**

600만 명의 러시아계 유대인들은 언제나 예루살렘을 향해 경의를

---

* 세르게이의 저택은 푸틴 대통령의 2005년 이스라엘 방문 시까지 엄밀히 말하면 세르게이의 소유였다. 들리는 바에 따르면 푸틴은 감동을 받은 나머지 눈물을 흘렸다고 한다. 이스라엘은 그 저택을 2008년 러시아에 반환했다.
** 1894년 알렉산더 3세가 죽은 후 경험이 없고 무능하고 불운한 아들 니콜라스 2세가 왕위를 이었다. 니콜라스 2세는 아버지와 마찬가지로 전제정치에 대한 강력한 신념을 갖고 있었다. 그는 세르게이 삼촌을 좋아하고 신뢰했다. 총독으로서 세르게이는 모스크바의 대관식 축제를 책임졌는데 그 축제에 참가했던 수천 명의 농민들이 압사당해 죽었다. 세르게이는 조카에게 축제를 계속하라고 조언했고 책임은 회피했다.

표했고 자기 집의 동쪽 벽을 향해 기도했다. 그러나 포그롬은 그들을 혁명(많은 유대인들이 사회주의를 받아들였다) 아니면 탈출을 향해 몰아부쳤다. 대탈출의 첫 번째 '알리야Aliyah'는 그렇게 촉발되었다. 알리야는 높은 곳으로의 비행, 곧 예루살렘의 거룩한 산으로 날아감을 의미했다. 1888년에서 1914년 사이 200만 명의 유대인들이 러시아를 떠났지만 그들 중 85퍼센트가 약속의 땅이 아닌 황금의 땅 아메리카를 향했다. 그러나 아직도 수많은 유대인들이 예루살렘으로 가기를 원했다.

1890년경부터 러시아계 유대인들의 이민은 예루살렘을 변화시키기 시작했다. 이제 예루살렘 인구 4만 명 가운데 2만 5,000명이 유대인이었다. 1882년에 술탄은 유대인의 이민을 금지했고 1889년에는 유대인들은 3개월 이상 팔레스타인에 머무를 수 없다는 포고령을 내렸다. 그러나 이러한 조치는 거의 효력이 없었다. 유수프 칼리디가 이끄는 아랍 유력 가문들은 유대인의 이민을 금지해달라고 이스탄불에 청원했지만 유대인들은 계속해서 예루살렘으로 왔다.

성서 기자들이 예루살렘에 대한 서술을 시작한 이래로, 그리고 예루살렘의 역사가 보편적인 이야기가 된 이래로, 예루살렘의 운명은 먼 곳에서, 즉 바빌론, 수사, 로마, 메카, 이스탄불, 런던, 상트페테르부르크에서 결정되었다. 1896년, 한 오스트리아 저널리스트는 20세기 예루살렘을 정의하게 될 책, 《유대인 국가The Jewish State》를 출판했다.20)

제 9 부
시온주의
ZIONISM

오, 예루살렘이여! 그 오랜 시간 동안 존재했던 한 사람, 나사렛의 사랑스러운 몽상가는 미움을 키우는 것 외에는 아무것도 하지 않았다.
테오도어 헤르츨Theodor Herzel, 일기 중에서

야훼의 노한 얼굴이 지구상의 어느 곳보다 많은 거룩한 살인, 강간, 약탈을 지켜본 뜨거운 바위들을 품고 있다.
아서 쾨슬러Arthur Koestler

만일 땅에 영혼이 있다면 예루살렘은 이스라엘 땅의 영혼이다.
다비드 벤구리온David Ben-Gurion, 언론 인터뷰 중에서

인류에게 아테네와 예루살렘만큼 중요한 도시는 없다.
윈스턴 처칠, 《제2차 세계대전, 제6권: 승리와 비극The Second World War, vol 6: Triumph and Tragedy》

예루살렘인이 된다는 것은 쉬운 일이 아니다. 거기에는 기쁨과 더불어 가시밭길이 나란히 놓여 있다. 옛 도시에는 훌륭한 것이 별로 없다. 교황, 대주교, 왕들이 모두 왕관을 벗었다. 예루살렘은 왕 중 왕의 도시다. 세속의 왕들과 귀족들은 예루살렘의 주인이 아니다. 어떤 인간도 예루살렘을 영원히 소유하지 못한다.
존 트릴John Tleel, 〈계간 예루살렘Jerusalem Quarterly〉 중 '나는 예루살렘이다I am Jerusalem.'

짐을 진 이방인들은 이스라엘에 대한
증오의 무게를 견디지 않으면 안 된다.
왜냐하면 다시는 승리하여 예루살렘으로
들어올 수 없기 때문이다.
러디어드 키플링Rudyard Kipling, '예루살렘의 짐The Burden of Jerusalem'

42장
시온, 그들의 나라를 위하여
1898~1905년

헤르츨, 유대인의 나라를 꿈꾸다

비엔나의 문학 비평가 테오도어 헤르츨은 엄청난 미남이었다. "갸름한 그의 눈은 어두워 보였고 우수에 잠겨 빛이 났으며" 경력은 아시리아 황제의 그것과 같았다고 전해진다. 불행한 결혼을 한, 세 아이의 아버지였던 그는 날개 모양 옷깃을 달고 프록코트를 입은, 철저하게 동화된 유대인이었다. 그는 "그 민족이 아니었으며", 유대인촌shtetle의 지저분한 곱슬머리 유대인들과 별다른 관계도 없었다. 직업은 변호사였고 히브리어도 이디시어도 할 줄 몰랐으며 집에는 크리스마스트리를 세웠고 아들의 할례도 신경 쓰지 않았다.

그러나 1881년 러시아의 포그롬은 그에게 커다란 충격을 주었다. 1895년, 비엔나가 반셈족주의자이자 대중선동가인 카를 뤼거Karl Lueger를 시장으로 선출하자 헤르츨은 "유대인들 사이의 분위기는 절망적이다"라고 썼다. 그해에 헤르츨은 파리에서 드레퓌스 사건Dreyfus Affair을 취재하고 있었다. 이는 한 무고한 유대인 장교가 독일 스파이라는 누명을 쓴 사건이었다. 헤르츨은 유대인을 해방시켰던 나라에서 파리 군중들이 "정의는 죽었다Mort aux Juifs"라고 소리치는 것을 보았다. 헤르츨은 그것을 보고 동화^{assimiliation}가 실패했을 뿐 아니라 반셈족주의를 더욱 부추긴다고 확신했다. 그는 심지어 언젠가는 독일에서 반셈족주의가 합법화될 것이라고 예언했다.

헤르츨은 유대인들이 자신들의 나라가 없이는 결코 안전할 수 없으리라고 결론지었다. 실용주의자면서 유토피아주의자이기도 한 헤르츨은 처음에는 독일식의 전제주의 공화국, 즉 로스차일드 가문 사람을 왕과 같은 총통으로 하고 자신을 수상으로 한, 원로원이 다스리는 유대식 베니스를 꿈꾸었다. 그의 비전은 세속적인 것이었다. 대사제들은 "인상적인 예복을 입게 될 것이다." 그리고 헤르츨의 군대는 은빛 가슴판을 단 중무장 기병을 자랑하게 될 것이고, 현대적인 유대 시민들은 현대화된 예루살렘에서 크리켓과 테니스를 치게 될 것이었다. 로스차일드 가문은 처음에는 유대인 국가라는 것에 대해 전적으로 회의적이었으며 헤르츨의 접근법에 반대했지만, 그러한 초기의 접근법은 곧 좀 더 실용적으로 숙성되었다. 헤르츨은 1896년 2월,《유대인 국가》에서 "팔레스타인은 우리가 영원히 기념할 역사의 고향"이라고 선언했다. "마카베오 가문은 다시 일어설 것이다. 우리는 적어도 우리 자신의 영토를 가진 자유인으로 살 것이며 우리의 고향에서 평화롭게 죽을 것이다"라고 말했다.

시온주의와 관련된 것 중 새로운 것은 아무것도 없었지만(심지어 이 단어는 이미 1890년대에 만들어졌다) 헤르츨은 매우 고전적인 정서에 정치적인 표현과 조직을 부여했다. 유대인들은 다윗 왕 이후, 그리고 특히 바빌론 유수 이후 예루살렘과의 관계라는 관점에서 자신들의 존재를 상상했다. 유대인들은 예루살렘을 향해 기도했고 해마다 유월절이면 서로에게 "내년에는 예루살렘에서"라는 말로 인사를 나눴다. 결혼식에서 유리잔을 깨뜨리고 집의 한쪽 모서리는 장식을 하지 않은 채 그냥 놔둠으로써 무너진 성전을 기렸다. 유대인들은 예루살렘으로 순례를 했으며 예루살렘에 묻히기를 바랐고 할 수 있을 때마다 성전 벽 주변에서 기도했다. 가혹한 박해를 받을 때조차도 유대인들은 계속 예루살렘에서 살았고 출입을 금지하고 죽음으로 처벌하는 경우에만 예루살렘을 비웠다.

유럽의 새로운 국수주의는 어쩔 수 없이 이 초자연적이고도 우주적인 민족에 대한 인종적 적대를 불러일으켰다. 그러나 동시에 바로 그 국수주의가 프랑스혁명을 통해 획득된 자유와 더불어 유대인들을 자극하는 결과를 가져오게 되었다. 포템킨 왕자, 나폴레옹 황제, 존 애덤스 미국 대통령 등 모두가 유대인들의 예루살렘 귀환을 믿었다. 폴란드와 이탈리아의 국수주의자들도 마찬가지였으며 미국과 영국의 그리스도교 시온주의자들도 당연히 그렇게 믿었다. 그러나 시온주의의 개척자들은 메시아적 기대의 관점에서 유대인 귀환을 바라본 정통파 랍비들이었다.

1836년, 프러시아의 아슈케나지 랍비인 즈비 허시 칼리셔Zvi Hirsh Kalisher는 유대인 국가의 자금을 구하기 위해 로스차일드 가문과 몬티피오리 가문에 접근했고 그 후에는 《시온을 찾아서Seeking Zion》라는 책을 썼다. 다마스쿠스의 피의 비방 이후, 사라예보의 세파르디 랍비 예후다 하이 알켈라이Yehuda Hai Alchelai는 이슬람 세계의 유대인들이 지도자를 선출해 팔레스타인 땅을 사들여야 한다고 주장했다. 1862년, 카를 마르크스의 동료 모지스 헤스Moses Hess는 《로마와 예루살렘: 마지막 민족 문제Rome and Jerusalem: the Last National Question》라는 책에서 국수주의가 인종적 반셈족주의로 이어질 것이라고 예견했다. 그 책은 팔레스타인에 사회주의 유대인 사회를 건설할 것을 제안했다. 그러나 결정적인 원인은 러시아의 포그롬이었다.

오데사 출신 의사 레오 핀스커Leo Pinsker는 헤르츨과 동시대에 쓴 책 《자동해방Auto-Emancipation》에서 "우리는 우리 자신을 살아 있는 나라로 세워야 한다"고 말했다. 그는 팔레스타인에서 농업 정착지를 개척하는 새로운 러시아 유대인 운동, '시온을 사랑하는 이들', 즉 호베베이 시온Hovevei Zion에 영감을 주었다. 그들 가운데 많은 사람들이 비종교인이었지만 젊은 신도 하임 바이츠만Chaim Weizmann은 "우리의 유대인됨과 우리의 시온주의는 일맥상통하는 것이다."라고 말했다. 1878년, 팔레스타인의 유대인들은 해변에 페타 티크바Petah Tikvah(희망의 문)를 건설했다.

이제는 로스차일드까지 프랑스 백작 에드먼드와 같은 모습으로 러시아 유대인들을 위한 '리숀레치온Rishon-le-Zion(시온의 장자)' 등의 농업 마을에 자금을 지원했다. 로스차일드는 총 660만 파운드의 엄청난 돈을 기부했다. 몬티피오리와 마찬가지로, 로스차일드는 예루살렘의 성벽을 사들이려 노력했다. 1887년, 무프티 무스타파 알 후세이니Mustafa al-Husseini로부터 거래에 대한 합의를 이끌어냈지만 성사되지는 않았다. 1897년, 로스차일드가 다시 거래를 시도했을 때는 후세인 가문의 셰이크 알 하람al-Haram이 그것을 막았다.

헤르츨이 책을 쓰기 한참 전인 1883년, 2만 5,000명의 유대인들이 팔레스타인에 도착하기 시작해 첫 번째 이민자 물결(알리야)을 이루었다. 전부는 아니었지만 그들 중 대부분이 러시아 유대인이었다. 그러나 예루살렘은 1870년대에는 페르시아인들을, 1880년대에는 예멘인들을 끌어당기기도 했다. 이민자들은 자체 구역에서 함께 사는 경향이 있었다. 칭기즈 칸 시대부터 다이아몬드 세공을 했던 보석상 가문 무사이에프Moussaief를 포함한 보하라Bokhara 출신의 유대인들은 격자 모양으로 신중하게 구획한 별도의 보하라 구역에 정착했다. 보하라 구역의 저택들, 주로 네오고딕과 네오르네상스 양식이고 이따금 무어 양식이 섞인 그 웅장한 저택들은 중앙아시아 도시들과 비슷하게 설계되었다.*

1897년 8월, 헤르츨은 바젤Basle에서 최초의 시온주의자 회의를 주도했으며 그 후 일기에 "나는 바젤에 유대인 국가를 세웠다. 내가 오늘 이것을 큰 소리로 발설한다면 모두가 나를 비웃을 것이다. 그러나 아마도 5년, 그리고 50년 안에는 분명히 모든 사람들이 그것을 인정하게 될 것이다"라고 썼다. 사람들이 그것을 인정하는 데는 5년밖에 걸리지 않았다. 헤르츨은 새로운 종류의 정치인이자 공화주의자가 되어, 유럽의 새 철도들을 타고 다니며 왕들과 장관들에게 유세를 하고 귀족들을 압박했다. 그의 끝없는 에너지로 인해, 그를 언제든 죽음으로 이끌 수 있었던 허약한 심장은 더욱 약해졌다.

헤르츨은 정착민들이 바닥부터 건설하는 것이 아닌, 황제들이 하사하고 귀족 정치가들이 자금을 지원하는 시온주의를 믿었다. 로스차일드 가문과 몬티피오리 가문은 처음에는 시온주의를 불신했지만 그 최초의 시온주의 국회의원은 모지스 몬티피오리의 조카, 프란시스 몬티피오리Francis Montefiore 경의 후광을 얻었다. 프란시스는 "악수를 너무 많이 해야 했기 때문에 스위스의 찌는 여름에도 하얀 장갑을 꼈던, 다소 시시한 영국 신사였다." 그러나 헤르츨은 술탄과 끈이 닿는 유력자가 필요했다. 그는 자신의 유대인 국가가 독일어로 말해야 한다고 생각했고, 따라서 현대식 군주 모델, 즉 독일식 카이저에 의지했다.

한편 빌헬름 2세는 술탄을 만나기 위해 동방으로 여행을 했고 이어서 (그의 아버지 프리드리히 황제에게 하사된 땅에 세워진) 성묘교회에 인접한 새로운 교회를 봉헌하기 위해 예루살렘으로 향했다. 그러나 빌헬름의

---

* 예루살렘의 이른바 '폴란드계 유대인들'은 주로 러시아에서 온 하시딤이었다. 그들 중 일부는 시온주의에 반대했는데, 인간이 신의 재림과 심판의 시기를 감히 결정하는 것은 신성모독이라고 믿었다.

계획은 그것만이 아니었다. 빌헬름은 술탄을 상대로 한 외교술에 자신이 있었으며 자신을 팔레스타인에 온 프로테스탄트 순례자라고 여겼다. 무엇보다도 그는 오토만을 독일의 보호 아래 두고자 했고, 새로운 독일을 선전하고 영국의 영향력을 저지하려 했다.

헤르츨은 "독일 황제에게 가서, 내 백성을 보내라고 말하기로" 결심했고 자신의 나라를 "그 위대하고 강하고 도덕적이며 화려하게 통치되고 탄탄하게 조직된 독일"을 토대로 세우기로 결심했다. "시온주의를 통해 유대인들이 그러한 독일을 사랑하는 일까지도 가능해질 것이다."

유대인을 대하는 자세

빌헬름 황제는 의외의 유대인 후원자였다. 그는 유대인들이 아르헨티나에 정착하고 있다는 말을 들었을 때 "우리나라의 유대인들도 그곳에 보낼 수만 있다면"이라고 말했고, 헤르츨의 시온주의에 관한 이야기를 듣고는 "저는 모쉘 가문Mauschels이 팔레스타인으로 가는 것을 기꺼이 환영합니다. 빨리 사라질수록 더 좋습니다!"라고 했다. 빌헬름은 독일의 유대인 기업가들을 자주 만났고 유대인 선주 앨버트 발린Albert Ballin과도 친했지만, 마음속으로는 유대인 자본의 독이 묻을까 봐 촉수를 곤두세우고 분노하는 반셈족주의자였다.

빌헬름은 유대인들은 "내 제국의 기생충들"이며 그들이 독일을 "뒤틀리게 하고 부패하게 한다"고 믿었다. 몇 년 후 군주 자리에서 쫓겨났을 때 그는 가스를 사용해 유대인들을 한꺼번에 멸종시킬 것을 주장했다. 그러나 헤르츨은 "그 반셈족주의자들이 우리의 가장 신뢰할 만한 친구들이 되고 있다"는 것을 감지했다.

헤르츨은 카이저의 궁정을 뚫고 들어가야 했다. 먼저 그는 황제에게 영향력을 행사하는 삼촌인 바덴의 프리드리히 대공을 만나는 데 성공했다. 프리드리히 대공은 계약궤를 찾는 계획에 관심이 있었다. 프리드리히는 조카에게 편지를 썼고 황제는 다시 오일렌부르크Eulenburg 왕자, 필립에게 시온주의 계획에 대해 보고할 것을 부탁했다. 필립은 황제의 절친한 친구이자 비엔나 대사이며 능란한 정치가였다. 그는 헤르츨의 연설에 매료되었다. 시온주의는 게르만의 힘을 확장시킬 수 있는 방법이었다. 황제는 "셈족의 에너지, 창의성, 효율성은 그리스도인들을 빨아먹는 것보다 훨씬 더 가치 있는 목표들로 전환될 것"이라는 데 동의했다. 빌헬름 황제는 당시의 모든 지배 계층과 마찬가지로 유대인들이 세속의 일들에 대해 신비로운 영향력을 갖고 있다고 믿었다.

우리의 고귀한 신께서는 유대인들이 우리의 구세주를 죽였다는 것을 우리보다 더 잘 아시며 그에 따라 그들을 벌하셨다. 국제적인 유대인 자본이 가진 엄청나고 극히 위험한 힘을 생각하면서, 히브리인들이 감사한 마음으로 독일을 바라본다면 그것이 독일에 큰 유익이 되리라는 것을 잊어서는 안 된다.

헤르츨에게 이것은 복음이었다. "도처에서 무시무시한 반셈족주의자들이 히드라처럼 그 끔찍한 머리를 들고 있으며 공포에 질린 유대인들은 보호자를 찾고 있다. 그렇다면 나는 술탄에게 탄원을 해야겠다." 헤르츨은 열광했다. "멋지고 멋지다!"

1898년 10월 11일, 빌헬름 황제와 황후는 외무장관, 20명의 대신들, 2명의 의사, 80명의 하녀, 하인, 호위병 등으로 이루어진 수행단을 이끌고 황제전용기차에 올랐다. 전 세계에 강한 인상을 주기 위해 빌헬름은 십자군 스타일의 바닥까지 닿는 하얀 베일이 달린 특별한 은회색 제복을 직접 디자인했다. 10월 13일, 헤르츨은 네 명의 시온주의자 동료들과 함께 비엔나에서 오리엔트 특급을 타고 출발했으며 하얀 다이와 언미복은 물론 피스 헬멧과 사파리 수트까지 포함한 옷들을 챙겼다.

이스탄불에서 빌헬름은 마침내 헤르츨을 만났는데 그를 "인상적인 눈에 귀족적인 정신을 가진 매우 지적이고 영리한 이상주의자"라고 판단했다. 황제는 헤르츨을 지원한 이유가 "고리대금업자도 쓸모가 있기 때문"이라고 말했다. "유대인들이 식민지에 가서 정착한다면, 그들은 더욱 유용해질 것이다." 헤르츨은 그러한 중상에는 이의를 제기했다. 또 황제가 술탄에게 무엇을 요구해야 할지 묻자 헤르츨은 "독일의 보호 아래 있는 특허회사"라고 답했다. 이에 황제는 예루살렘에서 만나자며 헤르츨을 초대했다.

헤르츨은 깊은 인상을 받았다. 빌헬름 황제는 "깊은 바다색 눈, 세련되고 진지한 얼굴, 솔직하고 상냥하면서도 도도한," 전형적인 제국의 권력자였다. 그러나 현실은 달랐다. 빌헬름은 지적이고 박식했으며 정열적인 것은 분명했지만 너무도 부산하고 일관성이 없어서 오일렌부르크조차도 그가 정신병이 있는 게 아닌지 우려했다.

빌헬름은 비스마르크 수상을 실각시킨 후 독일 정치를 장악했지만 그것을 지탱하기에는 너무 불안정했다. 그가 직접 나선 외교는 재앙이었다. 그가 장관들에게 써준 메모는 너무도 충격적이어서 금고 안에 숨겨두어야 했을 정도이다. 군대에게 독일인 노동자들을 총으로 쏘라고 하거나 혹은 훈족과 같은 적들을 학살하라고 부추긴, 그의 놀랍도록 구체적인 연설은 엄청난 당황을 불러일으켰다.* 1898년, 이미 그는 어릿광대이자 전쟁광으로 간주되었다.

아무튼 빌헬름은 압둘 하미드에게 시온주의자 계획을 제안했다. 술탄은 단호히 거부하면서 자신의 딸에게 "유대인들은 큰돈을 아낄 수 있을 것이다. 내 제국이 갈라지면 유대인들은 아마도 공짜로 팔레스타인을 갖게 될 것이니 말이다. 갈라질 수 있는 것은 우리의 시체뿐이다"라고 했다. 한편 빌헬름은 그 열정적인 이슬람에게 현혹된 나머지 헤르츨에 대한 관심을 잃었다.1)

1898년 10월 29일 오후 3시, 빌헬름은 백마를 타고 자파 문 옆 성벽에 특별히 뚫어놓은 구멍을 통해 예루살렘으로 들어왔다.

마지막 십자군과 최초의 시온주의자

빌헬름은 하얀 제복을 입고 바닥까지 닿는 길이의 금실로 짠 베일을 썼다. 번쩍이는 황금 독수리가 올라앉은 첨두가 달린 모자는 햇빛에 반사되어 빛났다. 붉은 조끼에는 술탄의 창을 꽂은 채 강철 헬멧을 쓰고 십자군 스타일의 깃발을 흔드는 거구의 프로이센 경기병 기마대의 호위를

---

* 빌헬름은 수행원들조차 놀랄 정도로 예측 불가능한 행동을 했다. 장갑에 대한 사도-마조키스트적 페티시를 포함하여 젊은 시절 기괴한 취향의 성생활은 은폐되어야만 했다. 신하 중 한 명인 중년의 프로이센 장군은 발레용 치마와 깃털 목도리만을 두르고 나체로 황제를 위해 춤을 추다가 심장마비로 죽었고, 또 다른 신하는 먹이를 조르는 푸들 흉내를 내서 황제를 즐겁게 했다. 그는 "허벅지 털을 깎고 진짜 푸들 꼬리를 달았고 항문 부위에는 구멍을 표시했다. 나는 황제께서 우리를 향해 웃는 것을 볼 수 있었다." 훗날 그의 친구 오일렌부르크는 섹스 스캔들로 비밀스런 동성애 생활이 드러나면서 파멸했다. 타인의 도덕에 관해서라면 빌헬름 역시 까다로운 빅토리아 시대 사람이었다. 그는 오일렌부르크와 다시는 말을 하지 않았다.

받았다. 황후는 띠를 두르고 밀짚모자를 쓰고 무늬가 들어간 비단 드레스를 입었으며, 수행하는 두 명의 귀부인들과 함께 마차를 타고 황제의 뒤를 따랐다.

헤르츨은 독일 장교들이 가득한 호텔에서 황제의 행사를 바라보았다. 빌헬름은 예루살렘이 신흥 부국을 과시하기에 이상적인 무대라는 것을 파악했다. 그러나 모든 사람에게 좋은 인상을 주지는 못했다. 러시아의 미망인 황녀는 빌헬름의 행사가 "폭동적이며 완전히 우스꽝스럽고 역겹다!"고 생각했다. 빌헬름은 국빈 방문 시에 공식 사진사를 임명한 최초의 국가 수장이었다. 십자군 제복과 사진촬영단은 빌헬름이 "완전히 다른 두 성격, 즉 중세의 전성기를 연상시키는 기사 같은 사람인 동시에 현대인"이라고 한 오일렌부르크의 말이 무엇을 의미하는지 보여주었다.

〈뉴욕 타임스〉는 군중들이 "명절에 입는 옷들을 차려입었고 남자들은 하얀 터번을 쓰고 지그재그 줄무늬 튜닉을 입었고 터키 장교들의 부인들은 우아한 비단 밀라이(milay)를 입었다. 형편이 되는 농부들은 새빨간 색의 흩날리는 카프탄을 입었다"고 보도했다. 한편 멋진 말을 탄 베두인들은 "커다랗고 투박한 붉은 장화를 신고 작은 무기들을 잔뜩 채운 튜닉 위로 가죽 허리띠를 둘렀고" 케피예를 썼다. 셰이크들은 헤진 타조 가죽을 씌운 창을 지니고 다녔다.

유대인 개선문에서, 하얀 카프탄과 파란 터번을 쓴 90대의 수염 난 세파르디 랍비와 그의 맞수인 아슈케나지 랍비가 빌헬름에게 토라(율법서) 한 권을 선물했다. 빌헬름은 예루살렘 시장 야신 알 칼리디(Yasin al-Khalidi)의 영접을 받았는데 그는 왕족과도 같은 자주색 망토를 입고 황금 테를 두른 터번을 쓰고 있었다. 빌헬름은 다윗 탑에서 말을 내렸고 황후와 함께 걸어서 성안으로 들어갔다. 무정부주의 암살자들을 우려해 군중들은 통제되었다(바로 전 오스트리아 황후 엘리자베스가 암살된 바 있었다). 대주교들이 보석이 박힌 예복의 광채를 빛내면서 빌헬름에게 성묘교회를 보여주었을 때 황제의 심장은 예수의 발걸음을 따라 걷는 것처럼 "빠르고 열정적으로" 뛰었다.

헤르츨이 빌헬름의 부름을 기다리며 도시를 돌아보고 있을 때 빌헬름은 로마네스크 양식 탑이 있는 구속자 교회Church of the Redeemer를 봉헌했다. 구속자 교회는 빌헬름이 "특별한 관심과 사랑을 가지고" 직접 설계한 건물이었다. 또 한 명의 열광적인 고고학자이기도 했던 빌헬름은 성전산을 방문했을 때 무프티에게 발굴을 허락해달라고 했지만 나중에 정중한 항의를 받았다.

11월 2일, 헤르츨은 마침내 황제의 부름을 받았다. 다섯 명의 시온주의자들은 몹시 긴장했고 그중 한 명은 브롬화물(진정제)을 가져가자고 제안할 정도였다. 그들은 하얀 타이, 연미복과 실크 모자를 갖춰 입고 황제의 숙소가 있는 다마스쿠스 문 북쪽에 도착했다. 그곳은 토머스 쿡의 마을 가운데 하나로 230개의 천막이 있었으며 120대의 마차들이 오가고 1,300마리의 말을 수용할 수 있는 곳이었다. 100명의 마부, 12명의 요리사와 60명의 급사들이 일했으며 그 모든 것을 오토만 군대가 경호하고 있었다. 여행의 대가 존 메이슨 쿡John Mason Cook은 "십자군 이후 예루살렘에서 가장 큰 연회가 열렸다. 우리는 온 나라의 말들과 마차들, 심지어 음식들까지 쓸어왔다." 영국 주간지 〈펀치Punch〉는 빌헬름을 "쿡의 십자군"이라며 조롱했다.

헤르츨은 빌헬름 황제가 "화려한 회색 제복을 입고 베일을 댄 헬멧을 쓰고 갈색 장갑을 끼고 (완전히 기이한) 고리 달린 말채찍"을 들고 있는 것을 보았다. 헤르츨은 황제에게 다가가 "걸음을 멈춘 후 허리를 숙였다. 빌헬름은 아주 친근하게 손을 내밀었고" 헤르츨에게 이렇게 훈계를 했다. "그땅에는 물과 그늘이 필요하다. 모두를 위한 방이다. 당신이 벌이는 일의 발상은 건전한 것이다." 헤르츨이 상수도를 설치하는 것은 가능하긴 하지만 비용이 많이 든다고 말하자 황제는 "당신은 우리 모두의 재산을 합친 것보다 더 많은 돈을 가지고 있다"고 대답했다. 헤르츨은 현대화된 예루살렘을 제안했지만 황제는 "긍정도 부정도 하지 않은 채" 만남을 끝냈다.

역설적이게도 황제와 헤르츨은 모두 예루살렘을 꺼려했다. 빌헬름은 그곳을 "조악하고 무미건조한 돌무더기들"이라고 표현했다. "그곳은 유대인 식민지 이민자들이 형성한 꽤나 넓은 현대식 교외 구역들 때문에 완전히 망가졌다. 기름에 절어 더러운 60만 명의 사람들이 그곳에서 위축되고 비굴한 채로 이웃들에게 한 푼이라도 더 뜯어내려 애쓰는 것 외에는 아무것도 하지 않으면서 살고 있다. 온통 샤일록들뿐이다."* 빌헬름은 사촌인 러시아 황제 니콜라스 2세에게 "그리스도인들의 편집증적 숭배"를 경멸한다고 썼다. "예루살렘을 떠나면서 나는 무슬림들에게 커다란 부끄러움을 느꼈다." 헤르츨도 그와 비슷했다. "오, 예루살렘이여, 내가 앞으로 너를 기억할 때는 그것이 즐겁지 않으리라. 너의 악취 나는 골목들에는 2,000년간의 비인간성, 불관용, 저속함이 퀴퀴하게 쌓여 있다." 헤르츨은 서쪽 벽이 "흉측하고 끔찍하고 아귀다툼을 벌이는 거지들"로 가득하다고 생각했다.

그러나 그는 "예루살렘이 영원히 우리의 것이 된다면 나는 성스

---

* 황제의 게르만인 특유의 거대증gigantism은 유대 예루살렘의 스카이라인을 바꾸었다. 그의 아우구스타 빅토리아 호스피스는 비밀탑이 있는 독일 중세식 요새였고, 요르단에서도 보일 정도로 높았으며, 올리브 산을 압도했다. 또한 시온 산 위에 있는 가톨릭 성모 영면 교회Catholic Dormition Church는 외부는 웜스 성당Worms Cathedral, 내부는 아헨Achen의 샤를마뉴 성당을 모방했으며 "라인 골짜기에나 어울릴 만한 거대한 탑들"을 두었다.

럽지 못한 모든 것을 일소하고 더러운 쥐구멍들을 다 파내버릴 것이며" 옛 도시를 루르드^{Lourdes}나 메카와 같은 유적지로 보존하겠다는 꿈을 꾸었다. "나는 적합한 하수시설을 갖춘 쾌적한 환경을 만들 것이며 성지들을 중심으로 완전히 새로운 도시를 만들 것이다." 훗날 헤르츨은 예루살렘이 공동소유가 되어야 한다고 판단했다. "우리는 예루살렘을 특별 영토처럼 만들어서 누구의 소유도 아닌 동시에 모두의 소유가 되도록 만들어야 하며, 성지들은 모든 종교인들의 공동소유가 되게 해야 한다."

빌헬름은 다마스쿠스로 길을 잡았고 그곳에서 자신을 이슬람의 보호자로 선언했으며 살라딘에게 새로운 무덤을 하사했다. 그때 헤르츨은 카프탄을 쓴 3명의 건장한 유대인 짐꾼들에게서 미래를 보았다. "우리가 저들과 같은 유대인 30만 명을 이곳에 데리고 올 수 있다면 이스라엘 전체가 우리의 것이 될 것이다."

그러나 팔레스타인에서 예루살렘은 이미 유대인들의 중심지였다. 4만 5,300명의 거주자들 가운데 2만 8,000명이 유대인이었으며 그것은 이미 아랍의 지배권을 위협하는 성장이었다. 1899년 늙은 유수프 칼리디는 프랑스의 랍비 수장이자 친구인 사독 칸$^{Zadok\ Khan}$에게 "누가 팔레스타인에 대한 유대인의 권리에 시비를 걸 수 있겠는가?"라고 말했다. "팔레스타인이 역사적으로 자네들의 나라인 건 신도 잘 아신다네. 하지만 잔인한 현실은, 팔레스타인이 이제는 오토만제국의 핵심적인 부분이라는 것이고, 더욱 중요한 것은 이스라엘 민족보다 다른 민족들이 더 많이 살고 있다는 것이라네."

이 편지는 팔레스타인 국가라는 개념(칼리디는 예루살렘 출신의 아랍인이었고 오토만인이자 궁극적으로는 세계시민이었다)과 시온에 대한 유대인의 권리를 부정할 수밖에 없는 필연성을 예견하는 한편, 그 자체로서 유구하고 합법적인 유대인의 귀환이 마찬가지로 유구하고 합법적인 아랍인들의 존재와 충돌할 것임을 예견했다.

1903년 4월, 러시아 짜르의 내무장관 바체슬라브 폰 플레베Viacheslav von Plehve의 지원을 받은 키시네프Kishinev 포그롬이 러시아 전역에서 반셈족 학살과 테러를 일으켰다.* 당황한 헤르츨은 극단적인 반셈족주의자인 플레베와 직접 협상하기 위해 상트페테르부르크로 갔지만 황제와 술탄을 설득하는 데 실패하자 팔레스타인 밖에서 임시영토를 찾기 시작했다.

헤르츨은 새로운 후원자가 필요했다. 그는 키프로스 혹은 영국령 이집트의 일부인 시나이의 엘 아리시 주변을 유대인의 영토로 제안했는데, 두 곳 모두 팔레스타인과 가까운 지역들이었다. 1903년, 로스차일드 가문 최초로 경Lord 칭호를 받은 네티Natty가 마침내 시온주의와 가까워졌고 헤르츨을 영국 식민지 담당 장관 조지프 체임벌린Joseph Chamberlain에게 소개했다. 체임벌린은 키프로스는 배제하고 엘 아리시를 고려한다는 데 동의했다. 헤르츨은 변호사를 고용해 유대인 정착을 위한 허가신청서를 초안했다. 그 변호사는 마흔 살의 자유주의 정치인 데이비드 로이드조지David Lloyd George였다. 이후 그의 결정들은 살라딘 이후 그 누구보다 더 예루살렘의 운명을 바꾸게 된다. 신청은 기각되었고 헤르츨은 크게 실망한다. 체임벌린과 수상 아서 밸푸어Arthur Balfour는 또 다른 영토를 떠올렸다. 그들은 우

---

* 짜르의 비밀경찰 피오트르 라흐코프스키Piotr Rachkovsky에 의해 만들어진 책이 1897년 바젤에서 있었던 헤르츨 회의의 비밀기록이라고 날조된 때가 바로 이 시기였다. 1864년부터 황제 나폴레옹 3세에 대항한 프랑스 풍자와 1868년 헤르만 고드시Hermann Goedcshe의 반셈족 독일 소설에서 〈시온 장로들의 의정서The Protocols of the Elders of Zion〉가 탄생했다. 그 의정서는 유대인들이 정부, 교회, 언론에 침투하여 전쟁과 혁명을 유발하고 다윗 왕가의 전제정치 체제가 지배하는 세계 제국을 창설하려 한다는 터무니없고도 악마적인 계획을 담고 있었다. 1903년에 공개된 그 의정서는 유대인 혁명가들에 의해 짜르 체제가 위협받고 있던 러시아에서 반셈족주의를 도발하기 위한 것이었다.

간다 혹은 케냐 일부를 유대 영토로 제안했다. 대안이 없었던 헤르츨은 일단 받아들였다.2)

황제들과 술탄들을 설득하려는 시도가 실패한 것과 상관없이 헤르츨의 시온주의는 러시아의 박해를 받는 유대인들, 특히 프롱스크Płońsk 의 부유한 변호사 가문의 열한 살 소년에게 영감을 주었다. 열한 살 소년 다비드 그루엔David Grün은 헤르츨이 유대인들을 이스라엘로 돌려보내줄 메시아라고 생각했다.

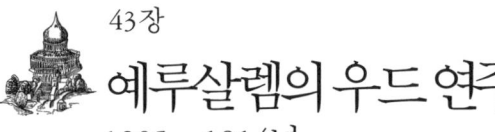

43장
예루살렘의 우드 연주자
1905~1914년

다비드 벤구리온의 출현

다비드 그루엔의 아버지는 이미 시온주의 운동의 전신인 '시온을 사랑하는 이들'의 지역 지도자였으며 열렬한 히브리주의자였다. 이 때문에 소년은 어려서부터 히브리어를 배웠다. 한편 그루엔은 다른 많은 시온주의자들과 마찬가지로 헤르츨이 우간다 제안을 수용했다는 소식을 읽고는 충격을 받았다. 제6차 시온주의자 회의에서 그는 이른바 자신의 우간다주의를 선전하려 했지만 운동을 분열시키는 결과를 얻었을 뿐이었다.

그의 라이벌이자, 미국 이민자들의 동화를 묘사하기 위해 '용광로 melting-pot'라는 조어를 만들어낸 영국의 극작가 이스라엘 쟁윌은 유대인 지주주의자 조직Jewish Terriotorialist Organization의 창립을 위해 서둘러 떠났다. 그는 일련의 돈키호테식 비팔레스타인 시온을 추구했다. 오스트리아의 부호 바롱 모르스 드 이르슈Baron Maurice de Hirsch는 아르헨티나의 유대인 식민지들에 자금을 지원했으며 뉴욕의 금융인 제이콥 시프Jacob Schiff는 텍사스의 러시아계 유대인들을 위해 갤버스턴 계획Galveston Plan, 즉 론스타 시온Lone Star Zion을 추진했다. 또 엘 아리시에 대한 지원이 강화되었다. 엘 아리시는 팔레스타인과 가까웠고 또한 시온주의는 시온 없이는 아무것도 아니었기 때문이다. 그러나 그러한 계획들* 중 어떤 것도 제대로 이루어지지 않았고, 장거리 여행에 지친 헤르츨은 얼마 후 마흔네 살의 나이로 죽었다. 헤르츨은 유대인의 고난에 대한 해결책의 하나로서 특히 러시아에서의 시온주의 확립에 성공했다.

젊은 다비드 그루엔은 자신의 영웅 헤르츨을 애도하면서도 "우간다주의와 싸우는 가장 효과적인 방법은 이스라엘 땅에 정착하는 것"이라고 결론 내렸다. 1905년 니콜라스 2세 황제는 하마터면 그의 왕좌를 빼앗길 뻔한 혁명을 맞았다. 혁명 참여자의 대다수가 유대인이었는데, 그중 가장 두드러진 인물은 레온 트로츠키Leon Trosky였다. 사실 그 혁명 참여자들은 인종과 종교를 모두 경멸했던 국제주의자internationalist였다. 그럼에도 불구하고 니콜라스는 조작된 반셈족주의 문건, 〈시온 장로들의 의정서〉가 현실이 되고 있다고 느꼈다. 니콜라스는 "예언이 딱 맞는군! 올해 1905년은 진정 유대인 원로들에게 지배를 당하는구나!" 니콜라스는 마지못해 헌법을 수용하면서 '블랙 헌드레드Black Hundred'라는 별명의 국가주의 보복단체에 의한 학살을 통해 반셈족주의를 부추김으로써 손상된 전제정치를 복원하려고 했다.

그러한 포그롬들은 당시 사회주의 정당 포알레이 시온Poalei Zion(시온의 노동자들)의 당원이었던 다비드 그루엔을 자극해, 그를 오데사에서 출

---

* 알래스카, 리비아, 이라크, 남아메리카 등 최소 34군데의 다양한 지역들이 제시되었다. 마이클 샤본Michael Chabon은 공포물 《이디시 경찰의 조합The Yiddish Policeman's Union》에서 제2차 세계대전 중의 알래스카 계획을 조롱했다. 처칠과 루스벨트부터 히틀러와 스탈린에 이르는 정치인들은 또 다른 계획들을 추진했다. 1941년 소련을 공격하기 전 히틀러는 유대인들을 마다가스카르의 사형수 식민지로 강제이주시킬 계획을 세웠다. 1930년대와 1940년대, 처칠은 유대인들에게 리비아를 정착지로 제안했다. 한편 1945년에는 처칠의 식민지 담당 장관 로인Loyne 경이 동프러시아를 유대인들에게 제안했다. 앞으로 보게 될 바와 같이 스탈린은 실제로 유대인 정착지를 세웠으며 1940년대에 유대인 크림반도를 고려했다.

발하는 순례선에 올라 팔레스타인으로 향하게 만들었다. 플롱스크 출신의 소년 그루엔은 세속 개척자들의 물결인 제2차 알리야의 전형적인 사람이었다. 제2차 알리야의 대다수가 예루살렘을 중세식 미신의 터전으로 여기는 사회주의자들이었다. 1909년, 그 정착민들은 자파 항구 근처의 모래언덕 위에 텔 아비브Tel Aviv를 건설했다. 1911년, 그들은 북쪽에 새로운 집단농장(최초의 키부츠kibbutz)을 건설했다.

그루엔은 도착 후 몇 달간 예루살렘을 찾지 않았다. 대신 그는 갈릴리 들판에서 노동을 했으며 1910년대 중반, 스물네 살이 되던 해에 예루살렘으로 옮겨가서 시온주의 신문에 글을 쓰기 시작했다. 강마른 작은 체구에 곱슬머리를 하고 사회주의자로서의 자신의 정체성을 강조하기 위해 항상 러시아 루바시카rubashka(블라우스풍의 남성용 상의) 작업복을 입고 다녔던 그루엔은 '벤구리온'이라는 필명을 사용했다. 그것은 시몬의 코크바Kochba라는 바bar의 어떤 장교 이름에서 따온 것이었다. 낡은 셔츠와 새로운 이름은 떠오르는 시온주의 지도자의 양면을 보여주는 듯했다.

벤구리온은 당시 대부분의 시온주의 동료들과 마찬가지로 폭력 없이, 그리고 팔레스타인의 아랍인들을 지배하지도 내쫓지도 않은 채로 사회주의 유대인 국가가 건설될 것이라고 믿었다. 아니, 오히려 서로 공존하게 될 것임을 믿었다.

벤구리온은 유대인과 아랍인 노동자 계급이 협력할 것이라고 확신했다. 어쨌든 시돈과 다마스쿠스의 오토만 빌라예트Vilayet(주州)와 예루살렘의 산야크Sanjak(당시에는 팔레스타인으로 불렸다)는 빈곤에 찌든 뒷골목이었고 60만 명의 아랍인들은 여럿으로 흩어져서 살고 있었다. 개척할 공간은 넉넉했다. 시온주의자들은 아랍인들이 유대인 이민자들과 경제적 이익을 공유하기를 기대했다. 그러나 유대인과 아랍인들은 거의 섞이지 않았으며, 시온주의자들은 그 아랍인들 대부분이 유대인들의 정착에서 이익을 얻기를 기대하지 않는다는 것을 알지 못했다.

예루살렘에서 벤구리온은 창문 없는 골방을 빌렸지만 대부분의 시간을 옛 도시의 아랍인 카페에서 최신 아랍 노래들이 나오는 축음기 음반들을 들으며 보냈다.3) 바로 그때 예루살렘 원주민이자, 이미 미와 쾌락의 감식자였던 그리스도인 아랍 소년 하나가 같은 카페에서 같은 노래들을 들으며 류트lute라는 현악기를 사용해 그 노래들을 연주하는 법을 배우고 있었다.

우드 연주자 와시프의 이중생활

와시프 자우하리예는 소년 시절 류트(우드oud)를 배우기 시작했으며, 곧 마을에서 제일가는 우드 연주자가 되었고 음악을 직업으로 삼았다. 그 덕분에 와시프는 지위고하를 막론한 온갖 사람들과 만날 수 있었다. 1897년에 태어난 그는 예루살렘 유력 가문들과 친분이 있고 마을에서 존경받는 그리스정교회 목사의 아들이었다. 와시프는 지역 유지가 되기에는 예술적 재능이 너무 뛰어났다. 그는 이발사 도제 수업을 받았지만 곧 부모님을 거역하고 음악가가 된다. 예루살렘의 유력자들부터 오토만의 파샤들, 이집트 여가수들, 해시시를 피우는 음악가들, 난잡한 유대인 여자들까지, 모든 것을 목격하고 모든 사람을 알고 있던 와시프는 일곱 살 때부터 일기를 쓰기 시작했으며 그것은 예루살렘 문학의 걸작 가운데 하나가 되었다.*

일기를 쓰기 시작했을 때, 와시프의 아버지는 여전히 하얀 당나귀를 타고 일을 했지만 와시프는 최초의 말 없는 운송수단, 즉 어느 아메리칸 콜로니스트 단원이 자파 도로에서 운전하고 있던 포드Ford 자동차를 보았다. 전기 없는 삶에 익숙했던 그는, 곧 러시아 구역에서 영화 보는 일을 즐기게 된다("문 앞에서 1오토만 비슐리크의 입장료를 받았다").

와시프는 혼합된 문화 속에서 흥청거렸다. 성 조지 영국 공립학교에서 수학한 그리스도인인 그는 《쿠란》을 연구하고 성전산에서 소풍을 즐겼다. 그는 스페인계 유대인들을 "야후드, 아우라드 아랍(유대인들, 아랍의 아들)"으로 간주했으며 유대인 부림절에 맞추어 옷을 갖추어 입고, 매년 시몬의 무덤에서 열리는 유대인 소풍에 참여했으며, 그곳에서 우드와 탬버린에 맞추어 안달루시아의 노래들을 불렀다. 한번은 몬티피오리 거리에 있는 유대인 재단사의 집에서 공연을 하면서 아슈케나지인들의 합창을 배경으로 유명한 아랍 노래를 유대식으로 바꾸어 부르기도 했다.

1908년, 예루살렘은 '청년 투르크 혁명Young Turk Revolution'을 맞는다. 혁명은 폭압적인 압둘 하미드와 비밀경찰을 축출했다. 청년 투르크(노동조합과 진보위원회Commitee of Union and Progress)는 1876년 헌법을 복원하고 의회선거를 요구했다. 지지자들에게는 '유대인 파샤'로 정적들에게는 '작은 헤롯'으로 불리던 사업가 앨버트 앤터비Albert Antebi가 흥분에 잠겨 자파 문에서 기쁨에 들뜬 군중들에게 수백 개의 빵 덩어리를 던졌다. 어린이들은 소꿉놀이에서 청년 투르크의 쿠데타를 흉내 냈다.

아랍인들은 자신들이 마침내 오토만의 폭정에서 해방될 것이라고 믿었다. 초기 아랍 민족주의자들은 아라비아를 중심으로 한 왕국과 대시리아를 중심으로 한 왕국 사이에서 확신을 갖지 못했다. 그러나 레바논 작

---

* 역설적이게도 서구인들은 유럽 관광객들의 피상적인 비망록들은 선호한 반면, 이스라엘의 창립과 그 이후까지 다루고 있는 이 뛰어난 예루살렘 연대기는 단 한 번만 아랍어로 출판되었을 뿐이다.

가 나지브 아주리Najib Azouri는 이미 아랍인들의 포부와 유대인들의 포부가 동시에 진행되고 있다는 것과 충돌이 임박해 있음을 눈치챘다. 예루살렘은 유력 가문의 우스만 알 후세이니Uthman al-Husseini와 유수프 칼리디의 조카이자 작가이며 처세의 달인이었던 루히Ruhi를 국회의원으로 선출했다. 루히 칼리디는 부대변인이 되었으며 자신의 지위를 이용해 시온주의와 유대인 토지매입에 반대하는 운동을 펼쳤다.

어느 때보다 부유해진 유력 가문들은 번성을 누렸다. 유력 가문의 아들들은 와시프처럼 성 조지 영국 공립학교에서 교육을 받았고 딸들은 후세이니 여학교에서 배웠다. 이제 여성들은 아랍풍 옷과 서양풍 옷을 모두 입었다. 영국 학교들을 통해 예루살렘에 축구가 유입되었다. 매주 토요일 오후마다 밥 알 사흐라Bab al-Sahra 밖에 있는 운동장에서 축구경기가 열렸다. 후세이니가의 소년들은 특히 열정적인 선수들이었다. 일부는 타부시를 쓴 채로 경기를 하곤 했다.

제1차 세계대전 이전에 와시프는 여전히 학생이었지만 이미 보헤미안과도 같은 이중생활을 하고 있었다. 그는 우드 연주자였으며 유력 가문들에게는 신뢰할 만한 해결사이자 파티기획자였으며 아마도 은밀한 포주 역할까지 했던 것 같다. 예루살렘의 유력 가문들은 이제 성벽 바깥 셰이크 자라의 새로운 저택들에서 살았다. 유력자들은 도박을 하거나 정부들과 지내기 위해 작은 아파트인 오다odah 혹은 독신 남자용 아파트를 빌리는 것이 관습이었는데, 그들은 와시프에게 아파트의 보조열쇠들을 맡겼다.

와시프의 후원자이자 예루살렘 시장의 아들인 후세인 에펜디 알 후세이니Hussein Effendi al-Husseini는 자파 도로 변에 있는 오다에 그리스계 알바니아인의 침모 출신인 호리호리한 정부 페르세포네Persephone를 두었다. 사업수완이 뛰어난 그 요부는 가축 거래를 시작했고, 자신의 상표를 붙인 의

료용 타임오일을 팔았다. 페르세포네는 노래 부르기를 좋아했고 젊은 와시프와 함께 우드를 연주했다. 1909년, 후세이니는 시장이 되었고 페르세포네를 다른 남자와 결혼시켜버렸다.

유력자들의 정부들은 보통 유대인, 아르메니아인, 또는 그리스인이었지만 이제 수많은 러시아 순례자들이 예루살렘의 쾌락주의자들을 위한 가장 풍부한 자원이 되었다. 와시프는 미래의 시장 라게브 알 나샤시비Ragheb al-Nashashibi와 이스마일 알 후세이니Ismail al-Husseini 무리를 위해 '러시아 아가씨들'을 부르는 비밀파티를 마련했다. 바로 그때 러시아에서 온 한 기이한 순례자는 동포들이 머물고 있는 도시의 놀라운 타락과 매춘에 대해 불평을 늘어놓고 있었다.4) 1911년 3월에 도착한 이 쾌락주의적인 수도사는 러시아 황제 부부의 영적 조언자이자 말벗이었다. 또한 혈우병에 걸린 황제 부부의 아들 알렉세이Alexei를 치료할 수 있는 것은 오직 그 수도사뿐이었다.

라스푸틴, 쾌락의 한가운데

그리고리 라스푸틴Grigory Rasputin은 "나는 그 기쁜 감동을 묘사할 길이 없으며 당신의 영혼이 즐거이 '죽은 자 가운데서 주를 일어나게 하라'고 노래를 부르는 한 잉크는 더 이상 필요가 없습니다"라고 썼다. 마흔네 살의 시베리아 출신 농부였던 그는 방랑하는 성인으로 변신했다. 그는 1903년 무명의 순례자로 예루살렘에 처음 왔으며, "한 번에 700명이나 되는 사람들을 소 떼처럼 우리에 가둔 채" 오데사에서 출발하는 끔찍한 여객선을 아직도 기억하고 있었다. 라스푸틴은 그때 이후 세상에 이름을 드러냈다. 이번에는 라스푸틴을 '내 친구'라고 부르는 니콜라스 2세가 그가 상트페테르부르크를 떠나 순례길에 오르도록 후원해주었다. 그것은 식당에서 창녀들과 파티를 하고 성기를 드러낸 채 소변을 누는, 성스러운 죄인에 대한 커져가는 비판을 피하기 위함이기도 했다. 이제 라스푸틴은 예루살렘의 정교회 대주교의 대저택에서 멋지게 휴식을 취했다. 그러나 그는 평범한 순례자들의 보호자를 자처했으며 부활절의 표현할 수 없는 기쁨을 표현했다. "모든 것이 그대로다. (성서의) 시대와 똑같이 차려입고 구약시대와 똑같은 코트와 기이한 드레스를 입은 사람들을 보라. 눈물이 터지는구나." 거기에는 섹스와 음주가 있었다. 라스푸틴은 그 분야에 전문가였다.

1911년 부활절에 1만 명이 넘는 러시아인들이 예루살렘에 왔다. 대부분은 통제불능인 농부들이었던 그들은 어느 때보다 커진 러시아인 구역의 숙소들에서 머물면서 세르게이 대공의 마리아 막달레나 교회와 성묘 교회 옆에 새로 지은 알렉산더 네브스키 교회에서 기도했다.* 이 방문객들로 인해 러시아 민족에 대한 악평이 날로 더해갔다. 심지어 초기에 러시아 영사는 시릴 나우모프Cyril Naumov 주교를 "아랍인 배우들과 여자들로 둘러싸인 알코올 중독자이자 어릿광대"라고 묘사했다. 순례자들로 말할 것 같으면 "그들 가운데 대부분은 예루살렘의 거룩함에도 맞지 않고 순례의 목적에도 맞지 않으며, 온갖 유혹의 먹잇감이 되는 그런 방식으로 예루살렘에서 살고 있다."

숫자가 많아질수록 술과 싸움질에 빠진 순례자들은 통제하기가

---

* 러시아 존재감의 수호자였던 세르게이는 죽은 지 오래였다. 1905년, 세르게이는 최종적으로 모스크바 총독을 사임했지만 크렘린 안에서 테러리스트들에 의해 산산이 부서졌다. 아내 엘라는 바깥으로 뛰어나가 남편의 시신 조각들을 모으며 땅바닥을 굴렀다. 그러나 팔 없는 몸통과 두개골 조각과 턱만을 찾을 수 있을 뿐이었다. 엘라는 감옥에 있는 살인자들을 만나러 가기도 했다. 그 후 그녀는 팔레스타인협회 회장으로서 세르게이를 승계했다. 이제 팔레스타인협회는 니콜라스 2세의 직접 감독을 받게 되었다. 한편 엘라는 라스푸틴의 커져가는 권력을 두고 자매인 황후 알렉산드라와 사이가 틀어졌다. 그리고 비극적이게도 그녀는 예루살렘으로 돌아오게 된다.

더욱 어려워졌고 라스푸틴은 무슬림들은 말할 것도 없고 가톨릭과 아르메니아인들에 대한 미움을 드러냈다. 1893년, 어떤 부유한 순례자의 러시아인 호위병은 총을 쏘아 라틴인 성구관리인을 죽였다. 그런 후 어떤 가톨릭이 그에게 교회로 가는 길을 묻자 또 다시 세 명을 쏘아 죽였다. "술은 도처에 있고 값이 싸지. 그리고 그 술은 대부분 아데니 출신 수녀들이 만들어 내지"라고 라스푸틴은 말했다. 성적 난잡함은 그보다 더 심했다. 앞에서 본 바와 같이 러시아 순례자들은 예루살렘 유력자들의 파티에 손쉽게 초대받았고 일부는 정부 역할을 하며 예루살렘에 남기도 했다. 라스푸틴은 다음과 같이 경고를 했다. 그는 자신의 말이 무엇을 의미하는지 잘 알고 있었다.

> 수녀들은 예루살렘으로 절대 여행하지 말라. 수녀들 대부분은 그곳에서 직접 생계를 해결한다. 자세히 설명할 필요도 없이 그곳에 다녀와본 적이 있는 사람은 젊은 형제와 자매들이 얼마나 많은 실수들을 저지르는지를 알고 있다! 여자들에게 그것은 매우 어려운 일이다. 그녀들은 더 오래 머무르도록 강요받으며 유혹은 크고 적들은(그들의 적은 가톨릭인가, 무슬림인가?) 시기심이 엄청나다. 수많은 수녀들이 첩이 되었고 시장터의 여자가 되었다. 그들은 "우리에겐 부유한 후원자가 있다"라고 말하면서 당신들을 그 목록에 넣는다!*

---

* 러시아로 돌아온 후 라스푸틴은 왕실 가족들 사이에서 자신의 밀접한 역할을 되찾는다. 그는 1915년 제1차 세계대전 중에 《나의 생각과 사색: 성지로의 여행에 대한 짧은 이야기My Thoughts and Reflections: Brief Description of a Journey to the Holy Places》를 발표했고 당시 알렉산드라를 떠나 러시아 군대를 지휘하고 있었던 니콜라스 2세는 라스푸틴을 후방의 실질적인 권력자로 삼고 그의 조언을 들었다. 그런데 결과는 재앙이었다. 라스푸틴은 문맹이었다. 책은 구술한 것으로 보이며 황후가 직접 수정했다는 설이 있다. 자기의 권력과 비호감이 최고조에 올랐을 때 존경받는 순례자로서의 이미지를 강화하기 위해 책을 발표했지만 때는 너무 늦어버렸다. 라스푸틴은 얼마 지나지 않아 암살되었다.

쾌락의 행렬은 양쪽에서 왔다. 라스푸틴과 거의 같은 시기에 그 쾌락의 순례단에 동행했던 영국인 저널리스트 스티븐 그레이엄은 다음과 같이 묘사했다. "아랍 여인들은 규제에도 불구하고 성 주간Holy Week 동안 여관 주변에 자리를 잡고 농민들에게 진gin과 코냑cognac을 팔았다. 예루살렘은 순례자와 관광객들은 물론 협잡꾼, 쇼맨, 행상들, 몬테네그로인 경찰, 말을 탄 투르크인 근위기병, 당나귀를 탄 순례자, 수레를 탄 순례자들로 넘치기 시작했다." 영국인과 미국인도 있었지만, "예루살렘은 러시아인들, 아르메니아인들, 불가리아인들, 그리스도교 아랍인들의 손에 넘어가 있었다."

러시아 행상꾼들은 방문객들을 유혹했다. "넓은 어깨에 키가 크고 뚱뚱하며 지저분한 검은 머리에 면도하지 않은 얼굴, 두툼한 붉은 입술 위로 조금은 감각적으로 늘어진 부스스한 수염을 한 농부" 필립은 이른바 유대인 공장에서 만들어진 "수도사들의 포주, 상점 주인들에게 암표를 파는 그리스도인, 상품 밀수꾼, 부도덕가, 종교 문서에 나오는 장사꾼"의 전형적인 모습이었다. 타락한 성직자들은 만취, 종교적 히스테리, 시체 닦기 등으로 예루살렘의 날들을 마감했다. 수많은 러시아인들이 예루살렘에서 (행복하게) 죽었다. 한편 마르크스주의 선전가들이 러시아 농민들에게 혁명과 무정부주의를 선전함으로써 그와 같은 선동적인 혼란을 더욱 가중시켰다.

그레이엄은 종려주일에 예루살렘에 도착했는데, 때마침 투르크 군인들이 순례자들에게 반격을 가했다. 성묘교회에서 쏟아져나온 군중들은 "크게 소리를 지르고 정교회 아랍인들은 백파이프를 불고 종교적 열광으로 울부짖었다." 그러다 갑자기 "붉은 모자를 쓴 한 무리의 투르크인들과 터번을 쓴 무슬림들이 그들을 공격했다. 그들은 큰 함성을 지르며 방망이로 길을 만들고 올리브 가지를 든 사람을 덮치더니 그 가지를 빼앗아서는 부러 뜨리고 달아났다. 한 미국인 소녀가 코닥^{Kodak}으로 그 장면을 찍었다. 그리스도교 아랍인들은 복수를 다짐했다."

그 후에는 러시아인들이 황금 문에서 '위대한 정복자'의 제2강림을 기나렸다. 그러나 질징은 거룩한 불이었다. 불꽃이 니타나자, "흥분한 정교회 신자들은 도르래를 타고 내려온 불꽃을 가슴에 밀어 넣고 기쁨과 황홀함에 소리를 질렀다. 그들은 마치 이상한 약을 먹기라도 한 것처럼 노래를 불렀고" 어떤 사람은 "키리 엘레이슨: 예수께서 일어나신다$^{KYRIE\ ELEISON:\ CHRIST\ IS\ RISEN}$"라고 소리를 질렀다. 군중들이 계속 몰려들었고 그들은 총부리와 채찍으로 통제되어야 했다.

그날 밤 그레이엄은 ("어린아이들처럼 흥분하고 열에 들뜨고 분주하게 왔다갔다 하는") 동료들이 예루살렘의 흙과 물, 종려나무, 수의, 만화경으로 가방을 채우는 것을 보았다. "그리고 우리는 다시 한 번 서로에게 입을 맞추었다."

그 밤의 포옹과 입맞춤이란 다정한 입술들의 부딪힘, 턱수염과 콧수염의 뒤엉킴이었다. 그날 시끌벅적한 축제의 날이 시작되었다. 많은 포도주, 코냑, 아라크^{arak}(아니스 씨로 만든 술)가 대다수 영국인들의 간담을 서늘케 했을 것이다. 술 취한 춤은 예수에게라도 낯선 것이었으리라!

그 해 부활절은 유월절과 나비 무사와 겹쳤다. 라스푸틴은 정교회 수녀들의 도덕을 감시하고 와시프는 그것을 깨트리느라 한창 바쁠 때 한 영국인 귀족이 폭동을 촉발시켜 전 세계 신문의 헤드라인을 장식했다.5)

사기꾼의 대몰락

몬티 파커Monty Parker는 스물아홉 살의 귀족으로 깃털 같은 화려한 콧수염과 에드워드 7세식의 뾰족한 턱수염을 가졌으며 취향은 고급스럽고 수입은 별 볼 일 없었다. 그는 기회주의자이고 경솔한 사기꾼이었으며 언제나 손쉽게 한 재산을 만들 방법, 아니면 적어도 자신의 사치품들에 돈을 대줄 사람을 찾고 있었다. 몬티 파커의 아버지는 글래드스턴의 지난 정부에서 장관을 맡았던 사람이었고 형은 몰리 백작이었다. 또한 자신은 전직 근위대 장교이면서 보어전쟁 참솔용사였으며 오래전 이튼학교를 졸업했다. 파커는 핀란드 출신의 신비주의 성직자를 한 명 만났는데, 이 성직자는 그들이 함께 예루살렘에서 세계 역사 가운데 가장 가치 있는 보물을 발견할 수 있을 거라는 말로 그의 환심을 샀다.

그 성직자는 발터 유벨리우스Valter Juvelius였다. 그는 성서시대의 옷을 차려입고 성서의 암호를 해독하는 취미를 가진 교사이자 시인이자 강신론자였다. 유벨리우스는 오랫동안 〈에스겔〉을 연구하고 한 스위스 심리학자의 교령회에 자극을 받은 후 자신이 '에스겔의 암호'를 밝혀냈다고 믿었다. 그 암호에 따르면, 기원전 586년 네부카드네자르의 예루살렘 파괴가 임박했을 때 유대인들이 이른바 '성전 문서(계약궤)'를 성전산 남쪽의 동굴에 감추어놓았다고 한다. 유벨리우스는 궤를 찾는 데 필요한 자금을 모으는 것을 도와줄 행동대장이 필요했다. 그렇다면 에드워드 시대 런던에서 최고의 인맥을 가진, 우둔하지만 열정적인 기질의 영국인 귀족보다 더 나은 사람이 누가 있었겠는가?

유벨리우스는 파커에게 비밀스런 사업설명서를 보여주었고, 파커는 흥분한 채 그 계시를 읽었다.

나는 지금 지극히 독창적인 추론을 하고 있다. 즉 아켈다마^Akeldama가 성전 문서가 있는 곳으로 들어가는 입구이며 성전 문서는 숨겨진 장소에 온전하게 보관돼 있다는 것을 실증적으로 입증했다고 믿는다. 2,500년 된 은신처에서 성전 문서를 가지고 나오는 것은 간단한 문제다. 암호의 존재는 성전 문서가 온전하게 존재하고 있다는 증거다.

파커는 그 괴짜의 치밀한 주장에 설득당했다. 그것은 《다비치 코드^The Da Vinci Code》의 줄거리보다도 엉성하지 않았다. 독일 황제까지 교령회에 참석하고 많은 사람들이 유대인의 음모를 믿고 있던 때에, 유벨리우스가 개종자를 찾는 일은 문제가 아니었다. 그의 제자들 가운데 하나가 "유대인들은 다소 비밀스러운 인종입니다"라고 편지를 쓴 것만 보아도, 그들이 틀림없이 궤를 잘 감추어놓았을 것임을 추측할 수 있었다.

파커는 핀란드어로 된 유벨리우스의 문서들을 번역했고 화려한 책으로 제본했다. 그 후 유벨리우스는 친구, 즉 평판 나쁜 빚쟁이 귀족이자 협잡꾼 군인에게 한 재산을 만들 수 있는 놀라운 기회에 대해 이야기해주었다. 2억 달러의 가치는 충분히 되지 않았겠는가? 파커는 말재주 좋은 세일즈맨이 되어 자신이 감당할 수 있는 것보다 더 많은 투자자들을 금방 끌어모았다. 영국, 러시아, 스웨덴의 귀족들이 파커에게 돈을 던졌고 말보로^Marlborough 백작부인이나 콘수엘로 밴더빌트^Consuelo Vanderbilt 같은 부유한 미국인들까지도 돈을 투자했다. 파커 일당은 성전산과 다윗 성에 자유로이 접근할 필요가 있었다. 파커는 '자유로운 사례금'을 통해 그것을 해결할 수 있다고 믿었다. 1909년 파커, 유벨리우스, 그리고 스웨덴인 호위병이자 해결사인 호펜스탈^Hoffenstahl 대령이 예루살렘을 방문했으며, 그 후 배를 타고 이스탄불로 갔다. 그곳에서 파커는 관리들에게 보물과 현금의 50퍼센트를 약속하고 수상부터 아래까지 청년 투르크 정권의 많은 사람을 부패에 연루시켰으며 재무장관 드쟈비드 베이Djavid Bey와 '런던 투르프 클럽Truf Club의 존경하는 몬티 파커' 사이에 계약을 체결하는 데 성공했다.

투르크 정부는 마카사다르Macasadar라는 아르메니아인을 고용할 것을 권했고 발굴을 감독할 감독관 두 명을 파견했다. 1909년 8월, 호펜스탈은 유벨리우스에게서 '암호'를 받아들고, 파커와 그의 친구들을 만나기 위해 예루살렘으로 향했다. 예루살렘에서 그들은 올리브 산 위 독일 황제의 아우구스타 빅토리아Augusta Victoria 요새에 본부를 차렸고 예루살렘에서 숙박료가 가장 비싼 패스트 호텔에서 묵었다. 파커와 그의 친구들은 남학생 총각파티에서처럼 행동했고 게이쇼를 열고 오렌지를 표적 삼아 총 쏘기 내기를 했다. 아메리칸 콜로니의 버사 스패포드는 "어느 날 아침 이상한 소음이 들렸다. 그리고 명망 있는 고고학자들이 당나귀 몰이꾼들처럼 당나귀들 옆에서 달리고 당나귀 울음소리를 흉내 냈다. 그런 일은 보통 영국식 저택에서 당나귀를 탄 아랍 소년들이 하는 일이었다"라고 기억했다.

파커 일당은 예루살렘의 여러 유력자들에게 뇌물을 바치고 총독 아즈메이 파샤Azmey Pasha를 매수했으며 많은 인부들, 안내자들, 하녀들, 호위병들을 고용하여 오펠 언덕에서 발굴을 시작했다. 그곳은 그때도 지금도 고대 예루살렘 연구에서 고고학적 핵심 지역으로 분류되며 1867년 찰스 워런이 발굴작업을 했던 곳이다. 그 후 미국인 고고학자 프레더릭 블리스Frederick Bliss와 아치볼드 디키Archibald Dickie가 더 많은 터널들을 발견했는데, 그 모든 것들은 그곳이 다윗 시대 예루살렘 유적임을 보여주었다. 파커는 정신적으로 유벨리우스 이외에도 원정단의 또 다른 구성원인 아일랜드 출신의 사상적 지도자인 리Lee에게 이끌렸다. 그리고 발견한 건 아무것도 없었음에도 파커는 유벨리우스에 대한 믿음을 잃지 않았다.

에드먼드 드 로스차일드 남작(그도 계약궤 발굴에 자금을 지원했다)의 지원을 받은 예루살렘의 유대인들은 파커가 성스러운 유대인 땅을 손상시키고 있다고 주장했다. 무슬림들 역시 우려했지만 오토만 정부는 파커 일당을 두둔했다. 의혹을 해소하기 위해 파커는 '에꼴 비블리크Ecole Biblique'의 고고학자 페레 빈센트Pere Vincent를 고용해 발굴을 감독하게 했다. 발굴에서는 실제로 그곳이 매우 이른 초기 정착지의 유적이라는 증거가 더 많이 나왔다. 그러나 빈센트는 발굴의 실제 목적을 알지 못하고 있었다.

1909년, 비로 인해 파커의 작업이 중단되었으나 1910년에 그는 클라렌스 윌슨Calrence Wilson의 요트 워터 릴리Water Lily를 타고 자파로 돌아와서 발굴을 계속했다. 아랍인 인부들은 몇 번이나 파업을 했다. 당국이 아랍인들을 지지하겠다고 위협하자 파커와 동업자들은 유색인 영국군 부대의 화려한 행사를 과시함으로써만 원주민들을 위압할 수 있을 거라고 판단했다. 그들은 '완전무장'을 하고 시장(우드 연주자 와시프의 후원자)과 맞서기로 했다. 헬멧을 쓰고 흉갑을 두르고 근위병 연대의 하얀 장갑을 낀 더프Duff 대령, 그리고 주홍색 튜닉과 검은 털모자를 쓴 파커는 폴리Foley 소령을 보고 "별들이 달라진다. 우리가 기적을 만들었다!"고 소리쳤다.

파업자들을 해산시킨 후, 이 우스꽝스러운 행렬은 의기양양하게 옛 도시를 지나 행진했고 폴리의 말을 빌리면 "투크르인 창병 부대가 앞서고 그다음엔 시장과 교장, 몇몇 성직자들, 그다음엔 더프, 파커, 나, 윌슨, 마카사다르, 그리고 뒤편에는 투르크인 경찰관들"이 행진했다. 그러던 중 갑자기 더프의 당나귀가 대령을 매단 채 시장통으로 뛰어들었고 대령은 한 상점에 내동댕이쳐져 땅콩 무더기 속에 묻혔다. 이를 본 친구들은 크게 비웃었다. 폴리는 "한 늙은 유대인은 그것이 세상의 끝이라 생각했고 이디시어로 통곡을 하기 시작했다"라고 말했다.

그러한 과시(혹은 '자유로운 사례금'에 가까운)는 당장은 효과를 보았다. 파커는 동업자들에게 꼼꼼하게 비밀보고서를 보냈고 구성원들 이름 가운데 일부를 따라 은밀하게 'FJMPW'라는 제목을 붙였으며 첫 방문에만 1,900파운드가 든 뇌물내역을 설명했다. 파커는 첫해에 3,400파운드를 사용했으며 1910년 재방문 시 그의 장부에는 "예루살렘 관리들에게 지불: 5,567 파운드"라고 기록되었다. 시장 후세인 후세이니는 한 달에 100파운드씩을 받았다. 그러한 방만한 뇌물들은 예루살렘 유력자들에게는 물론 축복이었지만, 파커는 이내 청년 투르크 정부가 불안정하며 예루살렘이 민감한 장소라는 것을 깨달았다. 그는 보고서에 "아주 작은 실수라도 심각한 어려움을 야기할 수 있으므로 극도의 주의를 기울여야 한다!"라고 썼다. 그럼에도 그는 자신이 화산 위에서 놀고 있다는 것을 제대로 알아차리지 못하고 있었다. 1911년 발굴을 재개했을 때, 파커는 더 많은 뇌물을 주었지만 이제는 절박한 상태에 다다르게 되었다. 파커는 성전산을 파기로 결심하고 셰이크 칼릴 알 안사리$^{Khalil\ al\text{-}Ansari}$와 그의 형제인 하람의 세습 관리인에게 뇌물을 주었다.

파커와 그의 일당들은 어설픈 아랍 의복으로 변장을 하고 성전산으로 숨어들어 갔다. 그리고 바위 돔 경내 안에서 보도를 깨뜨리고 그 아래로 비밀터널을 팠다. 그러나 4월 17일 밤, 북적이는 자기 집에서 잠을 잘 수가 없어서 하람에 천막을 치기로 결심한 무슬림 경비원이 그곳에서 한 영국인을 발견했다. 그 무슬림 경비원은 거리로 뛰어나가 변장한 그리스도인이 바위 돔에 땅굴을 파고 있다고 소리쳤다.

무프티는 나비 무사 행렬을 모두 다시 불러들였고 오토만과 영국의 사악한 음모를 비난했다. 군중들이 나비 무사 순례자들을 등에 업고 고귀한 성지를 지키기 위해 달려왔다. 파커와 친구들은 목숨을 건지기 위해 자파로 말을 달렸다. 처음으로 한데 모인 무슬림과 유대인 군중들은 모두 분노한 채 셰이크 칼릴과 마카사다르를 고문했다. 오토만 수비대가 개입해 그들을 체포하고서야 두 사람은 목숨을 구할 수 있었다. 셰이크 칼릴과 마카사다르, 그리고 파커를 호위하던 경찰들은 모두 베이루트의 감옥에 갇혔다. 몬디 파커는 지파에서 가까스로 워터 릴리 배에 올라탔다. 그러나 자파의 경찰은 그가 계약궤를 갖고 있을지도 모른다는 경보를 받았다. 경찰은 파커와 파커의 짐을 수색했지만 궤를 찾을 수는 없었다. 파커는 탈출하기 위해 오토만 경찰관을 영국 신사로 위장시키고 워터 릴리에 불을 밝혀놓고는 "배에서 자파의 관리들을 위한 연회를 열 것"이라고 발표하게 했다. 그리고 파커 자신은 관리들이 배에 오르는 찰나에 도망쳐버렸다.

파커가 솔로몬의 왕관, 계약궤, 무함마드의 칼을 훔쳐갔다는 소문이 예루살렘에 퍼지자 군중들은 총독을 죽이고 영국인은 누구든 학살하겠다고 위협했다. 총독은 살기 위해 몸을 숨겼다. 4월 19일 아침, 〈런던타임스London Times〉는 "예루살렘 전역에 엄청난 소요가 있었다. 상점들은 문을 닫고 농민들은 집에서 뛰쳐나오고 있고 소문들이 무성하다"고 보도했다. 그리스도인들은 "나비 무사에서 온 무슬림 순례자들"이 "그리스도인들을 죽이러" 온다며 겁에 질려 있었다. 동시에 무슬림들은 "8,000명의 러시아 순례자들이 무슬림들을 학살하기 위해 무장하고 있다"는 소문에 겁에 질렸다. 모두가 솔로몬의 예복이 "파커의 요트로 옮겨졌다"고 믿었다.

유럽인들은 집에 들어와 문을 잠갔다. "예루살렘 사람들의 분노가 너무 커서 경찰들이 골목마다 서 있었다"고 버사 스패포드는 기억했다. 그 후 1만 명의 예루살렘인들이 성전에 모이는 나비 무사의 마지막 날, 군중들은 발을 굴렀다. 사람들은 겁에 질려 공황상태가 되었고 여자들과 순례자들은 성벽 밖으로 나와서 "학살이다!"라고 외치면서 성문들을 향해 달려갔다. 집집마다 무장을 하고 바리케이드를 세웠다. 스패포드는 "파커의 대실패는 우리가 예루살렘에 살았던 오랜 기간 동안에 일어났던 어떤 일보다도 더 반그리스도교적인 학살을 일으킬 뻔했다"고 말했다. 〈뉴욕타임스〉는 전 세계를 향해 "솔로몬의 보물과 함께 사라지다. 영국인 일당, 오마르 모스크 아래 땅굴을 판 후 요트 타고 사라져: 솔로몬의 왕관 발견. 투르크 정부, 조사를 위해 예루살렘에 고위관리들 파견"이라고 보도했다.

이 모든 일의 중대성을 파악하지 못한 몬티 파커는 그해 가을 자파로 다시 돌아왔지만 "배에서 내렸다간 큰 문제가 생길 것"이라는 권고를 듣게 된다. 그는 동료들에게 "베이루트로 가서" 감옥에 갇힌 사람들을 만나볼 것이라고 말했다. 그의 계획은 그대로 진행되었다. "언론을 진정시키고, 귀족들을 조금이라도 설득하기 위해 예루살렘으로 가겠습니다. 일단 모두가 조용해지면 총독이 수상에게 편지를 써서 우리가 돌아와도 안전하다고 말하게 하겠습니다!" 예루살렘은 "조금도 설득되지 않았지만" 파커는 1914년까지 여전히 애를 썼다.*

런던과 이스탄불 사이에는 외교 분쟁이 일어났고 예루살렘의 총

---

* 이 책은 파커에 대한 풀 스토리가 소개되는 최초의 책이다. 파커의 편지들과 기록들뿐 아니라 유벨리우스의 예언들도 근거로 삼았다. 1921년까지도 예루살렘에 있는 파커의 부하들은 체불된 임금 때문에 파커를 상대로 소송을 벌이고 있었다. 플라시마네스크Flashmanesque와도 같은 파커는 제1차 세계대전 당시 사령부에 몸을 숨기고 참호 속에 숨었다. 그는 결혼은 한 번도 안 했지만 여러 명의 정부들을 두었으며 1951년 몰리의 영지와 대저택을 상속받았는데 그 재산을 한 푼도 남기지 않고 다 써버릴 것이라고 대놓고 가족들에게 말했다. 가족들 가운데 한 사람의 말에 따르면 그는 노년이 되어서도 "여전히 아무것도 가진 게 없는 허황되고 공허하고 신뢰할 수 없는 말썽꾼이었으며 남의 이름이나 팔며 허풍을 떠는 사람"이었다. 파커는 1962년까지 살았으나 예루살렘에 대해 한 번도 언급한 적이 없었고 기록도 남기지 않았다. 1975년이 되어서야 파커의 변호사들은 6대 몰리 공작에게 온 서류들을 발견했다. 그 서류들은 오랜 세월 동안 잊혀졌으나 공작과 그의 형제 나이젤 파커는 친절하게도 필자가 그 서류들을 볼 수 있게 해주었다. 비보르크Vyborg의 사서가 된 유벨리우스는 그 이야기를 토대로 한 소설을 썼고, 1922년 암으로 죽었다. 그 소설에서는 예루살렘에 대한 흔적을 거의 찾을 수가 없다. 그러나 오펠 터널, 즉 로니 라이히Rony Reich의 가나안의 거대 탑 발굴 유적지에는 한때 몬티 파커의 소유였으나 버려진 두레박으로 이어지는 작은 동굴이 있다.

독은 해고되었다. 파커의 공범자들은 재판을 받았지만 아무것도 훔치지 않았다는 이유로 무죄를 받았고 돈은 사라졌다. 보물은 존재하지 않았으며 또한 '파커의 대실패'는 50여 년에 걸친 유럽 고고학과 제국주의의 한 장을 마감하게 했다.6)

44장
세계전쟁
1914~1916년

예루살렘의 폭군이 된 세 명의 파샤

파커의 모험은 청년 투르크 정부가 예루살렘을 어떻게 지배했는지에 대한 실상을 드러내주었다. 그들은 이전 정권들과 마찬가지로 부패하고 무능했다. 그러나 그들은 비록 기대에 그치긴 했지만 자주성에 대한 아랍의 기대를 높였다. 민족주의 신문 〈필라스틴Filastin〉이 자파에 설립되어 그러한 새로운 인식들을 표출했다. 그러나 얼마 지나지 않아 청년 투르크 정권 역시 단지 민주주의의 가면을 쓴 폭압적이고 비밀스러운 조직에 불과하다는 것이 분명해졌다. 그들은 아랍의 희망은커녕 아랍어를 가르치는 것조차 억압할 정도로 단호한 투르크 민족주의자들이였다. 아랍 민족주의자들은 독립을 추구하는 비밀모임들을 만들기 시작했고 심지어 후세이니 가문과 다른 가문의 후손들도 그러한 모임들에 참여했다.

한편 시온주의자 지도자들은 "특히 나라의 머리인 예루살렘에 유대인 마을들"을 세우기 위해 새로운 이민자들을 설득했고 스코푸스 산에 미래의 히브리대학교Hebrew University가 들어설 땅을 구입했다. 이것은 예루살렘의 유력 가문들을 놀라게 했다. 후세이니 가문과 레바논의 서소크 가문

Sursocks 등의 다른 가문들은 모두 조용히 시온주의자들에게 땅을 팔았지만 말이다.

프랑스어를 구사하는 지성인이자 이스탄불 의회의 부대변인인 루히 칼리디는 오토만 자유주의자였으며 아랍 민족주의자는 아니었다. 그러나 칼리디는 시온주의를 자세하게 연구했고 그에 대한 책을 쓰기도 했으며, 곧 시온주의가 위협이 된다는 결론을 내렸다. 의회에서 그는 유대인들이 팔레스타인에서 토지를 구입하는 것을 일체 금지시키기 위해 노력했다. 유력 가문들의 후손 가운데 가장 부유하고 우아한 플레이보이, 라게브 알 나샤시비도 의회로 달려가 "시온주의의 위험에서 우리를 지키기 위해 나의 모든 힘을 바치겠다"고 약속했다. 〈필라스틴〉의 편집장은 "이런 상황이 계속되면 시온주의자들은 우리나라 전체를 삼켜버릴 것이다"라고 경고했다.*

1908년, 혁명에 참전해 리비아에서 이탈리아를 상대로 한 전쟁에서 이름을 날린 서른한 살의 청년 투르크 장교 이스마일 엔베르 Ismail Enver는 1913년 1월 23일 투르크 정부로 쳐들어가 국방장관을 총으로 쏘고 권력을 찬탈했다. 그와 두 동료, 메흐메트 탈라트 Mehmet Talaat와 아흐메트 제말 Ahmet Jemal은 세 명의 파샤로 구성된 삼두체제를 구성했다. 엔베르는 제2차 발칸전쟁에서 작은 승리를 거두었고, 이는 자신이 투르크의 나폴레옹이며 왕정을 복원할 운명이라는 확신을 갖게 했다. 1914년 그는 오토만의 실제적 지배자이자 국방장관으로 떠올랐다. 그리고 술탄의 조카와 결혼까지 했다. 세 명의 파샤들은 왕국의 투르크화만이 최후의 부패를 막을 수 있는 길이라고 믿었다. 그들의 계획은 야만성, 인종주의, 호전성 속에서 파시즘

---

* 루히 칼리디는 그해 말에 장티푸스로 죽었는데, 많은 사람들은 그가 청년 투르크 당원들에 의해 독살되었다고 확신했다.

과 대학살을 예견했다.

　　1914년 6월 28일, 세르비아의 테러리스트들이 오스트리아의 왕위 계승자 프란츠 페르디난트Franz Ferdinand 대공을 암살했고 강대국들은 제1차 세계대전에 돌입했다. 엔베르는 전쟁을 하기 위해 혈안이 되었고 독일과의 동맹을 위해 결정적인 군사적, 재정적 지원을 제공했다. 독일 황제 빌헬름은 동방으로 여행했던 일을 기억하면서 오토만과의 동맹을 지지했다. 엔베르는 자신을 꼭두각시 술탄 아래의 부사령관으로 임명하고 새로 도입한 독일 군함들로 러시아 항구들을 폭파함으로써 전쟁에 뛰어들었다.

　　11월 11일, 술탄 메흐메트 5세 라시드는 영국, 프랑스, 러시아를 상대로 선전포고했다. 예루살렘에서는 알 아크사에서 지하드를 선언했다. 처음에는 전쟁에 대한 다소의 열광이 있었다. 오토만 군대의 팔레스타인 사령관이자 바이에른 출신의 장군이며 백작인 프리드리히 크레스 폰 크레센슈타인Friedrich Kress von Kressenstein이 예루살렘에 왔을 때 유대인들은 개선문에서 그를 환영했다. 독일군은 유대인들을 영국에게서 보호하겠다고 나섰다. 한편 예루살렘은 새 주인의 도착을 기다리고 있었다.7)

　　11월 18일, 아직 열일곱 살밖에 안 된 우드 연주자 와시프 자우하리예는 해군 장관이자 세 명의 파샤 가운데 한 명인 아흐메트 제말이 대시리아의 실질적 지배자이자 오토만 제4군단의 최고사령관으로서 예루살렘에 들어오는 것을 보았다. 제말은 올리브 산의 아우구스타 빅토리아에 본부를 차렸다. 12월 20일, 한 늙은 셰이크가 무함마드의 녹색 깃발을 단 위풍당당한 마차를 타고 메카에서 다마스쿠스 문에 도착했다. 그의 예루살렘 입성은 "질서정연하고 그림 같은 군인들의 행렬이 장미수를 뿌리면서 깃발을 따라 옛 도시 전체를 행진할 때 말로 표현할 수 없는 소동"을 일으켰다. 와시프는 "예루살렘 사람들이 모두 알라후 아크바르를 따라부르며 그의 뒤를 따랐는데, 지금까지 본 그 어떤 행렬보다 아름다웠다"고 말했다. 바위 돔 바깥에서 제말은 지하드를 선언했다. 크레스 폰 크레센슈타인도 "환희가 온 예루살렘인들을 사로잡았다"고 동의했다. 그러던 중 메카에서 온 늙은 셰이크가 성탄절 직전 갑자기 숨을 거두었다. 이는 오토만 지하드의 불운한 선조였나.

땅딸막하고 턱수염을 기른 마흔다섯 살의 제말은 언제나 낙타 호위병 부대의 호위를 받았다. 그는 야수 같고 편집증적인 잔인함과 매력적이고 지적이면서도 기괴한 익살이 결합된 사람이었다. 또한 미식가였으며 "거창한 의식과 아름다운 유대인 여자"에 약했고 자신이 위대한 동시에 괴짜라는 생각을 갖고 있었다. 그는 예루살렘을 공포에 떨게 하면서도 포커를 즐기고 유다 언덕들에서 승마를 하고 샴페인을 마시고 친구인 스페인 영사 안토니오 드 밸로바르Antonio de Ballobar 백작과 함께 시가를 피웠다. 20대 후반의 우아한 귀족이었던 밸로바르는 제말을 "추접한 유형이지만 괜찮은 남자"라고 묘사했다. 버사 스패포드는 제말을 "기이한 사람이자 두려워해야 할 사람"인 동시에 매력과 친절함을 발휘할 수 있는 "이중적 인격을 가진 사람"이라고 생각했다. 한번은 아무도 보지 않는 사이에 제말이 한 어린 소녀에게 다이아몬드가 박힌 메달을 주었는데 소녀의 부모는 집으로 돌아와서야 이를 알아챈 일도 있었다. 독일 장교 가운데 한 명인 프란츠 폰 파펜Franz von Papen은 제말을 "극히 지성적인 동양의 폭군"이라고 간단히 정의했다.

제말은 자신의 영지를 사실상 독립적으로 다스렸다. "무한대의 영향력을 가진 그 사람"은 권력을 휘두르며 명랑하게 물었다. "법이란 무엇인가? 내가 그것을 만들고 내가 그것을 지운다!" 세 명의 파샤들은 아랍의 충성심에 상당한 의심을 품었다. 문화적 르네상스와 민족주의적 희망의 만개를 즐기면서 아랍인들은 투르크의 새로운 배타적 애국주의를 증오했다. 그러나 아랍인들은 오토만 인구의 40퍼센트를 차지하고 있었으며 오토만 군부대 가운데 많은 수가 완전히 아랍인들로만 구성돼 있었다. 제말의 임무는 아랍 지역을 지탱하고 1차적으로는 위협적인 매력을 통해, 그다음엔 직접적인 위협을 통해 아랍의 모든 동요들을(그 점에 관한 한 시온주의자들도 마찬가지였다) 억제하는 것이었다.

예루살렘에 도착하고 얼마가 지난 후 제말은 민족주의자로 의심되는 아랍 유력자들을 불러들였다. 그는 치밀하고도 의도적으로 그들을 무시했고 이에 아랍 유력자들은 낯빛이 점점 더 하얗게 변했다. 마침내 제말은 물었다. "그대들은 그대들 죄의 중함을 알고 있는가?" 제말은 대답을 가로막으며 말했다. "입 다물라! 처벌이 무엇인지 아느냐? 사형, 사형이다!" 그는 아랍인들이 바들바들 떠는 것을 가만히 지켜보다가 조용히 덧붙였다. "그러나 나는 너희들과 너희들의 가족을 아나톨리아로 돌려보내는 것으로 만족하겠다." 겁에 질린 아랍인들이 물러가자 제말은 웃으면서 부관에게 이렇게 말했다. "어쩌겠는가? 일이란 이렇게 하는 거라네." 또 새로운 도로의 건설이 필요할 때면 그는 기술자들에게 "도로를 제때 완공하지 못하면 마지막 돌이 놓인 그 지점에서 너희들을 사형에 처하겠다!"고 말했다. 그는 다소 오만하게 한숨을 쉬며 이렇게 말하곤 했다. "도처에 나로 인해 한숨을 쉬는 사람들이 있지."

영국령 이집트와의 대립 때문에 주로 독일군 장교들이 지휘를 맡은 군대를 동원하면서, 제말은 시리아가 음모로 가득한 곳이며 예루살렘이 '스파이들의 소굴'이라는 것을 알았다. 파샤의 정책은 간단했다. "팔레스타인에 대해서는 강제추방을, 시리아에 대해서는 공포를, 헤자즈에는 군대를." 예루살렘에서 제말의 전략은 "대주교들, 왕자들, 셰이크들을 일렬로 세우고 유력자들과 부관들을 교수형시키는 것이었다." 제말의 비밀 경찰은 반역자들을 추적했고 민족주의적 동요를 일으키는 것으로 의심되는 사람은 누구든지 강제이주시켰다. 제말은 성 안나 교회와 같은 그리스도교 유적지들을 약탈했고 이집트 공격을 준비하면서 그리스도교 고위 성직자들을 추방하기 시작했다.

파샤는 2만 명의 병사를 예루살렘을 지나 전선까지 행진하게 했다. 그는 "우리는 (수에즈) 운하의 반대편 혹은 천국에서 만나게 될 것이다!"라고 호언장담했지만, 밸로바르 백작은 한 오토만 병사가 훔친 손수레에 물과 식량을 밀어넣는 것을 보았다. 그것은 용감한 병사의 표시는 결코 아니었다. 반면 제말은 웅장한 천막들, 모자걸이, 이동식 변기를 가지고 이동했다. 1915년 2월 1일, 제말은 부하들이 '카이로에 붉은 깃발이 휘날리네'라는 노래를 부르는 것을 듣고 감동을 받아 1만 2,000명의 병사들을 데리고 운하를 공격했다. 제말의 병사들은 곧 격퇴당했다. 제말은 그 공격이 정찰일 뿐이었다고 주장했지만 여름에 또다시 전투에서 패했다. 군사적 패배, 서방의 봉쇄, 더욱 심화되는 제말의 압제는 예루살렘에 절박한 고통과 쾌락주의의 팽배를 불러왔다. 살육이 시작된 것은 그로부터 얼마 지나지 않아서였다.8)

도살자 제말의 폭정

제말이 도착한 지 한 달이 채 되지 않아 와시프 자우하리예는 자파 문 바깥 나무에 하얀 망토를 입은 한 아랍인의 시체가 매달린 것을 보았다. 1915년 3월 30일, 파샤는 두 명의 아랍인 병사를 영국 스파이로 몰아 다마스쿠스 문에서 교수형을 집행했고, 그다음엔 가자의 무프티와 그의 아들을 처형했다. 그들이 자파 문에 매달린 것을 모든 군중들이 경건한 침묵 속에 지켜보았다. 교수형은 최대한 많은 사람들이 구경할 수 있도록 금요예배 이후 다마스쿠스 문과 자파 문에서 실행되었다. 얼마 지나지 않아 성문들은 대롱거리는 시체들로 영원히 뒤덮일 것 같았다. 제말의 명령에 따라 며칠에 걸쳐 시체가 성문에 매달려 있었다. 와시프는 그 가학적인 무능함에 공포를 느꼈다.

> 교수형의 과정은 과학적으로나 의학적으로 신중하게 이루어진 것이 아니었다. 이 때문에 희생자들은 산 채로 매달려 많은 고통을 받았지만 우리는 지켜만 볼 뿐 아무 말도 아무 일도 할 수가 없었다. 한 장교가 병사에게 기어올라가 희생자를 매달라고 명령했다. 그런데 너무 무거운 나머지 희생자의 눈알이 얼굴 밖으로 튀어나왔다. 제말 파샤의 잔인함은 그와 같았다. 그 장면이 기억날 때마다 내 심장은 울부짖는다.

1915년 8월, 아랍 민족주의자들이 작당한 음모의 증거가 밝혀진 후 제말은 "나는 반역자들에 대해 무자비한 조치를 취하기로 결심했다"고 말했다. 그는 베이루트 근처에서 15명의 아랍 유력자들을 교수형시키고 (예루살렘의 나샤시비 포함) 1916년 5월 다마스쿠스와 베이루트에서 또 다른 21명을 교수형시켜서 도살자라는 별명을 얻었다. 제말은 스페인 사람인 밸로바르에게 당신도 교수형시킬 수 있다며 농담을 던졌다.

제말은 시온주의자들의 반역도 의심했다. 그러나 타부시를 쓴 벤구리온은 오토만 정부를 위해 유대인 병사들을 모집했다. 1915년 겨울, 제말은 벤구리온을 포함해 후세이니 가문과 시온주의자 지도자들 사이의 유일무이한 회담들을 지원했고 오토만 정권 아래에서 공동거주지에 대한 지지를 회복시켰다. 그러나 그 후 제말은 500명의 외국인 유대인들을 강제추방하고 시온주의자 지도자들을 체포하고 유대인들의 상징들을 금지시켰다.

강제추방은 독일과 오스트리아 언론에 분노를 불러일으켰다. 그러자 제말은 시온주의자들을 불러모아 어떤 저항도 용납하지 않을 것임을 경고했다. "너희들은 선택할 수 있다. 나는 아르메니아인들에게 했던 것처럼 너희들을 강제추방할 준비가 돼 있다. 오렌지 하나에 손가락이라도 대는 사람은 누구든지 처형할 것이다. 그러나 너희들이 두 번째 선택안을 원한다면 비엔나와 베를린의 모든 신문이 입을 다물어야 할 것이다!" 나중에 제말은 이렇게 고함쳤다. "나는 너희들의 충성을 믿지 않는다. 너희들이 음모를 품지 않는다 하더라도 너희들은 이 황폐한 땅에서 너희들이 미워하는 아랍인들과 함께 살아갈 수 없을 것이다. 우리는 시온주의자들을 목 메달아 마땅하다는 것을 알고 있지만 나는 교수형에도 신물이 난다. (대신) 우리는 투르크 땅 곳곳으로 너희들을 흩어지게 할 것이다."*

벤구리온은 추방당했으며 연합국들에게로 희망을 옮겼다. 아랍인들은 군대에 지원했다. 유대인들과 그리스도인들은 도로를 건설하기 위한 노동 부대에 강제로 들어갔고 그들 가운데 많은 수가 배고픔과 추위로 죽었다. 그리고 질병, 해충, 기근이 있었다. 와시프는 "메뚜기가 구름처럼 떼를 지어 날았다"고 기억했으며 "한 사람당 3킬로그램 이상의 메뚜기 알을 가져오라고 명령하는 방식으로" 전염병을 해결하려 했던 제말의 시도를

---

* 제말은 유대인 민족주의 혹은 투르크의 지배력을 위협하는 모든 것을 혐오했지만 동시에 유대인들의 지지를 얻으려고 애썼다. 제말은 이스탄불 주재 미국 영사 헨리 모간소우Henry Morganthau에게 서쪽 벽을 살 수 있는 기회를 제안했고 예루살렘에 있는 유대인들에게도 연거푸 그러한 제안을 했다.

조롱했다. 그것은 메뚜기 알 거래라는 괴상한 결과로 이어질 뿐이었다.

와시프는 "티푸스, 말라리아와 함께 기근이 온 나라에 퍼졌고 수많은 사람들이 죽는 것을" 보았다. 1918년 전염병, 기근, 강제추방으로 예루살렘의 유대인 인구는 2만 명까지 줄었다. 그러나 와시프의 목소리, 그의 우드, 그리고 난잡한 파티에 멋진 손님들을 끌어모으는 그의 능력은 어느 때보다 더 빛났다.

도시의 전쟁과 사랑

제말과 그의 부관들, 그리고 예루살렘 유력 가문들은 예루살렘인들이 전쟁의 재앙 속에 살아남으려 몸부림치는 동안 열정적인 쾌락의 삶을 즐겼다. 빈곤이 심화되자 대부분 전쟁 과부들인 젊은 창녀들은 단 돈 2피이스트르에 몸을 팔며 옛 도시를 배회했다. 1915년에는 몇몇 교사들이 수업시간에 매춘을 했다가 해고되었다. 여성들은 심지어 자기 아기를 팔기도 했다. 노인과 여자들(특히 메아 셰아림의 가난한 하시딤 유대인들)은 굶주림으로 몸이 부었다. 얼굴과 온몸이 더러운 오물에 뒤덮이고 염증이 났으며 병에 시달렸다.

와시프에겐 매일 밤이 모험이었다. "나는 옷을 갈아입을 때만 집에 들어갔으며 매일 밤 다른 집에서 잠을 잤고 몸은 주색으로 완전히 지쳐 있었다. 아침이면 예루살렘 유력 가문의 사람들과 소풍을 가고 그다음엔 옛 도시 골목에서 깡패와 폭력배들과 함께 난교를 벌였다." 어느 날 밤 와시프는 네 대의 리무진으로 된 호송단에 탔는데 리무진 안에는 총독과 그의 살로니카 출신 유대인 정부, 각지에서 온 오토만의 지방 장관들, 후세인 후세이니 시장 등의 유력자들이 타고 있었다. 그들은 라틴 수도원에서 '국제적 소풍'을 즐기기 위해 베들레헴 근처의 아르타스Artas로 가고 있었다. "굶주림과 전쟁이 모두를 고통스럽게 하던 때에 그날은 모두에게 즐거운 날이었다. 누구도 의식에 매달리지 않았고 모두가 포도주를 마셨다. 그날 밤 숙녀들은 너무도 아름다웠으며 식사할 시간도 없이 모두가 합창단처럼 함께 노래를 불렀다."

총독의 유대인 애인이 아랍 음악에 너무도 매료된 나머지, 와시프는 그녀에게 우드를 가르쳐주기로 약속했다. 와시프는 후원자들과 함께 어지러운 난교 행렬 가운데 있었던 것 같은데 그곳에는 최고의 유대인 미녀들이 참여했고 때로는 전쟁으로 인해 예루살렘으로 흘러들어온 러시아 여자들도 있었다. 한번은 제4군단 연대장인 라우셴Raushen 파샤가 "너무 취한 나머지 유대인 미녀들이 그의 의식을 잃게 했다!"

와시프는 유력자들 덕분에, 즉 처음에는 후세인 후세이니가, 나중에는 라게브 나샤시비가 그를 위해 시청에 명목상의 직책을 맡겨준 덕분에 일을 할 필요가 없었다. 후세이니는 자선단체 적십자Red Crescent의 수장이었다. 적십자는 사치와 사회적 신분상승을 위한 노골적인 구실로 이용되는 경우가 많았다. 예루살렘의 '매력적인 귀부인들'은 붉은 초승달로 장식된, 몸에 딱 달라붙는 오토만 제복을 입을 것을 요구받았다. 그 모습에는 최고 권력자 제말도 저항할 수 없었다. 제말의 정부는 레아 테넨바움Leah Tennenbaum이었는데 와시프는 그녀를 팔레스타인 최고의 미녀 중 한 명으로 꼽았다. 또 다른 유대인 여자 시마 알 마그리비야Sima al-Magribiyyah는 수비대 사령관의 정부가 되었다. 영국 여자 미스 콥Miss Cobb은 총독의 여자였다.

와시프는 때때로 높은 탁자 위에서 맛있는 음식을 즐기곤 했다. 그와 그의 악단이 한 유대인 저택의 파티에 초대받았을 때 그는 "거대한 강당, 한 무리의 (오토만) 관리들이 여자들 주변을 어슬렁거리는 것"을 보았으며 그중에는 미스 라헬도 있었다. 갑자기 술 취한 투르크인들이 싸움을 시작했다. 그들은 먼저 전등을 향해 권총들을 발사했고 그다음엔 서로를 향해 총을 쏘았다. 화류계 여자들과 악단은 목숨을 구하기 위해 도망쳤다. 와시프가 아끼던 류트는 부서졌지만, 어여쁜 미스 라헬이 그를 주방으로 이끌었고 그곳은 또 다른 집으로 가는 숨겨진 복도로 이어졌다. "그녀는 내 목숨을 구했고" 아마도 즐겁게 "나는 그 밤을 그녀와 함께 보냈다."

1915년 4월 27일, 술탄 메흐메트의 즉위 기념일에 제말은 오토만과 독일의 사령관들, 그리고 예루살렘의 유력자들을 새 문 바깥 노트르담에 있는 사령실로 불러들였다. 50명의 '창녀들'이 오토만 관리들과 동행하는 한편, 예루살렘 유지들은 자기 아내들을 데리고 왔다.

예루살렘이 쇠락해가는 동안에도 제말을 위한 밸로바르 백작의 만찬파티는 여전했다. 1916년 7월 6일, 연회의 메뉴에는 터키식 수프, 생선, 스테이크, 고기 파이, 속을 채운 칠면조가 포함되었고 아이스크림, 파인애플, 과일 등이 그 뒤를 따랐다. 식사하는 동안 제말은 여자, 권력, 그리고 자신의 새로운 예루살렘에 대해 이야기했다. 제말은 스스로 도시계획가라는 환상에 빠졌고 예루살렘의 성벽들을 무너뜨리고 자파에서 시작해 옛 도시를 가로질러 성전산까지 이어지는 대로를 건설하고 싶어 했다. 그런 다음 그는 아름다운 레아 테넨바움과 결혼했다는 사실을 자랑했다.* 제말은 자주 예고도 없이 밸로바르의 집에 나타나곤 했다. 상황이 급박해져갔을 때 그 스페인인은 자신의 영향력을 이용해 그 도살자의 폭정을 억제했다.

---

* 레아 테넨바움은 나중에 그리스도인 변호사 아브카리우스 베이Abcarius Bey와 결혼했다. 그는 레아를 위해 탈비에에 '빌라 레아'라는 저택을 지어주었다. 레아는 베이보다 서른 살 어렸다. 레아는 베이를 떠났지만 베이는 빌라 레아를 포로가 된 에티오피아 황제 하일레 셀라시에Haile Selassie에게 빌려주었다. 훗날 그 집은 모셰 다얀Moshe Dayan의 소유가 되었다.

제말이 그 덧없는 예루살렘을 다스리고 있는 동안 그의 동료, 부총사령관 엔베르는 서투른 러시아 공격에서 8만 명의 병사를 잃었다. 그와 탈라트는 그러한 재앙을 그리스도교 아르메니아인들 탓으로 돌렸고 그들을 강제추방하고 살해했다. 수백만 명이 야만적인 범죄 속에 죽어갔고 그것은 후에 히틀러가 대학살(홀로코스트)을 시작하도록 고무했다. 히틀러는 "이제 누구도 아르메니아인들을 기억하지 않는다"고 말했다. 제말은 그 학살을 반대했다고 주장했다. 분명 그는 난민들이 예루살렘에 정착하도록 허가했으며 전쟁 중 예루살렘에서 아르메니아인들의 수는 두 배로 늘어났다.

거기에는 영국과의 비밀협상이 있었다. 제말은 밸로바르에게 런던이 자신에게 자신의 동료 탈라트 파샤를 암살할 것을 주문했다고 말했다. 어느 시점에서 제말은 연합국에게 비밀리에 접근했다. 그는 이스탄불까지 연합군의 진군을 허용하고 엔베르를 쫓아내고 아르메니아인들을 구한 뒤 자신이 세습 술탄이 되겠다고 제안했다. 그러나 연합국은 시큰둥했고, 이에 제말은 투쟁을 시작했다. 그는 예루살렘에서 12명의 아랍인들을 처형했고 성벽 주변에 시체들을 늘어놓았다. 한편 엔베르는 자신의 이슬람적 정통성을 강조하고 아랍의 반체제 인사들을 위협하고 동료를 감시하기 위해 동방을 순회했다. 와시프는 그 오토만 권력자가 제말과 함께 예루살렘으로 들어오는 것을 보았다. 엔베르는 바위 돔, 다윗 무덤, 성묘교회를 방문하고 파샤 거리의 개통식에 참여한 후 패스트 호텔에서 후세인 후세이니 시장에게 접대를 받았다. 그 자리에는 파티에 초청받은 자우하리예도 있었다.

두 명의 파샤는 잠재적인 아랍 반란을 잠재우기 위해 메카로 향했다. 그러나 엔베르의 성지순례도 오토만제국의 아라비아를 지켜낼 수는 없었다.[9)]

45장
밸푸어 선언
1916~1917년

로렌스와 메카의 샤리프

제1차 세계대전이 시작되기 직전 메카 출신의 젊은 왕자, 압둘라 이븐 후세인은 이스탄불에서 돌아오는 길에 카이로에서 영국 정보부를 지휘하고 있던 영국 육군 원수 키치너Kitchener 경을 방문해 아버지를 위해 군사 원조를 요청했다.

압둘라의 아버지는 후세인이었다. 그는 샤리프 중의 샤리프, 메카의 장군, 아라비아의 최대 실력자였으며 예언자의 직계 후손인 하심 가문 사람이었다. 하심 가문은 전통적으로 메카의 군벌이었다. 그러나 오토만 술탄 압둘 하미드는 그를 15년 넘게 호화로운 망각의 상태로 이스탄불에 잡아두면서 가문의 다른 사람들에게는 관직을 주었다. 그러던 중 1908년, 청년 투크르당은 다른 후보가 없자 그를 메카로 보냈다(그의 전화번호는 메카 1번이었다). 엔베르 파샤의 가혹한 투르크식 국수주의, 그리고 사우디와 기타 아랍 부족들의 견제에 직면하면서 후세인은 아라비아의 전쟁 혹은 이스탄불을 향한 반란을 준비하고자 했다.

압둘라는 키치너에게 아라비아 남부의 셰이크와 싸우다가 생긴 상처를 자랑스럽게 보여주었고, 키치너는 수단에서 얻은 흉터를 보여주었다. 그 키 작은 아랍인은 키 큰 키치너에게 "장군님은 어디서나 눈에 띄는 표적이지만 저는 키가 작은데도 베두인이 저를 때리더군요"라고 말했다. 압둘라의 매력에도 불구하고 키치너는 샤리피안들을 무장시키기를 거부했다.

몇 달 후 제1차 세계대전이 시작되자 모든 것이 바뀌었다. 키치너는 런던으로 돌아와 전쟁장관으로 일하기 시작했다. 그리고 "너의 조국이 너를 필요로 한다"라는 문구를 넣은, 쏘아보는 듯한 눈길의 징병 포스터를 만들었다. 그러나 키치너는 여전히 영국의 탁월한 동방전문가였다. 오토만 술탄 칼리프가 연합국을 향해 지하드를 선언했을 때 키치너는 후세인을 기억해냈고 그에게 아랍혁명을 일으킬 영국측 칼리프를 제안했다. 키치너는 카이로에 샤리프와 접촉할 것을 명령했다.

처음에는 응답이 없었다. 그러다 1915년 8월, 갑자기 샤리프 후세인은 몇 가지 약속을 대가로 아랍혁명을 주도하겠다고 응답해왔다. 갈리폴리Gallipoli 원정에 실패하고 오토만을 전쟁에서 배제시킴으로써 서부 전선의 교착상태와 이라크 쿠트Kut에서 육군의 끔찍한 포위상태를 깨트리고자 했던 영국은, 제말 파샤가 아랍의 불안정이라는 억제요소가 없는 상태에서 이집트를 정복할까 봐 우려했다. 따라서 런던은 이집트의 고등고문관 헨리 맥마흔Henry McMahon에게 아랍을 영국편으로 유지시키는 데 필요한 모든 것을 약속하되 프랑스는 물론 영국의 야심과 배치되는 것은 어떤 것도 약속하지 말라고 명령했다.

예순이 넘은 샤리프 후세인은 한 관찰자를 통해 아라비아의 로렌스가 말한 것보다 더 심하게 "다소 자만심이 있으며 탐욕스럽고, 멍청하고" 한 나라를 다스리기에는 "한심할 정도로 부적합하다"고 묘사되었다.

그렇기는 해도 그는 "경험 많고 교활한 사람"이었으며 어떤 면에서 영국은 그의 도움이 매우 필요했다. 약삭빠른 둘째 아들 압둘라의 조언을 받아 후세인은 이제 아라비아, 시리아, 팔레스타인, 이라크 전체를 하심*제국으로 선언했다. 그것은 터무니없는 전략이었고, 제국은 압바시야조 이후 존재한 적이 없는 규모였다. 그 대가로 후세인은 알 파타트al-Fatat 및 알 아흐드al-Ahd와 같은 아랍 민족주의 비밀단체들의 네트워크를 이용해 본거지 아라비아뿐 아니라 시리아까지 오토만에 대한 반란을 일으키기로 했다. 그러나 그중 어떤 것도 실현되지 않았다. 후세인은 겨우 1,000명도 안 되는 전사들을 이끌었고 전체 헤자즈조차 다스리지 못했다. 아라비아의 대부분은 사우디 가문과 같은 경쟁 부족들이 장악하고 있었고 후세인의 입지는 위태로웠다. 비밀단체들은 실제 활동하는 사람이 몇 백 명 정도 되는 작은 규모였으며, 곧 제말에 의해 크게 약화되었다.

맥마흔은 "그 희비극적인 허세"를 어느 정도까지 용납할 수 있을지 확신하지 못했다. 그러나 그가 고민에 빠진 동안 후세인은 세 명의 파샤들에게 영국을 꺾을 기회를 동시에 제안하면서 헤자즈의 세습 소유권과 제말의 공포정치 중단을 요구했다. 샤리프는 셋째 아들 파이잘을 보내 제말과 협상하게 했지만 독재자는 파이잘에게 아랍 민족주의자들의 교수형을 참관할 것을 요구했을 뿐이었다.

샤리프는 영국과의 관계에서는 다소 성공적이었다. 카이로에 본거지를 둔 영국의 동방전문가들은 지난 세기의 스파이 고고학을 통해 팔레스타인의 지리를 철저히 파악하고 있었고, 키치너는 때때로 아랍인으로

---

* 그것은 예언자의 증조부 하심Hashem에서 따온 이름이다. 그들은 무함마드의 딸 파티마와 손자 하산을 통해 무함마드의 혈통을 이었으며 그로 인해 샤리프라는 직함을 얻었다. 그들은 스스로를 하심가라 불렀고 영국인들은 그들을 샤리피안이라 불렀다.

완전히 변장하여 예루살렘 사진을 찍고 지도를 만들었다. 그러나 그들 중 다수는 다마스쿠스의 시장보다 카이로의 클럽들을 더 잘 파악하고 있었다. 그들은 아랍인들을 보호했고 유대인에 대한 편견을 갖고 있었으며 적들의 모든 음모 뒤에는 유대인들이 있다고 생각했다. 런던이 샤리프와의 협상정책을 추진하고 있는 동안 인도 총독은 그와는 완전히 다른 정책을 운영하면서 샤리프의 적 사우디를 지원했다. 대부분의 경우에서 아마추어와 다를 바 없는 영국의 전문가들은 마치 존 버컨John Buchan의 소설《그린맨틀Greenmantle》의 실사판처럼 오토만이라는 광활한 바다에서 아랍 정치가들의 교묘하고 기만적인 조류 위에 떠다니며 살고 있다는 것을 깨달았다.

다행히도 맥마흔에게는 시리아를 정말로 잘 알고 있는 장교가 한 명 있었다. 스물여덟 살의 로렌스T. E. Lawrence는 동료 아랍전문가 거트루드 벨Gertrude Bell이 묘사한 것처럼 "탁월하게 명민했으며" 영국 기득권층의 이중적인 심리에 의해 칭송받지만 결함 있는 두 주인(대영제국과 아랍)에 대한 고통스러운 충성을 결코 조화시키지 못한, 완전한 아웃사이더였다. 로렌스는 사생아였다. 로렌스의 아버지는 세습 자작 토머스 채프먼Thomas Chapman이었다. 그는 아내를 버리고 정부 사라 로렌스와 새 가정을 꾸렸으며, 로렌스의 성은 어머니를 따른 것이었다.

"소년 시절 로렌스는 언제나 자신이 활동적이면서 사색적인 위대한 일들을 할 것이라고 생각했으며 그 두 가지를 모두 성취하기로 결심했다." 로렌스는 옥스퍼드에서 십자군 요새에 대한 논문을 쓰는 한편, 육체적 힘을 키우기 위해 자신을 단련했다. 그 후 시리아 전역을 여행하면서 아랍어를 완성했고 이라크의 히타이트 유적지에서 고고학자로 일했다. 그곳에서 로렌스의 어린 아랍인 조수 다훔Dahoum은 로렌스의 반려자가 되었다. 아마도 그는 로렌스에게 평생 동안 열정의 대상이 돼주었을 것이었다.

로렌스의 성적 취향은 그의 다른 여러 면들과 마찬가지로 여전히 미스터리로 남아 있지만, 그는 "우리의 우스꽝스러운 번식체계"를 조롱했다. 그의 친구 로널드 스토스Ronald Storrs는 "그는 여성혐오자는 아니었지만 어느 날 갑자기 그가 다시는 여자를 만날 수 없다는 말을 했대도 나는 평정심을 유지했을 것이다"라고 말했다. 이라크에서 로렌스는 예루살렘과 다른 여섯 개의 아랍 도시들에서의 '모험들'에 대한 책을 쓰기로 계획했고 잠언의 구절을 따라 '지혜의 일곱 기둥The Seven Pillars of Wisdom'이라는 제목을 붙이고자 했다. 로렌스는 그 책을 출판하지 못했지만 나중에 다른 책에 그 제목을 사용했다.

훗날 어느 미국인이 묘사한 것처럼, 로렌스는 다소 작은 키에 강하게 단련된 남자였다. 약간 까다로워 보이는 표정에 전형적인 영국인의 모습을 한 그의 얼굴은 사막에서 구릿빛으로 그을렸고 놀랄 정도로 푸른 눈을 가졌다. 그의 키는 5피트 5인치(약 165센티미터)였다. 거트루드 벨은 로렌스를 꼬마 도깨비라고 불렀다. "나의 뇌는 들고양이처럼 빠르고도 고요하다." 뛰어난 저술가이자 예리한 관찰자였던 그는 인간들에게 감지되는 미묘한 느낌에 극도로 예민했고 자신이 싫어하는 사람들에 대해서는 거칠 정도로 무례했다. 그는 "유명세에 대한 집착"이 있었던 동시에 "유명한 사람으로 알려지는 데 대한 공포" 또한 인정했다. 그는 그 모든 일을 "자기중심적 호기심"을 목적으로 행했다. 기사도와 정의의 신봉자였던 그는 사악한 음모가인 동시에 "자기 신화의 제조자"이기도 했는데 그 속에는 저널리스트 로웰 토머스Lowell Thomas가 "각광 속으로 물러나려는 천재"라고 지칭한 것이 담겨 있었다. 그 속에서는 허영과 마조키즘이 서로 다투었다. "나는 내 아래에 있는 것을 좋아하며 아래에서 기쁨과 모험을 취한다. 그곳에는 점층적인 확실성이 있는 것 같다."

카이로에서 맥마흔은 그 청년 장교에게 눈을 돌렸고, 그는 곧 "샤리프와의 협상에서 주도적인 인물"이 되었다. 보고서를 쓰면서 로렌스는 언제나 자신이 "살라딘과 아부 우바이다$^{Abu\ Ubayda}$를 생각하고 있다는 것"을 깨달았다. 그러나 로렌스는 사막 아랍인들이 팔레스타인 사람들과는 달리 순수하고 고귀하다는 데 많은 영국계 아랍인들과 의견을 같이했다. 로렌스는 시리아에서 다마스쿠스, 알레포, 홈즈, 하마를 아랍의 심장부라고 정의한 반면, 예루살렘은 진정한 아랍으로 인정하지 않았다.

로렌스는 "예루살렘이 추잡한 도시이며 예루살렘 주민들은 호텔 급사들처럼 특징이 없고 지나가는 관광객 무리에 기대어 먹고산다. 아랍 문제와 아랍인들의 민족성은 (금, 은) 복본위제와 텍사스의 삶만큼이나 거리가 멀다"라고 말했다. 예루살렘이나 베이루트와 같은 장소들은 "때 묻은 진열상품이다. 소호^{Soho}가 홈 카운티$^{Home\ County}$를 대표하듯 그것들은 시리아를 대표한다."

1915년 10월 24일, 맥마흔은 후세인에게 답장을 보냈다. 고의로 애매모호하게 쓴 그의 답장은 양측이 서로 다르게 읽을 수 있도록 고안되었다. 맥마흔은 후세인의 제국, 즉 로렌스가 지목한 시리아 동쪽의 도시들에는 동의했지만 서쪽의 애매모호한 지역들은 제외했다. 팔레스타인은 언급되지 않았고 예루살렘도 언급되지 않았다. 샤리프가 예루살렘의 배제를 받아들였을 가능성도 없지만 영국 자신이 예루살렘에 관심이 있었고 따라서 예루살렘을 언급하는 것은 문제에서 제외되었다. 또한 맥마흔은 프랑스가 관심을 둔 모든 지역들을 제외하자고 주장했다. 프랑스는 예로부터 예루살렘에 대해 소유권이 있다고 주장했다. 사실 맥마흔은 예루살렘을 명목상으로 이집트 알바니아 왕조 아래에 두어 예루살렘을 무슬림 도시로 만들되 영국의 지배를 받게 할 계획을 세웠다.

영국은 필요한 약속들을 최대한 불분명한 것으로 만들기 위해 즉각적으로 아랍의 반란을 필요로 했다. 그러나 맥마흔의 약속들은 아주 모호하기만 한 것은 아니었다. 아랍인들의 기대는 높아졌고 얼마 후 영국과 프랑스는 오토만제국을 분할하기 위한 실제 협상을 시작했다.

영국 측 협상가인 하원 의원이자 요크셔 자작, 마크 사이크스Mark Sykes 경은 창의적이면서도 숨길 수 없는 아마추어였다. 그는 동방을 여행했고 이 때문에 콧대 높은 전문가가 되었다. 그러나 로렌스는 그를 "편견, 직관, 사이비 과학의 집합체"라고 불렀다. 사이크스의 실질적 재능은 야심에 찬 격정이었다. 그것은 너무도 매력적인 나머지 그의 상관들은 동방 정책들 가운데 그가 선택한 것은 무엇이든 뛰어들도록 기꺼이 허락했다.

사이크스와 프랑스 측 협상가, 즉 베이루트 영사를 지낸 적이 있는 프랑수아 조르주 피코François Georges-Picot는 프랑스가 시리아와 레바논을, 영국이 이라크와 팔레스타인 일부를 접수한다는 데 합의했다. 그곳에 영국과 프랑스가 감독하는 아랍연합이 세워질 것이었다. 그리고 예루살렘은 프랑스, 영국, 러시아의 감독 아래 중립화시키기로 했다.* 지난 70여 년간 예루살렘을 장악하기 위해 각축을 벌여온 세 제국들에게는 그 모든 것이 당연한 일이었다. 또한 그것은 아랍 국가들의 건국을 가능하게 했다. 그러나 영국이 비밀리에 예루살렘과 팔레스타인을 혼자 차지하려 했기 때문에 그것은 곧 쓸모없는 일이 돼버렸다.

1916년 6월 5일, 사이크스-피코의 비밀협상은 알지 못했지만 오토만이 자신을 실각시키려 한다는 것을 눈치챈 샤리프 후세인은 메카에서

---

* 처음에 사이크스는 예루살렘을 러시아에 넘겨줄 것을 고려했다. 러시아 순례자들은 전쟁 때까지 예루살렘을 압도했다. 러시아는 이미 이스탄불을 약속받은 바 있었으며, 사이크스와 피코는 거기에 동부 아나톨리아, 아르메니아, 쿠르디스탄 일대를 추가했다.

붉은 깃발을 올리고 아랍의 반란을 일으켰다. 후세인은 자신을 '온 아랍의 왕'으로 선언했다. 그 칭호는 영국을 놀라게 했고 영국은 '헤자즈의 왕'으로 칭호를 낮추도록 후세인을 설득했다. 그것은 시작에 불과했다. 역사상 그렇게 짧은 시간에 그렇게 여러 왕국에서 그렇게 많은 왕관을 쓴 왕가는 없었다. 후세인 왕은 아들들에게 각각 소규모 군대들을 지휘하도록 명했지만, 군사적 성과는 실망스러웠고 시리아의 반란은 현실화되지 못했다. 영국은 샤리피안들이 그보다 더 나은 성과를 낸다 하더라도 상황을 풀어가기가 쉽지 않다는 것을 알았다. 이 때문에 10월, 훗날 예루살렘 총독이 될 로널드 스토스와 그의 부관 로렌스가 아라비아에 도착했다.

아라비아의 로렌스

로렌스는 적합한 아랍 지배자를 찾기 위해 왕의 네 아들들을 자세히 살펴보았다. 그러나 로렌스는 곧 둘째와 셋째, 즉 압둘라와 파이잘만이 살펴볼 가치가 있다는 것을 알았다. 로렌스는 압둘라가 "너무 영리하다"고 폄하했고 압둘라는 로렌스를 "기이한 생물"이라면서 폄하했다. 그러나 파이잘 왕자를 본 순간 로렌스는 거의 빨려들어갈 듯 했다. "큰 키에 우아하고 활기 있고 마치 제왕과 같았다. 나이는 서른한 살이었고 아주 민첩하며 지칠 줄 몰랐다. 피부는 순수한 체르케스인^{Circassian}처럼 맑았으며 검은 머리칼에 선명한 검은 눈을 갖고 있었다. 유럽인같이 보였으며 퐁테브로에 있는 리처드 1세의 동상과 아주 흡사했다. 대중의 우상이 될 만했다." 로렌스는 파이잘을 두고 "절대 최고"라는 말을 쏟아냈지만, 또한 "용감하고 유약하고 무지한 사람이기도 했다. 나는 동정심에서 그를 섬겼다"라고도 했다.

아랍의 반란은 헤자즈의 샤리피안 봉토에서도 실패했다. 로렌스는 수천 명 규모의 파이잘의 낙타 부대가 "투르크인 1개 부대"에도 패배할 수 있다는 것을 알고 있었다. 그러나 그들이 전초기지를 공격하고 철도를 파괴한다면 오토만 군대 전체의 발을 묶을 수도 있었다. 파이잘과 안면을 익힌 후 로렌스는 그 계획을 실행에 옮겼고 현대적 반란의 전형을 창시했다. 그러나 로렌스에게 전설적인 옷을 입혀준 것은 파이잘이었다. "그는 내게 흰 비단에 금자수가 놓인 화려한 결혼식 예복을 입혀주었다." 그는 아랍의 반란에 대한 안내서(21세기 이라크와 아프가니스탄의 미군 장교들의 필독서)에 "아랍 옷들을 입으려면 최고로 갖춰 입어라. 샤리프처럼 입어라"라고 썼다.

로렌스는 군사훈련을 받은 적도 없고 금욕주의 시인의 정신을 갖고 있지도 않았지만, 아랍인들을 다루기 위해서는 그들에 대한 끊임없는 연구를 거듭해야 한다는 사실을 잘 알고 있었다. "듣고 또 직접 조사함으로써 아랍의 가문, 부족, 씨족, 친구들, 적들을 상세히 파악하라." 그는 낙타 타는 법, 베두인처럼 사는 법을 배웠다. 그러면서도 그는 거액의 영국 금화를 뿌리는 것이 그의 군대를 유지하는 방법이라는 것을 잊지 않았으며(부족들이 이제껏 겪어보지 못한 가장 기름진 시간), 이 때문에 50년 후에도 아랍인들은 로렌스를 '황금의 남자'로 기억했다.

도살자이자 전쟁광인 그들은 로렌스를 두렵게 하는 동시에 흥분하게 했다. 그는 한 차례의 성공적인 기습 이후 열정에 가득 차서는 "나는 그것이 재미있다는 소리로 들렸으면 하네"라고 썼다. "그것은 가장 아마추어적인, 마치 버팔로 빌Buffalo-Bill과도 같은 일이었고 그것을 제대로 할 수 있는 사람은 오직 베두인뿐이지." 로렌스의 부하들 가운데 하나가 다른 부하를 죽이자 로렌스는 유혈분쟁을 피하기 위해 직접 그 살인자를 처형해야 했다. 투르크인들을 한 차례 학살한 후 "깨어날 때에는 이 악몽이 끝나 있기를" 바랐다. "투르크인들을 죽이고 또 죽이는 일은 끔찍하다네."

로렌스는 사이크스-피코의 비밀협약이 중동을 분할시켰다는 것을 알고 있었고, 그것을 부끄러워했다. "우리는 거짓을 통해 그들을 전쟁으로 불러들이고 있고, 나는 그것을 참을 수가 없네." 절망의 구덩이에서 "가는 길에 죽임을 당하기를 바라면서" 목숨을 위험에 내던진 적도 있었다. 그는 자신을 "극히 친영국적이며 친아랍적"이라고 묘사했지만 제국주의적 정복을 경멸하고 자치국으로서 다만 영국의 보호를 받는 독립적인 아라비아를 선호했다. "나는 내가 살아남아 전쟁터에서 투르크인들을 이길 수 있을 뿐만 아니라 의회에서 내 조국과 연합국들까지 이길 수 있을 거라고 생각하네."

로렌스는 파이잘에게 사이크스-피코의 비밀협약과 더불어 그것을 시정할 자신의 계획까지도 털어놓았다. 시리아가 프랑스령이 되는 것을 막으려면 아랍이 직접 시리아를 해방시켜야 했고, 시리아에 대한 권리를 아랍에 돌려줄 극적인 군사적 돌격계획을 개시해야 했다. 로렌스는 아카바 항구를 점령하기 위해 끔찍한 요르단 사막을 통과해 300마일(약 480킬로미터)에 걸친 우회로로 파이잘의 군대를 이끌었다.10)

독일령 예루살렘

제말의 세 번에 걸친 이집트 공격이 실패한 후 영국은 시나이를 통과해 반격을 가했다. 1917년 봄 영국은 오스트리아 헝가리 포병부대의 지원을 받은 독일군 1만 6,000명에게 가자에서 두 번에 걸쳐 대패를 당했다. 제말은 영국이 다시 공격하리라는 것을 알고 있었다. 팔레스타인은 이제 오토만에 대항한 음모로 들끓었다. 파샤의 비밀경찰은 친영국 유대인 스파이 조직 NILI를 밝혀냈다. NILI는 고문을 당하고(손톱을 빼내고 두개골이 부서질 때까지 기구로 짓눌렀다) 교수형에 처해졌다. 예루살렘에서 제말의 경찰은 또 다른 유대인 스파이, 얼터 레빈Alter Levine을 찾아냈다. 그는 러시아 태생으로 시인이자 사업가이자 해결사였다. 제말의 경찰은 그가 창녀촌을 가장한 스파이 기지를 구축했다고 주장했다. 레빈은 친구 칼릴 사카키니Khalil Sakakini의 집에 나타났다. 예루살렘에서 존경받는 교사였던 사카키니는 그를 보호해주겠다고 약속했다. 시온주의자 스파이 조직은 제말을 분노하게 했다. 제말은 4월에 외국 영사들을 아우구스타 빅토리아 요새로 불러 위협적인 일장연설을 늘어놓았다. 그는 예루살렘 주민 전체를 강제이주시키겠다고 위협했다. 그리고 그에 앞서 아르메니아인들의 지옥 같은 강제이주를 실행하겠다고 했다. 그것은 수천 명의 죽음을 의미했다.

제말은 엔베르에게 "우리는 예루살렘을 위해 싸울 수밖에 없다"고 말했다. 그들은 베르됭Verdun 공격을 지휘한 적이 있는 전직 독일 참모총장 에리히 폰 팔켄하인Erich von Falkenhayn 육군원수를 예루살렘으로 초청했고 영국을 물리칠 방법에 대한 조언을 구했다. 그러나 엔베르가 제말보다 한 수 위였고 그 독일인을 총사령관에 임명했다. 제말은 엔베르에게 "팔켄하인의 베르됭 공격은 독일인에게 재앙이었으며, 그의 팔레스타인 공격은 우리에게 재앙이 될 것"이라고 공격했다.

1917년 6월, 의기소침한 제말은 예루살렘 기차역에서 팔켄하인을 만났고 그들은 바위 돔의 계단 위에서 함께 어색한 포즈를 취했다. 팔켄하인은 독일 황제가 지은 아우구스타 빅토리아에 사령부를 구축했다. 예루살렘의 카페들은 아시아 군단의 독일 병사들로 가득 찼고 장교들은 패스트 호텔을 차지했다. 예루살렘에 있던 전형적인 젊은 독일 병사 루돌프 회스Rudolf Hoess는* "종교 역사와 성자들의 이야기에서 익숙해진, 오래되고 친숙한 이름들이 도처에 있습니다. 저의 어린 시절 꿈과는 어찌나 다른지요!"라고 썼다. 오스트리아 군대가 예루살렘을 가로질러 행진했다. 유대계 오스트리아 병사들은 서쪽 벽에서 기도했다. 제말 파샤는 예루살렘을 떠나 다마스쿠스에서 자기 지역들을 다스렸다. 독일 황제는 마침내 예루살렘을 점령했다. 그러나 때는 너무 늦었다.

    6월 28일, 에드먼드 앨런비Edmund Allenby가 새로운 영국군 사령관으로서 카이로에 도착했다. 일주일 후 로렌스와 샤리피안들은 아카바를 점령했다. 로렌스는 단 4일 만에 낙타, 기차, 배를 타고 카이로에 도착해 앨런비에게 승전을 보고했다. 앨런비는 퉁명스러운 성격의 전형적인 기병이었지만 로렌스는 베두인 옷을 입은 이 깡마른 영국인에게 곧장 깊은 인상을 받았다. 앨런비는 로렌스와 샤리피안 낙타 부대에게 별동대로서 자기 군대의 오른쪽 날개를 맡으라고 명령했다.

    예루살렘에서는 영국의 비행기들이 올리브 산을 폭격했다. 팔켄하인의 부관, 콜로넬 프란츠Colonel Franz는 방어군을 정비하고 반격을 계획했다. 독일군은 앨런비를 과소평가했고, 1917년 10월 31일 앨런비가 예루살렘 점령을 위한 공격을 개시하면서 불시에 습격을 당했다.11)

---

* 훗날 홀로코스트 중 수많은 유대인들을 가스로 죽이고 불 태운 아우슈비츠의 SS장교가 된 회스는 당시에는 가톨릭 사제가 될 생각을 갖고 있었다. 예루살렘은 "그 후 내가 신앙을 포기한 결정적 요인이 되었다. 신실한 가톨릭 신자로서 나는 그곳에 있는 많은 교회의 지도자들이 냉소적으로 유적지에서 장사하는 것에 대해 역겨움을 느꼈다." 무릎에 부상을 입고 철십자 훈장을 받은 회스는 "모든 애정의 증거들에 놀랐으며" 예루살렘에서 한 독일인 간호사의 유혹을 받았다. "나는 사랑의 마술에 넘어갔다." 그는 1947년 4월, 교수형을 당했다. 우연하게도 노트르담 근처에서 간호장교들과 함께 아메리칸 콜로니를 도운 한 "부산한" 독일인 소년은 독일인 부영사 루돌프 헤스Rudolf Hess의 아들이었다. 루돌프 헤스는 나중에 나치 독일의 부총통이 되며, 1941년 기괴한 평화협정에 따라 스코틀랜드로 가고 그곳에서 죄수로서 여생을 보냈다.

시온주의의 중대한 역할

앨런비가 7만 5,000명의 보병과 1만 7,000명의 기병, 몇 대의 새 탱크들을 꾸리고 있을 때, 영국의 외무장관 아서 밸푸어는 하임 바이츠만 박사라는 러시아 태생의 과학자와 새로운 정책을 협상하고 있었다. 그것은 놀랄 만한 이야기다. 화이트홀을 어슬렁거리던 한 러시아 이민자가 고대 이스라엘과 성서에 대한 낭만적인 대화를 나누기 위해 세계에서 가장 힘센 정치인들의 사무실에 들렀다. 그리고 콘스탄티누스나 살라딘의 어떤 결정보다도 더 극적으로 예루살렘을 바꾸게 될, 그리고 오늘날의 중동을 결정짓게 될 정책에 대한 대영제국의 지지를 확보하는 데 성공한 것이다.

그들이 처음 만난 것은 10년 전이었지만 그들의 관계는 평범한 것이 아니었다. 밸푸어는 불그스름한 뺨과 호리호리한 몸 때문에 니미니 피미니Niminy Piminy와 프리티 패니Pretty Fanny라는 별명이 있었으며 또한 아일랜드 총독으로 있을 당시의 가혹함으로 인해 블러디Bloody 밸푸어라는 별명도 있었다. 밸푸어는 스코틀랜드의 부유한 상인과 영국인 귀족의 후손이었다. 어머니는 빅토리아 시대에 수상을 지낸 솔즈베리Salisbury 후작 로버트 세실Robert Cecil의 누이였다. 밸푸어는 1878년 삼촌과 디즈레일리를 따라 베를린 의회를 방문했으며, 1902년 솔즈베리 후작 작위를 승계했을 때 "밥은 너희들의 삼촌Bob's your uncle!"이라는 우스꽝스러운 문구를 만들어냈다.

철학자이자, 아마추어 시인이며, 열광적인 테니스 애호가였던 그는 한 번도 결혼을 하지 않은 멋쟁이 낭만주의자였으며 "너무 중요한 문제도 너무 사소한 문제도 없다"라는 문구를 가장 좋아하는 쾌활한 임기응변가였다. 데이비드 로이드조지는 역사가 밸푸어를 "주머니 속 손수건에서 나는 향기"처럼 기억할 것이라고 혹평했지만 사실 밸푸어는 바이츠만과의 관계, 그리고 그의 이름이 들어간 선언문으로 인해 누구보다 선명하게 기억되고 있다.

밸푸어와 바이츠만은 극과 극일 정도로 전혀 다른 세계에서 온 사람들이었다. 바이츠만은 핀스크 근처의 조그마한 유대인 시골마을에 사는 목재상의 아들이었다. 그는 소년 시절 시온주의를 받아들였고 러시아에서 탈출해 독일과 스위스에서 과학을 공부했다. 서른 살이 되었을 때 맨체스터로 이주해 대학에서 화학을 가르쳤다.

바이츠만은 "보헤미안적이면서도 귀족적이고 가부장적이고 냉소적이며 러시아 지성인다운 신랄하고 자기비하적인 위트를 갖추고 있었다." 그는 "왕들이나 수상들과 편하게 어울리는 타고난 귀족들 중 하나"였으며, 처칠, 로렌스, 트루먼 대통령 등 다양한 사람들에게 존경을 받았다. 바이츠만의 아내 베라는 짜르 군대의 몇 안 되는 유대인 장교의 딸이었다. 그녀는 대부분의 러시아계 유대인들을 평민 취급하고 영국인 귀족 친구들을 더 선호했으며 남편 '하임치크Chaimchik'에게 에드워드 시대 신사 같은 옷을 입혔다.

열정적인 시온주의자였던 바이츠만은 짜르 러시아를 증오하고 반시온주의 유대인들을 경멸했다. 그는 "잘 먹은 레닌"과도 같이 생겨서 때때로 레닌으로 오인받기도 했다. "뛰어난 화술을 가진 사람"이었던 그는 완벽한 영어에 항상 러시아 악센트로 양념을 쳤고 "여성과도 같은 매력이 고양이 같은 치명적인 공격력과 결합되었으며 열정과 예언적 시각을 불태웠다."

이튼 졸업생과 핀스크 셰베르chever 졸업생은 1906년에 처음 만났다. 그들의 대화는 짧았지만 잊을 수 없는 것이었다. "나는 밸푸어가 평범한 자세로 다리를 뻗은 채 평온한 표정으로 앉아 있던 것을 기억한다." 밸푸어는 영국 수상으로서 시온주의자들에게 우간다를 제안한 사람이었지만, 1903년 당시는 권력에서 밀려나 있었다. 바이츠만은 그의 희미한 관심이 그저 '위장'이 아닐까 우려했고, 이 때문에 그는 모스스가 우간다주의에 대한 이야기를 들었다면 "십계명 판을 다시 깨트렸을 것이다"라고 말했다. 밸푸어는 만족한 듯 보였다.

"밸푸어 씨, 제가 런던 대신 파리를 드린다면 받으시겠습니까?"

"하지만 바이츠만 박사, 우리에겐 벌써 런던이 있소"라고 밸푸어는 대답했다.

"그럼요, 헌데 우리에겐 예루살렘이 있었죠," 바이츠만은 대답했다. "런던이 늪지대였을 때 말입니다."

"당신과 같이 생각하는 유대인들이 많습니까?"

"전 수많은 유대인들의 마음을 대변한 겁니다."

밸푸어는 깊은 인상을 받았지만 이렇게 덧붙였다. "흥미롭군요. 내가 만난 유대인들은 그와는 무척 다르던데 말이오."

대부분의 영국계 유대인 유력자들이 시온주의를 비웃는다는 것을 알고 있던 바이츠만은 다음과 같이 대답했다. "밸푸어 씨, 당신께서는 잘못된 생각을 가진 유대인들을 만나신 겁니다."

대화는 결론 없이 끝났지만 바이츠만은 최초로 제국의 정치가를 만난 것이었다. 밸푸어는 총선에서 패배하고 몇 년간 권력을 잃은 채 보냈다. 한편 바이츠만은 예루살렘에 히브리대학교를 세우자는 운동을 일으켰으며 밸푸어를 만난 직후 처음으로 예루살렘을 방문했다. 팔레스타인의 활발한 시온주의자 농장들은 바이츠만을 흥분시켰지만 "자선에 의지해 살아가는 도시, 끔찍한 게토"인 예루살렘으로 인해 공포를 느꼈다. 그곳에서는 "눈을 씻고 찾아보아도 우아한 건물을 볼 수 없었다. 유대인을 제외하고 온 세계가 예루살렘에 발판을 두고 있었다. 그것은 나를 우울하게 했고, 나는 밤이 되기 전에 예루살렘을 떠났다." 맨체스터로 돌아온 바이츠만은 화학자로서 명성을 높였고, 편집자 스캇$^{C.\ P.\ Scott}$과 친분을 쌓았다. 스캇은 〈맨체스터 가디언$^{Manchester\ Guardian}$〉의 소유자이자 성서의 예언자를 흉내 내는 친시온주의자였다. 스캇은 1914년 "이제 바이츠만 박사는 자신이 나를 위해 무엇을 해주기를 원하는지 말해달라고 한다"고 말했다.

제1차 세계대전이 시작되면서 바이츠만은 "매혹적이고 매력적이고 에너지가 넘치는" 해군장관 윈스턴 처칠에게 부름을 받았다. 처칠은 이렇게 말했다. "바이츠만 박사, 우리는 3,000톤의 아세톤이 필요하오." 바이츠만은 아세톤을 제조할 수 있는 새로운 공식을 개발한 바 있었다. 아세톤은 코르다이트 폭발물을 만드는 데 사용되는 용매였다. "만들 수 있겠소?" 처칠은 물었다. 바이츠만은 할 수 있었고, 또한 해냈다.

몇 달 후 1914년 12월, 스캇은 바이츠만을 당시 재무장관이었던 로이드조지와 그의 친구 허버트 새뮤얼$^{Herbert\ Samuel}$과의 조찬에 데리고 갔다. 바이츠만은 장관들이 극도의 진지함을 감춘 채 가벼운 유머를 사용하며 전쟁에 대한 논의를 하는 것을 보았다. 그러나 그는 너무도 수줍었고 흥분을 억누르느라 애를 먹었다. 바이츠만은 그 정치가들이 시온주의에 동정적이라는 것을 알고 놀랐다. 로이드조지는 "바이츠만 박사가 팔레스타인에 대해 이야기할 때 그는 서부전선의 지명들보다 더 친숙한 지명들을 계속 거론했다"는 것을 인정했다. 또한 로이드조지는 두 사람이 이미 만난 적이 있다는 것을 알지 못한 채 그를 밸푸어에게 소개시켜주겠다고 했다. 바이츠만은 새뮤얼(로스차일드 가문 및 몬티피오리와 관계 있는 영국계 유대인 금융계 후손이자 영국 내각에 들어간 최초의 실질적 유대인)이 유대인 귀환에 대한 비망록을 준비하고 있다는 것을 알게 될 때까지 그를 경계했다.

1915년 1월, 새뮤얼은 허버트 애스퀴스Herburt Asquith 수상에게 비망록을 전달했다. 새뮤얼은 "흩어진 열두 민족 사이에 이미 동요가 일어나고 있다"고 썼다. "히브리 민족을 그들의 땅으로 복귀시켜준다는 개념에 대한 폭넓은 공감이 있다." 애스퀴스는 유대인들이 "떼를 지어 돌아갈 수 있다"는 개념을 비웃었고 그 나라가 "꽤나 매력적인 사회"가 될 거라면서 조롱했다. 새뮤얼로 말할 것 같으면 "그의 비망록은 마치 《탕크레드》의 개정판과도 같았다.* 나는 그 제안에 끌리지 않았지만, 새뮤얼의 잘 정돈되고 체계적인 머리에서 나오는 마치 시와도 같은 폭발적인 계획을 듣는 것은 '인종이 모든 것'이라는 (디즈레일리가 가장 좋아하던) 경구의 흥미로운 실례를 듣는 것과 같았다."

애스퀴스는 "매우 흥미롭게도 이 제안의 유일한 또 다른 참여자가 로이드조지다. 그는 유대인들을 비하하지는 않지만 성지들이 '불가지론적이고 무신론적인' 프랑스인들의 손에 넘어가게 되면 격분을 불러일으킬 것이라고 생각한다"는 구문을 발견하고는 더욱 놀랐다. 애스퀴스는 로이드조지가 예루살렘이 영국의 소유가 되기를 원했다는 점은 제대로 파악했지만 유대인에 대한 로이드조지의 태도에 대해서는 오해를 하고 있었다.

로이드조지는 푸른 눈의 웨일스 침례교 학교장의 아들이었으며 난폭한 난봉꾼이었고 하얗고 긴 머리 때문에 정치가라기보다는 예술가처럼 보였다. 그는 유대인들에게 지대한 관심이 있었으며 10년 전 변호사로서 시온주의자들을 대변한 적이 있었다. 급진적 개혁가로 시작해 반제국주의적 평화주의자이자 귀족들의 박해자가 된 이 청산유수의 연설가이자 직관

---

* 디즈레일리의 가장 인기 있는 소설 중 하나인 《탕크레드》에서 백작의 아들은 예루살렘으로 여행을 하며 그곳에서 한 유대인을 만난다. 그 유대인은 "영국인이 이 도시를 차지할 것이다. 영국인들이 이 도시를 계속 차지할 것이다"라고 예언했다.

적인 쇼맨은 "나는 학교에서 내 조국보다 유대인들의 역사에 대해 더 많이 배웠다"고 말했다. 그리스 고전들과 성서의 영향을 받은 그는 제1차 세계대전이 시작되자 활기찬 전쟁장관이자 낭만적인 제국주의자로 변신했다.

로이드조지는 바이츠만을 밸푸어에게 다시 소개했다. "바이츠만을 소개하실 필요는 없습니다." 밸푸이는 말했다. "저는 1906년 바이츠만과의 대화를 지금도 기억하고 있습니다." 밸푸어는 "여전하시군요"라는 말로 바이츠만을 맞이했다. 그러고는 금방이라도 눈물이 떨어질 것 같은 눈으로 "아시겠지만 전쟁이 중단되면 당신들은 예루살렘으로 돌아갈 수 있을 겁니다. 그것이 당신이 이제껏 추구해온 대의지요. 당신은 가야 하고 또 가지 않으면 안 됩니다." 이후 그들은 정기적으로 만나기 시작했으며 저녁이면 화이트홀 주변을 산책하면서 유대인 자치지역이 운명의 장난에 힘입어 역사적 정의와 영국의 힘이라는 관점에서 어떤 작용을 하게 될지를 토론했다.

과학과 시온주의가 더욱더 결속하게 된 것은 밸푸어가 당시 해군장관이었고 로이드조지가 군수 담당 장관이었기 때문이다. 두 사람의 업무 범위는 바이츠만의 폭발물 작업과 깊은 관련이 있었다. 바이츠만은 자신이 세계에서 가장 넓은 제국의 수장들과 맺은 "개인적 관계의 미로에 붙잡혔다"고 생각했으며 그로 인해 그는 자신의 보잘것없는 출신 배경에 대해 생각해보게 되었다. "모텔^{Motelle} 출신의 이드^{Yid}(유대인을 이르는 매우 모욕적인 말)인 나 하임 바이츠만은 맨손으로 시작해 고작 지방 대학의 교수가 되었을 뿐이다." 밸푸어와 로이드조지가 생각하기에 바이츠만은 전형적인 유대인이었다. 바이츠만이 프록코트에 중절모를 썼어도 처칠은 후에 그를 "마치 구약의 예언자와 같다"고 표현했다. 비망록에서 로이드조지는 바이츠만의 전쟁물자 작업에 대한 감사가 유대인들에 대한 지지로까지 이어졌다고 경박스럽게 주장했지만 실제로는 그보다 훨씬 앞서서 내각의 강력한 지원이 있었다.

　　이번에도 성서, 즉 예루살렘이 쓴 책은 쓰인 지 2,000년이 지난 후까지도 예루살렘에 영향을 미쳤다. 바이츠만은 "영국은 성서의 나라"라고 말했다. "명문학교를 나온 그 영국 정치가들은 근본적으로 종교적이다. 그들은 귀환의 개념을 현실로서 이해하고 있다. 그것은 그들의 전통과 신앙에도 맥이 닿는다." 로이드조지의 참모 가운데 하나는 미국과 더불어 "성서를 읽고 성서를 생각하는 영국"이 "자신들의 옛 땅으로 돌아가려는 유대인들의 바람을 부정할 수 없는 당연한 바람으로 간주하는 유일한 나라"라고 말했다.

　　유대인들에 대한 그들의 태도에는 보다 교묘한 무언가가 있었다. 영국의 지도자들은 러시아계 유대인들의 고난에 근본적으로 동정적이었으며 짜르의 박해는 전쟁 중 더욱 심화되었다. 유럽의 상류층은 로스차일드 가문과 같은 유대인 부호들의 엄청난 부와 이국적인 힘, 그리고 화려한 저택들에 매혹돼 있었다. 그러나 그것은 동시에 유럽 상류층을 혼돈에 빠뜨렸다. 그들은 유대인들이 다윗 왕이나 마카베오처럼 하나같이 박해받는 성서적 영웅들로 구성된 고귀한 인종인지, 혹은 사악한 음모를 꾸미는 신비로울 정도로 똑똑하며 거의 초인적인 힘을 가진 매부리코 호빗족들인지 분간할 수가 없었기 때문이다.

　　인종적 우월성의 이론이 제지를 받지 않던 시대에 밸푸어는 유대인들이 "기원전 5세기의 그리스인들 이후 가장 재능 있는 인종"이라고 확신했고, 처칠은 그들을 "신과 악마 양쪽 모두가 자신들을 최상으로 발현하기 위해 선택한 신비하고 수수께끼 같은 인종"이라고 불렀다. 로이드조지는 허버트 새뮤얼을 "유대인 중 최악의 인격을 가졌다"면서 암암리에 비판했다. 그러나 세 사람 모두 근본적인 친셈족주의자였다. 바이츠만은 인종주의적 음모이론과 그리스도교적 히브리주의 사이의 구분선이 희미하다는 것을 알고 있었다. "우리는 친셈족주의와 반셈족주의를 모두 미워한다. 두 가지 모두 모욕적이다."

그러나 정치는 타이밍이 가장 중요하다. 1916년 12월, 애스퀴스 행정부가 물러나고 로이드조지가 수상이 되었으며 밸푸어가 외무장관으로 임명됐다. 로이드조지는 밸푸어를 "채텀Chatham 이후 가장 훌륭한 전쟁 지도자"로 묘사했으며 그와 밸푸어는 전쟁에서 이기는 데 필요한 것이라면 무엇이든지 했다. 독일과의 길고 지루한 전쟁 중 결정적인 순간에 유대인들에 대한 그들 특유의 태도와 1917년의 특이하게 결합된 연속적 상황들 때문에 로이드조지와 밸푸어는 시온주의가 영국의 승리를 돕는 데 결정적인 역할을 할 것이라고 확신하게 되었다.

시온주의자들의 세상

1917년 봄, 미국이 전쟁에 개입했고 러시아혁명이 니콜라스 2세 황제를 전복시켰다. 영국의 핵심 관료 중 한 명은 "폐하의 정부는 러시아를 어떻게 연합국 소속으로 유지시키는가에 주된 관심을 갖고 있는 것이 분명합니다"라고 말했으며 미국에 관해서는 "유대인의 팔레스타인 귀환이 영국 정책의 목표가 될 경우 미국의 여론이 우호적인 방향으로 영향을 받을 것으로 예상된다"고 말했다. 미국 방문을 앞두고 있던 밸푸어는 동료들에게 "러시아와 미국에 있는 유대인의 절대 다수가 이제는 시온주의에 우호적인 것으로 보인다"라고 말했다. 영국이 친시온주의적 선언을 할 수 있다면 "우리는 러시아와 미국 양쪽에서 극히 유용한 여론전을 수행할 수 있을 것이다."

러시아와 미국이 긴급한 것은 아니었지만 영국은 독일이 독자적인 시온주의자 선언을 고려하고 있다는 것을 알았다. 결국 시온주의는 독일-오스트리아의 개념이었으며 1914년까지 시온주의자들은 베를린을 본거지로 하고 있었다. 예루살렘의 폭군 제말 파샤는 1917년 8월 예루살렘을 방문했을 때 독일계 시온주의자들을 만났으며 오토만 수상 탈라트 파샤는 '유대인 자치지역'을 촉진한다는 데 마지못해 합의했다. 한편 앨런비는 팔레스타인의 국경선들을 따라 비밀리에 공격을 준비하고 있었다.

바이츠만의 매력이 아니라, 바로 그러한 것들이 영국이 시온주의를 포용한 실제적 이유들이었으며 이제는 시간이 결정적 문제였다. 밸푸어는 "나는 시온주의자이다"라고 선언했다(시온주의가 그의 경력 중 유일하게 진정한 열정이 되었을 가능성도 있다). 로이드조지, 그리고 이제 군수장관이 된 처칠 역시 시온주의자가 되었으며, 이제 국무조정실에 들어간 열정적인 잔소리꾼 마크 사이크스는 문득 "유대인들 전체가 우리를 적대할 경우 그 일을 성공시킬(즉, 전쟁에서 승리할) 가능성이 전혀 없기 때문에 유대인 세계와의 우호가 필요하다"고 확신했다.

내각의 모든 사람이 그에 동의하고 싸움에 동참한 것은 아니었다. 전직 인도 총독 커즌Curzon 경은 "그 나라 국민이 된다는 것은 무엇을 의미하는가?"라고 물었다. 로이드조지는 "유대인들은 우리에게 아랍인들보다 더 많은 도움을 줄 수도 있다"고 주장했다. 인도 내무비서 에드윈 몬터규Edwin Montagu는 유대인들을 괴롭혔고 허버트 새뮤얼의 상속자 겸 사촌에게 자금을 지원했으며 시온주의가 더욱 심한 반셈족주의를 불러일으킬 가능성이 있음을 강력하게 주장했다. 영국의 유대인 부자들의 다수도 그에 동의했다. 모지스 경의 조카손자 클로드 골드스미스 몬티피오리$^{Claude\ Goldsmith\ Montefiore}$는 로스차일드 가문의 지원을 받아 반시온주의운동을 이끌었고 바이츠만은 클로드 몬티피오리가 "영국인인 경우를 제외하고 유대인들의 민족주의가 유대인들의 종교보다 낮은 수준에 있는 것으로 여긴다"고 불평했다.

몬터규와 몬티피오리는 선언을 연기시켰지만, 바이츠만은 반격했고 유대인 유력자들과 내각에 들어간 적이 있는 영국 귀족들의 거실과 별장들로 찾아갔다. 바이츠만은 스무 살 돌리 드 로스차일드$^{Dolly\ de\ Rothschild}$의 지지를 획득했고, 돌리는 그를 아스토르 가문^{Astors}과 세실 가문에 소개했다. 어느 날 저녁 파티에서 크레위^{Crewe} 후작부인은 로버트 세실이 "이 집에 있는 우리는 모두 바이츠만주의자입니다"라고 말하는 것을 들었다. 영국계 유대인들의 무관의 왕, 월터 로스차일드의 지지는 바이츠만이 그러한 유대인 반대자들을 이기도록 도왔다. 내각에서 로이드조지와 밸푸어는 자신들의 길을 갔다. 밸푸어는 "나는 로스차일드 경과 바이츠만에게 양식을 제출할 것을 요구했습니다"라고 의사록에 적었으며 사이크스에게 협상을 맡겼다.

프랑스인들과 미국인들이 차례로 그것을 승인했고 10월 말의 결의안을 위한 길을 열었다. 앨런비 장군이 베에르셰바^{Beersheba}를 점령한 그 날, 사이크스가 앞으로 나와 내각 사무실의 대기실에서 초조하게 기다리고 있던 바이츠만을 지목했다. 사이크스는 소리쳤다. "바로 이 사람, 바이츠만 박사입니다."

11월 9일, 밸푸어는 선언문을 발표했고 로스차일드 경의 이름을 기입했다. 선언문의 내용은 이러했다. "여왕 폐하의 정부는 유대인 자치지역을 팔레스타인에 건설하는 것을 환영한다. 기존의 비유대인 사회들의 시민적, 종교적 권리를 침해할 수 있는 어떤 것도 행하지 않을 것임을 명확히한다." 영국은 나중에 아랍인들에게서 냉소적인 배신이라는 이유로 비난을 받았다. 영국은 샤리프, 시온주의자들, 프랑스에게 동시에 팔레스타인을 주겠다고 약속했고, 그것은 '위대한 아랍의 반란Great Arab Revolt'이라는 신화의 일부가 되었다. 그것은 분명 냉소적이었으나 아랍인들과 유대인들에게 한 약속은 모두 짧은 기간에 얻어낸 결과였고 신중치 못한 것이었으며 전시의 긴급한 정치적 편의였다. 물론 두 가지 모두 다른 상황이었다면 제안되지 않았을 만한 것이었다. 사이크스는 "우리는 시온주의, 아르메니아 해방, 아라비아 독립을 약속했다"라고 명랑하게 주장했다. 그러나 거기에는 심각한 모순들이 있었다. 시리아를 아랍과 프랑스 모두에게 명시적으로 약속한 것이다. 우리가 본 바와 같이 샤리프에게 보내는 서한에서도 팔레스타인과 예루살렘은 언급되지 않았고 유대인들에게 예루살렘을 약속하지도 않았다. 사이크스-피코 협약은 중립도시를 명시했고 시온주의자들은 그에 동의했다. 바이츠만은 "우리는 성지들이 중립화되기를 원했다"고 말했다.*

밸푸어 선언문은 러시아계 유대인들을 볼세비즘에서 떼어놓으려고 했지만 선언문이 발표되기 바로 전날 밤 레닌이 상트페테르부르크에서 권력을 잡게 되었다. 레닌이 며칠만 더 일찍 움직였더라면 밸푸어 선언은 결코 발표되지 않았을 것이다. 역설적이게도 러시아계 유대인들의 에너지를 통해 추진된 시온주의(화이트홀의 바이츠만부터 예루살렘의 벤구리온까지)

---

* 로이드조지의 임무는 전쟁에서 이기는 것이었고 다른 모든 것은 그것에 종속되었다. 따라서 로이드조지가 네 번째 중동 정책을 고려하고 있었다는 것은 놀라운 일이 아니다. 그는 별도의 오토만 평화안을 놓고 세 명의 파샤들과 간접적으로, 그리고 비밀리에 협상을 진행했다. 그것은 예루살렘을 술탄 아래에 놓음으로써 유대인, 아랍, 그리고 프랑스에게 등을 돌리는 일이었다. 격분한 커즌은 "우리가 팔레스타인을 유대인의 땅으로 약속한 바로 그 주에 우리는 예루살렘 위로 터키 깃발이 나부끼는 것을 보게 되었다"고 말했다. 대화는 아무런 소용이 없었다.

와 유대인들의 고난에 대한 그리스도교의 동정은 1991년 소련이 몰락할 때까지 러시아계 유대인들과 인연이 닿지 않게 된다.

밸푸어 선언은 사실 밸푸어 선언이 아니라 로이드조지 선언이라고 해야 옳았다. 로이드조지는 영국이 팔레스타인을 소유해야 한다고 이미 결론 내린 사람이었으며("우리는 그걸 붙잡아야 해") 그것이 유대인 자치 지역을 위한 선결조건이라고 생각했다. 그는 프랑스 혹은 다른 어떤 나라와도 팔레스타인을 공유할 생각이 없었을 뿐 아니라, 예루살렘은 그의 궁극적 목표였다. 앨런비가 팔레스타인을 뚫고 들어갔을 때 로이드조지는 대담하게 "영국을 위한 크리스마스 선물로서" 예루살렘을 점령하라고 말했다.12)

46장
크리스마스 선물
1917~1919년

후세이니 시장의 침대보 항복

앨런비는 1917년 11월 7일에 가자를 점령했다. 자파는 16일에 함락되었다. 예루살렘에는 절망적인 장면들이 펼쳐졌다. 다마스쿠스에서 자신의 영지를 다스리고 있던 도살자 제말은 예루살렘에 신의 밤이 임했다는 말로 사람들을 위협했다. 먼저 그는 모든 그리스도교 성직자들의 강제 추방을 명령했다. 성구세주 수도원을 비롯한 그리스도교 건물들은 폭파되었다. 대주교들은 다마스쿠스로 보내졌지만 가톨릭의 콜로넬 폰 파펜Colonel von Papen은 라틴 대주교를 구출하여 나사렛에서 그를 보호했다. 제말은 다마스쿠스에서 두 명의 유대인 스파이들을 교수형에 처했다. 살아남아서 영국군을 환영할 유대인들은 존재하지 않아야 했다.

밸로바르 백작은 항의를 하기 위해 팔켄하인에게 달려가기 전 일기에 "우리는 반셈족주의 광기의 시대에 살고 있다"고 적었다. 당시 예루살렘을 장악하고 있던 독일군은 해산되었다. 유대인들을 구하기 위해 최고위층과 만났던 크레스 장군은 제말의 반셈족주의 위협을 '미친' 것이라고 생각했다. 그것이 예루살렘에 대한 제말의 마지막 개입이었다.*

11월 25일, 앨런비는 예루살렘 바로 바깥에서 나비 사무엘을 점령했다. 독일군은 어찌 해야 할지를 몰랐다. 파펜은 "나는 팔켄하인에게 직접 공격을 받기 전에 예루살렘을 떠나달라고, 그렇지 않으면 우리가 책임을 지게 될 것이라고 간청했다. 그리고 우리의 책임 아래 직접 공격을 하기 전까지는 예루살렘은 전략적 가치가 없으므로 예루살렘을 떠나달라고 사정했다"고 기억했다. 그는 헤드라인을 상상했다. "예루살렘 공격은 훈족의 짓이다!" 팔켄하인은 "나는 베르됭을 잃었소"라며 울부짖었다. "그런데 이제 당신들은 내게 전 세계가 주목하는 예루살렘을 떠나라고 말하는군요. 그것은 불가능합니다!" 파펜은 콘스탄티노플의 대사에게 전화를 걸었고 대사는 엔베르와 얘기해보겠다고 약속했다.

　　영국 폭격기들이 아우구스타 빅토리아의 독일 사령부를 폭격했고, 앨런비의 정보 담당 장교는 적군이 환각에 빠져 예루살렘 방어를 하지 못하도록 오토만 군대가 있는 곳에 아편 담배를 떨어트렸다. 난민들이 예루살렘 밖으로 쏟아져나왔다. 팔켄하인은 아우구스타 빅토리아에서 독일 황제의 초상화를 치우고 마지막엔 자신도 예루살렘을 떠나 나블루스로 사령부를 옮겼다. 영국과 독일 전투기들은 예루살렘 상공에서 짧은 공중전을 벌였다. 곡사포들은 적의 위치에 폭격을 가했다. 오토만은 나비 사무엘에서 세 번에 걸쳐 반격했다.

　　야만적 전투가 나흘간 이어졌다. 교사 사카키니는 "전쟁은 정점에 이르렀다. 사방에 탄피가 떨어지며 대혼란이 벌어졌고 군인들은 이리저리

---

* 제말은 1917년에 이스탄불로 돌아왔지만 오토만이 항복한 후 다음 해에 베를린으로 가 그곳에서 비망록을 썼다. 그는 아르메니아인 대학살에 대한 복수로서 1922년 트빌리시Tbilisi에서 아르메니아인들에 의해 암살되었다. 제말은 "나는 모든 아르메니아인들의 강제이주가 커다란 슬픔을 만들어낼 수밖에 없다는 확신이 들었다"고 주장했다. 그리고 그가 말했듯 "거의 15만 명을 베이루트와 알레포로 데려가는 것은 얼마든지 가능한 일이었다." 탈라트 역시 암살당했다. 엔베르는 중앙아시아에서 볼셰비키에 대항하는 터키혁명을 이끌다가 전투 중에 죽었다.

뛰어다녔고 공포가 모든 것을 지배했다."* 12월 4일, 영국 전투기들이 러시아 구역에 있는 오토만 사령부를 폭격했다. 독일 장교들은 패스트 호텔에서 마지막 슈납스를 마셨고 최후의 순간까지도 웃음을 잃지 않았다. 한편 오토만 장군들은 항복 여부를 논의했다. 후세이니 가문은 그들의 저택에 비밀리에 모였고 투르크인들은 절망하기 시작했다. 부상당한 군인들과 조각난 시체들을 실은 수레들이 덜컹이며 거리를 오갔다.

12월 7일 저녁, 최초의 영국 군대가 예루살렘에 입성했다. 무거운 안개가 예루살렘 위에 드리웠다. 비는 산들을 검게 물들였다. 다음 날 아침 총독 이자트 베이$^{Izaat\ Bey}$는 망치로 전보 기기들을 때려 부수고 시장에게 항복 각서를 내민 다음, 돌려주겠다는 맹세와 함께 아메리칸 콜로니에서 두 마리 말이 끄는 마차를 빌렸고** 예리코를 향해 달려갔다. 수천 명의 오토만 병사들은 예루살렘을 가로질렀고 역사의 바깥으로 밤을 새워 터덜터덜 걸어나갔다.

9일 새벽 3시, 독일군이 예루살렘에서 철수했고 밸로바르 백작은 그것을 보고 "경악스러울 만큼 아름다움"의 날이라고 불렀다. 마지막 투르크인이 오전 7시 성 스데반 문을 떠났다. 우연의 일치로 그날은 유대인의 하누카, 즉 마카베오의 예루살렘 해방을 기념하는 횃불축제의 첫날이었다. 약탈자들은 자파 도로의 상점들을 공격했다. 오전 8시 45분, 영국 병사들이 시온 문으로 접근했다.

예루살렘 시장 후세인 후세이니, 즉 우드 연주자 와시프의 쾌락

---

* 12월 3일, 오토만 비밀경찰이 사카키니를 공격했다. 사카키니는 유대인 모험가이자 스파이, 얼터 레빈을 숨겨주었다. 그것은 유대인과 아랍인 사이 오토만식 관용의 거의 마지막 사례일 것이다. 두 사람 모두 체포되어 다마스쿠스로 이송되었다. 그들은 걸어서 다마스쿠스까지 가야 했다.
** 2년 후, 아메리칸 콜로니는 여전히 마차를 돌려받거나 혹은 마차 값을 받으려고 했으며 군정 총독 스토스에게 편지를 썼다. "1917년 12월 8일, 전임 총독께서 기름을 가득 채우고 의자보, 스프링 시트, 채찍, 기둥, 말 두필을 갖춘 마차 전체를 임대하신 바 있습니다."

적 후원자는 아메리칸 콜로니에 기쁜 소식을 전하기 위해 달려갔다. 홀리 콜로니스트Holy Colonist들은 "알렐루야Alleluia"를 불렀다. 시장은 하얀 깃발을 찾았다. 그러나 그들 사회에서 그것은 집안에 결혼할 만한 처녀가 있다는 것을 선언하는 의미였다. 한 여자가 후세인에게 하얀 블라우스를 주었지만 석설해 보이지 않아서 후세인은 아메리킨 콜로니에서 침대보를 빌려 빗자루에 묶었다. 그리고 후세이니 가문 사람들 여럿을 포함한 대표단을 꾸려 자파 문을 지나 항복을 하러 갔으며 가는 내내 그 우스꽝스러운 하얀 깃발을 휘둘렀다.

예루살렘은 항복이라는 것이 놀랍도록 어려운 일이라는 것을 증명했다. 먼저 침대보를 휘날리며 가던 시장은 리프타 북서쪽의 아랍인 마을에서 닭장 속 계란을 찾고 있는 두 명의 영국인 취사병들을 발견했다. 시장은 예루살렘을 그들에게 넘겨주겠노라고 했다. 그러나 요리사들은 거절했다. 침대보와 빗자루는 레반트식의 속임수처럼 보였고, 또한 그들의 상관이 계란을 기다리고 있었다. 취사병들은 서둘러 전선으로 돌아갔다.

시장은 존경받는 유대인 가문 출신 친구의 10대 아들, 메나케 엘라샤르Menache Elyashar를 만났다. "잊을 수 없는 역사적 순간을 목격하거라"라고 시장은 소년에게 말했다. 마치 《오즈의 마법사》 속 한 장면처럼 엘라샤르 역시 그 일행에 합류했고 이제 일행은 무슬림, 유대인, 그리스도인까지 섞여 있었다. 그 후 또 다른 런던인 연대 출신의 두 경사가 '정지'를 외치며 총을 겨눈 채 벽 뒤에서 나타났다. 시장은 침대보를 흔들었다. 두 경사, 제임스 세드게윅과 프레드 허콤비는 예루살렘의 항복을 거절했다. "이보시오, 당신들 중에 영어를 할 줄 아는 사람은 없소?" 그들은 한숨을 쉬었다. 시장은 영어를 유창하게 했지만 보다 높은 영국인을 만날 때 쓰려고 아껴두었다. 그러나 두 경사는 시장과 시장의 부하들과 함께 사진을 찍는 데 동의했고 담배도 몇 개 받았다. 사진은 아메리칸 콜로니 출신의 한 스웨덴인이 찍었다.

그다음 예루살렘인들은 두 명의 포병장교들을 발견했다. 그들 역시 영광을 거절했지만 사령부가 어디 있는지는 가르쳐주었다. 그다음, 시장은 중령 베일리와 마주쳤는데 그는 시장의 제안을 180수비대 사령관 왓슨 준장에게 넘겼다. 왓슨 준장은 160사단을 지휘하는 존 시어John Shea 장군을 불렀고 존 시어는 말을 타고 달렸다. 다윗 탑 밖의 계단에서 기다리고 있던 시장 일행은 "그들이 옵니다!"라고 소리쳤다.* 아메리칸 콜로니스트의 버사 스패포드는 장군의 등자에 입을 맞추었다. 시어는 앨런비 장군의 이름으로 항복을 받아들였고 앨런비는 아라비아의 로렌스와 이야기를 나누고 있던 자파 근처의 막사에서 그 소식을 들었다. 그러나 시장 후세이니는 한 번 더 항복을 해야 했다.13)

앨런비의 '최고의 순간'

장군 에드먼드 앨런비 경이 자파 도로를 따라 자파 문을 향해 가고 있을 때도 포성은 여전히 울리고 있었다. 앨런비의 안장 안에는 로이드 조지가 선물해준, 조지 애덤 스미스Gorge Adam Smith의 《성스러운 땅의 역사지리학Historical Geography of the Holy Land》이라는 책이 있었다. 런던에서 수상의 주가가 높아졌다. 며칠 후 수상은 "예루살렘 정복은 세계문명 전체를 통틀

---

* 그 역사적인 침대보를 갖고 있던 아랍 소년은 빗자루를 땅에 꽂았지만 스웨덴인 사진사가 그것을 훔쳐갔다. 영국군이 그를 체포하겠다고 위협하자 그 스웨덴인은 깃 발을 앨런비에게 갖다 바쳤다. 앨런비는 그것을 왕립전쟁박물관에 가져다주었고 현재까지 남아 있다.

어 가장 심오하고 인상적인 사건입니다"라고 허세를 떨며 열변을 토했다. "수 세기에 걸친 씨름과 헛된 투쟁 끝에, 세계에서 가장 유명한 도시는 영국군의 손에 함락되었습니다. 그리스도교 세계의 무장한 군대에 대항해 예루살렘을 성공적으로 지켜온 그들에게 다시는 돌아가지 않을 것입니다. 모든 언덕의 이름이 성스러운 기어으로 진동합니다."

외무장관은 앨런비에게 예루살렘에 입성할 때 황제와 같은 화려함이나 그리스도인 같은 자세를 취하지 말라는 내용의 전보를 쳤다. "말에서 내릴 것을 강력히 권함!" 장군은 걸어서 성문을 통과했는데 미국, 프랑스, 이탈리아의 특사들이 동행했다. 모든 대주교들, 랍비들, 무프티들, 영사들이 지켜보았고 예루살렘 시장이 장군을 맞이했다. 시장은 "수많은 사람들이 기쁨의 눈물을 흘리고 낯선 사람들끼리 서로 인사하고 축하"하는 동안 7번째 항복을 했다.

앨런비는 아라비아의 로렌스를 동반했다. 로렌스는 방금 전 그의 생애 중 가장 큰 충격을 겪었다. 11월 말 적의 전선 뒤에서 홀로 정찰을 하던 중 그는 시리아의 데라^{Deraa}에서 가학적인 오토만 총독 하짐 베이$^{Hajim Bey}$에게 붙잡혔다. 하짐 베이는 그의 충직한 부하들과 더불어 "기이하게도 소년 같은" 그 영국인을 동성 강간했다. 로렌스는 탈출했고 회복한 듯 보였지만 정신적 상처는 매우 컸다. 전쟁 후 그는 그 느낌을 "불구가 된, 미완성 된 절반만이 내 자신인 느낌이었다. 신경을 자극하며 온몸을 무감각하게 만드는 고통 때문에 영혼이 파괴되는 것 같았다. 나를 짐승으로 끌어내렸고 그 후 언제나 나를 따라다녔으며 매혹인 동시에 공포고 병적인 욕망이었네"라고 표현하였다. 탈출 후 아카바에 도착하자 앨런비가 그를 불렀는데, 바로 예루살렘이 함락당했을 때였다.

로렌스는 그날 베두인 옷을 입지 않고 제독의 유니폼을 빌렸다.

로렌스는 《지혜의 일곱 기둥》에서 "내가 볼 때 자파 문의 행사에 나를 부른 것은 전쟁 중 최고의 순간이었으며 역사적 이유로 인해 지상의 어떤 순간보다도 더 매혹적인 순간이었다"고 밝혔다. 그는 여전히 예루살렘을 "호텔 급사들의 지저분한 동네"로 여겼지만 이제는 "예루살렘의 엄숙한 정신" 앞에 고개를 숙였다. 물론, 일기 작가 와시프 자우하리예 역시 군중 가운데서 그것을 보고 있었다.

앨런비에게는 힘과 위엄, 마지막 팔라딘으로서의 위상으로 인해 피의 황소Bloody Bull라는 별명이 있었으며 제말 파샤조차 그의 치밀함과 판단력, 두뇌를 존경했다. 아마추어 박물학자였던 그는 "새와 동물들에 관해서라면 모르는 것이 없었고 다양한 서적들을 섭렵했으며 저녁식사 자리에서 루퍼트 브룩Rupert Brooke의 잘 알려지지 않은 소네트sonnet 전체를 암송했다." 그는 난해한 유머감각을 갖고 있었다. 그의 말과 애완용 전갈의 이름은 모두 '힌덴부르크Hindenburg'였는데 그것은 독일 군 통수권자의 이름이었다. 그러나 까다로운 로렌스조차도 그 "거구에 홍안이며 명랑한" 앨런비 장군을 존경했다. 앨런비는 "도덕적으로 매우 뛰어나서 우리 소인들의 이해력으로는 그를 따르지 못했다. 우상이 될 만한 남자였다"라고 말했다.

앨런비는 계단을 따라 단상으로 올라가 "축복받은 예루살렘"에 대한 선언문을 읽었다. 그다음 프랑스어, 아랍어, 히브리어, 그리스어, 러시아어, 이탈리아어로 다시 낭독했다. 신중하게도 모두의 마음속에 있는 그 단어, '십자군'은 언급되지 않았다. 그러나 후세이니 시장은 마침내 예루살렘의 열쇠들을 앨런비에게 넘겨주면서 "이제 십자군전쟁이 끝났군요"라고 말했다고 한다.

후세이니 가문이었던 시장과 무프티는 분노한 채 성큼성큼 걸어 나가버렸다. 그러나 천년왕국설을 믿는 아메리칸 콜로니스트들에게는 달랐다. "우리는 우리가 마지막 십자군의 승리를 목격하고 있다고 생각했다"라고 버사 스패포드는 말했다. "그리스도교 국가가 팔레스타인을 정복했다!"

하지만 어느 누구도 로렌스와 같은 생각을 할 수는 없었다. 왜냐하면 로렌스는 앨런비의 선언문을 들으면서 며칠 전의 자신을 떠올렸기 때문이다. "사령관과 함께 다윗 탑 앞에 서서 그의 선언문을 들으며 며칠 전 (그를 강간한) 하짐 앞에 서 있던 때를 생각한다는 것은 기이한 일이었다."

앨런비는 자파 문 밖으로 행진했고 다시 힌덴부르크에 올라탔다.* 앨런비는 "예루살렘은 우리를 크게 환호했다네. 그것은 무척 인상적이었다네"라고 로렌스에게 편지를 썼지만 오토만이 반격하고 있었다. 로렌스는 "전투기들이 쉬지 않고 우리 위를 빙빙 도는 가운데 기관총들이 불을 뿜고 있습니다. 예루살렘은 지금까지 그렇게 오랫동안 정복된 적도 없었고 그렇게 쉽게 함락된 적도 없었습니다"라고 말했다. 로렌스는 승리와 함께 부끄러움을 느꼈다.

로렌스는 그 후 시어 장군의 사령부에서 오찬이 있었음을 떠올렸다. 오찬은 프랑스 특사 피코가 예루살렘의 공동소유를 주장하면서 엉망이 되었다. 피코는 "피리를 부는 듯한 목소리"로 앨런비에게 "존경하는 장군님, 내일 저는 이곳에 민간인 정부를 세우는 데 필요한 조치에 착수할 것입니다"라고 말했다.

---

* 앨런비의 부관들 중에는 서른두 살의 윌리엄 시백 몬티피오리 대령이 있었다. 그는 모지스 몬티피오리의 조카 손자였다. 윌리엄은 예루살렘 근처에서 어느 아름다운 아랍 여인이 자신을 부르더니 그를 동굴로 데려갔고 그곳에서 오토만 장교들의 무리를 발견해서 체포했다는 이야기를 하곤 했다.

침묵이 이어졌다. 우리는 샐러드, 치킨 마요네즈, 푸아그라 샌드위치를 제대로 씹지도 못하고 입안에 담은 채로 앨런비를 쳐다보며 입을 다물지 못했다. 앨런비가 얼굴을 붉히며 침을 삼켰고 턱을 앞으로 내밀고는 우리가 좋아하던 그 방식대로 험악한 어조로 말했다. "유일한 권한은 사령관, 바로 내게 있소!"

로렌스는 파이잘과 샤리피안 낙타 부대에 다시 합류했다. 프랑스와 이탈리아는 성묘교회의 공동경비를 허락받았지만 늘 그렇듯 성묘교회는 세습된 누세이베가 문을 열고 닫았다.* 앨런비는 인도인 무슬림 군대에게 성전산 경비를 맡겼다.

런던에서 조지 5세 왕을 알현한 후 하얀 옷을 입은 바이츠만은 시온주의자 위원회와 함께 예루살렘에 도착했고 블라디미르 야보친스키 Vladimir Jabotinsky의 보좌를 받았다. 야보친스키는 오데사 출신의 과잉 민족주의자이자 교양 있는 지성인이었다. 오데사에서 그는 포그롬에 저항하기 위한 유대인 민병대를 조직했다. 앨런비의 진군은 예루살렘 바로 북서쪽에서 멈추었다.

오토만은 팔레스타인에서 결코 전멸되지 않았고, 군대를 추스려 공격을 재개하는 데는 거의 1년이 걸렸다. 따라서 예루살렘은 최전선의 도시가 되었고, 대공세를 준비하는 영국 및 식민지의 병사들로 북적였다. 야보친스키와 제임스 드 로스차일드 소령은 그들과 함께 전쟁에 나갈 유대인 연대를 모집하도록 도왔다. 한편 샤리피안들은 로렌스와 파이잘 왕

---

* 누세이베 가문은 앨런비에게 교회 인근을 보여주었을 때 그가 열쇠에 대해 물었다고 주장했다. 앨런비는 "이제 십자군은 끝났습니다. 여러분께 열쇠를 돌려드리겠지만 그것은 오마르의 것도 아니고 살라딘의 것도 아닌, 앨런비의 것입니다"라고 말했다. 1960년대에 요르단 외무장관을 지낸 하솀 누세이베는 2007년에 출판된 비망록에서 그 이야기를 공개했다.

자의 지휘 아래 다마스쿠스를 점령하고 프랑스의 야심을 무너뜨릴 기회를 간절히 기다리고 있었다.

예루살렘은 지저분했고 살이 에이도록 추웠다. 인구는 1914년부터 3만 명이 줄어들어 5만 5,000명이 되었다. 수많은 사람들이 굶주림과 말라리아로 죽었고 성병으로 고통받았다. 도시에는 5,000명의 어린 매춘부들이 들끓었고 유대인 고아는 3,000명에 이르렀다. 로렌스와 마찬가지로 바이츠만도 이와 같은 불결함에 충격을 받았다. "성스러움을 훼손하고 더럽히기 위해 행해질 수 있는 일은 다 행해졌다. 그토록 엄청난 거짓과 흠결은 상상하기조차 어려운 것이다." 그러나 그보다 앞선 몬티피오리, 로스차일드와 마찬가지로 바이츠만은 무프티에게서 7만 파운드에 서쪽 벽을 사려는 시도를 두 번했다. 돈은 마그레비 구역의 재건을 위해 쓰일 예정이었다. 마그레비 사람들은 관심을 보였지만 후세이니 가문은 어떤 거래도 하지 못하게 했다.

앨런비가 새로 임명한 예루살렘의 경찰차장 겸 헌병 부사령관은 몬티피오리의 조카손자였다. 유대인이 아니었다면 그는 헌병 사령관에 임명되었을 것이다. 소령 제프리 시백 몬티피오리 Geoffrey Sebag-Montefiore는 "예루살렘에는 성병이 크게 만연해 있습니다"라고 보고했다. 제프리는 성지들 주변에 경비병들을 세웠다. 그는 일반적으로 호주 군인들로 붐비는 창녀촌들을 급습했고 병사들이 현지 여성들과 잠자리를 하다 고발당한 사건들을 조사하느라 상당 시간을 소비했다. 1918년 6월, 그는 앨런비에게 "예루살렘의 사창가들은 여전히 큰 문제들을 일으키고 있습니다"라고 보고했다. 그 후 제프리가 사창가들을 지정된 구역, 와자 Wazzah로 이동시킨 덕분에 단속이 쉬워졌다. 10월에 그는 "호주인들이 사창가에서 여전히 문제를 일으키고 있습니다. 현재 한 개 중대가 와자를 순찰하고 있습니다"라고 보고했다. 제프리의 보고서에는 보통 다음과 같이 써 있었다. "성병이 만연합니다. 그 외 보고사항 없음."

자파 문 근처의 카페들에서는 아랍인들과 유대인들이 팔레스타인의 미래에 대해 토론했다. 양편 모두가 다양한 의견들을 폭넓게 가지고 있었다. 유대인들로 말할 것 같으면, 그 범위가 시온주의를 불경한 것으로 경멸하는 초정통파부터 아랍이 지배하고 있던 중동 전체에 걸쳐 완전히 통일된 유대인 식민지를 꿈꾸는 사람들, 그리고 아랍 소수민족을 속국으로 다스리는 무장 히브리 국가를 원하는 극단적 민족주의자에까지 이르렀다. 아랍인들의 의견은 민족주의자부터 유대인 이민자들을 추방시키기를 원하는 이슬람 근본주의자들과 아랍 국가를 건설하는 데 있어 유대인의 도움을 환영하는 민주주의적 자유주의자들의 것까지를 포함했다. 아랍 지식인들은 팔레스타인이 시리아의 일부인지 이집트의 일부인지를 놓고 토론을 벌였다.

전쟁 중 이흐산 투르즈만$^{Ihsan\ Turjman}$이라는 한 젊은 예루살렘인은 "이집트의 케디브^{Khedive}가 팔레스타인과 헤자즈의 왕을 겸해야 한다"고 주장했다. 그러나 칼릴 사카키니는 "팔레스타인을 시리아에 편입시킨다는 개념이 강력하게 확산되고 있다"고 말했다. 라게브 나샤시비는 문학협회를 창설하고 시리아와의 연합을 주장했다. 후세이니 가문은 아랍클럽을 만들었다. 양쪽 모두 밸푸어 선언에는 적대적이었다.

1917년 12월 20일 로널드 스토스 경은 군정 총독으로서 혹은 그의 말을 따르면 "폰티우스 필라테와 같은 사람"으로서 예루살렘에 도착했다.14)

친절한 폭군, 오리엔탈 스토스

패스트 호텔의 로비에서 스토스는 전임자인 가운 차림의 바튼 장군과 마주쳤다. "예루살렘에서 견딜 만한 장소는 욕실과 침대뿐"이라고 바튼은 선언했다. 하얀 정장과 이색적인 단춧구멍을 좋아했던 스토스는 "예루살렘이 기아상태에 있음"을 알았으며 "유대인들은 늘 그렇듯 잔돈푼에 집착한다"고 생각했다. 스토스는 "세계의 도시들 중 홀로 선" 예루살렘의 "위대한 모험"에 열광했지만 수많은 프로테스탄트들과 마찬가지로 성묘교회의 연극적인 과장을 싫어했고* 성전산을 "산 마르코 광장과 트리니티(대학, 케임브리지) 그레이트 코트Great Court의 영광스러운 결합"으로 간주했다. 스토스는 자신이 예루살렘을 다스리기 위해 태어났다고 느꼈다. "쓰여진 혹은 발설된 언어를 통해 그릇된 일을 바로잡기 위해, 불경을 금지하기 위해, 능력과 선의를 촉진하기 위해 아리스토텔레스의 친절한 폭군의 권력을 휘둘러야 한다."

스토스는 일반적인 식민청 관료가 아니었다. 이 제국의 허세꾼은 국교회 목사의 아들이었으며 영국인 치고는 놀랍도록 국제적인 외모를 가진 케임브리지의 고전주의자였다. 대부분의 관료들을 경멸했던 그의 친구 로렌스는 스토스를 "근동에서 가장 똑똑한 영국인이며 음악과 문학에 대한 사랑에 에너지를 쏟는다. 조각, 회화 등 세계의 열매 중 아름다운 것에는 무엇이든지 섬세한 능력을 보인다"라고 묘사했다. 로렌스는 스토스가 아랍어, 독일어, 프랑스어로 바그너Wagner와 드뷔시Debussy의 장점들을 논하

---

* 스토스는 교회에서 흥미로운 발견을 했다. 그리스 사제들이 크게 분노할 만한 일로서, 남쪽 문에서 마지막 십자군 무덤을 발견한 것이다. 그것은 마그나 카르타Magna Carta의 서명자이자 헨리 3세의 가정 교사였던 필립 두베니Philip d'Aubeny의 무덤이었다. 그는 3차 십자군으로, 1236년 프리드리히 2세 치하의 예루살렘에서 사망했다. 스토스는 그 무덤을 영국 병사들에게 지키게 했다.

는 것을 들었지만 그의 "관용 없는 뇌는 정복하기에는 너무 꿋꿋한 것이었다." 이집트에서 그의 심술궂은 독설과 교묘한 음모는 그에게 카이로에서 가장 악명 높은 상점의 이름을 딴 '오리엔탈 스토스'라는 별명을 안겨주었다. 이 독특한 군정 총독은 아래와 같은 다양한 직원들을 통해 만신창이가 된 예루살렘을 복구하는 일에 착수했다.

랑군에서 온 은행원, 배우 매니저, 토머스 쿡의 조수 두 명, 그림 거래인, 광대, 토지 감정사, 나이지리아에서 온 갑판장, 글래스고의 양조업자, 오르간 연주자, 알렉산드리아의 면화 중개인, 건축가, 런던 우체국 직원, 이집트에서 온 택시 운전사, 두 명의 교장, 한 명의 선교사

불과 몇 달이 지나지 않아 스토스는 친예루살렘 협회를 설립했고 미국인 무기 거래상 바실 자하로프Basil Zaharoff와 미국의 백만장자 앤드류 카네기Andrew Carnegie 부인, 그리고 J.P. 모건 주니어J. P. Morgan Jr.가 자금을 지원했다. 그들의 목표는 예루살렘이 "볼티모어의 아류"가 되는 것을 막는 것이었다.

예루살렘의 직함들, 의상들, 색깔들로 인해 스토스보다 더 기뻐한 사람은 없었다. 그는 초기에 후세이니 가문 뿐만 아니라 바이츠만, 야보친스키와도 친분을 맺었다.* 스토스는 야보친스키보다 "더 용감한 관료, 더

---

* 후세이니 가문은 번창하고 있었다. 그들은 당시 팔레스타인에 1만 2,500에이커(약 50제곱킬로미터)의 땅을 소유했다. 후세이니 시장은 아랍인들과 유대인들 모두에게 인기가 있었다. 스토스는 무프티 카밀 알 후세이니를 좋아했다. 그때까지 무프티는 사실상 이슬람의 (오토만이 선호하는) 하나피 학파의 지도자일 뿐이었다. 그러한 학파는 네 개가 있었다. 스토스는 당시 카밀 알 후세이니 무프티를 예루살렘의 네 학파들뿐 아니라 팔레스타인 전체에 대한 그랜드 무프티로 승진시켰다. 무프티는 예루살렘이 함락될 경우 자신의 동생 아민 알 후세이니Amin al-Husseini가 다마스쿠스의 파이잘 왕에게 갈 수 있게 해달라고 요구했다. 스토스는 이에 동의했다.

매력적이고 교양 있는 사람"은 없다고 생각했다. 바이츠만은 야보친스키가 "행동거지로는 전적으로 비유대적이었고 다소 못생겼지만 대단한 매력을 가졌으며 말을 잘하고 연극적인 기사도가 있으며 다소 의협심이 있다"는 데 동의했다.

그러나 스토스는 시온주의자의 진략들이 "악몽이며 '울지 않는 아이는 젖을 먹지 못한다'라는 터키의 속담을 떠올리게 한다"는 것을 알았다. 시온주의자들은 곧 그가 자신들에게 동조하지 않는다고 의심했다. 수많은 영국인들은 야보친스키를 그리고 군복 같은 카키색 허리띠를 두르고 예루살렘 안팎을 어슬렁거리는 러시아계 유대인들을 경멸했으며 밸푸어 선언을 실현 불가능한 것으로 간주했다. 시온주의에 동정적인 한 영국 장군은 바이츠만에게 책 한 권(바이츠만과 시온 장로들의 의정서가 최초로 조우함)을 건네주었다.* 그 장군은 "이곳에 있는 엄청나게 많은 영국 장교들이 군용가방에 이 책을 갖고 있고 또 그것을 믿고 있다네"라고 경고했다. 시온 의정서가 조작임이 아직 밝혀지기 전이라, 영국이 시온주의를 지지하고 볼셰비키 러시아가 보란 듯이 유대인을 정치위원으로 임명하면서 그 개연성이 극히 높아 보였다.

바이츠만은 스토스가 "한결 더 교묘하다"는 것을 알았다. "그는 모든 사람의 친구였다." 그러나 스토스는 그가 포그롬을 당하고 있다고 항의했으며 그 정신없이 날뛰는 "사모바르samovar 시온주의자"들은 디즈레일리와 아무런 관계도 없다고 주장했다. 스토스가 수상 로이드조지에게 아

---

* 의정서가 영어로 발간되었을 때 그것은 영국과 미국(헨리 포드Henry Ford가 후원)에서 영향력을 얻었고 마침내 1921년 8월 〈런던타임스〉가 그것이 조작임을 밝혀냈다. 의정서는 1919년 독일어로 발간되었다. 히틀러는 그것이 유대인에 대한 진실을 담고 있다고 믿었으며 《나의 투쟁Mein Kampf》에서 그것이 조작이라는 주장에 대해 "그것이 진짜라는 가장 확실한 증거"라고 말했다. 1925년 아랍어로 발간되었을 때 예루살렘의 라틴인 대주교는 회중들에게 그 책을 추천했다.

랍과 유대의 불만에 대해 이야기하자 수상은 말을 잘랐다. "음, 어느 한쪽이든 불평을 멈춘다면 당신은 해고될 거요."

밸푸어 선언에 대한 아랍의 경고에도 불구하고 예루살렘은 2년 동안 조용했다. 스토스는 성벽과 바위 돔의 복원, 가로등 설치, 예루살렘 체스클럽의 창설, 압둘 하미드의 자파 문 파수탑 폭파를 지시했다. 스토스는 특히 예루살렘의 이름을 바꿈으로써 권력을 과시했다. "유대인들은 패스트 호텔을 솔로몬 왕으로, 아랍인들은 술탄 술레이만으로 바꾸고 싶어 했다. 그 두 가지 모두 예루살렘의 반밖에 표현하지 못하고 있을 때 누군가 그것을 '더 앨런비The Allenby'로 부르도록 명령하는 것이 가능했다." 스토스는 심지어 수녀 합창단을 만들어 자신이 지휘를 맡았으며 술탄이 1852년 나누어놓은 구획을 따라 성묘교회 안에서 싸움을 벌이는 그리스도인들을 중재하고자 했다.

그것은 정교회인들을 만족시켰지만 가톨릭들을 언짢게 했다. 스토스가 바티칸을 방문했을 때 교황은 그가 불경한 극장들과 500명의 창녀들을 끌어들여 예루살렘을 더럽혔다고 비판했다. 영국은 사악할 정도로 쩨쩨한 분규들을 전혀 해결해내지 못했다.*

예루살렘은 말할 것도 없고 팔레스타인의 실제적 지위는 전혀 정해진 것이 없었다. 피코는 다시금 예루살렘에 대한 전형적인 프랑스식 주장을 밀어붙였다. 피코는 영국이 프랑스가 예루살렘 정복을 얼마나 기뻐했는지 모른다고 주장했다. "누가 예루살렘을 점령하는지가 우리에게 어

---

* 그리스인들은 성모 마리아 무덤의 분할을 놓고 아르메니아인들과 논쟁을 벌였다. 아르메니아인들은 시온 산의 공동묘지와 성묘교회 안의 성 니코데무스 예배당의 소유권을 놓고 시리아 야코비파와 싸웠다. 정교회와 가톨릭은 칼바리 북쪽 계단의 사용과 정교회와 라틴 예배당 사이 동쪽 아치에 있는 계단의 소유권을 놓고 싸웠다. 아르메니아인들은 주요 출입구 동쪽에 있는 계단의 소유권과 그 계단에 빗질을 할 권리를 놓고 정교회와 싸웠다. 콥트인들은 금방 쓰러질 것 같아 보이는 옥상 사원을 두고 에티오피아인들과 싸웠다.

떤 의미일지 생각해보시오!"라고 쏘아붙였다. 그다음 피코는 성묘교회 안에 있는 테 데움Te Deum에 특별 옥좌를 둠으로써 프랑스의 가톨릭 보호를 주장하려 했지만 프란체스코 수도회가 협조를 거부하는 바람에 그 계획은 좌절되었다.

그러던 중 예루살렘 시장이 결핵으로 갑자기 죽었다. 아마도 비가 쏟아지는 가운데 너무 여러 번 항복을 하느라 그랬을 것이다. 스토스는 후세인의 형제 무사 카젬 알 후세이니Musa Kazem al-Husseini를 시장으로 임명했다. 아나톨리아에서 자파까지 오토만의 여러 지역들의 총독을 지낸 그 인상적인 새로운 시장은 시온주의자들에 대해 점차로 지도력을 확보해나갔다. 아랍계 예루살렘인들은 로렌스의 친구, 파이잘 왕자가 다스리는 대시리아 왕국에 희망을 걸었다. 예루살렘에서 열린 무슬림-그리스도교 연합회의 1차 회의에서 대표단들은 파이잘의 시리아가 합류하는 것에 대해 투표했다. 대부분의 아랍인들이 유대인 정착지를 받아들였다는 비현실적인 주장을 하던 시온주의자들은 현지인들의 우려를 달래려고 했다. 영국은 양편 모두에 유화적인 자세를 취했다. 바이츠만은 그랜드 무프티를 만나 오래된 《쿠란》 한 권을 내밀면서 유대인들은 아랍의 이익에 위협이 되지 않을 것이라고 안심시켰다.

1918년 6월, 바이츠만은 사막을 가로질러 아카바 근처의 막사에서 파이잘을 만났고 로렌스가 동석했다. 그것이 바이츠만이 '평생의 우정'이라고 과장한 것의 시작이었다. 바이츠만은 유대인들이 영국의 보호 아래 나라를 개발할 수 있을 것이라고 설명했다. 개인적으로 파이잘은 로렌스가 "팔레스타인 유대인과 식민지 유대인"이라고 부른 것 사이의 큰 차이를 보았다. "파이잘에게 중요한 것 중 하나는 아랍어를 말한다는 것이고, 다른 하나는 독일 이디시어를 말한다는 것이다." 파이잘과 로렌스는 샤리피안과 시온주의자들이 시리아왕국 건설에 협조할 수 있기를 희망했다. 로렌스는 "나는 유대인들이 근동의 나라들에 꼭 필요한 서구적 효모의 자연적 수입원이 되기를 기대한다"고 설명했다. 로렌스가 "아랍인들은 유대인 자치지역에서 많은 것을 얻어내겠다는 입장"이라고 믿고 있었고 바이츠만은 "로렌스와 시온주의의 관계가 매우 긍정적"이라고 기억했다.

　　오아시스 회담에서 파이잘은 향후 팔레스타인에서 유대인들의 영토 주장 가능성을 인정했다. 훗날 세 남자가 런던에서 다시 만났을 때 파이잘은 아랍 농민들의 권리를 침해하지 않고 팔레스타인이 400만~500만 명의 유대인을 흡수할 수 있을 것이라는 데 동의했다. 파이잘은 팔레스타인의 토지가 부족하다는 생각은 한순간도 하지 않았으며 자신이 왕이 된다는 것을 전제로 하여 팔레스타인에서 유대인이 다수가 되는 것을 허용했다. 시리아는 전리품이었고 파이잘은 그것을 확보하기 위한 타협이 이루어졌다는 것에 기뻐했다.

　　바이츠만의 외교는 처음으로 열매를 맺었다. 그는 "대학 없는 유대인 국가는 카지노 없는 모나코와 같다"고 농담을 던졌다. 그리하여 1918년 6월 24일, 앨런비는 바이츠만을 롤스로이스에 태우고 스코푸스 산으로 올라갔다. 무프티, 영국 성공회 주교, 두 명의 수석 랍비, 그리고 바이츠만이 그곳에 히브리대학교의 초석으로 사용할 돌을 놓았다. 그러나 사람들이 보기에 무프티는 마음이 아픈 것 같았다. 멀리서 오토만 포병대가 대포를 쏘고 있는 가운데, 초대 손님들은 '신이 왕을 구하셨네'를 불렀고, 시온주의자들은 그들의 주제가 '하티크바Hatikvah'를 불렀다. 바이츠만은 "우리 아래 예루살렘이 보석처럼 반짝반짝 빛난다"라고 말했다.

　　오토만은 팔레스타인에서 여전히 강력하게 싸우고 있었고 서부 전선에서는 아직 승리의 징후가 없었다. 그 몇 달 동안 스토스는 하인에게 어떤 베두인이 그를 기다리고 있다는 말을 전해 들었다. 스토스는 그곳에서 로렌스가 자신의 책들을 읽고 있는 것을 발견하곤 했다. 그러고 나서 그 영국계 베두인은 마치 미스터리처럼 사라졌다. 그해 5월 예루살렘에서 스토스는 로렌스를 미국의 저널리스트 로웰 토머스Lowell Thomas에게 소개시켰다. 로웰 토머스는 로렌스가 부활한 젊은 사도들 중 한 명일지도 모른다고 생각했다. 토머스는 훗날 아라비아의 로렌스의 전설을 만들어내는 데 도움을 주었다.

1918년 9월이 되어서야 앨런비는 공격을 재개했고 메기도 전투에서 오토만군을 물리쳤다. 수많은 독일 및 오토만 포로들이 예루살렘 거리를 지나 행진했다. 스토스는 승리를 기념해 "나의 스타인웨이 피아노로 라 토스카La Tosca의 '빅토리아Vittoria', 예프타Jephthah와 스키피오Scipio의 '헨델의 행진곡', 아리스토파네스Aristophanes의 《새The birds》에 나오는 패리Parry의 '웨딩 마치Wedding March'를 메들리로 연주했다." 10월 2일, 앨런비는 시리아의 국왕 예정자 파이잘과 로렌스 대령에게 샤리피안들을 이끌고 다마스쿠스를 해방시키도록 허락했다. 그러나 로렌스가 의심했던 바와 같이 실제적인 의사결정은 먼 곳에서 이루어졌다. 로이드조지는 예루살렘을 지키기로 마음 먹었다. 커즌은 훗날 이렇게 불평했다. "수상은 마치 영국의 언덕들을 이야기할 때와 같은 열정으로 예루살렘에 대해 이야기한다."

마침내 독일마저도 물러섰을 때는 이미 로비 활동이 시작된 후였다. 11월 11일 휴전협정이 조인된 날, 그 중대한 일들이 전개되기 전에 이미 임명이 예정돼 있던 바이츠만은 로이드조지가 다우닝가 10번지에서 〈시편〉을 읽으며 우는 것을 발견했다. 로렌스는 아랍의 대의를 돕자고 런던의 관료들을 설득했다. 파이잘은 프랑스를 설득하기 위해 파리에 있었다. 그러나 영국과 프랑스가 동양의 분할을 놓고 파리에서 충돌했을 때 로이드조지는 예루살렘을 정복한 것은 영국이라고 주장했다. "다른 나라들은 우리가 성묘교회를 약탈하지 않는지 감시하려고 검둥이 경찰 몇 명을 보낸 게 전부입니다"라고 주장했다.

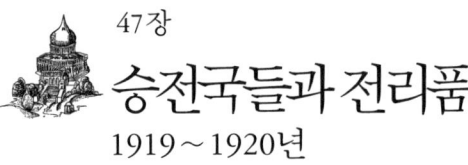

47장
승전국들과 전리품
1919~1920년

베르사유의 우드로 윌슨

몇 주 후 로이드조지와 프랑스 수상 조르주 클레망소Georges Clemenceau는 런던에서 만난 자리에서 중동의 칩들을 교환했다. 시리아를 받는 대가로 클레망소는 영국의 요구를 들어주었다.

클레망소: 귀국이 원하는 것을 말해보시오.
로이드조지: 모술을 원하오.
클레망소: 가지십시오. 다른 것은 필요 없소?
로이드조지: 예루살렘도 주시오!
클레망소: 그것도 가지시오.

1919년 1월, 우드로 윌슨Woodrow Wilson은 미국 대통령으로는 최초로 임기 중 미국을 떠나 로이드조지, 클레망소와 평화회담을 하기 위해 베르사유에 도착했다. 중동의 주인공들은 승전국들에게 로비를 하기 위해 왔고 로렌스를 동반한 파이잘은 프랑스의 시리아 지배를 막기 위해 애썼다. 그리고 바이츠만은 영국이 팔레스타인에 남고 밸푸어 선언문이 국제적으로 인정받기를 희망했다. 영국식 제복을 입고 아랍의 터번을 쓴, 파이잘의 참모 로렌스의 존재는 그 자체로도 프랑스를 분노하게 했다. 프랑스는 로렌스를 회의장에 들어오지 못하게 하려고 했다.

버지니아 출신의 이상주의적 교수에서 민주당 정치가로 변신했고 이제는 국제적 조종자가 된 윌슨은 "이 전쟁과 관련한 모든 영토 조정은 관련 주민들의 이익을 위해서만 이루어져야 합니다"라고 선언했다. 그는 중동에 대한 제국주의적 분할을 지지하기를 거부했다. 세 권력자들은 곧 서로에게 분개하게 되었다. 윌슨은 로이드조지를 "간교하다"고 여겼다. 일흔여덟의 클레망소는 독선적인 윌슨과 영토에 집착하는 로이드조지 사이에서 짓눌리면서 "예수와 나폴레옹 사이에서 서 있는 것 같다"고 불평했다. 교활한 웨일스인과 속을 알 수 없는 미국인은 치열하게 싸웠다. 로이드조지는 윌슨의 이상주의를 존경했다. 단, 영국이 원하는 것을 얻는다는 전제 아래에서였다. 이 올림피아의 신들은 나무 합판으로 만든 벽에 책으로 장식한 방 안에서 세계를 주물렀다. 그 광경은 "모두가 권력자이며 모두가 무지한 그 세 사람이 대륙을 분할하고 있는 것"을 거만하게 지켜보던 냉소적인 밸푸어를 기쁘게 했다.

클레망소의 야심은 로이드조지만큼이나 뻔뻔한 것이었다. 클레망소가 로렌스와 만나기로 약속했을 때, 그는 프랑스가 십자군 시대에 팔레스타인을 지배했다고 말하면서 시리아에 대한 주장을 합리화시켰다. 로렌스는 대답했다. "맞습니다. 하지만 십자군은 실패했지요." 뿐만 아니라, 십자군은 다마스쿠스, 즉 클레망소의 주된 목표물이자 아랍의 민족적 포부의 중심지를 한 번도 점령한 적이 없었다. 프랑스는 여전히 사이크스-피코 협정에 따라 예루살렘을 분할하기를 희망했지만 영국은 이제 그 조약 전체를 부인했다.

장로교 목사의 아들인 미국 대통령은 밸푸어 선언을 지지했다. 윌슨은 "목사의 아들인 나는 팔레스타인을 그 민족에게 돌려주도록 도와주어야 한다고 생각한다"고 말했다. 윌슨은 프로테스탄트 히브리주의와 자신의 참모 루이스 브랜다이스Louis Brandeis에게서 영향을 받았다. 루이스 브랜다이스는 켄터키 출신 유대인으로 윌슨에 의해 연방 대법관에 임명되었다. '국민의 법률가'로 불린 브랜다이스는 미국의 학계와 공직의 청렴한 귀감이었다. 그러나 1914년, 300만 명의 미국계 유대인들 중 브랜다이스의 미국 시온주의자 연합의 회원은 1만 5,000명뿐이었다. 그러나 1917년 들어 수많은 미국 유대인들이 가입했다. 복음주의 그리스도인들은 시온주의를 위한 로비를 했다. 또한 어린 시절 부모와 함께 예루살렘을 방문한 적이 있던 전직 대통령 테디 루스벨트Teddy Roosevelt는 "예루살렘을 중심으로 한 시온주의자 국가"를 지원하고 있었다.

그럼에도 윌슨은 시온주의와 아랍의 자기결정권 사이에서 고통스러운 모순에 직면했다. 영국은 한때 미국의 위임통치를 제안하기도 했다. 그것은 보호령과 지방 사이의 그 무엇을 설명하기 위한 신조어였다. 윌슨은 실제로 그 가능성을 검토했다. 그러나 팔레스타인과 시리아에 대한 영국과 프랑스의 집착에 직면해 윌슨은 아랍의 희망사항들을 조사하기 위한 미국 위원회를 파견했다. 시카고의 밸브 제조업자와 오벌린대학Oberlin College 총장이 이끄는 킹 크레인King-Crane 위원회는 대부분의 팔레스타인인들과 시리아계 아랍인들이 파이잘의 대시리아왕국에서 살기를 희망한다고, 즉 미국의 보호 아래 있기를 바란다고 보고했다. 그러나 윌슨이 그의 제국주의 동맹국들을 억제하는 데 실패하자, 그러한 조사결과는 별다른 역할을 하지 못하는 것으로 증명되었다. 새로운 국제연맹이 영국이 팔레스타인을 갖고 프랑스가 시리아를 갖는다는 것을 확인하는 데는 또다시 2년이 걸렸다. 로렌스는 그것을 "가짜 위임통치"라고 불렀다.

1920년 3월 8일, 파이잘은 시리아 왕으로 선언되었고(레바논과 팔레스타인을 포함) 예루살렘의 사이드 알 후세이니Said al-Husseini를 외무장관으로 임명했으며, 한편 무프티의 동생 하즈 아민 알 후세이니Haj Amin al-Husseini는 잠시 동안 궁정에서 일했다. 이 새로운 왕국의 건국이 가져온 흥분은 팔레스타인의 아랍인들에게 자신감을 불어넣어 시온주의자들의 위협에 대항해 일어서게 했다. 바이츠만은 문제가 발생할 수 있다며 경고했다. 야보친스키와 전직 러시아 혁명가 핀카스 루텐부르크Pinkhas Rutenberg*는 600명의 유대인 자체 방어군을 창설했다. 스토스는 경고의 소리를 무시했다.

나비 무사 폭동, 첫 번째 총성

1920년 4월 20일 일요일 아침, 유대인과 그리스도인 순례자들로 인해 긴장한 도시 안에서 후세이니 가문이 주도하는 가운데 6만 명의 아랍인들이 나비 무사 축제를 위해 모여들었다. 일기 작가 와시프 자우하리예는 그들이 밸푸어 선언에 항의하는 시위를 벌이면서 노래하는 것을 보았다. 무프티의 동생 아민은 군중들을 모으고 파이잘의 초상화를 들어 올렸

---

* 스토스는 러시아의 사회주의 혁명가 루텐부르크를 불렀다. 케렌스키Kerensky는 1917년 그를 페트로그라드Petrograd의 부총독으로 임명했다. 그는 "모든 사람들 가운데 가장 뛰어난 사람"이었다. 루텐부르크는 트로츠키의 붉은 수비대가 몰려오기 전 겨울 궁Winter Palace을 지휘했다. 루텐부르크는 "언제나 검정색으로 가장 두껍고 가장 튼튼하게 차려입었다. 머리는 화강암처럼 단단했으며 낮고도 위협적인 목소리로 말했고 총명하고 매력적"이었을 뿐만 아니라 "다재다능하면서도 폭력적"이었다. 1922년 처칠은 팔레스타인 대부분에 전력을 공급하는 수력발전소를 설립하려는 엔지니어 루텐부르크를 지원했다.

다. "이분이 너희의 왕이시다!" 군중들은 "팔레스타인은 우리 땅이다, 유대인은 우리의 개다!"라고 소리치며, 옛 도시로 몰려갔다. 한 유대인 노인은 몽둥이로 맞았다.

칼릴 사카키니는 "격분은 갑자기 광기로 바뀌었다"고 기억했다. 수많은 이들이 칼과 몽둥이를 들고 외쳤다. "무함마드의 종교는 칼로 이루어졌다!" 자우하리예는 예루살렘이 "전쟁터가 되는 것"을 보았다. 군중들은 "유대인들을 쳐 죽여라!"라며 합창했다. 사카키니와 와시프는 폭력을 혐오했지만 이제 시온주의자들뿐 아니라 영국인들까지도 증오하고 있었다.

스토스는 영국 성공회 교회에서 아침예배를 마치고 나오면서 예루살렘이 통제불능이 되었다는 것을 알았다. 스토스는 오스트리아 호스피스에 있는 본부로 달려가면서 누군가가 "내 심장에 칼을 꽂는 것처럼" 느꼈다. 스토스는 예루살렘에 188명의 경찰을 두고 있을 뿐이었다. 다음 날까지 폭동이 심화되자 유대인들은 전멸당할까 봐 두려워했다. 바이츠만은 스토스의 사무실로 뛰어들어가 도움을 구했다. 야보친스키와 루텐부르크는 권총을 집어들고 러시아 구역에 있는 경찰 본부로 200명을 모았다. 스토스가 그것을 막자 야보친스키가 옛 도시 바깥을 순찰했고 아랍 총잡이들과 총격을 주고받았다. 그날은 총격이 실제로 시작된 첫날이었다. 옛 도시에서 유대인 구역의 일부 거리들이 포위되었고 아랍 침입자들은 유대인 여자들 몇 명을 집단 강간했다. 한편 영국은 한 시리아인이 콥트식 의자 하나를 "완전히 부서뜨려 분해하고" 소동의 와중에 성묘교회의 문들에 불이 붙자 거룩한 불 행사를 금지시키려 했다. 한 영국인 관리가 성묘교회를 떠날 때 어린 아랍인 소녀 하나가 유탄에 맞아 근처의 창문에서 떨어졌다.

야보친스키의 고용인 가운데 하나인 느헤미아 루비초프 Nehemia Rubitzov

와 동료 한 명은 의료용 가운들로 권총을 숨긴 채 앰뷸런스를 타고 옛 도시로 들어가 방어군을 조직하려고 했다. 우크라이나 출생인 루비초프는 벤구리온에 의해 유대인 연대에 들어간 적이 있었으며, 이름을 라빈Rabin으로 바꾸었다. 이제 그는 겁을 먹은 유대인들을 진정시키면서 레드 로사 코헨Red Rosa Cohen과 마주쳐 그를 구출했다. 코헨은 러시아에서 온 지 얼마 안 된 활달한 성격의 전직 볼셰비키였다. 둘은 사랑에 빠져서 결혼했다. 그들의 아들 이츠하크 라빈Yitzhak Rabin은 "나는 예루살렘에서 태어났다"라고 말했다. 라빈은 긴 세월이 흐른 후 이스라엘의 수상으로서 예루살렘을 다스리게 된다.15)

하나의 팔레스타인이 완성되다

폭동이 잦아든 시점에서 5명의 유대인들과 4명의 아랍인들이 죽었고 216명의 유대인들과 23명의 아랍인들이 부상당했다. 39명의 유대인들과 161명의 아랍인들이 일명 나비 무사 폭동에 가담한 이유로 재판을 받았다. 스토스는 바이츠만과 야보친스키의 자택을 급습할 것을 명령했다. 야보친스키는 무기소지로 15년형을 선고받았다. 아민 후세이니(스토스의 말을 따르면 폭동의 '주요 주동자')는 10년을 선고받았으나, 예루살렘에서 탈출했다. 스토스는 무사 카젬 후세이니 시장을 해고했지만 영국은 순진하게도 러시아에서 온 유대인 볼셰비키들에게 폭력의 책임을 물었다.

자유주의자 바이츠만과 사회주의자 벤구리온은 여전히 점진적으로 발전하는 자치지역과 아랍인들과의 모두스 비벤디modus vivendi(잠정협정)를 희망했다. 벤구리온은 아랍 민족주의를 인정하기를 거부했다. 그는 아랍인과 유대인 노동자들이 "조화와 우정의 삶"을 공유하기를 바랐지만 때로는 "해결책이 없어! 우리는 우리나라를 원해. 아랍인들은 그들의 나라를 원해"라며 한탄했다. 시온주의자들은 이제 '하쇼머Hashomer(파수꾼)'를 보다 효율적인 민병대 하가나Haganah, 즉 방어군으로 재조직했다.

모든 폭력 행위는 양측의 극단주의자들을 살찌웠다. 야보친스키는 어디까지나 아랍 민족주의가 시온주의와 마찬가지로 현실임을 인정했다. 야보친스키는 유대인 국가가 요르단 강 양안을 포함해야 한다고 믿었다. 또한 그 유대인 국가가 폭력적인 반대에 부딪힐 것이고 오로지 '철의 장막'을 통해서만 방어될 수 있을 것이라고 강하게 주장했다. 1920년대 중반, 야보친스키는 청년운동 베타르와 함께 '시온주의자 혁명주의자 연합Union of Zionist-Revisionists'을 형성했다. 베타는 제복을 입고 행진을 벌였다. 야보친스키는 더 이상 바이츠만의 고상한 로비에 기대지 않은 새로운 종류의 활동가 유대인을 만들고자 했다. 야보친스키는 두 민족이 절대 평등한 가운데 아랍인들을 이주시키지 않고도 유대인 공국이 건설될 수 있을 것이라고 강력하게 주장했다. 1922년, 베니토 무솔리니Benito Musolini가 정권을 잡자 야보친스키는 일 두체Il Duce의 숭배를 조롱했다. "영국이 지배하는 전 세계에서 가장 기괴한 지도자. 버팔로들은 우두머리를 따른다. 문명화된 인간은 '지도자'를 필요로 하지 않는다." 바이츠만은 야보친스키를 '파시스트'라고 불렀고 벤구리온은 그에게 '일 두체'라는 별명을 붙였다.

아랍 민족주의자들의 희망, 파이잘은 시리아를 소유하려는 프랑스의 결의에 의해 불운한 운명을 맞았다. 프랑스는 파이잘 왕을 강제로 축출하고 파이잘의 오합지졸 군대를 무찔렀으며 로렌스 계획을 완전히 무산시켰다. 대시리아의 종말과 폭동들은 팔레스타인 민족 정체성의 형성을 도왔다.

1920년 4월 24일, 산 로메오 회의San Romeo Conference에서 로이드조지는 밸푸어 선언에 기초해 팔레스타인을 다스리는 위임통치에 합의했고 허버트 새뮤얼을 최고의 고등고문관으로 임명했다. 새뮤얼은 6월 30일 하얀 제복을 입고 깃털 꽂은 피스헬멧을 쓰고 칼을 차고는 17번의 축포에 맞추어 예루살렘 기차역에 도착했다. 새뮤얼은 유대인이자 시온주의자였지만 몽상가는 아니었다. 로이드조지는 그를 차갑고 건조하다고 생각했다. 한 저널리스트는 그가 "굴처럼 욕망에서 자유롭다"고 생각했고 새뮤얼의 부관들 가운데 한 명은 그가 "좀 딱딱하다. 결코 자신의 직무를 잊을 것 같지 않다"고 말했다. 새뮤얼은 군정총독에게서 팔레스타인의 지배권을 넘겨받고 극히 드물게 농담을 던지며 "소장 루이스 볼스Louis J. Bols 경에게서 인계받다. 하나의 팔레스타인, 완료"라고 쓰여진 메모지에 서명했다. 그 후 새뮤얼은 "오류와 누락 없음"이라고 덧붙였지만 오류와 누락은 많이 나타나게 된다.

처음에 새뮤얼의 침착한 전략은 나비 무사의 충격 이후 팔레스타인을 진정시켰다. 새뮤얼은 올리브 산의 아우구스타 빅토리아에 총독부를 세우면서 야보친스키를 풀어주고 아민 후세이니를 사면하고 유대인의 이민을 일시적으로 제한하고 아랍인들을 안심시켰다. 영국의 관심은 이제 1917년의 그것과 같지 않았다. 새로운 외무장관 커즌은 시온주의에 대한 전폭적인 지원을 반대했고 밸푸어의 약속들을 희석시켰다. 유대인 자치지역은 있겠지만 그때도 그 후에도 유대인 국가는 안 된다는 것이었다. 바이츠만은 배신감을 느꼈지만 아랍인들은 그것마저도 재앙이라고 여겼다. 1921년, 총 1만 8,500명의 유대인들이 팔레스타인에 도착했다. 그 이후부터 8년 동안 새뮤얼은 7만 명을 더 허용했다.[16]

1921년 봄 새뮤얼의 상관, 즉 식민청 장관 윈스턴 처칠이 부관 아라비아의 로렌스를 동반하고 예루살렘에 도착했다.

처칠, 현대의 중동을 만들다

나중에 로렌스는 "나는 윈스턴을 매우 좋아하며, 또한 매우 존경한다"라고 말했다. 처칠은 이미 화려한 모험, 건방진 자기선전, 억제할 수 없는 성공의 경력을 즐긴 바 있었다. 40대 후반에 식민장관이 된 그는 새 제국을 수비하는 데 드는 엄청난 피와 비용의 대가 앞에 서 있었다. 이라크가 이미 영국의 지배에 대항한 유혈반란 속에 있었던 것이다. 따라서 처칠은 영국의 영향 아래 있는 아랍 지도자들에게 권력의 일부를 넘겨주기 위해 카이로에서 회의를 소집했다. 로렌스는 이라크의 새 왕국을 파이잘에게 주자고 제안했다.

1920년 3월 12일, 처칠은 소말리아산^産 새끼 사자 한 쌍이 발밑에서 노는 동안 세미라미스 호텔Semiramis Hotel로 아랍 전문가들을 소집했다. 처칠은 "얻는 것도 없는 사막"을 경험하려는 마음 없이 그저 사치를 즐겼지만 로렌스는 그것을 싫어했다. 로렌스는 "우리는 대리석과 청동으로 만든 호텔에 삽니다. 아주 비싸고 사치스럽고 무서운 곳이죠. 나를 볼셰비키로 만드세요. 중동의 모든 사람들이 이곳에 있습니다. 내일모레 우리는 예루살렘으로 갑니다. 우리는 아주 행복한 가족입니다. 중요한 것은 모두 합의되었습니다. 다른 말로 하면 처칠은 '샤리피안 해법'을 받아들였습니다." 로렌스는 결국 샤리프와 그의 아들들에게 한 영국의 약속이 깨진 가운데 명예가 일부 회복되는 것을 보았다.

늙은 샤리프, 헤자즈의 후세인 왕은 사우디의 부족장 이븐 사우드가 이끄는 와하비 전사들의 상대가 되지 못했다. 후세인의 아들 압둘라는 1,350명의 전사들로 사우디를 축출하려다가 전멸당했다. 압둘라는 속옷 바람으로 막사 뒤로 도망쳐야 했으며 '기적적으로' 살아남았다. 그들은 파이잘이 시리아 팔레스타인을 다스리고 압둘라가 이라크 왕이 된다는 계획을 세웠다. 파이잘이 이라크를 얻은 지금 압둘라에게는 아무것도 남지 않았다.

카이로에서 처칠의 회의가 진행되는 동안 압둘라는 30명의 장교들과 200명의 베두인을 데리고 자신의 빈약한 영지를 점령하기 위해 오늘날의 요르단(기술적으로는 영국 위임통치령의 일부)으로 갔다. 커즌의 말처럼 "큰 엉덩이로 너무 작은 똥을 쌌지만" 말이다.

그 무모한 장난에 대한 소식은 처칠에게 기정사실로서 보고되었다. 로렌스는 처칠에게 압둘라를 지원하라고 조언했다. 처칠은 압둘라를 예루살렘으로 불러 만나기 위해 로렌스를 파견했다.

3월 23일 한밤중, 처칠과 그의 아내 클레멘타인은 기차를 타고 예루살렘으로 출발했으며 가자에서 열광적인 군중들의 환영을 받았다. 군중들은 "장관님 만세! 유대인은 꺼져라! 유대인들의 목을 베어라!"라고 소리쳤다. 처칠은 아무것도 모른 채 무의식적인 친밀감으로 손을 흔들었다.

예루살렘에서 처칠은 새뮤얼과 함께 아우구스타 빅토리아 요새에 머물렀다. 그곳에서 처칠은 '온건하고 친근한' 압둘라를 네 번에 걸쳐 만났다. 압둘라는 로렌스의 에스코트를 받으며 트랜스요르단의 소유자가 되기를 희망했다. 하심제국을 희망한 압둘라는 유대인들과 아랍인들이 함께 살 수 있는 가장 좋은 방법은 (이후에 시리아까지 추가하여) 그가 다스리는 하나의 왕국 아래에 있는 것이라고 생각했다. 처칠은 압둘라가 프랑스령 시리아와 영국령 팔레스타인을 인정하는 전제하에 트랜스요르단을 압둘라에게 주겠다고 제안했다. 압둘라는 마지못해 동의했고 그에 따라 처칠은 새로운 나라 하나를 만들었다. 처칠은 "나는 어느 일요일 오후 예루살렘으로 트랜스요르단에 있는 압둘라 성주를 불렀다"고 기억했다. 마침내 파이잘과 압둘라를 인도해 두 개의 왕좌로 이끈 로렌스의 사명은 완수되었다.*

팔레스타인 아랍인들은 조작된 시온 의정서에 따라 "유대인들은 전 세계적으로 동일체이고 많은 나라들을 파괴하는 데 가장 적극적인 옹호자들이었으며" 시온주의자들은 "세계를 지배하고자 한다"고 주장하면서 처칠에게 호소했다. 처칠은 전임 시장 무사 카짐 알 후세이니Musa Kazim al-Husseini 아래에 있는 예루살렘인들을 받아들였지만 "유대인들이 민족적 터전을 갖는 것은 명백한 권리이며 세계의 운명에서 위대한 사건"이라고 주장했다.

처칠의 아버지는 그에게 유대인에 대한 존경심을 불어넣었고 처칠은 시온주의를 2,000년에 걸친 고통 끝에 나온 결과라고 보았다. 레닌이 소비에트 러시아를 창설한 후 적색공포 기간 동안 처칠은 시온주의자 유대인들이 '국제 유대인'이라 불리는 마귀들이 이끄는 '유대인 운동', 즉 볼셰비즘의 더러운 야비함에 대한 '해독제'라고 믿었다.

처칠은 예루살렘을 사랑했다. 처칠은 예루살렘의 스코푸스 산에 영국군 공동묘지를 열면서 "칼리프들과 십자군들과 마카베오들이 이곳에 흙이 되어 묻혀 있다"고 선언했다. 처칠은 성전산으로 갔다. 처칠은 가

---

* 스물다섯 살의 미국인 로웰 토머스는 〈마지막 십자군Last Crusade〉이라는 유랑극을 만들어 돈을 벌었다. 그것은 '아라비아의 로렌스'의 전설적인 모험을 소재로 한 것이었다. 런던에서만도 수많은 사람들이 그 유랑극을 보았고, 미국에서는 그 수가 더 많았다. 로렌스는 그것을 경멸하면서도 좋아했고 다섯 번이나 관람했다. 로렌스는 토머스에게 "나는 자네의 쇼를 보았고 불이 꺼졌을 때 신에게 감사했다네"라고 쓴 편지를 건넸다. "그는 멍청한 유령 같은, 화려한 드레스를 입은 마티니 인형을 만들었다." 로렌스는 오래된 제목 《지혜의 일곱 기둥》을 사용한 자신의 비망록을 마무리했다. 그의 비망록은 크림색의 기괴하고도 시적인 작품이었으며 역사, 고백, 신화의 혼합물이었다. 로렌스는 "나는 특히 그것들이 나와 관련이 있는 경우 진실보다 거짓을 좋아한다"고 농담을 던졌다. 여러 가지 단점이 많지만 그 책은 분명히 걸작이다. 그 후 로렌스는 이름을 바꾸고 공군에 들어갔으며 무명 속에 여생을 보내다가 1935년 오토바이 사고로 죽었다.

능한 한 자주 그곳을 방문했으며 그곳으로부터 떨어져 있는 모든 순간을 아쉬워했다. 영국으로 돌아가기 전 예루살렘의 무프티가 갑자기 죽었을 때도 처칠은 올리브 산에서 회의를 열고 있었다. 스토스는 이미 후세이니 시장을 쫓아냈는데, 이 때문에 무프티라는 직위를 없앰으로써 후세이니 가문을 자극한 것은 경솔한 것으로 보였다. 뿐만 아니라 영국은 영국의 상류층을 닮은 후세이니 가문의 지배력에 매료되었다. 따라서 새뮤얼과 스토스는 시장과 무프티가 모두 유력 가문들에서 선택되도록 만들었다. 두 가문의 분쟁은 그들을 예루살렘의 캐퓰릿 가문과 몬터규 가문으로 만들었다.17)

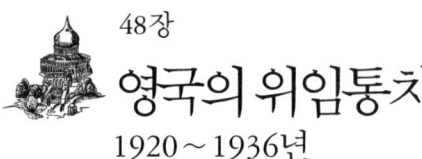

48장
영국의 위임통치
1920~1936년

무프티 아민 후세이니 vs. 시장 라게브 나샤시비

영국이 시장으로 선택한 사람은 아랍 건달의 전형이었다. 라게브 나샤시비는 파이프 담배를 피우고 지팡이를 가지고 다녔으며 미국식 리무진 초록색 패커드Packard를 소유한 최초의 예루살렘인이었고 언제나 아르메니아인 기사가 운전을 했다. 멋쟁이 나샤시비는 오렌지 과수원과 최신식 저택을 상속받았을 뿐 아니라 예루살렘 유력 가문들 가운데 가장 부유했다.*

또한 영어와 프랑스어가 유창했고 오토만 의회에서 예루살렘을 대표했으며 파티에 와시프를 초대해서 자신과 정부들에게 우드를 가르쳐주도록 했다. 시장이 된 지금 그는 일 년에 두 번, 즉 한 번은 친구들을 위해서 한 번은 고등고문관을 위해 파티를 열었다. 시온주의에 대항하는 베테랑 싸움꾼이었던 그는 예루살렘 영주이자 팔레스타인 지도자로서 자신의 역할을 진지하게 받아들였다.

---

* 나샤시비 가문은 자신들이 13세기의 맘루크조 유력자, 나시르 알딘 알 나카시비Nasir al-Din al-Naqashibi의 후손이라고 주장했다. 나시르는 두 개의 하람(예루살렘과 헤브론)의 감독으로 일했다. 사실 나샤시비 가문은 오토만 가문을 위해 활과 화살을 만들던 18세기 상인들의 후손이었다. 라게브의 아버지는 큰 재산을 일군 후 후세이니 가문의 여자와 결혼했다.

영국인들이 무프티로 선택한 사람은 나샤시비의 부유한 사촌 하즈 아민 후세이니였다. 스토스는 나비 무사의 젊은 선동가를 고등고문관에게 소개했고 고등고문관은 깊은 인상을 받았다. 후세이니는 "부드럽고 지적이고 교양 있으며 옷을 잘 갖추어 입었고 밝은 미소를 지녔으며 금발에 푸른 눈, 붉은 수염을 길렀고 비꼬는 듯한 유머감각을 갖고 있었다"고 시장의 조카 나세레딘 나샤시비$^{Nassereddin\ Nashashibi}$는 기억했다. "그러나 농담을 할 때도 그의 눈은 차가웠다."

후세이니는 새뮤얼에게 "확고한 반대자와 불안정한 친구 중 어느 쪽이 더 좋으십니까?"라고 물었다. 새뮤얼은 "확고한 적이요"라고 대답했다. 바이츠만은 "속담은 어떤지 몰라도, 사냥터지기가 된 밀렵꾼이 항상 성공하는 것은 아니다"라고 냉소적으로 말했다. 레바논 역사가 길버트 아슈카르$^{Gilbert\ Achcar}$의 말에 따르면 후세이니는 "자신을 이슬람 세계 전체의 지도자로 여긴 과대망상가"로 밝혀졌다.

불편하게도, 최초의 무프티 선거에서 후세이니가 아닌 자랄라^{Jarallah}가 선출되었다. 후세이니는 겨우 4위를 했을 뿐이었다. 그러나 '전체주의와 자비의 조화'를 자랑하던 영국인들은 선거결과를 간단히 뒤집어버리고 스물여섯 살밖에 안 되었고 카이로에서 종교학 공부를 다 마치지도 못한 후세이니를 무프티로 임명했다. 새뮤얼은 새로운 무슬림 최고위원회$^{Supreme\ Muslim\ Council}$의 회장으로서 무프티 선출을 지원함으로써 정치적, 경제적 권력을 배가했다.

후세이니는 이슬람 전통에 속한 사람이었다. 나샤시비는 오토만에 속한 사람이었다. 두 사람 모두 시온주의에 반대했지만 나샤시비는 영국의 힘에 직면해 아랍인들이 협상을 해야 한다고 믿었다. 후세이니는 이러저러한 변덕의 과정을 거쳐 어떤 타협에도 반대하는 비타협적인 민족주의자로 귀결되었다. 처음에 후세이니는 수동적인 영국의 협조자 역할을 했으나 궁극적으로는 영국에 반대하는 많은 아랍인들의 태도를 훨씬 뛰어넘는 인종주의적인 반셈족주의자가 되었고 유대인 문제에 대한 히틀러의 최종 해결책을 포용하게 되었다. 새뮤얼의 가장 지속성 있는 업적은 시온주의와 영국에 대한 가장 열정적인 적을 키운 것이었다. 그러나 혹자는 어느 누구도 그것이 자신의 민족에게 분열을 가져다주는 재앙인 동시에 시온주의 투쟁을 위한 자산이라는 사실을 증명하지는 못했다고 주장할 수도 있었다.18)

무프티의 성벽 싸움

1세대 영국 총영사들은 자신들이 예루살렘을 길들였다고 자부했다. 1925년 6월, 새뮤얼은 런던으로 돌아갔고, 올림피아적인 환상을 가진 채 "무법성의 정신은 끝났다"고 선언했다. 1년 후 스토스는 평화로우면서도 훨씬 정비된 도시를 남겼으며 키프로스 총독으로 승진했고 그 후에는 북로데시아Northern Rhodesia 총독이 되었다. 그러나 스토스는 "예루살렘 이후에는 승진이 없었다"며 한숨을 쉬었다. 새로운 고등고문관은 비스카운트 플러머Viscount Plumer였다. 그는 '늙은 플럼Old Plum' 또는 '대디 플러머Daddy Plumer'라는 별명의 팔자 콧수염을 기른 육군 원수였다. 그는 예루살렘 안팎을 자기 발로 활기차게 걸어다님으로써 안정감을 확산시켰다. 부관들이 정치적 긴장에 대해 보고하자 그는 현실도피를 택했다. 플러머는 "정치적 상황이란 존재하지 않는다. 만들어내지도 말라!"

늙은 플럼이 병으로 인해 사임한 후 아직 새로운 고등고문관이 도착하지 않았을 때 '정치적 상황'은 현실이 되었다. 1928년 유대인의 회개의 날 하루 전인 콜 니드레Kol Nidre에 유대인 샤메스shames(교구 직원)가 유대인 율법에 따라 남자와 여자 예배객을 구분하는 작은 가림막을 서쪽 벽(윌리엄 이워트 글래드스턴 노아William Ewart Gladstone Noah의 이름으로 축성됨)에 설치했다. 원로 예배자들을 위한 가림막과 의자들은 이전에도 허용된 적이 있었지만 이제 무프티는 유대인들이 현 상태를 변화시키려 한다고 주장했다.

무슬림들은 서쪽 벽이 무함마드가 밤의 여정 때 인간의 얼굴을 한 말, 부라크Buraq를 매어둔 곳이라고 믿었다. 그러나 19세기에 오토만인들은 근처에 있는 동굴을 당나귀 마굿간으로 사용했다. 법률적으로 서쪽 벽은 살라딘의 아들 아프달까지 거슬러 올라가는 아부 마이단Abu Maidan의 와크프에 속했다. 따라서 그것은 "순전히 무슬림 자산"이었다. 그러나 무슬림들의 우려는 유대인의 서쪽 벽 접근이 이슬람 하람에 제3자 성전, 즉 유대인의 하르 하바이트Har-haBayit로 이어지리라는 것이었다. 그러나 서쪽 벽은 유대교의 가장 거룩한 성지였다. 팔레스타인 유대인들은 영국의 억제와 사실상 예배를 하기에는 너무 좁은 장소가 수 세기에 걸쳐 무슬림이 가해온 압박의 결과이며 그것이 시온주의가 필요한 이유를 증명해준다고 믿었다. 영국은 유대인의 대축제일에 쇼파르shofar(양의 뿔)를 부는 것을 금지시키기도 했다.

다음 날 스토스의 후임 총독이자 자신을 예루살렘 파샤로 부르기를 좋아했던 에드워드 키스로치Edward Keith-Roach는 유대인들의 가장 성스러운 연중행사인 욤 키푸르Yom Kippur 기간에 경찰이 서쪽 벽을 공격하도록 명했다. 경찰들은 기도하는 유대인들을 때리고 노인 예배자들이 앉아 있던 의자를 잡아당겼다. 그때가 영국의 전성기는 아니었다. 무프티는 기뻐했지만 "유대인들의 목표는 알 아크사 모스크를 점진적으로 소유하는 것"이라고 경고했다. 이 때문에 무프티는 유대인 예배자들을 적대하는 운동을 일으켰으며 유대인 예배자들은 돌과 매에 맞고 시끄러운 음악으로 괴롭힘을 당했다. 야보친스키의 베타르 청년들은 서쪽 벽에 접근하기 위해 시위를 했다.

양측 모두 더 이상 현실을 반영하지 못하는 오토만식 현 상태를 바꾸고 있었다. 유대인 이민과 토지 구입이 아랍인들의 불안을 높인 것은 이해할 만한 일이었다. 밸푸어 선언 이후 약 9만 명의 유대인들이 팔레스타인으로 왔다. 1925년 한 해에만 유대인들은 예루살렘 유력 가문에게서 4만 4,000에이커의 땅을 샀다. 극소수의 유대인 종교민족주의자들이 제3차 성전을 꿈꾸었지만 절대 다수의 유대인들은 그저 성지에서 기도하는 것만을 원했을 뿐이었다. "어느 잘생긴 셰익스피어 연극배우"를 닮았다고 알려진 새로운 고등고문관, 존 챈슬러John Chancellor는 무프티에게 유대인들이 그곳에 광장을 만들 수 있도록 서쪽 벽을 팔라고 했다. 무프티는 거절했다. 유대인들에게 서쪽 벽(코텔)은 그들 자신의 땅에서 기도할 수 있고 존재할 수 있는 자유의 상징이었고 아랍인들에게 부라크는 저항과 민족성의 상징이었다.

불길한 예감과 밀실공포증이 도시 위를 떠돌았다. 예루살렘에서 살며 야보친스키의 신문에 글을 쓰던 젊은 헝가리인 시온주의자 아서 쾨슬러는 "그것은 사막 가운데 성벽으로 둘러싸인 산중 요새의 카타르시스 없는 비극의 오만하고 절박한 아름다움이다"라고 말했다. 그 "비극적인 아름다움"과 "비인간적 분위기"는 그에게 "예루살렘의 슬픔"을 안겨주었다. 쾨슬러는 번화한 텔아비브로 탈출하기를 갈망했다. 예루살렘에서 쾨슬러는 "야훼의 노한 얼굴이 열암 위에서 벼르고 있는 것"을 느꼈다.

1929년 여름, 무프티는 통행인과 당나귀들이 지날 수 있도록 유대인 성벽과 아랍인 직통로를 연결하는 출입구를 열도록 명령했다. 유대인들은 인근의 골목들에서 공격을 당했다. 팔레스타인 전역에서 수많은 유대인들이 "서쪽 벽은 우리의 것이다"라는 슬로건을 들고 시위를 했다. 8월 15일 총독이 자리를 비운 사이, 역사가 요셉 클라우스너$^{Joseph\ Klausner}$가 이끌고 베타의 회원들이 참여한 300명의 시온주의자 시위대가 영국 경찰의 호위를 받으며 침묵시위를 하고 시온주의자 깃발을 올리며 노래를 불렀다.

다음 날 금요예배 후 2,000명의 아랍인들이 알 아크사에서 내려와 유대인 예배자들을 공격하여 서쪽 벽에서 내쫓고 잡히는 대로 구타했다. 17일, 한 유대인 소년이 찬 축구공이 어느 아랍인의 정원으로 들어갔고 소년은 그 축구공을 가지러 들어갔다가 살해되었다. 소년의 장례식에서 유대인들은 무슬림 구역을 공격하려고 시도했다.

8월 23일 금요기도회 후 무프티의 독려를 받은 수많은 예배자들이 알 아크사에서 빠져나와 유대인들을 공격했다. 무프티와 그의 라이벌 나샤시비는 군중들을 선동을 막고 통제하기 위해 갖은 애를 썼다. 일부 용감한 아랍인 유력자들이 군중들을 막아섰으나 허사였다. 군중들은 유대인 구역을 비롯하여 몬티피오리 거리와 교외지역들을 공격했고 31명의 유대인들이 죽었다. 어느 예루살렘 가정집에서는 한 가족 다섯 명이 몰살되었다. 헤브론에서는 59명의 유대인들이 학살되었다. 1920년에 세워진 시온주의자 무장단체 하가나가 반격에 나섰다. 팔레스타인 전체에 주둔하는 영국 경찰이 292명에 불과했기 때문에 곧 카이로에서 병력이 공수되었다. 총 131명의 유대인들이 아랍인들에 의해 살해되었던 반면, 116명의 아랍인들은 주로 영국군의 총격에 의해 사망했다.

아랍인들이 '부라크 봉기'라 부른 이 폭동은 영국을 당황하게 했다. 총독은 아들에게 "신을 빼고는 팔레스타인에 훌륭한 고문관이란 있을 수가 없다"라고 말했다. 밸푸어 정책은 흔들리고 있었다. 1930년 10월, 식민장관 패스필드Passfield 경(파비안 사회주의자 시드니 웹Sidney Webb에 앞선)의 백서는 유대인의 이민을 제한하고 유대인 자치지역에서 철수할 것을 주장했다.

시온주의자들은 절망했다. 부라크 봉기는 양쪽의 극단주의에 불을 붙였다. 폭력과 패스필드의 백서는 바이츠만의 영국 예찬을 무색하게 했다. 시온주의자들은 더 이상 영국에 의존하지 않았고, 많은 시온주의자들이 야보친스키의 보다 과격한 민족주의로 돌아섰다. 17차 시온주의자 회의에서 야보친스키는 바이츠만을 공박했다. 바이츠만은 영국 수상 램지 맥도널드Ramsay Macdonald가 백서에 반대하도록 설득하고 있었다. 맥도널드는 바이츠만에게 보내는 서한을 써서, 의회에서 그것을 낭독했다. 그것은 밸푸어 선언을 재확인했으며, 유대인 이민을 재개한다는 내용이었다. 아랍인들을 그것을 '협박 편지'라 불렀지만 바이츠만이 시온주의자 의장 자리에서 내려오는 것을 막기에는 너무 늦었다.

그러한 억제에 좌절한 나머지 무장 민족주의자들은 분열되었고 이르건 즈바이 레우미Irgun Zvai Leumi, 즉 민족무장단체가 만들어졌다. 그것은 야보친스키에게 영향을 받은 것이었지만 규모는 매우 작았다. 야보친스키는 도발적인 언사들로 인해 팔레스타인에서 추방되었지만 팔레스타인과 동유럽의 유대인 젊은이들 사이에서 인기가 점점 높아졌다. 그러나 바이츠만의 자리를 대신한 것은 그가 아니었다. 무프티가 아랍인들의 지도자가 된 그때에 유대인 사회의 지도자로 등장한 것은 바로 다비드 벤구리온이었다.

1931년 12월, 무프티는 성전산에서 열린 세계이슬람회의에서 이슬람 전체를 아우르는 독보적인 민족 지도자의 역할을 하면서 세계무대에 등장했다. 당시에 전성기를 달리고 있던 그는 자만심을 갖게 되었다. 무프티는 여전히 팔레스타인의 시온주의자 식민지에 극렬히 반대했지만 무프티의 라이벌들인 나샤시비 시장, 다자니 가문, 칼리디 가문은 아랍인들과 유대인들이 서로 화해하는 것이 더 좋다고 주장했다. 무프티는 반대를 용납하지 않았고 라이벌들을 친시온주의 반역자라고 비난했으며, 나샤시비가 유대인 혈통을 숨겨왔다고 비난했다.

나샤시비는 무슬림 최고위원회에서 그를 축출하려고 했지만 실패했다. 무프티는 자신의 통제권 아래에 있는 모든 단체들에서 반대자들을 축출하기 시작했다. 세력이 약하고 불안정했던 영국은 중도파들 대신 극단주의자들에게 의존했다. 1934년 새로운 고문관 아서 워초프Arthur Wauchope 경은 나샤시비에 대한 지원을 철회하고 칼리디 가문에서 시장이 나오도록 지원했다. 후세이니 가문과 나샤시비 가문 사이의 경쟁은 점점 더 격화되었다.

세상은 어두워지고 위험은 높아져갔다. 파시즘의 성장으로 타협은 무기력한 것으로 보였고 폭력은 용납할 수 없는 것이 아니라 매력적인 것으로 비쳤다. 1933년 1월 31일, 히틀러가 독일 수상으로 임명되었다.*
그로부터 바로 두 달 후인 3월 31일, 무프티는 비밀리에 예루살렘 주재 독일 영사 하인리히 울프Heinrich Wolff를 만나 "팔레스타인의 무슬림들은 새로운 히틀러 정권을 환영하며 파시즘 반민주주의 지도층 세력의 확산을 희망한다"고 선언했다. 무프티는 "무슬림들은 독일에서 유대인들에 대한 보이콧이 일어나기를 바란다"고 덧붙였다.

유럽의 유대인들은 히틀러 때문에 깜짝 놀랐다. 줄어들었던 이

---

* 그는 관료 파펜의 지원을 받았다. 파펜은 1917년 예루살렘에서 독일의 명성을 회복시키기 위해 노력했다. 이미 수상을 역임한 적 있던 파펜은 힌덴부르크 대통령에게 히틀러를 임명하도록 조언했고 힌덴부르크와 그의 귀족 자문단이 나치를 통제할 수 있을 것이라고 설득했다. "두 달 안에 우리는 히틀러를 궁지로 몰 수 있을 것이고 히틀러는 비명을 지를 것입니다." 파펜은 히틀러의 부수상이 되었지만 곧 사임했고 이스탄불 주재 대사가 되었다. 파펜은 뉘른베르크Nuremberg에서 재판을 받았으며 감옥에서 1년을 복역했고 1969년 사망했다.

민은 이제 인구통계학적 균형을 영원히 깨뜨릴 정도로 급속도로 증가했다. 1933년, 3만 7,000명의 유대인들이 팔레스타인으로 왔다. 1934년에는 4만 5,000명이었다. 1936년에는 예루살렘에 10만 명의 유대인들이 있었던 반면 그리스도인과 무슬림 아랍인은 6만 명에 불과했다.19) 나치의 공격과 반셈족주의가 유럽을 위협하고 팔레스타인의 긴장이 고조되던 바로 그때*, 단기간의 황금시대를 이뤘던 영국 위임통치의 중심인 새로운 예루살렘은 아서 워초프 경이 다스리고 있었다.

사냥, 카페, 파티, 하얀 정장

부유한 독신남 워초프는 여흥을 사랑했다. 황금빛 지팡이를 휘두르는 주홍색 제복의 무장경관 둘을 옆에 끼고 깃털 달린 피스헬멧을 쓴 워초프는 새로운 총독부 청사로 손님들을 초대했다. 새로운 총독부는 예루살렘 남쪽 악한 음모의 언덕Hill of Evil Counsel 위에 지어졌으며, 그곳은 백작의 저택 같기도 하고 무어인의 궁전 같기도 했다. 팔각형의 탑이 있었고 분수

---

* 영국이 시온으로의 이민제한을 고려하고 있을 때 스탈린은 자신의 소비에트 예루살렘을 건설하고 있었다. 스탈린은 "짜르는 유대인들에게 땅을 주지 않았지만 우리는 줄 것이다"라고 공표했다. 유대인에 대한 스탈린의 시각은 모순적이었다. 1913년, 민족성에 대한 유명한 글에서 스탈린은 유대인은 민족이 아니라 "신비주의적이고 불가시적이며 피안에 사는 사람들"이라고 말했다. 권력을 잡은 후 스탈린은 반셈족주의를 금지했다. 스탈린은 반셈족주의를 '야만'이라고 불렀으며, 1928년 이디시어와 러시아어를 공식언어로 사용하는 세속 유대인 지구의 창설을 허용했다. 1934년 5월에 시작된 스탈린의 시온, 즉 유대인 자치지역은 중국과의 국경 지대인 비로비드잔Birobidzahn에 있는 황무지였다. 제2차 세계대전과 홀로코스트 이후 스탈린의 외무장관 뱌체슬라브 몰로토브Vyacheslav Molotov 등은 그보다 나은 크림반도에 또 다른 유대인 구역의 창설을 지원했다. 그 유대인 구역은 궁극적으로 스탈린의 사악한 반셈족주의를 불러일으켰다. 1948년까지도 비로비드잔에는 3만 5,000명의 유대인들이 있었다. 오늘날까지도 그곳에는 수천 명의 유대인들이 살고 있으며 모든 표지판들이 이디시어로 되어 있다.

들과 아카시아와 소나무 숲이 사방을 두르고 있었다. 저택은 작은 대영제국과도 같았으며 쪽세공 마루를 깐 무도회장, 크리스탈 샹들리에, 군악대를 위한 방, 만찬실, 당구실, 영국인들과 현지인들을 위한 각각의 침실들이 있었다. 그리고 예루살렘에서 유일한, 애견민족들을 위한 개 공동무덤도 있었다. 손님들은 제복 또는 중절모와 연미복을 입었다. "돈과 샴페인이 물처럼 넘쳤다"고 혹자는 기억했다.

워초프의 저택은 영국인들이 눈이 휘둥그래질 정도로 빠르게 만들어놓은 현대화된 예루살렘의 중심지였다. 늙은 밸푸어 공작은 하다사병원 근처의 스코푸스 산에 자리한 히브리대학교의 개교식에 직접 참여했다. 남근 모양의 탑 형태로 된 YMCA는 엠파이어스테이트빌딩을 지은 건축가가 지었다. 록펠러 가문Rockfellers은 성벽 바로 북쪽에 고딕-무어식 박물관을 지었다.

"화려한 상점들, 높은 샹들리에가 달린 카페들"이 있는 조지 5세 거리는 후에 유명한 이스라엘 문학가가 된 아모스 오즈에게 "영화에서 보았던 문화를 추구하는 유대인들과 아랍인들이 개명한 영국인들과 어울리고 꿈처럼 목이 긴 여인들이 이브닝드레스를 입고 떠다니는 멋진 런던타운"을 연상시켰다. 당시 예루살렘은 '재즈의 시대'였으며 신여성들flappers, 즉 1920년대의 자유분방한 아가씨들은 빠른 자동차와 천년왕국의 복음주의를 결합시켰다. 〈보스턴 헤럴드Boston Herald〉는 버사 스패포드를 인터뷰하면서 "하렘의 미인들이 포드를 타고 예루살렘을 가로지르다"라고 썼다. 〈보스턴 헤럴드〉는 "버사 스패포드가 플리버Flivver(미국식 차종)와 진공병을 터키에 들여왔으며 밸푸어가 아니라 신이 유대인들을 팔레스타인으로 돌려보낼 것이라고 말한다"고 보도했다.

예루살렘에는 여전히 대도시다운 화려함은 없었지만 1930년에 최초로 세계 수준의 호텔이 들어섰다. 웅장한 킹 다윗 호텔King David Hotel은 부유한 이집트계 유대인들과 영국계 유대인 금융가 프랭크 골드스미스Frank Goldsmith가 자금을 댔다. 호텔은 곧 예루살렘의 유행 중심지가 되었고 아시리아, 무슬림, 히타이트 장식의 "성서적 스타일", 그리고 하얀 바지와 빨간 타부시를 쓴 키 큰 수단인 웨이터들로 인해 유명해졌다. 어느 미국인 관광객은 그것이 솔로몬 성전을 개축한 것이라고 믿었던 것 같다. 라게브 나샤시비는 매일 그곳에서 이발을 했다. 호텔은 예루살렘을 레바논과 이집트의 부유한 아랍인들의 사치스러운 휴식처로 만들었으며 레바논과 이집트의 퇴폐적인 왕족들이 호텔에 자주 투숙했다. 트랜스요르단의 성주 압둘라도 빈번하게 머물렀다. 그의 말과 낙타는 다윗 왕에 필적할 정도였다. 1934년 10월, 처칠은 아내와 (후에 팔레스타인 분쟁의 희생양이 된) 친구 모이네Moyne 경과 함께 투숙했다. 무프티는 이에 뒤처지지 않기 위해 유대인 건축업자를 동원해 옛날 마밀라 공동묘지가 있던 자리에 팰리스 호텔Palace Hotel을 지었다.

전직 간호사인 한 미국계 유대인 여성이 최초의 미용실을 열었을 때 농부들은 진열대 앞에 서서 마네킹이 말을 하기를 기다렸다. 예루살렘에서 가장 좋은 서점은 지적인 에드워드 사이드의 아버지 불로스 사이드Boulos Said와 그의 형제가 자파 문 근처에서 운영하던 것이었다. 한편 가장 고급스러운 양장점은 히틀러에게서 도망쳐온 전형적인 독일계 유대인 쿠르트 메이Kurt May와 그의 부인이 운영하던 것이었다. 가게를 연 메이는('메이May'를 의미하는 히브리어, 영어, 아랍어가 문 위에 각각 쓰여 있었다) 독일의 온갖 의류들을 수입했고 곧 유대인 사업가들과 영국 영사들, 그리고 요르단의 압둘라의 부인들을 매료시켰다. 한번은 황제 하일레 셀라시에와 그의 수행단이 가게 전체를 차지한 적도 있었다. 메이 집안은 시온주의자들보다 더 교양이 있었고(쿠르트는 제1차 세계대전에서 철십자 훈장을 받았다) 완전히 무교였다. 메이 집안은 가게 위층에 살았다. 딸 미리암이 태어났을 때 그녀는 아랍인 유모의 젖을 먹었고, 그녀가 성장하자 그녀의 부모는 "교양이 충분치 않다"는 이유로 옆집의 폴란드계 유대인과 놀지 못하게 했다. 예루살렘은 여전히 작았다. 미리암의 아버지는 봄이면 때로 딸을 데리고 예루살렘 밖으로 걸어나가 꽃이 피는 유다 언덕들에서 시클라멘을 따기도 했다. 금요일 밤은 메이 집안 사람들에게 사교의 중심이 되는 날이었다. 초정통파 유대인들이 기도하고 있는 그 시간에 메이 집안은 킹 다윗 호텔에서 춤을 추었다.

영국인들은 마치 팔레스타인이 실제 제국의 한 지방이 되기라도 한 것처럼 행동했다. 수비대장 앵거스 맥닐Angus McNeil은 사냥개 무리를 끌고 여우와 자칼을 쫓는 '람 베일 자칼 하운즈 헌트Ramle Vale Jackal Hounds Hunt'를 만들었다. 장교클럽에서 시온주의자 손님들은 모든 대화가 최신 폴로게임이나 경마 혹은 오리사냥에 관한 것임을 보았다. 한 젊은 장교는 전용비행기를 타고 예루살렘으로 날아들어 왔다.

복잡한 귀족 체계 속에서 자란 영국 공립학교 학생들은 예루살렘의 신분 계층, 특히 총독부 청사의 만찬에서 요구되는 사회적 에티켓에 탐닉했다. 존 챈슬러의 부관 해리 루크Harry Luke는 연회 사회자가 고등고문관, 수석 랍비들, 수석 판관들, 시장, 대주교들을 어떻게 맞아들였는지를 기억했다. "각하, 폐하, 성하 주교님, 대주교님, 목사님, 신사숙녀 여러분."

1931년경 13만 2,661명이 거주하던 그 번성하는 예루살렘은 영국의 지배와 시온주의자들의 이민이 경제부흥, 그리고 아랍인의 이민 증가에 도움이 된다는 것을 증명했다. 유대인들보다 더 많은 아랍인들이 팔레스타인으로 이주했으며 팔레스타인의 아랍 인구는 10퍼센트가 증가하여 시리아 또는 레바논의 인구증가보다 두 배 빠른 속도를 보였다.* 10년 동안 예루살렘은 2만 1,000명의 아랍인들과 2만 명의 유럽인들을 새롭게 끌어들였다. 또한 그 10년은 예루살렘 유력 가문들의 영광스러운 전성기였다.

영국은 아랍 가문들, 즉 누세이베 가문과 나샤시비 가문에 동정적이었다. 두 가문은 여전히 토지의 25퍼센트를 소유하고 있었으며 훗날의 팔레스타인 철학자 사리 누세이베Sari Nusseibeh는 그들이 "마치 맞춤옷을 입듯 영국이 수입한 사회질서에 적응했다"라고 썼다. "신사들의 모임과 영국 장교들의 사교모임에 속한 사람들은 건방진 러시아계 유대인들보다 그들을 더 선호하는 경향이 있었다."

예루살렘 유력가문들은 그 어느 때보다 더 화려한 삶을 살았다. 하젬 누세이베의 아버지는 "두 개의 왕궁 같은 저택들이 있었고 각기 20∼30개의 방들이 있었다. 아버지들은 콘스탄티노플에서 교육받았고 아들들은 셰이크 자라에 있는 성 조지 공립학교와 옥스퍼드에 들어가곤 했다. 사리의 삼촌 하젬 누세이베는 아랍 예루살렘의 귀족들이 여름 내 반짝이는 구두와 실크타이와 함께 잘 맞춘 하얀 실크수트를 입고 있는 것을 보는 것은 즐거운 일이었다"고 기억했다. 하젬의 형제 안와르 누세이베Anwar Nusseibeh는 최초로 번쩍이는 뷰익Buick(고급 자동차)을 타고 예루살렘을 누볐다.

아랍인 중산층들, 무슬림들, 정교회 사람들의 다수는 영국을 위해 일했다. 그들은 셰이크 자라, 탈비에, 바카Bakaa, 카타몬katamon 등의 오토만 지역에서 분홍색 벽돌집에 살았다. 그러한 교외지역들은 아모스 오즈가 "십자가들, 탑들, 모스크들, 미스터리들이 가득한, 베일을 쓴 도시"라

---

* 1938년 우드헤드위원회Woodhead Commission는 1919년에서 1938년 사이 팔레스타인에 거주하는 아랍인 인구가 41만 9,000명 증가했다고 말했다. 유대인 인구는 34만 3,000명 증가했다.

고 칭한 곳이었으며 "수사들과 수녀들, 카디와 무에진, 유력 가문들, 베일을 쓴 여자들, 승모를 쓴 사제들로 가득한" 곳이었다. 어느 부유한 아랍 가문을 방문했을 때 오즈는 "양쪽이 둥글게 말린 덥수룩한 콧수염을 기른 남자들과 보석을 단 여자들"과 "늘씬한 엉덩이와 빨간 손톱, 우아한 머리 모양과 경쾌한 치마를 입은 매력적인 처녀들"을 우러러 보았다.

"케임브리지 박사다운 명석함을 갖추고 심미안이 있는 시리아인 애국자"인 역사가 조지 안토니우스George Antonius와 그의 "매력적이고 아름다우며" 거부할 수 없는 아내, 레바논 출신의 이집트 신문사 소유주의 딸인 케이티Katy는 "화려한 파티, 오찬, 만찬, 리셉션을 일 년 내내" 열었다.* 무프티의 소유였던 그들의 셰이크 자라 저택은 1만 2,000권의 책들이 가득했고 아랍 유력자들, 영국 상류층, 유명인 관광객들을 위한 사교의 중심지이자 아랍 민족주의자들을 위한 정치적 살롱 역할까지 했다. 나세레딘 나샤시비는 "아름다운 여인들, 맛있는 음식, 재치 있는 대화. 그곳에 있는 사람은 누구든 예루살렘 최고의 파티를 즐겼다. 그리고 그들은 언제나 가장 즐거운 일탈의 분위기를 즐겼다"고 기억했다.

조지 안토니우스와 케이티의 결혼 생활은 개방적이었다고 전해진다. 케이티는 남자들에게 추파를 던지는 것으로 악명이 높았는데 특히 제복을 입은 영국 남자들을 좋아했다. 어느 예루살렘 노인은 "그녀는 무례했으며 모든 일에 호기심이 있었다"고 기억했다. "그녀는 수다를 시작하

---

* 부유한 레바논 그리스도인 면화 무역상의 아들 안토니우스는 알렉산드리아에서 태어나 빅토리아 칼리지와 케임브리지에서 교육받았으며, E.M. 포스터E.M. Foster의 친구이기도 했다. 안토니우스는 신탁정부의 교육차관을 맡았다. 안토니우스는 아랍 민족주의의 교과서라 할 수 있는 《아랍의 자각The Arab Awakening》이라는 책에서 아랍혁명과 영국의 배신을 연대기적으로 기술했다. 안토니우스는 무프티와 영국인 고관들 모두에게 자문을 했다. 안토니우스의 딸 소라야Soraya는 나중에 그녀의 부모를 배경으로 아마도 그 시대에 관한 최고의 소설일 《진 컨설트는 어디에 있는가Where the Jinn Consult》를 썼다.

곤 했으며 언제나 사람들을 짝지어주고 있었다." 안토니우스는 후에 딸에게 지역의 한 사교계 명사가 주최한 댄스파티에 대해 이야기했다. 그는 자신이 고안한 예루살렘식 파티게임을 제안해 다른 손님들에게 충격을 주었다. 그는 10쌍 정도의 부부를 초대했고 각자 배우자 외의 다른 이성을 한 명씩 더 데리고 오도록 했다. 그리고 어떤 일이 벌어지는지를 지켜보았다.

시온주의에 대한 영국인들의 열광이 식음으로써 유대인들과의 사이는 점점 더 소원해졌다. 아마도 "유대인들은 감사를 모르는 민족"이라고 불평한 고등고문관 존 챈슬러가 대표적인 예일 것이다. 유대인들은 출신국가별로 서로 다른 동네에 살았다. 세속적인 독일계 교수들과 영국계 공무원들이 살던 레하비아Rehavia는 가장 살 만한 교외의 조용하고 평온한 유럽인 동네였다. 보하라 구역에는 중앙아시아 사람들이 살았다. 하시딕 메아 셰아림은 지저분하고 가난한 구역으로, 17세기의 폴란드를 생각나게 했다. 지크론 시온Zikhron Zion은 "마늘, 양파, 사워크라우트로 만든 보르슈트 냄새를 풍기는 가난한 아슈케나지들로 가득했다"고 아모스 오즈는 기억했다. 탈피오트Talpiot는 "예루살렘에 있는 베를린 교외의 복제판"이었다. 한편 아모스 오즈의 집은 케렘 아브람Kerem Avraham에 있었다. 케렘 아브람은 영국 영사 제임스 핀의 오래된 집 주변에 세워진 동네로, 러시아풍이 워낙 강해서 "체호프의 동네"라고 불렸다.

바이츠만은 예루살렘을 '현대판 바벨'이라고 불렀지만, 그곳은 그 모든 다양한 세계들이 한데 섞여 있었다. 폭력의 공포와 불길한 예감의 구름이 짙게 드리워지긴 했지만 말이다. 하젬 누세이베는 그 국제적인 예루살렘이 "세계에서 가장 신나게 살 수 있는 도시"라고 썼다. 카페들은 언제나 열려 있었고 오렌지 과수원, 신문 기사, 공직에서 나오는 월급으로 지탱하는 새로운 지식인 계층, 건달, 한량들이 모두 그곳을 즐겼다. 카페들에서는 벨리댄싱과 같은 볼거리는 물론 카바레 가수들, 전통적인 발라드 가수들, 재즈밴드, 이집트 인기가수들이 출연했다. 위임통치 초기 수년 동안, 자파 문 바로 안쪽 임페리얼 호텔 옆에 '바가본드 카페'에서 화려한 지식인 칼릴 사카키니가 모임을 열었다.

그곳에서 그 자칭 '게으름의 왕자'는 나르길레 물담배 연기를 품고 레바논 아라크 화주를 마시면서 정치와 쾌락주의 철학, 즉 바가본드 선언Manifesto of Vagabonds("게으름이 우리 파티의 모토다. 노동은 하루 두 시간만 한다")을 자세히 설명했다. 그는 그 철학을 따라 "먹기와 마시기와 오락"에 탐닉했다. 그러나 팔레스타인의 교육감이 되었을 때는 그런 게으름에도 한계가 있었다.

관청에서 명목상의 한직을 맡고 있던 우드 연주자 와시프 자우하리예도 게으름을 탐닉한 지 오래였다. 와시프의 동생이 자파 도로 근처 러시아 구역에 '카페 자우하리예'를 열었고, 그곳에서 카바레 쇼와 밴드 공연을 했다. 근처 '포스탈 카페'의 한 단골은 국제적인 고객들을 기억했다. "하얀 수염을 기른 짜르의 장교, 젊은 서기, 이민자 화가, 우크라이나의 영지에 대해 쉼 없이 얘기하는 어느 우아한 숙녀, 수많은 젊은 이민자 청년과 아가씨들."

영국인들 가운데 다수는 그러한 "진정한 문화의 혼합"을 즐겼는데, 전형적인 예루살렘 가정의 가장이었던 해리 루크는 특히 그러했다. "유모는 남부 잉글랜드 출신, 집사는 백러시아인, 하인은 키프로스 터키인, 요리사 아흐메드는 악랄한 흑인 베르베르인이었다. 부엌 심부름을 하던 사내 아이는 아르메니아인이었는데 나중에 여자 아이로 밝혀져 주인을 놀라게 했다. 하녀는 러시아인이었다." 그러나 모든 사람들이 그러한 것에 매료된 것은 아니었다. 월터 스큅 콩그리브Walter Squib Congreve는 "나는 그들 모두가 끔찍하게 싫다"고 말했다. "짐승 같은 사람들. 그들 전체가 한 사람의 영국인 만도 못하다."

구원을 위한 폭력

무프티는 최상의 특권을 갖고 있었지만 천차만별의 아랍 여론을 다스리는 데 고군분투했다. 아랍인들 중에는 조지 안토니우스 같은 서구화된 자유주의자나 마르크스주의자, 세속적 민족주의자, 이슬람 근본주의자들이 섞여 있었다. 많은 아랍인들이 무프티를 증오했지만 절대 다수의 아랍인들은 오직 무장투쟁만이 시온주의를 막을 수 있을 것이라고 점점 더 확신하게 되었다.

1933년 11월, 자신의 사촌인 무프티를 좋아하지 않았던 전임 시장 무사 카젬은 예루살렘에서 시위들을 이끌었고 그것은 폭동을 촉발시켜 30명의 아랍인들이 죽었다. 그다음 해에 무사 카젬이 사망함으로써 아랍인들은 존경하는 원로 정치인을 잃었다. 후일의 팔레스타인 지도자 아메드 슈카이리Ahmed Shuqayri는 "사람들은 무사 카젬의 죽음을 크게 애도하며 눈물을 흘렸던 반면, 하즈 아민 무프티 때문에 피눈물을 흘렸다"고 말했다.

10년 단위의 위임통치 기간 중 두 번째 기간에 25만 명의 유대인들이 팔레스타인으로 왔다. 이는 첫 번째 시기의 두 배에 해당하는 것이었다. 아랍인들은 옥스퍼드에서 공부한 매우 세련된 예루살렘 상류층이건, 무슬림 형제단의 이슬람 극단주의자이건 영국은 결코 이민을 막지 않을 것이며 더욱더 교묘해진 유대인 공동체 이슈프Yishuv의 조직화를 저지하지도 않으리라는 것을 감지했다. 시간은 소진되고 있었다. 이민이 절정에 달했던 1935년에 6만 6,000명이 팔레스타인에 도착했다. 전쟁이 민족적 정화의식으로 간주되곤 했던 그 병적인 시대에 지식인 사카키니와 예술가 자우하리예조차도 오직 폭력만이 팔레스타인을 구할 수 있을 것이라고 믿었다. 하젬 누세이베는 무장봉기가 답이라고 믿었다.

그 앞에는 늙어가는 바이츠만이 있었다. 그는 여전히 시온주의자의 최고 지도자였지만 실제 권력은 최근 유대인협회 집행위원회 의장으로 선출된 벤구리온에게 넘어가 있었다. 유대인단체Jewish Agency 집행위원회는 이슈프의 최고 권력기관이었다. 두 사람 모두 전제적이면서도 지적인 스타일이었고 시온주의와 서구식 민주주의를 신봉했다. 그러나 그 둘은 서로 대립했다.

벤구리온은 걸걸한 노동자 출신의 행동파였고 전시와 평화 시에 지도력을 발휘할 수 있는 준비가 돼 있었다. 그는 한담을 하는 법이 없었으며 역사와 철학에 대한 것을 빼면 유머가 없었다. 벤구리온이 하는 유일한 소소한 농담은 나폴레옹의 키에 관한 것이었다. 그 내용이란 "나폴레옹보다 큰 사람은 아무도 없었다. 다만 키 큰 사람만 있었을 뿐이다"였다. 두 자녀의 아버지이자 충실하지 못한 남편이었던 그는 런던에서 푸른 눈의 키 큰 영국 여자와 비밀스런 정사를 즐겼다. 또 그는 음울하고 고독한 사람이었고 사려 깊은 전략가였으며 언제나 대의에 집착했다. 책을 수집하고 중고서점들에서 여가시간을 보냈다.

한편 벤구리온과 이미 만난 적이 있었던 바이츠만은 세르반테스Cervantes를 읽기 위해 스페인어를 배웠고 플라톤을 공부하기 위해 그리스어를 배웠다. 건국계획을 세울 때 바이츠만은 그리스 철학을 읽었다. 전쟁을 할 때는 클라우제비츠Clausewitz를 읽었다.

시온주의의 대부였던 바이츠만은 새빌 거리Savile Row의 정장을 즐겨 입었고 태양에 타는 갈릴리의 농장보다는 메이페어의 살롱을 더 편안해했으며 친구인 시에프 가문Sieff family이 지배하는 막스 앤 스펜서Marks & Spencer의 주식으로 부자가 되었다. 벤구리온은 바이츠만에게 "당신은 이스라엘의 왕입니다"라고 말했지만 곧 "바이츠만이 개인적으로 애호하는 체제"에 반대하게 되었다. 바이츠만은 벤구리온과는 달리 자신이 군사 지도자에 적합하지 않다는 것을 알고 있었지만 젊은 벤구리온의 호전성을 존경하기도 하고 경멸하기도 했다. 600쪽에 달하는 비망록에서 바이츠만은 벤구리온의 이름을 단 두 번 언급했다. 바이츠만은 외모 면에서 레닌을 닮았을 뿐이었지만 벤구리온은 실제로 볼셰비키의 무자비한 실용주의를 답습했다.

벤구리온은 사회주의자로 출발하여 노동운동 속에서 성장했으며 새로운 팔레스타인이 유대인과 아랍인 노동자 계층의 협동을 통해 창조되어야 한다는 신념을 확고히했다. 벤구리온이 유대인 국가를 꿈꾸었는지는 모르지만 그것은 전혀 가능성 없고 먼 이야기로만 들렸다. "아랍 민족주의 운동이 태생적으로 정치적 시온주의와 거의 같다"는 것을 인식하게 된 이후로 그는 아랍인-유대인 연합이 그 시대에 유대인들이 희망할 수 있는 최선이라고 믿었다. 벤구리온과 무프티 모두 공동국가에 대한 계획을 가지고 서로를 탐색했다. 돌이켜보면 타협은 그때에도 가능했다.

1934년 8월, 벤구리온은 영국 측을 위해 일하는 변호사 무사 알 알라미Musa al-Alami*와 작가 조지 안토니우스(둘 모두 무프티의 온건한 조언자다)를 만나기 시작했다. 벤구리온은 유대인-아랍인 공동정부 혹은 트랜스

---

* 그는 유력 가문의 일원이었다. 알라미의 저택은 지금도 예루살렘에서 가장 볼 만한 것 중 하나다. 17세기에 그의 가문은 성묘교회 바로 옆에 집을 구매했고 실제로 성묘교회와 지붕의 일부를 함께 사용했다. 그 지붕 위에서 보는 풍경은 놀라울 정도다. 비잔틴, 십자군, 맘루크의 자취가 남아 있는 그 건물은 지금도 모함마드 알 알라미Mohammad al-Alami의 소유이다. 사촌 가운데 한 명은 이웃집인 살라딘의 살라히야 칸카의 셰이크로 일하고 있다.

요르단과 이라크를 포함하는 아랍연합 내의 유대인 영토를 제안했다. 벤구리온은 팔레스타인이 소파와 같다고 확실하게 주장했다. 무프티는 깊은 인상을 받았지만 대답은 애매하게 남겨두었다. 훗날 알라미는 무프티와 벤구리온이 강력한 민족주의자라는 점에서는 같았지만 벤구리온이 훨씬 더 유연하고 기술적이었다고 회상했다. 그는 아랍인들이 그들만의 벤구리온을 키워내지 못했다는 사실을 유감스러워했다. 한편 무프티와 그의 동교 귀족들은 그들의 운동에서 통제권을 잃어가고 있었다.

1935년 11월, 셰이크 이자트 알 딘 알 카삼Sheikh Izzat al-Din al-Qassam이라는 이름의 시리아인 설교자가 영국에 대항해 반란을 일으켰다. 그는 하이파에서 무프티의 샤리아 법정에서 일하던 관리였으며 무프티에게 모든 정치적 타협을 거부할 것을 끊임없이 요구했었다. 그는 무프티보다 훨씬 더 급진적인 사람이었고 순교의 거룩함을 믿는 금욕적 근본주의자였으며 알 카에다와 오늘날 지하드주의자들의 선구자였다. 그는 13명의 무자히딘mujahidin을 이끌고 산악으로 들어갔으며 11월 20일, 400명의 영국인 경찰들에게 쫓기다가 살해되었다.

카삼의 순교*는 무프티에게 충격을 주어 그를 반란에 보다 가까워지게 했다. 1936년 4월, 카삼의 후계자는 나블루스 외곽에서 작전을 벌여 두 명의 유대인을 살해했다. 그러나 '히틀러를 위해' 나치가 되었다고 주장한 독일인은 풀어주었고, 그것은 도화선이 되었다. 유대인 민족주의자 이르건은 복수로 두 명의 아랍인들을 죽였다. 총격전이 시작되었을 때 아서 워초프는 대응 능력이 전혀 없었다. 한 젊은 장교는 그가 "어쩔 줄 몰라 하는 것"을 보았다.[20]

---

* 가자의 이슬람 팔레스타인 조직 하마스는 카삼에게서 영감을 받았다. 이 때문에 하마스는 그들의 무장 부대를 '카삼 수비대'라 부르며, 하마스의 미사일은 '카삼 로켓'이라 이름 붙여졌다.

49장
아랍의 반란
1936~1945년

무프티의 테러와 몰락

1936년 초 시원한 어느 날 밤, 예루살렘에서 "산발적인 총소리가 맑은 저녁 하늘에 울렸고" 이윽고 하젬 누세이베는 "무장봉기가 시작되었다"는 것을 알아차렸다. 반란은 서서히 고조되었다. 그해 4월 아랍인들은 자파에서 16명의 유대인들을 죽였다. 팔레스타인 단체들은 무프티 아래 아랍최고위원회Higher Arab Committee를 형성하고 전국적 파업을 요구했으며 그것은 누구도 통제할 수 없을 정도로 빠르게 확산되었다. 무프티는 그것을 거룩한 투쟁으로 선언했으며 자원군대인 성전군Holy War Army에게 시리아, 이라크, 트랜스요르단에서 와서 영국인과 유대인들에 대항해 싸울 것을 명령했다.

5월 14일, 두 명의 유대인들이 유대인 구역에서 총격을 당했고 무프티는 "유대인들이 우리를 이 나라에서 쫓아내려 하고 있으며 우리의 아들을 죽이고 우리의 집들을 불태우고 있다"고 주장했다. 이틀 후 무장한 두 명의 아랍인들이 에디슨 극장에서 세 명의 유대인들을 죽였다.

이슈프는 공황상태에 빠졌지만 벤구리온은 자제의 전략을 택했다. 한편 영국인 관료들은 이제 위임통치의 전체적 기반에 대해 의문을 제기했고 전임 수상 필^{Peel} 공작에게 보고서 작성을 의뢰했다. 무프티는 1936년 10월 파업을 철회했지만 필을 인정하기는 거부했다. 바이츠만은 고문관들을 매료시켰다. 아미르 압둘라의 주장에 따라 무프티는 팔레스타인들의 독립, 밸푸어 선언의 무효화, 그리고 (불길하게도) 유대인들의 철수를 요구한다고 선언했다.

1937년 6월, 필은 '2국가 해법,' 즉 팔레스타인을 아미르 압둘라의 트랜스요르단까지 합한 아랍 영역(팔레스타인의 70퍼센트)과, 유대인 영역(20퍼센트)으로 분할하는 안을 제안했다. 또한 필은 30만 명의 아랍인들을 유대인 영역으로 이주시키자고 제안했다. 예루살렘은 영국령의 특별구역으로 남겨둔다. 시온주의자들은 수용했다. 그들은 분할상태의 예루살렘을 결코 수용하지 않게 되리라는 것을 알고 있었다. 바이츠만은 유대인 영토의 작은 크기에 실망하지 않았고 "다윗 왕의 왕국이 보다 작아졌다"고 혼잣말을 했다.

필은 시온주의자들과 달리 "아랍 지도자들은 1916년 이후 단 한 번도 유대인들과의 협력이 가능하다는 말조차 한 적이 없다"고 불평했다. 트랜스요르단의 압둘라만이 필의 계획을 열광적으로 지지했으며, 돌이켜 생각해보면 그것은 현재 형태의 이스라엘을 가능하게 할 것이었지만, 당시에는 모든 팔레스타인들이 유대인 국가의 창설이라는 한 영국인 공작의 아이디어에 분노하고 있었다. 무프티와 그의 정적 나샤시비는 모두 필의 제안을 거부했다.

반란은 다시 폭발했지만 이번에 무프티는 폭력을 수용하고 조직화했다. 그는 영국인이나 유대인보다 팔레스타인 정적들을 죽이는 데 더 관심이 많은 것 같아 보였다. 가장 최근에 한 역사가는 후세이니 가문에 대해 "그는 조직 내의 테러를 통제의 수단으로 확립시킨 데 대해 개인적 책임이 있는 것 같다"고 말한다. 무프티는 좋아하는 렌즈콩 수프를 먹으면서 하람의 세습 파수꾼들의 후손인 수단인 호위병들을 항상 곁에 두고 마피아 보스처럼 행동하면서 암살 명령을 내렸고 2년간의 동족 살인을 통해 가장 점잖고 온건한 동족들 다수를 쓸어버렸다. 필 이후 9일 만에 무프티는 독일 총영사를 예루살렘으로 불러 나치즘에 대한 공감을 표현하고, 협력하겠다는 의지를 밝혔다. 다음 날 영국은 무프티를 체포하려 했지만 그는 재빨리 알 아크사의 성소로 들어갔다.

영국은 감히 성소를 치지 못했다. 대신 영국군은 후세이니가 있는 성전산을 포위하고, 그를 반란 주동자로 발표했다. 그러나 모든 아랍인 단체들이 그의 통제 아래 있는 것은 아니었다. 카삼의 지하드 추종자들 역시 당국자들에게 협조한 것으로 의심되는 아랍인들을 광적으로 살해했다. 아랍인들 사이에 잔혹한 내전이 일어난 것이나 마찬가지였다. 무프티가 많은 가문들을 울게 만들었다고 전해진 때가 그때였다.

라게브 나샤시비는 처음에는 반란을 지지하다가 무프티의 테러와 전략 때문에 반대하는 입장으로 돌아섰다. 나샤시비의 저택은 총격전과 함께 무너졌다. 나샤시비의 어린 사촌 하나는 축구경기를 보다가 살해당했다. 라게브의 조카 파크리 베이 나샤시비Fakhri Bey Nashashibi는 무프티의 파괴적 이기심을 비난했는데 곧이어 신문에 그의 부고가 실렸다. 바그다드에서 암살되었던 것이다. 나샤시비는 '나샤시비 부대' 혹은 '평화단'이라는 이름으로 수하들을 무장시키고 무프티 측과 싸웠다. 아랍식 모자는 반란의 상징물이 되었다. 후세이니 지지자들은 케피예라는 체크무늬 스카프를 썼다. 나샤시비 가문은 절충의 산물인 타부시를 썼다. 무프티는 반역자들을 재판하기 위한 반란 법정을 열고 반란군 인장을 발행했다.

예루살렘에서는 서른 살의 성전군 사령관 압드 알 카디르 후세이니Abd al-Kadir Husseini가 반란을 주도했다. 그는 죽은 무사 카젬 후세이니의 아들이었으며(그는 아부 마사라는 가명을 사용했다) 시온 산에 있는 영국 주교 고바트Gobat의 학교에서 최고급 교육을 받았다. 그는 카이로대학교에서 받은 학위를 이용해 영국의 배신과 시온주의자들의 음모를 비판했다. 이집트에서 축출당한 후 그는 무프티의 팔레스타인 아랍 정당을 조직했고 신문을 편집했으며 보이스카우트를 가장한 민병대를 만들었다. 이 민병대는 그의 군사조직이 되었다.

고향에서 그는 가느다란 콧수염을 기르고 영국식 수트를 입은 우아한 귀족이었지만 그의 본업은 달리는 자동차 조수석에 앉아 총을 쏘아대는 일이었다. 와시프 자우하리예는 그가 "예루살렘 안팎의 식민군들에게 굴욕감을 주는 일"을 많이 했다고 말했다. 그는 1936년 헤브론 근처에서 영국군의 탱크들을 상대로 싸우다가 부상을 입었지만 독일에서 부상을 치료받은 후 세례 요한의 마을 에인 케렘의 본거지로 돌아와 다시 싸웠다. 예루살렘에서 그는 영국 경찰서장 암살단을 조직했다. 영국 공군의 폭격으로 부상을 입었을 때 압드의 추종자들은 그를 아랍의 기사로 여겼다. 그러나 팔레스타인의 적들은 그를 무프티의 군벌들 가운데 최악으로 간주했다. 무프티의 부하들은 후세이니 가문을 지지하지 않는 마을들에 테러를 가했다.

1937년 9월 26일, 갈릴리 구역 고문관 루이스 앤드류스Lewis Andrews가 암살되었다. 12일에 무프티는 여자로 변장하고 예루살렘을 탈출했다. 그것은 팔레스타인에서 그의 권력을 약화시킨 굴욕적인 탈출이었다. 런던으로 탈출한 상태에서 그는 여전히 격화되어가는 전쟁의 작전들을 지시했다. 그는 자신에 대한 충성을, 그리고 엄격하고 비타협적인 정책들을 무자비하게 강요했다.

영국은 팔레스타인을 지탱하기 위해 씨름했다. 나블루스, 헤브론, 갈릴리 일대는 빈번하게 통제에서 벗어났다. 심지어 잠시 동안 옛 도시를 빼앗긴 적도 있었다. 영국군은 하가나 출신의 유대인 예비군을 모집해 이른바 유대인 정착지 치안대를 구성했으나 나중에는 원거리에 있는 마을들을 방어하기에도 급급했다. 시온주의 민족주의자들은 벤구리온의 억제정책에 염증을 느꼈다. 아랍 반란 초기까지도 1,500명에 불과했던 이르건 즈바이 레우미, 즉 국민군National Military Organization은 아랍 민간인들을 대상으로 한 테러로 아랍의 공격에 대응했고, 예루살렘에 있는 아랍인 카페들에 수류탄을 던졌다. 1937년 11월 검은 일요일Black Sunday, 아랍인들은 시한폭탄을 터트렸고 그것은 바이츠만과 벤구리온을 크게 놀라게 했다. 그러나 덕분에 신병들이 국민군에 쏟아져 들어왔다.

아랍 온건주의자들이 무프티의 폭력에 전멸되어가고 있던 바로 그때 반란군은 히브리대학교의 미국인 총장 유다 마그네스Judah Magnes와 같은 유화적 유대인들의 신뢰를 깨트렸다. 유다 마그네스는 유대인 국가가 결코 아닌, 유대인들과 아랍인들로 구성된 양원제 의회가 있는 이원적 국가를 원했다. 벤구리온의 자제력은 곧 소진되었고 영국은 이제 수단과 방법을 가리지 않고 아랍인들을 짓밟으려 했다. 영국군은 한꺼번에 여러 마을들을 공격했고 자파의 한 동네 전체를 한 번에 파괴한 적도 있었다. 1937년 6월, 영국군은 무기를 소지한 사람은 누구든 사형시켰다.

10월에는 30년간 캘커타Calcutta의 치안을 엄격하게 감독했던 찰스 테가트Charles Tegart가 예루살렘으로 왔다. 그는 50개의 '테가트 검문소'를 설치하고 경계선을 따라 보안장벽을 세우고 진압 및 정보활동을 지휘했으며 아랍 조사센터를 신설했다. 테가트는 예루살렘 서쪽에 조사원에게 용의자를 고문하는 방법(그중에는 용의자에게 코로 주전자 물을 들이키게 하는 워터캔water-can, 요즘 말로 워터 보딩water-boarding이 있었다)을 가르치는 학교를 운영했는데 결국에는 예루살렘 총독 키스로치가 그 학교를 다른 곳으로 옮겨달라고 요구했다. 공군 장교, 아서 해리스Arthur Harris(후에 드레스덴 '폭파자'로 유명해짐)는 반란군 마을들에 대한 공중공격을 감독했다. 한편 유럽에서 히틀러로 인한 위기가 고조되자 영국은 아랍 반란군을 진압하기에 충분한 병력을 보낼 수 없었고 이 때문에 유대인들의 도움을 더 많이 필요로 하게 되었다.

찰스 윙게이트Charles Wingate라는 인맥 좋은 젊은 진압 전문가가 예루살렘에 부임했다. 윙게이트는 고등고문관 워초프의 집에서 머물도록 초대받았다. 윙게이트는 워초프가 "모든 사람들의 충고를 듣느라 상황을 제대로 파악하지 못하는" 것을 보았다. 윙게이트는 유대인 전사들을 훈련시키고 반란에는 반란으로 대응하라고 충고했다. 그는 시온주의자들의 로렌스가 되었다. 바이츠만은 그를 '유대인의 로렌스'라고 불렀다. 우연히도 그 두 명의 비전통적인 영국계 아랍 전문가들은 사촌지간이었다.[21]

옛 도시의 함락

유대인들을 개종시킨다는 복음주의 사명을 지닌, 부유한 식민지 대령의 아들이자 성서와 제국을 기반으로 양육되었던 윙게이트는 아랍어를 유창하게 구사했으며 로렌스와 마찬가지로 아랍인으로 구성된 비정규 부대, 수단의 동아랍 부대를 지휘하면서 공을 세웠다. 바이츠만은 "그의 내면에는 학생과 행동가가 혼재해 있었고 로렌스를 연상시켰다"고 말했다. 그러나 예루살렘에 도착한 후 윙게이트는 마치 다마스쿠스 개종과도 같은 일을 겪었고 시온주의자들의 에너지에 깊은 인상을 받았으며 무프티의 폭력단 같은 전략들과 영국 장교들의 반셈족주의에 혐오감을 느꼈다. 그는 "모든 사람들이 유대인들을 싫어한다. 그래서 나는 그들을 두둔한다"고 말했다.

윙게이트는 수세에 몰린 영국군과 유대인 농장들을 살펴보았다. 한밤중에 그들은 보르살리노Borsalino 모자나 울즐리 토피Wolsely topee 모자를 쓰고 낡은 팜비치 정장을 입고 포병대 타이를 맨 '특별한 사람'의 방문을 받았다. 그는 "마치 텔아비브의 수상쩍은 카페들 주변을 어슬렁거리다 보게 되는 하층민"처럼 보였다. 서른한 살의 대령 윙게이트는 언제나 완전무장을 하고 다녔으며 "꿰뚫어보는 듯한 푸른 눈과 매부리코, 학구적인 분위기의 금욕적인 인상"이었으며 "무기, 지도, 리 엔펠드 라이플총, 밀스 수류탄으로 가득한, 그리고 성서가 있는" 스튜드베이커Studebaker 세단을 타고 도착했다. 윙게이트는 "유대인들이 영국군보다 더 나은 군대가 될 것"이라고 판단했다. 1938년 3월, 영국군 사령관 아치볼드 웨이블Archibald Wavell은 그 '놀라운 사람'에게 깊은 인상을 받았으며 윙게이트에게 유대인 특별부대를 훈련시켜서 반란군에 대항하는 소위 야간특수부대에 배치시키도록 명령했다. 웨이블은 자신이 무엇을 상대하고 있는지 몰랐다. "그때 나는 로렌스와의 관계에 대해 알지 못했다."

윙게이트는 자파 문 근처 패스트 호텔에 사령부를 차린 후 히브리어를 유창하게 배워서 곧 시온주의자들의 '친구'로 공인받았다. 그러나 아랍인들에게는 적으로 간주되었으며 많은 영국인 장교들은 그를 무례한 괴짜로 여겼다. 그는 총독부 청사에서 나와 아내 로나Lorna와 함께 탈피오트에 거처를 마련했다. "로나는 도자기 인형처럼 아주 젊고 아름다웠다. 사람들은 그녀에게서 눈을 떼지 못했다"라고 루스 다얀Ruth Dayan은 기억했다.

　　루스 다얀의 남편 모셰 다얀은 러시아 이민자의 아들로, 스물두 살이었으며 키부츠에서 태어나 비밀리에 하가나에 합류했고 공개적으로는 유대인 정착지의 경찰로 일했다. 그러던 중 "어느 날 저녁 하이파에서 온 어느 하가나가 한 낯선 방문객을 데리고 나타났다. 윙게이트는 호리호리한 남자였으며 옆구리에는 묵직한 리볼버 권총을 차고 있었고 작은 성서 한 권을 들고 있었다. 작전을 실행하기 전에 그는 우리가 작전을 하게 될 장소와 관련이 있는 성서의 구절을 읽곤 했다." 성서숭배적 복음주의자들을 군사적으로 계승한 윙게이트가 아랍의 총잡이들을 상대로 한 야간특수부대를 지휘했다. 아랍 총잡이들은 "더 이상 안전한 경로를 찾을 수 없다는 것을 인정할 수밖에 없었다. 그들은 어디서든 기습매복을 당할 수 있었다."

　　아랍인들이 반란을 일으켰을 때, 그리고 그 후 제2차 세계대전 동안 영국은 2만 5,000명의 유대인 예비병력을 훈련시켰는데 거기에는 이츠하크 사데Yitzhak Sadeh가 이끄는 또 다른 특공대가 포함돼 있었다. 이츠하크 사데는 러시아 붉은 군대 출신으로 하가나의 수장이 되었다. 윙게이트는 그들에게 "여러분은 마카베오의 아들이다. 여러분은 유대인 군대의 첫 번째 병사들이다!"라고 말했다. 그들의 전문지식과 정신은 훗날 이스라엘 방위군의 토대를 형성하게 된다.

　　1938년 9월, 아돌프 히틀러의 공격성을 달래고 체코슬로바키아의 분할을 허용한 수상 네빌 체임벌린Neville Chamberlain의 뮌헨협약Munich Agreement은 영국군을 자유롭게 했다. 2만 5,000명의 지원군이 팔레스타인에 도착했다. 그러나 예루살렘에서 반란군은 기습을 감행했다. 10월 17일, 반란군은 옛 도시 전체를 점령했고 성문들에 바리케이드를 치고 영국군을 내

몰았으며 심지어 알 쿠드스가 찍힌 우표도 발행했다. 자파 문 근처에 살던 와시프 자우하리예는 다윗 탑에서 펄럭이는 아랍 깃발을 자랑스럽게 바라보았다. 서쪽 벽의 한 랍비는 아랍 총잡이들에게 포위되어 공포에 떨었다. 그러나 10월 19일, 영국군이 성문들로 돌진해 예루살렘을 탈환하고 19명의 총잡이들을 살해했다. 와시프는 집에서 그것을 지켜보았다. "나는 그날 밤 영국군과 반란군의 전투를 묘사할 수가 없다. 우리는 폭발을 보았고, 폭탄과 총알이 오가는 끔찍한 소리를 들었다."

웡게이트가 유대인들에게 영웅이긴 했지만 영국 장교들은 그의 작전들을 점점 더 비생산적인 것으로 간주했다. 영국 장교들은 웡게이트가 벌거벗은 채 현관문을 열어 손님들을 맞이하고 유대인 오페라 가수와 정사를 벌였다는 것을 알고 있었다. 다얀도 그것을 인정했다. "일반적인 기준으로 판단할 때 그를 정상으로 간주할 수는 없었어요. (작전이 끝나고 나면) 그는 벌거벗은 채 구석에 앉아서 성서를 읽었고 생양파를 씹었어요." 웡게이트의 사단장 버나드 몽고메리Bernard Montgomery 중령은 웡게이트의 군사적 무지함과 시온주의자라는 당파성을 싫어했다. 나중에 몽고메리는 다얀에게 웡게이트가 "정신적으로 불안정하다"고 말했다. 몽고메리는 예루살렘의 영국군 본부로 돌아가라는 명령을 받았다. 이제 영국군은 요새를 갖게 되었고 더 이상 유대인 특공대들이 필요하지 않았다.

몽고메리는 양측의 대표자들에게 "나는 여러분이 유대인이건 이방인이건 개의치 않는다. 나의 의무는 법과 질서를 유지시키는 것이다. 그것이 나의 목적이다"라고 말했다. 몽고메리는 아랍의 반란이 "완전히 최종적으로 진압되었다"고 선언했다.

500여 명의 유대인들과 150명의 영국군이 죽었지만 아랍의 반란으로 팔레스타인 사회는 가장 끔찍한 대가를 치렀고 그 상처는 지금까지도 치유되지 않고 있다. 스무 살에서 예순 살 사이의 남성 가운데 10분의 1이 사망, 부상, 또는 추방되었다. 156명이 사형을 선고받았고 5만 명이 체포되었으며 5,000채의 가옥이 파괴되었다. 약 4,000명이 죽었는데 그중 다수가 아랍 동포들의 손에 죽었다. 바로 그때 유럽이 영국군을 불렀다. 몽고메리는 "이곳에서 전쟁을 즐겼던 만큼 팔레스타인을 떠나는 것이 무척 아쉽다"고 말했다.*

네빌 체임벌린은 밸푸어 선언을 번복하기로 결정했다. 체임벌린의 아버지는 우간다의 유대인 영토를 제안했던 사람이었다. 전쟁에도 불구하고 유대인들은 나치에 대항하기 위해 영국을 지지하는 것 외에는 다른 선택의 여지가 없었다. 그러나 아랍인들은 선택권이 있었다. 체임벌린은 "우리가 어느 한쪽을 공격해야 한다면 아랍인들보다는 유대인들을 공격하게 해달라"라고 말했다. 이 때문에 체임벌린은 양측과 아랍 국가들을 런던으로 불러들여 회의를 열었다. 아랍측은 무프티를 대표단장으로 임명했지만 영국이 그의 존재를 용납하려 하지 않았기 때문에, 그의 사촌 자말 알 후세이니Jamal al-Husseini가 아랍 대표단을 이끌었다. 나샤시비는 중도파를 이끌었다. 후세이니 가문은 도체스터Dorchester에, 나샤시비 가문은 칼튼Carlton에 머물렀다. 바이츠만과 벤구리온은 시온주의자들을 대표했다. 1939년 2월 7일, 체임벌린은 성 제임스 궁St. James's Palace에서 두 번이나 회의를 열었다. 아랍인들과 시온주의자들이 직접적으로 협상하기를 거부했기 때문이었다.

체임벌린은 시온주의자들이 이민 중단에 동의하도록 설득하고자

---

* 윙게이트는 팔레스타인에서 유명인이 되었다. 그는 처칠의 존경을 받았으며 나중에 처칠의 경력을 지원했다. 1941년, 윙게이트의 기드온 부대는 에티오피아를 이탈리아에서 해방시키는 데 도움을 주었으며 후에는 연합군 최대의 특수부대 친디트Chindit를 창설하고 사령관을 맡아 미얀마에서 일본군과 싸웠다. 윙게이트는 1944년 비행기 추락사고로 죽었다.

했지만 실패했다. 3월 15일, 히틀러가 체코슬로바키아를 공격하면서 체임벌린의 '히틀러 달래기'는 공허한 것이었음이 드러났다. 이틀 후 식민장관 말콤 맥도널드Malcolm McDonald는 유대인의 토지 구입을 억제하고 향후 5년간 연간 이민자 수를 1만 5,000명으로 제한하며 그 후에는 아랍인들이 비토권한을 갖고 10년 안에 팔레스타인을 독립시키고 유대인 국가는 세우지 않을 것을 제안하는 백서를 제출했다. 그것은 팔레스타인인들이 20세기 전체를 통틀어 영국 혹은 다른 어느 곳에서도 받을 수 없는 최상의 제안이었지만 무프티는 놀라운 정치적 무능력과 과대망상적인 비타협성을 과시하면서 레바논의 망명지에서 영국의 제안을 거부했다.

벤구리온은 영국에 대항한 전쟁을 위해 하가나 민병대를 준비시켰다. 유대인들은 예루살렘에서 폭동을 일으켰다. 6월 2일, 이르건(국민군)은 자파 문 밖에 있는 시장에 폭탄을 터트렸고 아홉 명의 아랍인들을 죽였다. 8일 런던 주재 미국 대사의 아들, 젊은 미국인 관광객 존 F. 케네디John F. Kennedy는 동양을 관광하던 중 예루살렘에 머물던 마지막 날 이르건이 터트린 열네 번의 폭발음을 들었다. 예루살렘 전체에 전기가 끊어졌다. 수많은 사람들이 "유대인들은 아랍인들을 죽이고 아랍인들은 유대인들을 죽인다. 그것은 앞으로 50년 동안 계속될 가능성이 농후하다"는 몽고메리의 의견에 동의했다.[22]

예루살렘의 세계대전

아돌프 히틀러가 모든 면에서 자신보다 앞서가는 것처럼 보였을 때 무프티는 공동의 적인 영국과 유대인들을 공격할 기회를 엿보았다. 프랑스는 무너졌고 독일군은 모스크바를 향해 진격했으며 히틀러는 최종해법Final Solution을 통해 600만 명의 유대인들을 살해하기 시작했다. 무프티는 반영 음모를 지휘하기 위해 이라크로 이동해야 했지만 몇 번의 패배를 더 당한 후 이란으로 도망쳐야 했다. 그 후 영국인 요원들에게 쫓기면서 모험 가득한 여정을 시작했고 마침내 이탈리아에 도착했다. 1941년 10월 27일, 베니토 무솔리니는 로마의 팔라초 베네치아Palazzo Venezia에서 그를 맞이했고 팔레스타인 국가의 창설을 지지했다. 무솔리니는 유대인들이 그들의 나라를 원한다면 "미국에 텔아비브를 건설해야 할 것"이라고 말했다. "우리 이탈리아에 4만 5,000명의 유대인들이 있으며 유럽에는 그들을 위한 자리가 없을 것이다." 무프티는 ("회담에 매우 만족하여") 베를린으로 날아갔다.

11월 28일 오후 4시 30분, 무프티는 신경질적인 아돌프 히틀러를 영접했다. 소련은 모스크바 외곽에서 독일군을 저지했다. 무프티의 통역사는 히틀러에게 아랍 전통에 따라 무프티에게 커피를 대접할 것을 제안했다. 히틀러는 펄쩍 뛰며 자신은 커피를 마시지 않는다고 대답했다. 무프티는 문제가 생겼는지를 물었다. 통역사는 무프티를 안심시켰지만 히틀러에게는 손님이 커피를 마시고 싶어 한다고 설명했다. 히틀러는 사령관조차도 자신의 면전에서는 커피가 허락되지 않는다고 대답했다. 히틀러는 방을 나갔고 레모네이드를 든 SS경호원과 함께 돌아왔다.

후세이니는 히틀러에게 "팔레스타인, 시리아, 이라크의 독립과 통일"을 지지해줄 것과 독일군과 함께 싸울 아랍 군단을 창설해줄 것을 요구했다. 무프티는 세계의 지도자처럼 보이는 히틀러에게 팔레스타인뿐 아니라 아랍제국 전체를 지배해달라고 요청했다.

히틀러는 무프티와 공동의 적을 갖고 있다는 사실에 기뻐했다. "독일은 유대인 권력의 두 요새들(영국과 소련)에 대항해 생生과 사死의 싸움을 벌이고 있으며," 또한 당연하게도 팔레스타인에는 유대인 국가가 존재하지 않을 것이다. 실제로 히틀러는 유대인 문제에 대한 최종해법을 암시했다. "독일은 단계적으로 유럽 국가들에게 차례로 유대인 문제의 해결을 요청할 결심을 했습니다." 독일군이 코카서스 남쪽 입구에 도착 하자마자 히틀러는 "독일의 목표는 오로지 아랍인 구역에 거주하는 유대인들을 파괴하는 것이다"라고 말했다.

그러나 러시아와 영국이 패배할 때까지 중동 전체를 자신에게 달라는 무프티의 야심찬 요청은 대기상태에 있어야 했다. 히틀러는 자신이 "이성적 인간으로서 냉정하고 주도면밀하게 생각하고 말해야 하며" 비시 프랑스Vichy French 동맹을 공격하지 않기 위해 노력할 것이라고 말했다. 히틀러는 무프티에게 "우리는 귀하에 대해 애석하게 생각합니다. 나는 당신의 인생사를 알고 있습니다. 나는 귀하의 길고 위험한 여정을 관심 있게 지켜보았습니다. 귀하께서 우리와 함께해서 기쁩니다"라고 말했다. 그다음 히틀러는 후세이니의 파란 눈과 빨간 머리카락을 우러러 보면서 그가 아리안 혈통임이 틀림없다고 결론 내렸다.

그러나 무프티는 영국에 대한 전략적 적대뿐만 아니라 가장 치명적인 인종주의적 반셈족주의까지 히틀러와 공유했다. 심지어 먼 훗날에 쓴 비망록에서도 무프티는 히틀러가 가장 총애했던 SS수장 하인리히 힘러Heinrich Himmler가 1943년 여름, "나치가 이미 300만 명 이상의 유대인들을 몰살시켰다"고 자랑했던 것을 기억했다. 무프티는 자신이 나치를 지지하는 이유는 "독일이 그날을 실행할 경우 팔레스타인에서 시온주의자들이 흔적조차 남지 않을 것이기 때문"*이라며 소름끼치는 자랑을 늘어놓았다.

---

* 길버트 아슈카르는 그의 책《아랍과 홀로코스트Arabs and Holocaust》에서 "그는 나치들의 '유대인'에 대한 범죄적 망상에 사로잡혀 있었다. 그것은 인간성에 반하는 가장 큰 범죄들을 낳고 있

무프티는 다국적인 예루살렘에서 멀리 떨어진 베를린에 있었고 이 때문에 예루살렘의 유대인들이 낙담한 것은 당연했다. 무프티의 견해들은 변명의 여지가 없는 것들이었지만 아랍 민족주의자들이 히틀러식의 반셈족주의자라는 주장을 하기 위해 그것들을 이용하는 것은 옳지 않았다. 앞으로 보게 되겠지만 와시프 자우하리예는 유대인의 고난에 매우 동정적이었고 전형적인 사람이었으며, 일기에 "부정하고 부정직한 밸푸어 선언으로 인해 영국인들을 미워하는 아랍계 예루살렘인들은 독일이 전쟁에서 이기기를 원했다"라고 썼다. 아랍인들은 뉴스에 귀를 기울이고 앉아서 독일이 승리했다는 소식이 나오기를 기다렸고 영국에 좋은 뉴스가 나올 때면 비통해했다. 하젬 누세이베는 "이상하게 들릴지 모르지만 전시의 예루살렘은 이전에 없던 평화와 번영을 누렸다"고 기억했다.

영국은 유대인 민병대를 탄압했다. 모세 다얀과 하가나 동지들은 체포되어 아크레 요새에 투옥되었다. 그러나 1941년 5월, 영국령 팔레스타인이 북아프리카의 추축국과 비시 프랑스령 시리아 사이에서 협공을 당할 가능성이 생기자 영국군은 윙게이트와 사데의 병력 가운데 일부를 차출해 소규모 유대인 특공대 팔마흐^{Palmach}를 창설해 나치에 대항할 준비를 했다.

감옥에서 풀려난 다얀은 영국의 비시 시리아와 레바논 공격을 준

었다"라고 말했다. 아슈카르는 덧붙이기를 "무프티가 나치의 반셈족주의를 신봉했다는 것은 부인할 수 없다. 나치의 반셈족주의는 범이슬람 세계의 광적인 반유대주의와 쉽게 어울릴 수 있었다"고 덧붙였다. 1943년 베를린의 밸푸어 선언 기념식의 연설에서 무프티는 "그들은 민족들 사이에서 기생충처럼 살면서 피를 빨고 도덕을 변질시키며…. 독일은 유대인의 위험을 해결할 확실한 해결법을 가지고 있다. 그것은 유대인들이 세계에 가져온 형벌을 제거해줄 것이다"라고 말했다. 레바논으로 망명했을 때 쓴 비망록에서 그는 "제2차 세계대전 중 유대인 실종자 수가 전체 유대인 수의 30퍼센트를 넘는 데 반해, 독일인 실종자 수는 그보다 적다는 사실을 즐거워했다." 그리고 시온 의정서와 제1차 세계대전 '배신'의 신화를 인용하면서 유대인들을 과학적으로 개혁할 다른 방법이 없다는 이유로 홀로코스트를 정당화했다.

비하기 위한 특공대에 들어갔다. 레바논 남부에서 전투를 하던 중 다얀은 쌍안경으로 프랑스 초소들을 보고 있었는데 "총알 하나가 렌즈를 뚫고 들어왔고 탄피가 나의 안구에 박혔다." 다얀은 안대를 쓸 수밖에 없었지만 '불구자'처럼 보인다는 이유로 그것을 싫어했다. "이 검은 안대를 벗을 수만 있다면. 안대 때문에 시선을 끄는 것을 참을 수가 없다. 바깥에서 사람들의 반응에 신경 쓰는 것보다 집 안에서 눈을 감고 있는 것이 더 좋다." 다얀과 그의 젊은 아내는 예루살렘으로 이동했고 그곳에서 치료를 받을 수 있었다. 다얀은 "옛 도시를 배회하기를 좋아했으며 특히 성벽 꼭대기를 따라 좁은 길을 산책하는 게 좋았다. 신도시는 나에게 다소 낯설었다. 그러나 옛 도시는 매혹적이었다." 하가나는 영국의 지원을 받아 독일이 팔레스타인을 공격할 때를 대비해 지하로 숨어들 준비를 했다.

예루살렘은 망명한 왕들이 가장 선호하는 피난처였다. 그리스 왕 조지 2세, 유고슬라비아 왕 피터, 에티오피아 황제 하일레 셀라시에가 모두 킹 다윗 호텔에 머물렀다. 셀라시에 황제는 거리를 맨발로 걸어다녔으며 성묘교회 제단 발치에 자신의 왕관을 내려놓았다. 그의 기도는 실제로 응답을 받았다. 그는 왕좌를 다시 찾았다.

밤이나 낮이나 킹 다윗 호텔의 복도와 바는 이집트, 레바논, 시리아, 세르비아, 그리스, 에티오피아의 왕자들, 귀족들, 사기꾼들, 시종들, 부랑자들, 돈 많은 거물들, 포주들, 기둥서방들, 창녀들, 배우들과 연합국, 추축국, 시온주의자, 아랍의 스파이들, 거기다 프랑스, 영국, 오스트리아, 미국의 제복을 입은 장교들과 외교관들로 가득했다. 그들은 바에 가서 드라이 마니티를 마시려고만 해도 복도를 따라 길을 찾아가느라 전쟁을 치러야 했다.

1942년 새로운 손님 하나가 호텔에 투숙했다. 그녀는 당대의 가장 유명한 아랍 스타 가운데 하나였으며 레반트 집합소가 된 예루살렘의 퇴폐를 보여주는 전형적인 인물이었다. 그녀는 아스마한Asmahan이라는 이름으로 노래를 불렀다. 가는 곳마다 위험하고 억제할 수 없던 그 여인은 무엇보다 드루즈파의 왕녀이고자 했다. 이집트 영화배우이자 아랍 인기 가수였고 어느 쪽이든 가리지 않고 스파이 역할을 했으며 멋스러운 혼란과 미스터리로 이루어진 고유한 유형의 인간을 창조하는 데 성공했다. 몰락한 귀족 가문의 후손인 그녀는 시리아에서 드루즈파로 태어났으며 1918년 이집트로 도망쳐서 열네 살의 나이에 가수가 되었다. 열여섯 살에 첫 번째 음반을 냈고 라디오를 통해 순식간에 명성을 얻은 후 영화에도 진출했으며 턱에 있는 애교점이 그녀의 상징이 되었다. 1933년, 아스마한은 시리아에서 마운트 드루즈파의 태수와 생애 첫 결혼을 했다(그녀는 그와 두 번 결혼하고 두 번 이혼했다). 그녀는 킹 다윗 호텔에서 많은 시간을 보내긴 했지만 산중의 저택에 머물 때에도 해방된 서구적 여성의 삶을 고집했다.

1941년 5월, 이 드루즈파 왕녀(혹은 여자 태수)는 영국 정보부로부터 비시 다마스쿠스로 돌아가 시리아 유력인들을 유혹하고 뇌물을 전달해 연합군을 지원하게 만들라는 지시를 받았다. 연합군이 시리아와 레바논을 재탈환하자 그녀는 샤를 드 골Charle de Gaulle에게 개인적인 감사인사를 받았다. 아스마한은 노래 실력과 거부할 수 없는 매력적인 턱, 결코 막을 수 없는 성적 매력(양성애적 취향)으로 곧 베이루트의 프랑스와 영국 장군들을 유혹하고 서로 싸우게 만들었으며 영향력 있는 인물이 되어 양쪽 모두로부터 대가를 받았다.

처칠의 특사, 루이스 스피어스Louis Spears 장군은 아스마한에게 완전히 매료된 나머지 "과거에도 그리고 앞으로도 그녀는 내가 본 가장 아름다운 여인일 것이다. 그녀의 눈은 바다처럼 파랗고 한없이 넓어서 그곳을 건너머 천국으로 간다. 그녀는 기관총처럼 빠르고 정확하게 영국 장교들을 넘어트렸다. 당연히 그녀는 상당한 돈을 필요로 했다"고 말했다. 그녀의 연인이 된다 해도 그녀의 침실을 혼자 차지하는 것은 불가능했다. 침대 아래와 침대 위에는 각기 한 명씩의 장군들이 있었고 스피어스는 샹들리에에 매달려 대롱거렸다.

아스마한은 연합국이 아랍을 즉각 독립시켜주겠다는 약속을 배신한 것에 분노해 영국인 애인에게서 군사기밀을 훔쳐 독일군에 전달하려고 했다. 터키 국경에서 제지당했을 때 그녀는 자신을 체포한 장교를 깨물었다. 자유 프랑스가 그녀에게 주던 돈을 끊자 그녀는 예루살렘으로 이동했다. 아직 스물네 살밖에 안됐던 그녀는 킹 다윗 호텔의 '로비의 여왕'이 되었고 밤새 위스키, 샴페인, 칵테일을 마시며 팔레스타인의 권력자들과 그보다 더 많은 영국인 장교들(그리고 그들의 아내들), 그리고 알리 칸Ali Khan 왕자를 유혹했다. 한 프랑스인 친구는 "그녀는 어디까지나 여자였지Elle etait diabolique avec les hommes"라고 기억했다. 그녀의 성이 알트라시Altrash였기 때문에 영국 여자들은 그녀를 트라시 공주라고 불렀다.

그녀가 처음 영화에 나왔을 때 드루즈파의 동포들은 충격을 받은 나머지 스크린을 향해 총을 쏘아댔다. 그녀는 시대를 한참 앞서간 사람이었다. 그녀의 가장 큰 적은 그녀 자신이었는지도 모른다. 그녀는 이집트 왕실 집사장과 정사를 시작하는 한편, 이집트의 황태후 나즐리Nazli를 최고급 스위트룸에서 쫓아내려고 했다. 어느 이집트 댄서와 한 남자를 두고 벌인 경쟁은 서로의 드레스를 찢는 의식으로까지 이어졌다. 그녀는 시온주의를 유행의 기회로 여겼다. "그 비엔나의 가죽 상인들 덕분에 신께 감사하죠. 적어도 예루살렘에서 우아한 모피코트를 입을 수 있게 됐으니까요."

그녀는 예루살렘에서 1년여를 지내고 이집트의 어느 플레이보이와 세 번째 결혼을 한 후 1944년 이집트로 돌아가 영화 〈사랑과 복수Love and Vengeance〉에 출연했다. 그러나 영화를 다 찍기도 전에 의문의 자동차 충돌사고로 나일 강에 빠져 죽었다. MI6, 게슈타포, (그녀에게 거절당한) 파루크 왕, 혹은 그녀의 연적인 이집트의 유명 가수 움 쿨툼Umm Kulthum이 저지른 일이라는 소문이 있었다. 아스마한의 오빠 파리드Farid가 아랍 세계의 '프랭크 시나트라'였다면 그녀는 '마릴린 먼로'였다. 아스마한의 천사 같은 노래, 특히 그녀의 히트 송 '비엔나의 신비한 밤들Magical Nights in Viennea'은 지금까지도 많은 사랑을 받고 있다.

거리는 미군 병사들과 호주 병사들로 가득했다. 예루살렘의 파샤, 에드워드 키스로치 총독의 주요 임무는 호주인들을 통제하는 것이었다. 호주인들은 도시 중심부에 있는 낡은 헨스만 호텔Hensmans Hotel의 마담 제이넵Zeinab이 운영하는 사창가에서 살았다. 그러나 성병의 확산을 억제하기 위한 의학적 검사는 완전히 실패했고 키스로치는 "제이넵과 그녀의 더러운 하수인들을 내 구역에서 쫓아냈다."

1942년 독일군들이 코카서스로 밀고 들어오는 한편, 아프리카의 여우 에르빈 롬멜Erwin Rommel은 이집트로 진군했다. 팔레스타인에서는 이슈프의 존재 자체가 위험에 처했다. 지중해 건너 그리스에서는 SS중령 발터 라우프Walter Rauff가 이끄는 SS아프리카 특공대가 아프리카와 팔레스타인의 유대인을 몰살시키는 임무를 부여받았다. 와시프 자우하리예는 "특히 독일군이 토부르크Toburk에 도착했을 때 유대인들의 얼굴에는 우울, 슬픔, 두려움이 떠올랐다"고 기록했다. "유대인들은 울며 도망칠 준비를 시작했다"고 와시프는 기억했다. 자신의 주치의가 유대인이었으므로 와시프는 나치가 올 때를 대비해 그와 그의 가족에게 은신처를 제공했다. 그러나 그 의사는 스스로 준비를 하고 있었다. 그는 와시프에게 자신과 아내를 위한 독극물을 채운 주사기 두 개를 보여주었다.

    1942년 10월, 몽고메리 장군은 엘 알라마인El Alamain에서 독일군을 격파했다. 그것은 기적이었고 바이츠만은 그것을 센나케리브의 기적적인 예루살렘 철수에 비교했다. 그러나 11월, 홀로코스트의 끔찍한 소식들이 처음으로 예루살렘까지 들려왔다. 〈팔레스타인 포스트Palestine Post〉는 "폴란드 유대인 대학살!"이라고 보도했다. 예루살렘의 유대인들은 3일간 애도했고 서쪽 벽의 예배에서 애도는 절정에 달했다.

    1933년, 백서에서 발표된 영국의 유대인 이민억제는 더 이상일 수 없을 정도로 최악의 타이밍이었다. 유럽의 유대인들이 나치 유럽에서 학살당하고 있는 동안 영국군은 절박한 난민들을 실어날랐다. 아랍의 반란, 히틀러의 최종해법, 그리고 백서는 많은 시온주의자들에게 폭력만이 영국으로 하여금 유대인 영토의 약속을 지키게 할 수 있는 유일한 방법이라고 확신하게 했다.

    유대인단체는 2,000명의 특수군으로 구성된 최대 규모의 민병대 하가나, 팔마흐, 그리고 영국군에서 훈련받은 2만 5,000명의 의용군을 통솔했다. 벤구리온은 이제 경쟁자가 없는 시온주의자 리더가 되었다. 아모스 오즈의 말을 빌리면 그는 대머리 주위로 "은빛 머리칼이 난 예언자적 풍모의 땅딸막한 남자"였으며 "숱 많은 눈썹, 크고 펑퍼짐한 코, 고대의 선원들을 연상시키는 돌출된 턱" 그리고 이상주의자 농부의 레이저 광선 같은 의지력을 가진 사람이었다.

50장
더러운 전쟁
1945~1947년

검은 안식일

"나는 싸운다. 고로 나는 존재한다." 메나헴 베긴Menachem Begin은 데카르트의 명제를 인용해 말했다. 그는 브레스트 리토프스크Brest-Litovsk 출신으로, 유대인촌에서 태어났으며 폴란드에서 야보친스키의 베타운동에 합류했다. 그러나 베긴은 자신의 영웅 야보친스키와 충돌했다. 그는 야보친스키의 섬세한 계획들을 거부하고 군사적 시온주의라는 강경한 독자적 이념을 만들었다. 그것은 "우리 조상들의 땅을 차지한 사람들에 대항한 해방의 전쟁"이었으며 마르크스주의 정치학을 정서적 종교와 결합시킨 것이었다. 나치와 소련이 제2차 세계대전 초입에 폴란드를 분할한 후 베긴은 스탈린의 NKVD(내무인민위원회)에 체포되었고 영국 스파이로 몰려 굴라크Gulag(강제노동 수용소)에 수감되었다. 그는 "이런 영국 스파이가 어디 있는가?"라고 농담을 던졌다. "그는 얼마 후 머리 위에 영국 경찰이 주는 가장 큰 보상을 받았다."

1941년 소련과 폴란드 지도자 시코르스키Sikorski와의 협상 후 석방된 그는 폴란드군에 들어갔고 폴란드군을 통해 페르시아를 거쳐 팔레스타인까지 갔다. 스탈린의 가혹한 제도와 히틀러의 도살장(그곳에서 그의 부모와 형제가 죽었다)에서 성장한 그는 바이츠만이나 벤구리온보다 더욱 엄격한 성장배경을 갖고 있었다. 그는 "히브리혁명을 상징하는 것은 마사다가 아니라 모딘Modin(마카베오 가문이 반란을 시작한 곳)"이라고 말했다. 야보친스키는 1940년 심장마비로 죽었고 1944년 베긴이 600명의 전사를 거느린 이르건 사령관으로 임명되었다. 시온주의자 원로들은 베긴을 무지렁이 혹은 시골뜨기로 여겼다. 테 없는 안경을 쓰고 "손을 약간 떨며 가느다란 머리칼과 젖은 입술"*을 가진 그는 혁명의 주도자라기보다는 폴란드 시골학교의 교장선생님처럼 보였다. 그럼에도 그에게는 "매복한 사냥꾼의 인내심"이 있었다.

　　이르건이 나치에 대항해 연합군으로 참전하기는 했지만 아브라함 스턴Abraham Stern이 이끄는 일부 극단주의자들은 이르건에서 떨어져나갔다. 스턴은 1942년 영국에 의해 살해당했다. 그러나 스턴의 레히Lehi, 즉 스턴 갱이라는 별명으로 불린 '이스라엘의 자유를 위한 전사들Fighters for the Freedom of Israel'은 영국에 대항한 독자적인 반란을 시작했다. 연합군의 승리가 가까워 오자 베긴은 예루살렘에 대한 영국의 의중을 시험하기 시작했다. 회개의 날에 서쪽 벽에서 쇼파르, 즉 양의 뿔로 만든 나팔을 부는 것은 1929년 이후 금지돼 있었다. 그러나 야보친스키는 해마다 그 규정을 바꾸고자 시도했다. 1943년 10월, 베긴은 쇼파르를 불 것을 명령했다. 영국 경찰은 즉각 기도하는 유대인들을 공격했지만 1944년 마침내 영국이 물러섰다. 베긴은 그것을 영국이 약화되었다는 신호로 받아들였다.

---

* 이러한 묘사는 작가 아서 쾨슬러의 것이다. 그는 1928년 혁명주의 시온주의자로서 예루살렘에 왔다가 곧 떠난 적이 있었다. 1948년, 쾨슬러는 독립전쟁을 취재하기 위해 예루살렘에 다시 왔으며 베긴과 벤구리온을 인터뷰했다.

그 폭력의 기획자는 영국에 대항한 전쟁을 선언했고, 1944년 9월 이르건은 예루살렘의 영국 경찰서들을 공격했다. 이어 예루살렘 시내를 걷고 있던 CID장교를 암살했다. 베긴은 서른 살밖에 안 되었지만 올드 맨Old Man이라는 별명(벤구리온이 즐겼던 것과 똑같은 별명)으로 불렸으며 지하로 들어가 끊임없이 주소를 옮기고 수염 난 탈무드 학자로 변장하기도 했다. 영국은 사살과 생포를 막론하고, 그의 머리에 현상금 1만 파운드를 걸었다.

유대인단체는 테러리즘을 비난했지만 연합군이 독일에 점령당한 유럽에 디데이D-Day 공격을 시작하자* 레히는 예루살렘 거리에서 두 번이나 고등고문관 헤럴드 맥미카엘Herold MacMichael의 암살을 시도했다. 그해 11월 카이로에서 레히는 이집트 변리공사이자 처칠의 친구인 월터 기네스Walter Guinness, 즉 모이네 경을 살해했다. 그는 서투르게도 연합국이 시온 대신 동프러시아에 유대인 국가를 만들어주겠다고 벤구리온에게 제안했다. 처칠은 극단주의 시온주의자들을 '사악한 범죄단'이라고 불렀다. 벤구리온은 살인자들을 비난했고 1944~1945년에 영국이 유대인 '반체제' 민병대들을 사냥하도록 도왔다. 그리고 300여 명의 반란군이 체포되었다. 시온주의자들은 그것을 'la saision', 즉 사냥철이라 불렀다.

1945년 5월 8일 유럽 승전의 날, 새로운 고등고문관인 육군 원수 고트Gort 자작은 킹 다윗 호텔 밖에서 영접을 받고 유대인과 아랍인 정치범들을 사면했다. 한편 예루살렘 시민들은 잔치를 벌였다. 그러나 그다음 날

---

* 그해 여름 처칠은 스탈린에게 편지를 보내 예루살렘에서 연합국회의를 열 것을 제안했다. "예루살렘에는 최고급 호텔과 정부청사 등이 있습니다. 스탈린 장군께서는 모스크바부터 예루살렘까지 모든 형태의 경호를 받으며 특별기차를 통해 오실 수 있을 것입니다." 그리고 처칠은 "모스크바 트빌리시 베이루트 하이파 예루살렘"까지 이르는 스탈린의 이동경로 봉쇄를 도왔다. 그러나 회담은 (루스벨트 대통령과 함께) 얄타에서 열렸다.

파벌 정치의 현실은 다시 고개를 들었다. 유대인들과 아랍인들 양쪽 모두 시위를 벌였다. 양쪽 모두 이미 도시의 시장 자리를 보이콧하고 있었다.

영국에서는 처칠이 총선에서 패배했다. 새로운 수상, 클레멘트 아틀리Clement Attlee는 노동당 선거운동에서 윌리엄 블레이크의 애국가를 이용해 캠페인 음악을 만들었고, 국민들에게는 '새로운 예루살렘'을 약속했다. 그러나 그는 기존에 있는 예루살렘을 관리하기에도 벅찬 것으로 드러났다. 영국은 다가올 싸움을 걱정하며 마음을 단단히 먹었다.

예루살렘은 맥미카엘이 주장한 것처럼 유대인 10만 명, 무슬림 3만 4,000명, 그리스도인 3만 명으로 구성된 영국령 예루살렘 주가 되어야 하는가 아니면 고트가 제안한 것처럼 영국이 다스리되 성지별로 분할해야 할 것인가? 어느 쪽이든, 영국은 유대인들의 팔레스타인 이민을 중단시킬 작정이었다. 그러나 이민자들 가운데 다수는 히틀러의 수용소에서 살아남은 사람들이었다. 이제 유럽 전역의 끔찍한 난민수용소에 갇혀 절박한 상황에 처한 유대인 피난민들은 영국군에게서 희롱과 박대를 당했다. 집단이동은 영국에 의해 저지되었다. 영국군은 대다수가 죽음의 수용소 생존자들인 난민들을 구타했고 그 후에는 믿을 수 없을 정도로 무감각하게도, 그들을 독일의 수용소로 돌려보냈다. 심지어 온건한 유대인단체조차도 그것을 도덕적으로 혐오스러운 일이라고 보았다.

따라서 벤구리온, 베긴, 그리고 레히는 합동저항군United Resistance Command을 결성해 유대인 이민자들을 밀송해오고 대영 투쟁에 협력한다는 데 합의했으며 팔레스타인 전역의 기차, 활주로, 군사기지, 경찰서를 공격했다. 그러나 셋 가운데 작은 파벌 두 개는 보다 온건한 하가나에게 입에 발린 말만을 제공했을 뿐이었다. 러시아 구역의 웅장한 호스텔들은 이제 경찰서로 바뀌어 있었다. 그것들은 이르건이 가장 좋아하는 표적들이었다. 12월 27일, 이르건은 과거 니콜라이 시대 순례자들의 숙소였던 CID 경찰 본부를 파괴했다. 베긴은 버스를 타고 텔아비브에서 예루살렘까지 가면서 자신이 벌여놓은 일들을 바라보았다. 1946년 1월, 이르건은 러시아 구역 내의 감옥을 공격했는데 그 감옥은 한때 여성 순례자들이 묵던 마리안스카야 호스텔Marianskaya Hostel이었다.

그러한 공격들에 당황한 영국은 자신들의 딜레마에 미국을 끌어들였다. 미국의 유대인 사회는 날로 친시온주의자 측으로 기울었지만 프랭클린 루스벨트Franklin D. Roosevelt는 결코 유대인 국가를 공개적으로 지지하지 않았다. 얄타Yalta에서 루스벨트와 스탈린은 홀로코스트를 놓고 토론을 벌였다. 루스벨트는 "나는 시온주의자입니다"라고 말했다. 스탈린은 "나도 마찬가지입니다"라고 대답했다. 스탈린은 자신이 "비로비잔Birobidzhan에 유대인 자치지역을 만들고자 노력했지만 유대인들이 2, 3년 살고난 후 흩어져버렸다"라고 자랑하듯 말했다. 뼛속까지 반셈족주의자인 그는 유대인들을 "거간꾼이자 고리대업자이며 기생충"이라고 덧붙였다. 그러나 스탈린은 어떤 유대인 국가든 그것이 소련의 위성국가가 되기를 남몰래 바라고 있었다.

1945년 4월, 프랭클린 루스벨트가 죽었다. 후임 대통령 해리 트루먼Harry S. Trumann은 홀로코스트 생존자들을 팔레스타인에 정착시키기를 원했고 영국에 그들을 보내줄 것을 요구했다. 침례교인이며 전직 농부, 은행점원, 양복점 주인을 지낸 트루먼은 리 주의 그저 그런 상원의원 가운데 한 명이었고, 유대인에 대한 동정심과 역사의식을 갖고 있었다. 1945년, 파괴된 베를린을 돌아보았을 때 트루먼은 "카르타고, 바알베크, 예루살렘, 로마, 아틀란티스"를 생각했다. 트루먼의 참모 클라크 클리포드Clark Clifford에 따르면 과거 양복점 동업을 함께했던 에디 제이콥슨Eddie Jacobson과의 오랜 우정과 친시온주의자 보좌관들의 영향은 "트루먼 자신의 고대 역사서 탐독과 더불어 그를 유대인 자치지역의 지지자로 만들었다." 그러나 트루먼은 미국 국무장관의 반대에 부딪혔고 로비를 하는 시온주의자들에게 빈번하게 시달렸다. 그는 약자의 입장에 있던 유대인들이 약자를 괴롭히는 기득권자가 되어가는 징후들을 우려했다. 트루먼은 "그리스도께서 이 땅에 계시다면 유대인들을 보고 기뻐하지 않으실 겁니다. 도대체 어느 사람이 제가 운이 좋을 거라는 기대를 할 수 있을까요?"라고 쏘아붙였다. 그러나 그는 앵글로아메리칸위원회의 구성에 동의했다.

위원회는 킹 다윗 호텔에 머물렀다. 그곳에서 위원 가운데 한 명인 리처드 크로스만Richard Crossman 노동당 당수는 "사설탐정들, 시온주의자 요원들, 아랍 셰이크들, 특파원들이 사방에 앉아서 몰래 서로를 엿듣는 끔찍한 분위기"를 느꼈다. 밤이 되자 아랍 유력자들과 영국의 장군들은 케이티 안토니우스의 저택에 모였다. 케이티는 이제 혼자였다. 안토니우스 부부의 퇴폐적인 결혼생활은 아랍의 반란과 동시에 무너지기 시작했다. 전쟁 중 케이티는 병든 남편과 이혼했다. 남편은 그로부터 2주 만에 갑자기 죽었고 시온 산에 묻혔다. 묘비에는 "너희 아랍인들이여, 깨어 일어나라"라고 쓰였다. 그러나 케이티의 파티는 여전히 전설적이었다. "이브닝드레스, 시리아식 음식과 음료, 대리석 마루 위에서 춤추기"를 즐겼던 크로스만은 "아랍인들이 최고의 파티들을 열었다"라고 보고했다. 영국인들이 유대인들보다 아랍 상류층들을 더 좋아하는 이유를 쉽게 알 수 있다. 아랍인 지식인들은 유쾌하고, 교양 있고, 비극적이면서도 명랑한 프랑스식 문화를 갖고 있다. 그들에 비해 유대인들은 경직되고 부르주아적이며 중부 유럽인같아 보인다.

아틀리는 트루먼이 유대인 이민에 반대하는 자신의 정책을 지지

해주기를 바랐다. 그러나 앵글로아메리칸위원회는 영국이 10만 명의 난민들을 즉시 받아들여야 한다는, 불필요한 권고를 했다. 트루먼은 그들의 권고를 공개적으로 지지했다. 애틀리는 분노하며 미국의 개입을 거부했다. 유대인단체는 홀로코스트 난민의 밀송을 단계적으로 늘려서 3년간 7만 명을 이송했다. 한편 팔마흐는 영국군을 괴롭히며 불꽃놀이, 다리의 밤Night of Bridges을 끝으로 막을 내렸다.

영국은 아랍인들을 탄압했었다. 이제 영국인들은 유대인들을 탄압했다. 1946년 6월, 육군원수이자 참모총장이 된 알라마인의 몽고메리 자작이 예루살렘으로 돌아왔고 "영국의 지배는 이름만 남았다. 내가 보기에 진짜 지배자는 유대인들인 것 같다. 그들의 암묵적 구호는 이것이다. '감히 우리를 건드리다니.'" 그러나 몽고메리는 감히 유대인들을 건드렸고 지원군을 늘렸다.

6월 29일 토요일, 이블린 '버블스' 바커Evelyn 'Bubbles' Barker 장군은 아가타Agatha 작전, 즉 시온주의자 조직에 대한 공격을 시작했다. 바커는 3,000명의 유대인들을 체포했다. 그러나 벤구리온을 체포하는 데는 실패했다. 벤구리온은 파리에 나타났다. 바커는 예루살렘에 세 곳의 '안전지대'를 세우고 러시아 구역을 요새로 바꾸었다. 유대인들은 그곳을 영국 외무장관 어니스트 베빈Ernest Bevin의 이름을 따 베빈그라드라는 별칭으로 불렀다. 유대인들은 아가타 작전을 '검은 안식일'이라고 불렀다. 그리고 바커는 일시에 영국의 압제에 대한 증오스러운 상징이 되었다. 바커는 케이티 안토니우스 파티의 단골손님이었다. 이제 케이티는 바커의 정부가 되었다. 바커의 연애편지는 열정적이고 연속적이면서도 증오에 가득한 것이었으며 영국의 군사비밀들과 유대인들에 대한 다소 과장된 불평들이 나타나 있다. "왜 우리는 그들을 미워한다고 말하기를 두려워해야 하는가?"

레히는 유모차의 아기로 위장한 폭탄을 사용해 바커를 암살하려고 했다. 이르건의 메나헴 베긴은 레히의 도움을 받아 전 세계에 경종을 울리기 위해 바커의 검은 안식일에 대한 복수를 계획했다. 벤구리온과 유대인단체가 반대했지만 하가나는 그 계획을 승인했다.

킹 다윗 호텔은 위임통치 예루살렘의 세속 성전이었으며 호텔의 한쪽 부속 건물은 영국의 관청과 정보요원들에게 징발되었다. 1946년 6월 22일, 누비아식 옷을 입고 아랍인들과 호텔 급사로 위장한 이르건은 지하에 500파운드의 폭탄을 채운 우유통들을 밀어넣었다.23)

유혈사태 끝의 투표

이르건은 킹 다윗 호텔, 팔레스타인 포스트, 그리고 프랑스 영사관에 익명의 전화를 걸어 즉각 공격하겠다고 경고한 뒤 킹 다윗 호텔을 소개시키라고 말했다. 그러나 전화는 무시되었다. 게다가 너무 늦었다. 그 경고들이 빗나간 것이 우연인지 의도된 것인지는 분명치 않다. 베긴은 근처에서 기다렸다. "1분이 하루 같았다. 12시 31분, 32분. 공격 개시 시간이 가까워 왔다. 12시 37분. 갑자기 도시 전체가 흔들리는 것 같았다!"

폭탄이 킹 다윗 호텔의 부속건물 전체를 날려버렸고 영국인, 유대인, 아랍인 91명이 죽었다. 죽은 사람 중에는 5명의 MI5 요원들도 있었지만 첩보부의 '런던 여성들'은 살아남아 비틀거리며 폐허 속에서 걸어나왔다. 머리에 하얀 먼지를 뒤집어 쓴 그녀들은 "분노한 신처럼" 보였다. 벤구리온은 폭발을 비난했다. 그는 베긴을 유대인 사회에 대한 위협으로 간주했으며 유대인단체는 합동저항군에서 탈퇴했다.

킹 다윗 호텔의 폭발은 영국의 반격을 강화시켰지만 한편으로 런던의 위임통치 철수를 앞당기는 데는 성공했다. 예루살렘에서 유대인들과 아랍인들의 교류는 중단되었다. 아모스 오즈는 "갑자기 보이지 않는 근육 하나가 풀려버린 것 같았다. 모두가 전쟁을 예언했다. 장막이 예루살렘을 가르기 시작했다." 유대인들은 곧 학살이 자행될 것이라는 소문이 떠돌아 공포에 떨었다. 영국 민간인들은 예루살렘에서 소개되었다.

10월, 이르건은 로마 주재 영국 대사관에 폭탄을 터트렸다. 11월, 몽고메리는 예루살렘으로 돌아왔다. 나세레딘 나샤시비는 "나는 케이티 안토니우스의 파티에서 몬티를 보았다"고 기억했다. 몽고메리는 이르건의 폭력에 대한 엄중한 대응을 계획했다. 새로운 경찰서장 니콜 그레이Nicole Gray 대령은 폭력배, 전직 경찰, 전직 특수군을 고용해 새로운 반란 진압용 특수부대에 합류시켰다. 로이 파란Roy Farran 소령은 전형적인 용병이었다. 그는 아일랜드의 SAS특수군 출신으로, 그의 기록은 충동적 폭력을 이용한 역사를 보여준다.

예루살렘에 들어온 후 파란은 러시아 구역으로 들어가 안내를 받고 킹 다윗 호텔에서 저녁을 먹었다. 파란과 특수부대는 자동차를 타고 예루살렘 주변을 돌아다니기 시작했는데 현장에서 곧바로 총을 쏘지는 않고 심문 대상이 될 만한 의심스러운 사람들을 찾아다녔다. 이 특수 부대원들은 비밀작전의 경험도 없었고 예루살렘의 언어나 예루살렘에 대한 지식도 없었다. 이 때문에 파란이 우스꽝스럽기까지 한 실패를 저지른 것도 놀라운 일이 아니었다. 그러던 중 파란의 특수부대는 1947년 5월 6일 레하비아Rehavia를 지나다가 비무장 상태의 한 학생을 발견했다. 그 학생은 레히의 포스터를 붙이고 있던 알렉산더 루보비츠Alexander Rubowitz였다. 파란은 소년을 납치했는데, 실랑이를 벌이던 중 'FARAN'이라는 불길한 글자가 새겨진 중절모를 떨어트렸다. 파란은 겁먹은 10대 소년을 이용해 레히의 더 큰 거물들 낚아올릴 수 있기를 바랐다. 그는 루보비츠를 태우고 예루살렘 밖 예리코 도로로 내려가 산으로 들어갔다. 파란은 소년을 나무에 묶은 채 한 시간 동안 구타했다. 그 후에도 더욱 심한 구타가 이어졌고 돌로 루보비츠의 머리를 내리쳤다. 소년의 시신은 칼에 찔린 채 발가벗겨져 있었다. 아마도 자칼들의 먹이가 된 것 같다.

예루살렘의 유대인들이 눈에 불을 켜고 실종된 소년을 찾는 동안 파란 소령은 카타몬 경찰서 식당에서 상관에게 그 사실을 털어놓은 뒤 갑자기 사라졌고 예루살렘을 빠져나갔다. 그것은 최초의 은폐와 동시에 전 세계를 향한 최초의 외침이 있었다. 레히는 파란이 예루살렘으로 돌아와 앨런비 막사에서 자수할 때까지 영국인 병사들을 무차별적으로 살해했다. 1947년 10월 1일, 파란은 탈비에에서 군법회의에 회부되었으나 증거 불충분을 이유로 무죄를 선고받았다. 루보비츠의 시신은 끝내 발견되지 않았다. 파란은 장교 두 명과 함께 무장한 차를 타고 한밤중에 가자로 들어갔다. 레히는 그를 죽이기로 결심했다. 1948년 소포 하나가 도착했는데, 주소에는 'R. FARRAN'이라 쓰여 있었지만 그것을 열어본 사람은 형과 이니셜이 같은 파란의 동생이었다. 소포는 폭발했고 파란의 동생은 목숨을 잃었다.*

그 사건은 이슈프가 영국에 대해 가진 모든 증오를 확인시켜주었다. 당국이 테러리스트 공격에 대해 어느 이르건에게 사형을 선고하자 베

---

* 파란은 영국 보안군에게는 여전히 전쟁영웅이었다. 그는 1949년 보수당 소속으로서 의회에서 스코틀랜드 의석을 획득하는 데 실패했고 이후 캐나다로 이주했다. 그곳에서 그는 농장을 시작했고 앨버타의 주의원으로 선출되어 통신장관, 법무차관, 정치학 교수를 지냈다. 그는 2006년 여든여섯 살의 나이로 사망했다. 예루살렘 이스트 탈피오트 거리는 최근 루보비츠Rubowitz로 명명되었다.

긴은 예루살렘의 골드스미드 하우스에 있는 영국인 장교클럽에 폭탄을 던져 14명을 살해하고 아크레 교도소의 죄수들을 탈주시켰다. 부하들이 태형을 맞자 베긴은 영국군 병사들에게 태형을 가했다. 부하들이 테러로 인해 아크레에서 교수형에 처해지자 베긴은 두 명의 영국 병사를 무작위로 택해 '반히브리 활동'을 이유로 목을 매달았다.

이제 야당 당수가 된 처칠은 "팔레스타인을 아랍인들에게 혹은 신만이 아는 누군가에게 주기 위한, 유대인들과의 무지하고 더러운 전쟁"이라며 아틀리의 정치를 비난했다. 전쟁 중에도 처칠은 팔레스타인의 관료들 사이에서 "성지들에서 반셈족주의 및 기타 행위"에 대한 금지를 고려했었다. 이제 이르건과 레히의 폭력에 대한 분노가 더해지면서 전통적인 아랍주의와 반셈족주의는 영국을 유대인들의 적으로 확실히 돌려놓았다. 영국 탈영병들 그리고 때로는 현역병들까지도 아랍군을 도왔다.

새로운 고등고문관 앨런 커닝햄Alan Cunningham 장군은 개인적으로 시온주의를 "완전히 비정상적이고 이성적 치료에 반응하지 않는 유대인들의 심리가 동반된 민족주의"라고 묘사했다. 바커 장군은 영국 군인들이 유대인 식당에 들어가는 것을 전면금지시켰고 "유대인들이 그 어떤 것보다 싫어하는 일, 즉 그들의 주머니를 공격하는 방식으로 유대인들을 벌줄 것"이라고 설명했다. 바커는 수상에게서 질책을 받았지만 증오는 뼛속 깊은 것이었다. 케이티 안토니우스에게 보낸 연애편지에서 바커는 아랍인들이 "더 많은 유대인들을… 그 더러운 민족을… 죽였으면 좋겠소. 케이티, 그대를 너무 사랑하오"라고 썼다.

1947년 2월 14일, 유혈사태에 지친 아틀리는 내각을 향해 팔레스타인 철수를 약속했다. 4월 2일, 아틀리는 새로 구성된 유엔에 팔레스타인의 미래를 결정하기 위한 팔레스타인특별위원회UNSCOP를 설치할 것을 요구했다. 넉 달 후 팔레스타인특별위원회는 팔레스타인을 두 국가로 분할하고 예루살렘을 유엔의 신탁통치 아래 국제도시로 만들 것을 제안했다. 벤구리온은 실효성 없는 국경선에도 불구하고 그 제안을 받아들였다. 벤구리온은 예루살렘이 유대 민족의 심장이지만 예루살렘을 잃는 것을 "나라를 세우기 위한 대가"라고 느꼈다. 이라크, 사우디아라비아, 시리아의 지원을 받은 아랍최고위원회는 분할안을 거부했고 "통일되고 독립된 팔레스타인"을 요구했다. 11월 29일, 유엔은 그 제안을 투표에 붙였다. 한밤중에 예루살렘인들은 신경을 찌르는 침묵 속에서 라디오 주변에 모여 귀를 기울였다.24)

다시 시작된 전쟁

미국과 소련이 주도한 가운데 31개 국가가 결의안 181호Resolution 181에 찬성했고 13개 국가가 반대표를, 영국을 포함한 10개 국가가 기권했다. 아모스 오즈는 "눈을 크게 뜨고 입도 다물지 못하고 목이 타들어가는 가운데 충격의 몇 분이 지난 후 예루살렘 북쪽 구석의 외딴 길에서 기쁨의 외침보다는 놀람의 비명에 가까운 함성이 일시에 터져나왔다"고 말했다. 바위라도 흔들 수 있는 대격변의 함성이었다. 그 후 기쁨의 함성들이 터져 나왔고 "모두가 노래를 불렀다." 유대인들은 "영국 경찰들에게도 입을 맞추어 그들을 놀라게 하기도 했다."

아랍인들은 유엔이 팔레스타인을 분할할 권한을 갖는다는 것을 받아들이지 않았다. 120만 명의 팔레스타인인들은 여전히 팔레스타인 땅의 94퍼센트를 소유하고 있었다. 유대인은 60만 명이었다. 양측 모두 전쟁을 준비했다. 한편 유대와 아랍의 극단주의자들은 서로를 향한 야만적 행위의 숨가쁜 경주를 벌였다. 예루살렘은 "그 자체가 전쟁터였다."

아랍 군중들은 도시 중심가로 쏟아져나와 유대인들에게 린치를 가하고 교외지역들을 향해 총을 쏘고 상점들을 약탈하고 "유대인들을 죽여라!"라고 외쳤다. 오렌지 과수원과 저택들의 상속자이자 케임브리지에서 공부한 변호사 안와르 누세이베는 저택이 "먼지와 소음과 혼란" 속에 빠지는 것을 슬프게 지켜보았고 "양측의 교수들, 의사들, 상점 주인들 등 다른 상황에서라면 서로의 집에 손님이 되었을 사람들이 서로를 향해 총을 쏘았다."

12월 2일, 옛 도시에서 세 명의 유대인들이 총에 맞았고, 3일에는 아랍인 총잡이들이 몬티피오리 거리를 공격했다. 일주일 후 1,500명의 유대인들이 초조하게 기다리고 있던 유대인 거리 안으로 2만 2,000명의 아랍인들이 몰려들었다. 유대인들과 아랍인들은 혼합구역들에서 빠져나갔다. 12월 3일, 이르건은 다마스쿠스 문 밖의 버스정거장에 폭탄을 던져 다섯 명의 아랍인들을 죽이고 많은 사람들을 다치게 했다. 안와르 누세이베의 삼촌은 이르건의 공격에서 간신히 살아남았고 "찢어진 사지들이 성벽에 붙어 있는 것"을 보았다. 2주가 채 지나지 않아 74명의 유대인, 71명의 아랍인, 9명의 영국인이 죽었다.

12월 7일, 벤구리온이 고등고문관을 만나기 위해 텔아비브에서 내려왔을 때 고등고문관의 호위대가 도로에 매복했다. 하가나는 열일곱 살에서 스물일곱 살 사이의 모든 예비군을 소집했다. 아랍인들은 전쟁을 준비했다. 비정규군들은 이라크인, 레바논인, 시리아인, 보스니아인들로 구성된 다양한 민병대에서 싸우기 위해 지원했다. 일부는 초기 투쟁부터 싸워온 민족주의자 베테랑들이었고 일부는 지하드 근본주의자들이었다.

가장 큰 민병대는 약 5,000명의 병력을 자랑하는 아랍 해방군Arab Liberation Army이었다. 서류상으로 판단하면 일곱 개 아랍 국가 정규군대의 지원을 받는 아랍군이 압도적이었다. 이제는 팔레스타인을 떠난 바커 장군은 '군인으로서' 케이티 안토니우스에게 "유대인들은 멸종될 것"이라고 의기양양하게 예언했다.

    사실 1945년에 형성된 신생 아랍 독립국가들의 조직인 아랍연맹은 회원국들의 영토에 대한 야심과 왕조들 사이의 경쟁으로 인해 분열돼 있었다. 압둘라, 즉 새로 등극한 요르단의 하심 왕은 여전히 팔레스타인을 자신의 왕국에 넣고 싶어 했다. 다마스쿠스는 대시리아를 탐냈다. 이집트의 파루크 왕은 스스로 아랍 세계의 합법적 지도자로 자임했으며 요르단과 이라크 양쪽의 하심 왕조 모두를 미워했다. 요르단과 이라크의 하심 왕조 또한 자신들을 아라비아에서 쫓아낸 이븐 사우드 왕을 증오했다. 모든 아랍 지도자들이 무프티를 불신했고 이집트로 돌아간 무프티는 스스로 팔레스타인 국가의 수장이 될 결심을 한다.

    엄청난 부패, 배신, 무능이 만연한 가운데 예루살렘은 아랍의 전쟁영웅들을 공급했다. "음모와 실패의 더러운 판"에 역겨움을 느낀 안와르 누세이베는 칼리디 가문, 다자니 가문과 함께 헤롯 문 위원회Herod's Gate Committee를 결성하고 무기를 구입했다. 그들은 1941년 이라크에서 영국군과 싸웠고, 그 후 이라크에서 잠행하던 안와르의 사촌 압드 알 카디르 후세이니가 일명 예루살렘 전선의 사령관을 맡았다. 후세이니는 전형적인 아랍의 영웅으로 떠올랐으며 항상 케피예와 카키색 튜닉을 입고 가슴에 탄띠를 맸다. 그는 예루살렘 귀족으로서 혁명을 계승한 사람이었다. 예언자의 혈통으로 조부와 아버지가 시장이었고 대학에서 화학을 공부했고 아마추어 시인이었으며 신문 편집자이자 용기가 증명된 전사였다. 사촌 사이드 알 후세이니는 "어린 시절 나는 그가 우리 저택들 중 한 곳에 은신하기 위해 도착하는 것을 보았다. 나는 지금도 그의 카리스마와 우아함 그리고 어디서나 그를 따라다니던 긴박하면서도 영웅적인 흥분의 분위기를 기억한다. 그는 지위고하를 막론한 모든 사람들에게 존경을 받았다." 어머니가 후세이니 가문과 연관이 있음을 자랑스럽게 여기던 가자 출신의 10대 학생 야세르 아라파트Yasser Arafat는 압드 알 카디르 밑에서 일했다.

유대인 구역의 시온주의자 총잡이들은 성전산을 향해 총을 쏘았다. 아랍인들은 카타몬에서 유대인 민간인들을 향해 총을 쏘았다. 1월 5일, 하가나는 카타몬을 공격하고 세미라미스 호텔Semiramis Hotel을 파괴해 11명의 무고한 그리스도교 아랍인들을 죽였다. 그 사건은 아랍인들의 예루살렘 탈출을 가속화시켰다. 벤구리온은 그 사건에 책임이 있는 하가나 장교를 해임했다. 이틀 후 이르건은 유대인 구역의 식량보급을 거부하는 자파 문의 아랍 초소를 폭파시켰다. 2월 10일, 150명의 후세이니 민병대원들이 몬티피오리 구역을 공격했다. 하가나는 반격했지만 킹 다윗 호텔 근처에서 영국인 저격수들의 공격을 받았다. 영국인 저격수들은 젊은 유대인 전사 한 명을 죽였다. 영국의 지배는 아직도 네 달이나 더 남아 있었지만 예루살렘은 (비록 비대칭 전쟁일지라도) 이미 전면전 상태에 있었다. 앞에서 말한 6주 동안 1,060명의 아랍인들, 769명의 유대인들, 123명의 영국인들이 죽었다. 모든 잔혹행위는 두 배의 복수를 불러왔다.

시온주의자들은 예루살렘에서 공격받기 쉬운 위치에 있었다. 텔아비브에서 나오는 도로는 30마일(약 48킬로미터)의 아랍인 구역을 지나갔는데 무프티의 성전군 중에서 1,000명의 예루살렘 수비대를 지휘하던 압드 알 카디르 후세이니는 그곳을 계속해서 공격했다. 예루살렘 출신의 팔마흐 장교 이츠하크 라빈은 "아랍의 계획은 9만 명의 예루살렘 유대인들의 목을 졸라 복종시키는 것이었다"고 기억했다. 그리고 그 작전은 곧 효과를 보기 시작했다.

    2월 1일, 후세이니의 민병대는 두 명의 영국군 탈영병의 도움을 받아 〈팔레스타인 포스트〉 사무실을 폭파시켰다. 10일, 후세이니는 다시 몬티피오리 구역을 공격했지만 6시간에 걸친 총격전 끝에 하가나에 의해 밀려났다. 영국군은 몬티피오리를 방어하기 위해 자파 문 아래에 사령부를 세웠다. 2월 13일, 영국군은 하가나 전사 네 명을 체포하고 그들을 무장해제시킨 채 아랍 군중들에게 내주었고 아랍 군중들은 그들을 살해했다. 22일, 후세이니는 영국군 탈영병들을 보내 벤 예후다Ben Yehuda 거리에서 폭탄을 터트렸다. 그것은 52명의 유대인을 살해한 잔혹행위였다. 이르건은 10명의 영국군 병사들을 살해했다.

    누세이베는 예루살렘의 아랍인 구역들을 방어하려 애쓰는 것이 "마치 한 군데를 막으면 두 군데가 터지는 낡은 호스 같았다"고 기억했다. 하가나는 누세이베 가문의 오래된 성을 폭파시켰다. 전임 시장 후세인 칼리디는 "모두가 떠나고 있다. 나는 더 이상 버틸 수가 없다. 예루살렘을 빼앗겼다. 카타몬에는 아무도 남아 있지 않다. 셰이크 자라는 텅 비었다. 수표 한 장 혹은 잔돈푼이라도 갖고 있는 사람은 누구든 이집트로, 런던으로, 다마스쿠스로 떠났다." 곧 아랍 교외지역들에서 피난민들이 쏟아져 나왔다. 케이티 안토니우스는 이집트를 향해 떠났다. 케이티의 저택은 하가나에 의해 날아갔지만 그 직전에 바커 장군이 보낸 연애편지들이 발견되었다. 압드 알 카디르 후세이니는 유대인들의 서쪽 예루살렘을 해변에서 차단시키는 데 성공했다.

    아이러니하게도 유대인들 역시 아랍인들과 마찬가지로 예루살렘을 빼앗기고 있다고 느꼈다. 1948년 초, 옛 도시의 유대인 구역이 포위되었고 비전투원 출신인 초정통파 유대인들의 수로는 방어하기가 점점 더 어려워졌다. "그래, 예루살렘은 어떤가?" 3월 28일, 벤구리온은 텔아비브의 본부에서 장군들에게 물었다. "결정적 전투입니다. 예루살렘 함락은 이 슈프에게 치명타가 될 수 있습니다." 장군들은 겨우 500명의 병사를 살릴 수 있을 뿐이었다. 유대인들은 유엔 투표 이후 방어적 입장에 있었지만 이제 벤구리온은 예루살렘으로 들어가는 도로를 확보하기 위해 낙손Nachshon 작전을 명령했다. 그것은 보다 광범위한 공격작전, '플랜 D Plan D'의 시작이었으며 유엔이 배정한 유대인 구역뿐 아니라 서쪽 예루살렘까지 확보하기 위한 것이었다. 역사가 베니 모리스Benny Morris는 "그 계획은 남아 있는 아랍 마을들의 파괴와 거주민들의 축출을 명시적으로 명령했다"고 말했지만 문서의 어디에서도 팔레스타인에서 '아랍 거주민들'을 축출하려는 정책 또는 희망사항은 나타나 있지 않다. 아랍인들은 어떤 곳에서는 살던 집에 그대로 머물러 있었지만 어떤 곳에서는 쫓겨났다.

카스텔Kastel 마을은 해변에서 예루살렘까지 이어지는 도로를 장악했다. 4월 2일 밤, 하가나는 요새를 장악했지만 후세이니는 요새를 탈환하기 위해 이라크 비정규군들을 포함한 민병대를 모았다. 그러나 후세이니와 누세이베는 지원군이 필요했다. 두 사람은 다마스쿠스로 달려가 포병부대를 보내줄 것을 요청했지만 아랍연맹의 군벌들의 무능함과 음모에 분노하는 결과만 낳았다. 이라크 사령관은 "카스텔은 함락되었소. 그것을 다시 찾는 것은 당신의 임무요, 압드 알 카디르."

"우리가 요구한 무기를 주시오. 그러면 되찾을 수 있소." 후세이니는 분노하며 대답했다.

장군은 "이건 뭐요, 압드 알 카디르? 대포가 아니란 말이오?"라고 말하고는 아무것도 주지 않았다.

후세이니는 폭발했다. "배신자들! 역사는 당신들이 팔레스타인을 잃었다고 기록할 것이오. 나는 카스텔을 되찾을 것이고 그렇지 못하면 나의 무자헤딘과 함께 죽을 것이오!" 그날 밤 그는 일곱 살 아들 파이잘에게 시 한 편을 써주었다. 파이잘은 10여 년 후 야세르 아라파트의 팔레스타인에서 예루살렘 담당 '장관'이 된다.

용사들의 이 땅은 우리 조상들의 땅.
유대인들은 이 땅에 대한 권리가 없다.
적들이 이 땅을 지배하고 있는 동안 내가 어떻게 잠을 잘 수 있는가?
내 심장에서 무언가가 타오른다. 내 고향이 손짓한다.

후세이니는 다음 날 아침 예루살렘에 도착해 전사들을 모았다.

누군가는 떠나고 누군가는 남겨졌다

4월 7일, 압드 알 카디르는 300명의 전사들과 3명의 영국군 탈영병을 이끌고 카스텔로 올라갔다. 그날 밤 11시 정각, 카스텔 마을을 공격했지만 저지당했다. 다음 날 새벽, 후세이니는 부상당한 장교와 자리를 바꾸어 돌격했지만 안개 속에 접근하던 중 그들을 새로운 유대인 지원군으로 착각한 하가나 보초병이 아랍어 사투리로 "여기 위쪽으로!"라고 소리쳤다.

후세이니는 영어로 "안녕"이라고 응수했다. 유대인들은 아랍어는 자주 썼지만 영어는 절대로 쓰지 않았다. 하가나 보초병은 위험을 감지하고 후세이니를 향해 총알 세례를 퍼부었다. 동료들은 "물, 물"이라고 신음하는 그를 혼자 남겨두고 도망쳤다. 한 유대인 의사가 후세이니를 살펴봤지만 그는 숨을 거두었다. 황금 시계와 상아 손잡이가 달린 권총은 그가 우두머리였음을 말해주었다. 하지만 그는 대체 누구란 말인가?

지친 하가나 방어군들은 무전기를 통해 실종된 사령관의 시체를 되찾으려는 분노한 아랍인들의 대화를 엿들었다. 그의 형제 칼레드^{Khaled}가 사령관을 맡았다. 소식이 퍼져나가자 아랍 민병대원들은 버스, 당나귀, 트럭을 타고 몰려들었고, 카스텔을 탈환했으며, 팔마흐 병사들은 그 자리에서 목숨을 잃었다. 아랍인들은 50여 명의 포로들을 죽이고 그들의 시체를 훼손했다. 아랍인들은 예루살렘의 열쇠와 후세이니의 시신을 되찾았다.

"오, 슬픈 날이여! 그의 순교는 모두를 우울하게 했다"라고 와시프 자우하리예는 기록했다. "애국의 전사이며 아랍의 고결한 자여!" 4월 9일 금요일, 와시프는 "집 안에 앉아 있는 사람은 아무도 없었다. 모두가 행진하며 걸었다. 나는 장례식에 갔다"고 적었다. 3만 명의 조문객들(라이플총을 흔드는 아랍 전사들, 요르단에서 온 아랍 부대원들, 농민들, 유력 가문들)이 장례식에 참여했고 죽은 후세이니는 성전산의 부친 옆에 묻혔는데, 그곳은 예루살렘의 아랍식 판테온에 있는 후세인 왕과 가까운 곳이었다. 11발의 예포가 울렸다. 총잡이들은 하늘을 향해 총을 쏘았다. 어떤 목격자는 카스텔 공격 때 죽은 사람보다 더 많은 조문객들이 죽었다고 주장했다. "그것은 마치 전쟁이 아직도 진행 중이라는 소리로 들렸다. 교회의 종들과 복수를 외치는 목소리들이 울렸다. 모두가 시온주의자의 공격을 두려워했다"고 안와르 누세이베는 기억했다. 그는 "실의에 빠져 있었다." 그러나 아랍 전사들은 후세이니의 장례식에 열중한 나머지 카스텔에 수비대를 단 한 명도 남겨놓지 않았다. 팔마흐는 카스텔 요새를 파괴했다.

후세이니의 장례를 지내는 동안 이르건과 레히 120여 명이 예루살렘 바로 서쪽의 데이르 야신Deir Yassin이라는 아랍 마을을 공격했다. 이르건과 레히는 그곳에서 전쟁 중 가장 수치스러운 잔혹행위를 저질렀다. 그들은 여자, 어린이, 포로를 해치지 말라는 구체적인 명령을 받았다. 마을로 들어가면서 그들은 맹렬한 공격을 받았다. 네 명의 유대인 병사가 죽고 수십 명이 부상당했다. 일단 데이르 야신에 들어가자 유대인 병사들은 집집마다 수류탄을 던져넣고 남자, 여자, 아이들을 살해했다. 희생자의 수는 여전히 논란이 있지만 전 가족이 살해된 경우를 포함하여 100명에서 254명이 살해되었다. 생존자들은 트럭에 태워져 예루살렘을 행진한 후에야 하가나에 의해 석방되었다. 이르건과 레히는 당연히 이런 대량학살이 많은 아랍 민간인들을 공포에 떨게 하고 전쟁을 자극할 것임을 알고 있었다. 이르건의 사령관 베긴은 잔혹행위가 벌어졌다는 사실을 부인하면서 단결을 강조하는 데 골몰했다. "(데이르 야신의) 전설은 이스라엘 군사 10여 명으로 이루어진 소대 절반의 가치도 없었다. 공포가 아랍인들을 뒤덮었다"고 말했다. 벤구리온은 압둘라 왕에게 사과했지만 압둘라 왕은 사과를 받아들이지 않았다.

아랍의 복수는 신속했다. 4월 14일, 구급차와 식량을 실은 트럭 행렬이 스코푸스 산의 하다사 병원을 출발했다. 버사 스패포드는 "나팔 소총과 옛날식 화승총부터 현대식 스텐 기관총과 브렌 기관총까지 갖가지 무기들로 무장한 150여 명의 반군들이 아메리칸 콜로니의 마당에 있는 선인장 뒤에 몸을 숨겼다. 그들의 얼굴은 미움과 복수의 열망으로 일그러져 있었다"고 말했다. "나는 밖으로 나가 그들과 대면했다. 나는 그들에게 말했다. '아메리칸 콜로니의 쉼터에서 총을 쏘는 것은 모스크에서 총을 쏘는 것과 같습니다.'" 그러나 그들은 60여 년 동안 박애를 실천해온 스패포드의 호소를 무시했고 비키지 않으면 죽이겠다고 위협했다. 의사와 간호사들이 다수 포함된 77명의 유대인들이 살해되었고 20여 명이 부상당한 후에 영국군이 개입했다. 아랍최고위원회는 "영국군의 개입이 없었다면 단 한 명의 유대인 승객도 살아남지 못했을 것"이라고 호언했다. 총잡이들은 시신들을 훼손하고 섬뜩한 자세로 시체들 옆에서 서로 사진을 찍었다. 사진은 대량으로 인화되어 예루살렘에서 우편엽서로 팔렸다.

데이르 야신은 전쟁의 분수령을 이룬 사건 가운데 하나였다. 그것은 유대인들의 잔혹행위를 증폭시켜 보도하는 아랍 언론의 오싹한 선전전의 중심 도구가 되었다. 그러한 선전전은 저항을 강화하기 위한 것이었지만 오히려 이미 전쟁에 돌입한 팔레스타인에서 불안으로 인한 정신병을 촉진시킬 뿐이었다. 데이르 야신 사건이 있기 전인 3월까지 7만 5,000명의 아랍인들이 고향을 버렸다. 두 달 후 39만 명이 떠났다. 아내와 아이들과 함께 예루살렘 서쪽 킹 다윗 호텔 근처에 살고 있었던 와시프 자우하리예가 아마도 그 당시 전형이었을 것이다. 와시프는 고유하고도 희귀한 기록인 일기에 자신의 생각과 행동들을 기록했다.

와시프는 4월 중순의 그러한 사건들이 있은 후 "나는 정신적으로나 육체적으로나 아주 좋지 않게 우울하다"고 말했다. 너무 힘든 나머지 그는 영국 관청의 자리를 포기하고, "집에 머물며 어떻게 할지를 판단하려 했다." 마침내 와시프는 "고향을 떠나기로 결심하게 만든 이유들"을 기록한다. 우선 "우리 집이 위험한 위치에 있기 때문"이었다. 자우하리예는 자파 문에서 아랍인들의 공격을, 몬티피오리 구역에서는 유대인들의 공격을, 베빈그라드 안전지대에서는 영국인들의 공격을 받았다. "밤낮으로 총격이 그칠 날이 없어서 집에까지 가는 것조차 힘들었다. 아랍인들과 유대인들 사이의 전쟁과 건물 폭파가 우리 주위에서 밤낮으로 계속되었다." 영국은 몬티피오리 구역을 공격하고 모지스 몬티피오리의 풍차 방앗간 꼭대기에 대포를 쏘았지만 실패했다.

와시프는 몬티피오리 구역의 유대인 저격수들이 "거리를 걷는 사람들 아무에게나 총을 쏘아대는 가운데 우리가 살아남은 것은 기적이었다." 와시프는 도자기 소장품들과 일기들, 그리고 사랑하는 우드를 어떻게 간수할지를 고민했다. 와시프의 건강 역시 악화되고 있었다. "내 몸은 너무 약해져서 압박을 견딜 수가 없었고 의사는 내게 이곳을 떠나라고 말했다." 가족회의가 열렸다. "영국의 위임통치가 끝나면 어떻게 될까? 우리는 아랍인들의 지배를 받게 될까, 아니면 유대인들의 지배를 받게 될까?" 와시프의 이웃, 프랑스 총영사는 와시프의 집과 소장품들을 보호해주겠다고 약속했다. 와시프는 "다시 돌아오지 못하는 한이 있어도 우리 자신과 아이들을 구하기 위해" 짐을 싸야 한다고 느꼈다. "우리는 2주 이상 집을 비우지는 않게 될 것이라고 생각했다. 우리는 아랍 7개국의 군대들이 점령이 아닌 해방을 위해서 곧 팔레스타인으로 들어올 것이고 팔레스타인을 팔레스타인 주민들에게 돌려줄 것이고, 우리가 바로 그들이라는 것을 알고 있었기 때문이었다." 와시프는 위임통치 종료를 며칠 앞두고 예루살렘을 떠났고 다시는 돌아오지 못했다.

와시프의 이야기는 팔레스타인인들의 이야기다. 팔레스타인인 가운데 일부는 강제로 쫓겨났고 일부는 다시 돌아올 희망을 품은 채 전쟁을 피해 떠났다. 그리고 약 절반가량의 주민들은 집에 그대로 안전하게 남아 이스라엘계 아랍인$^{Israeli\ Arabs}$, 즉 시온주의자 민주주의 체제하의 비유대인 시민이 되었다. 그러나 총 60만~75만 명의 팔레스타인인들이 고향을 떠났고 고향을 빼앗겼다. 그들의 비극은 나크바^{Nakhba}, 즉 재앙이었다.

벤구리온은 이제 굶주림에 빠진 예루살렘에 식량을 공급할 방법을 찾기 위해 예루살렘긴급위원회 위원장 버나드 조셉Bernard Joseph을 텔아비브로 불렀다. 4월 15일, 수송단이 도착했고 도시에 식량이 배급되었다. 20일, 벤구리온은 예루살렘을 방문해 군대와 함께 유월절을 기념했다. 팔마흐의 하렐 수비대 장교 라빈은 인기를 노린 벤구리온의 행동에 항의했다. 수송단이 무장버스에 탄 벤구리온과 함께 출발한 직후 아랍인들이 공격을 가해 왔했다. 라빈은 "나는 심지어 영국군에게서 훔쳐 숨겨두었던 두 대의 차를 꺼내 작전에 투입하도록 명령했다"고 말했다. 스무 명이 죽었다(그러나 식량과 벤구리온을 실은 차량은 예루살렘의 유대인들이 있는 곳에 도착했다). 라빈은 암울한 유머와 날카로운 관찰력으로 그 유대인들을 20퍼센트는 일반인, 20퍼센트는 특권층(대학 등), 60퍼센트는 기묘한 사람들(시골, 구식 등)이라고 묘사했다. 60퍼센트의 기묘한 사람들이란 하시딤을 일컬은 것이었다.

  영국의 지배는 이제 마지막 날을 맞았다. 4월 28일, 라빈은 예루살렘 유력 가문들의 본거지인 아랍인 교외지역 셰이크 자라를 점령했지만 영국은 그곳을 포기하도록 라빈에게 요구했다. 영국인들이 떠난 후 유대인들은 예루살렘의 서쪽을, 아랍은 옛 도시와 동쪽을 차지했다. 5월 14일 금요일 오전 8시, 마지막 고등 고문관 커닝햄은 제복을 갖춰 입고 총독 청사 밖으로 나왔고 경비대를 둘러보고 무장한 다임러Daimler 자동차에 올라 킹 다윗 호텔에서 군대를 사열했다.

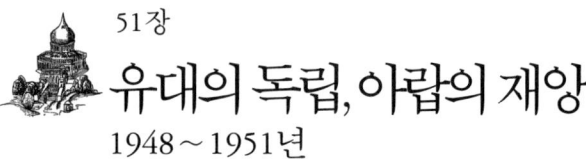

51장
유대의 독립, 아랍의 재앙
1948~1951년

유대인의 성취감과 아랍의 반격

커닝햄 장군은 아랍 어린이 몇 명을 빼고는 아무도 없는 도로를 따라 예루살렘을 빠져나갔다. 영국군은 골목마다 기관총 초소를 설치했다. 다임러 자동차가 빠른 속도로 지나가자 젊은 구경꾼들은 "아이처럼 박수를 치고 어떤 사람은 축포를 쏘았다. 축포는 되돌아왔다." 고등고문관은 칼란디아 공항을 통해 예루살렘을 떠나 하이파로 향했고 그곳에서 자정에 영국으로 떠났다.

영국군은 러시아 구역의 수비대 요새를 비웠다. 침묵한 유대인 군중들이 지켜보는 가운데 250대의 트럭들과 탱크들이 킹 조지 5번가를 따라 우르릉 소리를 내며 지나갔다. 러시아 구역을 차지하기 위한 경쟁은 곧바로 시작되었다. 이르건은 니콜라이 호스텔Nikolai Hostel을 공격했다. 러시아 구역 전체에서 총격전이 벌어졌다. 누세이베는 암만으로 달려가 압둘라 왕에게 예루살렘을 구해달라고 간청했고 "십자군에게 한 번 당했고" 또 당하게 될 것이라고 말했다. 압둘라 왕은 약속했다.

1948년 5월 14일 오후 4시, 예루살렘 바로 바깥에서 도로를 확보하는 싸움에 지친 라빈과 팔마흐 병사들은 유대인단체의 회장 다비드 벤구리온의 라디오 발표에 귀를 기울이고 있었다. 헤르츨 항구 아래 텔아비브박물관에서 벤구리온은 250명의 청중을 앞에 두고 이렇게 선언했다. "국가설립선언서를 낭독하겠습니다." 벤구리온과 그의 참모들은 국가 이름을 무엇으로 할 것인지를 두고 의논했다. 일부는 유다 또는 시온을 제안했다. 그러나 그 이름들은 예루살렘과 관련이 있었고 시온주의자들은 여전히 예루살렘을 일부라도 시온주의자들의 소유로 하기 위해 싸우고 있었다. 일부는 이브리야Ivriya 혹은 헤르츨리야Herzliya를 제안했다. 그러나 벤구리온은 '이스라엘'을 강력하게 주장했고, 동의를 이끌어냈다. 벤구리온은 선언서를 읽어내려갔다. "이스라엘 땅은 유대 민족의 고향이다." 그들은 국가인 하티크바, 즉 희망을 불렀다.

> 우리의 희망은 잃지 않으리.
> 2,000년 동안의 희망이 있기에
> 우리 땅에서 자유롭게 살기 위한 사람들은
> 시온과 예루살렘의 땅으로 가라!

벤구리온은 기자들을 향해 웃음 지었다. 벤구리온은 "우리는 해냈습니다!"라고 말했지만 축하는 삼갔다. 벤구리온은 다시 한 번 2국가 분할 체제를 수용했지만 이제 유대인 전멸이라는 목표를 공개적으로 선언한 아랍 정규군의 공격에 저항해야 했다. 이스라엘 국가의 존립 자체가 위태로워졌다. 한편으로 벤구리온의 견해는 1920년대와 1930년대에 공동 또는 연방제 사회주의 팔레스타인 국가를 희망해온 이후 진화를 거쳐왔다. 이제 전면전을 맞아 모든 것이 무주공산無主空山이었다.

예루살렘 전선에서 하렐 수비대 라빈의 병사들은 너무 지친 나머지 라디오에서 나오는 벤구리온의 연설을 듣고 있을 힘도 없었다. 병사들 가운데 한 명은 "이봐, 그것 좀 꺼, 제발. 졸려 죽을 지경이야. 꽃노래는 내일 하자구!"

"어떤 사람이 일어나 라디오를 끄자 무거운 침묵이 흘렀다"고 라빈은 기억했다. "나는 숨 막힐 듯한 복잡한 감정이 솟구쳐 말을 잇지 못했다." 대부분의 사람들은 아랍 군대가 전기를 끊었기 때문에 선언문을 듣지 못했다.

11분 뒤 에디 제이콥슨의 부추김을 받은 트루먼은 분할을 지지한다며 비밀리에 바이츠만을 안심시켰다. 그러나 트루먼이 행정부 장악력을 거의 잃은 상태에서 유엔 주재 미국 외교관들은 분할을 저지하려고 노력했다. 전시에 참모총장을 지낸 바 있는 원로 공직자 국무장관 조지 마샬George Marshall은 공개적으로 이스라엘의 승인을 반대했다. 그러나 트루먼은 새로운 국가를 지지했고 스탈린은 최초로 이스라엘을 공식적으로 승인했다.

뉴욕에서 이제 시력을 거의 잃은 바이츠만은 독립이 기쁘면서도 한편으로는 자신이 소외되고 잊혀지는 느낌을 받았다. 마침내 벤구리온과 그의 동료들은 그에게 이스라엘의 첫 번째 대통령이 되어줄 것을 요청했다. 트루먼은 바이츠만에게 백악관을 공식적으로 방문해줄 것을 요청했다. 트루먼은 훗날 에디 제이콥슨이 "이스라엘의 건국을 도왔다"며 칭송하자 이렇게 대꾸했다. "건국을 도왔다는 게 무슨 뜻인가? 내가 키루스로군. 내가 키루스야!" 이스라엘의 수석 랍비가 트루먼에게 감사를 표하자 트루먼은 눈물을 흘렸다.*

이스라엘로 향하는 동안 바이츠만 대통령은 "중세시대에 야만인들의 공격을 견디고 살아남은 예루살렘의 유적들이 이제 폐허가 돼가고 있다"며 우려했다. 예루살렘에서 안와르 누세이베와 주로 전직 경찰로 이루어진 소수의 비정규군은 정규군들이 도착할 때까지 옛 도시를 방어하기 위해 최선을 다했다. 누세이베는 허벅지에 총을 맞았고 다리를 절단해야 했다. 그러나 비정규군은 해산되지 않았다.

진짜 전쟁은 이제 시작되고 있었고 이스라엘의 입장은 절박했다. 이집트, 요르단, 이라크, 시리아, 레바논 등 아랍연맹의 군대는 유대인들을 멸절시킨다는 구체적인 목표를 가지고 이스라엘을 공격했다. 아랍연맹의 대변인 아잠 파샤Azzam Pasha는 "이것은 종결의 전쟁이자 기념비적 학살이 될 것이며 몽골군의 학살과 십자군전쟁처럼 회자될 것이다"라고 선언했다. 아랍군의 장군들은 자신감이 과도했다.

유대인들은 이슬람제국들의 열등한 신민들이었으며 때로는 관용을 받고 때로는 박해를 받았지만 1,000년 넘게 언제나 복종의 위치에 있었다. "아랍인들은 스스로를 대단한 군사적 민족이라고 믿었으며 유대인들을 장사꾼 민족으로 여겼다"고 압둘라 왕이 거느리는 아랍군의 영국인 사령관 존 글럽John Glubb은 기억했다. "이집트인, 시리아인, 이라크인들은 유대인들을 이기는 데 어려움이 없을 것이라고 생각했다." 세속적 민족주의가 성전의 열광과 결합되었다. 유대인들이 아랍 군대를 물리칠 수 있다는 것은 생각할 수도 없는 일이었고 정규군뿐 아니라 많은 지하드주의 파벌

---

* 한 미국계 예루살렘인은 트루먼의 정책에 분노했다. 적십자 깃발을 휘날리는 아메리칸 콜로니는 이미 그 중립성으로 유명했지만 사실 버사 스패포드는 더 이상 유대인들의 시온 귀환을 제2강림을 위한 첫 단계로 간주하지 않았으며 시온주의에 반대했다. "팔레스타인에 있는 미국인으로서 우리가 어떻게 그러한 행동을 두둔할 수 있겠는가? 부끄럽게도 우리는 미국의 정치인들이 표를 얻기 위해 어느 쪽으로든 움직일 수 있다는 것을 알고 있다." 6월, 예루살렘의 아랍 지도자들과 아랍연대 사령관의 도움을 받아 버사 스패포드는 트루먼이 이스라엘에 반대하도록 설득하기 위해 워싱턴을 방문했다. 그러나 트루먼 대통령은 그녀를 만나기를 거부했다.

들이 오래전부터 광적인 반셈족주의를 받아들여왔다. 이집트군의 절반이 무슬림 형제단의 무자히딘이었고 그중에는 젊은 야세르 아라파트도 있었다.

그러나 등골이 오싹한 희망과 정치적 냉소주의의 개입은 팔레스타인인들에게 재앙이 되었고 그렇지 않았을 경우보다 훨씬 더 크고 강한 이스라엘을 만들어냈다. 서류상으로 아랍 군대의 병력은 16만 5,000명이었지만 심한 분열로 인해 5월 중에는 약 2만 8,000명만이 참전하고 있었다. 이는 이스라엘군의 숫자와 거의 비슷했다. 압둘라가 보유한 영국식 훈련을 받은 9,000명 규모의 아랍 군단이 가장 강했기 때문에 압둘라는 아랍 연맹군의 최고사령관으로 공식적으로 임명되었다.

압둘라 왕은 앨런비 다리Allenby Brigde에 서서 권총을 꺼내 공중으로 쏘았다. "돌격!" 압둘라는 외쳤다.25)

성질 급한 압둘라

압둘라의 손자 후세인은 압둘라 왕이 "다혈질의 외향적 성격"이었다고 기억했다. 압둘라가 마지막으로 모습을 나타낸 것은 예루살렘에서 윈스턴 처칠에게서 사막왕국을 받을 때였다. 로렌스는 그를 "키 작고 땅딸막하고 말처럼 강하고 명랑하며 부드럽고 둥근 얼굴에 암갈색의 눈동자, 두툼하지만 작은 입술, 반듯한 코"를 가진 것으로 묘사했다. 압둘라는 모험이 가득한 삶을 살았고 점잖지는 않지만 특이한 매력이 있는 행동으로 로렌스를 놀라게 했다. "압둘라는 세 번이나 20야드(약 18미터) 밖에서 커피주전자를 던져 어릿광대의 머리를 맞추기도 했다." 예언자의 37대 후손인 샤리피안으로서 그는 울라마를 골탕 먹일 수 있었다. "아름다운 여자를 쳐다보는 것이 잘못입니까?" 압둘라는 무프티에게 물었다. "죄입니다, 폐하"라고 무프티는 대답했다. "하지만 《쿠란》은 '여자를 보면 눈을 돌리라'고 하지. 쳐다본 적도 없는데 눈을 돌릴 수는 없지 않은가!" 그는 자부심 있는 베두인일 뿐 아니라 오토만 술탄 가문의 자식이기도 했다. 그는 10대 때 군대를 지휘했으며 아랍 반란의 수뇌 역할을 했다. 그의 야심은 광대한 만큼이나 급박한 것이었으며 이 때문에 '성급한 자'라는 별명을 얻었다. 그러나 압둘라는 예루살렘을 정복할 기회를 잡기 위해 오랜 시간을 기다려왔다.

"그는 단순한 군인이자 외교관일 뿐만 아니라 고전적인 학자이기도 했다"고 로널드 스토스는 기억했다. "압둘라가 나를 위해 이슬람 이전 시대 시집에서 일곱 개의 송시를 낭송해주었을 때" 스토스는 깊은 인상을 받았다. 암만 주재 영국 대사 알렉 커크브릿지Alec Kirkbridge는 언제나 압둘라를 "반짝이는 눈을 가진 왕"이라 불렀다. 외교관으로서 압둘라는 재치가 있었다. 그가 싫어하는 한 외교관을 언제 접견할 것이냐는 물음에 그는 "내 당나귀가 새끼를 낳을 때"라고 대답했다.

당나귀가 새끼를 낳고 있는 지금 그는 시온주의자들에 대한 현실을 직시하고 있었고, 터키의 속담을 인용했다. "썩은 다리를 건너고 있는 곰을 만나거든 '안녕하세요, 숙모님' 하고 인사하라." 오랜 세월에 걸쳐 압둘라는 바이츠만 그리고 유대인 기업가들과 이야기를 나누는 일이 자주 있었다. 그는 유대인들이 압둘라를 팔레스타인의 왕으로 받아들일 경우 유대인들에게 영토를 제공하겠다고 했다. 압둘라는 예루살렘을 자주 방문해 같은 편인 라게브 나샤시비와 만나곤 했다. 그러나 압둘라는 무프티를 싫어했고, 어떤 해법도 받아들이지 않을 그러한 분파주의자들 덕분에 시온주의가 더더욱 활개를 친다고 믿었다.

압둘라는 시온주의자들과 비밀리에 불가침 협약을 놓고 협상했다. 그는 유엔이 정한 유대인 국가의 국경에 반대하지 않는 대가로 아랍권에 배정된 서안West Bank의 일부를 점령하고자 했다. 그리고 영국은 압둘라의 영토 합병에 동의했다. "나는 새로운 아랍 국가를 만들어 아랍인들이 나에게 달려들게 하려는 것이 아니다." 압둘라는 특사 골다 마이어슨Golda Myerson(후에 메이어Meir가 됨)에게 말했다. "나는 말이 아니라 기수가 되고 싶습니다." 그러나 그 말이 앞발을 들고 뛰어올랐다. 그 전쟁, 특히 데이르 야신 학살은 그에게 유대인과 싸워야 할 의무를 부여했다. 게다가 다른 아랍 국가들은 팔레스타인을 구할 뿐 아니라 압둘라의 야심을 꺾을 결심이 돼 있었다. 또한 이집트와 시리아는 자신들이 정복한 곳을 합병할 계획을 세웠다. 하심 왕조에 제대로 된 군대를 만들어주기 위해 혼신을 다한 압둘라의 장군 글럽 파샤도 하심 왕조를 위해 목숨을 걸고 싶어 하지는 않았다.

압둘라의 아랍 군단은 유다 산악을 지나 예루살렘을 향해 조심스럽게 진군했다. 예루살렘에서는 비정규 아랍 해방군이 유대인 교외 지역을 공격했다. 5월 16일 밤, 하가나는 메아 셰아림 경찰서, 북쪽의 셰이크 자라, 남쪽 성벽의 신 도시 전체, 중앙에 있는 과거 영국군 요새, 러시아 구역, 그리고 YMCA를 점령했다. 크게 고무된 벤구리온은 "우리는 아우구스타 빅토리아와 옛 도시를 제외하고 예루살렘의 거의 전부를 점령했다"라고 선언했다.

"SOS! 유대인들이 성벽 가까이에 왔다!" 안와르 누세이베는 압둘라의 개입을 요청하기 위해 다시 달려갔다. 압둘라는 역사 속에서 자신의 위치를 잊어버리지 않았다. "신께 맹세코 나는 무슬림의 통치자, 하심가의 왕이고 내 아버지는 모든 아랍의 왕이셨다." 이제 그는 영국 사령관에게 편지를 썼다. "친애하는 글럽 파샤에게, 아랍인들의 눈에는 예루살렘이 매우 중요하고 무슬림들과 아랍 그리스도인들도 그 사실을 잘 알고 있소. 유대인들의 손에서 그 도시의 백성들이 겪는 모든 재앙은 우리에게 광범위한 영향을 미칠 것이오. 옛 도시와 예리코 도로까지 오늘날 우리가 가진 모든 것을 보호해야만 하오. 나는 가능하면 빨리 이것을 실행해줄 것을 요청하오."

반쪽 예루살렘과 휴전협약

"압둘라의 군대는 축제 분위기였고 차량들을 녹색 가지나 분홍 서양 협죽도 꽃다발로 장식했다." 예루살렘을 향한 아랍 군대의 행진은 "전쟁터가 아니라 카니발을 하러 가는 것 같았다"고 글럽은 생각했다. 5월 18일, 압둘라의 선발 부대들이 옛 도시 성벽 주변에 자리를 잡았다. 그때 압둘라는 "거의 1900년 전 유대인들은 돌격하는 티투스 군대를 향해 화살을 쏘았다"라고 썼다. 그러나 압둘라는 유대인들이 자신의 아버지, 헤자즈의 후세인 왕이 묻혀 있는 옛 도시와 성전으로 들어갈까 봐 노심초사했다. 글럽의 군대는 이스라엘이 점령했던 셰이크 자라부터 다마스쿠스 문까지 돌진했다.

처음에는 비정규군이 그다음에는 아랍 군대가 옛 도시 안의 유대인 구역을 포위했다. 그곳은 팔레스타인에서 가장 오래된 유대인 가정집들이 있었고 그곳에 사는 사람들 대부분이 하시드 학자였다. 190명의 하가나와 이르건 전사들만이 그곳을 지키고 있었다. 라빈은 빈약한 군대가 옛 도시를 구출할 수 있다는 얘기를 듣고서 격노했다. 라빈은 이게 뭐냐면서 다비드 샬티엘David Shaltiel 예루살렘 사령관에게 "수도의 해방을 위해서만 유대인들을 소집할 수 있는가"라고 소리쳤다.

라빈은 자파 문을 공격하려 했으나 실패했다. 하지만 같은 시간 다른 부대들이 시온 문을 돌파해 옛 도시 안으로 들어갔다. 80명의 팔마흐 병사들이 방어군과 합류했으나 시온 문은 빼앗겼다. 이제 아랍 군단이 대거 도착했다. 옛 도시를 차지하기 위한 전투는 처절했다. 글럽은 그 전쟁이 "1,000년간의 전리품과 돌무더기 위에 올라앉은 비좁은 토끼장 같은 유대인 구역을 지나" "방에서 방으로 어두운 복도를 따라 내려가 마당으로 이어지는 좁은 계단을 오르내린 후 골방 속으로 내려가는 것"이라고 말했다. 글럽은 이제 유대인 구역의 체계적인 축소를 명령했다. 랍비들은 도움을 호소했고 벤구리온은 어찌할 바를 몰랐다. "예루살렘이 어느 순간에 함락될지 모른다. 어떤 대가를 치르더라도 공격하라!"

5월 26일, 압둘라의 군대는 허바 광장을 점령했고, 큰 회당들을 폭파시켰다. 이틀 후 글럽은 "늙어 허리가 굽은 랍비 두 명이 하얀 깃발을 들고 좁은 골목길을 따라 앞으로 나오는 것"을 보았다. 반대쪽 전선, 그 작은 전쟁극장에서 겨우 100피트(약 30미터) 떨어진 곳인 시온 산에서 라빈은 동일한 끔찍한 장면을 보고 있었다. "나는 무서웠다." 213명의 방어군 가운데 39명이 죽었고 134명이 부상당했다. 베긴은 "다윗 성은 그렇게 적들에게 함락되었다"라고 썼다. "슬픔이 우리를 덮쳤다." 글럽은 고무되었다. "나는 예루살렘을 몹시 사랑한다. 성서가 우리 눈앞에 살아 있다." 그러나 글럽은 유대인 구역의 약탈을 허용했다. 27개의 회당들 가운데 22개가 파괴되었다. 1187년, 무슬림이 예루살렘을 재점령한 이후 최초로 유대인들은 서쪽 벽에 접근할 수 없게 되었다.

글럽은 라트룬 요새Latrun Fortress를 이용해 예루살렘 서쪽으로 가는 길을 차단했다. 벤구리온은 다시 한 번 예루살렘 유대인들의 목숨을 걸고 라트룬 탈환을 명령했지만 공격은 실패했다. 이미 골방으로 들어간 유대인들은 굶주리기 시작했고 마침내 이스라엘은 새로운 보급경로, 즉 라트룬 남쪽의 일명 '버마 도로'를 만들었다.

6월 11일, 유엔이 보낸 중재자인 스웨덴 왕의 손자 폴크 베르나도테Folke Bernadotte 백작은 제2차 세계대전이 끝나기 몇 달 전 유대인들을 구출하기 위해 힘러와 협상을 벌인 적이 있었다. 이 휴전을 중재하는 데 성공했고 예루살렘 전체를 압둘라 왕에게 주는 새로운 분할안을 제안했다. 그러나 이스라엘은 베르나도테의 안을 거부했다. 한편 벤구리온은 사실상의 반란을 진압했고 이미 이르건과 이스라엘 정규군을 통합하기로 합의했던 메나헴 베긴은 독자적인 무기 수송선을 정박시키려 시도했다. 이스라엘군은 그 배를 침몰시켰다. 베긴은 내전을 시작하는 대신 제도 정치권에 진입하기 위해 지하세계에서 은퇴했다.

베르나도테의 휴전은 끝났다. 전쟁은 다시 시작되었다. 다음 날 이집트의 스핏파이어 전투기가 예루살렘 서부를 폭격했다. 흥분한 아랍군은 시온 문으로 빠져나와 신도시를 공격했고 노트르담으로 진격했다. 글럽은 "고개를 돌리니 바위 돔과 알 아크사를 볼 수 있었다"고 썼다. "그들은 신의 길에서 싸우고 있었고" 이스라엘은 다시 옛 도시 탈환을 시도했다.

"우리가 예루살렘을 가질 수 있을까?" 압둘라는 글럽에게 물었다.

"그들은 결코 예루살렘을 갖지 못할 것입니다, 폐하!"

"혹시라도 유대인들이 예루살렘을 점령할 거라고 생각한다면 내게 말하라"라고 압둘라는 말했다. "예루살렘으로 가서 성벽 위에서 죽을 것이다." 이스라엘의 반격은 실패했다. 그러나 이스라엘의 군사력은 강화되고 있었다. 새로운 국가는 이제 총 8만 8,000명의 병력을 보유했고 한편 아랍군은 6만 8,000명이었다. 2차 휴전이 있기 10일 전 이스라엘은 리다와 라믈라를 점령했다.

자신의 제안에 대한 시온주의자들의 분노가 너무 컸던 나머지 베르나도테는 이제 예루살렘을 중립화하자는 제안을 했다. 9월 17일, 베르나도테는 예루살렘으로 날아들어갔다. 그러나 이츠하크 샤미르^{Yitzhak} ^{Shamir}(훗날 이스라엘 수상)가 이끄는 레히 극단주의자들은 베르나도테와 그의 계획 모두를 없애버리기로 했다. 베르나도테가 이스라엘 총독 도브 조셉$^{Dov\ Joseph}$을 만나기 위해 총독부 청사에서 나와 카타몬을 거쳐 레하비아로 가던 중 한 검문소에서 그의 지프^{Jeep}를 세웠다. 또 다른 지프에서 세 명의 남자가 스텐 기관총을 휘두르며 내렸다. 타이어에 두 방의 총을 쏘았다. 세 번째 총알이 베르나도테의 가슴을 쏘았고 세 남자는 달아났다. 백작은 하다사 병원에서 숨졌다. 벤구리온은 레히를 압박하고 비난했으나 살인범들은 끝내 잡히지 않았다.

압둘라는 옛 도시를 점령했다. 서안지구에서 압둘라 측은 남쪽을, 이라크군은 북쪽을 맡았다. 예루살렘 남쪽에서 이집트 선봉대는 옛 도시를 볼 수 있었고 남쪽 교외지역을 공격했다. 9월 중순 아랍연맹은 무프티와 예루살렘 유력 가문들*이 지배하는, 가자를 중심으로 한 팔레스타인 '정부'를 수용했다. 그러나 전쟁이 다시 시작되자 이스라엘은 이집트군을 이기고 포위했으며 네게브^{Negev} 사막을 점령했다. 굴욕을 당한 이집트는 무프티를 카이로로 다시 돌려보냈고, 그의 정치 경력은 최후를 맞았다.

1948년 11월 말, 예루살렘 사령관이 된 중령 모셰 다얀은 요르단

---

* 두 명의 후세이니 가문 사람이 외무장관과 국방장관을 맡았고 안와르 누세이베는 수상을 맡았다. 그리고 무프티는 팔레스타인민족평의회$^{Palestine\ National\ Council}$의 의장이 되었다.

과 종전에 합의했다. 1949년 상반기에 이스라엘은 아랍의 5개 국가들과 휴전을 맺었고 1949년 2월 이스라엘 의회 크네세트^{Knesset}는 조지 5세 거리의 유대인단체 건물에 모여 바이츠만을 사실상 상징적 직위인 대통령으로 선출했다. 일흔다섯의 바이츠만은 자신이 수상 벤구리온에게 무시당한다고 생각했고 이름뿐인 역할에 좌절했다. "내가 왜 스위스 대통령이 되어야 하지?" 바이츠만은 물었다. "차라리 미국 대통령은 어떨까?" 그는 자신을 "레호보스^{Rehovoth}의 포로"라고 자조했다. 레호보스는 그가 바이츠만 과학 연구소를 세운 마을이었다. 바이츠만은 예루살렘에 관저가 있었지만 "내게는 여전히 예루살렘에 대한 편견이 있고 지금도 예루살렘에 있는 것이 편치 않다"고 말했다. 바이츠만은 1952년 사망했다.

영국 총독부 청사에 자리 잡은 유엔의 감독 아래 1949년 4월 체결된 휴전협약은 예루살렘을 분할했다. 이스라엘은 스코푸스 산 일대를 포함한 서예루살렘을 차지했고 압둘라는 옛 도시, 동예루살렘, 그리고 서안지구를 차지했다. 휴전협약은 유대인들을 서쪽 벽, 올리브 산 공동묘지, 키드론 밸리의 무덤들에 대한 접근권을 약속했다. 그러나 그것은 지켜지지 않았다. 유대인들은 그 후 19년간 서쪽 벽에서의 기도가 허용되지 않았다.*

이스라엘과 압둘라 양측 모두 자신들이 차지한 반쪽 예루살렘을 빼앗길까 봐 우려했다. 유엔은 논의 과정에서 예루살렘을 중립지대로 유지시켰다. 따라서 양측 모두 예루살렘을 불법적으로 점거한 것이 되었으며 단 두 나라만이 압둘라의 옛 도시 점유를 인정했다. 얼마 전 런던에 자기 소유의 출판사를 세운 베니스 출신의 청년, 바이츠만의 수석 참모 조지

---

* 예루살렘이 종교적 경쟁력과 필요에 따라 거룩함을 만들어내는 능력을 지녔음을 보여주는 고전적인 예로서 서쪽 벽을 빼앗긴 유대인 순례자들은 시온 산의 다윗 무덤에서 기도했고 그곳에 이스라엘 최초의 홀로코스트박물관을 세웠다.

와이덴펠드George Weidenfeld는 전 세계를 향해 이스라엘이 서예루살렘을 계속 보유해야 한다고 설득하는 선전전을 벌였다. 12월 11일, 예루살렘은 이스라엘의 수도로 선언되었다.

아랍의 승리자는 아랍의 반란 이후 32년 만에 예루살렘을 획득한 압둘라였다. 압둘라는 "내가 죽기 전까지 누구도 내게서 예루살렘을 빼앗아갈 수 없을 것"이라고 말했다.

52장
종파의 분열
1951~1967년

손자를 살린 메달

아모스 오즈는 "가시 철망, 지뢰밭, 발사대, 감시초소가 예루살렘 곳곳에 있었다. 콘크리트 장벽이 쳐졌고 우리를 셰이크 자라와 아랍인 동네에서 분리시켰다." 저격수의 총격도 자주 일어났다. 그런 과정에서 1954년 9명이 살해되고 45명이 부상당했다. 양측이 서로 협조를 할 때조차도 그것은 고통스러운 일이었다.

1950년 유엔은 이스라엘 쪽에 있는 성서 동물원의 사자, 호랑이, 그리고 곰 두 마리에게 먹이를 주는 일을 중재했고, 공식적으로 다음과 같이 설명했다. "이스라엘의 돈으로 아랍 당나귀를 사서 이스라엘의 사자에게 먹이를 주어야 할지, 아니면 이스라엘 당나귀가 요르단 영토를 통과하다가 문제의 사자에게 먹잇감이 되게 할 것인지를 결정해야 했다." 결국 동물들은 유엔 대사의 호위를 받고 요르단 영토를 지나 서예루살렘으로 갔다.

누세이베 가문은 철조망 곳곳에서 재앙을 애통해했다. "나는 신경이 끊어질 듯이 고통스러웠다." 하젬 누세이베는 말했다. 하젬의 조카 사리는 "영국과 아랍의 귀족들, 자유분방한 벼락부자들, 중산층 상인들, 군인들에게 접근하는 화류계 여자들, 풍부한 혼합 문화, 주교들, 무슬림 성직자들, 검은 수염을 기른 랍비들이 같은 거리에서 북적이던 것"을 그리워했다.

11월, 압둘라는 기이하게도 콥트교 주교에게서 예루살렘 왕으로 대관받았다. 그는 프리드리히 2세 이후 처음으로 예루살렘을 지배한 왕이었다. 12월 1일, 압둘라는 예리코에서 자신을 팔레스타인 왕으로 선언하고, 나라 이름을 요르단 왕국United Kingdom of Jordan으로 칭했다. 후세이니 가문과 아랍 민족주의자들은 타협했다는 이유로 압둘라를 깎아내렸다. 그는 팔레스타인인들의 재앙 속에서 유일하게 성공을 거둔 사람이었기 때문에 쉽사리 용서할 수가 없었다.

압둘라는 낯선 부흥을 즐기고 있던 예루살렘 유력 가문들에 눈을 돌렸다. 압둘라는 라게브 나샤시비에게 요르단의 수상직을 맡겼다. 나샤시비는 거절했지만 장관직은 승낙했다. 압둘라는 또한 나샤시비를 서안지구 지사이자 두 하람 예루살렘과 헤브론의 수호자로 임명했을 뿐 아니라 스투드베이커 자동차와 '라게브 파샤'라는 직함까지 하사했다(요르단인들은 1950년대에도 여전히 오토만 시대 직함을 사용하고 있었다). 라게브의 조카, 나세레딘 나샤시비는 왕실 시종장이 되었다.* 눈엣가시였던 무프티를 해고한 압둘라는 1921년 무프티를 사칭했던 셰이크 후삼 알 자랄라Husam al-Jarallah를 무프티로 임명했다.

압둘라는 암살계획을 경고받았지만 언제나 "나의 때가 오기 전까

---

* 라게브 나샤시비는 암으로 죽어가고 있었다. 왕은 아우구스타 빅토리아 호텔로 그를 방문했다. 압둘라는 "나는 이 건물에서 1921년 봄 윈스턴 처칠과 처음 만났다"고 말했다. 1951년 4월, 나샤시비가 죽었고 저택 근처의 작은 무덤에 묻혔다. 나중에 그 저택은 철거되었고 앰배서더 호텔이 들어섰다.

지는 누구도 나를 해칠 수 없다. 때가 되었을 때는 누구도 나를 지킬 수 없다"라고 대답했다. 압둘라의 손자 후세인은 "소년 시절 할아버지는 내게 예루살렘이 세계에서 가장 아름다운 도시 가운데 하나라고 말씀하셨다"고 기억했다. 후세인은 세월이 갈수록 압둘라가 "예루살렘을 점점 더 많이 사랑하게 되었다"고 말했다. 압둘라는 큰 아들 탈랄Talal에게는 실망했지만, 왕이 되기 위한 교육을 받은 손자는 총애했다. 방학이면 두 사람은 매일 아침식사를 함께했다. 후세인은 "나는 할아버지가 늘 원하던 그런 아들이 되고자 했다"고 말했다.

  1951년 7월 20일 금요일, 압둘라는 후세인을 데리고 예루살렘으로 향했다. 압둘라는 당시 해로스쿨Harrow School 학생이었던 열여섯 살의 후세인에게 군복을 입히고 메달을 목에 걸게 했다. 예루살렘으로 출발하기 전 압둘라는 후세인에게 말했다. "아들아, 언젠가는 네가 이 자리를 맡아야 할 것이다." 그러고는 "내가 죽어야 한다면 모르는 사람이 머리에 총을 쏘아주면 좋겠다. 그게 가장 간단한 방법이야"라고 덧붙였다. 그들은 무프티의 사촌으로 나치 베를린에서 무프티를 위해 일했던 의사 무사 알 후세이니Musa al-Husseini를 만나기 위해 나블루스에서 멈춰섰다. 무사는 압둘라에게 절을 하고 충성을 표시했다.

  정오가 되기 직전 압둘라는 손자 후세인, 글럽 파샤, 시종장 나세레딘, 그리고 무사 후세이니와 함께 예루살렘의 금요예배에 도착했다. 의심을 품은 군중들은 뾰로통한 표정이었다. 무사 후세이니가 데려온 긴장한 아랍인 근위대는 그 수가 너무 많은 나머지, 후세인은 그들을 향해 "이게 뭐지? 장례식 행렬인가?"라고 농담을 던졌다. 압둘라는 아버지의 무덤을 방문한 후 알 아크사까지 걸어갔고 근위대에게 뒤로 물러서라고 명령했지만 무사 후세이니는 바짝 붙어 있었다. 압둘라가 현관 안으로 들어서 자 모스크의 셰이크는 왕의 손에 입을 맞추었는데 바로 그 순간 한 청년이 문 뒤에서 나타났다. 청년은 권총을 꺼내들고 왕의 귀를 향해 방아쇠를 당겼고 압둘라는 그 자리에서 죽었다. 총알은 눈을 관통했다. 압둘라는 쓰러졌고 하얀 터번이 굴러떨어졌다. 후세인은 모두가 땅으로 몸을 던지고 "겁에 질린 할머니처럼 몸을 웅크리는" 것을 보았다. "그 순간 나는 제정신이 아니었던 게 분명하며 암살자를 향해 달려들었다." 암살자는 후세인을 향해 돌아섰다. "나는 그의 이빨과 흐릿한 눈을 보았다. 그는 총을 가지고 있었으며 나는 그가 나를 향해 총을 겨누는 것과 거기서 나오는 연기를 보았다. '빵' 하는 총소리를 들었고 가슴에 총을 맞았다는 것을 알았다. 이제 죽는 것일까? 총알은 금속에 부딪혔다." 압둘라가 목에 걸게 했던 메달이 손자의 생명을 구했던 것이다.

근위대는 맹렬한 총격으로 암살자를 사살했다. 나샤시비는 코로피를 뿜어내는 죽은 왕을 팔에 안고 그 손에 여러 번 입을 맞추었다. 근위대는 온 거리에서 미친 듯이 군중들에게 폭력을 휘두르기 시작했고 글럽은 그들을 제어하느라 애썼다. 후세인은 왕의 곁에 무릎을 꿇고 옷을 벗었다. 그리고 시신을 그대로 가지고 오스트리아 호스피스까지 걸어갔다. 후세인은 오스트리아 호스피스에서 진정제를 맞은 후 서둘러 암만으로 날아갔다.26)

예루살렘의 마지막 왕

무프티와 이집트의 파루크 왕이 암살의 배후로 알려졌다. 무사 후세이니는 체포되었고 그와 다른 세 사람이 처형되었다. 압둘라의 암살은 아랍의 패배를 통해 촉발된 살인과 쿠데타 가운데 하나에 불과했다. 1952년 메흐메트 알리의 알바니아인들 가운데 마지막 후손인 파루크 왕이 무함마드 네기브Muhammad Neguib 장군과 가말 압둘 나세르Gamal Abdul Nasser 대령이 이끄는 '자유 장교단Free Officers'의 쿠데타로 전복되었다.

요르단의 압둘라의 자리는 큰 아들 탈랄이 계승했다. 탈랄은 심각한 정신분열증 발작으로 고통받았는데, 아내를 죽일 뻔한 적도 있을 정도였다. 1952년 8월 12일, 젊은 후세인은 제네바의 호텔에서 휴가를 보내고 있었다. 웨이터가 은쟁반에 봉투를 담아 들고 들어왔다. 겉봉에는 '후세인 폐하께'라고 적혀 있었다. 그의 아버지는 퇴위했다. 아직 열일곱 살밖에 안 된 후세인은 빠른 자동차와 모터사이클, 비행기, 자신이 직접 조종하는 헬리콥터, 그리고 미녀들을 좋아했다. 후세인은 다섯 번 결혼했다. 그의 조부는 한 번도 위대한 하심 왕조의 꿈을 버리지 않았고 예루살렘을 얻기 위해 모든 것을 희생했지만 후세인은 요르단의 왕으로서 살아남기만 해도 업적이 되리라는 것을 점차로 깨닫고 있었다.

샌드허스트Sandhurst 사관학교에서 훈련을 받은 장교이자 늠름한 군주였던 그는 친서방적이었으며 그의 정권은 처음에는 영국, 그 후에는 미국에서 자금을 지원받았다. 그러나 그는 아랍 세계의 세력들 사이를 오감으로써 겨우 살아남을 수 있었다. 때때로 그는 이집트의 나세르, 이라크의 사담 후세인 같은 적대적이고 급진적인 독재자들의 질식할 것 같은 압력을 견뎌내야 했다. 조부와 마찬가지로 후세인은 이스라엘과 공존할 수 있었다. 훨씬 후에 후세인은 특히 라빈을 좋아하게 되었다.

1951년, 수상으로 복귀한 80대의 처칠은 부하 장교 가운데 한 명에게 이렇게 투덜거렸다. "예루살렘은 유대인들에게 주게. 그들이 예루살렘을 유명하게 만들었으니까 말이네." 그러나 예루살렘은 여전히 동쪽과 서쪽으로 분할돼 있었고 장벽과 철책에는 히브리어, 아랍어, 영어로 '정지! 위험! 경계선'이라는 표지판이 서 있었다. 밤마다 기관총 소리가 끊이지 않았다. 유일한 출입문은 만델바움 문Mandelbaum Gate이었다. 베를린의 찰리 검문소 만큼이나 유명해진 그 문은 사실 만델바움 가문의 출입문도 아니고 저택도 아니었다. 오래전에 세상을 떠난 심샤 만델바움냐Simchah Mandelbaum과 에스더 만델바움Esther Mandelbaum은 벨로루시Belorussia 출신의 스타킹 제조업자들이었다. 그들의 견고한 주택은 하가나의 요새가 되었고 1948년 아랍 군대에 의해 파괴되었다. 만델바움 검문소는 그 폐허 위에 세워졌다.

유대인 10대 소년 아모스 오즈와 팔레스타인 어린이 사리 누세이베는 지뢰를 묻은 가시 철책을 사이에 두고 서로 가까운 곳에 살고 있었다. 훗날 오즈와 누세이베는 모두 훌륭한 작가이자 광신주의에 대한 비판자가 되었으며 친구가 되었다. 누세이베는 "이슬람에게 가족의 의미는, 나중에 배우게 되었지만, 무인지대 너머 수백 피트 떨어진 곳에 있는 아모스 오즈에게 유대교가 갖는 의미와 다를 바가 없었다"라고 썼다.

소년들은 새로운 이민자들의 물결이 예루살렘을 다시 한 번 변화시키는 것을 보았다. 아랍인들, 특히 이라크인들은 스스로 유대인 공동체에 복수를 행했다. 그 유대인들 중 60만 명이 이스라엘로 이주했다. 그러나 예루살렘의 외관을 바꾸어놓은 사람들은 하레딤Haredim이라 불리는 정통파 유대인들이었다. 그들은 17세기 중부 유럽의 문화와 의복, 그리고 신비주의적이고 환희에 찬 기도로 이루어진 종교를 예루살렘으로 가져왔다. 사리 누세이베는 "나는 하루도 빼놓지 않고 무인지대 너머의 거리를 엿보았고" 그곳 메아 셰아림에서 "검은 옷을 입은 사람들을 보았다. 가끔은 수염을 기른 사람들이 나를 돌아보기도 했다"고 기억했다. 그는 그들이 누구였는지 궁금했던 것일까?

하레딤은 시온주의를 포용한 사람들과 열렬한 반시온주의자였던 메아 셰아림의 톨도트 하론Toldot Haron과 같은 다수의 사람들로 분열되었다. 그들은 오직 신만이 성전을 회복시킬 수 있다고 믿었다. 이 성찰적이고 엄격하고 의식을 중시하는 종파들은 하시딤파와 리투아니아파로 분열되었으며 그들 모두가 이디시어를 사용했다. 하시딤은 다시 7군데의 주요 '법정'들을 근거지로 하는 많은 종파들로 분열되었다. 각 법정은 기적을 행하는 아드모르admor("우리의 큰 선생님이며 랍비"라는 말의 약자)라는 랍비를 선조로 하는 가문의 지배를 받았다. 그들의 의복과 종파에 따른 이해하기 어려운 차이점들은 이스라엘 쪽 예루살렘을 복잡하게 만드는 원인 중 하나가 되었다.

이스라엘인들은 서예루살렘을 수도로 삼았고* 서예루살렘은 세속성과 종교성의 불편한 혼합체가 되었다. 조지 와이덴펠드는 "이스라엘은 사회주의적이면서도 세속적이었다. 상류 사회는 텔아비브에 있었지만 예루살렘은 옛 도시를 중심으로 발전했다. 그곳에는 랍비들, 저녁식사 후 부엌에서 예술과 정치를 논하는 레하비아Rehavia의 독일 출신 지식인들, 그리고 모셰 다얀과 같은 고위 관료들이나 장군들과 같은 엘리트 계층들이 있었다"고 기억했다.

하레딤의 삶은 다른 곳과 차이가 있었지만 와이덴펠트와 같은 세속적 유대인들은 예루살렘에서 가장 멋진 식당 핑크스에서 코셔가 되지 않은 굴라시와 소시지로 저녁식사를 했다. 아모스 오즈는 그러한 만화경

---

* 1957년, 야드 바셈Yad Vashem(장소 이름이자 사람 이름), 즉 홀로코스트로 죽은 600만 명의 유대인들에 대한 추모식이 헤르츨 산에서 열렸다. 1965년 이스라엘박물관이 문을 열었고 이어 새로운 크네세트가 들어섰다. 둘 모두 제임스 드 로스차일드의 후원을 받았다. 제임스 드 로스차일드는 앨런비 육군의 유대인 부대의 모집을 도운 적도 있었다.

같은 도시에서 특히 복원된 유물들과 현대화된 유적들이 뒤섞인 것에 불편함을 느꼈다. 아모스 오즈는 그의 소설 《나의 미카엘My Michael》에서 "어떤 사람이 예루살렘에서 100년을 산다 한들, 편안함을 느낄 수 있을까, 나는 궁금하다"고 물었다. "고개를 돌리면 그 모든 건물들 한 가운데에서 돌밭을 볼 수 있다. 올리브 나무들, 그리고 황무지. 양떼들은 새로 지은 수상관저 근처에서 풀을 뜯고 있다." 오즈는 예루살렘을 떠났지만 사리 누세이베는 그곳에 남았다.

1961년 5월 23일, 벤구리온은 젊은 보좌관들 가운데 한 명, 이츠하크 야코비Yitzhak Yaacovy를 사무실로 불렀다. 수상은 야코비를 올려다보았다. "자네는 아돌프 아이히만Adolf Eichmann이 누군지 아는가?"

"모릅니다." 야코비는 대답했다.

"그는 홀로코스트를 계획하고 자네의 가족을 죽이고 아우슈비츠로 데려간 사람이라네." 벤구리온은 정통파 헝가리인 부모 사이에서 태어난 야코비가 1944년 SS장군 아이히만에 의해 죽음의 수용소로 끌려갔던 것을 알고 있었다. 야코비는 그곳에서 강제노동을 하며 살도록 허용된 사람들과 SS의사 조지프 맹겔Joseph Mengel에 의해 곧바로 가스실로 보내진 사람들 틈에서 살아남았다. 아마도 그의 금발과 푸른 눈 때문이었을 것이다. 그 후 야코비는 이스라엘로 이주했는데 독립전쟁에서 싸우다가 부상을 입었다. 그리고 예루살렘에 정착했으며 수상의 사무실에서 일했다.

벤구리온은 말을 이어갔다. "지금 차를 타고 크네세트로 가게. 그곳에 내 손님들 사이에 앉아서 그동안 아이히만을 재판정에 세울 생각을 해왔다고 발표하는 것을 지켜보게."

이스라엘 비밀기관 모사드Mossad는 아르헨티나의 은신처에서 아이히만을 납치해왔고 4월 예루살렘의 법정에서 재판이 시작되었다. 아이히만은 라믈라 교도소서에 교수형에 처해졌다.

국경의 반대편에서 후세인 왕은 예루살렘을 '제2의 수도'라 불렀다. 그러나 후세인 정권은 너무 취약해서 실제 수도를 암만에서 예루살렘으로 옮기는 일을 감행할 수는 없었다. 예루살렘은 "가운데에 철책선을 둔 시골 마을"로 손쉽게 강등되었다. 그렇기는 해도 하심 왕조의 예루살렘은 예전의 매력을 일부 회복했다. 후세인 왕의 동생인 무함마드 왕자가 서안 지구를 다스렸다. 그는 열여섯 살의 아름다운 팔레스타인 소녀, 피리알 알 라시드Firyal al-Rashid와 결혼했다. 피리알은 "우리는 그해에 6개월 동안 예루살렘에서 다자니 가문 소유의 아주 경쾌한 작은 저택에서 지냈습니다. 하지만 제 남편은 대부분의 시간을 그리스도인들과 협상을 하고, 으르렁대는 정교회, 가톨릭, 아르메니아인들 사이에서 평화를 만드느라 애썼습니다."

후세인 왕은 안와르 누세이베를 총독이자 성소들의 감독자로 임명했다. 누세이베 가문은 지난 수 세기 동안보다도 더욱 명망이 높아졌다. 당시 안와르는 요르단 국방장관이었고 그의 아들 하젬은 외무장관이었다. 가문의 돈과 올리브 숲을 잃었지만 그 가문 사람들 대다수는 여전히 셰이크 자라의 저택들에 살고 있었다. 안와르 누세이베는 아메리칸 콜로니 맞은편의 고풍스러운 저택에서 살았는데 그 저택은 "페르시아 카펫, 황금으로 수놓은 학위증들, 저녁식사 때 반주飯酒를 위한 크리스탈 디캔터(포도주를 담는 유리병)와 수십여 개의 테니스 트로피"로 장식되어 있었다. 아들 사리가 기억하는 것처럼 누세이베는 "관용적 세계교회주의운동"을 실행해야 했으며 매주 금요일과 부활절에 알 아크사에서 기도했고 가족들을 이끌고 "예복을 입은 최고 성직자들과 함께 황금 십자가를 들고 성묘교회를 세 바퀴 순행했다." "나의 형제들과 나는 그 부활절 축제를 가장 좋아했는데 그리스도교 소녀들이 마을에서 가장 예뻤기 때문이었다." 그러나 성전산 자체는 조용했다. 그 당시 예루살렘 탐험을 시작했던 뛰어난 예루살렘 학자 올레그 그라바Oleg Grabar는 "하람에는 무슬림 방문객이 거의 없었다"라고 말했다.

사리 누세이베는 "황금 회중시계를 찬 밀수품 장사꾼들, 물건들을 노리는 노파, 빙빙 도는 데르비시들," 그리고 "물담배를 피우는 사람들의 웅성거리는 소리들"로 가득한 옛 도시를 살펴보았다. 미국 부영사 유진 버드Eugene Bird는 요르단 쪽 예루살렘이 아주 작은 세계임을 보았다. "나는 그 전까지 그렇게 작고도 큰 마을을 본 적이 없었다. 상류층은 약 150명 정도밖에 되지 않았다." 일부 가문들은 관광객들을 받아들였다. 후세이니 가문은 오리엔트 하우스라는 호텔을 열었다. 백발의 버사 스패포드는 그녀의 아메리칸 콜로니를 화려한 호텔로 바꾸었고 브로치를 단 귀부인인 그녀 자신이 예루살렘의 볼거리가 되었다. 그녀는 제말 파샤부터 아라비아의 로렌스까지 모두를 알고 있었다. 심지어 그녀는 영국의 텔레비전 쇼 〈이것은 당신의 삶이다This is your life〉에 두 번이나 출연하기도 했다.

케이티 안토니우스는 예루살렘으로 돌아와 옛 도시의 자기 집에 고아원을 설립했다. 그녀의 집은 지역의 가십성 칼럼의 이름을 따라 카타키트Katakeet라고 불리는 "고급 레스토랑을 겸한 살롱이었다." 미국 부영사는 그녀가 엘리엇T.S. Eliot의 《칵테일 파티Cocktail Party》에 나온 사람 같았다고 썼다. 부영사의 아들 카이 버드Kai Bird는 "그녀는 수다스러웠고 자신을 철저하게 과장했으며 언제나 최신 유행하는 옷을 입고 진주목걸이를 하고 있었고 흰 가닥 하나가 두드러지는 검은 머리는 아주 짧게 잘랐다. 그녀는 막후의 실력자인 동시에 바람둥이기도 했다." 그러나 케이티 안토니우스는 정치적 분노를 잃지 않았고 다음과 같이 그것을 표현했다. "유대인 국가가 세워지기 전에 나는 예루살렘에서 많은 유대인들과 알고 지냈다. 이제 나는 유대인들과 장사를 하려는 아랍인 친구들의 뺨을 때릴 것이다. 우리는 1회전에서 패배했다. 우리는 아직 전쟁에서 지지 않았다."

강대국들은 언제나 자신들의 종교를 후원했기 때문에 또 다른 분리도시 베를린의 뒷골목에서 그러했던 것과 마찬가지로 예루살렘의 예복 아래에서, 그리고 재단 뒤에서 냉전이 맹렬히 촉발된 것은 놀랄 일이 아니었다. 미국 부영사 버드는 CIA(미국 중앙정보부)에 막달라 마리아 교회의 양파 모양 황금 돔을 수리하는 데 80만 달러를 지원하라고 조언했다. CIA가 그 돈을 지불하지 않을 경우 KGB(소련 국가보안위원회)가 할지도 모르는 일이었다. 러시아정교회는 뉴욕에 본거지 두고 CIA의 지원을 받는 교회와 모스크바에 본거지를 두고 KGB의 지원을 받는 교회로 분열되었다. 미국의 확고한 동맹국 요르단은 요르단에 있는 러시아 교회들을 반공산주의 교회들에게 주었다. 반면 이스라엘인들은 스탈린이 이스라엘을 국가로 인정한 최초의 사람이었다는 것을 기억하고는 러시아의 자산들을 소련에게 넘겨주었고 소련은 서예루살렘에 한 '성직자', 실은 전직 북한고문관이었던 KGB 장교가 이끄는 선교단을 창설했다.

사리 누세이베는 물 밑에서는 여전히 "후세이니 가문, 나샤시비 가문, 이슬람 학자들, 그리스도교 사제들"의 지배를 받는 가운데 "만일 무인지대와 수용소를 무시할 수 있다면 마치 아무 일도 일어나지 않은 것과 마찬가지였을 것이다"라고 썼다. 그러나 변하지 않는 것은 없었다. 심지어 그 복합적인 예루살렘조차도 이제 위협 아래에 놓였다. 이집트 대통령 나세르의 등장은 모든 것을 바꾸었으며 후세인 왕을 위협했고 후세인 왕의 예루살렘 소유까지도 위태롭게 했다.

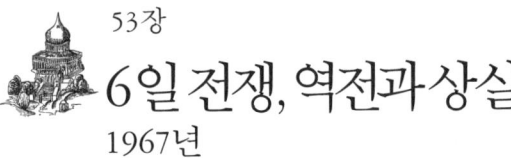

53장
6일 전쟁, 역전과 상실
1967년

전쟁의 카운트다운

태생적으로 기괴한 나세르는 아랍 정치인의 최고 이상형이었다. 한 장교가 1948년 이스라엘 포위 당시 부상을 입었고 아랍의 자존심을 회복시키기로 결심했다. 그는 수 세기 만에 가장 인기 있는 아랍 지도자가 되었고 그러면서도 독재자가 되어 지배했으며 비밀경찰의 지원을 받았다. 아랍 세계 전체의 엘 라이스El Rais, 즉 보스boss로서 나세르는 사회주의적 범아랍주의를 공표했다. 그것은 국민들에게 서구의 지배와 시온주의의 승리를 부정하라는 영감을 주었고 패배에 대한 복수를 할 수 있을 것이라는 원대한 희망을 높였다.

나세르는 이스라엘에 대항하는 팔레스타인 특공대를 조직했고 이스라엘은 점점 더 폭력적으로 대응했다. 아랍에서 가장 강력한 나라인 이집트를 다스리는 그의 지도력은 이스라엘을 놀라게 했다. 1956년, 나세르는 수에즈 운하를 국유화함으로써 영국과 프랑스 제국들의 영향에 도전했으며 프랑스에 대항하는 알제리 반군을 지원했다. 영국과 프랑스는 나세르를 처리하기로 결심했고 벤구리온과 비밀동맹을 맺었다. 다얀 총리가 기획한 이스라엘의 시나이 공격이 성공함에 따라 영국과 프랑스는 이집트를 공격할 구실이 생겼고 이 때문에 두 이웃나라는 표면상 등을 돌리게 되었다. 그러나 영국과 프랑스는 그 마지막 제국주의적 모험을 지속시킬 힘이 없었다. 미국은 영국과 프랑스에 철수를 강요했다. 얼마 지나지 않아 후세인 왕은 글럽을 육군 사령관에서 해임했다. 1956년은 중동에서 영국 제국주의가 쇠퇴하는 시기이자 미국의 세력이 우세해지기 시작하던 시기였다.

나세르는 두 개의 하심 왕조를 표적으로 삼았다. 나세르의 범아랍주의적 급진주의는 거리와 장교들 사이에서 점점 더 인기를 얻었다. 1958년, 후세인의 사촌이자 학창 시절 친구인 이라크의 파이잘 2세가 군사 쿠데타에 의해 살해되었다. 파이잘 2세의 가문은 아랍, 헤자즈, 시리아, 팔레스타인, 이라크의 왕들이었다. 이제 후세인이 하심 가문의 마지막 후손이 되었다. 나세르는 이집트와 시리아를 공식적으로 통합하여 아랍연합공화국United Arab Republic을 만들었고, 이스라엘을 포위하고 요르단을 제압했다. 그러나 두 번이나 분열되었다가 다시 통합되었던 아랍연합공화국은 여전히 불안정했다.

"예루살렘에서 자란다는 것은 디트로이트와 현대식 군대들로부터 공격을 받는 동화 속에 있는 것과 같다. 동화의 마술적 성질에는 변함이 없지만 그 신비성에 위험이 더해질 뿐이다"라고 사리 누세이베는 말했다. "예루살렘은 점차적으로 1948년에 잃었던 생명을 많이 회복"했고 다시 한 번 "순례자들 세계의 수도"가 되고 있었다. 1964년 후세인 왕은 교황 바오로 6세Paul VI의 순방을 위한 준비로 몇 세기 동안 칙칙한 회색으로 남아있던 바위 돔의 납에 다시 금을 입혔다. 교황 바오로 6세는 무함마드 왕자와 피리알 왕녀를 만났다. 무함마드와 피리알은 교황을 예루살렘까지 안내했고 그곳에서 안와르 누세이베 총독의 환대를 받았다. 교황은 다른 모든 사람들과 마찬가지로 만델바움 문의 경계선을 지나야 했다. 교황이 칼바리의 그리스 성당에서 기도할 수 있도록 허락을 청하자 정교회 주교는 교황에게 서면으로 요청할 것을 명령하고는 끝내 그 요청을 거절해버렸다. 사리 누세이베는 "교황의 방문은 붐을 일으켰다"고 말했다. 후세이니 가문과 누세이베 가문은 우아한 저택들을 부수고 흉물스러운 호텔들을 지었다.

그러나 후세인 왕은 이제 생존을 위해 싸우고 있었고 급진적인 나세르의 이집트와 시리아 사이에서, 아랍과 이스라엘 사이에서, 그리고 자신의 왕조의 야심가들과 극심한 고통을 겪고 있는 팔레스타인인들 사이에서 짓눌려 있었다. 특히 팔레스타인인들에게는 자신이 배신을 했다는 것에 죄책감을 느꼈다. 나세르가 후세인을 전복시키려 계획하고 있는 동안 예루살렘과 서안은 하심 왕조를 향해 끊임없이 폭동을 일으켰다.

1959년, 1948년 전쟁에 참전했던 예비역 야세르 아라파트*는 파타Fatah(정복)라는 이름의 군사적 해방운동을 시작했다. 1964년, 나세르는 카이로에서 정상회담을 열고 이스라엘과의 전쟁에 대비한 아랍연합 사령부를 창설했으며 아흐메드 알 슈카이리Ahmed al-Shuqayri 아래에 팔레스타인 해방조직Palestine Liberation Organization을 창설했다. 그해 5월 예루살렘에서 후세인 왕은 마지못해 팔레스타인 의회를 열었고 팔레스타인 의회는 팔레스타인 해방조직를 출범시켰다. 6월, 아라파트의 파타는 요르단에서 이스라엘로 소규모 공격을 감행했다. 그것은 재앙이었고 부상자는 요르단인의 총

---

* 아라파트는 자신이 예루살렘에서 태어났다고 주장했다. 아라파트의 어머니는 예루살렘인이긴 했지만 사실 아라파트는 카이로에서 태어났다. 1933년, 네 살 때 서쪽 벽 근처의 마그레비 구역으로 이주해 4년간 친척들과 함께 살았다.

에 맞아 죽은 팔레스타인 게릴라 한 명 뿐이었다. 그러나 파타의 업적은 아랍인의 상상력을 사로잡았고 팔레스타인의 대의를 세계무대의 중심에 위치시킨 '아라파트 운동Arafat's campaign'의 시작을 알렸다. 권총을 차고 카키색 옷을 입고 케피예를 두른 파타 급진주의자들은 오만한 가문들을 침식하기 시작했고 무프티에 의해 불신임당했다. 시대의 상징으로서 안와르 누세이베의 아들 사리가 파타에 가입했다.

팔레스타인인들은 후세인에 대해 인내심을 잃어가고 있었다. 총독 누세이베가 왕정체제를 거부하자 후세인 왕은 그를 해고하고 요르단인을 그 자리에 앉혔다. 1965년 9월, 조부의 뒤를 따라 후세인은 비밀리에 이스라엘 외무장관 골다 메이어를 만났다. 골다 메이어는 "언젠가 우리는 무기를 내려놓고 예루살렘에 우리 사이의 평화를 상징하는 기념물을 세울 수 있을 것입니다"라고 말했다.27)

1963년, 벤구리온이 수상에서 퇴임한 후 예순일곱 살의 레비 에슈콜Levi Eshkol이 그 후임자가 되었다. 레비 에슈콜은 키에프 인근에서 태어났으며 안경을 쓴 성실한 스타일의 사람이었다. 그의 주요 업적은 이스라엘의 상수도 시설을 구축한 것이었다. 그는 벤구리온과 달랐다. 1967년 초, 시리아의 이스라엘 북부 공격은 공중전으로 이어졌고 시리아 공군은 다마스쿠스 상공에서 궤멸당했다. 시리아는 팔레스타인인의 이스라엘 공격을 계속해서 지원했다.*

소련은 나세르에게 이스라엘이 시리아 공격을 계획하고 있다고 (나중에 사실이 아닌 것으로 드러난) 경고했다. 모스크바가 그러한 거짓 정보

---

* 긴장이 고조되고 있을 때 한 노인이 마지막으로 예루살렘을 방문했는데 세상은 그의 방문을 거의 알아채지 못했다. 전임 무프티, 하즈 아민 후세이니는 알 아크사에서 예배한 후 레바논 망명지로 돌아갔고 그곳에서 1974년 사망했다.

를 발표한 이유, 그리고 나세르가 그것을 확인 또는 부인할 수 있는 몇 주 동안의 시간이 있었음에도 그것을 믿기로 한 이유는 아직까지도 불분명하다. 이집트의 모든 강점, 나세르 자신의 카리스마, 범아랍주의의 인기에도 불구하고 나세르는 이스라엘의 보복공격에 의해 모욕을 당했고 시리아의 위기정책에 말려들었다. 나세르는 시리아에 대한 공격을 용납하지 않겠다는 것을 보여주기 위해 군대를 반도 안으로 이동시켰다.

5월 15일, 분노한 에슈콜과 참모총장 라빈 장군이 독립기념일 행진을 하기 전 예루살렘의 킹 다윗 호텔에서 만났다. 나세르의 위협에 어떻게 대응해야 하는가? 다음 날 이집트는 유엔 평화유지군을 시나이에서 철수시킬 것을 요구했다. 나세르는 아마도 긴장을 고조시키면서도 전쟁은 피하기를 바랐던 것 같다. 그렇다 하더라도 서투르다고 할 수도 있고 무모하다고 할 수도 있는 나세르의 조치들은 아무런 실현 가망성이 없었다. 아랍 지도부와 거리의 군중들이 유대인 국가의 종말이 도래했음을 환영하고 있을 때 에슈콜은 안절부절 못하며 초조해했다. 불길한 예감을 일으키는 존재론적인 공포의 위기가 이스라엘을 휩쓸었다. 이스라엘은 나세르에게 주도권을 빼앗겼다. 커피와 하루 70개비의 담배에 의지해 살던 라빈은 이스라엘의 생존이 자신의 어깨에 놓여 있음을 인식하면서 무너져내리기 시작했다.

전투 이전의 몰락

나세르는 내각을 설득하고 부통령이자 군대의 원수 압델 하킴 알 아메르Abdel-Hakim al-Amer에게 면밀하게 질문하면서 성공확률을 타진했다. 압델 하킴 알 아메르는 곧잘 속아넘어가는 성격이었으며 마약을 하며 인생을 즐기는 사람이었고 대통령의 가장 친한 친구였다.

> 나세르: "현재 시나이의 우리 군사력을 볼 때, 전쟁 가능성은 50 대 50이다. 우리가 티란Tiran 해협에 접근할 경우 전쟁 가능성은 100퍼센트가 된다. 병력은 준비되었는가, 압델 하킴?"
> 아메르: "제 목을 걸겠습니다. 모든 것이 최상의 상태입니다."

5월 23일, 나세르는 티란 해협, 즉 이스라엘의 핵심 항구 에일라트Eilat로 들어가는 해로를 막았다. 시리아는 전쟁 동원령을 내렸다. 후세인 왕은 군사력을 점검했다. 라빈과 장군들은 에슈콜에게 이집트를 선제공격할 것을 조언했고 그렇지 않을 경우 전멸할 것이라고 말했다. 그러나 에슈콜은 지칠 때까지 모든 정치적 선택을 거부했다. 외무장관 아바 에반Abba Eban은 전쟁을 막기 위해, 혹은 전쟁이 일어날 경우 지원을 얻기 위해 필사적인 외교를 행했다. 그러나 라빈은 이스라엘을 구할 수 있는 행동을 충분히 하지 않았다는 죄책감으로 고통스러워했다. "옳건 그르건, 나는 내 편에서 할 수 있는 모든 일을 해야겠다고 느꼈다. 나는 심각한 위기에 빠졌다. 나는 9일 동안 거의 아무것도 먹지 않았고 잠도 자지 못했으며 담배를 끝없이 피웠고 육체적으로 탈진했다."

수상은 안절부절 못하고 참모총장은 진정제를 맞고 있고 장군들은 폭동을 일으키기 직전이었다. 이렇게 국가 자체가 공황에 빠진 상태에서 이스라엘의 트라우마는 속일 수 없는 것이었다. 워싱턴에서 존슨 대통령은 이스라엘의 공격에 대한 지원을 완전히 거부했다. 모스크바에서 알렉세이 코시긴Alexei Kosygin 총리는 나세르에게 전쟁에서 물러설 것을 강력하게 권고했다. 카이로에서 아메르는 "이번에는 우리가 먼저 전쟁을 시작할 것"이라고 호언장담하면서 네게브 공격을 준비했다. 바로 그때 나세르는 아메르에게 후퇴를 명령했다.

암만에서 후세인 왕은 나세르와 함께하는 것 외에는 대안이 없다고 느꼈다. 이집트가 공격을 감행할 경우 후세인 왕은 아랍 형제들을 지원해야 했다. 그렇게 하지 않을 경우 만일 이집트가 진다면 그는 배신자 취급을 받을 것이었다. 5월 30일, 원수의 제복을 입고 357 매그넘을 찬 후세인 왕은 직접 비행기를 몰고 카이로로 가서 나세르를 만났다. 나세르는 왜소한 후세인 왕을 내려다보면서 "폐하의 방문이 비밀이니 우리가 폐하를 체포하면 어떻게 될까요?"라고 말했다. 후세인은 "그럴 가능성은 전혀 없다고 생각하오"라고 대답했다.

후세인은 이집트 리야드^{Riyad} 장군 밑으로 5만 6,000명의 병력을 배치하기로 합의했다. 후세인 왕은 "이제 전 아랍군이 이스라엘을 포위했다"고 선언했다. 이스라엘은 세 군데의 전선에서 전쟁을 맞이했다. 5월 28일, 에슈콜은 장황한 라디오 연설을 했지만 이스라엘 국민들의 불안감만을 가중시킬 뿐이었다. 예루살렘에는 방공호가 마련되었고 공습 대비 훈련이 행해졌다.

이스라엘인들은 또 한 번 절멸, 즉 홀로코스트를 우려했다. 에반은 외교적 노력을 다했지만 장군들, 정치인들, 그리고 대중들은 에슈콜에 대한 신뢰를 잃었다. 에슈콜은 이스라엘에서 가장 존경받는 군인을 부를 수밖에 없었다.

사령관을 맡은 다얀

6월 1일, 모셰 다얀은 국방장관으로 임명되었고 메나헴 베긴 역시 정무장관으로서 새 정부에 참여했다. 언제나 그를 상징하는 검은 안대를 착용하고 있던 다얀은 벤구리온의 제자였는데 에슈콜을 경멸했다. 에슈콜은 개인적으로 다얀에게 아부 질디Abu Jildi라는 별명을 붙였는데, 이것은 아랍의 애꾸눈 강도단의 이름이었다.

윙게이트에서 공부했고 수에즈전쟁에서 육군 참모총장을 맡았고 이제는 국회의원이 된 다얀은 모순적인 사람이었다. 그는 고고학자인 동시에 유물 약탈자였으며, 복수를 위해 무력을 휘두르는 사람인 동시에 관용적인 공존을 믿는 사람이었으며, 아랍의 파괴자인 동시에 아랍 문화 애호가였다. 다얀의 친구 시몬 페레즈Simon Peres는 다얀이 "최고로 지적이었고 총명했으며, 허튼 소리를 하는 법이 결코 없었다"고 기억한다. 다얀의 동료 애리얼 샤론Ariel Sharon 장군은 다얀이 "잠자리에서 일어날 때부터 100가지 생각을 하곤 했다. 그중 95가지는 위험한 생각이었고 3가지는 나쁜 생각이었다. 그러나 남은 2가지는 똑똑한 생각이었다"고 했다. 샤론은 다얀이 "대부분의 사람을 경멸했고 그것을 감추려 애쓰지도 않았다"고 기억한다. 다얀을 비판하는 사람들은 그를 "당파주의자이자 모험가"라고 불렀다. 다얀은 한때 페레즈에게 "하나는 기억하게. 나는 신뢰할 수 없는 사람이라네"라고 고백하기도 했다.

페레즈는 다얀이 새로운 대담한 유대인의 카리스마를 발산한 것이 "그가 규칙들을 준수했기 때문이 아니라, 능력과 매력으로 규칙들을 무시했기 때문"이라고 말한다. 한 동료는 다얀이 "거짓말쟁이, 허풍쟁이, 사기꾼, 프리마돈나였지만 그럼에도 불구하고 깊은 존경의 대상이었다"라고 묘사했다. 다얀은 친구가 없는 외톨이인 동시에 수수께끼 같은 쇼맨이었다.

미국이 군사 행동을 승인하지는 않았지만 그것을 막지도 않을 것이라고 에반이 보고하자 다얀은 자신의 전략에 확신이 생겼다. 다얀은 이스라엘이 요르단과의 대치를 피하는 가운데 일거에 이집트를 공격해야 한다고 강조했다. 예루살렘 사령관 우지 나르키스Uzi Narkiss는 그에 반대했다. "요르단이 스코푸스 산을 공격하는 경우에는요?"라고 묻자 다얀은 "그럴 경우 입술을 꽉 깨물고 전선을 사수하게!"라고 차갑게 말했다.

나세르는 이미 자신이 무혈의 승리를 이루었다고 믿고 있었지만 이집트는 여전히 시나이 공격계획을 계속하고 있었다. 이라크 수비대의 지원을 받은 요르단은 타리크Tariq 작전을 감행하여 서예루살렘을 포위했다. 아랍 세계는 50만의 병력, 5,000대의 탱크, 900대의 비행기를 확보했지만 결코 단결하지 못했다. "우리의 기본적 목표는 이스라엘의 파괴다"라고 나세르는 말했다. 이라크 대통령 아레프Aref는 "우리의 목표는 이스라엘을 지도상에서 지워버리는 것이다"라고 말했다. 이스라엘은 27만 5,000의 병력, 1,100대의 탱크, 200대의 비행기를 확보했다.

6월 5일 오전 7시 10분, 이스라엘 공군 조종사들은 기습을 감행했고 이집트 공군을 궤멸시켰다. 8시 15분, 다얀은 이스라엘군에 시나이 진군을 명령했다. 나르키스 장군은 예루살렘에서 초조하게 기다리면서 요르단이 취약한 스코푸스 산을 점령하고 서예루살렘의 19만 7,000명 유대인들을 포위할까 봐 염려했다. 나르키스는 요르단이 이집트전쟁에 상징적인 기여만을 하기를 바랐다. 오전 8시가 지나자마자 공습 사이렌이 울렸다. 사해 두루마리는 안전하게 보관되었고 예비군들이 소집되었다. 이스라엘은 세 번에 걸쳐 미국 국무부, 영국 외무부, 예루살렘 주재 유엔 사무소를 통해 후세인에게 "요르단이 가만히 있는다면 이스라엘은 요르단을 절대

공격하지 않을 것이다. 그러나 요르단이 적대행위를 시작한다면 이스라엘은 전력을 다해 대응할 것이다"라고 경고했다.

오전 8시 50분, 후세인의 부관이 "폐하, 이스라엘이 이집트 공격을 시작했습니다"라고 보고했다. 사령부에 전화를 건 후세인은 군 원수 아메르가 이스라엘군을 성공적으로 타격했다는 것을 알았다. 오전 9시, 사령부로 들어간 후세인은 이집트인 장군 리야드가 이스라엘 목표물에 대한 공격과 예루살렘 남쪽의 정부청사 점령을 명령한 것을 알았다. 나세르는 전화를 걸어 이집트의 승리와 이스라엘 공군의 격퇴를 확인해주었다.

6일 전쟁, 그리고 역전

오전 11시 15분, 요르단 포병대가 유대측 예루살렘을 향해 6,000발의 포를 발사했고 크네세트와 수상 관저, 하다사 병원, 시온 산의 성모 승천교회를 타격했다. 다얀의 명령에 따라 이스라엘은 경화기만을 이용해 대응했다. 오전 11시 30분, 다얀은 요르단 공군에 대한 공격을 명령했다. 후세인은 큰 아들이자 미래의 왕 압둘라 2세와 함께 왕궁 지붕 위에서 자기의 비행기들이 파괴되는 것을 보았다.

예루살렘에서 이스라엘은 휴전을 제안했지만 요르단은 무관심했다. 바위 돔 위에서는 무에진의 스피커가 울어댔다. "무기를 들고 유대인들에게 빼앗긴 너희의 나라를 되찾으라." 12시 45분, 요르단이 이스라엘 정부청사를 점령했다. 다얀은 즉시 공격을 명령했고 4시간의 전투 끝에 탈환했다. 북쪽에서는 이스라엘의 박격포와 대포가 요르단을 향해 발사되었다.

다얀은 예루살렘을 지켰으나 복잡한 정치 상황이 예루살렘의 존재 자체를 위협할 수 있다는 것을 알고 있었다. 이스라엘 내각이 예루살렘 옛 도시를 공격할 것인지 단순히 요르단의 공격을 잠재우기만 할 것인지를 논의할 때 다얀은 정복에 반대했다. 그는 성전산의 관할책임에 대해 우려를 표했지만 무시당했다. 다얀은 시나이가 정복될 때까지 모든 작전을 미루었다.

후세인은 "그날 밤은 지옥이었다. 대낮처럼 환했다. 하늘과 땅이 로켓과 이스라엘 전투기에서 떨어지는 폭탄들로 번쩍였다"고 썼다. 6월 6일 새벽 2시 10분, 3개의 이스라엘 낙하 부대가 편성되었다. 그들은 예루살렘을 지키기 위해 참전했던 '48년'의 죄를 참회하는 나르키스 장군에게 감명을 받았다. 첫 번째 낙하 부대는 아뮤니션 힐Ammunition Hill(앨런비가 무기를 보관했던 곳)을 점령하기 위해 무인지대를 가로질러 만델바움 문으로 갔다. 맹렬한 전투가 벌어져 요르단군 71명과 이스라엘군 35명이 사망했다. 낙하산 부대원들은 셰이크 자라를 신속하게 통과해 아메리칸 콜로니를 지나 록펠러박물관으로 향했다. 록펠러박물관은 오전 7시 27분 함락되었다.

후세인은 여전히 스코푸스 산과 올리브 산 사이의 아우구스타 빅토리아 병원을 사령부로 삼고 휴전을 제안함으로써 옛 도시를 지키기 위해 필사적으로 노력했지만 때는 이미 늦었다. 나세르는 후세인에게 전화를 걸어 미국과 영국이 이스라엘뿐만 아니라 아랍 전체를 파괴했다고 주장해야 한다고 말했다.

후세인은 지프를 타고 빠른 속도로 요르단 골짜기로 가서는 북쪽부터 철수하는 부대들을 만났다. 옛 도시 내에서 1948년 이후 아르메니아 성당을 사령부로 사용했던 요르단인들은 각 성문에 50명씩의 병력을 배치하고 대기했다. 이스라엘은 아우구스타 빅토리아를 점령할 계획을 세웠으나 이스라엘군의 셔먼 탱크들은 키드론 골짜기로 잘못 들어서서 사자 문에서 맹렬한 공격을 받았다. 그들은 겟세마네 동산 근처에서 다섯 명의 병사와 네 대의 탱크를 잃었다. 이스라엘군은 성모마리아 묘지의 움푹 들어간 마당에 은신했다. 옛 도시는 여전히 포위되지 않았다.

다얀은 나르키스와 합류해 스코푸스 산에서 옛 도시를 내려다보았다. 다얀은 "신성한 광경이야!"라고 말했지만 어떠한 공격도 허락하기를 거부했다. 그러나 6월 7일 해가 뜰 무렵 유엔 안전보장이사회는 휴전을 명령할 준비를 했다. 메나헴 베긴은 에슈콜에게 전화를 걸어 옛 도시에 대한 긴급공격을 권했다. 다얀은 이제 시간이라는 문제에 직면했다. 전쟁 상황실에서 다얀은 라빈에게 "이 전쟁에서 가장 어렵고도 중요한 목표물을 점령하라"라고 명령했다.

이스라엘은 먼저 네이팜 탄을 사용해 아우구스타 빅토리아 산마루를 폭격했다. 요르단군은 퇴각했다. 그러자 이스라엘 낙하 부대는 올리브 산을 점령하고 겟세마네 동산 쪽으로 내려왔다. "옛 도시를 내려다볼 수 있는 지점을 점령하라." 낙하 부대의 모타 구르Motta Gur 대장은 부하들에게 명령했다. "잠시 후 우리는 그곳으로 들어갔다. 수 세대 동안 꿈꾸었고 추구했던 예루살렘 고대 도시. 우리가 그 안으로 들어가는 첫 번째 사람들이 될 것이다. 유대인 국가는 우리의 승리를 기다리고 있다. 자부심을 가져라. 행운을 빈다."

오전 9시 45분, 이스라엘 셔먼 탱크들이 사자 문을 향해 포탄을 발사해 사자 문을 막고 있던 버스를 타격하고 성문을 열어젖혔다. 이스라엘군은 빗발치는 요르단군의 총탄을 뚫고 성문을 점령했다.28) 낙하 부대는 비아 돌로로사로 진격했고, 구르 대령은 한 개 분대를 이끌고 성전산으로 올라갔다. 정보장교 아리크 아크몬Arik Akhmon은 "그때 너희들은 이틀째 사방에서 총성이 계속되고 있는 가운데 반무한궤도식 탱크들 위에 올라가 있었지. 어느 순간 모두가 그림 속에서 보아왔던 넓게 열린 공간 속으로 들어갔지. 나는 종교적인 사람은 아니지만 그곳에 있던 사람이라면 누구라도 감동받지 않을 수 없었을 거라고 생각한다. 무언가 특별한 일이 일어났다." 요르단 군대와의 교전이 있은 후 구르는 무전기를 통해 다음과 같이 선언했다. "성전산은 우리 손에 들어왔다!"

한편 시온 산에서는 예루살렘 여단이 시온 문을 돌파해 아르메니아 구역으로 들어왔고 유대인 구역의 가파른 언덕을 따라 돌진해 내려왔으며 그와 동시에 같은 여단의 또 다른 부대가 분 문을 돌파했다. 모두가 통곡의 벽을 향해 돌진했다. 성전산 뒤편에 있던 구르와 낙하산 부대원들은 성벽까지 어떻게 가야할지를 몰랐지만 한 늙은 아랍인이 마그레비 문을 가르쳐주었고 세 부대 모두가 동시에 성소 안에서 만났다. 수염을 기른 랍비, 이스라엘 육군의 군종사제 슐로모 고렌$^{Shlomo\ Goren}$이 쇼파르와 토라를 들고 성큼성큼 성벽으로 걸어가 카디시 애도문을 암송하자 병사들은 기도하고 울고 박수치고 춤을 추었으며 일부 병사들은 예루살렘의 새로운 애국가 '황금의 예루살렘$^{Jerusalem\ of\ Gold}$'을 부르기도 했다.

오후 2시 30분, 다얀은 라빈과 나르키스를 대동하고 '불타오르는 탱크들' 옆을 지나 시가지 안으로 들어갔다. 라빈은 "완전히 버려진 골목들과 저격수들의 총성에 흔들리는 기괴한 침묵을 뚫고 들어갔다. 나는 어린 시절이 기억났다"고 말했으며 "코텔에 가까이 갈수록 순수한 흥분을 느꼈다"고 말했다. 성전산을 가로질러 행진하면서 다얀은 바위 돔 위의 이스라엘 깃발을 보았고 다얀은 그것을 "즉각 치우라고 명령했다." 라빈은 "전쟁에 지친 병사들이 서로 뒤엉켜 눈물이 맺혀 있는 것을 보았을 때 숨이 막히는 것 같았지만 그때는 울 때가 아니었다. 그때는 구원의 순간, 희망의 순간"이었다.

랍비 고렌은 성전산의 모스크를 다이너마이트로 파괴함으로써 메시아의 시대를 앞당기고 싶어 했지만 나르키스 장군은 "멈추라!"고 말했다. 고렌은 그에게 "역사책에 기록되실 겁니다"라고 말했다. 이에 나르키스는 "저는 이미 예루살렘 역사에 제 이름을 올렸습니다"라고 대답했다.

라빈은 "그것은 내 인생 최고의 순간이었다"고 기억했다. "오랫동안 나는 서쪽 벽을 유대인들에게 돌려주는 데 기여할 꿈을 남몰래 품어왔다. 그 꿈이 이루어지자 문득 나는 왜 하필이면 내게 그럴 특권이 있는지 의문이 들었다." 라빈은 그 전쟁에 명칭을 부여하는 영광을 누렸다. 항상 겸손하면서 위엄 있고 거칠면서도 단조로웠던 그는 '6일 전쟁Six Day War'이라는 가장 단순한 이름을 선택했다. 나세르는 다른 이름을 붙였다. '알 나스카al-Naska,' 역전.

다얀은 한 장의 메모("이스라엘의 온 집에 평화가 내리기를")를 썼다. 그는 그 메모를 헤롯의 재단 사이에 놓았다. 그리고 다얀은 선언했다. "우리는 이스라엘의 수도를 다시 하나로 합쳤으며 다시는 나뉘게 하지 않을 것이다." 그러나 다얀(가장 존경하고 존경받는 이스라엘인인 그를 아랍인들은 아부 무사, 즉 모지스의 아들이라고 부른다)은 계속해서 다음과 같이 말했다. "우리의 아랍 이웃들에게 이스라엘은 평화의 손을 내밀며 모든 종교인들에게 완전한 예배의 자유를 보장한다. 우리는 다른 종교들의 성소를 점령하러 온 것이 아니라 다른 종교들과 조화를 이루려고 왔다." 자리를 뜨면서 그는 "통곡의 벽과 마그레비 문 사이에서 움트고 있는 연보라색 야생 시클라멘"을 뽑아 오랫동안 병을 앓고 있던 아내에게 주었다.

다얀은 예루살렘에 대해 깊이 생각했고 독자적인 정책을 만들었다. 열흘 후, 그는 알 아크사로 돌아가 하람의 셰이크와 울라마와 함께 신발을 벗고 앉아서 예루살렘은 이제 이스라엘의 소유이지만 성전산은 와크프가 관리하게 될 것이라고 말했다. 유대인들은 2,000년 만에 마침내 하르 하 바이트^Har ha-Bayit를 방문할 수 있게 되었지만 다얀은 유대인들이 그곳에서 기도하는 것은 금지한다고 규정했다. 정치적 지도력을 보여준 다얀의 결정은 오늘날에도 지속되고 있다.

나세르 대통령은 임시로 물러났지만 결코 권력을 내려놓지 않았고 자신의 친구 군 원수 아메르를 사면하기도 했다. 그러나 아메르는 쿠데타를 계획했고 체포 후 감옥에서 의문의 죽음을 당했다. 나세르는 "알 쿠드스를 결코 포기하지 않을 것"이라고 주장했지만 다시 패배를 설욕하지 못했고 3년 후 심장마비로 죽었다. 후세인 왕은 나중에 "6월 5~10일이 내 인생 최악의 날들"이었다고 인정했다. 후세인 왕은 영토의 반을 잃었으며, 예루살렘이라는 보물을 잃었다. 후세인은 알 쿠드스로 인해 남몰래 눈물을 흘렸다. "내 시대에 예루살렘을 잃었다는 것을 용납할 수 없다."[29]

[에필로그]
EPILOGUE

모든 사람들은 두 개의 도시, 즉 자신과 예루살렘을 가지고 있다.

테디 콜렉Teddy Kollek, 인터뷰

역사적인 대재앙은 로마 황제에 의한 예루살렘의 파괴였습니다. 나는 디아스포라 도시들 중 한 곳에서 태어났지만 항상 나 자신을 예루살렘의 아이라고 생각합니다.

슈무엘 요세프 아그논S. Y. Agnon, 1966년 노벨상 수락 연설문

내가 사랑했던 예루살렘은 상상 속에서, 유대인과 그리스도인, 무슬림 예언자들이 있는 신의 세계로 향하는 이 세상의 입구이자 인류의 비전과 인류애가 만나는 곳이었다.

사리 누세이베, 《옛날 옛적에 한 나라Once Upon a Country》

오, 예루살렘, 예언자들의 향기 / 하늘과 땅 사이의 최단 경로…
까맣게 탄 손가락과 내리뜬 눈으로 아름다운 아이…
오, 예루살렘, 슬픔의 도시 / 당신의 눈에 배회하는 눈물…
누가 당신의 피 묻은 벽을 씻을 것인가?
오, 예루살렘, 내 사랑 / 내일 레몬 나무는 꽃이 됩니다. 올리브 나무는 기뻐하겠군요. 당신의 눈은 춤을 출 겁니다. 그리고 당신의 신성한 탑에 비둘기가 날아서 돌아옵니다.

니자르 카바니Nizar Qabbani, 《예루살렘》

유대인들은 3,000년 전에 예루살렘을 세웠다. 그리고 그들은 오늘날에도 예루살렘을 세우고 있다. 예루살렘은 정착지가 아니다. 그곳은 우리의 수도이다.

베냐민 네타냐후, 2010년 연설

한 유대인이 처음으로 예루살렘을 방문하자 다시 한 번 국제적 폭풍의 중심이 되었다. 아테네와 로마도 그렇게 많은 열정을 자극하지 못했다. 그것은 처음이 아니다. 그것은 귀향이다.

엘리 위젤Elie Wiesel, 2010년 오바마에게 보낸 공개서한

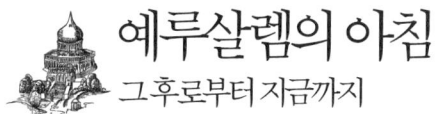
예루살렘의 아침
그후로부터 지금까지

　　정복은 메시아적이면서도 묵시적이고 전략적이면서도 민족주의적인 계시의 섬광 속에서 예루살렘을 변형시키고 고양시키고 복잡하게 만들었다. 그리고 그러한 새로운 비전 자체가 이스라엘, 팔레스타인 그리고 중동을 변화시켰다. 공포 속에서 내려진 결정, 계획 없는 정복, 파국의 언저리에서 훔친 군사적 승리는 무언가를 믿는 사람과 아무것도 믿지 않는 사람, 무언가를 믿지 못해 안달난 사람들을 변화시켰다.

　　당시에는 어떤 것도 분명하지 않았지만 돌아보면 예루살렘의 소유는 점차로 이스라엘의 지배적 정신을 변화시켰다. 그 정신은 전통적으로 세속주의적이며 사회주의적이며 현대적이었다. 그리고 국가가 종교를 갖고 있는 경우 그것은 유대 고고학이라는 역사적 과학 못지않게 정통파 유대교이기도 했다.

　　예루살렘 점령은 가장 세속적인 유대인들조차도 우쭐하게 만들었다. 시온에 대한 집착은 너무도 깊고 오래된 것이었으며 노래, 기도, 신화 속에 각인돼 있다. 서쪽 벽이 분리된 기간은 너무도 길고 고통스러웠으며 거룩함의 아우라는 너무도 강력했다. 이로써 전 세계적으로 가장 무종교적인 유대인들조차도 종교적 경험을 쉽게 할 수 있는 현대 세계에서 마치 그들이 하나에 가까워지는 듯한 흥분의 센세이션을 경험했다.

우리가 본 바와 같이, 바빌론부터 코르도바^{Cordoba}와 빌나까지 수천 년간 임박한 메시아 강림을 기대했던 종교적 유대인들에게 그것은 신호이자 구출이며 구속이자 성서 예언들의 실현이며 망명의 끝이자 다윗이 수복한 성읍의 성전 문과 마당으로의 귀환이었다. 민족적, 군사적 시온주의를 수용한 많은 이스라엘인들, 즉 야보친스키의 후예들에게 그러한 군사적 승리는 정치적이면서도 전략적이었다. 즉 안전한 국경을 가진 더 큰 이스라엘을 이룰 수 있는, 신이 내린 단 한 번의 기회였다. 종교적 유대인들이나 민족적 유대인들이나 유대 예루살렘을 건설하고 영원히 지켜내는 신나는 사명을 열정적으로 끌어안아야 한다는 신념을 공유했다. 1970년대에 그러한 메시아적이고도 과격한 분파들은 모든 면에서 이스라엘의 다수파로서 역동성을 갖게 되었으며 여전히 세속적이고 자유주의적이었다. 그리고 그들은 예루살렘이 아닌 텔아비브를 중심지로 삼았다. 그러나 민족주의-구속주의 프로그램은 신의 긴급한 작업이었으며, 그 신성한 명령은 곧 예루살렘의 얼굴과 혈통을 바꾸게 될 것이었다.

영향을 받은 사람들은 유대인들만이 아니었다. 유대인들보다 훨씬 더 많고 강력한 힘을 가진 복음주의 그리스도인들, 특히 미국인들도 마치 묵시와도 같은 환희의 순간을 경험했다. 복음주의자들은 심판의 날을 위한 두 가지 선결조건들이 충족되었다고 믿었다. 이스라엘은 수복되었고 예루살렘은 유대인의 것이 되었다. 남아 있는 것은 제3의 성전건축, 7년간의 시련, 그리고 그 후 성 미카엘이 올리브 산 위에 나타나고 성전산에서 적그리스도와 싸우는 아마겟돈전쟁이다. 그것은 유대인들의 개종 또는 파괴와 제2강림, 그리고 예수의 천년왕국으로 끝이 난다.

미약한 유대 민주주의가 소련제 무기로 무장한 아랍의 폭정에 맞서 승리하자 미국은 이스라엘이 가장 위험한 이웃들 속에 있는 특별한 친구이자 공산주의 러시아, 나세르의 급진주의, 이슬람 극단주의에 대항한 싸움의 동맹자라는 확신을 갖게 되었다. 미국과 이스라엘은 그 이상의 것을 공유하고 있다. 두 나라 모두 '신이 관여하는 자유'라는 이상 위에 건설되었기 때문이다. 미국은 새로운 시온, 즉 '언덕 위의 도시'이며 이스라엘은 회복된 옛 시온이다.

미국계 유대인들은 이미 열렬한 이스라엘 지지자들이었지만 현재의 미국 복음주의자들은 이스라엘이 섭리에 의해 축복을 받아왔다고 믿고 있다. 여론조사는 미국인의 40퍼센트 이상이 때때로 예루살렘에 제2강림이 일어나기를 기대한다는 것을 계속적으로 보여준다. 과장일 수도 있지만 미국의 그리스도교 시온주의자들이 유대 예루살렘의 배후에서 실력을 휘둘렀으며, 이스라엘은 심판 날의 시나리오에서 유대인들의 역할이 비극적인 것임에도 불구하고 그들에게 감사해왔다.

서예루살렘, 모든 이스라엘, 그리고 전 세계 디아스포라에서 온 이스라엘인들이 옛 도시로 몰려와 서쪽 벽에 손을 대고 그곳에서 기도를 했다. 예루살렘 점령은 너무도 중독성이 있어서 그것을 포기하는 것은 참을 수도 없고 생각할 수도 없는 것이 되었다. 그리고 그러한 일을 사실상 매우 어려운 일로 만들기 위해 엄청난 자원들이 동원되고 있다. 실용주의자인 벤구리온조차도 은퇴 당시, 평화를 위해 서안지구와 가자지구를 포기할 수는 있지만 예루살렘은 결코 포기할 수 없다고 했다.

이스라엘은 공식적으로 예루살렘의 절반을 통일했으며 경계선을 확장하면서 26만 7,800명의 시민들이 그 안에 살고 있다. 그중 19만 6,800명이 유대인이고 7만 1,000명이 아랍인들이다. 예루살렘은 역사상 그 어느 때보다 더 커졌다. 총성이 멎음과 동시에 살라딘의 아들 아프달이 건설한 마그레비 구역의 거주민들은 새로운 주택들로 떠났고 주택들은 철거되어 사상 처음으로 서쪽 벽 앞에 공간이 열리게 되었다. 수 세기 동안 9피트(약 2.7미터) 길이의 골목에서 북적이며 괴로운 예배를 보았기 때문에 유대인의 영원한 성지에 마련된 새로운 광장의 쾌적하고 밝은 공간은 그 자체가 해방이었다. 유대인들은 그곳에서 기도하기 위해 모여들었다. 황폐해진 유대인 구역은 복구되었고 폭파된 회당은 재건되어 다시 축성되었다. 파괴된 광장과 골목들에는 다시 포도를 깔고 장식을 하고 정통파 유대인들의 학교(예시바^{yeshiva})를 건축 또는 수리했다. 그 모든 곳에 황금색으로 빛나는 돌이 사용되었다.

과학 또한 중흥을 맞았다. 이스라엘 고고학자들은 통일된 예루살렘을 발굴하기 시작했다. 긴 서쪽 벽은 랍비들과 고고학자들이 양분했는데 랍비들은 마그레비 문 북쪽까지 기도처를 관리했고 고고학자들은 남쪽 방향으로 발굴을 할 수 있었다. 서쪽 벽 주변, 무슬림 구역과 유대인 구역, 다윗 성에서 고고학자들은 아주 놀라운 보물들을 발견했다. 가나안 요새, 유대 인장들, 헤롯의 샘들, 마카베오와 비잔틴의 성벽들, 로마의 거리, 우마이야조 궁전들, 아유비조 성문들, 십자군 교회. 고고학자들의 과학적 발견들은 정치적, 종교적 열광과 한데 뒤섞이는 듯했다. 로마군이 굴려 떨어뜨린 히스기야와 헤롯의 재단 벽부터 하드리아누스의 대로까지 고고학자들이 발견한 돌은 수복한 옛 도시의 영원한 전시물이 되었다.

서예루살렘의 시장으로 재선출되어 28년간 통일 예루살렘을 운영한 테디 콜렉은 아랍인들을 안심시키기 위해 전력을 다했고 유대인의 지배하에 예루살렘을 통일하면서도 아랍 예루살렘을 존중하는 자유주의적인 이스라엘을 상징하는 인물이 되었다.* 강령에 따라, 번성하는 예루살렘은 서안에서 아랍인들을 끌어들였다. 10여년 간 인구는 두 배가 되었다. 정복은 이스라엘의 모든 정파들을 고무시켰지만, 특히 민족주의자들과 구속주의 시온주의자들을 자극해 '실체적 사실'을 창조함으로써 정복을 공고히 하려 했다. 동쪽의 아랍 예루살렘 인근에 새로운 유대인 교외지역을 건설하는 일이 즉시 시작되었다.

처음에는 아랍인들에게서 반대 목소리가 나오지 않았다. 수많은 팔레스타인인들이 이스라엘에서 혹은 이스라엘인들과 함께 일했다. 어린 시절 예루살렘을 방문했던 나 역시 팔레스타인과 이스라엘 친구들과 함께 그들의 집에서 며칠을 함께 보냈던 것을 기억하고 있으며 그러한 선의와 융합의 기간이 순식간에 예외적인 일이 되리라는 것을 전혀 알지 못했다. 이스라엘 밖에서는 상황이 달랐다. 야세르 아라파트와 그의 파타는 1969년 팔레스타인 해방조직을 접수했다. 파타가 이스라엘에 대한 게릴라 공격을 강화한 한편, 또 다른 분파인 '팔레스타인 해방을 위한 마르크스-레닌주의 인민전선Marxist-Leninist Popular Front for the Liberation of Palestine'은 기존의 민간인 살해에 더해 비행기 납치라는 새로운 방식을 개척했다.

다얀이 이해한 바에 따르면 성전산은 놀라운 책임을 떠맡게 되었다. 1969년 8월 21일, 예루살렘 증후군을 앓고 있는 것으로 알려진 호주 그리스도인 다비드 로한David Rohan이 제2강림을 앞당기기 위해 알 아크사

---

* 헝가리에서 태어나고 비엔나에서 자랐으며 테오도어 헤르츨을 따라 이름을 지은 콜렉은 유대인단체의 비밀임무 전문가였다. 이르건과 스턴갱에 대항한 전투에서 영국첩보국과의 연락책을 담당했고 하가나를 위해 무기를 구매하는 일을 했다. 그 후 벤구리온의 개인 사무실에서 사무장으로 일했다. 한편 이제 아흔 살이 된 아메리칸 콜로니의 대모 버사 스패포드는 이스라엘과 화해했다. "나는 터키, 영국, 요르단의 지배 아래에서 살았고 모든 사람들과 사이좋게 지냈습니다. 우리는 이스라엘과도 똑같이 해야 합니다." 버사 스패포드는 1968년 사망했다. 콜렉 시장은 아메리칸 콜로니의 단골 방문객이 되었다.

에필로그

에 불을 질렀다.* 그 화재로 인해 살라딘이 그곳에 설치한 누르 알 딘의 민바르가 파괴되었다. 이 화재는 성전산을 차지하기 위한 유대인의 음모라는 소문이 퍼졌고 그것은 다시 아랍인들의 폭동을 불러일으켰다.

  1970년 '검은 9월Black September'에 후세인 왕은 요르단의 지배권에 도전하던 아라파트와 팔레스타인 해방조직을 상대로 승리하면서 그들을 축출했다. 아라파트는 레바논으로 본거지를 옮겼고, 파타는 팔레스타인의 대의에 세계의 이목을 집중시키기 위해 민간인 살해와 비행기 납치와 같은 해외투쟁에 착수했다. 그것은 정치적 연극과도 같은 학살이었다. 1972년 파타의 총잡이들은 '검은 9월단'이라는 이름으로 뮌헨 올림픽에서 11명의 이스라엘 운동선수들을 살해했다. 이에 대응해 이스라엘 비밀조직 모사드는 유럽 전역에서 범인들을 추적했다.

  1973년 10월 회개의 날에 나세르의 후계자, 이집트 대통령 안와르 사다트는 시리아와 결탁해 자신감이 과도해진 이스라엘에 대항하는 기습공격을 성공시켰다. 아랍인들은 초기의 승리에 고무되었고 이틀에 걸친 패전 후 거의 탈진상태가 된 이스라엘 국방장관 모셰 다얀을 깎아내렸다. 그러나 미국의 항공보급지원을 받은 이스라엘은 반격에 나섰고 전쟁은 수에즈 운하 전역에서 이스라엘의 반격을 이끈 아리엘 샤론 장군의 이름을 널리 알려주었다. 얼마 후 아랍연맹은 후세인 왕을 설득해 팔레스타인 해방조직을 팔레스타인의 유일한 대표자로 인정하게 했다.

---

* 예루살렘 병에 대한 주요한 학술적 저술들은 전형적인 환자들을 "구약 또는 신약 성서의 인물들과 자신을 강하게 동일시 하거나, 자신이 그러한 인물들 중 하나라고 확신하거나, 혹은 예루살렘의 정신병적 에피소드에 희생되는 사람"으로 묘사한다. 관광 가이드들은 "1.흥분. 2.무리에서 이탈. 3.목욕에 집착하거나 손톱, 발톱을 강박적으로 깎음. 4.호텔의 도움을 받아 침대보, 가운 등을 언제나 새 하얗게 유지함. 5.성서 구절을 외치거나 큰 소리로 읽고자 하는 욕구. 6.예루살렘의 성지들 중 하나에 집착함. 7.성지에서 설교를 행함"에 유의해야 한다. 예루살렘 신드롬을 전문적으로 다루는 크파프 샤울 정신건강센터가 데이르 야신 마을의 유적지에 있다.

1977년, 킹 다윗 호텔의 폭탄 사건이 있은 지 30년 후 메나헴 베긴과 리쿠드당(이스라엘의 우익연합정당)은 1948년 이후부터 정권을 잡고 있던 노동당을 마침내 몰아내고 예루살렘을 수도로 하는 거대 이스라엘 건설이라는 메시아적 민족주의 프로그램을 가지고 권력을 잡았다. 11월 9일, 베긴은 비행기를 타고 용감하게 예루살렘을 찾은 사다트 대통령을 맞이했다. 사다트는 킹 다윗 호텔에 머무르며 알 아크사에서 예배하고 야드 바셈Yad Vashem을 방문했으며 이스라엘 국회에 평화를 제안했다. 희망이 치솟았다. 베긴은 외무장관으로 임명한 모셰 다얀의 도움을 받아 평화조약의 대가로 시나이에서 이집트까지를 되찾았다.

그러나 베긴은 얼마 후 사임한 다얀과 달리 아랍 세계에 대해 잘 알지 못했다. 그는 여전히 폴란드계 셔틀shetle의 아들이었으며 유대인의 투쟁에 대한 마니교도적 관점을 가진 강경한 민족주의자였으며 유대교에 대해 정서적으로 접근하는 사람이었고 성서적 이스라엘의 비전을 가진 사람이었다. 지미 카터Jimmy Carter 대통령의 방패 아래에서 사다트와 협상을 하는 가운데, 베긴은 "예루살렘은 계속해서 이스라엘의 영원한 통일된 수도가 될 것이며 그 이상도 이하도 아닐 것"이라고 주장했다. 이스라엘 국회는 그와 비슷한 문구를 이스라엘 법으로 제정했다. 농림부 장관 아리엘 샤론의 불같은 에너지를 빌려 "예루살렘을 유대인들의 영원한 수도로 만들고자" 결심한 가운데 베긴은 "거대 예루살렘 개발"을 위해 샤론이 "아랍 주변의 원형 개발"이라 부른 것의 건축을 가속화했다.

1982년 4월, 앨런 굿맨Alan Goodman이라는 이름의 이스라엘인 목사가 성전산에서 난동을 피우며 두 명의 아랍인들을 총으로 쏘았다. 무프티는 유대인들이 알 아크사 자리에 성전을 재건하려 한다고 지속적으로 경고했고 이 때문에 아랍인들은 실제로 그러한 비밀계획이 있는지 궁금해했다. 이스라엘인들과 유대인들의 절대 다수는 그러한 일에 전적으로 반대하며 대부분의 초정통파 유대인들은 인간이 신의 일에 관여해서는 안 된다고 믿었다. 사실 성전산에서 기도할 권리를 요구하는 성전산 교단Temple Mount Faithful 혹은 제3성전을 위한 사제계급훈련을 주장하는 성전건립운동 Movement for the Establishment of the Temple 등 1,000여 명의 유대인 극단주의자 단체들이 있을 뿐이었다. 가장 극단적인 광신자들 중에서도 극소수의 분파들만이 모스크 파괴를 모의해왔지만 현재까지 이스라엘 경찰은 그러한 음모를 모두 무력화시켰다. 그러한 분노는 무슬림뿐 아니라 이스라엘 국가 자체에 파국이 될 것이다.

1982년, 베긴은 아라파트가 건설한 영지가 있는 레바논을 기습함으로써 이스라엘 외교관들과 민간인들에 대한 팔레스타인 해방조직의 공격에 대응했다. 아라파트와 그의 군대는 베이루트에서 쫓겨나 튀니스Tunis로 이동했다. 국방장관 샤론이 주도한 전쟁은 수렁에 빠졌고 그리스도교 민병대가 사브라Sabra와 샤틸라Shatila 진영에서 300~700명의 팔레스타인인들을 살해하는 것으로 끝을 맺었다. 학살에 간접적 책임이 있던 샤론은 물러날 수밖에 없었고 베긴의 정치경력은 우울, 은퇴, 고립으로 끝이 났다.

1977년에 높아졌던 희망은 양측의 비타협, 민간인 살해, 그리고 예루살렘과 서안의 유대인 정착구역의 확대로 인해 사라져버렸다. 1981년 극단주의자들은 비행기를 타고 예루살렘을 방문한 사다트를 벌주기 위해 그를 암살했는데 그것은 이슬람에서 새로운 권력의 부상을 예고하는 것이었다. 1987년 12월, 가자에서 자발적인 팔레스타인의 저항(봉기)이 일어나 예루살렘까지 번졌다. 이스라엘 경찰은 성전산에서 시위자들과 치열한 싸움을 벌였다. 젊은이들은 거리에서 제복 차림의 이스라엘 군인들을 향해 돌을 던졌다. 그들은 팔레스타인 해방조직의 비행기 납치범들을 대신하여 박해 속에서도 저항을 멈추지 않는 팔레스타인인의 이미지를 계속 이어갔다.

인티파다Intifada(반이스라엘 저항운동)는 권력의 공백을 만들었고 새로운 리더들과 이념들이 그 공백을 메웠다. 팔레스타인 해방조직 지도층은 팔레스타인 거리에서 만날 수가 없게 되었고 이슬람 극단주의는 나세르의 낡은 범아랍주의를 대신하고 있었다. 1987년, 이슬람 극단주의자들은 이슬람 저항운동, 즉 하마스Hamas를 창설했다. 하마스는 이집트의 무슬림 형제단의 한 분파로서, 이스라엘을 파괴하기 위한 지하드에 전념했다.

콜렉은 인티파다가 유대인 예루살렘을 '근본적'으로 변화시켰음을 인정했다. 즉 통일된 도시의 꿈을 파괴했다는 것이다. 이스라엘인들과 아랍인들은 이제 함께 일하지 않았고 더 이상 상대방의 동네를 산책하지 않았다. 무슬림과 유대인들뿐만 아니라 유대인들 사이에도 긴장감이 퍼졌다. 초정통파 유대인들은 세속적 유대인들을 향해 폭동을 일으켰고 세속적 유대인들은 예루살렘 밖으로 나가기 시작했다. 오랜 그리스도교 예루살렘 세계는 빠르게 축소되었다. 1995년, 그리스도인은 1만 4,100명밖에 남지 않았다. 이스라엘 민족주의자들은 예루살렘을 유대화하려는 계획을 버리지 않았다. 샤론은 도발적으로 무슬림 구역에 있는 한 아파트로 이사했고 1991년 종교적인 극단적 민족주의자들이 다윗 성 옆에 있는 아랍 실완에 정착하기 시작했다. 필생의 업적이 공격적인 구속주의자들에 의해 압도되는 것을 본 콜렉은 "우리 역사에서 언제나 극히 해로웠던 메시아주의"를 이유로 샤론과 정착민들을 비판했다.

인티파다는 오슬로 평화회담을 간접적으로 주도했다. 1988년, 아라파트는 2국가 해법이라는 개념을 수용했고 이스라엘을 파괴하기 위한 무장투쟁을 재선언했다. 후세인 왕은 예루살렘과 서안지구에 대한 소유권 주장을 포기했고 아라파트는 알 쿠드스를 수도로 하는 팔레스타인 국가의 건설을 계획했다. 1992년, 이츠하크 라빈이 수상이 되었고 인티파다를 압박했다. 솔직하고 우직한 라빈은 평화주의자로서 이스라엘이 신뢰할 만한 고유한 자질들만을 갖고 있었다. 미국은 마드리드에서 실패한 회담을 주재했지만 대부분의 참여자들이 몰랐던 열매를 잉태하게 될 또 다른 비밀스러운 과정들이 있었다.

그것은 이스라엘과 팔레스타인 학자들 사이의 비공식 만남에서부터 시작되었다. 중립지대로 여겨진 아메리칸 콜로니에서, 그다음은 런던과 오슬로에서 각각 회의가 열렸다. 초기의 대화는 라빈도 알지 못한 상태에서 외무장관 시몬 페레즈와 차관 요시 베일린Yossi Beilin이 주도했다. 두 사람이 라빈에게 보고하고 라빈이 회담을 지원하게 된 것은 1993년이 되어서였다. 9월 13일, 라빈과 페레즈는 빌 클린턴Bill Clinton 대통령이 유쾌하게 지켜보는 가운데 백악관에서 아라파트와 함께 조약에 서명했다. 서안과 가자의 일부가 팔레스타인 자치정부로 넘겨졌고 팔레스타인 자치정부는 후세이니의 오리엔트 하우스를 넘겨받아 예루살렘 본부로 사용했다. 오리엔트 하우스는 '1948년의 영웅'의 아들 파이잘 알 후세이니가 운영하고 있었다. 그는 당시 가장 존경받던 팔레스타인인이었다.* 라빈은 요르단의 후세인 왕과 평화조약을 체결했고 예루살렘의 이슬람 성지들의 수호자로

---

* 압드 알 카디르의 아들 파이잘 후세이니가 인티파다의 지도자들 중 하나로 떠올랐다. 후세이니는 파타의 폭파 전문가로서 훈련을 받았으며 이스라엘 감옥에서 수 년간 복역(모든 팔레스타인 지도자에게 중요한 영광의 배지)했지만 석방된 후 가장 먼저 이스라엘과의 대화에 나선 사람 중 하나가 되었으며 자신의 의사를 보다 명확히 표현하기 위해 히브리어를 배우기까지 했다. 후세이니는 마드리드 회담에 참여했으며 아라파트 팔레스타인의 예루살렘 담당 장관이 되었다. 오슬로협정이 파기되었을 때 이스라엘은 그를 오리엔트 하우스에 연금하고 그곳을 영구 폐쇄했다. 후세이니는 2001년 사망하여 부친과 마찬가지로 하람에 묻혔다. 팔레스타인인들은 이제 아라파트를 대신할 유일한 지도자를 잃었다.

서 하심 가문의 특별한 역할을 확인해주었다. 그것은 현재까지도 지속되고 있다. 이스라엘과 팔레스타인 고고학자들은 평화에 대한 각자의 학술적 관점에 대해 협상을 했고 최초로 열정적으로 함께 작업하기 시작했다.

예루살렘이라는 난제는 협상 후반부까지 미뤄졌고 라빈은 합의 이전까지 예루살렘 정착촌 건축에 박차를 가했다. 베일린과 아라파트 측 차관 마흐무드 압바스Mahmoud Abbas는 통일된 자치정부 아래에서 아랍인 구역과 유대인 구역으로 예루살렘을 분할하고 옛 도시에 '특별 지위'를 부여해 중동의 바티칸 시티로 만들자는 안을 놓고 협상했다. 그러나 합의는 아무것도 이루어지지 않았다.

오슬로협정은 아마도 너무 많은 사항을 결정하지 않은 채 남겨두었고, 양쪽 모두는 서로에게 극렬한 반대의 목소리를 냈다. 여든두 살이 된 콜렉 시장은 선거에서 민족주의자들과 초정통파의 지지를 받은 보다 강경한 에후드 올머트Ehud Olmert에게 패했다. 1995년 11월 4일, 베일린과 압바스가 예루살렘에 대한 비공식적 합의에 도달한 지 나흘 후 라빈이 유대교 광신자에 의해 암살되었다. 예루살렘에서 태어난 라빈은 헤르츨 산에 묻혔다. 후세인 왕이 추도연설을 했다. 현직 미국 대통령과 두 명의 전직 대통령이 참석했다. 이집트 대통령 무바라크Mubarak가 최초로 방문했으며, 영국 왕세자는 이스라엘 건국 이후 최초로 예루살렘을 황실 방문했다.

평화는 흔들리기 시작했다. 하마스의 이슬람 근본주의자들은 이스라엘 민간인들을 무차별 공격하는 자살폭탄운동을 시작했다. 한 아랍인 자살폭파범은 예루살렘 버스에서 25명을 죽였다. 일주일 후 또 다른 자살폭파범이 같은 버스 노선에서 18명을 죽였다. 이스라엘 유권자들은 팔레스타인 폭력에 대한 책임을 물어 페레즈 수상을 실각시키고 대신 "페레즈는 예루살렘을 분할시킬 것이다"라는 슬로건을 내건 리쿠드당의 지도자

베냐민 네타냐후를 선출했다. 네타냐후는 평화와 영토를 맞바꾼다는 원칙에 의문을 제기했고 예루살렘의 어떤 분할에도 반대했으며, 더욱 많은 정착촌 건설에 착수했다.

1996년 9월, 네타냐후는 성전산을 따라 난 성벽에서 시작해 무슬림 구역까지 이어지는 터널을 개통했다.* 일부 이스라엘 극단주의자들이 성전산을 향해 위쪽으로 발굴을 시도하자 이슬람 당국 와크프는 재빨리 그 구멍을 막아버렸다. 이슬람 성소를 훼손하기 위해 터널을 개통했다는 소문이 퍼져서 폭동으로 75명이 죽고 1,500명이 부상했다. 그것은 예루살렘에서 고고학은 죽음과 맞바꿀 만한 것임을 입증했다. 고고학을 정치화한 것은 이스라엘 사람들만이 아니었다. 역사는 다른 무엇보다 중요했다. 팔레스타인 해방조직은 역사가들에게 예루살렘에 유대인 성전이 있었음을 인정하는 것을 금지시켰다. 그 명령은 아라파트 자신이 직접 내린 것이었다. 아라파트는 세속적인 게릴라 지도자였지만 이스라엘에 관한 일이라면 세속적인 민족적 서술마저도 종교적 서술에 의해 뒷받침되었다.

1948년, 아라파트는 무슬림 형제단과 함께 싸웠고(그 군대의 이름은 알 지하드 알 무카다스^(Al-Jihad al-Muqadas), 즉 예루살렘 성전이었다) 예루살렘의 이슬람 성소들을 점령했다. 아라파트는 파타의 무장 부대를 '아크사 순교자 여단'이라고 불렀다. 아라파트의 참모들은 아라파트가 예루살렘에 개인적으로 집착하고 있다는 것을 인정했다. 아라파트는 자신을 살라딘과 오마

---

* 고고학자들은 1950년대에 성전산의 서쪽 벽 근처에 있는 아랍인 주택들 아래에 있는 터널들을 발굴하기 시작했다. 후에 예루살렘 학자들의 원로가 된 올레그 그라바 교수는 마치 마술처럼 부엌 바닥으로 터널이 이어져 주민들을 깜짝 놀라게 하는 일이 빈번했던 것을 기억한다. 이스라엘 고고학자들에 의해 그 터널에서는 헤롯 성전과 마카베오, 로마, 비잔틴, 우마이야조 시대 건물들의 거대한 기초석들부터 처음 나타난 십자군 예배소까지 가장 놀라운 유물들이 발견되었다. 그 터널에는 현재 유대인들이 기도할 수 있는 성전 기초석에 가장 가까운 장소도 포함돼 있다. 또한 그 터널은 유대인 구역과 무슬림 구역을 연결함으로써 예루살렘을 하나로 묶고 있다.

르 대제와 동일시했으며 유대인과 예루살렘의 모든 관련성을 부인했다. 팔레스타인 역사가 나즈미 주베Nazmi Jubeh는 "성전산에 대한 유대인들의 압력이 클수록 1차, 2차 성전에 대한 부정도 더 커진다"고 말했다.

터널폭동 이후 긴장된 나날들 속에서 솔로몬 마병장에 회당을 열 계획이라는 소문이 돌았다. 그 가운데 이스라엘은 와크프에게 알 아크사 아래에 있는 오래된 강당들을 철거하고 불도저를 이용해 계단을 파내고 헤롯의 통로에 마르완Marwan이라는 널찍한 새 지하 모스크를 건설하도록 허용했다. 잔해는 그대로 버려졌다. 이스라엘 고고학자들은 지상에서 가장 민감한 장소를 불도저로 잔인하게 밀어버린 것에 경악했다. 고고학은 정치와 종교의 싸움에서는 패자였다.*

이스라엘은 평화에 대한 믿음을 다 잃지는 않았다. 클린턴은 2000년 6월 대통령 별장으로 신임 수상 에후드 바라크Ehud Barak와 아라파트를 불러모았다. 바라크는 대담하게 '최후의 거래', 즉 서안의 91퍼센트와 팔레스타인의 수도 아부 디스Abu Dis, 그리고 동예루살렘의 아랍인 거주 구역 전체를 주겠다고 제안했다. 옛 도시는 여전히 이스라엘의 주권하에 두되 무슬림 구역과 그리스도교 구역 그리고 성전산은 팔레스타인의 '주권적 감독' 아래 둔다는 것이었다. 성소 아래에 있는 땅과 터널(특히 성전의 기초석)은 이스라엘이 소유한다. 그리고 사상 최초로 제한된 수의 유대인들이 성전산에서 기도하도록 허용한다. 옛 도시는 공동으로 치안을 하되 비무장 상태로 모든 사람에게 개방한다. 이미 옛 도시 구역들의 절반을 제

---

* 그러한 싸움은 양측 모두의 복잡함을 드러내며 때로는 이스라엘과 아랍을 한데 묶는다. 랍비 고렌이 예시바를 위해 서쪽 벽을 내려다보는 칼리디 저택을 징발하려 했을 때, 하이파 칼리디 부인은 두 명의 이스라엘 역사가 암논 코헨Amnon Cohen과 단 바하트Dan Bahat를 통해 이스라엘 법정에서 변론했다. 칼리디 부인은 지금도 유명한 칼리디야도서관 위에 있는 그녀의 집에서 살고 있다. 종교적 유대인들이 굴착을 확대하여 다윗 성 아래 실완에 정착하려 했을 때 이스라엘 고고학자들이 제기한 소송이 그것을 막았다.

안받은 상태에서, 아라파트는 아르메니아 구역을 추가로 요구했다. 이스라엘이 동의했고 사실상 옛 도시의 4분의 3을 내주었다. 사우디의 승인 압력에도 불구하고 아라파트는 팔레스타인인들의 귀향권은 협상 대상이 될 수 없고 모든 이슬람의 소유인 돔에 대한 이스라엘의 주권도 승인할 수 없다고 생각했다.

아라파트는 클린턴에게 "제 장례식에 참석하시겠습니까?"라고 물었다. "나는 예루살렘도 성지들도 포기하지 않을 것입니다." 그러나 아라파트의 거부는 훨씬 더 근본적인 것이었다. 회담 도중 아라파트는 예루살렘에 한 번도 유대인의 성전이 들어선 적이 없고 실제로는 사마리아의 게리짐 산에만 존재했다고 주장함으로써 미국인들과 이스라엘인들을 놀라게 했다. 유대인들은 예루살렘의 거룩함이란 현대에 들어와 고안된 것이라고 생각했다. 클린턴 임기의 마지막 몇 주 동안 이루어진 회담에서 이스라엘은 성전산 전체를 팔레스타인이 소유하되 그 아래에 있는 지성소에 대한 상징적 연관성만 유지하겠다고 제안했다. 아라파트는 거절했다.

2000년 9월 28일, 야당인 리쿠드당의 당수 샤론은 이슬람이 사랑하는 아크사와 돔을 명백히 위협하는 '평화의 메시지'를 가지고 이스라엘 경찰의 경호를 받으며 성전산을 활보함으로써 바라크의 곤란함을 가중시켰다. 그로 인해 일어난 폭동은 아크사 인티파다로 심화되었는데 일부는 투석전이었고 일부는 파타와 하마스가 이스라엘 민간인들을 대상으로 사전에 계획한 자살폭탄이었다. 최초의 인티파다는 팔레스타인인들에게 도움을 주었지만 이번에는 평화협상에 대한 이스라엘의 신뢰를 파괴했고, 그것은 샤론의 선출로 이어졌으며, 마침내 팔레스타인인들 스스로를 분열시켰다.

샤론은 팔레스타인 자치정부를 공격함으로써 인티파다를 압박했고 아라파트를 포위하고 모욕했다. 아라파트는 2004년 사망했고 이스라엘은 성전산에서 아라파트의 장례식을 치르는 것을 불허했다. 아라파트의 후계자 압바스는 2006년 선거에서 하마스에 패했다. 잠시 동안 갈등을 겪은 후 하마스는 가자를 장악했다. 한편 압바스의 파타는 서안을 계속해서 지배했다. 샤론은 예루살렘을 관통하는 보안장벽을 설치했다. 그것은 우울한 콘크리트 흉물이었지만 자살폭탄을 중단시키는 데는 성공했다.

평화의 씨앗은 단순히 자갈밭에 떨어진 것이 아니라 그 땅을 독에 물들게 했다. 평화가 평화를 만든 사람들을 불신하게 만들었다. 예루살렘은 오늘날 정신분열적 두려움 속에 존재하고 있다. 유대인들과 아랍인들은 감히 서로의 동네에 들어가는 모험을 감행하지 않는다. 세속적 유대인들은 안식일에 쉬지 않고 불경한 옷을 입는다는 이유로 돌을 던지는 초정통파 유대인들을 회피한다. 메시아를 기다리는 유대인들은 성전산 기도를 시도함으로써 경찰의 인내심을 시험하고 무슬림들의 불안을 자극한다. 그리스도교 종파들은 여전히 서로 으르렁거린다. 예루살렘 시민들의 얼굴은 긴장돼 있고, 목소리는 화가 나 있다. 그리고 누구든 심지어 자신이 신성한 계획을 실행하고 있다고 확신하는 세 종교의 종교인들조차도 내일 무슨 일이 일어날지 확신할 수 없다는 것을 알고 있다.

예루살렘의 내일

지상의 어떤 곳에서보다도 이곳에서 우리는 편견, 배타성, 집착이라는 비소의 해독제 역할을 할 관용, 공유, 포용이라는 한 방울의 영약을 갈망하고 희망하고 찾고 있다. 그 해독제를 찾는 것은 언제나 쉬운 일이 아니다. 오늘날 예루살렘은 그리 크지도 않고 화려하지도 않다. 또한 2,000년간 유대인들이 압도적 다수가 된 적도 없었다. 그럼에도 여전히 예루살렘은 팔레스타인에서 가장 번화한 도시다.* 때로는 예루살렘의 그러한 유대적 성격이 다소 인위적이고 예루살렘의 본질과는 다른 것처럼 보이지만 그것은 예루살렘의 과거와 현재에 대한 왜곡이다.

예루살렘의 역사는 여러 차례 확대와 축소를 거듭해온 정착민, 이민자들, 순례자들의 연대기로 그 속에는 아랍인, 유대인, 그리고 다른 많은 사람들이 포함돼 있다. 이슬람이 1,000년 이상을 지배하는 동안 예루살렘은 이슬람 정착민들, 학자들, 수피주의자들, 그리고 아랍인, 터키인, 인도인, 수단인, 이란인, 쿠르드족, 이라크인, 마그레브인, 그리스도교계 아르메니아인, 그루지아인, 러시아인으로 이루어진 순례자들의 식민지가 되었다. 나중에 비슷한 이유로 예루살렘에 정착한 스페인계 유대인들과 러시아계 유대인들도 다르지 않았다. 아라비아의 로렌스가 예루살렘이 아랍 도시라기보다는 레반트 도시에 가깝다고 확신하게 된 것도 바로 그러한 성격 때문이었으며 그것은 예루살렘이 가진 성격의 극히 본질적인 측면이다.

성벽 밖의 모든 예루살렘 교외지역들이 1860년에서 1948년 사이에 아랍인들 뿐 아니라 유대인, 유럽인들이 세운 새로운 정착지라는 사실이 망각되는 경우가 많다. 셰이크 자라와 같은 아랍인 구역들은 유대인 구역들보다 더 오래되지 않았으며, 더 합법적이지도 덜 합법적이지도 않다.

무슬림들과 유대인들은 모두 의심할 여지가 없는 역사적 소유권을 지닌다. 유대인들은 3,000년 동안 이 도시에 살았고 존중해왔다. 그들

---

* 2009~2010년 현재, 거대 예루살렘의 인구는 78만 명이다. 그중 51만 4,800명이 유대인(그중 16만 8,000명이 정통파 유대인), 26만 5,200명이 아랍인들이었다. 옛 도시에는 아랍인이 약 3만 명, 유대인이 3,500명이다. 동예루살렘의 새로운 교외에는 약 20만 명의 유대인들이 살고 있다.

은 아랍인들과 동등한 예루살렘 시민이다. 그러나 가장 무해한 유대교 복원조차도 불법적인 것으로 간주되는 때가 있다. 2010년, 이스라엘인들은 마침내 유대인 구역에 복원된 허바 회당을 최종적으로 축성했다. 허바 회당은 1948년 요르단인들에 의해 파괴된 바 있었다. 그러나 그것은 유럽 언론의 비판, 그리고 동예루살렘의 소규모 폭동들을 불러일으켰다.

그러나 기존의 아랍인 거주자들이 자신들을 이주당하고 억압당하고 괴롭힘당하는 사람으로 여길 때 새로운 유대인 거주지를 만들기 위한 방편으로 이중의 법체계에 의해 재산을 착취당할 때, 국가와 시의 전폭적인 지지를 받을 때, 그것은 완전히 다른 문제가 된다. 아랍인들이 사는 동네들을 식민화하는 것을 목적으로 한 공격적인 정착촌 건축, 예루살렘을 공유하기 위한 모든 평화협상에 대한 사보타지, 아랍 구역에 대한 서비스와 신규 주택 건설의 체계적 태만은 유대인들의 가장 순수한 프로젝트들조차도 오명을 쓰게 만든다.

이스라엘 앞에는 두 개의 길이 놓여 있다. 예루살렘 시민, 즉 종교적 민족주의적 국가 대 '거품'이라는 별명을 가진 자유주의적이고 서구화된 텔아비브이다. 예루살렘의 민족주의적 프로젝트, 그리고 서안의 집요한 정착촌 건축은 이스라엘 자신의 이해관계를 왜곡시켜 이익보다는 손해를 가져다줄 수도 있다.* 여론이 어떻게 파동하든 이스라엘은 다른 나라와

---

* 유약한 연립정부와 고장 난 민주주의 아래에서, 종교적 민족주의적 단체들은 예루살렘의 도시계획과 고고학에 관한 문제에서 어느 때보다 강한 힘을 갖게 되었다. 이스라엘들의 건축은 핵심적인 동부 섹션(E1), 즉 옛 도시 동쪽에서 시작되었으며 그것은 동예루살렘과 서안을 효과적으로 단절시키게 될 것이며 팔레스타인 국가의 건설을 방해하게 될 것이다. 이스라엘의 자유주의자들과 미국은 이스라엘에 그것을 중단하도록 설득했으나 셰이크 자라와 실완의 아랍인 동네에 유대인 정착촌을 건설하려는 계획은 계속되고 있다. 실완은 많은 발굴이 이루어진 고대 다윗성 옆에 있으며 유대인 민족주의 종교단체 에후드는 그곳의 귀중한 고고학적 발굴에 자금을 지원하고 있고 유대인 예루살렘에 대한 이야기를 해주는 방문자센터를 운영하고 있다. 이스라엘

똑같은 안보와 번영의 권리를 갖는다. 그러나 예루살렘은 단순한 수도가 아니다. 일부 정착민들은 역사적 기준으로 볼 때 고유하고 인상적인 모든 종교를 위한 예루살렘의 수호자로서의 이스라엘 평판을 훼손시키고 있다. 작가 엘리 위젤Eli Wiesel은 2010년 미국 대통령 오바마에게 보낸 공개서한에서 "오늘날 역사상 처음으로 유대인, 그리스도인, 무슬림들이 자신들의 성지에서 자유롭게 예배를 할 수 있게 되었다"라고 말했다. 그것은 이스라엘의 민주주의 체제하에서 대부분은 사실이다.

기원후 70년 이후 처음으로 유대인들이 자유롭게 예배를 할 수 있게 된 것은 확실하다. 그리스도교 지배하에서 유대인들은 성읍에 접근하는 것조차 금지되었다. 이슬람 시대에 그리스도인들과 유대인들은 딤미로서 관용을 받았지만 빈번하게 억압당했다. 그리스도인들처럼 유럽 강대국들의 보호를 받을 수 없었던 유대인들은 열악한 대우를 받는 일이 빈번했다. 그래도 그리스도교 유럽에서 유대인들이 받았던 최악의 대우보다는 나았다. 유대인들은 이슬람 또는 그리스도교 성지들에 접근했다는 이유로 살해당할 수 있었다. 그러나 성벽 옆의 통로를 지나 당나귀를 몰고 갈 수 있는 사람은 기술적으로는 성지 접근이 허용된 유일한 사람들이었다. 20세기에조차도 유대인들의 서쪽 벽 접근은 영국에 의해 엄격히 제한되었고 요르단인들은 그것을 완전히 금지했다. 그러나 이스라엘 사람들이 '상황'이

은 또한 보다 많은 유대인 정착민들을 위해, 그리고 왕의 동산이라 불리는 킹 다윗 공원을 위해 인근의 주택가로 팔레스타인 거주민들을 이주시킬 계획을 하고 있다. 그러한 상황들은 고고학 전문가 집단에 대한 도전이 될 수 있다. 그러한 프로젝트에 반대하는 운동을 벌여온 라파엘 그린부르크Raphael Greenberg 박사는 고고학자들이 세속적 학술적 접근법을 보이고 있지만, 그들의 후원자들은 "예루살렘 역사의 개념들을 합법화시켜주는 결과"들을 바라고 있다고 말한다. 현재까지 그린부르크 박사의 우려는 현실화되지 않았다. 고고학자들은 높은 수준의 진실성을 갖고 있고 우리가 앞에서 본 바와 같이, 현재의 발굴을 통해 드러난 것은 유대인의 성벽들이 아니라 가나안의 성벽들이다. 그럼에도 불구하고 그러한 유적들은 팔레스타인들과 이스라엘 자유주의자들의 저항의 도화선이 되어왔다.

라 부른 것 덕분에 예배의 자유에 대한 위젤의 주장은 폐쇄적인 비자 정책과 같은 겹겹의 관료주의적 박해를 견디는 비유대인들에게는 언제나 사실이 아니게 되었다. 이스라엘 경찰은 성전산의 출입문 통제를 날로 강화하고 있지만 보안문제는 서안의 팔레스타인인들이 교회에서 혹은 아크사에서 기도하기 위해 예루살렘에 접근하는 일을 점점 더 어렵게 하고 있다.

갈등이 없을 때 유대인, 무슬림, 그리스도인들은 예루살렘의 오랜 전통인 회피주의로 돌아간다. 모래 속에 머리를 파묻고 다른 사람들이 존재하지 않는 것처럼 가장하는 것이다. 2008년 9월, 유대인 국경일과 라마단이 겹쳤을 때 유대인들과 아랍인들이 성소와 서쪽 벽으로 기도하러 가면서 골목마다 '유일신 교통체증'이 일었지만 〈뉴욕타임스〉의 에단 브로너Ethan Bronner는 "근본적으로 충돌이라는 것이 전혀 없었기 때문에 긴장된 대결이라고 부르는 것은 틀린 것이 되었을 것이다"라고 말했다. "말을 나누지는 않았다. 그들은 서로를 보고 지나쳤다. 마치 평행우주와도 같이 모든 장소와 순간을 서로 다른 이름으로 부르고 양측 모두 그것들을 자신들의 것이라 주장하면서 무리지어 밤길을 지나갔다."

예루살렘의 씁쓸한 기준에 따르면 그러한 회피는 정상성의 신호다. 예루살렘이 국제적으로 중요하게 된 이후로는 특히 그렇다. 오늘날 예루살렘은 중동의 조종석이며, 이스라엘과 팔레스타인 사이의 싸움은 말할 것도 없고 서구적 세속주의와 이슬람 근본주의 사이의 전쟁터다. 뉴욕 사람들, 런던 사람들, 파리 사람들은 자신들이 다신적이고 세속적인 세계 속에 살고 있다고 생각하며 그 세계 속에서 조직화된 종교와 그 신자들은 잘해봐야 점잖은 조롱을 당할 뿐이다. 그럼에도 천년왕국 아브라함 신자들 중 근본주의자들(그리스도교, 유대교, 무슬림)의 수는 날로 증가하고 있다.

예루살렘의 묵시적, 정치적 역할은 그 어느 때보다 위기에 처해 있다. 생동감 넘치는 미국의 민주주의는 요란스러울 정도로 다양하고 세속적이지만 동시에 최후이자 아마도 역사상 가장 강력한 그리스도교 세력일 것이다. 그리고 미국의 복음주의자들은 여전히 예루살렘의 최후의 날을 고대하고 있다. 그것은 미국 정부가 조용한 예루살렘을 중동 평화의 열쇠이자, 아랍 동맹국들과의 관계에서 전략적 핵심으로 보고 있는 것과 일치한다.

반면, 이스라엘의 알 쿠드스 지배는 무슬림 숭배를 강화했다. 이란에서 매년 열리는 예루살렘의 날Jerusalem's Day은 1979년 아야톨라 호메이니가 취임한 날이다. 그날 예루살렘은 이슬람 성지와 팔레스타인의 수도 그 이상의 의미를 갖는다. 핵무기가 뒷받침하는 이란의 지역패권의 야심과 미국과의 냉전 속에서 예루살렘은 이슬람 공화국의 야심에 회의적인 수니파 아랍인들이 이란 시아파와 편리하게 단결할 수 있게 하는 구심점이다. 레바논의 시아파 헤즈볼라Hezbollah에게든, 가자의 수니파 하마스에게든, 예루살렘은 이제 반시온주의, 반미, 이란 지도층을 한데 결집시키는 토템의 역할을 한다. 마흐무드 아흐마디네자드Mahmoud Ahmadinejad는 "예루살렘을 지배하는 정권은 역사의 페이지에서 사라져야 한다"고 말한다. 그리고 그 역시 "정의롭고 완벽한 인간, 선택받은 자 알 마흐디", 즉 주술적인 열두 번째 이맘이 예루살렘(즉《쿠란》이 "그 시간"이라 칭한 것의 배경이 되는 도시)을 해방시킬 것이라고 믿는 천년왕국 신자였다.

세 종교의 선택된 도시인 21세기 예루살렘에는 그러한 종말론적이고 정치적인 강렬함이 그 모든 갈등과 환상의 십자로에 놓여 있다. 예루살렘의 묵시적 역할이 과장될 수는 있지만 아랍 세계를 휩쓴 변화처럼 제각기 24시간 텔레비전 뉴스의 조명을 받는 권력, 종교, 유행의 독특한 결합은 보편적 도시의 섬세한 돌들 위에, 다시 말하면 어떤 면에서 세계의 중심 위에 압력을 쌓고 있다.

2010년, 압둘라의 손자인 요르단 왕 압둘라 2세는 "예루살렘은 언제든 꺼질 수 있는 불씨"라고 경고했다. "우리 세계의 모든 길, 모든 갈등은 예루살렘으로 이어진다." 그것이 미국 대통령들이 가장 불길한 순간에조차도 협력을 필요로 하는 이유이다. 이스라엘 민주주의에서 평화파는 쇠퇴하고 있고 극도로 강한 종교적 민족주의 정당들이 유약한 정부를 압도하고 있는 한편, 팔레스타인에는 어떤 단일한 실체, 어떤 안정적이고 민주적인 대표체도 없다. 파타의 서안이 점점 더 번성하고 있음에도 불구하고 팔레스타인의 가장 활발한 단체는 근본주의 하마스이며 하마스는 가자를 지배하고 있고 여전히 이스라엘을 전멸시키는 데 몰두하고 있다. 거기에는 자살폭탄을 무기로 사용하고 이스라엘의 남부로 주기적으로 미사일을 발사함으로써 이스라엘의 공격을 도발하고 있다. 유럽과 미국은 하마스를 테러리스트 조직으로 간주하며 현재까지는 1967년 경계선을 기준으로 한 정착촌을 지원할 의지가 있다는 회유적 메시지가 혼합되어왔다.

1993년 이후 협상의 역사, 그리고 점잖은 말과 불신과 폭력의 행동 사이의 정신적 차이는 양쪽 모두 예루살렘을 영구히 공유하기 위해 필요한 타협을 할 의사가 없다는 것을 시사한다. 가장 좋은 시절이라도 예루살렘에서 천상, 민족, 감정의 화합은 미로와 같은 퍼즐이다. 20세기에 예루살렘에 대한 40여 개가 넘는 계획들이 있었으나 모두 실패했고 현재 성전산의 공유에 관련해서만 최소 13개의 서로 다른 모델들이 있다.

2010년, 오바마 대통령은 바라크와 손을 잡고 배후에서 실력을 행사하는 네타냐후를 압박해 예루살렘 정착촌 건설을 일시적으로 중단시켰다. 미국과 이스라엘 관계에서 가장 쓰라린 순간을 대가로 치르고 오바마는 결국 양측을 대화에 나서게 만들었으나 회담의 진행은 얼음처럼 냉랭했고 또한 잠깐에 그쳤다.

　　　이스라엘은 자주 외교적으로 강경한 자세를 보여왔고 정착촌을 건축함으로써 자체의 안보와 평판의 위험을 감수했지만, 후자는 협상이 가능한 것이었다. 상대편의 문제도 마찬가지로 근본적인 것으로 보인다. 라빈, 바라크, 올메르트 시절에 이스라엘은 옛 도시를 포함한 예루살렘 공유를 제안했다. 1993년부터 거의 20년에 걸친 짜증나는 협상에도 불구하고 팔레스타인인들은 희망이 있을 때조차 단 한 번도 예루살렘의 공유에 공식적으로 합의한 적이 없다. 2007년과 2008년에는 비밀리에 비공식적인 합의가 있었다. 그러나 양측이 가장 유연한 제안을 하고 서로의 입장이 아주 근접했을 때에는 상대방의 시기가 좋지 않았다. 팔레스타인의 제안을 담은 문서의 유출은 아랍 측에서 배신이라는 분노에 찬 비난을 불러일으켰다.

　　　예루살렘은 현재의 상태로 수십 년간 지속될 수 있겠지만 언제든 평화협정에 서명만 된다면 두 개의 국가가 존재하게 될 것이다. 그것은 국가와 민주주의로서 이스라엘의 생존 그리고 팔레스타인인들을 위한 정의와 존중에서 핵심적인 일이다. 팔레스타인 국가의 형성과 공동의 예루살렘은 양측에 모두 알려진 일이다. 이스라엘 대통령 시몬 페레즈는 오슬로 협정 서문에서 "예루살렘은 두 국가의 수도가 될 것이며 아랍 교외는 팔레스타인인들의 것, 유대 교외는 이스라엘인들의 것이 될 것이다"라고 말했다. 시몬 페레즈는 누구나 그렇듯 상황을 잘 파악하고 있었다. 이스라엘은 클린턴이 설정한 기준에 따라 동예루살렘에 12개가량의 정착촌을 건설하려 하겠지만 팔레스타인인들은 그 외의 이스라엘 땅을 통해 보상을 받으려 할 것이며 이스라엘 정착촌들은 서안의 대부분에서 철수될 것이다. 여기까지는 매우 간단하지만, 페레즈는 "그러나 문제는 옛 도시다. 우리는 주권과 종교를 분리하지 않으면 안 된다. 모두가 자신들의 성소들을 관할하려 하겠지만 누구도 옛 도시를 조각조각으로 나눌 수는 없다"고 말했다.

옛 도시는 국제위원회가 운영하는 비무장 상태의 바티칸이 될 것이며 아랍-이스라엘 공동순찰대 혹은 아마도 바티칸의 스위스 근위대의 예루살렘식 버전이 될 국제적인 신탁단체가 치안을 맡게 될 것이다. 아랍인들은 미국을 받아들이지 않으려 할지도 모르며 이스라엘은 유엔과 유럽연합을 불신할지도 모른다. 이 때문에 그 일은 NATO 그리고 다시 한 번 예루살렘에서의 역할을 노리고 있는 러시아가 함께 수행할 수도 있다.* 이스라엘의 어떤 정치가도 성전 기초석의 소유권 전체를 포기하고 살아남아 옛 이야기를 할 수 없을 것이고 이슬람 권력자들은 성지에 대한 이스라엘의 총체적 주권을 인정한 채 살아남을 수 없을 것이다. 뿐만 아니라 단찌히Danzig부터 트리스테Trieste까지 중립도시 또는 자유도시들은 대체로 그 끝이 좋지 않았다.

성전산을 분할하기는 어렵다. 하람과 코텔, 돔, 아크사, 그리고 서쪽 벽은 모든 같은 건물의 일부이다. 페레즈는 "어느 누구도 거룩함을 독점할 수 없다. 예루살렘은 도시라기 보다 하나의 불꽃이며, 어느 누구도 그 불꽃을 가를 수 없다." 불꽃이든 아니든 누군가는 주권을 보유해야 하고, 성전산 표면은 무슬림들에게 주고 지하에 있는 터널과 물두멍들(따라서 기초석까지)은 이스라엘에 주자는 다양한 계획들이 제시되었다. 깜짝 놀

---

* 러시아의 예루살렘 숭배는 2007년 구소련의 모스크바 총대주교 관할교구와 러시아 바깥의 백러시아 정교회의 재결합을 감독했던 블라디미르 푸틴이 강요한 권위주의적 국수주의에 맞게 현대화되었다. 수천 명의 노래하는 러시아 순례자들이 다시 거리를 매웠다. 거룩한 불은 크렘린 권력자의 주관하에, 국가 영광 및 안드레이 사제 재단이라는 단체에 의해 비행기에 실려 모스크바로 왔다. 황금으로 된 실물 크기의 진부한 '짜르 다윗' 동상이 다윗 무덤 근처에 등장했다. 전임 수상 스테판 스테파신이 복원된 팔레스타인협회의 회장이다. 그는 "예루살렘 한가운데의 러시아 깃발은 값으로 따질 수 없다"고 말한다.

랄 동굴, 파이프, 수로가 극도로 복잡하게 얽힌 어둑어둑한 지하세계가 아무리 예루살렘답다고 한들 누가 흙을 소유하고 누가 땅을 소유하고 누가 하늘을 소유하는가?

　　무언가 다른 것이 있지 않고는 어떤 거래도 합의되지도 용납되지도 않을 것이다. 정치적 주권을 지도 위에 그리고 법률적 합의서에 명시하고 M-16으로 강요할 수 있지만 역사적, 신비적, 정서적인 것이 없다면 그것은 헛되고 아무 의미가 없는 것이다. "아랍-이스라엘 갈등의 3분의 2가 심리학"이라고 사다트는 말했다. 평화의 실제적 조건은 단순히 헤롯의 물두멍이 팔레스타인의 것이냐 이스라엘의 것이냐에 관한 세부사항이 아니며 진심에서 나오는 가시적인 상호 신뢰와 존중이다. 양편 모두에서 일부 사람들은 상대방의 역사를 부정하고 있다. 이 책에 어떤 사명이 있다면 나는 이 책이 양측이 서로의 고대 유산을 인정하고 존중하도록 고무할 수 있기를 진심으로 희망한다.

　　아라파트가 예루살렘에서 유대인의 역사를 부인한 것은 팔레스타인 측의 역사가들(개인적으로 그 역사를 기꺼이 인정하는 사람들)도 터무니없게 여겼다. 누구도 감히 아라파트에게 반기를 드는 위험을 감수하지는 않을 것이다. 2010년에조차도 하람 알 샤리프가 유대인 성전의 유적지라는 사실을 인정할 용기를 가진 사람은 철학자 사리 누세이베뿐이었다. 이스라엘 정착촌 건설은 아랍의 자존심을 훼손시켰으며 실용주의는 팔레스타인 국가를 훼손시켰다. 그러나 팔레스타인인들이 고대 유적에 대한 이스라엘의 소유권을 부정하는 것은 평화협정으로 가는 데 있어 재앙이다. 그리고 그 후 우리는 더욱더 큰 도전을 맞게 되었다. 양측은 상대편의 비극과 영웅주의에 대한 신성한 현대적 서술을 용인해야만 한다. 그것은 양측이 자기들의 이야기에서 상대편을 악당으로 등장시킨 이후로부터 많이 요구되던 것이다. 그럼에도 불구하고 그것 역시 가능하다.

예루살렘의 존재는 예측 불가능한 것을 쉽게 상상할 수 있게 해준다. 예루살렘은 40년, 50년 후에도 여전히 존재할 것인가? 어느 순간이든 극단주의자들이 성전산을 파괴하고 세계의 심장을 부수고 근본주의자들에게 심판의 날이 가깝고 그리스도와 적그리스도의 전쟁이 시작되었다고 설득시킬 가능성은 언제나 존재한다.

현재 네게브에 살고 있는 예루살렘 출신 작가 아모스 오즈는 다음과 같은 우스꽝스러운 해법을 제시한다. "성지들의 모든 돌들을 떼어내 그것들을 스칸디나비아로 옮겨 100년간 보관한 후 모두가 예루살렘에서 함께 사는 법을 배울 때까지 가져와서는 안 된다." 슬프게도 이것은 다소 비현실적이다.

1,000년간 예루살렘은 배타적인 유대교 지역이었다. 400년간은 그리스도교 지역이었다. 1,300년간은 이슬람 지역이었다. 그 세 종교들 중 어느 것도 칼, 투석기, 또는 곡사포 없이는 예루살렘을 차지하지 못했다. 그들의 민족주의적 이야기들은 영웅적 승리와 돌연한 재앙 때문에 필연적으로 그렇게 될 수 밖에 없던 경직된 이야기들을 들려주지만 그러한 역사에서 나는 필연적인 것은 아무것도 없으며 언제나 선택의 여지가 존재했음을 보여주고자 노력했다. 예루살렘 시민들의 운영과 정체성이 선명하게 드러난 적은 거의 없었다. 헤롯 시대, 십자군 시대, 영국령 예루살렘 시대의 삶은 언제나 오늘날의 삶과 똑같이 복잡하고 미묘했다.

극적인 혁명만 있었던 것이 아니라 조용한 진화도 있었다. 때로는 다이너마이트나 철, 피가 예루살렘을 변화시키기도 했지만 때로는 몇 세대에 걸쳐 혈통을 따라 느리게 시가 낭송되고 이야기가 전해지고 조각품이 만들어지면서 수 세기 동안 나선형의 작은 계단을 따라 내려가는, 반은 의식적으로 흐려진 가계도를 통해서, 이웃의 문턱을 훌쩍 뛰어넘는 일을 통해서, 그리고 거친 돌을 윤이 날 때까지 다듬는 일을 통해서 더 많이 변화했다.1)

  예루살렘은 어떤 면에서는 너무도 사랑스럽지만, 어떤 면에서는 언제나 증오와 공허함과 무모함이 가득하고 터무니없이 저속하며 마비를 일으킬 정도로 강렬하다. 따라서 그곳은 다른 어떤 곳보다 더 맹렬하게 사는 것처럼 보인다. 모든 것이 똑같이 유지되지만 무엇 하나 가만히 있지 않는다. 매일 해가 뜰 때마다 세 종교의 세 성지들은 각자의 방식으로 생명을 얻는다.

예루살렘의 오늘 아침

  오전 4시 30분, 서쪽 벽과 성지들의 랍비인 슈무엘 라비노비츠Shmuel Rabinowitz가 자리에서 일어나 매일의 기도의식을 시작하고 토라를 읽는다. 라비노비츠는 유대인 구역을 지나 서쪽 벽까지 걸어간다. 서쪽 벽은 결코 닫히지 않았으며 층층이 쌓인 거대한 헤롯 재단의 돌들이 어둠 속에서 빛난다. 유대인들은 그곳에서 낮이나 밤이나 기도한다.

  7세대 전 예루살렘에 온 러시아 이민자의 후손인 랍비 라비노비츠는 게러Gerer와 루바비츠Lubavitcher 법정에 속해 있다. 일곱 명의 자녀를 둔 그는 파란 눈에 안경을 쓰고 수염을 기르고 검은 옷과 스컬캡skullcap을 쓰고 추울 때나 더울 때나 비가 오나 눈이 오나 눈앞에 헤롯 대제의 성벽이 떠오를 때까지 유대인 구역을 지나 아래로 내려간다. "세계에서 가장 큰 회당에 가까이 갈 때면 나는 언제나 가슴이 뛴다. 그 돌과의 인격적 연결을 설명할 방법은 지구상에 없다. 그것은 영적인 것이다."

헤롯의 돌보다 훨씬 위쪽 유대인들이 신의 집 산Mountain of the House of God이라 부르는 곳에 바위 돔과 알 아크사 모스크가 있지만 성전산에 대한 어떠한 침해도 단호히 거부하는 랍비 라비노비츠는 "그곳은 모두를 위한 공간"이라고 말한다. "언젠가는 신이 성전을 새로 지을 것입니다. 그러나 인간이 간섭할 일은 아닙니다. 그것은 오직 신이 할 일입니다."

랍비로서 그는 서쪽 벽의 청결을 유지하는 일을 맡고 있다. 돌이 갈라진 틈마다 예배자들이 쓴 쪽지들이 끼워져 있다. 일 년에 두 번(유월절 이전과 로시 하샤나Rosh Hashanah 이전) 그 쪽지들이 제거된다. 그것들은 아주 신성하게 여겨지기 때문에 랍비는 그것들을 올리브 산에 묻는다.

랍비가 서쪽 벽에 도착할 때면 태양이 떠오르고 벌써 700여 명의 유대인들이 그곳에서 기도하고 있다. 그러나 랍비는 언제나 성벽 옆의 같은 장소에 서 있는 같은 기도단체(민얀minyan)를 찾는다. "기도에 집중하기 위해서는 의식을 치르는 것이 매우 중요합니다." 그러나 그는 기도단체를 향해 인사말을 하지는 않는다. 고개는 끄덕일 수 있지만 말은 해서는 안 된다(첫 번째 말은 신을 향해서 해야 한다). 한편 팔에는 테필린tefillin을 감고 아침 기도문 샤카리트shacharit를 암송한다. 샤카리트는 "신이여 평화로서 민족을 축복하소서"라는 말로 끝난다. 그런 후에야 친구들과 인사를 나눈다. 성벽의 아침이 시작되었다.

새벽 4시 직전 랍비 라비노비츠가 유대인 구역에 나타나는 바로 그때 조약돌 하나가 셰이크 자라의 와지 알 누세이베Wajeeh al-Nusseibeh의 창문들을 가로 지른다. 와지 알 누세이베가 문을 열 때면 여든 살의 아데드 알 주데Aded al-Judeh가 12인치의 묵직한 중세식 열쇠를 건네준다. 이제 예순 살이 된 누세이베는 예루살렘에서 가장 큰 가문*의 후손이며 예복과 타이를 매고 경쾌하게 출발해 다마스쿠스 문을 통과하고 성묘교회로 내려간다.

25년 넘게 성묘교회 감독자를 지내온 누세이베는 정확히 오전 4시에 도착해 멜리센데의 로마네스크식 현관에 설치된 우뚝 솟은 오래된 문을 두드린다. 전날 밤 오후 8시에 문을 잠근 교회 안에서는 그리스인, 라틴인, 아르메니아인 교회지기들이 특정한 날 누가 문을 열지를 놓고 협상을 하고 있는 중이다. 세 개의 유력한 종파의 사제들은 유쾌한 동료애와 의식을 위한 기도 속에 밤을 보냈다. 새벽 2시 지배 종파인 정교회는 다른 어떤 일보다 먼저 무덤 주변에서 미사를 시작하며, 여덟 명의 사제가 그리스어로 찬송가를 부른다. 그다음 문이 열리자마자 시작되는 아르메니아인들의 바다락badarak 예배를 위해 아르메니아인들에게 자리를 내준다. 가톨릭인들은 새벽 6시경에 기회를 잡는다. 반면, 모든 종파들이 아침예배 성가를 부른다. 밤을 보내도록 허락받은 것은 콥트인들 뿐이지만 그들은 고대 콥트 이집트어로만 기도한다.

문이 열리자 다락방 수도원과 성 미카엘 예배소, 즉 중앙현관 바로 오른쪽 출입구에 있던 에티오피아인들이 암하라어로 찬송가를 부르기 시작한다. 그들의 예배는 하도 길어서 지친 예배자들을 돕기 위해 쌓아놓은 지팡이에 몸을 기대야 한다. 밤이 되면 교회는 마치 여러 종류의 새들이 제각기 화음을 따라 노래하는 석림stone forest처럼 여러 언어와 찬송가들이 뒤섞여 웅웅거리는 소리를 낸다. 그것이 예루살렘이며 누세이베는 어

---

* 유력 가문들은 예루살렘에서 여전히 중요한 역할을 하고 있다. 파이잘 후세이니가 죽은 후 아라파트는 철학자 사리 누세이베(위자의 사촌)를 예루살렘의 팔레스타인인 대표로 임명했지만 누세이베가 자살폭탄을 거절한 후 그를 해임했다. 쿠드스대학교의 창립자 누세이베는 여전히 예루살렘의 독자적인 지성인이며 양측 모두에서 존경을 받는다. 이 책을 쓸 때 예루살렘의 팔레스타인 대표자는 안단 알 후세이니Andan al-Husseini였다. 위자의 또 다른 사촌 라피크 알 후세이니 Rafiq al-Husseini는 압바스 대통령의 자문 역할을 한다. 칼리디 가문의 경우 뉴욕 콜럼비아대학교에서 현대아랍학 교수로 있는 라시드 칼리디는 버락 오바마의 자문 역할을 하고 있다.

떤 일이 벌어질지 전혀 알지 못한다. "수많은 사람들이 저에게 의지하고 있다는 것을 알고 있고 열쇠가 열리지 않는다든지 다른 어떤 안 좋은 일이 일어날까 봐 걱정을 합니다. 열다섯 살 때 처음 교회 문을 열었고 그것을 재미로 생각했지만 지금은 이것이 진지한 일이라는 것을 압니다." 전쟁 시기나 평화 시기나 누세이베는 반드시 문을 열어야 하며 그의 아버지는 혹시 몰라서 교회 복도에서 잠을 자는 일도 많았다고 한다.

그러나 누세이베는 일 년에도 몇 번이고 사제들 간에 싸움이 일어날 수 있다는 것을 알고 있다. 21세기에 들어서도 사제들은 우발적 정중함, 타고난 예의, 길고 음침한 밤의 지루함, 그리고 어느 때든 터질 수 있는 (보통은 유월절에 터지는) 강렬한 역사적 분노의 사이를 왔다갔다한다. 성묘교회의 대부분을 관할하고 있고 숫자도 가장 많은 그리스인들은 가톨릭인들과 아르메니아인들과 싸우며 보통은 싸움에서 이긴다. 콥트인들과 에티오피아인들은 단성론을 공유함에도 불구하고 특히나 서로에게 앙심을 품고 있다.

6일 전쟁 중 이스라엘은 좀처럼 하지 않던 간섭을 하면서 나세르의 이집트에 복수하고 하일레 셀라시에의 에티오피아를 지원하기 위해 콥트인들의 성 미카엘 예배소를 에티오피아인들에게 주었다. 이스라엘 대법원은 성 미카엘 예배소가 콥트인들의 것이라고 판결했지만 아직까지도 에티오피아인들이 소유하고 있다. 예루살렘다운 상황이다. 2002년 6월, 한 콥트인 사제가 에티오피아인들의 버려진 다락방 근처에서 일광욕을 하던 중 쇠몽둥이로 맞았다. 콥트인들이 아프리카 형제들을 멸시한 데 대한 응징이었다. 콥트인들은 그 사제를 돕기 위해 몰려왔다. 네 명의 콥트인들과 에티오피아인들(그곳에서 일어나는 모든 싸움에서 질 것처럼 보이는)이 병원에 입원했다.

2004년 9월, 성 십자가 축제에서 그리스인 주교 이레노스Ireneos는 프란체스코회에 아파리션Apparition 예배소의 문을 닫아달라고 요청했다. 프란체스코회가 거절하자, 이레노스 주교는 호위병들과 사제들을 이끌고 라틴인들과 맞섰다. 이스라엘 경찰이 개입했지만, 사제들의 공격을 받았다. 사제들은 팔레스타인 돌팔매꾼들 만큼이나 거친 적수들이 되는 경우가 많다. 2005년 거룩한 불 행사에서 아르메니아인 감독이 그리스인들을 대신해 불꽃을 들고 나타나자마자 주먹 다짐이 일어났다.* 권투 선수와도 같은 주교 이레노스는 자파 문 곁에 있는 임페리얼 호텔Imperial Hotel을 이스라엘 정착민들에게 매각한 일 때문에 결국 물러났다. 누세이베는 지친 듯 어깨를 으쓱했다. "글쎄요, 형제들처럼 문제를 일으키곤 하는데 제가 화해를 돕죠. 우리는 유엔처럼 중립을 지키면서 성지의 평화를 지킵니다." 누세이베와 주데는 모든 교회 축제에서 복잡한 역할들을 한다. 과열되고 군중이 북적이는 거룩한 불 축제에서 누세이베는 공식적인 목격자다.

이제 교회지기들이 오른쪽 문에 있는 작은 해치를 열고 사다리를 내민다. 누세이베는 사다리를 받아 그것을 왼쪽 문에 기대놓는다. 누세이베는 사다리를 오르기 전 커다란 열쇠로 오른쪽 문 아래에 있는 자물쇠를

---

* 에드워드 사이드가 죽기 전 1992년 예루살렘을 마지막으로 방문했을 때 그 교회를 "낡고 비문명적인 곳에서 서성이는 꾀죄죄한 중년 관광객들이 가득한 이방의 다 허물어진 매력 없는 장소로, 콥트인, 그리스인, 아르메니아인, 기타 그리스도교 종파들이 때로는 서로 공개적인 전투를 벌이다가도 별로 매력 없는 그리스도교 동산에 물을 주고 있는 곳"이라고 칭했다. 공개적 전투의 가장 유명한 표시는 성묘교회 현관의 오른쪽 창문 밖 발코니에 있는 아르메니아인들의 작은 사다리다. 관광 가이드들의 주장에 따르면 그 사다리를 옮길 때는 반드시 다른 종파의 사람들이 그 사다리를 잡고 있어야 한다. 사실 그 사다리는 아르메니아인 감독이 동료들과 커피를 마시고 화단을 가꾸는 데 이용하는 발코니로 이어진다. 사다리는 발코니를 청소할 때도 이용된다. 현관 오른쪽에는 창고로 들어가는 작은 회색 문이 있는데 그곳에는 순례자들에게 빌려줄 사람 크기의 십자가들이 가득 보관돼 있다. 순례자들은 비아 돌로로사를 따라 그 십자가를 지고 간다. 부활절이면 그 십자가들의 수요가 너무 많아서 운영자들은 순례자 단체들이 차례대로 예수의 십자가 여정의 재현을 시작할 수 있도록 교대로 십자가를 수거하는 일을 맡는다.

연 다음 사다리를 올라가 위쪽에 있는 자물쇠를 연다. 누세이베가 사다리를 내려오자 사제들이 거대한 문을 밀어 열고, 그다음 왼쪽 문도 연다. 교회 안에서 누세이베는 사제들에게 "평화!"라고 인사를 한다.

"평화!" 사제들은 긍정적으로 대답한다. 누세이베 가문과 주데 가문은 최소한 1192년부터 성묘교회의 문을 열어왔다. 당시 살라딘은 유데 가문을 '열쇠 수호자'로 임명했고 누세이베 가문을 '성묘교회의 수호자이자 문지기(와지의 명함에 적혀 있는 바와 같음)로 임명했다. 바위 돔의 사크라(바위)의 세습 청소 담당자로도 임명받은 누세이베 가문은 칼리프 오마르가 638년 부여한 직위를 살라딘이 복권시켜주었을 뿐이라고 주장한다. 1830년대 알바니아 정복 때까지 누세이베 가문은 매우 부유했으나 현재는 관광 가이드를 하면서 겨우 생계를 유지하고 있다.

그럼에도 두 가문은 맹렬한 라이벌 관계에 있다. 22년간 열쇠를 관리해 온 80대의 주데는 "그들(누세이베 가문)은 그냥, 단순한 문지기일 뿐이에요!"라고 말한다. 누세이베는 "주데 가문은 자물쇠나 문을 건드릴 수 없다"라고 주장하면서 이슬람의 적들이 그리스도교의 적들만큼이나 선명하다고 말한다. 와지의 아들, 개인 트레이너로 일하는 오바다Obadah가 그의 후계자이다.

누세이베와 주데는 8세기 동안 그들의 조상이 그랬던 것처럼 하루 중 일부를 복도에 앉아서 보낸다. 그러나 그들은 결코 함께 있지 않는다. 누세이베는 "난 이곳의 돌 하나하나까지도 알아. 마치 집과도 같지"라고 혼잣말을 했다. 누세이베는 교회를 숭배한다. "우리 무슬림들은 무함마드, 예수, 모세가 예언자라는 것을 믿습니다. 또 마리아는 매우 특별하기 때문에 우리에게도 특별한 위치를 차지합니다." 그가 기도하기를 원할 때는 옆에 있는 문을 열고 그리스도인들을 압도하기 위해 세운 모스크로 가거나 또는 5분 거리에 있는 알 아크사로 걸어가면 된다.

서쪽 벽의 랍비가 잠을 깨고 성묘교회 감독 누세이베가 교회 열쇠의 도착을 알리는 창문가의 자갈 소리가 들리는 바로 그 시간 다섯 아이의 아버지인 마흔두 살의 아뎁 알 안사리는 검은 가죽자켓을 입고 와크프 가문이 소유한 무슬림 구역의 맘루크식 주택을 빠져나온다. 그리고 길을 따라 5분 정도 걸어내려 간 후 북동쪽의 밥 알 가완메Bab al-Ghawanmeh로 올라간다. 그는 파란 덮개를 씌운 이스라엘 경찰 검문소를 통과해(아이러니하게도 유대인들을 막는 일은 드루즈파들이나 갈릴리 아랍인들이 담당한다) 하람 알 샤리프로 들어간다.

신성한 둔치에는 이미 전기조명이 설치돼 있지만 안사리의 아버지가 모든 등잔에 불을 켜는 데 두 시간이 걸렸다. 안사리는 하람의 경비원에게 인사를 하고 바위 돔의 네 개의 주 출입문과 알 아크사의 열 개의 문을 열기 시작한다. 여기에 한 시간이 걸린다.

안사리 가문은 무함마드와 함께 메디나로 이주해온 안사리까지 거슬러 올라가며 오마르에 의해 하람의 감독으로 임명되었지만 살라딘에 의해 그 자리가 확고해졌다고 주장한다(몬티 파커에게 뇌물을 받은 하람의 셰이크는 안사리 가문의 골칫덩어리였다).

모스크는 새벽예배 한 시간 전에 열린다. 안사리는 매일 새벽 문을 열지는 않지만(팀이 있다) 세습 감독직을 승계하기 전에는 매일 아침 이 직무를 수행했다. 안사리는 자부심을 갖고 말한다. "일차적으로는 하나의 직업이고 그다음엔 가업이고 또 엄청난 책임이지만 무엇보다 이 일은 고귀하고 신성한 일입니다. 보수가 좋지는 않습니다. 저는 올리브 산에 있는 호텔 프론트에서도 일합니다."

하람에서 세습 직위는 점차 사라지고 있다. 또 다른 가문 시하비

Shihabi는 레바논 왕자들의 후손이며, 작은 벽Little Wall 근처에 있는 가문의 와크프에서 살고 있고 예언자의 수염을 수호하는 일을 맡아왔다. 수염도 일자리도 사라졌지만 그 자리는 끌어당기는 자력이 있다. 시하비 가문은 여전히 하람에서 일하고 있다.

랍비가 성벽을 향해 걸어가던 바로 그때 누세이베가 성묘교회 문을 두드리던 바로 그때 안사리가 하람의 문을 열던 바로 그때 나지 카자즈Naji Qazaz는 225년간 가문이 소유하고 있는 가문이 밥 알 하디드Bab al-Hadid 거리의 집을 나와 오래된 맘루크조 거리를 따라 5야드(약 450미터)를 걸어 철문을 지나 하람으로 올라갔다. 카자즈는 알 아크사로 직접 올라갔고 그곳에서 마이크 장치와 미네랄 워터 한 병이 있는 작은 방으로 들어갔다. 1960년대까지 카자즈 가문은 미나레트를 사용했지만 지금은 호출을 기다리는 운동선수처럼 이 방을 사용한다. 20분간 카자즈는 앉아서 스트레칭을 한다. 그런 후 심호흡을 하고 물로 입을 헹군다. 마이크가 켜진 것을 확인하고 벽에 걸린 시계가 시간이 되었음을 알리자 얼굴을 키블라로 향하고 옛 도시 전체에 울려퍼지도록 찬송가 아드한adhan을 부르기 시작한다.

카자즈 가문은 맘루크조 술탄 카이트베이의 지배가 시작된 이후 500년간 알 아크사에서 무에진이었다. 30년간 무에진으로 일해온 나지는 아들 피라즈Firaz와 사촌 두 명과 함께 무에진 일을 하고 있다.

이제 예루살렘에 해가 뜨기 한 시간 전이다. 바위 돔이 열렸다. 무슬림들이 예배하고 있다. 서쪽 벽은 언제나 열려 있다. 유대인들이 기도하고 있다. 성묘교회가 열렸다. 그리스도인들이 여러 언어로 기도하고 있다. 태양은 예루살렘 위로 떠오르고 햇살은 서쪽 벽의 하얀 헤롯의 돌들을 마치 눈처럼 보이게 하고(2,000년 전 요세푸스가 묘사한 것처럼) 햇빛에 반사되는 바위 돔의 영광스러운 황금 빛을 쫓아간다. 천국과 지상이 만나고 신이 인간을 만나는 신성한 둔치는 여전히 인간의 지도제작 능력을 넘어서는 영역이다. 햇살만이 그 영역에 들어 갈 수 있는데 빛은 마침내 예루살렘에서 가장 정교하고도 신비스러운 건축물 위로 떨어진다. 태양 빛으로 몸을 씻고 반짝이는 빛을 내며 황금의 이름을 얻는다. 그러나 마지막 날이 올 때까지 황금 문은 잠겨 있을 것이다.[2]

부록

가계도
지도
주
참고문헌
찾아보기

가계도

마카베오 가문: 왕과 대사제
기원전 160~기원전 37년

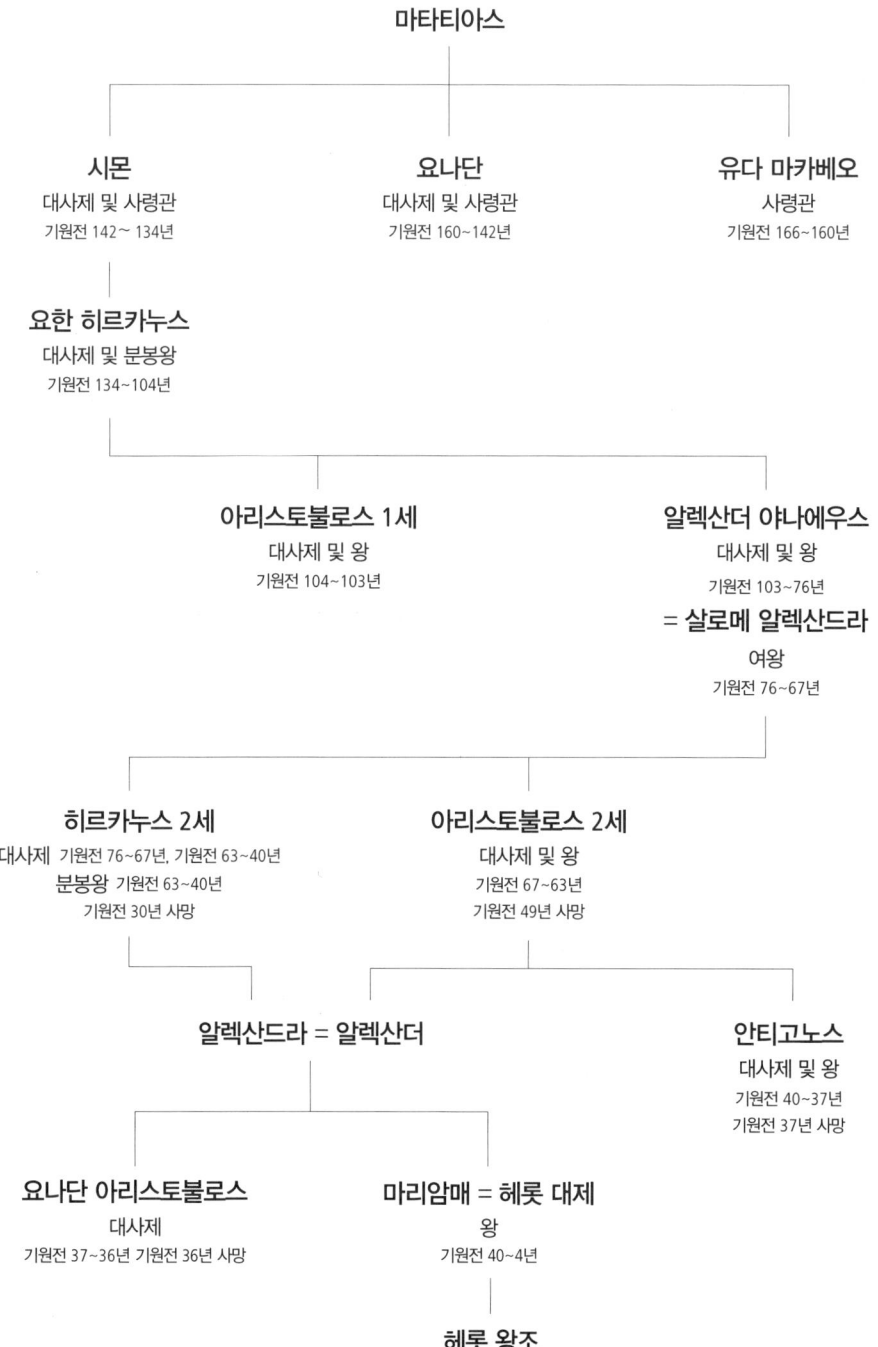

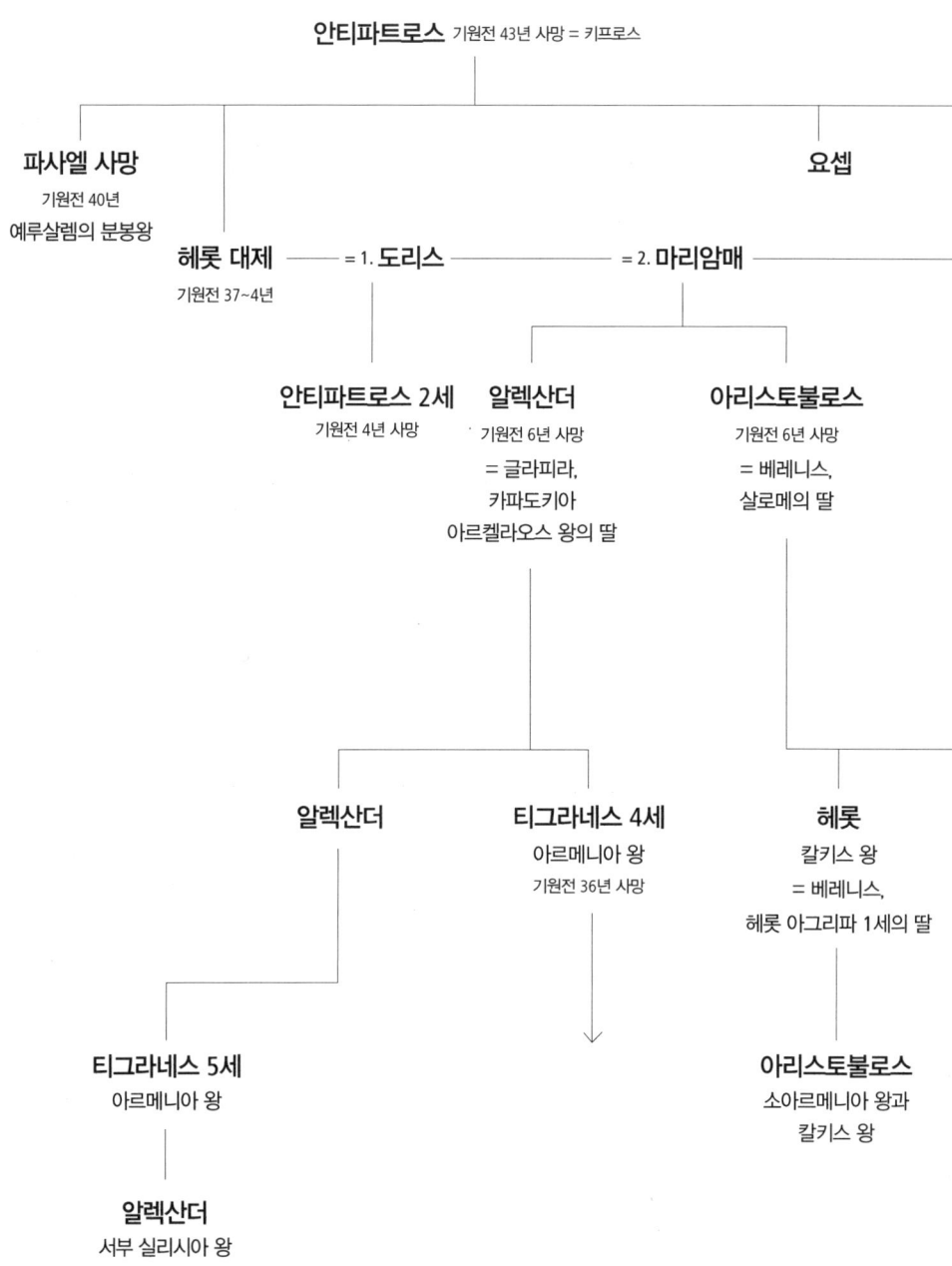

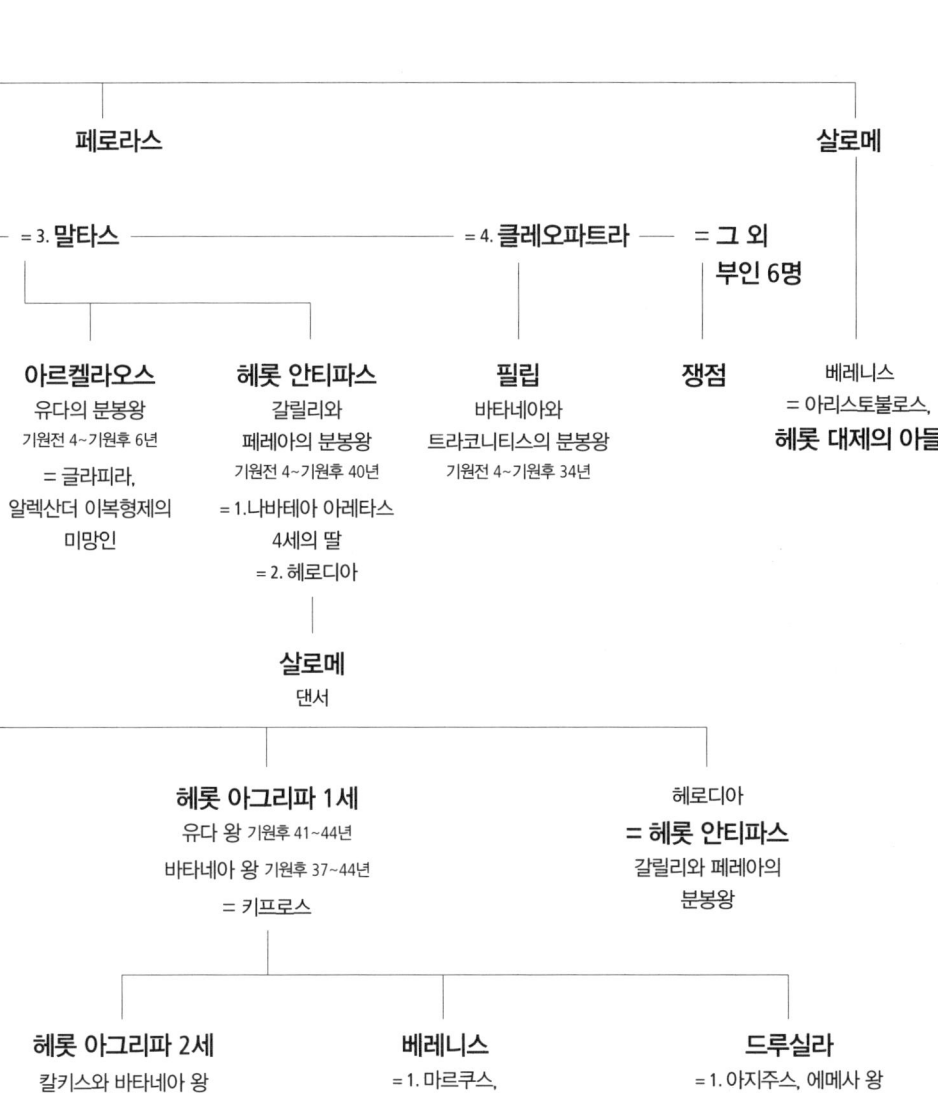

예언자 무함마드, 이슬람 칼리프 및 왕조

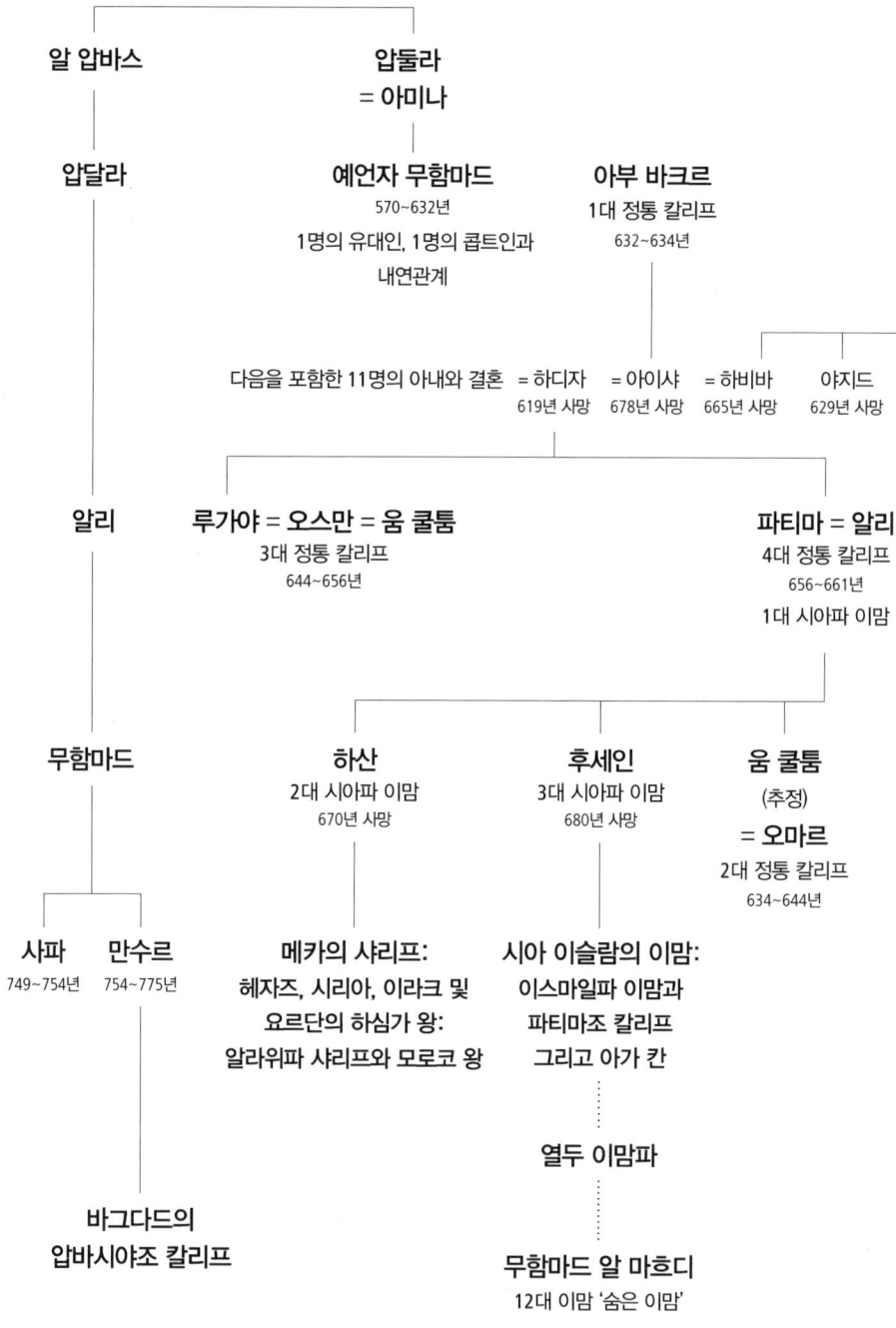

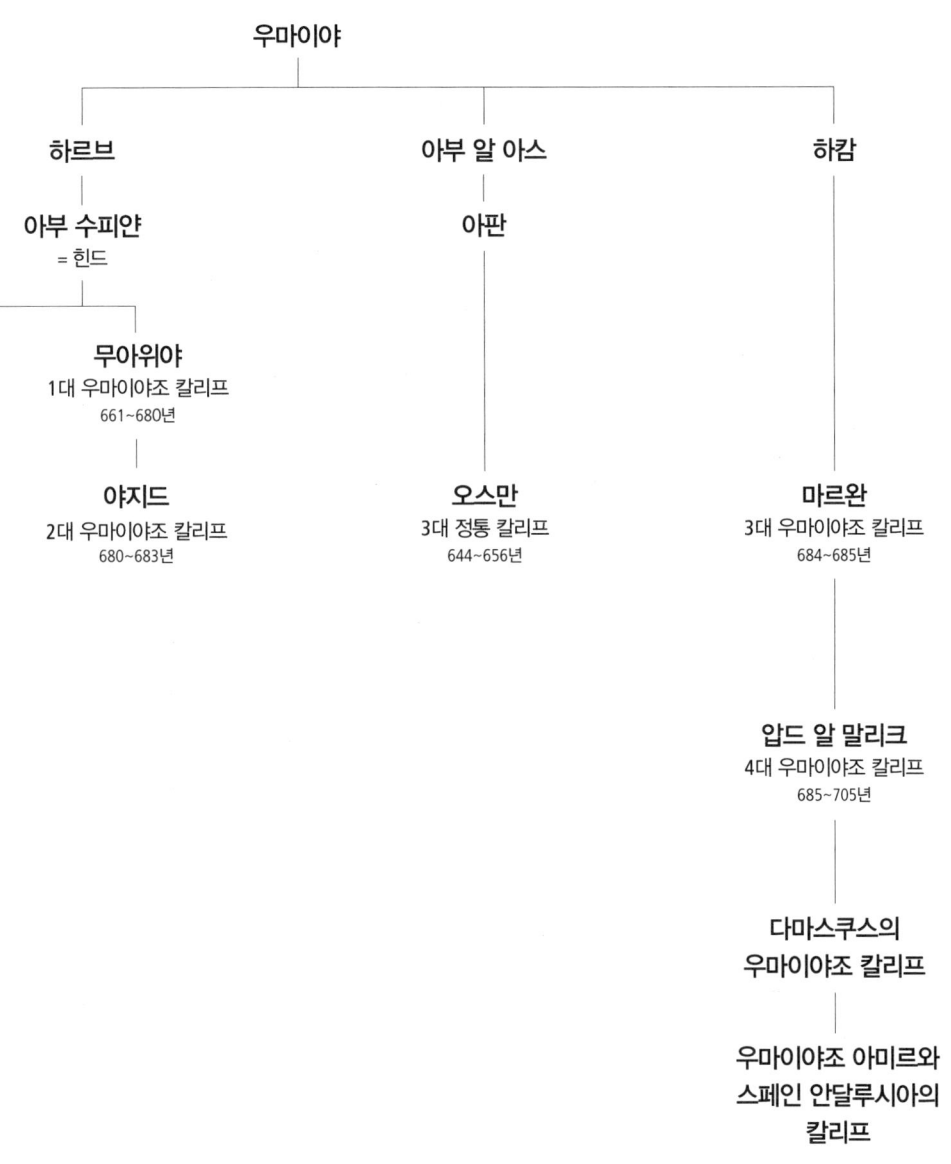

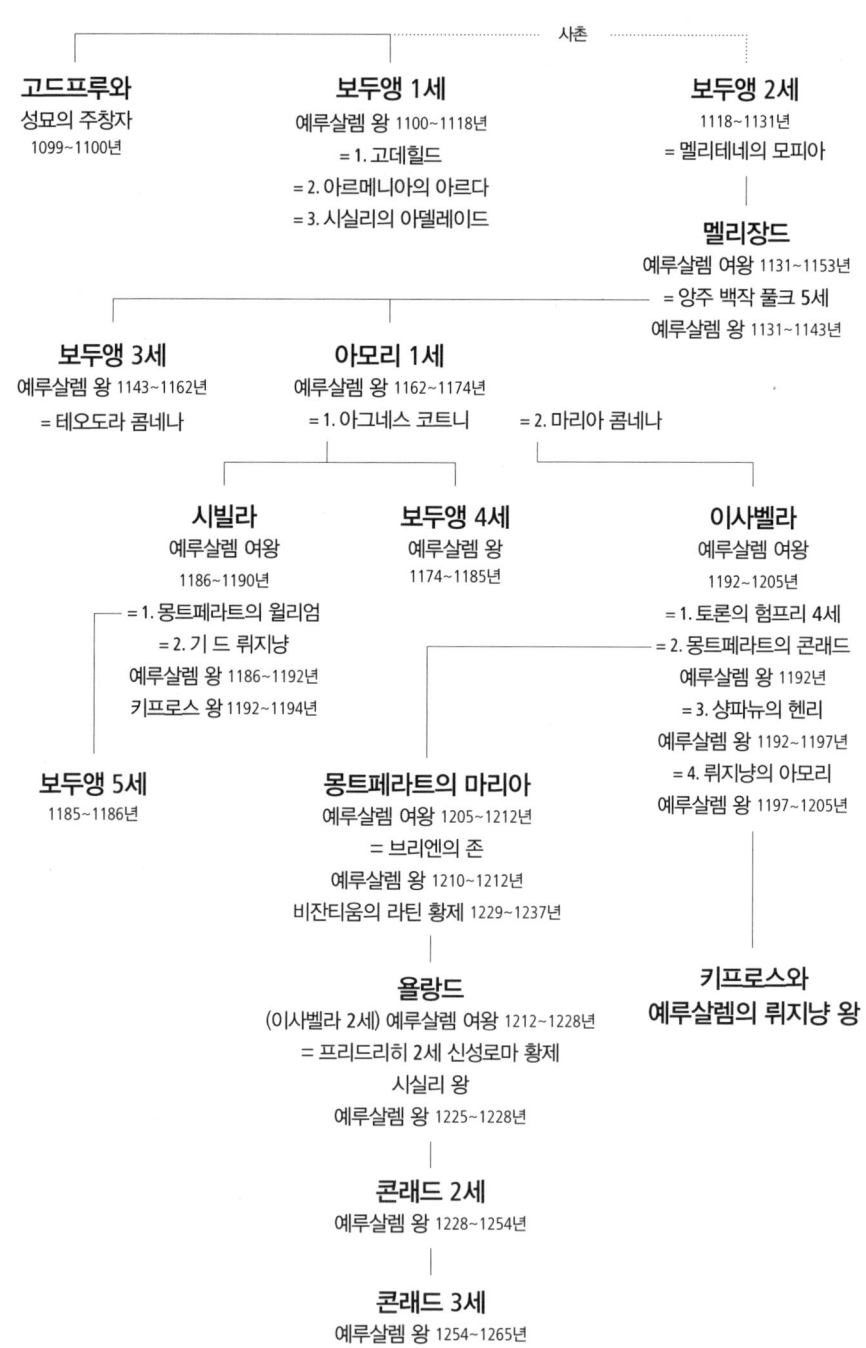

하심 왕조
1916년 이후

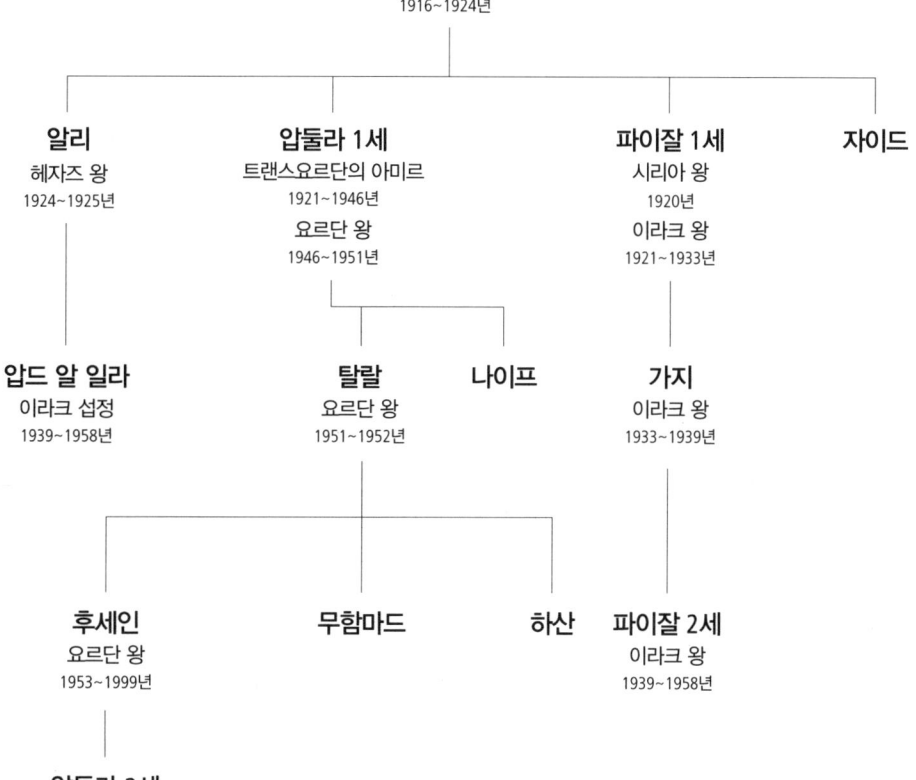

지도

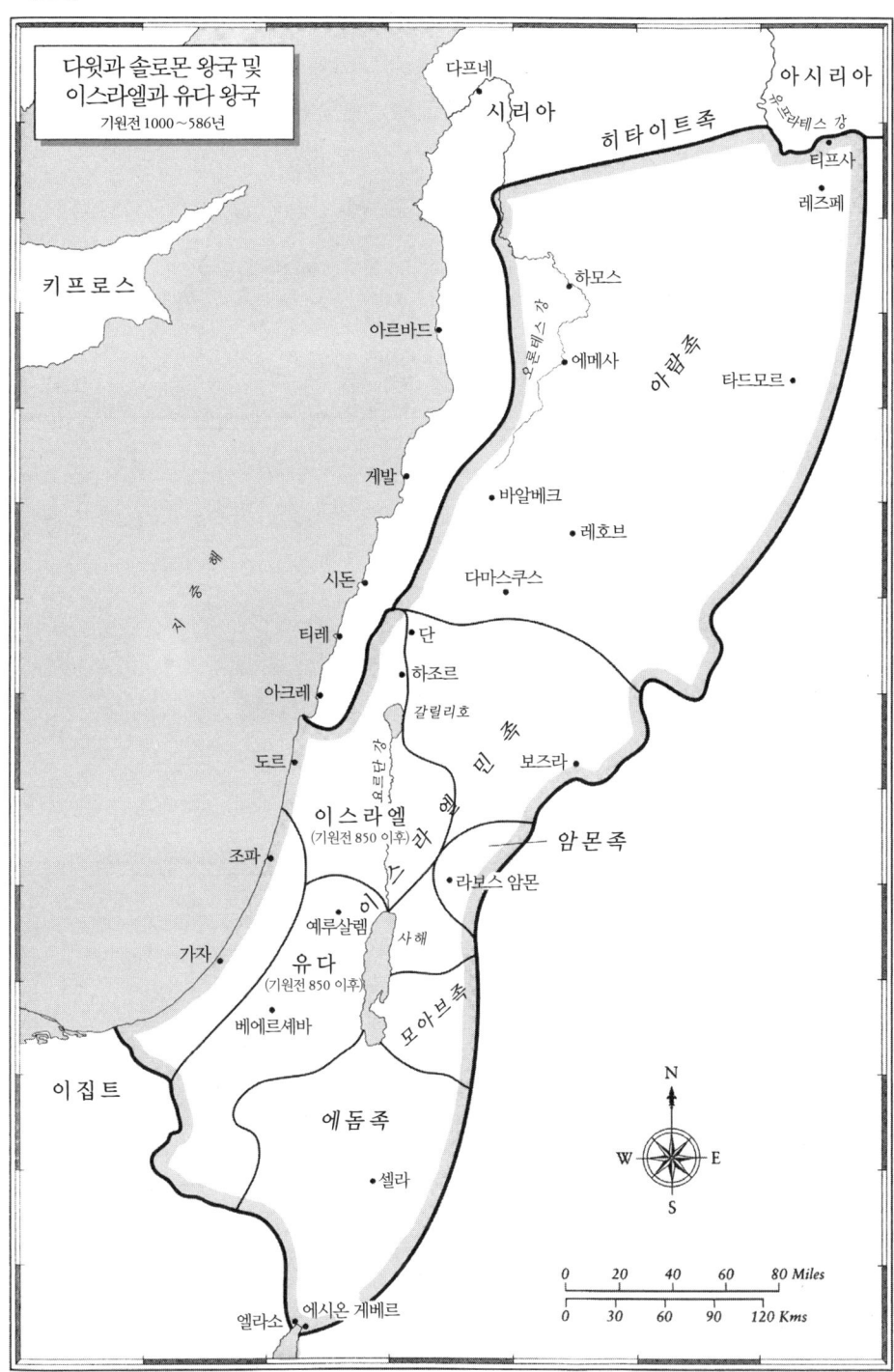

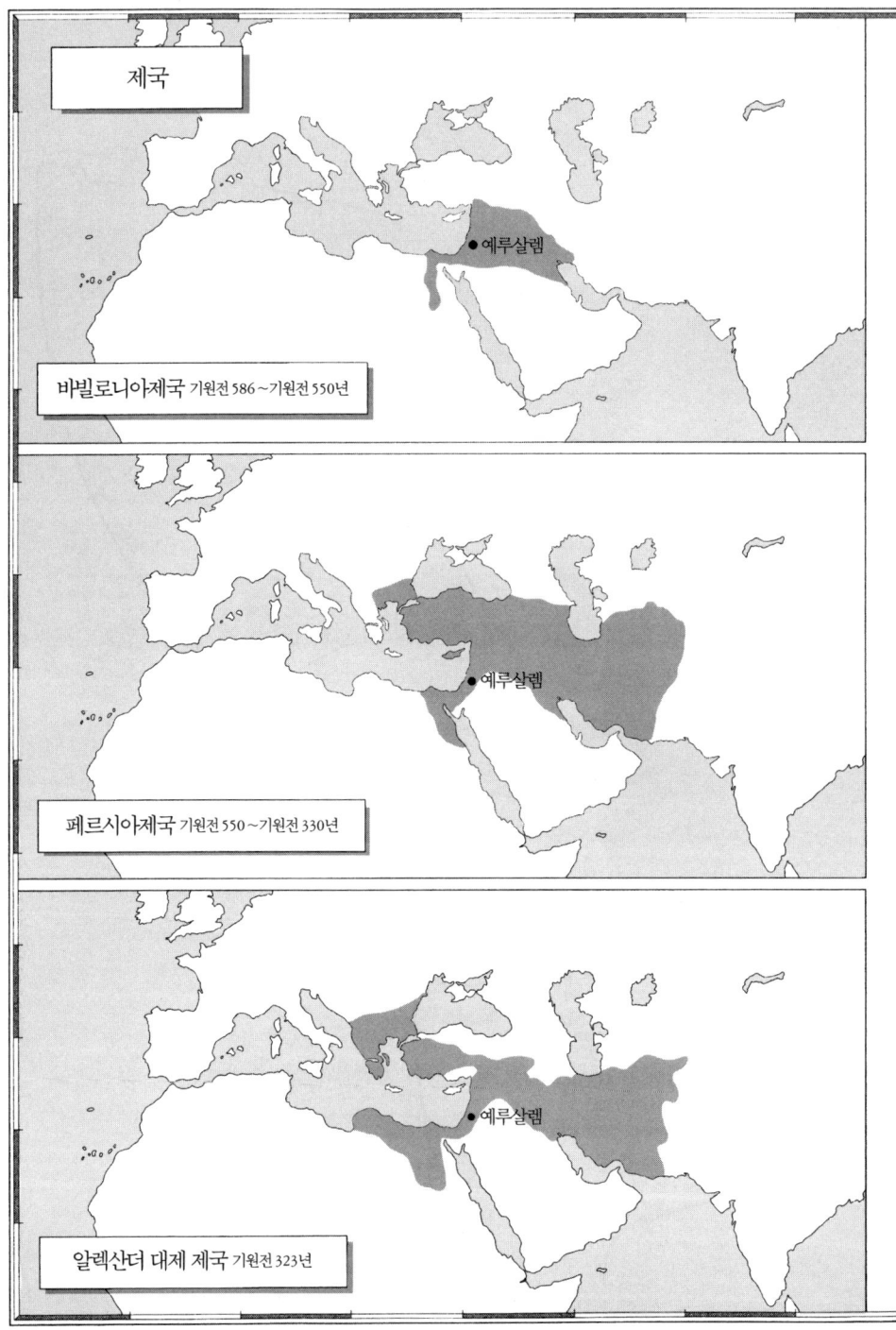

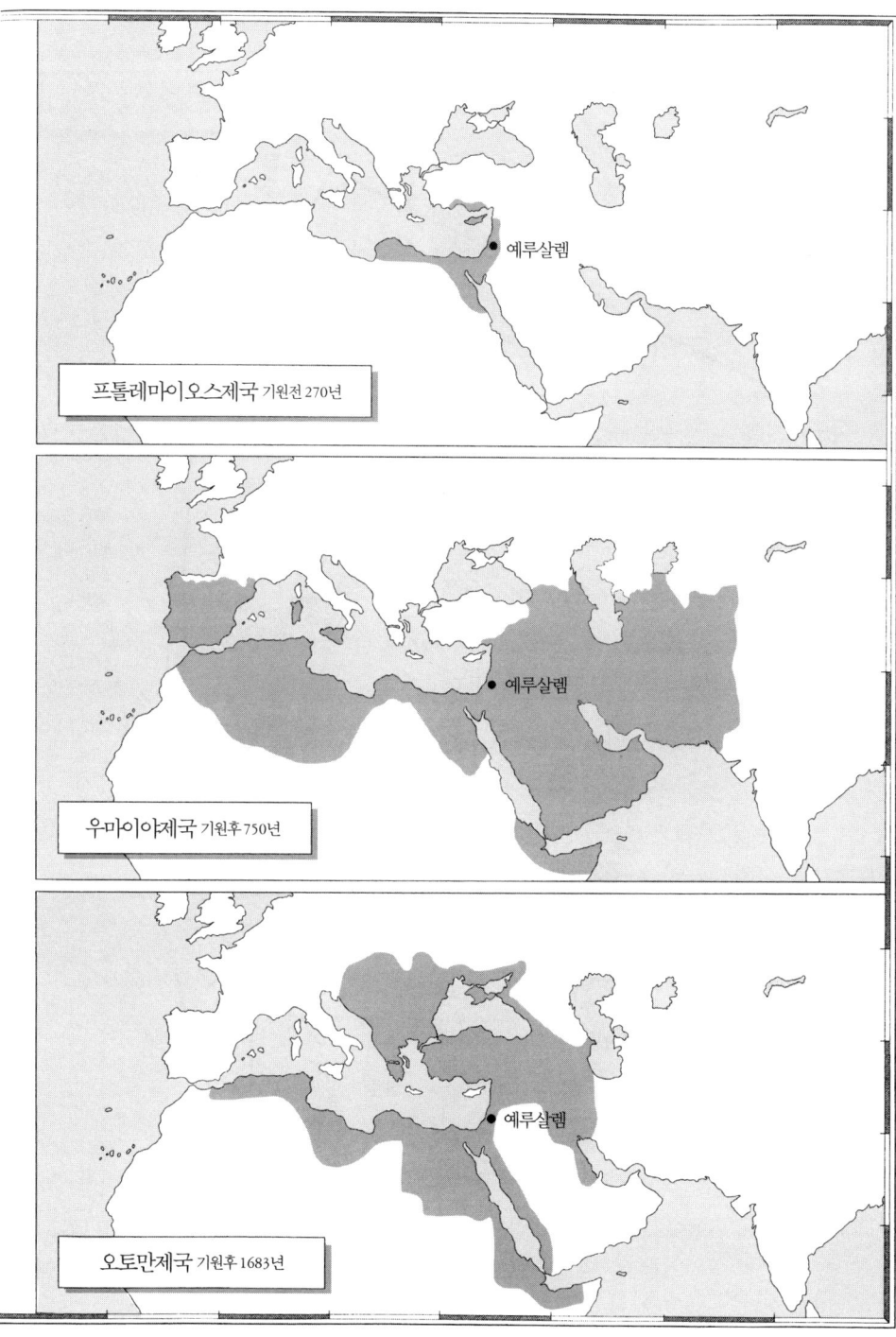

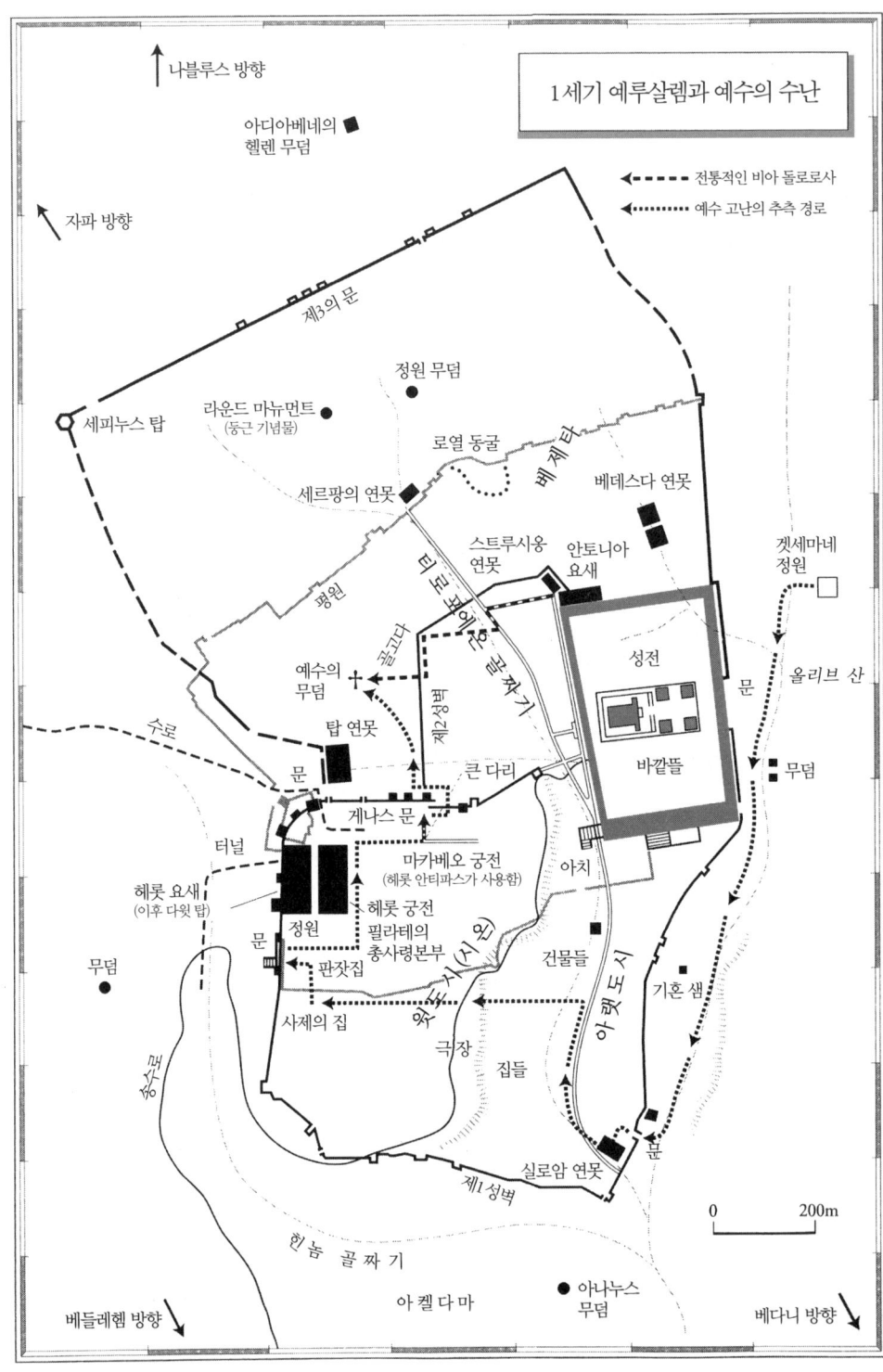

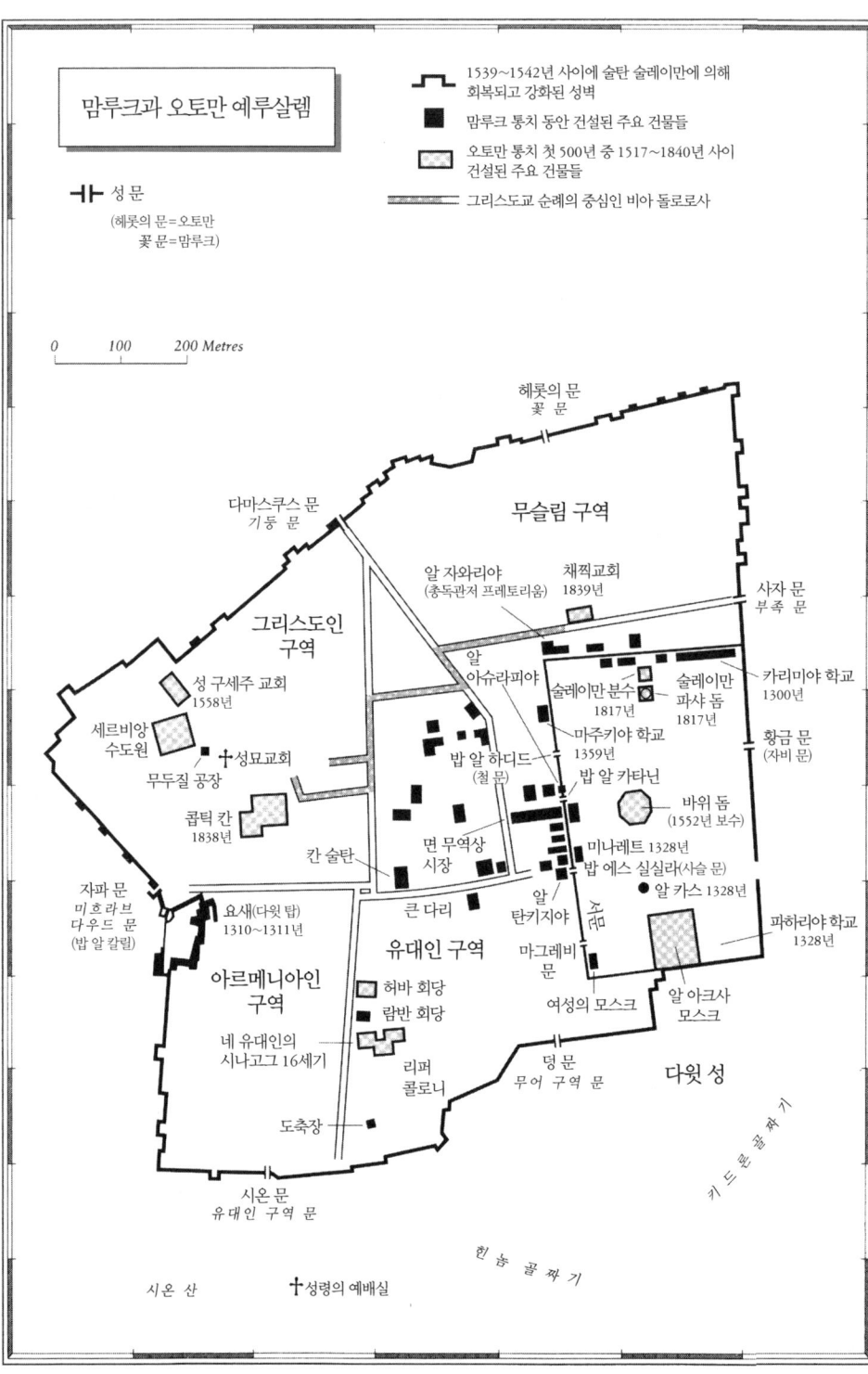

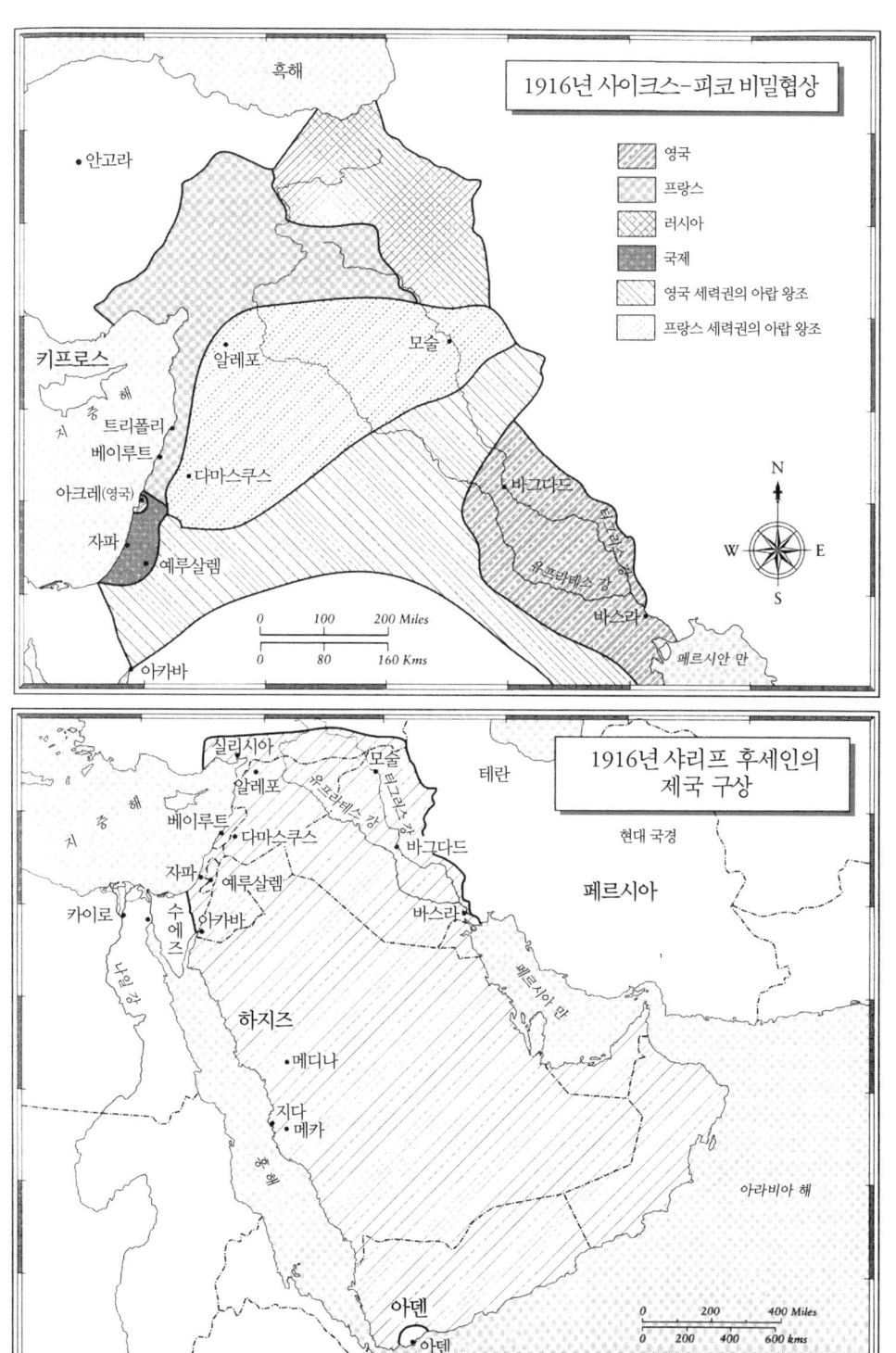

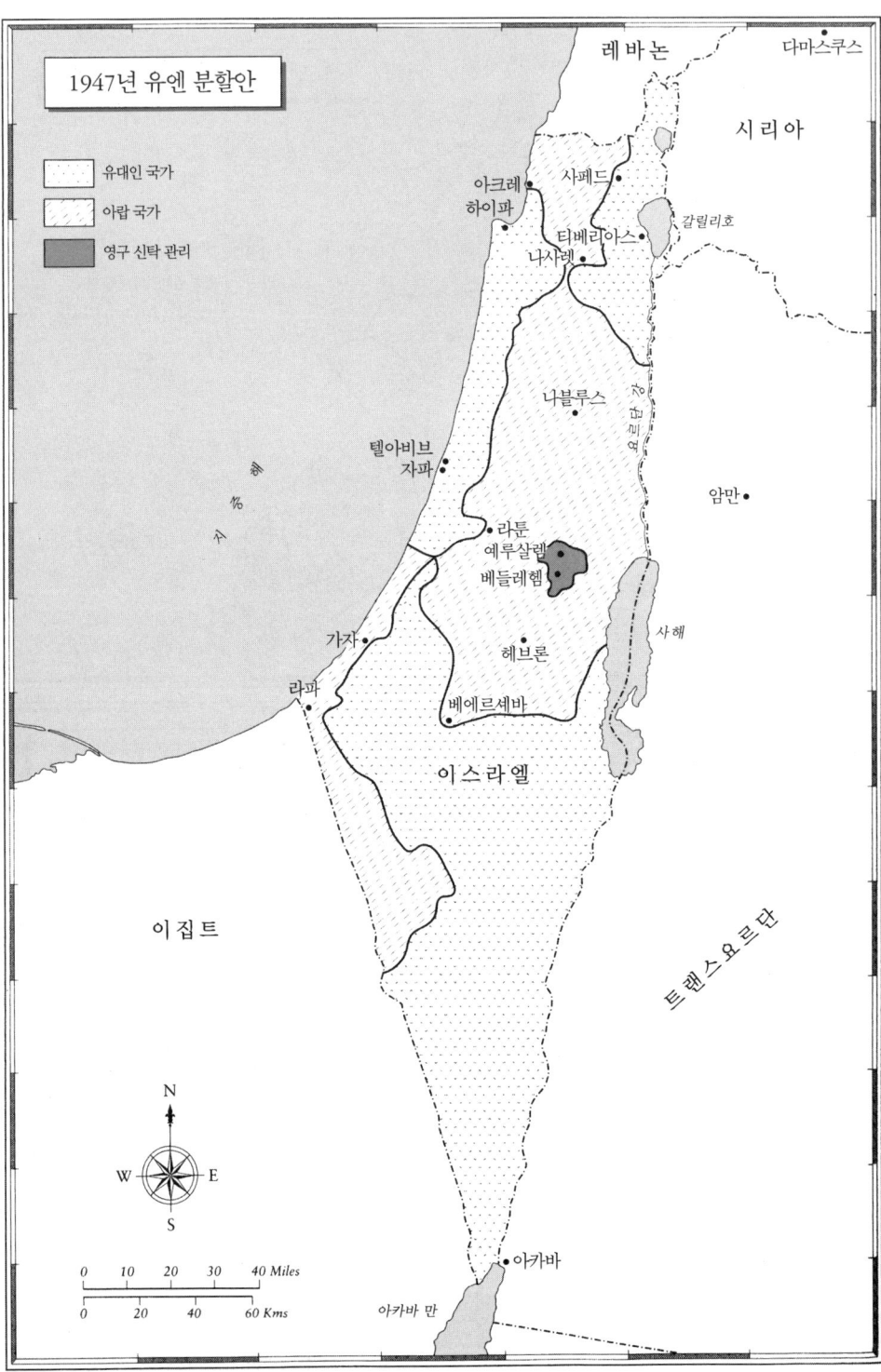

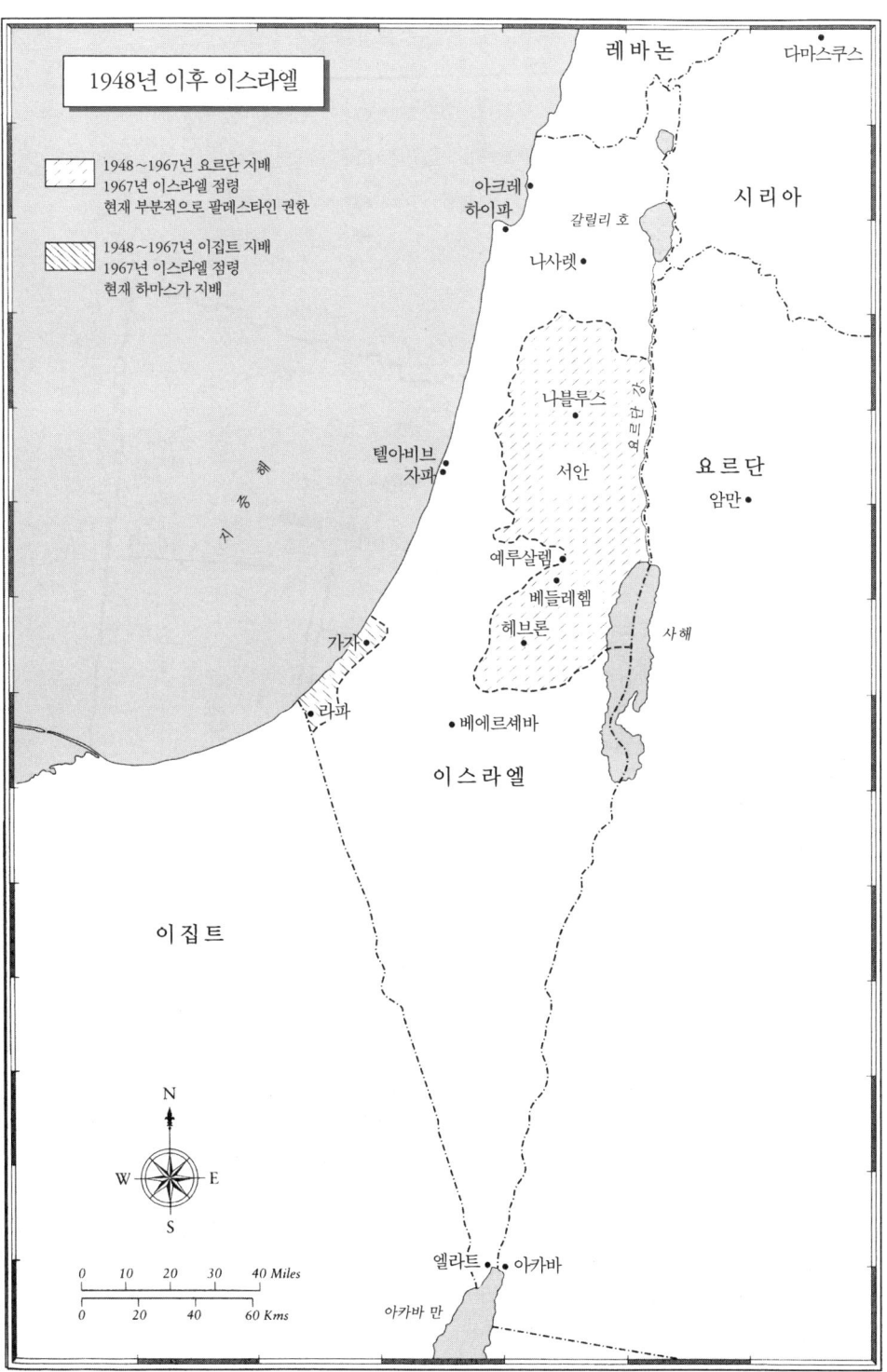

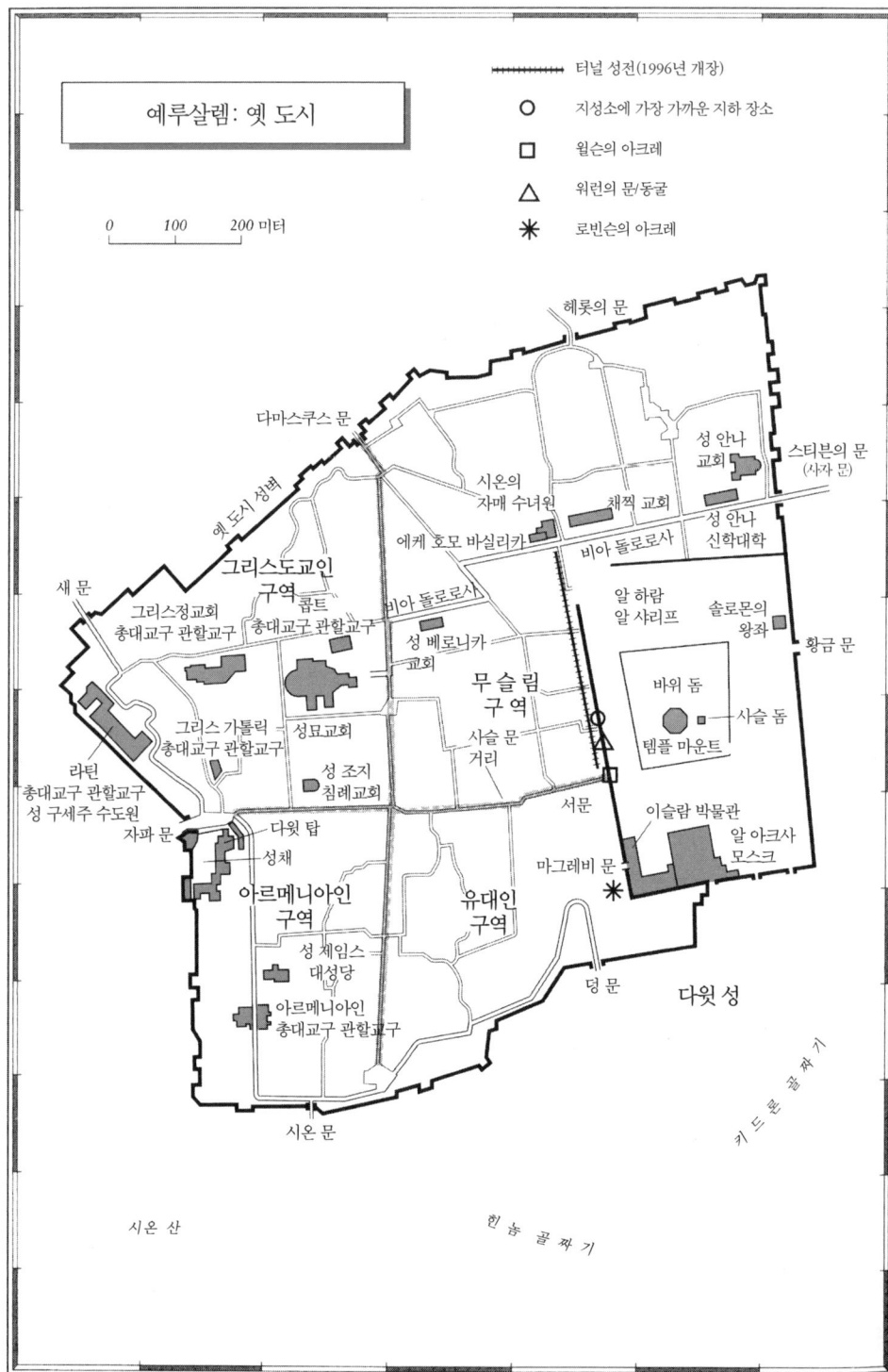

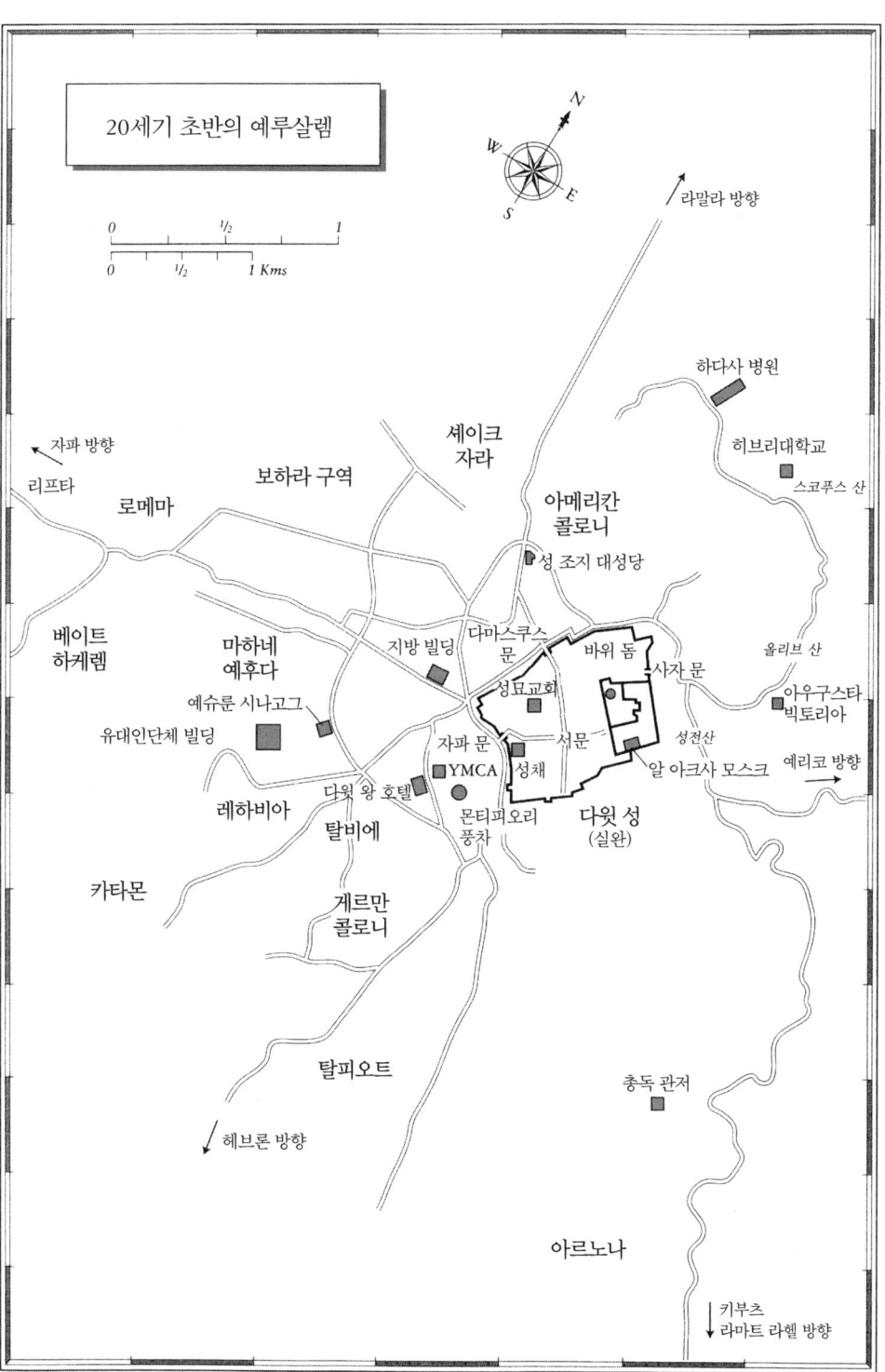

주 I

들어가는 글

1) Aldous Huxley quoted in A. Elon, Jerusalem 62. G. Flaubert, Les Oeuvres complètes 1.290. Flaubert on Jerusalem: Frederick Brown, Flaubert 231-9, 247, 256-61. Melville on Jerusalem: H. Melville, Journals 84-94. Bulos Said quoted in Edward W. Said, Out of Place 7. Nazmi Jubeh: interview with author. David Lloyd George in Ronald Storrs, Orientations 394 (henceforth Storrs). For my introduction I am indebted to the superb discussions of identity, coexistence and culture in Levantine cities in the following books: Sylvia Auld and Robert Hillenbrand, Ottoman Jerusalem: Living City 1517-1917 Philip Mansel, Levant: Splendour and Catastrophe on the Mediterranean Mark Mazower, Salonica: City of Ghosts Adam LeBor, City of Oranges: Jews and Arabs in Jaffa.

프롤로그

1) Josephus, The New Complete Works, 'The Jewish War' (henceforth JW) 5.446-52. The Roman sources; Marthin Goodman, Rome and Jerusalem: the Clash of Ancient Civilisations (henceforth Goodman).
2) JW 5.458-62, 4.324.
3) JW 4.559-65.
4) JW 5.429-44.
5) JW 6.201-14. All biblical quotations from the Authorized Version: Matthew 8.22.
6) JW 6.249-315.
7) JW 9. Tacitus, Histories 13. This account of the archaeology is based on: Ronny Reich, 'Roman Destruction of Jerusalem in 70 CE: Flavius Josephus' Account and Archaeological Record', in G. Theissen et al. (eds), Jerusalem und die Lander. City peculiar, biogotry: Tacitus 2.4-5. Jews and Jerusalem/Syrians/death agony of a famous city/Jewish superstitions/600,000 inside: Tacitus 5.1-13. Jerusalem before siege: JW 4.84-5.128. Titus and siege: JW 5.136-6.357. Demolition and fall: JW 6.358-7.62. Titus' prowess: Suetonius, Twelve Caesars 5. Prisoners and death: Goodman 454-5. Josephus saved crucified and friends: Josephus, 'Life' 419 and JW 6.418-20. One-third of population dead: Peter Schafer, History of the Jews in the Greco-Roman World (henceforth Schafer) 131. Arm of woman/burnt house: Shanks 102. Escape of Christians: Eusebius, Church History 3.5. Escape of ben Zakkai: F. E. Peters, Jerusalem: The Holy City in the Eyes of Chroniclers, Visitors, Pilgrims and Prophet from the Days of Abraham to the Beginning of Modern Times (henceforth Peters) 111-20. Ronny

Reich, Gideon Avni, Tamar Winter, Jerusalem Archaeological Park (henceforth Archaeological Park) 15 and 96 (Tomb of Zechariah). Oleg Grabar, B. Z. Kedar (eds), Where Heaven and Earth Meet: Jerusalem's Sacred Esplanade (henceforth Sacred Esplanade): Patrich, in Sacred Esplanade 37-73.

제1부 유대교

1) Ronny Reich, Eli Shukron and Omri Lernau, 'Recent Discoveries in the City of David, Jerusalem: Findings from the Iron Age II in the Rock-Cut Pool near the Spring', Israel Exploration Journal 57 (2007) 153-69. Also conversations with Ronny Reich and Eli Shukron. On population and shrine-castles over springs: converstations with Rafi Greenberg. Richard Miles, Ancient Worlds 1-7.
2) Tel Armarna: I. Finkelstein and N. A. Silberman, The Bible Unearthed: Archaeology's New Vision of Ancient Israel and the Origin of its Sacred Text (henceforth Finkelstein/Silberman) 238-41. Peters 6-14.
3) Egypt, Moses and Exodus 1. 'I am who I am': Exodus 3.14. Abraham covenant: Genesis 17.8-10. Melchizedek King of Salem: Genesis 14.18. Isaac: Genesis 22.2. Ramases II and Exodus: Toby Wilkinson, The Rise and Fall of Ancient Egypt (henceforth Egypt) 324-45; Merneptah 343-4; Israel, Sea Peoples, Philistines 343-53. Nature of God and the two biblical writers: Lester L. Grabbe, Ancient Israel 150-65. Finkelstein/Siblerman 110. Robin Lane Fox, Unauthorized Version 49-57, 57-70, 92, 182, 198-202. Wayne T. Pitard, 'Before Israel: Syria-Palestine in the Bronze Age', in M. Coogan (ed.), Oxford History of the Biblical World (henceforth Oxford History) 25-9. Edward F. Campbell, 'A Land Divided: Judah and Israel from Death of Solomon to the Fall of Samaria', in Oxford History 209. Two sets of Ten Commandments: see Exodus 20 and Deuteronomy 5. Two sackings of Shechem: Genesis 34 and Judges 9. Goliath two versions: 1 Samuel (henceforth S) 17 and 2 S 21.19. T. C. Mitchell, The Bible in the British Museum (henceforth BM), 14 Merneptah Stela. Victor Avigdor Hurowitz, 'Tenth Century to 586 BC: House of the Lord (Beyt YHWH)', in Sacred Esplanade 15-35. H. J. Franken, 'Jerusalem in the Bronze Age', in K. J. Asali (ed.), Jerusalem in History (henceforth Asali) 11-32.
4) Saul and David: I S 18.17-2 S 5. David and Goliath 1 S 17 and 2 S 21.19. Saul's armour-bearer and lyre-player: 1 S 16.14-23. Anointed by Samuel: 1 S 16.1-13. Marries Saul's daughter: 1 S 18.17-27. Ziklag: 1 S 27.6. Rule in Hebron: 2 S 5.5. Lament: 2 S 1.19-27; King of Judah: 2 S 2.4. David's Philistine and Cretan guards: 2 S 8.18 and 1 Chronicles (henceforth C) 18.17. Ronald de Vaux, Ancient Israel: Its Life and Institutions (henceforth de Vaux) 91-7. Slings: James K. Hoffmeier, Archaeology of the Bible (henceforth Hoffmeier) 84-5. Reich, Shukron and Lernau, 'Findings from the Iron Age II in the Rock-Cut Pool near the Spring', Israel Exploration Journal 57 (2007) 153-69.
5) 2 S 6, 2 S 7.2-13. Takes Jerusalem: 2 S 5.2, 2 S 24.25, 2 S 5.6-9, 2 S 7.2-3, 2 S 6.13-18. Renames Jerusalem: 2 S 5.7-9 and 1 C 11.5-7. Builds wall: 2 S 5.9. Hurowitz, Sacred Esplanade 15-35. David's palace and terraced structure: Dan Bahat, Illustrated Atlas of

Jerusalem (henceforth Bahat) 24. God and the Ark: de Vaux 294-300 and 308-10. Hurowitz, Sacred Esplanade 15-35.
6) 2 S 6.20.
7) Bathsheba: 2 S 11-12.
8) Absalom and court politics: 2 S 13-24.
9) 2 S 24.6 and 1 C 21.15. Abraham: Genesis 22, 1 Kings (henceforth K) 5.3. Threshing-floor and altar: 2 S 24.19-24, 1 C 21.28-22.5, 1 K 1. David bloodshedder: 1 C 22.8 and 28.3.
10) Death and Solomon anointment: 1 K 1 and 2, 1 C 28-9. Burial: 1 K 2.10. Hurowitz, Sacred Esplanade 15-35. John Hyrcanus plunders David's tomb: Josephus, 'Jewish Antiquities' (henceforth JA) VII. 15.3
11) Seizure of power: 1 K 1-2.
12) Solomon, chariots/horse-gate: 1 K 9-10, 2 K 11.16. Horse-dealing/chariots: 1 K 10.28-9. Gold: 1 K 10.14. Megiddo, Hazor, Gezer: 1 K 9.15. Ark installed and Temple inaugurated: 1 K 8 and 2 C 7. David's spears in Temple: 2 K 11.10. Lane Fox, Unauthorized Version 134-40 and 191-5. 1 K 2-7 and 1 K 10. Horses, chariots, magnificence: 1 K 10.14-19. Gateways: 1 K 9.15-27. Fleet: 1 K 9.26-8 and 1 K 10.11-13. Empire and administration: 1 K 4.17-19. Wives: 1 K 11.3. 3,000 proverbs and 1,005 songs: 1 K 4.32. With whips: 1 K 12.11. Temple and palace: 1 K 6-7, 2 C 2-4. Ezekiel 40-4. 1 C28.11-19. The Rock tomb: Shanks 165-74. Carol Meyers, 'Kinship and Kingship: The Early Monarchy', in Oxford History 197-203. Traditions of the rock: Rivka Gonen, "Was the Site of the Jerusalem Temple Originally a Cemetery?', Biblical Archaeology Review May-June 1985, 44-55. BM, lavers 45: Phoenicians/Temple designs and as 'corporations' with barbers, prostitutes: Richard Miles, Carthage Must be Destroyed 30-5. Israelites and Phoenicians, purple, alphabet: Miles, Ancient Worlds, 57-68. Temple as 'site par excellence for divine-human communication': A. Neuwirth, 'Jerusalem in Islam: The Three Honorary Names of the City', in Sylvia Auld and Robert Hillenbrand (eds), Ottoman Jerusalem: The Living City, 1517-1917 (henceforth OJ) 219. Hurowitz, Sacred Esplanade 15-35. Graeme Auld and Margreet Steiner, Jerusalem 1 54. Solomon and Pharaoh, spoils and daughter: 1 K 9.16. Pharaoh Siamun raid; daughter marriage: Wilkinson, Egypt 404. Tel Qasile potsherd on gold in Lane Fox, Unauthorized Version 235-40. De Vaux 31-7,, 108-14, 223-4, 274-94. Grabbe, Ancient Israel 113-18. Ivory in Sargon's Palace in Assyria and King Ahab in Samaria: 1 K 22.39. Phoenician/Syrian parallels: Shanks 123-34 and 165-74. Hurowitz, Sacred Esplanade 15-35. On archaeology: author conversations with Dan Bahat and Ronny Reich. New dating of Megiddo, Hazor, Gezer: Finkelstein/Silberman 134-41; Omrid building in Megiddo vs Solomon: Finkelstein/Silberman 180-5. Nicola Schreiber, Cypro-Phoenician Pottery of the Iron Age, on the chronology of Black-on-Red and its implications 83-213, especially Section I '10th Century and the Problem of Shishak' 85-113. Ayelet Gilboa and Ilan Sharon, 'An Archaeological Contribution to the Early Iron Age Chronological Debate: Alternative Chronologies for Phoenicia and their Effects on the Levant, Cyprus and Greece', Bulletin of the American Schools of Oriental Research 332, November 2003, 7-80.
13) Israel breakaway: 1 K 11-14. Kings of Israel Asa to Omri: 1 K 15-17 -Zimri's massacre-pisseth against wall 1 K 16.11. Sheshonq (Shishak), attack on Jerusalem: Wilkinson, Egypt

405-9. Osorkon: Hoffmeier 107. Grabbe, Ancient Israel 81. Campbell, Oxford History 212-15. Meyers, Oxford History 175. De Vaux 230. Lane Fox, Unauthorized Version 260. Omrid vs Solomonic structures: Finkelstein/Silberman 180-5.

14) Ahab/Jehoshaphat: 1 K 15-18, 2 K 1-8. Jehoshaphat: I K 15-24 and 2 C 17-20. Finkelstein/Silberman 231-4. Jehu: 2 K 10.1-35. Tel Dan stele: Hoffmeier 87. Ahabvs Assyria/Shalmaneser Monolith inscription: Campbell, Oxford History 220-3. Black Obelisk of Shalmaneser III: BM 49-54. Moabite Stone: BM 56.

15) Jehu: 2 K 9-11, 2 C 22. BM 49-56. Tel Dan inscription: Campbell, Oxford History 212. Athaliah: 2 K 11-12. Campbell, Oxford History 228-31. Reich, Shukron and Lernau, 'Findings from the Iron Age II in the Rock-Cut Pool near the Spring', Israel Exploration Journal 57 (2007) 153-69: Hurowitz, Sacred Esplanade 15-35. Uzziah/Jotham: 2 K 13-16. Expanding Jerusalem: 2 C 26.9. Fall of Israel/Jerusalem transformed: Finkelstein/Silberman 211-21, 243-8.

16) Ahaz and Isaiah - all references from Book of Isaiah: vision of Jerusalem as sinful nation 1.4; Jerusalem as woman-harlot 1.21 and mount of the daughter of Zion, the hill of Jerusalem 10.32; Jerusalem as guide to nations 2.1-5; Zion in every place 4.5; God in temple 6.1-2; Ahaz 7; Emmanuel 8.8 and a child born 9.6-7; judgement and justice/wolf and lamb, guidance to gentiles 11.4-11; judgement day 26.1-2 and 14-19. Fall of Israel: 2 K 15-17. Finkelstein/Silberman 211-21, 243-8. Jews of Iran: K. Farrokh, Shadows in the Desert: Ancient Persia at War (henceforth Farrokh) 25-7. M. Cogan, 'Into Exile: From the Assyrian Conquest of Israel to the Fall of Babylon', in Oxford History 242-3. Campbell, Oxford History 236-9. Latest findings on Jewish genetics: 'Studies Show Jews' Genetic Similarity', New York Times 9 June 2010.

17) Hezekiah: 2 K 18-20, 2 C 29-31. New walls, houses: Isaiah 22.9-11. New Jerusalem: swords into ploughshares: Isaiah 2.4; justice 5.8-25, 1.12-17. Sennacherib and Hezekiah: Isaiah 36-8. New rites: 2 K 30. Jerumiah 41.5 Deuteronomy 28.49. Hezekiah's tunnel and building: 2 K 20.20 and 2 C 32.30. New quarters: 2 C 32.5. Siloam Inscription: Bahat, Atlas 26-7. Jar-handles belonging to the king: BM 62. Imlk: for the king Hoffmeier 108. Reich, Shukron and Lernau, 'Findings from the Iron Age II in the Rock-Cut Pool near the Spring', Israel Exploration Journal 57 (2007) 153-69. Royal Steward inscription: BM 65 - confirming Isaiah 22. 15-25. Judaean headdress: BM 72. Grabbe, Ancient Israel 169-70. Archaeology 66; the wall, 137, possibly Nehemiah 3.8. Finkelstein/Silberman 234-43 and 251-64. Hurowitz, Oxford History 15-35.

18) Sennacherib and Assyria: this section is based on J. E. Curtis and J. E. Reade (eds), Art and Empire: Treasures from Assyria in the British Museum, including: the dress of a Judaean soldier 71; the dress of Sennacherib on campaign is based on reliefs of various Assyrian kings on campaign; the siege of Jerusalem is based on the Lachish reliefs of Nineveh. Assyria: Miles, Ancient Worlds 68-77. Grabbe, Disaster of war: Nahum 3.1-3. Micah 1.10-13. Isaiah 10: 28-32 and chapters 36-8. Cogan, Oxford History 244-51.

19) Manasseh: 2 K 21. Child sacrifice: Exodus 22.29. Kings of Jerusalem child sacrifice: 2 K 16.3 and 21.6. See also: 2 C 28.3, Leviticus 18.21, 2 K 17.31, 2 K 17.17, Jeremiah 7.31 (see Rashi commentary) and Jeremiah 32.35. Phoenician/Carthaginian child sacrifice and

discovery of tophet in Tunisia: Miles, Carthage Must be Destroyed 68-73. On Manasseh: Finkelstein/Silberman 263-77. Miles, Ancient Worlds, Grabbe, Ancient Israel 169. Cogan, Oxford History 252-7. Hurowitz, Sacred Esplanade 15-35.

20) Isaiah 8.1; 9.6-7; 11.4-11; 26.1-2, 14-19. Josiah: 2 K 22 and 23, 2 C 35.20-5. De Vaux 336-9. Hurowitz, Sacred Esplanade 15-35.

21) Fall:2 K 24-5. Jeremiah 34.1-7, 37-9, 52. Depravity, hunger, cruelty, cannibalism, menstruous lamentation 1.17; cruelty of women 4.3; children mea 4.10. Psalms 74 and 137. Daniel 1.4 and 5; Desolation, Daniel 11.31. Lachish ostracon: BM 87-8. Iron arrowheads, Bahat, Atlas 28. Lavatory/sewer: Auld and Steiner, Jerusalem 44. House of the Bullae: Archaeological Park 52-4. Gemariah son of Shephan: Jeremiah 36.9-12. Ivory sceptre: Hoffmeier 98. The section on Babylon is based on I. L. Finkl and M. J. Seymour, Babylon: Myth and Reality: D. J. Wiseman, Nebuchadnezzar and Babylon; Finkelstein/Silberman 296-309; Wilkinson, Egypt 441-4; Tom Holland, Persian Fire 46-7. Lane Fox, Unauthorized Version 69-71. Cogan, Oxford History 262-8. Grabbe, Ancient Israel 170-84. De Vaux 98. Hurowitz, Sacred Esplanade 15-35.

22) Cyrus and the Persians: A. T. Olmstead, History of the Persian Empire (henceforth Olmstead) 34-66. Farrokh 37-51. Lane Fox, Unauthorized Version 269-71. M. J. W. Leith, 'Israel among the Nations: The Persian Period', in Oxford History 287-9. E. Stern, 'Province of Yehud: Vision and Reality' in Lee I. Levine (ed.) Jerusalem Cathedra (henceforth Cathedra) 1.9-21. Cogan, Oxford History 274. Mythical stories of Cyrus and his rise: Herodotus, Histories 84-96. Holland, Persian Fire 8-22. On Cyrus Cylinder: BM 92. Cyrus and President Truman: Michael B. Oren, Power, Faith, and Fantasy: America in the Middle East 501. Return: Isaiah 44.21-8, 45.1 and 52.1-2. Ezra 1.1-11 and 3-4. Josephus, 'Against Apion' 1.154. Leith, Oxford History 276-302. First mention of Jew: Esther 2.5. Archaeological Park 138.

23) Darius the Great: Ezra 4-6. Haggai 1-2. Zechariah 1.7-6.15. Isaiah 9.2-7. Olmstead, 86-93, 107-18, 135-43; Zerubabbel/Darius possibly in Jerusalem 136-144. The description of Darius is based closely on that of Olmstead 117. Mythical stories of Darius' rise/the mare's vagina: Herodotus 229-42. Farrokh 52-74. Lane Fox, Unauthorized Version 78-85 and 271. Leith, Oxford History 303-5. Holland, Persian Fire 20-62. Joseph Patrich, '538 BCE-70 CE: The Temple (Beyt ha-Miqdash) and its Mount', in Sacred Esplanade 37-73. Miles, Ancient Worlds 115-19.

24) Nehemiah 1-4, 6-7, 13. Archeological Park 137. Leith, Oxford History 276-311. Lane Fox, Unauthorized Version 85 and 277-81. JA 11.159-82.

25) Fall of Darius III and rise of Alexander: Olmstead 486-508. Farrokh 96-111. JA 11.304-46. Schafer 5-7. Gunther Holbl, History of the Ptolemaic Empire (henceforth Holbl) 10-46. Maurice Sartre, The Middle East under Rome (henceforth Sartre) 5-6, 20.

26) Ptolemy Soter and Wars of Successors: JA 2. Josephus, 'Against Apion' 1.183-92. Ptolemies, style, festival in 274, Wilkinson, Egypt 469-30. Miles, Ancient Worlds 158-70. Adrian Goldsworthy, Antony and Cleopatra (henceforth Goldsworthy) 37-41. On Aristeas: Goodman 117-19. quoting Aristeas. For full text see Aristeas, Letter of Aristeas. Schafer 7-18 including Agatharchides on Ptolemy taking Jerusalem. Cathedra 1.21. Ptolemy II/

Aristeas: Holbl 191. Patrich, Sacred Esplanade 37-73.
27) Simon the Just: Ecclesiasticus 50.1-14. JA 12.2 and 12.154-236. Tobiads: C. C. Ji, 'A New Look at the Tobiads in Iraq al-Amir', Liber Annuus 48 (1998) 417-40. M. Stern, 'Social and Political Realignments in Herodian Judinea', in Cathedra 2.40-5. Leith, Oxford History 290-1. Schafer 17-23. Holbl 35-71. Edwyn Bevan, House of Seleucus 2.168-9. Parich, Sacred Esplanade 37-73.
28) Antiochus the Great and the Seleucids: Bevan, Seleucus 1.300-18 and 2.32-3 and 51-94. Holbl 127-43 and 136-8. JA 3 and 12.129-54. Seleucid court/dress/army: Bevan, Seleucus 2.269-92. Schafer 29-39. New Greek Jerusalem: 2 Maccabees 3.1-4.12.
29) Ecclesiasticus 50. Schafer 32-4. Henri Daniel-Rops, Daily Life in Palestine at the Time of Christ - theocracy 53-5; city life 95-7; punishments 175-8. Sabbath: de Vaux - sacrifices/holocaust 415-7; Sabbath 3482-3; festivals 468-500; high priest 397. Patrich, Sacred Esplanade 37-73.
30) Antiochus IV Epiphanes: 1 Maccabees 1, 1 Maccabees 4. Jason/Menelaos/Antiochus: 2 Maccbees 1 and 2 Maccabees 4-6, 2 Maccabees 8.7. JA 12.237-65. Antiochus enters temple: 2 Maccabees 5.15. Debauchery in the Temple: 2 Maccabees 6.2. Character: Polybius, Histories 31. and 331; festival 31.3. On Antiochus/festival: Diodorus, Library of History 31.16. This account closely follows Bevan, Seleucus 2.126-61; character 128-32; God manifest 154; death 161. Schafer 34-47. Sartre 26-8. Building the gymnasium: 2 Maccabees 4.12. Religious edicts: 1 Maccabees 1.34-57, 2 Maccabees 6.6-11. Abomination: Daniel 11.31, 12.11. Schafer 32-44. Holbl 190. Shanks 112-15; face on coins: silver tetradrachm in Shanks 113. Sartre 9-14. Martyrs and atrocities: 2 Maccabees 6. Greek culture: Goodman 110. Crucifixion: JA 12.256.
31) Judah and Maccabee Revolt: JA 12.265-433. 1 Maccabees 2-4. The Hammer: 2 Macabees 5.27. Hasidim: origins of Essenes and apocalyptic thought: Book of Enoch 85-90 and 93.1-10 and 91.12-17. JA 12.7. Lysias: 1 Maccabees 4, 2 Maccabees 11. Hanukkah: 1 Maccabees 4.36-9, 2 Maccabees 10.1-8. JA 12.316. Judah in Jerusalem: 1 Maccabees 4.69. Conquests: 1 Maccabees 4-6. Jewish rights restored by Antiochus V: 1 Maccabees 6.59. Lysias vs Jerusalem: 2 Maccabees 11.22-6. Alcimus: 1 Maccabees 7 8 and 9, 2 Maccabees 13.4-8, 14, 15. JA 8, 9, 10. Nicanor threats defeat head, tongue, hand: 1 Maccabees 7.33-9, 2 Maccabees 14.26, 2 Maccabees 15.36, 2 Maccabees 15.28-37, 1 Maccabees 8.1. Bacchides/death of Judah: 1 Maccabees 8-9. Bevan, Seleucus 2.171-203. Joseph Sievers, The Hasmoneans and their Supporters: From Mattathias to the Death of John Hyrcanus I (henceforth Sievers) 16-72. Michael Avi-Yonah, The Jews of Palestine: A Political History from the Bar Kochba War to the Arab Conquest (henceforth Avi-Yonah) 4-5. Sartre 9-14. Resurrection and apocalypse: Lane Fox, Unauthorized Version 98-100. Daniel 12.2-44. Isaiah 13.17-27. Jeremiah 51.1. Acra foundation: Archeological Park 45. Patrich, Sacred Espanade 37-73.
32) Jonathan: 1 Maccabees 9-16 and JA 13.1-217. Philometer: 1 Maccabees 11.6-7. Onias IV: Holbl 190. JA 12.65-71, 14.131. Holbl 191-4. Schafer 44-58. Bevan, Seleucus 2.203-28. Sievers 73-103. Simon: JA 13.187-228. Simon as high priest, captain and leader: 1 Maccabees 12 and 13, 1 Maccabees 13.42-51. Acra falls/purple and gold: 1 Maccabees 13.51, 14.4104. Antiochus VII Sidetes: 1 Maccabees 15.1-16. Simon death: JA 13.228. 1

Maccabees 16.11. Schafer 56-8. Bevan, Seleucus 2.227-43. Sievers 105-34. Sartre 9-14. Acra foundations: Archeological Park 45; wall 90. Hasmonean walls - Avi-Yonah, 221-4. Peters, Jerusalem 591. Ptolemy VII Euergetes II: Jews and elephants Josephus, 'Against Apion' 2.50-5. Holbl 194-204.

33) Hyrcanus: JA 13.228-300. Schafer 65-74. Hasmonean walls: Avi-Yonah, 221-4. Peters, Jerusalem 591. Walls: Archeological Park 90, 138. Bahat, Atlas 37-40. Converstions with Dan Bahat. Hyrcanus fortress residence: JA 14.403, 18.91. JW 1.142. Mass conversions: Goodman 169-74. Conversions and conquest: Sartre 14-16. Negotiations with Parthians: Marina Pucci, 'Jewish-Parthian Relations in Josephus', in Cathedra quoting the Book of Josipppon. Greek culture: Goodman 110. Jewish contributions to Temple wealth: JA 14.110. Aristobulos: JA 13.301-20. Alexander Jannaeus: JA 13.320-404. Sartre 9-14. M. Stern 'Judaea and her Neighbours in the Days of Alexander Jannaeus', in Cathedra 1.22-46. Alexandra Salome: JA 13.405-30. Hyrcanus II vs Aristobulos II: JA 14.1-54. Bevan, Seleucus 2.238-49. Sievers 135-48. Shanks 118. Roman treaty: Sartre 12-14.

34) Pompey: JA 14.1-79, including capture of city and entering.Holy of Holies 14.65-77; Scaurus/Gabinius/Mark Antony: JA 14.80-103. Antipater: JA 14.8-17. Pompey reduces wall: JA 14.82. Greek allegations about Temple: see Apion and Josephus 'Against Apion'. Tacitus, Histories 5.8-9. Cicero, For Flaccus, quoted in Goodman 389-455. John Leach, Pompey the Great 78-101 and 212-14. Goldsworthy 73-6. Patrich, Sacred Esplanade 37-73.

35) Crassus: Farrokh 131-40. JA 14.105-23, especially 110.

36) Caesar, Antipater, Cleopatra: JA 14.127-294. This analysis and account of Cleopatra and Caesar is based on Goldsworthy 87-9; 107; 125-7; 138; 172-81; Holbl 232-9; Schafer 81-5; Sartre 44-51; Wilkinson, Egypt 492-501. Cleopatra, Mark Antony Plutarch, Makers of Rome; Antipater origins and early career: Niko Kokkinos, Herodian Dynasty: Origins, Role in Society and Eclipse (henceforth Kokkinos) 195-243.

37) Antony, Herod, Parthia: JA 14.297-393. Parthian invasion/Antigonos: Farrokh 141-3. Parthian society, cavalry: Farrokh 131-5. This account of Antony and Cleopatra is based on Holbl 239-42; Goldsworthy 87-9, 183, 342-3; Schafer 85-6; Sartre 50-3; Wilkinson, Egypt 501-6. See Plutarch, Makers of Rome. Massacre of Sanhedrin: M. Stern, 'Society and Political Realignments in Herodian Jerusalem', in Cathedra 2.40-59.

38) Herod takes Judaea 41-37 BC: JA 14.390-491. Farrokh 142-3; Antony's Parthian war 145-7. Schafer 86-7. Sartre 88-93.

39) Antony, Cleopatra, Herod: JA 14-15.160. Holbl 239-42.

40) JA 15.39-200. Herod, Actium and Augustus: this account of Cleopatra including the note on the fate of their children is based on Holbl 242-51; Goldsworthy 342-8; Actium 364-9; death 378-85; Wilkinson, Egypt 506-9. Herod and Clepatra: JA 15.88-103. Herod as best friend of Augustus and Agrippa: JA 15.361. Description of Augustus: see Suetonius. Herod and Augustus: JA 15.183-200.

41) Herod and Marrimme 37-29 BC: marriage JA 14.465. Relationship: JA 15.21-86 and 15.202-66. Kokkinos 153-63; on Salome 179-86 and 206-16. Herod as king: this account of Herod is based on JA; Kokkinos; P. Richardson, Herod the Great: King of the Jews, Friend of the Romans; Stewart Perowne, Herod the Great; Michael Grant, Herod the Great 117-

44. Herod's court: Kokkinos 143-53 and 351 - quote on Herod's cosmopolitanism. Wives and concubines: JA 15.321-2. Kokkinos 124-43 and Herod's education 163-73. Sartre 89-93. Schafer 87-98. Herod's wealth: Grant, Herod 165. Games and theatres: JA 15.267-89. Fortressess/Sebaste/Caesarea: JA 15.292-8; 15.323-41. Famine relief: JA 15.299-317. Citadel and Temple: JA 15.380-424.

42) Herod's Jerusalem. Temple: JA 15.380-424 and JW 5.136-247. Bahat, Atlas 40-51. On stones/seam - Ronny Reich and Dan Bahat, conversations with author. Seam and extension of Temple Mount: Archeological Park 90. The street probably paved by Agrippa II: Archeological Park 112-13. on Vitruvius and engineering, my explanation is based on Archeological Park 29-31. Philo on Augustus' sacrifices in Temple: Goodman 394. Trumpeting place: JW 4.12. Cathedra 1.46-80. Simon temple-builder: Grant, Herod 150. Shanks 92-100. Patrich, Sacred Esplanade 37-73. The Red Heifer: Numbers 19. Heifer: this mondern research is based on Lawrence Wright, 'Letter from Jerusalem: Forcing the End', New Yorker, 20 July 1998.

43) Herod, Augustus/sons to Rome/many wives: JA 15.342-64; with Agrippa/Crimea/Diaspora Jews etc: JA 16.12-65. Grant, Herod 144-50. Augustus and Agrippa sacifices: Goodman 394; Philo, Works 27.295.

44) Herod family tragedies/Augustus' rulings/execution of princes/four wills/last massacre and innocents/death: JA 16.1-404 and 17.1-205. Kokkinos 153-74. Grant, Herod 211. Diagnosis of death: Philip A. Mackowiak, Post Mortem 89-100. Jesus birth, Bethlehem Massacre, King of Israel/escape to Egypt: Matthew 1, 2 and 3. Sacrifice in Temple/tax/Bethlehem/circumcision: Luke 1-2, Isaiah 7.14. Lane Fox, Unauthorized Version, on timing of birth: 202. Brothers, sisters: Mark 6.3, Matthew 13-55, John 2.12, Acts 1.14. Speculative Cleophas theory: James D. Tabor, The Jesus Dynasty (henceforth Tabor) 86-92.

45) Varus' war/Archelaus before Augustus and reign and downfall: JA 17.206-353. Goodman 397-401. Sartre 113-14. Archelaus: Herod of Luke 1.5. Kokkinos - on coins/using name of Herod, 226. Schafer 105-12. Zealots founded by Judas the Galilean: JA 18.1-23. Gabriel's Revelation: Ethan Bronner, 'Hebrew tablet suggests tradition of resurrected messiah predates Jesus', New York Times, 6 August 2008.

46) Jesus the life and ministry. Pinnacle of temple: Matthew 5.5. Aged twelve in Temple: Luke 2.39-51. Herod Antipas threat to Jesus/Pharisees/the hens/prophet outside Jerusalem: Luke 13.31-5. (Matthew's version of the same speech is set in the Temple during Jesus' last visit: Matthew 23.37.) Destruction of Jerusalem and armies foreseen: Luke 22.20-4. Jesus, John resurrected - Herod: Mark 6.14. I beheaded John, but reborn: Luke 9.7-9. Visit to high mountain and meeting with Moses and Elias (similarity to Muhammad's Night Journey): Mark 9.1-5. Vision of King of Heaven: Matthew 24.3-25.46. Repent Kingdom of Heaven coming: Matthew 5.17. Blessed be the poor: Matthew 5.3. Not destroy law: Matthew 5.17. Exceed righteous Pharisees: Matthew 5.20. Let dead bury dead: Matthew 8.22. Apocalyptic sword and vision of Judgement Day: Matthew 10.21-32. Gnashing of teeth and furnace: Matthew 13.41-58. Son of Man and glory: Matthew 20.28. Must go to Jerusalem: Matthew 16.21. Nations judged: Matthew 25.31-4. Life eternal for righteous: Matthew 25.41 and 25.46. Elite followers, Joanna, wife of Herod's steward: Luke 8.3. City of great king:

Matthew 5.35. Earlier visits to Temple/early version of cleaning of Temple: John 2.13-24. Son of Man: Daniel 7.13. Vision of Kingdom of Heaven, End of Days, Son of Man, be ready: Matthew 24.2-25.46. Early visits to Jerusalem and escapes from stoning: John 7, 8, 10.22. Jesus and John the Baptist - same message, repentance/Kingdom of Heaven: Matthew 3.2 and 5.17. John the Baptist, birth: Luke 1.5-80. Mary visits John's parents: Luke 1.39-41. John denounces Herod and Herodias: Luke 3.15-20.

Herod Antipas and John the Baptist beheading: Mark 6.14-32. John baptizing Jesus: Luke 3.21, Matthew 3.16. Herod Antipas: JA 18.109-19 (story of Herodias, Aretas' daughter and John the Baptist). JA 18.116-19. Kokkinos 232-7, including identity of Salome. Antipas and Philip's Tetrarchy and Nabataean war: JA 18.104-42. Salome: Mark 6.17-19. Matthew 14.3-11. Jesus on that fox: Luke 13.32 Diarmaid MacCulloch, A History of Christianity: The First Three Thousand Years (henceforth MacCulloch) 83-91.

47) Jesus in Jerusalem. King of Israel entrance: John 12.1-15. Insurrection, Pilate, Siloam: Luke 13.1-4. Prediction of abomination, destruction: Mark 13.14. Hens, vision of desolation: Matthew 23.37-8. In Temple, vision of King of Heaven and Judgement Day: Matthew 24.3-25.46. Jesus in the Temple/not one stone: Mark 13.1-2 and 14.58 and later Stephen quote Isaiah: Acts 7.48. Not one stone: Matthew 24.1-3. Jewish traditions against Temple: Isaiah 66.1. The days in Jerusalem: Mark 11-14 and John 12-19. JA 18.63. Early version of cleaning of Temple: John 2.13-24. Portrait of character is based on Geza Vermes, The Changing Faces of Jesus; Geza Vermes, Jesus and the World of Judaism; Geza Vermes, 'The Truth about the Historical Jesus', Standpoint, September 2008; MacCulloch; Charles Freeman, A New History of Early Christianity; A. N. Wilson, Jesus; F. E. Peters, Jesus and Muhammad, Parallel tracks, Parallel Lives.

Jerusalem in Jesus' time. Many nations: Acts 2.9-11. Daniel-Rops, Daily Life in Palestine in the Time of Christ 80-97. MacCulloch 91-6. Palatial Mansion and mikvahs, see Archeological Park. Bahat, Atlas 40-53 and 54-8. Adiabene queen and Jewish kingdom in Iraq: JA 18.310-77. Queen Helena: JA 20.17-96. Goodman 65. Ossuaries: Tabor 10. Son of Man: Daniel 7.13. Upper Room/Last Supper/Pentecost Holy Spirit: Mark 14.15, Acts 1.13-2.2. Patrich, Sacred Esplanade 37-73. For Jesus' movements in city: see Shimon Gibson, The Final Days of Jesus, especially map facing 115; entry into city 46-9; Last Supper 52-5; Gethsemane 53-5; Gibson's research and excavations on the pools of Bethesda and Siloam, showing that they may have been mikvah purification pools 59-80; arrest 81-2. Healings at the pools: John 5.1-19 and 9.7-11. Caiaphas in John 11.50. Conversations with Ronny Reich and Eli Shukron on excavations of the first-century Siloam Pool.

48) Pilate: JA 18.55-63; Samaritan disturbances JA 18.85-95. Pilate's violence: Philo quoting Agrippa 1 in Sarttre 114-15; Goodman 403. See also Daniel R. Schwartz, 'Josephus, Philo and Pontius Pilate', in Cathedra 3.26-37. (On Pilate's actions, Philo says it was shields; Josephus says military standards.) Philo, Works, vol. 10, Embassy to Gaius 37.301-3. Trial: John 18-19 and Mark 14 and 15. Daughters of Jerusalem: Luke 23.28. Powers of Sanhredrin/trial: Goodman 327-31, including Josephus quotation and other examples such as sentencing of James brother of Jesus in AD 62. Barabbas: Mark 15.7. Insurrection, Pilate, Siloam: Luke 13.1-4. Herod and Pilate: Luke 23.12. Arrest and trial: Gibson, Final Days of

Jesus 81-106. MacCulloch 83-96.
49) Crucifixion: this account of technique and death is based on Joe Zias, 'Crucifixion in Antiquity' on www.joezias.com. Crucifixion, nakedness, burial and new shroud evidence discovered by Shimon Gibson: Final Days of Jesus 107-25 and 141-7; tomb 152-65. This account is based on John 19-20, Mark 15, Matthew 28. JW 7.203 and 5.451. Tabor 246-50. Resurrection: quotation from Luke 24. Matthew 27-8. Mark 16. Caiaphas: Matthew 27.62-6 and 28.11-15. Judas, silver and Potters Field: Matthew 27.5-8 and Acts 1.16-20. Removal of body: Matthew 27.62-4, and 28.11-15 for story of priests offering guards bribes to claim disciples removed the body. Gospel of Peter (probably dating from early second century) 8.29-13.56 in which a crowd surrounds the tomb, then two men remove th body: for analysis, see Freeman, New History of Early Christianity 20-1 and 31-8. Resurrection to Ascension: John 20-1 (including Doubting Thomas).

James the Just as leader, early days of sect: Acts 1-2 and Galatians 1.19, 2.9, 12. Pentecost and tongues: Acts 2. Beautiful Gate healing: Acts 3. Stephen: Acts 6 and 7; stoning 7.47-60. Saul at death of Stephen/persecutor/conversion and acceptance by Church: Acts 7.58-60 and 8.1-9.28.

Various sources reflect the Jewish Christianity: Gospel of Thomas; Clement of Alexandria; the Ascents of James and the Second Apocalypse of James - all quoted and discussed by Tabor, 280-91. Pilate, Samaritans, downfall: JA 18.85-106. Sartre 114-15. Schafer 104-5. Lane Fox, Unauthorized Version 297-9, 283-303. Peters, Jerusalem 89-99. Archeological Park 72, 82, 111. Judas, Potter's Field: Matthew 27.3-8. Tacitus, Histories 15.44. MacCulloch 92-6. Sartre 336-9. Kevin Butcher, Roman Syria and the Near East (henceforth Butcher) 375-80.

50) Herod Agrippa I: JA 18.143-309, 19.1-360. Persecution of James and Peter: Acts 12.20-3. Kokkinos 271-304. Third Wall: Archeological Park 138. Bahat, Atlas 35. Sartre 78-9 and 98-101. Approved by Mishnah: Peters, Jerusalem 96-7. James son of Zebedee and Peter: Acts 11.27-12.1-19. Herod Agrippa reads Deuteronomy: Goodman 83. On Philo, see Philo, Works vol. 10, Embassy to Caligula. Goodman 88, 118. Caligula character: Suetonius, Caligula. Claudius expels Jewish Christians/Chrestus: Suetonius, Claudius.

51) Herod Agrippa II and sisters, Claudius, Nero, Poppaea, the procurators: JW 2.250-70. JA 20.97-22.2. Goodman 375-82. Kokkinos 318-30. Stewart Perowne, The Later Herods 160-6. Sartre 79-80.

52) Paul: origins Acts 9-11 and 22-5; Saul at death of Stephen/conversion and acceptance by Church 7.58-60 and 8.1-9.28; return to Jerusalem Acts 11. Quotations from Galatians 11-2.20, 6.11; sin offering 2 Corinthians 5.21; James, Peter, John as 'pillars' Galatians 2.6 and 9; Paul's new Jerusalem, new Israel, Galatians 4.26; on circumcision Philippians 3.2-3; later visit to Jerusalem, arrest, Felix, Agrippa Acts 21-8. Analysis is based on the following: A. N. Wilson, Paul: The Mind of the Apostle; MacCulloch 97-106; Freeman, New History of Early Christianity 47-63; Tabor 292-306; Goodman on Paul's vast ambition 517-27. James the Just: see Gospel of Thomas and Clement of Alexandria/Eusebius, quoting Hegesippus; the Ascents of James in the Pseudo-Clementine Recognitions; the Second Apocalypse of James - quoted in Tabor 287-91. Apostles in Temple: Acts 2.46, 5.21, 3.1-2. 'Christian' first used

later in Antioch: Sartre 298, 336-9; Acts 11.26.
53) James the Just: death/succession of Simon. James as priest. Paul: life and conversion Acts 7-11 and 22-5. Eusebius of Caesarea, Church History: Life of Constantine the Great 2.23. Peters, Jerusalem 100-7. On James as righteous priest - Hegesippus; succession of Simon, Hegesippus, Epiphanius, Eusebius, Tabor 321-32.
54) Josephus, his life and visit to Rome: Josephus, 'Life' 1-17. Book of Revelation: MacCulloch 103-5; Freeman, New History of Early Christianity 107-10: the note on Number of the Beast code is based on Freeman 108. Nero persecution: see Tacitus, Histories. Jewish Revolt starts: Josephus, 'Life' 17-38. JW 2.271-305. JA 20.97-223, 20.252-66. Goodman 404-18. Perowne, Later Herods 98-108 and 117-18. Sartre 113-21. Schafer 114-23. Nero: death of Peter and Paul, citing Origen, Goodman 531.
55) War, Josephus' defection and Vespasian as emperor including portents: Suetonius, Vespasian 5; Tacitus, Histories 1.11; Titus and Berenice, Tacitus 2.1-2; emperor/Agrippa II's support/ Berenice in best years and at height of her beauty: Tacitus 2.74-82. JW 2.405-3.340, Josephus defects: JW 3.340-408. War, Gamala and after: JW 4.1-83. Suetonius, Titus 7; wasted a day 8; looks 3. Schafer 125-9. Sartre 123-7.

제2부 이교

1) Triumph: JW 7.96-162. This analysis of Roman attitudes to Judaism from AD 70 owes much to Goodman 452-5. Tacitus 2.4-5, 5.1-13. Masada: JW 7.163-406 (quotation on Jerusalem is Eleazar in JW). Titus, Agrippa II and Berenice after AD 70: Tacitus 2.2. Suetonius, Titus 7. Cassius Dio quoted in Goodman 459. Agrippa II's political career: Goodman 458-9; diamond of Berenice quoting Juvenal in Goodman 378. Josephus after AD 70: Josephus, 'Life' 64-76. Last Herodian: Kokkinos 246-50 and 361. Last Herodian under Marcus Aurelius: Avi-Yonah 43.
2) Flavians, Nerva and Trajan. Domitian, Jerusalem and Book of Revelation: MacCulloch 103-5. Nerva relaxes Jewish tax: Goodman 469. On Trajan and revolts of 115: Goodman 471-83. Simon, Jesus' cousin, persecution of House of David, execution 106: Tabor 338-42 quoting Eusebius and Epiphanius as source on Flavian and Trajan executions of Davidians. Synagogues in Jerusalem: Eusebius, Church History 4.5. Epiphanius quoted in Peters, Jerusalem 125. Sartre 126-8. Eschatological hopes in Palestine: Sibylline Oracles 4-5; Greek Apocalypse of Baruch III and the Syrian Apocalypse of Baruch II. Zakkai: Schafer 135-40. Jerusalem: Eusebius quoted in Perowne, Later Herods, half city destroyed and seven synagogues, 191. Judaism/ben Zakkai and Jews could live in Jerusalem 70-132: Avi-Yonah 12-54. Trajan: Goodman 471-81, including quote of Appian on Trajan destroying Jews in Egypt; and of Arrian on general destruction of Jews. Jewish revolt: Dio Cassius 68.32.1-2. Eusebius, Church History 4.2.1-5. Schafer 141-2. Sartre 127-8. Butcher 45-50.
3) Hadrian: Dio Cassius 69.12.1-13.3. Character both admirable and bad: Anthony R. Birley, Hadrian the Restless Emperor 301-7, including Historia Augusta 'cruel and merciful' etc. and Epitome de Caesaribus 'diverse, manifold, multiform'. Frank McLynn, Marcus Aurelius

26-39. Aelia: Bahat, Atlas 58-67. Thorsten Opper, Hadrian: Empire and Conflict - career 34-68 and bar Kochba 89-97 and Antinous 168-91. Goodman 481-5. Archeological Park 140. Yoram Tsafrir, '70-638 CE: The Tempeless Mountain', in Sacred Esplanade 73-99.

4) Simon bar Kochba/Hadrian: this account is based on Dio Cassius 69.12.1-13.3 and 69.14.1-3; Eusebius, Church History 4.6 and Justin. See Opper, Hadrian 89-97, including latest finds from the Carve of Letters. Birley, Hadrian the Restless Emperor: influence of Antiochus Epiphanes 228-9; coins on visit to Judea 231; foundation of Aelia 232-4; revolt, bar Kochba 268-78; Book of Numbers/Akiba/correspondence/Justin and Eusebius/fall of Betar/plan of new Jerusalem with Hadrian statue on horseback on Holy of Holies with idol of Jupiter from Eusebius, and statue of pig from Jerome, all quoted in Birley. McLynn, Marcus Aurelius 26-39. Bahat, Atlas 58-67. Goodman 485-93, including Roman burial of memories of conflict, even more disastrous than the triumphalism of 70, continuity of Hadrian to Severan dynasty meant no incentive to challenge Hadrian's ethos 496. See also: Yigal Yadin, Bar-Kokhba - clothes, keys 66; Babatha documents 235. Avi-Yonah 13, probably took Jerusalem/seventy-five settlements destroyed/ Palestinian Jewish population - 1.3 million. Did Hadrian destroy Temple?: Shanks 47, quoting Chronicon Paschale, Julian, rabbinical references to Third Temple destroyed by Hadrian. Cave resistance: Amos Klauer, 'Subterranean Hideaways of Judean Foothills', in Cathedra 3.114-35. After 335: Sartre 320-5. Post bar Kochba and Simon bar ohai: Avi-Yonah 3.114-35, 66. Tsafrir, Sacred Esplanade 73-99.

5) Hadrianic city/Roman administration: Butcher 135-300, 240-50, 335-45. Sartre 155, 167-9. Archaeological mysteries, Tenth Legion/Roman finds south of Temple Mount, Herodian ashlars in foundations of Hadrianic Temple: Shanks 43-53. Statues of emperors still on Temple Mount for visit of Bordeaux Pilgrim 333: Bordeaux Pilgrim, Itinerary 592-3. Tsafrir, Sacred Esplanade 73-99. Deliberate burying of Golgotha: Eusebius, Life of Constantine 3.26-8. Sozomen, Church History 2.1, quoted in Peters 137-42. Zalatinos/Alexander Church/ Hospice, Hadrianic walls and outside wall of Helena's Church: author conversations with Gideon Avni and Dan Bahat. Syncretism of Aelia gods: Sartre 30-21. Attitude to Jews and Roman Aelia: Goodman 490-5. Relaxation of Antoninus Pius: Sartre 320-5. Visit of Marcus Aurelius: Goodman 498. Marcus Aurelius: Butcher 46-8. Herodian Governor of Palestina Julius Severus: Avi-Yonah 43-5. Marcus Aurelius in Aelia quoting Ammianus Marcellinus: Goodman 498. Today's Old City is Hadrianic shape: David Kroyanker, Jerusalem Architecture (henceforth Kroyanker) 14. Jews: Visit of Septimus Severus, Caracalla, Judah haNasi: Goodman 496-7, 506-11. Severus: Butcher 48-51. Judaism/Judah haNasi: Sartre 319-35. Visit to Jerusalem, Judah haNasi: Avi-Yonah 50-6, 140; Tanaim and court fo Nasi/patriarchs up to Judah the Prince 39-40, 54-75; Jerusalem, rending garments 79-80; Severans and Judah the Prince and small group of Rabbi Meir's students of Holy Community settle in Jerusalem 77-9. Severus and civil war, Caracalla: Sartre 148-9, 157; Butcher 48-51. Jewish return to Jerusalem: Sartre 321-2; Goodman 501-8. Jewish traditions on Jerusalem, in Tosefta, Amidah etc. quoted in Goodman 576-7. Simon Goldhill, Jerusalem: A City of Longing 179. Christian beliefs and persecutions: Goodman 512-24. Isaiah Gafni, 'Reinterment in Land of Israel', in Cathedra 1.101. Christianity after 135: Freeman, New History of Early Christianity 132-41; Ebionites 133; Gnostics 142-54. Early Christians, Gnosticism: MacCulloch 121-37;

relations with Roman state 156-88; Christan alternative to Rome 165; Severus, to thirdcentury crisis, Mithraism, Mani, Diocletian 166-76. Joseph Patrich, 'The Early Church of the Holy Sepulchre in the Light of Excavations and Restoration', in Y. Tsafrir (ed.), Ancient Churches Revealed 101-7. Synagogues: seven synagogues; one remained on Mount Zion in AD 333: Bordeaux Pilgrim, Itinerary 592-3. Epiphanius quoted: Peters, Jerusalem 125-7. Schafer 168. Christianity and persecutions and decay of Roman power: Butcher 86-9; revolts against Romans 65-6. Twenty-five changes of emperor in 103 years/Zenobia; Diocletian visits Palestina 286: Avi-Yonah 91-127 and 139-49. Michael Grant, Constantine the Great 126-34. Sartre 339. On Palmyran empire and Zenobia: P. Southern, Empress Zenobia: Palmyra's Rebel Queen.

제3부 그리스도교

1) Constantine. Rise and character: Warren T. Treadgold, A History of Byzantine State and Society (henceforth Treadgold) 30-48. Grant, Constantine 82-4, 105-15; Sun God 134-5; Milvian Bridge vision 140-55; Church 156-86. Judith Herrin, Byzantium: The Surprising Life of a Medieval Empire (henceforth Herrin) 8-11. Patron gods of Caesar Augustus and Aurelian, smallness of Christian religion, Jews as detestable mob, Jewish history as Roman history: Goodman 539-48. Crispus/Fausta sexua offence: Treadgold 44. Avi-Yonah 159-64. Lane Fox, Unauthorized Version 247. MacCulloch 189-93. Last years: Grant, Constantine 213. John Julius Norwich, Byzantium: The Early Centuries (henceforth Norwich) 1.31-79. Fred M. Donner, Muhammad and the Believers: At the Origins of Islam 10-11. On Christological debates and shock-troop monks: Chris Wickham, The Inheritance of Rome: A History of Europe from 400 to 1000 (henceforth Wickham) 59-67.

2) Helena in Jerusalem. Eusebius, Life of Constantine 3.26-43. Sozomen, Church History 2.1, 2.26. Helena barmaid: Grant, Constantine 16-17; visit 202-5. Zeev Rubin, 'The Church of Holy Sepulchre and Conflict between the Sees of Caesarea and Jerusalem', in Cathedra 2.79-99 on early visit of Constantine's mother-in-law, Eutropia, in 324. Founding of Church: MacCulloch 193-6. Temple Mount, space and holiness to Jews/defeat of old revelation and victory of new: Oleg Grabar, The Shape of the Holy: Early Islamic Jerusalem 28. Goldhill, City of Longing 179. Peters, Jerusalem 131-40. New Jerusalem: Goodman 560-77; Jewish reverence for Jerusalem 576-7. Jews: Avi-Yonah 159-63; small Jewish revolt reported in John Chrysostom 173. Basilicas and ceremonies of church: MacCulloch 199; Arianism 211-15. Bordeaux Pilgrim, Itinerary 589-94; see also Peters, Jerusalem 143-4, including new name for Zion. Confusion about real Zion: 2 Samuel 5.7, Micah 3.12. Tsafrir, Sacred Esplanade 73-99.

3) Constantius: Avi-Yonah, 174-205. Julian: Treadgold 59-63. Jews/Temple: Yohanan Levy, 'Julian the Apostate and the Building of the Temple', in Cathedra 3.70-95. Temple: Sozomen, Church History 5.22. Isaiah 66.14. Archeological Park 22. Norwich 339-100. Did Jews/remove statues?/Isaiah inscription: Shanks 53-5. Arab revolts of Queen Maria and Saracen War in 375: Butcher 65-6.

4) The first pilgrims fourth/fifth century/Hun invasion: Zeev Rubin, 'Christianity in Byzantine

Palestine - Missionary Activity and Religious Coercion', in Cathedra 3.97-113. Cheating, adultery - Gregory of Nyssa quoted in Peters, Jerusalem 153; prostitutes, actors - Paulinus of Nola quoted 153; Jerome on Paula quoted 152. Jerome: Freeman 274-84, including quotes on sex, virginity and swine. Festivals evolve, cross-biting: Egeria, Pilgrimage to the Holy Places, 50, 57-8, 67-74; and Bordeaux Pilgrim, Itinerary 589-94. Jerome on Britons: Barbara W. Tuchman, Bible and Sword (henceforth Tuchman) 23. Byzantine guides to Jerusalem: Breviarius and Topography of the Holy Land, quoted in Peters, Jerusalem 154-7. The Jews in Jerusalem/Temple Mount with statues: Bordeaux Pilgrim, Itinerary 589-94. Mob of wretches: Jerome quoted in Peters, Jerusalem 145. Jewish revolt: Treadgold 56. Lane Fox, Unauthorized Version 213-14. Shanks 57. Peters, Jerusalem 143-4. Zion: 2 Samuel 5.7. Micah 3.12. Tsafrir, Sacred Esplanade 73-99. Monasticism: ickham 59-67.

5) Eudocia, Barsoma, Christianity in Palestine: Rubin, 'Christianity in Byzantine Palestine - Missionary Activity and Religious Coercion', in Cathedra 3.97-113. Treadgold 89-94. Bahat, Atlas 68-79. Remains of Eudocia's walls/Siloam Church: Archeological Park 42-4, 137 and 138. Eudocia and Barsoma: Peters, Jerusalem 157-62, including Piacenza Pilgrim seeing her tomb. Christology, monastic shock-troops: Wickham 59-67. Relics: Stephen Runciman, A History of the Crusades (henceforth Runciman) 1.40 and 49. Grabar, Shape of the Holy 25, 37. Christianization and anti-Jewish laws: Theodosius I and II: Avi-Yonah 213-21, 240-5; on Jerome - Jewish worms quoted at 222; end of patriarchate 225-30. Norwich 139-51. Creed and righteous behaviour: Donner, Muhammad 10-17. MacCulloch on monasticism including lollipop stylite pillar: 200-10; on Nestorius/Monophysitism 222-8. End of Hillelite patriarchs: G. Kramer, A History of Palestine (henceforth Kramer) 24. Armenian monks and asceticism: Igor Dorfmann-Lazarev, 'Historical Itinerary of the Armenian People in Light of its Biblical Memory', ms.

6) Justinian - Byzantine climax. Justin and Justinian: Treadgold 174-217. Donner, Muhammad 5-6; apocalyptic vision of the Last Emperor 16; Yemenite Jewish kingdom 31-4; Justinian's vision 4-17. Wickham 92-5. Vision and building: Herrin 50-7. Gossip: see Procopius, Secret Life. Building: Bahat, Atlas 68-79. Building and pilgrims: Peters, Jerusalem 162-4: Piacenza Pilgram; 'Life of Sabas' by Cyril of Scythopolis; Procopius, 'On Buildings', quoted in Peters. Grabar, Shape of the Holy 38-40, including Cyril quote; life in Jerusalem 24-38, including concepts of holy space/churches facing or backing on to Temple Mount. Jewish tragedy: Avi-Yonah 221-4 and 232-7, but c. 520 new Sanhedrin chief from Babylon to Tiberias, ruling Jews for seven generations until move to Jerusalem in 638; Justinian anti-Jewish legislation 246-8; Jews in Tiberias in contract with Jewish kings of Yemen 246-8. Treadgold 177. Butcher 383. Temple menorah - Byzantine triumph then to Jerusalem in 534: Perowne, Later Herods 177. Norwich 212. Byzantine style of dress: see Ravenna mosaic and Herrin on Theodora and ladies-in-waiting 67. Houses, mosaics and churches: on Orpheus semi-pagan/semi-Christian: Ashar Ovadius and Sonia Mucznik, 'Orpheus from Jerusalem - Pagan or Christian Image', in Cathedra 1.152-66. Nea Church: Grabar, Shape of the Holy 34-8; Madaba Map 27. M. Avi-Yonah, 'The Madaba Mosaic Map', Israel Exploration Society. See also article: Martine Meuwese, 'Representations of Jerusalem on Medieval Maps and Miniatures', Eastern Christian Art 2 (2005) 139-48. H. Donner, The Mosaic Map of Madaba:

An Introductory Guide. Nea, last column in Russian Compound: Shanks 86-7. Byzantine rich houses south and west of Temple Mount: Archeological Park 147 and 32-3; extended Cardo 10 and 140; bathhouses near Jaffa Gate 125; Nea 81; monks in First Temple Jewish tombs 39. Burial with bells: see Rockefeller Museum. Jerusalem chariot-racing: Yaron Dan, 'Circus Factions in Byzantine Palestine', in Cathedra 1.105-19. Tsafrir, Sacred Espanade 73-99.

7) Persian invasion. The Persian general's full name was Razmiozan, known as Farrokhan Shahrbaraz - the Royal Boar; Justin II to Phocas - decline: Treadgold 218-41. Sassanian king, state and religion: Donner, Muhammad 17-27. Avi-Yonah, 241, 254-65, including Midrash of Elijah and 20,000 Jewish soldiers quoting Eutychius; Salvation Midrash/Book of Zerubbabel, Nehemiah stories 265-8; Jews expelled 269-70. Sebeos, Historire d'Heraclius 63-71. See also: A. Courret, La Prise de Jerusalem par les Perses; and Norwich 279-91. Arab tribes: Butcher 66-72. Jerusalem chariot-racing: Dan, 'Circus Factions in Byzantine Palestine', in Cathedra 1.105-19. Sassanids rise: Farrokh 178-90; Khusrau II 247-61. Sassanians before the Arab conquest: Hugh Kennedy, The Great Arab Conquests 98-111. Destruction of Jerusalem: F. Conybeare, 'Antiochus Strategos: Account of the Sack of Jerusalem', English Historical Review 25 (1910) 502-16. City destroyed: Bahat, Atlas 78-9. Bones of monks in Monastery of St Onufrius: Archeological Park 137. Jewish role and Lion's Cemetery where martyrs buried in Mamilla: J. Prawer, History of the Jews in the Latin Kingdom of Jerusalem 57 and 241. Dan, 'Circus Factions in Byzantine Palestine', in Cathedra 1.105-19, inscription on Blues. Massacre myths: Grabar, Shape of the Holy 36-43. Traces of a Jewish building on Temple Mount, seventh century but dating from Persian or early Islamic period: Tsafrir, Sacred Esplanade 99.

8) Heraclius: this is based on Waltr E. Kaegi, Heraclius: Emperor of Byzantium. Treadgold 287-303. Farrokh 256-61. Butcher 76-8. Herrin 84-6. Norwich 291-302. Entering Jerusalem: Conybeare, 'Antiochus Strategos' 502-16. Defeated Romans: Koran (trans. M.A.S. Abdel Haleem) 30.1-5. Golden Gate - Byzantine or Umayyad: Bahat, Atlas 78-9. Goldhill, City of Longing 126. Heraclius and Jews, Benjamin of Tiberias: Avi-Yonah 260-76. First Crusader: Runciman 1.10-13. Heraclius in Jerusalem: Abu Sufyan's memory: Kennedy, Conquests 74; Palestine in decline 31-2. Tsafrir, Sacred Esplanade 73-99. Heraclius and campaigns: Donner, Muhammad 17-27; Last Emperor 17-18. Wickham 256-61.

제4부 이슬람

1) Muhammad: Arabia before Prophet: this is based on the following: Koran; Ibn Ishaq, Life of Muhammad; Al-Tabari, Tarikh: The History of al-Tabari. Analysis and narrative - for conventional approach: W. Montgomery Watt, Muhammad: Prophet and Statesman; Karen Armstrong, Muhammad: A Biography of the Prophet. For new analysis: Donner, Muhammad; F. E. Peters, Muhammad and Jesus, Parallel Tracks, Parallel Lives.

Apocalypse in Koran/Last Days/The Hour: Hour is near: Koran 33.63, 47.18. Hour nigh: Koran 54.1. Koran: Introduction ix-xxxvi. Isra and Miraj: Koran 17.1, 17.60, 53.1-18, 81.19 and 25. Change of qibla: Koran 2.142-50; Solomon and djinns in temple: Koran 34.13. Jewish sins and Nebachadnezzar fall of Temple: Koran 17.4-7. Jihad/killing/sword verse/People of the Book/dhimmi: Koran 16.125, 4.72-4, 9.38-9, 9.5, 9.29; no compulsion in religion 2.256, 3.3-4, 5.68, 3.64, 29.46. Donner, Muhammad 27-38; Life and rise of Muhammad and limits of his biography 39-50; limits of sources, quotes of Thomas the Presbyter 50-7; beliefs of early Islam, Donner's theory of Believers vs Muslims and number of mentions in Koran: 57-61; rituals 61-9; ecumenism of early Believers especially attitude to Jews and the umma document 72-4; Prophet and Apocalypse 78-82; militant jihad 83-6; ecumenical openness to Jews and Christians - quotations from Donner 87-9; Abu Sufyan and Meccan elite co-opted 92-7.

Ibn Ishaq, Muhammad 200-10. Jesus meets Moses and Elijah: Mark 9.1-5. Muhammad, mystery of early Islam; doubts of some scholars of entire history before 800, question of conquest, early caliphs: Wickham 279-89. Armstrong, Muhammad 94; qibla 107; relations with Jews 102, 111, 161-3.

Muhammad in Syria: Kennedy, Conquests 77. Early Islam: Chase F. Robinson, Abd al-Malik 13. Herin 86-8. Muhammad's rise: Kennedy, Conquests 45-7; no one more destitute than us, among us who would bury our daughters, God sent us a well-known man, the best among us, Arabian tribes before Muhammad, letters of Muslim soldiers vs Persians, 47. Letters of Muslim soldiers on Persian conquest: al-Tabari, Tarikh 1.2269-77, 2411-24; 2442-4; 2457-63. These sources describe the Arab invaders of Persia just after the Palestinian conquest. Sophronius: Peters, Jerusalem 175. Relations with the Arabian Jewish tribes, first qibla etc., Israiliyat: Issac Hassan, 'Muslim Literature in Praise of Jerusalem', in Cathedra 1.170-2. Improtance of advice of Jewish converts: Ibn Khaldun, The Muqaddimah: An Introduction to History (henceforth Ibn Khaldun) 260.

2) Abu Bakr Othman. The first successors to Prophet, sources: Donner, Muhammad 91-5; Prophet and Apocalypse 78-82 and 97; knowledge of Syria 96; jihad 83-6; ecumenical openness to Jews and Christians - quotations from Donner 87-9; caliph title used only (possibly) by Abu Bakr but more usually Commander of the Believers and succession 97-106; the nature of Islamic expansion, churches not destroyed 106-19; early version of shahada (without 'Muhammad is his prophet/apostle') 112; Bishop Sebeos and Jewish governor 114; ecumenical 114-15; on sharing churches 114-5; on Cathisma Church with mihrab and in Jerusalem itself 115; Abu Bakr conquests 118-33.

Apocalypse/The Hour: Koran 33.63, 47.18. Hour night: Koran 54.1. Early armies at Yarmuk and al-Qadisiyah, only 30,000 men power of religious propaganda and motivation: Ibn Khaldun 126. Development of title khalifa: Ibn Khaldun 180. Omar takes title Commader of the Faithful: Kennedy, Conquests 54-6 and 72-5. Barnaby Rogerson, The Heirs of the Prophet Muhammad and the Roots of the Sunni-Shia Schism (henceforth Rogerson) 83, 128-9, 169.

Omar takes Palestine, Byzantine empire, weaknesses, plague, poverty: Kennedy, Conquests, 142-98; settlement of Palestine and Iraq 95-7; Amr al-As 46-51 and 70-3; Khalid bin Walid 70-3. Yaqubi, History 2.160-70, and al-Baladhuri, Conquest of the Countries, quoted in Peters, Jerusalem 176-7. Defeat of Byzantines: Runciman 1.15 Khalid in command at Damascus and Yarmuk: Kennedy, Conquests 75-89. Early administration: Rogerson 220.

3) Omar enters Jerusalem: Koran 17.1, change of qibla: Koran 2.142-4. Concept of Day of Judgement: Koran 3.185 33.63, 47.18. 54.1

Covenant - Tabari, Annals 1.2405, in Peters, Jerusalem 18. Muthir al-Ghiram in Guy Le Strange, Palestine under the Moslems 139-44. Eutychius quoted in Peters, Jerusalem 189-90. Grabar, Shape of the Holy 45-50. Omar looks, character, stories: Ibn Khaldun 162. Kennedy, Conquests 125-30. Rogerson 171-82.

Donner, Muhammad: Omar conquest of Jerusalem, 125; Jews 114-15; Apocalypse 78-82 and 97; militancy 83-6; openness to Monotheists - quotations from Donner 87-9. Shlomo D. Goitein, 'Jerusalem in the Arab Period 638-1099, in Cathedra 2: 168-75.

Omar takes surrender: Kennedy, Conquests 91-5. Abdul Azis Duri, 'Jerusalem in the Early Islamic Period', in Asali, 105; early hadith and fadail: in Asali, 114-16. Jerusalem further place of prayer: Koran 17.1. On importance of Holy Land, Jerusalem and Aqsa: Mustafa Abu Sway, 'The Holy Land, Jerusalem and the Aqsa Mosque in Islamic Sources', in Sacred Esplanade 335-43. Wickham 279-89.

Jewish hopes, move to Jerusalem: J. Mann, The Jews in Egypt and Palestine under the Fatimid Caliphs (henceforth Mann) 1.44-7. Jewish traditions - Israiliyat and Kaab quotations: Hassan, 'Muslim Literature in Praise of Jerusalem,' in Cathedra 1.170-2. Meir Kister, 'A Comment of the Antiquity of Traditions Praising Jerusalem', in Cathedra 1.185-6.

The names of the city: Angelika Neuwirth, 'Jerusalem in Islam: The Three Honorific Names of the City', in OJ 77-93. Seventeen Muslim names/seventy Jewish in Midrash/multiplicity is greatness, quoted in Goitein, 'Jerusalem' 187. Grabar, Shape of the Holy 112. Omar on Temple Mount: Isaac ben Joseph quoted in Peters, Jerusalem 191-2; on Jews cleaning Temple Mount and banning: Salman ben Yeruham quoted in Peters, Jerusalem 191-4. Filth on Temple Mount deliberately placed by Helena - Mujir al-Din, Histoire de Jerusalem et d' Hebron (henceforth Mujir) 56-7, and on Jews cleansing Temple Mount. Earliest mosques: Kennedy, Conquests 121 and 134.

First cemetery and early burials of Companions of Prophet: Kamal Asali, 'Cemeteries of Old Jerusalem', in OJ 279-84. Sophronius, abomination: in Peters, Jerusalem 190. First sight of Jerusalem from hill: Sari Nusseibeh, Once Upon a Country 29. Hussein bin Talal, King Hussein of Jordan, My War with Israel 122. Arculf in Thomas Wright, Early Travels in Palestine 1-5. Jews in Omar's armies - see Professor Rood in JQ 32, Autumn 2007. Jewish aspirations: Sebeos quoted in Goldhill, City of Longing 76. Mann 1.44-7. Shared church and mosques: Ross Burns, Damascus: A History 100-5. Donner, Muhammad: see earlier references. Early names of Jerusalem: see Sacred Esplanade 13. Palestine/Syria holy land: Koran 5.21. Jewish worship on Temple Mount: Miriam Frenkel, 'Temple Mount in Jewish Thought', in Sacred Esplanade 346-8.

The Arabs and armies - elite, tactics, armies, motivation, poverty including camel hair mixed with blood: Ibn Khaldun 162-3; 126. Kennedy, Conquests 40-2, 57-65; style of soldiers and female booty 111-13. Al-Tabari, Tarikh 1.2269-77, 2411-24, 2442-4, 2457-63. These sources describe the Arab invaders of Persia just after the Palestinian conquest. Duri in Asali, Jerusalem 105-9.

4) Muawiya: this portrait is based on R. Stephen Humphreys, Muawiya ibn Abi Sufyan: From Arabia to Empire 1-10 and 119-34; family 38-42; rise 43-53. Donner, Muhammad: Muawiya admired by Jews and Christians 141-3; Apocalypse 143-4; first civil war 145-70; reign of

Muawiya 171-7; openness 87-9. Jews plan new Temple: Sebeos quoted in Guy Stroumsa, 'Christian Memories and Visions of Jerusalem in Jewish and Islamic Context', in Sacred Esplanade 321-33 especially 329-30. Building on Temple Mount, Persian or early Islamic Tsafrir, '70-638 CE: The Templeless Mountain', Sacred Esplanade 99. Jewish worship on Temple Mount ended by Caliph Omar ibn Abd al-Malik 717-20: Frenkel, 'Temple Mount in Jewish Thought', Sacred Esplanade 346-8 Ibn Khaldun: on bayah 166-7; change from theocratic to royal authority 160-8; Christian administratiion 192; Muawiya - develops the mihrab after attempted assassination 222; introduces sealing of letters 219; introduces throne due to fatness 216. Caesar of the Arabs: Rogerson 326. Mosque: Arculf, St Adamnan, Pilgrimage of Arculfus in the Holy Land 1.1-23.

Lover of Israel (Muawiya) hews Temple Mount, built mosque - Simon ben Yahati quoted in Peters, Jerusalem 199-200; possibility of Muawiya making Jerusalem the capital of Arab empire/adapting Herodian platform from square to rectangular and lowering Antonia Fortress 201. Jewish Arabian food: S. D. Goitein, A Mediterranean Society 1.72. Apocalyptic Midrash and al-Mutahar ibn Tahir attribute building of prayer place on Temple Mount to Muawiya: Goitein, 'Jerusalem' 76. Grabar, Shape of the Holy 50.

Administration by Christians: Mansur ibn Sargun: Burns, Damascus 100-15. Administering Palestine: Rogerson 189-92, including quotation 'I apply not my sword...' Goitein, 'Jerusalem' 174.

Othman: Rogerson 233-87. Muawiya's palaces: Humphreys, Muawiya 10-12; politics of lineage 26-37.

Muawiya on Judgement Day/on Syria/sanctifying land/land of ingathering and Judgement: Hassan, 'Muslim Literature in Praise of Jerusalem', in Cathedra 1.170. On Judgement Day: Neuwirth, 'Jerusalem in Islam: The Three Honorific Names of the City', OJ 77-93. War against Byzantines: Herrin 91-2. Dome of the Chain: Grabar, Shape of the Holy 130. Bayah allegiance - Tabari quoted in Grabar, Shape of the Holy 111-2. Walks through Christian sites: Humphreys, Muawiya 128-9. Umayyads and Jerusalem: Asali, Jerusalem 108-10. Patron and sheikh: Chase F. Robinson, Abd al-Malik 65. Yazid and succession: Humphreys, Muawiya 96-102. Yazid: Ibn Khaldun 164.

5) Abd al-Malik and Dome. This portrait of the caliph and imagery and significance of the Dome is based on Andreas Kaplony, 'The Mosque of Jerusalem', in Sacred Esplanade 101-31; Grabar, Shape of the Holy; and Oleg Grabar, The Dome of the Rock; Donner, Muhammad; and Chase F. Robinson, Abd al-Malik. Islamic traditions: al-Tabari, Tarikh 1.2405, and Muthir al-Ghiram quoted in Peters, Jerusalem 187-9.

Donner, Muhammad: civil war 177-89; community of believers into organized Islam 194-9; Last Judgement and Dome of Rock 199-203; Believers into Islam and caliphate, emphasis on caliph/Koran/double shahada/hadith/God's deputy 203-12; development of Islamic rituals 214; development of Islamic origins, history 216-18. Political missiion and religious aims: Wickham 289-95. Abd al-Malik looks: Robinson, Abd al-Malik 52-61; on concubines 20; on flattery 85; rise 25-43; Umayyad residences 47-8. On royal authority: Ibn Khaldun 198-9. Le Strange, Palestine under the Moslems 114-20 and 144-51.

Description and aesthetics of the Dome: Grabar, Shape of the Holy 52-116. On services based on Jewish Temple, quote on Temple rebuilt, Koran as Torah: Kaplony, Sacred Esplanade 108-112, including Umayyad ritual from al-Wasiti, Fadail Bayt al-Muqaddas 112. Building the Dome. Robinson, Abd al-Malik 4-9 and 98-100; character 76-94; milestones around Ilya 113-12. On aim to overshadow Church of Sepulchre see al-Muqaddasi, A Description of Syria Including Palestine (henceforth Muqaddasi) 22-3.

Caliph Omar ibn Abd al-Malik 717-20: Frenkel, Sacred Esplanade 346-8. Jews dream of rebuilding Temple and granted access - Salman ben Yeruham quoted in Peters, Jerusalem 193, and Isaac ben Joseph at 191-2. Jewish attendants of Dome: Mujir 55-7. Jews and Temple: Sebeos quoted in Stroumsa, Sacred Esplanade 321-33 especially 329-30. Traces of building, seventh century, Persian or early Islamic: Tsafrir, Sacred Esplanade 99. Mosque: Arculf, St Adamnan, Pilgrimage of Arculfus in the Holy Land 1.1-23.

Eating a banana; Goitein, 'Jerusalem' 190 quoting Ibn Asakir's fadail. Caliph Suleiman ibn Abd al-Malik in Jerusalem/bayah/plan to make it imperial capital/Jewish attendants in Dome: Mujir 56-8. The Dome: Duri in Asali, Jerusalem 109-11. Peters, Jerusalem 197. Goitein, 'Jerusalem' 174. Jewish attendants, other buildings: Goitein, 'Jerusalem' 175-80. Byzantine influences on Dome: Herrin 90. Shanks 9-31.

On important of Holy Land, Jerusalem and Aqsa: Mustafa Abu Sway, Sacred Esplanade 335-43.

6) Umayyad Jerusalem. Al-Aqsa - Grabar, Shape of the Holy 117-22; Aphrodito papyri 12; Umayyad caliphs in Jerusalem, Sulayman and Umar 111; palaces to south of Temple Mount 107-10; the Haram Double and Triple Gates/Gate of Prophet and possibly Golden Gate 122-8 and 152-8; four major domes 158; sceptical that the new Umayyad public buildings south of Temple Mount are necessarily palaces 128-30; Haram 122-8; Dome of the Chain 130-2; city life, Christians and Jews in city 132-5. Goitein, 'Jerusalem' 178. Kroyanker 32. Umayyad residences Robinson, Abd al-Malik 47-8. Herrin 90. Shanks 9-31. Moshe Gil, A History of Palestine 69-74 and 104. Mann, 1.44-5. Day of Judgement: Koran 3.185. Byzantine wooden beams in Rockefeller Museum. On apocalyptic geogyaphy and site of Divine-human communication: Neuwirth, OJ 77-93. This account of Islamic End of Days is substantially based on Kaplony, Sacred Esplanade 108-31, especially 124.

Decline of Umayyads and rise of Abbasids: Goitein, 'Jerusalem' 178-81. Dynasties have a natural span like individuals: Ibn Khaldun 136. On associatiions of Apocalypse and Divine Judgement with Jewish traditions of creation and Apocalypse: Grabar, Shape of the Holy 133. Jewish worship on Temple Mount 717-20: Frenkel, Sacred Esplanade 346-8.

On Jewish living areas, on Umayyad palaces: Bahat, Atlas 82-6. Jews banned from Haram and praying at walls, gates: Isaac ben Joseph quoted in Peters, Jerusalem 191, and Solomon ben Yeruham at 193. Mujir 56-7. On Christian pilgrims and festivals and Sepulchre: Arculf, St Adamnan, Pilgrimage of Arculfus in the Holy Land 1.1-23. Williband and Arculf, quoted in Peters 202-12. Umayyad palaces: Archeological Park 26-7, including old stones and lavatory, Walid I and the desert qasrs, Umayyad singing stars: The Umayyads: The Rise of Islamic Art 110-25. Walid II/Hisham - Palace of Khirbet al-Mafjar near Jericho - paintings at Rockefeller Museum. Decline of Umayyads and rise of Abbasids: Goitein, 'Jerusalem' 180-1. Abassid denunciation of Umayyads: Humphreys quoting Tabari. Abbasid revolution: Wickham 295-7.

7) Al-Mansur, Take surname titles to separate themselves: Ibn Khaldun 181; Abbasid black

banners and change to green 215. Goitein, 'Jerusalem' 180-1. Kennedy, Conquests 11-50, including the dead Alids 16; Baghdad 133; court life 139; House of Wisdom/translation of Greek texts 252-60. House of Wisdom, 6,000 books: Wickham 324-31. Jonathan Lyons, House of Wisdom 62-70 and 89-90. Al-Mansur and al-Mahdi visits to Jerusalem: Peters, Jerusalem 215-17. Abbasid Haram: Kaplony, Sacred Esplanade 101-31. Al-Mansur and meanness of restorations: Mujir 59. Mahdi visit: Muqaddasi 41-2. Duri in Asali, Jerusalem 112-13. Decline in Jerusalem/quote of Thaur ibn Yazid: Neuwirth, OJ 77-93.

8) Haroun al-Rashid and Charlemagne. Goitein, 'Jerusalem' 181-2. Kennedy, The Court of the Caliphs: The Rise and Fall of Islam's Greatest Dynasty 51-84. Peters, Jerusalem 217-23, including Benedict Chronicle and Memorandum on the Houses of God and Monasteries in the Holy City, listing staff and taxes; and Bernard, Itinerary. Hywel Williams, Emperor of the West: Charlemagne and the Carolingian Empire, 230-3. William of Tyre, Deeds Done Beyond the Sea (henceforth William of Tyre) 1.64-5. Gift to Charlemagne: Lyons, House of Wisdom 45. On legend see: Anon., Le Pelerinage de Charlemagne a Jerusalem et a Constantinople. Charlemagne as David: Wickham 381.

9) Maamun. Climax of Arab culture - marriage of al-Maamun and Buran: Ibn Khaldun 139. Maamun: Kennedy, Court of the Caliphs 252-260; House of Wisdom, 6,000 books: Wickham 324-31; Lynos, House of Wisdom 62-70 and 89-90. Inscription of Maamun of al-Aqsa: Nasir-i Khusrau, Diary of a Journey through Syria and Palestine, Goitein, 'Jerusalem' 182. Abbasid Haram: Kaplony, Sacred Esplanade 101-31. Abbasid culture: Kennedy, Conquests 84-129; Tahirids and Abd Allah ibn Tahir liberates Jerusalem 91 and 203; sumptuous marriage 168; singing girls 173; Maamun in Syria and Egypt 208-9 and death 211-12. Maamun and House of Wisdom, 6,000 books: Wickham 324-31. Translation Greek texts: Kennedy, Court of the Caliphs 252-60.

10) Destruction of dynasty prestige and rise of Persian/Turk ghulam: Ibn Khaldun 124; title of sultan, Abbasids lose power 155 and 193; decay of Abbasids 165-6. Goitein, 'Jerusalem' 182-3. Al-Mutasim, peasant revolts 840s, Turkish ghulam: Kennedy, Court of the Caliphs 213-17; dhimmi forced to wear yellow clothing by Caliph al-Mutawwakil in 850 240. Peasant revolt 841: Duri in Asali, Jerusalem 113; Goitein, 'Jerusalem' 182. Khazar debate: see K. A. Brook, The Jews of Khazaria; A. Koestler, The Thirteenth Tribe; S. Sand, The Invention of the Jewish People; on the latest findings on Jewish genetics: 'Studies Show Jews' Genetic Similiarity', New York Times 9 June 2010.

11) Ibn Tulun and Tulunids: Thierry Bianquis, 'Autonomous Egypt from Ibn Tulun to Kafur 868-969', in Carl F. Petry (ed.), Cambridge History of Egypt, vol 1: Islamic Egypt 640-1517 (henceforth CHE 1) 86-108; the Carmatian rebellion 106-8; special role of Jerusalem 103. Karaites: Norman Stillman, 'The Non-Muslim Communities: The Jewish Community', in CHE 1.200. Rise of Karaites: Mann 1.60-5.

The Turkish amir Amjur and son Ali ruled Palestine for the Abbasids from 869 and were praised by Patriarch Theodosius for tolerance: Goitein, 'Jerusalem' 183. Kennedy, Court of the Caliphs 84-111. Khazars: Brook, The Jews of Khazaria 96-8; Mann, 1.64. Gideon Avni: conversations with author, Khazar synagogue in Jewish Quarter quoted in Geniza. Khazars respect Jerusalem Academy: Mann 1.64-5.

12) Ikhshids and Kafur: Bianquis, CHE 1.109-19. Goitein, 'Jerusalem' 183-4. Byzantine advance on Jerusalem: John Tzimiskes text in Peters, Jerusalem 243.
13) Ibn Killis: Bianquis, CHE 1.117. Stillman, CHE 1.206. Goitein, 'Jerusalem' 184.
14) Fatimids/Jawhar/Killis as vizier, Fatimids: Paul E. Walker, 'The Ismail Dawa and the Fatimid Caliphate', in CHE 1.120-48. Paula A. Sanders, 'The Fatimid State', in CHE 1.151-4. Bianquis, CHE 1.117. Messianic Fatimids: Wickham 336-8. Jewish potentates: Stillman, CHE 1.206-7. Goitein, 'Jerusalem' 184. On Killis, Jewish Governor of Palestine-Syria, Christian viziers: Goitein, Mediterranean Society 1.33-4.
15) Paltiel/Jews and Christians in Jerusalem under the Fatimids. On Paltiel and places of prayer in Jerusalem: Ahima'as, The Chronicle of Ahima'as 64-6, 95-7. Moses Maimonides, Code of Maimonides Book & Temple Service 12, 17 and 28-30. On Paltiel and family: Mann, 1.252. Fatimids pay Jewish subsidy: Peters, Jerusalem 276- proved by al-Hakim's cancellation. Grabar, Shape of the Holy: Jews in Jerusalem/Paltiel's funeral attacked in 1011: 144-50, 162-8. Mourners of Zion/call for aliyah by Daniel al Kumisi: Peters, Jerusalem 227-9; Karaites 229-32. Moshe Gil, 'Aliyah and Pilgrimage in Early Arab Period', in Cathedra 3.162-73. Jewish Academy: Peters, Jerusalem 232-3; poverty and begging letters 233-4; place of worship - Mount of Olives - Geniza says above Absalom's monuments 603. Pilgrimage - aura of distinction and Jewish/Christian emulation of Muslims: Goitein, Mediterranean Society 1.55 Stillman, CHE 1.201-9. Christian pilgrimages from Egypt: Ibn al-Qalanisi, Continuation of the Chronicle of Damascus (henceforth Qalanisi) 65-7. Duri in Asali, Jerusalem 118-19.
16) Al-Muqaddasi and Islamic Jerusalem under the Fatimids: quotations are from Muqaddasi - on beauty of Dome, Haram and al-Aqsa 41-68; on mystics and cheeses 67-9; Jews and Christians 75-7; on Day of Judgement, filthy baths, water 34-7. Day of Judgement and arrival of Mahdi: Ibn Khaldun 257-8. Fatimid Haram: Kaplony, Sacred Esplanade 101-31. Duri in Asali, Jerusalem 119. A banana at the Dome: Goitein, 'Jerusalem' 190 quotes Ibn Asakir.
17) Al-Hakim: Christian mother - William of Tyre 1.65-7. Saners, CHE 1.152. Goitein, 'Jerusalem' 185. Islamic seeking of knowledge: Goitein, Mediterranean Society 1.51. Runciman 1.35-6. Mann 1.33-41. On al-Khidr shrine see William Dalrymple, From Holy Mountain 339-44. Jaber el-Atrache, 'Divinity of al-Hakim', Lebanon through Writers' Eyes (eds.) T. J. Gorton and A. F. Gorton, 170-1.
18) Holy Fire: Qalanisi 65-7. Martin Gilbert, Rebirth of a City 160. Shudder with horror - Mujir 67-8. Holy Fire, descriptiions in Peters, Jerusalem 262, including first mention AD 870 of ritual in Bernard Itinerary 263. Christian pilgrims, including Fulk: David C. Douglas, William the Conqueror 35-7. Runciman 1.43-9.
19) Hakim, Holy Sepulchre and Death: Gilbert Rebirth of a City 160. Holy Fire: Mujir 67-8. Holy Fire, descriptions in Peters, Jerusalem 262, including first mention AD 870 of ritual in Bernard Itinerary 263. Christian pilgrims: Runciman 1.43-9. Fatimid Haram: Kaplony, Sacred Esplanade 101-31. Qalanisi 65-7. Yahya ibn Said quoted in Peters, Jerusalem 260; Jewish persecutions, loss of subsidy 276. Hiyari in Asali, Jerusalem 132. Goitein, 'Jerusalem' 185-6. Goitein, Mediterranean Society 1.1-5, 18, 34, 71. On Sweyn, Duke Robert of

Normandy: Douglas, William Conqueror 35-7: Tuchman 3-4. 'Divinity of Hakim', Lebanon 170-1.
20) Al-Zahir and al-Mustansir, rebuilding of Holy Sepulchre, walls Christian Quarter: Kaplony, Sacred Esplanade 101-31. Al-Zahir: William of Tyre 1.67-71; walls, Amalfitian hospice, Quarter 1.80-1; area of Muristan rebuilt 2.240-5. Goitein, 'Jerusalem' 188. Rebuilding: Peters, Jerusalem 267; walls of Jerusalem and protection of Christian Patriarchs' Quarter - Yahya quoted in Peters. Hiyari in Asali, Jerusalem 132-3.
Christian pilgrimage, al-Mustansir, Jewish viziers: Stillman, CHE 1.206-7. Norman/Royal/aristocratic pilgrims: Douglas, William Conquer 35-7. German pilgrimage led by Arnold Bishop of Bamberg and bloodbath outside Jerusalem 1064: Peters, Jerusalem 253. Bloodbath: see Florence of Worcester, Chronicle. Age of pilgrims: Runciman 143-9. Christopher Tyerman, God's War: A New History of the Crusades (henceforth Tyerman) 43. Dangers and persecution of Christian pilgrims: William of Tyre 1.71 and 81. Tortures and burst bowels, Urban II quoted in Peters, Jerusalem 251; Jews, al-Zahir security 277. Jewish pilgrimage and travel: Goitein, Mediterranean Society 1.55-61. Muslim pilgrimage, Nasir-i Khusrau: all quotations are from Nasir-i Khusrau, Diary of a Journey through Syria and Palestine; on Nasir, Grabar, Shape of the Holy 137-8, 145-53. Holiness of Jerusalem: Hasson, Cathedra 1.177-83. Sanctity: Ibn Khaldun 269. Consecration of haj from Jerusalem: Duri in Asali, 118. Tustari grand viziers: Mann 1.74-6. Solomon ben Yehuda, gaon of Jerusalem 1025-51 - things 'so bad like of which didn't occur since the Jews returned'/on fall of Tustari; Jerusalem threatened by Arab rebels 1024-9; tolerance of al-Zahir of Jews and Karaites: Mann 1.134-6. Gaon and Nasi Daniel ben Azarya in Jerusalem eleven years 1051-62 succeeded as gaon by Elijah Hakkohen - but fled Jerusalem to Tyre: Mann 1.178-80; Arab revolt of Hassan of Banu Jarrah 1.158-71. Treaty with Byzantines: Runciman 1.35-7.
21) Seljuks: Ibn Khaldun 252. Atsiz takes Jerusalem, revolt and storming; Tutush and Ortuqids: Solomon ben Joseph Ha-Kohen, 'The Turkoman Defeat at Cairo', American Journal of Semitic Languages and Literatures January 1906. Hiyari in Azali, Jerusalem 135-7. Goitein, 'Jerusalem' 186. Joshua Prawer, Latin Kingdom of Jerusalem 7-9. Turkish military tactics: Norman Housley, Fighting for the Cross: Crusading to the Holy Land 111-14. Ortuq and arrow; Runciman 1.76; Seljuks 1.59. Muslim revival including visit of al-Ghazali and Ibn al-Arabi: Mustafa A. Hiyari in Asali, Jerusalem 130-7. Dangers and persecution of Christian pilgrims: William of Tyre 1.71. Tortures, Urban II: Peters, Jerusalem 251; Jews flee to Haifa then Tyre 277. Ruins of Jerusalem sites: Halevi, Selected Poems of Judah Halevi, ed. H. Brody 3-7. Maimonides, Code 28-30. Peters, Jerusalem 276-9. Muslims: Ghazali quoted in Peters, Jerusalem 279-80 and 409; Mujir 66 and 140; Nusseibeh, Country 126-7. Popular history of the Seljuks: John Freely, Storm on Horseback: Seljuk Warriors of Turkey 45-64.

제5부 십자군

1) Crusade, Godfrey, taking of Jerusalem. This account of the Crusades is based on the essential classics Steven Runciman, The Crusades; Jonathan Riley-Smith, The Crusades: A Short

History; Jonathan Riley-Smith, The First Crusade; Joshua Prawer, The Latin Kingdom of Jerusalem; Denys Pringle, The Churches of the Crusader Kingdom of Jerusalem; A Corpus (henceforth Pringle); the works of Benjamin Z. Kedar; and the excellent new books Christopher Tyerman, God's War; Jonathan Phillips, Holy Warriors; and Thomas Asbridge, The Crusades; along with primary Christian sources William of Tyre, Fulcher of Chartres, Gesta Francorum and Raymond d'Aguilers, and Muslim sources Ibn al-Athir, and later Ibn Qalanisi and Usama bin Munqidh; on warfare, Norman Housley, Fighting for the Cross; on life in Jerusalem, Adrian Boas, Jerusalem in the Time of the Crusades.

Raymond and Gesta are quoted in August C. Krey, The First Crusade: The Accounts of Eyewitnesses and Participants 242-62; al-Athir and al-Qalanisi are quoted, unless otherwise sourced, in Francesco Gabrieli, Arab Historians of the Crusades (henceforth Gabrieli). Storming: al-Athir, Gabrieli 10-11. Tyerman 109-12. 3,000 dead, smaller massacre: Benjamin Z. Kedar, 'The Jerusalem Massacre fo July 1099 in Western Historiography of the Crusades', in Crusades 3 (2004) 15-75. Phillips, Warriors 24; Asbridge, Crusades 90-104. 3,000 killed on Haram and women killed in Dome of Chains: Ibn al-Arabi quoted in Benjamin Z. Kedar and Denys Pringle, '1099-1187: The Lord's Temple (Templum Domini) and Solomon's Palace (Palatium Salomonis)', in Sacred Esplanade 133-49. Prawer, Latin Kingdom 15-33. On Jerusalem image and Holy War: Housley, Fighting for the Cross 26 and 35-8; massacre 217-19. The Princes of the Crusade: Tyerman 116-25; Crusader psychopaths 87. Fragmentation of Arabs and Islamic city states - see William of Tyre and al-Athir quoted in Tyerman 343 and Grabar, Shape of the Holy 18. Runciman 1.280-5. Hiyari in Asali, Jerusalem 137-40.

On Crusader buildings on Jerusalem, thanks to Professor Dan Bahat who gave the author a Crusader tour. On Arnulf morals: B. Z. Kedar, 'Heraclius', in B. Z. Kedar, H. E. Mayer and R. C. Smail (eds), Outremer: Studies in the History of the Crusading Kingdom of Jerusalem 182. B. Z. Kedar, 'A Commentary on the Book of Isaiah Ransomed from the Crusaders', in Cathedra 2.320. OJ 281. Storming and ransoming of Jews: Prawer, Jews in the Latin Kingdom 19-40. On Jews: Mann 198-201. William of Tyre 1.379-413. The campaign: Tyerman 124-153; storming 155-64; few knights 178. Massacre: al-Athir in Gabrieli 10-11. Storming: Gesta Francorum 86-91. Fulcher of Chartres, A History of the Expedition to Jerusalem 1.xxiv and xxxiii and 2.vi. up to bridle reins in blood - quoted in Peters, Jerusalem 285. City population statistics: Tyerman 2-3. Turkish tactics: Houseley, Fighting for the Cross 111-14; Frankish tactics 118-22.

2) Baldwin I. This portrait is based on William of Tyre 1.416-17; Fulcher, History; Tyerman 200-7; Runciman 1.314-15 and 2.104, including Baldwin's wives and Adelaide's arrival in Jerusalem and Sigurd visit 2-3. 'Saga of Sigurd' quoted in Wright, Early Travellers 50-62.

Building - use of Citadel, spolia from al-Aqsa for Sepulchre: Boas, Jerusalem 73-80. The Crusader Haram: Kedar and Pringle, '1099-1187: The Lord's Temple (Templum Domini) and Solomon's Palace (Palatium Salomonis)', Sacred Esplanade 133-49. Holy Sepulchre: Charles Couasnon, The Church of the Holy Sepulchre in Jerusalem 19-20. Kroyanker 40-3. N. Kenaan, 'Sculptured Lintels of the Crusader Church of the Holy Sepulchre', in Cathedra 2.325. Runciman 3.370-2. The traditions and calendar, pilgrims: Tyerman 341. Holy Fire - Daniel the Abbott quoted in Peters, Jerusalem 263-5; methesep and administration of city 301.

Calendar and rituals: Boas, Jerusalem 30-2; chief political posts and courts 21-5; coronation 32-5; Golden Gate, on possible Crusader domes 63-4, citing Pringle; Crusader graves on Temple Mount 182; John of Wurzburg says 'illustrious' people buried near Golden Gate, Crusader style and workshop on Temple Mount 191-8. Prawer, Latin Kingdom 97-102 on coronations; True Cross 32-3; crown 94-125. On True Cross: Imad quoted in Grabar, Shape of the Holy 136. James Fleming, Biblical Archaeology Review, January-February 1969, 30. Shanks 84-5. Red tent of king: Runciman 2.458-9; Crusader style 3.368-83. Style and reuse of Herodian stones, citadel and towers: Kroyanker 4, 37-43.

3) Baldwin II: Tyerman 206-8. Gift for kingship: al-Qalanisi, Gabrieli 40. Jerusalem: Bahat, Atlas 90-101. Royal palaces, palace close to Sepulchre: Boas, Jerusalem 77-80. Palace: Arnald von Harf quoted in Peters, Jerusalem 355.

On the Orders, this is based on Jonathan Riley-Smith, The Knights of St John in Jerusalem and Cyprus 1050-1310; Piers Paul Read, The Templars; Michael Haag, The Templars: History and Myth; Boas, Jerusalem; and Prawer, Latin Kingdom. Templar Temple Mount: Theodorich, Description of the Holy Places 30-2. Templar traditions, rules: Anonymous Pilgrim quoted in Peters, Jerusalem 323. Military organization, knights, Turcopoles: Tyerman 220, 228 and orders 169. Orders: Boas, Jerusalem 26-30; Templar Temple Mount, baths 142-60; stables quoting John of Wurzburg and Theodorich (10,000 horses) 163; Hospitallers 156-9. Prawer, Latin Kingdom 252-79. Orders: Runciman 2.312-14. Crusaders on Temple Mount: Oleg Grabar, The Dome of the Rock 163. The Crusader Haram: Kedar and Pringle, Sacred Esplanade 133-49. On Temple Mount: Church on Antonia site, Michael Hamilton Burgoyne, Mamluk Jerusalem: An Architectural Survey 204-5; Templar Hall on south-west corner of Temple Mount 260-1; Templar Augustinian Canons north of Dome. Single gate with access to Solomon's Stables: Archaeological Park 31. On Armenian settlement and rebuilding of St James's Cathedral after 1141: Dorfmann-Lazarev, 'Historical Itinerary of the Armenian People in Light of its Biblical Memory'.

4) Fulk and Melisende, based on William of Tyre 2.50-93 and 135; character of Melisende 2.283. Tyerman 207-9. Runciman 2.178, 233, 190. Coronation of Jerusalem kings: Conquest of Jerusalem and the Third Crusade: Old French Continuation of William of Tyre and Sources in Translation (henceforth Continuation) 15. Calendar and rituals: Boas, Jerusalem 30-2; chief political posts 21-5; coronation 32-5. Prawer, Latin Kingdom 97-102 on coronations.

Zangi and Edessa: al-Athir, Gabrieli 41-3 and 50-1; character and death 53-5; Qalinisi 44-50; Usamah on life in Zangi army, Zangi king of amirs 38 and 169-71. Zangi: Phillips, Warriors 75-6; Ibn Jubayr quoted on wedding 47; coronation 56-8; penalties for adultery 60-1; psalter as Fulk's gift 69-71; Holy Sepulchre 103. Zangi, character: Asbridge, Crusades 225-7.

5) Usamah bin Munqidh, The Book of Contemplation: Islam and the Crusades (henceforth Usamah - scholar, cavalier, Muslim 26; Zangi king of amirs 38; brutality of amirs 169-71; hunting with Zangi 202-3; loss of library 44; importance of Islam and jihad, father 63-4 and 202; Eastern doctors 66; Franks' medicine 145-6; meetings with Fulk 76-7; goshawk 205-6; pilgrimage to Jerusalem 250; buying hostages 93; meeting Baldwin II 94; father cuts arm off servant 129; Frankish converts to Islam 142-3; nature of Franks' invitation to Europe 144; at Temple 147-8; women and pubic shaving 148-50; law 151-2; Franks acclimatized to East

153; small things and death 156; victory and God 160.
Description of markets and streets: condition of the city of Jerusalem 1187 quoted in Peters, Jerusalem 298-303. The Crusader Haram: Kedar and Pringle, Sacred Esplanade 133-49. Commerce: Prawer, Latin Kingdom 408-9. On Syrian doctors, see William of Tyre on death of Baldwin III and Amaury. Population and adoption of Eastern customs: Fulcher, History 2.vi, 6-9 and 3.xxxvii. Different peoples in Jerusalem: anonymous pilgrim in Peters 307-8. Ali al-Harawi, on pictures in Dome: Peters, Jerusalem 313-18. Templars ride out to practise daily: Benjamin of Tudela, The Itinerary of Benjamin of Tudela 20-3; see also Wright, Early Travellers. Jerusalem in 1165, 'people of all tongues', Jews pray at Golden Gate: Benjamin of Tudela quoted in Wright 83-6. Jerusalem 1103: Saewulf quoted in Wright, Early Travellers 31-9. On festivals, City of Jerusalem guide and al-Harawi: Peters Jerusalem, 302-18.
On Armenian settlement and rebuilding of St James's Cathedral after 1141: Dorfmann-Lazarev, 'Historical Itinerary of the Armenian People in Light of its Biblical Memory'. On Melisende building, settlement, Armenians under Crusades: Kevork Hintlian, History of the Armenians in the Holy Land 18-23 and 25-8. On Armenian settlement of refugees -thanks to George Hintlian. Armenian Quarter develops: Boas, Jerusalem 39. Crusader plans for Bab al-Silsila St Giles Church: author's visit to Temple Tunnels, guided by Dan Bahat. Crusader churches on Bab al-Silsila: Burgoyne, Mamluk Jerusalem 443 and on site of Antonia 204-5. On Melisende Fulk regime: Tyerman 206-11. Runciman 2.233. On building: Grabar, Dome of Rock grille 167. On churches: see Pringle. Building -use of Citadel, spolia from al-Aqsa for Sepulchre: Boas, Jerusalem 73-80. Kedar and Pringle, Sacred Esplanade 133-49. Holy Sepulchre: Couasnon, Church of the Holy Sepulchre in Jerusalem 19-20. Kroyanker 40-3. Kenaan, 'Sculptured Lintels of the Crusader Church of the Holy Sepulchre', in Cathedra 2.325. Burial rites and shrines as theatre: Jonathan Riley-Smith, 'The Death and Burial of Latin Christian Pilgrims to Jerusalem and Acre, 1099-1291', Crusades 7 (2008): burial sites, holy places as stage-sets, including quote from Riley-Smith, on burial of Beckett's murderers. Death in Jerusalem/Mamilla: Prawer, Latin Kingdom 184. Boas, Jerusalem 181-7, including Aceldama and burial on Temple Mount of Frederick, Advocate of Regensburg, died 1148; Conrad Schick found bones near Golden Gate. Archery practice, Boas, Jerusalem 163.
Psalter, arts: Prawer, Latin Kingdom 416-68. Runciman 3.383. See also J. Folda, Crusader Art: The Art of the Crusaders in the Holy Land, 1099-1291. Population and dress of military orders and Jerusalemites: Boas, 26-30 and 35-40. Tavern with chains: conversations with Dan Bahat. Life in Jerusalem, baths, Venetian and Genoese streets, poulains: Runciman 2.291-3.
Life and luxury, turbans, furs, burnous, baths, pork, Ibelin Beirut palace: Tyerman 235-40.
Maps and vision of Jerusalem: fourteen maps of Frankish Jerusalem, eleven of them round, usually with the cartographic convention of the cross within a circle on the streets: Boas, Jerusalem 39 in royal palace on Cambrai map. Royal palace: Prawer, Latin Kingdom 110-11.
Sex and women on Crusade: Housley, Fighting for the Cross 174-7. Whores in Outremer -Imad al-Din quoted in Gabrieli 204-5. Muslims: Ali al-Harawi quoted in Peters, Jerusalem 381. Jews -visit of Judah Halevy: Brenner 88-90. Prawer, History of the Jews in the Latin Kingdom 144. Selected Poems of Judah Halevi, trans. Nina Salaman; also see Peters, Jerusalem: 278.

Runciman 3.370-2. The traditions and calendar, pilgrims: Tyerman 341. Holy Fire -Daniel the Abbott quoted in Peters, Jerusalem 263-5, methesep and administration of city 301. Calendar and rituals: Boas, 30-2; 21-5; 32-5. Prawer, Latin Kingdom 97-102; True Cross 32-3; crown: 94-125. On True Cross: Imad quoted in Grabar, Shape of the Holy 136.
Golden Gate: Boas, 63-4; Crusader graves 182; Temple Mount 191-8. J. Fleming, Biblical Archaeology Review January-ebruary 1969, 30. Shanks 84-5. Red tent of king: Runciman 2.458-9; Crusader style 3.368-83. Style and reuse of Herodian stones: Kroyanker 4, 37-43. Domeof Rock: Ali al-Harawi quoted in Peters, Jerusalem 318.
Zangi, character, deathbed witness, Asbridge, Crusades 225-7. Hamilton A. R. Gibb, 'Zengi and the Fall of Edessa', in M. W. Baldwin (ed.), The First Hundred Years, vol. 1 of K. M. Setton (ed. in chief), A History of the Crusades 449-63.

6) Second Crusade: Qalinisi quoted in Gabrieli 56-60; al-Athir 59-62. William of Tyre: on Eleanor and Raymond 2.180-1; on debacle of Damascus 2.182-96. Zangi's character, death: Asbridge, Crusades 225-7. Gibb, 'Zangi and the Fall of Edessa', in Baldwin, First Hundred Years 449-63.

The most recent account is Jonathan Phillips, The Second Crusade 207-27. On Louis and Eleanor: Ralph V. Turner, Eleanor of Aquitaine 70-98. Tyerman 329-37. Fourteen maps of Frankish Jerusalem, Boas, Jerusalem 39. Royal palace: Prawer, Latin Kingdom 110-11. On Church of Holy Sepulchre, this account and analysis is closely based on Riley-Smith, 'Death and Burial of Latin Christian Pilgrims to Jerusalem and Acre, 1099-1291', Crusades 7 (2008); Pringle; Folda, Crusader Art, Couasnon, Church of the Holy Sepulchre in Jerusalem 19-20; Kroyanker 40-3; Kenaan, Cathedra 2.325; Boas, Jerusalem 73-80; Runciman 3.370-2.

7) Baldwin III: character, William of Tyre 2.137-9; the account of his reign is based on 2.139-292; death and grief 2.292-4. Tyerman 206-8. Runciman 2.3.334, 2.242, 2.361-1; Ortuqids attack 2.337; Ascalon 2.337-58. Nur al-Din and Sunni revival: Qalinisi 64-8. Tyerman 268-73. Asbridge, Crusades 229-33. Nur al-Din polo: Phillips, Warriors 110. Hamilton A. R. Gibb, 'The Career of Nur-al-Din', in Baldwin, First Hundred Years 513-27. On Andronicus: Bernard Hamilton, The Leper King and his Heirs: Baldwin IV and the Crusader Kingdom of Jerusalem (henceforth Leper) 173-4.

8) Amaury and Agnes, sleaziness of Jerusalem politics: Leper 26-32. Tyerman 208-10. Amaury builds Royal Palace: Boas, Jerusalem 82. On Egyptian strategy/negotiations with Assassins: Leper 63-75. Five Egyptian invasions: Tyerman 347-58; Syrian doctors 212. Runciman 2.262-93; death of kings 2.398-400. Overmighty military orders - e.g. Hospitallers vs patriarch, William of Tyre 2.240-5; Templar disobedience to Amaury. Agnes married Reynard of Marash; engaged to Hugh of Ibelin; married Prince Amaury then Hugh of Ibelin then Reynard of Sidon, who divorced her; lovers allegedly included Amaury of Lusignan and Heraclius the Patiarch: Runciman 2.362-3.407.

9) William of Tyre: life and link with Usamah's library: Introduction, William of Tyre 1.4-37. Usamah's books 44. Baldwin IV, leprosy: William of Tyre 2.397-8. Leper 26-32.

10) Moses Maimonides: this account is based on Joel L. Kraemer, Maimonides: The Life and World of One of Civilisation's Greatest Minds; refusal to serve Crusader king probably between 1165 and 1171, 161; Jerusalem visit 134-41; Fatimid doctor 160-1; doctor of Qadi

al-Fadil and then Saladin 188-92; al-Qadi al-Fadil 197-201; Saladin's doctors 212 and 215; fame and court life - doctor of al-Afdal 446; Taki al-Din/sex life 446-8. Prawer, History of the Jews in the Latin Kingdom 142. Did Maimonides pray in the Dome of the Rock? Kedar and Pringle believe he did - Sacred Esplanade 133-49. Benjamin of Tudela on Jewish dyers, David's Tomb and Alroy: see Wright, Early Travellers 83-6, 107-9. Michael Brenner, Short History of the Jews (henceforth Brenner), on Alroy 80; on Maimonides 90-92.

11) Books/Usamah, William of Tyre 1.4-37. Usamah, 44. Baldwin IV, leprosy: William of Tyre 1.397-8. Leper 26-32.

12) Baldwin IV. Death of Nur al-Din - al-Athir, in Gabrieli 68-70. William of Tyre, death of kings, 2.394-6; succession and symptoms 2.398-9. Along with William of Tyre, this is based on Leper 32-197; on leprosy see article by Dr Piers D. Mitchell in Leper 245-58. Heraclius and mistress, child: Continuation 43-5. Tyerman 216. Heraclius debauchery unfairly exaggerated - for a more positive view see B. Z. Kedar in Kedar, Mayer and Smail (eds), Outremer 177-204. W. L. Warren, King John: Heraclius' tour and Prince John, 32-3. Burial of Baldwin V and sarcophagus: Boas, Jerusalem 180. Tyerman 210-13 and 358-65. Runciman 2.400-30. Reynard of Chatillon: Leper 104-5. Reynald raids Mecca caravan and takes Saladin's sister: Continuation 29.

13) Guy and Sibylla: road to Hattin, crowing and spy in Sepulchre: Continuation 25-9; Reynauld, torture of Mecca caravan: Continuation 25-6. Ibn Shaddad, The Rare and Excellent History of Saladin (henceforth Shaddah) 37. For sympathetic analysis of Guy: R. C. Smail, 'The Predicaments of Guy of Lusignan', in Kedar, Mayer and Smail (eds), Outremer 159-76. Tyerman 356-65. Runciman 2.437-50. Coronation: Kedar, Outremer 190-9. M. C. Lyons and D. E. P. Jackson, Saladin: Politics of Holy War (henceforth Saladin) 246-8. Massacre of Templars and political unity: Continuation 32-5. Hattin/killing of Reynald: Continuation 37-9, 45-8. Creson and invasion: Shaddad 60-3. For Raymond's role see M. W. Baldwin, Raymond III of Tripoli and the Fall of Jerusalem.

14) Saladin and Hattin: Shaddad 37-8. Continuation, 36-9 and 45-8. Battle, Reynald: Shaddad 73-5. Al-Athir: Gabrieli 119-25; Imad al-Din (army, battlefield, killing of Reynald, True Cross, killing Tempars): Gabrieli 125. B. Z. Kedar (ed.), The Horns of Hattin 190-207. N. Housley, 'Saladin's Triumph over the Crusader States: The Battle of Hattim, 1187', History Today 37 (1987). Promise to kill Reynald: Saladin 246-8; the battle 252-65. Runciman 2.453-60. Tyerman 350-72. Saladin splits infantry from knights: Housley, Fighting for the Cross 124-6.

15) Saladin takes Jerusalem: Shaddad 77-8; Shaddad joins service of Saladin 80; visits to Jerusalem for festivals 89. Continuation 55-67. Al-Athir quoted in Gabrieli 139-46; Imad al-Din 146-63 (women). Saladin 271-7; campaign after Jerusalem 279-94. Runciman 2.461-8. Fall of the city: Michael Hamilton Burgoyne, '1187-1260: The Furthest Mosque (al-Masjid al-Aqsa) under Ayyubid Rule', in Sacred Esplanade 151-75.

16) Saladin, character, career, family, court: this is based on the primary sources Ibn Shaddad and Imad al-Din; on Lyons and Jackson, Saladin; and R. Stephen Humphreys, From Saladin to the Mongols: The Ayyubids of Damascus 1193-1260. Shaddad: early life 18; beliefs and character 18; modesty, old man, crises with Taki al-Din, justice 23-4; lack of interest in

money 25; illness 27, 29; jihad 28-9; crucifixion of Islamic heretic 20; visits to Jerusalem 28; sadness over Taki 32; court life, asceticism 33; fill of worldly pleasures 224; mud on clothes 34; geniality like Prophet holding hands until released 35; Frankish baby 36; rise to power 41-53; favourite son 63; special advice to Zahir on ruling 235; crises and conflict with amirs and grandees 66; swap of Zahir and Saladin 70.

Youth in Damascus polo, Saladin 1-29; debauchery satire of Taki 118-20; challenges of Taki and sons 244-6; distribution of new conquests 279-94; war 364-74. Saladin's style of ruling: Humphreys, Ayyubids 15-39. Saladin's mistakes: al-Athir quoted in Gabrieli 180. As court physician to Saladin and Taki al-Din, sex life: Kraemer, Maimonides, doctor of Qadi al- Fadil and then Saladin 188-92; 197-201; Saladin's 212 and 215; doctor of al-Afdal 446; Taki al-Din 446-8.

17) Saladin and Islamic Jerusalem. Ibn Shaddad in charge of Jerusalem, Salahiyya Shafii madrassa, appoints governors: Saladin 236-7. Imad al-Din: Gabrieli 164-75, including Taki al-Din and princes cleaning the Haram, opening up of Rock, robe for preacher, Citadel of David restored with mosques; convent for Sufis in patriarch house, Shafii madrassa in St Anne's; Adil encamped in Church of Zion. Turkish military tactics: Housley, Fighting for the Cross 111-14; Saladin's multinational army 228; Saladin's image 229-32. Ayyubid architecture on the Haram: Burgoyne, '1187-1260: The Furthest Mosque)al-Masjid al-Aqsa) under Ayyubid Rule', Sacred Esplanade 151-75. Saladin and Afdal's buildings and changes: Hiyari in Asali, Jerusalem 169-72 and Donald P. Little, 'Jerusalem under the Ayyubids and Mamluks', in Asali, Jerusalem 177-83. Saladin's madrassa, khanqah, Muristan/Afdal's Mosque of Omar: Bahat, Atlas 104-7. Qubbat al-Miraj - Dome of Ascension, either Crusader baptistery or built with Crusader spolia; Bab al-Silsila built with Crusader spolia: Burgoyne, Mamluk Jerusalem 47-8.

Armenian Jerusalem: Hintlian, History of the Armenians in the Holy Land 1-5; Muazzam pays for Armeinian building 43.

Jewish return, Harizi: Prawer, History of the Jews in the Latin Kingdom 134 and 230. Saladin invitation and return: Yehuda al-Harizi quoted in Peters, Jerusalem 363-4. Prawer, Latin Kingdom 233-47.

On the Nusseibehs: see Mujir al-Din who saw Saladin's signature on appointment to Sepulchre/Khanqah Salahiyya. Hazem Zaki Nusseibeh, The Jerusalemites: A Living Memory 395-9.

18) Richard and Third Crusade: unless otherwise stated, this portrait of Richard I is based on John Gillingham, Richard I. Crisis on second march to Jerusalem: Shaddad 20-122; sadness over Taki death 32; fury over amirs' refusal to fight at Jaffa 34. Continuation 92-121. Runciman 3.47-74.

Acre: Shaddad 96-8; arrival of Richard 146-50; fall and killing of prisoners 162-5; infant child 147; killing of Frank prisoners 169; negotiations with Adil and Richard 173-5; Arsuf 174-80; inspection of Jerusalem 181; Adil and Richard letters 185; marriage 187-8, 193; best course is jihad 195; marriage to Richard's niece 196; winter in Jerusalem 197; advance on Jerusalem/attack on Egyptian caravan 205-7; crisis at Jerusalem; love of city move mountains 210-12; prayers in Jerusalem 217; Jaffa red-haired Richard 223; Saladin

주

no worldly pleasure 224; Jerusalem walls 226; Richard ill 227; Treaty of Jaffa visitors to Jerusalem, Saladin and Adil to Jerusalem 231-4; Saladin's advice to son Zahir 235; Shaddad in charge of Jerusalem, Salahiyya Shafii madrassa, appoints governors 236-7.
Acre: al-Athir quoted in Gabrieli 182-92 and 198-200; Imad al-Din 200-7, including women; Richard 213-24; negotiations up to Treaty of Jaffa 235-6. See also Itinerarium Regis Ricardi, quoted in Thomas Archer, Crusade of Richard I. Phillips, Warriors 138-65. Saladin 295-306, 318-30; Saladin and Richard 333-6; Arsuf 336-7; negotiations 343-8; advance on Jerusalem 350-4; Jaffa 356-60; treaty 360-1; to Jerusalem 13 September and Fadil's anxiety about city 362-3. Long siege of Acre: Housley, Fighting for the Cross 133; Richard's genius at Arsuf 124-6 and 143; Turkish military tactics 111-14; Saladin and Richard 229-32; sex and women on Crusade 174-7. Frank McLynn, Lionheart and Lackland 169-218.

19) Saladin's death: this is based, unless otherwise stated on Shaddad and Humphreys, Ayyubids, Ayyubid dynasty to Safadin: death, Shaddad 238-245. Rise of Safadin: Humphreys, Ayyubids 87-123; investment of Muazzam with Damascus in 1198 108; Muazzam moves to Jerusalem in 1204 145; Safadin character and rule, brilliantly successful, the ablest of his line 145-6, 155-6; Muazzam in Jerusalem 11; inscriptions, title of sultan, independent ruler 150-4; Muazzam independent after death of Safadin 155-92; character of Muazzam 185-6, 188-90. War of Saladin's sons: Runciman 3.79-83. Jerusalem under Afdal, Safadin and Muazzam, architecture, Burgoyne, '1187-1260: The Furthest Mosque (al-Masjid al-Aqsa) under Ayyubid Rule', Sacred Esplanade 151-75. Inscription of Adil in cital and foundations on Haram and Muazzam's Ayyubid Tower, madrassas, Haram, walls, khan in Armenian Gardens: Bahat, Atlas 104-7. Adil and Muazzam on al-Aqsa: Kroyanker 44. Qubbat al-Miraj - Dome of Ascension; Bab al-Silsila 1187-99: Burgoyne, Mamluk Jerusalem 47-8; Muazzam golden age of Ayyubids, restored south-east stairway to Dome 1211, built Nasiriyya Zawiya at Golden Gate 1214, central portal of al-Aqsa 1217, walls restored, built Qubbat al-Nalwiyya 1207 at south-west corner of Haram as a Koran school, Hanafi madrassa 48-9. M. Hawari, 'The Cital (Qal'a) in the Ottoman Period: An Overview', in Archeological Park 9, 81. On Muazzam character: Mujir 85-7 and 140. Muazzam - seven towers plus mosque at Cital: Little in Asali, Jerusalem; Muazzam's Jerusalem 177-180; Ayyubid panic 183-4.
John of Brienne and Fifth Crusade: Tyerman 636-40. Runciman 2.151-60; al-Athir quoted in Gabrieli 255-6. Panic in Jerusalem: Little in Asali, Jerusalem 183. Jews leave: Prawer, Latin Kingdom 86-90.

20) Frederick II: character - this is based on David Abulafia, Frederick II: A Medieval Emperor, especially concept of monarchy 137; lance of Christ 127; Jews 143-4; crushing Muslims 145-7; Jews and Muslims 147-53; Lucera 147; marriage 150-4; crusade 171-82; songs, culture 274; Michael Scot magician 261. On Kamil and Muazzam: Humphreys, Ayyubids 193-207. Runciman 3.175-84. Tyerman 726-48, 757.

21) Frederick in Jerusalem: Ibn Wasil quoted in Gabriel 269-73 and al-Jauzi 273-6. Abulafia, Frederick II 182-94; gifts to Kamil 267; songs to 'flower of Syria' 277. Little in Asali, Jerusalem 184-5. Building in Jerusalem: author discussion with Dan Bahat. Tyerman 752-5. Runciman 3.188-91. Phillips, Warriors 255.

22) Latin Jerusalem 1229-44. Franks refortify Jerusalem; Nasir Daud takes city; then faced with

Thibault of Navarre/Champagne restored to Franks along with part of Galilee; Nasir Daud retakes; then in spring 1244 Jerusalem again returned to Franks, allowed to control Haram: Humphreys, Ayyubids 260-5. New Frankish building, invasion of Nablusites, siege of Nasir Daud: Boas, Jerusalem 20 and 76. Tyerman 753-5, 765. Runciman 3.193 and 210-11. Jews: Prawer, Latin Kingdom 90. Goitein, Palestinian Jewry, 300. B. Z. Kedar, 'The Jews in Jerusalem', in B. Z. Kedar (ed), Jerusalem in the Middle Ages: Selected Papers 122-37. Hiyari in Asali, Jerusalem 170-1. Templars in Dome of the Rock: Little in Asali, Jerusalem 185. J. Drory, 'Jerusalem under Mamluk Rule', in Cathedra 1.192. Wine in Dome: Ibn Wasil quoted in C. Hillenbrand, Crusaders 317.

23) Khwarizmian Tartars/Barka Khan: author visit to Khalidi Liberary, Barka Khan turba in Silsila Street, thanks to Haifa Khalidi, Burgoyne, Mamluk Jerusalem 109-216 and 380. Humphreys, Ayyubids 274-6. Tyerman 771. Runciman 3.223-9. On tomb: conversation with Dr Nasmi Joubeh.

24) Fall of Ayyubids/assassination of Turanshah and rise of Baibars: character portrait based on Robert Irwin, The Middle East in the Middle Ages: The Early Mamluk Sultanate 1250-1382 (henceforth Irwin). Ibn Wasil quoted in Gabrieli 295-300; Baibars at war, Ibn Az-Zahir quoted in Gabrieli 307-12. Tyerman 797-8. Runciman 3.261-71. Rise of Baibars, ferocious, nervous, sleepless, inspections, character, the rise of the Mamluks, Irwin 1-23; career 37-42. Humphreys, Ayyubids 302-3; Baibars in Palestine Syria 326-35; Nasir gets Jerusalem again, Baibars moves down to Jerusalem and plunders it 257.
Nachmanides: Prawer, History of the Jews in the Latin Kingdom 160-1, 252-3. King Hethum II: Hintlian, History of the Armenians in the Holy Land 4-5. Mamluk as Islam's Templars: Ibn Wasil quoted in Gabrieli 294. Baibars, Aibek and Shajar diamonds, clogs: Phillip, Warriors 258-69. Khalidi Library: author interview with Haifa Khalidi; Jocelyn M. Ajami, 'A Hidden Treasure', in Saudi Aramco World Magazine.

제6부 맘루크조

1) Baibars in power: Irwin 37-42 and 45-58. Tyerman 727-31, 806-17. Runciman 3.315-27. Mamilla - the Zawiya al-Qalandariyya and Turba al-Kabakayya (tomb of exiled Governor of Safed, al-Kabaki): Asali in OJ 281-2. On Mamluk rise: this account of the Mamluks is based on Linda S. Northrup. 'The Bahri Mamluk Sultanate', in CHE 1.242-89, especially on nature of Mamluk relationships 251; quotation from Ibn Khaldun (grouse/House fo War) 242; Baibars military power 259; Mamluk favourite Sufism vs Taymiyya 267; pressure on Christians and Jews 271-2; Baibars victory over Mongols, Crusaders, Seljuks 273-6. Mamluk culture, on horseback, rules: Stillman, 'The Non-Muslim Communities: The Jewish Community', CHE 1.209. and Jonathan P. Berkey, 'Culture and Society during the Middle Ages', CHE 1.391. Mamluk emblems, Baibars' lions: Irene A. Bierman, CHE 1.371-2. Baibars at war: Ibn Az-Zahir quoted in Gabrieli 307-12; sarcastic letter on Cyprus campaign 321. Burns, Damascus 198-200. Baibars' death: Runciman 3.348. Jerusalem/Baibars: Burgoyne Mamluk Jerusalem 58-9, 66, 77. Donald P. Little, '1260-1516: The Noble Sanctuary under Mamluk Rule -

History,' in Sacred Esplanade 177-87. Michael Hamilton Burgoyne, 'The Noble Sanctuary under Mamluk Rule - Architecture', in Sacred Esplanade 189-209. Baibars builds Khan al-Zahir: Mujir 239. Baibars' violent, perverted Sufi adviser Sheikh Khadir: Irwin 54. Asali, OJ 281-2. Cathedra 1.198. Edward I Crusade: Tyerman 810-12; Runciman 3.242-3. M. Prestwich, Edward I, 66 and 119.

2) Qalawun, Ashraf Khalil, Nasir Muhammad: the portrait of Qalawun is based on Linda Northrup, From Slave to Sultan: The Career of al-Mansur Qalawun and the Consolidation of Mamluk Rule in Egypt and Syria, and on Irwin. Irwin 63-76. Jerusalem titles: Northrup, From Slave to Sultan 175. Repair of al-Aqsa roof: Burgoyne, Mamluk Jerusalem 77 and 129. Khalil and Acre: Irwin 76-82. Fall of Acre: Runciman 3.387-99, 403-5, 429.

3) Ramban and other Jewish visitors: Prawer, History of the Jews in the Latin Kingdom 155-61 and 241. Peters, Jerusalem 363 and 531. Minaret: Burgoyne, Mamluk Jerusalem 513.

4) Armenians and Mongols 1300: Hintlian, History of the Armenians in the Holy Land 4-5. Reuven Amitai, 'Mongol Raids into Palestine', JRAS 236-55. Niccolo of Poggibonsi quoted in Peters, Jerusalem 410.

5) Mamluk Jerusalem: this is based on Burgoyne's Mamluk Jerusalem; Irwin on Mamluk politics; Kroyanker. Nasir visit 1317 and building: Burgoyne, Mamluk Jerusalem 77-85; Sufis 419-21; Nasir and Tankiz 278-97 and 223-33; Citadel 85; Mamluk style 89; blind Ala al-Din 117; tradition of Mamluk tombs from Nur al-Din 167-8. Mamluk style: Kroyanker 47-58. On building: Drory, Cathedra 1.198-209. Citadel rebuilt: Hawari, OJ 493-518.

Nasir Muhammad: this portrait is based on Irwin 105-21, including Irwin quote greatest and nastiest. On Nasir and killing of amirs: Ibn Battutah, Travels 18-20; on Jerusalem 26-8. Nasir: Burns, Damascus 201-16. Administration: Little in Asali, Jerusalem 187-9; on Muslim literature of fadail; 193-5, Sufis 191-2. On Nasir waqfs, building, Mujir 102; on parades in Jerusalem 181-2. Irwin: Mamluk executions 86; on religious jurist Ibn Taymiyya 96-7; anti-Christian and anti-Jewish policies 97-9; Mongols 99-104. Mamluk religion, Sunni and Sufism: Northrup, CHE 1.265-9; politics, rise of Nasir and autocracy 251-3. On proximity to Haram: Tankiz inscription 'pure neighbour': Burgoyne, Mamluk Jerusalem 65. On waqfs: Ibn Khaldun quoted in Peters, Jerusalem 381. Al-Hujr poem on hell and paradise: quoted by Mujir 184. Bedouin attacks: Burgoyne, Mamluk Jerusalem 59; on Sufis 63. New sanctity of Jerusalem: Book of Arousing Souls by al-Fazari quoted in Peters, Jerusalem 374; Ibn Taymiyya 375-8. King Robert and Franciscans: Clare Mouradian, 'Les Chretiens: Un Enjeu pour les Puissances', in C. Nicault (ed.) Jerusalem, 1850-1948: Des Ottomans aux Anglais, entre coexistence spirituelle et dechirure politique 177-204. Franciscans and King Robert of Apulia/Calabria: Felix Fabri, The Book of Wanderings 2.279-82. Ludolph von Suchem in Peters, Jerusalem 422. Little, Sacred Esplanade 177-87. Burgoyne, Sacred Esplanade 189-209. Irwin: brutality 86; Ibn Taymiyya 96-7; anti-minority policies 97-9; Mongol invasion 99-104.

6) Ibn Khaldun and Tamurlane: Ibn Khaldun 5, 39, 269. Walter J. Fischel, Ibn Khaldun and Tamerlane 14-17, 45-8. Jerusalem ulema offer keys: Burgoyne, Mamluk Jerusalem 59. Local Jerusalems: Anu Mand, 'Saints' Corners in Medieval Livonia', in Alan V. Murray, Clash of Cultures on the Medieval Baltic Frontier 191-223.

7) Non-Muslim Jerusalem under late Mamluks: Little, Sacred Esplanade 177-87; Burgoyne,

Sacred Esplanade 189-209. Stillman, CHE 1.209. New minarets at Salahiyya Khanqah in 1417: Burgoyne, Mamluk Jerusalem 517; on Jews 64 - on tranquillity - Isaac ben Chelo 1374; on trades Elijah of Ferrara. New minarets over Christian and Jewish shrines: Mujir 69, 163, 170; attack on Christians 1452, 254-6. A. David, 'Historical Significance of Elders Mentioned in Letters of Rabbi Obadiah of Bertinaro', and Augusti Arce, 'Restrictions upon Freedom of Movement of Jews in Jerusalem', in Cathedra 2.323-4. Prayers at Golden Gate: Isaac ben Joseph quoted in Peters, Jerusalem 192; population and prayers, Meshullam of Voltera 408; Obadiah, prayers at gates 408; gradual ruin, jackals, attacks during drought, Obadiah's disciple, seventy families, Jewish study house near Western Wall?, facing Temple on Olives 392, 473, 407-9; Meshuallam and Obadiah, Jewish pilgrims 407-9; Isaac ben Joseph 1334 on French Jews, law studies, Kabbala 474-5. Jewish prayers at Zechariah tomb, cemetery, and visit to the gates Huldah, Golden Gate: Archaeological Park 36, 98, 107.

Christians: Armenians and Jaqmaq: Hintlian, History of the Armenians in the Holy Land 5. On visit to Haram in disguise, interest in others and learning phrases: Arnold von Harff quoted in Peters, Jerusalem 406-7. Governor's house and concubines: Fabri, Book of Wanderings 1.451; Barsbay and Jewish bid for Tomb of David 1.303-4; rules for pilgrims 1.248-54; entering Sepulchre, hair, stalls, Saracens, bodies, graffiti, traders, exhaustion, stress, questions 1.299, 341, 363, 411-15, 566-7, 2.83-7. History of Franciscans: Elzear Horn, Ichnographiae Monumentorum Terrae Sanctae 81-3. Pay or beaten to death: Niccolo di Poggibonsi (1346) quoted in Peters, Jerusalem 434; way of the Cross 437; on Mount Zion, King Rupert etc.: Elzear Horn quoted at 369; burning of four monks 1391, 459; no entry on horseback, Bertrandon de la Brocquiere 1430s, 470. Henry IV: Tuchman 45. Henry V: Christopher Allmand, Henry V 174.

제7부 오토만제국

1) Selim the Grim. Fall of Mamluk Sultan Ghawri: Petry, CHE 1.479-89. Rise of Ottomans - taking the city, desire of all possessors, wars, possession of Padishah Sultan: Evliya Celebi, Evliya Tshelebi's Travels in Palestine (henceforth Evliya) 55-9 and 85; Evliya Celebi, An Ottoman Traveller 317. Selim's rise, character, death: Finkel 83-4.
2) Suleiman, walls, gates, fountains, citadel: this account is based on Sylvia Auld and Robert Hillenbrand (eds), Ottoman Jerusalem: The Living City, 1517-1917 (OJ: volume one unless otherwise stated). Amnon Cohen, '1517-1917 Haram al-Sherif: The Temple Mount under Ottoman Rule', in Sacred Esplanade 211-16. Bahat, Atlas 118-22. Citadel and Haram, Suleiman's dream, Sinan in charge of works, beauty of Suleiman's works: Evliya 63-75; Evliya Celebi, An Ottoman Traveller 323-7 including Suleiman dreams and Sinan. Roxelana waqf: Dror Zeevi, An Ottoman Century: The District of Jerusalem in the 1600s 27. Sultan's Pool, Archeological Park 128. Hawari, OJ 493-518. Fountains: OJ 2 and 2.15. Planned visit 1553 of Suleiman: OJ 2.709-10. Fountains: Khadr Salameh, 'Aspects of the Sijills of the Shari'a Court in Jerusalem', in OJ 103-43. Suleiman fountains, population Haram: OJ 4-8. Spolia in Jaffa Gate: Boas, Jerusalem 52. Suleiman and Roxelana, political ethos: Finkel 115-18, 129-

30; 133, 144-5, 148-50. Solomon of his age, politics, imperial projection: David Myres, 'An Overview of the Islamic Architecture of Ottoman Jerusalem', OJ 325-54. Abraham Castro, gates, Sinan planner, Archeological Park 8. Walls, second Solomon: Yusuf Natsheh, 'The Architecture of Ottoman Jerusalem', in OJ 583-655. Urban renewal, number of tiles, and Dome/al-Aqsa: Beatrice St Laurent, 'Dome of the Rock: Restorations and Significance, 1540-1918', in OJ 415-21. Khassaki Sultan project: OJ 747-73. David Myres, 'Al-Imara al-Amira: The Khassaki Sultan 1552', in OJ 539-82. Ottoman style: Hillenbrand, OJ 15-23. Hereditary architect dynasty of al-Nammar: Mahmud Atallah, 'The Architects in Jerusalem in the 10th-11th/16th-17th Centuries', in OJ 159-90.

Jewish Jerusalem: Selim, Suleiman reigns, sees Wailing Wall as place of worship - in 1488 Rabbi Obadiah does not mention Western Wall as site of prayer but Rabbi Israel Ashkenazi in 1520 says he prayed there and by 1572 Rabbi Isaac Luria was praying there: Miriam Frenkel, 'The Temple Mount in Jewish Thought', in Sacred Esplanade 351. Rabbi Moses of Basola, in Peters, Jerusalem 483-7; House of Pilate, one synagogue, David Reubeni of Arabia 490-2; population 484. Asali, Jerusalem 204. Yusuf Said al-Natsheh, 'Univenting the Bab al-Khalil Tombs: Between the Magic of Legend and Historical Fact', JQ 22-3, Autumn/Winter 2005.

Franciscans: Boniface of Ragusa, St Saviour's Way of Cross develops: Horn, Ichnographiae Monumentorum Terrae Sanctae 160-6. Ottoman repairs on Haram: St Laurent, OJ 415-21. Economy: Amnon Cohen, Economic Life in Ottoman Jerusalem 1-124.

3) Duke of Naxos: Cecil Roth, The House of Nasi: The Duke of Naxos 17-28, 75-111; Duke of Mytilene 205. Brenner 142-3. Finkel 161. Bedouin attack: Cohen, Economic life in Ottoman Jerusalem 120 and 166. French consuls and constant changes of praedominium: Bernard Wasserstein, Divided Jerusalem: The Struggle for the Holy City (henceforth Wasserstein) 15-23. Kabbalists such as Shalom Sharabi in Jerusalem: Martin Gilbert, Jerusalem: Rebirth of a City 125; early Jerusalemites such as Meyugars family. Kuski family from Georgia arrived eighteen century: conversation with Gideon Avni. Yehuda ha Hasid and Ashkenazi immigrants: Hurva Synagogue, Goldhill, City of Longing 167. French consul from Sidon, fighting between Christian sects, disdain for Orthodox feigned body of Christ with spices and powders, fancied corpse, tattoos of pilgrims, Holy Fire, Bedlam and beards: Henry Maundrell, A Journey from Aleppo to Jerusalem in 1697 80-100 and 125-30. Muslim attitudes to Easter (Feast of Red Egg); and Church: Evliya, Ottoman Traveller 330-7 and 352. Way of the Cross develops: Peters, Jerusalem 437. Ferdinand and Isabella; Columbus; voyages and dreams of Jerusalem; Edict of Expulsion of the Jews: Hugh Thomas, Rivers of Gold: The Rise of the Spanish Empire, 53-78; especially 77-8; April 1792: 85-95; voyage 105; Jerusalem 223 and 233 and 283/4; Ferdinand and Jerusalem 578. David Abulafia, The Great Sea: A Human History of the Mediterranean, on Ferdinand and Expulsion 405-410. On Inquisition see B. Netanyahu, The Origins of the Inquisition in Fifteenth Century Spain.

4) Ridwan and Farrukh, seventeenth century: Zeevi, Ottoman Century 20-5; Ridwan 35-1; Farrukhs 43-56; downfall 57-61. Ridwan building on Haram, OJ 831-57. Abdul-Karim Rafeq, Province of Damascus 1723-83 57. Druze chieftain threatens Palestine: Finkel 179. Suicidal Christians: Peters, Jerusalem 461. Way of the Lord/Stations of the Cross: Horn,

Ichnographiae Monumentorum Terrae Sanctae 160-86. Sepulchre, Henry Timberlake in Peters, Jerusalem 508-9; Sanderson 488-90, 510-15. Commerce: George Hintlian, 'Commercial Life of Jerusalem', in OJ 229-34: Cohen, Sacred Esplanade 211-16. French praedominium: Wasserstein 15-23.

5) Christians early seventeenth century. George Sandys, A Relation of a Journey begun AD 1610 147-9, 154-73. Sandys and American views of Jews and Jerusalem: Hilton Obenzinger, American Palestine: Melville, Twain, and the Holy Land Mania 14-23. Timberlake in jail: Peters, Jerusalem Peters, 511-2; John Sanderson accused of being Jew 512-14. American Puritans, Cromwell, End of Days and conversion: MacCulloch 717-25. Oren, Power; Sandys, Bradford and Mayflower quotation, early Awakening 80-3. Mysticism: Evliya, Ottoman Traveller 330-7. Cohen, Sacred Esplanade 211-26. Armenian visitor Jeremiah Keomurdjian reports Easter parade led by Pasha of Jerusalem with drums and trumpets: Kevork Hintlian, 'Travellers and Pilgrims in the Holy Land: The Armenian Patriarchate of Jerusalem in the 17th and 18th Centuries', in Anthony O'Mahony (ed.), The Christian Heritage in the Holy Land 149-59. Cromwell, Menasseh bin Israel: Brenner 124-7. Bible as national epic - Thomas Huxley quoted in Tuchman 81; on Sanderson and Timberlake, on Cromwell and return of Jews 121-45. Zeevi, Ottoman Century 20-5; Ridwan 35-41; Farrukh 43-56; downfall 57-61. Rafeq, Province of Damascus 57. Praedominium: Wasserstein 15-23.

6) Sabbatai: this account is based on Gershom G. Scholem, Major Trends in Jewish Mysticism on G. G. Scholem, Sabbatai Zevi: The Mystical Messiah on David Abulafia, The Great Sea: A Human History of the Mediterranean on Brenner. Scholem, Mysticism 3-8, Zohar 156-9, 205, 243; influence of Spanish exodus and Isaac Luria 244-6; Sabbatai 287-324. Mazower, Salonica 66-78. Kabbalists such as Shalom Sharabi in Jerusalem: Gilbert, Rebirth 125. Yehuda ha Hasid, Hurva Synagogue: Goldhill, City of Longing 167. Sabbatai: Finkel 280.

7) Evliya: portrait is based on Robert Dankoff, An Ottoman Mentality: The World of Evliya Celebi; Evliya Celebi, An Ottoman Traveller 330-7 including Easter at the Church; Jerusalem as the Kaaba of the poor and Dervishes 332; and on Tshelebi, Travels in Palestine. Dankoff, Celebi 9-10; quote on longest and fullest travel book 9; uncle tomb in Jerusalem 22; education 31; courtier and page of Murad IV 33-46; female circumcision 61; Dervish 117; sex 118-19; unfair executions 139; as Falstaff and shitty martyr 142-5; 151; checking myths on Solomon ropes and Holy Fire 197-8. Evliya, Travels in Palestine 55-94. Sufism: Mazower, Salonica 79-82. Sufism and Islamic customs on entering/touring shrines: Ilan Pappe, Rise and Fall of a Palestinian Dynasty: the Husaynis 1700-1948 (henceforth Pappe) 26-7. Laxness on Haram 25-8, Qashashi, Jewels on the Excellence of Mosques quoted in Peters, Jerusalem 496-8. Zeevi Ottoman Century quotes criticism of Abu al-Fath al-Dajani on conduct on Haram 25-8. Laxness on Haram: Claudia Ott, 'The Songs and Musical Instruments of Ottoman Jerusalem' in OJ 305. Ill-treatment of Christian pilgrims, Timberlake in jail: Peters, Jerusalem 511-12. Fighting, Holy Fire: Maundrell, Journey 80-100, 125-30. Dangers for Jewish immigration 1700, Gedaliah quoted at 526-34; use of Wailing Wall, Moses Yerushalmi and Gedaliah 528. Minna Rozen, 'Relations between Egyptian Jewry and the Jewish Community in Jerusalem in 17th Century', in A. Cohen and G. Baer (eds), Egypt and Palestine 251-65. Cohen, Sacred Esplanade 216-26. Gilbert, Rebirth 125. Hurva: Goldhill, City of Longing 167. Western

struggle for praedominium: Wasserstein 15-23. Zeevi, Ottoman Century 20-5; 35-41; 43-56; downfall 57-61. Christian sects, rivalry of Powers and praedominium: Mouradian, 'Les Chretiens', in Nicault, Jerusalem 177-204.

8) Naqib al-Ashraf revolt: Minna Rozen, 'The Naqib al-Ashraf Rebellion in Jerusalem and its Reprecussions on the City's Dhimmis', Journal of Asian and African Studies 18/2, November 1984, 249-70. Adel Manna, 'Scholars and Notables: Tracing the Effendiya's Hold on Power in 18th-Century Jerusalem', JQ 32, Autumn 2007. Butris Abu-Manneh, 'The Husaynis: Rise of a Notable Family in 18th-Century Palestine', in David Kushner (ed), Palestine in Late Ottoman Period: Political, Social and Economic Transformation 93-100; and Pappe 23-30. Fall of the Ashkenazis: Gedaliah quoted in Peters, Jerusalem 530-4. Ottoman change in attitude to Jews: Finkel 279. Zeevi, Ottoman Century 75. M. Hawari, OJ 498-9, shelling of Dome. Gilbert, Rebirth 125. Goldhill, City of Longing 167. Jewish pilgrims Abraham Kalisker quoted in Peters, Jerusalem 525; Ashkenazi Jews 526-34; Wall, Moses Yerushalmi, Gedaliah 528. Wasserstein 15-23.

9) The Families/early to late eighteenth century: Adel Manna, 'Scholars and Notables Tracing the Effendiya's Hold on Power in 18th Century Jerusalem', JQ 32, Autumn 2007. On change of name: Papper 25-38 Illan Pappe, 'The Rise and Fall of the Husaynis', Part I, JQ 10, Autumn 2000. Butrus Abu-Manneh, 'The Husaynis: Rise of a Notable Family in 18th Century Palestine', in David Kushner (ed.). Palestine in the Late Ottoman Period: Political, Social and Economic Transformation 93-100. Thanks to Adel Manna and also to Mohammad al-Alami and Bashir Barakat for sharing his research into the origins of the Families. Zeevi, Ottoman Century 63-73. A. K. Rafeq, 'Political History of Ottoman Jerusalem', OJ 25-8. Families name changes, religious background, Alamis, Dajanis, Khalidis, Shihabis, al-Nammars: Mohammad al-Alami, 'The Waqfs of the Traditional Families of Jerusalem during the Ottoman Period', in OJ 145-57. Hereditary architect dynasty of al-Nammar: Attallah, OJ 159-90. Lawrence Conrad, 'The Khalidi Library', in OJ 191-209. Sari Nusseibeh, Country 1-20, killing of two Nusseibeh tax collectors by Husseinis and marriage alliance 52. Nashashibi family Mamluk origins: Burgoyne, Mamluk Jerusalem 60. Families build monuments on the Haram: Khalwat al-Dajani, Sabil al-Husseini, Sabil al-Khalidi - OJ 2.963, 966, 968. Alamis and house: author interview with Mohammad al-Alami. On family name changes and origins, Hazem Zaki Nusseibeh, Jerusalemites 398-9.

Christians and Jews: sects in Sepulchre, food, diseases, squalid lavatories, Greek vomit: Horn, Ichnographiae Monumentorum Terrae Sanctae 60-78. Bells, strings, lines, 300 people in Sepulchre: Henry Timberlake quoted in Peters, Jerusalem 508-9. Fighting, Holy Fire: Maundrell, Journey 80-100, 125-30. Church like a prison: Evliya Celebi, Ottoman Traveller 332. Holy Week riots 1757: Peters, Jerusalem 540. Ottoman repairs on Haram: St Laurent, OJ 415-21. Rise of Ayan Notables: Amnon Cohen, Palestine in the 18th Century 1-10; instability of Ottoman garrison and fighting and debauchery 271-80. Jerusalem promised by Bulutkapan Ali to Russia: Finkel 407-9; treaty 1774 with Russia 378-9. Most evil people: Constantin Volney, Voyage en Egypte et en Syrie 332.

10) Zahir al-Umar: Rafeq, OJ 28-9. D. Crecelius, 'Egypt's Reawakening Interest in Palestine', in Kushner, Palestine in Late Ottoman Period 247-60; Cohen 12-19 and 92, including plan

to take Jerusalem, 47; Zahir's North African troops 285; Vali's expedition, the dawra 147-250. Pappe 35-8. Eugene Rogan, The Arabs: A History (henceforth Rogan) 48-53. Zahir as 'first King of Palestine': Karl Sabbagh, Palestine: A Personal History 26-46. Bulutkaqan Ali: Finkel 407-9; Russia 378-9.

제8부 제국

1) Napoleon Bonaparte and Jazzar Pasha. Rise and tortures and mutilations: Constatin de Volney, Voyage en Egypte et en Syrie 235. Edward Daniel Clarke, Travels in Various Countries of Europe, Asia and Africa 2.1.359-88, 2.2.3-5. Voyage and Travels of HM Caroline Queen of Great Britain 589-91. Cohen, Palestine in the 18th Century 20-9, 68-70, 285. Pappe 38-46. Finkel 399-412. Kramer 61-3. Nathan Schur, Napoleon in the Holy Land (henceforth Schur) 17-32. Paul Strathern, Napoleon in Egypt (henceforth Strathern) 185, 335-7.
2) Napoleon in Palestine: this account is based on Schur and Strathern. Jaffa massacre Schur 67; Acre 140-6; retreat 163; Governor of Jerusalem in Jaffa 163-7. Strathern, origins of expedition 6-17; siege of Acre 336-46; Solomon's Temple 317; Jaffa massacre 326. Jewish offer: Schur 117-21. Strathearn 352-6. Napoleon's tent: Hintlian, JQ 2, 1998. Pappe on Jerusalem Families: 46-51.
3) Sidney Smith - this account of his life is based on: Tom Pocock, A Thirst for Glory: The Life of Admiral Sir Sidney Smith, in Acre, Jaffa, Jerusalem 100-20. Also: John Barrow, The Life and Correspondence of Admiral Sir William Sidney Smith 207. Strathern 337-40; Napoleon's retreat 371-81; killing of sick 378; Kleber 409. Franciscan welcome in Jerusalem: Peter Shankland, Beware of Heroes: Admiral Sir S. Smith 91-5. Smith's vanity, talking of himself: Colonel Bunbury quoted in Flora Fraser, The Unruly Queen: The Life of Queen Caroline 136. March into Jerusalem: Clarke, Travels in Various Countries 2.1.520. James Finn, Stirring Times (henceforth Finn) 157. Edward Howard, The Memoirs of Sir Sidney Smith 146. Old Jazzar: Schur 171. 1808 fire in Sepulchre: Peters, Jerusalem 542. Population by 1806 - 8,000: OJ 4-5. Jerusalem and Gaza same population, c. 8,000 in 1800: Kramer 41-4. Jazzar versus Gaza: Pappe 47-51.
4) Early visitors and adventures: N. A. Silberman, Digging for Jerusalem (henceforth Silberman) 19-29. Y. Ben-Arieh, Jerusalem in the 19th Century 31-67. Peters, Jerusalem 582-62. A. Elon, Jerusalem: A City of Mirrors 217. Clarke, Travels in Various Countries 2.1.393-593, 2.2.3.
5) F. R. de Chateaubriand, Travels in Greece, Palestine, Egypt and Barbary during the Years 1806 and 1807 1.368-86 and 2.15-179. Chateaubriand's servant: Julien, Itineraire de Paris a Jerusalem par Julien, domestique de M. de Chateaubriand 88-9. On last of pilgrims, first of cultural imperialists including Chateaubriand: Ernst Axel Knauf, 'Ottoman Jerusalem in Western Eyes', in OJ 73-6. Pappe 49-53.
6) 1808 fire, Suleiman Pasha conquest: Hawari, OJ 499-500. Rafeq, OJ 29. Pappe 49-50. Suleiman and Sultan Mehmet II restore Dome tiles: Salameh, OJ 103-43. Suleiman Pasha builds Iwan al-Mahmud II, pavilion, restores Maqam al-Nabi, Nabi Daoud 1817, see Hillenbrand, OJ 14. Peters, Jerusalem 582. Cohen, Sacred Esplanade 216-26.

7) Caroline and Hester: thanks to Kirsten Ellis for generously sharing her unpublished research on Hester and Caroline. First vistit of Montefiore: Moses and Judith Montefiore, Diaries of Sir Moses and Lady Montefiore (henceforth Montefiore) 36-42. Abigail Green, Moses Montefiore: Jewish Liberator, Imperial Hero (henceforth Green) 74-83. Alphonse de Lamartine, Travels in the East Including Journey to the Holy Land 78-88. Pappe 60-65.

8) Disraeli: Jane Ridley, Young Disraeli 79-97. On his various pedigrees, fantasies of Jewish settlement in conversations with Edward Stanley and his possible authorship of pre-Zionist memorandum 1878 'Die judische Frage in der orientalischen Frage': Minna Rozen, 'Pedigree Remembered, Reconstructed, Invented: Benjamin Disraeli between East and West', in M. Kramer (ed.), The Jewish Discovery of Islam 49-75. Disraeli's 1857 pre-Zionist ideas of Rothschilds buying Palestine for Jews: Niall Ferguson, World's Banker: A History of the House of Rothschild (henceforth Ferguson) 418-22 and 1131. Pappe 66-76. Jewish life: Tudor Parfitt, Jews of Palestine 1800-1882 ch. 2. Tuchman 220-3.

9) Mehmet Ali/Ibrahim Pasha: Finkel 427, 422-46, 428. Rogan 66-83. On Mehmet Ali regime: Khaled Fahmy in CHE 2.139-73. Pappe 66-76. Philip Mansel, Levant: Splendour and Catastrophe on the Mediterranean 63-90. William Brown Hodgson, An Edited Biographical Sketch of Mohammed Ali, Pasha of Egypt, Syria, and Arabia. Rafek, OJ 31-2. Judith M. Rood, 'The Time the Peasants Entered Jerusalem: The Revolt against Ibrahim Pasha in the Islamic Court Sources', JQ 27, Summer 2006. Judith M. Rood, 'Intercommunal Relations in Jerusalem during Egyptian Rule 1934-41', JQ 32, Autumn 2007 and JQ 34, Spring 2009. Jews and synagogues - Y. Ben-Arieh, Jerusalem in the 19th Century, 25-30; Ibrahim and fellahin revolt 67-70. Holy Fire: R. Curzon, Visits to the Monasteries of the Levant 192-204. Restoration of Hurva and four Sephardic synagogues: Goldhill, City of Longing 169. Montefiore, meetings with Muhammad Ali/1839 visit: Montefiore 177-87; Green ch. 6. Thomsons in Jerusalem, baby and book: Oren, Power 121-5. Mouradian, 'Les Chretiens', in Nicault, Jerusalem 177-204.

10) On Shaftesbury, Palmerston, James Finn and return of Jews, Christian Zionism: David Brown, Palmerston: A Biography on Mehmet Ali crisis 211-37; on religion and Shaftesbury 416-21; Norman Bentwich and John M. Shaftesley, 'Forerunners of Zionism in the Christian Era', in Remember the Days: Essays on Angol-Jewish History Presented to Cecil Roth 207-40. Green 88-9. Tuchman 175-207. Shaftesbury/British interest: Wasserstein 26-9; on the consuls and Angol-Prussian bishopric 29 and 34-7. Rise of British power: Gilbert, Rebirth 14-27, 42-5. M. Verete, 'Why was a British Consulate Established in Jerusalem?', English Historical Review 75 (1970) 342-5. M. Verete, 'The restoration of the Jews in English Protestant Thought, 1790-1840', Middle Eastern Studies 8 (1972) 4-50.

Ruth Kark, American Consuls in the Holy Land (henceforth Kark) on US missionaries 26-9 on nature of Jerusalem consulates 55, 110-11; on consuls 128-90; on Livermore and American millenarians, quote by US consul in Beirut 212-27, 307-10. On Lieutenant Lynch: Silberman 51-62. James Finn as evangelist, and wife daughter of evangelist character, brave, tactless, Diness scandal: James and Elizabeth Finn, View from Jerusalem, 1849-58: The Consular Diary of James and Elizabeth Anne Finn (henceforth Finn diaries) 28-35 and 51; blood libel 107-15. Consular rivalries and pretensiions: Finn 2.141, 2:221. Shaftesbury,

Finn and Gawler's Hebraism/evangelism: Green 214-19 and 232-3. Return of patriarchs: Mouradian, 'Les Chretiens', in Nicault, Jerusalem 177-204.

11) Cresson and American millenarianism: Warder Cresson, The Key of David, on Anglican conversion of Jews 327-30; leaving Philadelphia for Jerusalem 2; charges of insanity and defence 211-44. Levi Parsons, Memoir of Rev. Levi Parsons 357-79. On American Second Awakening, first pilgrims Fisk and Parsons, John Adams, Robinson, Livermore, Joseph Smith Blackstone Memorial: Oren, Power 80-92, 142-3. Obenzinger, American Palestine, on early Americans and Cresson 4-5 and 188-27. MaCulloch 903-7. Harriet Livermore - thanks to Kirsten Ellis for access to her unpublished chapters. US missionaries, Silberman 31-6. US Christian Zionism: W. E. Blackstone, Memorial, in Obenzinger, American Palestine 269-70. Herzl and Zionism: Gilbert, Rebirth 217-22. Zangwill, Galveston settlement, Africa, Argentina, Angola and Territorialism: M. Obenzinger, JQ 17 February 2003. Jews in Jerusalem, 1895: 28,000; 1905: 35,000; 1914: 45,000; Kramer 102-3 and 138. Kark 19-37. W. Thackeray, Notes on a Journey from Cornhill to Grand Cairo (henceforth Thackeray) 681-99.

H. Melville, Journals 84-94; on Clarel 65-81. Knauf, OJ 74-5. Challenge to US consular flag: Finn diaries 260-77. Finn's evangelism: Green 219 and 232-33. Mouradian, 'Les Chretiens', in Nicault, Jerusalem 177-204.

12) Nicholas I: W. Bruce Lincoln, Nicholas I, handsome 49, Victoria 223, Russian God 243-6, Our Russia 251, Paul and knight, quote of Marquis de Castelbajac (French ambassador) 291, Jerusalem and the Eastern Question, French monk, legend of Alexander I and Russian love of Jerusalem 330-4. Orlando Figes, Crimea: The Last Crusade (henceforth Figes) 1-17; on Nicholas 36-7. Pushkin on Jerusalem, letter to P. Chaadayev 19 October 1836:Julian Henry Lowenfeld, My Talisman: the Poetry and Life of Alexander Pushkin,(NY 2010), 95. H. Martineau, Eastern Life, 3: 162-5. Fo 78/446, Finn to Aberdeen and Fo 78/205 Finn to Palmerston. Gogol: V. Voropanov, 'Gogol v Ierusalime', Pravoslavny Palomnik (2006) 2, 44-6 and 3. 35-59. 1.99-105. P. A. Kulish, Zapiski iz zhizni N. V. Gogolia sostavlennye iz vospominaniy ego druzey I znakomykh I iz ego sobstvennykh pisem 2.164-89. N. V. Gogol, Polnoe sobranie sochineniy: Pisma, 1848-52 vol. 14. I. P. Zolutusky, Gogol 394-401. Elon, Jerusalem 138-9. Jerusalem Syndrome: Yair Bar-El et al., British Journal of Psychiatry 176 (2000) 86-90.

13) Start of Crimean War: W. B. Lincoln, Nicholas I 330-40. Figes 100-8; Nicholas instability 155-7; Nicholas' solely Christian purpose' 157. Writers: Finkel 457-60. Elon, Jerusalem 70-1. Gilbert, Rebirth 67-9, 83-6. Finn 2; 192-32. Fo 195/445 Finn to Clarendon 28 April 1854. Ben-Arieh, 66-8. Derek Hopwood, The Russian Presence in Syria and Palestine 1-49. Lynch diaries quoted in Gilbert, Rebirth 51. Karl Marx, New York Daily Tribune 15 April 1854. Colin Shindler, A History of Modern Israel 23. Americans, Lynch: Oren, Power 137-40. James Finn, wars against Arab/Bedouin warlords of Hebron, Abu Ghosh, fighting and Pasha military expeditions: Finn 230-50. Murders, Holy Fire: Finn diaries 104 and 133-57. On nature of Jerusalem: Finn xxxvii, 4, 40-2; on governor's prison etc. 159-74; Holy Fire fighting 2.458-9; Sudanese guards on Haram 2.237.

Split in Jews between Hassidim and Perushim: Green 116-17; 1839 trip 119-32; Nicholas

I and Montefiore 181; 1859-60 purchase of land for Montefiore Cottages 235-57; windmill 324-38; witty reply 1859 to Cardinal Antonelli 'Not as much as I gave your lackey' 277. On Montefiore legend in Russia, Chaim Weizmann, Trial and Error (henceforth Weizmann) 16. David F. Dorr, A Colored Man Round the World by a Quadroon 183-4 and 186-7. G. Flaubert, Notes de voyage in vol. 19 of Les Oeuvres completes 19. Frederick Brown, Flaubert: A Life 231-9, 247, 256-61; also Elon, Jerusalem 37 and 139-41. Antony Sattin, Winter on the Nile 17-18. Flaubert on Du Camp official mission: Ruth Victor-Hummel, 'Culture and Image: Christians and the Beginnings of Local Photography in 19th Century Ottoman Palestine', in Anthony O'Mahony (ed.), Christian Heritage in the Holy Land 181-91.

Americans: Oren Power 236-47. Melville: Melville, Journals 84-94; on Clarel 65-81. Obenzinger, American Palestine 65-82, including Jew mania; Grant/Lincoln 161; on Blyden and Dorr 227-47. Knauf, OJ 74-5. Alexander Kinglake, Eothen 144-58, 161-2. Lynch, Jewish picnic outside walls: Gilbert, Rebirth 51. On Gogol see note 12 above.

14) End of Crimean War, 1850s: Finkel 457-60. Elon, Jerusalem 70-1. Gilbert, Rebirth 67-9, 83-6. Finn 1.2-4, 78, 2.452. Ben-Arieh, 66-8. Hopwood, Russian Presence 1-49. Mouradian, 'Les Chretiens', in Nicault, Jerusalem 177-204. Gilbert, Rebirth 51. Figes 415-16; Montefiore Balaclava Railway 418; brawl 464-5.

15) Montefiore: all quotations unless otherwise stated are from the Diaries. Green 176-94, 227, 35-53, 59; fifth visit 1857 65-9; Montefiore windmill and almshouses 1860 109-16; death of Judith 140; sixth visit 1866 171-86; Jerusalem views 338; awning for Wailing Wall and removal of slaughterhouse 332-3; pre-Zionist views, Jewish empire 320; negotiations with Ottomans 324. Rothschilds: Montefiore missions funded; Disraeli comment; reluctance to involve in Jordan; Ferguson, 418-422, and 1131. Melville on Montefiore, 'this Croesus - a huge man of 75': Melville, Journals 91-4. Hurva Synagogue: Gilbert, Rebirth 98-100. Ben-Arieh, 42-4. Visits and tensions: Finn diaries 197, 244; Montefiore and Col Gawlon Jewish settlements: Green 50-9.

Flaubert, Notes de voyage 19. Brown, Flaubert 231-9, 247, 256-61; also Elon, Jerusalem 37 and 139-41. Flaubert on Du Camp official mission: W. B. Lincoln, Nicholas I, war and death 340-50. Victor-Hummel, 'Culture and Image' 181-91.

16) Archaeologists and emperors, spiritual imperialism: Wasserstein 50-65. Robinson: Silberman 37-47, 63-72; Wilson 79-85; Warren 88-99; British Palestine Archaeology 79, 86, 113-27; Bliss on Mount Zion 147-60; German archaeology 165-70. French: Ben-Arieh, 169; frenzy to identify biblical sites 183-5; Saulcy: Goldhill, City of Longing 216. Gilbert, Rebirth, on Robinson and Smith xxii, 407 and 65-7; on Warren 128-35; Jewish principality a separate kingdom guaranteed by the Great Powers 128-32. American missionaries and archaeologists, Robinson: Oren, Power 135-7; U. S. Grant and American visitors 236-8. Lane Fox, Unauthorized Version 216-19. Kark on Robinson 29-30. Obenzingr, American Palestine, on Titus Tobler 253. Ben-Arieh, 183-5. Ruth Hummel, 'Imperial Pilgrim: Franz Josef's Journey to the Holy Land in 1869', in M. Wrba (ed.), Austrian Presence in the Holy Land 158-77. Russians: Simon Dixon, 'A Stunted International: Russian Orthodoxy in the Holy Land in the 19th Century', draft paper, Romanov pilgrimags: N. N. Lisovoy

and P. V. Stegnity, Rossiya v Svyatoy Zemle: Dokumenty i materialy 1.125-7; Grand Duke Constantine 1859 visit 128-35. Hopwood, Russian Presence, Grand Duke Constantine 51. Russian pilgrims: Bertha Spafford Vester, Our Jerusalem (henceforth Vester) 86-7. Spiritual imperalism: Wasserstein 50-65.
British, American and German archaeology, Silberman 113-27; 147-53-70; Moabite Stone 100-12; Moses Shapira 131-40. Americans: Obenzinger, American Palestine, 161. Consuls and Selah Merrill: Kark 128-30 and 323-5. British royals: Gilbert, Rebirth 109-14 and 177-80. Rider Haggard, A Winter Pilgrimage 267. Edward Lear in Elon, Jerusalem 142; 1881 Crown Prince Rudolf 144-5. Kitchener/Gordon: Gilbert, Rebirth 187. Pollock, Kitchener: Saviour of the Realm 29-37 and 31. Kitchener photographs Muristan, in Boas, Jerusalem 160. Gordon in Goldhill, City of Longing 21; Elon, Jerusalem 147; Grabar, 16.

17) 1860-9: Hummel, 'Imperial Pilgrims' 158-77. Russians: Dixon, 'A Stunted international.' Lisovoy and Stegniy, Rossiya v Svyatoy Zemle 1.125-45. Hopwood, Russian Presence 51. Vester 86-7. Wasserstein 50-65.

18) Edward W. Blyden, From West Africa to Palestine 9-12 on Jerusalem mind; arrival 165; Holy Sepulchre 166; Bible in hand 170; black Muslims 180; Wall 280-3; second coming 199. Obenzinger, American Palestine 161-2; Blyden and Dorr 227-47. Mark Twain, Mediterranean Hotel and Ariel Sharon: see Haaretz 15 July 2008. Quotations from Mark Twain, The Innocents Abroad, or the New Pilgrims' Progress. Green: Judith Montefiore 140; visit 1866, 171-86; views 338; awning for Wailing Wall and removal of slaughterhouse; 332-3. U. S. Grant, Twain, Lincoln: Oren, Power 189, 236-8, 239-47. On archaeology, picturesque visions, new travel: Mazower Salonica 205-21.

19) Yusuf Khalidi and Ottoman Jerusalem: Alexander Scholch, 'An Ottoman Bismarck from Jerusalem: Yusuf Diya al-Khalidi', JQ 24, Summer 2005. K. Kasmieh, 'The Leading Intellectuals of late Ottoman Jerusalem', in OJ 37-42. Execution: Warren quoted in Goldhill, City of Longing, 146. Conrad, 'Khalidi Library,' OJ 191-209. Arab mansions, Ben-Arieh, 74-6. Martin Drow, 'The Hammams of Ottoman Jerusalem', OJ 518-24. Arab mansions: Sharif M. Sharif, 'Ceiling Decoration in Jerusalem during the Late Ottoman Period: 1856-1917', in OJ 473-8. Houses, slaves, women: Susan Roaf, 'Life in 19th-Century Jerusalem', in OJ 389-414. Clothes: Nancy Micklewright, 'Costume in Ottoman Jerusalem', in OJ 294-300. Ott, 'Songs and Musical Instruments of Ottoman Jerusalem', in OJ 301-20. Wasif Jawhariyyeh, Al Quds Al Othmaniyah Fi Al Muthakrat Al Jawhariyyeh on Jewish Purim shared with other sects 1.68; Jewish Picnic at Simon the Just tomb and singing of Christian, Musleim and Spanish Jewish songs 1.74; musicians, belly dancers, Jews and Muslims 1.148. Salim Tamari, 'Jerusalem's Ottoman Modernity: The Times and Lives of Wasif Jawhariyyeh', and 'Ottoman Jerusalem in the Jawhariyyeh Memoirs', JQ 9, Summer 2000. Vera Tamari, 'Two Ottoman Ceremonial Banners in Jerusalem', in OJ 317. Joseph B. Glass and Ruth Kark, 'Sarah la Preta: A Slave in Jerusalem', JQ 34, Spring 2009. Sephardic Jews shared festivals, circumcision, matzah, welcome after haj, Sephardis pray for rain at request of Muslim leaders, Valero relations with Nashashibis and Nusseibehs: Ruth Kark and Joseph B. Glass, 'The Valero Family: Sephardi-Arab Relations in Ottoman and Mandatory Jerusalem', in OJ 21, August 2004. Greek Orthodox anti-Semitism/Easter songs - reported

by British visitors 1896: Janet Soskice, Sisters of the Sinai 237. On Arabs calling Jews 'Jews sons of Arab's see Wasif Jawhariyyeh, diary, note 4, Zionism section. Weddings. Pappe 53 and 97-8.

Nusseibehs' castle house: Sari Nusseibeh, Country 48-9. Khalidis, Khalidi Library: Nazmi al-Jubeh, 'The Khalidiyah Library', JQ 3, Winter 1999. Conrad, 'Khalidi Library', OJ 191-205. Author interview with Haifa Khalidi. Ajami, 'Hidden Treasure', Saudi Aramco World Magazine. Kasmieh, 'Leading Intellectuals of Late Ottoman Jerusalem', OJ 37-42. Husseinis: Illan Pappe, 'The Rise and Fall of the Husaynis', Part 1, JQ 10, Autumn 2000; 'The Husayni Family Faces New Challenges: Tanzimat, Young Turks, the Europeans and Zionism, 1840-1922', Part 2, JQ 11-12, Winter 2001. New wealth of the Families: Pappe 87-91.

Nahda: Rogan 138-9. Nationalism: Kramer 120-8, all nations develop in the light of history, modern articulation of imagined communities etc., but opposition not yet based on Arab Palestinian identity, Nabi Musa: Wasserstein 103. Privatization of waqfs: Gabriel Baer, 'Jerusalem Notables and the Waqf', in Kushner Palestine in the Late Ottoman Period 109-21. Yankee Doodle: Vester 181; Nabi Musa/Sufis 114-17; kerosene lamps 69; Ramadan fair, peepshows, horseraces 118. Clan-fighting around Jerusalem: Rafeq, OJ 32-6.

Photography: Victor-Hummel, 'Culture and Image' 181-91.

Abdul Hamid: Finkel 488-512. Herzl on Abdul Hamid. Tuchman 292. Jonathan Schneer, The Balfour Declaration: the Origins of the Arab-Israeli Conflict (henceforth Schneer), on Abdul-Hamid 17-18. Cohen, Sacred Esplanade 216-26. Eclectic building in imperial age: Kroyanker 101-41. On numbers of foreign monasteries and monks: Mouradian, 'Les Chretiens', in Nicault, Jerusalem 77-204. 17,000 Jews: Brenner 267.

American Colony: this account is based on Vester, Family: Vester 1-64; the Husseini house 93 and 187; Gordon 102-4; Jacob and Hezekiah, Siloam Tunnel 95-8; simples and lunatics 126-41; Dutch countess 89. Detroit News 23 March 1902. See: J. F. Geniesse, American Priestess. On Overcomers vs Selah Merrill, anti-Semitism: Oren, Power 281-3. Kark 128-30 and 323-5. Husseinis and schools: Pappe 104-7.

Schick and his buildings, new styles of late nineteenth century including French, British, Russian, Greek and Bokhara areas: Kroyanker 101-41. Abdul Hamid: Finkel 488-512. Archaeological national expeditions and rivalries: Silberman 113-27; 147-70; 100-12. Kark on consuls/Selah Merrill 128-30; 323-5.

20) Gilbert, Rebirth 14 and 177-80; Kitchener/Gordon 187. Haggard, Winter Pilgrimage 267. Edward Lear in Elon, Jerusalem 142; Rudolf 144-5. Pollock, Kitchener 29-37. Kitchener photographs Boas, Jerusalem 160. Gordon in Goldhill, City of Longing 21; Elon, Jerusalem 147; Grabar, Shape of the Holy 16. Russians: Dixon, 'A stunted international'. Russians and Westerners: Stephen Graham, With the Russian Pilgrims to Jerusalem (henceforth Graham) - clothes, sea journey, obsession with death 3-10; Montenegrin guide 35; life in Compound 40-2; Romanov visits and charges in Compound 44-6; ludicrous English tourists 55; Holy Sepulchre 62-4; corruption in Jerusalem, the Jew Factory, corrupt degenerate priests 69-76; pageant of Easter and Holy Fire 101-10; Arab women selling booze in Compound 118; Holy Fire 126-8; meetings in the street 130-2. Lisovoi and Stegnii, Rossiia v Sviatoi Zemle 1.125-7; diary of Archimandrite Antonin 1881 and visits of Grand Duke Sergei 1888

1.147-60. Palestine Society and Russian Compound: Hopwood, Russian Presence 70-115. Christopher Warwick, Ella: Princess, Saint and Martyr: Sergei character and first visit 85-101; visit with Ella 143-53; Jewish program Moscow 162-6. Tsarist policies and programs: Brenner 238-43. Vester 86-7. Jewish aliyah: Ben-Arieh 78. Modernization and Ottoman reforms, Arab reactions: Kramer 120-8. Nusseibeh, Country 48-9. Al-Jubeh, 'Khalidiyah Library'. Kasmieh, 'Leading Intellectuals of Late Ottoman Jerusalem'. OJ 37-42. Anti-Zionist measures: Pappe 115-17.

제9부 시온주의

1) Herzl, Zionism 1880s: Shindler, History 10-17. Assyrian profile: Jabotinsky quoted in Colin Shindler, The Triumph of Military Zionism 54-61, including Christmas tree. Desmond Stewart, Herzl 171-222, 261-73. Zionism, Herzl, new fashion for racial anti-Semitism: Brenner 256-67. Relations with Rothschilds, Ferguson 800-4. Tuchman 281-309. Jewish majority by 1860?: Paolo Cuneo, 'The Urban Structure and Physical Organisation of Ottoman Jerusalem in Context of Ottoman Urbanism', in OJ 218. Hassidics and other groups arrive: Gilbert, Rebirth 118-23 and 165-73; Hebrew culture 185-9, 207-15. Jewish immigration and population figures: Ben-Arieh 31-40 and 78 on First Aliyah figures. First Aliyah, Hess, pogroms and reaction of Tolstoy/Turgenev: Shimuel Ettinger and Israel Bartal, 'First Aliyah, Ideological Roots and Practical Accomplishments', in Cathedra 2.197-200. Yemenite aliyah: Nitza Druyon, 'Immigration and Integration of Yemenite Jews in 1st Aliyah', in Cathedra 3.193-5. Immigration of Bokharans: author interview with Shlomo Moussaieff. Karl Baedeker (1876), 186 Spanish Jews vs squalid Polish brethen. Kalischer, Alkalai and early proto-Zionists: Green 322-4. Evangelist Zionism: W. E. Blackstone, in Obenzinger, American Palestine 269-70. Herzl and Zionism: Gilbert, Rebirth 217-22. Zangwill, Galveston settlement, Africa, Argentina; Angola and Territorialism: Obenzinger, JQ 2003. Jews in Jerusalem 1895: 28,000; 1905; 35,000; 1914; 45,000: Kramer 102-11, 138; pogroms and rise in Jewish population 197-9. Martin Gilbert, Churchill and the Jews, Churchillian Territorialism in Tripolitania and Cyrenaica 249. Kark 19-37. Jewish neighbourhoods: Gilbert, Rebirth 140-5. Tom Segev, One Palestine Complete: Jews and Arabs under the British Mandate 221-3. Jewish suburbs: Ben-Arieh 48-58. Herzl on extra-territorial Temple Mount: Wasserstein 320. Weizmann, Trial and Error: on Herzl style, character, not of people 41, 63; Sir Francis Montefiore, Rothschilds, Herzlian Zionism 62-5. Early Zionist distaste for Jerusalem: Sufian Abu Zaida, '"A Miserable Provincial Town": The Zionist Approach to Jerusalem 1897-1937', JQ 32, Autumn 2007. Rothschild bids to buy Wall: Pappe 116-17.

2) Kaiser and Herzl in Jerusalem: New York Times 29 October 1898. Cohen, Sacred Esplanade 216-26. Travel agent Cook: New York Times 20 August 1932. Thomas Cook: Gilbert, Rebirth 154-60. Luxury Thomas Cook and Rolla Floyd tents: Vester 160-1. Luxury tourist tents: Ruth and Thomas Hummel, Patterns of the Sacred: English Protestant and Russain Orthodox Pilgrims of the Nineteenth Century, photograph. Kaiser, Jews and Herzl: John Rohl, Wilhelm II: The Kaiser's Personal Monarchy 1888-1900 944-54; on Church of

Redeemer 899; I alone know something; all of you know nothing 843; on Jews 784. Kaiser and anti-Semitism: John Rohl, The Kaiser and his Court 190-212; on sexual hijinks at court/poodle 16. German architecture: Kroyanker 24. Visit to Temple Mount: OJ 270-1. Vester 194-8. Silberman 162-3. Sean McMeekin, The Berlin-Baghdad Express, on Kaiser in Jerusalem and letters to tsar 14-16.

Stewart, Herzl 261-73. Goldhill, City of Longing 140. Gilbert, Rebirth 223-7. Modernity, Kaiser and photography: Victor-Hummel, 'Culture and Image' 181-91. Photos: OJ 267. Ben-Arieh 76. On Arab politics and Ruhi Khalidi: Marcus, Jerusalem, 1913; Origins of Arab-Israeli Conflict 39-44 and 99. Kramer 111-15. Herzl and Uganda: Lord Rothschild's introduction, Ferguson 802-4. Herzl, Uganda, Lloyd George as lawyer in two applications for Sinai homeland in 1903 and 1906: David Fromkin, A Peace to End All Peace (henceforth Fromkin) 271-5. Churchillian Territorialism: Gilbert, Churchill and the Jews 249. Zangwill, Galveston settlement, Africa, Argentina, Angola and Territorialism: Obenzinger, JQ 2003 17. Pappe 108-11. Ilan Pappe, 'Rise and Fall of the Husaynis', Part 1, JQ 10, Autumn 2000; 'Husayni Family Faces New Challenges', Part 2 JQ 11-12, Winter 2001. Wassertein 320. Amy Dockser Marcus, Jerusalem 1913: Origins of the Arab-Israeli Conflict 30-60. Yusuf al-Khalidi to Chief Rabbi of France Zadok Khan in Nusseibeh, Country 23. Kasmeh, 'Leading Intellectuals of Late Ottoman Jerusalem', OJ 37-42.

3) The portrait of Ben-Gurion throughout the book is based on the biography Michael Bar-Zohar, Ben-Gurion; David Ben-Gurion, Recollections; Weizmann; Shindler, History and Military Zionism; conversations with Shimon Peres and Yitzhak Yaacovy, Ben-Gurion, Recollections 34-43, 59-61. Bar-Zohar, Ben-Gurion 1-12, 26-8. Kramer 111-15. Political philosophy, articles in 1914 and 1920: Shindler, History 21-35, 42-4 and 99-101. Weizmann: Herzl Ugandaism and El Arish plans 119-122; meeting with Plehve and Kishinev pogroms 109-18. Protocols of Elders of Zion: David Aaronovitch, Voodoo Histories 22-48. Early Zionist distaste for Jerusalem: Abu Zaida, '"A Miserable Provincial Town"', JQ 32, Autumn 2007.

4) Young Turk Revolution and Arab nationalism: this section is based on Wasif Jawhariyyeh, Al Quds Al Othmaniyah Fi Al Muthakrat Al Jawhariyyeh, vol: 1: 1904-1917, vol. 2: 1918-1948, trans. for this book by Maral Amin Quttieneh (henceforth Wasif). Among the diary entries used are 1.160, 167, 168-9, 190, 204, 211, 217, 219, 231. Also based on: Tamari, 'Jerusalem's Ottoman Modernity', JQ 9, Summer 2000. On cafes, atmosphere, women in the city: Salim Tamari, 'The Last Feudal Lord in Palestine', JQ 16, November 2002. Salim Tamari, 'The Vagabond Cafe and Jerusalem's Prince of Idleness', JQ 19, October 2003. Antebi: Marcus, Jerusalem 1913 50-73. Baedeker on city of no entertainment: Gilbert, Rebirth 154-60. Baedeker (1912) xxii, 19, 57. On Arab nationalism and Young Turk revolution/Khalil Sakakini quote: Norman Rose, A Senseless Squalid War: Voices from Palestine 8. Arab renaissance, disappointed nationalism, Young Turks: Rogan 147-9. Shindler History 23-8. Young Turks, seizure of power by Committee of Union and Progress, Turkish nationalism, rise of Enver: Efraim Karsh and Inari Karsh, Empires of the Sand: Struggle for Mastery in the Middle East 1789-1923 (henceforth Karsh) 95-117. See also: P. S. Khoury, Urban Notables and Arab Nationalism: The Politics of Damascus 1860-1920. On CUP: Mazower, Salonica

272-290. Football/school: Pappe 124-6; early nationalism 127-9; anti-Zionism 39-46.
5) Russian pilgrimage/Rasputin: G. E. Rasputin, Moi mysli i razmyshleniia. Kratkoe opisanie puteshestviya po svyatym mestami i vyzvannye im razmyshleniya po religioznym voprosam 60-74. Grab, journey, deathcaps Graham 3-10; kvass 35; accommodation 44-6; Westerners 55; Sepulchre 62-4; corruption in Jerusalem, 69-76; Easter 101-10; booze in Compound 118; Holy Fire 126-8; street embraces 130-2. Russian shoot-out in Sepulchre; Martin Gilbert, Jerusalem in the Twentieth Century (henceforth Gilbert, JTC) 20. Eduard Radzinsky, Rasputin 180-3. Hummel, Patterns of the Sacred 39-61.
6) This account is based on the Parker family archive: special thanks to the present Earl of Morley and his brother the Hon. Nigel Parker for their help and papers. The Times (London) 4 May 1911. New York Times 5 and 7 May 1911. Major Foley, Daily Express 3 and 10 October 1926. Philop Coppens, 'Found: One A7⊦ of the Covenant?', Nexus Magazine 13/16, October-November 2006. Silberman 180-8. On riots and high jinks: Vester 224-30. Pappe 142.
7) 1910-14. Rogan 147-9. 1908 to rise of Enver: Karsh 95-117. Majower: 280-90 Excitement 1908: Marcus, Jerusalem 1913 66-8, 186. Young Turks and Three Pashas: Finkel 526-32. Abdul-Hamid's clock: Kramer 75. Visit of Pr Eitel Fritz 1910, fight at Sepulchre; Gilbert, JTC 20-4; Zionist settlement and politics 25-40. Jerusalem as Babel by Weizmann 3-4. Wasserstein 70-81. Augusta Victoria: Storrs 296. Enver coup: Karsh 94-101. Pappe 139-150.
8) Jemal Pasha/First World War. Arrival of Pasha, and 'beautiful' parade of Mecca Sheikh Sayeed Alawi Wafakieh with green flag, Wasif 1:167. Kress von Kressenstein on Sheikh's parade and Suez expedition, Sean McMeekin, Berlin-Baghdad Express, 166-179. Jemal, al-Salahiyya, Enver visit: Wasif 1.232. OJ 57-62. Pappe 150-9. Most quotes from Jemal are either from the diaries of his private secretary Falih Rifki quoted in Geoffrey Lewis, 'An Ottoman Officer in Palestine 1914-18', in Kushner, Palestine in the Late Ottoman Period 403-14, or from Djemal Pasha, Memoirs of a Turkish Statesman 1913-19. Franz von Papen, Memoirs 70. Terror, urban planning in Damascus: Burns, Damascus 263-5. Rudolf Hoess, Commandant of Auschwitz 38-41. Rudolf Hess: Vester 209 and 263. ON high politics/military: Karsh 105-17; Suez attacks 141; repression of Zionists, NILI spy-ring 160-70. Kramer 143-7. Finkel 533-40. On war declaration and al-Aqsa allegiance, Count Ballobar and Jemal: Segev, Palestine 15-20. Hanging Mufti of Gaza: Storrs 371; Jews welcome Kressenstein 288; on Ballobar 303. Arrival of Armenians: Hintlian, History of the Armenians in the Holy Land 65-6. Gilbert, JTC 41-5. Jemal character: Vester 259-67; destruction of Jerusalem plan 81; Rudolf Hess in Jerusalem 208-9 and 263. Fromkin: Jemal terror 209-11. Military campaign: Roger Ford, Eden to Armageddon: World War I in the Middle East 311-61. Jemal takes Faisal to hangings; Jemal, Enver most ruthless: T. E. Lawrence, Seven Pillars of Wisdom (henceforth Lawrence) 46, 51. The start of the war: George Hintlian, 'The First World War in Palestine and Msgr. Franz Fellinger', in Marion Wrba, Austrian Presence in the Holy Land in the 19th and Early 20th Century 179-93. Wasserstein 70-81. Jemal repressions: Karsh 161-70.
9) Death and sex under Jemal. This section is based on the diarists Wasif, Ihsan Turjman, Khalil Sakakini. Political thought, Jerusalem life, nationalism, Jemal and Turkish debauchery, prostitutes in schools, at Turkish parties, on street, Tennenbaum: Salim Tamari, 'The Short

Life of Private Ihsan: Jerusalem 1915', JQ 30, Spring 2007. Vester, 264-7, 270-1. Wasif 1.160, 167, 168-9, 190, 204, 211, 217, 219, 231. Tamari, 'Jerusalem's Ottoman Modernity', JQ 9, Summer 2000. Adel Manna, 'Between Jerusalem and Damascus: The End of Ottoman Rule as Seen by a Palestinian Modernist', JQ 22-23, Autumn/Winter 2005. Jemal repressions: Karsh 161-70. On Syrian nationalism and terror: see Khoury, Urban Notables and Arab Nationalism. Pappe 150-9.

Offer of Wailing Wall to Jews: Herny Morgenthau, United States Diplomacy on the Bosphorus: The Diaries of Ambassador Morgenthau 1913-1916 400: thanks to George Hintlian for bringing this to my attention. Jemal and Jews/Albert Antebi exiled October 1916; asks Jemal 'What have you done to my Jerusalem?': Marcus, Jerusalem 1913 138-44; 156-9. Jews, deportations, tired of hangings, Aaronsohn/NILI: Karsh 166-70. Jemal's peace offer: Raymond Kevorkian, Le Genocide des Armeniens ch. 7. Prostitution: Vester 264. Leah Tennenbaum and Villa Leah: Segev, Palestine 7. On Jemal, Leah Tennenbaum, feasts, and bons mots on Three Pashas see Conde de Ballobar, Diario de Jerusalen - 26 May 1915 and 9 July 1916. On analysis of Ballobar, see R. Mazza, 'Antonio de la Cierva y Lewita: Spanish Consul in Jerusalem 1914-1920', and 'Dining Out in Times of War', JQ 40, Winter 2009, Mazza, Jerusalem from the Ottomans to the British.

10) Portrait of Lawrence is based on Jeremy Wilson, Lawrence of Arabia: The Authorized Biography of T. E. Lawrence, until otherwise stated. Lawrence, action and reflection: Wilson, Lawrence 19; on Sherif Hussein 656 and unfit to govern 432; Lawrence views pro-Brit pro-Arab 445; 'tragi-comic' demands of Sherif 196; Hogarth on Lawrence as moving spirit of McMahon and Revolt 213; early plan for Jerusalem book of Seven Pillars 74; Jerusalem and Beirut, shop-soiled hotel servants 184-5; on the McMahon letters and negotiations, and plan to include Jerusalem in Egypt 212-18; Gertrude Bell on Lawrence intelligence 232; Lawrence on characters of Abdullah and Faisal 305-9 and 385-7; his concept of guerilla warfare and insurgency 314; killing, Buffalo Bill 446; on sexual comedy 44; 27 Articles on how to lead an Arab insurgency 960-5; clothes 333-5; Sykes 230-3; can't stand lies 410-12; Sykes-Picot, Lawrence informs Faisal 361-5; Aqaba plan 370-81; executes murderer 383; American description of Lawrence at Versailles 604-5. Lawrence lack of scruples, 'genius for backing into the limelight': Margaret Macmillan, Peacemakers: The Paris Peace Conference of 1919 and its Attempt to End War 399-401. George Antonius, The Arab Awakening: The Story of the Arab National Movement 8-12, 245-50. Rogan 150-7. Karsh on Lawrence and Arab Revolt: man with the gold 191. Janet Wallach, Desert Queen: The Extraordinary Life of Gertrude Bell: imp 299. Hashemite/Shefifian dynasty: Avi Shlaim, Lion of Jordan: The Life of King Hussein in War and Peace 1-10. Schneer 24-6. Lawrence: Storrs 467 and 202. Silberman 190-2. Sherifian descent and family: Lawrence 48; Abdullah too clever 64-7, 219-20; Faisal Arab clothes 129; Lawrence character, 'brain as quick and silent as a wild cat' 580-1; egotistical curiosity 583; Faisal pity 582. Arab Revolt: Karsh 199-221; Sykes-Picot 222-43. Karl E. Meyer and S. B. Brysac, Kingmakers: The Invention of the Modern Middle East on Arab Revolt, Sykes-Picot 107-13. Karsh: 171-221; Sykes-Picot 222-46. Fromkin 218-28; Kitchener and views of Wingate and Storrs 88-105 and 142; Sykes 146-9; McMahon 173-87; Sykes-Picot 188-99. The best detailed account of McMahon remains Elie Kedourie, In

the Anglo-Arab Labyrinth: The McMahon-Husayn Correspondence and its Interpretations. Schneer gives an excellent account 32-48 and 64-74.

11) Arab Revolt/British advance/Falkenhayn: Papen, 7-84. Jemal shows Falkenhayn Dome: OJ 276. Antonius, Arab Awakening 8-12, 245-50. Rogan 150-7. Shlaim, Lion of Jordan 1-10. Lawrence: Storrs 467 and 202; Silberman 190-2. On Sherifians: Lawrence 48, 64-7, 219-20, 129, 582; on himself 580-3. Taking of Aqaba and report to Allenby: Wilson, Lawrence 400-20; rape at Deraa 462-4. Arab Revolt: Karsh 171-221; Sykes-Picot 22-43. Meyer and Brysac, Kingmakers 107-13. Fromkin 88-105, 142; Sykes 146-9, 218-28; McMahon 173-87; Sykes-Picot 188-99; Jemal terror 209-11; Jemal bids for power himself 214-15. Jemal peace offer. S. McMeekin, Berlin-Baghdad Express 294-5. Scheer 87-103; on NILI ring 171-2. Enver visit: Wasif 1.232-3. Enver/wartime Jerusalem: Vester 246-71. On spy-rings, Sakakini, Levine, Jemal terror, brothels, NILI: Manna, 'Between Jerusalem and Damascus', JQ 22-23, Autumn/Winter 2005 (quoting Turkish security policeman Azia Bey). Sakakini and Levine: Segev, Palestine 13-15. Aaronsohn: Fromkin 309. Marcus, Jerusalem 1913 149-51.

12) Balfour, Lloyd George, Weizmann: Documents, motives and process of Declaration drafting: Doreen Ingrams (ed.), Palestine Papers, 1917-1922: Seeds of Conflict 7-18, quoting from William Ormsby-Gore memo on origins Declaration 7-8; on hopes to win Russian/US support; Balfour memo to Cabinet 9; Cabinet minutes 31 October quoting Balfour 16. John Grigg, Lloyd George: War Leader 339-57, especially 347-9 on Weizmann; Lloyd George to Weizmann quote; Samuel cold and dry; Asquith to Venetia Stanley on Lloyd George keeping Jerusalem from atheistic France; on Zionism serving British empire 349. R. J. Q. Adams, Balfour: The Last Grandee 330-5. MacMillan, Peacemakers: on Lloyd George character 43-5; on Balfour's frivolity, silk handkerchief, Jewish genius, Zionism only worthy thing he did 424-6. Kramer 148-54 and 167. Segev, Palestine 33-50. Balfour on propaganda in Russia and America: Rogan 153-6. Weizmann: Hebrew university 100; first meeting with Balfour 143-5; 1906 Jerusalem, university land bought, why Jerusalem, 169-76 and 181; C. P. Scott, Lloyd George's account not true, may get Jerusalem 190-8; 'I... a Yid' 207; opponents of Zionism, Claude Montefiore, Leopold de Rothschild, Edwin Montagu 200-30 and 252; religious old statesmen 226; maze of personal relationships 228; Germany negotiates with Zionists 234-5; drafting of Declaration 252-62; Weizmann mistaken for Lenin 358. Weizmann as well-nourished Lenin: MacMillan, Peacemakers 423. Sykes on Jews/black people, Schneer 44-6; Lloyd George on Samuel's race. 126; on British Jews, Zionists vs Assimilationists, Rothschilds, Montefiores 124-61, Sykes on Power of Jews 166-8; power to Zion, Armenians, Arabs (Sykes), on possible Ottoman peace 349-59, Curzon quote 350.

German Zionists, negotiations with German Ottomans (Jemal), Talaat's promise to German ambassador, and British alarm at Zionism as German idea (Sir Ronald Graham); McMeekin, Berlin-Baghdad Express 340-51.

Herbert Samuel, Memoirs 140. Meyer and Brysac, Kingmakers 112-26. Max Egremont, Balfour 293-6. Karsh 247-58. Fromkin 276-301, including Leo Amory on Bible, Brandeis and Wilson. Avi Shlaim, Israel and Palestine 3-24. Lloyd George grabbing Palestine: Rose, Senseless Squalid War 16-17. Karsh 247-58. Gilbert, Churchill and the Jews: Churchill

Weizmann and acetone 23-30; biblical prophet 95. George Weidenfeld, Remembering My Good Friends 201-20, on Weizmann, character and style. Lord Rothschild support for Zionism: Ferguson 977-81. Early Zionist views: Abu Zaida, '"A Miserable Provincial Town"', JQ 32, Autumn 2007.

13) Fall of city/surrender. Allenby's orders from Lloyd George, Jerusalem by Christmas: Grigg, Lloyd George: War Leader 339-43. Germans unmoved by withdrawal, Storrs 303-5; mayor well bred 292. Alter Levine and Sakakini: Marcus, Jerusalem 1913 149-51. Levine and Sakakini, Sakakini quote on artillery: Segev, Palestine 30. Moshe Goodman, 'Immortalizing a Historic Moment: The Surrender of Jerusalem', in Cathedra 3.280-2. Vester 273-80. Husseinis meeting; marriageable virgins; blouse and bedsheets: Pappe 162-6. Diary of Bishop Mesrob Neshanian quoted in Hintlian, 'First World War in Palestine and Msgr. Franz Fellinger', in Wrba, Austrian Presence 179-93. Rumors, debate with Sakakini, Germans vs Turks on surrender: Tamari, 'Last Feudal Lord in Palestine', JQ 16, November 2002. Manna, 'Between Jerusalem and Damascus', JQ 22-23, Autumn/Winter 2005. Diary: K. Sakakini 20 January 1920. Arab Syrian nationalism: Nasser Eddin Nashashibi, Jerusalem's Other Voice: Ragheb Nashashibi and Moderation in Palestinian Politics 1920-1948 (henceforth Nashashibi) 134-5, 130-1; Ben-Gurion and Alami on small sofa 69. Faisal and Weizmann: Kramer 158-62. Carriage stolen from American Colony: Frederick Vester to Storrs 14 March 1919. American Colony Hotel archive. Anti-Semitic frenzy of Turks in Jerusalem: Ballobar, Diario 30 November 1917.

14) Allenby: Grigg, Lloyd George: War Leader 342-5. Wasif 2.280. Storrs 305-7. Lawrence 330; on Jerusalem 341, 553; Lawrence rape at Deraa, entry into city, thoughts of rape as Allenby speaks; effects of rape trauma later 668. Absurdly boyish: Wilson, Lawrence 459-66: Gilbert, JTC 45-61. Segev, Palestine 23-4 and 50-5. Allenby's book: Meyer and Brysac, Kingmakers 109. Allenby and Storrs in Jerusalem: Fromkin 308-29. War Office advice: Elon, Jerusalem 167. Vester 278-80. Allenby and Crusader comments to Husseini and to Nusseibehs: Nusseibeh, Jerusalemites 426-7. Thanks to my cousin Kate Sebag-Montefiore for researching William Sebag-Montefiore's role in Palestine. Thanks to Peter Sebag-Montefiore and his daughter Louise Aspinall for the private archive of Major Geoffrey Sebag-Montefiore: reports quoted of 24 April 1918 (sex with local women); VD prevalent 11 June 1918; VD rampant 16 June 1918; guarding holy places 23 June 1918; Desert Mounted Corps in brothels 29 June 1918; brothels troublesome and VD rampant 14 July 1918; brothels moved, thirty-seven arrested 18 August 1918; women astray 1 September 1918; brothels VD, nothing else to report 8 September 1918; Australians in brothels 13 October 1918 and 18 November 1918. Pappe 165-75: Maghrebis interested in sale of Wall 234.

15) Storrs, most brilliant: Lawrence 56-7. Lawrence visits and meets Lowell Thomas: Wilson, Lawrence 489; Faisal and Lawrence's attitude to Zionism, hope for Zionist Jewish advisers and financiers for Faisal Syria, Lawrence on Zionism and letter to Sykes, Faisal meetings with Weizmann near Aqaba and in London 442-4, 513-14, 514 and 576-7; on 12 December 1918 meeting in London, Faisal and Weizmann, Faisal says there is room in Palestine for 4-5 million Jews 593. Shindler, Military Zionism 61-7. Ben-Guriion article 'Towards the Future' on sharing Palestine, on Jabotinsky and article 'Iron Wall' 1923: Shindler, History

26-30; Jabotinsky, Fascists, Duce as buffalo 131. Weizmann: Jabotinsky 86; on Allenby, Storrs, Protocols of Elders of Zion 265-81, 273; on Faisal meetings and Lawrence 293-6; founding of Hebrew University 296; Nabi Musa riots 317-21, Protocols of Elders of Zion: Aaronovitch, Voodoo Histories 22-48. Early Zionist attitude: Abu Zaida, '"A Miserable Provincial Town"', JQ 32, Autumn 2007. Pappe 166-87: Grand Muftiship; Husseini estates' involvement with King Faisal; Musa Kazem's career 111-12; Amin in Damascus 170-1; Nabi Musa 189-203.

16) Herbert Samuel, arrival: Storrs 352-8 and 412-14. Stiffish character: Segev, Palestine 155. Oyster: Schneer 122-6. Cold, dry: Lloyd George quoted in Grigg, Lloyd George: War Leader 348. Wooden: Edward Keith-Roach, Pasha of Jerusalem 73. Chaim Bermant, The Cousinhood: The Anglo-Jewish Century 329-54. Politics: Kramer 213-24. Segev, Palestine 91-9. Gilbert, JTC 88. Samuel, Memoirs 154-75. Luke and Keith-Roach, Handbook of Palestine 86-101. Jabotinsky, revisionism: Shindler, Military Zionism 50, 61-5, 85-92; Samuel and watering down of Balfourism 1-32. Political philosophy of evolution, socialist cooperation and move towards ruthless pragmatism, strongman of Zionism, articles in 1914 and 1920: Shindler, History 21-35. Abu Zaida, '"A Miserable Provincial Town"', JQ 32, Autumn 2007.

17) Churchill: Martin Gilbert, Churchill: A Life 428-38; also Gilbert, JTC 92. Gilbert, Churchill and the Jews, WSC boyhood essay 1; as Manchester MP and early meetings with Weizmann 7-15; Zionism and First World War 24-33; on article on International Jew 37-44, quoting Sunderland speech and Illustrated Sunday Herald 8 February 1920; colonial secretary trip to Cairo and Jerusalem 45-64; Rutenberg concession 78-85; created Transjordania 'one Sunday afternoon' 109. Faisal and Abdullah kingdoms: Shlaim, History 11-20. Lawrence as adviser, Hussein crass: Wilson, Lawrence 540; Sherifian solution, Cairo conference and Jerusalem meetings with Abdullah, Lawrence on Churchill 643-63 and 674. Karsh 309-25, especially 314-16, 318. Rogan 178-85. Fromkin 424-6, 435-48, 504-29. Khoury, Urban Notables and Arab-Nationalism 80-90. Cairo: Wallach, Desert Queen 293-301. Segev, Palestine 143-5. Kramer 161-3. Saudis vs Sherifians: Rogan 179-84. On Lawrence and Last Crusade: Fromkin 498-9. Faisal, Lawrence and Zionism: Weizmann 293-6. Thomas and Lawrence: Oren, Power 399-402.

18) Husseini vs Nashashibi. Portraits written with reference to Mahdi Abdul Hadi (ed.), Palestinian Personalities: A Biographical Dictionary. Mufti, character, career: Pappe 169-73; selection of mayor and mufti 201, 212-45. Gilbert Achcar, The Arabs and the Holocaust: The Arab-Israeli War Narratives, (henceforth Achcar) on Mufti policies and character 123-0; on megalomania 127, on variety of Arab opinions, liberals, Marxist nationalists, Islamicists 41-123; quote 52. On political parties, on blond mufti, jokes without laughter: author interview with Nasser Eddin Nashashibi. Nashashibi 14-19; election of mufti 38 and 126-8; mufti leader 79; differences between mufti and Nashashibi 75; Nashashibi brought down by Sir Arthur Wauchope 32. Wasserstein 324-7. Kramer 200-7 and 217-22. On Notables and rivalries: Benny Morris, 1948: A History of the First Arab-Israeli War 13-14. Mufti, poacher, British intimidated: Weizmann 342. Totalitarianism enlightened: Keith-Roach quoted in Segev, Palestine 4-9. Mufti, cause just, method unwise and immoral: John

Glubb Pasha A Soldier with Arabs 41. Sole qualifications, pretension of family: Edward Keith-Roach, Pasha of Jerusalem 94. Sari Nusseibeh, Once Upon a Country: disastrous 36. Projection of holiness and importance of Haram for nation: Kramer 237 and redemption of the land 251-3; family political parties 239-40. Tamari, 'Jerusalem's Ottoman Modernity, JQ 9, Summer 2000. Tamari, 'Vagahond Cafe and Jerusalem's Prince of Idleness', JQ 19, October 2003. On Haile Selassie and kings: John Tleel, 'I am Jerusalem: Life in the Old City from the Mandate Period to the Present', JQ 4, Spring 1999. Amos OZ, A Tale of Love and Darkness (henceforth OZ) 23, 38-42, 62, 118-19, 307, 324, 325, 329. Partition plans: Wasserstein 108-12. Shlaim, Israel and Palestine 25-36. 'Harem Beauties Drive Fords thro Jerusalem', Boston Sunday Herald 9 July 1922. British dislike Jews: John Chancellor quoted in Rose, Senseless Squalid War 31; easy to see why Arabs preferred to Jews, Richard Crossman 32. High British life and George Antonius' swinging party: Segev, Palestine 342-5; Ben-Gurion, evolving views and proposals to Musa Alami and George Antonius 275-7. Stalin/Birobidzhan: Simon Sebag Montefiore, Stalin: Court of the Red Tsar and Young Stalin; Arkady Vaksberg, Stalin against the Jews 5.

19) Buraq Uprising and after: Wasif 2.484. Pappe 233-45. Achcar 128-133. Nusseibeh, Jerusalemites 39-43. Ilan Pappe, 'Haj Amin and the Buraq Revolt', JQ 18, June 2003. Shindler, Military Zionism 94-104. Keith-Roach, Pasha 119-22. Nusseibeh 31. Rogan 198-201. Kramer 225-37. Segev, Palestine 296-333. Gilbert, JTC 119-28. A. J. Sherman, Mandate Days: British Lives in Palestine 73-93. Mufti visits Nazi consul: Jeffrey Herf, Nazi Propaganda for the Arab World 16-17 and 29. Koestler quotes: Michael Scammell, Koestler: The Indispensable Intellectual 55-65. Ben-Gurion, evolution, socialism, pragmatism: Shindler, History 21-35.

20) British Mandate life. Architecture: Kroyanker 143-65. Boston Sunday Herald 9 July 1922. British anti-Semitism: John Chancellor quoted in Rose, Senseless Squalid War 31; Richard Crossman 32. High British life, Antonius' party: Segev, Palestine 342-50; author interview with Nasser Eddin Nashashibi. Kai Bird, Crossing Mandelbaum Gate (henceforth Bird), including 'she was naughty' quote, open marriage 16-19 and 22-42. Colonel P. H. Massy, Eastern Mediterranean Lands: Twenty Years of Life, Sport and Travel 69-70. Hunting etc.: Keith-Roach, Pasha 89; modern city, beauty parlour 95; Plumer and Chancellor goodlooking actor 99/100. Brawl between Latins and Greeks with umbrella: Harry Luke, Cities and Men: An Autobiography 207; staff 213; life 241-5; toastmaster 218. King David Hotel: Gilbert, JTC 101-19 and 130. Private aeroplane: John Bierman and Colin Smith, Fire in the Night: Wingate of Burma, Ethiopia and Zion 79. Plumer and Chancellor: Segev, Palestine 289. Cafe life: Tamari, 'Vagabond Cafe and Jerusalem's Prince of Idleness', JQ 19 October 2003. Neighbourhoods: OZ, Tale 23, 38-42. The May family: Miriam Gross, 'Jerusalem Childhood', Standpoint September 2010. Burial of Grand Duchess Ella: Warwick, Ella 302-12; Luke, Cities and Men 214.

The Families and the British: Storrs 423-5. Nusseibeh, Country 28-36, 62. Kramer 257-66. Congreve: Segev, Palestine 9; Wauchope and new Government House, duck-shooting 342-8. Nusseibeh, Jerusalemites: exhilarating city 52; Katy Antonius 133; houses bookshops, families, white suits 409-25; no choice but armed rebellion 44-7. Immigration figures:

Segev, Palestine 37. Churchill and Moyne visit King David Hotel: Gilbert, Churchill and the Jews 102; Woodhead Commission and increase in population of Arabs and Jews 152; partnership and characters of Ben-Gurion and Weizmann 76-9; negotiations with Musa Alami 82-7; on love life 118-19. On Ben-Gurion books and reading: author conversation with Shimon Peres. On Ben-Gurion Napoleon joke: conversation with Itzik Yaacovy. Weizmann character and attitude to Ben-Gurion: Weidenfeld, Remembering my Good Friends 201-20. Achcar, variety of Arab opinions, nationalists, liberals, Marxists, Islamicists 41-123. Mufti and Zionist proposal for shared states and two-tier legislatives: Pappe 226-8.

21) Arab Rebellion: Kramer 259-65. Rogan 204-7. Morris, 1948 18-20. Achcar 133-40; on breadth of Arab opinions 41-133. Tarboush and gangs: Nashashibi 97-103 and 46-57. Wasif 2.539-49. Ruthless methods: Segev, Palestine 350-2, 361-74, 382-8, 402, 414-43. Nusseibeh, Jerusalemites 42-9: first shots. Revolt, Wingate, like Lawrence: Weizmann 489-91 and 588. Destruction of compromise and Judah Magnes: Oren, Power 436-8. Walid Khalidi, From Haven to Conquest, 20-2, 33-5 Abd al-Kadir Husseini, portrait written with reference to Hadi, Palestinian Personalities. Pappe quoted 278; on mufti violence 246-82; Abd al-Kadir 225; 260-2; 269; 292-6.

22) Wingate and Dayan, Arab Rebellion: Wasif 2.539-49. Ruthless methods: Segev, Palestine 400-2, 414-43. Bierman and Smith, Fire in the Night 29-30, 55-130. Moshe Dayan, Story of my Life (henceforth Dayan) 41-7; Montgomery executions: Rose, Senseless Squalid War 45. Walid Khalidi, From Haven to Conquest, 20-2, 33-5. Dayan: Ariel Sharon, Warrior 76, 127, 222.

Revolt, restraint: Segev, Palestine 420-43; Wingate, negotiations 489-91 and 588. Wasserstein 115-16. Ben-Gurion emergence as strongman of Zionism: Shindler, History 21-35; restraint 35-6; Sadeh and Wingate 36-8. St James's Palace conference/White Paper/war: Bar-Zohar, Ben-Gurion 93-105. Moderates undermined: Oren, Power 436-8. Jerusalem lost to Arabs 17 October 1938: Pappe 287; Abd al-Kadir Husseini 292-6.

23) Mufti in Berlin, Second World War: Herf, Nazi Propaganda for the Arab World, with Hitler 73-9, 185-9; with Himmler 199-203. Views on Holocaust and Jews: Morris, 1948 21-2. Achcar: mufti's extremist views: mufti's views unrepresentative of Arab views 140-52. Pappe 305-17. Decadence Asmahan: Mansel, Levant 306-7; Philip Mansel, Asmahan, Siren of the Nile (unpublished ms). Wartime: Nusseibeh, Jerusalemites 49-51. Rogan 246-50. Dayan 48-74. Kramer 307-10. Pappe 305-17. Second World War Jewish fears; Wasif 2.558-60: Abd el-Kadir Husseini 2.601-2. Musa Budeiri, 'A Chronicle of a Defeat Foretold: The Battle for Jerusalem in the Memoirs of Anwar Nusseibeh', JQ 3, Winter/Spring 2001. Begin parochial not poetical: Rose, Senseless Squalid War 63-5. Koestler quotes on Begin/Ben-Gurion: Scammell, Koestler 331. Begin's military Zionist clash with Jabotinsky: Shindler, Military Zionism 205-12, 219-23, Begin's character and ideology including quote on hunter from ex-Israeli ambassador to Britian and paraphrased quote on maximalist ideology, emotional Judaism: Shindler, History 147-150. Pappe 323-7. Menachem Begin, The Revolt (henceforth Begin) 25; shofar at Wall 88, 91; Descartes 46-7; attacks in Jerusalem 49, 62; operations and United Command 191-7; King David 212-20. Christopher Andrew, Defence of the Realm: The Authorized History of MI5 352-66, including King David bomb 353.

주

Population 93,000: Wasserstein 121; MacMichael plan 116; Fitzgerald/Gort plan 120-3; Truman/Anglo-American Commission 122; population 100,000 128. Katy Antonius parties: author interview with N. Nashashibi. Stalin and FDR at Yalta: S. M. Plokhy, Yalta: The Price of Peace 343. Vaksberg, Stalin Against the Jews 139. FDR, Stalin and Truman on Zionism: Morris, 1948 24-5. Churchill and Stalin to Jerusalem: Gilbert, Winston S. Churchill 7.1046-7, 1050, 1064 - thanks to Sir Martin Gilbert for bringing this to my attention. Truman and founding of Israel: quotes from David McCullough, Truman 415 and 595-620. Truman, character: Oren, Power 475-7. Lord Moyne, East Prussia offer: Bar-Zohar: Segev, Palestine 480, 499; also Katy Antonius obituary, The Times 8 December 1948; author interview with N. Nashashibi; Bird 16-19 and 37-43.

24) 1947/Farran: Rogan 251-62. Kramer 310-12. Pappe 328-41. Gilbert, JTC 186-271. Gilbert, Churchill and the Jews, speech 'senseless squalid war' 261-7. The Farran story is based on David Cesarani, Major Farran's Hat: Murder, Scandal and Britain's War against Jewish Terrorism 1945-8: Montgomery's crackdown and rising terrorism 10-58; Farran character 63-81; policing style and kidnapping 90-8; trial 173-4. The Times 6 June 2006 obituary. Ben-Gurion price of statehood: Wasserstein 125. Montgomery at Katy Antonius: author interview with N. Nashashibi. Truman 'Biblical scholar': Clark Clifford quoted in Rose, Senseless Squalid War 73. US-Soviet attitude to Palestine: Morris, 1948 24-5. McCullough, Truman 415, 595-620. Truman, put an underdog on top: Gilbert, Churchill and the Jews 266. Anti-Jewish comments by British officials: Efraim Karsh, Palestine Betrayed quoting Cunningham 75. Katy Antonius and Barker: Segev, Palestine 480, 499; also Katy Antonius obituary, The Times 8 December 1984; author interview with N. Nashashibi: Bird 16-18 and 37-43. Churchill on anti-Semitism among British officials: Gilbert, Churchill and the Jews 190; Irgun vilest gangsters 270. British security forces: Andrew, Defence of the Realm 352-66; Keith Jefferey, MI6 689-97.

25) 1947-May 1948, Deir Yassin and Abd al-Kadir Husseini: Rogan 251-62. Wasserstein 133-424; Nigel Clive quote on clapping children, 150. Abd al-Karid Husseini, character: Hadi, Palestinian Personalities.
Ben-Gurion: OZ, Tale 424. Dayan 48-74. Yitzhak Rabin, The Rabin Memoirs (henceforth Rabin): childhood 1-10; battle for Jerusalem 16-27. Kramer 310-12. Gilbert, JTC 186-271. Nusseibeh, Country 38-56, including appeal to Abdullah; heroic Abd al-Kadir Husseini 52-4; fighting after UN vote 43; father shot 56. Fighting at Montefiore between Jews, Arab and British: during the Montefiore battle, 10 February 1948: Avraham-Michael Kirshenbaum was killed by British sniper at Montefiore Battle. Nusseibeh, Jerusalemites 64-5. End of Mandate: Wasif 2.603-5. Abd el-Kadir Husseini: Wasif 2.601-2. Budeiri, 'Chronicle of a Defeat Foretold', JQ 3, Winter/Spring 2001. Abdullah: Shlaim, Lion of Jordan 20-49. On Gaza Palestine government: Shlaim, Israel and Palestine 37-53. Oz, Tale 318-21; Ben-Gurion diary quoted at 333; UN vote 343. On mufti's role: Achcar 153-6.
This account of the war is based on Morris, 1948, including Plan D 121; also on Shindler, History; Pappe 336-41; Rogan; Nakhba personal account by Wasif. Wasif 2.603-5. War, Abd al-Kadir Husseini and breakdown: Nusseibeh, Jerusalemites 59-77. Declaration of independence and choice of state names: Shindler, History 38-42; Ben-Gurion's views 43-4

and 99-100; war and troop numbers 46. Arab Liberation Army, 5,000 troops maximum: Morris, 1948: 90; Jerusalem under Abd al-Kadir Husseini 91; civil war 93-132, including Plan D 122; Husseini poem and Kastel, mutilation of bodies at Kastel 121-5; Deir Yassin 126-8; 13 April attack on Hadassah ambulances 128-9; battle for Jerusalem 129-32. Bertha Spafford Vester and intervention in Arab ambush of Hadassah convoy: Bird 11. Abd al-Kadir Husseini, Deir Yassin and revenge and postcards of corpses, Plan D: Rogan 255-61, War 262-9 and the Catastrophe, Nakhba, origin of word Achcar 268-9. Katy Antonius mansion and letters found: Segev 480, 499. Bird 16 and 37-43. Battle of Jerusalem: Bar-Zohar, Ben-Gurion 164-70. Abd al-Kadir Husseini and brother Khaled: Pappe 334-5.

26) Unless stated otherwise, this account of the war is based on Morris, 1948; Rogan 262-9, Pappe 323-41; and Shindler, History 45-9. Regular war 1948-9, Abdullah: Abdullah bin Hussein, King of Jordan, Memoirs 142-203. Shlaim, Lion of Jordan 20-49. Storrs 135. Luke, Cities and Men 243 and 248. Abdullah: Lawrence 67-9, 219-21. On Abdullah character: Hussein bin Talal, King Hussein of Jordan, Uneasy Lies the Head 1-18. Rabin 16-27. John Glubb, A Soldier with the Arabs, on Abdullah 50-5, 271-5; the battle 105-31; on Jerusalem 43-4, 213. Abdullah, 'I want to be the rider': Karsh, Palestine Betrayed 96. Burial of Husseein I in Burgoyne, Mamluk Jerusalem 358. The account of Abdullah and negotiations is based on Avi Shlaim, The Collusion across the Jordan, and Benny Morris, The Road to Jerusalem: Glubb Pasha, Palestine and the Jews. Kramer 315-19. Destruction in Jewish Quarter: Elon, Jerusalem 81.

Assassination: author interview with witness N. Nashashibi, Hussein, Uneasy Lies the Head 1-9. Glubb, Soldier with the Arabs 275-9; Shlaim, Lion of Jordan 398-417. Pappe on assassination, and Musa al-Husseini 313 and 343-5. Nusseibeh, Country 62-75. Nashashibi 20-1, 215-20. Budeiri, 'Chronicle of a Defeat Foretold', JQ 3, Winter/Spring 2001. Split Jerusalem: Nusseibeh, Country 59-64; Jordanian city 64-94. OZ, Tale 369-70. Fall of Jerusalem: Begin 160. King of Jerusalem: Wasserstein 165; nobody takes Jerusalem 169; Nabi Musa 188; lions and zoo 182. Nusseibeh, Jerusalemites 59-77. Weizmann, Swiss president, Weidenfeld Jerusalem campaign: Weidenfeld, Remembering My Good Friends 201-20. Author interviews with Lord Weidenfeld, Let Jews have Jerusalem: Churchill quoted by John Shuckburgh in Gilbert, Churchill and the Jews 292. Weizmann on dislike of Jerusalem as president: Weizmann 169. Battle of Jerusalem: Bar-Zohar, Ben-Gurion 164-70. Truman, 'I am Cyrus': Oren, Power 501.

27) King Husseini 1951-67. Succession and early reign: Shlaim, Lion of Jordan 49; PLO 218-27; war 235-51. Nigel Ashton, King Hussein of Jordan: A Political Life (henceforth Ashton) 13-26; war 113-20. Hussein, Uneasy Lies the Head 110. Mufti's last visit March 1967; Pappe 346.; Arafat, Mufti's heir 337. Renovations of Dome etc.: Cresswell in OJ 415-21. Author interview with Princess Firyal of Jordan. Goldhill, City of Longing 38. Nusseibeh, Country 62-8; father's career 72-5; rise of Arafat, Fatah 62-94. Budeiri, 'Chronicle of a Defeat Foretold', JQ 3, Winter/Spring 2001. Oz, Tale 70. Mandelbaum Gate - not gate not Mandelbaum, snipers, divided city/population: Wasserstein 40, 180-2, 191-2, 200. Life in divided Jerusalem, Mandelbaum Gate, return of Katy Antonius, small town, Bertha Spafford Vester: Bird 10-11; Katy Antonius, dragon and flirt, cafe 16-20; quotation by Kai Bird on

'jarring series of ad hoc fences' 19; Mandelbaums 20-4; Russian emigre vs Soviet Churches and CIA payments 32, including Kai Bird quotation on Cold War in Jerusalem (as ardently as Berlin alleyways); Orient House hotel 33.
Nasser discusses Jerusalem: author interview with N. Nashashibi. Orthodox Jews: Yakov Lupo and Nitzan Chen, 'The Ultra-Orthodox', in O. Ahimeir and Y. Bar-Simon-Tov (eds), Forty Years in Jerusalem 65-95. Also: Yakov Loupo and Nitzan Chen, 'The Jerusalem Area Ultra-Orthodox Population', ms. Elon, Jerusalem 189-94. Ben-Gurion and Eichmann: interview with Yitzhak Yaacovy. Haram quiet, few Muslim visitors in 1950s: Oleg Grabar, Sacred Explanade 388. Hussein, PLO, United Kingdom plan: Nusseibeh, Jerusalemites 133-53.

28) Six Day War: this is based on Michael B. Oren, Six Days of War: June 1967 and the Making of the Modern Middle East; Tom Segev, 1967: Israel, the War and the Year that Transformed the Middle East; Shlaim, Lion of Jordan; Jeremy Bowen, Six Days: How the 1967 War Shaped the Middle East; and Rogan 333-43, including Nasser-Amer conversation; and Nasser hope to claim victory without war, post-war Palestinian nationalism/Arafat 343-53. Nasser not Abdullah: Nashashibi 228. Shlaim, Lion of Jordan 235-51. Ashton 113-20. Dayan 287-381. Gilbert, JTC 272-97. Dayan personality: Shindler, History 101. On Dayan: author converstation with Shimon Peres. Michael Bar-Zohar, Shimon Peres: A Biography 87-90. Bar-Zohar, Ben-Gurion on Dayan's sex life 118-19. Dayan character: Ariel Sharon, Warrior 76, 127, 222.

29) Wall liberated: Dayan 13-17. On Dayan: author conversation with Shimon Peres. Ashton 118-20, Shlaim, Lion of Jordan 248-51 and 257. Hussein weeps for city: Noor, Queen of Jordan, Leap of Faith, 75-7.

에필로그

1) 1967-present: population Wasserstein 212, 328-38; peace plans 345; white flight of secular Jews, falling proportion of Jews from 74 percent in 1967 to 68 percent in 2000. Forty peace plans for Jerusalem: Shlaim, Israel and Palestine 229, also 25-36; on Jerusalem 253-60. Population in 2000 including 140,000 Orthodox Jews: Loupo and Clen, 'Ultra-Orthodox', Ahimeir and Bar-Simon-Tov, Forty Years in Jerusalem 65-95. Population 2008: figures based on Jerusalem Institute for Israel Studies. After 1967 and Resolution 339 Rogan 242. 'Jerusalem's Settlements', The Economist 3 July 2010 'Jerusalem Mayor Handing City to Settlers' Haaretz, 22 February 2010 and 'Jerusalem Mayor Plan', Haaretz, 28 June 2010. Jerusalem Syndrome: Yair Bar-EL et al., British Journal of Psychiatry 176 (2000) 86-90.

2) This cursory account of the political developments since 1967 is based, unless otherwise stated, on: Krämer; Rogan; Shindler, History. Arafat and Fatah: Rogan 343-53; Hussein recognition of PLO to West Bank 378; First Intifada, Hamas and Nusseibeh and Faisal Husseini roles 429-37 and 465-7; Netanyahu settlements 476; Second Intifada 478-9. PLO years: Achcar 211-31. Pappe: Arafat 337 and 351 (Husseini connection); Faisal al-Husseini 348-9. On ideology of settlement of Jerusalem and West Bank: Ariel Sharon, Warrior 354-72; 'how to secure

Jerusalem as permanent capital of the Jewish people . . . to create an outer ring of development around Arab neighbourhoods' 359; 'flow of pioneering nationalism' 364. On Menachem Begin and redemptionist/maximalist Judaism: Shindler, History 147-50. On peace talks: Shlomo Ben-Ami, Scars of War, Wounds of Peace, on Sadat and Begin 146-71; the Oslo talks and Arafat on Jerusalem 247-84. In my conclusion, I have been greatly helped by the following outstanding works on history, nationalism and cities: Sylvia Auld and Robert Hillenbrand, Ottoman Jerusalem: Living City 1517-1917; Philip Mansel, Levant: Splendour and Catastrophe on the Mediterranean; Mark Mazower, Salonica: City of Ghosts; Adam LeBor, City of Oranges: Jews and Arabs in Jaffa. Palestinian portraits written with reference to: Hadi, Palestinian Personalities. Modern Russian links to Jerusalem: 'Where Pity Meets Power', The Economist 19 December 2009. Archaeology: see Raphael Greenberg, 'Extreme Exposure: Archaeology in Jerusalem 1967-2007', Conservation and Management of Archaeological Sites 2009, vol. 11, 3-4, 262-81. Islamic, Christian and Jewish fundamentalism: On American millennial speculation about Armageddon; Sarah Palin, Pentecostalists' view on Second Coming; Latter Rain prophecies; America as new Jerusalem:Sarah Curtis, 'Sarah Palin's Jerusalem and Pentecostal faith', Colloquy Text Theory Critique 17 (2009) 70?82. Numbers 19, modern apocalyptic expectations. Lawrence Wright, 'Letter from Jerusalem: Forcing the End', New Yorker 20 July 1998. Marwan Mosque vs Temple Tunnel, Temple Institute parallel to Northern Islamic Movement, plan to bury Arafat on Haram: Benjamin Z. Kedar and Oleg Grabar, 'Epilogue', in Sacred Esplanade 379-88. Islamicism, Hamas Charter, Protocols: Achcar 233-40. Protocols of Elders of Zion: Aaronovitch, Voodoo Histories 22-48, including Hamas Charter. On Palestinian denial of Jewish heritage: Ben-Ami 247-84; 'PA study claims Kotel was never part of Temple Mount, Jerusalem Post, 23 November 2010. On challenges of the division of Jerusalem in one or two states: Michael Dumper, 'Two State Plus: Jerusalem and the Binational Debate', JQ 39, Autumn 2009. Sari Nusseibeh, 'Haram al-Sharif', in Sacred Esplanade 367-73. Sepulchre: Nusseibeh, Country 72. Religions ignore each other: Ethan Bronner, 'Jews and Muslims Share Holy Season in Jerusalem', New York Times 28 September 2008. Quotations from author's conversations/with Shimon Peres, Amos Oz, Rabbi S. Rabinowitz, Wajeeh al-Nusseibeh, Aded al-Judeh, Adeb al-Ansari and Naji Qazaz.

참고문헌 I

정기 간행물

Al-Fajr al-Adabi
American Journal of Semitic Languages and Literatures
Associated Christian Press
Biblical Archaeologist
Biblical Archaeology Review
British Journal of Psychiatry
Bulletin of the American Schools of Oriental Research
Conservation and Management of Archaeological Sites
Crusades
Eastern Christian Art
The Economist
English Historical Review
Graeco-Arabia
History Today
Israel Exploration Journal
Jerusalem Quarterly (Institute of Jerusalem Studies, al-Quds University) (JQ)
Jewish Chronicle, London
Jewish Quarterly
Journal of Asian and African Studies
Journal of the Royal Asiatic Society (JRAS)
Liber Annuus (Studium Biblicum Franciscanum, Jerusalem)
Middle Eastern Studies
New York Times
The New Yorker
Palestine Exploration Fund Annual
Palestine Exploration Quarterly
Pravoslavny Palomnik
Revue des Etudes Juives
Saudi Aramco World
Standpoint
Tadias Magazine
The Time, London

논문

Abu Zaida, Sufian, '"A Miserable Provincial Town": The Zionist Approach to Jerusalem 1897-1937', JQ 32, Autumn 2007

Anon., 'Where Piety Meets Power (Russia in Jerusalem)', Economist 19 December 2009

Ayele, Negussay, 'Deir Sultan, Ethiopia and the Black World', Tadias Magazine August 2008

Bar-El, Yair et al, 'Jerusalem Syndrome', British Journal of Psychiatry 176 (2000)

Bronner, Ethan, 'Jews and Muslims Share Holy Season in Jerusalem', New York Times 28 September 2008

Budeiri, Musa, 'A Chronicle of a Defeat Foretold: The Battle for Jerusalem in the Memoirs of Anwar Nusseibeh', JQ 3, Winter/Spring 2001

Conybeare, F., 'Antiochus Strategos: Account of the Sack of Jerusalem', English Historical Review 25 (1910) 502-16

Curtis, Sarah, 'Sarah Palin's Jerusalem and Pentecostal Faith: A Hysteric Symptom of American Utopianism', Colloquy Text Theory Critique 17 (2009)

Der Matossian, Bedross, 'The Young Turk Revolution: Its Impact on Religious Politics of Jerusalem (1908-1912)', JQ 40, Winter 2009

Dixon, Simon, 'A Stunted International: Russian Orthodoxy in the Holy Land in the 19th Century', unpublished ms, January 2009

Dorfmann-Lazarev, Igor, 'Historical Itinerary of the Armenian People in Light of its Biblical Memory', unpublished ms, 2009

Dumper, Michael, 'Two State Plus: Jerusalem and the Binational Debate', JQ 39, Autumn 2009

Gilboa, Ayelet and Sharon, Ilan, 'An Archaeological Contribution to the Early Iron Age Chronological Debate: Alternative Chronologies for Phoenicia and their Effects on the Levant, Cyprus and Greece', Bulletin of the Americans Schools of Oriental Research 332, November 2003

Glass, Joseph B. and Kark, Ruth, 'Sarah la Preta: A Slave in Jerusalem', JQ 34, Spring 2009

Gonen, Rivka, 'Was the Site of the Jerusalem Temple Originally a Cemetery?', Biblical Archaeology Review May-June 1985

Greenberg, Raphael, 'Extreme Exposure: Archaeology in Jerusalem, 1967-2007', Conservation and Management of Archaeological Sites, vol 11, no. 3-4, 2009

Gross, Miriam, 'A Jerusalem Childhood', Standpoint September 2010

Hintlian, George, 'Armenians of Jerusalem', JQ 2, Autumn 1998

Housley, Norman, 'Saladin's Triumph over the Crusader States: The Battle of Hattin, 1187', History Today 37 (1987)

Ji, C. C., 'A New Look at the Tobiads in Iraq al-Amir', Liber Annuus 48 (1998) 417-40

Al-Jubeh, Nazmi, 'The Khalidiyah Library', JQ 3, Winter 1999

Kark, Ruth and Glass, Joseph B., 'The Valero Family: Sephardi-Arab Relations in Ottoman and Mandatory Jerusalem', JQ 21, August 2004

Kedar, Benjamin Z., 'The Jerusalem Massacre of 1099 in the Western Historiography of the Crusades', Crusades 3 (2004) 15-75

Loupo, Yakov and Chen, Nitzan, 'The Jerusalem Area Ultra-Orthodox Population', unpublished ms

Lutfi, Huda, 'Al-Quds Al-Mamelukiyya: A History of Mamluk Jerusalem Based on the Haram Documents', JQ 2, Autumn 1998

Manna, Adel, 'Yusuf Diyaddin al-Khalidi', Al-Fajr al-Adabi 35-6 (1983)

Manna, Adel, 'Scholars and Notables Tracing the Effendiya's Hold on Power in 18th Century Jerusalem', JQ 32, Autumn 2007

Manna, Adel, 'Between Jerusalem and Damascus: The End of Ottoman Rule as Seen by a Palestinian Modernist', JQ 22-23, Autumn/Winter 2005

Mazza, Roberto, 'Antonio de la Cierva y Lewita: Spanish Consul in Jerusalem 1914-1920', and 'Dining Out in Times of War', JQ 40, Winter 2009, and 41, Spring 2010

Meuwese, Martine, 'Representations of Jerusalem on Medieval Maps and Miniatures', Eastern Christian Art 2 (2005) 139-48

Mouradian, Clare, 'Les Chretiens: Un enjeu pour les Puissances', in Catherine Nicault (ed.), Jerusalem, 1850-1948: Des Ottomans aux Anglais, entre coexistence spirituelle et dechirure politique, Paris, 1999, pp. 177-204

Al-Natsheh, Yusuf Said, 'Uninventing the Bab al-Khalil Tombs: Between the Magic of Legend and Historical Fact', JQ 22-23, Autumn/Winter 2005

Pappe, Ilan, 'The Rise and Fall of the Husaynis', Part 1, JQ 10, Autumn 2000

Pappe, Ilan, 'The Husayni Family Faces New Challenges: Tanzimat, Young Turks, the Europeans and Zionism, 1840-1922', Part 2, JQ 11-12, Winter 2000

Pappe, Ilan, 'Haj Amin and the Buraq Revolt', JQ 18, June 2003

Peters, F. E., 'Who Built the Dome of the Rock?', Graeco-Arabia 2 (1983)

Reich, Ronny, 'The Roman Destruction of Jerusalem in 70 CE: Flavius Josephus' Account and Archaeological Record', in Gerd Theissen et al. (eds), Jerusalem und die Lander, Gottingen 2009

Reich, Ronny, Shukron, Eli and Lernau, Omri, 'Recent Discoveries in the City of David, Jerusalem: Findings from the Iron Age II Rock-Cut Pool Near the Spring', Israel Exploration Journal 57/2 (2007)

Riley-Smith, Jonathan, 'The Death and Burial of Latin Christian Pilgrims to Jerusalem and Acre, 1099-1291', Crusades 7 (2008)

Robson, Laura C., 'Archeology and Mission: The British Presence in Nineteenth Century Jerusalem', JQ 40, Winter 2009

Rood, Judith M., 'The Time the Peasants Entered Jerusalem: The Revolt against Ibrahim Pasha in the Islamic Court Sources', JQ 27, Summer 2006

Rood, Judith M., 'Intercommunal Relations in Jerusalem during Egyptian Rule', Parts 1 and 2, JQ 32, Autumn 2007, and 34, Spring 2009

Rozen, Minna, 'The Naqib al-Ashraf Rebellion in Jerusalem and its Repercussions on the City's Dhimmis', Journal of Asian and African Studies 18/2, November 1984, 249-70

Rozen, Minna and Witztum, Eliezer, 'The Dark Mirror of the Soul: Dreams of a Jewish Physician in Jerusalem at the End of the 17th Century', Revue des Etudes Juives 151 (1992) 5-42

Scholch, Alexander, 'An Ottoman Bismarck from Jerusalem: Yusuf Diya al-Khalidi', JQ 24, Summer 2005

Tamari, Salim, 'Ottoman Jerusalem in the Jawhariyyeh Memoirs', JQ 9, Summer 2000

Tamari, Salim, 'Jerusalem's Ottoman Modernity: The Times and Lives of Wasif Jawhariyyeh', JQ 9,

Summer 2000
Tamari, Salim, 'The Last Feudal Lord in Palestine', JQ 16, November 2002
Tamari, Salim, 'The Vagabond Cafe and Jerusalem's Prince of Idleness', JQ 19, October 2003
Tamari, Salim, 'The Short life of Private Ihsan: Jerusalem 1915', JQ 30, Spring 2007
Tamari, Salim, 'With God's Camel in Siberia: The Russian Exile of an Ottoman Officer from Jerusalem', JQ 35, Autumn 2008
Tleel, John, 'I am Jerusalem: Life in the Old City from the Mandate Period to the Present', JQ 4, Spring 1999
Verete, M., 'Why was a British Consulate Established in Jerusalem?', English Historical Review 75 (1970)
Verete, M., 'The Restoration of the Jews in English Protestant Thought, 1790-1840', Middle Eastern Studies 8/1 (1972)
Voropanov, V. A., 'Gogol V Jerusalime', Pravoslavnyy Palomnik (2006) 2
Wright, Lawrence, 'Letter from Jerusalem', The New Yorker 20 July 1998
Zias, Joe, 'Crucifixion in Antiquity', www.jozias.com
Zweig, Zachi, 'New Substantial Discoveries in Past Waqf Excavations on Temple Mount: New Information from Various Temple Mount Digs', New Studies on Jerusalem, Conference of Ingeborg Rennert Center for Jerusalem Studies at Bar-Ilan University, November 2008

1차 자료

Abdullah bin Hussein, King of Jordan, Memoirs, London 1950
Ahima'as, The Chronicle of Ahima'as, ed. and trans. M. Salzman, New York 1924
Albert of Achen, Historia Iherosolimitana, ed. and trans. S. B. Edgington, London 2007
Anon, Le Pelerinage de Charlemagne a Jerusalem et a Constantinople, trans. G. S. Burgess and A. E. Cobbs, New York 1988
Antonius, Soroya, Where the Jinn Consult, London 1987
Arculf, Saint Adamnan, The Pilgrimage of Arculfus in the Holy Land, ed. and trans. J. R. Macpherson, London 1895
Aristeas, Letter of Aristeas, ed. and trans. H. S. J. Thackeray, London 2009
Al-Athir, The Chronicle of Ibn Al-Athir for the Crusading Period from Al-Kamil Fi'l-Ta'rikh: Years 589-629/1193-1231: The Ayyubids After Saladin and the Mongol Menace Part 3, Aldershot 2008
Baedeker, Karl, Palestine and Syria, Leipzig / London 1876 and 1912
Al-Baladhuri, The Origins of the Islamic State, trans. P. Hitti and F. Murgotten, New Yo 1916-24
Ballobar, Conde de, Diario de Jerusalem, Madrid 1996
Barclay, James Turner, City of the Great King, Philadelphia 1858
Begin, Menachem, The Revolt, Jerusalem 1952/ 1977
Ben-Gurion, David, Recollections, London 1970
Benjamin of Tudela, The Itinerary of Benjamin of Tudela, ed. and trans. M. N. Adler, London

1907
Bird, Kai, Crossing Mandelbaum Gate: Coming of Age between the Arabs and Israelis 1956-78, London 2010
Blyden, Edward Wilmot, From West Africa to Palestine, Freetown, 1873
Bordeaux Pilgrim, Itinerary from Bordeaux to Jerusalem, trans. Aubrey Stewart, London 1987
Brothers, Richard, Plan of the Holy City the New Jerusalem, London 1800
Cassius Dio, Roman History LXIX, New York 1925 / 1989
Celebi, Evliya, see Evliya
Chateaubriand, F. R. de, Journal de Jerusalem Notes inedites, Paris 1950
Chateaubriand, F. R. de, Travels in Greece Palestine Egypt and Babylon during the years 1806 and 1807, London 1812
Clarke, Edward Daniel, Travels in Various Countries of Europe Asia Africa, London 1810
Cresson, Warder, Jerusalem: Centre and Joy of the Universe, Philadelphia 1844
Cresson, Warder, The Key of David, Philadelphia 1852
Conquest of Jerusalem and the Third Crusade: Old French Continuation of William of Tyre and Sources in Translation, ed Peter W Edbury, Aldershot, 1998
Curzon, R, Visits to the Monasteries of the Levant, London 1849
Daniel the Abbot, Pilgrimage of the Russian Abbot Daniel in the Holy Land, New Yo 1917
Dayan, Moshe, Story of My Life, London 1976
Diodorus, Library of History, New York 1989
Djemal Pasha, Memoirs of a Turkish Statesman 1913-19, London 1922
Dorr, Donald F., A Colored Man Round the World by a Quadroon, Cleveland 1858
Egeria/Sylvia, Pilgrimage of Saint Sylvia of Aquitaine to the Holy Places, trans. J. Bernard, London 1891
Eusebius of Caesarea, Church History [and] Life of Constantine the Great, trans. A. C. MacGiffert and others, New York 1890
Evliya, Celebi, An Ottoman Traveller: Selections from the Books of Travels of Evliya Celebi, ed. and trans. Robert Dankoff and Sooying Kim, London 2010
Fabri, Felix, The Book of Wanderings of Brother Felix Fabri, ed. and trans. Aubrey Stewart, Lodnon 1887-97
Finn, E. A., Reminiscence of Mrs Finn, London 1929
Finn, James, Stirring Times, London 1878
Finn, James and Elizabeth, View from Jerusalem, 1849-58: The Consular Diary of James and Elizabeth Anne Finn, ed. Arnold Blumberg, Madison NJ 1981
Flaubert, G., Les oeuvres completes de Gustave Flaubert, vol. 19: Notes de Voyage, Paris 1901
Florence of Worcestor, Chronicle, ed. T. Forester, London 1854
Fosdick, H. E., A Pilgrimage to Palestine, London 1930
Fulcher of Chartres, A History of the Expedition to Jerusalem, trans. F. F. Ryan, Knoxville TN 1969
Gabrieli, Francesco, Arab Historians of the Crusades, London 1969
Gesta Francorum et Aliorum Hierosolimitanorum, ed. and trans. R. Hill, London 1962
Glubb, John, A Soldier with the Arabs, London 1957

Gogol, N. V., Polnoe sobranie sochineniy, vol 14: Pisma, 1848-52, Moscow 1952
Graham, Stephen, With the Russian Pilgrims to Jerusalem, London 1913
Hadi, Mahdi Abdul (ed.) Documents on Jerusalem, Jerusalem 1996
Haggard, Rider, A Winter Pilgrimage, London 1900
Halevi, Judah, Selected Poems, trans. Nina Salaman, Philadelphia 1946
Halevi, Judah, Selected Poems, ed. H. Brody, New York 1924/1973
Harff, Arnold von, Pilgrimage of Arnold von Harff, London 1946
Al-Harizi, Judah, The Tahkemoni: The 28th Gate, trans. V. Reichert, Jerusalem 1973
Al-Harwi, Abu al-Hasan, Guide des Lieux de Pelerinage, trans. J. Sourdel-Thomime, Damascus 1957
Herodotus, Histories, London 1972
Herzl, Theodore, The Complete Diaries of Theodor Herzl, London/New York 1960
Hess, Moses, Rome and Jerusalem, New York 1943
Hill, R. (ed. and trans.) The Deeds of the Franks and Other Pilgrims to Jerusalem, London 1962
Hodgson, William Brown, An Edited Biographical Sketch of Mohammed Ali, Pasha of Egypt, Syria, and Arabia, Washington DC 1835
Hoess, Rudolf, Commandant of Auschwitz, London 1959
Horn, E, Ichnographiae Monumentorum Terrae Sanctae 1724-44, ed. and trans. E. Hoade, Jerusalem 1962
Hussein bin Talal, King Hussein of Jordan, Uneasy Lies the Head, London 1962
Hussein bin Talal, King Hussein of Jordan, My War with Israel, London 1969
Ibn Battutah, Travels of Ibn Battutah, ed. Tim Mackintosh-Smith, London 2002
Ibn Ishaq, The Life of Muhammad, ed. A. Guillaume, Oxford 1955
Ibn Khaldun, The Muqaddimah: An Introduction to History, Princeton 1967
Ibn Shaddad (Baha al-Din Ibn Shaddad), The Rare and Excellent History of Saladin, trans. D. S. Richards, Aldershot 2002
Ibn al-Qalinisi, Continuation of the Chronicle of Damascus: The Damascus Chronicle of the Crusades, ed. and trans. H. A. R. Gibb, London 1932
Ingrams, Doreen (ed.), Palestine Papers 1917-1922: Seeds of Conflict, London 1972/2009
Jawaharieh, Wasif, Al Quds Al Othmaniyah Fi Al Muthakrat Al Jawahariyeh (The Jawahariyeh memoirs on Ottoman Jerusalem 1904-1917), vol. 1 and Al Quds Al intedabiyeh Fi Al Muthakart a Jawhariyeh (The Jawahariyeh memories: British Mandate Jerusalem, 1918-1948), vol. 2, ed. Salim Tamari and Isam Nassar, Jerualem 2001
Jemal Pasha, see Djemal
John of Wurzburg, Description of the Holy Land, ed. and trans. Aubrey Stewart, London 1896
Joinville and Villehardouin, Chronicles of the Crusades, ed. and trans. Caroline Smith, London 2008
Joseph, B., Faithful City: Siege of Jerusalem, 1948, New York 1960
Josephus, The New Complete Works of Josephus, ed. Paul L. Maiertrans, trans. William Whiston, Grand Rapids MI 1999
Julien, Itineraire de Paris a Jerusalem per Julien, domestique de M. de Chateaubriand, Paris 1904
Keith-Roach, Edward, Pasha of Jerusalem, London 1994

Kinglake, A. W., Eothen, London 1844
Ha-Kohen, Solomon ben Joseph, 'The Turkoman Defeat at Cairo', ed. Julius Greenstone, American Journal of Semitic Languages and Literatures January 1906
Kollek, Teddy, For Jerusalem, New York 1978
Krey, August C., The First Crusade: The Accounts of Eyewitnesses and Participants, Princeton/London 1921
Kulish, P. A., Zapiski iz zhizni N. V. Gogoliya, sostavlennye iz vospominaniy ego druzey i znakomykh i iz ego sobstvennykh pisem, St Petersburg 1856
Lagerlof, Selma, Jerusalem, Dearborn MI 2009
Lamartine, Alphonse de, Travels in the East including Journey to the Holy Land, Edinburgh 1839
Lawrence, T. E., Seven Pillars of Wisdom, London 1926
Le Strange, Guy, Palestine under the Muslims: A Description of Syria and the Holy Land from A. D. 650 to 1500, London 1890
Lisovoi, N. N., Russkoe dukhovnoe i politicheskoe prisutstvie v sviatoi zemle i na Blizhnem Volstoke v XIX-nachale XXv, Moscow 2006
Lisovoi, N. N., Stegniy, P. V., Rossiia v Sviatoi Zemle: Dokumenty i materialy, Moscow 2000
Luke, Harry, Cities and Men: An Autobiography, London 1953-6
Lynch, William, Narrative of the US Expedition to the River Jordan and the Dead Sea, Philadelphia 1853
Maimonides, Moses, Code of Maimonides, Book 8: Temple Service, trans. M. Lewittes, New Haven 1957
Massy Colonel P. H. H., Eastern Mediterranean Lands: 20 Years of Life, Sport and Travel, London 1928
Maundrell, Henry, A Journey from Aleppo to Jerusalem in 1697, Beirut 1963
Melville, Herman, Journal of a Visit to Europe and the Levant, Princeton/New York 1955
Melville, Herman, Clarel: A Poem and Pilgrimage to the Holy Land, Chicago 1991
Melville, Herman, Journals, ed. Howard C. Horsford and L. Horth, Chicago 1989
Montefiore, Moses and Judith, Diaries of Sir Moses and Lady Montefiore, London 1983
Morganthau, Henry, United States Diplomacy on the Bosphorus: The Diaries of Ambassador Morganthau, ed. Ara Sarafian, Princeton 2004
Mujir al-Din, Histoire de Jerusalem et d'Hebron: Fragments of the Chronicle of Mujir al-Din, ed. and trans. Henry Sauvaire, Paris 1876
Muqaddasi, Description of Syria including Palestine, ed. and trans. Guy Le Strange, London 1896
Nashashibi, Nasser Eddin, Jerusalem's Other Voice: Ragheb Nashashibi and Moderation in Palestinian Politics 1920-48, Exeter 1990
Nasir-i-Khusrau, Diary of a Journey Through Syria and Palestine, ed. and trans. Guy Le Strange, London 1893
Niccolo of Poggibonsi, A Voyage Beyond the Sea 1346-50, trans. T. Bellorini and E. Hoade, Jerusalem 1945
Noor, Queen of Jordan, Leap of Faith, London 2003
Nusseibeh, Sari, with Anthony David, Once Upon a Country: A Palestinian Life, London 2007
Nusseibeh, Hazem Zaki, The Jerusalemites: A Living Memory, Nicosia/London 2009

Nusseibeh, Sari, with Anthony David, Once Upon a Country: A Palestinian Life, London 2007
Oz, Amos, My Michael, London 1984
Oz, Amos, A Tale of Love and Darkness, London 2005
Papen, Franz von, Memoirs, London 1952
Parsons, Levi, Dereliction and Restoration of the Jews: A Sermon, Sabbath Oct 31 1819, Boston 1819
Parsons, Levi, Memoir of Rev Levi Parsons, New York 1977
Peters, F. E (ed.), Jerusalem: The Holy City in the Eyes of Chroniclers, Visitors, Pilgrims and Prophets from the Days of Abraham to the Beginning of Modern Times, Princeton 1985
Peters, F. E (ed.), The First Crusade: Chronicle of Fulcher of Chartres and other source materials, Philadelphia 1998
Philo, Works, trans. F. H. Colson, Cambridge MA 1962
Pliny the Elder, Historia Naturalis, trans. H. T. Riley, London 1857
Plutarch, Makers of Rome, London 1965
Polybius, The Histories, Oxford 2010
Procopius, Of the Buildings of Justinian, ed. and trans. Aubrey Stewart, London 1896
Procopius, The Secret History, London 2007
Rabin, Yitzhak, The Rabin Memoirs, London 1979
Rasputin, G., Moi mysli i razmyshleniiya: Kratkoe opisanie puteshestviya po svyatym mestam i vyzvannye im pazmyshleniya po religioznym voprosam (My Thoughts and Relfections, Brief Description of Journey to the Holy Places and Reflections on Religious Matters Caused by this Journey), Petrograd 1915
Raymond of Aguilers, Le 'Liber de Raymond d'Aguilers, ed. and trans. J. H. Hill and L. L. Hill, Paris 1969
Robinson, Edward, Biblical Researches in Palestine Mount Sinai and Arabia Petraea, Boston 1841
Rose, John H. Melkon, Armenians of Jerusalem: Memories of Life in Palestine, London NY 1993
Saewulf, Pilgrimage to Jerusalem and the Holy Land, ed. and trans. Rt Rev. Bishop of Clifton, London 1896
Said, Edward, Out of Place, London 1999
Samuel, Herbert, Memoirs, London 1945
Sanderson, John, The Travels of John Sanderson in the Levant, ed. W. Forster, London 1931
Sandys, George, A Relation of a Journey began AD 1610, London 1615
Saulcy, F. de, Les Derniers Jours de Jerusalem, Paris 1866
Sebeos, Histoire d'Heraclius, trans. F. Macler, Paris 1904
Sechem, Ludolph von, Description of the Holy Land and the Way Thither, ed. and trans. Aubrey Stewart, London 1895
Sharon, Ariel, Warrior: An Autobiography, New York 1989
Spafford, Bertha, see Vester
Stanley, Arthur, Sinai and Palestine in Connection with their History, London 1856
Storrs, Ronald, Orientations, London 1939
Suetonius, The Twelve Caesars, London 1957
Al-Tabari, Tarikh: The History of al-Tabari, ed. Y. Yarshater, Albany 1985-98

Tacitus, The Annals of Imperial Rome, London 1956
Tacitus, The Histories, London 1964
Thackeray, William, Notes on a Journey from Cornhill to Grand Cairo, London 1888
Theodorich, Description of the Holy Places, ed. and trans. Aubrey Stewart, London 1896
Thomson William M., The Land and the Book, New York 1859
Timburlake, Henry, A True and Strange Discourse of the Travels of Two English Pilgrims, London 1616/1808
Twain, Mark, The Innocents Abroad, or the New Pilgrims' Progress, New York 1911
Usama Ibn Munqidh, The Book of Contemplation: Islam and the Crusades, ed. and trans. Paul M Cobb, London 2008
Vester, Bertha Spafford, Our Jerusalem, Jerusalem 1988
Vincent, H. and Abel, F. M., Jerusalem: Recherches de Topographie d'archelogie et d'histoire, Paris 1912/26
Volney, C-F., Travels through Syria and Egypt, Lodnon 1787
Warren, C., Underground Jerusalem, Lodnon 1876
Warren, C. and Conder, C. R., Survey of Western Palestine, Jerusalem 1884
Weidenfeld, George, Remembering My Good Friends, London 1995
Weizmann, Chaim, Trial and Error, London 1949
Wilkinson, J., Jerusalem Pilgrims Before the Crusades, Jerusalem 1977
Wilkinson, J., Egeria's Travels in the Holy Land, Warminster 1918
William of Tyre, A History of Deeds Done Beyond the Sea, trans. E. A. Babcock and A. C. Krey, New York 1943
Wilson, C, Ordnance Survey of Jerusalem, London 1865
Wilson, C. (ed.) Palestine Pilgrims Text Society, ed. Aubrey, Stewart, New York 1971
Wright, Thomas, Early Travels in Palestine, Mineolo NY 1848/2003
Yizhar, S., Khirbet Khizeh, Jerusalem 1949
Zakharova, L. G., Perepiska Imperatora Aleksandra II s Velikim Kniazem Konstintom Nikolaevichem; Dnevnik Velikogo Kniazia Konstintina Nikolaevicha, Moscow 1994

2차 자료

Aaronovitch, David, Voodoo Histories, London 2009
Abel, F. M., Histoire de la Palestine, Paris 1952
Abulafia, David, The Great Sea: A Human History of the Mediterranean, London 2011
Abulafia, David, Frederick II: A Medieval Emperor, London 2002
Abu-Manneh, Butros, 'The Husaynis: Rise of a Notable Family in 18th-Century Palestine'j, in David Kushner (ed.), Palestine in the Late Ottoman Period: Political, Social and Economic Transformatin, Leiden/Boston 1983
Abu Sway, Mustafa, 'Holy Land, Jerusalem and the Aqsa Mosque in Islamic Sources,' in Grabar, Oleg, and Benjamin Z., Kedar, Where Heaven and Earth Meet: Jerusalem's Sacred Esplanade, Jerusalem/Austin 2009

Achcar, Gilbert, The Arabs and the Holocaust: The Arab-Israeli War of Narratives, London 2010
Adams, R. J. Q., Balfour the Last Grandee, London 2007
Ahimeir, O., and Bar-Simon-Tov, Y., Forty Years in Jerusalem, Jerusalem 2008
Ahlstrom, Gosta W., History of Ancient Palestine, Minneapolis 1993
Al-Alami, Muhammad Ali, 'The Waqfs of Traditional Families of Jerusalem,' in Sylvia Auld and Robert Hillenbrand (eds), Ottoman Jerusalem: The Living City, 1517-1917, London 2000
Antonius, George, The Arab Awakening: The Story of the Arab National Movement, London 1938
Archer, Thomas, Crusade of Richard I, London 1988
Armstrong, Karen, The First Christian: St Paul's Impact on Christianity, London 1983
Armstrong, Karen, Muhammad A Biography of the Prophet, London 2001
Armstrong, Karen, A History of Jerusalem: One City Three Faiths, London 2005
Asali, K. J., (ed) Jerusalem in History, New York 1990
Asali, K. J., 'Cemeteries of Ottoman Jerusalem' and 'The Libraries of Ottoman', in Sylvia Auld and Robert Hillenbrand (eds) Ottoman Jerusalem: The Living City, 1517-1917, London 2000
Asbridge, Thomas, The First Crusade: A New History, London 2005
Asbridge, Thomas, The Crusades: the War for the Holy Land, London 2010
Ascalone, Enrico, Mesopotamia, Berkely 2007
Ashton, Nigel, King Hussein of Jordan: A Political Life, London 2008
Atallah, Mahmud, 'Architects in Jerusalem in the 10th-11th/16th-17th Centuries', in Sylvia Auld and Robert Hillenbrand (eds) Ottoman Jerusalem: The Living City, 1517-1917, London 2000
Auld, Graeme, and Steiner, Margreet, Jerusalem 1: From Bronze Age to Maccabees, Cambridge 1996
Auld, Sylvia and Hillenbrand, Robert (eds) Ottoman Jerusalem: The Living City, 1517-1917, London 2000
Avigad, N., Discovering Jerusalem, Nashville 1983
Avi-Yonah, Michael, The Jews of Palestine: A Political History from th Bar Kochba Bar to the Arab Conquest, Oxford 1976
Avi-Yonah, Michael, The Madaba Mosaic Map, Jerusalem 1954
Azarya, V., Armenian Quarter of Jerusalem, Berkely/Los Angeles/London 1984
Bahat, Dan, with Chaim T. Rubinstein, Illustrated Atlas of Jerusalem, New York 1990
Bahat, Dan, 'Western Wall Tunnels', in H. Geva(ed.), Ancient Jerusalem Revealed, Jerusalem 2000
Bahat, Dan, The Western Wall Tunnels: Touching the Stones of Our Heritage, Jerusalem 2007
Baldwin, M. W., Raymond III of Tripoli and the Fall of Jerusalem, Princeton 1936
Baldwin, M. W. (ed.), The First Hundred Years, vol. 1 of K. M. Setton (ed. in chief), A History of the Crusades, Madison WI 1969
Barr, James, Setting the Desert on Fire: T. E. Lawrence and Britain's Secret War in Arabia 1916-8, London 2006
Barrow, J, The Life and Correspondence of Admiral Sir Sidney Smith, London 1848
Bar-Zohar, Michael, Ben-Gurion, New York 1977
Bar-Zohar, Michael, Shimon Peres, New York 2007

Ben-Ami, Shlomo, Scars of War, Wounds of Peace: The Arab-Israel Tragedy, London 2005
Ben-Arieh, Y., Jerusalem in the 19th Century: the Old City, New York 1984
Ben-Arieh, Y., Jerusalem in the 19th Century: Emergence of the New City, Jerusalem 1986
Ben-Arieh, Y., The Rediscovery of the Holy Land in the 19th Century, Jerusalem 2007
Ben-Dov, Meir, The Western Wall, Jerusalem 1983
Bentwich, Norman and Shaftesley, John M.,, 'Forerunners of Zionism in the Christian Era', in John M. Shaftesley (ed.), Remember the Days: Essays on Anglo-Jewish History Presented to Cecil Roth, London 1966
Benvenisti, Meron, Jerusalem: the Torn City, Jerusalem 1975
Benvenisti, Meron, Sacred Landscape: The Buried History of the Holy Land since 1948, Berkeley 2000
Berlin, Andrea, and Overman J. A., The First Jewish Revolt: Archeology, History, and Ideology, London 2002
Berman, Chaim, The Cousinhood: the Anglo-Jewish Gentry, London 1971
Bevan, Edwyn, The House of Seleucus, London 1902
Bevan, Edwyn, Jerusalem under the High Priests, London 1904
Bianquis, Thierry, 'Autonomous Egypt from Ibn Tulun to Kafur 868-969', in Carl F. Petry (ed.), The Cambridge History of Egypt, vol. 1: Islamic Egypt 640-1517, Cambridge 1998
Bickermann, E. J., Jews in the Greek Age, Cambridge MA/London 1988
Bierman, John and Smith, Colin, Fire in the Night: Wingate of Burma, Ethiopia and Zion, London 1999
Birley, Anthony R., Hadrian the Restless Emperor, London 1997
Blake, R., Disraeli, Lodnon 1967
Blake, R., Disraeli on the Grand Tour, London 1982
Bliss, F. J., and Dickie, A., Excavations at Jerusalem, London 1898
Boas, Adrian, Crusader Archeology: The Material Culture of the Latin East, London/New York 1999
Boas, Adrian, Jerusalem in the Time of the Crusades, London/New York 2001
Bosworth, C. E., The Islamic Dynasties, Edinburgh 1967
Bowen, Jeremy, Six Days: How the 1967 War Shaped the Middle East, London 2004
Krenner, Michael, A Short History of the Jews, Princeton 2010
Brook, Kevin Alan, The Jews of Khazaria, Lanham MD 1999
Brown, Frederick, Flaubert: A life, London 2007
Burgoyne, Michael Hamilton, with Richards, D. S., Mamluk Jerusalem: An Architectural Survey, London 1987
Burgoyne, Michael Hamilton, '1187-1260: The Furthest Mosque (al-Masjid al-Aqsa) under Ayyubid Rule', in Oleg Grabar and Benjamin Z. Kedar, Where Heaven and Earth Meet: Jerusalem's Sacred Esplanade, Jerusalem/Austin 2009
Burgoyne, Michael Hamilton, 'The Noble Sanctuary under Mamluk Rule', in Oleg Grabar and Benjamin Z. Kedar (eds), Where Heaven and Earth Meet: Jerusalem's Sacred Esplanade, Jerusalem/Austin 2009
Burns, Ross, Damascus: A History, London 2005

Butcher, Kevin, Roman Syria and the Near East, London 2003

Campbell Jr, Edward F., 'A Land Divided: Judah and Israel from the Death of Solomon to the Fall of Samaria', in Michael Coogan (ed.), The Oxford History of the Biblical World, Oxford 1998

Carswell, John, 'Decoration of the Dome of the Rock', in Sylvia Auld and Robert Hillenbrand (eds), Ottoman Jerusalem: The Living City, 1517-1917, London 2000

Cesarani, David, Major Farran's Hat: Murder, Scandal, and Britain's War against Jewish Terrorism 1945-8, London 2009

Chamberlain, Michael, 'The Crusader Era and the Ayyubid Dynasty', in Carl F. Petry (ed.), The Cambridge History of Egypt, vol. 1: Islamic Egypt 640-1517, Cambridge 1998

Cline, Eric H., Jerusalem Besieged: From Ancient Canaan to Modern Israel, Ann Arbor 2004

Cogan, Mordecai, 'Into Exile: From the Assyrian Conquest of Israel to the Fall of Babylon', in Michael Coogan (ed.), The Oxford History of the Biblical World, Oxford 1998

Cohen, A. and Baer, G. (eds), Egypt and Palestine: A Millennium of Association (868 -1948), Jerusalem 1984

Cohen, Amnon, Palestine in the 18th Century, Jerusalem 1973

Cohen, Amnon, Jewish Life under Islam: Jerusalem in the 16th Century, Cambridge, MA/London 1984

Cohen, Amnon, Economic Life in Ottoman Jerusalem, Cambridge 2002

Cohen, Amnon, '1517-1917 Haram-al-Sherif: The Temple Mount under Ottoman Rule', in Oleg Grabar and Benjamin Z. Kedar (eds), Where Heaven and Earth Meet: Jerusalem's Sacred Esplanade, Jerusalem/Austin 2009

Cohn, Norman, The Pursuit of the Millennium: Revolutionary Millenarians and Mystical Anarchists of the Middle Ages, London 1958/1993

Conrad, L., "The Khalidiyya', in Sylvia Auld and Robert Hillenbrand (eds), Ottoman Jerusalem: The Living City, 1517-1917, London 2000

Coogan, Michael, 'In the Beginning: The Earliest History', in Michael Coogan (ed.), The Oxford History of the Biblical World, Oxford 1998

Coogan, Michael (ed.), The Oxford History of the Biblical World, Oxford 1998

Couasnon, Charles, The Church of the Holy Sepulchre in Jerusalem, London 1974

Coughlin, Con, A Golden Basin Full of Scorpions: The Quest for Modern Jerusalem, London 1997

Courret, A., La Prise de Jerusalem par les Perses, Orleans 1876

Curtis, J. E. and Reade, J. E. (eds), Art and Empire: Treasures from Assyria in the British Museum, London 1995

Cust, L. G. A., The Status Quo in the Holy Place, Jerusalem 1929

Dalrymple, William, From the Holy Mountain: A Journey in the Shadow of Byzantium, London 1998

Daly, M. W. (ed.), Modern Egypt from 1517 to the End of the Twentieth Century, vol. 2 of The Cambridge History of Egypt, Cambridge 1998

Dan, Yaron, 'Circus Factions in Byzantine Palestine', in Lee I. Levine (ed.), Jerusalem Cathedra: Studies in the History, Geography and Ethnology of the Land of Israel, vol. 1, Jerusalem 1981

Daniel-Rops, Henri, Daily Life in Palestine at the Time of Christ, London 1962

Dankoff, Robert, An Ottoman Mentality: The world of Evliya Celebi, Leiden/Boston 2006

De Vaux, Ronald, Ancient Israel: Its Life and Institutions, New York/London 1961
Donner, Fred M., The Early Islamic Conquests, Princeton 1981
Donner, Fred M., Muhammad and the Believers: At the Origins of Islam, Cambridge 2010
Donner, H., The Mosaic Map of Madaba: An introductionary Guide, Kampen 1992
Douglas, David C., William the Conqueror, New Haven/London 1964
Dow, Martin, 'The Hammams of Ottoman Jerusalem', in Sylvia Auld and Robert Hillenbrand (eds), Ottoman Jerusalem: The Living City, 1517-1917, London 2000
Drory, J., 'Jerusalem during the Mamluk Period', in Lee I. Levine (ed.), Jerusalem Cathedra: Studies in the History, Geograhy and Ethnology of the Land of Israel, vol. 1, Jerusalem 1981
Duri, Abdul Aziz, 'Jeruaslem in the Early Islamic Period', in K. J. Asali (ed.), Jerusalem in History, New York 1990
Egremont, Max, Balfour, London 1980
Elior, Rachel, 'From Priestly and early Christian Mount Zion to Rabbinic Temple Mount', in Oleg Grabar and Benjamin Z. Kedar (eds), Where Heaven and Earth Meet: Jerusalem's Sacred Esplanade, Jerusalem/Austin 2009
Ellenblum, Ronnie, Crusader Castles and Modern Histories, Cambridge 2007
Ellis, Kirsten, Star of the Morning: The Extraordinary Life of Lady Hester Stanhope, London 2008
Elon, Amos, Herzl, New York 1975
Elon, Amos, Jerusalem: A City of Mirrors, London 1991
Farrokh, Kaveh, Shadows in the Desert: Ancient Persia at War, London 2007
Ferguson, Niall, The World's Banker: The History of the House of Rothschild, London 1998
Figer, Orlando, Crimea: The Last Crusade, London 2010
Finkel, Caroline, Osman's Dream: The Story of the Ottoman Empire 1300-1923, London 2005
Finkel, I. L. and Seymour, M. .J., Babylon: Myth and Reality, London 2008
Finkelstein, Israel, and Silberman, Neil Asher, The Bible Unearthed: Archeology's New Vision of Ancient Israel and the Origin of its Sacred Text, New York 2002
Finucane, R., Soldiers of the Faith, London 1983
Fischel, Walter J., Ibn Khaldun and Tamerlane, Berkeley 1952
Folda, Jaroslav, The Art of the Crusaders in Holy Land 1099-1291, Farnham 2008
Folda, Jaroslav, Crusader Art in the Holy Land: From the Third Crusade to the Fall of Acre, Cambridge 2005
Ford, Roger, Eden to Armageddon: World War I in the Middle East, London 2009
Fraser, Flora, Unruly Queen: the Life of Queen Caroline,London 1997
Franken, H. J., 'Jerusalem in the Bronze Age', in K. J. Asali (ed.), Jerusalem in History, New York 1990
Fraser, Flora, The Unruly Queen: The Life of Queen Caroline, London 1997
Freely, John, Storm on Horseback: Seljuk Warriors of Turkey, London 2008
Freeman, Charles, A New History of Early Christianity, New Haven 2009
Freeman, Charles, Holy Bones, Holy Dust, Yale 2011
Frenkel, Miriam, 'Temple Mount in Jewish Thought', in Oleg Grabar and Benjamin Z. Kedar, Where Heaven and Earth Meet: Jerusalem's Sacred Esplanade, Jerusalem/Austin 2009
Friedman, Thomas L., From Beirut to Jerusalem, New York 1989

Fromkin, David, A Peace to End all Peace: The Fall of the Ottoman Empire and the Creation of the Modern Middle East, New York 1989

Garcin, J. C., 'The Regime of the Circassian Mamluks', in Carl F. Petry (ed.), The Cambridge History of Egypt, vol. 1: Islamic Egypt 640-1517, Cambridge 1998

Gelvin, James, Divided Loyalties: Nationalism and Mass Politics in Syria at the Close of Empire, Berkeley 1998

Geniesse, Jane Fletcher, American Priestess: The Extraordinary Story of Anna Spafford and the American Colony in Jerusalem, New York 2008

Geva, H. (ed.), Ancient Jerusalem Revealed, Jerusalem 2000

Gibb, Hamilton A. R., 'The Career of Nur-al-Din', in A History of the Crusades, vol. 1: The First Hundred Years, ed. M. W. Baldwin, Madison WI 1969-89

Gibson, Shimon, The Final Days of Jesus, New York 2009

Gil, Moshe, 'Aliyah and Pilgrimage in Early Arab Period', in Lee I. Levine (ed.), Jerusalem Cathedra: Studies in the History, Geography and Ethnology of the Land of Israel, vol. 3, Jerusalem 1983

Gil, Moshe, A History of Palestine, Cambridge 1992

Gilbert, Martin, Jerusalem: Illustrated History Atlas, London 1977

Gilbert, Martin, Jerusalem: Rebirth of a City, London 1985

Gilbert, Martin, Churchill: A Life, London 1991

Gilbert, Martin, Jerusalem in the Twentieth Century, London 1996

Gilbert, Martin, Israel A History, London 1998

Gilbert, Martin, Churchill and the Jews, London 2007

Gilbert, Martin, In Ishmael's House: A History of the Jews in Muslim Lands, London/New York 2010

Gillingham, John, Richard I, London 1999

Glass, Charles, Tribes with Flags: A Journey Curtailed, London 1990

Glass, Charles, The Tribes Triumphant: Return Journey to the Middle East, London 2010

Goitein, S. D., A Mediterranean Society, 5 vols, Berkely 1967-88

Goitein, S. D., 'Jerusalem in the Arab Period 638-1099', in Lee I. Levine (ed.), Jerusalem Cathedra: Studies in the History, Geography and Ethnology of the Land of Israel, vol. 2, Jerusalem 1982

Goldhill, Simon, The Temple of Jerusalem, London 2005

Goldhill, Simon, Jerusalem: A City of Longing, London/Cambridge MA 2008

Goldsworthy, Adrian, Antony and Cleopatra, London 2010

Goodman, Martin, Rome and Jerusalem: The Clash of Ancient Civilisations, London 2007

Gorton, T. J. and A. F. (eds), Lebanon Through Writers' Eyes, London 2009

Grabar, Oleg, The Shape of the Holy: Early Islamic Jerusalem, Princeton 1996

Grabar, Oleg, The Dome of the Rock, Cambridge MA 2006

Grabar, Oleg, Jerusalem, Aldershot 2005

Grabar, Oleg, and Kedar, Benjamin Z. (eds), Where Heaven and Earth Meet: Jerusalem's Sacred Esplanade, Jerusalem/Austin Texas 2009

Grabbe, Lester L., Ancient Israel, New York 2007

Grabee, Lester L., Good Kings and Bad Kings: the Kingdom of Judah in the Seventh Century BCE, London 2007
Grant, Michael, Herod the Great, New York 1971
Grant, Michael, Cleopatra, London 1972
Grant, Michael, History of Ancient Israel, London 1984
Grant, Michael, Emperor Constantine, London 1993
Green, Abigail, Moses Montefiore: Jewish Liberator, Imperial Hero, London 2010
Greenberg, Raphael and Keinan, Adi, Present Past of Israeli-Palestinian Conflict: Israeli Archeology in the West Bank and East Jerusalem since 1967, Tel Aviv 2007
Grigg, J., Lloyd George War Leader, London 2002
Haag, Michael, The Templars: History and Myth, London 2008
Hackett, Jo Ann, 'There Was No King in Israel: The Era of the Judges', in Michael Coogan (ed.), The Oxford History of the Biblical World, Oxford 1998
Hadi, Mahdi Abdul, Dialogue on Jerusalem, PASSIA Meetings 1990-8, Jerusalem 1998
Hadi, Mahdi Abdul, 100 Years of Palestinian History: A 20th Century Chronology, Jerusalem 2001/2005
Hadi, Mahdi Abdul, Palestinian Personalities: A Biographical Dictionary, Jerusalem 2005
Halpern, Ben, A Clash of Heroes: Brandeis, Weizmann and American Zionism, New York 1987
Hamilton, Bernard, The Leper King and his Heirs: Baldwin IV and the Crusader Kingdom of Jerusalem, Cambridge 2000
Hamilton, R. W., The Structural History of the Aqsa Mosque: A record of Archeological Gleanings from the Repairs of 1938-42, Jerusalem/London/Oxford 1949
Hare, David, Via Dolorosa, London 1998
Harrington, D., The Maccabee Revolt: anatomy of a Biblical Revolution, Wilmington DE 1988
Hassan bin Talal, Crown Prince of Jordan, A Study on Jerusalem, London 1979
Hassan, Isaac, 'Muslim Literature in Praise of Jerusalem', in Lee I. Levine (ed.), Jerusalem Cathedra: Studies in the History, Geography and Ethnology of the Land of Israel, vol. 1, Jerusalem 1981
Hawawi, M., 'The Citadel (Qal'a) in the Ottoman Period: An Overview', in Sylvia Auld and Robert Hillenbrand (eds), Ottoman Jerusalem: The Living City, 1517-1917, London 2000
Hawting, G. R., The First Dynasty of Islam: The Umayyad Caliphate, AD 661-750, London 2000
Heaton, E. W., Everyday life in Old Testament Times, London 1956
Herf, Jeffrey, Nazi Propaganda for the Arab World, New Haven 2009
Herrin, Judith, Byzantium: The Surprising Life of a Medieval Empire, London 2007
Hillenbrand, Carole, The Crusades: Islamic Perspectives, New York 2000
Hintlian, George, 'The First World War in Palestine and Msgr. Franz Fellinger', in Marian Wrba (ed.), Austrian Presence in the Holy Land in the 19th and early 20th century, Tel Aviv 1996
Hintlian, George, 'Commercial Life of Ottoman Jerusalem', in Sylvia Auld and Robert Hillenbrand (eds), Ottoman Jerusalem: The Living City, 1517-1917, London 2000
Hintlian, Kevork, History of the Armenians in the Holy Land, Jerusalem 1989
Hintlian, Kevork, 'Travellers and Pilgrims in the Holy Land: The Armenian Patriarchate of Jerusalem in 17th and 18th Centuries', in Anthony O'Mahony (ed.), The Christian Heritage in the

Holy Land, London 1995
Hirst, David, The Gun and the Olive Branch, London 2003
Hiyari, M. A., 'Crusader Jerusalem', in K. J. Asali (ed.), Jerusalem in History, New York 1990
Hoffmeier, J. K., The Archeology of the Bible, London 2008
Holbl, Gunther, A History of the Ptolemaic Empire, London 2001
Holland, Tom, Persian Fire: The First World Empire, Battle for the West, London 2005
Holland, Tom, Millennium: The End of the World and the Forging of Christianity, London 2008
Hopwood, Derek, The Russian Presence in Syria & Palestine 1843-1914: Church and Politics in the Near East, Oxford 1969
Hourani, Albert, The Emergence of the Modern Middle East, Berkely/Los Angeles 1981
Hourani, Albert, History of the Arab Peoples, London 2005
Housely, Norman, Fighting for the Cross: Crusading to the Holy Land, London/New Haven 2008
Howard, Edward, The Memories of Sir Sidney Smith, London 2008
Hudson, M. C., 'Transformation of Jerusalem', in K. J. Asali (ed.), Jerusalem in History, New York 1990
Hummel, Ruth and Thomas, Patterns of the Sacred, English Protestant and Russian Orthodox Pilgrims of the Nineteenth Century, Jerusalem 1995
Hummel, Ruth Victor-, 'Culture and Image: Christians and the Beginning of Local Photography in 19th Century Ottoman Palestine', in Anthony O'Mahony (ed.), The Christian Heritage in the Holy Land, London 1995
Hummel, Ruth, 'Imperial Pilgrim: Franz Josef's Journey to Holy Land in 1869', in Marian Wrba (ed.), Austrian Presence in the Holy Land in the 19th and Early 20th Century, Tel Aviv 1996
Hummel, Ruth Victor-, 'Reality Imagination and Belief; Jerusalem in Photography', in Sylvia Auld and Robert Hillenbrand (eds), Ottoman Jerusalem: The Living City, 1517-1917, London 2000
Humphreys, R. Stephen, From Saladin to the Mongols: The Ayyubids of Damascus 1193-1260, Albany 1977
Humphreys, R. Stephen, Muawiya ibn Abi Sufyan: From Arabia to Empire, Oxford 2006
Huneidi, Sahar, and Khalidi, Walid, A Broken Trust: Herbert Samuel, Zionism and the Palestinians, London 1999
Hurowitz, V. A., 'Tenth Century to 586 BC: House of the Lord', in Oleg Grabar and Benjamin Z. Kedar (eds), Where Heaven and Earth Meet: Jerusalem's Sacred Esplanade, Jerusalem/Austin 2009
Irwin, Robert, The Middle East in the Middle Ages: The Early Mamluk Sultanate 1250-1382, Carbondale and Edwardsville, IL 1986
James, Lawrence, Golden Warrior: The Life and Legend of Lawrence of Arabia, New York 1993
Jeffery, Keith, MI6: History of the Secret Intelligence Service 1909-1949, London 2010
Johnson, Paul, History of the Jews, London 1987
Joudah, A. S., Revolt in Palestine in the Eighteenth Century: The Era of Shaykh Zahir al-Umar, Princeton 1987
al-Jubeh, Nazmi, 'Basic Changes But Not Dramatic: Al-Haram al-Sherif in the Aftermath of 1967', in Oleg Grabar and Benjamin Z. Kedar (eds), Where Heaven and Earth Meet: Jerusalem's Sacred Esplanade, Jerusalem/Austin 2009

Kaegi, Walter, Heraclius: Emperor of Byzantium, Cambridge 2003

Kaplony, Andreas, 'The Mosque of Jerusalem', in Oleg Grabar and Benjamin Z. Kedar, Where Heaven and Earth Meet: Jerusalem's Sacred Esplanade, Jerusalem/Austin 2009

Kark, Ruth, American Consuls in the Holy Land 1932-1914, Jerusalem 1994

Karsh, Efraim, Palestine Betrayed, New Haven 2010

Karsh, Efraim and Karsh, Inari, Empires of the Sand: Struggle for Mastery in the Middle East 1789-1923, Cambridge 2001

Kasmieh, Khairia, 'The Leading Intellectuals of Ottoman Jerusalem', in Sylvia Auld and Robert Hillenbrand (eds), Ottoman Jerusalem: The Living City, 1517-1917, London 2000

Kedar, Benjamin Z. (ed.), Jerusalem in the Middle Ages: Selected Papers, Jerusalem 1979

Kedar, Benjamin Z., 'A Commentary on Book of Isaiah Ransomed by Crusader', in Lee I. Levine (ed.), Jerusalem Cathedra: Studies in the History, Geography and Ethnology of the Land of Israel, vol. 2, Jerusalem 1982

Kedar, Benjamin Z. (ed.), The Horns of Hattin, London 1992

Kedar, Benjamin Z., Mayer H. E. and Smail R. C. (eds), Outremer: Studies in the history of Crusading Kingdom of Jerusalem, Presented to Joshua Prawer, Jerusalem 1982

Kedar, Benjamin Z. and Pringle, Denys, '1099-1187: The Lord's Temple (Templum Domini) and Solomon's Palace (Palatium Salminis)', in Oleg Grabar and Benjamin Z. Kedar (eds), Where Heaven and Earth Meet: Jerusalem's Sacred Esplanade, Jerusalem/Austin 2009

Kedourie, Elie, In the Anglo-Arab Labyrinth: McMahon-Husayn Correspondence and its Interpretations, Cambridge 1976

Kennedy, Hugh, Armies of the Caliphs, London 2001

Kennedy, Hugh, The Court of the Caliphs: The Rise and Fall of Islam's Greatest Dynasty, London 2004

Kennedy, Hugh, The Great Arab Conquests: How the Spread of Islam Changed the World We Live In, London 2007

Kenyon, K. M., Digging Up Jerusalem, London 1974

Khalidi, Rashid, British Policy towards Syria and Palestine 1906-14, London 1980

Khalidi, Rashid, Palestinian Identity: The Construction of Modern National Consciousness, New York 1998

Khalidi, Rashid, 'Intellectual Life in Late Ottoman Jerusalem', in Sylvia Auld and Robert Hillenbrand (eds), Ottoman Jerusalem: The Living City, 1517-1917, London 2000

Khalidi, Rashid, The Iron Cage: The Story of the Palestinian Struggle for Statehood, London 2009

Khalidi, Walid, From Haven to Conquest: Readings in Zionism and the Palestinian Problem until 1948, Beirut 1987

Khoury, Philip S., Urban Notables and Arab Nationalism: The Politics of Damascus 1860-1920, Cambridge 2003

Kister, Meir, 'A Comment on the Antiquity of Traditions Praising Jerusalem', in Lee I. Levine (ed.), Jerusalem Cathedra: Studies in the History, Geography and Ethnology of the Land of Israel, vol. 1, Jerusalem 1981

Kokkinos, Nikos, The Herodian dynasty: Rrigins, Role in Society and Eclipse, Sheffield 1998

Kollek, Teddy and Pearlman, Moshe, Jerusalem, Sacred City of Mankind: A History of Forty

Centuries, Jerusalem 1968

Kraemer, Joel L., Maimonides: The Life and World of One of Civilisation's Greatest Minds, New York 2008

Kramer, Gudrun, A History of Palestine: From the Ottoman Conquest to the Founding of the State of Israel, Princeton 2008

Kroyanker, David, Jerusalem Architecture, New York 1994

Kushner, David (ed.), Palestine in the Late Ottoman Period: Political, Social and Economic Transformation, Leiden/Boston 1983

La Guardia, Anton, Holy Land, Unholy War, London 2001

Lane Fox, Robin, Alexander the Great, London 1973

Lane Fox, Robin, The Unauthorized Version: Truth and Fiction in the Bible, London 1991

Leach, John, Pompey the Great, London 1978

LeBor, Adam, City of Oranges: Arabs and Jews in Jaffa, London 2006

Leith, Mary Joan Winn, 'Israel among the Nations: The Persian Period', in Michael Coogan (ed.), The Oxford History of the Biblical World, Oxford 1998

Levine, Lee I. (ed.), Jerusalem Cathedra: Studies in the History Georgraphy and Ethnology of the Land of Israel, Jerusalem 1981-3

Levy, Y., 'Julian the Apostate and the Building of the Temple', in Lee I. Levine (ed.), Jerusalem Cathedra: Studies in the History, Geography and Ethnology of the Land of Israel, vol. 3, Jerusalem 1983

Lewis, Bernard, The Arabs in History, New York 1966

Lewis, Bernard, The Middle East, London 1995

Lewis, David Levering, God's Crucible: Islam and the Making of Europe 570-1215, New York 2010

Lewis, Donald M., The Origins of Christian Zionism: Lord Shaftesbury and Evangelical Support for a Jewish Homeland, Cambridge 2009

Lewis, Geoffrey, 'An Ottoman Officer in Palestine 1914-18', in David Kushner (ed.), Palestine in the Late Ottoman Period: Political, Social and Economic Transformation, Leiden/Boston 1983

Lincoln, W. Bruce, Nicholas I, London 1978

Little, Donald P., 'Jerusalem under the Ayyubids and Mamluks', in K. J. Asali (ed.), Jerusalem in History, New York 1990

Little, Donald, P., '1260-1516: The Noble Sanctuary under Mamluk Rule', in Oleg Grabar and Benjamin Z. Kedar, Where Heaven and Earth Meet: Jerusalem's Sacred Esplanade, Jerusalem/Austin 2009

Lupo, Yakov and Chen, Nitzan, 'The Ultra-Orthodox', in O. Ahimeir and Y. Bar- Simon-Tov (eds), Forty Years in Jerusalem, Jerusalem 2008

Lubetski, Meir (ed.), New Seals and Inscriptions, Hebrew, Idumean and Cuneiform, Sheffield 2007

Luke, Harry Charles and Keith-Roach, Edward, The Handbook of Palestine, London 1922

Lyons, Jonathan, House of Wisdom, London 2009

Lyons, M. C. and Jackson, D. E. P., Saladin: Politics of Holy War, Cambridge 1982

Maalouf, Amin, Crusades Through Arab Eyes, London 1973

McCullough, David, Truman, New York 1992

MacCulloch, Diarmaid, A History of Christianity: The First Three Thousand Years, London 2010
Mackowiak, P. A., Post Mortem: Solving History's Great Medical Mysteries, New York 2007
McLynn, Frank, Lionheart and Lackland, London 2008
McLynn, Frank, Marcus Aurelius: Warrior Philosopher Emperor, London 2009
McMeekin, Sean, The Berlin-Baghdad Express: The Ottoman Empire and Germany's Bid for World Power, 1898-1918, London 2010
MacMillan, Margaret, Peacemakers: The Paris Conference of 1919 and its Attempt to End War, London 2001
Mamluk Art: Splendour and Magic of the Sultans, Museum with No Frontiers, Cairo 2001
Mann, J., The Jews in Egypt and Palestine under the Fatimid Caliphs, 2 vols, New York 1970
Manna, Adel, Liwa' al Quds fi Awasit al Ahd al othmani al idarah wa al mujtama mundhu awasit al qarn al thamin ashar hatta hamlat mohammad Ali Basha sanat 1831 (The District of Jerusalem in the Mid ottoman Period: Adminstration and society, from the Mid-Eighteenth Century to the Campaign of Mohammad Ali Pasha in 1831), Jerusalem 2008
Mansel, Philip, Levant: Splendour and Catastrophe the Mediterranean, London 2010
Mansel, Philip, Asmahan: Siren of the Nile (unpublished ms)
Maoz, M. (ed.), Studies on Palestine during Ottoman Period, Jerusalem 1975
Marcus, Amy Dockser, Jerusalem 1913: Origins of the Arab-Israeli Conflict, New York 2007
Mattar, Philip, The Mufti of Jerusalem: Al-Hajj Amin al-Hussayni and the Palestinian National Movement, New York 1988
Mazar, Benjamin, The Mountain in the Lord, New York 1975
Mazar, Benjamin, 'Jerusalem in Biblical Times', in Lee I. Levine (ed.), Jerusalem Cathedra: Studies in the History, Geography and Ethnology of the Land of Israel, vol. 2, Jerusalem 1982
Mazower, Mark, Salonica, City of Ghost: Christians, Muslims and Jews, London 2005
Mazzo, Roberto, Jerusalem From the Ottomans to the British, London 2009
Mendenhall, G. E., 'Jerusalem from 1000-63 BC', in K. J. Asali (ed.), Jerusalem in History, New York 1990
Merkley, P. C., The Politics of Christian Zionism 1891-1948, London 1998
Meyer, Karl E. and Brysac, S. B., Kingmakers: The Invention of the Modern Middle East, New York 2008
Meyers, Carol, 'Kinship and Kingship: The Early Monarchy," in Michael Coogan (ed.), The Oxford History of the Biblical World, Oxford 1998
Miles, Richard, Carthage Must Be Destroyed, London 2009
Miles, Richard, Ancient Worlds: The Search for the Origins of Western Civilization, London 2010
Mitchell, T. C., The Bible in the British Museum, London 1998
Morris, Benny, The Road to Jerusalem: Glubb Pasha, Palestine and the Jews, London 2002
Morris, Benny, 1948: A History of the First Arab-Israeli War, London 2008
Murphy-O'Connor, J., The Holy Land: An Archeological Guide, Oxford 1986
Murray, Alan V., Clash of Cultures on the Medieval Baltic Frontier, Farnham 2009
Myres, David, 'An Overview of the Islamic Architecture of Ottoman Jerusalem', 'Restorations on Masjid Mahd Isa (the Cradle of Jesus) during the Ottoman Period', Al-Imara al-Amira, The Charitable Foundation of Khassaki' and 'A Grammar of Ottoman Ornament in Jerusalem', in

Sylvia Auld and Robert Hillenbrand (eds), Ottoman Jerusalem: The Living City, 1517-1917, London 2000

Nashashibi, Nasser Edin, Jerusalem's Other Voice: Ragheb Nashashibi and Moderation in Palestinian Politics 1920-48, Exeter 1990

al-Natsheh, Yusuf Said, 'The Architecture of Ottoman Jerusalem', in Sylvia Auld and Robert Hillenbrand (eds), Ottoman Jerusalem: The Living City, 1517-1917, London 2000

Netanyahu, Benzion, The Origins of the Inquisition in Fifteenth Century Spain, New York 1995

Neuwirth, Angelika, 'Jerusalem in Islam: The Three Honorary Names of the City', in Sylvia Auld, and Robert Hillenbrand (eds), Ottoman Jerusalem: The Living City, 1517-1917, London 2000

Newby, Martine S., The Shlomo Moussaieff Collection: Byzantine Mould-Blown Glass from the Holy Land, London 2008

Nicault, Catherine (ed.), Jerusalem, 1850-1848: Des Ottomans aux Anglais, entre coexistence spirituelle et déchirure politique, Paris 1999

Northrup, Linda S., From Slave to Sultan: The Career of Al-Mansur Qalawun and the Consolidation of Mamluk Rule in Egypt and Syria (678-689 A.H./1279-1290 A.D.), Wiesbaden 1998

Northrup, Linda S., 'The Bahri Mamluk Sultanate', in Carl F. Petry (ed.), The Cambridge History of Egypt, vol. 1: Islamic Egypt 640-1517, Cambridge 1998

Norwich, John Julius, Byzantium: The Early Centuries, London 1988

Nusseibeh, Sari, 'The Haram al-Sharif', in Oleg Grabar and Benjamin Z Kedar (eds), Where Heaven and Earth Meet: Jerusalem's Sacred Esplanade, Jerusalem/Austin 2009

Obenzinger, Hilton, American Palestine: Melville, Twain and the Holy Land Mania, Princeton 1999

Olmstead, A. T., History of the Persian Empire, Chicago 1948

O'Mahoney, Anthony, Christian Heritage in the Holy Land, London 1995

Opper, Thorsten, Hadrian: Empire and Conflict, London 2008

Oren, Michael B., Six Days of War: June 1967 and the Making of the Modern Middle East, New York 2002

Oren, Michael B., Power, Faith, and Fantasy: America in the Middle East 1776 to the Present, New York 2007

Ott, Claudia, 'Songs and Musicial Instruments', in Sylvia Auld and Robert Hillenbrand (eds), Ottoman Jerusalem: The Living City, 1517-1917, London 2000

Pappe, Ilan, The Rise and Fall of a Palestinian Dynasty: The Husaynis, 1700-1948, London 2010

Pappe, Ilan, History of Modern Palestine, One Land, Two Peoples, London 2006

Pappe, Ilan, The Making of the Arab-Israeli Conflict 1947-51, London 1994

Pappe, Ilan, Ethnic Cleansing of Palestine, London 2007

Peters, F. E., Jesus and Muhammad: Parallel Tracks, Parallel Lives, Oxford 2010, see primary sources

Parfitt, Tudor, The Jews of Palestine 1800-82, London 1987

Patrich, J., '538 BCE-70 CE: The Temple (Beyt ha-Miqdash) and its Mount', in Oleg Grabar and Benjamin Z. Kedar, Where Heaven and Earth Meet: Jerusalem's Sacred Esplanade, Jerusalem/Austin 2009

Perowne, Stewart, Herod the Great, London 1956
Perowne, Stewart, The Later Herods, London 1958
Peters, F. E., The Distant Shrine: Islamic Centuries in Jerusalem, New York 1993
Petry, Carl F. (ed.), The Cambridge History of Egypt, vol. 1: Islamic Egypt 640-1517, Cambridge 1998
Phillips, Jonathan, The Second Crusade: Extending the Frontiers of Christendom, London 2007
Phillips, Jonathan, Holy Warriors: A Modern History of the Crusades, London 2009
Pitard, Wayne T., 'Before Israel: Syria-Palestine in the Bronze Age', in Michael Coogan (ed.), The Oxford History of the Biblical World, Oxford 1998
Plokhy, S. M., Yalta: Price of Peace, New York 2010
Pocock, Tom, A Thirst for Glory: The life of Admiral Sir Sidney Smith, London 1996
Pollock, John, Kitchener: Saviour of the Realm, London 2001
Prawer, Joshua, The Latin Kingdom of Jerusalem, London 1972
Prawer, Joshua, The History of the Jews in the Latin Kingdom of Jerusalem, Oxford 1988
Prestwich, Michael, Edward I, New Haven/London 1988
Pringle, Denys, The Churches of the Crusader Kingdom of Jerusalem: A Corpus, Cambridge 1993-9
Rabinowitz, E., Justicie Louis D Brandeis: The Zionist Chapter of his Life, New York 1968
Rafeq, Abdul-Karim, The Province of Damascus 1723-83, Beirut 1966
Rafeq, Abdul-Karim, 'Political History of Ottoman Jerusalem', in Sylvia Auld, and Robert Hillenbrand (eds), Ottoman Jerusalem: The Living City, 1517-1917, London 2000
Rafeq, Abdul-Karim, 'Ulama of Ottoman Jerusalem', in Sylvia Auld and Robert Hillenbrand (eds), Ottoman Jerusalem: The Living City, 1517-1917, London 2000
Raider, M. A., The Emergence of American Zionism, New York 1998
Read, Piers Paul, The Templars, London 1999
Redford, Donald P., Egypt Canaan and Israel in Ancient Times, Princeton 1992
Redmount, Carol A., 'Bitter Lives: Israel in and out of Egypt', in Michael Coogan (ed.), The Oxford History of the Biblical World, Oxford 1998
Reich, Ronny, Avni, Gideon and Winter, Tamar, The Jerusalem Archeological Park, Jerusalm 1999
Reiter, Y., and Seligman, J., 'Al-Haram al-Sherif/Temple Mount (Har ha-Bayit) and the Western Wal'l, in Oleg Grabar and enjamin Z. Kedar (eds), Where Heaven and Earth Meet: Jerusalem's Sacred Esplanade, Jerusalem/Austin 2009
Richardson, Peter, Herod the Great, King of the Jews, Friend of the Romans, New York 1999
Ridley, Jane, Young Disraeli, London 1995
Riley-Smith, Jonathan, The Knights of St John in Jerusalem and Cyprus 1050-1310, London 1967
Riley-Smith, Jonathan, The Feudal Nobility and the Kingdom of Jerusalem 1174-1277, London 1973
Riley-Smith, Jonathan, The First Crusade and the Idea of Crusading, London 1987
Riley-Smith, Jonathan, The Crusades: A History, London 2005
Roaf, Susan, 'Life in 19th-Century Jerusalem', in Sylvia Auld and Robert Hillenbrand (eds),

Ottoman Jerusalem: The Living City, 1517-1917, London 2000
Robinson, Chase F., Abd al-Malik, Oxford 2007
Rogan, Eugen, The Arabs: A History, London 2009
Rogerson, Barnaby, The Heirs of the Prophet Muhammad and the Roots of the Sunni-Shia Schism, London 2006
Rohl, John C. G., The Kaiser and his Court, Cambridge 1987
Rohl, John C. G., Wilhelm II, The Kaiser's Personal Monarch 1888-1900, Cambridge 2004
Rood, Judith, Sacred Law in the Holy City: The Khedival Challenge to the Ottomans as Seen from Jerusalem, 1829-1841, Leyden/Boston 2004
Rose, Norman, A Senseless Squalid War: Voices from Palestine 1945-8, London 2009
Rose, Norman, Chaim Weizmann: A Biography, London 1986
Roth, Cecil, The House of Nasi: the Duke of Naxos, Philadelphia 1948
Roux, G., Ancient Iraq, London 1864
Royle, Trevor, Glubb Pasha, London 1992
Rozen, Minna, 'The Relations between Egyptian Jewry and the Jewish Community of Jerusalem in the 17th Century" in A. Cohen and G. Baer (eds), Egypt and Palestine: A Millennium of Association (868–1948), Jerusalem 1984
Rozen, Minna, Jewish Identity and Society in the 17th Century: Reflections on the Life and Works of Refael Mordekhai Malki, Tübingen 1992
Rozen, Minna, 'Pedigree Remembered, Reconstructed, Invented: Benjamin Disraeli between East and West', in M. Kramer (ed.), The Jewish Discovery of Islam, 1999, p. 49-75
Rubin, Zeev, 'Christianity in Byzantine Palestine – Missionary Activity and Religious Coercion', in L. Levine (ed.), Jerusalem Cathedra: Studies in the History, Geography and Ethnology of the Land of Israel, vol. 3, Jerusalem 1983
Ruderman, David B., Early Modern Jewry: A New Cultural History, Princeton NJ
Runciman, Steven, A History of The Crusades, 3 vols, Cambridge 1951-4
Sabbagh, Karl, Palestine: A Personal History, London 2006
Said, Edward, Orientalism, New York 1978
Sand, Shlomo, The Invention of the Jewish People, London 2009
Sanders, Paula A., 'The Fatimid State', in Carl F. Petry (ed.), The Cambridge History of Egypt, vol. 1: Islamic Egypt 640-1517, Cambridge 1998
Sanders, Ronald, The High Walls of Jerusalem: A History of the Balfour Declaration and the Birth of the British Mandate for Palestine, London 1989
Sartre, Maurice, The Middle East under Rome, Cambridge MA 2005
Satloff, Robert, Among the Righteous: Lost Stories from the Holocaust's Long Reach into Arab Lands, London 2007
Sattin, Anthony, A Winter on the Nile: Florence Nightingale, Gustave Flaubert and the Temptations of Egypt, London 2010
Scammell, Michael, Koestler the Indispensible Intellectual, London 2010
Schafer, Peter, The History of the Jews in the Greco-Roman World, London 1983
Schneer, Jonathan, The Balfour Declaration: The Origins of the Arab-Israeli Conflict, London 2010
Scholch, A., 'Jerusalem in the 19th Century', in K. J. Asali (ed.), Jerusalem in History, New York

1990
Scholem, G., Major Trends in Jewish Mysticism, New York 1961
Scholem, G., Sabbatai Zevi: The Mystical Messiah, Princeton 1973
Schreiber, Nicola, Cypro-Phoenician Pottery of the Iron Age, Leiden/Boston 2003
Schurer, E., History of the Jewish People in the Age of Jesus Christ, Edinburgh 1973/1979
Schur, Nathan, Napoleon in the Holy Land, London 1999
Schwartz, Daniel, 'Josephus and Philo', in Lee I. Levine (ed.), Jerusalem Cathedra: Studies in the History, Geography and Ethnology of the Land of Israel, vol. 3, Jerusalem 1983
Schwartz, Daniel, Agrippa the First, the Last King of Judaea, Tubingen, 1990
Segev, Tom, One Palestine Complete: Jews and Arabs under The British Mandate, London 2000
Segev, Tom, 1967: Israel, the War and the Year that Transformed the Middle East, London 2007
Shanks, Hershel, Jerusalem's Temple Mount, New York/London 2007
Shepherd, Naomi, The Zealous Intruders: The Western Rediscovery of Palestine, London 1987
Sherman, A. J., Mandate Days: British lives in Palestine 1918-48, London 1997
Shindler, Colin, A History of Modern Israel, Cambridge 2008
Shindler, Colin, The Triumph of Military Zionism, London 2010
Shlaim, Avi, Collusion across the Jordan: King Abdullah, the Zionist Movement and the Partition of Palestine, New York 1988
Shlaim, Avi, Lion of Jordan: The Life of King Hussein in War and Peace, London 2007
Shlaim, Avi, Israel and Palestine, London 2009
Sievers, J., The Hasmoneans and their Supporters: From Mattathias to the Death of John Hyrcanus, Atlanta 1990
Silberman, Neil Asher, Digging for God and Country: Exploration, Archeology and the Secret Struggle for the Holy Land 1799-1917, New York 1990
Slater, Robert, Rabin of Israel, London 1996
Smail, R. C., 'The Predicaments of Guy of Lusignan', in Benjamin Z. Kedar, H. E. Mayer and R. C. Smail (eds), Outremer: Studies in the history of Crusading Kingdom of Jerusalem, Presented to Joshua Prawer, Jerusalem 1982
Soskice, Janet, Sisters of Sinai: How Two Lady Adventures Found the Hidden Gospels, London 2009
Stager, Lawrence E., 'Forging an Identity: The Emergence of Ancient Israel', in Michael Coogan (ed.), The Oxford History of the Biblical World, Oxford 1998
Stern, M., 'Judaea and her Neighbours in the Days of Alexander Jannaeus', Jerusalem Cathedra: Studies in the History, Geography and Ethnology of the Land of Israel, vol. 1, Jerusalem 1981
Stewart, Desmond, Theodor Herzl, London 1974
Stillman, Norman A., 'The Non-Moslem Communities: The Jewish Community', in Carl F. Petry (ed.), The Cambridge History of Egypt, vol. 1: Islamic Egypt 640-1517, Cambridge 1998
Strathern, Paul, Napoleon in Egypt, London 2007
Stroumsa, G. G., 'Christian Memories and Visions of Jerusalem in the Jewish and Islamic Context', in Oleg Grabar and Benjamin Z. Kedar (eds), Where Heaven and Earth Meet: Jerusalem's Sacred Esplanade, Jerusalem/Austin 2009
Tabor, James D., The Jesus Dynasty, London 2006

Tchamkerten, Astrig, The Gulbenkians in Jerusalem, Lisbon 2006
Tibawi, A., British Interests in Palestine, Oxford 1961
Tibawi, A., Jerusalem: Its Place in Islam and Arab History, Beirut 1967
Tibawi, A., The Islamic Pious Foundations in Jerusalem: Origins, History and Usurpation by Israel, London 1978
Thomas, Hugh, Rivers of Blood: The Rise of the Spanish Empire, London 2010
Thompson, Thomas L., The Bible in History: How Writers Create a Past, London 1999
Thubron, Colin, Jerusalem, London 1986
Treadgold, Warren T., A History of Byzantine Society, Stanford 1997
Tsafrir, Yoram (ed.), Ancient Churches Revealed, Jerusalem 1993
Tsafrir, Yoram, 'The Templeless Mountain', in Oleg Grabar and Benjamin Z. Kedar (eds), Where Heaven and Earth Meet: Jerusalem's Sacred Esplanade, Jerusalem/Austin 2009
Tuchman, Barbara, Bible and Sword, London 1998
Turner, R. V., Eleanor of Aquitaine, New Haven 2009
Tyerman, Christopher, God's War: A New History of the Crusades, London 2007
The Umayyads: The Rise of Islamic Art, Museum with No Frontiers, Amman/Vienna 2000
Van Creveld, Martin, Moshe Dayan, London 2004
Vermes, Geza, The Dead Sea Scrolls in English, London 1987
Vermes, Geza, Jesus and the World of Judaism, London 1993
Vermes, Geza, The Changing Faces of Jesus, London 2000
Vermes, Geza, The Story of the Scrolls: The Miraculous Discovering and True Significance of the Dead Sea Scrolls, London 2010
Vincent, L. H., and Abel, F. M., Jerusalem Nouvelle, Paris 1914-26
Walker, Paul E., 'The Ismaili Dawa and Fatimid Caliphate', in Carl F. Petry (ed.), The Cambridge History of Egypt, vol. 1: Islamic Egypt 640-1517, Cambridge 1998
Wallach, Janet, Desert Queen: The Extraordinary Life of Gertrude Bell, London 1997
Warren, W. L., King John, New Haven/London 1981
Warwick, Christopher, Ella: Princess, Saint and Martyr, London 2006
Wasserstein, Bernard, The British in Palestine: Mandatory Government and the Arab-Jewish Conflict 1917-29, Oxford 1991
Wasserstein, Bernard, Herbert Samuel: A Political Life, Oxford 1992
Wasserstein, Bernard, Divided Jerusalem: The Struggle for the Holy City, London 2001
Watt, W Montgomery, Muhammad: Prophet and Statesman, Oxford 1961
Watt, W Montgomery, Muhammad's Mecca: History in the Quran, Edinburgh 1988
Whitelam, Keith, The Invention of Ancient Israel: The Silencing of Palestinian History, London 1997
Wickham, Chris, The Inheritance of Rome: A History of Europe from 400 to 1000, London 2009
Wilsonson, J., Jerusalem Pilgrims before the Crusades, Warminster 1977
Wilkinson, J., 'Jerusalem under Rome and Byzantium', in K. J. Asali, Jerusalem in History, New York 1990
Wilkinson, Toby, The Rise and Fall of Ancient Egypt: The History of a Civilization from 3000 BC to Cleopatra, London 2010

Williams, Hywel, Emperor of the West: Charlemagne and the Carolingian Empire, London 2010
Wilson, A. N., Jesus, London 1993
Wilson, A. N., Paul: The Mind of the Apostle, London 1998
Wrba, Marian, Austrian Presence in the Holy Land in the Nineteenth and Twentieth Centuries, Tel Aviv 1996
Ze' evil, Dror, An Ottoman Century: The District of Jerusalem in the 1600s, Albany New York 1996

찾아보기

ㄱ

가말 압둘 나세르 799, 806~812, 819, 820
고드프루와 354~355, 358~359, 360~361, 364~366, 384, 419
그리고리 라스푸틴 640~644

ㄴ

나단 71
나보디누스 105
나보폴라사르 95
나시르 다우드 450, 453~454
나시르 무함마드 466
나폴레옹 보나파르트 518~519, 524~529
네로 37, 214~215, 221~223, 228~229
네부카드네자르 14, 97~103
네스토리우스 278~279
누르 알 딘 394~398, 400~403
느헤미야 112~113, 287~288
니콜라스 1세 565~566, 582~583
니콜라이 고골 567~568

ㄷ

다리우스 110~114
다비드 로한 827
다비드 벤구리온 634, 636, 713~714, 726, 737~740, 761~762
다윗 왕 10, 21, 85
데이비드 도르 576
데이비드 로이드조지 632, 680~686, 688, 708~709, 715
도리스 166
도미티아누스 238, 241

드루수스 206~207
드루실라 215, 2250
디오클레티아누스 253, 260

ㄹ

라게브 알 나샤시비 640, 654, 662, 699, 720
로널드 스토스 669, 672, 699, 787
로버트 커즌 545
로스차일드 538, 554, 585, 620~623
록셀라나 484~486
루이 7세 394
르호보암 81~82
리시아스 132
리처드 브로더스 534

ㅁ

마나세 94~95
마르완 314
마르쿠스 안토니우스 150
마리암매 152, 155~159, 163~166
마이모니데스 403~405
마카베오 134~136, 152~156
마크 사이크스 671, 685
마크 트웨인 594~595
마타티아스 132
막달라 마리아 13, 200
막시밀리안 579
만수르 325~326
메나헴 베긴 759~763, 766, 791, 813
메넬라오스 128~130
메흐메트 알리 542~544

멜기세덱 58
멜리장드 374~378, 392, 395
모세 13, 50, 296
모셰 다얀 747, 753, 792, 813
모지스 몬티피오리 538, 552~554, 579
몬티 파커 645, 650~651
무아위야 이븐 아비 수피얀 308~313
무아잠 이사 444
무함마드 이븐 무스타파 알 후세이니 511
무함마드 이븐 아흐메드 샴스 알 딘 알 무카다시 336
무함마드 이븐 투그즈 329
미갈 65, 69
미트리다테스 143

ㅂ

바르소마 274~276
바르카 칸 454
바울 216~220, 223
바이런 92
바이바르 455~456, 459~463
발리안 412, 416, 419~420
밧세바 70~71, 73~74
밸푸어 632, 677~680, 686~688
버사 스패포드 608, 647, 778
베냐민 네타냐후 25, 834
베레니스 41~43, 225~226, 238
베스파시아누스 35, 229~232, 235~236
벤 알풀 247
벤저민 디즈레일리 602~603, 539~541
벨리사리우스 282
벨샤자르 105
보두앵 2세 371, 373
보두앵 3세 374, 392, 395, 397
보두앵 4세 408, 412
보두앵 358, 365~370
빌헬름 황제 624~629

ㅅ

사독 74, 113, 119
사르곤 2세 88~89
사리 누세이베 732, 800, 807~808
사무엘 63~64
사바타이 제비 503~505
사울 63~66
사이드 알 후세이니 711
살라딘 415~425, 430, 442
살로메 142, 144, 159, 164
살루스티우스 145
살리흐 아유브 454~455, 459
샤를마뉴 326~327
샤토브리앙 22, 530~533
섀프츠베리 550~553
세례 요한 175, 180~183
세르게이 대공 612~613
세베오스 307
세스바살 108
센나케리브 88~94, 758
소포로니우스 302
솔로몬 45, 71, 74, 78~80
술레이만 322, 483~494
스룹바벨 110~112
시드기야 99~101
시드니 스미스 526~527
시몬 바르 코크바 245~247
시몬 벤 기오라 46, 231, 236
시몬 49, 123~125
시빌라 411, 419

ㅇ

아그네스 399~400, 408
아나누스 219~220, 228, 230
아델레이드 369
아도니야 73~74
아도니제덱 62
아르켈라오스 178~180

아르타크세르크세스 1세 112
아리스토불로스 2세 144
아리스토불로스 140~141, 143
아멜 마르두크 104~105
아모리 399~402
아모스 오즈 729, 802
아므르 이븐 알 아스 302
아부 바크르 299~301
아부 수피얀 309
아부 알 압바스 324~325
아부 우바이다 301
아부 하니파 19
아불 미스크 카푸르 330~331
아브라함 58~59
아비삭 73~74
아서 스탠리 588
아스티게스 106
아우구스투스 161~163, 171
아케나톤 55
아트시즈 이븐 아와크 알 콰라즈미 347~348
아흐메드 이븐 툴룬 328~329
아흐메트 제말 654~655
안나스 193~195, 219
안드로니코스 콤네노스 400~401
안와르 누세이베 732, 771
안와르 사다트 828~830
안티고노스 117, 152~154
안티오코스 121~123, 126~133
안티파트로스 144~147
알렉산더 2세 578
알렉산더 3세 612
알렉산더 114~117, 141~142
알렉산드라 142, 157
알리 310
알프 아르슬란 346
암논 71~72
압델 하킴 알 아메르 810
압둘 하미드 602, 638

압둘라 537
압드 알 말리크 314~320, 326
압드 알 카디르 후세이니 773~774
압디 헤파 56
압바스조 325, 327~328
압살롬 71~72
앨버트 에드워드 588
야고보 203~205, 214
야곱 59
야보친스키 697, 701~702, 711~715
야세르 아라파트 773, 776
야지드 314
에드먼드 앨런비 676~677
에리히 폰 팔켄하인 675, 689~690
에블리야 셀레비 505~506
에우도키아 273~274, 276~279
에후드 바라크 835~836
여로보암 80~81
여호야킴 97~98, 104
예수 그리스도 41, 49, 87, 170, 176~177, 179, 181~205
예언자 무함마드 50, 103, 292, 295, 296~300, 304
오마르 301~302, 304~309, 311
오스만 310, 315
옥타비아누스 150, 154, 160~161
와시프 자우하리예 637, 658, 664, 695, 711~712, 737, 743, 748, 753, 757, 777, 779
요나단 136~138, 154, 157~158
요세푸스 183, 188, 190, 197~199, 214, 220~223, 226~229, 235, 238
요시야 95~97
요아스 84~85
요하난 벤 자카이 49
요한 히르카누스 74, 121~122, 129, 140
욜랑드 446, 448, 453
우드로 윌슨 708~710
우리야 70~71

우사마 빈 문키드 378~379, 386, 398, 402, 424
워더 크레슨 559~563
윈스턴 처칠 635, 678, 680, 682~683, 685, 716~719, 761, 769, 799
윌리엄 터너 영 549, 552~553, 555~556
유수프 알 디야 알 칼리디 600
유수프 이븐 아유브 421~422
유수프 칼리디 602, 615, 631, 639
유스티누스 249, 280
유스티니아누스 280~285, 317
율리아누스 267~269, 283, 288
이맘 324, 333, 339, 453, 842,
이브라힘 543~549, 554~555
이븐 바투타 468
이븐 사우드 544, 716, 772
이븐 알 아라비 348, 362
이븐 와실 444, 453
이븐 이드리스 알 샤피이 19
이븐 타이미야 469
이븐 할둔 11, 312, 323, 471~472
이사벨라 436, 445
이사야 86, 181, 189, 191
이새 64
이세벨 83~85
이스보셋 67
이츠하크 라빈 713, 773
이츠하크 라빈 713, 773, 781, 783~784, 790, 810~811, 817~819, 832~833

ㅈ
자크마크 477
잔기 377~379, 390, 393~394, 396~398, 422
제롬 270, 271~273, 275, 284
제임스 핀 557, 571, 573~574, 576, 578, 580, 588
조나단 라일리스미스 384

조지 샌디스 499~501, 509
조지 안토니우스 733, 736, 738
조지프 나시 491, 495
지미 카터 829

ㅊ
찰스 워런 590~591, 593, 647
찰스 윌슨 589, 603

ㅋ
카디자 295~296
카밀 436, 445~450, 453
카이사르 147~150
카이트베이 465, 478, 480, 855
칼리굴라 126, 207~211
칼리드 이븐 왈리드 300, 320~322
캄비세스 2세 109
캐롤라인 공주 533~536
케이티 안토니우스 733, 764~765, 767, 769, 772, 774, 804
콘래드 3세 394~396
콘래드 436
콘스탄티누스 대제 253, 257~260, 263~267
크리스토퍼 콜럼버스 489, 499
클라우디우스 41, 211, 213~215
클레멘트 아틀리 764~765, 769
키루스 대제 106~109

ㅌ
타마르 72
타물란 470~473
타키 알 딘 416, 425, 435
탈랄 797, 799
탕크레드 드 오트빌 354
테디 콜렉 826~827, 831, 833
테오도시우스 274, 277, 279
테오도어 헤르츨 619~625
토머스 쿡 603~604, 629, 701

트라야누스 241~243
티글라트 필레세르 3세 86
티레의 윌리엄 355, 375, 400~401, 406~408
티베리우스 182, 206~208
티투스 35~39

ㅍ

파라즈 471~473
파사엘 149, 152~153, 165, 179
파울라 270, 272
파울리누스 277
파이잘 667, 672~674, 697, 701, 704~706, 708, 710~711, 714, 716~718, 776
파코루스 153
파티마 310, 324, 333
파티마조 332~336, 343, 346~348, 357, 361, 402~403, 422~423
팔머스톤 22, 550~552, 555
페로라스 161, 171
페르디난드 488~490
페트로니우스 209
포파에아 211~223
폰티우스 필라테 188, 190, 193, 195~197, 199, 201~202, 205
폼페이우스 43, 143, 145~149
폴크 345, 374~378, 380, 386, 392~393
프랑수아 조르주 피코 671
프랭클린 루스벨트 635, 761, 763
프리드리히 2세 446, 796
프리드리히 바르바로사 429, 430
프톨레마이오스 117~120, 129
핀카스 루텐부르크 711, 712

ㅎ

하드리아누스 242~249
하룬 알 라시드 327
하르파구스 106~107
하인리히 하이네 14
하임 바이츠만 583, 622, 677~680, 682~687, 697~698, 701~706, 711~714, 721, 726, 734, 737~738, 741, 745, 749, 758, 784, 787, 793
하즈 아민 알 후세이니 711, 713, 715, 721~722, 742
하즈 아민 후세이니 721
해리 트루먼 678
허먼 멜빌 556, 563, 572
허버트 새뮤얼 680, 683, 685, 681, 715, 717, 719, 721~722
헤라클리우스 289~292, 301, 311, 327, 372, 410, 412~413, 420
헤로디아 182~183, 206
헤롯 대제 38~39, 41, 47, 55, 77, 138, 174, 178, 848
헤롯 안티파스 175, 180~183, 186~189, 196~197, 202, 205~206, 208, 220
헨리 맥마흔 666~668, 670~671
헬레나 190, 258, 261~264
후세인 후세이니 639, 649, 662, 664~667, 670~672, 691~692, 716
히르카누스 2세 74, 143~144, 146, 152, 157, 161
히스기야 88~89, 91~94

지은이 사이먼 시백 몬티피오리 Simon Sebag Montefiore

1965년 출생으로 케임브리지대학교에서 역사학을 전공했다. 저서로 《예카테리나 대제와 포템킨 Catherine the Great and Potemkin》, 《스탈린: 붉은 짜르의 궁전 Stalin: The Court of the Red Tsar》, 《젊은 스탈린 Young Stalin》, 《사센카 Sashenka》 등이 있으며 여러 저술상을 수상했다. 유대인 가정에서 태어나 어린 시절부터 필연적으로 예루살렘에 관심을 갖게 된 저자는 오랜 시간 거쳐 온 방대한 자료조사를 바탕으로 사실에 가장 가까운 예루살렘 이야기를 썼다.

옮긴이 유달승

이란·중동 문제 전문가. 이란 국립테헤란대학교에서 정치학 박사학위를 받았고 하버드대학교 중동연구센터에서 초빙학자로 지냈다. 현재 한국외국어대학교 이란어과 교수로 재직하고 있다. 지은 책으로는 《중동은 불타고 있다》, 《이슬람혁명의 아버지 호메이니》 등이, 옮긴 책으로는 《정치적으로 왜곡된 이슬람 엿보기》, 《중동의 비극》, 《팔레스타인 이스라엘》, 《숙명의 트라이앵글 1, 2》 등이 있다.

예루살렘전기

초판 1쇄 발행일 2012년 5월 30일
초판 9쇄 발행일 2022년 4월 15일

지은이 사이먼 시백 몬티피오리
옮긴이 유달승

발행인 윤호권
사업총괄 정유한

편집 최안나 **디자인** 이희영 **마케팅** 윤아림
발행처 ㈜시공사 **주소** 서울시 성동구 상원1길 22, 6-8층 (우편번호 04779)
대표전화 02-3486-6877 **팩스(주문)** 02-585-1755
홈페이지 www.sigongsa.com / www.sigongjunior.com

글 © 사이먼 시백 몬티피오리, 2012

이 책의 출판권은 ㈜시공사에 있습니다. 저작권법에 의해
한국 내에서 보호받는 저작물이므로 무단 전재와 무단 복제를 금합니다.

ISBN 978-89-527-6550-5 03910

*시공사는 시공간을 넘는 무한한 콘텐츠 세상을 만듭니다.
*시공사는 더 나은 내일을 함께 만들 여러분의 소중한 의견을 기다립니다.
*잘못 만들어진 책은 구입하신 곳에서 바꾸어 드립니다.